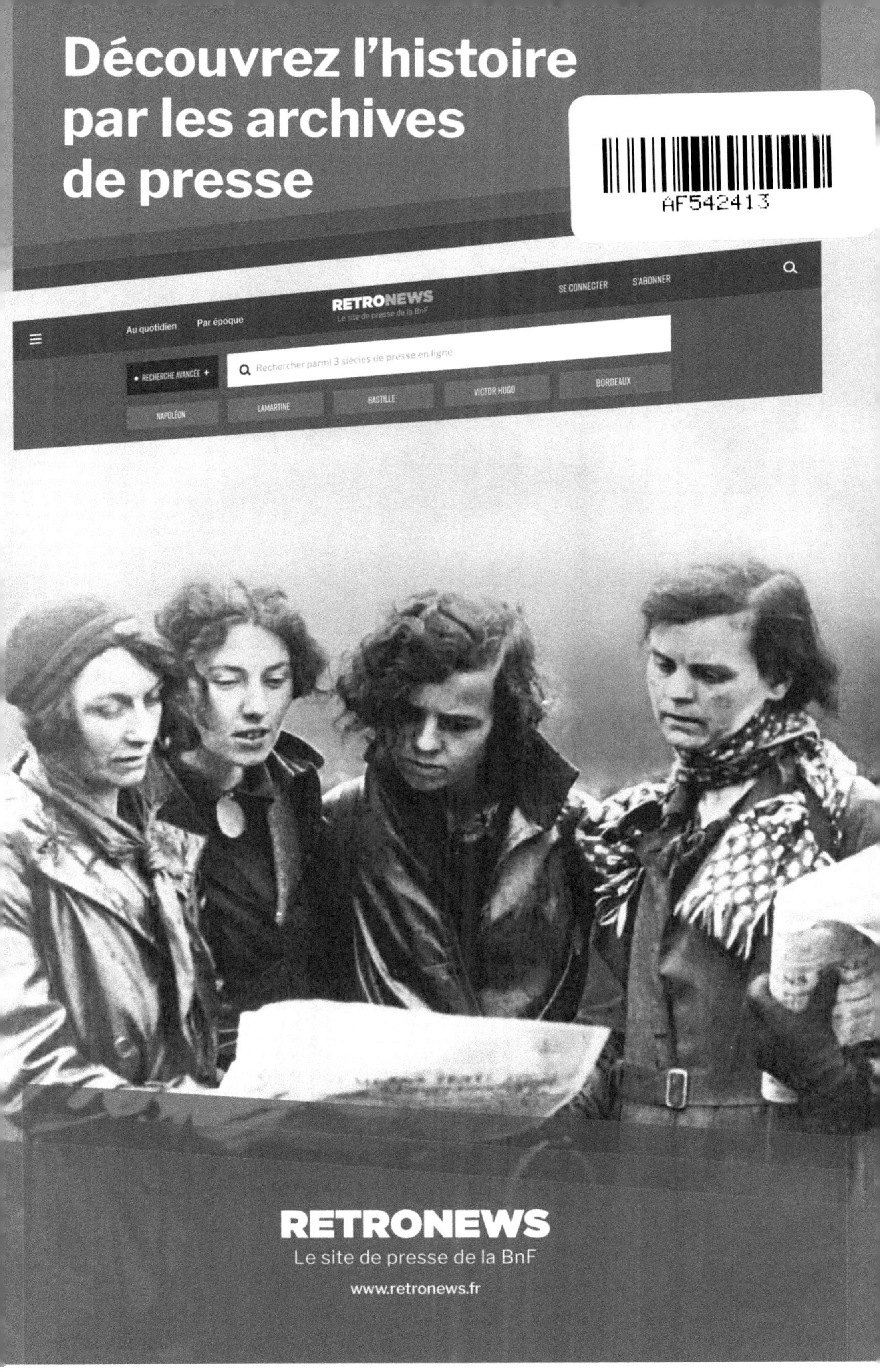

LA LUMIÈRE

REVUE DE LA PHOTOGRAPHIE.

PARIS. TYPOGRAPHIE DE HENRI PLON

RUE GARANCIÈRE, 8.

COLLECTION

DU JOURNAL

LA LUMIÈRE

Revue de la Photographie.

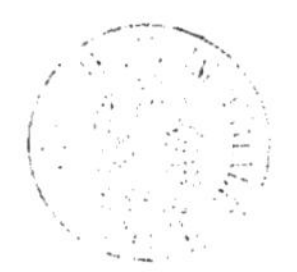

Troisième Année

1853.

ALEXIS GAUDIN ET FRÈRE, ÉDITEURS

PARIS, RUE DE LA PERLE, 9.

LONDRES, SKINNER STREET, 26.

ce devoir pieux avec le zèle et l'intelligence d'un ami éclairé.

Cette notice, dont la lecture a duré près de trois heures, a été écoutée avec le plus vif intérêt, et souvent applaudie. Elle n'a pas encore été livrée à l'impression, et comme nous n'étions pas placé convenablement pour saisir les traits même les plus saillants de ce beau travail, nous empruntons à la plume exercée et plus savante de M. Blanchard les détails que nous reproduisons plus loin.

Nouvelle planète découverte à Londres.—M. J.-R. Hind, correspondant de l'Institut de France à Londres, annonce à l'Académie que le 15 décembre, à six heures trente minutes du soir, il a découvert une nouvelle planète ayant l'apparence d'une étoile de dixième grandeur. Il lui a donné le nom de Thalie; elle portera le signe (23); c'est donc le vingt-troisième astre de ce genre signalé par les observateurs depuis le commencement de ce siècle. L'habile et persévérant astronome de Greenwich en est à sa huitième découverte depuis 1847 seulement; M. de Gasparis, de Naples, à sa sixième depuis 1849. Si les émules de ces infatigables chercheurs parviennent à obtenir des résultats analogues, (le perfectionnement des instruments ainsi que les progrès des sciences physiques nous autorisent à le croire possible), avant la fin du siècle ces dieux des anciens, qu'on appelait Mercure, Vénus, Mars, Jupiter, Saturne, et qui avaient honoré de leurs noms les satellites du soleil, seront en nombreuse et brillante compagnie. Les nouvelles recrues habitent, il est vrai, la voûte azurée comme leurs nobles prédécesseurs; mais il y en a quelques-unes qui portent des noms moins héroïques, quoique jouissant des mêmes droits, et lorsque les nouveaux venus se présenteront en grand nombre, il faudra peut-être bien, pour éviter l'incertitude du nom à adopter, incertitude dont nous avons donné une idée dans notre n° 49 du 27 novembre dernier, à propos de Massalia, les indiquer purement et simplement par le numéro encadré (23) qui ressemble assez aux pompons de nos militaires. Cependant, tous les anciens auront l'avantage de conserver leurs insignes et ne seront pas confondus dans la foule lorsqu'ils tourbillonneront dans le vaste champ de l'immensité à travers les innombrables voies tracées par les étoiles fixes. Pour consacrer leur authenticité, nous mettons sous les yeux de nos lecteurs les noms des premiers élus de la période de 1801 à 1852.

(1)	Cérès,	Piazzi,	1er janvier 1801.
(2)	Pallas,	Olbers,	28 mars 1802.
(3)	Junon,	Harding,	1er sept. 1804.
(4)	Vesta,	Olbers,	29 mars 1807.
(5)	Astrée,	Hencke,	8 déc. 1845.
(6)	Hébé,	Hencke,	1er juillet 1847.
(7)	Iris,	Hind,	13 août 1847.
(8)	Flore,	Hind,	18 octobre 1847.
(9)	Métis,	Graham,	26 avril 1848.
(10)	Hygie,	de Gasparis,	14 avril 1849.
(11)	Parthénope,	de Gasparis,	11 mai 1850.
(12)	Victoria,	Hind,	13 sept. 1850.
(13)	Egérie,	de Gasparis,	2 nov. 1850.
(14)	Irène,	Hind,	19 mai 1851.
(15)	Eunomia,	de Gasparis,	29 juillet 1851.
(16)	Psyché,	de Gasparis,	17 mars 1852.
(17)	Thétis,	Luther,	17 avril 1852.
(18)	Melpomène,	Hind,	24 juin 1852.
(19)	Fortuna,	Hind,	22 août 1852.
(20)	Massalia,	de Gasparis,	19 sept. 1852.
		Chacornac,	20 sept. 1852.
(21)	Lutetia,	Goldschmidt,	15 nov. 1852.
(22)	Calliope,	Hind,	16 nov. 1852.
(23)	Thalie,	Hind,	15 déc. 1852.

On voit par l'examen de ce tableau que, de 1801 à 1845, il y a eu cinq planètes de découvertes; de 1847 à 1849, en trois ans, cinq; et de 1850 à 1852, dans les trois dernières années, treize. Si cela continue, il sera permis de dire que les savants nos contemporains ont escaladé le ciel.

L'Académie, voulant attribuer à chacun sa part du prix d'astronomie fondé par M. de Lalande, a décerné des médailles à cinq astronomes qui ont découvert sept planètes télescopiques (Thalie non comprise), dans le courant de l'année 1852. Ce sont: MM. Hind, à Londres; de Gasparis, à Naples; Luther, à Bilck, près Dusseldorf; Chacornac, à Marseille; et Hermann Goldschmidt, à Paris (1).

(1) *Annuaire pour l'an* 1852, publié par le Bureau des Longitudes.

Optique, nouvel oculaire terrestre. — Artiste très-distingué, savant opticien et associé de M. Lerebours, membre-adjoint du Bureau des longitudes, M. Sécrétan est dans une position favorable pour recueillir le fruit des études sérieuses auxquelles il n'a cessé de se livrer. A quelque degré de perfectionnement que soient parvenus les instruments de précision dans les mains des Breguet, des Buron, des Porro, et de tant d'autres excellents constructeurs, on doit chercher à les améliorer encore, si cela est possible; l'auteur du savant mémoire qui a été présenté à l'Académie, dans la séance du 27, est entré dans cette voie. Ce mémoire, très-détaillé, a rapport à un nouvel oculaire terrestre, c'est-à-dire redressant les objets, et qui s'applique à toute lunette ou longue-vue munie d'un bon objectif. L'avantage principal de ce nouvel oculaire est que, à grossissement égal, il procure un champ plus grand de moitié que l'oculaire ancien. Dans toute l'étendue de ce champ considérable, on trouve la même netteté, autant de lumière et d'achromatisme que dans les meilleures lunettes. Le résultat de son application est tel, qu'une longue-vue de 50 centimètres de foyer, produit autant d'effet que la lunette ordinaire de 100.

A l'appui de ses allégations, M. Sécrétan a présenté à l'Académie une longue-vue fabriquée par lui, dont tous les détails de construction sont indiqués dans son mémoire, mais qu'il serait trop long d'analyser. Cette lunette, longue de 50 centimètres, grossit 35 fois avec un champ de 1° 12′ 1/2. Elle fait voir Saturne assez bien pour qu'on aperçoive aisément le bleu du ciel dans les anses formées par l'anneau.

L'idée de ce perfectionnement n'appartient pas à M. Sécrétan; c'est en voyant une lunette allemande, récemment construite sur les indications d'un savant de Vetzlar, qu'il a pensé à rechercher la cause de ses effets satisfaisants. Il l'attribue à l'observation des deux principes suivants, qui seraient nouveaux, au moins dans leur application à l'oculaire quadruple. Le premier consiste à faire, dans l'oculaire de Dollong ou de Traunhofer, *aplanétiques*, toutes les lentilles qui sont traversées par les pinceaux de lumière qu'elles projettent, à une distance un peu grande du sommet de ceux-ci. Le second, c'est de donner à toutes les lentilles oculaires un sens de courbure qui rende aussi normales que possible, sur leurs surfaces, les axes des pinceaux extrêmes. Ce second principe, appliqué aux divers systèmes d'oculaires, éclaircit plusieurs faits d'expérience dont la théorie ne rendait pas compte.

L'idée de faire achromatiques toutes, ou seulement quelques-unes des lentilles de l'oculaire, n'est pas nouvelle; mais, faute d'avoir fait ces modifications avec connaissance de cause et de s'être appuyé sur la théorie, on n'avait que peu ou point perfectionné de cette manière l'oculaire quadruple.

L'objectif de la lunette doit d'ailleurs être parfait, et construit sur un système de courbures le plus favorable, non-seulement à l'anéantissement des aberrations de sphéricité et de réfrangibilité, mais encore à la plus abondante transmission de lumière. Les géomètres, dans leurs théories, les artistes, dans l'exécution de leurs objectifs, avaient jusqu'ici négligé cette dernière considération.

En résumé, le nouvel oculaire donne un champ considérable, avantage que chacun appréciera; il possède au moins toute la netteté de l'ancien dans toute l'étendue des champs respectifs, et les aberrations des deux genres n'y sont pas plus sensibles. Par son système l'effet des longues-vues est tellement augmenté, qu'à part une certaine diminution de lumière, l'instrument qui a été mis sous les yeux de MM. les membres de l'Académie équivaut à une lunette deux fois plus longue, et d'un prix beaucoup plus élevé.

A.-T. L.

STATISTIQUE DE LA PHOTOGRAPHIE

PLANCHETTES VELOURS. — MÉDAILLONS VELOURS. — CADRES VELOURS CARRÉS. — CADRES OVALES ET COINS RONDS GONDOLÉS VELOURS.

La planchette velours est un genre d'encadrement, mais peu différent du cadre. La forme qu'elle affecte ordinairement, c'est la forme ovale; la forme carrée est plus rare. Comme la forme ovale aussi, elle est susceptible de toutes les variations intermédiaires qui peuvent aller de cette dernière jusqu'à la circonférence la plus rigoureuse.

Les coins, suivant qu'ils sont ronds, dentelés, à chevalet, avec cercle, constituent des distinctions de la planchette velours.

Nous allons suivre les règles de l'usage, et établir comme lui quatre divisions. Nous n'avons pas besoin de rappeler que la vente diminue en raison de l'élévation du prix, ce que les chiffres qui vont suivre prouveront surabondamment, s'ils sont compris à ceux des passe-partout, par exemple:

Planchette velours coins ronds, cercle ovale doré, glace demi-fine, première division.

	Quart.	Sixième.
Année..	1,368	2,052.

Planchette velours coins ronds dentelés à chevalet, cercle ovale doré, glace demi-fine, deuxième division.

	Quart.	Sixième.
Année..	684	1,026

Planchette velours coins ronds à chevalet, cercle coins ronds doré, glace demi-fine, troisième division.

	Quart.	Sixième.
Année..	456	684

Planchette velours carré, ornements riches dorés, cercle ovale doré, glace demi-fine, quatrième et dernière division.

	Quart.	Sixième.	Neuvième.
Année.	228	342	513

Sommes.

	Quart.	Sixième.	Neuvième.
Année.	2,736	4,104	513

Les planchettes velours coins ronds, cercle ovale doré, glace demi-fine, les planchettes velours coins ronds dentelés à chevalet, cercle ovale doré, glace demi-fine, ne se fabriquent que pour quart et sixième de plaque; et les planchettes velours carrées, ornements riches dorés, cercle ovale doré, glace demi-fine, se coupent pour quart, sixième et neuvième de plaque, comme nous le voyons dans les résultats qui précèdent.

Il ne nous semble pas sans intérêt d'établir le rapport en vente des planchettes velours en comparaison de la fabrication des plaques et de la confection des passe-partout. Nous le trouvons d'un treize-centième mis en parallèle avec la plaque, et d'un trois-cent-vingtième en le rapprochant du passe-partout. Il se fait donc treize cents plaques sur la vente d'une planchette velours, et trois cent vingt passe-partout sur la même vente. Et dans le tableau de nos chiffres, nous trouvons que la première division des planchettes velours entre pour la moitié dans le commerce commun et spécial à cet article, la seconde division pour un sixième et demi, la troisième pour un sixième, la quatrième, pour un demi-sixième.

MÉDAILLON VELOURS MOYEN AGE RICHE, CERCLE OVALE DORÉ, GLACE DEMI-FINE.

Ce que nous avons dit des médaillons dans notre dernier article nous dispense de nouveaux détails à propos de ce genre de médaillons en velours. Nous n'avons qu'à en exposer les chiffres que voici:

	Quart.	Sixième.	Neuvième.
Année.	602	903	1,354

En établissant une proportion entre ces résultats et ceux obtenus pour les médaillons de fantaisie, nous arrivons à cette donnée: les médaillons velours se vendent en quantité moindre d'un tiers que les médaillons bois ébène, entre deux jours dorés avec anneaux, glace demi-fine; et, si nous ajoutons ceux en question à la somme totale, en répétant les chiffres du dernier article, et en ayant soin de ne pas oublier les médaillons Louis XV riches, modèles divers, ni les médaillons dorés double verre ovale, à châssis, glace demi-fine, nous obtenons pour les médaillons en général:

	Quart.	Sixième.	Neuvième.
Année.	13,119	17,678	25,761

Ici évidemment nous ne comprenons pas les médaillons en doublé d'or, ni les médaillons pour porte-monnaie, tabatières, portefeuilles et porte-cigares, sur lesquels nous nous réservons de revenir en temps et lieux plus convenables.

CADRES VELOURS.

Les cadres velours forment une espèce à part dont nous n'avons pas cru devoir parler avant d'avoir parcouru les différents articles de fantaisie; nous nous trouvons, à leur égard, dans la même position qu'à l'égard des médaillons. Nous agirons donc envers eux d'une manière absolument identique; nous nous dispenserons de mentionner des espèces, des modifications particulières, et nous joindrons les chiffres que nous donneront les cadres velours à ceux que nous avons cités pour les cadres riches ou ordinaires. Même système pour les divisions, qui sont au nombre de deux; au reste, même marche pour les proportions admissibles. Tel est le travail :

Cadres velours carrés avec coins pour passe-partout, première division :

	Quart.	Sixième.
Année..	357	536

Cadres ovales gondoles velours avec cercle et cadre, glace demi-fine, cadres coins ronds, gondoles velours avec cercle et cadre doré, glace demi-fine, et cadres ovales gondoles velours avec cercle doré à biseau, glace demi-fine, deuxième et dernière division.

	Demi.	Tiers.	Quart.	Sixième.	Neuvième.
Année.	238	357	476	714	1,071

Sommes.

	Demi.	Tiers.	Quart.	Sixième.	Neuvième.
Année.	238	357	833	1,250	1,071

Joints à la somme des cadres ordinaires ils donnent :

	Demi.	Tiers.	Quart.	Sixième.	Neuvième.
Année.	255,858	383,758	512,035	768,050	576,171

Ainsi les résultats des cadres velours ne modifient que les chiffres des centaines, et rarement celui des mille dans la somme générale des cadres.

Et de plus, en finissant, nous remarquons que dans la vente trouvée pour les cadres velours, la première division y entre en proportion de trois septièmes, et la seconde de quatre septièmes. Les cadres velours carrés ne se coupent ordinairement que pour quart et sixième de plaque, tandis que les cadres ovales gondoles velours se confectionnent pour demi, tiers, quart, sixième et neuvième de plaque. Ceci s'explique naturellement par la richesse des matières premières et le précieux du travail. J.-D. Duvernay.

INSTITUT DE FRANCE.

EXTRAIT DE LA NOTICE HISTORIQUE DE GAY-LUSSAC, PAR M. ARAGO.

Séance publique du 20 décembre.

Né le 6 décembre 1778, à Saint-Léonard, d'une famille honorable, Gay-Lussac entra à l'âge de 19 ans à l'école polytechnique, où il employa les intervalles des études à donner des leçons de mathématiques pour alléger les charges de ses parents.

Il s'y distingua rapidement d'une manière assez brillante pour devenir, peu après, le répétiteur de chimie du célèbre auteur de la statistique chimique, Berthollet, et bientôt son commensal à Arcueil, dans la délicieuse retraite de ce dernier, où il eut assez fréquemment l'occasion de voir l'illustre Laplace. C'est sous l'influence vivifiante de ces deux hommes de génie que Gay-Lussac commença à prendre son essor.

Sa carrière scientifique s'ouvrit par un premier mémoire sur la dilatation des gaz et des vapeurs, trois ou quatre années seulement après son entrée à l'école.

A ce travail déjà remarquable succédèrent sans intervalle sensible diverses recherches délicates et notablement précises qui fixèrent bientôt sur lui l'attention des savants, savoir, entre autres :

Des perfectionnements d'une grande importance dans le baromètre et le thermomètre, ces précieux moyens de mesure dans tant de recherches ;

La relation des observations faites dans une incursion scientifique en Italie et en Allemagne avec le célèbre voyageur de Humboldt ;

Celle d'un voyage d'une tout autre nature, où, après un premier essai avec M. Biot, Gay-Lussac s'élança seul avec une rare intrépidité au plus haut des airs, 7,000 mètres, le point le plus élevé qu'eussent jusque-là atteint les hommes, et qui n'a été égalé depuis que par MM. Barral et Bixio, qui, si nous nous le rappelons bien, ajoutèrent encore quelques mètres à ce chiffre.

C'est de cette ascension mémorable que date la certitude que la force magnétique ne cesse pas d'agir à de telles hauteurs, que la composition de l'air y est la même qu'à la surface de la terre. C'est aussi dans ce voyage aérien que furent faites des observations importantes sur le décroissement régulier de la pression atmosphérique, sur la température des diverses couches, etc.

A partir de ce moment, Gay-Lussac se voua plus particulièrement à l'étude de la chimie, où il s'ouvrit une route lumineuse. On le vit enrichir successivement cette science d'une foule de mémoires, marqués pour la plupart au coin d'une grande portée, où se trouvent constamment un esprit droit, lucide, ne dépassant jamais l'expression stricte des faits, et presque toujours une grande finesse de tact.

C'est là le caractère spécial des résultats scientifiques constatés par Gay-Lussac, et qui a assuré à la plupart d'entre eux la durée et l'honneur dont ils jouissent dans la science, et que prouve si bien le retour si fréquent de son nom, uni assez souvent avec celui de M. Thénard, dans les cours publics et dans les livres.

Nous rappellerons seulement quelques-uns de ses principaux mémoires :

Ses recherches sur la formation de l'eau par l'union d'un volume d'oxygène et de deux volumes d'hydrogène, et le rapprochement lumineux qu'il fit de ce résultat avec ceux auxquels conduit si largement la théorie des combinaisons anatomiques en rapports simples de Dalton ;

Ses études si fécondes sur la loi des volumes, d'où il tira par induction le calcul de la densité des vapeurs des corps encore inconnus à cet état, et qui lui permit de représenter une multitude de combinaisons par des rapports simples de leurs éléments considérés en volume, et de là appréciés en poids, considérations qui ont été le point de départ de vues générales des plus importantes dans la philosophie de la science ;

Ses admirables travaux sur l'iode, dont il fit connaître la nature élémentaire, ses analogies étroites avec le chlore, et maintes combinaisons nouvelles qui ont notablement étendu le cadre de la science ;

Ses recherches plus admirables encore peut-être sur le cyanogène (azoture de carbone), inconnu avant lui, premier exemple d'un corps composé se comportant dans ses combinaisons à la manière d'un corps simple, recherches qui ouvrirent encore en chimie des perspectives nouvelles.

Peu après son mariage avec une femme charmante, Gay-Lussac, appelé bientôt, indépendamment de ses fonctions de professeur, à divers emplois industriels élevés, dirigea plus particulièrement son activité dans ce sens, et rendit ainsi de précieux services à nos manufactures et à nos arts, en même temps que sa fortune s'en augmenta considérablement. Nous citerons seulement ces procédés pratiques simplifiés relatifs à la fabrication de l'acide sulfurique, aux chlorures décolorants, aux moyens alcalimétriques destinés aux usages du commerce, etc.

PRIX DÉCERNÉS PAR L'INSTITUT POUR 1852.

Le prix d'astronomie, fondé par M. de Lalande, a été ainsi réparti. Des médailles ont été décernées à cinq astronomes ayant découvert sept planètes télescopiques dans le courant de cette année. Ce sont MM. Hind, à Londres ; de Gasparis, à Naples ; Luther, à Blik, près Dusseldorf ; Chacornac, à Marseille ; et Herman Goldschmidt, à Paris.

Le prix de mécanique, fondé par M. de Montyon, a été décerné à M. Triger, ingénieur civil, pour l'invention du procédé de refoulement de l'eau dans les terrains aquifères, au moyen de l'air comprimé, procédé qu'il a appliqué pour la première fois, vers l'année 1839, au creusement d'un puits de vingt-cinq mètres de profondeur, à travers des sables mouvants, dans une île de la Loire, près de Chalonnes, pour atteindre le terrain houiller inférieur.

Le prix de statistique, de la même fondation, consistant en une médaille d'or, a été décerné à M. Horace Say, rapporteur de l'enquête sur la statistique de l'industrie parisienne. Des mentions honorables ont été accordées à MM. Léon Say et Natalis Rondot, pour le concours qu'ils ont apporté à cette œuvre ; à M. Gayot, pour son *Atlas statistique de la production des chevaux en France* ; à M. Blondel, pour la *Statistique comparée des épidémies cholériques de 1832 et de 1849* ; à M. le général Daumas, pour ses ouvrages sur l'Algérie ; à M. Maurice Block, auteur d'un ouvrage intitulé : *Les charges de l'agriculture* ; à MM. Talbot et Guisard, pour la *Petite Géographie de la Loire-Inférieure* ; à M. J.-J. Pierre, de Caen, et à M. Eugène Marchand, de Fécamp.

Le prix annuel fondé par Mme de Laplace, et qui consiste dans la collection complète des œuvres de Laplace, décerné au premier élève sortant de l'École polytechnique, a été remis à M. Bour, sorti le premier de l'École polytechnique en 1852, et entré à l'École des mines.

Dans les sciences physiques, le prix de physiologie expérimentale a été décerné à MM. Budge, médecin anglais, et Wallon, professeur à Bonn, pour des recherches nouvelles qui établissent d'une manière certaine quelques faits positifs de nature à éclairer les fonctions du système nerveux ganglionnaire.

Le prix relatif aux arts insalubres n'a pas été décerné.

Les prix de médecine et de chirurgie ont été décernés, savoir :

1° Un prix de 2,500 fr. à M. le docteur Bretonneau, pour l'application de la trachéotomie au traitement de la période extrême du croup ;

2° Une récompense de 2,000 fr. à M. Trousseau, pour le perfectionnement de cette opération et la propagation de cette méthode ;

3° Une récompense de 2,000 fr. à M. le docteur Manec, pour le traitement des affections cancéreuses par la pâte arsenicale du frère Côme ;

4° Une récompense de 2,000 fr. à feu M. Bourgery et à M. Jacob, pour leur ouvrage sur l'*Anatomie iconographique de l'homme* ;

5° Une récompense de 2,000 fr. à M. le docteur Lebert, pour son *Traité pratique des maladies cancéreuses et des affections curables confondues avec le cancer* ;

6° Une récompense de 1,500 fr. à M. Lud. Hirschfeld, pour son ouvrage sur la *Névralgie et les organes des sens* ;

7° Une récompense de 1,500 fr. à M. Blondlot, pour son *Essai sur les fonctions du foie, etc.* ;

8° Une récompense de 1,500 fr. à MM. A. Duméril, Demarquay et Lecointe, pour leurs *Recherches expérimentales sur la température animale* ;

9° Une récompense de 1,200 fr. à MM. Becquerel et Rodier, pour leurs *Nouvelles recherches sur l'hématologie* ;

10° Une récompense de 1,000 fr. à M. Davaine, pour son *Travail sur la paralysie générale et partielle des deux nerfs de la septième paire* ;

11° Un encouragement de 1,000 fr. à M. Renault, pour ses *Etudes expérimentales et pratiques sur les effets de l'ingestion des matières virulentes dans les voies digestives* ;

12° Un encouragement de 1,000 fr. à M. A. Becquerel, pour son travail sur l'*Emploi des mercuriaux dans la fièvre typhoïde* ;

13° Une récompense de 1,000 fr. à M. Douisson, pour son *Traité théorique et pratique de la méthode anesthésique* ;

14° Un encouragement de 1,000 fr. à M. Boinet, pour le *Traitement des ascites pour les injections iodées* ;

15° Un encouragement de 1,000 fr. à M. Fauconneau-Dufresne, pour son *Traité de l'affection calculeuse du foie et de la rate* ;

16° Un encouragement de 1,000 fr. à M. Baudens, pour sa *Nouvelle méthode de l'amputation de la jambe* ;

17° Une récompense de 1,000 fr. à M. Follin, pour ses *Recherches sur les corps de Wolf* ;

18° Un encouragement de 1,000 fr. à M. Louis Orfila, pour son travail sur l'*Elimination des poisons* ;

19° Un encouragement de 1,000 fr. à M. Richard, pour son *Mémoire sur les kystes tubo-ovariens* ;

20° Un encouragement de 1,000 fr. à M. Niépce, pour son ouvrage sur le *Crétinisme* ;

21° Un encouragement de 1,000 fr. à M. Josat, pour son *Mémoire sur les maisons mortuaires.*

DES NOUVELLES ACQUISITIONS

DU MUSÉE DES DESSINS DU LOUVRE.

(Quatrième et dernier article.)

Dans l'art italien, les belles époques sont si belles qu'il est difficile, pour ne pas dire impossible, de ne point s'en tenir uniquement à elles, et l'on ne s'étonnera pas de ne trouver, dans les dessins récemment acquis, que des morceaux de la première moitié du seizième siècle. Sauf quelques-uns, dont nous indiquerons l'origine, ils viennent tous de la vente du roi des Pays-Bas, faite à La Haye en 1850. On se rappelle que le gouvernement avait accordé un crédit de cent mille francs pour cette vente. Après l'achat de la *Sainte famille*, du Pérugin, et de l'admirable *portrait* du baron de Vicq, par Rubens, la somme restée libre fut employée à des dessins, et MM. Villot et Reiset, qui représentaient le Louvre à cette vente (1), se virent, dans

(1) Nous ne pouvons mieux faire que de renvoyer à leur rapport au ministre, en date du 19 octobre 1850, et publié dans le *Moniteur*.

l'impossibilité où ils étaient de dépasser, même de peu, les limites de leur crédit, forcés de laisser échapper de magnifiques dessins qui se vendaient comme pour rien. Mais, sans insister sur des regrets maintenant inutiles, il y a de quoi se consoler avec les belles choses dont ils ont enrichi le Louvre.

Andrea del Sarto figure dans ces acquisitions pour quatre dessins; deux têtes de femmes, qui paraissent faites toutes deux, quoique dans un sentiment différent, d'après sa femme, Lucrezia del Fede; une étude de figure nue pour le Christ mort, de la belle composition du *Christ au tombeau*, exécutée par le maître en 1525, et maintenant à Florence, dans la galerie du palais Pitti; une étude grande comme nature de la tête, souriante et de profil, de l'enfant qui est sur les genoux de la *Charité* de notre Musée du Louvre; la grâce, la vie, la chaleur enfantines de ces formes grasses et douces est rendue avec une supériorité qui a porté bonheur à M. Lefman, chargé de faire, pour la chalcographie du Musée du Louvre, un fac-simile dont on a admiré l'intelligence et la fidélité au Salon de 1852. Le quatrième est une feuille d'études diverses, des draperies, des pieds et des mains, traités avec la largeur et le sentiment de nature que l'on connait à ce maître; cette feuille vient du fameux recueil de Vasari, et porte une signature bonne à remarquer, parce qu'elle se trouve sur un très-grand nombre de dessins d'Andrea del Sarto et seulement sur ses dessins; c'est une signature latine, *Turpilio*. Sans vouloir affirmer la vérité de cette supposition, on serait disposé à y voir une signature de notaire, paraphant, après sa mort, les dessins d'Andrea, comme on trouve les lettres initiales de la signature de Jean Priou sur tous les dessins acquis par Louis XIV du célèbre banquier Jabach.

De Fra Bartolomeo l'on a pu avoir deux dessins, une *Vierge* sur un trône entre deux saints, exécutée à la pierre noire sur un papier rougeâtre, comme faisait souvent le *Frate*, et avec cette magie de couleur qu'on lui connait, et une Sainte Famille à la plume, dont il se servait moins souvent; l'on en connait le fac-simile, fait par William Young Ottley, dans son *Italian school of design*, alors que ce dernier était dans la collection du fameux portraitiste anglais Thomas Lawrence, d'où venait à peu près toute la collection du roi de Hollande. Celui-ci possédait encore tout un livre de croquis et d'études de Fra Bartolomeo, mais il n'a pas été mis sur table.

Les trois dessins de Michel-Ange sont importants à divers titres. L'un, à la plume, est une pensée différente de son *David*; ici il a le pied sur la tête coupée, et la pose est peut-être plus heureuse que celle du David exécuté en marbre. Le Vasari disant que Michel-Ange fit pour le Soderini un David de bronze, qui fut envoyé en France, et Condivi parlant d'une statue de bronze envoyée en France, et immédiatement après, d'un *David col Golia sotto*, il est probable que ce dessin nous est un souvenir de cette statue perdue. Nous ferons remarquer encore, à propos de ce dessin de Michel-Ange, qu'il porte, avec un commencement de vers de la main bien connue du maitre,

Al dolce mormorar d'un fiumicello,
Ch'adduggia di verd' ombra un chiaro fonte,

une inscription singulière : *Davicte cholla fromba ed' io coll' archo*, qui ne se peut comprendre qu'au moyen d'un calembour : David combattait avec l'arc; moi, je me bats avec l'archet. Comme *arco* a en italien le double sens d'arc et d'archet, qui est un instrument de sculpteur, on voit le vrai sens du jeu de mots; M. de Bièvre avait là un ancêtre plus grand qu'il ne s'en croyait. La *Vierge* assise, vue de profil et tenant l'enfant Jésus, aussi à la plume, est une première pensée pour le groupe, en marbre et non achevé, qui fait partie de la décoration de la chapelle Saint-Laurent, à Florence. Le troisième dessin, à la pierre noire et provenant de MM. Buonarroti, est une étude du torse d'un Christ mort, qui paraît avoir été exécuté en vue du groupe de marbre destiné par Michel-Ange à son tombeau et maintenant dans le dôme de Florence.

Léonard n'avait d'abord qu'un dessin, une feuille de croquis de figures, à la plume sur crayon d'argent, représentant des figures nues, les unes faisant partie d'un sujet de la *Cène*, les autres de l'*Adoration des rois*, dont le tableau seulement ébauché est conservé aux Offices de Florence. Un jeune homme, qui paraît tenir un arc, est d'une indication merveilleuse et d'une grâce de mouvement qui l'égale presque aux plus beaux amours antiques. Comme beaucoup de dessins de Léonard, celui-ci porte la trace de ses travaux; il y a figuré un instrument, destiné à indiquer la température par une tige mobile sur un point fixe, et terminée à ses deux bouts, d'un côté, par un poids en cire, de l'autre par une éponge de poids égal, quand il n'est pas augmenté par l'humidité de l'air, ce qui est expliqué par une inscription écrite en caractères très-bien tracés, mais de droite à gauche, comme toujours, et qu'on ne peut lire qu'au miroir (1). L'instrument est fort simple, et à peu près de la force d'un *Capucin*; mais il ne faudrait pas juger de la force du génie de Léonard dans les sciences par ce jeu de son esprit entre deux croquis de figures. Depuis, l'administration du Louvre a acquis, en Angleterre, un autre dessin de Léonard, venant aussi de la vente du roi de Hollande, l'étude d'une draperie, qui paraît être celle de la *Sainte Anne* de notre *Sainte Famille*; il est possible que le dessin ait été depuis repris ou, pour mieux dire, rehaussé par une main postérieure, vraiment digne de celle du maître; car le dessin est, en tout cas, admirable de tout point.

(*La fin au prochain numéro.*)

ANATOLE DE MONTAIGLON.

(1) Voici cette inscription : *Modo di pesar l'eria e di saper quando il tempo se arrompa.* Aux deux pieds qui tiennent la tige sont écrits les mots *cera* et *spungia*.

PUBLICATIONS PHOTOGRAPHIQUES.

M. Gustave Le Gray prépare en ce moment un nouveau volume, qui paraîtra prochainement. Cette publication devant intéresser vivement nos lecteurs, nous en donnerons des extraits aussitôt qu'elle sera publiée.

En commençant cette nouvelle année, nous rappelons à nos abonnés que nous verrions avec plaisir qu'ils nous écrivissent pour nous communiquer les faits nouveaux qu'ils auraient observés dans leurs opérations photographiques, et pour nous demander des avis, quand ils en auraient besoin.

SCIENCES.—CHIMIE.

COMPTE-RENDU DU COURS DE CHIMIE DE M. BALARD A LA SORBONNE.

DES SELS.

Lorsqu'on met en contact avec l'eau un sel susceptible de se combiner avec elle, il y a généralement un développement de chaleur; tandis qu'au contraire, un sel cristallisé et saturé de la quantité d'eau avec laquelle il peut se combiner, produit alors un abaissement de température dû au phénomène de la dissolution.

On peut par ce moyen, en employant certains sels, obtenir un abaissement considérable de température.

Le chlorure de calcium cristallisé, mêlé avec de l'eau en certaine proportion, forme un bain réfrigérant au moyen duquel on peut fabriquer de la glace.

La plupart des sels sont solubles dans l'eau, mais chacun d'eux l'est à un degré différent.

On apprécie la solubilité d'un sel, en en plaçant un poids connu avec de l'eau, dans un ballon de verre; puis on chauffe jusqu'à l'ébullition, après quoi on laisse refroidir.

On retire alors le sel non dissous, et on le pèse; constatant ensuite le poids de la dissolution, lequel est égal à la somme du poids du sel dissous et de l'eau employée à le dissoudre, il est facile d'en déduire le rapport de sa solubilité.

Quelques sels, et notamment ceux de bismuth, décomposent l'eau à la température ordinaire.

La chaleur agit de diverses manières sur les sels. Dans certains cas, elle les décompose en volatilisant leur acide ou en le détruisant; et dans d'autres, en chassant seulement l'eau de cristallisation qu'ils contiennent.

Les carbonates, les azotates et les chlorates sont les sels qu'elle décompose avec le plus de facilité. La plupart des autres peuvent supporter une température élevée.

Quelques-uns perdent seulement une partie de leur eau à la température de 100°, et le reste ne se volatilise que sous l'influence d'une température beaucoup plus élevée.

Nous citerons comme exemple le sulfate de cuivre, qui cristallise ordinairement avec cinq équivalents d'eau. Lorsqu'on chauffe ce sel à 100°, il perd quatre équivalents, et le cinquième n'est chassé que par une température de 250°.

Ce dernier équivalent prend le nom d'*eau saline*, par suite d'une hypothèse qui admet qu'il n'est retenu que par ses propriétés basiques.

Les acides et les bases étant les agents chimiques les plus énergiques, il nous importe beaucoup de connaître leur mode d'action sur les sels.

Si l'on cherche à s'en rendre compte par le raisonnement, on sera conduit à admettre, ainsi que l'avaient fait plusieurs chimistes, que l'énergie de leurs affinités est la seule cause des réactions qu'ils opèrent.

Mais l'expérience a démontré qu'il n'en est pas ainsi.

On a reconnu, par exemple, que les sulfates sont décomposés par l'acide borique, à la température rouge, et que l'acide sulfurique qu'ils contiennent est éliminé et remplacé par l'acide borique, quoique ce dernier acide ait une énergie beaucoup moindre que celle de l'acide sulfurique.

On peut, du reste, se rendre compte de ce résultat de la manière suivante :

L'acide sulfurique est distillisable à une température bien inférieure à celle du rouge; par conséquent, l'affinité qui le retient en combinaison avec la base à laquelle il est uni, doit déjà être assez forte pour vaincre l'action de la chaleur, qui tend à le volatiliser; et si, en outre, on fait intervenir l'acide borique, qui est fixe, il arrive que l'acide sulfurique est soumis tout à la fois à l'action de la chaleur et à celle de l'acide borique.

On conçoit, dès lors, que l'énergie de ce dernier acide n'a pas besoin d'être très-forte, puisqu'elle est puissamment aidée dans cette circonstance par la chaleur.

Un grand nombre de faits de ce genre ont démontré, d'une manière évidente, que toutes les fois que l'on fait agir des corps composés les uns sur les autres, il y a des changements déterminés par la nature des propriétés des nouveaux composés qui peuvent se former, et non pas par la plus ou moins grande affinité des corps mis en présence.

L'exemple que nous venons de donner nous prouve, en effet, qu'en opérant *par voie sèche* et sous l'influence de la chaleur, il y aura réaction dès que l'un des corps pourra être éliminé en se dégageant.

La voie humide nous offre aussi de nombreux exemples.

Ainsi, lorsque l'on verse de l'acide chlorhydrique dans une dissolution de sulfate d'argent, il y a immédiatement formation d'un précipité de chlorure d'argent, tandis que l'acide sulfurique, rendu libre, reste dans la liqueur.

Pourquoi en est-il ainsi?

L'acide sulfurique a cependant une affinité pour les bases beaucoup plus énergique que celle de l'acide chlorhydrique, et, malgré cela, il se trouve éliminé par lui.

La cause de cette réaction est l'insolubilité du nouveau sel produit, qui lui permet de se séparer de la dissolution et de se soustraire ainsi à l'action de l'acide sulfurique.

Il nous sera donc facile d'admettre maintenant que, *par voie sèche* et sous l'influence de la chaleur, un acide fixe éliminera un acide volatil, et une base fixe une base volatile; tandis que par voie humide, un acide soluble éliminera un acide insoluble, et une base soluble, une base insoluble.

EUGÈNE BEAU,
Élève de l'École des mines.

Le Propriétaire-Gérant, ALEXIS GAUDIN.

TYPOGRAPHIE HENNUYER, RUE DU BOULEVARD, 7. BATIGNOLLES. Boulevard extérieur de Paris.

TROISIÈME ANNÉE. N° 2. SAMEDI, 8 JANVIER 1853.

LA LUMIÈRE

REVUE DE LA PHOTOGRAPHIE.

BEAUX-ARTS. — HÉLIOGRAPHIE. — SCIENCES.

JOURNAL NON POLITIQUE, PARAISSANT LE SAMEDI.

Bureaux, rue de la Perle, 9, à Paris.

ABONNEMENTS.—*Paris*, UN AN, 16 FR.; 6 MOIS, 10 FR.; 3 MOIS, 6 FR.; *Départements*, UN AN, 18 FR.; 6 MOIS, 11 FR.; 3 MOIS, 7 FR.; *Etranger*, UN AN, 20 FR.; 6 MOIS, 12 FR.; 3 MOIS, 8 FR.

Notre dernier numéro devait porter la date du 1er *Janvier*. — 3e *Année*, — *N°* 1, au lieu de 31 DÉCEMBRE, — 2e ANNÉE, — N° 53. — C'est une erreur de l'imprimeur, que nous réparerons en envoyant un exemplaire corrigé de ce numéro à tous nos abonnés.

On pourra dorénavant prendre des abonnements pour le journal *la Lumière*, à la *Librairie Nouvelle*, 15, boulevard des Italiens;

Et au cabinet de lecture, galerie d'Orléans, 2, Palais-Royal; chez Mlle LEGENTIL, cabinet de lecture, place de la Madeleine; et chez M. DELAHAYE, rue de Lancry, 37.

Nous sommes heureux de voir les journaux français et étrangers reproduire nos articles, mais nous les prions de vouloir bien indiquer la source de ces reproductions; c'est de toute justice.

SOMMAIRE.

LES PEINTRES ILLUSTRES.

Indocti discant; ament meminisse periti.

Je le dirai d'abord avec franchise, je ne suis point sans inquiétude sur la destinée des beaux-arts, quand je les vois se rapprocher de la mécanique et se familiariser avec les spéculations de l'artifice. Je crains que le génie créateur qui les produit ne se matérialise dans les formes séduisantes que de récentes inventions ont vues naître, et qui semblent ouvrir à l'horizon un monde nouveau. Je me souviens du Bas-Empire, cette époque de décadence ignominieuse, qui ouvrit aux beaux-arts, comme aux sciences, le tombeau du moyen âge, les y conduisit par un chemin semé de faux brillants et les y précipita pour des siècles.

Je veux, s'il est en moi, faire revivre, à côté de merveilleuses inventions, l'esprit créateur de l'art et les inspirations sublimes, en rappelant la vie des hommes de génie qui en ont fait la gloire. Une condition pour éviter la décadence et se maintenir dans la ligne du progrès, c'est de soutenir l'esprit des institutions quand la forme y devient prédominante, et de venir de même à l'appui de la forme, quand l'esprit, par excès d'exaltation, tend à franchir les limites raisonnables; car tout, dans la nature, tire sa perfection de l'équilibre et de l'harmonie des éléments.

Mais avant d'écrire la vie des grands peintres (que peut-être je ferai suivre de celle des hommes qui ont illustré la sculpture, l'architecture et l'art musical), qu'il me soit permis de donner quelques réflexions aux beaux-arts en général; ils se tiennent de si près, qu'il est difficile, même en les séparant, de ne pas tenir compte de leur parenté et du reflet qu'ils jettent l'un sur l'autre dans leurs inspirations. D'ailleurs, j'ai, au sujet des beaux-arts, quelques idées bien arrêtées. Je ne crois pas qu'ils soient exclusivement destinés à charmer la vue et à récréer les sens; ils ont une destinée plus haute, leur part d'influence dans la civilisation du monde, dont ils seront un jour la couronne et le fleuron.

Qu'on me pardonne donc si j'émets, dans le cours de ce sujet, des opinions un peu austères; si je ne m'extasie pas devant des œuvres que d'autres admirent, et des directions que je crois puériles ou mauvaises. Je veux que l'art conserve ses traditions, consacrées par l'assentiment des siècles, alors même qu'il acquiert, par ses conquêtes de chaque jour, des moyens nouveaux, et s'efforce d'agrandir son domaine par cette voie de l'industrie qui en multiplie les produits et les met à la portée de tout le monde. Les artistes me sauront gré de conseils donnés à ce point de vue et de quelques réflexions qui peuvent leur échapper au milieu des travaux qui absorbent leur esprit. Ils aimeront à voir les idées classiques revenir les visiter dans le silence de l'atelier, comme ce bon génie des ancêtres qui, du haut du passé, illumine l'avenir et en découvre les écueils.

Pour les beaux-arts, comme pour la littérature, c'est à l'antiquité qu'il faut demander des modèles parfaits. Chez les Grecs, tout fut constitué sur une observation simple et exacte des lois de la nature; et si l'on cherche dans tout ce qu'ils ont fait, soit d'idéal, soit de matériel, on découvre constamment que leur grand secret, pour produire le perfectionnement, fut un sentiment profond de l'harmonie et de l'unité. Le beau ou le bon, tel était leur point de mire et leur modèle. C'est par l'amour de tout ce qui était vraiment noble et grand qu'ils parvinrent à cette expression du vrai, qu'ils ont donnée avec une sorte d'habileté native à tout ce qui est sorti de leurs mains.

Les beaux-arts en Grèce furent cultivés par les philosophes, et les artistes philosophèrent. De cette alliance de talents, que l'on peut considérer comme le moral et le physique de l'objet, naquit un immense concours de perfection dans le dessin, la sculpture, la peinture, l'architecture et la musique. Il suffit de quelques siècles aux Hellènes pour élever au sein de leur patrie des monuments en tout genre, respirant au plus haut point la grâce, la justesse et la beauté.

Si vous avez, en pèlerin, ami du beau, parcouru ces contrées dont le nom seul suffit à leur histoire; si vous vous êtes trouvé aux solitudes de Pestum, à l'Acropolis d'Athènes, au pied de la colonne de Pompée, en Egypte; si vous avez contemplé les villes ressucitées de la Campanie, Herculanum et Pompeïa, avec leurs fresques et leurs mosaïques; si vos regards seulement se sont reposés sur quelques-uns des chefs-d'œuvre de sculpture arrachés aux ruines du moyen âge, et qui font aujourd'hui l'ornement des principaux musées du monde, ce n'est pas vous qui nierez la supériorité classique des anciens. Sentiment du beau et du vrai, du noble et du gracieux, intelligence parfaite des rapports et des attributions; vous avez tout retrouvé là, vous avez tout accordé à l'antiquité.

Un important mobile aussi du perfectionnement des arts en Grèce, fut le but auquel ils étaient dirigés. Ce but, c'était l'éducation de la jeunesse et celle du peuple; ils faisaient partie du culte lui-même et, par ce contact avec la Divinité, ils étaient comme des intermédiaires entre l'idéal de la nature et ses applications.

Les artistes grecs, par la seule raison qu'ils étaient inspirés de la recherche du beau et du vrai, deux principes inséparables, aboutirent à être simples. En disciples soumis à la nature, ils commencèrent par en copier les parties les plus gracieuses et les plus parfaites, et parvinrent, en les réunissant, à les rendre semblables à elles-mêmes. Une méthode si facile produisit à la fois l'élégance et l'harmonie, dont leurs ouvrages d'art, comme leurs écrits, nous offrent des modèles que nous ne pouvons imiter, par l'unique raison peut-être qu'ils sont trop simples, trop nets, tandis que notre esprit et nos facultés sont trop complexes et en dehors des rapports naturels et vrais.

Et ici se présente une question que les artistes, comme les écrivains, peuvent utilement se poser à eux-mêmes: Pourquoi les inventions les plus admirables nous paraissent-elles, en général, simples? Pourquoi semble-t-il à chacun de nous qu'il aurait dû les deviner? N'est-ce point parce que l'esprit des modernes est hors de la route du vrai et du naturel, et qu'il faut qu'il y soit ramené par des révélations particulières à quelques esprits seulement? N'est-ce point parce que dès l'enfance on nous fait tourner le dos à la méthode, et que l'on embrouille nos idées de telle manière que, devenus des hommes, ce n'est que par de grands efforts que nous pouvons revenir à l'état élémentaire d'où nous aurions dû partir?... E. B.

(La suite au prochain numéro.)

ACADÉMIE DES SCIENCES.

— Elections. — La carte de France et la photographie.— Catalepsie compliquée de somnambulisme naturel. — Nouveau calendrier perpétuel. — Réclamation de MM. Gannal fils. — Traitement par le collodion. — Epreuves photographiques de M. Bousigues. — Recherches concernant l'acide racimique. — Culture de la betterave dans l'Ouest.

Elections. — D'après son ordre du jour du lundi 5 janvier, l'Académie avait à élire :

1° Un vice-président ;

2° Deux membres de la Commission administrative de l'Institut ;

3° Un membre dans la section de botanique, par suite du récent décès de M. Richard.

M. Piobert, qui était président pour l'année 1852, a cédé, suivant l'usage, le fauteuil à M. de Jussieu, qui était vice-président pendant la même année.

Le nouveau vice-président devait, d'après le règlement, appartenir à la classe des sciences mathématiques; les votes ont été partagés entre MM. Combes, Binet, Morin, Lamée, Ch. Dupin, Cauchy, Desprez, Liouville; sur 56 votants, M. Combes, de la section de mécanique, ayant obtenu 32 suffrages, a été élu vice-président pour l'année 1853.

Les deux membres de la Commission administrative de l'Institut et des fonds pour 1853, MM. Chevreul et Poncelet, ont été réélus, M. Chevreul par 53 voix, M. Poncelet par 46, sur 59 votants.

Pour l'élection d'un membre dans la section de botanique, les candidats adoptés par l'Académie dans son comité secret du 27 décembre dernier, d'après la liste présentée par M. de Jussieu, étaient en première ligne, *ex æquo*, et par ordre alphabétique :

M. Camille Montagne,
M. L. René Tulasne.

En seconde ligne, MM. Duchartre et Trécul, *ex æquo*. Sur 58 votants, M. C. Montagne a obtenu 56 suffrages, et M. Tulasne, 2. M. Montagne, dont la nomination sera soumise à l'approbation du gouvernement, a été élu membre de l'Académie.

M. le président a rappelé à ses honorables collègues, que deux académiciens libres, MM. Héron de Villefosse et de Raguse, avaient été enlevés à l'Académie pendant l'année 1852.

La *nouvelle carte de France et la photographie*.—Nous avons fait connaître à nos lecteurs, dans le n° 51 de *la Lumière*, l'idée suggérée à M. Faye, à propos de la télégraphie électrique, de déterminer par les procédés nouveaux dont la science dispose, non-seulement les longitudes, mais encore les latitudes astronomiques de tous les non chefs-lieux, et de les comparer aux coordonnées géodésiques déjà connues, afin de mettre en relief les irrégularités locales dont les surfaces du sphéroïde terrestre peuvent être affectées sur notre sol. La communication qui avait donné lieu à la proposition du savant académicien avait été faite par M. le ministre de l'intérieur; mais aussitôt qu'on a eu connaissance de cette proposition au ministère de la guerre, M. Blondel, directeur du dépôt général, a adressé à M. le président de l'Académie une lettre dans laquelle il remercie M. Faye, au nom du corps d'état-major, des paroles bienveillantes qu'il a bien voulu prononcer sur les opérations de la carte de France; puis il ajoute que les idées exprimées par le savant académicien avaient déjà occupé la pensée des officiers d'état-major du dépôt de la guerre. Ils avaient pressenti tout le parti qu'ils pourraient tirer de la télégraphie électrique, pour vérifier ou confirmer, étendre même leur travail et celui de leurs prédécesseurs. Ils s'applaudiraient de marcher dans cette voie sous les inspirations de l'Académie des sciences ; on trouverait chez eux un zèle éprouvé et une certaine expérience acquise, qui leur donnerait peut-être le droit de se considérer comme dignes agents de la savante assemblée; en outre, l'Etat ne verrait pas la moindre partie de ses forces se consumer sans avantage dans des travaux faits en même temps et de deux côtés différents.

Dans cette idée, M. le directeur a cru convenable d'offrir à l'Académie, sauf l'approbation du ministre, et dans les limites qu'il lui appartient de fixer, le concours de MM. les officiers d'état-major du dépôt de la guerre, pour la réalisation des projets préconçus par M. Faye.

L'illustre académicien a répondu que, du moment où MM. les officiers d'état-major annoncent qu'ils ont conçu des projets analogues à ceux dont il a eu l'honneur d'entretenir l'Académie, il s'empresse de renoncer à toute idée d'initiative personnelle, et de mettre ses propres efforts à la disposition de ce corps distingué, dans le cas où ils lui paraîtraient acceptables.

Nous avions remarqué avec une bien vive satisfaction, dans la communication faite le 6 décembre par le savant professeur de cosmographie, cette phrase : « C'est ainsi que la longitude, si fréquemment affectée d'erreurs inextricables, si souvent douteuse, peut être déterminée par une simple combinaison des procédés *photographiques* avec ceux de la télégraphie. » Et nous nous réjouissions d'avance de voir les procédés photographiques utilisés par les soins d'un membre éminent de l'Académie des sciences; aujourd'hui notre joie est doublée, puisque nous avons l'espoir que, grâce à l'initiative prise par M. Faye, M. le ministre de l'intérieur pour la télégraphie électrique, M. le ministre de la guerre et le corps savant des officiers d'état-major pour la carte de France, voudront bien permettre que nos habiles photographes soient enfin appelés, suivant leur désir ardent, à donner leur concours aux services publics, et à fournir des preuves de l'utilité d'un art presque inconnu dans ce genre de services.

Calendrier perpétuel portatif. — M. Willoughby présente à l'Académie un petit instrument qui, s'il n'a pas le mérite de la nouveauté, a du moins celui de l'utilité. Il y a bien longtemps de cela, nous faisions usage, dans les lycées, d'un canif en ébène à étui, renfermant plusieurs lames et terminé par un cachet d'ivoire ; une virole mobile indiquait les jours de la semaine désignés par la première lettre majuscule ; et en l'ajustant chaque premier jour du mois, on obtenait un calendrier perpétuel ; les dates correspondantes au jour étant fixées en regard et au-dessous de la majuscule. L'instrument inventé par M. Willoughby est plus compliqué. C'est un petit porte-crayon porte-plume, qui sert d'almanach perpétuel, et qui, suivant lui, donne pour toute année quelconque, passée ou future, 1° le jour de la semaine ; 2° les quantièmes; 3° les jours de la nouvelle et de la pleine lune; 4° les dates des fêtes mobiles ; et tout cela avec des calculs d'une extrême simplicité. L'inventeur affirme que les résultats qu'il a obtenus au moyen de ce petit instrument ont toujours été d'accord, en tous points, avec les nombreux almanachs des dix-huitième et dix-neuvième siècles qu'il a consultés.

Réclamation d'un paquet cacheté; incident. —Tout le monde a entendu parler de M. Gannal, devenu célèbre par l'invention d'un procédé d'embaumement, momification, et conservation des corps humains. Le 10 mars 1850, M. Gannal adressa à l'Académie des sciences un paquet cacheté, contenant la description du procédé employé par lui pour la dessiccation des substances animales et végétales. Ce dépôt important, confié à l'élite des savants, a peut-être acquis une grande valeur depuis la mort du dépositaire ; Gannal, opérant lui-même, pouvait garder son secret, et s'il en a divulgué une partie, la plus intéressante pour la science, la plus précieuse pour ses héritiers, est peut-être renfermée dans les pages écrites de sa main.

MM. Adolphe et Félix Gannal, ses fils, ayant demandé à l'Académie, par leur lettre du 3 janvier 1853, la remise du paquet cacheté, M. le président, après avoir consulté le bureau, a décidé que cette remise ne devait avoir lieu qu'après que MM. Gannal auraient justifié légalement de leurs droits comme uniques héritiers de leur père.

Cas singulier de catalepsie compliquée de somnambulisme. — Etre privé momentanément de tout sentiment et de tout mouvement, être cataleptique, et tout à coup, à un moment donné, recouvrer, par l'effet prestigieux du somnambulisme naturel, le sentiment et le mouvement, tel est le phénomène singulier observé et signalé à l'Académie par M. le docteur T. Puel, et consigné dans un mémoire qu'il espérait pouvoir lire dans la séance du 3 janvier ; mais l'ordre du jour trop surchargé lui a imposé l'obligation de renoncer à cette lecture. M. Puel prend la liberté de solliciter pour lui, auprès de M. le président, la nomination d'une commission, afin de constater les faits contenus dans son mémoire ; il espère que MM. les commissaires seront à même de reconnaître les phénomènes physiologiques sur lesquels il désire attirer plus particulièrement l'attention de l'Académie.

Traitement par le collodion de diverses maladies ou inflammations locales. — Nous avons donné, d'après M. Lauras, dans le numéro 34 de *la Lumière, deuxième année*, la recette d'un collodion employé dans la médecine, en remplacement des compresses, pour le pansement des blessés.

M. le docteur Fourcault, qui a employé avec succès les enduits imperméables, et particulièrement le collodion, en donnant à l'Académie des détails sur divers cas dans lesquels il a obtenu de promptes guérisons par ce moyen, ajoute qu'en général, pour obtenir les résultats les plus prompts et les plus favorables, il est nécessaire d'appliquer cette préparation agglutinative sur une large surface, et de remplir, avec beaucoup de soin, les fissures formées par le dessèchement du collodion. Il pense que cette préparation peut s'appliquer aux contusions graves, aux luxations, aux entorses récentes, aux fractures de membres, et même aux plaies d'armes à feu, après l'extraction des corps étrangers.

M. Fourcault conseille aux chirurgiens éloignés des grands centres de population, et qui ne pourraient se procurer du collodion convenablement préparé, de le remplacer par de l'argile plastique. Il en a fait un fréquent usage dans ses expériences sur les animaux. Cette substance, adhérant à la peau, servirait à la fois d'enduit et de moyen contentif dans ces fractures. On aurait soin de prévenir le dessèchement de cette couche argileuse en l'environnant d'un linge imbibé d'eau froide.

Dépôt d'épreuves photographiques. — M. Bousigues avait adressé, en juillet 1850, à l'Académie, quelques spécimens de photographie sur papier, obtenus par un procédé particulier. Ces épreuves avaient été renvoyées à une Commission qui devait, après examen, faire un rapport ; mais soit que cette Commission n'ait pas trouvé que les procédés du photographe méritassent une mention spéciale, soit que d'autres travaux plus importants aient attiré l'attention de MM. les commissaires, ou de M. le rapporteur ; toutefois est-il que M. Bousigues a cru pouvoir, après une si longue attente, demander à l'Académie la permission de reprendre, s'il est possible, ses épreuves, qui, bien qu'elles n'aient aucune valeur au point de vue de l'art, lui seraient néanmoins extrêmement utiles, à cause de leur ancienneté, dans certaines recherches dont il s'occupe.

Si M. le rapporteur est en mesure de faire connaître son opinion à l'Académie, nous serons à même de faire connaître prochainement à nos lecteurs le mérite du procédé particulier de M. Bousigues; dans le cas contraire, si cet artiste reprend ses épreuves, nous l'engagerons à faire au *Journal de la photographie* une communication très-importante pour la plupart de ses nombreux abonnés.

Recherches concernant l'acide racimique. L'abondance des matières ne nous permet pas de rendre compte d'une notice très-intéressante de M. Pasteur, sur l'origine de l'acide racimique, lue en entier par M. Biot, ainsi que de l'explication donnée par l'illustre académicien concernant la disparition, si longue et si bizarre, de ce précieux produit. Découvert vers 1820 à Thann, par M. Kestner, et appelé acide thannique, l'acide racimique fut retrouvé par M. Pasteur en 1852 seulement, d'après les inspirations de la Société de pharmacie de Paris, et grâce à la libéralité de l'Académie des sciences, qui a bien voulu accorder à l'habile chimiste les fonds nécessaires pour achever les recherches.

Nous aurons à rendre compte aussi d'une note de M. Adophe Bobierre, professeur de chimie à Nantes, sur la composition chimique de la betterave à sucre, cultivée sur les terrains alumino-siliceux de la Loire-Inférieure.

A.-T. L.

SUBSTANCES VÉNÉNEUSES

EMPLOYÉES EN PHOTOGRAPHIE.

Plusieurs de nos abonnés nous ont demandé des renseignements sur les dangers que peuvent présenter les substances employées en photographie, qui sont presque toutes des poisons violents, en les supposant introduites dans l'estomac ; mais on peut impunément tremper les doigts dans leurs solutions. Pour s'en convaincre, il importe de se rendre compte de la manière d'agir des poisons.

Les substances vénéneuses pénètrent dans l'économie de trois manières : 1° par les poumons, quand elles sont à l'état de gaz ; 2° par l'estomac, quand elles sont à l'état solide ou liquide ; 3° par l'absorption cutanée, à l'état de solution concentrée.

Le daguerréotype, qui est fondé sur l'emploi des vapeurs de l'iode, du chlore, du brôme et du mercure, pourrait provoquer un empoisonnement du premier genre, plutôt que la photographie qui est fondée sur l'emploi des liquides ; encore faudrait-il qu'un accident amenât la rupture d'un flacon de brôme ; car, dans l'exercice paisible de cet art, les vapeurs dégagées sont si rares qu'elles ne peuvent pas causer un empoisonnement proprement dit.

La photographie, au lieu du brôme, emploie l'éther ; dans le cas de rupture d'un flacon, c'est l'explosion et l'incendie qui sont le plus à craindre. Un flacon d'éther d'un litre pourrait, après sa vaporisation, faire fulminer l'air d'une pièce ordinaire, et la respiration du mélange pourrait causer une éthérisation en règle, et, à la longue, causer la mort. Un flacon de brôme de 20 grammes serait tout aussi délétère, dans les mêmes circonstances. Il importe donc de ne jamais s'exposer à ce danger, qui peut exister dans le cas seulement où l'on coucherait dans une pièce contenant une provision de brôme ou d'éther.

L'empoisonnement du second genre est le plus fréquent ; il a été souvent provoqué par la malveillance et quelquefois par méprise.

L'estomac s'accommode très-mal des sels métalliques et des produits chimiques énergiques. L'oxyde d'arsenic, qui est un poison si bien caractérisé, tire toute sa puissance de la faiblesse de ses réactions sur les organes intérieurs qui lui permet de pénétrer dans la circulation, où il déploie alors son pouvoir vénéneux. A petite dose, il produit, à s'y méprendre, tous les symptômes du choléra : vomissements, selles abondantes, crampes, froid des extrémités, cyanose, déformation des traits, etc.

L'énergie d'action sur l'économie animale des sels employés en photographie est plutôt extérieure ; ils sont plus caustiques, et les accidents qu'ils pourraient causer viendraient en grande partie de l'inflammation des organes envahis par eux. Nous allons mieux en juger en les passant en revue.

NITRATE D'ARGENT.

C'est un des plus violents caustiques que l'on connaisse, à l'état fondu ; il est nommé pour cette raison *pierre infernale* ; sur la chair dépouillée de son épiderme et sur les membranes muqueuses, il cautérise comme un fer rouge ; mais, comme il coagule tous les fluides vitaux, son absorption ne peut avoir lieu ; son action se borne à une désorganisation instantanée et radicale des membranes qu'il touche. En solution dans l'eau, sa causticité est moindre, mais elle persiste jusqu'aux millièmes. Les solutions de nitrate d'argent sont donc des poisons violents pour le tube digestif, en raison de l'inflammation extraordinaire qu'elles pourraient y provoquer immédiatement.

Pour l'usage de la photographie, on ne peut se dispenser d'y plonger les doigts. En se servant de bouts de doigt en caoutchouc, le contact n'a plus lieu ; mais c'est fort gênant : sans cette précaution, les doigts sont noircis infailliblement, sans causer cependant la moindre douleur, à moins qu'il ne se rencontre une coupure ou une écorchure ; dans ce cas, il y a cuisson très-vive pendant la cautérisation, qui se fait très-rapidement et ne se renouvelle plus. Par cette raison, il faut éviter de se frotter les yeux quand on ne s'est pas lavé les mains au savon.

CYANURE DE POTASSIUM.

Ce sel est presque toujours très-alcalin, en raison d'un excès de potasse caustique qu'il contient. A cause de cela, il ramollit l'épiderme et dispose la peau à son absorption, ce qui crée un véritable danger. Je dois dire cependant que dans les premiers temps de l'argenture à la pile par les cyanures, j'ai eu les doigts ramollis par imbibition prolongée du cyanure de potassium argentifère, sans en éprouver d'autre malaise qu'une cuisson assez vive à l'extrémité des doigts. Dans le cas de coupures ou écorchures, il y aurait, dit-on, danger sérieux d'empoisonnement par absorption : cela me semble probable par analogie avec ce qui se passe pendant les dissections. On peut plonger les mains garnies de leur épiderme dans les chairs en décomposition, sans courir aucun danger ; mais la plus petite coupure aux doigts a rendu souvent cette opération mortelle.

Le cyanure de potassium a la plus grande analogie avec l'acide cyanhydrique ; le potassium y tient la place de l'hydrogène, et, puisque l'acide cyanhydrique est mortel par l'absorption la plus minime, on devra se défier de son analogue toutes les fois qu'il y aura rupture de l'épiderme.

HYPOSULFITE DE SOUDE, BROMURE ET IODURE DE POTASSIUM.

Tous ces sels sont éminemment laxatifs et peu vénéneux par eux-mêmes ; leur absorption ne présente aucun danger ; mais quand ils sont chargés de sels d'argent, ils deviennent de véritables poisons pour l'estomac.

ACIDE GALLIQUE, TANNIN, ACIDE PYROGALLIQUE, SULFATE DE FER.

Ces corps sont plus malfaisants pour l'estomac que les précédents ; ils peuvent réellement empoisonner : mais on peut y toucher sans le moindre inconvénient.

BICHLORURE DE MERCURE, VULGAIREMENT SUBLIMÉ CORROSIF.

Le nom vulgaire de cette substance indique suffisamment que c'est un poison ; il peut être mis sur la même ligne que le cyanure de potassium ; il est même certain qu'il est plus facilement absorbable par la peau ; seulement son absorption n'est pas capable de produire des effets aussi sérieux.

De tout cela, il faut conclure que les photographes peuvent hardiment toucher aux liquides. Il n'y a que le cyanure de potassium et le sublimé corrosif qui exigent l'absence de toute coupure et déchirure aux doigts.

Quand j'ai dit que la plupart des substances employées en photographie étaient de violents poisons pour le tube digestif, je me réservais de faire de pressantes recommandations pour que ces préparations soient mises hors de portée des petits enfants qui seuls pourraient être tentés d'en boire ou d'en manger. Je crois même qu'il faudra surtout éloigner de leur portée les produits en sels ou morceaux : un enfant boira difficilement du liquide sans l'avoir goûté ; mais il pourrait très-bien, trompé par l'apparence, avaler un cristal de nitrate d'argent ou un morceau de cyanure de potassium, croyant que c'est du sucre ; il en résulterait un empoisonnement terrible et sans remède.

L'acide acétique, l'ammoniaque, l'esprit-de-vin, l'éther, etc., ont une odeur forte qui empêchera les enfants d'y goûter, ou, s'ils y goûtaient, ils perdraient bien vite l'envie d'en boire. Les émanations de ces liquides, lorsqu'elles sont faibles, ne peuvent pas influer sur la santé ; l'éther seul, qui émet toujours des vapeurs abondantes et que sa senteur invite à respirer, agit à la longue sur le système nerveux qu'il affaiblit. Dans mon dernier article sur les inconvénients que présente la respiration immodérée de ces vapeurs, il y a eu omission d'un paragraphe qui rendait compte des effets anesthésiques que j'avais éprouvés en opérant sur collodion dans un très-petit laboratoire. Il y a un moyen direct d'échapper à cette influence, c'est de travailler autant que possible dans un local spacieux et consacré à l'application du collodion. Il n'est pas nécessaire d'immerger le collodion aussitôt qu'il est versé, car j'ai reconnu le contraire ; je n'ai jamais si bien réussi que pendant les jours d'été, quand je traversais un long couloir, ma plaque au vent, avant de l'appliquer sur le bain. On doit éviter de pousser cette dessiccation à l'extrême ; mais je suis persuadé que les stries blanches proviennent presque toujours d'un collodion trop frais.

M.-A. GAUDIN,
Calculateur du Bureau des longitudes.

LE PHOTOGRAPHE

ESQUISSE PHYSIOLOGIQUE.

II.

DU PHOTOGRAPHE PROPREMENT DIT.

Et d'abord, qu'on nous permette quelques réflexions préliminaires et générales sur le mot *photographe*.

Un mot, c'est souvent beaucoup, surtout de nos jours, où l'on s'attache assez volontiers à la forme plutôt qu'à l'idée, à l'expression plutôt qu'à la pensée. On a vu des hommes qui ont dû leur fortune à un mot, quelques-uns lui doivent leur bonheur. Il y en a qu'un mot a rendus célèbres, et il y en a davantage qui sont morts pour un mot ; cela se voit tous les jours. Un mot a suffi parfois pour allumer des guerres interminables, et mettre un empire en danger. Quand le mot est un titre, il a, dans un autre ordre de faits, de graves conséquences. Certains ouvrages qui renferment d'excellentes choses, d'utiles enseignements, et qui feraient peut-être la gloire de leur auteur, n'ont jamais été lus à cause de leur titre : un mot. D'autres n'ont que leur titre, et font fureur.

Nous croyons donc utile de revenir sur ce mot que nous aurons à répéter souvent, et qui représente pour nous tout individu faisant son métier, son plaisir ou son art de la photographie. Ce mot, lui aussi, a semé la discorde dans la tribu photographique, si bien faite pour vivre en paix. Il a donné naissance à deux partis opposés, également sûrs du bon droit. Les uns, les moins nombreux, mais les plus ardents, veulent qu'on dise *photographistes* ; les autres se contentent du titre de *photographes*.

Bien que notre plus cher désir fût de rester en dehors de ces luttes philologiques, il fallait opter. On a vu que nous nous sommes rangés, nous l'avouons humblement, du côté du plus grand nombre ; pour excuse, nous dirons que le mot *photographe* s'étant tout d'abord et tout naturellement présenté sous notre plume, nous l'avons écrit : et puis il est le plus court, le plus simple, et à nos yeux ce sont deux bonnes raisons. De plus, en réfléchissant et en procédant par analogie, à la manière de Bacon, nous avons pensé que puisque l'on disait *lithographe, géographe, sténographe*, et non *lithographiste, géographiste*, etc., nous pouvions sans trop de hardiesse dire tout simplement *Photographe*.

Ceci étant bien posé, revenons à l'examen physiologique de ce type que nous avons nommé le *photographe proprement dit*, et que le vulgaire nomme encore *daguerréotypeur*.

Quel est celui d'entre vous, ô lecteurs, qui pour éviter une averse, ou un créancier, ou un importun, ou pour attendre l'*Omnibus*, ou enfin pour jouir tout bonnement de quelques instants de douce flânerie, ne s'est arrêté devant un de ces cadres qui miroitent à droite et à gauche d'une porte bâtarde, et dans lesquels sont réunies les images fidèles d'un gendarme, d'une première communiante, d'un *monsieur* de qualité douteuse et de deux ou trois familles groupées tendrement, le sourire aux lèvres, dans des attitudes plus ou moins gracieuses et engageantes, et n'a lu, au milieu des susdits cadres, cette inscription écrite en lettres gothiques :

PORTRAITS AU DAGUERRÉOTYPE
DEPUIS 2 FR.
RESSEMBLANCE GARANTIE
DANS CETTE MAISON.

Qui de vous encore ne s'est pris à regarder du coin de l'œil l'allée au bout de laquelle s'avancent les premières marches d'un escalier plein d'ombre et de mystère, et à désirer de pénétrer jusque dans le sanctuaire du photographe ?

Ce sanctuaire est toujours situé au dernier étage de la maison. Il est tout naturel que le collaborateur du soleil se loge le plus près possible du ciel.

Une odeur assez pénétrante de produits chimiques annonce le terme de l'ascension. La chambre dans laquelle on entre communique avec une terrasse qui sert de théâtre à l'une des phases les plus essentielles de l'opération : la pose. — Cette pièce, qu'on appelle *salon*, est meublée plus ou moins élégamment. Sur la table sont entassés pêle-mêle des portraits de toute grandeur, de tout prix. Les murs en sont tapissés. Des cadres vides, des passe-partout, des médaillons remplissent les intervalles. Quant au cabinet noir, c'est le *sacro-sanctum*, personne que les initiés n'y pénètre.

On comprendra que la propreté de l'escalier, l'élégance du *salon*, la richesse de l'ameublement du photographe, varient selon le quartier qu'il habite et la valeur de ses œuvres. Ainsi, on pourrait établir cette proportion mathématique : Un photographe de telle rue est à un photographe de tel boulevard comme 2 francs sont à 55 francs. Mettez des tapis dans l'escalier, un bouton de cristal à la porte, des meubles garnis de velours dans le *salon*, du papier satiné sur les murs, et vous aurez une idée de ce que l'on voit rue Vivienne, ou boulevard des Italiens ; mais c'est toujours la même disposition, le même plan, le même nombre d'étages.

Maintenant que nous avons esquissé la demeure, étudions celui qui l'habite.

Au physique, le *photographe* ressemble à tout le monde. Il n'a pas ces airs particuliers, cette mise, cette tournure, cette physionomie originale qui distinguent le peintre, par exemple. Ses mains seules révèlent aux yeux indiscrets les secrets de son incognito. Le nitrate d'argent les marque d'un signe qui se renouvelle chaque jour.

En général, le photographe proprement dit est philosophe. Avant de *pratiquer*, il a fait autre chose, souvent un peu de tout ; aussi connaît-il ordinairement assez bien la vie. Il est bon vivant. Il aime à rire, il aime à boire, et chante volontiers la chansonnette. Il est bon convive et généreux amphitryon. Le soir, après une rude journée de travail entre l'objectif, le polissoir et la boîte à brôme, il aime à s'asseoir près d'une table bien servie, et à respirer largement les parfums réjouissants d'un souper. Les vapeurs du champagne lui font oublier celles de l'iode et du mercure. Alors, si vous vous étonnez en voyant sa toilette négligée, si vous regardez avec dédain son pantalon couvert de taches multicolores, il aura le bon esprit de ne s'en point fâcher et se contentera de vous répondre : C'est un pantalon qui vaut deux cents francs par jour. Et il dira vrai. Il y a tels photographes chez lesquels il faut prendre son numéro quand on veut obtenir son portrait, et qui achètent une maison tous les six mois.

Qu'on dise encore qu'on ne s'enrichit plus de nos jours !

Vous êtes avocat, et vous n'avez point de causes, consolez-vous ! Vous êtes médecin, et personne ne vient vous demander des soins, ne vous désespérez pas ; vous avez passé quinze ans de votre vie à étudier, dix ans à rêver, et vous avez commis une tragédie, ou un drame, ou un vaudeville qui a été sifflé, prenez courage ; vous êtes acteur, et l'on vous laisse toujours dans les rangs obscurs des *utilités*, espérez ; vous êtes journaliste et personne ne vous lit ; vous êtes financier et vous pressentez la ruine ; quel que soit enfin le chemin que vous ayez choisi, vous courez après la fortune et ne rencontrez que la misère ! Arrêtez-vous, calmez-vous et regardez ! Elle est là, cette fortune que vous cherchiez et qui vous fuyait ; elle vous tend les bras : faites-vous photographe !...

ERNEST LACAN.

Le prince Jérôme Bonaparte va quitter les Invalides pour habiter le Palais-Royal. Les constructions élevées dans la cour d'honneur pour les expositions des beaux-arts ne pouvaient dès lors être conservées. Il en résultera un retard pour l'ouverture du Salon de cette année. Les artistes viennent d'en être prévenus par l'avis suivant, publié dans les journaux :

« Le Directeur général des Musées impériaux a l'honneur de prévenir le public et les artistes que, par suite de la démolition immédiate des constructions provisoires, il est indispensable de reculer l'exposition des ouvrages des artistes vivants qui devait avoir lieu au Palais-Royal le 15 mars 1853. Le terme précis de son ouverture sera ultérieurement fixé. MM. les artistes sont priés de suspendre l'envoi de leurs travaux. »

Divers emplacements ont été proposés pour l'établissement d'un nouveau local provisoire. On avait parlé d'élever une salle d'exposition sur les terrains rendus libres sur le quai Voltaire, par la démolition de l'ancien hôtel Monaco. Ce qui aurait pu servir à donner plus tard à l'École des Beaux-Arts une entrée sur le quai. On avait aussi parlé de mettre l'exposition dans le nouveau ministère des affaires étrangères, près du palais du Corps Législatif, à l'extrémité du quai d'Orsay. Il paraîtrait cependant qu'on se serait arrêté à un nouvel emplacement, celui des Menus-Plaisirs, dans la rue du Faubourg-Poissonnière ; on élèverait, dans la vaste cour de cet établissement, une construction provisoire, en attendant qu'on ait terminé la partie des nouveaux bâtiments du Louvre qui est affectée par les projets à cette destination.

La vente des tableaux modernes de la galerie de M. le duc d'Orléans doit avoir lieu mardi 18 janvier. Les tableaux sont au nombre de 57, parmi lesquels on cite :

Œdipe interrogeant le sphinx, par M. Ingres ; *Stratonice*, par le même ;

La mort du duc de Guise, par M. Paul Delaroche ; quatre compositions de M. Ary-Scheffer : la première est le *Christ consolateur* ; la seconde *Françoise de Rimini* flottant dans les nuages avec son amant ; puis la figure du *Giaour*, peinte avec beaucoup d'énergie, et une tête gracieuse de femme, Fœdora.

Les tableaux de M. E. Delacroix sont au nombre de cinq ; le plus important est l'*Assassinat de l'évêque de Liége*, sujet tiré du roman de Quentin Durward ; puis viennent ensuite l'*Amende honorable* dans un couvent ; *Hamlet et le fossoyeur* ; le *prisonnier de Chillon* et *un Arabe près d'un tombeau*.

La fille de Jephté, de M. Lehman ; un *intérieur de cloître*, peint par Granet ; la *bataille des Cimbres*, *Samson combattant les Philistins*, et *Joseph vendu par ses frères* : trois compositions importantes de M. Decamps.

Quatre Victoires déroulant une tapisserie qui représente le tombeau de Sainte-Hélène, de la main de feu F. Gérard. *Michel-Ange* soignant son domestique malade, par M. Robert Fleury.

Une belle esquisse d'Alfred Johannot.

Une mort de Duguesclin, de son frère Tony Johannot ; Des compositions spirituelles de MM. E. Isabey, Leleux, Lepoitevin, Roqueplan et Meissonnier.

Les paysagistes les plus connus ont concouru à augmenter cette collection, où les idées et les talents de la plupart de nos peintres modernes sont fortement caractérisés, Marilhat, Bonnington, puis MM. Aligny, Cabat, Gudin, Bodinier, P. Huet, Flers, Corot, T. Rousseau, et d'autres encore ont tous achevé des ouvrages que le prince avait admis dans sa galerie.

A la vente de ces tableaux seront joints des bronzes modelés par nos plus habiles sculpteurs ; de véritables meubles de Boule ; des tentures de brocart de la fabrique de M. M. Grand, de Lyon, et une grande quantité de curiosités antiques et chinoises.

L'exposition de tous ces objets aura lieu le lundi 17 janvier, veille du jour de la vente, rue et hôtel des Jeûneurs, 42 (bis).

SCIENCES.—CHIMIE.

COMPTE-RENDU DU COURS DE CHIMIE DE M. BALARD A LA SORBONNE.

DES SELS.

Les réactions chimiques ont lieu avec une grande facilité, dans les dissolutions.

Beaucoup de corps ne manifestent l'énergie de leurs propriétés, que lorsqu'ils sont dissous ; mais souvent, outre cela, il est nécessaire, pour qu'elles soient mises en évidence avec leur maximum d'intensité, que les dissolutions soient étendues d'une certaine quantité d'eau.

Tel est l'acide azotique monohydraté qui, mis en contact avec du marbre (carbonate de chaux), n'agit pas, tandis que si on l'étend d'eau, il opère énergiquement la décomposition de ce corps, et élimine l'acide carbonique qui se dégage.

Il en est de même pour beaucoup d'acides, et l'expérience fait connaître, pour chaque cas particulier, les quantités d'eau nécessaires pour que les réactions se manifestent avec plus de facilité.

Il nous reste encore à étudier les réactions que les sels exercent les uns sur les autres, et de même que nous avons vu les bases et les acides agir sur eux en raison des propriétés des sels nouveaux qui pouvaient se former en permettant une élimination, de même aussi nous les verrons se décomposer mutuellement quand on les met en contact et qu'un nouveau sel insoluble ou volatil peut se produire dans les circonstances où ils se trouvent.

Lorsqu'on verse une dissolution de sulfate de potasse dans une dissolution d'azotate de baryte, il se produit immédiatement un abondant précipité blanc.

L'analyse démontre que ce précipité est formé de sulfate de baryte, et que la liqueur renferme de l'azotate de potasse ; de plus, on remarque que cette liqueur, qui était neutre avant la réaction, est restée dans le même état.

Ainsi donc, il y a eu échange d'acide par la raison qu'il pouvait se produire un sel insoluble, s'éliminant par précipitation ; et la neutralité persistant après la réaction prouve que les affinités des acides et des bases sont satisfaites complétement, comme auparavant : ce qui conduit à admettre des équivalents de bases et d'acides, comme nous avons admis des équivalents de corps simples.

Dans ce cas particulier, en effet, la réaction représentée par la formule suivante : $SO^3 . KO + AzO^5 . BaO = SO^3 . BaO + AzO^5 . KO$ ($K = 40$ étant l'équivalent du potassium et $Ba = 68$ celui du barium) nous montre que $BaO = 76$ remplace $KO = 48$; c'est-à-dire que 76 de baryte sont comme base l'équivalent de 48 de potasse, et que $SO^3 = 40$ élimine $AzO^5 = 54$, par conséquent que 40 d'acide sulfurique sont, comme acide, l'équivalent de 54 d'acide azotique.

On voit aussi que les équivalents des bases contiennent toujours la même quantité d'oxygène ; car 76 de baryte contiennent 8 d'oxygène de même que 48 de potasse.

Nous citerons encore un autre exemple qui prouve que l'insolubilité relative des sels est la principale cause de leurs réactions mutuelles.

Si l'on mélange deux dissolutions d'azotate de soude et de chlorure de potassium à la température ordinaire, il ne se forme aucun précipité, car ces deux sels sont solubles, ainsi que ceux qui pourraient se produire par l'échange de leurs éléments ; mais si l'on évapore la liqueur à l'aide de la chaleur, il se forme au bout de peu de temps des cristaux de chlorure de sodium, et lorsqu'on laisse refroidir, on obtient des cristaux d'azotate de potasse ; il y a donc eu *double décomposition*.

Le chlore du chlorure de potassium s'est porté sur le sodium contenu dans l'azotate de soude, parce que le chlorure de sodium, qui se formait ainsi, n'étant pas plus soluble à chaud qu'à froid, *pouvait se séparer de la liqueur* par la concentration, tandis que l'acide azotique et l'oxygène se sont portés sur le potassium, et ont formé de l'azotate de potasse, lequel est beaucoup plus soluble à chaud qu'à froid, et ne cristallise que par refroidissement.

Pour compléter les généralités concernant les sels, nous allons étudier l'action qu'exercent sur eux les métaux et les courants électriques.

En général, un métal plongé dans la dissolution d'un sel métallique la décomposera s'il est plus oxydable que celui qu'elle contient.

Ainsi, le fer et le zinc précipiteront le plomb et le cuivre de leurs dissolutions, le cuivre précipitera l'or et l'argent, etc.

Mais il arrivera aussi quelquefois qu'un métal, ne précipitant pas une dissolution métallique lorsqu'on le plonge isolément, agira sur elle dès qu'on le mettra en contact avec un métal moins oxydable que lui.

Il se forme alors un élément de pile entre ces deux métaux, et ce n'est plus seulement leur oxydabilité qui décompose les sels, mais le courant électrique produit par leur contact.

Les courants électriques sont, en effet, des agents de décomposition très-puissants, et depuis quelques années l'industrie a mis à profit leurs propriétés d'une manière très-remarquable dans l'art de la dorure et de l'argenture, ainsi que pour la fabrication d'objets d'art en cuivre et en bronze.

L'emploi de ces procédés a permis des reproductions regardées jusque-là comme impossibles, car les courants électriques décomposant les sels *atome par atome* forment des dépôts métalliques d'une grande ténuité et susceptibles de prendre les formes les plus délicates, sans altérer en rien les modèles.

La reproduction des planches gravées et des épreuves daguerriennes est la démonstration la plus complète de la perfection qu'il est possible d'atteindre.

L'avenir nous réserve de belles et grandes applications des propriétés des courants électriques, et il est même probable que dans peu d'années toutes les branches de l'industrie leur seront redevables de quelques bienfaits, soit comme agents chimiques, soit comme agents mécaniques.

EUGÈNE BEAU,
Élève de l'École des mines.

Toutes les demandes et réclamations relatives au service, toutes les lettres et communications relatives à la *rédaction*, doivent être adressées (*affranchies*) à M. Ernest LACAN, rédacteur en chef, au bureau du journal. *Toute lettre non affranchie sera rigoureusement refusée. Les demandes d'abonnements doivent être accompagnées d'un* bon sur la poste, à l'ordre du Gérant.

Le Propriétaire-Gérant, ALEXIS GAUDIN.

TYPOGRAPHIE HENNUYER, RUE DU BOULEVARD, 7. BATIGNOLLES.
Boulevard extérieur de Paris.

TROISIÈME ANNÉE. N° 3. SAMEDI, 15 JANVIER 1853.

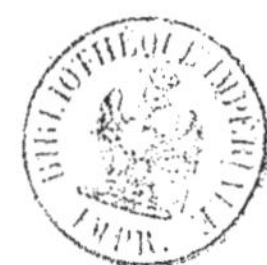

LA LUMIÈRE

REVUE DE LA PHOTOGRAPHIE.

BEAUX-ARTS. — HÉLIOGRAPHIE. — SCIENCES.

JOURNAL NON POLITIQUE, PARAISSANT LE SAMEDI.

Bureaux, rue de la Perle, 9, à Paris.

ABONNEMENTS.—*Paris*, UN AN, 16 FR.; 6 MOIS, 10 FR.; 3 MOIS, 6 FR.; *Départements*, UN AN, 18 FR.; 6 MOIS, 11 FR.; 3 MOIS, 7 FR.; *Etranger*, UN AN, 20 FR.; 6 MOIS, 12 FR.; 3 MOIS, 8 FR.

Dans le but de faciliter à nos lecteurs les moyens de se procurer la *Lumière*, nous avons cru devoir établir des bureaux d'abonnement :

A la *Librairie Nouvelle*, 15, boulevard des Italiens;

Au *Cabinet de Lecture*, galerie d'Orléans, 2, Palais-Royal ;

Chez Mlle Legentil, cabinet de lecture, place de la Madeleine ;

Et chez M. Delahaye, rue de Lancry, 37.

On trouvera dans ces succursales des numéros séparés de la *Lumière* (40 c. le numéro).

Nous sommes heureux de voir les journaux français et étrangers reproduire nos articles, mais nous les prions de vouloir bien indiquer la source de ces reproductions; c'est de toute justice.

SOMMAIRE.

LES PEINTRES ILLUSTRES.

(Suite.)

Dès le temps de Périclès, quatre siècles avant l'ère chrétienne, le dessin et la sculpture acquirent en Grèce un degré de perfection qui a vu et voit encore échouer les artistes modernes dans leur imitation. Phidias leur imprima une rectitude et une beauté à laquelle, quelque temps après, Praxitèle, Polyclète et Lysippe ajoutèrent la suavité et la grâce qui complètent l'école. Nous en avons d'admirables preuves dans les chefs-d'œuvre que nous a rendus la terre, et qui se voient particulièrement dans les musées de l'Italie. A Rome, *la Muse Barberine*, *l'Antinoüs*, que Winkelmann croit être *le Méléagre*, *l'Apollon du Belvédère*, *le Laocoon*, *l'Apothéose d'Homère;* à Florence, le groupe de *Niobé* et *la Vénus de Médicis;* à Naples, *la Vénus callipyge*, *l'Aristide*, *la Flore* et *le Taureau Farnèse*. Avec quels tressaillements de joie et de noble orgueil le véritable artiste ne contemple-t-il pas ces modèles qui ont bravé la critique de tant de générations, et qui après trois mille ans portent à la postérité des noms moins célèbres que ceux que nous venons de prononcer, mais dont le talent n'en est pas moins digne de l'immortalité : Agélada d'Argos, Glicon d'Athènes, Athénodore de Rhodes, Agésandre, Polydore, Archéloüs, Apollonius, Tauriscus, etc...

La peinture n'a pu, comme la sculpture, parvenir jusqu'à nous, à travers le déluge du moyen âge, et répondre par sa présence aux louanges des écrivains. Il n'a pas moins fallu que les fresques de Pompéia et d'Herculanum, œuvres d'artisans plutôt que d'artistes, pour confirmer ce qui semblerait de leur part une exagération. « Une étude approfondie de ces restes, dit le savant Mengs, fait connaître la facilité avec laquelle se maniait alors le pinceau, et suffit pour montrer à nos artistes le véritable fond de la beauté et les secrets par lesquels les Grecs parvenaient à donner dans leurs tableaux une telle vigueur au clair-obscur, aux effets de la lumière réfléchie, et comment les peintures offrent, malgré le genre commun, tant de charme naturel. »

En même temps que Phidias et les artistes de son école modelaient le marbre, Polignote peignait avec force toutes les passions de l'âme. Un de ses tableaux représentait la princesse Cassandre après avoir été violée par Ajax. La douleur et la honte de cette figure se voyaient à travers le voile qui la couvrait. Parrhasius avait peint sur une table en bois une toile que Zeuxis, son rival, prit pour réelle. Il représenta un soldat courant au combat, tout armé, avec une telle fureur, que l'on voyait battre son cœur et la sueur couler sur son front. Zeuxis avait peint une jeune fille de Crotone; la réputation de cette peinture fut si grande qu'on traversait la Méditerranée pour venir admirer la merveille.

Protogène porta l'art à la sublimité; il avait peint un chien haletant et jetant de l'écume par la bouche, qui lui avait coûté sept ans de travail. Le nom d'Apelles nous est plus familier encore : surnommé le peintre des Grâces, il eut le bonheur d'allier la modestie, la beauté, le goût, au charme du coloris. Pline parle de ses tableaux de *la Victoire*, de *la Fortune*, et cite celui de *la Calomnie* comme le chef-d'œuvre de l'antiquité. Chose digne de remarque, et capable de donner une grande idée de la puissance du génie grec dans les arts, Apelles ne mit jamais en usage, assure-t-on, plus de quatre couleurs !

Les antiques monuments d'architecture qui ont survécu aux outrages du temps et de la barbarie ne sont pas moins admirables. Le toscan de Pestum, le dorique d'Athènes ou de Sunium, le corinthien du temple d'Agrippa à Rome, un reste du style ionique à Corinthe, font avec raison l'admiration des voyageurs. Et dans les monuments, il y a quelque chose de plus encore que le sentiment propre de l'art, il y a le génie des attributions diverses, des rapports intellectuels et une grande intelligence des situations. Ces divers styles, tous modelés sur un principe unique, dissemblables seulement par la variété et la délicatesse de l'ornement, ont cela de commun avec la poésie, la science et la littérature, qu'ils sont constamment en harmonie avec leur objet. Aussi n'avons-nous pas à craindre de nous tromper quand, sous des formes robustes ou déliées, avec des chapiteaux simples ou façonnés, nous avons à reconnaître un temple dédié au grave Jupiter, à la riante Flore, à Minerve l'austère, ou à Apollon, dieu des grâces et des jeux. Tout chez l'artiste grec reposait sur l'idée des convenances, et l'harmonie résidait dans l'ensemble de la composition comme dans les détails du ciseau.

Ainsi que la peinture, la musique des Grecs n'a pu venir jusqu'à nous. Mais l'analogie que l'on rencontre constamment entre les beaux-arts porte naturellement à croire que la musique n'était point restée en arrière de perfectionnement. Au rapport des auteurs, cet art s'éleva à un éminent degré de perfection. Les Romains eux-mêmes n'en firent pas seulement un objet d'agrément, mais encore une étude philosophique applicable aux mœurs et aux institutions. Pythagore, Platon, Cicéron y attachaient sous ce rapport une grande importance.

Il nous est resté quelques traités de cet art, qui témoignent de l'attention que les auteurs apportaient à en étudier les effets sur l'esprit humain. Claudius Ptoléméus définit la musique une *puissance* qui réside dans la variété des sons. Cicéron dit qu'elle tempère les idées, excite les hommes apathiques, et adoucit les caractères emportés. Socrate, dans Platon, la recommande contre la manie furieuse, qu'elle avait le pouvoir de calmer déjà du temps de Saül et de David. Plutarque en fait le plus bel éloge ; il dit qu'elle avait pour objet de célébrer les dieux, et de faire l'éducation de la jeunesse. Il lui attribue, d'après Théophraste, trois principes : la douleur, la volupté, l'enthousiasme. Selon Aristide, elle arrachait Diogène à la misanthropie. Un seul des auteurs anciens, venu à notre connaissance, et qui n'était pas du premier ordre, paraît haïr la musique. C'est un certain Philodémi, dont le manuscrit a été trouvé dans les papyres d'Herculanum.

Cet original trouvait dans la musique un art sauvage ou au moins sans objet, et tout au plus propre à mener les soldats au combat. Il n'en voyait pas la nécessité, par la raison, disait-il, que Thémistocles, qui avait été un grand homme et un habile amiral, n'était pas musicien. Il allait jusqu'à nier que l'harmonie ait du rapport avec les affections...

Mais indépendamment de l'opinion isolée de cet auteur, on voit que la musique fut poussée à un très-haut degré de perfectionnement ; et que tous les beaux-arts ensemble, comme toutes les sciences, dans l'antiquité, avaient pour objet ce culte actif de l'esprit, qui consiste à élever l'homme et les sociétés vers le principe suprême de l'unité et de l'harmonie, c'est-à-dire vers Dieu, en faisant servir la forme au perfectionnement intellectuel et moral !

F. B.

ACADÉMIE DES SCIENCES.

Manuscrits de Condorcet, offerts à l'Académie par Mme O'Connor, fille du célèbre mathématicien. — Un mémoire de M. Arago, lu à la séance du 10 décembre 1810. — Observations météorologiques faites en 1852 à Rome, par M. Rozet, et en Russie, par le prince A. Demidoff. — Encouragement à la photographie par l'Académie de Reims.

Manuscrits de Condorcet.—A l'ouverture de la séance du 10, après la lecture du procès-verbal, M. Arago a présenté à l'Académie quatre beaux volumes richement reliés, offerts par Mme O'Connor, fille du célèbre Condorcet. Chargé, comme secrétaire perpétuel pour les sciences mathématiques, de la biographie de Condorcet, l'illustre astronome recherchait les documents les plus authentiques concernant les travaux du savant mathématicien ; il eut naturellement recours à l'obligeance des membres survivants de la noble famille. Mme O'Connor s'empressa d'adresser à M. Arago, du château de Bignon, près Nemours (1), où elle est retirée, plusieurs caisses, soigneusement conservées, renfermant divers manuscrits de son illustre père, qui avait été l'ami intime de d'Alembert et des grands géomètres Lagrange (2) et Laplace.

M. Arago prit la peine de mettre en ordre ces précieux documents, pour les consulter au besoin, et donna tous ses soins à cette minutieuse classification. Ces laborieuses recherches devaient produire leur fruit; l'illustre secrétaire perpétuel eut le bonheur de rassembler, 1° toutes les notes manuscrites de *l'Essai sur le calcul intégral*, publié en 1765; 2° les copies manuscrites du *Traité du calcul intégral*, et 3° particulièrement, entre autres pièces du plus haut intérêt, un choix de cent lettres écrites à Condorcet, par Lagrange, soit de Turin, soit de Berlin ; ainsi que les traces de sa correspondance avec Laplace et d'Alembert.

Ces lettres, ayant en partie pour objet de répondre à celles de Condorcet, seraient inintelligibles lues séparément et sans suite. Il a donc été nécessaire de comprendre dans ce recueil les copies manuscrites de celles adressées par Condorcet à ses amis et correspondants; aussi M. Arago a-t-il eu le soin d'adjoindre aux cent lettres précitées les vingt lettres du savant géomètre, qui présentaient le plus d'intérêt.

L'ensemble de cette remarquable correspondance contribuera à éclairer l'histoire des mathématiques dans le siècle dernier et fournira des renseignements très-curieux et très-utiles à la science et à l'histoire.

La précieuse collection dont Mme O'Connor a fait hommage à l'Académie se compose de :

2 volumes, notes sur le calcul intégral.

1 volume, copies manuscrites du traité sur le calcul intégral.

1 volume des cent lettres de Lagrange, dont vingt adressées de Turin et quatre-vingts de Berlin, et des vingt lettres de Condorcet.

L'illustre Assemblée a accueilli avec une sincère reconnaissance et un respectueux empressement ce souvenir des importants travaux d'un de ses secrétaires perpétuels les plus célèbres, et elle a souscrit immédiatement à la seule clause stipulée par la piété filiale de Mme O'Connor qui, en se dessaisissant des pages écrites par son honorable père, a émis le vœu que ces manuscrits, sacrés pour elle, mis à la disposition de tous les savants, ne sortiraient pas de l'enceinte de l'Académie des sciences, seraient consultés sur place et ne seraient prêtés à qui que ce fût, sous aucun prétexte. M. Arago, en transmettant ce vœu de la noble dame, a ajouté, en forme d'avis à MM. les amateurs d'autographes, que toutes les pages des précieux volumes sont foliotées et que la reliure est d'un fini et d'une solidité extrêmes.

(1) C'est au Bignon que naquit, le 9 mars 1749, Honoré-Gabriel Riquetti, comte de Mirabeau.

(2) Le comte de Lagrange, né à Turin, le 25 janvier 1736, de parents français, fut l'un des plus grands mathématiciens des temps modernes. Il fonda, en 1759, l'Académie des sciences de Turin, conjointement avec le marquis de Saluces et le docteur Cigna. Vers 1767, Lagrange, dont la réputation scientifique s'accroissait dans toute l'Europe à mesure que ses admirables découvertes y étaient répandues, fut nommé directeur de l'Académie de Berlin par le roi de Prusse, dont il se concilia l'estime et l'amitié. Successeur du savant Euler, il occupa pendant vingt ans ce poste éminent, qu'il ne quitta qu'après la mort de Frédéric II, et il vint, en 1787, se fixer à Paris, où il publia, en 1788, sa *Mécanique analytique*.

Mémoire de M. Arago, lu à la séance du 10 décembre 1810. — A la suite de cette intéressante communication, M. Arago a désiré que la parole lui fût maintenue, pour entretenir l'Académie d'un autre manuscrit qui date de 1810. Ce manuscrit est de M. Arago même ; l'illustre astronome, dont les immenses travaux et les précieuses découvertes avaient déjà, à cette époque reculée, fait faire de si grands progrès aux sciences physiques et à l'astronomie, rédigea un savant mémoire sur l'émission de la lumière, la réfraction et la vitesse des rayons, mémoire qu'il lut en séance publique, le 10 décembre 1810. Les théories lucides et nouvelles contenues dans ce célèbre mémoire servirent de point de départ aux savants qui se livrèrent dans la suite à l'étude de ces questions délicates et controversées ; mais non-seulement ce mémoire n'a pas paru dans le compte-rendu de décembre 1810, mais même il n'a jamais été imprimé, par la simple raison qu'il fut égaré et que l'auteur ne s'en préoccupa nullement alors. Il y a quelques jours seulement que son savant auteur dut, aux soins obligeants d'un de ses admirateurs, d'être remis en possession de ce précieux travail : dans cette circonstance, M. Arago prie l'Académie de permettre que cet ancien manuscrit, conservé intact, tel qu'il a été présenté en 1810, soit admis dans le compte-rendu de la séance du 10 janvier 1853.

Observations météorologiques faites à Rome par M. Rozet et en Russie par le prince Demidoff. — Il résulte des curieuses observations météorologiques faites en Russie, à Nijné Taguilsk, dans les propriétés et par les agents du prince Anatole Demidoff, depuis janvier jusqu'en décembre 1852, que le thermomètre centigrade s'étant élevé à 40 degrés au-dessus de zéro, et abaissé à 30 degrés au-dessous, les habitants de ces tristes contrées sont exposés à une variation moyenne de 70 degrés, dans l'espace de quelques mois.

D'après les observations faites à Rome par M. Rozet, il existe une différence de 3 degrés entre deux thermomètres, dont l'un est placé à l'ombre, à un mètre au-dessus du pavé du porche de l'église de Saint-Pierre, et l'autre, à l'ombre également, à un mètre au-dessus du pavé de la galerie. M. Rozet attribue cette grande différence à la chaleur concentrée sur la place.

Médaille d'encouragement à la photographie. — M. Maumené, auteur de plusieurs ouvrages sur la chimie et la physique, a lu, à l'Académie de Reims, un rapport très-favorable à la photographie. Quoique nous ayons remarqué que l'auteur pourrait être mieux au courant des immenses progrès faits pendant l'année dernière (progrès qui ont été signalés avec soin dans *la Lumière*), et sans adopter, par ce motif, toutes les idées émises par M. Maumené, nous reproduisons plus loin ce rapport très-intéressant pour tous les amateurs de photographie.

A.-T. L.

ACADÉMIE DE REIMS.

ANNÉES 1851-1852. — SÉANCES ET TRAVAUX.

N° 2. — 3me TRIMESTRE.

Rapport sur les travaux admis à concourir pour les médailles d'encouragement, par M. Maumené. — La photographie tient la promesse dont les amis de la science et des arts s'étaient faits les garants à sa naissance; elle rend tous les jours plus de services, et l'industrie elle-même en reçoit aujourd'hui sa part.

Les photographes opposent les épreuves sur papier aux épreuves daguerriennes dont la finesse est si grande, mais qui ne peuvent éloigner complétement le reproche d'une froideur ou d'une tristesse parfois sépulcrales, et dont le fatigant miroitage est inévitable. Malgré l'infériorité des épreuves sur papier dans la netteté des images, infériorité contestable d'ailleurs, ces épreuves l'emportent absolument par la beauté, la vigueur, la variété de leurs tons, dont l'opérateur reste maître dans tous les cas.

C'est là encore un des beaux triomphes de la chimie moderne; par elle, notre siècle a connu ni le substances nouvelles, et certaines de ces substances ont une valeur nécessaire dans le travail photographique. L'iode et le brôme doivent être cités au premier rang ; ils partagent avec le chlore la faculté de s'unir à l'argent, de manière à former des composés qui restent incolores ou d'un bleu mat, en l'absence de la lumière solaire, mais qui deviennent violets, et même noirs, sous l'action des rayons lumineux. La nuance de ces composés varie par l'influence d'un grand nombre d'agents chimiques, différents de la lumière, surtout par des acides végétaux, tels que le tannin, l'acide de l'oseille, etc. Elle peut même changer par le contact du papier, dont le collage est fait avec des matières très-diverses; de là résulte une source de variétés pour le ton des épreuves, où l'opérateur choisit à volonté le moyen d'obtenir la nuance la plus convenable à son sujet ; ajoutons que les blancs peuvent être conservés dans toute leur pureté, même lorsque les noirs sont le plus intenses. Ils n'ont pas de reflets métalliques, et peuvent être ainsi comparés à ceux des plus belles impressions de gravures.

Enfin, l'emploi des agents chimiques sur papier nous offre une ressource toute spéciale, et qui promet à la photographie le plus bel avenir. L'action de la lumière sur les combinaisons d'argent donne d'abord, dans la chambre noire, une fausse image des objets extérieurs, une image où les lignes sont d'une exactitude rigoureuse, mais où les lumières et les ombres sont entièrement renversées. Ainsi les lumières des objets produisent un noir plus ou moins foncé dans l'image ; et réciproquement, les ombres les plus prononcées des objets laissent dans l'épreuve un blanc parfaitement pur : ces images sont appelées négatives. Il faut une deuxième opération pour obtenir une épreuve, où l'ombre et la lumière soient distribuées comme dans la nature, c'est-à-dire une épreuve positive.

Au premier aperçu, la nécessité de cette opération double paraît un défaut, et même un défaut grave de la photographie sur papier; mais ce défaut est largement compensé par la facilité singulière avec laquelle une épreuve négative fournit un nombre illimité d'épreuves positives.

La photographie sur plaques métalliques s'exécute par un procédé qui laisse toujours une assez grande place au hasard et qui donne rarement deux épreuves parfaitement semblables; mais avec une belle épreuve négative sur papier, rien de plus simple que de faire une série quelconque d'épreuves positives de la même nuance, de la même intensité. On peut ainsi réaliser cette application si remarquable, mise depuis une année dans le commerce parisien, cette publication périodique d'épreuves destinées à l'étude des arts ou des sciences, de l'histoire ou de l'archéologie; le prix de cette publication, dirigée par M. Blanquart Evrard, un des maîtres de la photographie, ne dépasse pas celui des gravures ou des lithographies les plus modestes, puisque six belles épreuves de monuments ou de statues sont livrées pour dix francs. On ne tardera pas à faire servir ces utiles procédés pour la reproduction des objets d'industrie ; une machine nouvelle, un dessin de tissu pourront être répandus dans le public, à l'aide de la photographie sur papier, à un prix très-bas et avec une exactitude dont la gravure ne pourrait pas approcher.

Il est facile de comprendre l'intérêt qu'une ville comme la nôtre peut trouver à posséder une personne exercée dans l'art de la photographie, et surtout dans la production des épreuves sur papier. Nous avons pu constater avec plaisir les efforts de M. Lory, à Reims, pour se tenir au niveau des progrès de l'art daguerrien. Honoré d'une récompense de l'Académie en 1840, M. Lory n'a pas cessé de cultiver la photographie avec tout le soin dont il est capable ; il mérite aujourd'hui de nouvelles marques d'encouragement.

LA PEINTURE SUR VERRE
ET LA PHOTOGRAPHIE.

M. Soulier est peintre sur verre. Dès longtemps il s'occupait de rechercher les moyens de perfectionner son art, et d'étudier les diverses applications qu'on en pourrait faire, lorsqu'en 1847 il apprit que M. Niépce de Saint-Victor venait de découvrir un procédé qui permettait de reproduire et de fixer sur verre l'image daguerrienne. M. Soulier comprit qu'il y avait dans cette découverte un avenir nouveau pour la peinture sur verre, et qu'elle pourrait avoir sa part des avantages que les arts et les sciences doivent à la photographie.

Il étudia les procédés de M. Niépce et vit que les siens pourraient facilement s'appliquer à la photographie sur verre albuminé. Il se mit à l'œuvre.

Malheureusement les événements de février, en changeant sa position, vinrent interrompre ses travaux. Nommé professeur de dessin dans un collége de province, il lui était difficile de continuer ses expériences; cependant il les reprit au bout de quelque temps, et parvint à réaliser son idée.

« Les procédés si simples de M. Niépce, dit M. Soulier dans une note qu'il a bien voulu nous communiquer, sont toujours ceux qui m'ont le mieux réussi dans l'emploi difficile de l'albumine. Les avantages que présente ce corps ne sont pas encore généralement connus; employé avec intelligence il permet de donner aux épreuves une netteté, une douceur, une harmonie incomparables; et, par suite, il fournit à l'artiste le moyen d'animer ces merveilleuses empreintes. On obtient, en modifiant le ton de l'épreuve, et en le combattant au besoin par les combinaisons de teintes, des effets très-remarquables. L'empreinte photographique se trouvant entre le verre et la peinture, on n'a pas à craindre la déformation, la destruction de l'épreuve, comme il arrive souvent avec les retouches, si habilement qu'elles soient faites.

« Malgré la perfection que peuvent atteindre les images positives sur verre, il est cependant indispensable de modifier certaines ombres pour la peinture, comme je l'entends. On modifie les ombres trop intenses à l'aide du bromure d'iode, employé au pinceau et avec une extrême précaution. On peut renforcer les clairs un peu faibles par l'acide gallique employé de la même façon. Puis on applique les couleurs en tenant compte de la valeur des teintes de l'épreuve. On comprend qu'il faut que les tons soient très-fondus et très-légers, de façon que le pinceau ne laisse aucune trace.

« Ces peintures sont inaltérables. »

Il y a plusieurs mois qu'on nous montra une épreuve très-remarquable due au procédé de M. Soulier. Aujourd'hui, ainsi que nous avons pu en juger par nous-même, il fait mieux encore. Un portrait de M. Niépce, d'après le beau négatif de M. Plumier, nous a paru d'une grande vérité de ton et d'un très-beau modelé. La ressemblance est très-frappante.

C'est une nouvelle et intéressante application de la photographie, qui est appelée à un grand succès et que nous sommes heureux de signaler à nos lecteurs.

LE PHOTOGRAPHE

ESQUISSE PHYSIOLOGIQUE.

III.

DU PHOTOGRAPHE ARTISTE.

Le photographe artiste est celui qui, ayant consacré sa vie à l'étude d'un art, comme la peinture, l'architecture, la gravure, etc., a vu dans la photographie un moyen nouveau de traduire ses impressions, d'imiter la nature dans sa poésie, sa richesse et sa beauté, et de reproduire les chefs-d'œuvre que le génie humain a semés sur la terre. C'est ordinairement un peintre : c'est toujours un homme d'intelligence et de talent.

La seule qualité d'artiste suffit pour donner un caractère particulier à sa personne, à ses œuvres, à ses habitudes.

Si vous entrez dans son atelier, vous y remarquerez de suite cet aimable désordre, inévitable conséquence de la mobilité d'esprit de celui qui l'habite. Les papiers préparés ou non, les objectifs, les bassines, les flacons, les cartons à dessin, les pinceaux, les palettes, les poupées d'atelier, les chevalets, tout cela concourt à cet aspect étrange, qui fait éprouver aux yeux ce que l'oreille ressent lorsqu'elle écoute une symphonie, où les instruments de toute nature, de toute puissance, mêlent leurs voix si dissemblables dans un ensemble où tout se fond et s'harmonise.

Aux murs élevés sont suspendus des tableaux, des ébauches, des croquis, et puis des épreuves sur plaques, sur papier, des portraits, des vues, des académies, des fragments. L'œil étonné de l'intrus s'arrête parfois sur une épreuve à moitié perdue à laquelle il cherche en vain quelque mérite. Il ne s'aperçoit pas qu'il y a un détail admirablement rendu, ou une expression frappante, ou un effet de lumière, ou des masses largement saisies, quelque chose enfin qui *a du caractère*, et que l'artiste conserve précieusement, sans s'occuper d'une tache ou d'une déchirure, ou d'un tirage défectueux.

Chez le photographe artiste, on ne retrouve plus cette disposition invariable du logis, que nous avons décrite dans notre dernière esquisse. La fantaisie règne et gouverne seule dans ces demeures privilégiées qu'habitent deux arts, vivant en bonne intelligence, et se faisant de mutuelles concessions.

Tantôt l'atelier du peintre est tout à fait séparé de l'atelier du photographe; tantôt, au contraire, ils n'en font qu'un. Quelquefois le cabinet noir est réduit à des proportions étroites, qui le font ressembler à un placard caché dans le repli de la muraille. D'autres fois, c'est un vaste laboratoire, dont les fenêtres sont soigneusement recouvertes d'écrans jaunes, où l'on peut se prélasser, recevoir des visites, et suivre fort à l'aise les phases différentes des opérations photographiques.

Quand vous entrez chez tel photographe artiste, vous le trouvez entouré d'une troupe assez nombreuse, qui obéit à ses ordres, qui l'aide dans ses manipulations, qui règle ses pas et ses démarches sur les siens. Ce sont ses élèves. Ceux-là feront un jour partie de cette catégorie que nous avons appelée photographe amateur. Pour le moment, ils font leur apprentissage, et, n'était leur âge et leur condition, on pourrait les nommer les *rapins* de la photographie.

Le photographe artiste voyage une partie de l'été.

Quand vous allez chercher loin de Paris quelques jours de repos et de calme, si, dans vos promenades solitaires, par quelque belle matinée de septembre, vous apercevez, au détour d'un sentier qui grimpe sur la colline, ou à la lisière d'un bois, ou au bord de quelque poétique rivière, un homme, vêtu d'une blouse grise, coiffé d'un chapeau à larges bords, ayant devant lui un instrument étrange posé sur un triple pied, et qu'il semble pointer comme un artilleur pointerait une pièce de canon ; ne craignez pas de vous approcher, abordez l'inconnu. Vous trouverez en lui un homme de bonne compagnie, un causeur aimable et spirituel ; il vous questionnera sur le pays, sur les points de vue, sur les monuments; en échange, il vous donnera, tout en continuant son opération, des nouvelles de Paris, des arts, des sciences; seulement si vous le voyez prendre sa montre ou consulter un sablier, ou compter, en battant la mesure, les secondes qui passent, ne l'interrogez pas, et surtout ne l'interrompez pas; vous compromettriez son œuvre. C'est un photographe artiste!

Vous êtes dans une de nos villes de province, sur une place, devant la façade gigantesque d'une vieille cathédrale. Le lorgnon dans l'œil, les jambes croisées, le dos appuyé au mur chargé de lierres, d'une auberge qui fait le coin de la place, après maintes rêveries plus ou moins poétiques ou incohérentes, vous vous extasiez sur l'admirable travail qui a découpé, dentelé, animé cette masse de pierre, et qui en a fait un monde fantastique; et vous vous demandez si le peintre le plus habile pourrait reproduire ces détails merveilleux que votre œil découvre à chaque instant. Tout à coup une fenêtre s'ouvre au-dessus de votre tête; son bruit vous a distrait, et vous faites quelques pas pour voir quel est le fâcheux qui est venu troubler votre béatitude et votre admiration. C'est encore le *photographe* artiste, qui a admiré comme vous, et qui va faire cette reproduction que vous jugiez impossible. Il n'a pas trouvé d'autre abri qu'une chambre d'auberge, d'autre point de vue qu'une fenêtre à guillotine, et il en profite.

Qu'elles sont belles et intéressantes, ces collections d'épreuves qu'il rapporte ainsi de ses voyages! Quelles merveilles s'accumulent dans ses cartons!

Le photographe artiste étant libre, et n'ayant à rendre compte qu'à lui-même de l'emploi de son temps, il en résulte une perfection bien plus grande dans les productions. Avec quel tact il sait choisir l'heure où les ombres s'accusent avec le plus de netteté et d'ampleur, si c'est un monument qu'il reproduit; de légèreté et de transparence, si c'est un paysage; de délicatesse et de grâce, si c'est un portrait! Comme il sait encore modifier ces différences, suivant le style du monument, l'effet du paysage ou le caractère du modèle! Avec quelle habileté il choisit son point de vue, comme il compose ses accessoires et ses draperies! Et encore, quel soin il porte jusque dans la dernière et la moins importante des manipulations! comme son épreuve est réellement bien une œuvre artistique, une production de son intelligence et de son talent!

Le photographe artiste se passionne, et cela est facile à comprendre, pour tel ou tel genre, et pour certains procédés qu'il abandonne rarement. Il se livre exclusivement à la reproduction des monuments, ou des vues, ou des portraits, ou des sujets composés, comme des groupes, d'après l'antique ou d'après nature; il est partisan décidé et fidèle de l'albumine, ou du papier, ou du collodion. Il affectionne aussi un ton particulier, qu'il donne invariablement à ses épreuves; c'est son coloris. Aussi est-il impossible de ne pas reconnaître l'artiste dans l'œuvre, comme en peinture.

Souvent le photographe artiste a des procédés à lui, et publie des brochures; mais nous ne pouvons cependant le confondre avec le photographe savant. Quand nous en serons à ce type, on verra quelles différences nous faisons entre ces deux genres.

Maintenant, s'il existe dans l'espèce *photographe* des types vigoureusement dessinés, c'est surtout dans le genre *photographe artiste*, et cela est facile à comprendre : chaque individu conservant son indépendance, ne cédant qu'à son inspiration, son goût et sa fantaisie, conserve aussi son originalité.

Celui-ci s'est fait un nom parmi les peintres; il a une vaste intelligence, une instruction étendue; mais il a également des bizarreries: et qui n'en a pas, surtout dans le monde privilégié des arts? Il fait de la photographie avec passion; mais le plus grand chagrin que vous puissiez lui faire, c'est de *l'accuser* de photographie.—Il vous montre coquettement ses épreuves: il vous parle de ses perfectionnements, de ses innovations; il vous tiendra au courant des plus minutieuses observations qu'il a faites; il s'émeut; il s'enthousiasme; — mais n'allez pas lui dire le premier : « Eh bien! et la photographie? » Il vous tournera le dos en vous disant : « Je suis peintre et non photographe! » Si vous êtes initié vous-même, faites-lui des confidences, il les accueillera volontiers; mais surtout, ne lui en demandez pas! Pour lui, la photographie est comme une maîtresse qu'on chérit et qu'on cache; dont on parle avec bonheur, mais dont on ne veut pas qu'on vous parle. Si vous pénétrez, par hasard, dans le sanctuaire où il l'adore et la séquestre, malheur à vous! chaque regard est un coup de poignard pour son cœur jaloux; chaque pas est une offense qu'il ne vous pardonnera jamais!...

Cet autre a laissé franchement de côté la peinture pour se livrer au charme de la photographie. Il a un grand talent et s'en croit bien davantage encore. Il est au premier rang et veut se mettre à la tête; il fait d'admirables choses, il produit des merveilles, et proclame hautement que ce sont des épreuves manquées, ce qui lui fournit l'occasion, en les comparant aux travaux de ses confrères, de dire à qui veut l'entendre : « Vous voyez, ce qu'ils font de mieux est tout au plus égal à ce que je fais de moins bien! » C'est un système comme un autre.

Mais je m'arrête: ces deux croquis suffisent.

La physiologie doit esquisser, mais non disséquer; le crayon ne peut se changer en scalpel dans sa main débonnaire; et s'il lui arrive de grossir les traits, d'enlaidir quelque peu son modèle, on doit se souvenir qu'elle fait des *charges* et non des *portraits*.

ERNEST LACAN.

LA PHOTOGRAPHIE EN SYRIE.

Nous avons annoncé dans divers numéros de *la Lumière* la mission et le départ de M. Place, consul de France à Mossoul (territoire de l'ancienne Ninive), et l'intention dans laquelle il était d'utiliser la photographie et le daguerréotype dans les nombreuses et délicates opérations nécessitées par les fouilles faites, sous son habile direction, dans cette contrée, et qui intéressent à un si haut degré la science et les beaux-arts.

Il résulte d'un rapport très-circonstancié et très-savant qui a été fait à l'Académie des inscriptions et belles lettres, par M. Guigniaut, au nom d'une Commission composée de MM. Quatremère, Hase, de Saulcy et de l'honorable rapporteur, que la photographie et le daguerréotype ont été employés journellement et avec succès, tant pour la reproduction des sites et vues, que pour celle des figures, sculptures, inscriptions, etc., explorées ou découvertes, soit dans les environs du palais de Khorsabad ou dans le monticule qui couvre ses débris; soit au milieu des curieuses antiquités mises au jour par les travaux importants qui sont dirigés sur ces ruines de l'ancienne civilisation.

NOUVELLES DIVERSES.

L'Exposition aura lieu dans les bâtiments occupés par le Garde-Meuble, ainsi que nous l'avions annoncé dans notre n° 2, du 8 courant. Le Moniteur du 12 publie l'avis suivant :

« Le directeur des Musées a l'honneur d'informer le public et les artistes, que des dispositions ont été prises pour que l'Exposition publique des ouvrages des artistes vivants soit ouverte le 1er mai 1853, dans les bâtiments occupés par le Garde-Meuble, rue du Faubourg-Poissonnière.

Les ouvrages seront reçus tous les jours, de dix à quatre heures, depuis le 15 mars jusqu'au 31 du même mois. Le délai de rigueur expirera le 31 mars, à six heures du soir.

—

M. Anatole de Montaiglon, notre collaborateur, dont les abonnés de *la Lumière* ont apprécié les savants articles, vient d'être élu secrétaire de la Société impériale des antiquaires de France.

—

L'Académie des beaux-arts a choisi, samedi, M. Forster pour son vice-président. M. Hein, peintre, vice-président pendant l'année 1852, devient président pour 1853.

—

Depuis plusieurs semaines, le Musée de sculpture de la Renaissance, dans l'aile du midi du Louvre, au rez-de-chaussée, était fermé. On l'a rouvert dimanche dernier. L'administration a profité de cette fermeture pour y placer plusieurs morceaux remarquables. Il faut citer une *Descente de croix*, bas-relief en bronze de 80 centim. de hauteur sur 40, sans nom d'auteur ; deux faïences de Jérôme della Robia, provenant du château de Saint-Germain ; *L'enfant Jésus dans sa crèche*, chef-d'œuvre en marbre, reste d'une grande composition qui était au château de Ligny, appartenant au Luxembourg dès le treizième siècle. Cet ouvrage est attribué à Ligier Richer ; le *Réveil*, bas-relief en marbre, par J. Goujon, et la *Bataille d'Ivry*, bas-relief, par Jacques de Grenoble.

DES NOUVELLES ACQUISITIONS

DU MUSÉE DES DESSINS DU LOUVRE.

(Fin.)

Mais c'est surtout en Raphaël que le Louvre s'est enrichi ; on avait l'*Attila*, *la Calomnie*, *les Cinq Saints*, *Psyché*, vingt autres encore ; il semblait impossible de rien trouver qui fût digne de se placer à côté d'eux, et voici que, parmi les nouveaux venus, il en est de supérieurs, comme on verra. L'un est particulièrement touchant ; c'est une œuvre de la jeunesse de Raphaël, le carton même, avec les piqûres destinées à transporter le trait du dessin sur le tableau, de l'*Annonciation*, qu'on connaît au musée du Vatican, où elle est un des trois sujets de la *predella* du grand tableau d'autel représentant le couronnement de la Vierge, peint par le jeune maître, en 1501, pour Maddalena degli Oddi, et placé autrefois dans l'église des Franciscains de Pérouse. La composition en est un peu vide, et toute péruginesque de parti ; mais il y a, dans l'ange qui marche et qui vole, un souffle supérieur, et qui met déjà l'élève bien au-dessus du maître. M. Rosotte est chargé du fac-simile de cet adorable dessin. On a pu voir, au dernier Salon, celui que M. Bein avait exécuté, d'après un croquis de Vierge, au crayon d'argent, destinée au tableau de *la Vierge au palmier*, qui faisait autrefois partie de la célèbre collection du Régent, et qu'on admire maintenant à Londres dans la galerie de Bridgewater. M. Bein grave dans ce moment le fac-simile d'un autre dessin de Raphaël, où l'on trouve toutes les études de la figure du Bramante dans sa fresque de la *Dispute du Saint-Sacrement*. A côté de l'ensemble de la figure, il a mis les études séparées du cou, de la tête et des mains, qui sont d'une beauté achevée. Le *Passage de la mer Rouge* est d'une autre époque, puisque les Loges, dont il fait partie, appartiennent à la troisième période de la vie de Raphaël. Ce croquis, où la composition seule est arrêtée, est mis aux carreaux, et les élèves n'ont pas eu autre chose du maître pour l'exécution du carton et de la fresque ; c'est le second sujet des Loges que le Louvre possède de la main de Raphaël ; l'autre est la *Remise des Tables de la loi*. Le dernier dessin de Raphaël est plus important encore, et comme dimension et comme beauté. C'est un *Christ mort* entouré de huit figures. Le goût de la composition fait penser au *Christ Borghèse* ; mais la beauté supérieure du dessin le fait reporter plus tard, probablement en 1508 ; car un dessin de *Sainte-Famille* du précieux musée Wicar, à Lille, dont l'exécution offre une similitude pour ainsi dire absolue, est daté de 1508 par la lettre d'envoi qui est au dos, et par laquelle Raphaël l'envoie de Pérouse à son ami Domenico di Paris Alfani, qui l'employa. Le Christ mort n'a jamais été exécuté en tableau, et il est étudié avec trop de soin pour ne pas être tout ce que Raphaël en voulait faire ; l'on connaît même un certain nombre d'études de figures séparées, qui sont des préparations de ce groupe, et il existe de Marc-Antoine une gravure d'après un dessin qui paraît être la première pensée de celui-ci. On se ferait difficilement une idée, sans les avoir, de l'incomparable beauté de l'ensemble, de la pureté des mouvements, de la douleur et de l'expression morale des figures. Du reste, la gravure popularisera bientôt, et avec justice, l'admiration de cette composition sublime; car l'on verra au prochain Salon un très-beau fac-simile de ce dessin, de la grandeur même de l'original, gravé avec le plus grand soin par un jeune artiste, M. Leroy, qui n'aura pas de peine à faire mieux que la planche, d'ailleurs fort rare, gravée en 1817 à Vienne, par C. Agricola, et que le fac-simile fait à Londres pour MM. Woodburn, lorsqu'ils cherchaient à vendre la collection de Lawrence (1).

On ne peut pas dire que le dernier dessin dont nous ayons à parler soit supérieur à ce Christ mort, parce que rien ne peut être au-dessus ; mais il est au moins aussi beau, et en fait de dessins, le Louvre ne possédait rien d'aussi important que ces deux dont vient de s'enrichir la nouvelle administration. C'est la *Bataille de Constantin*, que l'on peut voir dans la salle de ceux des dessins, que la continuelle exposition à la lumière détruirait ; cette salle est ouverte le samedi, de deux à quatre heures ; c'est celle qui ouvre dans la salle actuelle des pastels, et où se trouvait autrefois la bibliothèque du musée Standish. On sait que Jules Romain ne peignit qu'après la mort de Raphaël la *Bataille de Constantin* ; le dessin est donc tout à fait de ses derniers temps, et de sa plus grande force en un sens. On reprochait à la peinture une trop grande recherche de détails matériels, une trop grande analogie avec un bas-relief, et il se trouve que le dessin, qui est mis aux carrés et d'après lequel Jules Romain a certainement travaillé, n'a pas ces défauts. Ces cuirasses d'écailles, ces casques énormes, tous ces détails parasites sont ajoutés par l'élève ; et même il a changé tous les fonds ; ici ce sont de magnifiques perspectives pleines de combats, et dans l'horizon une belle ligne produite par les ondulations d'une longue suite de collines; de cette façon le tableau a autre chose qu'un premier plan, surtout avec cette beauté du ciel et des nuages. On se souvient du groupe, commun d'intention, que Jules Romain a mis dans le ciel, ce groupe venant vers le spectateur pour lequel il est fait, tandis que toute la scène, qu'il coupe en sens contraire, va de gauche à droite ; il n'y en a rien dans le maître ; ce sont trois anges qui se suivent et qui volent derrière Constantin pour accompagner et faire avancer sa fortune. Ces trois figures aériennes sont d'une rare beauté ; avec leurs grandes ailes et leurs robes qui flottent, elles semblent voler comme des oiseaux.

On ne saurait détailler les différences qui existent entre le dessin et la fresque, tant elles sont, non pas seulement nombreuses, mais constantes. Ce sont même des personnages retranchés, et des personnages du premier plan, qui ôtaient encore à la composition l'apparence d'être comprise comme un bas-relief; en même temps, les modifications, qui ne touchent que le détail et le sentiment, respectent l'ensemble de la ligne générale et la disposition des groupes, si bien que l'on jurerait que Jules Romain, en conservant tout, a tout changé, non pas à l'avantage de son sublime modèle. Et c'est chose curieuse que de suivre ces modifications, en ayant devant le dessin un trait de la fresque ; on ne pourrait sans cela s'imaginer ce qu'elles sont en réalité. Je n'ajouterai plus que deux réflexions. L'une, c'est combien dans ce dessin Raphaël reste, et dans la pensée et dans l'exécution, le même qu'il a toujours été. Cela vient après la *Transfiguration*, après ce qu'on est convenu d'appeler la matérialisation du génie de Raphaël; vous y retrouvez l'exécution des dessins contemporains de la *Dispute*, à partir de laquelle il a été lui et tout lui, et vous y retrouvez, après des heures d'étude et perdues dans des groupes, des figures revenues à sa pensée de tous les temps de son génie, le mouvement du *Saint-Jean-Baptiste* transporté à un soldat, celui d'un des bourreaux du *Massacre des Innocents*, et bien d'autres ; il est là tout entier, avec toute sa pureté et toute sa force, avec toute son énergie, sans avoir rien perdu de sa beauté et de sa noblesse idéales. L'autre remarque, qui vient d'un juge exquis, se rapporte au caractère des chevaux. On se souvient de la pesanteur de ceux de la fresque, pesanteur, du reste, ordinaire à Raphaël, qui s'était inspiré non pas de la nature, mais de la plus lourde sculpture romaine. Ici, sans être pris à la nature, ils sont tout autres; les têtes ont une énergie, une beauté prodigieuses, et celle même des marbres de Phidias, avec l'ossature maigre, avec la bouche et les naseaux fièrement ouverts. Le caractère, la ligne sont tellement identiques, qu'il est impossible de nier la réalité de cette imitation très-compréhensible, quand on se rappelle ce que Vasari nous a conservé de Raphaël, qui, à la fin de sa vie, avait envoyé en Grèce des jeunes gens pour lui dessiner les sculptures et les monuments, ne croyant pas, même alors, qu'il n'eût pas toujours à apprendre. Ce qui est une nouvelle preuve de cette imitation, c'est que les têtes, vues de profil, la seule façon dont on avait trouvé et pu dessiner les chevaux de Phidias dans la frise et sur les frontons du Parthénon, sont les seules qui en soient inspirées; les têtes de face restent dans la donnée conventionnelle, dont ses nouveaux modèles ne lui donnaient alors plus le moyen de sortir. On pense que cette beauté n'a pas passé dans l'œuvre de l'élève ; Phidias ne l'a point touché de son génie, et il efface ce caractère nouveau et sublime, parce qu'il ne le comprend pas.

Une autre curiosité de ce dessin est la différence qu'il présente dans les figures qui encadrent le sujet, et qui se trouvent ici sur des appliques, découpées et de la main du maître, mais malheureusement coupées à moitié. Ce sont, à droite une figure de femme qui paraît assise, et à gauche un pilastre portant une figure d'ange, destiné à porter la corniche et dont on aperçoit la robe volante et l'une des ailes éployée. Ce merveilleux dessin, qu'Andrea Sacchi vit lorsqu'il était à Bologne, au dire du Bellori, a appartenu au comte Malvasia qui le cite dans sa *Felsina Pittrice*, et ensuite au fameux Crozat, chez lequel l'a vu Richardson, qui en parle longuement et auquel nous renvoyons (1) : il ne figura pas dans sa vente, parce qu'il le laissa avec ses tableaux et comme ce qu'il avait de plus précieux à son neveu Crozat, baron de Thiers. Enfin, il s'est trouvé entre les mains du dernier conservateur de la galerie de l'Ermitage, et c'est de ses héritiers que le Louvre a eu le bonheur de l'acquérir, avec la tête d'Albrecht Durer dont nous avons parlé. La Russie emporte si souvent chez elle des chefs-d'œuvre achetés chez nous, qu'il est heureux de faire comme elle en prenant comme une revanche, et celle-ci vaut qu'on la remarque.

ANATOLE DE MONTAIGLON.

(1) Nous n'avons pas voulu surcharger cette énumération du détail des cabinets célèbres par lesquels ces dessins avaient passé avant de venir entre les mains de Lawrence; nous dirons seulement ici que ces cabinets ne sont autres que ceux de MM. Buonarotti et de Zanetti, pour les Italiens; du peintre de portraits Pierre Lely, de Richardson, du chevalier Jennings, de Duroveray, Willet, Ottley, Charles Rogers, Thomas Dimsdale et Bordugc, pour les Anglais ; de Crozat, de Mariette, du chevalier Wicar, du marquis de Lagoy, de M. de Claussin, pour les Français, et du comte de Fries, pour l'Allemagne

(1) Description de divers fameux tableaux, etc., 1728, t. III, seconde partie.

Toutes les demandes et réclamations relatives au service, toutes les lettres et communications relatives à la *rédaction*, doivent être adressées (*affranchies*) à M. Ernest LACAN, rédacteur en chef, au bureau du journal. *Toute lettre non affranchie sera rigoureusement refusée. Les demandes d'abonnements doivent être accompagnées d'un* bon sur la poste, à l'ordre du Gérant.

Le Propriétaire-Gérant, ALEXIS GAUDIN.

TYPOGRAPHIE HENNUYER, RUE DU BOULEVARD, 7, BATIGNOLLES. Boulevard extérieur de Paris.

TROISIEME ANNÉE. N° 4. SAMEDI, 22 JANVIER 1853.

LA LUMIÈRE

REVUE DE LA PHOTOGRAPHIE.

BEAUX-ARTS. — HÉLIOGRAPHIE. — SCIENCES.

JOURNAL NON POLITIQUE, PARAISSANT LE SAMEDI.

Bureaux, rue de la Perle, 9, à Paris.

ABONNEMENTS.—*Paris*, UN AN, 16 FR.; 6 MOIS, 10 FR.; 3 MOIS, 6 FR.; *Départements*, UN AN, 18 FR.; 6 MOIS, 11 FR.; 3 MOIS, 7 FR.; *Etranger*, UN AN, 20 FR.; 6 MOIS, 12 FR.; 3 MOIS, 8 FR.

Nous prions ceux de MM. nos Abonnés qui n'ont pas encore renouvelé leur abonnement, de se hâter, s'ils ne veulent pas éprouver de retard dans l'envoi du journal.

Dans le but de faciliter à nos lecteurs les moyens de se procurer la *Lumière*, nous avons cru devoir établir des bureaux d'abonnement :

A la *Librairie Nouvelle*, 15, boulevard des Italiens;

Au *Cabinet de Lecture*, galerie d'Orléans, 2, Palais-Royal;

Chez Mlle LEGENTIL, cabinet de lecture, place de la Madeleine;

Et chez M. DELAHAYE, rue de Lancry, 37.

On trouvera dans ces succursales des numéros séparés de la *Lumière* (40 c. le numéro).

Nous sommes heureux de voir les journaux français et étrangers reproduire nos articles, mais nous les prions de vouloir bien indiquer la source de ces reproductions; c'est de toute justice.

SOMMAIRE.

IMPRIMERIE PHOTOGRAPHIQUE.

Depuis la découverte de la photographie sur verre et sur collodion, la production des types ou clichés a pris un grand développement qui semble nécessiter, à Paris surtout, la création d'imprimeries et d'ateliers pour la préparation de papiers photogéniques.

Il est certain que la belle saison où nous allons entrer sera remarquable par les débuts du collodion; car jusqu'ici, ce singulier procédé a été trop imparfaitement connu pour en profiter pendant les beaux jours. Il peut donner des clichés tout aussi finis que l'albumine, avec une rapidité plus grande que la plaque, et une promptitude de préparation des glaces, tout à fait en rapport avec une immense production.

La production d'un type sur une feuille de verre où peu de minutes avant il n'y avait rien est si séduisante, et si facile quand on n'est pas gêné par le temps, que cette circonstance suscitera de tous côtés des producteurs passionnés; en un mot, le collodion fera fureur.

Chaque opérateur produira, sans s'en douter, 10 négatifs par jour, avec la facilité qu'il aura d'employer de beau verre à vitre, au lieu de glaces, et en éprouvant de la répugnance à effacer des épreuves réussies : il y aura partant encombrement de clichés, chers à chacun; c'est dire que la nécessité des imprimeries photographiques se fera vivement sentir.

Cependant, il n'y a pas encore à Paris d'imprimerie de ce genre, c'est-à-dire un établissement qui se charge de tirer les négatifs d'autrui.

M. Blanquart-Evrard, à Lille, est le seul qui serait en mesure de tirer rapidement, à un grand nombre d'exemplaires, un cliché d'amateur, et consentirait à le faire; il n'y a, à Paris, que des spécialités, c'est-à-dire des photographes qui font eux-mêmes des négatifs d'un certain genre, et en tirent à grand'peine quelques positifs chaque jour. C'est un commencement qui manque de moyens d'extension, mais qui brille par la perfection des produits.

M. Martens, l'un des plus anciens, a une superbe collection de négatifs sur glace albuminée, d'une perfection qui ne saurait être surpassée; sa colonnade, sa cour et ses plafonds du Louvre, sa vue du château de Vincennes, etc., tirés sur papier albuminé, ont été un véritable événement.

MM. Renard et Bayard se sont associés pour la production des gravures, des objets d'art et des points de vue les plus remarquables; leurs épreuves, souvent d'un très-grand format, se distinguent par un ton velouté vigoureux et transparent, qui les place au premier rang.

M. Le Gray affectionne les vues de forêt ou de château. Son bouclier de l'Empereur, de dimension colossale, est un très-beau morceau.

MM. Bisson frères s'adonnent surtout à la reproduction des anciennes gravures; ils reproduisent, à la chambre obscure, les gravures précieuses et s'arrangent pour obtenir des négatifs de même grandeur que l'original, qu'ils craindraient de tacher en l'appliquant directement sur la glace. Pour cela, ils font usage d'un objectif monstre adapté à une chambre obscure gigantesque, sur le châssis de laquelle la gravure, malgré ses grandes dimensions, n'occupe que le milieu. Ils ont ainsi de la netteté jusqu'au bord. Ils m'ont montré des épreuves d'une gravure de Rembrandt, très-rare, du prix de 2,000 fr., qui ne pourraient être distinguées de l'original par l'œil du plus habile connaisseur.

M. Moulin produit des académies pour les peintres; son imprimerie est très-active.

MM. Plumier, Vaillat, Cœulte, Reutlinger, Mayer frères, etc., reproduisent leurs portraits très-beaux, souvent sans retouche, et coloriés quelquefois avec bonheur.

Tels sont les principaux producteurs de Paris, comme industrie; il y a en outre les amateurs qui font des clichés non moins beaux, dont les exemplaires sont rares, précisément parce qu'il n'existe pas d'imprimerie photographique publique à Paris.

M. Blanquart-Evrard, comme je l'ai déjà dit, possède à Lille la seule imprimerie de ce genre, et il ne néglige rien pour acquérir et reproduire les beaux clichés d'amateurs. C'est ainsi que chacun peut se procurer la belle collection des monuments antiques de l'Egypte, par M. Maxime Ducamp. Le procédé d'impression de M. Blanquart est fondé sur l'emploi des papiers continuateurs. C'est un procédé rapide, qui se prête à un nombreux tirage chaque jour de temps quelconque.

Ceci établi, on ne sera pas étonné d'apprendre que je monte en ce moment un établissement pour tirer des négatifs sur collodion et papier humide par la lumière artificielle, et par conséquent avec la facilité d'opérer la nuit comme le jour. Ce sont aussi des procédés continuateurs plus simples, pour le papier, que ceux employés par M. Blanquart-Evrard, et qui permettront un tirage plus rapide encore. M. Blanquart a fait ses preuves dans cette partie, il me reste à faire les miennes.

Il y a donc déjà deux classes d'épreuves, savoir : les épreuves de prix par les photographes, qui les produisent une à une et les soignent avec amour, et les bonnes épreuves courantes de M. Blanquart-Evrard, moins veloutées, supérieures cependant à la gravure et à la lithographie. Autrefois, les épreuves péchaient par un ton roux et exagéré; M. Blanquart a le secret de produire le noir le plus intense; on peut même dire qu'il pèche seulement par un excès de noir, qui donne à ses épreuves un ton sourd, si différent du gris vaporeux qui prêtait tant de charme à ses premières épreuves d'Egypte, de la collection de M. Maxime Ducamp.

A défaut d'imprimerie photographique à Paris, il serait très-agréable aux amateurs de pouvoir se procurer du papier positif, sans avoir l'embarras de le préparer eux-mêmes chaque jour; le papier positif ordinaire, préparé avec un nitrate d'argent acide, comme je l'ai indiqué, pourrait se garder bien plus longtemps, et permettrait une fabrication de ce genre.

A défaut de papier positif prêt à servir, on pourrait du moins établir une fabrication de papiers albuminés et cirés, passés à l'iodure; ils seraient très-recherchés des amateurs qui n'ont pas d'imprimerie montée. La préparation du papier salé trouverait même un certain débit, parce qu'il faciliterait déjà la préparation du papier positif.

A moins d'avoir à préparer un très-grand nombre de feuilles, quand on est aiguillonné par un intérêt, la préparation de ces papiers me semble bien fastidieuse; c'est au point que je n'en ai jamais préparé par le procédé ordinaire, pour être plus tôt en mesure d'en faire usage.

M. Puech vend du papier salé : c'est tout ce que j'ai appris à ce sujet; son papier ne porte pas de marque pour distinguer le côté à nitrater; de sorte que pour chaque feuille, il faut chercher la trace du satinage, ce qui prouve combien cette fabrication est encore dans l'enfance. La marque au crayon, adoptée par M. Talbot, me semble indispensable, pour donner à tout instant la certitude que l'on ne se trompe pas de côté; d'autant plus qu'il s'agit d'opérer à un faible jour.

En écrivant cet article, je conçois un moyen de préparer du papier positif prêt à servir, *qui pourra se conserver blanc un temps indéfini* : l'essai est facile à faire; si je réussis, je m'empresserai d'en faire jouir le public d'une façon quelconque.

M. A. GAUDIN.

Cet article était composé lorsqu'on m'a donné avis qu'il y avait à Paris une véritable imprimerie photographique, dirigée par M. Lachevardière. J'ai sous les yeux sa carte qui indique qu'il tire des épreuves positives d'un négatif fourni à des prix modérés, et qu'il les colle, au besoin, sur carton de Bristol (1).

Depuis la semaine dernière, j'ai eu aussi le temps de réfléchir aux moyens de marquer le papier photographique et les glaces. La nécessité de découvrir au plus vite une marque applicable au verre comme au papier, pour

(1) Nous donnerons prochainement un article sur cette imprimerie, qui a déjà produit des publications importantes. E. L.

m'en servir dans mon imprimerie, m'a fait imaginer un stratagème qui atteint parfaitement ce but, et que l'on adoptera sans doute.

Le papier, sans autre marque que l'aspect de sa surface, est d'un usage bien difficile; la marque au crayon, si simple qu'elle soit, est encore bien peu visible, et oblige de marquer les feuilles une à une. Il y a cependant une marque de convention qui peut s'appliquer instantanément sur dix feuilles de papier à la fois; et cette marque, encore plus indélébile que la trace du crayon, peut se voir par le jour le plus faible, et même se reconnaître au toucher. On comprend bien vite que c'est une marque aux ciseaux. Il suffira en effet de couper avec des ciseaux l'angle supérieur droit, qui est le plus à portée de la main, en convenant que le côté qui fait face alors est le côté destiné à porter l'épreuve. Il est clair qu'en plaçant ces papiers sur le bain, l'angle coupé se trouvera à la partie supérieure de gauche. Sur le verre et les glaces, un coup de lime, qui aura tronqué cet angle, atteindra le même but. On pourra convenir aussi que le papier qui portera deux tronquations opposées suivant une diagonale sera le papier rendu sensible, qui sera distingué ainsi du papier salé.

J'ai fait l'essai de cette marque depuis quelques jours; elle m'a paru extrêmement commode pour les papiers qui se mêlent quelquefois, et qu'elle permet de débrouiller très-rapidement. Appliquée aux feuilles de verre, elle donne beaucoup de facilité pour leur nettoyage, en ce qu'elle détermine sans hésitation le côté à finir, et l'indique en tout sens.

M.-A. Gaudin.

M. Maxime du Camp, un des plus spirituels et des plus vifs écrivains de la jeune pléiade littéraire, et auquel on doit une remarquable suite de dessins photographiques sur l'*Egypte*, *la Syrie* et *la Nubie*, obtenus au milieu des fatigues, des dangers et des difficultés sans nombre d'un voyage long et pénible, a été nommé officier de la Légion-d'Honneur. M. du Camp entre dans sa trentième année.

ACADÉMIE DES SCIENCES.

Nouvelle communication de M. Faye; note explicative et complémentaire. — Quel est son but. — Plan qu'il propose pour l'atteindre. — Tableau des positions géographiques des chefs-lieux d'arrondissement — et de leurs élévations verticales au-dessus du niveau de la mer.

Note de M. Faye sur une de ses communications antérieures. **— Nous avons fait connaître dans les nos 51, du 11 décembre 1852, et 2, du 8 janvier 1853, les communications importantes de M. Faye, membre de l'Académie,** concernant la télégraphie électrique et la nouvelle carte de France; le savant astronome a craint que ses expressions n'aient pas été assez claires pour tout le monde, et ayant appris que quelques personnes s'y étaient complétement méprises, il a lu à l'Académie une nouvelle note que nous ne pouvons nous dispenser d'analyser, puisqu'elle est le complément des précédentes.

On a cru que M. Faye proposait comme une chose nouvelle de déterminer les longitudes relatives de quelques points de la France, à l'aide de la télégraphie électrique. Cependant, la proposition que l'honorable académicien a faite le 6 décembre, a été parfaitement saisie par M. le colonel Blondel, directeur du dépôt de la guerre; elle était ainsi conçue :

« On sait le parti que les Américains ont tiré de leurs télégraphes pour la détermination des longitudes : évidemment on doit en faire autant en France; mais en France, où le sol est couvert de la plus vaste triangulation qui existe, ce ne serait pas assez, et la question prend chez nous une tout autre importance. Je propose de déterminer, par les procédés nouveaux dont la science dispose, non-seulement les longitudes, mais encore les latitudes astronomiques de tous nos chefs-lieux, etc. »

Cette citation le disculpe assez; mais il croit devoir ajouter quelques éclaircissements.

Il avoue d'abord que le vaste réseau électrique dont le plan a été donné par M. le ministre de l'intérieur s'est présenté en premier lieu à son esprit comme le moyen et l'occasion de réaliser, en le complétant, un projet qu'il avait indiqué il y a trois ans (Compte rendu, 1850).

« Si l'Etat consentait à favoriser les efforts des astronomes, les principales zones célestes qui passent au zénith des possessions françaises pourraient être étudiées; dans un petit nombre d'années nous compterions les distances mesurées des étoiles fixes, non par 7 ou 8, mais par centaines; nous aurions en même temps déterminé avec une rigueur inusitée la direction de la verticale en un grand nombre de lieux; léguant ainsi à nos successeurs des points de repère certains pour l'étude des variations possibles qui seraient intimement liées avec les changements géologiques, etc. »

Mais bientôt se plaçant au point de vue des travaux géodésiques de la carte de France, dont l'origine se rattache à l'histoire de l'Académie des sciences, et que le corps impérial d'état-major a la gloire de conduire aujourd'hui à bonne fin, la question s'est présentée au savant académicien sous des proportions toutes différentes; et voici, à son avis, de quels termes elle se compose :

En premier lieu, rectifier la partie astronomique de la triangulation française, c'est-à-dire la seule partie de ces immenses travaux qui donne encore prise aux doutes des hommes de science.

2° Faire concourir ces mesures nouvelles avec l'ensemble du triangle du premier et même du deuxième ordre à la détermination définitive des éléments du sphéroïde terrestre; on sait qu'avant peu cette grave question sera de nouveau soulevée par la publication récente de l'arc russo-scandinave, dont l'étendue même dépasse actuellement 25 degrés.

3° Fixer avec précision l'erreur probable d'une détermination astronomique des coordonnées d'un point géodésique, lorsque ce point se trouve hors des influences perturbatrices dont la cause est visible.

4° Employer l'ensemble de ces moyens à la détermination spéciale de la figure du sphéroïde en France, ou, en d'autres termes, comparer la carte géodésique des 86 points principaux, avec la carte astronomique de ces mêmes points, de manière à mettre en relief les anomalies locales qui paraissent se rattacher à la constitution du sol, et par conséquent aux grands phénomènes géologiques.

Nous venons d'indiquer le but; voilà le plan :

1° Déterminer, à l'aide de la lunette zénithale, les latitudes de nos 86 chefs-lieux;

2° Déterminer, à l'aide du réseau télégraphique de M. le ministre de l'intérieur, les longitudes relatives des 86 chefs-lieux.

3° Rattacher au réseau général les 86 stations, ainsi que leurs méridiennes propres, qui résulteront de l'opération précédente. Ce travail considérable rentre évidemment dans les attributions actuelles du corps d'état-major qui, seul, peut faire un choix judicieux des stations.

4° Soumettre au calcul l'ensemble de ces mesures par des méthodes analogues à celles de Bessel ou de Gauss;

5° Poursuivre l'état des irrégularités locales partout où le calcul les aura signalées, jusqu'à ce qu'on en ait saisi la loi, et employer pour cela, dans les directions convenables, les moyens précédemment appliqués aux 86 stations principales.

Pour qu'on ait une idée exacte des laborieuses études auxquelles le savant académicien fait allusion, nous engagerons ceux de nos lecteurs que cela intéresserait, à consulter, dans l'Annuaire pour 1853, un tableau dans lequel on trouve les positions géographiques des chefs-lieux d'arrondissement et leurs élévations verticales au-dessus du niveau de la mer, telles qu'on les a déduites des triangulations de divers ordres sur lesquelles MM. les officiers d'état-major, chargés de l'exécution de la carte de France, appuient leurs beaux et immenses travaux.

Dans le réseau trigonométrique qui embrasse toute l'étendue du territoire de la France, il y a des triangles, en général très-vastes, dont les angles ont été mesurés avec de grands instruments, et par deux séries au moins de vingt répétitions chacune. Ce sont les triangles de premier ordre.

Dans les triangles de deuxième ordre, on se contente ordinairement, pour la mesure de chaque angle, d'une seule série de dix répétitions.

Les triangles de troisième ordre sont formés avec des instruments plus petits et plus portatifs.

Nous donnons dans le tableau ci-dessous quinze stations, cinq de celles qui présentent le plus d'élévation au-dessus du niveau de la mer; cinq moyennes comprenant Lyon, Strasbourg, Versailles, Saint-Denis, Paris; et les cinq moins élevées.

POSITIONS GÉOGRAPHIQUES.

NOM ET DÉSIGNATION des points.	LATITUDE	LONGITUDE	ÉLÉVATION au-dessus DE LA MER.	
	° ′ ″	° ′ ″	m c	m c
Saint-Pons (Hérault), sommet du signal du roc en grenier, près Saint-Pons	43.31.34	0.23.40 Est	1,039,3	1,035,3 [1]
Murat (Cantal), sommet du clocher	45. 6.44	0.31.54 E.	967,0	937,5
Saint-Flour (Cantal), sommet du clocher	45. 2. 5	0.45.26 E.	918,2	883,4
Yssengeaux (Haute-Loire), sommet de la tour Nord	45. 8.37	1.47.13 E.	892,1	860,3
Pontarlier (Doubs), boule supérieure du clocher.	45.54. 9	4. 1.14 E.	687,1	837,8
Lyon (Rhône), milieu de la boule de Notre-Dame de Fourvières	45.45.45	2.29.10 E.	322,2	295,1 [2]
Strasbourg (Bas-Rhin), sommet de la flèche de la cathédrale	48.34.57	5.24.54 E.	286,2	144,1 [3]
Versailles (Seine-et-Oise), boule du clocher de Saint-Louis	48.47.58	0.12.44 O	183,6	123,0 [4]
Saint-Denis (Seine), boule de la flèche	48.56.11	0. 2.25 O.	118,0	97,7
Paris (Seine), sommet de la lanterne du Panthéon	48.50.49	0. 0.35 E.	143,9	60,6 [5]
Lille (Nord), boule de la lanterne du dôme de la Madeleine	50.38.44	0.43.37 E.	71,9	23,7
Rouen (Seine-Inférieure), sommet de la flèche de la cathédrale	49.26.29	1.14.32 O.	97,8	21,6 [6]
Bordeaux (Gironde), sommet de la flèche Ouest de la cathédrale	44.50.19	2.54.56 O.	87,4	6,6 [7]
Cherbourg (Manche), sommet du pignon de la cale n° 4 du port	49.39. 7	3.58.21 O.	33,8	5,8 [8]
Toulon (Var), angle de la cale couverte E.	43. 7.20	3.35.22 E.	22,1	0,0 [9]

[1] Tête de la borne.
[2] Sol naturel.
[3] Pavé de l'église.
[4] Première marche du parvis.
[5] Pavé intérieur.
[6] Pied de la tour septentrionale.
[7] Pavé de l'église.
[8] Arête supérieure des quais.
[9] Mer moyenne.

Le tableau publié par le Bureau des longitudes donne les positions de 366 *stations*. De pareils résultats sont dus à d'immenses travaux scientifiques, à un zèle soutenu, et à une rare et opiniâtre persévérance.

Si l'on admet la proposition faite par l'honorable M. Faye, de déterminer la longitude par une simple combinaison des procédés photographiques avec ceux de la télégraphie, il pourra venir un jour où le directeur de chacune des 86 stations, appelant près de lui un opérateur expérimenté, nous verrions avec bonheur d'habiles photographes rendre d'importants services à l'Etat, en prenant part aux nombreux travaux confiés au corps savant et honorable de MM. les officiers d'état-major.

A.-T. L.

LA PHOTOGRAPHIE SUR VERRE
ET LE TALBOTYPE.

« *Suum cuique.* »

Nous avons eu occasion de voir, il y a quelques jours, le livre, doré sur tranche, relié de maroquin, envoyé par le jury de l'Exposition de Londres, aux exposants de tous les pays qui ont obtenu des médailles dans ce grand concours universel. Ce livre renferme, avec tous les documents relatifs à l'Exposition, et les noms des lauréats, le détail et l'appréciation des œuvres couronnées. La photographie y occupe sa place, comme dans les galeries du Palais de Cristal. Mais ce qui nous a singulièrement étonnés, en lisant les pages qui lui sont consacrées, c'est de voir que les épreuves sur verre albuminé ont reçu, de par le jury, le titre de *talbotypes*. Sur la médaille accordée à M. Martens et dans le brevet qui l'accompagne, le même mot se trouve répété. C'est là un fait grave. M. Talbot a le premier publié les moyens d'obtenir sur papier les épreuves photographiques; personne ne le conteste; personne non plus ne trouve surprenant qu'il ait donné son nom à ce procédé; mais de quel droit le donnerait-on à une découverte toute différente, faite en France par M. Niépce de Saint-Victor? M. Talbot prétendrait-il donc avoir inventé la photographie sur verre albuminé?

On comprend toute l'importance de ce mot de *talbotype*, indûment appliqué dans un livre officiel, qui restera comme un monument impérissable, et sur ces médailles et ces brevets, qui seront conservés dans les familles comme des titres de noblesse industrielle.

C'est une substitution de nom que nous ne pouvons laisser passer sans protester hautement. Libre au rédacteur du *Rapport de l'exposition* de ne pas prononcer le nom de M. Niépce de Saint-Victor, bien que presque toutes les épreuves mentionnées soient dues au procédé qu'il a créé; mais ce que nous ne pouvons admettre, c'est qu'on donne à cette découverte le nom d'un étranger. Nous comprenons parfaitement que les Anglais honorent M. Talbot, mais nous ne pouvons accepter qu'ils poussent la reconnaissance jusqu'à lui conférer le monopole de tous les perfectionnements que d'autres apportent à la photographie. D'ailleurs il y a là une double question de propriété : l'invention dont il s'agit n'appartient pas seulement à M. Niépce, elle appartient aussi à la France. Sans vouloir faire du chauvinisme artistique et industriel, nous voyons avec peine cet esprit d'accaparement qui pousse certains peuples à mettre la main, sans scrupule, sur les conquêtes intellectuelles de leurs voisins. Ils ne toucheraient pas, à cause des conséquences, à un pouce de territoire étranger ; mais une découverte ! on peut se l'approprier, en faire sa chose, et lui donner son nom. C'est moins dangereux, mais ça n'est pas plus juste ni plus excusable. ERNEST LACAN.

ANGLETERRE.

EXPOSITION D'ÉPREUVES PHOTOGRAPHIQUES

A LA SOCIÉTÉ DES ARTS.

Voici les curieux détails que nous trouvons dans l'*Athenæum*, sur une exposition d'épreuves photographiques ouverte à Londres, il y a quelques jours, sous le patronage de la *Société des arts*.

Cette exposition, la première de ce genre, a été éminemment intéressante et mérite doublement d'être mentionnée pour sa nouveauté et pour la valeur des œuvres qu'elle a fait admirer. Le nombre des épreuves exposées est de 774; elles sont dues à divers procédés, tels que : le talbotype ou le callotype, le papier ciré, le papier albuminé, le verre albuminé et le collodion. Ces épreuves ont été envoyées par des artistes français, allemands et anglais. Les plus anciennes datent de 1840 ; d'autres étant toutes récentes, on peut suivre ainsi les progrès de l'art photographique depuis l'origine.

D'abord, par ordre de date, nous citerons une curieuse collection d'épreuves d'après des fougères, des herbes et des fleurs, exposée par le capitaine Ibbetson, et intitulée : « *Le premier livre imprimé par le soleil*, 1840. » Ce titre est justifié par ce fait que la préface, ainsi que la page frontispice elle-même, sont imprimées réellement par la lumière.

M. Fox Talbot a exposé un livre très-intéressant renfermant des spécimens de ses productions, de 1841 à 1846 inclusivement. Ces spécimens sont des applications de l'art à des objets de toute nature, et quoique beaucoup d'entre eux soient imparfaits, il y en a quelques-uns qui pourraient être comparés avantageusement avec les plus récentes productions.

Dans sa préface, le capitaine Ibbetson parle des expériences du professeur Gerber, de Berne, qui, dit-il, cherchait depuis longues années les moyens de fixer, d'une manière permanente, les images. La première communication de M. Talbot, à la Société royale, sur ce sujet, date de 1839.

Les épreuves obtenues par les différents procédés que nous avons énumérés ci-dessus ne présentent aucun trait de supériorité tellement distinctif que l'on puisse conclure que telle méthode l'emporte de beaucoup sur telle autre, quant à l'*effet* produit. Les différences importantes existent seulement dans la facilité d'exécution plus ou moins grande, et non dans les résultats obtenus; or, ce sont ces résultats seuls que le public peut apprécier. Leur similitude rend la critique très-difficile, et le grand nombre de belles épreuves envoyées à cette exposition fait que l'on hésite à mentionner les unes et non les autres. Cependant si nous considérons l'importance de ces spécimens au point de vue de l'art, aussi bien que la beauté de leur exécution, nous pensons que certaine partie de l'exposition a droit à une mention toute spéciale. Cette exposition démontre admirablement l'utilité de la photographie comme moyen de collections, pour l'étude, des reproductions fidèles de détails architecturaux empruntés aux monuments de tous les pays,—reproductions qui ne pourraient être faites autrement qu'à grands frais et par des artistes de premier ordre. Nous avons vu là des fragments des sculptures les plus merveilleuses, transportés sur le papier avec une vérité inouïe, et presque toujours avec un délicieux effet artistique. Beaucoup de détails, il est vrai, sont perdus à cause de l'intensité des ombres qui cachent complétement la partie du monument ou de l'œuvre sur laquelle elles tombent. Ceci semble provenir de ce que la lumière avait trop d'intensité lorsque l'épreuve a été faite. Ce défaut, cependant, est loin d'être général, et les œuvres que nous allons citer, entre un grand nombre d'autres, prouvent qu'il ne peut être imputé à aucun procédé particulier, mais à un accident de lumière. Les épreuves les plus remarquables nous ont semblé être : le *Portail de Tewkesbury*, sur papier ciré, par M. Fenton ; le *Portail de la cathédrale de Canterbury*, de M. Sandford, par le même procédé ; les *Cathédrales de Bruges et de Chartres*, par M. Pecquerel ; deux *Vues de l'Abbaye de Croxton*, par M. de la Motte, sur collodion ; le *Collége de la Reine*, à Oxford, et la *Porte du collége du Roi, à Cambridge*, par M. Talbot ; le *Château d'Arundel*, par M. Buckle, sur papier ; *Notre-Dame*, par M. H. Le Secq, sur papier ciré; la *Fontaine de la place Saint-Sulpice*, à Paris, sur verre albuminé, par M. Ferrier; les belles *Figures de la cathédrale de Strasbourg*, par M. H. Le Secq; l'*Entrée d'Holyrood*, sur papier albuminé, par MM. Ross et Thomson, et les *Vues de Melrose, Edimbourg*, etc., par les mêmes.

Il y avait un grand nombre d'épreuves représentant des monuments célèbres, aussi précieuses pour l'étude des artistes qu'intéressantes pour le simple observateur. Voici celles qui ont le plus attiré notre attention :

Le *Louvre*, par M. Martens ; le *Kremlin* et l'*Abbaye de Tintern*, par M. Fenton ; la *Bibliothèque de Ratcliffe*, par M. B. Jones ; *Venise* et l'*Arc de Triomphe de Vespasien*, par M. E. Constant ; la *Cathédrale de Saint-Pétersbourg*, par M. S. Buckle ; le *Forum*, par M. Pecquerel ; *Fontainebleau*, exposé par M. Ballière; *Palais de Venise*, par un artiste français, exposé par M. Owen Jones, et la *Cathédrale de Tours*, par M. Fry.

Parmi les reproductions d'architecture, il serait injuste d'omettre plusieurs *Intérieurs*, par M. H. Owen. La difficulté d'obtenir au daguerréotype les intérieurs de monuments est très-grande. Il est souvent malaisé de trouver, pour l'appareil, une place convenable en rapport avec la distance focale, et le peu de lumière qui pénètre au dedans de ces vastes constructions ajoute encore aux obstacles.

Nous devons mentionner quelques vues très-remarquables prises en Nubie, en Syrie et dans la haute Egypte, par M. Maxime du Camp, faisant partie d'un ouvrage qui se publie à Paris. Les détails de ces ruines sont rendus avec une grande beauté, et l'effet des épreuves est très-satisfaisant. Il y a cependant, à notre avis, un défaut que l'on pourrait éviter. Le ton gris de ces épreuves, quoique très-beau, les fait ressembler trop à des lithographies, et nous lui préférons la chaude couleur de sépia, que nous avons admirée dans d'autres œuvres. La teinte des *Vues de Rome*, de M. Constant ; de *la cour du Louvre*, de M. Renard ; du *Louvre*, de M. Martens, et de la *Cathédrale de Chartres*, de M. Pecquerel, nous paraît beaucoup plus agréable et plus artistique même.

L'*Arc de Triomphe à Rome*, par M. Constant, et le *Colisée*, de M. Flacheron, sont d'admirables productions, sous tous les rapports.

L'obtention à la chambre noire d'épreuves de grande dimension présente de sérieuses difficultés; aussi n'avons-nous pas été surpris de l'imperfection relative des spécimens de ce genre. Nous en avons vu cependant quelques-uns offrant une grande beauté d'exécution, et dénotant dans leurs auteurs une remarquable habileté. *Les vues de Vienne et de l'Eglise de Saint-Stephen*, par M. Prestch, sont de très-belles productions, ainsi que les *Scènes dans les Pyrénées*, par M. Stewart, et les *Vues de France*, par M. Regnault.

Les paysages, les scènes rustiques et les études d'arbres, quoique de plus petites proportions, montrent un progrès très-satisfaisant, comme tons, et comme effet de perspective aérienne. Quelques arbres sont admirablement rendus, et représentent les formes élégantes de la nature aussi bien que ses formes bizarres, et d'une manière que l'artiste le plus habile pourrait à peine espérer atteindre. Dans ce genre, les morceaux suivants méritent une mention spéciale. *Le Ruisseau du moulin* (110) et *le Pont rustique* (120), par M. G. Slaw ; — *la Scène de forêt, les Saules étêtés*, par M. Sherlock ; — *les Vues de l'île de Wight* (142-5), par sir W. Newton ; —*la Porte de l'écurie*, (162), par M. Fox Talbot ; — *le Chêne de l'église* (175), *la vieille Ferme*, dans le Worcestershire (182), Lyn Hall (182), *les Sapinières* (190) et *une Vérité photographique* (193), par M. B. B. Turner ; —*les Chaumières de Jersey* (230 et 231), par M. R. S. Bingham ; — *le moulin près d'Arundel* (245) et *les bateaux pêcheurs à Shorehan* (265), par M. Buckle ; — *le lac d'Ecosse* (258) et *une Vanne à Orton* (274), par le même, méritent une attention particulière pour la façon comparativement satisfaisante avec laquelle l'eau est rendue, circonstance rare en photographie. *Les ombrages de village*, à Prestbury, près de Cheltenham (281), par M. B. Jones, sont un agréable groupe d'arbres et une épreuve très-artistique. *Les Sapins renversés* (303) et *une Source* (396), par M. A. L. Cocke, et *Greenwich* (706), par M. Wilk, sont des productions très-remarquables.

Il y a un nombre considérable de portraits de différentes espèces, dont un grand nombre sont de bons ouvrages. Deux cadres remarquables sont *les Types de folie* (169 et 197), par le docteur Diamond, sur collodion ; le docteur a su reproduire un groupe de gens idiots et fous, de qui l'on n'aurait pas pu obtenir de rester tranquilles assez longtemps pour être pris par un autre procédé ; ceci n'est qu'une des nombreuses façons dont la photographie peut venir en aide à la science. La représentation de la larve d'un insecte au microscope (270) est une autre chose de ce genre. Les photographies d'animaux du Jardin zoologique de Regent's Park (654 à 674), faites par un amateur, le comte de Montézon, sont aussi très-intéressantes au double point de vue de l'art et de la science. La giraffe, l'hippopotame, et surtout l'ours polaire sont admirablement reproduits. Une des épreuves représente un poisson nageant dans un vase de verre ; c'est probablement la première représentation qui ait été faite d'un poisson au milieu de son élément.

Outre un grand nombre de spécimens faits à la grande exposition, la collection comprend des photographies de l'ancien, et aussi du nouveau Palais de Cristal, par M. de la Motte. Le n° 253 est particulièrement remarquable par l'effet irrégulier de l'ombre d'un arbre tombant sur les hommes et les machines qui sont au-dessous.

Cette exposition a été évidemment arrangée d'une façon précipitée, et la collection, par suite, n'est pas aussi complète qu'elle aurait pu être, si l'on avait eu plus de temps pour la préparer. Ce fait bien simple, que depuis l'ouverture le nombre des morceaux a été doublé, en est la preuve ; le catalogue ne donne que 347 épreuves, alors qu'il y a 774 épreuves données ; nous savons cependant qu'on va faire paraître un nouveau catalogue. L'idée d'une exposition de ce genre est due, croyons-nous, à M. Cundall et à M. de la Motte, et ces messieurs, ainsi que M. Fenton, qui a fait une lecture sur ce sujet à la soirée d'ouverture, ont beaucoup aidé le Conseil de la Société dans l'exécution de ce projet.

Il y a cependant une lacune de quelque importance. Nous voulons parler de l'exposition d'épreuves indiquant les différentes phases de l'opération photographique. Dans toute l'exposition, nous ne trouvons qu'un seul exemple (758) d'une épreuve positive mise à côté de la négative. En considérant le peu de connaissance qu'on a du procédé en lui-même, nous ne pouvons nous empêcher de penser qu'une petite collection des matières, des instruments qui servent à la photographie, eût été très-agréable à un grand nombre de visiteurs.

NOUVELLES DIVERSES.

Cinq nouvelles salles du Musée du Louvre ont été livrées dimanche au public et à l'étude ; elles comprennent le grand salon de l'appartement de l'ancien Conseil d'Etat et quatre autres pièces situées au premier étage du pavillon de l'Horloge et de l'aile nord du Louvre. Ces salles contiennent des dessins des grands maîtres des écoles italienne et espagnole.

Les deux tableaux de Paul Delaroche, l'*Assassinat du duc de Guise* et *Bonaparte franchissant les Alpes*, d'après lesquels MM. Goupil et Comp. publient deux importantes gravures, sont à juste titre considérés comme les chefs-d'œuvre de ce maître. Le premier, qui faisait partie des tableaux de Mme la duchesse d'Orléans, dont la vente a eu lieu mardi, est connu de tout le monde; et quant à la gravure qu'en vient de faire M. Desclaux, on se rappelle de quels éloges elle a été l'objet au Salon dernier. La seconde peinture, *Bonaparte franchissant les Alpes*, représente le premier Consul, non pas, comme l'a fait David, calme sur un cheval fougueux, mais tel qu'il était réellement, c'est-à-dire sur un mulet, accompagné d'un guide, et revêtu de sa redingote grise. Cette peinture, achetée par M. Onslow, n'a été exposée à Paris que dans les salons de MM. Goupil et Comp., et seulement pendant peu de jours; elle est donc peu connue du public. Mais la gravure de M. Alph. François l'a rendue avec une telle fidélité, une telle finesse et une telle puissance de burin, qu'elle suffit à faire admirer la magnificence de cette composition, et à montrer qu'il y a plus de grandeur et de poésie dans la simple vérité de l'histoire, telle que l'a reproduite M. Paul Delaroche, que dans la fantastique idéalisation de David.

CORRESPONDANCE.

Nous recevons de M. Casimir Oulif, de Metz, une lettre dont nous extrayons les passages suivants:

Le reproche qu'on a adressé souvent aux belles épreuves obtenues sur verre, au moyen du collodion, de ne pouvoir donner un grand nombre d'épreuves positives sans se dégrader, est en quelque sorte mérité; cependant il était impossible de renoncer à ce procédé, qui promet un si bel avenir.

En conséquence, nous nous sommes mis à la recherche d'un fixateur plus solide, plus commode dans son usage que ceux employés jusqu'à ce jour.

Voici donc la composition d'un vernis que nous avons imaginé et qui réunit toutes ces qualités; de plus, après que l'épreuve en a été recouverte, on peut la laver très-facilement avec quelques gouttes d'alcool.

Dans 50 grammes de vernis copal du commerce, j'ajoute 50 à 75 grammes d'essence de térébenthine. Après avoir agité longtemps le flacon, je jette le tout dans un filtre de papier buvard. L'épreuve sur collodion étant bien sèche, je la place sur un support de niveau; j'y verse un peu de ce vernis sur le milieu; il ne tarde pas à s'étendre jusque sur les bords. Je reverse l'excédant dans le flacon et laisse égoutter à l'abri de la poussière. Enfin on sèche l'épreuve par un feu doux ou à la chaleur du soleil.

Dans cet état on peut placer les épreuves les unes sur les autres, sans craindre de les dégrader. Celles obtenues en positives pour le stéréoscope n'ont même pas besoin d'être encadrées.

A ce propos, permettez-moi de vous signaler un défaut du stéréoscope connu de tous ceux qui possèdent ce magique instrument, c'est que la vue se fatigue considérablement en admirant les beautés inouïes qu'il représente. Pour remédier à cet inconvénient, voici comment j'ai construit le mien:

J'ai supprimé le fond de la boîte et le volet abat-jour; à celui-ci j'ai substitué une fayure dans laquelle je fais couler des verres légèrement coloriés. Par ce moyen la vue est rafraîchie, et les épreuves y gagnent d'autant qu'elles paraissent moins froides sous des verres teintés de rose, par exemple. Pour les épreuves par transparence, j'ai un autre moyen de faire un ciel magnifique; remarquez que c'est justement par là que toutes ces épreuves pèchent.

J'ai adapté au fond de l'instrument un cadre à charnière qui, étant fermé, n'augmente nullement son volume. La boîte elle-même reçoit un verre légèrement teinté, sur lequel j'ai collé à la gomme une baudruche ou du papier végétal, car il est très-difficile de dépolir ces genres de verres, qui ne sont jamais plans.

Je place dans le châssis mobile un verre rose ou rouge, et développant celui-ci jusqu'à la hauteur du ciel de l'épreuve, je lui donne l'aspect d'un beau soleil couchant, surtout si le verre immobile du fond est teinté de rose pâle.

En terminant, j'ai à répondre à plusieurs lettres que j'ai reçues des points les plus éloignés, relativement au fixateur de Metz. Plusieurs expérimentateurs ont éprouvé dans son emploi des difficultés qui ne proviennent que de l'hyposulfite de soude, qui est très-faible. Qu'ils en ajoutent donc au bain; je les préviens cependant que sitôt que la teinte opaline laiteuse passe au gris sale, il est plus prudent de renouveler le bain que de risquer de nouvelles épreuves.

CASIMIR OULIF.

VENTE DES TABLEAUX

APPARTENANT A Mme LA DUCHESSE D'ORLÉANS.

La vente des beaux tableaux modernes composant la galerie de feu M. le duc d'Orléans, et appartenant à S. A. R. Mme la duchesse d'Orléans, a eu lieu aujourd'hui à une heure, rue des Jeûneurs, à l'hôtel des Ventes mobilières, par le ministère de M. Bonnefons de Lavialle, commissaire-priseur, assisté de M. Defer, expert.

Dès onze heures, les portes de la salle des ventes étaient assiégées par un public nombreux. On remarquait beaucoup d'étrangers, plusieurs dames et quelques personnes portant des noms célèbres dans les beaux-arts. Il a été vendu cinquante-neuf tableaux; le soixantième porté au catalogue, *Site en Normandie* (aquarelle), par M. Paul Huet, a été retiré de la vente.

Voici les prix auxquels ces cinquante-neuf tableaux ont été adjugés:

La Samaritaine, par M. Aligny, 750 fr., à M. Chardon Lagache; *Campagne de Rome*, par le même, 1,000 fr., à M. Gambard, de Londres; *Lévrier d'Afrique*, par Mme d'Alton, 280 fr., à M. Chardon Lagache; *le Médecin de campagne, site de Normandie*, par M. de La Berge (sur panneau), 4,000 fr., à M. Loiseau; *l'Angélus dans la campagne de Rome*, par M. Bodinier, 7,800 fr., à M. Baro; *le Page et la Courtisane*, par M. Bonnington, 8,200 fr., à M. le marquis d'Hertford; *Tentation de saint Antoine*, par M. Brune, 1,120 fr., à M. le duc de Trévise; *le Chemin de Narni, effet du soir*, par M. Cabat, 3,200 fr., à M. le comte Duchâtel; *l'Ange et le Fils de Tobie*, par le même, 1,500 fr., à M. Van Isaker; *le Lac Narni*, par le même, 2,700 fr., à M. Stevens; *le Jardin Beaujon*, par le même, 2,300 fr., à M. Davin; *Vue d'Italie, soleil levant*, par M. Corot, 2,200 fr., à M. de Saint-Aignan Boucher; *l'Ile de Capri*, par le même, 700 fr., à M. Delanoue; *Bataille des Cimbres*, par M. Decamps, 28,000 fr., à M. Vastapani, de Bordeaux; *Joseph vendu par ses frères*, par le même, 37,000 fr., à M. le docteur Véron; *Samson combattant les Philistins*, par le même, 20,500 fr., à M. le comte Demidoff; *Assassinat de l'évêque de Liége*, scène de *Quentin Durward* (Walter Scott), par M. Eugène Delacroix, 4,800 fr., à M. Villot; *Intérieur d'un couvent, l'amende honorable*, par le même, 3,105 fr., à M. Van Isaker; *Hamlet et le fossoyeur*, « Hélas! pauvre Yorick... je l'ai connu » (*Hamlet*, acte V), par le même, 6,300 fr., à M. André Cottier; *le Prisonnier de Chillon*, par le même 4,700 fr., à M. Moreau, agent de change; *Arabe près d'un tombeau*, par le même, 2,150 fr., à M. Gambard, de Londres; *la Mort du duc de Guise*, par M. Paul Delaroche, 52,500 fr., à M. le duc d'Aumale; *Pacage en Normandie*, par M. Flers, 1,720 fr., à M. Chardon Lagache; *Quatre Victoires déroulant une tapisserie qui représente le tombeau de Sainte-Hélène*, par Gérard, 1,080 fr., au Musée du Louvre; *Intérieur d'un cloître, Abeilard recevant une lettre d'Héloïse*, par M. Granet, 1,750 fr., à M. le duc de Galiera; *Vue du Tréport*, par M. Gudin, 7,200 fr., à M. Royer; *Vue prise dans la forêt de Compiègne*, par M. Paul Huet, 1,500 fr., à M. Trubert; *Paysage italien*, par le même, 815 fr., à M.***; *l'Embouchure de la Seine*, par le même, 605 fr., à M. Delicourt; *Vue du château d'Eu*, par le même, 600 fr., à M. Gambard, de Londres; *Stratonice*, par M. Ingres, 63,000 fr, à M. le comte Demidoff; *Œdipe consultant le Sphinx*, par le même, 12,500 fr., à M. le comte Duchâtel; *Alchimiste dans son laboratoire*, par M. Eugène Isabey, 7,700 fr., à M. Goupil; quatre tableaux de chasse faisant pendants: *l'Ebat, le Relancé, l'Hallali* et *la Curée*, par M. Jadin, 17,000 fr., à M. de Vatry; *Vaches à l'abreuvoir*, par le même, 1,750 fr., à M. Henri Paul; *Vue de Provence* (*Aiguesmortes*), par le même, 1,150 fr., à M. Gambard, de Londres; *les Cascines de Florence*, par le même, 380 fr., à M. Gambard; *la duchesse d'Orléans lisant le bulletin de la victoire d'Astenbeck* (1757), première esquisse d'un tableau qui figurait dans la galerie de l'histoire du Palais-Royal, détruite en 1848, de M. Alfred Johannot, 1,300 francs, à M. le marquis d'Hertford; *Mort de Duguesclin*, par Tony Johannot, 2,100 fr., à M. le comte Demidoff; *la Fille de Jephté*, par M. Henri Lehman, 5,000 fr., à M. Jules de Lesseps; *Danse bretonne*, par M. Leleux, 1,950 fr., à M. Goupil; *Marine*, par M. Lepoitevin, 505 fr., à M. Scribe; *Mosquée* (*site de la basse Egypte*), par M. Marilhat, 6,600 fr., à M. le comte Demidoff; *le Moribond*, par M. Meissonnier, 4,100 fr., à M. Lamme, directeur du Musée de Rotterdam; *Michel-Ange soignant son domestique malade*, par M. Robert Fleury, 4,500 fr., à M. le comte Demidoff; *le Lion amoureux*, par M. Camille Roqueplan, 15,500 fr., à M. le marquis d'Hertford; *l'Antiquaire*, par le même, 30,000 fr., à M. le duc de Galiera; *Forêt de Compiègne* (panneau), par M. Th. Rousseau, 910 fr. à M. Bocquet; *Françoise de Rimini*, par M. Ary Scheffer, 43,600 fr., à M. Vastapani, de Bordeaux; *le Christ consolateur*, par le même, 52,500 f., à M. Lamme, directeur du Musée de Rotterdam; *le Giaour*, par le même, 25,500 fr. à M. Pescatore; *Medora*, par le même, 19,500 fr., pour le Musée de Rotterdam; *Jeanne d'Arc conduite au bûcher*, par M. Henri Scheffer, 8,155 fr., à M. Delahaye; *la Mort du Corrége*, par M. Tassaert, 870 fr., à M. Van Isaker; *Paysage* (*site d'Italie*), par M. Bellel, 380 fr., à M. Goupil; *Dernière scène de Lucrèce Borgia* (aquarelle), par M. Louis Boulanger, 340 fr., à M. Gambard, de Londres.

La vente de ces cinquante-neuf tableaux a produit la somme de 535,565 fr.

SCIENCES.—CHIMIE.

COMPTE-RENDU DU COURS DE CHIMIE DE M. BALARD A LA SORBONNE.

SULFITES.

L'acide sulfureux s'unit avec les oxydes en produisant des sels appelés sulfites ou bi-sulfites, suivant le nombre équivalent d'acides qu'ils contiennent.

Les sulfites ont une saveur âcre et piquante qui leur est particulière.

Ils sont peu solubles dans l'eau, excepté les sulfites alcalins, qui se dissolvent très-facilement.

L'air les oxyde lentement en les transformant en sulfates.

Les acides les décomposent généralement en éliminant l'acide sulfureux dont l'odeur caractéristique sert à les faire reconnaître.

Ils doivent à l'acide sulfureux des propriétés décolorantes qui les font employer dans l'industrie pour le blanchiment du papier.

La chaleur décompose les sulfites avec facilité, en laissant comme résidu des oxydes, lorsque ce sont des sulfites métalliques proprement dits, et des sulfates, lorsque l'on a opéré sur des sulfites alcalins.

On ne trouve pas de sulfites dans la nature; ils sont toujours fabriqués dans les laboratoires, en mettant à profit l'action de l'acide sulfureux sur les oxydes ou sur les carbonates.

HYPOSULFITES.

Les hyposulfites alcalins sont très-solubles dans l'eau; mais quelques hyposulfites terreux ou métalliques sont insolubles.

Les hyposulfites alcalins ont la propriété particulière de dissoudre très-facilement tous les sels d'argent.

Le fixage des épreuves photographiques, au moyen de l'hyposulfite de soude qui dissout le chlorure d'argent non décomposé par la lumière, est une application très-remarquable de cette faculté.

Les acides agissent sur eux d'une manière caractéristique, en dégageant de l'acide sulfureux et en précipitant du soufre.

EUGÈNE BEAU,
Élève de l'Ecole des mines

Le Propriétaire-Gérant, ALEXIS GAUDIN.

TYPOGRAPHIE BENNUYER, RUE DU BOULEVARD, 7, BATIGNOLLES
Boulevard extérieur de Paris.

4.

TROISIEME ANNÉE. N° 5. SAMEDI, 29 JANVIER 1853.

LA LUMIÈRE

REVUE DE LA PHOTOGRAPHIE.

BEAUX-ARTS. — HÉLIOGRAPHIE. — SCIENCES.

JOURNAL NON POLITIQUE, PARAISSANT LE SAMEDI.

Bureaux, rue de la Perle, 9, à Paris.

ABONNEMENTS.—*Paris*, UN AN, 16 FR.; 6 MOIS, 10 FR.; 3 MOIS, 6 FR.; *Départements*, UN AN, 18 FR.; 6 MOIS, 11 FR.; 3 MOIS, 7 FR.; *Etranger*, UN AN, 20 FR.; 6 MOIS, 12 FR.; 3 MOIS, 8 FR.

Nous prions ceux de MM. nos Abonnés qui n'ont pas encore renouvelé leur abonnement, de se hâter, s'ils ne veulent pas éprouver de retard dans l'envoi du journal.

Dans le but de faciliter à nos lecteurs les moyens de se procurer la *Lumière*, nous avons cru devoir établir des bureaux d'abonnement :

A la *Librairie Nouvelle*, 15, boulevard des Italiens;

Au *Cabinet de Lecture*, galerie d'Orléans, 2, Palais-Royal;

Chez Mlle LEGENTIL, cabinet de lecture, place de la Madeleine;

Et chez M. DELAHAYE, rue de Lancry, 37.

On trouvera dans ces succursales des numéros séparés de la *Lumière* (40 c. le numéro).

Nous sommes heureux de voir les journaux français et étrangers reproduire nos articles, mais nous les prions de vouloir bien indiquer la source de ces reproductions; c'est de toute justice.

SOMMAIRE.

ANGLETERRE.

CRÉATION D'UNE SOCIÉTÉ PHOTOGRAPHIQUE.

Une nombreuse et importante réunion de personnes qui s'occupent toutes de photographie au point de vue scientifique ou pratique, a eu lieu jeudi, 20 janvier, dans la salle de la Société des Arts. Le but de cette réunion était de fonder une Société, sous le nom de « *Société photographique* », composée de praticiens et d'amateurs, dont l'influence serait très-grande sur les progrès de l'art héliographique. Dans la vaste salle se pressaient plusieurs centaines de personnes, parmi lesquelles on remarquait quelques dames.

A quatre heures de l'après-midi, sir Charles Eastlake, président de l'Académie royale, prend place au fauteuil et ouvre la séance par une courte allocution, dans laquelle il expose rapidement le but du meeting. Il commence par rendre hommage à M. Fox Talbot, auquel la photographie, dans ce pays, est redevable d'un de ses plus grands avantages. C'est à sa libéralité que chacun doit, en Angleterre, le libre exercice de cet art. M. Talbot s'était assuré un brevet pour ses découvertes; mais, voyant que le maintien de ses droits semblait retarder les progrès et l'avancement de la photographie, il abandonna généreusement son privilége, et c'est à cet acte de désintéressement que l'on doit de pouvoir se réunir aujourd'hui, a dit M. Eastlake, pour former une Société photographique. Plusieurs réunions préliminaires ont déjà eu lieu entre les personnes intéressées dans la question, et le présent meeting a pour but de discuter et d'arrêter le meilleur plan à suivre pour l'organisation d'une association permanente.

Le secrétaire donne ensuite lecture d'un rapport succinct et habilement rédigé sur les mesures préparatoires qui ont été prises, et sur l'objet et les statuts de la Société projetée. Ce rapport établit qu'un club photographique se forma vers la fin de 1851, l'impulsion puissante donnée à l'art héliographique par la grande exposition ayant convaincu ceux qui le professent que le temps de s'unir pour agir et progresser était venu. Le rapport donne encore un témoignage de reconnaissance au désintéressement de M. Talbot, qui renonça à son privilége dès qu'il apprit, par sir Eastlake et lord Ross, qu'il mettait obstacle à la formation d'une Société plus importante. Le rapport se termine par la liste des photographes les plus éminents d'Angleterre, qui se sont tous inscrits pour faire partie de l'association.

Sir William Newton (l'éminent miniaturiste) prend la parole et propose qu'une Société soit fondée sous le titre de SOCIÉTÉ PHOTOGRAPHIQUE. Cette proposition est appuyée par Robert Hunt, Esquire, conservateur du *Muséum de géologie économique*, qui, dans un éloquent discours, insiste sur l'importance et sur la nécessité d'une semblable Société pour les progrès futurs de la photographie.

Il pense qu'une telle association de praticiens fournirait le moyen le plus efficace et le plus prompt de faire connaître et de comparer les résultats de leurs nombreuses expériences, et ainsi préparerait la voie à de nouvelles découvertes. Il fait observer que, si rapides et si satisfaisants qu'aient été les perfectionnements apportés à cette science, il reste encore beaucoup à faire. Le savant orateur énumère quelques-uns des phénomènes encore obscurs et inexpliqués de la photographie; par exemple, il est reconnu que le papier préparé n'est pas impressionné par les rayons jaunes, tandis que ces rayons agissent sur le verre enduit de collodion. — De grands progrès ont été incontestablement faits dans la sensibilisation des substances employées, mais une plus grande perfection est encore à atteindre pour obtenir certains résultats. Ainsi, il ne pense pas qu'on soit encore parvenu à découvrir aucun procédé assez *instantané* pour reproduire les flots en mouvement (1). La blanche écume des vagues ne donne ordinairement qu'une tache lumineuse, au lieu de la légère et transparente dentelle humide.

Cette remarque de M. Hunt a provoqué cependant, vers la fin du meeting, une intéressante communication de la part d'une personne qui arrive d'Ecosse, apportant avec elle quelques délicieuses vues de la mer, obtenues sur verre. Dans ces vues, la forme des vagues est admirablement représentée; au stéréoscope, l'illusion est complète.

M. Hunt appelle lui-même l'attention de l'assemblée sur ce nouveau et important perfectionnement, qui excite au plus haut point l'intérêt de l'auditoire. On demande de tous côtés si le collodion dont on s'est servi pour ces épreuves est le même que l'on emploie ordinairement.

L'auteur de ces vues répond que c'est un collodion qu'il prépare lui-même. D'après ce qu'il dit, la paille du froment entrerait dans cette composition.

M. Hunt continue en rappelant à l'assemblée combien il serait à désirer qu'on apportât plus de soins dans la construction des objectifs, et il pense que la Société projetée aura une heureuse influence sur cette partie si importante de l'art photographique.

Avant que la proposition tendant à la formation de la Société soit mise aux voix, une députation de la *Société des Arts*, composée du docteur Playfair, du docteur Boothe et de M. Forster, se présente et demande au meeting qu'au lieu d'organiser une Société nouvelle et distincte, les photographes s'unissent à la *Société des Arts* et forment ainsi une section spéciale de cette institution. Cette proposition s'appuie sur les inconvénients qui peuvent résulter de la multiplication des sociétés scientifiques, leurs assemblées ayant lieu souvent le même jour, ce qui empêche les personnes intéressées dans les diverses questions qu'on y discute, d'en suivre également les développements.

Plusieurs orateurs prennent tour à tour la parole pour et contre la proposition de la Société des Arts. Enfin, la mention primitive est adoptée à une grande majorité.

Ainsi a été constituée, au milieu de chaleureuses acclamations, la *Société photographique anglaise*, dont sir Charles Eastlake a accepté la présidence pour la première année.

Cette Société sera dirigée par trois vice-présidents, et par un conseil composé de vingt-un membres. Il a été décidé également, et cette résolution a été vivement applaudie, que les photographes étrangers, ainsi que les artistes ou les savants qui travaillent dans les autres pays à l'avancement de l'héliographie, seraient admis comme membres honoraires. Les dames pourront faire partie de l'association.

Une réunion aura lieu le premier jeudi de chaque mois. Des épreuves y seront exposées à l'examen des membres, des communications relatives à la photohraphie y seront lues, et on y discutera les questions relatives à cette science intéressante. — La souscription annuelle est fixée à une guinée (25 fr.). Chaque membre devra de plus verser pareille somme lors de son admission.

On lit un exposé des statuts de la nouvelle Société, dont l'adoption est proposée par M. Fry et appuyée par M. Perry.

Sir Charles Eastlake prend alors la parole et félicite l'assemblée sur la formation d'une Société dont il prévoit les avantages pour l'art et pour la science en général. Il remercie la Société des Arts pour l'important et officieux concours qu'elle a bien voulu accorder aux membres du meeting, et il termine en invitant les personnes présentes à inscrire leurs noms sur les listes de la Société qui vient de s'établir.

Un grand nombre d'assistants se rendent à cette invitation et l'assemblée se sépare. FRY.

(1) Les belles épreuves de M. le baron Gros, représentant le port d'Athènes, prouvent suffisamment que cet admirable résultat peut être obtenu.

Nous avons reçu de MM. Sarault et Clouzard une note dans laquelle ils revendiquent leur part d'initiative dans les procédés que M. Soulier emploie pour l'application de la peinture sur verre à la photographie.

C'est une question qu'il ne nous appartient pas de décider.

ACADÉMIE DES SCIENCES.

Economie rurale.—Maladie de la vigne.—Rapport de M. Louis Leclerc, notes de M. C. Aguillon (du Var) et de M. Guérin Méneville.—Tableau général des hauteurs de la Seine en 1852. —Recherches sur la composition du lait chez la femme, etc., par MM. M. Vernois et Alfred Becquerel.

Maladie de la vigne; notes de MM. Camille Aguillon et Guérin Meneville, rapport de M. Louis Leclerc.—Nous avons fait connaître, dans les n°s 35, 38 et 40 de *la Lumière, 2me année*, les notes les plus intéressantes communiquées à l'Académie des sciences concernant la maladie de la vigne, triste fléau qui depuis plusieurs années porte ses ravages dans les plus belles et les plus riches contrées de la France.

Aujourd'hui l'infection a franchi la Méditerranée pour s'abattre en Algérie; on la signale en Syrie et dans l'Asie Mineure; elle est pourtant, faible encore sur le plus grand nombre de points, mais terrible en beaucoup de vignobles importants.

Nous avons annoncé, dans le n° du 11 septembre 1852, que M. le ministre de l'intérieur avait confié à M. Louis Leclerc l'honorable mission de visiter les principaux vignobles de France, et particulièrement ceux du Midi, et de rechercher avec le plus grand soin :

Les causes du mal, sa véritable nature et ses symptômes;

Les circonstances qui favorisent son invasion et les développements qu'elle a pu prendre;

Les moyens qui, dans les diverses localités affectées, ont été employés pour la combattre; ceux enfin qui paraîtraient les plus propres, soit à prévenir son retour, soit à neutraliser ou atténuer ses effets.

M. Leclerc consacra les mois de juillet, août et septembre à l'accomplissement des devoirs qui lui étaient prescrits. Il suivit la Loire, d'Orléans à son embouchure, parcourut les deux départements de la Charente, examina les vignobles du Médoc et des environs de Bordeaux; visita les départements des Pyrénées, le bas Languedoc, une partie de la Provence et du Dauphiné, le Lyonnais, le Beaujolais et la haute Bourgogne, enfin quelques grands vignobles des Etats Sardes. L'illustre savant a adressé à M. le ministre de l'intérieur, de l'agriculture et du commerce un rapport très-détaillé, dont nous analyserons les passages les plus saillants et qui intéresseront les propriétaires de vignobles; on pourra juger du saisissant intérêt de ce beau travail par la citation suivante prise au hasard dans la première partie intitulée *Situation générale* (1).

« Les Pyrénées-Orientales, l'Aude, l'Hérault, une grande parite du Var se trouvent dans un état déplorable. Toutes les vignes ne sont pas également frappées, mais la récolte est très-compromise ou même anéantie sur beaucoup de points des immenses vignobles qui avoisinent les lacs et la mer. C'est un spectacle navrant pour qui les a vus dans toute leur splendeur.

« A Frontignan, à Lunel, grand nombre de vignes sont littéralement abandonnées, elles n'ont point reçu les façons ou les labours d'usage; et c'est une situation d'autant plus cruelle, que dans la contrée ces travaux se font à la main. A Frontignan, plusieurs centaines de travailloires, nom local et traditionnel des ouvriers vignerons, ont dû chercher au loin quelque occupation. J'ai entendu là des gémissements, j'ai vu couler des larmes, car toute existence, celle du pauvre au moins, y tient à la vigne, en dépend. Mais aussi j'ai trouvé là une pieuse résignation, bien éloignée de ce préjugé violent, absurde, qui se rencontre ailleurs et dont je parlerai. Les personnes éclairées s'inquiètent, en voyant le vin de bouche, qui valait cinq francs l'hectolitre à la récolte de 1851, s'élever d'abord à dix francs, par suite des demandes de l'extérieur, puis à quinze francs en présence du mal actuel.

Que deviendront les ouvriers des villes, et surtout ceux des campagnes, s'ils sont privés du vin où ils puisent force et courage, auquel ils sont habitués, et qui leur est indispensable avec un régime alimentaire si peu nutritif? »

(1) Nous donnerons, dans notre prochain numéro, les conclusions du rapport de M. Louis Leclerc.

L'auteur de ces lignes était bien digne de la mission délicate dont il a été chargé, et il nous tarde de connaître les documents précieux qu'il a dû recueillir, sur les causes du mal et sur les moyens de le combattre.

D'autre part, l'Académie des sciences a nommé une Commission, qui se compose d'illustres savants, appartenant à diverses sections, savoir : MM. Duméril, Milne Edwards, *zoologie*; Decaisne, Rayer, *économie rurale*; de Jussieu, Brongniart, Gaudichaud, *botanique*; Magendie, *médecine*, et qui est chargée de l'examen des diverses communications concernant la maladie de la vigne et des pommes de terre; on doit espérer que des résultats favorables seront bientôt obtenus du concours heureux de la science et de l'administration, et que le fléau destructeur sera combattu, sinon détruit, par des moyens sûrs, puisés à de si bonnes sources.

M. Camille Aguillon, propriétaire et cultivateur dans le Var, qui a étudié la maladie dans les environs de Toulon, où elle a plus ou moins étendu ses ravages, pense qu'elle pourrait provenir d'un excès de santé des vignes, qu'elle est causée par des soins et une taille régulière donnés d'année en année; et il croit qu'en abandonnant la taille pendant un an, en donnant à la vigne une espèce de maladie de langueur, en lui laissant tous ses ceps, on pourrait peut-être modifier cet état. Il ne propose pas d'avoir recours à ce procédé immédiatement et sur toutes les vignes, mais il appelle seulement des expériences sur une échelle plus ou moins grande.

M. Guérin Méneville conclut de ces observations, jointes à beaucoup d'autres analogues dont il a été informé depuis la publication d'un Mémoire lu à l'Académie des sciences le 6 septembre 1852 :

Que la maladie semble due à un mouvement vital trop précipité, à un état de pléthore causé probablement par les hivers trop doux qui se sont succédé depuis quelques années, et qui ont mis les forces vitales de la vigne en action à des époques où elles doivent reposer.

Que le développement de l'oïdium est la conséquence de cet état anormal des vignes;

Que la maladie semble ne pas pouvoir être communiquée à des sujets sains par les sporules de l'oïdium.

Recherches sur la composition du lait chez la femme, etc. —M. Maxime Vernois, médecin à l'hôpital Saint-Antoine, et M. Alfred Becquerel, médecin de l'hospice Sainte-Perrine, ont présenté à l'Académie un volume manuscrit qui est le résumé des travaux considérables auxquels ils se sont livrés et qu'ils ont poursuivis avec une rare persévérance, l'étude de la composition chimique du lait. D'abord, ils reconnaissent qu'ils ont pu accepter comme vrais et démontrés les résultats obtenus par des naturalistes et des médecins distingués, dont les recherches sont généralement connues; mais, en rendant justice aux travaux des savants qui se sont surtout occupés de la question chimique, il leur a été impossible soit de vérifier, soit d'accepter les faits tels qu'ils sont consignés dans la science. Il n'est aucun auteur ancien ou moderne qui ait, d'après un procédé uniforme et sur une quantité considérable de faits, analysé le lait dans la série animale de huit à dix espèces principales.

Habiles médecins, savants chimistes et amis zélés de la science, ils ont entrepris cette tâche laborieuse. Leur but a été bien simple: imaginer un procédé d'analyse du lait, ou perfectionner les indications déjà publiées sur ce sujet, et appliquer ce procédé à l'étude du lait dans l'état de santé et dans l'état de maladie de la femme, et des principales espèces domestiques, la vache, l'ânesse, la chèvre, la jument, la brebis, la chienne.

On se procure 60 grammes de lait; on divise en deux parties égales; on fait dessécher dans une étuve les 30 grammes, à une température qui ne dépasse pas 60 ou 80 degrés. On pèse le résidu; la différence entre son poids et le poids primitif donne la quantité d'eau, le poids du résidu indique la quantité des matières solides. Le résidu solide est traité par l'éther, de manière à donner le poids des matières butyreuses.

Reste à connaître le poids du caséum, du sucre, des matières extractives et des sels. L'incinération dans une capsule de platine isole de suite ces dernières. Les 30 autres grammes vont servir à terminer l'opération. On les coagule à l'aide d'une goutte ou deux de présure et d'acide acétique; on filtre; on soumet le sérum au polarimètre; le degré de déviation du rayon polarisé donne, au moyen d'une table construite à l'avance, la proportion exacte de sucre de lait.

Tous les éléments du lait étant alors connus, sauf la caséine, il suffit de soustraire du poids total les éléments solides de la somme de ceux qui sont obtenus, pour avoir le poids recherché. On a ainsi évité toutes les difficultés attachées à l'extraction directe de la caséine; elle reste unie seulement aux matières extractives, mais la nature à peu près complétement indéterminée de ces matières ne trouble pas l'exactitude des résultats. Ce procédé peut être pratiqué en quelques heures.

Parmi les nombreuses observations qu'ils ont faites, ils en ont choisi 89 entièrement uniformes et complètes, au point de vue des questions qu'ils voulaient résoudre; elles leur ont servi à établir la composition physiologique du lait.

Ils ont pu donner la composition du lait selon l'âge de la nourrice, de 15 à 45 ans; selon l'âge du lait lui-même, de 1 à 15 jours, jour par jour, et de 1 mois à 24 mois.

L'état normal du lait chez la femme donne, pour 1,000 grammes :

Eau.	889.08
Parties solides.	110.92
Sucre.	43.64
Caséum et matières extractives. . . .	39.24
Beurre.	26.66
Sels (par incinération).	1.38
La densité est de.	1,032.67

L'âge de la nourrice n'apporte pas, en général, de modification sensible dans la densité, le poids de l'eau et les parties solides; une différence sensible n'existe qu'aux points extrêmes.

Il y a dans le lait des nourrices de 15 à 20 ans plus de parties solides que dans celui des nourrices de 35 à 40; l'état colostral (premier lait après l'accouchement) augmente notablement la quantité de beurre. La composition du lait dans la constitution faible reste à peu près normale; dans la forte constitution, le poids des parties solides diminue, chimiquement parlant.

Le lait des femmes à cheveux noirs l'emporte sur celui des femmes à cheveux blonds.

L'alimentation médiocre laisse introduire trop d'eau dans le lait; les éléments principalement frappés sont le beurre et le caséum.

Les excès de beurre ou de caséum accompagnent toujours un mauvais état de santé des nourrissons.

Ils ont choisi 46 cas morbides, dont 19 à l'état aigu et 27 à l'état chronique. Nous ne pouvons suivre les savants docteurs, et reproduire les détails intéressants qu'ils donnent sur chaque cas particulier. Le tableau ci-dessous indique la comparaison du lait dans les affections

	aiguës.	chroniques.
Eau.	884.91	885.50
Parties solides. . .	115.09	114.50
Sucre.	35.10	43.37
Caséum.	50.40	37.06
Beurre.	29.86	32.57
Sels.	1.73	1.50
Densité.	1,031.20	1,031.47

Dans la syphilis, la densité s'élève extraordinairement; le beurre diminue, et les sels augmentent hors de proportion.

A la fin de l'étude du lait de la vache, ils ont placé un chapitre sur la falsification du lait par l'eau, et sur un moyen presque mathématique d'en reconnaître la quantité. Ils ont fait construire à cet effet un nouveau polariscope portatif qu'ils présentent à l'Académie et qui, en clinique, est appelé, selon eux, à rendre de grands services à l'observation.

A.-T. L.

PARIS PHOTOGRAPHIÉ.

VUES ET MONUMENTS.

PAR M. RENARD.

Tel est le titre d'une publication que la maison Goupil et Comp. a entreprise, et dont nous avons les premières livraisons sous les yeux.

Paris photographié, c'est-à-dire les richesses monumentales éparses dans cette vieille cité éclectique, reproduites avec la fidélité de l'objectif et réunies dans un album qui trouvera sa place dans toutes les bibliothèques et sur toutes les tables de salon : telle est la tâche que M. Renard s'est proposée. Photographe expérimenté, architecte habile, il possédait les qualités indispensables pour faire de cette publication une œuvre intéressante et surtout une œuvre utile, et les deux livraisons que nous avons entre les mains le prouvent suffisamment.

Les monuments de Paris sont en quelque sorte l'histoire de son passé, écrite en lettres de pierre par les générations elles-mêmes. Les grandes époques, les grands règnes ont tracé tour à tour leur page impérissable de ce livre sublime, prenant à l'art de tous les pays ses styles divers, comme l'historien emprunte au langage ses différentes formes pour les approprier aux événements qu'il décrit ou aux hommes qu'il dépeint. Que de variété, que de contrastes, que d'enseignements dans ces admirables chefs-d'œuvre que nous rencontrons à chaque pas dans Paris, et devant lesquels nous passons indifférents! En les isolant et en les offrant à l'œil avec tous leurs détails, la publication de M. Renard nous force à leur rendre l'admiration que nous leur devons. — C'est quelque chose aussi que de pouvoir, tout en restant dans son fauteuil, au coin de son feu, contempler à loisir les gigantesques portails, les frontons animés, les colonnades majestueuses, sans craindre le chariot qui vient, ou le passant qui vous heurte, ou la pluie qui tombe. Comme on étudie bien ainsi et comme on comprend mieux!

Les vingt planches dont nous avons à parler représentent le Louvre, les Invalides, la place de la Concorde, les Tuileries, l'Arc-de-Triomphe de l'Étoile, l'église Saint-Étienne-du-Mont, la place Vendôme, l'abside de Notre-Dame, le Pont-Royal, le quai de l'Horloge, l'église Notre-Dame, une vue prise du pont de la Concorde, l'Institut, l'Hôtel-de-Ville, le Panthéon, la tour de l'Horloge au Palais-de-Justice, la gare du chemin de fer de Strasbourg, Saint-Vincent-de-Paul et la colonne de Juillet. Ne pouvant, comme nous le voudrions, décrire toutes ces épreuves, nous parlerons de celles qui nous ont semblé les plus remarquables.

Le Louvre, ou plutôt le pavillon de l'Horloge au Louvre, est rendu avec une finesse de détails et une netteté parfaites. L'œil peut compter et admirer toutes les merveilleuses richesses de cette architecture prodigue qui a accumulé sur cette façade de quoi orner vingt monuments et les rendre célèbres. Les délicieuses cariatides de Sarrazin sont reproduites avec une délicatesse inouïe; on peut suivre les capricieux dessins des frises, fouiller du regard l'ombre des chapiteaux et des entablements. C'est minutieux et c'est complet; nous dirons même que les jardins éphémères de M. Duban, ses grilles aussitôt détruites que posées, ses lierres qui n'ont vécu qu'un jour, figurent par hasard sur cette épreuve. Ils vivront au moins dans le *Paris photographié*.

Il y a dans la vue de la place de la Concorde un effet étrange et curieux. L'une des deux fontaines est représentée au moment où elle *jouait*. Des jets vigoureux s'élancent du bassin inférieur et viennent rejoindre l'eau qui tombe en lames argentées du sommet. Sous ces nappes transparentes qui s'éparpillent et se fondent en pluie indécise, en poussière lumineuse, les figures bronzées qui occupent le centre se modèlent harmonieusement. C'est un effet nouveau et heureusement rendu.

L'église Saint-Etienne-du-Mont est une des plus charmantes épreuves que nous ayons vues. Les finesses de cette gracieuse façade à trois étages bizarrement superposés, l'élégance du svelte clocher, les rosaces légèrement découpées, les riches et minutieux dessins des vitraux, tout faisait de ce bijou d'architecture un sujet précieux pour la photographie. M. Renard l'a compris, et il en a fait une reproduction qui ne laisse rien à désirer. Les ombres légères et délicatement projetées par un soleil presque de face, laissent distinguer tous les détails.

La vue du Pont-Royal, prise de la berge qui longe le quai du Louvre, est d'un effet très-curieux et heureusement choisi. Le spectateur est en amont du pont des Saints-Pères. La berge fuit rapidement devant lui. Au-dessus de sa tête, l'arche de fer du pont forme une voûte sombre qui sert de vigoureux repoussoir; au fond, le Pont Royal très-éclairé, mais gardant toutefois le ton un peu vague que lui donne la distance, estompe légèrement ses ombres dégradées dans la transparence de l'eau, et laisse entrevoir sous le demi-cercle de ses arches une perspective qui se fond dans l'éloignement. — Les plans sont admirablement indiqués, et cette vue, précieuse comme étude, a une véritable valeur artistique.

La vue du quai de l'Horloge est tout un tableau. Le soleil va disparaître. Frappant, par derrière, les hautes maisons du quai dont les façades se massent dans l'obscurité, il projette leur ombre vigoureuse dans le fleuve. Au milieu, sur le troisième plan, les vieilles tourelles du palais se détachent avec leurs toits coniques et leurs flèches que le couchant éclaire; à côté, et comme toute fière de sa parure restaurée, la tour de l'Horloge élève coquettement son clocheton rajeuni; plus loin, un bouquet d'arbres indique le quai aux Fleurs. Puis un groupe de maisons s'avançant au loin, se découpe dans la Seine et sur le ciel, comme la proue d'un immense navire. A gauche, le Pont-au-Change, ce vétéran des ponts de Paris, trace horizontalement sa ligne noire et massive que domine la maison carrée du Pont-Notre-Dame. Les autres ponts s'éteignent dans les plans éloignés, et l'œil distingue à l'horizon brumeux les toits des faubourgs.

Cette vue du vieux Paris est admirablement choisie et rendue avec une grande habileté.

Voici maintenant une vue de Notre-Dame, du côté du sud; comme épreuve, celle-ci est évidemment supérieure à toutes les autres. Il y a un moelleux, une transparence dans les ombres, que l'albumine seule peut donner quand elle est employée par des mains aussi expérimentées que celles de M. Renard.

Mais nous nous arrêtons. Nous voulions décrire les planches qui nous semblaient le plus remarquables, et voilà que si nous n'avions pas mesuré du regard l'espace qui nous reste, nous allions les décrire toutes. Pourtant nous devons dire qu'une de ces vues, celle qui porte le n° 20, et qui représente la colonne de Juillet, est de M. Plaut. Cet artiste distingué, dont nous connaissons plus d'une œuvre remarquable, s'est surpassé dans cette épreuve si nette et si harmonieuse. Le bronze du monument se détache sur le ciel, sans dureté, ce qui était une difficulté de plus à vaincre; mais M. Plaut ne s'en est pas effrayé, et il a eu raison, car il a réussi.

Cette publication a un intérêt tout particulier, en dehors de ceux que lui donnent le sujet et la valeur des épreuves. C'est le premier ouvrage publié par l'imprimerie photographique, fondée il y a environ deux ans, à Paris par M. de Fonteny, et dirigée par M. de Lachevardière. Nous examinerons, dans une autre série d'articles, ce qu'a produit l'établissement de M. Blanquart-Evrard. Aujourd'hui nous dirons que les résultats que nous avons sous les yeux doivent encourager M. de Lachevardière. Il a obtenu une égalité de ton et de réussite qui fait honneur à ses procédés. La teinte vigoureuse et franche des épreuves, le soin avec lequel elles sont tirées, doivent être, pour les artistes qui lui confient leurs clichés, des garanties précieuses, en même temps que le prix peu élevé auquel ses conditions permettent de les livrer au public assure aux publications de ce genre un écoulement rapide et un succès durable.

MM. Goupil et Vibert ont bien fait d'éditer cet ouvrage; ce sera pour leur maison, déjà si connue, un titre et une réussite de plus. ERNEST LACAN.

BIBLIOGRAPHIE.

EXPOSITION ET HISTOIRE DES PRINCIPALES DÉCOUVERTES SCIENTIFIQUES MODERNES,

PAR LOUIS FIGUIER.

TOME PREMIER.

PHOTOGRAPHIE, TÉLÉGRAPHIE AÉRIENNE ET ÉLECTRIQUE, GALVANOPLASTIE ET DORURE CHIMIQUE, POUDRE DE GUERRE ET POUDRE DE COTON (1).

J'ai déjà rendu compte d'un livre du même auteur sur la découverte des machines à vapeur, des bateaux à vapeur et des chemins de fer. Ce nouveau volume contient l'historique de quelques découvertes toutes récentes, sauf celle de la poudre à canon; M. Figuier y révèle un talent encyclopédique. Sa méthode excellente et la profusion des détails rendent son travail complet et attachant à la fois.

Il commence par la photographie, cette découverte qui, à peine éclose, semble toucher à sa perfection.

Il expose avec détail les anciens travaux de Joseph-Nicéphore Niépce, qui obtint avant tout autre des images naturelles au foyer de la chambre obscure; il fait remonter ses premiers essais à l'année 1813.

(1) Langlois et Leclerc, rue de la Harpe, 99; Victor Masson, place de l'Ecole-de-Médecine.

Niépce employait exclusivement le bitume de Judée; ce corps n'est modifié par la lumière qu'avec beaucoup de lenteur; cependant, indépendamment des images recueillies dans la chambre obscure, il réussit à copier des gravures par la seule action de la lumière et à en former des gravures susceptibles d'un certain tirage.

Il opérait d'abord sur des planches d'étain, auxquelles il substitua plus tard des feuilles de doublé d'argent: c'est en cherchant à renforcer les noirs de ses épreuves sur plaqué qu'il employa l'iode, ce qui lui fit découvrir la propriété photogénique de la couche d'iodure d'argent, propriété qui se manifesta par un changement de couleur intense, résultat inattendu, puisque l'iodure d'argent précipité est peut-être le composé insoluble d'argent qui noircit le moins à la lumière.

Le livre contient la correspondance qui s'établit entre Niépce et Daguerre, préalablement à leur association pour travailler en commun: d'après ces documents, il est évident que Daguerre était aussi discret sur ses recherches que Niépce était communicatif. Cela venait sans doute de l'importante découverte faite par Daguerre touchant l'action de la vapeur mercurielle qui, en effet, éclipsait pour ainsi dire les résultats de son devancier.

L'historique de l'apparition du daguerréotype sous le patronage de M. Arago est très-complet; il est suivi de l'énoncé des perfectionnements successifs que subit la découverte de Niépce par la coopération du monde entier.

Après l'historique du daguerréotype, M. Figuier expose la découverte de la photographie sur papier, qui paraît avoir été faite en Angleterre par M. Talbot, à la même époque que le daguerréotype. Cet art prend même dans son pays natif le nom de talbotype.

La photographie sur papier a été tentée dès le commencement du siècle par deux célèbres physiciens anglais; M. Talbot seul a su la créer. Sa découverte si simple de la reproduction des images positives avec des images négatives est une invention mère qui à juste titre immortalisera son nom. M. Figuier expose très-bien les progrès incessants de la photographie sur papier, en commençant par M. Talbot et énumérant les travaux ultérieurs de MM. Bayard, Edmond Becquerel, Blanquart-Evrard, Niépce de Saint-Victor, Le Gray, Archer, etc., qui ont découvert les rayons continuateurs, la photographie avec négatifs sur verre, sur papier albuminé, ciré et collodion.

La question de la reproduction des couleurs est aussi abordée par l'auteur et lui donne occasion de rendre justice aux travaux de nos compatriotes, en châtiant le charlatanisme intéressé du révérend M. Hill, de New-York.

M. Figuier fait suivre son historique de la découverte de la photographie d'un chapitre intitulé *Application de la photographie aux sciences physiques et naturelles*: c'est un morceau écrit avec verve et éloquence, qui prouve que l'auteur est aussi bien artiste que savant, et clôt dignement sa revue de l'art photographique.

De l'histoire de la photographie, l'auteur passe à celle de la télégraphie électrique, cette autre merveille de notre époque. Il parle d'abord des premiers essais d'Amontons, de Guillaume Marcel et du télégraphe acoustique de Dom Gauthey. Il y a des choses très-curieuses sur la grande portée des sons dans certaines conditions. Il fait remonter le premier télégraphe électrique à l'année 1760: il fut conçu par un Génevois, nommé Lesage: il était établi sur le principe des décharges électriques. A cette époque, on ne connaissait encore que l'électricité statique, c'est-à-dire celle obtenue par le frottement qui s'échappe à distance et qu'il est si difficile d'engendrer d'une manière continue, à cause de sa facile dispersion par les temps humides. Le télégraphe de Lesage fut essayé en 1774. Il exigeait autant de fils tendus d'une station à une autre qu'il y avait de signaux à transmettre. Plusieurs autres inventeurs travaillèrent d'après le même principe, sans autre succès qu'une rapidité extrême dans le parcours des fils par l'électricité. Il fallait la connaissance de l'électricité dynamique, la découverte de son action sur l'aiguille aimantée et de son pouvoir magnétifère pour en tirer les télégraphes actuels; c'est pourquoi les télégraphes aériens des frères Chappe prévalurent encore pendant un grand nombre d'années.

M. Figuier fait connaître, à cette occasion, le principe de ce télégraphe, le mécanisme de ses signaux, son vocabulaire ingénieux, et arrive à signaler son vice capital, qui consiste à ne pouvoir fonctionner la nuit, et même pendant le jour, quand l'atmosphère est obscurcie par la pluie ou le brouillard. Cela amène tout naturellement l'auteur

à discuter les projets de télégraphie nocturne, et à parler de leur établissement unique en Russie par un Français, exclu brutalement de l'administration française. Enfin, a télégraphie actuelle prend naissance d'abord timidement sur quelques lignes de chemins de fer, puis elle se développe tout à coup en Amérique sur des espaces immenses. Il est fort intéressant de suivre, dans le livre de M. Figuier, cette filière d'inventions qui donnent successivement lieu aux télégraphes électriques de Schilling, d'Alexander, de Marse, de Wheatstone, etc., et se termine victorieusement par la jonction de l'Angleterre à la France par un câble sous-marin, long de 40 à 50 kilomètres.

Le lecteur est initié au mécanisme de la télégraphie actuelle, au moyen de fort jolies gravures sur bois qui ornent ce volume; il y a aussi de nombreux tarifs, indiquant le prix des dépêches en France, en Angleterre, en Belgique et en Allemagne, etc.

La galvanoplastie, c'est-à-dire le dépôt des métaux par la pile sur une surface métallisée quelconque, occupe ensuite M. Figuier. En sa qualité de chimiste habile, il expose d'une manière très-claire les phases successives de cet art, en insistant sur son application à l'argenture, à la dorure et au bronzage.

Son historique embrasse les travaux de Volta, Brugnatelli, de la Rive, Spencer, Jacobi, Elkington, de Ruolz, Grove, Smie, Zier, etc.

Enfin, M. Figuier termine son livre par une discussion approfondie sur la découverte de la poudre à canon, ce qui le mène tout naturellement à parler du feu grégeois. Il résulte de son travail que cette composition célèbre était tout bonnement de nature résineuse, avec grand excès d'huiles essentielles. D'après cela, la propriété de brûler dans l'eau a été faussement attribuée au feu grégeois. C'était brûler sur l'eau qu'il fallait dire, ou bien extinguible par l'eau, lorsque cette composition avait couvert du bois ou autre matière combustible.

Les tubes employés pour lancer le feu grégeois sont montrés, par l'auteur, se transformant peu à peu en canons et fusils propres à lancer des traits et des lances d'abord, puis des pierres, et enfin des projectiles en matière plus dense, c'est-à-dire des boulets, des balles, des bombes et obus. Il conclut que les premières recettes pour la préparation de la poudre à canon ont été apportées en Europe par les Arabes.

Après avoir traité, *in extenso*, de l'origine du feu grégeois et de la poudre à canon, M. Figuier s'occupe de la poudre-coton ou fulmi-coton. L'histoire de cette composition toute moderne (et déjà célèbre par ses hauts faits, tant d'utilité que de destruction), est aussi nette que celle de la poudre à canon l'est peu. L'auteur croit que la poudre-coton, déjà abandonnée (après avoir produit un engouement extraordinaire), est appelée à rendre un jour de grands services à l'industrie, surtout pour les mines; il montre que la poudre à canon elle-même, malgré la simplicité de sa préparation, a été de qualité inférieure pendant plusieurs siècles.

L'auteur nous paraît être dans le vrai en émettant cette opinion; car il est une propriété précieuse du coton-poudre, à laquelle on n'a prêté aucune attention, et qui rendrait ce composé éminemment propre à l'usage des mines. Cette propriété consiste à ne pouvoir faire explosion lorsque le coton est convenablement pressé; il peut être alors parfaitement assimilé à la poudre pilée et pressée qui compose la charge des fusées; par conséquent, la provision pour le tirage des rochers, ainsi empaquetée, pourrait prendre feu sans inconvénients sérieux; et, pour la consommation, il suffirait d'éparpiller le coton à la main pour en garnir le trou de sonde au moment du besoin.

J'ai assisté aux expériences de MM. Combes et Flandin, sur le tirage des blocs de grès; leur résultat fut merveilleux pour la monstruosité des masses déplacées, en raison du faible poids du coton-poudre employé.

Enfin, le livre de M. Figuier est enrichi de notes nombreuses ayant trait à chacune des découvertes prises pour texte; c'est, en un mot, un volume très-substantiel, un de ces livres riches qu'on relit souvent par l'impossibilité où l'on est de les savoir jamais.

M.-A. Gaudin,
Calculateur du Bureau des longitudes.

NOUVELLES DIVERSES.

Tableau des hauteurs de la Seine pendant l'année 1852. —M. l'inspecteur de la navigation et des ports a fait remettre à l'Académie le tableau des hauteurs de la Seine pendant l'année 1852, observées chaque jour à l'échelle du pont de la Tournelle; cette communication annuelle est presque de circonstance le jour (24 janvier) où, par suite de la crue des eaux, la Seine marque à l'étiage du pont Royal près de 6 mètres, et à l'échelle de pont de la Tournelle 5 mètres 20, et lorsque les ports Saint-Nicolas et du quai d'Orsay sont complétement submergés.

La hauteur de la rivière est mesurée à l'échelle qui est gravée sur la culée du pont de la Tournelle, du côté de l'orient; on a pris pour point de départ les plus basses eaux de 1719. On ne signale que deux années pendant lesquelles ce niveau n'ait pas été atteint.

Le 25 octobre 1731, la rivière a été de 15 centimètres, et le 6 janvier 1767 elle était de 27 centimètres plus basse qu'en 1719.

En 1658 l'eau a monté à 8 mètres 25 centimètres; cette crue est la plus forte qui ait été observée; la hauteur de 1740 paraît n'avoir été que de 7 mètres 59 centimètres. D'après le tableau envoyé à l'Académie, des observations faites en 1852, les plus basses eaux ont marqué à l'échelle, le 29 novembre, 0m20, et les plus hautes, 4 mètres 55 c.; la hauteur moyenne pour toute l'année est de 1 mètre 24 c.

M. Arago a cru qu'il était à propos de signaler à l'attention de MM. les géologues, ainsi qu'à l'administration des eaux et forêts, la question du *déboisement* et du *reboisement* dans les principaux bassins de la France, et particulièrement dans ceux de la Seine, de la Loire et du Rhône; on sait que les contrées parcourues par ces deux derniers fleuves et leurs affluents ont été dévastées par des inondations terribles depuis plusieurs années; l'étude de cette question serait donc de la plus haute importance, on doit désirer qu'elle soit faite dans le plus bref délai, surtout s'il était prouvé qu'on pourra, par des moyens aussi simples, opposer des barrières au fléau destructeur, ou tarir sa source. A.-T. L.

—

Une nouvelle chapelle récemment restaurée, et dont les peintures à fresque paraissent remonter au commencement du dix-septième siècle, vient d'être découverte dans l'église Saint-Eustache. La restauration des chapelles de cette église, entreprise il y a quatre années, offre plus d'importance qu'on ne l'avait cru d'abord, sous le double rapport de l'art et de l'intérêt historique. Les fresques dont elles sont décorées appartiennent à la belle époque française, et elles sont presque contemporaines de l'édifice; elles prouvent que, dès la fin du seizième siècle, cette vaste basilique était richement décorée de peintures murales, que la négligence ou le mauvais goût ont laissées se dégrader presque entièrement dans les deux siècles suivants. Lorsque la restauration de ces chapelles latérales et celle de la chapelle de la sainte Vierge seront terminées, l'église Saint-Eustache sera l'une des plus riches de Paris, au point de vue de la peinture et de l'ornementation murales. (*Siècle.*)

—

Parmi les nombreux paquets cachetés déposés à l'Académie des sciences par des savants qui n'ont d'autre moyen légal de s'assurer sans frais la priorité honorifique de leurs découvertes, nous avons remarqué celui du Directeur du Conservatoire industriel de Bruxelles, qui contient un moyen de faire durer la lumière électrique aussi longtemps que le courant qui l'alimente, sans l'intervention d'aucun mécanisme et sans l'aide de personne. C'est ainsi que, de proche en proche, l'éclairage électrique finira par entrer dans la pratique, sans pour cela détruire le gaz, comme on le dit, mais en lui venant en aide pour augmenter la somme de lumière que nous possédons déjà. (*Presse.*)

SCIENCES.—CHIMIE.

COMPTE-RENDU DU COURS DE CHIMIE DE M. BALARD A LA SORBONNE.

SULFATES.

Les sulfates sont très-répandus dans la nature. Ce sont des sels assez stables.

La chaleur agit sur eux de différentes manières, suivant la nature de leurs bases.

Ainsi les sulfates alcalins cristallisés perdent seulement leur eau sous son influence et ne sont décomposés à aucune température.

Quant aux sulfates dont les bases sont des terres alcalines ou des oxydes métalliques, ils commencent d'abord à perdre leur eau, puis ils sont décomposés d'autant plus facilement par la chaleur que leur base est plus faible.

Tels sont les sulfates de zinc, de fer et de cuivre, etc.

Les agents réducteurs, tels que l'hydrogène et le carbone, décomposent un grand nombre de sulfates.

Lorsqu'on chauffe à une haute température un sulfate mélangé de charbon, on obtient des réactions qui varient avec la nature de la base.

Un sulfate alcalin donne comme résidu un sulfure, et il se dégage de l'oxyde de carbone; tandis qu'en général un sulfate métallique produit un dégagement d'acide sulfureux et d'oxyde de carbone, et laisse comme résidu un culot métallique.

Cependant, quelques sulfates métalliques, formés par des bases puissantes, produisent aussi des sulfures.

Un courant d'hydrogène, aidé de la chaleur, produit des résultats à peu près semblables avec les sulfates.

Les matières organiques, ordinairement carbonées et hydrogénées, réagissent aussi très-énergiquement *par voie humide*, sur les sulfates, en les ramenant à l'état de sulfures.

Les eaux du port de Marseille en sont un exemple remarquable et en même temps très-fâcheux.

En effet, depuis longtemps on a remarqué que l'eau de ce port répandait une odeur délétère et corrodait avec une énergie toute particulière les doublages des vaisseaux. Ce fait est dû à la présence de grandes quantités de sulfates alcalins et terreux contenus dans l'eau de mer, qui sont décomposés par les matières organiques.

Les sulfates sont fabriqués par un grand nombre de procédés.

D'abord, on peut les obtenir en attaquant directement les métaux ou leurs oxydes.

Les sulfates de fer, de zinc, de cuivre, d'argent et de mercure sont fréquemment obtenus par ce premier procédé.

Le fer et le zinc sont traités par de l'acide sulfurique étendu d'eau. Il y a décomposition de l'eau et production de sulfate.

Mais l'argent, le mercure et le cuivre ne peuvent être attaqués par l'acide sulfurique qu'à une température voisine de l'ébullition de cet acide.

Ils le décomposent alors, en dégageant de l'acide sulfureux.

Lorsque l'on fabrique un sulfate en mettant un oxyde en contact avec l'acide sulfurique, il n'y a aucun dégagement gazeux, et l'oxyde se dissout tout simplement dans l'acide.

On obtient très-fréquemment les sulfates en faisant réagir l'acide sulfurique sur les carbonates ou sur les chlorures.

C'est ainsi qu'on fabrique le sulfate de potasse et de soude; mais alors il y a un dégagement gazeux qui, lorsque l'on opère sur un carbonate, est de l'acide carbonique, et sur un chlorure, de l'acide chlorhydrique. On prépare ainsi certains sulfates par double décomposition, en profitant de leur insolubilité absolue ou relative.

Ainsi, le sulfate de baryte pur s'obtient en versant un sel de baryte soluble (le chlorure par exemple) dans une dissolution d'un sulfate alcalin; il se précipite immédiatement sous forme de poudre blanche, insoluble dans l'eau et même dans les acides.

Les sulfates de strontiane, de plomb et de chaux pourraient s'obtenir de la même manière.

Enfin, l'oxydation des sulfures produit des sulfates dans plusieurs circonstances.

De grandes quantités de sulfate de fer, fabriquées en exposant à l'action oxydante de l'air humide le sulfure de ce métal, sont livrées au commerce. Eugène Beau,
Élève de l'École des mines.

Le Propriétaire-Gérant, Alexis GAUDIN.

TYPOGRAPHIE HENNUYER, RUE DU BOULEVARD, 7. BATIGNOLLES. Boulevard extérieur de Paris.

TROISIEME ANNÉE. N° 6. SAMEDI, 5 FÉVRIER 1853.

LA LUMIÈRE

REVUE DE LA PHOTOGRAPHIE.

BEAUX-ARTS. — HÉLIOGRAPHIE. — SCIENCES.

JOURNAL NON POLITIQUE, PARAISSANT LE SAMEDI.

Bureaux, rue de la Perle, 9, à Paris.

ABONNEMENTS.—*Paris*, UN AN, 16 FR.; 6 MOIS, 10 FR.; 3 MOIS, 6 FR.; *Départements*, UN AN, 18 FR.; 6 MOIS, 11 FR.; 3 MOIS, 7 FR.; *Etranger*, UN AN, 20 FR.; 6 MOIS, 12 FR.; 3 MOIS, 8 FR.

Dans le but de faciliter à nos lecteurs les moyens de se procurer la *Lumière*, nous avons cru devoir établir des bureaux d'abonnement :

A la *Librairie Nouvelle*, 15, boulevard des Italiens;

Au *Cabinet de Lecture*, galerie d'Orléans, 2, Palais-Royal;

Chez Mlle LEGENTIL, cabinet de lecture, place de la Madeleine;

Et chez M. DELAHAYE, rue de Lancry, 37.

On trouvera dans ces succursales des numéros séparés de la *Lumière* (40 c. le numéro).

Nous sommes heureux de voir les journaux français et étrangers reproduire nos articles, mais nous les prions de vouloir bien indiquer la source de ces reproductions; c'est de toute justice.

SOMMAIRE.

LES PEINTRES ILLUSTRES.

III.

Le moyen âge devait être le sépulcre des beaux-arts, en même temps que celui des sciences qui avaient jeté un si grand éclat sur l'antiquité. L'empire romain, en tombant sous les coups des barbares et sous la logique pénétrante d'une nouvelle religion, entraîna dans sa chute une civilisation tout entière. Les historiens racontent, dans de sombres pages, la succession de désastres qui, des régions du nord de l'Europe, vinrent fondre sur la Grèce et l'Italie. Des hordes innombrables couvrirent, à plusieurs reprises, ces délicieuses contrées, comme autant d'inondations auxquelles rien ne pouvait résister. L'incendie des cités éclairait leur marche; elles renversaient tout sur leur passage, et la destruction des monuments les plus précieux n'était qu'un jeu pour leur farouche brutalité.

Les barbares en armes ne furent pas les seuls destructeurs des monuments de l'antiquité. Les beaux-arts, par la raison même qu'ils faisaient partie des institutions sociales de la Grèce et de Rome, devaient naturellement rencontrer pour ennemis les adversaires de ces institutions. La question religieuse occupait une large place à cette époque. Le christianisme était fait sans doute pour porter une nouvelle vie dans les âmes et compléter le magnifique édifice de la civilisation antique, mais il ne fut pas compris ainsi, et surtout appliqué dans sa vérité tout aimable. Après les apôtres vinrent les sectaires; ceux-ci ne virent dans la doctrine, dont la charité faisait la base, qu'un instrument de vengeance ou d'hostilité. Au lieu de songer à perfectionner la civilisation de Rome et d'Athènes, ils n'eurent pour but que de la renverser radicalement.

A ce point de vue, les monuments du *paganisme* étaient odieux aux chrétiens, comme le paganisme lui-même. Les temples n'étaient que des édifices voués aux *faux dieux;* les tableaux et les statues des grands maîtres n'étaient que des représentations du *démon;* aussi plusieurs écrivains de ces époques de vandalisme assurent-ils que les chrétiens détruisirent un plus grand nombre de ces chefs-d'œuvre que les armées d'Alaric et d'Attila.

Un autre mobile chez les chrétiens pour se vouer à la destruction de la peinture et de la sculpture, c'était que le christianisme avait sa racine dans le judaïsme, et que la loi de Moïse défendait expressément la facture ou l'usage de toutes représentations et les condamnait comme objets d'idolâtrie. De si puissants motifs, joints à l'ignorance des masses au milieu desquelles se manifestait la rénovation sociale, devaient nécessairement amener la ruine des beaux-arts de l'antiquité.

Au milieu des catastrophes réitérées qui vinrent fondre sur la Grèce et l'Italie, et des persécutions de la nouvelle religion contre l'ancienne, des personnes qui connaissaient le prix des belles sculptures les enfouirent, comme des trésors, dans des caves et des souterrains. C'est à cette pieuse précaution des amis de l'art, dans ces temps malheureux, que nous devons les statues qui ont été le mieux conservées dans les entrailles de la terre, durant plus de dix siècles, et qui en sont sorties depuis la Renaissance pour inspirer le génie de Raphaël, de Jules Romain, de Michel-Ange, et faire revivre les prodiges d'Apelles et de Phidias dans la noble pléiade des artistes de *quinze cents*. Des tableaux furent également, sans doute, mis à l'abri de la destruction des hommes; mais ils ne purent résister, comme le marbre, à celle du temps; et il a fallu que la sculpture seule révélât au monde moderne la perfection du dessin et des formes poussée si loin chez les anciens.

Mais, il faut le dire aussi, le goût des beaux-arts s'était perverti avant la destruction qu'ils subirent. Tout le monde sait que le bas-empire fut une époque de décadence générale. L'architecture, la sculpture, la peinture, la musique même, se corrompirent sous l'influence des institutions du temps. La translation de l'empire, en décentralisant l'impulsion universelle, ne l'avait pas seulement affaibli, elle avait encore ouvert son sein à toutes les maladies morales qui entraînent avec elles la décomposition. On voyait déjà, dans l'architecture, les colonnes perdre leur forme gracieuse et leur force mathématique, pour s'amincir hors de proportion, et les chapiteaux se couvrir d'ornements ridicules empruntés aux images de la végétation. Les statues n'étaient plus conformes aux règles de l'art ni aux principes de la nature. Elles présageaient ce qu'elles seraient dans le moyen âge, après que l'art, entièrement dépourvu des traditions de l'antiquité, serait réduit à s'alimenter des inspirations ascétiques des cloîtres, et n'aurait plus pour modèles que des êtres sanctifiés par la macération, qui, pour avoir de belles âmes peut-être, n'en seraient pas moins à l'extérieur le comble de la laideur et du mauvais goût.

La musique subit, dans le bas-empire, une décadence analogue à celle des autres arts. Les générations énervées de la nouvelle Byzance ne surent pas même la conserver pour les plaisirs, dont elles étaient cependant avides. Il y avait chez les Grecs trois genres de musique tout à fait distincts : le *diatonicos*, le *kromaticos* et l'*enarmonicos*. Dès le quatrième siècle, ils avaient entièrement dégénéré, et on leur avait substitué le plain-chant, genre qui a son mérite, sans doute, mais qui est loin de présenter les ressources que devait posséder l'art musical des anciens, à n'en juger que par les effets dont témoignent les auteurs les plus accrédités.

Telle est la force de la fantaisie, et parfois son triomphe sur les principes rationnels, que l'époque byzantine a encore eu ses admirateurs. Il s'est trouvé des gens qui ont vu dans ses monuments, maigres et décharnés, des conceptions admirables; elles l'étaient, en effet, au même degré que l'esprit de ce temps, dont chaque jour voyait arracher à l'antique civilisation un lambeau de ses magnifiques créations. Qu'était, hélas! devenue, sous Constantin et ses successeurs, l'inspiration artistique des règnes de Périclès, d'Auguste, de Trajan, de Marc-Aurèle et des Antonins? Cette inspiration se dérobait à l'agitation des religionnaires, en attendant qu'elle s'enfuît pour de longs siècles devant les bandes armées des Vandales. Les beaux-arts aiment la paix et ne fleurissent qu'aux époques et dans les pays où elle règne à côté de la liberté!

F. B.

M. Ch. Nègre, de retour d'un long voyage en Provence, en a rapporté un nombre considérable de vues, qui ont un grand intérêt, en raison des sujets que l'artiste a choisis, et de la beauté des épreuves.

Nous rendrons compte de cette importante collection, ainsi que des travaux récents de MM. Bayard, Martens, Le Secq, Le Gray, Baldus, etc., afin de tenir nos lecteurs au courant de ce que produisent les maîtres de la photographie.

Dans notre dernier numéro, au sujet d'un doute exprimé par M. Robert Hunt, au meeting de la So-

ciété photographique de Londres, sur la possibilité d'obtenir des reproductions de la mer, nous avons rappelé les belles épreuves de M. le baron Gros. Depuis, nous avons eu entre les mains une vue prise au Havre par M. le comte Aguado, et nous devons dire que si le savant Anglais connaissait cette épreuve, il ne lui serait plus permis de douter. Les vagues sont reproduites avec tant de vérité que l'œil croit en saisir le mouvement, et la rapidité de l'opération a été telle, que les câbles d'un vaisseau détachent sur le ciel leur ligne d'une ténuité prodigieuse.

Nous espérons que M. le comte Aguado nous pardonnera l'indiscrétion que nous nous sommes permise pour éclairer nos amis d'outre-Manche sur un sujet qui les intéresse. Nous lui promettons de ne plus rien dire, pas même des deux admirables portraits au collodion que nous lui avons vu terminer et qui nous ont rappelé les chefs-d'œuvre les plus aimés de Rembrandt. E. L.

ACADÉMIE DES SCIENCES.

ASTRONOMIE. Mémoires de M. F. Arago sur la figure et la composition de tous les astres. — Figure et constitution physique de Mars. — PHOTOGRAPHIE. Reproduction photographique de quelques-unes des estampes de Marc-Antoine Raimondi, par M. Benjamin Delessert fils. — Notice sur la vie de Marc-Antoine Raimondi, graveur bolonais.

Mémoires de M. Arago sur la figure et la composition des astres. — Après la lecture d'un rapport très-intéressant de M. Becquerel, le savant académicien, sur les divers éléments et solutions chimiques qui existent dans les eaux minérales, M. F. Arago, notre célèbre astronome, a annoncé qu'il avait l'intention de donner, dans une série de mémoires, la publicité, si désirée depuis longtemps, aux admirables travaux et aux persévérantes recherches auxquelles il consacre une partie de sa vie, *sur la figure et la composition de tous les astres*. Dans le premier mémoire dont il entretient la docte assemblée, il expose sa théorie sur la figure et la constitution physique de la planète Mars. Il décrira successivement dans des mémoires ultérieurs Jupiter, Saturne, Vénus, le Soleil, la Lune, etc. Ces laborieuses études et les innombrables observations qui en ont été la base ont été commencées en 1809 par M. Arago, lors de son retour d'Afrique; nous n'oserions pas reproduire dans une analyse imparfaite le résumé si clair, et que tout l'auditoire écoutait avec recueillement, de la suite de ces travaux considérables; nous dirons seulement que l'illustre astronome a cité Scheuba, Masseling, W. Herschell, le fameux Bessel, Cassini, Schrewber, Eric et d'autres savants dont il a dû contrôler les observations pour les faire concorder avec les siennes; qu'après avoir déterminé les phases perceptibles de la planète, il a expliqué les causes des taches blanches ou protubérances lumineuses brillant à ses pôles, attribuées à des montagnes de neige; celles d'une teinte rouge, attribuées par divers auteurs au sol, et déjà connues dans l'antiquité (1); celles de teinte verdâtre, attribuées aux mers qui enveloppent une partie de sa surface. Nous espérons que l'intéressant mémoire de M. Arago pourra être inséré dans le compte-rendu; tout le monde sait que notre grand astronome est presque aveugle, et qu'il doit par conséquent dicter en partie, de mémoire, les notes qu'il communique : c'est ce qui nous a privé du plaisir de lire nous-même, et de soumettre à nos lecteurs l'importante communication dont nous les entretenons aujourd'hui.

Reproduction photographique de quelques-unes des estampes de Marc-Antoine Raimondi, par M. Benjamin Delessert fils. — Nous avons reproduit dans les numéros des 9 et 23 octobre, et dans celui du 13 novembre (*Lumière*, 2e année), le beau travail de M. Pouillet, sur les propriétés photométriques des plaques daguerriennes : l'illustre académicien, qui a consacré à l'étude de la photographie quelques-uns de ses moments précieux, est venu dans la séance de ce jour entretenir l'Académie de cet art merveilleux auquel il porte un véritable intérêt.

(1) Les païens représentaient le dieu Mars avec des cheveux roux

En déposant sur le bureau une livraison contenant douze des plus précieuses estampes de Marc-Antoine Raimondi, reproduites dans leurs dimensions naturelles par les procédés photographiques, M. Pouillet a annoncé que ce travail incomparable était dû à l'habileté de M. Benjamin Delessert fils, qui joint à ses connaissances étendues et si variées le talent du photographe le plus expérimenté.

Pour qu'on se fasse une idée des intentions bienveillantes et généreuses de M. B. Delessert, et du vif désir qu'il a d'être utile non-seulement aux amateurs, mais plus particulièrement encore aux peintres et dessinateurs de tous genres qui trouveront dans ce recueil et dans ceux qui doivent le suivre des modèles d'un prix inappréciable, nous donnerons une esquisse des travaux de Marc-Antoine Raimondi, extraite de la savante et splendide notice qui accompagne la livraison des douze planches. Cette notice sur la vie du célèbre graveur bolonais est due à la plume brillante de M. B. Delessert, qui joint à tant d'éminentes qualités celle d'artiste et de littérateur distingué.

Marc-Antoine Raimondi, né à Bologne, était contemporain et élève de Raphaël; la date de sa naissance n'est pas connue, mais l'auteur pense qu'on doit la fixer entre 1475 et 1480, et voici pourquoi : d'après Vasari, Raphaël peignit Marc-Antoine dans sa fresque du Vatican, connue sous le nom de *Héliodore chassé du temple*; il est représenté sous la figure d'un des hommes qui portent le pape Jules II. Cette fresque est de 1511 ou 1512, et la tête de Marc-Antoine est celle d'un homme de trente-cinq ans environ.

Jusqu'en 1509, Marc-Antoine étudia sous François Raibolini, dit le Francia, à la fois orfèvre, peintre célèbre et peut-être graveur, et on retrouve dans les travaux et dans la vie entière de l'élève une certaine grâce caractéristique de l'école de Francia, qui règne dans toutes les compositions de ce maître.

Depuis plusieurs années Marc-Antoine étudiait les estampes d'Albert Durer, qui venait de pousser très-loin, en Allemagne, l'art de la gravure ; les Italiens, supérieurs aux Allemands quant à la noblesse des expressions et la beauté des types, leur étaient inférieurs dans la partie matérielle de l'art; Raimondi cherchait, en étudiant l'école rivale, à acquérir les qualités qui la distinguaient. Il se décida à quitter sa patrie en 1509, et il se rendit d'abord à Venise, qui disputait alors la suprématie dans les arts à Rome et à Florence. A peine arrivé dans cette ville, rencontrant sur la place Saint-Marc des Flamands qui vendaient des estampes de Durer, il en conçut une telle admiration qu'il dépensa à les acheter presque tout l'argent qu'il avait apporté de Bologne. A partir de ce moment il se consacra uniquement à copier sur cuivre les gravures sur bois du maître allemand.

C'est une étude intéressante et curieuse de comparer les originaux de Durer et les copies de Raimondi. (Sur une des planches de cette livraison, M. B. Delessert donne la reproduction photographique de l'*Annonciation* d'Albert Durer et de la copie de Marc-Antoine).

Peu de temps après, l'envie de connaître et d'étudier Raphaël, dont la renommée remplissait alors toute l'Italie, décida Raimondi à quitter Venise et à se rendre à Rome. Cette heureuse inspiration eut pour son talent les conséquences les plus fécondes.

Aussitôt après son arrivée à Rome, Raimondi grava, d'après un dessin de Raphaël, l'estampe représentant Lucrèce se poignardant. Le peintre fut si satisfait de la beauté de cette pièce, qu'il résolut de s'attacher Marc-Antoine, et qu'à partir de ce moment il l'attira dans son atelier et le fit travailler sous ses yeux. Il est vrai que cette estampe, dessinée avec un goût parfait, est une de celles que Raimondi termina avec le plus de soin et de délicatesse ; la tête, les mains et les pieds sont d'une beauté de forme digne du modèle. Inspiré et guidé par un si grand maître, qui prenait la peine, à ce qu'assure la tradition, de retoucher de sa propre main les contours imparfaits tracés sur la planche de cuivre, Marc-Antoine poussa son art à un degré inconnu jusqu'alors et qui depuis n'a jamais été surpassé. Pendant dix années de sa vie il grava presque uniquement les compositions de Raphaël, d'après les dessins où ce grand homme jetait les premières idées de ses magnifiques conceptions; aussi ces gravures ont-elles un attrait, un intérêt tout particulier, en ce qu'elles ont conservé les premiers jets de l'inspiration de Raphaël.

Mais ce n'est pas seulement à ce point de vue que les gravures de Marc-Antoine sont si précieuses : qu'on songe aux fresques, aux peintures, surtout aux dessins de Raphaël que le temps ou le hasard ont détruits, et soyons reconnaissants envers Raimondi de nous avoir conservé, par ses travaux et ceux des nombreux élèves qu'il a formés, un si grand nombre de ces admirables compositions. Les belles estampes de Marc-Antoine montrent qu'en se renfermant dans ses limites, la gravure a une mission digne de tenter les esprits élevés. Il est vrai que pour rendre comme Raimondi, afin de les propager dans le monde, les sublimes conceptions de Raphaël, il faut un esprit accessible aux plus grandes pensées, un cœur ouvert aux plus touchants sentiments, en un mot, être un grand artiste et presque Raphaël lui-même.

Maintenant on peut apprécier la valeur artistique des estampes du célèbre graveur bolonais ; l'honorable M. B. Delessert, en choisissant ces chefs-d'œuvre, dont la reproduction présentait de grandes difficultés, a désiré les mettre à la portée du public, sans s'inquiéter des sacrifices qu'il s'imposait. Cette reproduction des gravures mêmes de Raimondi est la plus exacte possible ; la grandeur est scrupuleusement celle de l'original; et non-seulement l'effet général de l'estampe, mais chaque trait, chaque contour est fidèlement rendu.

Il a fait lui-même les négatifs de ces planches ; tous ont été faits sur papier. Il aurait peut-être obtenu plus de finesse ou de netteté, au moyen des types sur glace par l'albumine ou le collodion, mais il croit qu'il n'aurait pu éviter une dureté et une sécheresse qui n'existent pas dans les estampes de Marc-Antoine. Il a cherché pour ses reproductions les plus beaux originaux possible. La ressemblance est surprenante ; d'habiles amateurs n'hésiteraient pas, mais un grand nombre de personnes s'y tromperaient. Ces planches pourront, mieux qu'aucune copie à la main, donner une idée du style de Marc-Antoine. M. Pouillet a annoncé que M. B. Delessert, dont la libéralité est connue, se proposait de fixer à vingt francs le prix de la livraison de douze planches[1], ce qui porterait à 1 fr. 75 c. seulement le prix d'une estampe.

Un habile peintre de nos amis nous a affirmé qu'il avait vu, il y a quelques années, adjuger à 2,500 fr. deux estampes de Marc-Antoine ; que l'on juge par ce fait de l'immense service que M. Delessert rend aux artistes, en leur fournissant le moyen de se procurer, pour un prix aussi modique, des modèles si précieux et si rares.

Cette première collection est composée de :

Adam et Ève, d'après un dessin de Raphaël;
Joseph et la femme de Putiphar. id.
La Vierge au berceau, id.
Sainte Cécile, id.
Didon, id.
La Vendange, id.
Les deux femmes au zodiaque, gravées d'après Raphaël.
La Cassolette, d'après un dessin de Raphaël.
L'*Annonciation*, par Albert Durer.
L'*Annonciation*, par Marc-Antoine.
Angélique et Médor, probablement d'après un dessin de Jules Romain, et postérieurement à la mort de Raphaël.
Jeune Femme arrosant une plante, d'après une estampe de Jean-Antoine de Bresse.

A.-T. L.

CORRESPONDANCE.

M. Claudet, l'éminent photographe de Londres, nous adresse la lettre suivante en réponse à notre article sur la *photographie sur verre et le talbotype.*

Londres, 28 janvier 1853.

A Monsieur le rédacteur de la Lumière.

MONSIEUR,

Suum cuique. Cette épigraphe, placée en tête de votre article du 22, intitulé « La photographie sur verre et le talbotype », indique votre désir d'être juste envers chacun; et puisque vous avez soulevé la question, vous permettrez à un Français, aussi jaloux de la gloire de son pays qu'aucun Français peut l'être, de donner sa franche opinion, en rétablissant les faits tels qu'il croit qu'on doive les envisager.

Daguerre publia sa belle découverte en 1839, au même moment que M. Talbot annonçait avoir inventé un moyen de fixer les images de la chambre noire. Les journaux anglais et français prirent l'alarme et échangèrent quel-

[1] Chez MM. Goupil et Ce, boulevard Montmartre.

ques récriminations sur la question de priorité, chacun plaidant pour sa nation. Mais on s'était trop empressé de porter un jugement, et le sentiment national avait égaré les avocats de chaque côté; après avoir examiné les deux inventions, on s'aperçut qu'elles n'avaient aucuns rapports l'une avec l'autre, et l'on fut forcé de reconnaître que M. Daguerre n'avait rien emprunté à M. Talbot, et ce dernier rien à M. Daguerre. Chacun avait bien trouvé le moyen de fixer l'image de la chambre noire, mais par des moyens tout différents.

Les deux inventions sont aussi originales et aussi admirables l'une que l'autre. La France et l'Angleterre n'ont rien à s'envier, et leur part est égale dans l'honneur d'avoir créé l'art merveilleux de la photographie.

L'invention de Daguerre a été appelée en France daguerréotype, et celle de M. Talbot a reçu en Angleterre le nom de talbotype. Peut-être eût-il mieux valu ne pas faire entrer le nom des inventeurs dans la désignation des procédés photographiques; mais c'est un fait accompli.

Plusieurs de messieurs les écrivains de *la Lumière* se rappelleront sans doute plusieurs lettres que j'écrivis lors de la fondation de ce journal, dans le but de montrer combien il était incorrect, comme on le faisait chaque jour dans le journal, de désigner le procédé sur papier simplement par la dénomination de *photographie*, quand ce procédé n'était réellement qu'une branche de la photographie, comme le daguerréotype en était une autre.

Je demandais pourquoi l'on refusait de reconnaître les droits de M. Talbot, pendant qu'en Angleterre on avait adopté la dénomination de daguerréotype pour désigner l'invention de Daguerre. C'était à un point si ridicule qu'on appelait dans le public le procédé de M. Talbot : *Daguerréotype sur papier.*

Je faisais remarquer que, tôt ou tard, on serait obligé d'en venir là; et qu'il appartenait au journal consacré à la photographie de commencer à établir sa technologie d'une manière correcte et claire sur tous les points; que ce journal étant publié en France, il devait ne pas s'exposer à des récriminations de la part des Anglais. J'ajoutais que mes observations venant d'un Français, on pouvait, sans avoir l'air de céder à une prétention d'intérêt national, les accueillir favorablement dans *la Lumière*. Ce n'était point une discussion entre Français et Anglais, mais seulement entre Français.

Dans une de mes lettres, je citais une circonstance qui prouvait combien il était fâcheux de laisser se propager des idées ridicules, résultat de l'ignorance, et capables de donner lieu à des sentiments d'antipathie entre deux peuples qui ont plus à gagner par l'harmonie et la bonne intelligence que par la haine et les préjugés nationaux. Un jour, M. Henneman, photographe sur papier, bien connu à Londres, et qui n'est ni Anglais ni Français, se trouvait dans le Palais de Cristal, faisant des épreuves avec son appareil. Plusieurs Français s'approchent de lui en disant: — Vous faites du daguerréotype. — Non, messieurs, répond M. Henneman, je fais du talbotype. A ce mot de talbotype que nos compatriotes n'avaient jamais entendu prononcer de leur vie, un d'eux s'écria furieux : — Voilà bien les Anglais! il faut qu'ils nous enlèvent même l'invention du daguerréotype. C'est indigne!

Mes observations ne parurent pas convaincantes, et l'on continua dans *la Lumière* à appeler photographie le procédé sur papier. J'avais fait cependant remarquer que bientôt la grande Exposition déciderait la question, et que l'on appellerait chaque invention par son nom. Cela est arrivé, et je dois dire que personne ne peut s'en plaindre, parce que les désignations sont justes et parfaitement exactes.

Dans votre article sur « *la photographie sur verre et le talbotype* » vous dites : « M. Talbot a le premier publié les « moyens d'obtenir sur papier les épreuves photographi- « ques; personne ne le conteste; personne non plus ne « trouve surprenant qu'il ait donné son nom à ce pro- « cédé. » Pourquoi donc n'a-t-on pas fait la même déclaration dans *la Lumière*, il y a dix-huit mois?

L'invention de Daguerre consiste à faire des épreuves photographiques sur plaques d'argent, soumises aux vapeurs d'iode. La lumière donne à la surface ainsi préparée l'affinité pour le mercure, et c'est l'heureuse idée de développer l'image latente de la lumière par les vapeurs mercurielles qui a créé le daguerréotype. Néanmoins, le daguerréotype, tel qu'il nous a été légué par Daguerre, était incapable de produire les résultats étonnants qu'il donne depuis l'application des substances accélératrices, depuis la construction des objectifs doubles, et depuis l'admirable découverte du fixage, par le procédé de M. Fizeau.

Ni l'inventeur des substances accélératrices, ni M. Fizeau, ni l'inventeur des objectifs doubles, n'ont à se plaindre que le livre du jury de la grande exposition ait appelé daguerréotypes les épreuves qui n'auraient jamais été produites sans leurs perfectionnements.

L'invention de M. Talbot, comme celle de Daguerre, a plusieurs points d'une grande originalité, qui en font un procédé aussi magnifique et aussi complet.

L'iodage du papier destiné à recevoir la couche de nitrate d'argent, l'impression à la chambre noire qui produit une image latente et qui se développe sous l'action de l'acide gallique; ce dernier moyen, aussi heureux que celui par lequel Daguerre développait son image latente, mais avec cette différence que l'image de M. Talbot est une image négative, ce qui donne l'immense avantage d'avoir un cliché au moyen duquel on peut produire un nombre illimité de copies positives, tout cela appartient à M. Talbot; et l'on peut dire que, malgré l'emploi du verre albuminé ou du verre collodioné, qui ne sont que des moyens perfectionnés d'appliquer la couche sensible de M. Talbot sur d'autres milieux que le papier, le talbotype, tel qu'il a été divulgué par son auteur, a reçu moins de perfectionnements que le daguerréotype; car il est souvent difficile de distinguer les images produites par le verre albuminé ou collodioné, et de trouver qu'elles sont supérieures à celles produites sur de bon papier négatif.

M. Niépce de Saint-Victor a la réputation bien méritée d'un grand talent, d'un génie fécond, qui sont rehaussés par une vraie modestie. Personne n'ignore ses droits à la reconnaissance des photographes de tous les pays; mais je suis persuadé qu'il n'a pas la moindre prétention qu'on donne son nom à la photographie sur papier, parce qu'il a eu l'heureuse idée d'appliquer le procédé de M. Talbot sur du verre albuminé, au lieu de l'appliquer sur du papier.

Le plus grand perfectionnement apporté au procédé de M. Talbot est celui du collodion, qu'on doit à M. Archer. Ce perfectionnement est au talbotype ce que les substances accélératrices sont au daguerréotype; et grâce à cet ingénieux procédé, le talbotype est aussi rapide que le daguerréotype, on peut dire instantané.

Si M. Niépce de Saint-Victor, ou M. Archer, avaient exposé des épreuves obtenues par le verre albuminé et par le verre collodioné, ils auraient pu mériter des médailles pour ces perfectionnements, et en les leur accordant, le jury n'aurait pas manqué d'indiquer la cause de sa récompense.

Le jury de la grande exposition a eu raison de diviser la photographie dans ses deux grandes catégories, d'appeler *daguerréotypes* les productions photographiques sur plaqué d'argent iodé, à images développées par le mercure, et *talbotypes* celles sur papier provenant d'une image négative, obtenue sur papier ou sur verre albuminé, ou collodioné, au moyen de l'iode et du nitrate d'argent, et développées par l'acide gallique.

Tous les perfectionnements dans ces deux procédés font grand honneur aux inventeurs; leurs noms sont connus; on ne peut leur enlever le mérite qui leur est dû; mais que sont ces perfectionnements en comparaison de l'immense génie et des travaux inouïs qui ont créé le daguerréotype et le talbotype? Il n'était donc pas nécessaire que le jury de la grande Exposition subdivisât le daguerréotype et le talbotype en séries indiquant chaque perfectionnement de manipulation, et, en se renfermant dans ces deux catégories pour la distribution des médailles, il n'a commis d'injustice envers aucuns des auteurs des perfectionnements de ces deux procédés.

Je ne suis point l'ami de M. Talbot, et ce n'est qu'un sentiment d'orgueil national qui me fait désirer que la France soit aussi juste à son égard que l'Angleterre l'a été à l'égard de Daguerre.

Agréez, Monsieur le rédacteur, l'assurance de la considération très-distinguée

De votre dévoué serviteur,

A. CLAUDET.

Nous devons dire que cette lettre, dont nous apprécions du reste l'intention bienveillante, ne nous a point convaincu. Nous l'avons dit, et nous le répétons, personne ne conteste à M. Talbot l'invention de la photographie sur papier, et personne surtout ne prétend lui donner son nom. M. Claudet croit cependant devoir nous rappeler l'origine de cette découverte, qui concordait avec l'annonce du procédé de M. Daguerre en France. A notre tour, nous pourrions rappeler à notre habile et honorable contradicteur, qu'en décembre 1827, bien avant qu'il fût question des travaux MM. Daguerre et Talbot, Nicéphore Niépce, alors à Londres, montra à plusieurs membres de la Société royale des « spécimens, tant d'images fixées sur des planches d'étain poli, que *des impressions faites sur le papier, d'après ces planches* préparées par son procédé chimique », et qu'il remit à la docte Société un Mémoire sur ce sujet. C'est un Anglais, M. Bauer, membre de cette Académie, qui le dit lui-même dans une lettre publiée par la *Litterary Gazette*, le 27 février 1839. Ce procédé, de douze ou quinze ans plus ancien que le talbotype, nous paraît lui ressembler au moins autant que la photographie sur verre albuminé. Mais là n'est pas la question.

M. Claudet trouve très-ridicule (et il a raison) qu'on dise *daguerréotype sur papier*; mais il nous semble tout aussi ridicule de dire : *talbotype sur verre albuminé*. Et c'est justement là ce qui a donné lieu à nos réclamations.

Notre honorable correspondant nous accuse d'avoir manqué de justice envers M. Talbot, il y a dix-huit mois; il nous permettra de lui rappeler que *La Lumière* était à cette époque dans d'autres mains; aussi renvoyons-nous ce reproche à qui de droit.

M. Claudet dit que l'emploi du collodion est le plus grand perfectionnement qu'on ait apporté à la photographie. Il est vrai que ce procédé fait espérer de précieux résultats, et que ceux déjà obtenus sont de nature à exciter l'admiration. Mais, s'il est sans rival pour la rapidité d'exécution, pour la finesse du modelé, la vérité de l'expression, la vie qu'il donne aux portraits, il ne peut, on doit le reconnaître, remplacer avec avantage l'albumine quand il s'agit des vues, des monuments, des détails d'architecture. Et, d'ailleurs, n'est-ce pas à la substitution du verre au papier que l'on doit l'emploi du collodion? Si quelques photographes continuent encore, avec succès certainement, de faire usage du papier, le plus grand nombre d'entre eux ne l'a-t-il pas abandonné pour le verre? Ce sont des considérations qui suffiraient bien, à notre avis, pour qu'on ne confondît pas, dans un livre officiel et universellement répandu, la découverte de M. Talbot avec celle de M. Niépce de Saint-Victor, et surtout, pour qu'on ne négligeât pas d'indiquer au moins le nom de ce dernier, alors qu'on couronnait des épreuves obtenues par son procédé.

M. Claudet nous pardonnera donc, malgré toute notre déférence pour son opinion, de maintenir nos observations. ERNEST LACAN.

SIMPLIFICATIONS

APPORTÉES

DANS LES MANIPULATIONS PHOTOGRAPHIQUES.

Si le temps est précieux pour tout le monde, il l'est surtout pour le photographe. Pour lui, c'est un vrai capital; et, comme nos voisins d'outre-Manche, il peut affirmer que le temps est de l'argent (*time is money*).

Si l'on retranche d'une année toute la saison d'hiver, époque d'un chômage forcé, puis les jours si fréquemment pluvieux du printemps et de l'automne, on peut estimer qu'il reste tout au plus six mois pendant lesquels le photographe peut pratiquer son art avec suite.

Or, pendant ces six mois, que de moments perdus en préparations de toute espèce! Les unes ne peuvent se faire qu'au moment d'obtenir une image; les autres, au contraire, peuvent être obtenues longtemps à l'avance, et, par la nature des produits qui les composent, peuvent se conserver longtemps et servir plusieurs fois.

C'est surtout de ces dernières que nous allons parler ici, en appliquant à leur emploi un mode de dosage qui permette à la fois d'en reconnaître toujours le titre ou la richesse, et surtout d'apporter une économie considérable dans le temps si précieux dont le photographe peut disposer.

L'application dont nous voulons parler consiste à substituer à la balance et aux pesées nombreuses l'usage de l'*aréomètre*.

Cet instrument, qui a déjà rendu de si grands services à l'industrie manufacturière des produits chimiques, est enfin appelé, selon nous, à en rendre de très-utiles en photographie.

L'aréomètre ou pèse-liqueur est un tube de verre cylindrique, fermé de toute part, terminé, à sa partie inférieure, par un renflement ou une boule contenant un poids de plomb ou de mercure suffisant pour lester l'appareil, et surmonté d'une tige déliée renfermant une échelle divisée. Cet instrument se tient verticalement dans les liquides. Celui dont nous voulons parler s'y enfonce d'autant plus que ces derniers sont plus légers. Dans l'eau distillée, il s'enfoncera jusqu'au zéro de l'échelle, et, dans l'acide sulfurique ordinaire concentré, jusqu'au point 66 de l'échelle.

Les divisions comprises entre ces deux points s'appellent les degrés.

Les aréomètres que l'on trouve dans le commerce marquent depuis zéro jusqu'à 100 degrés. Mais, comme la tige nécessaire pour atteindre ce point serait trop embarrassante à cause de sa grande longueur, on a préféré diviser l'échelle sur plusieurs aréomètres. Trois aréomètres, par exemple, suffiront pour marquer de zéro à 100 degrés. Le premier indiquera de 0° à 33°; le second, de 33° à 66°; et le troisième enfin, de 66° à 100°.

Ce mode de division de l'échelle sur plusieurs instruments a permis d'obtenir instantanément dans la pratique une précision supérieure à celle des meilleures analyses chimiques exécutées dans les fabriques. Chaque degré de l'échelle a pu être divisé en dix et vingt parties égales; en sorte que l'on a pu avoir non-seulement le degré, mais aussi des fractions très-petites de degrés.

L'aréomètre est donc un instrument très-sensible.

Son mode d'emploi est on ne peut plus simple, puisqu'il suffit de le plonger dans la liqueur dont on veut connaître le titre. Il ne demande la connaissance d'aucune étude spéciale. Cela est tellement vrai, et la bonté de l'instrument est tellement supérieure, que l'administration des finances, si jalouse de ses droits en matière de fisc et de perception d'impôts, en a armé les mains de ses agents des contributions indirectes et de l'octroi.

Quand on aura plongé l'aréomètre dans un liquide, et reconnu qu'il marque, par exemple, 10°, on ne sera pas plus avancé qu'auparavant, si l'on ne connaît pas la nature et la solubilité des matières qui y sont dissoutes.

De là, la nécessité d'avoir recours à des tables de solubilité.

Il y en a autant que de sels.

Elles font connaître de suite, pour chaque degré de l'aréomètre, quelle quantité de matière se trouve en dissolution dans un volume ou dans un poids quelconque du liquide que l'on examine.

Les sels étant, en général, d'autant plus solubles dans l'eau que la température va en augmentant, on a dû, dans la construction de ces tables, prendre pour limite extrême de solubilité celle dont le maximum est à la température ordinaire de nos climats, soit à + 15 degrés du thermomètre centigrade.

Les tables de solubilité des différents sels employés en photographie n'existaient pas; nous avons entrepris la rude tâche de les construire toutes. Les dimensions et le but de cet article ne nous permettent malheureusement pas de les donner ici dans toute l'étendue que comporte l'usage pour lequel elles ont été dressées. Nous avons dû choisir la plus courte, celle du sel ammoniac, employé dans la préparation du papier positif. Nous la ferons suivre ensuite de quelques remarques sur son application à la photographie; et, en indiquant la manière de s'en servir, nous mettrons ainsi les opérateurs sur la voie à suivre pour faire bon usage des tables de solubilité en général.

D'après la méthode ordinaire, chaque fois que l'on veut faire du papier positif, on doit peser d'abord cent grammes d'eau, puis ensuite cinq grammes de *sel ammoniac*, et quand ce dernier est tout fondu, on procède à l'imbibition du papier. D'après ma manière d'opérer, rien de semblable.

TABLE DE SOLUBILITÉ DU SEL AMMONIAC
OU HYDROCHLORATE D'AMMONIAQUE.

DEGRÉS aérométriques.	POIDS d'un litre de dissolution.	UN LITRE de dissolution renferme		QUANTITÉ de sel pour 100 gram. d'eau.	OBSERVATIONS.
		en sel.	en eau.		
	gram.	gram.	gram.	gram.	
1	1007	25,195	982,005	3,069	
1,75 fai.	1012	41,047	971,053	5,000	Employée dans la préparation du papier positif.
2	1014	50,390	964,110	6,188	
3	1021	75,585	946,215	9,208	
4	1029	100,780	928,320	12,277	
5	1036	125,976	910,424	15,347	
6	1043	151,171	892,429	18,416	
7	1050	176,366	874,534	21,485	
8	1058	201,561	856,639	24,555	
9	1065	226,757	838,743	27,624	
10	1072	251,952	820,848	30,694	
10,1 fort	1075	259,920	815,289	31,880	Dissolut. saturée à +15° centigr.

Je mets une fois pour toutes, dans une grande quantité d'eau, une quantité quelconque de sel ammoniac, pourvu seulement qu'il reste en excès après saturation. De la sorte, je ne crains jamais d'en mettre trop peu. Un grand excès ne peut jamais nuire. Je laisse ensuite la dissolution se faire d'elle-même, et au bout de quelques heures elle est bonne à l'usage, et ce, jusqu'à son entier épuisement.

Pour m'en servir, j'en prends le degré à l'aréomètre. Si elle est saturée à + 15° centigrades, elle marquera 10°,1 aréométriques. Ma table (celle citée ci-dessus) m'indique qu'à ce point ma dissolution renferme 31,88 de sel pour 100 d'eau, et comme pour faire du papier positif il ne me faut que 5 de sel pour 100 d'eau, je divise 31,88 par 5, et le quotient m'indique la quantité d'eau que je dois ajouter à ma liqueur mère pour la ramener à ne contenir que 5 % de sel. Dans ce cas, ce serait 5.376. En prenant donc un volume quelconque de ma liqueur mère, et en y ajoutant 5 fois ½ le même volume d'eau, j'ai ma dissolution de sel ammoniac à 5 % de sel.

Après avoir servi à l'imbibition du papier, elle est filtrée et jointe à la liqueur mère pour servir indéfiniment. Je tiens toujours mes liqueurs bouchées, mais uniquement pour les préserver de la poussière, car l'évaporation qui résulterait de ce manque de précaution ne pourrait pas en changer le degré, puisqu'elles sont concentrées à la température ordinaire.

Ainsi, de cette manière, je n'ai jamais de pesées à faire et j'opère toujours avec la précision voulue.

Combien cette méthode est avantageuse avec l'*hyposulfite de soude*, par exemple, dont les uns indiquent l'emploi en solution à 8 %, les autres à 12 %, et beaucoup en dissolution concentrée. Je crois ces derniers dans l'erreur, car la solubilité de l'hyposulfite de soude est telle, qu'il n'y a aucune analogie à établir entre son mode d'action aux degrés si faibles correspondant à ces chiffres, et celui si énorme de sa saturation à la température ordinaire qui se trouve indiquée par le 59me degré aréométrique. Avec une liqueur mère quelconque, je puis en un instant vérifier toutes les assertions des divers auteurs.

Je me suis servi bien souvent de la même méthode dans les différentes applications du *nitrate d'argent*. Avec une dissolution saturée, que j'appellerai désormais *liqueur normale*, je fais en un instant des liqueurs pour bains à 8 % de nitrate, des liqueurs pour papier positif à 25 %, et des liqueurs à 15 et 20 %, que l'on mêle à l'acide gallique pour cariser les épreuves négatives sur collodion. Après l'usage, je sais toujours quelle quantité d'argent reste dans mes liqueurs, en sorte que je puis toujours leur assigner un nouvel et judicieux emploi.

Enfin, différents sels, tels que l'hyposulfite de soude, étant employés pour enlever d'une épreuve tous les sels d'argent autres que ceux représentant au ton convenable l'objet que l'on veut reproduire, il arrive qu'à la longue leur dissolution n'agit plus. Cela provient de ce qu'elle s'est saturée de sels d'argent. J'ai déterminé la quantité d'argent que l'hyposulfite de soude ou le cyanure de potassium peuvent enlever ainsi pour le saturer. Les tables de ces solubilités que j'ai calculées donneront au photographe des indices à peu près certains de la richesse en argent de ses vieilles liqueurs, et le fixeront par conséquent sur leur valeur, s'il veut s'en débarrasser.

En ayant ainsi sous la main les dissolutions de la plupart des sels employés en photographie, dissolutions qui ne donnent aucune peine à préparer, et qui une fois faites servent jusqu'à leur entier épuisement, on économise un temps énorme tout en se facilitant le prompt succès d'une foule d'opérations et d'expériences. Enfin, pouvant toujours reconnaître le degré de force de ses liqueurs, on peut toujours agir dans les mêmes circonstances, avantages et conditions qu'il est impossible de rencontrer dans la méthode suivie jusqu'à ce jour.

LEON KRAFFT,
Chimiste, élève de Gay-Lussac.

Les décorations de l'Hôtel-de-Ville vont bientôt être terminées. Sauf quelques salles non encore ouvertes au public, toutes les autres sont prêtes.

Nos lecteurs liront avec plaisir la notice des œuvres qui viennent d'être exécutées.

Après avoir vu les peintures sur verre de M. Auguste Hesse, au haut du grand escalier, on entre dans la première salle, nommée la *Salle des Prévôts*, que M. Muller a décorée d'un plafond représentant allégoriquement l'*Affranchissement des Communes*. Le plafond du salon correspondant est encore en voie d'exécution; il est confié au pinceau de M. Riesner.

La grande galerie des Fêtes, confiée à M. Lehmann, est ornée de vingt-huit pendentifs, en tout, cinquante-six sujets, y compris les compositions accessoires, représentant l'*Histoire de la Civilisation*, à partir des premiers efforts tentés par l'homme pour triompher des éléments et des animaux sauvages, jusqu'à la culture des arts, des sciences et de l'industrie. Cette histoire de la civilisation occupe environ 140 mètres carrés; elle contient près de deux cents figures, dont les principales ont 2 mètres de proportion. En lui adjugeant cette commande le 28 janvier 1852, on prévint l'artiste que son travail devait être terminé pour l'inauguration de la salle, qui aurait lieu au mois de décembre suivant. Il ne consacra que dix jours à la composition de son œuvre, et dix mois lui ont suffi pour l'exécuter.

Cette galerie est d'un effet magique. Resplendissante de moulures de la plus grande délicatesse et du plus heureux effet, elle est ornée de deux files de colonnes aux chapiteaux dorés, surmontées d'archivoltes qui atteignent le plafond et qui conduisent le regard jusqu'aux grandes portes, donnant accès à deux autres salles. L'embellissement de cette galerie est complété par deux magnifiques rangées de lustres.

Les deux *Salons des Arts* ont été décorés des figures allégoriques de la Poésie, de la Peinture, de l'Eloquence, de l'Histoire, par M. Landelle. Ces deux salons servent de lieu d'introduction à la galerie des Fêtes.

Au milieu de la longueur de celle-ci est l'entrée de la *Salle des Cariatides*. Cette salle est, au dire de tous les connaisseurs, celle qui, par sa disposition architectonique et par l'ensemble de son ornementation, produit le plus bel effet. Elle a été décorée par MM. Cabanel et Bénouville. Celui-ci a placé dans les tympans les quatres Saisons, d'une part, et de l'autre, la muse de l'Astronomie et les figures allégoriques de l'Agriculture et de l'Abondance. M. Cabanel a orné les douze pendentifs de petites scènes représentant les douze mois de l'année, ou, pour mieux dire, les travaux et les amusements caractéristiques de chacun de ces mois. Cette salle, divisée en plusieurs étages, recevra la lumière par des galeries supérieures, de manière à ce qu'il n'y règne qu'une sorte de demi-jour. Ce sera le lieu de repos pour ceux qui voudront se dérober un moment aux éblouissantes clartés et aux enivrements des fêtes.

Le *Salon de la Paix* est confié à M. Eugène Delacroix, qui en termine le plafond.

Le *Salon de l'Empereur* n'est décoré que provisoirement en ce moment-ci. On y voit un portrait de Napoléon Ier sur le trône impérial, par Gérard; mais ce portrait ne va pas tarder à disparaître, ainsi que les autres ornements. C'est à M. Ingres que la décoration du salon de l'Empereur est échue.

Un autre salon est donné à M. Coignet.

Enfin, M. Schopin termine la représentation allégorique du VOTE UNIVERSEL dans le salon de Napoléon III. La composition de cette œuvre est ainsi conçue : Un groupe central, représentant la France appuyée sur la Force et sur le Vote Universel, figuré par une urne; elle semble attendre avec calme le vœu de toutes les villes. Autour de ce groupe principal on voit s'avancer, à travers les airs, Paris, Marseille, Lyon, Bordeaux, Nantes, Lille, Strasbourg, Ajaccio, etc., etc.; chacune de ces villes figurée par une femme de caractère différent, et s'empressant de présenter ses vœux à la grande figure de la France.

Tels sont, en résumé, les travaux qui s'exécutent en ce moment et ceux qui viennent d'être exécutés pour compléter la décoration intérieure de l'Hôtel-de-Ville.

Nous croyons devoir informer MM. les photographes que MM. MORANCE frères, 48, rue Cadet, demandent, pour l'étranger, un habile artiste photographe sachant tirer et retoucher les portraits sur papier; il sera fait de grands avantages à celui qui réunira les conditions voulues.

Le Propriétaire-Gérant, ALEXIS GAUDIN.

TYPOGRAPHIE HENNUYER, RUE DU BOULEVARD, 7. BATIGNOLLES.
Boulevard extérieur de Paris.

6.

TROISIEME ANNÉE. N° 7. SAMEDI, 12 FÉVRIER 1853.

LA LUMIÈRE

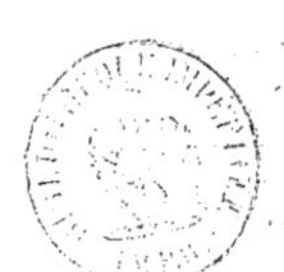

REVUE DE LA PHOTOGRAPHIE.

BEAUX-ARTS. — HÉLIOGRAPHIE. — SCIENCES.

JOURNAL NON POLITIQUE, PARAISSANT LE SAMEDI.

Bureaux, rue de la Perle, 9, à Paris.

ABONNEMENTS. — *Paris*, UN AN, 16 FR.; 6 MOIS, 10 FR.; 3 MOIS, 6 FR.; *Départements*, UN AN, 18 FR.; 6 MOIS, 11 FR.; 3 MOIS, 7 FR.; *Etranger*, UN AN, 20 FR.; 6 MOIS, 12 FR.; 3 MOIS, 8 FR.

Dans le but de faciliter à nos lecteurs les moyens de se procurer la *Lumière*, nous avons cru devoir établir des bureaux d'abonnement :

A la *Librairie Nouvelle*, 15, boulevard des Italiens;

Au *Cabinet de Lecture*, galerie d'Orléans, 2, Palais-Royal;

Chez Mlle Legenthil, cabinet de lecture, place de la Madeleine;

Et chez M. Delahaye, rue de Lancry, 37.

On trouvera dans ces succursales des numéros séparés de la *Lumière* (40 c. le numéro).

Nous sommes heureux de voir les journaux français et étrangers reproduire nos articles, mais nous les prions de vouloir bien indiquer la source de ces reproductions; c'est de toute justice.

SOMMAIRE.

LES PEINTRES ILLUSTRES.

IV.

Arrivons au terme de cette introduction, mis en retard par le peu d'espace de nos colonnes. Il nous tarde d'entrer dans la voie moins générale de la pratique, où nous verrons quelques hommes mettre les premiers une main timide et ingénieuse au dessin et à la peinture; puis d'autres, leur succédant, s'avancer plus loin dans cette voie, et perfectionner l'art jusqu'à ce qu'il ait atteint cette sublimité qu'il est donné à la photographie de reproduire aujourd'hui, pour les mettre à la portée de tout le monde, en se présentant elle-même à l'admiration universelle comme une des plus merveilleuses inventions du siècle.

Les beaux-arts enfantés par la civilisation gréco-romaine périrent, avons-nous dit, tant sous la main des barbares que sous celle des chrétiens fanatiques. Il ne resta pas ombre des admirables peintures dont nous avons parlé. La longue querelle qui eut lieu, au septième siècle, entre les iconoclastes et les iconolâtres (briseurs et adorateurs d'images), fait assez voir la rude tourmente à laquelle avaient été soumis les chefs-d'œuvre de cette espèce. Ce ne fut que peu à peu que le sentiment de la peinture put se reproduire au grand jour, et il fallut pour cela qu'il revêtît le prestige de la nouvelle religion sous laquelle il avait succombé.

Le premier tableau qui reparut fut un portrait de la vierge Marie. Il fut exécuté à Constantinople par un nommé Luc, et le vulgaire crut que l'auteur en était saint Luc l'évangéliste, ce qui lui donna beaucoup de crédit. La foi étant très-vive à cette époque, non-seulement il se fit une réaction prompte en faveur des représentations, mais encore on leur attribua facilement des miracles. Tout le monde sait que les chrétiens avaient compté sur un tableau pour protéger la ville d'Edesse contre les musulmans qui l'assiégeaient et qui la prirent d'assaut.

La peinture, toutefois, ne fit aucun progrès durant tout le moyen âge. Elle ne produisit que des images grossières, enjolivées quelquefois de dorures, mais ne respirant aucune idée de l'art. La forme, comme l'intelligence, avaient disparu dans ce long sommeil où l'humanité fut plongée durant plusieurs siècles. On peut juger de ce qui fut fait de mieux par les peintures sur verre qui ont survécu au temps et aux révolutions.

La sculpture se releva aussi, mais ce ne fut que pour montrer que le génie en était tout à fait absent. On fit des statues qui ne dépassèrent guère l'enfance de l'art; et l'on a peine à comprendre le peu de goût et d'élan dans lequel croupit si longtemps un art qui avait été poussé par l'antiquité à un si haut degré de perfection, et dont il est impossible qu'il ne restât pas en évidence quelque part, et que l'on ne découvrît pas de temps à autre des restes. On fit des statues de saints, d'évêques et de rois, qui, outre leur mauvaise exécution, indiquaient assez que l'esprit du temps n'était pas tourné vers l'observation des beautés de la nature.

Quant à l'architecture, elle avait paru à ce singulier monde du moyen âge un art moins maudit et plus nécessaire apparemment. Après avoir défiguré par le mauvais goût ou abattu la magnifique architecture des temples de l'antiquité, et jusqu'à l'architecture des habitations particulières dont Vitruve nous a transmis la description, on arriva à l'architecture gothique, qui eut ses variantes selon les siècles par lesquels elle passa, depuis l'époque byzantine jusqu'à celle de la Renaissance.

Ce ne furent pas les Goths cependant qui furent les inventeurs de l'architecture qui porte leur nom, car ils étaient probablement plus guerriers qu'architectes. Cependant quelques critiques ont cru voir dans l'architecture gothique une imitation des forêts de la Germanie; d'autres l'ont attribuée à des anges, et ont été mieux inspirés; mais l'opinion la plus sérieuse veut que les Sarrasins aient eu la plus grande part à ce genre d'architecture, dont ils ont doté, comme on sait, l'Espagne qu'ils ont habitée.

Il n'entre pas dans notre sujet de faire la comparaison des architectures gothique et antique. Nous le dirons néanmoins en passant : l'architecture gothique manque de rapports intellectuels et mathématiques; nous ne voyons pas, dans sa magnifique confusion, ce qui en fait les attributs particuliers ou divers. Quand je regarde les cathédrales de Bruxelles, de Cologne, de Strasbourg, de Milan, je vois des églises. Mais s'il émane de leur présence une pensée religieuse, cette pensée ne se lie point à des idées substantielles; je n'y entends pas un mot en faveur de l'humanité. Il semble même, si la pensée de Dieu en découle, que ce ne soit que par le vide qu'une contemplation confuse laisse dans l'esprit. Cette structure rappelle l'idée abstraite, dogmatique de l'Inde, la même qui a jeté les fondements de la pagode. C'est l'instinct rêveur et exalté de l'Arabe dans les détails bizarres, et l'orgueil de l'absolutisme dans la hauteur démesurée et hasardée. Selon nous, en un mot, l'architecture grecque est le génie de l'art, et l'architecture gothique en est le fantôme. La flèche gothique, s'élevant au-dessus du déluge du moyen âge, nous apparaît comme une arche que les beaux-arts, montés au ciel, se sont construite dans un moment de fantaisie, pour visiter les solitudes de la terre; arche voguant dans une lueur douteuse, et vers laquelle s'élèvent les cris désespérés des mortels leur demandant le salut. Nous ne refusons pas notre hommage à cette architecture; elle est un prodige, un phénomène, une fantasmagorie admirable; mais les contes des *Mille et une Nuits* qui nous séduisent, les récits non moins merveilleux d'Hoffmann ne sont pas le beau; et, après avoir vu les plus célèbres monuments de l'architecture gothique, il est encore permis de soupirer pour la grandeur de ceux que l'antiquité avait élevés.

F. B.

(*Fin de l'Introduction.*)

ALBUMS PHOTOGRAPHIQUES.

N° I. — M. NÈGRE.

La moisson a été bonne : les greniers sont pleins. C'est l'heure où l'on compte les produits de l'année. Les photographes sont allés au bord du fleuve, à l'angle de la ville, sur la cime de la montagne, par la pluie et par le soleil, avec leur appareil encore si mystérieux pour tant de regards, faisant en quelques secondes leur splendide récolte, ne demandant au paysage que sa beauté et son caractère, les lui dérobant pour toujours, et cependant ne les usant pas davantage que le flot qui court au milieu de la vallée et qui lui emporte son reflet. La nature seule se laisse ainsi éternellement contempler, sans que cette adoration lui enlève rien! Les amoureux du paysage, qui viendront s'en enivrer l'année prochaine, le retrouveront aussi calme et aussi entier que si un regard ne lui avait pas emprunté ses lueurs et son attrait de la saison dernière. La photographie n'est pas autre chose que le prolongement indéfini du regard. Bientôt, grâce à M. Niépce de Saint-Victor, ce regard aura la couleur : il a déjà la justesse et l'étenduc. Il est sûr, calme, rapide et fidèle, et d'année en année il apprend à mieux voir. Allons donc faire, dans les ateliers, l'inventaire de cette belle récolte de rayons et de souvenirs. Il en tombera intarissablement d'autres du ciel!

M. Nègre, en pieux fils du Midi, a voulu consacrer par son art nouveau les premiers horizons qu'il a vus. La chaude Provence étale ses plis de collines, ses roulements de vagues, ses balancements d'oliviers, dans le beau portefeuille qu'il a composé. Il s'exhale de ces pages âcres des bouffées de soleil, de ce soleil condensé dans le vent qui souffle à travers les cornes des taureaux de la Camargue. Le Midi est, par ses coins les plus intimes, dans ces deux cents pages, dont M. Nègre doit détacher un album. Parcourons-le. Il nous consolera du brouillard d'aujourd'hui.

Voici d'abord, sur le sommet d'une montagne, la ville ruinée *des Beaux*, cette Pompéi de la France du Sud, qu'a recouverte comme une lave la colère de Richelieu, comme le prétend la tradition un peu incertaine du pays; c'est un pêle-mêle énorme de désastres faits par la main de l'homme. Des rues entières, avec des hôtels qu'habitait la noblesse de la ville, subsistent encore, découpures et profils étranges, dont une pierre tombe tous les jours, comme si le terrible doigt du cardinal les poussait du fond de sa tombe de Rueil. Une population de six mille âmes se remuait dans la ceinture de la muraille démantelée. A présent, c'est à peine si une centaine de mendiants s'asseoient bizarrement sur ces ruines, abandonnant une maison à mesure qu'elle s'écroule, et traînant d'infâmes guenilles sur la poussière de la ville maudite. C'est la première fois sans doute qu'un photographe est monté par là, et nul n'en ramènera des pans de ruines plus singulières et plus fouillées.

L'intérieur des cours du château des papes, à Avignon, est une des pages les plus éblouissantes de l'album que nous parcourons. Rarement le soleil a plaqué sur les murs qui l'interceptaient des couches d'ombre plus noire, quoique laissant mieux deviner tous leurs détails, et contrastant davantage avec la façade lumineuse en plein reflet. Il n'y a maintenant qu'un grand Christ, et quelques uniformes de soldats qui y tiennent garnison, dans ces cours où pétillaient les robes de soie des cardinaux. L'uniforme est de trop. Ces monuments d'un règne ancien devraient être sacrés par leur solitude, et tout bruit aurait dû s'éteindre autour de sa grande enceinte, à mesure que se perdaient sous les balcons de Laure, les dernières modulations de la guitare de Pétrarque.

Le château de Tarascon, le Cloître de Saint-Trophime, cette merveilleuse galerie plus peuplée, dans les souvenirs de la génération actuelle, par les nonnes païennes de Robert-le-diable que par les moines du treizième siècle; *le Théâtre* et *les Arènes d'Arles*, qui cacheraient deux ou trois de nos cirques, comme elles seraient elles-mêmes perdues dans un des vomitoires du Colisée de Rome; *la ville de Grasse*, noyée dans ses jardins, et qui semble nager dans une vapeur de boutique de parfumerie; *les Moulins à huile*, parsemés au fond de toutes les vallées, et encadrés par des arrangements si pittoresques; *les Ports de Marseille*, le vieux et le neuf; tous les détails et tous les mouvements de cette ruche commerciale, où les abeilles ont des voiles pour ailes; et enfin *la Rade de Toulon*, avec sa ceinture de montagnes plus bleues encore que son ciel et que sa mer; sur les flots l'escadre, et sur la jetée la population qui attend l'arrivée du Président de la République, laissent voir, par le fondu des tons, qu'à côté du photographe il y a dans M. Nègre un peintre d'un mérite consciencieux, qui sait saisir dans la palette des rayons du ciel, comme dans celle dont il a tiré tant de toiles si chaudement colorées.

M. Nègre a encore rapporté de son voyage d'autres richesses, qui s'adressent plus spécialement aux archéologues. Il leur épargnera de longues courses à travers les débris. L'inscription séculaire s'est reproduite aussi fidèlement sur son cliché que sur la pierre tumulaire. Les tombeaux retrouvés dans les fouilles d'Arles feront revivre dans son album la légende des générations perdues. *L'Eglise Saint-Gilles*, en beau style gallo-romain, a été curieusement étudiée. Entre Arles et Tarascon, loin de la route, il a été prendre, pierre à pierre, *l'Eglise Saint-Gabriel*, qui mériterait moins l'oubli des touristes antiquaires. *Les Tours romaines* sur une montagne, servant autrefois à balbutier les premiers signaux télégraphiques, ces proclamations des grandes nouvelles qui ont agité le monde ancien, dressent aussi dans ces belles pages leur silhouette abrupte. Elles ont peut-être transmis autrefois les ordres de César, gigantesques sentinelles, restées debout à leur poste, et qui n'y sont pas encore mortes depuis deux mille ans!

On a pu voir, d'après cet aperçu incomplet des travaux de M. Nègre, avec quelle variété il a composé son recueil. L'art y a trouvé une large part; la science s'y est perfectionnée par des tentatives nouvelles. M. Nègre est l'homme de la rapidité de l'exécution. Un marché s'agite, un ramoneur passe sur le quai, une foule se remue et ondule comme la mer auprès de laquelle elle s'entasse, et marché, passant, foule et mer, il tente la reproduction de tout et y réussit presque toujours, sans que le mouvement fasse disparaître le trait dans trop de vague. Nous ne serions pas surpris qu'il nous montrât un jour le dessin photographique d'un cheval au galop. Mais nous l'aimons mieux dans ses études tranquilles, dans la perspective calme d'un paysage, dans les plans inclinés d'une ville étagée sur une montagne. Autant que personne, il sait y répandre l'air, la lueur et l'ombre. Son *Palais des Papes* est une vraie gravure de Marcins. L'objectif a obéi à l'artiste comme une toile, et il l'a, si on peut dire, rempli de son inspiration. Tout n'est pas encore expliqué dans les mystères de la photographie. Chaque praticien a sa manière qui le fait reconnaître à un œil exercé. Nous examinerons bientôt d'autres styles et d'autres écoles. Celle de M. Nègre est une des plus consciencieuses et des plus exactes. Pendant que ces études se publieront, il va préparer des huiles pour l'Exposition. La photographie, longtemps observée, donnera encore plus de précision à un pinceau poétique et original, qui a trouvé, l'année passée, le charmant et lumineux paysage de *la Mort d'Abel*. Il fait jour dans l'imagination de M. Nègre, comme dans son daguerréotype.

H. DE LACRETELLE.

ACADÉMIE DES SCIENCES.

De l'air atmosphérique employé comme force motrice. — Substitution de la force expansive de l'air chaud à celle de la vapeur.—L'ingénieur Ericson et le navire calorique.—Priorité réclamée par les inventeurs Franchot et Lemoine.

De l'air atmosphérique employé comme force motrice.— Les journaux américains le *New-York Herald* et le *Courrier des Etats-Unis* ont donné de curieux détails sur une course d'essai faite dernièrement dans la baie de New-York par le navire *Ericson*, et sur l'application d'une découverte de l'ingénieur Ericson, consistant dans la substitution de la force expansive de l'air chaud à celle de la vapeur d'eau. Il résulterait de cette expérience que la vitesse constatée a été de 14 milles à l'heure, et que la consommation de charbon, pour une force de 2,200 tonneaux, a été seulement de six tonnes pour 24 heures; ce qui, comparativement aux navires à vapeur, présente une économie de 94 pour 100. Un tel résultat est si prodigieux qu'on a peine à ne pas croire à quelque exagération dans les rapports. Le *Courrier des Etats-Unis* donne la description technique de la machine.

Elle est composée de deux appareils égaux dans chaque appareil, le cylindre travailleur a 26 mètres cubes de capacité, le cylindre alimentaire 13 mètres cubes, et les toiles de fil de cuivre renfermées dans le générateur ont une surface totale de 455 mètres carrés, et pèsent 15,000 kilogrammes.

La construction du navire l'*Ericson* n'est pas une entreprise commerciale; c'est une expérience de physique, sur une échelle gigantesque, du jeune géant américain. La coque du navire, remarquable par la perfection des formes, a 250 pieds de long, 40 pieds de maître bau, et sur lest cale 17 pieds au-dessous du pont; quatre cheminées de 30 pouces de diamètre s'élèvent à 12 pieds seulement au-dessus du pont; deux d'entre elles sont les cheminées des foyers, les deux autres servent à rejeter au dehors l'air qui sort des générateurs; les roues ont 32 pieds de diamètre et 10 pieds de largeur. Après avoir décrit les cylindres et pistons, les foyers et fonds des cylindres, le générateur, la pression et la température, la détente, le *Courrier* termine ainsi: « M. Ericson affirme que son bateau consommera seulement 6 tonnes de charbon par 24 heures, en produisant le travail de 600 chevaux. L'exactitude de ces prévisions doit recevoir la sanction de la pratique; mais, *si elles se réalisent*, il prendra rang à côté de Watt et de Fulton, en accomplissant une de ces révolutions pacifiques qui font gagner des siècles à l'humanité. »

Et puis il ajoute: « Le capitaine Ericson, qui n'est pas riche, a dit: « Depuis vingt ans que je travaille à ma machine, j'ai été arrêté bien souvent par des difficultés imprévues; j'ai eu des impossibilités apparentes à surmonter, mais jamais je n'ai été arrêté par le *manque de capital.* » C'est le plus beau compliment qui ait jamais été fait au génie d'entreprise des Américains, et ceux qui aujourd'hui en pouvaient prendre la plus grande part pour eux étaient MM. Kitching et Stoughton. »

Ainsi donc, les expériences qui se poursuivent aux Etats-Unis doivent, d'après l'opinion exprimée par un des journaux les plus considérables du pays, recevoir la sanction de la pratique. Il y a quelques jours, ce fait merveilleux paraissait accompli; la nouvelle avait circulé si rapidement qu'elle avait été accueillie presque sans réserve aucune. Mais le temps de la réflexion est venu; d'une part les savants, et d'autre part les inventeurs se sont émus; ceux-ci se sont empressés de porter leurs titres et leurs réclamations à l'Académie des sciences. Ils sont jaloux de faire connaître leurs droits et ceux de la France à la priorité d'une si belle invention. MM. Franchot, de Saint-Etienne, et Lemoine, de Rouen, se sont présentés les premiers.

Dès 1840, M. Franchot avait soumis au jugement de l'Académie un mémoire sur une machine à air de son invention; les idées émises dans cet écrit lui paraissent se rapprocher, en bien des points, de celles qui ont guidé M. Ericson dans la construction de la machine du navire américain.

Il y a environ dix-huit ans que M. Franchot s'occupe des recherches qui ont pour objet l'*emploi de la force motrice de l'air dilaté par la chaleur*. En mars 1836, le *Journal de l'Académie des arts et de l'industrie* reproduisait la description et les dessins d'une machine à air de son invention; cette reproduction a paru également en 1837 dans la quatrième livraison du *Bulletin* de la Société industrielle de Saint-Etienne.

Il exposait déjà l'idée de l'échange de température entre un courant d'air froid, arrivant au cylindre moteur, et un courant d'air chaud venant du même cylindre; ces courants qui se croisaient étaient séparés par des feuilles de tôle cannelée. Plus tard, en 1838, il prit un brevet pour la même machine perfectionnée; ce perfectionnement, qui lui paraît jouer un rôle capital dans l'économie de la machine Ericson, consistait à faire passer alternativement deux courants contraires dans le même canal, et il ajoutait qu'il serait bon que ce canal fût rempli de toiles métalliques ou de fragments de métal très-divisés pour emmagasiner la chaleur. Cependant il reconnut bientôt l'inconvénient d'exposer à l'action de l'air chaud les surfaces iodées, telles que celles des cylindres, tiroirs et pistons et il fit dans la même année 1838 l'essai d'une nouvelle machine à air qui était parfaitement à l'abri de cet inconvénient. Le mémoire qu'il a présenté à l'Académie le 10 août 1840 a été rédigé sur ces données, et tous les faits obtenus depuis cette époque n'ont rien changé à sa manière de voir relativement à la théorie qu'il a exposée dans ce mémoire.

La Commission nommée en 1840 pour examiner le mémoire de M. Franchot était composée de MM. Savary, Coriolis, Poncelet, Pouillet et Séguier. Il paraîtrait que c'est par suite de la mort de deux des commissaires désignés (MM. Savary et Coriolis) que ce mémoire n'a pas été l'objet d'un rapport. Il est d'autant plus fâcheux que les membres éminents qui composaient la majorité de cette Commission aient été amenés à perdre de vue la communication de l'inventeur, qu'un célèbre physicien, M. Pouillet, a, dans la séance de ce jour, parlé avec éloge de la machine de M. Franchot, qu'il a été visiter dans le temps; ce qui pourrait faire regretter que des circonstances fatales, il est vrai, mais auxquelles il eût été facile d'apporter un remède plus prompt, eussent privé, depuis 1840, notre nation d'une gloire dont elle eût joui légitimement bien avant l'ingénieur Ericson et ses compatriotes. Notre déférence envers les illustres savants qui ont été nommés nous engage à faire remarquer que ces réflexions ne seront admissibles que lorsqu'ils se seront prononcés sur la valeur de l'invention de M. Franchot.

MM. Lamé et Morin ont été nommés pour compléter l'ancienne Commission qui aura également à s'occuper d'un travail présenté en 1836 par M. Burdin.

M. Lemoine, de Rouen, s'empresse d'exposer à l'Académie les droits qu'il croit avoir à *la priorité* d'invention du principal organe de la machine Ericson, l'emploi des toiles métalliques.

En 1847, M. Lemoine fit construire à Rouen une machine dont il attendait d'excellents résultats, mais qui consomma beaucoup plus qu'il ne l'avait prévu. Cependant, comme il désirait tirer tout le fruit possible d'un brevet de 15 années qu'il venait de prendre, il eut l'idée d'employer un système de toiles métalliques qui le conduirait à se servir toujours du même calorique. Cette idée lui parut si féconde en bons résultats, qu'il prit un nouveau brevet à la date du 2 septembre 1848. A partir de cette époque il considéra comme résolu le problème qu'il avait tant cherché. Mais il fallait adapter ce nouveau système à une machine déjà construite sur des données différentes, et il ne réussit qu'imparfaitement. L'obstacle venait de ce que, l'air chaud étant très-saturé d'humidité, la vapeur se condensait dans les toiles métalliques. Il aurait dû nécessairement, pour assurer le succès complet de sa découverte, refaire de toutes pièces une nouvelle machine ; cependant, pressé par le temps et effrayé par le chiffre énorme des dépenses dans lesquelles il eût été entraîné, il préféra convertir son nouveau système en une machine à vapeur. Néanmoins, il n'a cessé depuis cinq ans de chercher le moyen simple et facile d'utiliser la propriété des toiles métalliques.

Il appelle l'attention de l'Académie sur un dernier appareil qu'il a fait construire, qui fonctionne seul, et qui lui sert à démontrer la possibilité d'employer avec économie l'air atmosphérique comme force motrice.

Une notice très-détaillée du système de M. Lemoine, et des dessins de la machine qu'il a inventée, sont joints à cette communication.

La place que nous avons donnée aux réclamations empressées des inventeurs nous laisse peu d'espace pour analyser le savant rapport lu par M. Galy-Cazalat à la Société d'Encouragement ; nous ne pouvons en citer que quelques lignes.

Description de la machine Ericson. --La machine calorique d'Ericson se compose de tous les organes qui constituent les appareils à vapeur sans condensation :

1° D'un réservoir d'air comprimé, qu'on chauffe à mesure, pour le faire agir comme agit la vapeur d'une chaudière dans une machine à simple effet ;

2° D'un cylindre dans lequel fonctionne le piston travailleur ;

3° D'un cylindre alimentaire, dont le piston injecte dans le réservoir autant d'air qu'il en sort pour aller remplir le premier cylindre.

Ces deux premiers cylindres, superposés, sont liés par une tige commune qui les force de se mouvoir ensemble.

4° D'un cylindre porté par le fourneau qui le chauffe directement, et sur lequel est assemblé le premier cylindre, dont le piston est levé par l'air comprimé qui s'élance du réservoir pour se surchauffer dans le troisième cylindre ;

5° Enfin, d'une caisse contenant un paquet de toiles métalliques, à travers lesquelles passe l'air chaud, pour y déposer son calorique quand le piston descend, puis l'air froid qui doit reprendre ce même calorique avant d'aller faire remonter le piston.

Les deux courants contraires et successifs d'air chaud, qui se refroidit, et d'air froid, qui s'échauffe en traversant les toiles, sont réglés par une boîte de distribution semblable à celle des machines à vapeur.

Après avoir examiné au point de vue de la science, et particulièrement à celui des lois bien connues de la physique, les éléments qui concourent à former le système de la nouvelle machine, M. Galy-Cazalat ajoute, que c'est en lui appliquant la loi qui le régit, qu'il a découvert, avant toute expérience, le principe erroné de l'économie fabuleuse de la machine calorique. Ce qu'il prouve par une savante démonstration, dont la conclusion, appliquée aux résultats annoncés par l'ingénieur américain, est : que cette déduction des lois de la physique expérimentale est en opposition complète avec les merveilles que les journaux américains nous racontent de l'essai fait le 4 janvier, dans la baie de New-York, par le navire Ericson.

Il a ensuite démontré mathématiquement que l'immense mystification de la presse américaine doit nécessairement provenir de ce qu'on n'a pas tenu compte du combustible brûlé pour faire un grand approvisionnement de calorique, aux dépens duquel les machines ont fonctionné, en partie, pendant l'essai d'une trop courte durée.

Néanmoins, notre savant compatriote rend justice au talent éminent de l'habile inventeur américain. Il pense que tous les mécaniciens doivent de la reconnaissance à M. Ericson et *aux capitalistes* qui l'ont secondé, et que M. Ericson aura la gloire d'avoir encore une fois porté les premiers coups à l'esprit de routine, en substituant, dans un grand paquebot, l'air surchauffé, à la vapeur qui est beaucoup moins économique, comme il a substitué le premier l'hélice aux roues à aube.

Il résulte, de ce qui précède, que les inventeurs français doivent être rassurés sur le sort de leurs découvertes. Nous nous permettrons de leur adresser le conseil de travailler avec ardeur à leur perfectionnement, et de solliciter de la bienveillance des illustres savants auxquels ils auront recours, des solutions décisives et les plus promptes possibles. Nous leur souhaiterons en outre (chose rare dans notre pays) le concours de nos capitalistes. Toutes les nations citent, avec une jalouse émulation, les noms célèbres de nos hommes de génie qui, par leurs merveilleuses découvertes, ont élevé la France à un si haut rang parmi les peuples civilisés; beaucoup cependant sont morts inconnus. Combien cette noble gloire de notre patrie ne grandirait-elle pas encore tous les jours, si nos inventeurs trouvaient chez les *capitalistes* français le concours et l'argent, qui sont offerts si généreusement à leurs émules par les capitalistes des nations rivales!

A.-T. L.

CABINET DE TOILETTE DU PHOTOGRAPHE.

A l'énoncé de ce titre plus d'un lecteur va sourire, les dames baisseront les yeux en rougissant, et ceux qui ont l'esprit un peu indiscret espéreront apprendre quelque amusant mystère. Tous s'y seront trompés, et pour faire taire toutes les suppositions, disons de suite que le cabinet de toilette du photographe est comme celui de tout le monde. On n'y voit ni plus ni moins que ce que l'on voit partout, et c'est là un tort; car il devrait renfermer quelque chose de plus.

La parfumerie du photographe doit être augmentée d'une fiole d'acide hydrochlorique, d'une dissolution de sel d'oseille, d'une solution de soude ou de potasse caustique, d'un bocal de cyanure de potassium, d'un flacon d'eau de chlore ou d'hypochlorite de soude (eau de Javelle), etc., etc., tous aromates que ne vendent pas les Chardin et les Oubigan, mais qui se trouvent chez tous les fabricants de produits chimiques.

Tous ces parfums, je veux dire toutes ces drogues, doivent avoir un usage spécial, et c'est sur leur emploi judicieux que je veux attirer l'attention du lecteur.

— Appelé par sa profession à plonger constamment les mains au sein de liquides qui, par leur nature, colorent et teignent la peau, le photographe, sorti de ses occupations, porte partout avec lui, et malgré lui, les marques indélébiles qui décèlent son état. Dans un salon, au milieu de cent personnes de professions diverses, vous le reconnaîtrez de suite. Il aura les doigts et les ongles noirs, et le plus souvent, en outre, les mains tachetées et tatouées de plusieurs couleurs.

Cependant rien ne lui est plus facile que d'éviter ces marques distinctives qui le font connaître de tous. En effet, ces taches sont dues à des composés chimiques, dont la science définit l'origine, la nature et les propriétés. En disant comment elles se produisent, elle dit aussi comment elles se détruisent.

Mais, dira-t-on, tout le monde n'est pas chimiste ou tout au moins teinturier. A cela, il n'y a qu'à répondre en venant en aide aux victimes, et c'est ce que je vais essayer de faire de mon mieux, c'est-à-dire le plus simplement et le plus brièvement possible.

D'abord, je rejette tout emploi de doigts ou de gants en caoutchouc. Ils ne parent qu'en partie à l'inconvénient que l'on veut éviter, et de plus ils ont celui de rendre inhabile et maladroit l'homme le mieux exercé.

Je classe de suite les taches par couleur. Il y en a de bleues, de jaunes et de noires. Je range dans ce dernier ton le violet et le brun qui en dérivent chimiquement.

— *Les taches bleues* proviennent de la rencontre, sur la peau, d'un sel de fer avec le cyanure de potassium. On a fait ainsi du bleu de Prusse sans le vouloir. Or, le bleu de Prusse est soluble dans les alcalis caustiques. On le fera donc disparaître en frottant la partie teinte avec une dissolution affaiblie de potasse ou de soude caustique. L'ammoniaque l'enlève aussi.

Les taches jaunes sont dues à la formation d'un sous-sel ou d'un oxyde de fer. Quand elles sont récentes, elles disparaissent plus facilement que lorsqu'elles ont déjà une certaine date. Dans le premier cas, l'acide oxalique ou encore le sel d'oseille en font justice; dans le second cas, l'acide hydrochlorique, étendu de deux ou trois fois son volume d'eau, en a toujours raison.

Les taches noires peuvent être de deux natures. Si elles sont dues à la rencontre d'un sel de fer avec de l'acide gallique, ce qui constitue l'encre ordinaire, on les fera disparaître avec l'acide hydrochlorique préparé comme il est dit ci-dessus. Si elles sont dues à l'action d'un sel d'argent sur l'acide gallique, en les mouillant d'acide hydrochlorique, on les fera rentrer dans la catégorie des taches ordinaires des sels d'argent, dont nous allons parler.

Tous les sels d'argent colorent la peau en noir. Avec le temps cette couleur passe au violet, puis au brun, au fauve, et finit par disparaître. Pour détruire toutes ces taches, on a conseillé l'emploi d'une dissolution alcoolique d'iode. Ce moyen, souvent efficace, a le défaut de donner à la peau une couleur jaune fauve, d'autant plus désagréable qu'elle persiste elle-même pendant plusieurs jours. Le remède infaillible est le cyanure de potassium. Etendu en poudre sur la partie à détacher, puis légèrement humecté d'eau et frotté contre elle, il fera toujours disparaître la tache. Le cyanure de potassium étant un poison violent, on fera bien, pour éviter le malaise qui pourrait résulter de son introduction sous les ongles ou dans une petite plaie, de se laver ensuite avec un peu d'eau de chlore, ou encore avec un peu d'eau de Javelle. Ces deux substances, en décomposant l'acide cyanhydrique, anéantissent l'action toxique du cyanure employé.

En résumé, étant données des mains chargées de produits photographiques aussi riches en tons et couleurs que la palette de Delacroix et de Diaz, on pourra toujours les rendre blanches et nettes en procédant de la manière suivante :

1° Un lavage à l'acide hydrochlorique, qui détruit la couleur jaune due aux sels de fer et qui ramène tous les sels d'argent à l'état de chlorure.

2° Un lavage à la soude ou à tout autre alcali caustique, qui enlève la couleur bleue, due au bleu de Prusse, et qui neutralise le peu d'acide resté sur la peau après le lavage précédent ;

3° Un lavage au cyanure de potassium, qui enlève toutes les teintes dues aux sels d'argent ;

4° Enfin, par précaution sanitaire, un lavage à l'eau chlorée ou à l'eau de Javelle.

Les mains sont alors blanches et propres, il ne reste plus qu'à les adoucir par le savon et les moyens ordinaires. Inutile de dire qu'il ne faut pas abuser de ces lavages, et qu'il vaut mieux les appliquer sur les parties tachées que sur les mains entières. On évitera ainsi d'en amollir et d'en user inutilement la peau.

Tels sont les mystères du cabinet de toilette du photographe; et n'avions-nous pas raison de dire, en commençant, qu'ils n'étaient pas de nature à provoquer le sourire ou à blesser la susceptibilité de nos lecteurs?

L. K.

L'OEUVRE DE MARC ANTOINE RAIMONDI.

Nous croyons devoir reproduire l'extrait suivant des *Comptes-rendus* de l'Académie des sciences, qui donne plus de détails que nous n'avons pu le faire sur la publication photographique de M. Delessert :

« M. Pouillet présente, au nom de l'auteur, un ouvrage de photographie qui vient de paraître et que l'Académie accueillera sans doute avec un grand intérêt. Cette publication a un double but : le premier, de provoquer les progrès de la photographie, particulièrement dans tout ce qui se rapporte à l'économie des procédés, à la pureté des lignes et à la parfaite précision des formes ; le second, de mettre à la portée du public et des artistes les moins aisés, des reproductions fidèles de tous les chefs-d'œuvre des anciens maîtres de la gravure sur cuivre et de la gravure sur bois. L'auteur de cette entreprise est bien connu de l'Académie, c'est M. Benjamin Delessert. On sait qu'il a recueilli depuis longtemps une magnifique collection des estampes les plus précieuses; à son goût pour les belles productions de la gravure, il a voulu joindre le talent du photographe, afin de reproduire les richesses artistiques qu'il possède, et de les répandre avec cette honorable libéralité qui est héréditaire dans sa famille.

« M. Benjamin Delessert a commencé par l'œuvre de Marc-Antoine Raimondi; la présente livraison contient une Notice intéressante sur ce maître célèbre, sur les inspirations et les conseils qu'il a reçus de Raphaël et sur ces premiers temps de la gravure; elle contient, en outre, la reproduction de douze planches ayant scrupuleusement les dimensions originales. La ressemblance qui existe entre les épreuves photographiques et leurs modèles est véritablement surprenante : sans doute, elle n'est pas encore portée à ce point que les amateurs les plus habiles puissent hésiter entre les deux; mais ces épreuves seront déjà d'un grand secours aux artistes, et elles sont éminemment propres à faire comprendre les services que l'on peut attendre de la photographie.

« M. Goupil, éditeur de M. Benjamin Delessert, vend cette livraison 20 francs, ce qui porte chaque gravure à 1 fr. 67 c.; mais les frais d'impression de la Notice entrent pour quelque chose dans ce prix, qui, pour la gravure elle-même, ne doit pas dépasser 1 fr. 25 c.

« Ainsi, l'ouvrage de M. Benjamin Delessert n'est pas seulement remarquable par sa belle exécution photographique, il l'est aussi, et c'est un point important, par la popularité qu'il donnera aux œuvres des grands maîtres. »

BIBLIOGRAPHIE.

EXPOSITION ET HISTOIRE DES PRINCIPALES DÉCOUVERTES SCIENTIFIQUES MODERNES,

PAR LOUIS FIGUIER.

TOME DEUXIÈME.

Aérostats. — Éclairage au gaz (1).

Ce second volume de M. Figuier est suivi d'un troisième volume comprenant l'histoire de la machine à vapeur, des bateaux à vapeur et des chemins de fer, dont j'ai rendu compte dans le n° 53 de la *Lumière*, année 1852. Il renferme 420 pages ainsi réparties : 156 pages pour les aérostats, 47 pages pour l'éclairage au gaz, 35 pages pour la planète Leverrier, 119 pages pour l'éthérisation et 63 pages pour les notes.

Comme on le voit, l'histoire de l'invention des ballons et des ascensions célèbres tient la plus large place. L'auteur a, en effet, traité ce sujet avec un soin minutieux, en passant successivement en revue les essais primitifs des frères Mongolfier, qui furent suivis de bien près par le lancement d'un ballon à gaz hydrogène. Il expose la rivalité qui exista encore longtemps entre les mongolfières et les ballons fermés à gaz inflammable. Il raconte les ascensions célèbres de Pilâtre des Rosiers et du marquis d'Arlandes, de Charles et Robert; le lancement à Lyon du ballon le *Flesselles*, qui sont suivis des débuts de Blanchard, dans le Champ-de-Mars, du voyage aérien de Proust et Pilâtre des Rosiers, de celui du duc de Chartres, etc.

La traversée de la Manche en ballon, par Blanchard, lui fournit un épisode plein d'intérêt : Blanchard était ainsi venu d'Angleterre en France. L'intrépide Pilâtre des Rosiers voulait faire le même trajet en partant de Boulogne; ce qui est beaucoup plus chanceux, en raison de la fréquence des vents de mer qui y sont contraires. Le pauvre aéronaute, forcé de partir en quelque sorte à jour fixe, en vertu de ses engagements avec le gouvernement, fut précipité à terre avec un jeune homme nommé Romain, qui avait voulu s'associer à sa périlleuse entreprise. Ils furent tous les deux brisés dans leur chute, déterminée par la rupture subite du ballon supérieur à gaz hydrogène, qui, cette fois, avait reçu l'addition d'une mongolfière. M. Figuier explique très-bien quelles furent les causes de ce malheur : il fait ressortir le contraste touchant qui résulte du succès de Blanchard et du sinistre de Pilâtre des Rosiers, en faisant remarquer que Blanchard a pris terre à deux pas du lieu où l'infortuné Pilâtre a péri avec son compagnon.

Pour ne pas attrister ses lecteurs, M. Figuier traite de l'application des aérostats aux armées. Il y eut à cette époque un corps d'aérostiers qui fit servir les ballons captifs à la défense des places, et à l'observation des mouvements de l'ennemi pendant les batailles. Les observateurs aériens échappèrent aux boulets, mais non aux fusils à longue portée qui détruisirent plusieurs fois leur frêle observatoire.

Il parle ensuite des machines à voler, qui ont donné lieu à une liste nombreuse d'inventeurs malheureux. Il en est résulté l'invention du parachute actuel, par Sébastien Lenorman, Drouet et Jacques Garnerin.

Vient ensuite l'application des aérostats aux recherches scientifiques, comprenant les voyages de Robertson et Sauharop, de MM. Biot et Gay-Lussac, de MM. Barral et Bixio. Ces ascensions célèbres forment un chapitre plein d'intérêt par la valeur des observations et par les dangers courus.

Un autre chapitre est consacré à l'énumération des ballons lancés pendant les fêtes publiques. Le plus remarquable de ces ballons fut celui du couronnement de l'empereur Napoléon Ier, mongolfière gigantesque qui, destinée à l'Italie, franchit en effet les Alpes et arriva à Rome même, poussée par un vent favorable, et parcourut ainsi le plus grand trajet connu.

A ce sujet, je ferai remarquer que l'auteur a omis de mentionner le fameux voyage de MM. Green et Masson qui, partis le soir d'Angleterre avec un ballon gonflé par le gaz d'éclairage, sont allés descendre le lendemain matin au cœur de l'Allemagne, après avoir franchi une distance tout aussi grande.

M. Figuier trace ensuite la nécrologie de l'aérostation; il raconte la triste fin de Mme Blanchard, de Jambecari, d'Harris, de Sadler', d'Olivari, de Mosment, de Bittorp et du lieutenant Gall. Et, chose étonnante, tous ces accidents funestes ont eu lieu à une faible distance de terre, et par une cause insignifiante qui aurait pu être facilement écartée.

L'auteur termine par une discussion approfondie sur la direction des aérostats. Il émet à ce sujet des réflexions fort justes sur l'ignorance des inventeurs actuels, qui se vantent d'avoir résolu cet important problème, sans avoir fait aucun calcul pour comparer la force dont ils peuvent disposer avec la résistance énorme des vents supérieurs; mais il ne paraît pas s'être formé une idée exacte de l'avenir de succès qui est réservé à l'aéronautique, du moment où l'on pourra remédier aux pertes de gaz, et profiter de la variété des vents pour naviguer à travers l'espace avec une vitesse supérieure à celle des chemins de fer.

En concluant, il met en évidence l'utilité des aérostats pour l'étude de la météorologie et la recherche des phénomènes atmosphériques dans leurs rapports avec la partie solide de notre globe. La dernière ascension de MM. Barral et Bixio, qui a été si courte, en constatant à elle seule l'existence de nuages épais de 5,000 mètres et d'une température de 39° au-dessous de zéro, en plein été, montre combien il faudrait s'attendre à l'imprévu dans une pareille entreprise, ce qui en montre l'utilité. C'est encore la même ascension qui a permis à ces physiciens intrépides de constater *de visu* la chute d'aiguilles prismatiques hexagonales de glaces reflétant le soleil par leur base supérieure. Ceci m'explique enfin l'apparition extraordinaire d'une gerbe de lumière verticale que j'avais observée un matin avant le lever du soleil, pendant les grandes chaleurs.

A la fin du livre, il y a des notes très-étendues, où l'on remarquera la théorie si belle et si vraie du général Meunier, sur la construction vicieuse des ballons actuels, et sur la nécessité qu'il y a de pouvoir les maintenir à une hauteur donnée, sans encourir l'obligation de monter et descendre sans cesse.

Cet exposé de M. Figuier est très-riche de faits; je ne puis en donner qu'une idée fort imparfaite dans le peu de lignes dont je dispose.

Des aérostats, M. Figuier passe à l'éclairage au gaz. Cet éclairage est aujourd'hui si bien établi parmi nous dans toutes les grandes villes et dans les manufactures de premier ordre, qu'on sera étonné de lire dans le livre de M. Figuier combien ses débuts ont été pénibles. Il a fallu l'esprit entreprenant des Anglais, l'audace et le charlatanisme d'un original nommé Winsor, pour amener son expérimentation en grand.

Si Winsor n'avait pas exagéré les qualités et les avantages de son gaz *light*, l'affaire n'eût pas réussi, car les expériences ont coûté plusieurs millions, sans réaliser les promesses fabuleuses de Winsor. Mais notre inventeur trouvait réponse à tout, et il finit par obtenir un *bill* pour une Compagnie privilégiée, autorisée à dépenser dix millions. Cette Compagnie, dirigée par Winsor, absorba en peu de temps un capital de 22 millions; et, sept ans plus tard, cette seule Compagnie avait posé dans les rues de Londres cinquante lieues de tuyaux. Cette partie de la narration de M. Figuier est fort piquante, en ce qu'elle dépeint à merveille, dans Winsor, le type de l'inventeur industriel.

C'est ce même Winsor qui établit l'éclairage au gaz à Paris, dans le passage des Panoramas.

Le premier chapitre contient des notions sur les gaz inflammables, une description du thermo-lampe de Philippe Lebon, et de l'établissement de Murdoch, en Angleterre, qui sont suivies de la campagne extraordinaire de Winsor.

Le second chapitre contient une description très-claire de la préparation et de l'épuration du gaz de houille, que l'auteur fait suivre d'un examen comparatif des gaz d'éclairage extraits de l'huile, de la résine et de l'eau. Il traite la question du gaz portatif, et termine par des considérations générales sur les avantages de l'éclairage au gaz.

M.-A. GAUDIN,
Calculateur du Bureau des longitudes.

(*La suite au prochain numéro.*)

(1) Victor Masson, place de l'École-de-Médecine, 17; — Langlois et Leclercq, rue de la Harpe, 90.

NOUVELLES DIVERSES.

Nous avons reçu les deux premiers numéros d'un nouveau journal : *La Gazette des Beaux-Arts*. Nous voyons avec plaisir que cette revue, ainsi que l'annonce son programme, consacrera dans ses colonnes une place à la photographie, à côté de la peinture, de la gravure et de la lithographie. Nous voudrions que tous les journaux artistiques en fissent autant, et nous les autoriserions de grand cœur à nous emprunter tout ce qui pourrait intéresser leurs lecteurs.

—

Nous trouvons dans le *Humphrey journal* de New-York, sous le titre : *Curiosités photographiques*, l'annonce que l'on va lire :

« M. C. G. Page, artiste photographe, demeurant à New-York, au coin de la 8e avenue, 14e rue, désireux d'exposer au palais de cristal, qui doit s'ouvrir en mai prochain dans cette ville, quelques spécimens curieux de portraits au daguerréotype, propose de faire, *gratis*, la reproduction des sujets ci-après désignés :

1° Une personne âgée de plus de cent ans;
2° Un soldat révolutionnaire (*sic*);
3° Un groupe d'une douzaine, ou plus, de frères et de sœurs;
4° Un groupe de cinq personnes représentant autant de générations;
5° Des jumeaux âgés de plus de quatre-vingts ans.

N. B. Si quelqu'une des personnes sus-désignées ne pouvait se rendre chez l'artiste, il se transportera chez elle. »

Le même journal publie la lettre suivante :

« Monsieur, il n'est peut-être pas sans intérêt pour vos lecteurs de savoir que l'emploi des couleurs à l'huile ou du vernis, auprès du laboratoire d'un photographe, détruit la sensibilité des substances et des couches photogéniques à un tel point, qu'il devient presque impossible, dans ces conditions, d'obtenir une épreuve. Je suis porté à croire que cela doit être attribué à l'évaporation de la térébenthine, ne voyant pas dans la composition des couleurs d'autre ingrédient qui puisse produire un effet semblable. Quelqu'un de vos lecteurs, plus à même d'en faire l'expérience, pourra peut être vous renseigner à ce sujet. Je suis certain de l'*effet*, mais je ne puis que soupçonner la *cause*. L'*ammoniaque* m'a paru le meilleur remède à la perturbation que je signale.

« Agréez, etc.

« HAYES. »

New-York, décembre 1852.

Le Propriétaire-Gérant, ALEXIS GAUDIN.

TYPOGRAPHIE HENNUYER, RUE DU BOULEVARD, 7, BATIGNOLLES.
Boulevard extérieur de Paris.

TROISIÈME ANNÉE. N° 8. SAMEDI, 19 FÉVRIER 1853.

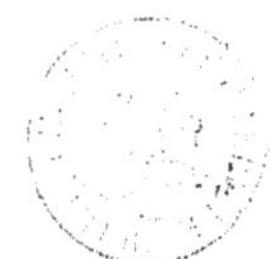

LA LUMIÈRE

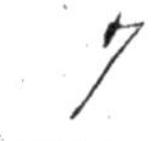

REVUE DE LA PHOTOGRAPHIE.

BEAUX-ARTS. — HÉLIOGRAPHIE. — SCIENCES.

JOURNAL NON POLITIQUE, PARAISSANT LE SAMEDI.

Bureaux, rue de la Perle, 9, à Paris.

ABONNEMENTS.—*Paris*, UN AN, 16 FR.; 6 MOIS, 10 FR.; 3 MOIS, 6 FR.; *Départements*, UN AN, 18 FR.; 6 MOIS, 11 FR.; 3 MOIS, 7 FR.; *Étranger*, UN AN, 20 FR.; 6 MOIS, 12 FR.; 3 MOIS, 8 FR.

Dans le but de faciliter à nos lecteurs les moyens de se procurer la *Lumière*, nous avons cru devoir établir des bureaux d'abonnement :

A la *Librairie Nouvelle*, 15, boulevard des Italiens;

Au *Cabinet de Lecture*, galerie d'Orléans, 2, Palais-Royal ;

Chez Mlle Legentil, cabinet de lecture, place de la Madeleine ;

Et chez M. Delahaye, rue de Lancry, 37.

On trouvera dans ces succursales des numéros séparés de la *Lumière* (40 c. le numéro).

Nous sommes heureux de voir les journaux français et étrangers reproduire nos articles, mais nous les prions de vouloir bien indiquer la source de ces reproductions; c'est de toute justice.

SOMMAIRE.

ALBUMS PHOTOGRAPHIQUES.

N° 2. — M. Le Secq.

Rien ne prouve davantage l'éternelle poésie de l'esprit humain que l'architecture, et aucune époque n'a eu une architecture plus poétique que le moyen âge.

On referait l'histoire du monde avec les pierres écroulées de ses monuments. Les ruines gigantesques de Ninive et de Palmyre; les fragments des palais de ces rois d'Asie qui ne les remplissaient que de leurs femmes et de leurs serviteurs, et que nous ne réussirions pas à remplir avec une de nos armées ; les sphinx et les pyramides d'Egypte, ses cryptes profondes, mystérieuses et terribles comme la religion d'Isis; les lignes droites et les bas-reliefs des temples de la Grèce, avec des surfaces polies pour ne rien perdre des rayons du soleil, avec des contours souriants pour ne pas effaroucher une déesse galante qui s'appelait Vénus, et un dieu maraudeur et voltairien qui s'appelait Jupiter, quand il ne se déguisait pas sous ses petits noms; le Colisée et les Thermes, immenses comme les désirs et les cruautés des Césars, ne sont-ils pas tous des pages écrites de la civilisation, aussi éloquentes que celles d'Hérodote ou de Tite-Live, et sur lesquelles le vent de la ruine n'a jamais pu sécher la trace des vraies larmes et du vrai sang qu'elles ont reçus? Eh bien ! d'autres pages plus vivantes encore, celles que le catholicisme a écrites dans toute l'Europe, pans de murailles où les textes des deux Testaments sont traduits en sculpture pour tous les yeux; tours splendides, audacieuses, imagées, montant au ciel ainsi qu'une strophe; sanctuaires pleins d'ombre, éclairés d'en haut par une rosace, de même qu'un cœur plein de doute par la foi ; poëmes depuis le portail jusqu'à la flèche, où, quand la légende a épuisé tous les angles de la pierre pour se reproduire, elle se continue et se colore dans le vitrail ; ce magnifique symbolisme d'une croyance, cette représentation en ciselure des traditions du passé et des rêves de l'avenir; ces églises du Christ, enveloppées dans la Bible comme des reines dans leurs voiles de guipure; toutes ces merveilles allaient s'écrouler dans l'indifférence et presque dans le mépris, quand, il y a peu d'années, deux grands poëtes, Chateaubriand d'abord, Victor Hugo ensuite, les recouvrant et les protégeant de leur admiration et de leur génie, les firent comprendre et les firent aimer. Si les cathédrales se relèvent partout, si une honte a été épargnée à notre époque, si une école de jeunes architectes reconstruit avec ferveur dans le vieux style, c'est parce que deux rêveurs sublimes, sortant des parvis déserts alors, ont écrit le *Génie du Christianisme* et *Notre-Dame de Paris*.

L'art ne devait pas rester en arrière de ce grand mouvement architectural. Il y eut partout plus de respect pour la couleur locale, cette atmosphère sincère dans laquelle on fait respirer les personnages qu'on évoque. Le théâtre eut la vérité de la mise en scène et des costumes; la peinture encadra dans des représentations exactes du temps, les figures du moyen âge qu'elle anima de l'idéal; la sculpture, moins inexpérimentée, refit avec un ciseau plus correct et aussi naïf les statues gothiques alignées sous le portail des églises. L'enthousiasme de l'art, à défaut de l'enthousiasme de la foi, trempa et tailla dans la vérité tous les pinceaux et toutes les plumes. Notre époque n'invente rien en architecture, peut-être parce qu'elle n'exprime rien. Mais, à défaut de l'invention, elle a religieusement la tradition, et tous les grands arts avertis par la poésie ont aidé à la rétablir.

Nous savons gré à la photographie d'avoir suivi cette impulsion, et à M. Le Secq d'avoir encore perfectionné les procédés de la reproduction. Cet art nouveau, combiné dans une science, semble fait surtout pour répandre toutes les magnificences et tous les détails de l'architecture. Le relief sort, le contour s'arrondit, le trou se creuse, sur une page daguerrienne, aussi véritablement que sur une muraille. La main a la tentation de toucher, pour rectifier une illusion de l'œil. Nous avons parlé, l'an dernier, des belles études que M. Le Secq avait faites à Reims et à Strasbourg. Pendant la dernière saison, il les a transportées à Chartres et à Amiens, au cœur même de la vieille France catholique. Plongé dans l'ombre des voûtes, nageant dans la lumière de la façade, monté avec je ne sais quelles ailes au sommet le plus inaccessible des clochers, il a rendu avec un rare bonheur tous les ensembles et tous les détails. Ses figures ont quelquefois un pied d'élévation, et, en juxtaposant les uns à côté des autres tous ses cartons, on construit un monument d'une miniature à grandes proportions.

Parmi les épreuves consacrées à la cathédrale d'Amiens, nous avons remarqué *le Christ sous un dais*, et sous les pieds du Christ le roi fondateur ; *la Vierge, la galerie des rois, les Mages, les bas-reliefs légendaires* et *les médaillons autour de la cathédrale*. Pour obtenir quelques-unes de ces épreuves, l'artiste a été contraint de se coucher à plat ventre dans un grenier ; pour d'autres, et afin de le préserver du vent, douze hommes le renfermèrent sous une tente improvisée avec des planches de construction. Et ces épreuves sont splendides. Ce n'est pas du carton, c'est de la pierre. Jamais le temps et la peine n'ont été moins perdus.

La cathédrale de Chartres est peut-être encore mieux venue. Ce beau monument du douzième siècle s'est laissé dérober toutes ses merveilles intérieures et extérieures. Quand les rois de France, en revenant de la guerre, voyaient de loin le clocher de Chartres, ils arrêtaient leur cheval et saluaient. Saluaient-ils la maison de Dieu, ou un des fleurons les plus précieux de leur couronne? Saluaient-ils, au milieu de cette plaine d'épis, la pensée divine qui fait pousser le blé pour nourrir l'homme? La cathédrale, de son côté, ne restait pas en retard. Toutes les cloches sonnaient dès qu'on avait aperçu la bannière royale. Les statuettes des rois alignées sur le portail semblaient remuer aussi leur doigt de pierre, et appeler celui dont l'image devait poser plus tard à côté d'eux pendant des siècles, pour voir à la fin, par un jour de tempête populaire, tomber sa tête un peu informe sous un marteau révolutionnaire, et pour se reproduire mutilé et bizarre sur le cliché d'un photographe. *L'escalier de la reine Blanche*, cette femme qui traverse notre histoire, ainsi qu'une lueur traverse la nuit, et qui laissa au trône presqu'un héros, et tout à fait un saint : *l'arbre généalogique du Christ*, qui ente les uns sur les autres des aïeux à saint Joseph (fantaisie un peu risquée du moyen âge, car dans la tradition chrétienne il ne se place point d'aïeux intermédiaires entre Dieu le père et Dieu le fils), sont deux épreuves sur lesquelles M. Le Secq a épuisé toutes les délicatesses de sa manière. Le trait se dessine net, doux et pur, en dehors des rugosités si réelles de la pierre. Le daguerréotype est impitoyable dans sa sincérité. Sur une des feuilles consacrées à une porte basse de la cathédrale, à côté des affiches épiscopales qu'on pourrait lire dans leur réduction infinie, on voit, avec son paraphe prétentieux, le nom du gamin éternel et universel, qui raye de son charbon les monuments anciens et les maisons neuves. Nous avons longtemps examiné aussi les détails des statues des *Evêques foulant des Barbares sous leurs pieds*, et *l'Ange qui porte un cadran solaire;* et, tandis que M. Le Secq nous faisait uniquement et modestement regarder la souplesse des draperies de la sculpture gothique, nous constations, nous, les supériorités qu'il a rencontrées dans leur reproduction. Il s'est occupé aussi de paysages daguerriens. C'est un des côtés de la science qui a encore le plus de progrès à faire. Néanmoins, M. Le Secq a approché autant que possible de la perfection relative, dans son *Champ des cosaques*, à Montmirail, dans ses *Etudes de sablière et de ravins*, avec de curieux fonds de coquillage, et surtout dans son *Allée de forêt*, qui a déjà conquis une célébrité que méritent, presque sans exception, toutes ses œuvres photographiques.

Nous aurions insisté plus longuement sur les reproductions sculpturales de M. Le Secq, si nous n'avions pas craint de toucher, à propos de la question architecturale, à un point de controverse avec l'écrivain habile qui écrit *les Peintres illustres*, dans ce journal. Nous sommes de l'avis de presque tous ses aperçus ingénieux et savants, mais cet article nous met en désaccord avec lui relativement à l'art gothique. Il se demande si une pensée religieuse émane d'une cathédrale. Il nous semble que jamais on n'a donné pour ainsi dire à la pierre un accent plus convaincu. Le catholicisme vous enveloppe et vous pénètre, en descendant de la hauteur infinie de ses voûtes, en ruisselant en rayon sur le vitrail, de ses terreurs et de ses espérances. La cathédrale est religieuse et convaincue comme le poëme du Dante. On respire, quand on y entre, dans l'atmosphère du moyen âge. A aucune époque l'art n'a traduit aussi fidèlement l'inspiration. Et ce n'est pas à l'art qu'il est juste de reprocher de ne pas faire entendre un mot en faveur de l'humanité. Le reproche va plus haut. Nous ne le discuterons pas, d'abord parce que nous sortirions de notre compétence, et ensuite parce que nous serions probablement d'accord avec M. F. B. Nous avons voulu dire seulement que la traduction exacte n'est point coupable des réserves de l'original, et que l'art gothique représente aussi exactement le catholicisme que la page photographique de M. Le Secq représente la cathédrale.

HENRI DE LACRETELLE.

Plusieurs de MM. nos abonnés nous ont écrit des lettres dans lesquelles ils témoignaient leur étonnement de ne plus recevoir le journal. Nous leur rappellerons qu'ils ont négligé de renouveler leur abonnement ou de nous prévenir tout au moins qu'ils le continuaient. Nous prions les personnes qui se trouveraient dans le même cas de vouloir bien ne pas attendre plus longtemps pour régulariser leur position, et de nous épargner ainsi le regret de leur faire éprouver un retard dans l'envoi du journal.

Au moment de mettre sous presse, nous recevons des communications importantes que nous sommes forcés de remettre au prochain numéro.

—

L'abondance des matières nous oblige également à renvoyer à samedi prochain la suite du *Photographe, esquisse physiologique*, et la *Statistique de la Photographie.*

ACADÉMIE DES SCIENCES.

La machine Ericson. — Question de priorité soulevée par les inventeurs français. — Nouvelle propriété de l'acétate de strychnine. — Application de la gutta-percha à la destruction des insectes parasites et à la conservation des grains.—Profondeur de la mer. — Maladie des pommes de terre.

MM. Liais, Lobereau et la machine Ericson. — En rendant compte, dans notre dernier numéro du 12 courant, des réclamations de MM. Franchot et Lemoine, nous avons omis de citer la note de M. Liais concernant le même sujet, l'*emploi de l'air chauffé comme force motrice.* Il est vrai que M. Liais annonçait à l'Académie l'envoi d'un mémoire qui n'est pas encore parvenu ; mais les détails contenus dans sa note présentent un grand intérêt au point de vue de la priorité, et ne doivent pas être omis.

Dès 1846, M. Liais s'était posé cette question : Indiquer d'après quels principes doit être construite une machine à air chauffé pour donner lieu à la moindre dépense de combustible, en faisant connaître toutefois un mécanisme réalisant ces principes : problème qui n'est plus seulement de mécanique pratique, mais qui est, en outre, scientifique.

Il étudia dès cette époque la question ainsi posée, et il espère en avoir démontré la solution par le système développé dans le mémoire qu'il doit communiquer à l'Académie. Les points principaux sont clairement exposés dans le résumé qu'il a présenté. Après avoir fait remarquer que la capacité calorifique de l'air diminue quand sa pression augmente, ce qui procure un très-grand avantage lorsqu'on se sert toujours du même air à chauffer de l'air déjà comprimé, il conclut que l'on doit aussi, par là, diminuer le volume des machines ; qu'une machine à air, à haute pression, présente beaucoup moins de danger qu'une machine à vapeur à basse pression. Il indique le moyen de rendre le danger nul en usant de diverses précautions, telles que soupapes de sûreté, courants thermo-électriques pour connaître les températures, régulateur à force centrifuge pour modérer le feu, etc., moyens à l'aide desquels on peut aisément faire disparaître tous les inconvénients du chauffage à sec.

Le moyen d'absorber le plus possible la chaleur de la fumée est une des questions les plus importantes. Il faut utiliser en même temps la chaleur de l'air qui vient de servir et qui se rend au condensateur. Il s'occupe à ce sujet d'un écueil auquel n'a pas songé M. Ericson c'est que, quand l'air a déjà reçu de la chaleur de la part de celui qui se rend au condensateur, il n'absorbe plus autant de la chaleur de la fumée, puisqu'il est déjà plus chaud, de sorte qu'on perd d'un côté ce qu'on gagne de l'autre. Il indiquera dans son mémoire une disposition pour éviter cet écueil.

En partant de ces principes, une machine à air comprimé chauffée, fonctionnant à 8 atmosphères, dépenserait 8 fois moins de combustible qu'une machine à vapeur de même pression et de même force. Une machine à air chauffée à 12 atmosphères dépenserait seize à dix-huit fois moins qu'une machine à vapeur à basse pression, dont elle n'offrirait pas d'ailleurs les dangers. Dans les circonstances les plus avantageuses supposées, la machine de M. Ericson dépensera presque autant qu'une machine à vapeur de même force.

M. Liais rappelle, en outre, que dès 1849 un Français, M. Lobereau, a construit et fait fonctionner, à Paris, une machine à air chauffé, alors qu'il n'était nullement question de M. Ericson et des inventeurs suédois ou américains.

NOTA. Cet article était composé avant la réception de la lettre insérée plus loin.

Des effets de l'acétate de strychnine. — A l'ouverture de la séance, le célèbre lord Brougham, membre correspondant de Londres, a présenté un mémoire adressé à l'Académie par M. Marshall Hall. L'habile docteur anglais qui, en juin 1847, avait déjà envoyé un mémoire concernant l'effet produit sur les grenouilles par l'acétate de strychnine, a découvert la propriété qu'a cet agent chimique (poison très-violent) de produire par son introduction, même à une très-faible dose, dans le corps du sujet soumis à l'expérience, tous les symptômes de l'épilepsie, de l'apoplexie, de l'asphyxie.

Il donne les détails des curieux et savants essais qu'il a tentés sur six espèces différentes de chiens auxquels il a administré un douzième de grain d'acétate de strychnine à deux reprises différentes ; quelques minutes après la seconde dose, ils étaient affectés de paroxysmes de rigidité générale tétanique, suivis de l'état tétanoïde, épileptoïde, etc., et il a converti cet état en tétanos ou épilepsie *avortée* au moyen de la trachéotomie. . . . .

. . . .

Il résulterait des faits exposés par l'honorable M. Marshall Hall qu'en adoptant l'incision dans la trachée, on parviendrait à appliquer à des maladies dont les effets sont désastreux et foudroyants, un remède prompt et efficace qui n'avait pas encore été tenté jusqu'à ce jour.

Application de la gutta-percha à la destruction des insectes parasites. — M. E. Belleville, capitaine au 20e léger, en garnison à Collioure (Pyrénées-Orientales), s'est déjà fait connaître de M. le conservateur du Muséum d'histoire naturelle par l'envoi d'un mémoire dans lequel il exposait tous les avantages qu'on rencontrerait dans l'application de la gutta-percha à la conservation des collections zoologiques, à celle des pelleteries et des plumes. Relégué depuis plusieurs mois à Collioure, place de guerre de quatrième classe, petit port de mer situé sur la Méditerranée, M. Belleville, essentiellement occupé d'études administratives, a dû chercher quelques distractions intéressantes et variées pour rompre la monotonie, parfois pesante, d'un séjour si triste. S'étant attaché plus particulièrement à la recherche des insectes qui abondent dans ce climat ; il rencontra tout d'abord des obstacles dont les naturalistes, même les plus habiles, ne sont pas préservés là où les ressources sont insuffisantes, surtout lorsqu'il s'agit d'excursions lointaines et des soins minutieux que les transports nécessitent.

Dans une de ces circonstances difficiles, dépourvu de lames de liége qu'il avait épuisées, il se servit de lames de gutta-percha, et il remarqua que les insectes fixés sur cette substance y demeuraient constamment intacts, tandis que ceux fixés sur le liége étaient attaqués par les parasites destructeurs. Pour s'assurer de l'efficacité de ce moyen, il prit un lamellicorne assez rare, déjà envahi par des parasites qui le dévoraient, et le plaça dans une boîte de fer-blanc, renfermant de la colle de gutta-percha destinée à fixer les semelles sous la chaussure. Au bout d'une journée, il trouva répandue sur la matière une grande quantité de cadavres de parasites ; le corps velu du lamellicorne n'offrait plus aucune trace des visiteurs dangereux qui le couvraient la veille, et l'eussent infailliblement détruit.

La même expérience répétée plusieurs fois sur des insectes plus gros a toujours donné des résultats satisfaisants. Ceux-ci meurent au bout de quelques heures ; les infiniment petits sont atteints en quelques secondes.

Les larves ne résistent pas davantage, les œufs des insectes, ainsi que les nymphes des chrysalides, sont détruits en peu de temps.

Le capitaine Belleville, heureux d'avoir fait remarquer cette propriété délétère de la gutta-percha, déjà très-précieuse par le grand nombre d'emplois auxquels elle a été appliquée, espère qu'il sera facile d'étendre l'application de cette substance à la préservation et à la conservation des grains, et que les études faites par les savants placés plus heureusement que lui au centre de la France amèneront la réalisation d'un progrès très-important, progrès auquel il aura eu, du moins, la gloire d'avoir contribué pour sa part.

Profondeur de la mer. — Il a été communiqué à l'Académie l'extrait d'une lettre écrite à M. Humboldt par le colonel Sabine, dans laquelle cet officier annonce que le capitaine Denham, étant à bord du *Royal-Navy*, dans l'Océan atlantique austral, latitude sud 36° 49' et longitude ouest de Greenwich 37° 6', a trouvé le fond de la mer à une profondeur de 13,645 mètres 256 millimètres ; la descente du plomb a duré 9 heures 25 minutes. Si l'on ajoute à ces 13,644 mètres la hauteur du Schniginga dans l'Himalaya, qui est à 8,587 mètres 435 millimètres au-dessus du niveau de la mer dans laquelle le sondage a eu lieu, on aura 22,079 mètres au-dessus du point touché par le plomb du capitaine Denham. Il compte la hauteur comme on compte celle du mont Dorfel dans la lune. La plus grande profondeur à laquelle sir James Rooss était parvenu est de 8,412 m. 041 millim.

L'auteur n'ayant pas encore envoyé la communication officielle qu'il avait promise, nous donnerons de plus amples détails sur les moyens employés par le capitaine Denham pour vaincre les difficultés qu'a dû présenter une opération unique et presque irréalisable. Il sera très-intéressant de connaître le poids de la sonde, le volume du câble, l'intensité des courants sous-marins, etc.

Maladie des pommes de terre. — M. Bossin, botaniste et cultivateur, pense avoir trouvé le meilleur moyen à employer en culture pour éviter la maladie des pommes de terre et pour en doubler la récolte : 1° par une plantation précoce, 2° par le choix des espèces ou variétés hâtives.

Suivant lui, on devrait planter dans la dernière quinzaine de février, si la terre le permet ; les variétés qui ont le mieux réussi sont : les *naines hâtives* d'Amérique, *Marjolin, Circassienne*, et celles dites *comice d'Amiens*. Il cite M. Drappier qui, ayant planté à Hennecourt, le 15 février, une espèce communément cultivée dans des terres très-maigres de ce pays, a récolté fin juillet et dans les premiers jours d'août. MM. Dalmas de Rozières (Ardèche), et Chatel, du Calvados, ont répété la même expérience, qui se trouve ainsi confirmée par ces agronomes. Après l'arrachage des pommes de terre hâtives que l'on est ainsi parvenu à préserver de la maladie, on peut obtenir facilement et à peu de frais une seconde récolte de trèfles rouges, de choux cueillet de Flandre, de choux branchés et cavalier, etc., selon la localité et la nature du sol.

A.-T. L.

SOCIÉTÉ PHOTOGRAPHIQUE DE LONDRES.

Une nouvelle réunion de cette Société vient d'avoir lieu dans la salle de la Société des Arts, sous la présidence de sir W. Newton, vice-président. Dans cette séance, sir Newton a lu une note sur la photographie au point de vue artistique. Il a indiqué les imperfections de certaines épreuves, qui ne peuvent être réellement considérées comme des reproductions vraies de la nature, par suite de l'intensité si diverse des rayons du spectre, et justifié, sous ce rapport, le soin que prennent souvent les artistes de corriger sur le négatif, au moyen de retouches, les défauts provenant de cette cause. Il recommande aux artistes de ne pas s'attacher par trop à ce que leurs épreuves soient rigoureusement *au point*, l'extrême minutie des détails nuisant souvent, selon lui, à l'effet artistique. Puis il indique la méthode employée par lui pour tirer les po-

sitifs (méthode négative), qu'il croit préférable en ce qu'elle donne à l'opérateur plus de certitude et d'uniformité dans les tons. En terminant, il engage ceux qui étudient à ne pas adopter la chambre noire comme un auxiliaire de l'art, avant d'avoir assez dessiné pour acquérir une habileté de main et une sûreté de coup d'œil qui leur permettront de produire des œuvres réellement artistiques.

Après une discussion dans laquelle des idées opposées à celles de l'honorable président ont été exprimées avec talent, M. R. Fenton, secrétaire honoraire, a lu une note sur la manière dont la Société se propose d'organiser ses travaux. La Société ne pourra pas elle-même se livrer à des recherches photographiques, mais elle dirigera, et provoquera même les travaux de ses membres. Elle passera en revue et définira ce qui a déjà été fait en photographie; elle enregistrera tous les faits nouveaux, de façon à former une base solide aux études; elle réunira avec soin toutes les observations importantes, et pour cela elle sollicite la coopération des photographes étrangers, qui n'auront d'autre charge à supporter que le payement de la première mise et de la première année de souscription. L'objet de la Société étant de recueillir et de répandre toutes les informations relatives à l'art photographique, les efforts du Conseil tendront à assurer ce double résultat. Pour plus de commodité et de précision, les travaux seront divisés de façon que, dans une séance, on s'occupe, par exemple, des différents procédés au moyen desquels les épreuves sont obtenues, ou des rapports de la photographie avec le stéréoscope, ou des diverses formes de chambres noires, d'objectifs, des méthodes de tirage, etc., chaque séance étant consacrée à l'un de ces sujets. M. Fenton demande que, pour l'exécution régulière de ce plan, les membres de la Société qui auraient des communications à faire lui en donnent avis d'abord, en lui indiquant le sujet qu'ils se proposent de traiter. Il annonce qu'afin de répandre les enseignements utiles, les extraits les plus importants de toutes les communications, ainsi que l'analyse des discussions, seront imprimés et envoyés aux membres étrangers, autant que les moyens de la Société le permettront. Que les journaux, et particulièrement le *Journal de la Société des Arts*, recevront dès à présent des résumés des séances. La Société se propose aussi d'organiser des expositions périodiques de photographie, et, aussitôt que les fonds nécessaires seront recueillis, on établira un laboratoire et un atelier à l'usage des membres de la Société.

Le Dr Percy lit une note succincte sur l'emploi du papier ciré dans les grandes chaleurs, dans laquelle il rappelle la difficulté que les photographes éprouvaient, dans les brûlantes journées de juillet et d'août, à obtenir des résultats satisfaisants au moyen du papier doté. Pour appuyer ses remarques, il montre plusieurs négatifs qu'il a faits à cette époque par l'un et l'autre procédé. Il préfère l'usage du papier ciré toutes les fois qu'il est nécessaire de conserver le papier longtemps préparé avant de produire l'image et de la développer, et comme exemple il cite une excellente épreuve de M. le vicomte Vigier, obtenue sur un papier préparé depuis un mois. En temps ordinaire et dans les climats tempérés, il pense que le procédé sur papier non ciré est préférable en ce qu'il est plus rapide, exige moins de préparatifs, moins de temps pour le développement de l'image, bien qu'il donne à celle-ci plus de netteté, puisque, dans ce cas, l'impression est produite à la surface du négatif, tandis qu'autrement *elle* pénètre la substance même du papier ciré.

Après la lecture de cette note, une vive discussion s'engage.

M. Vignoles prend la parole. Il présente quelques observations sur les services importants que ce nouvel art est appelé à rendre aux ingénieurs et à ceux qui ont à diriger de grands travaux. Il cite à l'appui de ces observations les épreuves faites par M. Fenton d'après les travaux en cours d'exécution à Kief pour la construction d'un pont suspendu sur le Dnieper, dans lesquelles on peut suivre la marche des travaux et étudier même les moyens employés par les constructeurs.

La séance est levée.

La vente de la belle collection Donner a lieu aujourd'hui à la salle de la rue des Jeûneurs. Nous rendrons compte de cette exposition qu'enrichissent les noms d'Eugène Delacroix, de Diaz, de Géricault et de Roqueplan.

BIBLIOGRAPHIE.

—

EXPOSITION ET HISTOIRE DES PRINCIPALES DÉCOUVERTES SCIENTIFIQUES MODERNES,

PAR LOUIS FIGUIER.

TOME DEUXIÈME.

Planète Le Verrier. — Anesthésie par l'éther et le chloroforme pratiquée en chirurgie.

(*Suite.*)

L'auteur passe ensuite à l'historique de la découverte de la planète Neptune, par M. Le Verrier. Il explique très-bien en quoi cette découverte se distingue de celle des autres planètes, où le hasard a joué un grand rôle. M. Leverrier est un géomètre d'un grand savoir, qui s'est adonné à la confection des tables astronomiques; tâche ingrate mais d'une utilité majeure.

Après avoir fait ses preuves par l'établissement des tables de mercure, M. Arago lui signala l'irrégularité de la marche d'Uranus, comme un sujet digne de ses méditations. On soupçonnait depuis longtemps que les perturbations de cette planète étaient causées par un corps céleste invisible, soit par une planète supérieure; mais ce n'était qu'une conjecture dénuée de preuves.

M. Le Verrier, de son côté, entreprit de résoudre le problème à sa manière, en posant comme inconnus tous les éléments de la planète hypothétique; il en résulta une série de recherches qui exigèrent de lui plusieurs années d'un travail persévérant. Plus tard, en attribuant à la planète troublante une distance qui lui était indiquée par l'analogie et la loi de Bode, il put déterminer la masse, et, par suite, la position approximative de la planète pour un jour donné. C'est alors que, confiant dans ses calculs, il eut la hardiesse de déclarer que ses recherches lui donnaient la certitude de la présence d'une planète; et il annonçait publiquement à l'Académie que sa longitude au 1er janvier 1847 serait de 325°, sans qu'il pût y avoir une erreur de 10° sur cette évaluation.

M. Figuier expose très-bien cette première époque de la découverte; il ne restait plus qu'à en appeler à l'observation, et, pour la faciliter le plus possible, M. Leverrier s'imposa un supplément de travail qui lui donna le nombre 326° 30' au lieu de 325.

En France, où il se produit tant de nouvelles choses, on croit très-peu aux découvertes qui s'écartent de la route ordinaire; il faut satisfaire avant tout notre esprit railleur; d'ailleurs, nous ne sommes pas moins barbares que nos ancêtres envers les pauvres inventeurs, et je suis convaincu que M. Le Verrier, qui lui-même a été méconnu, ne prendrait aucun intérêt à un inventeur qui le détournerait de son occupation favorite.

M. Leverrier fut plus heureux en Allemagne. Peu de jours après avoir pris connaissance des calculs de M. Le Verrier, M. Galle, astronome de Berlin, découvrit la planète, pour ainsi dire à point nommé; car la position de la planète observée ne différa pas de 1° avec celle calculée.

M. Figuier, tout en blâmant l'indifférence des astronomes français, explique comment M. Galle put partager avec M. Leverrier l'honneur de la découverte.

La planète trouvée, il fut question de lui donner un nom : M. Arago insista pour lui donner le nom de M. Le Verrier lui-même; si bien que le volume de la *Connaissance des temps*, qui s'imprima cette année, porta les initiales du nom de M. Le Verrier, pour signe de la nouvelle planète; mais on avait compté sans l'Angleterre qui mit en avant un inventeur et un nom de son cru.

On refusait d'adopter le nom de M. Le Verrier, sous prétexte que la planète découverte par Herschell portait aujourd'hui, du consentement de tout le monde, le nom d'Uranus; le nom de Neptune fut proposé et adopté par esprit de justice. Il fut pendant quelque temps question de l'appeler Minerve, nom très-significatif et bien approprié à la circonstance.

Quant au rival anglais de M. Le Verrier, il a été reconnu depuis que c'était un jeune homme de talent, qui avait entrepris de résoudre le même problème, mais sans arriver à un résultat positif, et encore bien moins à une prévision réalisée.

On verra dans ce volume comment on a voulu faire croire à la disparition de la planète Le Verrier, en jouant sur les mots; heureusement que cette mauvaise querelle n'a été adoptée que par les journaux pour rire; en définitive, il en est resté pour la France une gloire nationale de plus, et le caractère de cette découverte est si élevé, que le génie de M. Le Verrier est de tout point comparable à celui de William Herschell, qui, avec des télescopes gigantesques, construits de ses propres mains, a découvert Uranus dans l'abîme des cieux et révélé ses richesses sidérales.

Le livre se termine par un historique très-étendu et complet de l'application de la vapeur d'éther et du chloroforme à la chirurgie, pour écarter la douleur pendant les opérations jadis si cruelles que nécessite l'exercice de cet art.

Les tableaux raisonnés qui l'accompagnent mettent en évidence la grandeur du bienfait qui en est résulté pour l'humanité.

L'abondance des matériaux échappe à l'analyse. Ce second volume est tout aussi attachant à la lecture que les deux autres, et c'est un grand bonheur pour les sciences qu'elles aient trouvé un interprète de leurs triomphes aussi habile que M. Figuier.

M.-A. GAUDIN,
Calculateur du Bureau des longitudes.

(1) Victor Masson, place de l'Ecole-de-Médecine, 17; — Langlois et Leclercq, rue de la Harpe, 99.

NOUVELLES DIVERSES.

Voici la première partie d'une curieuse liste des monuments qui ont été récemment élevés dans les départements. Nous faisons remarquer qu'il ne s'agit ici que des travaux commencés depuis quelques années. Plus tard, nous aurons à nous occuper d'une statistique monumentale complète de l'empire.

Ain. — Bourg. — Monument de Bichat.
Aisne. — La Ferté-Milon. — Statue de Racine.
Alpes (Hautes-). — Guillestre. — Monument du général Albert.
Ardennes. — Givet. — Monument de Méhul.
Bouches-du-Rhône. — Aix. — Buste de Cuvier.
Calvados. — Caen. — Statue de Laplace.
Id. Condé-sur-Noireau. — Statue de Dumont-Darville.
Charente-Inférieure. — La Rochelle. — Monument Valin.
Cher. — Bourges. — Buste de Bourdaloue, statue de Cujas.
Corrèze. — Brives. — Statue du maréchal Brune.
Corse. — Ajaccio. — Monument de Napoléon.
Côte-d'Or. — Montbard. — Monument à la mémoire de Buffon.
Dordogne. — Périgueux. — Statues de Montaigne et de Fénelon.
Doubs. — Besançon. — Monument du cardinal de Rohan; bustes de Nodier et de Proudhon.
Drôme. — Noyons. — Monument de Philis de La Charce.
Id. Valence. — Monument du général Championnet.
Eure. — Les Andelys. — Monument de Poussin.
Garonne (Haute-). — Toulouse. — Monument commémoratif de la bataille de Toulouse.
Gers. — Lectoure. — Statue du maréchal Lannes.
Gironde. — Bordeaux. — Statue du cardinal Cheverus.
Indre-et-Loire. — Tours. — Statue de René Descartes.
Jura. — Lons-le-Saulnier. — Bustes de Nodier et de Janvier.
Loire (Haute-). — Feurs. — Statue du colonel Combe.
Loire-Inférieure. — Nantes. — Statue de Cambronne.
Loiret. — Malesherbes. — Monument de Mazagran.
Id. Pithiviers. — Buste de Poisson.
Lot. — Cahors. — Statues de Murat et du maréchal duc d'Istrie.
Lot-et-Garonne. — Miramont. — Statue de Martignac.
Lozère. — Mende. — Buste de Chaptal.
Maine-et-Loire. — Angers. — Statue du général Beaurepaire.
Marne (Haute-). — Chaumont. — Statue de Parmentier.
Id. Langres. — Statue de Diderot.
Mayenne. — Mayenne. — Monument du cardinal Cheverus.
Moselle. — Metz. — Statue du maréchal Fabert.
Nord. — Lille. — Monument commémoratif de la défense de 1792.
Id. Dunkerque. — Statue de Jean Bart.
Id. Cambrai. — Statue de l'évêque Belmas.
Oise. — Beauvais. — Statue de Jeanne Hachette.
Puy-de-Dôme. — Clermont-Ferrand. — Statue de Desaix.

Pyrénées (Basses-). — Pau. — Statue de Henri IV.
Rhin (Bas-). — Strasbourg. — Statues de Guttenberg et de Kléber.
Rhône. — Lyon. — Statues de Cleberger et du général Martin, fontaine de la place Saint-Jean.
Seine-et-Oise. — Statue de l'abbé de l'Epée.
Seine-Inférieure. — Dieppe. — Statue de Duquesne.
Id. Le Havre. — Statues de Casimir Delavigne et de Bernardin de Saint-Pierre.
Sèvres (Deux-). — Mauzé. — Monument de René Caillé.
Somme. — Amiens. — Statue de Ducange, buste de Delambre.
Vendée. — Napoléonville. — Monument du général Travot.
Vaucluse. — Orange. — Fontaine monumentale de Raimbaud III.
Yonne. — Auxerre. — Statue en bronze de Fournier.

Alfred Tranchant.

(*Sera continué.*)

On lit dans le *Siècle* :

« Le Musée des Souverains a été ouvert au Louvre, dimanche. Il occupe cinq salles, dont la première, ornée de boiseries du temps de Louis XIII, contient des armures de Henri II, François II, Henri IV, Louis XIII et Louis XIV. Dans la deuxième salle se trouvent d'autres armures, entre autres celle de François Ier, qu'on admirait autrefois au musée d'artillerie. Une chapelle de réception de l'ordre du Saint-Esprit remplit la troisième salle; prie-Dieu, manteaux de chevaliers couverts de flammes brodées en or, tous les objets qui servaient à la réception des chevaliers sont réunis et forment un ensemble d'une richesse et d'un éclat éblouissants. La quatrième salle, dite salle des Bourbons, est fort riche. De nombreuses armoires vitrées renferment une foule d'objets ayant appartenu aux rois de France depuis Chilpéric et Dagobert, entre autres une belle série de livres d'heures et d'autres ouvrages de piété, des épées et d'autres armes, le sceptre et la main de justice de Charlemagne, le fauteuil de Dagobert, la chaise à porteurs de Louis XIV, une carte de géographie dessinée par Louis XVI, les objets que revêtit Charles X le jour de son sacre, le bureau de Louis-Philippe, dans l'état où il fut mis lors de la prise des Tuileries en 1848, etc. La cinquième salle, nommée salle de l'Empereur, est consacrée aux reliques de Napoléon. On remarque, dans le nombre, ses armes, ses habits de cérémonie, la couronne dite de Charlemagne, le costume complet que portait l'Empereur le jour de son sacre, manteau, gants, bas, souliers, etc., le chapeau rond qu'il portait à Sainte-Hélène, le mouchoir dont il se servit à son lit de mort, le drapeau qu'il embrassa à Fontainebleau lors de ses adieux à la garde impériale, etc. »

Il ne sera peut-être pas sans intérêt pour quelques-uns de nos lecteurs d'apprendre qu'un artiste photographe désire céder son établissement, situé dans l'un des meilleurs quartiers de Paris. Ceux de MM. les abonnés qui désireraient de plus amples renseignements peuvent s'adresser, de 9 à 11 heures du matin, au bureau du Journal.

CORRESPONDANCE.

Bruxelles, 15 février 1853.

Monsieur le Rédacteur,

Nous lisons, ici, avec le plus vif intérêt tout ce qui se rapporte aux sciences, aux arts et à l'industrie; c'est assez vous dire que votre estimable journal nous est connu et que nous savons apprécier l'esprit de critique sévère avec lequel M. A.-T. L. rédige ses communications *Académie des sciences*. Votre dernier numéro de samedi 12 courant renferme sous ce titre la description de la machine calorique d'Ericson, telle qu'elle nous est parvenue par le journal américain *le Courrier des Etats-Unis*, et de plus les réclamations de priorité élevées par MM. Franchot et Lemoine, ingénieurs français.

C'est à propos de ces réclamations que je me permets de vous écrire, persuadé que vous voudrez bien donner accès dans vos colonnes à un petit aperçu historique sur une découverte dont l'importance est incalculable. Les premiers ingénieurs qui se soient occupés des machines à air, dites *machines caloriques*, sont MM Parkinson et Crowsley. Le premier est Anglais, le second Américain. La patente anglaise qui constate et décrit leur découverte date de 1833. La machine de ces deux inventeurs était basée sur le principe du déplacement de l'air dans des *chambres de chauffe*, séparées du cylindre moteur. L'air, après son action sur le piston, était refroidi par une injection d'eau avant de rentrer dans les *chambres à déplacement*, où il était de nouveau chauffé pour réagir encore dans le cylindre moteur.

Ce système incomplet ne contenait point le principe de *la récurrence du calorique*. On nomme ainsi l'échange de température entre un courant d'air chaud arrivant au cylindre moteur et un courant d'air refroidi par son expansion sous ce cylindre, et déposant son excès de calorique dans des toiles métalliques. Faute de l'application de ce principe essentiel qui constitue toute l'économie des machines à air, dites *machines caloriques*, l'appareil de MM. Parkinson et Crowsley ne donna que des résultats médiocres, et n'atteignit point le but que ces ingénieurs en attendaient, la dépense en combustible ayant été sensiblement la même que celle des machines à vapeur. Leur appareil avait encore le défaut d'occuper un volume énorme par rapport à la force motrice qu'il engendrait. Son mécanisme était fort compliqué, et les pistons moteurs, n'étant point préservés du contact de l'air chaud par des écrans isolateurs, grippaient sur les parois des cylindres; les graisses destinées à les lubrifier se carbonisaient et la machine s'arrêtait après quelques heures de marche.

En 1834, un ingénieur suédois, M. Ericson (le même dont on s'entretient tant aujourd'hui), prenait en Angleterre une première patente pour une machine calorique *à pistons différentiels*, avec un système d'air chaud et d'air froid, marchant en sens inverse dans des tuyaux cylindriques renfermés l'un dans l'autre, et destinés à opérer l'échange de température entre ces deux courants. Son système, bien qu'incomplet, contenait virtuellement en lui le principe de la récurrence, principe que M. Franchot posait, en 1836, dans le *Journal de l'Académie des arts et de l'industrie*, d'une manière complète et précise, sans connaître d'ailleurs les travaux de l'ingénieur suédois.

La première machine de M. Ericson, construite en Angleterre, en 1835, ne donna que des résultats pratiques médiocres : 1° parce que le système récurrentiel y était incomplet; 2° parce que le piston moteur et les tiroirs exposés, comme dans la machine Parkinson, au contact direct de l'air chaud, grippaient, au lieu de frotter moelleusement, ce qui arrêtait la marche de l'appareil après quelques heures de travail.

Les choses en étaient là, lorsqu'en 1838 M. Franchot prit un brevet pour la machine perfectionnée, dont vous avez entretenu vos lecteurs. En 1840, il sollicitait de l'Académie des sciences un rapport qu'il attend encore aujourd'hui.

Pendant ce temps, M. Parkinson, poursuivant ses premières recherches, prenait avec M. Stirling une patente, en 1842, pour une *machine à déplacement*. Celle-ci différait de la première de MM. Parkinson et Crowsley, par l'addition d'un système de toiles métalliques entre le cylindre déplaceur et le cylindre moteur, faisant office de canal récurrentiel et où le cylindre moteur était préservé de l'action directe de l'air chaud par un écran isolateur. Une machine de la force de trente-cinq chevaux, construite sur ce principe, fonctionna pendant plusieurs années dans une usine de Glascow, avec des résultats très-satisfaisants, comme dépense en combustible. Elle ne dut son insuccès relatif qu'à la complication de son organisme et à la lenteur de ses mouvements, car elle ne pouvait donner que douze à quinze coups de piston à la minute.

Vers la même époque, MM. Codner et Heseltine, ingénieurs anglais, s'entendaient avec M. Franchot pour faire l'essai en Angleterre d'une machine calorique sur le principe que ce dernier avait mis en pratique dans sa machine de 1840. En conséquence, ils construisirent à Bromley, près de Londres, un moteur de la force de huit chevaux, qui donna des résultats excellents au point de vue de l'économie du combustible.

La mort vint interrompre cette association, et M. Franchot, de retour en France, s'associait avec M. Tessié du Motay, jeune ingénieur, inventeur aussi de plusieurs machines à air chaud, dont l'une pouvait marcher à haute pression. Sous leurs efforts combinés, l'organisme de ces nouveaux appareils fut perfectionné, et, certains de l'excellence de leur théorie, ils construisirent un de ces moteurs à air chaud qui, terminé depuis quatre ans, a fonctionné en réunissant en lui toutes les conditions de simplicité, d'économie et de pratique désirables; car il ne brûle qu'un kilogramme de houille par heure et par force de cheval. Leur machine de la force de trois chevaux, placée dans un atelier de Chaillot, près Paris, marchera prochainement devant les commissions scientifiques, qui se proposent enfin de l'examiner. Depuis longtemps, du reste, les résultats obtenus dans les expériences de MM. Franchot et Tessié du Motay auraient été rendus publics, si le cours des travaux de ces deux ingénieurs distingués n'avait été interrompu brusquement par les événements politiques de ces dernières années.

C'est donc bien à eux, et à eux seuls avant tous autres, qu'appartient jusqu'à présent le mérite d'avoir fait marcher les premiers une machine calorique, complète sous tous les rapports; car celle d'Ericson est bien postérieure à la leur, et la critique qu'en a faite le professeur Galy-Cazalat ne laisse aucun doute sur l'exagération des résultats qu'elle aurait donnés, d'après les journaux américains.

Je vous mentionnerai ici, pour mémoire, les machines caloriques faites en 1847, à Rouen, par M. Lemoine, et, à Paris, par M. Liais. D'autres inventeurs surgiront sans doute d'ici à quelque temps, rien d'étonnant à cela. Quand un grand fait doit s'accomplir, il est annoncé longtemps à l'avance et plusieurs hommes, souvent même des générations entières, se vouent à leur insu à sa perpétration. Un phénomène de cet ordre se passe sous nos yeux en ce moment. L'électricité, cette force à peine connue il y a un demi-siècle, n'est-elle pas appelée à bouleverser toute l'économie sociale de ce monde? Chacun de nous a le pressentiment du rôle immense qu'elle est appelée à jouer. Les gouvernements eux-mêmes sont sortis de leur apathie. Le vôtre promet un prix de cinquante mille francs à la personne qui fera connaître la meilleure et la plus économique source d'électricité avec ses applications à l'éclairage, la mécanique, la métallurgie, etc., etc. Il faut lui savoir gré d'être entré dans cette voie, bien qu'il eût mieux fait de suivre en tous points l'exemple donné par celui des Etats-Unis.

Ce gouvernement, en effet, donne annuellement, depuis dix ans, trente mille dollars à M. Page pour qu'il fasse des essais tendant à créer un moteur économique au moyen de l'électro-magnétisme. Son argent n'est pas perdu, car M. Page est déjà arrivé, en appliquant la découverte de Faraday sur l'attraction des hélices traversées par un courant, à construire une locomotive de la force de vingt-quatre chevaux, qui a fonctionné avec un plein succès sur le chemin de fer de Washington à New-York. Il construit aujourd'hui sur le même principe une machine de cent chevaux de force, qui doit être appliquée à un bateau.

Quels sont les capitalistes qui feraient depuis dix ans un pareil sacrifice? Il y a de quoi les effrayer, rien qu'en les y faisant songer. Les gouvernements seuls peuvent faire les frais de ces grandes expériences dont le succès tend à améliorer le sort de l'humanité. Ils devraient lutter d'amour-propre entre eux à qui proposerait et récompenserait le mieux la solution des problèmes les plus utiles. En attendant ce progrès désirable, j'ai dit sincèrement tout ce que je savais sur l'histoire des machines caloriques et suis venu pour ma petite part, et selon les expressions de M. A.-T. L. dans son dernier compte-rendu, *rassurer les inventeurs français sur le sort de leurs découvertes*. — Ce sera, j'espère, un titre de plus à vos yeux, Monsieur le rédacteur, pour excuser la longueur de cette épître.

Je suis, etc. L. Luthereau.

Le Propriétaire-Gérant, Alexis GAUDIN.

Typographie Hennuyer, rue du Boulevard, 7. Batignolles.
Boulevard extérieur de Paris.

TROISIÈME ANNÉE. N° 9. SAMEDI, 26 FÉVRIER 1853.

LA LUMIÈRE

REVUE DE LA PHOTOGRAPHIE.

BEAUX-ARTS. — HÉLIOGRAPHIE. — SCIENCES.

JOURNAL NON POLITIQUE, PARAISSANT LE SAMEDI.

Bureaux, rue de la Perle, 9, à Paris.

ABONNEMENTS.—*Paris*, UN AN, 16 FR.; 6 MOIS, 10 FR.; 3 MOIS, 6 FR.; *Départements*, UN AN, 18 FR.; 6 MOIS, 11 FR.; 3 MOIS, 7 FR.; *Étranger*, UN AN, 20 FR.; 6 MOIS, 12 FR.; 3 MOIS, 8 FR.

Dans le but de faciliter à nos lecteurs les moyens de se procurer la *Lumière*, nous avons cru devoir établir des bureaux d'abonnement :

A la *Librairie Nouvelle*, 15, boulevard des Italiens ;

Au *Cabinet de Lecture*, galerie d'Orléans, 2, Palais-Royal ;

Chez Mlle Legentil, cabinet de lecture, place de la Madeleine ;

Et chez M. Delahaye, rue de Lancry, 37.

On trouvera dans ces succursales des numéros séparés de la *Lumière* (40 c. le numéro).

Nous sommes heureux de voir les journaux français et étrangers reproduire nos articles, mais nous les prions de vouloir bien indiquer la source de ces reproductions; c'est de toute justice.

SOMMAIRE.

LITHOPHOTOGRAPHIE.

NOUVEAUX ESSAIS.

Les nouveaux essais de lithophotographie que nous avons sous les yeux sont, nous devons le dire tout d'abord, infiniment supérieurs comme réussite à ceux que nous avions vus précédemment. Ils indiquent d'importants progrès dans le procédé qu'emploient MM. Lemercier, Lerebours et Barreswil. Du reste on peut voir, par les articles déjà publiés par *la Lumière* à ce sujet, que nous avions prévu ces résultats ; quand trois hommes d'un tel mérite se réunissent, il est impossible que le succès ne réponde pas à leurs efforts. Il leur reste certainement beaucoup à faire encore. Dans les trois épreuves dont se compose la livraison-spécimen que nous avons reçue, et qui représentent l'une le Panthéon, l'autre un intérieur de ferme, et la troisième un fragment d'une des portes de la cathédrale de Chartres, d'après le beau négatif de M. Le Secq, il y a des parties très-faibles ; mais il y en a aussi dont la réussite est très-remarquable et suffit parfaitement pour indiquer à quel degré de perfection la lithophotographie pourra atteindre. *L'intérieur d'une ferme* pourrait certainement passer pour une bonne lithographie. Le dessin en est très-gras, les ombres ont toute leur valeur, et les détails sont très-bien rendus. La vue du Panthéon est moins heureuse. Le dôme, qui est d'une grande netteté et d'un ton très-vigoureux, contraste avec le fronton dont les figures sont à peine dessinées, et surtout avec les premiers plans qui sont confus et à peine indiqués. Il en résulte que la perspective n'existe pas.

Néanmoins, MM. Lemercier, Lerebours et Barreswil doivent se féliciter des résultats qu'ils ont obtenus et des progrès considérables qu'ils ont faits. Ils ont réalisé ce que Nicéphore Niépce avait tenté de faire, lors des premières recherches héliographiques. Leurs travaux vont doter la photographie d'une application nouvelle qui, tout en restant dans le domaine de l'art, a une énorme importance au point de vue de l'industrie.

ACADÉMIE DES SCIENCES.

Election, nomination de M. le maréchal Vaillant.— Mesure de la terre, circonférence du globe terrestre évaluée par Eratosthène 200 ans avant J.-C.— Recherches de quelques dates obscures qui peuvent se conclure de dates vagues inscrites sur des monuments égyptiens. — *M. Biot.*

Élection de M. le maréchal Vaillant. -- L'Académie des sciences a procédé, dans sa séance du 21 février, à l'élection d'un académicien libre en remplacement de M. Héron de Villefosse, décédé.

La liste suivante de candidats avait été présentée par M. le président, dans la séance précédente.

En première ligne et hors rang, M. le maréchal Vaillant; au second rang, *ex æquo*, par ordre alphabétique, MM. Dehayes, Vallée, de Verneuil et Walferdin; MM. Dubois d'Amiens, et Marie, qui s'étaient d'abord présentés, avaient fait connaître à la Commission qu'ils désiraient ne point figurer sur la liste actuelle. MM. Dehayes, de Verneuil, Walferdin, ont annoncé, par lettres, qu'ils retiraient leur candidature.

L'Académie a nommé M. le maréchal Vaillant à la majorité de 54 voix sur 62; M. Vallée a obtenu 5 voix; M. Walferdin, 2; il y avait un bulletin blanc. Cette nomination sera soumise à l'approbation de l'Empereur.

Sur la mesure de la terre attribuée à Ératosthène. — Les anciens ont-ils connu plus ou moins approximativement les dimensions de la terre, et quelles tentatives ont-ils pu faire pour arriver à cette connaissance? Cette question est au nombre des plus célèbres dans l'histoire des sciences, et l'honorable M. Vincent vient de jeter une vive lumière sur sa solution, tant par l'exposé lucide de quelques notes puisées dans un ouvrage posthume de M. Letronne, que par les déductions qu'il en tire avec une remarquable précision.

Suivant le célèbre archéologue [1], les auteurs anciens nous ont conservé le souvenir de cinq déterminations de la circonférence de la terre estimée en stades.

1° Aristote donne, pour la circonférence du globe, 400,000 stades, ce qui fait 1,111 1/9 pour un degré.

2° Archimède, 300,000 stades, soit 833 1/2 pour un degré.

3° Ératosthène, Hipparque, Strabon, donnent 252,000 stades, soit 700 pour un degré.

4° Posidonius, 240,000 stades, soit 666 1/3 pour un degré.

5° Le même auteur donnait, d'après Morin de Tyr et Ptolémée, 180,000 stades ou 500 pour un degré.

D'après ces données, ce ne sont pas, certes, les déterminations qui manquaient à la mesure de la terre ; mais, pour connaître la véritable, ne serait-il pas nécessaire de faire concorder entre elles ces déterminations diverses qui, après tout, ne diffèrent peut-être que par la valeur du stade pris pour unité? Or, de ces cinq déterminations, la troisième, celle d'Ératosthène, est la plus conforme à la mesure de la circonférence de la terre, déterminée et généralement reconnue de nos jours. Ératosthène, célèbre mathématicien, était bibliothécaire d'Alexandrie vers l'an 200 avant J.-C.; on lui donna le nom de cosmographe, d'arpenteur de l'univers, de second Platon. On sera peut-être curieux de connaître par quel moyen il parvint à obtenir cette évaluation, et d'après quel principe fut établie l'opération qui lui servit de base; M. Vincent l'indique comme suit : Au rapport de Cléomède, Ératosthène ayant observé qu'à l'époque du solstice, et à midi, les rayons solaires étaient verticaux sous la latitude de *Syène*, eut l'idée de mesurer à la même époque, et sous la latitude d'*Alexandrie* que l'on croyait placée sous le même méridien que Syène, la longueur de l'ombre d'un gnomon vertical et d'en déduire l'angle que le rayon solaire faisait avec ce gnomon; or, cet angle, égal à celui que faisaient, au centre de la terre, les directions des deux gnomons prolongés, avait ainsi pour mesure l'arc de méridien compris entre les deux lieux ; on trouva que cet arc, dont on connaissait d'ailleurs la longueur directe, égale à 5,000 stades, mesurait un angle égal au 50me de quatre angles droits, d'où il résultait que la circonférence de la terre valait 50 fois 5,000 stades, c'est-à-dire 250,000 stades, nombre que l'on remplaça par 252,000, pour avoir un résultat divisible par 9 et ainsi par 360, ce qui donna 700 stades par chaque degré.

Ce procédé est très-ingénieux en théorie, mais personne n'oserait se confier à un résultat de calcul établi sur de semblables bases ; on ne peut donc arriver à aucune conclusion valable que lorsqu'on connaîtra préalablement la grandeur du stade pris pour unité.

Or, des fragments de Héron d'Alexandrie, récemment publiés dans l'ouvrage cité plus haut, il résulte que le stade d'Ératosthène valait 300 coudées, et qu'en ce qui concerne la coudée, en faisant concourir à la détermination de sa valeur normale, non-seulement les étalons de cette mesure aujourd'hui connus et déposés au Musée du Louvre, mais même la coudée du nilomètre et divers autres éléments, M. Vincent est parvenu à reconnaître que la valeur moyenne de la coudée est de 527 1/2^mm^ ; multipliant par 300, nombre de coudées comprises dans un stade, on a 158^m^ 25 pour la valeur du stade qui, multipliée par 700, donne 110,775^m^ à la valeur du degré ; ce dernier correspondrait, chez les Égyptiens, aux 210,000 coudées indiquées par Ératosthène.

Aujourd'hui, la forme et la dimension de la terre sont mieux connues, grâce à une série de travaux dont la glorieuse initiative appartient à la France ; de savants auteurs ont recueilli tous les documents nouveaux; M. Saijey, entre autres, a publié dans son excellent ouvrage, *la Physique du Globe*, un résumé de ces précieuses observations. C'est en se servant des tables contenues dans ce volume, que M. Vincent est arrivé à ce résultat : que si, à partir du 25e parallèle, on mesure un degré de latitude en marchant vers le nord, et un autre en s'avançant au midi, et qu'on prenne la moyenne des deux résultats, c'est-à-dire, de 110,768^m^ et 110,782^m^, on obtient exactement et rigoureusement 110,775^m^, soit les 210,000 coudées, comme ci-dessus.

Une circonstance très-importante, dont le savant auteur du mémoire croit nécessaire de faire mention, c'est que précisément sous ce 25e parallèle, ou du moins très-près de cette ligne (à une distance de deux minutes), au

[1] *Des recherches critiques, historiques et géographiques sur les fragments d'Héron d'Alexandrie*, par Letronne.

Pyrénées (Basses-). — Pau. — Statue de Henri IV.
Rhin (Bas-). — Strasbourg. — Statues de Guttenberg et de Kléber.
Rhône. — Lyon. — Statues de Cleberger et du général Martin, fontaine de la place Saint-Jean.
Seine-et-Oise. — Statue de l'abbé de l'Epée.
Seine-Inférieure. — Dieppe. — Statue de Duquesne.
Id. Le Havre. — Statues de Casimir Delavigne et de Bernardin de Saint-Pierre.
Sèvres (Deux-). — Mauzé. — Monument de René Caillé.
Somme. — Amiens. — Statue de Ducange, buste de Delambre.
Vendée. — Napoléonville. — Monument du général Travot.
Vaucluse. — Orange. — Fontaine monumentale de Raimbaud III.
Yonne. — Auxerre. — Statue en bronze de Fournier.

Alfred Tranchant.

(*Sera continué.*)

—

On lit dans le *Siècle* :

« Le Musée des Souverains a été ouvert au Louvre, dimanche. Il occupe cinq salles, dont la première, ornée de boiseries du temps de Louis XIII, contient des armures de Henri II, François II, Henri IV, Louis XIII et Louis XIV. Dans la deuxième salle se trouvent d'autres armures, entre autres celle de François Ier, qu'on admirait autrefois au musée d'artillerie. Une chapelle de réception de l'ordre du Saint-Esprit remplit la troisième salle; prie-Dieu, manteaux de chevaliers couverts de flammes brodées en or, tous les objets qui servaient à la réception des chevaliers sont réunis et forment un ensemble d'une richesse et d'un éclat éblouissants. La quatrième salle, dite salle des Bourbons, est fort riche. De nombreuses armoires vitrées renferment une foule d'objets ayant appartenu aux rois de France depuis Chilpéric et Dagobert, entre autres une belle série de livres d'heures et d'autres ouvrages de piété, des épées et d'autres armes, le sceptre et la main de justice de Charlemagne, le fauteuil de Dagobert, la chaise à porteurs de Louis XIV, une carte de géographie dessinée par Louis XVI, les objets que revêtit Charles X le jour de son sacre, le bureau de Louis-Philippe, dans l'état où il fut mis lors de la prise des Tuileries en 1848, etc. La cinquième salle, nommée salle de l'Empereur, est consacrée aux reliques de Napoléon. On remarque, dans le nombre, ses armes, ses habits de cérémonie, la couronne dite de Charlemagne, le costume complet que portait l'Empereur le jour de son sacre, manteau, gants, bas, souliers, etc., le chapeau rond qu'il portait à Sainte-Hélène, le mouchoir dont il se servit à son lit de mort, le drapeau qu'il embrassa à Fontainebleau lors de ses adieux à la garde impériale, etc. »

—

Il ne sera peut-être pas sans intérêt pour quelques-uns de nos lecteurs d'apprendre qu'un artiste photographe désire céder son établissement, situé dans l'un des meilleurs quartiers de Paris. Ceux de MM. les abonnés qui désireraient de plus amples renseignements peuvent s'adresser, de 9 à 11 heures du matin, au bureau du Journal.

—

CORRESPONDANCE.

—

Bruxelles, 15 février 1853.

Monsieur le Rédacteur,

Nous lisons, ici, avec le plus vif intérêt tout ce qui se rapporte aux sciences, aux arts et à l'industrie; c'est assez vous dire que votre estimable journal nous est connu et que nous savons apprécier l'esprit de critique sévère avec lequel M. A.-T. L. rédige ses communications *Académie des sciences.* Votre dernier numéro de samedi 12 courant renferme sous ce titre la description de la machine calorique d'Ericson, telle qu'elle nous est parvenue par le journal américain *le Courrier des Etats-Unis*, et de plus les réclamations de priorité élevées par MM. Franchot et Lemoine, ingénieurs français.

C'est à propos de ces réclamations que je me permets de vous écrire, persuadé que vous voudrez bien donner accès dans vos colonnes à un petit aperçu historique sur une découverte dont l'importance est incalculable. Les premiers ingénieurs qui se soient occupés des machines à air, dites *machines caloriques*, sont MM. Parkinson et Crowsley. Le premier est Anglais, le second Américain. La patente anglaise qui constate et décrit leur découverte date de 1833. La machine de ces deux inventeurs était basée sur le principe du déplacement de l'air dans des *chambres de chauffe*, séparées du cylindre moteur. L'air, après son action sur le piston, était refroidi par une injection d'eau avant de rentrer dans les *chambres à déplacement*, où il était de nouveau chauffé pour réagir encore dans le cylindre moteur.

Ce système incomplet ne contenait point le principe de *la récurrence du calorique.* On nomme ainsi l'échange de température entre un courant d'air chaud arrivant au cylindre moteur et un courant d'air refroidi par son expansion sous ce cylindre, et déposant son excès de calorique dans des toiles métalliques. Faute de l'application de ce principe essentiel qui constitue toute l'économie des machines à air, dites *machines caloriques*, l'appareil de MM. Parkinson et Crowsley ne donna que des résultats médiocres, et n'atteignit point le but que ces ingénieurs en attendaient, la dépense en combustible ayant été sensiblement la même que celle des machines à vapeur. Leur appareil avait encore le défaut d'occuper un volume énorme par rapport à la force motrice qu'il engendrait. Son mécanisme était fort compliqué, et les pistons moteurs, n'étant point préservés du contact de l'air chaud par des écrans isolateurs, grippaient sur les parois des cylindres; les graisses destinées à les lubrifier se carbonisaient et la machine s'arrêtait après quelques heures de marche.

En 1834, un ingénieur suédois, M. Ericson (le même dont on s'entretient tant aujourd'hui), prenait en Angleterre une première patente pour une machine calorique *à pistons différentiels*, avec un système d'air chaud et d'air froid, marchant en sens inverse dans des tuyaux cylindriques renfermés l'un dans l'autre, et destinés à opérer l'échange de température entre ces deux courants. Son système, bien qu'incomplet, contenait virtuellement en lui le principe de la récurrence, principe que M. Franchot posait, en 1836, dans le *Journal de l'Académie des arts et de l'industrie*, d'une manière complète et précise, sans connaître d'ailleurs les travaux de l'ingénieur suédois.

La première machine de M. Ericson, construite en Angleterre, en 1833, ne donna que des résultats pratiques médiocres : 1° parce que le système récurrent el y était incomplet; 2° parce que le piston moteur et les tiroirs exposés, comme dans la machine Parkinson, au contact direct de l'air chaud, grippaient, au lieu de frotter moelleusement, ce qui arrêtait la marche de l'appareil après quelques heures de travail.

Les choses en étaient là, lorsqu'en 1838 M. Franchot prit un brevet pour la machine perfectionnée, dont vous avez entretenu vos lecteurs. En 1840, il sollicitait de l'Académie des sciences un rapport qu'il attend encore aujourd'hui.

Pendant ce temps, M. Parkinson, poursuivant ses premières recherches, prenait avec M. Stirling une patente, en 1842, pour une *machine à déplacement.* Celle-ci différait de la première de MM. Parkinson et Crowsley, par l'addition d'un système de toiles métalliques entre le cylindre déplaceur et le cylindre moteur, faisant office de canal récurrentiel et où le cylindre moteur était préservé de l'action directe de l'air chaud par un écran isolateur. Une machine de la force de trente-cinq chevaux, construite sur ce principe, fonctionna pendant plusieurs années dans une usine de Glascow, avec des résultats très-satisfaisants, comme dépense en combustible. Elle ne dut son insuccès relatif qu'à la complication de son organisme et à la lenteur de ses mouvements, car elle ne pouvait donner que douze à quinze coups de piston à la minute.

Vers la même époque, MM. Codner et Heseltine, ingénieurs anglais, s'entendaient avec M. Franchot pour faire l'essai en Angleterre d'une machine calorique sur le principe que ce dernier avait mis en pratique dans sa machine de 1840. En conséquence, ils construisirent à Bromley, près de Londres, un moteur de la force de huit chevaux, qui donna des résultats excellents au point de vue de l'économie du combustible.

La mort vint interrompre cette association, et M. Franchot, de retour en France, s'associait avec M. Tessié du Motay, jeune ingénieur, inventeur aussi de plusieurs machines à air chaud, dont l'une pouvait marcher à haute pression. Sous leurs efforts combinés, l'organisme de ces nouveaux appareils fut perfectionné, et, certains de l'excellence de leur théorie, ils construisirent un de ces moteurs à air chaud qui, terminé depuis quatre ans, a fonctionné en réunissant en lui toutes les conditions de simplicité, d'économie et de pratique désirables; car il ne brûle qu'un kilogramme de houille par heure et par force de cheval. Leur machine de la force de trois chevaux, placée dans un atelier de Chaillot, près Paris, marchera prochainement devant les commissions scientifiques, qui se proposent enfin de l'examiner. Depuis longtemps, du reste, les résultats obtenus dans les expériences de MM. Franchot et Tessié du Motay auraient été rendus publics, si le cours des travaux de ces deux ingénieurs distingués n'avait été interrompu brusquement par les événements politiques de ces dernières années.

C'est donc bien à eux, et à eux seuls avant tous autres, qu'appartient jusqu'à présent le mérite d'avoir fait marcher les premiers une machine calorique, complète sous tous les rapports; car celle d'Ericson est bien postérieure à la leur, et la critique qu'en a faite le professeur Galy-Cazalat ne laisse aucun doute sur l'exagération des résultats qu'elle aurait donnés, d'après les journaux américains.

Je vous mentionnerai ici, pour mémoire, les machines caloriques faites en 1847, à Rouen, par M. Lemoine, et, à Paris, par M. Liais. D'autres inventeurs surgiront sans doute d'ici à quelque temps, rien d'étonnant à cela. Quand un grand fait doit s'accomplir, il est annoncé longtemps à l'avance et plusieurs hommes, souvent même des générations entières, se vouent à leur insu à sa perpétration. Un phénomène de cet ordre se passe sous nos yeux en ce moment. L'électricité, cette force à peine connue il y a un demi-siècle, n'est-elle pas appelée à bouleverser toute l'économie sociale de ce monde? Chacun de nous a le pressentiment du rôle immense qu'elle est appelée à jouer. Les gouvernements eux-mêmes sont sortis de leur apathie. Le vôtre promet un prix de cinquante mille francs à la personne qui fera connaître la meilleure et la plus économique source d'électricité avec ses applications à l'éclairage, la mécanique, la métallurgie, etc., etc. Il faut lui savoir gré d'être entré dans cette voie, bien qu'il eût mieux fait de suivre en tous points l'exemple donné par celui des Etats-Unis.

Ce gouvernement, en effet, donne annuellement, depuis dix ans, trente mille dollars à M. Page pour qu'il fasse des essais tendant à créer un moteur économique au moyen de l'électro-magnétisme. Son argent n'est pas perdu, car M. Page est déjà arrivé, en appliquant la découverte de Faraday sur l'attraction des hélices traversées par un courant, à construire une locomotive de la force de vingt-quatre chevaux, qui a fonctionné avec un plein succès sur le chemin de fer de Washington à New-York. Il construit aujourd'hui sur le même principe une machine de cent chevaux de force, qui doit être appliquée à un bateau.

Quels sont les capitalistes qui feraient depuis dix ans un pareil sacrifice? Il y a de quoi les effrayer, rien qu'en les y faisant songer. Les gouvernements seuls peuvent faire les frais de ces grandes expériences dont le succès tend à améliorer le sort de l'humanité. Ils devraient lutter d'amour-propre entre eux à qui proposerait et récompenserait le mieux la solution des problèmes les plus utiles. En attendant ce progrès désirable, j'ai dit sincèrement tout ce que je savais sur l'histoire des machines caloriques et suis venu pour ma petite part, et selon les expressions de M. A.-T. L. dans son dernier compte-rendu, *rassurer les inventeurs français sur le sort de leurs découvertes.* — Ce sera, j'espère, un titre de plus à vos yeux, Monsieur le rédacteur, pour excuser la longueur de cette épître.

Je suis, etc. L. Luthereau.

Le Propriétaire-Gérant, Alexis GAUDIN.

TYPOGRAPHIE HENNUYER, RUE DU BOULEVARD, 7. BATIGNOLLES. Boulevard extérieur de Paris.

8

TROISIÈME ANNÉE. N° 9. SAMEDI, 26 FÉVRIER 1853.

LA LUMIÈRE

REVUE DE LA PHOTOGRAPHIE.

BEAUX-ARTS. — HÉLIOGRAPHIE. — SCIENCES.

JOURNAL NON POLITIQUE, PARAISSANT LE SAMEDI.

Bureaux, rue de la Perle, 9, à Paris.

ABONNEMENTS.—*Paris*, UN AN, 16 FR.; 6 MOIS, 10 FR.; 3 MOIS, 6 FR.; *Départements*, UN AN, 18 FR.; 6 MOIS, 11 FR.; 3 MOIS, 7 FR.; *Étranger*, UN AN, 20 FR.; 6 MOIS, 12 FR.; 3 MOIS, 8 FR.

Dans le but de faciliter à nos lecteurs les moyens de se procurer la *Lumière*, nous avons cru devoir établir des bureaux d'abonnement :

A la *Librairie Nouvelle*, 15, boulevard des Italiens ;

Au *Cabinet de Lecture*, galerie d'Orléans, 2, Palais-Royal ;

Chez Mlle LEGENTIL, cabinet de lecture, place de la Madeleine ;

Et chez M. DELAHAYE, rue de Lancry, 37.

On trouvera dans ces succursales des numéros séparés de la *Lumière* (40 c. le numéro).

Nous sommes heureux de voir les journaux français et étrangers reproduire nos articles, mais nous les prions de vouloir bien indiquer la source de ces reproductions ; c'est de toute justice.

SOMMAIRE.

LITHOPHOTOGRAPHIE.

NOUVEAUX ESSAIS.

Les nouveaux essais de lithophotographie que nous avons sous les yeux sont, nous devons le dire tout d'abord, infiniment supérieurs comme réussite à ceux que nous avions vus précédemment. Ils indiquent d'importants progrès dans le procédé qu'emploient MM. Lemercier, Lerebours et Barreswil. Du reste on peut voir, par les articles déjà publiés par *la Lumière* à ce sujet, que nous avions prévu ces résultats ; quand trois hommes d'un tel mérite se réunissent, il est impossible que le succès ne réponde pas à leurs efforts. Il leur reste certainement beaucoup à faire encore. Dans les trois épreuves dont se compose la livraison-spécimen que nous avons reçue, et qui représentent l'une le Panthéon, l'autre un intérieur de ferme, et la troisième un fragment d'une des portes de la cathédrale de Chartres, d'après le beau négatif de M. Le Secq, il y a des parties très-faibles ; mais il y en a aussi dont la réussite est très-remarquable et suffit parfaitement pour indiquer à quel degré de perfection la lithophotographie pourra atteindre. *L'intérieur d'une ferme* pourrait certainement passer pour une bonne lithographie. Le dessin en est très-gras, les ombres ont toute leur valeur, et les détails sont très-bien rendus. La vue du Panthéon est moins heureuse. Le dôme, qui est d'une grande netteté et d'un ton très-vigoureux, contraste avec le fronton dont les figures sont à peine dessinées, et surtout avec les premiers plans qui sont confus et à peine indiqués. Il en résulte que la perspective n'existe pas.

Néanmoins, MM. Lemercier, Lerebours et Barreswil doivent se féliciter des résultats qu'ils ont obtenus et des progrès considérables qu'ils ont faits. Ils ont réalisé ce que Nicéphore Niépce avait tenté de faire, lors des premières recherches héliographiques. Leurs travaux vont doter la photographie d'une application nouvelle qui, tout en restant dans le domaine de l'art, a une énorme importance au point de vue de l'industrie.

ACADÉMIE DES SCIENCES.

Election, nomination de M. le maréchal Vaillant. — Mesure de la terre, circonférence du globe terrestre évaluée par Eratosthène 200 ans avant J.-C. — Recherches de quelques dates obscures qui peuvent se conclure de dates vagues inscrites sur des monuments égyptiens. — *M. Biot.*

Élection de M. le maréchal Vaillant. — L'Académie des sciences a procédé, dans sa séance du 21 février, à l'élection d'un académicien libre en remplacement de M. Héron de Villefosse, décédé.

La liste suivante de candidats avait été présentée par M. le président, dans la séance précédente.

En première ligne et hors rang, M. le maréchal Vaillant; au second rang, *ex æquo*, par ordre alphabétique, MM. Dehayes, Vallée, de Verneuil et Walferdin; MM. Dubois d'Amiens, et Marie, qui s'étaient d'abord présentés, avaient fait connaître à la Commission qu'ils désiraient ne point figurer sur la liste actuelle. MM. Dehayes, de Verneuil, Walferdin, ont annoncé, par lettres, qu'ils retiraient leur candidature.

L'Académie a nommé M. le maréchal Vaillant à la majorité de 54 voix sur 62; M. Vallée a obtenu 5 voix; M. Walferdin, 2; il y avait un bulletin blanc. Cette nomination sera soumise à l'approbation de l'Empereur.

Sur la mesure de la terre attribuée à Ératosthène. — Les anciens ont-ils connu plus ou moins approximativement les dimensions de la terre, et quelles tentatives ont-ils pu faire pour arriver à cette connaissance? Cette question est au nombre des plus célèbres dans l'histoire des sciences, et l'honorable M. Vincent vient de jeter une vive lumière sur sa solution, tant par l'exposé lucide de quelques notes puisées dans un ouvrage posthume de M. Letronne, que par les déductions qu'il en tire avec une remarquable précision.

Suivant le célèbre archéologue [1], les auteurs anciens nous ont conservé le souvenir de cinq déterminations de la circonférence de la terre estimée en stades.

1° Aristote donne, pour la circonférence du globe, 400,000 stades, ce qui fait 1,111 1/9 pour un degré.

2° Archimède, 300,000 stades, soit 833 1/2 pour un degré.

3° Ératosthène, Hipparque, Strabon, donnent 252,000 stades, soit 700 pour un degré.

4° Posidonius, 240,000 stades, soit 666 1/3 pour un degré.

5° Le même auteur donnait, d'après Morin de Tyr et Ptolémée, 180,000 stades ou 500 pour un degré.

D'après ces données, ce ne sont pas, certes, les déterminations qui manquaient à la mesure de la terre; mais, pour connaître la véritable, ne serait-il pas nécessaire de faire concorder entre elles ces déterminations diverses qui, après tout, ne diffèrent peut-être que par la valeur du stade pris pour unité? Or, de ces cinq déterminations, la troisième, celle d'Ératosthène, est la plus conforme à la mesure de la circonférence de la terre, déterminée et généralement reconnue de nos jours. Ératosthène, célèbre mathématicien, était bibliothécaire d'Alexandrie vers l'an 200 avant J.-C.; on lui donna le nom de cosmographe, d'arpenteur de l'univers, de second Platon. On sera peut-être curieux de connaître par quel moyen il parvint à obtenir cette évaluation, et d'après quel principe fut établie l'opération qui lui servit de base; M. Vincent l'indique comme suit : Au rapport de Cléomède, Ératosthène ayant observé qu'à l'époque du solstice, et à midi, les rayons solaires étaient verticaux sous la latitude de *Syène*, eut l'idée de mesurer à la même époque, et sous la latitude d'*Alexandrie* que l'on croyait placée sous le même méridien que Syène, la longueur de l'ombre d'un gnomon vertical et d'en déduire l'angle que le rayon solaire faisait avec ce gnomon; or, cet angle, égal à celui que faisaient, au centre de la terre, les directions des deux gnomons prolongés, avait ainsi pour mesure l'arc de méridien compris entre les deux lieux; on trouva que cet arc, dont on connaissait d'ailleurs la longueur directe, égale à 5,000 stades, mesurait un angle égal au 50me de quatre angles droits, d'où il résultait que la circonférence de la terre valait 50 fois 5,000 stades, c'est-à-dire 250,000 stades, nombre que l'on remplaça par 252,000, pour avoir un résultat divisible par 9 et ainsi par 360, ce qui donna 700 stades par chaque degré.

Ce procédé est très-ingénieux en théorie, mais personne n'oserait se confier à un résultat de calcul établi sur de semblables bases; on ne peut donc arriver à aucune conclusion valable que lorsqu'on connaîtra préalablement la grandeur du stade pris pour unité.

Or, des fragments de Héron d'Alexandrie, récemment publiés dans l'ouvrage cité plus haut, il résulte que le stade d'Ératosthène valait 300 coudées, et qu'en ce qui concerne la coudée, en faisant concourir à la détermination de sa valeur normale, non-seulement les étalons de cette mesure aujourd'hui connus et déposés au Musée du Louvre, mais même la coudée du nilomètre et divers autres éléments, M. Vincent est parvenu à reconnaître que la valeur moyenne de la coudée est de 527 1/2^{mm}; multipliant par 300, nombre de coudées comprises dans un stade, on a 158^m 25 pour la valeur du stade qui, multipliée par 700, donne 110,775^m à la valeur du degré; ce dernier correspondrait, chez les Égyptiens, aux 210,000 coudées indiquées par Ératosthène.

Aujourd'hui, la forme et la dimension de la terre sont mieux connues, grâce à une série de travaux dont la glorieuse initiative appartient à la France; de savants auteurs ont recueilli tous les documents nouveaux; M. Saijey, entre autres, a publié dans son excellent ouvrage, *la Physique du Globe*, un résumé de ces précieuses observations. C'est en se servant des tables contenues dans ce volume, que M. Vincent est arrivé à ce résultat : que si, à partir du 25e parallèle, on mesure un degré de latitude en marchant vers le nord, et un autre en s'avançant au midi, et qu'on prenne la moyenne des deux résultats, c'est-à-dire, de 110,768^m et 110,782^m, on obtient exactement et rigoureusement 110,775^m, soit les 210,000 coudées, comme ci-dessus.

Une circonstance très-importante, dont le savant auteur du mémoire croit nécessaire de faire mention, c'est que précisément sous ce 25e parallèle, ou du moins très-près de cette ligne (à une distance de deux minutes), au

[1] *Des recherches critiques, historiques et géographiques sur les fragments d'Héron d'Alexandrie*, par Letronne.

Pyrénées (Basses-). — Pau. — Statue de Henri IV.
Rhin (Bas-). — Strasbourg. — Statues de Guttenberg et de Kléber.
Rhône. — Lyon. — Statues de Cleberger et du général Martin, fontaine de la place Saint-Jean.
Seine-et-Oise. — Statue de l'abbé de l'Epée.
Seine-Inférieure. — Dieppe. — Statue de Duquesne.
Id. Le Havre. — Statues de Casimir Delavigne et de Bernardin de Saint-Pierre.
Sèvres (Deux-). — Mauzé. — Monument de René Caillé.
Somme. — Amiens. — Statue de Ducange, buste de Delambre.
Vendée. — Napoléonville. — Monument du général Travot.
Vaucluse. — Orange. — Fontaine monumentale de Raimbaud III.
Yonne. — Auxerre. - Statue en bronze de Fournier.

Alfred TRANCHANT.
(*Sera continué.*)

—

On lit dans le *Siècle* :

« Le Musée des Souverains a été ouvert au Louvre, dimanche. Il occupe cinq salles, dont la première, ornée de boiseries du temps de Louis XIII, contient des armures de Henri II, François II, Henri IV, Louis XIII et Louis XIV. Dans la deuxième salle se trouvent d'autres armures, entre autres celle de François Ier, qu'on admirait autrefois au musée d'artillerie. Une chapelle de réception de l'ordre du Saint-Esprit remplit la troisième salle ; prie-Dieu, manteaux de chevaliers couverts de flammes brodées en or, tous les objets qui servaient à la réception des chevaliers sont réunis et forment un ensemble d'une richesse et d'un éclat éblouissants. La quatrième salle, dite salle des Bourbons, est fort riche. De nombreuses armoires vitrées renferment une foule d'objets ayant appartenu aux rois de France depuis Chilpéric et Dagobert, entre autres une belle série de livres d'heures et d'autres ouvrages de piété, des épées et d'autres armes, le sceptre et la main de justice de Charlemagne, le fauteuil de Dagobert, la chaise à porteurs de Louis XIV, une carte de géographie dessinée par Louis XVI, les objets que revêtit Charles X le jour de son sacre, le bureau de Louis-Philippe, dans l'état où il fut mis lors de la prise des Tuileries en 1848, etc. La cinquième salle, nommée salle de l'Empereur, est consacrée aux reliques de Napoléon. On remarque, dans le nombre, ses armes, ses habits de cérémonie, la couronne dite de Charlemagne, le costume complet que portait l'Empereur le jour de son sacre, manteau, gants, bas, souliers, etc., le chapeau rond qu'il portait à Sainte-Hélène, le mouchoir dont il se servit à son lit de mort, le drapeau qu'il embrassa à Fontainebleau lors de ses adieux à la garde impériale, etc. »

—

Il ne sera peut-être pas sans intérêt pour quelques-uns de nos lecteurs d'apprendre qu'un artiste photographe désire céder son établissement, situé dans l'un des meilleurs quartiers de Paris. Ceux de MM. les abonnés qui désireraient de plus amples renseignements peuvent s'adresser, de 9 à 11 heures du matin, au bureau du Journal.

—

CORRESPONDANCE.

—

Bruxelles, 15 février 1853.

MONSIEUR LE RÉDACTEUR,

Nous lisons, ici, avec le plus vif intérêt tout ce qui se rapporte aux sciences, aux arts et à l'industrie ; c'est assez vous dire que votre estimable journal nous est connu et que nous savons apprécier l'esprit de critique sévère avec lequel M. A.-T. L. rédige ses communications *Académie des sciences*. Votre dernier numéro de samedi 12 courant renferme sous ce titre la description de la machine calorique d'Ericson, telle qu'elle nous est parvenue par le journal américain *le Courrier des Etats-Unis*, et de plus les réclamations de priorité élevées par MM. Franchot et Lemoine, ingénieurs français.

C'est à propos de ces réclamations que je me permets de vous écrire, persuadé que vous voudrez bien donner accès dans vos colonnes à un petit aperçu historique sur une découverte dont l'importance est incalculable. Les premiers ingénieurs qui se soient occupés des machines à air, dites *machines caloriques*, sont MM. Parkinson et Crowsley. Le premier est Anglais, le second Américain. La patente anglaise qui constate et décrit leur découverte date de 1833. La machine de ces deux inventeurs était basée sur le principe du déplacement de l'air dans des *chambres de chauffe*, séparées du cylindre moteur. L'air, après son action sur le piston, était refroidi par une injection d'eau avant de rentrer dans les *chambres à déplacement*, où il était de nouveau chauffé pour réagir encore dans le cylindre moteur.

Ce système incomplet ne contenait point le principe de *la récurrence du calorique*. On nomme ainsi l'échange de température entre un courant d'air chaud arrivant au cylindre moteur et un courant d'air refroidi par son expansion sous ce cylindre, et déposant son excès de calorique dans des toiles métalliques. Faute de l'application de ce principe essentiel qui constitue toute l'économie des machines à air, dites *machines caloriques*, l'appareil de MM. Parkinson et Crowsley ne donna que des résultats médiocres, et n'atteignit point le but que ces ingénieurs en attendaient, la dépense en combustible ayant été sensiblement la même que celle des machines à vapeur. Leur appareil avait encore le défaut d'occuper un volume énorme par rapport à la force motrice qu'il engendrait. Son mécanisme était fort compliqué, et les pistons moteurs, n'étant point préservés du contact de l'air chaud par des écrans isolateurs, grippaient sur les parois des cylindres ; les graisses destinées à les lubrifier se carbonisaient et la machine s'arrêtait après quelques heures de marche.

En 1834, un ingénieur suédois, M. Ericson (le même dont on s'entretient tant aujourd'hui), prenait en Angleterre une première patente pour une machine calorique à *pistons différentiels*, avec un système d'air chaud et d'air froid, marchant en sens inverse dans des tuyaux cylindriques renfermés l'un dans l'autre, et destinés à opérer l'échange de température entre ces deux courants. Son système, bien qu'incomplet, contenait virtuellement en lui le principe de la récurrence, principe que M. Franchot posait, en 1836, dans le *Journal de l'Académie des arts et de l'industrie*, d'une manière complète et précise, sans connaître d'ailleurs les travaux de l'ingénieur suédois.

La première machine de M. Ericson, construite en Angleterre, en 1835, ne donna que des résultats pratiques médiocres : 1° parce que le système récurrentiel y était incomplet ; 2° parce que le piston moteur et les tiroirs exposés, comme dans la machine Parkinson, au contact direct de l'air chaud, grippaient, au lieu de frotter moelleusement, ce qui arrêtait la marche de l'appareil après quelques heures de travail.

Les choses en étaient là, lorsqu'en 1838 M. Franchot prit un brevet pour la machine perfectionnée, dont vous avez entretenu vos lecteurs. En 1840, il sollicitait de l'Académie des sciences un rapport qu'il attend encore aujourd'hui.

Pendant ce temps, M. Parkinson, poursuivant ses premières recherches, prenait avec M. Stirling une patente, en 1842, pour une *machine à déplacement*. Celle-ci différait de la première de MM. Parkinson et Crowsley, par l'addition d'un système de toiles métalliques entre le cylindre déplaceur et le cylindre moteur, faisant office de canal récurrentiel et où le cylindre moteur était préservé de l'action directe de l'air chaud par un écran isolateur. Une machine de la force de trente-cinq chevaux, construite sur ce principe, fonctionna pendant plusieurs années dans une usine de Glascow, avec des résultats très-satisfaisants, comme dépense en combustible. Elle ne dut son insuccès relatif qu'à la complication de son organisme et à la lenteur de ses mouvements, car elle ne pouvait donner que douze à quinze coups de piston à la minute.

Vers la même époque, MM. Codner et Reseltine, ingénieurs anglais, s'entendaient avec M. Franchot pour faire l'essai en Angleterre d'une machine calorique sur le principe que ce dernier avait mis en pratique dans sa machine de 1840. En conséquence, ils construisirent à Bromley, près de Londres, un moteur de la force de huit chevaux, qui donna des résultats excellents au point de vue de l'économie du combustible.

La mort vint interrompre cette association, et M. Franchot, de retour en France, s'associait avec M. Tessié du Motay, jeune ingénieur, inventeur aussi de plusieurs machines à air chaud, dont l'une pouvait marcher à haute pression. Sous leurs efforts combinés, l'organisme de ces nouveaux appareils fut perfectionné, et, certains de l'excellence de leur théorie, ils construisirent un de ces moteurs à air chaud qui, terminé depuis quatre ans, a fonctionné en réunissant en lui toutes les conditions de simplicité, d'économie et de pratique désirables ; car il ne brûle qu'un kilogramme de houille par heure et par force de cheval. Leur machine de la force de trois chevaux, placée dans un atelier de Chaillot, près Paris, marchera prochainement devant les commissions scientifiques, qui se proposent enfin de l'examiner. Depuis longtemps, du reste, les résultats obtenus dans les expériences de MM. Franchot et Tessié du Motay auraient été rendus publics, si le cours des travaux de ces deux ingénieurs distingués n'avait été interrompu brusquement par les événements politiques de ces dernières années.

C'est donc bien à eux, et à eux seuls avant tous autres, qu'appartient jusqu'à présent le mérite d'avoir fait marcher les premiers une machine calorique, complète sous tous les rapports ; car celle d'Ericson est bien postérieure à la leur, et la critique qu'en a faite le professeur Galy-Cazalat ne laisse aucun doute sur l'exagération des résultats qu'elle aurait donnés, d'après les journaux américains.

Je vous mentionnerai ici, pour mémoire, les machines caloriques faites en 1847, à Rouen, par M. Lemoine, et, à Paris, par M. Liais. D'autres inventeurs surgiront sans doute d'ici à quelque temps, rien d'étonnant à cela. Quand un grand fait doit s'accomplir, il est annoncé longtemps à l'avance et plusieurs hommes, souvent même des générations entières, se vouent à leur insu à sa perpétration. Un phénomène de cet ordre se passe sous nos yeux en ce moment. L'électricité, cette force à peine connue il y a un demi-siècle, n'est-elle pas appelée à bouleverser toute l'économie sociale de ce monde ? Chacun de nous a le pressentiment du rôle immense qu'elle est appelée à jouer. Les gouvernements eux-mêmes sont sortis de leur apathie. Le vôtre promet un prix de cinquante mille francs à la personne qui fera connaître la meilleure et la plus économique source d'électricité avec ses applications à l'éclairage, la mécanique, la métallurgie, etc.. etc. Il faut lui savoir gré d'être entré dans cette voie, bien qu'il eût mieux fait de suivre en tous points l'exemple donné par celui des Etats-Unis.

Ce gouvernement, en effet, donne annuellement, depuis dix ans, trente mille dollars à M. Page pour qu'il fasse des essais tendant à créer un moteur économique au moyen de l'électro-magnétisme. Son argent n'est pas perdu, car M. Page est déjà arrivé, en appliquant la découverte de Faraday sur l'attraction des hélices traversées par un courant, à construire une locomotive de la force de vingt-quatre chevaux, qui a fonctionné avec un plein succès sur le chemin de fer de Washington à New-York. Il construit aujourd'hui sur le même principe une machine de cent chevaux de force, qui doit être appliquée à un bateau.

Quels sont les capitalistes qui feraient depuis dix ans un pareil sacrifice ? Il y a de quoi les effrayer, rien qu'en les y faisant songer. Les gouvernements seuls peuvent faire les frais de ces grandes expériences dont le succès tend à améliorer le sort de l'humanité. Ils devraient lutter d'amour-propre entre eux à qui proposerait et récompenserait le mieux la solution des problèmes les plus utiles. En attendant ce progrès désirable, j'ai dit sincèrement tout ce que je savais sur l'histoire des machines caloriques et suis venu pour ma petite part, et selon les expressions de M. A.-T. L. dans son dernier compte-rendu, *rassurer les inventeurs français sur le sort de leurs découvertes*. — Ce sera, j'espère, un titre de plus à vos yeux, Monsieur le rédacteur, pour excuser la longueur de cette épître.

Je suis, etc. L. LUTHEREAU.

Le Propriétaire-Gérant, ALEXIS GAUDIN.

TYPOGRAPHIE HENNUYER, RUE DU BOULEVARD, 7, BATIGNOLLES.
Boulevard extérieur de Paris.

TROISIÈME ANNÉE. N° 9. SAMEDI, 26 FÉVRIER 1853.

LA LUMIÈRE

REVUE DE LA PHOTOGRAPHIE.

BEAUX-ARTS. — HÉLIOGRAPHIE. — SCIENCES.

JOURNAL NON POLITIQUE, PARAISSANT LE SAMEDI.

Bureaux, rue de la Perle, 9, à Paris.

ABONNEMENTS.—*Paris*, UN AN, 16 FR.; 6 MOIS, 10 FR.; 3 MOIS, 6 FR.; *Départements*, UN AN, 18 FR.; 6 MOIS, 11 FR.; 3 MOIS, 7 FR.; *Etranger*, UN AN, 20 FR.; 6 MOIS, 12 FR.; 3 MOIS, 8 FR.

Dans le but de faciliter à nos lecteurs les moyens de se procurer la *Lumière*, nous avons cru devoir établir des bureaux d'abonnement :

A la *Librairie Nouvelle*, 15, boulevard des Italiens;

Au *Cabinet de Lecture*, galerie d'Orléans, 2, Palais-Royal ;

Chez Mlle Legentil, cabinet de lecture, place de la Madeleine ;

Et chez M. Delahaye, rue de Lancry, 37.

On trouvera dans ces succursales des numéros séparés de la *Lumière* (40 c. le numéro).

Nous sommes heureux de voir les journaux français et étrangers reproduire nos articles, mais nous les prions de vouloir bien indiquer la source de ces reproductions; c'est de toute justice.

SOMMAIRE.

LITHOPHOTOGRAPHIE.

NOUVEAUX ESSAIS.

Les nouveaux essais de lithophotographie que nous avons sous les yeux sont, nous devons le dire tout d'abord, infiniment supérieurs comme réussite à ceux que nous avions vus précédemment. Ils indiquent d'importants progrès dans le procédé qu'emploient MM. Lemercier, Lerebours et Barreswil. Du reste on peut voir, par les articles déjà publiés par *la Lumière* à ce sujet, que nous avions prévu ces résultats ; quand trois hommes d'un tel mérite se réunissent, il est impossible que le succès ne réponde pas à leurs efforts. Il leur reste certainement beaucoup à faire encore. Dans les trois épreuves dont se compose la livraison-spécimen que nous avons reçue, et qui représentent l'une le Panthéon, l'autre un intérieur de ferme, et la troisième un fragment d'une des portes de la cathédrale de Chartres, d'après le beau négatif de M. Le Secq, il y a des parties très-faibles; mais il y en a aussi dont la réussite est très-remarquable et suffit parfaitement pour indiquer à quel degré de perfection la lithophotographie pourra atteindre. *L'intérieur d'une ferme* pourrait certainement passer pour une bonne lithographie. Le dessin en est très-gras, les ombres ont toute leur valeur, et les détails sont très-bien rendus. La vue du Panthéon est moins heureuse. Le dôme, qui est d'une grande netteté et d'un ton très-vigoureux, contraste avec le fronton dont les figures sont à peine dessinées, et surtout avec les premiers plans qui sont confus et à peine indiqués. Il en résulte que la perspective n'existe pas.

Néanmoins, MM. Lemercier, Lerebours et Barreswil doivent se féliciter des résultats qu'ils ont obtenus et des progrès considérables qu'ils ont faits. Ils ont réalisé ce que Nicéphore Niépce avait tenté de faire, lors des premières recherches héliographiques. Leurs travaux vont doter la photographie d'une application nouvelle qui, tout en restant dans le domaine de l'art, a une énorme importance au point de vue de l'industrie.

ACADÉMIE DES SCIENCES.

Election, nomination de M. le maréchal Vaillant.— Mesure de la terre, circonférence du globe terrestre évaluée par Eratosthène 200 ans avant J.-C. — Recherches de quelques dates obscures qui peuvent se conclure de dates vagues inscrites sur des monuments égyptiens. — *M. Biot.*

Élection de M. le maréchal Vaillant. — L'Académie des sciences a procédé, dans sa séance du 21 février, à l'élection d'un académicien libre en remplacement de M. Héron de Villefosse, décédé.

La liste suivante de candidats avait été présentée par M. le président, dans la séance précédente.

En première ligne et hors rang, M. le maréchal Vaillant; au second rang, *ex æquo*, par ordre alphabétique, MM. Dehayes, Vallée, de Verneuil et Walferdin; MM. Dubois d'Amiens, et Marie, qui s'étaient d'abord présentés, avaient fait connaître à la Commission qu'ils désiraient ne point figurer sur la liste actuelle. MM. Dehayes, de Verneuil, Walferdin, ont annoncé, par lettres, qu'ils retiraient leur candidature.

L'Académie a nommé M. le maréchal Vaillant à la majorité de 54 voix sur 62; M. Vallée a obtenu 5 voix; M. Walferdin, 2; il y avait un bulletin blanc. Cette nomination sera soumise à l'approbation de l'Empereur.

Sur la mesure de la terre attribuée à Ératosthène. — Les anciens ont-ils connu plus ou moins approximativement les dimensions de la terre, et quelles tentatives ont-ils pu faire pour arriver à cette connaissance? Cette question est au nombre des plus célèbres dans l'histoire des sciences, et l'honorable M. Vincent vient de jeter une vive lumière sur sa solution, tant par l'exposé lucide de quelques notes puisées dans un ouvrage posthume de M. Letronne, que par les déductions qu'il en tire avec une remarquable précision.

Suivant le célèbre archéologue [1], les auteurs anciens nous ont conservé le souvenir de cinq déterminations de la circonférence de la terre estimée en stades.

1° Aristote donne, pour la circonférence du globe, 400,000 stades, ce qui fait 1,111 1/9 pour un degré.

2° Archimède, 300,000 stades, soit 833 1/2 pour un degré.

3° Ératosthène, Hipparque, Strabon, donnent 252,000 stades, soit 700 pour un degré.

4° Posidonius, 240,000 stades, soit 666 1/3 pour un degré.

5° Le même auteur donnait, d'après Morin de Tyr et Ptolémée, 180,000 stades ou 500 pour un degré.

D'après ces données, ce ne sont pas, certes, les déterminations qui manquaient à la mesure de la terre; mais, pour connaître la véritable, ne serait-il pas nécessaire de faire concorder entre elles ces déterminations diverses qui, après tout, ne diffèrent peut-être que par la valeur du stade pris pour unité? Or, de ces cinq déterminations, la troisième, celle d'Ératosthène, est la plus conforme à la mesure de la circonférence de la terre, déterminée et généralement reconnue de nos jours. Ératosthène, célèbre mathématicien, était bibliothécaire d'Alexandrie vers l'an 200 avant J.-C.; on lui donna le nom de cosmographe, d'arpenteur de l'univers, de second Platon. On sera peut-être curieux de connaître par quel moyen il parvint à obtenir cette évaluation, et d'après quel principe fut établie l'opération qui lui servit de base; M. Vincent l'indique comme suit : Au rapport de Cléomède, Ératosthène ayant observé qu'à l'époque du solstice, et à midi, les rayons solaires étaient verticaux sous la latitude de *Syène*, eut l'idée de mesurer à la même époque, et sous la latitude d'*Alexandrie* que l'on croyait placée sous le même méridien que Syène, la longueur de l'ombre d'un gnomon vertical et d'en déduire l'angle que le rayon solaire faisait avec ce gnomon; or, cet angle, égal à celui que faisaient, au centre de la terre, les directions des deux gnomons prolongés, avait ainsi pour mesure l'arc de méridien compris entre les deux lieux ; on trouva que cet arc, dont on connaissait d'ailleurs la longueur directe, égale à 5,000 stades, mesurait un angle égal au 50me de quatre angles droits, d'où il résultait que la circonférence de la terre valait 50 fois 5,000 stades, c'est-à-dire 250,000 stades, nombre que l'on remplaça par 252,000, pour avoir un résultat divisible par 9 et ainsi par 360, ce qui donna 700 stades par chaque degré.

Ce procédé est très-ingénieux en théorie, mais personne n'oserait se confier à un résultat de calcul établi sur de semblables bases ; on ne peut donc arriver à aucune conclusion valable que lorsqu'on connaîtra préalablement la grandeur du stade pris pour unité.

Or, des fragments de Héron d'Alexandrie, récemment publiés dans l'ouvrage cité plus haut, il résulte que le stade d'Ératosthène valait 300 coudées, et qu'en ce qui concerne la coudée, en faisant concourir à la détermination de sa valeur normale, non-seulement les étalons de cette mesure aujourd'hui connus et déposés au Musée du Louvre, mais même la coudée du nilomètre et divers autres éléments, M. Vincent est parvenu à reconnaître que la valeur moyenne de la coudée est de 527 1/2mm; multipliant par 300, nombre de coudées comprises dans un stade, on a 158m 25 pour la valeur du stade qui, multipliée par 700, donne 110,775m à la valeur du degré ; ce dernier correspondrait, chez les Égyptiens, aux 210,000 coudées indiquées par Ératosthène.

Aujourd'hui, la forme et la dimension de la terre sont mieux connues, grâce à une série de travaux dont la glorieuse initiative appartient à la France ; de savants auteurs ont recueilli tous les documents nouveaux; M. Saijey, entre autres, a publié dans son excellent ouvrage, *la Physique du Globe*, un résumé de ces précieuses observations. C'est en se servant des tables contenues dans ce volume, que M. Vincent est arrivé à ce résultat : que si, à partir du 25e parallèle, on mesure un degré de latitude en marchant vers le nord, et un autre en s'avançant au midi, et qu'on prenne la moyenne des deux résultats, c'est-à-dire, de 110,768m et 110,782m, on obtient exactement et rigoureusement 110,775m, soit les 210,000 coudées, comme ci-dessus.

Une circonstance très-importante, dont le savant auteur du mémoire croit nécessaire de faire mention, c'est que précisément sous ce 25e parallèle, ou du moins très-près de cette ligne (à une distance de deux minutes), au

[1] *Des recherches critiques, historiques et géographiques sur les fragments d'Héron d'Alexandrie*, par Letronne.

centre de la haute Egypte, c'est-à-dire de la partie de cette contrée qui paraît avoir été le plus anciennement habitée, se trouve l'ancienne *Apollinopolis magna* (Ἀπόλλωνος πόλις μεγάλη) aujourd'hui Edfou; or, c'est dans cette ville que Champollion découvrit ces scènes astronomiques et cette espèce de calendrier d'où il a pu extraire les hiéroglyphes caractéristiques des saisons, des mois et des jours, dont M. Biot, le célèbre et vénérable doyen de l'Académie, a su tirer dernièrement un si riche parti; il n'y aurait donc aucune invraisemblance à admettre qu'il a existé dans cette ancienne ville, dans les temps les plus reculés, un collége de savants qui y avaient établi un observatoire.

M. Vincent pense cependant qu'il ne faudrait pas attribuer à cette parfaite identité qu'il vient de signaler une confiance indéfinie; les nombres que l'on emploie dans ces calculs ne peuvent être que des approximations: en prenant sept cents coudées pour représenter le degré, les Alexandrins s'en faisaient une idée remarquablement approchée, et aussi approchée que peuvent le permettre les observations modernes les plus exactes; et si, d'un côté, il est incontestable que dans cette étonnante coïncidence une certaine partie, quelque petite qu'on veuille la supposer, peut être justement attribuée à une heureuse rencontre, il n'en est pas moins vrai que, d'un autre côté, c'est encore un de ces cas où l'on est tenté de dire que le hasard est quelquefois intelligent.

Recherche de quelques dates obscures, qui peuvent se conclure de dates vagues inscrites sur des monuments égyptiens, par M. Biot. —Dans son excellent mémoire, M. Vincent cite l'illustre académicien, M. Biot, qui a enrichi la science d'une précieuse découverte sur les dates à assigner aux règnes des rois égyptiens et aux antiques monuments érigés sous leur domination. Il nous a été impossible de donner l'analyse de ce beau travail, et nous ne pouvons, à notre grand regret, en citer que quelques lignes.

M. Biot a rassemblé dans son mémoire une série de faits et de raisonnements qui concourent à prouver que, dans tout l'intervalle de temps qui remonte de Ptolémée jusqu'à une époque très-ancienne, au moins jusqu'à l'an 1780 avant l'ère chrétienne, les jours de son calendrier vague ont coïncidé physiquement avec ceux que l'on désignait aux mêmes instants par les mêmes noms dans toute l'Egypte; de sorte, par exemple, qu'un 1er Thot ou un 1er Mesori de ce calendrier ont été pour les Egyptiens le 1er Thot ou le 1er Mesori actuels, que l'on inscrivait sur les monuments; conséquemment, une date de jour ainsi inscrite étant donnée, si elle est annexée à l'indication d'un phénomène fixé dans l'année julienne ou dans l'année solaire, duquel on puisse déterminer par le calcul astronomique le jour julien propre, et que l'on connaisse historiquement, à 1460 ans près, l'époque du monument où on le trouve noté, laquelle n'est jamais sujette à une incertitude de cet ordre, on pourra assigner le rang absolu de l'année julienne dans laquelle le jour égyptien désigné a coïncidé avec son correspondant julien, *ce qui donnera la date de l'inscription*. Jusqu'à présent, les dates constatées dans les textes hiéroglyphiques avaient échappé aux laborieuses investigations de la science.....

Cette longue suite de souverains qui ont régné pendant tant de siècles sur la haute et basse Egypte, qui l'ont couverte de monuments dont les restes nous étonnent encore par leur grandeur, qui l'ont fertilisée par d'immenses ouvrages d'art, attestant une civilisation très-avancée quand les Grecs étaient encore sauvages, sont maintenant, pour nous, mêlés et confondus entre eux à des époques incertaines dans la nuit des temps.

Mais depuis que le génie inventeur de Champollion nous a ouvert l'intelligence de ces textes hiéroglyphiques, on a constaté indubitablement que les Egyptiens tenaient des registres continus des règnes de leurs rois, soigneusement spécifiés en ans, mois et jours; mais cette preuve ne nous a été donnée que par des débris d'anciens papyrus dont les parcelles ne peuvent se rejoindre, et qui étaient peut-être déjà aussi mutilés au temps de Ptolémée et des autres écrivains grecs, qu'ils le sont aujourd'hui!... Mais les Egyptiens, comme presque toutes les nations orientales soumises au régime despotique, ne comptaient pas les années des règnes de leurs rois à partir d'une ère fixe, de manière à en former une série continue. Ils les comptaient à partir du premier jour de l'année vague où s'était opéré leur avénement; et l'on a pu s'assurer que ce système d'énumération partielle a été employé dans toute l'étendue du Canon des rois de Ptolémée, depuis Nabonassar (26 février 747 avant J.-C.) jusqu'à Antonin (an 120 de J.-C.).

Champollion ayant découvert la notation symbolique de l'année vague égyptienne, on put lire et interpréter les dates de jours et d'années de règnes inscrites sur les monuments les plus anciens; on put concevoir l'espérance de pénétrer dans ce labyrinthe de vieilles dynasties, en trouvant quelques-unes de ces dates qui fussent attachées à la constatation des phénomènes astronomiques, tels que des éclipses, des solstices, des équinoxes, même de simples levers héliaques; particulièrement celui de Syrius, qui leur était d'une extrême importance parce que, dans les temps très-reculés, il leur annonçait la crue du Nil, et que, depuis, il en accompagna toujours la première apparition.

Dès qu'il fut possible d'aborder ce genre de recherches, M. Biot y prit le plus vif intérêt. Il y a maintenant vingt-deux ans, dit-il dans cette note, que Champollion me confia sa mémorable découverte de la notation symbolique des années, des mois, des jours chez les Egyptiens. Je compris aussitôt les concordances qui devrient périodiquement s'opérer entre ce système de notation et l'ordre naturel des saisons ainsi que des travaux agricoles en Egypte, à des époques distantes entre elles de 1505 années solaires vraies. Et dans la séance même où Champollion vint annoncer sa découverte à cette Académie, je présentai, avec son assentiment, un travail, actuellement imprimé dans nos *Mémoires*, dans lequel j'exposais ces rapports, en faisant voir comment les déplacements des phénomènes célestes dans la notation de l'année vague pourraient conduire à constater des dates absolues, si l'on trouvait quelqu'un de ces phénomènes inscrit avec sa date de jour sur les monuments. Parmi les documents que Champollion avait rapportés de son voyage en Egypte, un surtout avait fixé son attention, et par suite la mienne, son intention instinctive lui ayant fait reconnaître un *catalogue de levers d'étoiles noté de quinzaine en quinzaine pour un intervalle de douze mois*. Mais la mort nous ayant enlevé l'OEdipe qui m'aurait expliqué cette énigme, je dus renoncer à en pénétrer le sens. Le zèle de M. de Rougé m'a ramené à cette tâche.

Le vénérable et illustre savant, animé du feu sacré de la science, qui lui fait oublier que vingt-deux années déjà se sont écoulées, comme il vient de le dire lui-même, depuis que l'énigme a été posée; que Champollion, l'OEdipe, si habile et de si regrettable mémoire, a été enlevé à la France depuis le 4 mars 1832, montre du doigt, sur le mur de la salle des séances, la copie du texte reprise sur les lieux par M. Lepsius, copie minutieusement conférée, sous ses yeux, avec les manuscrits originaux de Champollion, par M. Lenormant, qui avait accompagné ce dernier en Egypte; puis, avec cette modestie qui accompagne toujours le véritable génie, il explique en termes clairs et faciles à saisir cette énigme si longtemps cherchée; il détermine enfin les dates absolues qui peuvent se conclure de dates vagues inscrites sur les monuments égyptiens. Le célèbre astronome, qui avait déjà fait faire tant de pas à la science, continue à illustrer son nom en donnant la solution d'un problème qui était resté abondonné, solution due à sa noble et studieuse persévérance et aux travaux infatigables d'une intelligence supérieure, qu'un âge avancé fortifie et présente comme un merveilleux exemple à notre sincère admiration.

A.-T. L.

BEAUX-ARTS.

EXPOSITION DE LA GALERIE BONNET.

Les tableaux qu'on revoit après un certain temps sont comme les amis qu'on retrouve. Le temps a passé entre eux et vous, et leur conversation n'est pas toujours la même; quoique la durée les ait enveloppés de cette couche mélancolique qu'elle met sur toutes choses, c'est vous, souvent, qui avez le plus changé. Vous ne les abordez plus dans le même milieu d'idées. Vous ne les contemplez plus du même regard. Celui-ci vous entraînait dans un mystérieux paysage; mais depuis la première entrevue avec ces bois, tant de feuilles se sont renouvelées à ces chênes, tant de sources se sont taries sous ces ombres, tant d'oiseaux se sont envolés de ces branches, que vous ne retrouvez plus là que des ruines de souvenirs. Cet autre vous présentait une jeune fille souriante. Vous aviez mis une chanson sur ses lèvres; vous l'aimiez pour sa pose naïve et pour ses pieds blancs lavés dans la fontaine. Mais sa chanson a été si souvent dite par d'autres; mais vous êtes si courbé, pendant qu'elle a conservé la douce attitude de ses seize années; mais ces petits pieds ont fait tant de pas ailleurs, et loin de vous; mais, enfin, la jeune tête qui posait devant le peintre autrefois est si probablement endormie sur son oreiller de terre, que vous en voulez presque à cette toile d'être si juvénile, lorsque tout s'est attristé autour de vous. Hélas! il n'y a pas de fleuve qui use et qui emporte plus ses rives que le flot du temps!

Nous ne disons pas cela pour les chefs-d'œuvre. Les vierges de Raphaël seront toujours la jeunesse la plus immortelle et la plus tendre qui ait été créée par une pensée humaine divinisée par le génie. Nous ne disons pas cela pour le magnifique Christ d'Eugène Delacroix, l'astre le plus lumineux de la galerie Bonnet. Nous nous souvenons des contestations qui avaient accueilli, il y a quelques années, cette page de la Passion, ce chant du Dante, cette strophe de Byron, ces drapeaux dans un ciel noir, cette grande croix dominant la grande ville perdue dans la brume, ces chevaux indifférents, devant le divin supplicié, ces pharisiens et ces publicains qui viennent voir si c'est à cause du fils de Marie étendu en croix que l'on respire à Jérusalem une atmosphère de meurtre. Toutes les hésitations de l'admiration ont fini. Un concert unanime de louanges passait hier sous la toile d'Eugène Delacroix.

La *Marphise*, du même maître, avec le beau destrier haussant le cou pour mordiller les branches, et l'esquisse de *la prise de Jérusalem*, attiraient aussi tous les yeux épris des œuvres magistrales.

M. Roqueplan a refait, dans de plus petites proportions, son ravissant tableau des *Cerises*. C'est toujours le même épanouissement de jeunesse et de joie dans Mlle Galley, vêtue de bleu; le même profil, seulement, entrevu de haut, de Mlle Galley, vêtue de noir, et le même philosophe de vingt ans, jetant à pleines mains, du haut de l'arbre, sur ces têtes adorables, son cœur et ses cerises. Cette reproduction est encore charmante, même pour qui se souvient de l'original. M. Roqueplan n'a pas refait, mais on refera sans cesse, d'après lui, pour la grâce des traits, de la démarche et des costumes, *les Béarnaises se rendant au marché*.

Decamps est là, tout entier, dans la spirituelle illustration de la chanson campagnarde: *Quand les canes vont au champ*; et dans une belle page de la Bible, toute trempée dans la fraîcheur du soir des rives du Jourdain, *les Femmes orientales à la fontaine*. Nous envions d'avance l'heureux acquéreur à qui vont échoir ces eaux froides et basses dans la citerne de pierre, cette sorte d'Arabe antique passant sur la route avec son attelage de buffles, et surtout cette jeune mère, tenant aussi harmonieusement son enfant sur ses bras, que sa cruche sur sa tête.

Trois numéros appartiennent à Diaz, c'est dire d'avance qu'ils sont pleins de fraîcheur, d'ondulations et de feuillages mouvementés, et de couleurs délicieusement fondues. Nous nous sommes arrêté aussi devant un Meissonnier que nous ne connaissions pas, et qui vaut tous ses aînés, et devant un Plassan, *le Coin du feu*, qui vaut presque un Meissonnier. M. Théodore Rousseau, avec son *Paysage*, M. Baron, avec son *Peintre dans son atelier*, M. Ziem, avec sa *Vue de Rome*, suffiraient seuls à faire la réputation de cette galerie, où il y a encore un ravissant *Paysage* de Lambinet, dont on prendrait les eaux dans les doigts, et une *Chasse* de Loubon, avec ses chiens descendant une pente rapide, son taillis si balancé de brise, et son vieux château si estompé dans la nue.

On peut juger, par cette analyse incomplète, que la collection Bonnet est des plus remarquables. Espérons que toutes ces belles toiles dispersées se rassembleront encore sous des mains habiles et intelligentes. Nous aurions voulu avoir le temps d'en parler plus au long, car nous suivons avec intérêt, et partout, ce qui se rattache au grand mouvement des arts, et les foules qui obéissent et remuent à un de leurs appels.

HENRI DE LACRETELLE.

Nous commencerons dans notre prochain numéro la publication du cours de chimie appliquée à la photographie, par M. Léon Krafft, chimiste, élève de Gay-Lussac.

LA PHOTOGRAPHIE EN AMÉRIQUE.

Nous recevons la lettre suivante :

Boston, 28 janvier 1853.

Monsieur le Rédacteur,

Les extraits de *la Lumière* que j'ai lus dans la *Photographie journal* m'engagent à vous demander de m'inscrire parmi vos abonnés; permettez-moi de vous dire aussi, monsieur, avec quel intérêt je lis votre journal, et combien je suis reconnaissant, pour ma part, des efforts que vous faites pour soutenir une publication si importante et si instructive pour nous autres photographes.

Pensant qu'ils peuvent avoir quelque intérêt pour vous, je prends la liberté de vous envoyer un portrait sur plaque, de feu Daniel Webster, que j'ai fait d'après nature en 1847, et quelques épreuves photographiques que je vous prie d'accepter, ainsi que l'expression de mes sentiments distingués.

John A. Whipple,
Photographe à Boston, Etats-Unis d'Amérique.

Ainsi que M. Whipple l'avait compris, ces épreuves ont un grand intérêt pour nous, et nous le remercions bien sincèrement de son aimable envoi. Nous pouvons, grâce à lui, juger de ce que font les photographes américains, au premier rang desquels il figure, et du degré de perfection que la photographie a atteint de l'autre côté de l'Atlantique.

Disons d'abord que le portrait de Daniel Webster est une des plus belles épreuves sur plaque que nous ayons vues; il fait honneur à M. Whipple et suffirait pour nous donner une idée de son talent, si nous ne connaissions déjà tout particulièrement son nom. Le célèbre orateur américain, mort il y a quelques mois à peine, revit tout entier dans cette belle plaque qui a une chaleur de ton et une vigueur vraiment remarquables. Le modelé, ferme et accentué, fait admirablement ressortir toute la mâle énergie de cette figure au front vaste et lumineux, creusé par la pensée plus encore que par l'âge, aux pommettes osseuses, à la bouche taillée largement comme pour laisser tomber la parole plus majestueuse et plus sonore; l'œil surtout est rendu avec une rare perfection. Ce regard fixe et droit, que l'ombre épaisse de l'arcade sourcilière rend plus profond, vous frappe et vous pénètre. M. Whipple n'a pas reproduit seulement sur la plaque les traits de son modèle, il lui a pris aussi, pour que l'image fût complète, une partie de son âme et de son génie.

Les autres épreuves sont sur verre, et, nous le croyons du moins, à l'albumine. Nous regrettons que l'artiste n'ait pas indiqué le procédé dont il s'est servi. Elles sont d'une finesse extrême de détail. Trois nous ont semblé d'une exécution très-remarquable : la Douane (Custom House), l'Atheneum Gallery, et le Château. La première surtout, qui a dû être obtenue dans un court espace de temps, puisque plusieurs chevaux s'y trouvent très-nettement reproduits, a droit à tous nos éloges. Les artistes auxquels nous l'avons montrée l'ont appréciée comme nous. Il y a aussi une vue d'hiver, représentant une vieille maison de bois entourée d'arbres décharnés et de broussailles, qui est d'une finesse prodigieuse.

M. Whipple nous permettra cependant de l'engager à choisir des lumières plus favorables et des points de vue plus éloignés. Quelques-unes de ses épreuves manquent d'effet et de perspective. S'il veut bien accepter ce conseil sincère, et ne reproduire un paysage ou un monument que quand ils seront plus largement éclairés, comme il a su le faire pour sa Custom House, par exemple, ses productions seront très-certainement citées parmi les meilleures. Il a assez de talent pour ne vouloir faire que des épreuves parfaites.

Nous terminerons en remerciant de nouveau M. Whipple de l'initiative qu'il a prise en nous offrant ces spécimens; le vif intérêt qu'ils ont excité encouragera, nous l'espérons, quelques-uns de ses compatriotes à l'imiter, et nous ne doutons pas que nos artistes ne se fassent un plaisir de répondre à ces fraternelles avances, en envoyant en Amérique quelques-unes de leurs épreuves. On comprend facilement ce que tous gagneraient à de semblables échanges.

E. Lacan.

STATISTIQUE DE LA PHOTOGRAPHIE.

(12e article.)

Bijouterie fausse. Nous voici arrivé à une partie de notre statistique qui mérite plus d'intérêt que ne semblent en attirer son titre vulgaire et son peu de corrélation avec le daguerréotype. Et pourtant la bijouterie fausse y joue un rôle d'une certaine importance commerciale; mais, avant de l'apprécier, nous devons l'avouer ici, nous avons été entraîné trop loin dans la prodigalité de nos chiffres par notre scrupule exagéré de ne rien omettre, et peut-être avons-nous fatigué l'attention sous l'énumération de minutieux détails, sans lui offrir, en compensation de l'effort que nous exigions d'elle, une de ces solutions larges, complètes, et qui réjouissent l'esprit après un laborieux travail. Une main bienveillante et religieusement amoureuse de l'art a bien voulu nous montrer l'écueil et ces errements. A nous de n'y plus retomber. Aussi, n'est-ce qu'après des recherches consciencieuses, qui expliquent la brusque interruption dans la série de nos articles, que nous nous décidons aujourd'hui à en publier le résultat, plus jaloux que jamais de satisfaire à l'intention la plus difficile et à l'insinuation la plus exigeante.

En daguerréotype, la bijouterie fausse comprend plus particulièrement les broches, les épingles, les bagues, les bracelets, les cassolettes et tout ce qui est susceptible d'offrir un gracieux abri, un riche refuge à une image aimée.

Comme les différents genres d'encadrements en bijouterie se rapprochent tous de la broche, ou plutôt qu'ils ne sont que des soutiens, des ornements ou des prétextes de la broche, nous pourrons restreindre à elle seule tous les détails que comportera la matière.

La broche est une passion du photographe lui-même. Que de fois nous l'avons vu découpant une épreuve parfaitement réussie, prenant avec une minutie enfantine les dimensions de la broche qui devait la contenir, et s'extasiant devant le relief donné à son œuvre! C'est que la broche aussi encadre admirablement l'image, soit qu'elle s'applique au médaillon de cou, à la cassolette ou à d'autres inventions qui naissent chaque jour pour elle.

La broche se compose de quatre parties principales, le demi-jour ou cercle extérieur, la boîte qui soutient ce demi-jour, la queue et le crochet. Les dents découpées qui ont pour mission de retenir le portrait, les charnières et le verre en sont le complément indispensable. Le demi-jour peut y être supprimé et remplacé par des ornements. Il peut, de plus, être détaché de l'œuvre et n'y atteint que peu de points de contact, dont la forme, le nombre et la grâce sont laissés à la fantaisie du fabricant.

La boîte est à réverbère, ou à demi-jour uni, ou à demi-jour gravé, ou à demi-jour festonné.

Le demi-jour très-souvent encore se remplace par des torsades simulées, si l'ornement est ciselé, ouvragé ou uni, il prend naturellement le nom d'ornement riche ou d'ornement simple, suivant la complication du travail ou sa simplicité.

La forme ovale pour la broche est la forme la plus convenable et la plus généralement admise. La queue est en acier doré, les dents découpées sont d'une grande flexibilité, pour assurer, en même temps que la solidité du fixage, la facilité de mouvementer l'image comme on le veut et sans inconvénient. Elles s'appellent plus particulièrement des griffes.

C'est à la photographie sur plaque qu'on demande ordinairement ses plus gracieuses productions pour leur réserver le privilége des encadrements en bijouterie.

Nous allons seulement énumérer les noms que les broches reçoivent dans le commerce et les divisions qu'il établit. Les voici :

Broches dorées ordinaires, ovales et coins ronds, glace demi-fine.

Broches dorées, ornement, glace demi-fine.

Broches dorure fine, ciselées, coins ronds ou ovales, glaces fines.

Broches dorure fine, ouvrantes, à biseaux, glaces fines.

Les dimensions de la broche s'établissent peu par la quantité des lignes que contient l'ovale ou la circonférence. Elles portent sur quatre mesures principales : 15, 18, 21 et 24 lignes. Celles de 18 et de 21 lignes sont les plus vendues, surtout cette dernière, presque exclusivement à toutes les autres. Seulement, nous remarquons que les mesures varient suivant la qualité des compositions ou du métal. Ainsi, il ne se vend principalement en or que des broches de 18 lignes; en doublé d'or, des broches de 18 et de 21 lignes, et en dorure, des broches de 18 et 21 lignes.

Le chiffre atteint, par année, pour les broches, est de cinq mille dans la mesure de 15 lignes et de 21 lignes, et de vingt-cinq mille dans celle de 18 lignes.

La bague propre au daguerréotype est une bague supportant une broche moins compliquée, il est vrai, puisqu'elle n'a plus besoin de queue ni de crochet pour l'assujettir à un point quelconque. Elle ouvre au moyen du mécanisme le plus simple. La broche y est sans demi-jour, ou à demi-jour uni, ciselé, travaillé comme nous venons de le dire. Le corps qui est la bague rentre dans le domaine des bagues, et devient susceptible des formes, des richesses, des ornements, des fantaisies qu'on peut donner à ces dernières.

Les glaces doivent être d'une pureté parfaite pour conserver à l'épreuve toute la netteté et la vérité du portrait.

L'épingle est semblable à la bague, ouvrante comme elle et soutenant aussi une broche dans les mêmes conditions de forme et de travail. Le fond dans la bague et l'épingle est soudé à l'ensemble, ce qui ne donne pas lieu à la nécessité des griffes.

Le bracelet simple est proprement une base, gravée ou non, sur laquelle on a posé une broche et son ensemble complet. Les ornements varient à l'infini. Les bracelets sont à deux charnières, ou s'ouvrent simplement par le mouvement qu'on leur imprime. Ils se prêtent plus aux variations des formes et de l'ouvrage que les épingles et les bagues qui ne peuvent contenir que des miniatures comparées aux images déjà fixées dans le bracelet.

Les médaillons de cou, les cassolettes ne sont que des broches fermées qui s'ouvrent ou à ressort ou à simple charnière.

Les bagues, les médaillons de cou, les bracelets, les cassolettes ne participent que d'un sixième dans le commerce général de la bijouterie fausse. Aussi ne les citons-nous que pour mémoire. Il résulte, comme dernière remarque, que les broches sont faites à la forme des cadres, à l'entourage desquels commencent l'ornementation et le goût du bijoutier.

Cadres en doublé d'or. Les cadres en doublé d'or ont si peu de place dans la vente, que nous ne vous croyons pas obligé à des développements sur cet article. Nous n'avons pas même à en exposer les différentes divisions qui partent d'une *ordonnation* purement conventionnelle, dont le marchand fait son affaire.

Articles en or. Pour ce genre, nous devons être très-sobre de détails. La série d'articles qu'embrassent les modes d'encadrement pour daguerréotype nous contraindrait à des redites au moins fatigantes et inutiles. Aussi renvoyons-nous aux chiffres donnés dans le même modèle pour les broches en or que nous avons comprises dans celles dorées ordinaires et celles dorure fine. Nous agissons de même à l'égard des épingles ouvrantes, des bracelets en or avec médaillons, qu'envers ceux dorés ou en doublé d'or.

Le prochain article nous montrera que si la poésie de l'âme a fait servir d'une manière exquise à ses inspirations chastes et intimes les broches, les médaillons à secret, les bijoux de Parme; les besoins du cœur, à leur tour, ont trouvé leur satisfaction jusque dans les objets d'un usage vulgaire, et que l'épreuve du daguerréotype s'est glissée au porte-cigare du fumeur, comme au carnet de l'homme d'affaires.

J.-D. Du Versay.

On lit dans le *Moniteur* du 21 février :

LAMPES COLORIÉES SUR LES CHEMINS DE FER ANGLAIS.

« Les lumières dont on se sert sur les chemins de fer anglais sont ordinairement de trois couleurs : *rouge*, signifie danger; *vert*, précaution; *blanc* entière sûreté. Quand les trains sont en marche, *blanc* signifie toute sûreté pour la grande vitesse; *vert*, s'avancer doucement; *rouge* s'arrêter complétement.

« Tout le monde sait que la lumière blanche est le résultat de la combinaison de trois couleurs primitives, le rouge, le bleu et le jaune. Si deux d'entre elles sont mélangées et forment une couleur secondaire, avec la troisième couleur primitive le blanc sera obtenu; c'est-à-dire que cette troisième doit être *le complément* des deux couleurs secondaires pour en arriver à ce résultat. Le rouge et le bleu produisent le violet : la couleur complémentaire est le jaune. Le rouge et le jaune forment l'orange : la couleur complémentaire est le bleu. Le bleu et le jaune donnent le vert : la couleur complémentaire est le rouge.

« Ce qu'il y a de curieux sur les chemins de fer, c'est que *le rouge*, qui signifie danger, et *le vert*, précaution, forment ensemble *le blanc*, qui est le signe de la plus entière sûreté. Mais souvent il est difficile de s'y reconnaître; si les rayons d'une lampe verte, comme celles dont on se sert dans les chemins de fer, tombent sur un plan blanc en même temps que ceux d'une lampe rouge à égale distance, les rayons rouges domineront, bien qu'ayant perdu beaucoup de leur force; pour rétablir l'équilibre, il faudra éloigner la lumière rouge, pour permettre aux rayons verts de conserver leur force et obtenir le blanc en équilibrant les deux couleurs.

« Il y a quelques semaines, on fit une expérience sur un chemin de fer avec des lumières rouges et vertes. On plaça un homme au bout d'un tunnel de 400 yards de longueur, et on lui fit faire des signaux *avec les deux lumières ensemble*. L'aiguilleur de l'autre bout, ignorant le but de l'expérience, déclara sans hésiter que la lumière était blanche, et eut beaucoup de peine à croire qu'une lumière rouge et une verte produisaient celle qu'il voyait.

« Il peut arriver, dans une course à toute vitesse, qu'une lumière rouge et une verte frappent à la fois l'œil du chef du train, sans qu'il puisse distinguer leur différente position, à cause des mouvements précipités de la locomotive. Il pourra se baser souvent sur un signal blanc.

« Il est presque certain que les couleurs peu distinctes des signaux, ou le mélange des rayons de différentes lumières, ont été la cause de beaucoup d'accidents sur les chemins de fer; il faut espérer que sous peu les ingénieurs s'occuperont de ces questions, si importantes pour la sûreté publique. »

—

OBSERVATION ET EXPÉRIENCE.

Nous nous permettrons de faire observer qu'il n'y aurait pas lieu, pour MM. les ingénieurs, à de grands frais d'imagination dans cette circonstance. En remplaçant les verres verts par des verres bleus, le mélange (dont la possibilité n'est pas démontrée dans le cas précédent), produira le violet, et non cette teinte neutre que l'on qualifie vulgairement de lumière blanche.

Du reste, il n'est pas nécessaire d'aller sur les chemins de fer anglais pour juger du résultat produit par la superposition d'une lumière verte et d'une lumière rouge. Plaçons sur le verre blanc d'une lanterne un petit carré de verre rouge, et sur sur celui-ci un morceau semblable de verre vert, le résultat *apparent* sera un carré *noir* sur fond blanc. Ce carré noir sera ce que, dans l'article ci-dessus, on nomme *lumière blanche*. En effet, si l'on couvre d'un papier noir le verre de la lanterne, en ménageant une ouverture carrée à l'endroit des verres de couleur, ceux-ci transmettront une lumière neutre et incolore. Sera-ce de la lumière blanche? Non certes! pas plus que dans le second cas ce n'a été du noir. Que sera-ce donc? Ce sera un *gris* résultant du mélange des trois couleurs primitives à une certaine quantité de blanc ou de lumière. Par le journal *la Lumière*, n° 9, 21 février 1852, on peut voir que nous avons répondu, jour pour jour, un an d'avance, à la question posée par le *Moniteur Universel*.

J. ZIEGLER.

—

Le Civilisateur, journal historique, par M. de Lamartine, commence, dans le succès et dans la reconnaissance publique, la seconde année de son existence. Dans ce cadre vaste comme l'histoire, apparaissent, évoquées par une plume de génie, les figures les plus pathétiques et les plus nobles qui aient traversé le monde; les grands hommes, leur persévérance dans le bien, leur vertu dans l'infortune, sont une partie de l'enseignement de Dieu à la terre. Chaque larme versée dans le passé est une des gouttes d'eau du baptême régénérateur de l'avenir. La haute parole de Lamartine a rencontré un auditoire intelligent et enthousiaste, qui a aussi sa part dans cette œuvre de civilisation.

—

LE PHOTOGRAPHE.

ESQUISSE PHYSIOLOGIQUE.

III.

DU PHOTOGRAPHE AMATEUR.

La photographie présentant l'immense avantage de donner des résultats pleins d'intérêt, d'imprévu, de beauté même, sans qu'il soit nécessaire de se livrer préalablement à des études prolongées, à un travail assidu, comme pour les autres arts, les oisifs, les gens qui aiment les succès faciles, ceux qui, arrivés à l'âge où l'on apprend avec peine, sentent le besoin d'occuper leurs loisirs, ceux enfin qui obéissent en esclaves à la mode, soit qu'elle leur impose la coupe d'un habit, l'admiration d'un livre, ou la passion d'un système, et qui s'enthousiasment du nouveau quel qu'il soit, tous ceux-là devaient naturellement s'armer d'un objectif, s'enfermer dans un laboratoire, et se vouer à la photographie. Mais, hélas! en voyant de combien de déceptions elle payait leur zèle, en comptant les kilogrammes de nitrate d'argent et de mercure dépensés en pure perte, les jours passés sans rien obtenir, le plus grand nombre de ces volontaires de la photographie désertèrent avec armes et bagages. D'autres, plus persévérants, continuèrent avec une louable ténacité des expériences qu'ils croyaient chaque jour voir devenir fructueuses, et qui invariablement leur donnaient le même résultat négatif. Quelques-uns continuent encore avec un égal succès. Il y en a qui, se livrant plus particulièrement au portrait, n'ont jamais pu reproduire qu'une oreille, ou un nez, ou un front, et en gardent religieusement l'épreuve pour la montrer avec orgueil. Elle leur a coûté si cher!

On comprend que ce n'est point de ces victimes de l'art que nous nous proposons de parler. Ce sont bien des *amateurs*, ils le prouvent assez, mais on ne saurait les considérer comme des *photographes*, malgré tous les sacrifices qu'ils ont faits pour le devenir.

Le photographe amateur, pour nous, c'est l'homme qui, par amour de l'art, s'est passionné pour la photographie, comme il se serait passionné pour la peinture, la sculpture ou la musique, qui en a fait une étude sérieuse, raisonnée, intelligente, avec la ferme volonté de ne pas lui sacrifier inutilement une partie de son temps et de sa fortune, et qui est arrivé à égaler, sinon à dépasser ceux qui lui ont servi de maîtres.

Il appartient généralement à l'élite de la société. C'est dans les brillantes réunions du grand monde, sous les lambris dorés des plus somptueux hôtels, sous l'ombrage parfumé des plus riches parcs, qu'il vit et qu'il s'inspire. Le jour, on le rencontre aux Champs-Elysées, aux bois, conduisant un magnifique attelage ou montant un cheval de race. Le soir, accoudé sur la balustrade dorée de sa loge, à l'Opéra ou aux Italiens, il écoute avec ravissement les chefs-d'œuvre de Meyerbeer ou de Rossini. On compte parmi les photographes amateurs un duc, plusieurs comtes, vicomtes et barons; des diplomates, de hauts fonctionnaires, des magistrats. Celui-ci a une immense fortune, il porte un grand nom, que les artistes de tous les pays et de tous les genres de talent ont appris à connaître et à vénérer. Il est jeune, on le cite avec raison pour un des hommes les plus distingués de France. Sa vie semble devoir être prise tout entière par les plaisirs et les charmantes servitudes du monde; cependant il passe chaque jour plusieurs heures dans son atelier, et ne le quitte qu'après avoir produit quelques belles épreuves, qu'il offre gracieusement à ceux qui le viennent visiter. Son seuil est accessible à quiconque s'occupe de son art favori. Il montre avec simplicité une riche collection d'épreuves de toute nature, œuvres de ses loisirs, qui feraient honneur aux artistes les plus habiles. Du reste, il ne néglige aucun moyen de bien faire. Aux plus célèbres opticiens, il achète leurs meilleurs objectifs; à ceux qui cherchent et qui découvrent, il achète leurs procédés, quelque prix qu'ils y mettent, ce qui ne l'empêche pas, quand il veut en prendre la peine, de faire lui-même des innovations, des perfectionnements dont il donne le secret à qui veut le lui demander. Il arrive parfois, il faut bien le dire, qu'on le trompe et qu'on lui vend bien cher peu de chose ou même rien du tout : il s'en console, en payant plus cher encore une véritable et utile invention. Il est toujours prêt à encourager ceux qui font laborieusement progresser la photographie, à récompenser leurs travaux, et il sait le faire avec autant de délicatesse que de générosité : Noblesse oblige!

Cet autre possède aussi une grande fortune et un nom que la reconnaissance publique a ennobli. Il a un culte pour tout ce qui touche aux arts, et une bienveillance inépuisable pour les artistes. Sa demeure est un musée. Partout, l'œil s'y arrête sur une œuvre de génie, sur le nom d'un grand maître. Il a vu dans la photographie l'auxiliaire, le complément des autres arts dont elle reproduit les admirables chefs-d'œuvre, pouvant ainsi les multiplier à l'infini, sans leur rien prendre, et il s'est fait photographe. Sachant mieux que personne tout ce qu'il y a d'enseignements dans les œuvres que les artistes d'un autre temps nous ont laissées, il s'est donné la tâche difficile de les reproduire pour les répandre, se faisant ainsi le collaborateur des plus grands noms et des plus beaux génies.

Un troisième, appelé par la nature de ses hautes fonctions à passer plusieurs années de sa vie sous le ciel poétique et lumineux de l'Orient, au bord des mers que les poëtes ont chantées dans toutes les langues, parmi les ruines antiques qui ont inspiré tant de générations d'artistes, a ajouté aux missions politiques dont il était chargé une mission d'un tout autre genre, qui avait bien aussi son utilité : rapporter dans son pays, au moyen de la photographie, tout ce qu'il venait admirer pendant les heures de loisir que la diplomatie lui laissait. C'est ainsi que, mettant à profit les trésors de lumière que le ciel répandait autour de lui, poussant jusqu'à la perfection le procédé qu'il avait adopté dès l'origine, il a su composer cette merveilleuse collection de vues, de fragments, de monuments, que l'on ne peut examiner sans se croire transporté sous le ciel même qui les inonde, depuis tant de siècles, de ses rayons et de sa poésie.

On voit que pour faire de la photographie un passe-temps, une distraction, le *photographe amateur* n'en obtient pas moins des résultats dignes d'envie, à cause surtout de leur utilité.

Dans son atelier, le photographe amateur s'entoure de tout ce qui peut rendre les opérations moins pénibles, et il a raison. Il a ordinairement un préparateur dont il dirige le travail, qui, en son lieu et place, se tache les doigts de nitrate, respire de l'éther ou s'enduit les mains de cire fondue. Du reste, ces fonctions sont très-recherchées, et le subalterne dont il s'agit ne se plaint jamais de sa condition, ce qui prouve surabondamment qu'elle est bonne. Il dit : *nous* avons fait telle chose, *nous* avons acheté tel instrument; il est bien payé, bien chauffé, pas trop surchargé de besogne : en faut-il davantage pour être heureux?

Nous pourrions dire beaucoup encore sur le photographe amateur. Mais ce que nous avons dit nous paraît suffisant pour prouver que, par les services qu'il rend à la photographie, et les encouragements de toute nature qu'il lui donne, il a bien droit à une place dans notre physiologie, comme il a droit aussi à la reconnaissance de tous ceux qui s'intéressent aux progrès de cet art si nouveau et déjà si avancé.

ERNEST LACAN.

Le Propriétaire-Gérant, ALEXIS GAUDIN.

TYPOGRAPHIE HENNUYER, RUE DU BOULEVARD, 7. BATIGNOLLES. Boulevard extérieur de Paris.

TROISIÈME ANNÉE. N° 10. SAMEDI, 5 MARS 1853.

LA LUMIÈRE

REVUE DE LA PHOTOGRAPHIE.

BEAUX-ARTS. — HÉLIOGRAPHIE. — SCIENCES.

JOURNAL NON POLITIQUE, PARAISSANT LE SAMEDI.

Bureaux, rue de la Perle, 9, à Paris.

ABONNEMENTS.—*Paris*, UN AN, 16 FR.; 6 MOIS, 10 FR.; 3 MOIS, 6 FR.; *Départements*, UN AN, 18 FR.; 6 MOIS, 11 FR.; 3 MOIS, 7 FR.; *Etranger*, UN AN, 20 FR.; 6 MOIS, 12 FR.; 3 MOIS, 8 FR.

Dans le but de faciliter à nos lecteurs les moyens de se procurer la *Lumière*, nous avons cru devoir établir des bureaux d'abonnement :

A la *Librairie Nouvelle*, 15, boulevard des Italiens ;

Au *Cabinet de Lecture*, galerie d'Orléans, 2, Palais-Royal ;

Chez Mlle LEGENTIL, cabinet de lecture, place de la Madeleine ;

Et chez M. DELAHAYE, rue de Lancry, 37.

On trouvera dans ces succursales des numéros séparés de la *Lumière* (40 c. le numéro).

Nous sommes heureux de voir les journaux français et étrangers reproduire nos articles, mais nous les prions de vouloir bien indiquer la source de ces reproductions ; c'est de toute justice.

SOMMAIRE.

RECHERCHES PHOTOGRAPHIQUES.

—

DES NÉGATIFS SUR VERRE.

Depuis quelques mois je me suis occupé du tirage des négatifs sur verre pour vues ; ces négatifs, obtenus sur albumine l'été dernier, m'ont tous présenté les mêmes défauts, qui peuvent être évités ou dissimulés, surtout en employant le collodion.

Par exemple, les ciels sont toujours unis et les bords viennent beaucoup plus noirs que le centre.

On est forcé de faire des ciels unis, par l'impossibilité où l'on est de fixer les nuages toujours mobiles ; cependant on pourrait obtenir des ciels dégradés qui feraient autant valoir ces épreuves que les fonds gradués des portraits ; le sentiment de l'espace ou de la profondeur n'existe qu'à ce prix, et il est fort étonnant que les photographes n'aient fait aucune tentative pour donner à leurs épreuves un effet aussi essentiel.

M. Bayard seul a publié un procédé pour meubler le ciel de nuages ; l'idée est excellente, mais il y aura toujours une extrême difficulté à harmoniser ces nuages avec une vue qui leur est étrangère ; il vaudrait mieux, selon moi, opérer de manière à obtenir des ciels dégradés, si l'on emploie l'albumine, et les nuages eux-mêmes si l'on emploie le collodion.

Il suffit d'avoir contemplé les admirables vues de mer de MM. Macaire frères, dans lesquelles les nuages sont rendus avec la dernière perfection, pour se faire une idée de ce que promet le collodion en ce genre : ces superbes épreuves daguerriennes ont tout le charme d'une peinture de grand maître, parce que la perspective aérienne y est complète : si le ciel était uni comme celui qui accompagne invariablement nos vues actuelles, ces épreuves perdraient tout leur charme ; on suivrait toujours avec curiosité le mouvement des vagues, mais on n'aurait plus le sentiment de la profondeur et de l'immensité qui vous saisit en contemplant ces épreuves magiques.

Le ciel, en tout temps, est cinq ou six fois plus éclairé que les objets terrestres du premier plan : si avec l'albumine on ne peut espérer de fixer les nuages, il sera toujours facile d'obtenir l'effet de la voûte du ciel en abaissant peu à peu un écran qui masquera successivement le ciel, en commençant par le haut, puis les lointains ; par ce moyen on obtiendra un ton bien dégradé qui, de plus, empêchera de paraître les stries qui déparent souvent de belles épreuves et forcent de les mettre au rebut.

Ce temps d'abaissement, comme je l'ai déjà dit bien des fois, devra durer cinq ou six fois moins que l'exposition totale ; avec le collodion, qui ne prendra qu'une minute au lieu d'un quart d'heure pour l'exposition totale, il durera dix secondes au plus, et par conséquent les nuages éloignés figureront souvent, et si l'on trouvait le moyen de prendre le ciel avec toute l'ouverture du diaphragme, pendant que l'écran masquerait la vue, puis de prendre la vue avec un petit diaphragme pendant qu'on masquerait le ciel, on aurait un tableau complet avec un ciel pris instantanément. A cause de leur mobilité, les nuages sont toujours mieux rendus avec une grande ouverture qu'avec une petite ; et d'ailleurs l'attention devant être portée sur les objets terrestres, il importe qu'ils soient rendus sans sécheresse.

Pour obvier à l'excès de lumière qui tombe sur le milieu de la plaque, avec n'importe quel objectif, il serait utile aussi de tenir pendant un certain temps, en face de l'objectif, un disque en velours auquel on ferait subir un mouvement continuel de va-et-vient pour dissimuler sa trace : ceci n'est applicable qu'à l'albumine, car cet excès de lumière peut être évalué tout au plus au dixième du temps d'exposition totale ; si l'on avait soin de masquer le ciel, il est très-probable que cette dernière précaution deviendrait inutile, car il est à peu près certain que cet excédant de lumière vient de la diffusion de la clarté du ciel par l'objectif.

Les ciels unis offrent une certaine difficulté quand on veut en tirer des épreuves ; l'intensité du noir n'y est pas toujours en rapport avec celle de la lumière qui les a formés ; ce noir a une limite qu'il ne dépasse pas et qui n'est jamais impénétrable à la lumière, surtout parce que sa nuance est souvent bleuâtre et laisse par conséquent passer des rayons photogéniques ; c'est pourquoi on masque ordinairement les ciels avec une couche d'encre de Chine très-épaisse ou une feuille de papier.

Ayant éprouvé quelque difficulté à employer ainsi l'encre de Chine, qui est souvent de mauvaise qualité, j'ai dû chercher d'autres moyens d'arriver au même but. J'ai mieux réussi en posant sur le ciel une couche très-mince de vernis à tableau que j'ai enduit de poudre d'argent, de plombagine, de bronze d'Allemagne ou d'or massif, avec une petite touffe de coton, au moment où le vernis commençait à sécher et ne faisait plus que coller aux doigts d'une manière presque insensible. L'argent en feuille ne m'a pas aussi bien réussi.

La poudre d'argent, propre à cet usage, se prépare en versant une solution de nitrate d'argent dans une solution étendue de protosulfate de fer ; si la précipitation n'a pas lieu immédiatement, elle se fait tôt ou tard, et les parcelles d'argent n'en sont que plus lamelleuses.

Ce qui m'a réussi encore mieux est l'emploi d'un vernis jaune, composé avec *de l'eau gommée saturée de chromate de potasse jaune*. Tous les vernis ayant une couleur jaune ou rouge intense jouissent de la propriété d'intercepter les rayons photogéniques ; ils ont de plus l'avantage de pouvoir diminuer les parties trop vigoureuses en les couvrant d'une couche de ces vernis, qui doit dans ce cas être excessivement mince et bien glacé. Une couche de vernis au chromate, qui est assez épaisse pour paraître par transparence d'un jaune pur, comme les cristaux du sel lui-même, produit du blanc parfait sur le papier positif.

Le vernis en couche très-mince, avec poudre d'argent, a l'avantage de produire de l'opacité avec une très-faible épaisseur ; il est préférable aux couches épaisses d'encre de Chine, qui gênent l'application, du papier sur le négatif dans leur voisinage, et rendent les mirages confus ; c'est une imperfection de ce genre qui a attiré mon attention sur ce moyen grossier. J'ai été fort étonné de l'épaisseur de cette application, et l'eau chaude qu'il m'a fallu employer pour l'enlever a fait fendiller l'albumine dans le voisinage du ciel, ce qui a fait apparaître des points noirs étoilés, qu'il n'est pas possible de faire disparaître.

J'ai aussi essayé de noircir les ciels et de colorer les endroits trop vigoureux par des applications successives de nitrate d'argent et des liquides continuateurs après exposition à la lumière ; j'ai déjà obtenu quelques résultats, mais pas assez tranchés pour que je puisse dès aujourd'hui décrire le procédé. Cette méthode me semble devoir être préférable à tout, par la solidité de ses effets et l'absence de toute épaisseur.

M.-A. GAUDIN.

Calculateur au Bureau des Longitudes.

ACADÉMIE DES SCIENCES.

Chemins de fer, nouveau système de traction. — Nouveau générateur de M. Belleville. — Statistique des chemins de fer. — Moyen de repeupler les eaux de la France. — Bancs d'huîtres artificiels.

Chemins de fer, nouveau système de traction ayant pour but d'atténuer les inconvénients attachés à l'emploi des locomotives. — L'emploi des locomotives sur les chemins de fer présente plusieurs inconvénients. M. Louis Figuier, dont les lecteurs de *la Lumière* connaissent déjà l'excellent ouvrage, signale[1] ces inconvénients, que l'on peut classer sous deux titres : 1° défaut de sécurité ; 2° cherté excessive dans le tracé du chemin et le service journalier de la voie.

Quelle que soit l'efficacité des moyens de surveillance établis sur les chemins de fer, quelle que soit la perfection actuellement apportée à la construction des locomotives, l'emploi de ces machines expose à diverses chances d'accidents que l'on ne peut prévenir que dans certaines limites. Quand on voit sur un viaduc élevé une série de wagons remplis de voyageurs voler avec la rapidité de la flèche sur des rails polis comme la glace, on ne peut se

[1] Exposition et histoire des principales découvertes scientifiques modernes, par Louis Figuier, t. III, *Chemins de fer*, chap. V.

défendre d'un sentiment de terreur, en songeant aux catastrophes que peut provoquer le plus faible obstacle rencontré sur la voie. Des événements terribles ont assez démontré que tous les moyens mis en usage ne suffisent pas toujours pour écarter ces dangers. On ne le sait que trop, des centaines de voyageurs peuvent se précipiter par suite d'un déraillement dans les marais de Fampoux. Rien ne peut prévenir encore la rupture de l'essieu d'une locomotive, accident dont l'événement affreux du chemin de fer de Versailles, le 8 mai 1842, offrit un exemple à jamais déplorable.

C'est peu de temps après cette affreuse catastrophe, que M. le baron Séguier soumit à l'Académie des sciences les modèles d'un système de locomotion sur les voies ferrées, dont le dispositif avait pour but principal d'éviter le retour d'un tel sinistre. Le savant académicien, en présentant aujourd'hui un nouveau mémoire, dit, qu'étant alors sous le coup de l'émotion qu'un si douloureux événement venait de causer, il avait recherché, par-dessus tout, le moyen de faire participer la locomotion, par locomotive à vapeur, à la sécurité qu'offrait la locomotive par le système du tube atmosphérique. Il était frappé des avantages que présentait, au point de vue de la fixité du convoi sur la voie, l'attelage du convoi à un piston engagé dans un tube solidement scellé au sol; il proposait d'ajouter aux causes seules de sécurité qu'offre la locomotive par locomotion à vapeur, c'est-à-dire à la solidarité des roues fixées aux essieux, et au parallélisme des essieux, une raison nouvelle de stabilité sur la voie, et il offrait, comme devant obtenir ce surcroît désirable de garantie contre le déraillement, l'addition aux voies ordinaires d'un troisième rail contre lequel les roues motrices de la locomotive, installées horizontalement, prendraient leur point d'appui, à la façon des rouleaux d'un laminoir. Il exposait comment, en puisant dans la résistance même du convoi l'effort nécessaire pour rapprocher les roues motrices contre le rail intermédiaire, l'adoption de ce nouveau système ajouterait aussi l'économie de la traction à la sécurité, puisque alors il n'y aurait plus sur les axes des roues motrices ainsi disposées qu'un frottement proportionnel à la résistance du convoi, c'est-à-dire minimum, tandis que, par le mode ordinaire, le frottement des axes des roues motrices des locomotives, qui ne puisent leur adhérence que dans leur propre masse, reste constamment maximum; ce frottement étant toujours le même, soit que la locomotive demeure sur le sol, soit qu'elle entraîne à sa suite un long convoi. Mais alors les chemins de fer n'avaient pas pris encore l'immense développement qu'ils ont déjà, et qui doit être augmenté encore par les tracés projetés dans tous les pays.

Depuis que les dessins et modèles du nouveau système de traction par laminage ont été présentés à l'Académie, M. le baron Séguier, en étudiant de plus en plus ce système, lui a reconnu des propriétés nouvelles qui lui paraissent dignes de fixer l'attention, par suite de l'économie qu'elles apporteraient dans les frais d'exploitation des lignes ferrées.

D'abord, il est constant, d'après le savant auteur du mémoire, que dans le système de traction par roues horizontales serrées contre un rail intermédiaire par le fait de la résistance même du convoi, les wagons, au point de vue de la sécurité, resteraient toujours liés à la voie, comme dans le système atmosphérique; ensuite, considérant que c'est le poids seul de la locomotive (12,000 kil., qui détermine l'échantillon des rails, ceux-ci pourraient être indubitablement moins forts s'ils n'avaient à supporter que des paires de roues chargées comme le sont généralement toutes celles des wagons : l'expérience a prouvé que lorsqu'il n'a circulé sur les deux chemins de fer de Versailles que des convois de voyageurs remorqués par des locomotives de force moyenne, on a pu se contenter de rails légers; mais que dès qu'on a dû faire passer les locomotives à marchandises du chemin de fer de l'Ouest, il devint nécessaire de consolider la voie de la rive gauche; ces lourdes motrices ont rendu indispensable l'addition d'une cinquième poutrelle aux quatre qui, dans l'origine, avaient été jugées suffisantes pour chaque longueur de rail.

L'énorme poids de la locomotive et de son tender oblige donc de faire usage de rails très-lourds et d'établir des fondations d'une grande solidité, sources de dépenses très-importantes dans l'exécution des chemins de fer, puisque les rails entrent pour une si grande part dans les frais de leur établissement; en outre, dans un convoi ordinaire, la moitié de la force motrice étant employée à traîner la locomotive et son tender, le poids excessif de la machine fait perdre la plus grande partie de la puissance développée par la vapeur.

Ces deux inconvénients sont très-graves, et M. le baron Séguier pense qu'ils seraient en partie atténués par l'adoption du système qu'il propose, la traction par laminage d'un rail intermédiaire serré entre les roues motrices installées dans le plan horizontal, permettant seule de scinder la locomotive en deux, en répartissant sur des travées différentes les cylindres et la chaudière. Ce système offre de très-grands avantages; il éloigne les chances si funestes de déraillement; il amoindrit le frottement des axes moteurs; il permet l'emploi de rails d'un échantillon plus faible; il diminue considérablement les frais d'entretien de la voie, si péniblement ébranlée par le passage des lourdes locomotives; il permettrait de réduire notablement la partie du matériel des chaudières, puisque, suivant les prévisions de l'auteur et par suite de l'adoption de divers moyens, qu'il indique avec une grande clarté dans son mémoire, un seul générateur de vapeur, qui n'aurait besoin que d'un entretien ordinaire, pourrait faire le service de trois moteurs qu'il faut visiter et nettoyer séparément aux stations, et dont on doit maintenir le plus longtemps possible, en pure perte, les chaudières en feu pour éviter les dislocations par retrait métallique qui accompagnent les refroidissements.

Le savant académicien pense que, une fois adopté, le système de traction par laminage débarrassant le problème de la locomotion par adhérence du poids indispensable de la locomotive, permettrait aux esprits ingénieux de s'exercer à la solution d'un générateur léger; et les efforts récemment tentés par M. Belleville, chez M. Gandillot, à la Briche, lui font croire qu'il ne se complait point dans les utopies.

Son but, en faisant la communication dont nous n'avons donné qu'une analyse trop succincte, est d'appeler l'attention des ingénieurs chargés d'étudier les tracés des chemins de fer en pays de montagnes, sur les perfectionnements dont ce genre de locomotion est encore susceptible. Il est convaincu que le cheminement, par la seule adhérence résultant du poids, n'est pas le dernier mot (1) d'un problème dont la bonne solution intéresse à un si juste titre, et sous tant de points de vue divers, l'humanité tout entière.

Le nouveau générateur de M. Belleville, ingénieur civil à Nancy, consiste en un simple serpentin qui n'occupe pas le dixième de la place des autres appareils; il est inexplosible, bien que la vaporisation s'y fasse instantanément.

Un officier de marine, qui vient de l'examiner, en a porté le jugement suivant :

Lorsqu'on envisage, dans ses applications possibles à la marine impériale, l'invention de M. Belleville, ce qui ressort immédiatement de l'examen de son appareil, c'est :

1° La suppression de l'eau dans les chaudières;

2° La suppression du réservoir dans la vapeur;

3° L'économie de 50 pour 100 en moyenne sur le combustible.

Ce nouveau générateur semble appelé à rendre de bien grands services à l'industrie et à la locomotion.

Statistique des chemins de fer. — M. Malinouski, professeur de sciences physiques au Lycée impérial de Dijon, a préparé un grand travail sur la statistique et l'histoire des chemins de fer en France, et dans tous les pays de l'Europe et de l'Amérique. Nous nous empresserons de communiquer à nos lecteurs l'analyse de ces curieux documents aussitôt qu'ils auront été transmis à l'Académie.

Moyens de repeupler les eaux de la France; — bancs d'huîtres artificiels. — M. Coste a lu, dans la séance du 7 février, un long mémoire sur les moyens de repeupler les eaux de la France, dans lequel il rend compte de l'emploi d'un crédit de 30,000 francs que M. le ministre de l'intérieur accorda à MM. Berthot et Detzem, et destiné à créer, près d'Huningue, un établissement de pisciculture. Cet établissement, commencé au mois d'octobre dernier, aura bientôt pris de telles proportions qu'on viendra le visiter comme un modèle et comme la source d'une inépuisable production. Après avoir exposé par quels moyens on est parvenu à recueillir les œufs des poissons, à les rendre féconds, à favoriser leur éclosion, à subvenir à l'alimentation des jeunes poissons, il énumère toutes les difficultés qu'il a fallu vaincre pour obtenir cette ponte et cette fécondation artificielles. Puis il annonce que, dans quatre mois, MM. Berthot et Detzem seront en mesure de faire une première livraison, de tenter une grande expérience. Ils pourront déjà choisir parmi les jeunes poissons provenant des éclosions qui s'opèrent en ce moment, six cent mille saumons ou truites qui seront assez développés pour peupler nos fleuves. Ils commenceront par le Rhône, parce que le saumon n'en fréquente pas les eaux, et que s'ils parviennent à l'y introduire, ils auront donné un des exemples les plus frappants des richesses que l'on doit attendre de l'industrie naissante.

Déjà, quoique la saison soit très-peu avancée, plus d'un million d'œufs de saumon et de truite, dont cent vingt mille ont été fécondés sur les bords du Rhin sont déposés dans les ruisseaux de l'établissement, commencent à y éclore, et, en peu de jours, y seront tous éclos. Puis signalant les bancs artificiels d'huîtres que l'on a formés dans le lac Fusaro, et dont on recueille la progéniture sur des pieux et des fascines, où on la laisse grandir pour la récolter quand elle y est devenue comestible, M. Coste espère qu'imités en grand dans les étangs de Marignan, de Berre, de Thau, etc., ces bancs fourniront avec abondance une espèce d'aliment qui manque complétement aux habitants de la Provence, du Languedoc et du Roussillon.

A propos de ce dernier paragraphe du mémoire de M. Coste, M. Carbonnel a adressé à l'Académie une lettre dans laquelle il réclame pour la France la priorité d'une découverte qui lui appartient de droit. Il rappelle que, le 10 août 1845, M. Bory de Saint-Vincent présenta à l'Académie un mémoire de M. Carbonnel, sur l'huître des côtes de France, l'amélioration des parcs où elle est élevée, et dans lequel il annonce qu'il a acquis la certitude d'établir à volonté des bancs artificiels. Il signale, en outre, le rapport de M. Milne-Edwards, sur la pisciculture, rapport dans lequel le savant zoologiste fait remarquer que deux pauvres et modestes pêcheurs du département des Vosges, Remy et Géhin, ont seuls le mérite d'avoir créé en France une industrie nouvelle, rapport dans lequel sont mentionnés aussi les travaux de M. Carbonnel sur les huîtres et les bancs artificiels d'huîtres. Il ajoute que personne n'a formé des bancs artificiels d'huîtres dans le lac de Fusaro, et qu'on n'y recueille que ce que la nature veut bien produire. Pour parvenir à former ces bancs d'huîtres, l'auteur de la lettre a dû consacrer à cette étude douze années de travaux scientifiques et pratiques à la mer.

A.-T. L.

La vente des objets d'art, meubles, tableaux, dessins, etc., ayant appartenu à Jean Feuchère, le célèbre sculpteur, mort il y a quelques mois, aura lieu les 8, 9 et 10 mars, à l'hôtel des Ventes (rue des Jeûneurs). M. Jules Janin a écrit, pour servir d'introduction au catalogue qui va paraître, un article biographique dont nous sommes heureux de pouvoir reproduire quelques extraits

JEAN FEUCHÈRE.

Jean Feuchère était né à Paris, en 1807, d'un père qui était un habile ciseleur. Comme tous les enfants de cet âge, il eut la chance heureuse de n'être qu'un enfant, au moment où s'accomplissaient les grandes batailles, et de grandir à la douce et pacifique lumière des libertés nouvelles. Toutefois la première jeunesse de Jean Feuchère fut une jeunesse active et laborieuse. Enfant du peuple, il a gagné sa vie, et de très-bonne heure, essayant de deviner, une à une, les leçons que donnent les maîtres. Les leçons étaient rares, les maîtres étaient peu nombreux. M. Blondel et M. Ramey régnaient en ce temps-là, sur toute la ligne des beaux-arts; il fallait vivre, il fallait comprendre, il fallait deviner. Heureusement que cette jeune pensée était active, intelligente et pleine d'audace. Ainsi Jean Feuchère, à parler vrai, n'a pas eu d'autre maître que lui-même, avec un peu de cette facile expérience qui fait de chacun des jours de notre vie un utile enseignement, quand on veut se rendre compte du travail de chaque jour.

(1) Allusion à ces paroles prononcées il y a quinze ans par M. Arago, à la tribune de la Chambre des députés, contre la pensée d'exécuter à la fois, suivant les principes alors en usage, tout le réseau des lignes françaises : « *Les chemins de fer n'ont pas dit leur dernier mot.* »

Evidemment ce jeune homme avait apporté en ce monde le goût, la passion et l'amour des belles choses. Il les sentait, il les devinait, il les aimait; il a su, de bonne heure, où trouver l'exemple, le modèle et les leçons dont il avait besoin; il était déjà un collectionneur, un rêveur, un fantaisiste à vingt-cinq ans! Et non-seulement il voulait tout voir, tout savoir et tout avoir, il voulait aussi tenter toutes choses; il essayait, et l'essai révélait toujours le jugement droit, la main exercée et l'esprit éveillé. Aussi de bonne heure, outre la lime, son gagne-pain, il savait tenir le pinceau du peintre et le crayon du dessinateur; il savait émailler; il savait reconnaître, à des signes certains, les différentes époques des beaux-arts: il était Grec, Romain, Byzantin; il savait sur le bout de ses doigts le flamboyant quatorzième siècle et toute la Renaissance, et si bien la Renaissance, qu'il se mit un jour à exécuter de grands boucliers à la taille des héros d'Homère, et comme on n'en voit guère que dans les mémoires de Benvenuto Cellini, l'artiste florentin.

L'histoire de ces boucliers de la Renaissance, exécutés par Jean Feuchère en grande cachette, est tout à fait digne de l'histoire de Michel-Ange, qui enfouit le *Faune*, et qui fait si bien que Rome entière crie au miracle, pensant avoir reconquis une des merveilles de l'art antique! Devant ces merveilleuses supercheries, il n'y a qu'à s'incliner en admirant!

Dans la vente des dessins de Jean Feuchère, on reverra les dessins originaux de ces boucliers de la Renaissance, exécutés au repoussé par Vechte, d'une ciselure et d'une exécution accomplies, à ce point que la méprise fut universelle! Les plus habiles et les plus savants amateurs de Paris et de l'Allemagne, poussés par leur instinct, reconnurent, dans l'exécution de ces batailles, la main vaillante d'un grand artiste, et, comme ils tenaient à honorer le chef-d'œuvre inconnu, ils le signèrent, dans leur pensée et dans leur estime, des noms les plus célèbres dans la plus grande époque des beaux-arts; ce fut ainsi que l'on attribua ces boucliers au Florentin, qui fut l'artiste favori de François Ier et de Côme de Médicis. Protégée par cette admiration rétrospective, l'œuvre anonyme de Feuchère obtint, dans les ventes les plus difficiles, un succès énorme, et jamais les *Centaures*, jamais les *Lapithes*, jamais les Amazones de toutes les histoires que le poëme raconte, n'occupèrent à un degré pareil de curiosité et d'admiration, la race exigeante et difficile des curieux de belles choses. Que de dissertations, que de descriptions, que de reproches, à propos de cet essai d'un sculpteur inconnu!

Lui cependant, Jean Feuchère, il abandonnait volontiers cette part de la Grèce aux Cellini du seizième siècle, en poursuivant son œuvre commencée: il copiait, il étudiait les maîtres dans l'intervalle où son talent n'était pas occupé par les amateurs des choses nouvelles, vivement conçues et nettement dessinées. Ces amateurs n'étaient rien moins que la manufacture de Sèvres, par exemple, le prince de Demidoff, M. le duc de Luynes [1], et plus d'un orfèvre célèbre, et plus d'un fabricant de bronzes, jaloux d'en finir avec les vieux modèles de l'époque impériale, et peu disposés à adopter ce rococo rageur, et ce Louis XV exagéré qui dissimule habilement, dans la torture et dans l'exagération du contourné, l'art absent, et le goût indignement outragé. Ainsi, même sous le rapport *marchand*, le passage de Feuchère sera d'une grande influence sur la production, le goût, le génie et la popularité vigilante de cette portion des beaux-arts français qui s'attache aux outils de notre luxe intérieur, par exemple une pendule, un candélabre, un lustre, et tout ce qui tient à l'art vulgaire, à l'ornement bourgeois, à l'ustensile, en un mot! Car, si au même prix, je peux avoir une chose élégante, utile et jolie, il me semble que je dois quelque reconnaissance à l'artiste ingénieux qui aura su donner une forme honnête à tant de machines grossières que mon voisin, le nouvellement enrichi, va entasser, sans choix et sans grâce, dans sa maison livrée aux barbares. Il a beaucoup fait pour tous les honnêtes gens amoureux des belles choses, et trop peu riches pour les payer, ce Jean Feuchère! Il a produit de belles choses à l'usage de tout le monde. Il n'a pas été l'artiste des *cires perdues*, ce luxe royal des honnêtes gens qui poussent le goût à l'extrême; au contraire, il a vulgarisé, tant qu'il l'a pu faire, ses plus charmants modèles. C'est bien triste un exemplaire *unique*, au moins pour ceux qui ne l'ont pas!

Feuchère fut un des nombreux artistes encouragés par M. Thiers, qui lui confia des travaux importants, entre autres le bas-relief de l'arc-de-triomphe de l'Etoile représentant le *Passage du pont d'Arcole*. Au même instant, il tentait, à ses frais, la *Jeanne d'Arc sur le bûcher*, une statue qui est à Rouen, et qui domine la place même où fut ensevelie dans l'injuste et coupable bûcher l'héroïque *Pucelle*.

On a beaucoup loué cette statue de Jeanne d'Arc, même après le chef-d'œuvre de la princesse Marie! On a loué, de ce même Feuchère, le fronton de l'église du Saint-Sacrement, représentant les *Vertus théologales*. — Du fronton sculpté, Feuchère passait facilement et volontiers à la fresque. Ainsi, dans l'église Saint-Paul de la rue Saint-Antoine, il a peint à fresque quatre grandes figures colossales: *Philippe Auguste*, *saint Louis*, *Charlemagne*, le roi *Louis XII*. Au même instant, il tirait de son cerveau reconnaissant l'adorable statuette du Florentin *Benvenuto Cellini*, une œuvre reproduite en plâtre et en bronze, qui est devenue l'ornement obligé des plus beaux salons de Paris! Vous avez vu aussi, du même artiste et de la même main qui traçait naguère des figures de dix-huit pieds, l'adorable portrait du jeune et bel enfant que Mme la duchesse de Sutherland, une des plus belles et des plus grandes dames d'Angleterre, amenait à Paris, il y a quinze ans, comme si elle eût voulu donner, en nous montrant ce petit duc de Strafford, un digne pendant au petit *Lambton*, du grand peintre sir Thomas Lawrence.

Il n'y avait rien que notre artiste n'entreprît d'un grand courage, pour peu qu'il fût pressé par la nécessité de réussir, et, comme cette nécessité s'est présentée toute sa vie, heureusement pour sa gloire et malheureusement pour sa fortune, on peut dire qu'il a réussi en toutes choses. Son *Raphaël assis* est une chose charmante; sa belle statue de la *Renaissance* (hommage du disciple à la souveraine de ses pensées) est un des ornements exquis de la maison de Mme de Rothschild, maison riche en chefs-d'œuvre, où brille, de ses beautés éternelles, ce portrait en robe rose qui sera compté parmi les chefs-d'œuvre de M. Ingres! Et dirait-on que cette exquise *Renaissance* est la sœur de la *Sainte Thérèse* que l'on voit à l'église de la Madeleine?... et dirait-on que ce cheval, destiné à l'ornement du pont d'Iéna, par tout semblable au cheval de Job qui frappe du pied la terre en disant: *Allons!* appartient au maître habile à qui le Prince royal avait commandé ces quatre groupes, d'un fini merveilleux, et qui se sont vendus récemment plus cher que les œuvres de Pradier lui-même? Ce même Jean Feuchère, aux funérailles de l'Empereur, qu'un fils du roi ramenait en triomphe de l'autre bout de l'Océan, avait dessiné, à la Michel-Ange, les douze *Victoires* qui portaient le cercueil héroïque au sommet du char triomphal! C'était une merveille, ces douze Victoires; on en voit le dessin parmi les images de son œuvre, que Feuchère a laissées.

De ce qu'il a fait, cet homme arraché si jeune encore à ces travaux incomplets, on composerait tout un livret de musée! Autant il était sérieux et solennel dans les grandes entreprises, autant il était leste, vif et facile en compositions légères. Qui nous dira le nombre des portraits qu'il a laissés? qui nous dira le titre de ses statuettes: la *Léda*, l'*Amazone*, le *Satan*, l'excellent portrait de Provost qui est à la Comédie-Française, le portrait de Mélingue, un sculpteur lui aussi, et le portrait de sa femme dans tout l'éclat de sa beauté! Il avait, comme tous les artistes sincères, ses heures d'improvisation; il était de ceux-là qui disent à leur œuvre: « Vous irez sans moi dans la ville! Et bon voyage, j'espère au moins ne plus vous voir. » Ainsi congédiés, sans trop de façon, il arrive souvent que ces enfants d'un père prodigue font un plus grand chemin que leur père ne pensait.

S'il avait ses heures d'improvisation, il avait ses années de travail! Je n'en veux pour preuve que cette admirable fontaine en l'honneur de Cuvier, une fontaine florentine où se rencontrent, en un cantique de pierres taillées, les fleurs les plus charmantes et les plantes les plus délicates de la création! C'est un poëme harmonieux de la flore du printemps et de l'automne cette fontaine où se montre, en un relief admirable, la grande image de la Nature, chantée par Lucrèce, expliquée par Buffon et commentée par Cuvier. *Rerum cognoscere causas!* Feuchère disait que cette fontaine était son *Jardin des Plantes*, et son désir était si grand de se montrer digne d'entreprendre une pareille œuvre, qu'il étudia, au préalable, tout ce qui lui pouvait enseigner les mystères de l'histoire naturelle! On le vit, pendant toute une année, assister aux leçons des plus habiles professeurs, et pas un ne se douta de ce que venait faire, en ce lieu, cet homme au regard intelligent. Il voulait apprendre les paroles du cantique dont il savait si bien le refrain. « *Numeros memini... si verba tenerem!* »

Mais enfin le voilà mort à quarante-quatre ans! Si jeune encore, la main terrible de l'anéantissement s'est posée sur cette tête où le travail, l'inquiétude, la pauvreté et les passions avaient laissé leur cachet ineffaçable. Il est mort! A travers cette tombe à peine fermée, on pourrait entendre les gémissements, les regrets et les inquiétudes du père de famille qui n'a pas eu le temps de songer à loisir à ceux qui restent après lui! Il est mort, et comme il arrive d'ordinaire à ces enthousiastes de la forme, à ces fanatiques de la beauté idéale, à ces abandonnés de la bonne déesse de la Prudence, à peine s'il a laissé de quoi suffire à ses modestes funérailles.

Heureusement encore que cet homme avait des passions, et entre autres passions, une curiosité ardente, une recherche incessante pour toutes les belles choses qui flattaient son talent et charmaient sa manie!

Eh bien! les collections de Jean Feuchère, son unique et sa dernière fortune, recueillies et mises en ordre par les soins de ses amis, qui se sont constitués les exécuteurs testamentaires de ce grand artiste qui n'a pas fait de testament, M. le comte Léon de La Borde, le digne président de cette bonne œuvre qui ne pouvait pas espérer un meilleur patronage, MM. Emile Wattier, Marin Lavigne, Raffet, Daumier, Dromont, Tourillon, Meyer, de la manufacture de Sèvres, Provost, de la Comédie-Française, Bressant, Solié, Soitou, le meilleur élève de Feuchère; MM. Vittoz, Armand Feuchère, Victor Paillard, au nom des fabricants de bronze, et Froment-Meurice, au nom de tous les orfèvres, qui n'avait pas de plus fidèle et de plus dévoué collaborateur, les uns et les autres, au nom de ce talent, de ce travail, de cette mort précoce et de cette renommée qui ne peut que grandir, font un appel sérieux à tous les amis des beaux-arts, et leur proposent de se partager les dépouilles de Jean Feuchère, ses ébauches, ses dessins [1], ses œuvres accomplies, son atelier, son cabinet, ses portefeuilles, ses collections! Le voilà en bloc, divisons-le, et que chacun de nous, plutôt selon son zèle que selon sa fortune, emporte un souvenir de cet esprit qui brillait par tant de qualités essentielles au milieu de ces nuages que la mort sait dissiper de son souffle tout-puissant.

Le seul catalogue de cette vente, disposé par les bons soins de MM. Emile Wattier (pour les objets d'art), et Marin Lavigne (pour les médailles), indique suffisamment un amateur d'un goût très-fin, très-vif et en même temps très-éclairé. On y verra les œuvres même de l'artiste et tout ce qui se rattache à un travail assidu de trente années. On y verra plusieurs gravures à l'eau-forte, signées de son nom; des bronzes et des terres cuites en grand nombre, et d'un intérêt réel. Feuchère est tout entier dans ces indications, auxquelles il changeait, ajoutait et retranchait tant de choses. Parmi les tableaux, plusieurs portent le nom des plus grands peintres italiens ou hollandais, un Léonard de Vinci, le plus beau Léonard qui se puisse rencontrer dans les musées en dehors de notre Louvre!

Dans les dessins, les anciens maîtres sont grandement représentés: les trois Carrache, Baccio Bandinelli, Corrége et Lesueur, Michel-Ange et le Parmésan, Raphaël et Prudhon, André del Sarte et Rubens! A côté des anciens, les modernes ont conquis leur place méritée! On verra à cette vente: Charlet, Paul Delaroche, Gavarni, Géricault, Raffet, Meissonnier, et de charmants dessins de Jeanron, à qui le Musée du Louvre devra éternellement son ordre nouveau, sa gloire nouvelle! Parmi les gravures, on en trouvera qui étaient introuvables: les *Supplices* de Breughel d'Enfer, les *Bohémiens* de Callot, une admirable

[1] A la grande exposition de Londres, le groupe de Froment-Meurice, les *Titans*, appartenant à M. le duc de Luynes, exécuté au repoussé, sur les dessins et d'après les sculptures de Jean Feuchère, ont attiré et excité l'attention unanime. « C'est la pièce essentielle de l'exposition universelle! » disait le Jury de Londres. Les *Titans* de Feuchère ont eu en effet tous les honneurs de cette grande solennité.

[1] Les portefeuilles de Feuchère ne contiennent pas moins de 400 dessins de ce maître.

épreuve du portrait de Bossuet, des portraits de Van Dyck, des eaux-fortes de Goya ; l'œuvre de Prudhon, de Raphaël, de Rembrandt, de Watteau et de Boucher! OEuvres incomplètes, il les eût complétées, si le temps et la fortune, ou le temps seul, le lui eussent permis.

Feuchère s'y connaissait, il savait lire ces œuvres à demi effacées, il se reconnaissait dans ces marques, dans ces emblèmes, dans ces effigies, à travers ces Hercule, ces Minerve, ces Junon, ces Jupiter Nicéphore, ces Alexandre, ces Auguste, ces César, ces Bourbons! O richesses! ô tristesses amoncelées dans cet atelier vide et dans cette maison dévastée! Un étranger va venir, qui choisira, pour son argent, la chose qui lui convient le mieux parmi toutes ces belles choses aimées de ce galant homme ; un étranger emportera dans sa maison un fragment de cette vie où le travail a laissé sa trace ardente!... En moins de trois jours sera dissipée, aux quatre vents du ciel, cette imprévoyante fortune où brillait l'artiste aux dépens du père de famille.

Imprudents que nous sommes, les uns et les autres, nous entassons une fortune inutile au fond de nos musées intérieurs, avant de songer à nous amasser un morceau de pain pour nos vieux jours.

Jules Janin.

COURS
DE CHIMIE APPLIQUÉE A LA PHOTOGRAPHIE.

PRÉAMBULE.

Nous n'avons pas besoin de rappeler que toutes les opérations de la photographie sont de véritables phénomènes chimiques, et que pour faire progresser cet art, il est indispensable de connaître l'action réciproque des corps les uns sur les autres, c'est-à-dire de savoir la chimie.

Ceci est incontestable et justifie suffisamment la publication que nous allons entreprendre. Arrêté un moment par la crainte d'être inférieur à notre mission, puis, rassuré par les avis sympathiques et les encouragements de véritables amis de la photographie, nous avons pris bravement notre résolution, et aujourd'hui, nous commencerons notre œuvre.

— A tout début, on éprouve un certain embarras. Le nôtre s'explique d'autant mieux, que nous ignorons complétement quelles sont les connaissances de nos lecteurs. Faut-il les considérer comme possédant déjà les notions préliminaires de la chimie, comme ayant même une teinture de cette science; ou bien, convient-il mieux d'agir avec eux, comme s'ils ignoraient ou avaient oublié ces données fondamentales?

Les préliminaires de toute science sont ennuyeux, ils fatiguent l'esprit sans émouvoir l'intelligence; mais comme ils en sont presque toujours l'alphabet, on est contraint de les *apprendre*, si l'on veut ensuite lire couramment dans cette science. Voici donc nos lecteurs, tant ceux qui ignorent que ceux qui n'ont qu'à se rafraîchir la mémoire, forcément obligés d'avoir recours aux traités spéciaux de chimie, pour pouvoir nous comprendre, si, comme nous le désirons, nous entrions de suite en matière.

—Ennui pour ennui, que celui-ci vienne du livre qu'ils consulteront ou qu'il vienne de nous, c'est tout un, et puisque nous devrions nous rencontrer plus tard, autant vaut tout de suite. Avec nous au moins, le lecteur aura toujours le droit de nous rappeler la promesse que nous lui faisons, d'être le plus clair et le plus intéressant possible.

— Nous commencerons donc par de très-brèves notions préliminaires. Ensuite, regardant autour de nous, nous trouverons le moyen de parler de l'air et de l'eau qui nous baignent de toutes parts, et qu'il est vraiment indispensable de connaître.

Nous passerons ensuite à l'étude des substances employées en photographie, en procédant du simple au composé. Chemin faisant, quand quelque fait se présentera, pouvant donner lieu à l'explication d'une théorie générale résumant tous les faits analogues, nous ne manquerons pas de nous y arrêter et d'en faire le développement complet; ce qui servira une fois pour toutes.

— Ayant spécialement pour but l'étude des substances photogéniques, nous ne ferons qu'indiquer les préparations des corps qui entrent dans ces substances; mais en revanche, nous donnerons tous les éclaircissements désirables sur la préparation de ces dernières. Qu'importe, en effet, au photographe, de savoir comment on fabrique l'acide hydrochlorique, à Marseille ou à Saint-Gobain, comment s'obtient l'iodure de potassium, au Conquet ou à Dieppe! Pourvu qu'il connaisse les propriétés de ces substances, qu'il puisse aisément reconnaître si elles sont falsifiées, qu'il sache dans quel but il les emploie, pourquoi elles donnent tel ou tel résultat pratique, qu'il puisse raisonner leur mode d'action, et qu'il soit toujours le maître de composer les divers mélanges ou combinaisons dans lesquelles il les fait entrer; c'est là tout ce qu'il a réellement besoin de savoir. Tant mieux si le cercle de ses connaissances est plus étendu, mais quant à nous, c'est tout ce que nous pouvons lui enseigner, car notre cours sera écrit, et cette forme, par elle-même, oblige à la concision et s'oppose aux grands développements de la pensée que permet le cours oral.

Nous traiterons tout au long et en détail de la théorie des phénomènes que présente la photographie. Rien de plus obscur en ce moment, tout y est à faire. Sur quelles analyses, sur quelles données scientifiques sérieuses s'appuient les explications que l'on en donne? Quant à nous, nous n'en connaissons aucunes. Pour ne citer que quelques exemples, demandons-nous quelle est l'action chimique de la lumière sur l'iodure d'argent, le corps le plus photogénique que nous possédions. Est-il transformé en sous-iodure ou bien en argent métallique? Quand nous le traitons ensuite par le sulfate de fer, que se passe-t-il? Et quand pour faire un positif sur verre, nous l'arrosons de bichlorure de mercure, qu'arrive-t-il encore? Je ne trouve nulle part de réponse positive à ces questions; et cependant, là est la clef, la base de la photographie. Aussi ai-je entrepris une série de recherches sur ce sujet important. Je ne voulais même pas commencer ce cours avant de posséder à fond leur solution, mais comme les travaux entrepris au laboratoire sont assez avancés et qu'ils peuvent maintenant marcher de front avec cette publication, j'ai pris à cœur d'exécuter la promesse faite par ce journal au commencement de l'année, et je vais sans relâche poursuivre sa réalisation; heureux si je me vois accueilli par les sympathies de ses lecteurs.

Léon Krafft,
Chimiste, élève de Gay-Lussac.

LA PHOTOGRAPHIE ET LES PASSE-PORTS.

Nous signalons à nos lecteurs l'article suivant, publié par la *Presse* :

« On sait que nous avons en principe une médiocre idée de l'utilité des passe-ports; mais tant qu'ils seront conservés, il n'y a pas de mal à ce qu'on les rende aussi sûrs que possible. Or, il est question, depuis quelque temps, d'introduire une importante amélioration dans le système actuel. Un homme de lettres, M. Verneuil, a imaginé d'ajouter au signalement qui se trouve sur la feuille de police, le portrait photographique du porteur. Ce portrait en forme de médaillon, du modèle des timbres apposés à côté des signatures, aiderait les préposés du gouvernement à la constatation de l'identité, chose restée jusqu'à ce jour très-difficile, à cause de la généralité des termes employés pour indiquer les traits d'un individu.

« Le projet de M. Verneuil, soumis au ministre de la police générale, a été pris en sérieuse considération; déjà un artiste photographe lui a offert son concours pour établir ces portraits à un prix assez bas pour ne pas renchérir le montant du passe-port, et un chimiste offre un procédé pour rendre indélébile l'empreinte photographique; de telle sorte, qu'une fois la feuille délivrée au nom d'une personne, il est impossible qu'elle serve à une autre, sans que la fraude apparaisse à la première inspection.

« On sait qu'à maintes reprises, des criminels, en état de surveillance, ont assassiné rien que pour se procurer un passe-port et se soustraire ainsi au régime rigoureux sous lequel la loi les avait placés; d'autres ont pu éviter les poursuites dont ils étaient l'objet, à l'aide d'un nom d'emprunt. Ces inconvénients disparaîtront, si le système proposé est adopté par le ministre.

« La photographie fait son chemin. On voit que partout elle trouve des applications nouvelles.

Un phénomène météorologique, dont la nature n'a pas été encore bien expliquée par les savants, vient de se produire à Parempuyre (Gironde), dans des conditions dignes, à coup sûr, du plus vif intérêt, s'il n'y a pas d'exagération dans les détails transmis, par une personne qui se dit en possession de preuves irrécusables de cet événement, au *Courrier de la Gironde*, auquel nous empruntons ces détails.

Il ne s'agit de rien moins que d'un aérolithe du poids de 45 kilog. qui serait tombé, lundi dernier, sur la croupe d'une jument, et aurait brisé dans sa chute la colonne vertébrale de cet animal, mort depuis, par suite de ses blessures.

La jument avait été conduite, par un enfant, au pied d'un buisson dont elle s'amusait à déchiqueter les jeunes pousses. Le gardien s'était éloigné d'une quinzaine de pas, et élevait sur des branches sèches une petite cabane. Tout à coup un bruit sourd, comme celui du tonnerre dans le lointain, lui fit lever la tête, et il aperçut, fendant les airs et tombant dans sa direction, un bloc noir dont la vue lui inspira une frayeur telle que, malgré son désir de prendre la fuite, ses jambes lui refusèrent tout concours.

Bien heureusement, il en fut quitte pour la peur; la masse alla s'abattre sur les reins de la jument, qui fut renversée du coup. L'enfant, quand le danger fut passé s'empressa de courir à l'habitation de son maître et de lui raconter la nouvelle. Ce dernier se rendit sur les lieux et déplora la perte de sa jument; mais, bien qu'il ne s'expliquât pas d'où provenait la pierre noire qui l'avait écrasée, il envoya querir un tombereau. Le bloc, qui pesait 45 kilog., fut transporté à son domicile où il a été examiné par diverses personnes; ces dernières, sur le vu de son poids, la texture et la couleur de ses parties intégrantes, ont affirmé qu'il contenait une grande quantité de fer, mélangé à d'autres matières terreuses et métalliques.

CORRESPONDANCE.

Monsieur le Rédacteur,

Depuis que j'ai cédé à mon frère la part de l'établissement que nous gérions ensemble, rue Vivienne, 48, j'ai été assez heureux pour parvenir à composer un collodion dont les résultats satisfaisants ont été appréciés par les personnes qui s'occupent spécialement de photographie sur verre.

Les occupations de mon frère ne lui permettant pas de mettre son établissement à ma disposition pour me livrer à des expériences assidues, j'avais obtenu de l'obligeance de M. Vivance de continuer mes essais dans son atelier.

Des bruits fâcheux, tendant à faire penser que j'en imposais, en m'attribuant la priorité de ce produit, me forcent à faire connaître, par la voie de votre estimable journal, que toutes les dernières épreuves exposées sans retouche, à l'entrée de l'établissement de M. Vivance, ont été obtenues *avec un collodion de ma composition*.

Je prends, monsieur, l'engagement de prouver, par de nombreux témoignages, la vérité de ce que j'avance.

Frédéric Mayer.

Toutes les demandes et réclamations relatives au service, toutes les lettres et communications relatives à la *rédaction*, doivent être adressées (*affranchies*) à M. Ernest Lacan, rédacteur en chef, au bureau du journal. *Toute lettre non affranchie sera rigoureusement refusée. Les demandes d'abonnements doivent être accompagnées d'un* bon sur la poste, à l'ordre du Gérant.

Le Propriétaire-Gérant, Alexis GAUDIN.

TYPOGRAPHIE HENNUYER, RUE DU BOULEVARD, 7. BATIGNOLLES.
Boulevard extérieur de Paris.

TROISIÈME ANNÉE. N° 11. SAMEDI, 12 MARS 1853.

LA LUMIÈRE

REVUE DE LA PHOTOGRAPHIE.

BEAUX-ARTS. — HÉLIOGRAPHIE. — SCIENCES.

JOURNAL NON POLITIQUE, PARAISSANT LE SAMEDI.

Bureaux, rue de la Perle, 9, à Paris.

ABONNEMENTS.—*Paris*, UN AN, 16 FR.; 6 MOIS, 10 FR.; 3 MOIS, 6 FR.; *Départements*, UN AN, 18 FR.; 6 MOIS, 11 FR.; 3 MOIS, 7 FR.; *Étranger*, UN AN, 20 FR.; 6 MOIS, 12 FR.; 3 MOIS, 8 FR.

Dans le but de faciliter à nos lecteurs les moyens de se procurer la *Lumière*, nous avons cru devoir établir des bureaux d'abonnement :

A la *Librairie Nouvelle*, 15, boulevard des Italiens;

Au *Cabinet de Lecture*, galerie d'Orléans, 2, Palais-Royal ;

Chez Mlle LEGENTIL, cabinet de lecture, place de la Madeleine ;

Et chez M. DELAHAYE, rue de Lancry, 37.

On trouvera dans ces succursales des numéros séparés de la *Lumière* (40 c. le numéro).

Nous sommes heureux de voir les journaux français et étrangers reproduire nos articles, mais nous les prions de vouloir bien indiquer la source de ces reproductions; c'est de toute justice.

SOMMAIRE.

L'HÉLIOCHROMIE EN AMÉRIQUE.

M. Campbell, dont nous avons déjà eu occasion de citer les travaux (1), et qui poursuit en Amérique les recherches héliochromiques, d'après les indications de M. Niépce, vient d'adresser une lettre à ce sujet au rédacteur du *Humphrey's Journal* de New-York. Bien que cette récente communication ne fasse connaître aucun résultat précisément nouveau, puisque les moyens essayés par M. Campbell ont presque tous été employés par M. Niépce, nous croyons utile de la reproduire.

A M. HUMPHREY.

CHER MONSIEUR,

Comme l'héliochromie excite un vif intérêt parmi les artistes et tous ceux qui s'occupent de questions scientifiques, j'ai pensé qu'un court article sur ce sujet pourrait être agréable à vos lecteurs. J'ai envoyé, il y a quelques semaines, au *Scientific american*, une communication dans laquelle je donnais les résultats de mes expériences sur des plaques chlorurées, avec l'iode, le brôme, le fluor et le chrôme, soit séparément ou en combinaison. Aujourd'hui je me propose d'expliquer brièvement l'action de la lumière sur la plaque d'argent chlorurée, et de vous donner les résultats de quelques expériences, espérant qu'ils pourront stimuler d'autres personnes et les encourager à faire des recherches de leur côté.

(1) Voir notre numéro du 27 novembre 1852.

Tous les chimistes savent que la lumière produit peu ou pas de changement dans l'état du chlorure d'argent parfaitement pur, mais que ce sel est rapidement noirci quand il contient une matière organique, et que cette matière organique se trouve généralement dans l'eau qui a servi à le laver, ou dans la solution de laquelle on l'a précipité. Quand la plaque chlorurée est exposée à la lumière, cette matière organique est décomposée. L'oxygène est éliminé et l'hydrogène mis en liberté décompose et réduit le chlorure. Maintenant, MM. Becquerel et Niépce de Saint-Victor ont prouvé que si le chlorure d'argent, contenant une légère trace de cuivre, était exposé au spectre solaire ou à des rayons de différentes couleurs, pendant que cette réduction s'opère, il est susceptible de coloration après une exposition plus ou moins prolongée.

Il semble résulter de cela que ce procédé pourrait être accéléré de beaucoup si l'on avait soin d'aider la nature dans ses opérations, au lieu d'essayer au hasard des expériences qui ne sont point fondées sur la théorie rationnelle. Je montrerai, par quelques essais, que l'on peut arriver à ce résultat, et afin d'éviter d'être trop long, je parlerai seulement à présent de la plaque d'argent chlorurée, mais non soumise encore à l'action accélératrice de l'iode, du brôme, du fluor, du chrôme ou de leurs composés. Si la plaque couverte de la couche de chlorure d'argent préparée par le procédé de M. Niépce est exposée à un courant d'hydrogène pendant qu'elle reçoit l'image, l'opération sera beaucoup accélérée et l'image sera obtenue dans un espace de temps qui varie d'une demi-heure à une heure, selon la quantité de gaz introduite dans la chambre noire, la lumière, la température, l'état électrique de l'atmosphère, etc., au lieu de nécessiter une exposition de trois à cinq heures, et les couleurs de l'épreuve seront rendues dans toute leur beauté et leur éclat. Cette expérience peut être facilement répétée ; il ne faut pour cela que quelques grammes de zinc, dans une petite fiole contenant de l'acide sulfurique étendu. La fiole et son contenu peuvent être placés dans la chambre noire ; l'hydrogène naissant est à son plus haut degré d'activité, et comme il est parfaitement transparent, il permet à la lumière d'agir sur la plaque, pendant que, de son côté, il réduit le chlorure, ce qui ne peut avoir lieu qu'à la lumière du soleil.

L'hydrogène, probablement à cause de son affinité pour l'oxygène, hâte la décomposition de la matière organique, et, en réduisant le chlorure, agit comme *désoxydant* et *déchlorurant*, si l'on peut s'exprimer ainsi. Cependant l'hydrogène contenu dans la matière organique est insuffisant pour effectuer la réduction du chlorure ; il est donc probable que l'excès seulement hâte la décomposition.

Suivant ce mode d'investigation, j'ai essayé plusieurs autres agents *réducteurs* liquides et gazeux. Les agents liquides les plus importants que j'ai expérimentés sont le protosulfate et le nitrate de fer, le ferrocyanure de potassium, le protochlorure d'étain et les fluorures de potassium et de sodium. Les principaux agents gazeux sont : l'hydrogène, seul et en combinaison avec le carbone et le soufre, l'ammoniaque, l'éther sulfurique en vapeur, le chloroforme, le sulfure de carbone, le chlorure de soufre, l'hydrosulfure d'ammoniaque et l'acide sulfureux. Comme l'emploi des gaz m'a donné des résultats très-remarquables, j'en parlerai plus particulièrement.

L'acide sulfureux a une très-forte tendance à absorber l'oxygène des corps organiques; il s'unit aussi avec le chlore à la lumière du soleil, de même que l'hydrogène carboné.

En absorbant l'oxygène des corps organiques avec lequel il se combine, l'acide sulfureux forme de l'acide sulfurique qui rend le chlorure d'argent inaltérable à la lumière, en détruisant la matière organique qu'il contient. Je conclus de là qu'il pourrait être employé dans le double but d'accélérer et de fixer la peinture. Il est certain que c'est un accélérateur puissant ; sa faculté de fixer demande, pour être prouvée, de nouveaux essais. Les épreuves peuvent être obtenues à l'aide de ce gaz en une demi-heure, en le faisant passer, naissant, et en quantité suffisante dans la chambre noire, et les couleurs seront conservées. Cependant il se dépose souvent un peu de soufre sous la couche, ce qui donne aux lumières de l'épreuve une teinte jaunâtre. Cette couleur peut être quelquefois détruite en chauffant la plaque. L'hydrogène carboné agit encore plus rapidement, probablement parce que le carbone qui est mis en liberté par sa décomposition est un agent réducteur très-puissant, et qu'il ne reste pas sous la couche, mais passe sous la forme de chlorure de carbone volatile.

J'ai obtenu une épreuve en cinq minutes, en faisant passer dans la chambre noire les gaz produits par de l'alcool et l'acide sulfurique distillés dans une cornue. Les gaz ainsi formés étaient du gaz oléfiant et de l'acide sulfureux, mélangés avec un peu d'hydrogène carboné très-léger et d'éther sulfurique. Les couleurs étaient bien rendues, mais pas aussi bien cependant que celles que j'avais obtenues précédemment. Je considère cette expérience comme très-encourageante; mais, l'ayant faite tout dernièrement, je n'ai pu encore la répéter sans le concours de l'électricité.

L'électricité ayant une grande puissance pour la décomposition des produits chimiques, on peut croire que son emploi serait efficace dans ce procédé. Je l'ai souvent essayée, mais jusqu'alors sans important résultat. Le chlorure d'argent anhydre n'est pas décomposé par l'électricité (bien qu'il le soit par la lumière). D'autres agents peuvent être beaucoup accélérés par elle, mais je n'employais pas tout d'abord un courant d'une puissance suffisante.

Je fais communiquer la plaque avec le fil conducteur qui aboutit au pôle positif. Les pôles plongent dans de l'eau acidulée, et par la décomposition de cette eau, je puis juger de la puissance du courant. En employant les gaz en même temps que la plaque est ainsi traitée, j'ai obtenu des épreuves en quatre ou cinq minutes, tandis qu'il m'aurait fallu de trois à cinq heures dans d'autres circonstances. Ces peintures étant développées sous une couche solide et dure de chlorure d'argent, ne peuvent pas être effacées par les doigts et supporteraient même un rude frottement. Je n'ai pu encore fixer l'image d'une manière permanente, mais elle se conserve longtemps si elle n'est pas exposée trop souvent, ni pendant une trop longue durée, à la lumière. Il semble résulter des expériences que j'ai faites qu'une exposition prolongée n'est pas nécessaire pour produire la coloration ; des agents très-énergiques peuvent donc être employés pour réduire le chlorure.

Pour que la coloration se produise, il est important, je crois, que l'épreuve soit positive et complète au sortir de la chambre obscure, quel que soit le procédé employé. Pour fixer, il me semble indispensable que toute la matière organique soit détruite ; c'est là, je crois, le secret de la fixation.

J'essaye maintenant l'iode, le brôme, le fluor, le soufre, le chrôme et le cuivre et leurs composés, déposés sur la plaque argentée au moyen de l'électricité ou autrement, mais sans avoir encore obtenu de résultats qui méritent d'être publiés, quoique j'aie produit la coloration. La préparation de la plaque recouverte de chlorure exige de très-grands soins, et il faut une certaine habitude pour reconnaître l'état où elle est le plus sensible à la lumière.

Je ne suis pas photographe, et c'est à la complaisance de MM. Bishce et Robinson que je dois l'appareil avec lequel j'ai fait mes expériences. Ayant été obligé aussi de préparer moi-même la plus grande partie des produits chimiques que j'ai employés, je n'ai pu faire que des recherches très-restreintes.

Recevez, etc. JAS. CAMPBELL.

ACADÉMIE DES SCIENCES.

Parachute Fontaine pour préserver les hommes employés aux puits d'extraction. — Recherches sur l'alucite des céréales, par M. le professeur Doyère. — Demande faite à M. le ministre de l'instruction publique, concernant les instruments de haute précision de feu M. Gambey.

Parachute pour préserver les hommes employés aux puits d'extraction, à la fois, de la chute des corps qui peuvent être lancés au-dessus de leur tête, et de leur propre chute en cas de rupture du câble qui les supporte. — Anzin est, comme on le sait, le centre de l'exploitation la plus importante des mines de houille de la France ; le territoire de ce bourg comprend plusieurs concessions et 42 puits d'extraction qui produisent annuellement plus de 3,500,000 hectolitres de charbon ; la concession d'Anzin fournit à elle seule près de 1,600,000 hectolitres. On peut se faire une idée du grand nombre d'ouvriers employés à l'extraction dans des établissements aussi considérables, et par conséquent les dangers incessants auxquels sont exposés ceux qui doivent descendre tous les jours dans des puits de 400 ou 500 mètres de profondeur et remonter par la même voie où passent ces millions d'hectolitres de charbon qu'ils sont allés arracher aux entrailles de la terre.

La compagnie des mines d'Anzin, qui est si habilement administrée, a été déterminée, vu la profondeur de ses exploitations, à employer le moteur mécanique des puits d'extraction, pour faire descendre et remonter ses ouvriers, et à ne conserver les échelles que comme voie de secours ; pour régulariser la marche des appareils dans lesquels les ouvriers sont placés, pour éviter les rencontres et les chocs, des guides en bois sont établis dans toute la profondeur des puits ; mais, toutes ces mesures de précaution adoptées, il restait encore un danger à prévenir, celui de la rupture du câble auquel ces appareils sont suspendus.

La solution de ce problème était ardemment désirée de MM. les administrateurs, et, dans leur justice, ils s'empressent d'annoncer à l'Académie, avec un vif sentiment de satisfaction, que cette solution est due à un simple contre-maître de leurs ateliers d'Anzin, le sieur Fontaine.

Moitié invention, moitié perfectionnement, l'intelligent contre-maître a construit un système de parachute évidemment supérieur à tout ce qui avait été imaginé de semblable jusqu'à présent, et la preuve de cette supériorité résulte de ce fait même, que les précédents systèmes, restés à l'état d'essai, n'ont point été adoptés, et que le parachute Fontaine, appliqué par la compagnie d'Anzin depuis deux ans, a complétement justifié l'opinion qu'on en avait conçue.

Une première fois, le câble, soutenant une cage dans laquelle était une berline, remontait un ouvrier ; il se rompit presque à l'orifice du puits, 500 mètres de corde pesant 2,000 kil. furent précipités dans le puits : le parachute supporta ce poids en même temps qu'il retint la cage, et l'ouvrier fut préservé.

Un second accident fut produit récemment par la rupture de la corde d'extraction, à un mètre seulement au-dessus de la cage qu'elle portait et à 50 mètres du fond de la fosse ; cette cage contenait quatre ouvriers ; les griffes du parachute, se deployant par le jeu des ressorts que la rupture de la corde détend d'elle-même, entrèrent dans les guides et tinrent suspendus dans la fosse les quatre ouvriers qui n'avaient éprouvé qu'un temps d'arrêt, et qui ne s'aperçurent de ce qui était arrivé que quand on vint les chercher à l'aide d'une autre corde.

Ainsi, cinq ouvriers doivent certainement la vie au sieur Fontaine, et la connaissance de ces faits doit dissiper les doutes sur ce système de parachute qui sera probablement adopté par tous les exploitants qui font descendre et remonter l'ouvrier par les moyens mécaniques.

MM. les ingénieurs des mines ont constaté l'efficacité du parachute Fontaine ; leur dernier rapport est concluant sur tous les points. MM. les administrateurs appellent la bienveillance de l'Académie sur l'auteur d'un système qui constitue un progrès, non-seulement pour l'application mécanique, mais encore pour l'humanité, et qui leur a paru digne, à ces deux titres, d'encouragement et de distinction.

Recherches sur l'alucite des céréales, l'étendue de ses ravages, et les moyens de les faire cesser ; par M. Doyère. — L'auteur de cet excellent Mémoire est professeur de zoologie appliquée à l'agriculture, à l'Institut national agronomique, et d'histoire naturelle appliquée, à l'Ecole centrale des arts et manufactures ; ses connaissances étendues, les études toutes spéciales auxquelles il s'est livré, l'ont mis à même de traiter avec supériorité un sujet si important et auquel se rattachent des intérêts d'une si haute gravité. En invitant M. le président de l'Académie à vouloir bien remettre son Mémoire à la Commission instituée pour les prix relatifs aux arts insalubres, M. Doyère signale l'alucite, non-seulement comme cause très-active de misère et de faim, d'une manière générale, mais encore comme source d'insalubrité pour les populations qu'il désole : ses débris entrent souvent pour une proportion énorme dans le pain du pauvre, et cet insecte a été signalé par tous les auteurs comme y introduisant un principe dangereux ; en outre, sa présence dans les gerbiers et dans tous les grains détermine une affection spéciale de la peau chez les ouvriers occupés au battage et au nettoyage, au point de rendre quelquefois ces opérations impossibles ; c'est pourquoi M. Doyère pense que l'Académie voudra bien accueillir avec bienveillance un travail qui a exclusivement pour objet les moyens de détruire un pareil fléau.

L'alucite est, à l'état adulte, un petit papillon nocturne qui offre absolument les formes et la taille des teignes que l'on voit sortir des fourrures ou des draps dévorés par les vers.

Il y en a de deux espèces : l'une a les ailes formant au repos un toit aigu, qui recouvre l'abdomen en dessus et le protége latéralement, c'est la teigne des blés ; chez l'autre, les ailes singulièrement rapprochées bord à bord, et à peine inclinées latéralement, forment un petit plancher ou un toit presque plat au-dessus du dos, c'est l'alucite. Celui-ci se reconnaît encore à deux sortes de petites cornes qui se voient en avant et au-dessus de la tête entre les antennes. Cet insecte est un peu moins gros qu'un grain de blé.

Réaumur l'étudia il y a environ cent trente ans, et il l'a décrit dans ses savants mémoires. C'est aux environs de Luçon que l'alucite fut découvert alors ; il dévorait les orges de cette contrée. Vers 1760, cet insecte fut mis au rang des fléaux destructeurs des produits de la terre ; dans un mémoire publié en 1762, Duhamel et Tillet e tent un insecte qui dévore les grains de l'Aragonais. Vers 1805, le théâtre de ses ravages semblait s'être étendu ou déplacé il pénétrait dans l'Indre ; l'Allier en était également infesté.

Aujourd'hui, quatorze départements sont désolés par l'alucite ; toute une vaste bande, qui commence à Bayonne et se prolonge jusque dans l'Allier et la Nièvre, en est couverte probablement sans interruption.

Les travaux postérieurs à 1825, auxquels l'alucite a donné lieu, sont dus pour la plupart à l'initiative de la Société de l'agriculture du Cher.

M. le docteur Guyon, en visitant les colonies agricoles de Mostaganem, dans les journées des 23 et 24 du mois de septembre 1852, a vu des phalènes sortir en grande quantité des tas de blé et d'orge que les habitants venaient de récolter ; il pensait alors que c'était la larve de cette phalène qui exerçait de grands ravages sur ces céréales.

Les moyens indiqués par M. Doyère pour faire cesser des ravages aussi pernicieux, et qu'il développe dans son Mémoire, sont :

1° Le chauffage des grains ;

2° Le choc des appareils mécaniques ;

3° L'ensilage.

Chacun de ces principes a été de sa part l'objet d'une étude suivie, dans laquelle il s'est appliqué, avant tout, à prendre connaissance des divers procédés qui ont été essayés jusqu'à ce jour pour les mettre en pratique et des causes qui les ont fait échouer ; il a été conduit ainsi, soit à modifier les procédés de manière à les rendre applicables et sûrs, soit à en substituer de nouveaux à ceux déjà connus.

Le capitaine Belleville (numéro 8 de *la Lumière*, 3e année) a déjà fait remarquer que la gutta-percha ayant une propriété délétère très-considérable, cette substance pourrait être appliquée à la préservation et à la conservation des grains. Il y a donc lieu d'espérer que bientôt les céréales seront mises à l'abri des fléaux destructeurs qui en dévoraient ou en détérioraient une grande partie.

Instruments de haute précision de feu Gambey ; indemnité sollicitée par l'Académie des sciences pour la veuve et l'orpheline de cet éminent artiste. — Dans la séance du 10 janvier dernier, un membre distingué de l'Académie, M. Laugier, communiquait à ses honorables collègues la première partie (détermination de la latitude) de son remarquable mémoire sur les déclinaisons absolues des étoiles fixes fondamentales observées à l'aide du cercle mural de Gambey.

M. Laugier cita le résultat des observations d'étoiles circompolaires, faites au cercle de Reichenbach par lui et par son savant collègue M. Mathieu, et rappela que ce fut M. Laplace qui, en 1811, dota libéralement l'Observatoire de ce chef-d'œuvre de l'artiste bavarois. Il mentionna aussi, en lui attribuant les éloges qu'il mérite, le cercle mural, admirable instrument sorti des mains de Gambey, leur ancien collègue.

Après la lecture du mémoire du savant astronome, cédant à une noble inspiration de justice, M. le baron Séguier adressa à l'Académie, en faveur de la famille du célèbre artiste français, les belles paroles qui suivent :

« Les éloges si bien mérités qui viennent d'être publiquement donnés au grand cercle astronomique exécuté par Gambey, pour l'Observatoire, m'engagent à saisir cette occasion pour renouveler la prière à laquelle l'Académie tout entière s'est spontanément associée une première fois ; je veux parler de la demande que l'Académie a bien voulu adresser à M. le ministre de l'instruction publique pour obtenir de lui, dans l'intérêt des sciences, la publication de la méthode suivie par Gambey, pour diviser son admirable instrument. Cette méthode, vérifiée par une Commission désignée par vous, est consignée dans un paquet cacheté, déposé à votre secrétariat par la veuve de notre illustre confrère ; elle forme la partie la plus précieuse du modeste patrimoine laissé par le grand artiste à sa veuve et à son orpheline. »

L'Académie décida immédiatement qu'une nouvelle lettre serait écrite, en son nom, au ministre de l'instruction publique, conformément à la demande présentée par M. le baron Séguier.

Aujourd'hui, M. le secrétaire perpétuel a donné lecture de la réponse faite à l'Académie ; dans sa lettre, datée du 23 février, M. le ministre de l'instruction publique annonce qu'il a été informé, par lettre du 7 février, que l'Académie des sciences a, dans une de ses dernières séances, renouvelé le vœu qu'elle avait déjà exprimé en 1849, pour que les procédés imaginés par feu M. Gambey pour les instruments de haute précision fussent livrés à la publicité, et pour que la famille de cet éminent artiste fût indemnisée de la cession qu'elle propose de faire de la description de ces procédés ; M. le ministre aurait été très-heureux de seconder immédiatement les vues de l'Académie, mais il n'a en ce moment, à sa disposition, aucun crédit qui puisse être appliqué à une semblable disposition ; il en éprouve un vif regret, et il désire que des circonstances plus favorables lui permettent de concourir prochainement à la solution d'une affaire qui, au témoignage de l'Académie, présente un intérêt réel pour les sciences et les arts.

C'est dans la publicité que la voix la plus faible puise de la force ; en joignant la nôtre à celle des illustres académiciens qui ont adressé leur demande à M. le ministre, ne se pourrait-il pas qu'elle fût entendue par celui qui, *seul*, a le pouvoir de lever les difficultés signalées par l'honorable M. Fortoul, et que *la Lumière* a l'honneur de compter au nombre de ses abonnés.

A.-T. L.

MÉLANGES PHOTOGRAPHIQUES.

Un abonné, qui réside en Espagne, m'écrit pour m'entretenir de son insuccès dans l'emploi du papier négatif, m'en demander la cause et les moyens d'y remédier. Je me serais borné à lui répondre directement, si la question qu'il soulève n'était pas capitale, et de nature à intéresser le plus grand nombre des photographes. M. S... me dit qu'il n'a pu réussir à former un négatif sur papier pour portrait, qu'en faisant poser six minutes, très-près d'une fenêtre, et en variant la dose d'iodure de 15 à 50 grammes par litre d'eau.

Ses épreuves sont souvent tachées; et, comme il est très-voisin de la mer, il désire savoir si ce voisinage est cause de son insuccès; enfin, il demande pourquoi je n'ai pas parlé de l'emploi de l'iodure de fer, qui est employé avec beaucoup de succès en Angleterre.

Je vois très-bien pourquoi M. S... a produit un papier si lent à s'impressionner et sujet à se tacher; c'est uniquement parce qu'il n'a pas laissé son papier assez longtemps en contact avec le bain d'argent. Pour s'en rendre compte, il importe de rappeler les conditions qui donnent la sensibilité aux papiers négatifs.

Dans ces papiers, l'iodure d'argent est un élément de sensibilité, mais pas du tout quand il est seul; car j'ai dit bien des fois que l'iodure d'argent isolé est peut-être le composé d'argent le moins altérable à la lumière; le soleil le plus ardent peut tout au plus, à la longue, rougir sa nuance d'un jaune pur.

Quand on pose un papier iodüré sur le bain d'argent, il y a formation d'iodure d'argent, avec excès de nitrate d'argent sur la face qui s'imbibe, et la feuille est souvent soustraite à l'action du bain, quand le nitrate d'argent n'a pas pénétré jusqu'au revers, où il se trouve encore de l'iodure alcalin non transformé. Peu à peu le nitrate d'argent excédant pénètre, et vient opérer cette transformation; mais c'est aux dépens de son excès primitif; et il arrivera souvent que dans ce cas, après la transformation de l'iodure alcalin, il ne restera que très-peu, ou même pas du tout, de nitrate d'argent en excès.

Si tout le nitrate d'argent passait ainsi à l'état d'iodure d'argent, le papier aurait une teinte d'un *jaune vif*; il serait impossible de lui faire donner la moindre épreuve. Pour que le papier devienne sensible, il faut que l'iodure d'argent *ait subi, sous l'influence du nitrate en excès, une modification encore inexpliquée, qui se décèle par sa nuance qui n'est plus d'un jaune vif; la couleur de l'iodure sensible, modifié par le nitrate d'argent, est un peu orangée.* Cette couleur se fonce sous l'action de la lumière; quand elle est devenue couleur chamois, elle donne un très-beau noir avec l'acide gallique.

Les taches sont produites par la même cause; elles sont dues à une inégalité d'imbibition qui rend des parties plus sensibles que d'autres.

Quant à la dose d'iodure alcalin, la sensibilité doit être proportionnelle, jusqu'à un certain point, à sa quantité, attendu qu'en toutes choses, l'effet total est proportionnel à la multiplicité de l'agent sur une étendue donnée; c'est pour cela que, sur les papiers minces, il faut augmenter la proportion d'iodure, si l'on veut obtenir des noirs aussi intenses qu'avec des papiers épais.

Enfin, je dirai : l'iodure de fer, qui est si usité en Angleterre, est encore très-peu employé en France. Le produit que l'on vend à Paris, sous la dénomination de proto-iodure de fer, ne justifie pas toujours son titre. Je me suis procuré un flacon de 100 grammes, portant cette étiquette; mais, au premier essai que j'en ai fait, j'ai reconnu que c'était un mélange sans proportion d'iode et de fer, avec grand excès d'iode, au point que l'eau le sépare en peroxyde de fer et en iode qui colore l'eau; cette eau, additionnée d'ammoniaque, ne précipite pas l'oxyde de fer, mais bien une poudre noire qui est, sans doute, le composé fulminant, connu sous le nom d'iodure d'azote.

J'ai voulu savoir si le proto-iodure de fer donnait au papier une sensibilité plus grande qu'avec les iodures alcalins. J'en ai préparé de deux manières: l'un pour collodion, l'autre pour papier.

J'ai préparé l'iodure pour collodion, en introduisant dans un matras de la limaille de fer en excès, de l'alcool à 40 degrés et de l'iode; puis j'ai fait bouillir jusqu'à ce que la liqueur essayée par l'ammoniaque me donnât un précipité d'un vert très-clair : je n'ai pu arriver au précipité blanc.

Cet alcool chargé ainsi de proto-iodure de fer en majorité, ajouté à du collodion exempt d'iodure, m'a donné un collodion photographique qui s'est montré plus sensible que tous les collodions avec lesquels je l'ai comparé, en opérant sur une même plaque comme je l'ai déjà indiqué.

Pour l'iodure de fer destiné au papier j'ai procédé différemment : j'ai remplacé l'alcool rectifié par de l'eau, et placé l'iode, l'eau et la limaille dans un vase en fonte, en maintenant le liquide en ébullition pendant une heure. Au bout de ce temps le liquide filtré était à peu près aussi clair que de l'eau, et l'ammoniaque précipitait le fer en flocons d'un blanc à peine verdâtre; c'était donc du proto-iodure presque pur.

J'en ai imbibé trois feuilles de papier que j'ai fait sécher, puis je les ai posées sur un bain de nitrate d'argent acidulé.

Le premier effet a été de donner au papier une nuance d'un beau jaune, et comme j'opérais sur du papier sans colle, qui s'imprègne instantanément, je me hâtai d'enlever la première feuille pour la mettre sécher; pendant que je plaçais la seconde sur le bain d'argent, je fus fort étonné de voir la première se marbrer de noir; je pensai qu'il s'était précipité de l'iode et me hâtai de la remettre sur le bain, mais les marbrures ne disparurent pas.

Je laissai la seconde plus longtemps, mais après sa suspension pour sécher elle se marbra aussi. Enfin, je laissai la troisième dix minutes sur le bain; je me flattais déjà de pouvoir l'essayer, en remarquant que son revers était d'un beau jaune, lorsqu'en la relevant je reconnus que sa face inférieure était presque *noire*. Tout mon bain était devenu brun, et il existait un dépôt noir à l'aplomb de ma dernière feuille.

D'après cela il était évident que le proto-iodure de fer produit du noir hors l'accès de la lumière, même avec un bain acide, et par conséquent il devra procurer une sensibilité excessive quand on saura remédier tout juste à sa trop facile décomposition en l'employant plus iodüré, ou avec un bain fortement acidulé.

Ce résultat place le proto-iodure de fer pour papier négatif sur la même ligne que le proto-sulfate de fer comme liquide continuateur; ces deux composés, à l'état normal, agissent avec une énergie excessive. Pour les employer avec avantage, il faudra en faire une étude suivie. L'emploi du sulfate de fer se répand de plus en plus, à mesure qu'on connait mieux les conditions qu'il doit réunir.

Le proto-iodure de fer coagule l'albumine et la gélatine, comme l'iodure de zinc; c'est un nouvel obstacle à son emploi pour papier négatif.

Il y a aussi une condition importante qu'il ne faut pas négliger, c'est d'employer le papier au moment où il est encore moite, sans liquide coulant; les préparations d'iode l'exigent surtout.

Pour hâter l'imbibition du papier, j'ai essayé le papier sans colle. Ce papier présente une assez grande difficulté par son manque de cohésion dès qu'il est mouillé; on réussit cependant à s'en servir en ménageant une bande que l'on ne mouille pas, en ajoutant de l'albumine ou de la gélatine à l'iodure alcalin, et en plaçant le nitrate d'argent dans une cuvette verticale.

Pour découvrir les propriétés des corps, j'ai coutume de les employer en excès et en très-faible quantité; c'est, selon moi, appliquer aux recherches la méthode des mathématiciens, qui, dans leurs équations, font un fréquent usage de valeurs infinies ou égales à zéro. Pour essayer le papier sans colle, j'ai donc préparé de l'albumine sans aucune addition d'eau, et j'y ai introduit une très-forte proportion d'iodure d'ammonium (10 grammes pour quatre blancs d'œufs); cette albumine, fouettée avec un faisceau de fil de fer galvanisé, avait une mousse rose, et à l'état fluide était fortement colorée en rouge, sans doute à cause de l'iodure de fer introduit. J'en ai frotté avec un tampon de coton une feuille de papier sans colle, qui, après dessiccation devant un feu ardent capable de coaguler l'albumine, et laissée pendant cinq minutes en contact avec le bain d'argent, s'est trouvée plus sensible à la lumière que le collodion le plus actif : les noirs étaient d'une intensité extrême, en raison de leur grande épaisseur.

Le papier ainsi employé reçoit un encollage solide; cependant il m'a fallu ajouter à cette albumine son volume d'eau pour pouvoir préparer des papiers par imbibition; cette imbibition s'opère en quelques secondes.

Reste le voisinage de la mer. Il est certain que les particules salines dont l'air venant de la mer est toujours plus ou moins chargé ne peuvent que nuire à la sensibilité des papiers à base d'iodure, attendu que ces particules salines, qui sont principalement des chlorures alcalins, diminuent pour leur part l'excès de nitrate d'argent, par la formation d'un chlorure d'argent. En poussant les choses à l'extrême, il arriverait que tout le nitrate serait converti tant en iodure qu'en chlorure d'argent : un pareil papier pourrait bien noircir sous l'influence d'une lumière intense; mais après l'impressionnement ordinaire à la chambre obscure, il ne donnerait pas d'image sensible par les procédés continuateurs.

Il est donc bien certain que le voisinage de la mer est plutôt nuisible qu'utile à la sensibilité des papiers négatifs; mais, en réalité, cette influence doit être si faible, qu'il ne faut pas lui attribuer l'insuccès en question.

Pour les épreuves sur plaqué d'argent, l'action est tout autre, et jusqu'à ce jour le voisinage de la mer a été trouvé très-favorable à la rapidité de l'impressionnement.

M.-A. GAUDIN,

Calculateur au Bureau des Longitudes.

Nous reprendrons, dans notre prochain numéro, le compte-rendu du cours de chimie de M. Ballard, que l'abondance des matières nous a forcé d'interrompre.

NOUVELLES D'ASSYRIE.

MISSION SCIENTIFIQUE DE M. PLACE.

Les dernières nouvelles de l'exploration archéologique que M. Place, consul de France à Mossoul, poursuit avec une si rare constance sur l'emplacement du palais assyrien de Khorsabad, sont du plus haut intérêt.

On se rappelle que, dans le premier rapport sur l'ensemble de ses travaux, auxquels l'Académie des inscriptions et belles-lettres a fait un si favorable accueil, M. Place annonçait la découverte d'une double colonnade et de vastes terrasses pavées de larges dalles. Aussitôt qu'il lui a été possible de reprendre ses fouilles, l'intelligent explorateur a ouvert une longue tranchée en arrière de ces colonnes, qui l'a bientôt amené à une découverte des plus curieuses et unique dans son genre. M. Place a rencontré, en effet, un mur de cinq pieds de haut sur vingt-un pieds de long, entièrement revêtu de briques peintes et émaillées, d'une belle conservation, et représentant des hommes, des animaux, des arbres. C'est le premier spécimen complet et resté en place, connu jusqu'à ce jour, de la peinture assyrienne. Il montre quel était l'emploi de ces briques émaillées rencontrées en si grand nombre dans les fouilles de Ninive, mais surtout à Babylone. Il justifie l'exactitude des descriptions que Ctésias et Diodore avaient faites des résidences des rois d'Assyrie et de ces palais dont les murailles étaient revêtues de peintures émaillées représentant des sujets de chasse.

A cette première découverte, M. Place en a joint une autre peut-être plus intéressante encore, et qui doit jeter un jour tout nouveau sur l'art assyrien. A l'une des extrémités de ce mur couvert de briques émaillées, il a rencontré une statue, *une vraie statue*, comme il dit naïvement; nous nous empressons d'ajouter, la seule statue assyrienne connue jusqu'à ce jour.

Cette figure, admirablement conservée, et qui représente un personnage tenant une bouteille entre ses mains, a quatre pieds et demi de hauteur. Elle est du même marbre gypseux que les bas-reliefs déjà trouvés. Comme le mur en briques émaillées fait partie d'un couloir qui paraît conduire à une vaste salle, M. Place espérait trouver le pendant de cette statue à l'autre extrémité du couloir.

M. Place annonçait beaucoup d'autres découvertes que nous ferons connaître, ainsi que les rapports accompagnés de nombreuses photographies, qu'il vient d'adresser à l'administration. Il se croyait aujourd'hui en mesure de restituer dans son ensemble, et dans chacun de ses détails, le monument assyrien de Khorsabad.

COURS
DE CHIMIE APPLIQUÉE A LA PHOTOGRAPHIE.

—

DÉFINITIONS ET NOTIONS PRÉLIMINAIRES.

La chimie est la science qui traite spécialement de l'action réciproque des corps les uns sur les autres, et des produits qui en résultent.

On nomme *corps* tout ce qui est soumis à l'action de la pesanteur, et on appelle *forces* tout ce qui peut modifier les corps sans pouvoir se peser. De ce nombre sont le calorique, l'électricité, la lumière, etc., etc., dont on possède bien des moyens de mesurer l'intensité, mais dont on n'a pu encore déterminer le poids.

Les corps sont supposés formés d'un nombre infini de parties très-ténues et insécables, que l'on nomme *atomes*. La force qui réunit ces parties pour en faire un tout porte le nom de *cohésion*. On n'en connait pas encore les lois.

Quand des différentes parties d'un corps on ne peut retirer qu'une seule et même matière, elles constituent par leur réunion un *corps simple*. Si, au contraire, elles renferment des matières différentes, elles forment un *corps composé*. Le soufre et le plomb sont deux corps simples; par leur combinaison ils forment un corps composé, le *sulfure de plomb* ou *galène* des minéralogistes, ou encore *alquifoun* des potiers.

En ce moment on compte soixante-six corps simples répandus dans la nature. Bien que ce nombre tende chaque jour à augmenter, tout nous porte à croire qu'ils ne sont que le résultat de condensations différentes d'une seule et même substance. Il y a là un vaste champ de recherches à explorer.

Le nombre des corps composés est illimité.

La force particulière qui sollicite les corps simples à se combiner entre eux pour constituer les corps composés, et que l'on désigne sous le nom d'*affinité*, est encore totalement inconnue aux chimistes. Bien de moins plausible que tout ce que l'on en a dit jusqu'à présent, et nous apprendrons bientôt, sans doute, qu'elle n'est qu'un des modes de l'attraction universelle. Les effets de l'affinité sont on ne peut plus bizarres et frappants. Par exemple, avec deux gaz, le gaz ammoniac et le gaz acide hydrochlorique, elle fera un corps solide, une vraie pierre, que tout le monde connait sous le nom de sel ammoniac. Par le mélange de liquides complétement incolores, elle nous donnera des composés de toutes couleurs; ainsi le bichlorure de mercure et l'iodure de potassium, tous deux bien connus des photographes, donnent ensemble un corps du plus beau rouge vif. Toute la photographie elle-même repose sur la production d'une substance jaune, l'iodure d'argent, qui provient de deux liquides incolores, le nitrate d'argent et l'iodure de potassium. On pourrait citer de pareils exemples par centaines.

Tout en modifiant et en annulant même les propriétés primitives des corps, l'affinité leur en fait acquérir de nouvelles. C'est ainsi que des corps sans action toxique sur notre organisme, deviennent des poisons énergiques après leur combinaison; d'autres, au contraire, qui, isolés, sont des poisons violents, deviennent inoffensifs une fois combinés. Le chlorure de sodium, vulgairement appelé sel marin, sel de cuisine, est dans ce dernier cas: nous en mangeons tous les jours; c'est un condiment indispensable aussi bien aux animaux qu'à l'homme. Il est cependant composé de deux poisons, le chlore et le sodium, ou mieux encore de soude et d'acide hydrochlorique plus connus de nos lecteurs.

Tous les phénomènes chimiques sont des phénomènes d'affinité; cette force est sans cesse en jeu autour de nous, où tout n'est que composition et décomposition; c'est la vie d'un monde inférieur, et nous ne savons ni son origine, ni sa manière de procéder. Nous ne connaissons que les résultats de son action, et encore sans pouvoir les prédire. Quand on songe que tout ce qui constitue le règne végétal et le règne animal sur la terre est composé de quatre corps simples, on entrevoit la possibilité de la transmutation, non comme l'entendaient les alchimistes du moyen âge, mais comme idée philosophique. L'avenir de l'humanité réside en entier dans l'emploi rationnel des forces employées avec tant de simplicité par la nature.

L'étude des corps repose sur deux modes d'examen: 1° l'examen ou la méthode naturelle; 2° l'examen scientifique. Toute étude, pour être complete, exige ces deux modes d'investigation. Nous n'envisagerons ici que le premier moyen.

Méthode naturelle. Elle ne demande que le concours des facultés dévolues à tout le monde, car elle ne s'appuie en quelque sorte que sur l'usage des sens.

Ainsi, à l'aspect d'un corps, qu'est-ce qui nous frappe d'abord?

1° C'est son *état*. On distingue, en effet, à la première vue, s'il est solide, liquide ou gazeux, seuls modes d'être de la matière.

2° Vient après *sa couleur*.

3° On considère ensuite sa *forme*. Cet examen exclut déjà les gaz qui n'ont aucune forme apparente. Quant aux liquides, il ne porte que sur leur consistance, qui varie, depuis l'extrême fluidité, comme celle de l'éther, jusqu'à l'extrême viscosité, comme celle de l'huile, du goudron, etc., etc.

L'étude de la forme n'appartient donc en propre qu'aux corps solides. Elle a donné naissance à la géométrie et à la minéralogie.

Un solide est *amorphe*, c'est-à-dire sans forme définissable, ou bien il *est cristallisé*. Dans ce dernier cas, on peut, sans grand effort de l'esprit, classer les corps d'une manière générale, puisque la science elle-même, avec tous ses moyens d'investigation les plus délicats, n'a pu reconnaître, en tout et pour tout, que six formes primitives aux différents solides répandus dans la nature.

4° De la forme, on passe à la *cassure*.

On lui donne différents noms, suivant qu'elle se rapproche le plus de celle de substances vulgairement en usage, ou très-connues de tout le monde.

Ainsi, l'on dit *cassure vitreuse*, de celle qui ressemble au verre, cassure *saccharoïde*, de celle qui rappelle le grenu particulier du sucre, etc., etc.

5° La cassure met immédiatement à même de juger de la *dureté*. Malheureusement les termes de comparaison, non-seulement absolus, mais même facilement saisissables, manquent pour donner à cette propriété un caractère de précision en harmonie avec nos besoins. Le diamant est le plus dur de tous les corps connus. Toutes les pierres précieuses rayent le verre, et ce dernier, à son tour, raye presque tous les métaux, etc., etc. La *malléabilité*, la *ténacité* et la *ductilité* sont des caractères du même ordre.

6° *L'éclat* est aussi une propriété qui n'a rien de bien absolu, car tel corps qui a beaucoup d'éclat n'en a plus du tout si nous le voyons en poudre. Cependant il caractérise assez bien les substances métalliques.

7° *L'opacité*, la *transparence* et la *translucidité* sont au nombre des propriétés les plus faciles à signaler.

8° *La saveur* caractérise souvent les corps de la manière la plus nette.

Un corps à saveur fraîche et aigrelette est généralement *acide*. Si au contraire il donne à la bouche un goût âcre, brûlant et urineux, il est généralement *alcalin*.

L'amertume appartient à beaucoup de substances; mais si en même temps elle se complique d'une des saveurs ci-dessus définies, elle servira à établir des distinctions infaillibles entre certains sels.

Ce mot nous rappelle et la saveur *saline* et la saveur *sucrée*, si connues de tous.

La saveur est un caractère qui, en certains cas, offre un tel cachet d'exactitude, qu'on a été jusqu'à l'employer pour dépeindre au figuré certaines nuances du discours. Ainsi l'on dit vulgairement, un langage sucré et mielleux, l'amertume ou le fiel des paroles, et l'on saisit très-bien la différence qu'il y a entre un esprit qui a du sel et celui qui n'est que caustique. On dit de même de certaines conversations qu'elles sont *insipides*, expression que l'on emploie en chimie pour dire d'un corps qu'il est sans saveur et sans goût.

9° La saveur nous conduit de suite à la *solubilité*. Plus les corps sont sapides, plus ils sont solubles dans l'eau.

10° La saveur n'est souvent qu'un diminutif de *l'odeur*, et bien des corps se reconnaissent infailliblement à ce dernier caractère. Ou bien l'odeur appartient en propre au corps que l'on examine, comme serait celle du chlore par exemple; ou bien elle l'acquiert par le frottement, par la chaleur, ou encore en brûlant à l'air. Quiconque a senti une fois une allumette enflammée dira à coup sûr que l'on brûle du soufre, quand ses organes olfactifs ressentiront la même impression.

(*La suite au prochain numéro.*)

LÉON KRAFFT,
Chimiste, élève de Gay-Lussac.

EXPOSITION UNIVERSELLE DE NEW-YORK.

En vue de faciliter l'envoi des produits français à l'Exposition universelle de New-York, M. le ministre de l'intérieur vient d'arrêter, de concert avec l'administration des douanes et le directeur général en Europe des opérations relatives à l'Exposition, les mesures suivantes, qui simplifieront les démarches en douane, tant en France qu'aux États-Unis.

MM. les exposants devront envoyer à l'agence américaine, *rue Laffitte*, 5, à Paris, une déclaration détaillée énonçant leurs noms, leur demeure, la nature, le poids brut et net, la mesure, le nombre et la valeur des marchandises, les marques, numéros et poids des colis.

En échange de cette déclaration, il sera remis ou adressé deux bulletins qui la relateront et qui seront visés par le chef de l'agence américaine.

Les négociants auront à signer ces bulletins et à les diriger, avec leurs marchandises, sur le port où devront s'effectuer l'embarquement. Ces bulletins tiendront lieu de toute déclaration en douane, permis, etc.; l'un deux sera retenu par les employés, l'autre accompagnera les colis aux États-Unis, où il servira de déclaration et, au besoin, de certificat d'origine.

Après l'Exposition, si les marchandises doivent être rapportées en France, la douane de New-York les inscrira sur le même bulletin, qui sera visé gratis par M. le consul général de France, et la représentation de cette pièce suffira pour prouver la nationalité des objets qui seront admis en exécution de tous droits, sans autre formalité.

Quant aux marchandises de prime, il est indispensable qu'elles soient soumises pour leur vérification, à toutes les formalités ordinaires du service des douanes; elles devront, en outre, être accompagnées d'un bulletin comme les autres marchandises. Toutefois, et bien que la prime ne soit acquise qu'aux marchandises définitivement exportées, on liquidera et payera dans la forme accoutumée la prime à laquelle le commerce aura droit, sauf remboursement en cas de retour.

Des ordres dans ce sens ont été donnés aux directeurs des douanes de Paris ainsi que du Havre, port par lequel s'opéreront toutes les expéditions. Les envois devront être faits à l'adresse de M. William Iselin, commissionnaire au Havre, du 10 au 25 mars, suivant la nature des marchandises, conformément aux instructions de M. Buschek, directeur général de l'Exposition en Europe.

Toutes les demandes et réclamations relatives au service, toutes les lettres et communications relatives à la RÉDACTION, doivent être adressées (*affranchies*) à M. Ernest LACAN, rédacteur en chef, au bureau du journal. — *Toute lettre non affranchie sera rigoureusement refusée. Les demandes d'abonnement doivent être accompagnées d'un* bon sur la poste, à l'ordre du Gérant.

Le Propriétaire-Gérant, ALEXIS GAUDIN.

TYPOGRAPHIE HENNUYER, RUE DU BOULEVARD, 7, BATIGNOLLES.
Boulevard extérieur de Paris.

TROISIÈME ANNÉE. N° 12. SAMEDI, 19 MARS 1853.

LA LUMIÈRE

REVUE DE LA PHOTOGRAPHIE.

BEAUX-ARTS. — HÉLIOGRAPHIE. — SCIENCES.

JOURNAL NON POLITIQUE, PARAISSANT LE SAMEDI.

Bureaux, rue de la Perle, 9, à Paris.

ABONNEMENTS.—*Paris*, UN AN, 16 FR.; 6 MOIS, 10 FR.; 3 MOIS, 6 FR.; *Départements*, UN AN, 18 FR.; 6 MOIS, 11 FR.; 3 MOIS, 7 FR.; *Etranger*, UN AN, 20 FR.; 6 MOIS, 12 FR.; 3 MOIS, 8 FR.

Dans le but de faciliter à nos lecteurs les moyens de se procurer la *Lumière*, nous avons cru devoir établir des bureaux d'abonnement :

A la *Librairie Nouvelle*, 15, boulevard des Italiens ;

Au *Cabinet de Lecture*, galerie d'Orléans, 2, Palais-Royal ;

Chez Mlle Legentil, cabinet de lecture, place de la Madeleine ;

Et chez M. Delahaye, rue de Lancry, 37.

On trouvera dans ces succursales des numéros séparés de la *Lumière* (40 c. le numéro).

Nous sommes heureux de voir les journaux français et étrangers reproduire nos articles, mais nous les prions de vouloir bien indiquer la source de ces reproductions ; c'est de toute justice.

SOMMAIRE.

ALBUMS PHOTOGRAPHIQUES.

N° 3. — M. MESTRAL.

Hier, pendant ces quelques heures de l'après-midi que le carême remplit de concerts d'un bout de la ville à l'autre, depuis l'humble prélude de la flûte, qui commence, jusqu'au formidable *tutti*, qui termine, nous avons été faire un voyage en Normandie et en Bretagne. Ce voyage a été complet quoique rapide. Nous n'avons perdu aucun détail : ni la mouette qui vole sur les vagues, ni la cloche qui sonne à l'église, sur le sommet de la montagne, ni le passant dans la rue, ni la porte qui s'ouvre, ni la fumée qui monte du toit, ni les troupeaux d'oies sur les bas côtés de la route. Page à page, nous feuilletions la province dans ses poses les plus vraies et les moins préméditées. La vie de tous les jours, la vie sans mensonges de costumes, nous apparaissait dans ces villages où nous entrions brusquement. Rien n'était fardé, ce n'était pas même un dimanche : le curé portait sa vieille soutane, l'allée du jardin n'était pas ratissée, et la jeune bergère, qui tricotait en ne regardant jamais ses moutons, avait malheureusement trempé beaucoup plus souvent ses sabots que ses mains dans le ruisseau qui court sous les saules. Et néanmoins le voyage était charmant par ce doux pays que l'Océan recouvre de ses fraîches exhalaisons. C'est le pays des vergers en fleurs, des pardons et des calvaires ;

> Le pays où les fronts de femme ont des coiffures
> Comme les reines d'autrefois !

ainsi que le dit beaucoup mieux que notre mémoire ne nous le répète ce cher poëte qu'on appelle Cosnard. Et nous avions avec nous un guide patient et attentif, nous permettant de nous arrêter aux merveilles et nous racontant les légendes. Ce guide, c'était M. Mestral, et ce voyage épisodique et pittoresque, nous le faisions au bout d'un haut escalier de la rue Vivienne, dans l'atelier de M. Mestral.

M. Mestral a travaillé, il y a deux ans, avec M. Le Gray, à cette belle collection archéologique qui est au ministère de l'intérieur. Cet automne, il est parti seul, et, malgré les pluies incessantes qui le retenaient à l'auberge, il a rapporté un grand nombre de clichés. Et les clichés de M. Mestral renferment souvent plus de choses que trois ou quatre de ceux des autres. Il sait mieux que nous ne l'avons vu faire encore à personne, se placer au point juste où l'on embrasse en même temps un vaste ensemble et d'infinis détails. En haut et en bas, ciel et terre, il coupe un pan de l'horizon et se l'approprie. Nous sommes revenus de son atelier, les yeux fatigués de tout ce qu'il avait fait tenir dans un petit nombre de pages.

La photographie commence pieusement toutes ses visites par les cathédrales. La pierre sculptée attire l'objectif, comme le moule attire le bronze. Le monument dont la construction a usé des siècles va se reproduire tout entier, base et clochetons, contre-forts et flèches, grâce à ce rayon qui passe, et à cet artiste qui s'agenouille. Il n'y a plus besoin d'appeler l'arrière-ban des vassaux pour soulever ces blocs de pierre gigantesques, ni les statuaires de l'Italie ou des Flandres pour tailler ces figurines : une main intelligente qui entr'ouvre un rideau devant un miroir y suffira. L'édifice descend et s'éternise sur le cliché, en moins de temps qu'il n'en a fallu au corbeau pour en faire le tour. Nous avouons que l'admiration ne tarit pas en nous devant ce résultat du génie. Nous ne nous habituons pas à ne point être étonnés lorsque nous assistons à une de ces merveilles de la découverte de Daguerre et de Niépce, si bien continuée par l'école française des photographes tels que MM. Le Secq, Mestral, Nègre, Bayard, Ziegler, Martens, Baldus, Le Gray, et tant d'autres, et si perfectionnée par le petit-fils de l'un des inventeurs, M. Niépce de Saint-Victor, qui cherche et qui trouve les couleurs, comme l'alchimiste cherche l'or ; lorsque nous en voyons d'autres saisir le mouvement de la vague dans sa courbe d'un quart de seconde, ou le pli du vent sur le sable de la grève, ou le balancement de la feuille sous le frémissement que l'oiseau imprime à l'arbre en le quittant, ou mieux encore la majesté ou la grâce de la figure humaine, nous ne pouvons pas admettre qu'une telle faculté n'ait pas été révélée pour agrandir l'art suprême de la peinture, et nous nous sentons ému par cette magnifique preuve de l'intelligence de l'homme, ou plutôt de celle de Dieu, qui prouve son infini, par la grandeur même de celle qu'il lui prête !

Ceci dit pour expliquer une fois ces enthousiasmes qui nous arrivent malgré nous, regardons l'église de Saint-Pierre, de Caen, par M. Mestral. Nous apprécions dans cette belle épreuve la qualité dont nous parlions tout à l'heure, l'ensemble et les détails. Ainsi, non-seulement l'église y est tout entière, mais ses bases reposent dans une large perspective de cours, de jardins et de maisons. C'est bien de cette manière que l'œil la détache, et les accessoires qui l'enveloppent la rendent plus réelle. M. Mestral donne, si l'on peut le dire, une envergure plus longue à son appareil ; et cette justesse de son orientation est une qualité originale de ses épreuves.

A côté de l'église, voici une rue qui y mène ; rue gothique aux maisons de bois, par lesquelles sortaient les bourgeois et les bourgeoises, leurs Heures à la main. Nous aimons ces maisons imagées d'un autre âge, où est renfermé un peu du parfum d'autrefois, et qui s'affaissent sous le poids des générations qu'elles ont portées. Allons, comme le rayon glissant entre le nuage, du nord au midi, et du midi au nord. Reposons-nous sur la cathédrale de Bayeux. M. Mestral lui a consacré plusieurs planches sur lesquelles fourmillent les gracieux et fantastiques détails de l'architecture gothique. Comme ils se ressemblent partout, que la même pensée de foi les inspirait dans toute la chrétienté, et que nous en avons déjà trop parlé, nous n'y reviendrons pas, quelque finis qu'ils soient.

Mais la mer se gonfle là-bas en montagnes perlées. Nous ne la quitterons plus. On la devine au balancement des mâts au-dessus des toits, dans la *Vue générale de Granville-les-Bains*, une très-belle épreuve faite sous les yeux de M. Mestral, par M. Tripier. C'est une petite ville souriante et gaie, aux toits étagés, aux rues pleines d'un air sain, qui vous annonce qu'une vague bienfaisante vous attend sur la grève pour vous fortifier. Nous retrouvons encore M. Tripier dans une *Rue de Dinan*, d'une réalité et d'une netteté remarquables, et dans un magnifique *Groupe d'arbres*, les plus imposants et les plus couverts de feuilles que la photographie nous ait montrés. Il n'est plus permis, après l'avoir vu, de désespérer d'une reproduction complète et lumineuse du paysage.

Nous avons tous dans le regard ce sombre et imposant château du Mont-Saint-Michel, dominant la ville et l'ayant peut-être fait pleurer autrefois. A présent c'est au château à pleurer ! M. Mestral a fait deux fois cette belle vue sinistre. La première fois, une maison du bourg manquait. Elles sont toutes dans la seconde épreuve. La planche photographique est triste comme la pierre de la geôle.

Nous arrivons à une autre feuille de lumière et de limpidité : c'est *le Viaduc de Dinan* ; la ville complète avec toutes ses rues, et coupée au milieu par le cours sinueux de l'Aronce. M. Mestral s'est placé là mieux que nulle part pour ne rien perdre. Le panorama est là dans toute sa grandeur. Si une loupe se promenait sur cette page, elle verrait tout ce qui se faisait dans la ville pendant cette minute de soleil, et ceux qui descendaient aux jardins, et celles qui travaillaient sous les arbres, et la fenêtre ouverte qui en observait peut-être une autre, et les promeneurs qui se sont rencontrés ce jour-là, sans se le rappeler sans doute aujourd'hui. Quand la photographie aura accompli assez de progrès pour saisir la ressemblance de la figure qui passe, quelles révélations elle pourra faire, si elle s'exerce pendant l'heure où un fait d'un intérêt quelconque s'accomplit ! Et que de choses il tient déjà dans l'objectif de M. Mestral !

L'*Eglise du Kernetroan*, à Lanmeur (Finistère), avec ses marches usées par tous les pieds qui s'y sont arrêtés le dimanche, tandis qu'on chante vêpres à l'intérieur, et avec son badigeon à la chaux qui la rend plus difficile à reproduire ; *le Clocher de Kreisker* (milieu du village) à Saint-Pol-de-Léon ; celui de *Roskof*, avec ses étages d'un effet si bizarre ; et enfin l'église du *Folgoët*, qu'une légende populaire enveloppe de ses obscurités et de ses contradictions, sont des œuvres d'une finesse et d'un bien rendu très-exceptionnels. Nous sommes revenu plusieurs fois aussi à *la Marée montante* et au *Champ de bataille*, à Landerneau.

M. Mestral a encore rendu hommage à la demeure des

morts. Il s'est posé en face du portail de *Penkran*, au milieu du cimetière. Tous ces gazons paraissent soulevés par les mouvements des trépassés qu'ils recouvrent ; toutes ces croix penchées semblent être tirées du dedans de la terre par des bras qui ne se sont pas assez tendus devant elles durant la vie. Cette fois, la photographie s'est poétisée de la réalité. Mais voici l'hommage le plus pieux au Christ, ce mort immortel. Ce sont les trois Calvaires de *Pencran*, de *Plougastel* et de *Pleyben*. Nous ne connaissons pas assez la Bretagne catholique pour expliquer le sens de ces sortes de décorations de gibets de pierre, au milieu desquels se trouve Jésus ; puis ordinairement le bon larron, puis en bas deux apôtres, puis enfin, au pied de cet arbre fantastique, la Vierge ou la Madeleine. Quelle est sa place habituelle en dehors de l'église? Est-ce une sorte de chemin de la Croix montant de bas en haut? Nous ignorons toutes les réponses, mais elles ont une naïveté et une éloquence qui leur sont propres. Cette végétation sculpturale pousse sur le vieux sol de Bretagne comme sur celui de la Belgique et de la Hollande.

Lorsqu'on sait voyager, et choisir comme M. Mestral, lorsque surtout on rapporte dans son portefeuille, rendus avec une supériorité incontestable, tous les incidents, tous les spectacles, toutes les merveilles de la route, il est par trop modeste de renfermer ce beau voyage dans l'ombre de son atelier. Le public saurait certainement gré au photographe de premier mérite, de descendre sa Bretagne des sommets un peu ténébreux de la rue Vivienne, à la clarté de jour et de nuit des galeries qui s'ouvrent en bas.

HENRI DE LACRETELLE.

LES PEINTRES ILLUSTRES.

Si je voulais écrire l'invention de la peinture, ce serait une page que je prendrais, non dans les livres, mais dans mon cœur. L'idée de reproduire les objets, la ressemblance particulièrement, a dû naître dans une âme éplorée par la pensée de se séparer d'une personne aimée. Tenez, laissez-le-moi dire en deux mots : C'était un jour de soleil de printemps; deux jeunes filles étaient là, à côté de leur père malade et près de mourir. Elles se désespéraient en songeant que bientôt l'auteur de leurs jours aurait cessé de vivre. — Le vieillard dormait, et son ombre se dessinait sur la muraille.

« Oh ! s'écria l'une d'elles, si nous pouvions du moins fixer là son image ! » Et, au même instant, elle traça sur le mur les contours de cette figure adorée. Le dessin et la peinture venaient de naître !...

Les premiers peintres grecs peignaient avec une seule couleur. C'est ainsi que furent faites celles d'Hygienontes, de Dinias, de Charmas, et d'Eumarus.

Cimon, disciple de ce dernier, fut le premier qui trouva les raccourcissements du corps, et commença à les poser en diverses attitudes. Avant lui, les figures n'avaient aucune action. Il fut le premier aussi qui représenta les jointures des membres, les veines du corps, et contrefit les différents plis des draperies.

Ces peintres existaient à une époque fort reculée, et n'avaient guère dépassé dans leurs œuvres ce que nous voyons dans les tombeaux égyptiens, de la peinture des cercueils.

On assure, toutefois, que dès la deuxième année de la seizième olympiade, qui se rapporte à la fondation de Rome par Romulus, Candaule, surnommé Myrsilus, roi de Lydie, et le dernier de la race des Héraclides, acheta au poids de l'or un tableau de la façon du peintre Balarchus, représentant *la bataille des Magnésiens*; ce qui prouve que dès une époque si reculée l'art de peindre était déjà avancé.

Panœus, frère de Phidias, parut avec estime en la quatre-vingt-troisième olympiade (449 ans avant Jésus-Christ); il peignit la bataille de Marathon. Cependant il ne le fit pas avec autant de succès que Polignote, qui vint ensuite et donna aux figures plus d'animation et de variété.

Polignote s'appliqua surtout à peindre les femmes, et ayant trouvé le secret des couleurs vives, il les vêtit d'habits éclatants et agréables, fit leurs coiffures différentes et les enrichit de parures. Cette belle manière enrichit beaucoup l'art de la peinture, et donna une grande réputation à Polignote, qui, après avoir fait plusieurs ouvrages à Delphes, et sous un portique d'Athènes, dont il ne voulut recevoir aucun payement, fut honoré par le Conseil des Amphictyons d'un remerciement solennel au nom de toute la Grèce, qui lui assigna un logement dans chacune de ses villes.

Apollodore vivait à Athènes 409 ans avant Jésus-Christ ; il se distingua des précédents, qui s'étaient tenus à la ressemblance, par une recherche plus grande des belles parties du corps. Il donna, en outre, tant de beauté et tant de grâce à son coloris, qu'il surpassa tous ceux qui l'avaient précédé.

Zeuxis vint à la même époque, et, par une heureuse émulation, le surpassa après l'avoir imité. Il fit plusieurs peintures qui ont été célèbres; on connait surtout celle dont il fit cadeau à la ville de Croton. C'était une femme réunissant tous les genres de beauté. On venait de tous les pays pour l'admirer. Cependant Zeuxis avait un ouvrage qu'il estimait supérieur à celui-là, c'était son *Athlète* : il défiait tous les peintres de l'imiter.

Lorsqu'il fut devenu riche, il ne travailla plus que pour la gloire. Estimant ses tableaux sans prix, il les donnait libéralement aux princes et aux villes qui lui faisaient plaisir.

Zeuxis eut néanmoins pour concurrent Parrhasius, qui le vainquit dans une gageure qu'ils avaient faite à qui représenterait le mieux la vérité de quelque chose. Zeuxis avait peint un raisin si ressemblant que les oiseaux venaient le becqueter ; Parrhasius fit apporter un tableau qui était un rideau si artistement peint que Zeuxis lui-même y fut trompé le premier ; car, voulant le tirer pour voir l'ouvrage qu'il croyait être caché dessous, il eut l'affront de s'être mépris, et avoua que Parrhasius l'avait vaincu.

Parrhasius fut le premier qui observa la symétrie, et qui fit paraître la vie et le mouvement ; nous en avons cité un exemple précédemment. Il s'étudia à donner de l'expression aux visages, et Pline observe qu'il fut celui des peintres de son temps qui sut le mieux arrondir les corps et faire paraître le relief. Mais la vanité de cet artiste était insupportable, et diminua beaucoup l'estime qu'on avait pour lui. Il se louait sans cesse lui-même et ne pouvait souffrir qu'on lui en préférât un autre. Il était toujours vêtu d'une manière particulière, et, pour être encore plus respecté, il se disait être de la race d'Apollon, et faisait croire qu'Hercule lui apparaissait durant son sommeil. Vaincu par la concurrence de Thimante dans un tableau dont Ajax était le sujet, il s'écria que tout son déplaisir était d'être vaincu par un homme qui n'était pas digne de lui !...

Un tel sentiment n'était pas celui du public de ce temps-là. Thimante n'était pas seulement un habile peintre, mais encore un homme d'esprit et de jugement, qui faisait ses ouvrages avec art et avec science. Le tableau qu'il fit du *Sacrifice d'Iphigénie* et celui d'un *Cyclope* ont été si célèbres, et si loués par les meilleurs écrivains de l'antiquité, qu'il est impossible de n'en avoir pas une haute idée.

En ce même temps vivaient Euxenidas, qui fut maître d'Aristide, et Eupompe, de qui Pamphile fut disciple.

Pamphile était natif de Macédoine. Il joignit à la peinture l'étude des belles-lettres, dont il tira un très-grand secours qui contribua à sa réputation. Il savait les mathématiques, et les croyait indispensables à la peinture. Une opinion singulière qu'il avait, c'était que l'art, pour ne pas dégénérer, ne devait être enseigné qu'aux enfants nobles ; il ne voulait pas que les esclaves en fissent profession. Il y eut des villes qui firent la sottise, sur sa parole, de traduire en édit cette opinion.

Pamphile eut pour disciple Apelles, qui éleva l'art si haut, et dont nous avons déjà parlé. Apelles naquit dans l'île de Coos, 332 ans avant l'ère chrétienne. Les historiens ont tous renchéri les uns sur les autres dans leurs éloges sur la beauté de son coloris, la grâce des formes qu'il donnait à ses sujets. Il fit un nombre prodigieux d'ouvrages. Du temps de Pline on voyait encore à Rome plusieurs de ses tableaux qui y tenaient le premier rang. C'étaient une *Vénus sortant de la mer*, *Castor et Pollux*, *la Victoire*, un portrait d'*Alexandre*, un tableau de la *Guerre vaincue, et le dieu Mars les mains liées derrière le dos par Alexandre*; une image d'*Hercule*, etc.

Mais ce qui prouve avec quelle ardeur on s'adonnait aux arts en Grèce, c'est qu'Apelles avait des rivaux qui le suivaient de près dans la carrière. Il avouait sincèrement qu'Amphion le surpassait dans l'ordonnance, et Asclépiodore dans les proportions. Bien différent de Parrhasius par le caractère et le cœur, il rechercha la connaissance de Protogène, dont il avait vu quelques ouvrages, et le fit connaître au public qui, auparavant, ne le considérait pas.

Protogène avait plus de cinquante ans lorsqu'il commença à être connu. Il avait passé sa jeunesse dans la pauvreté, étudiant avec ardeur, et ne faisant pas des tableaux pour les vendre avant de savoir le métier. Son ouvrage le plus réputé fut un *Jalysus*, qui a été longtemps conservé à Rome dans le temple de la Paix. Ce fut ce tableau qui surprit si fort Apelles qu'il confessa que c'était la plus belle chose du monde. Il dit cependant, pour se consoler, qu'il y manquait certaine grâce que lui seul aurait su donner... Protogène, pour conserver la durée de ce tableau, crut devoir le couvrir de quatre couleurs, afin que le temps venant à en effacer une, il s'en trouvât une autre dessous toute fraîche. C'est dans ce tableau qu'était un chien haletant et jetant de l'écume, dont nous avons déjà parlé. On raconte que l'artiste, ne pouvant venir à bout de faire cette écume comme il voulait, jeta son pinceau contre, et que le hasard produisit la merveille désirée.

Ce tableau de *Jalysus* a été pour les écrivains une occasion de nous faire connaître jusqu'à quel point l'art était vénéré chez les Grecs. Lorsqu'il était encore à Rhodes, chez son auteur, il sauva cette ville d'un assaut lorsque Démétrius l'assiégea, car, la ville ne pouvant être prise que du côté de la maison de Protogène, ce guerrier préféra lever le siége à courir le risque de faire périr le tableau.

FRANCISQUE BOUVET.

ACADÉMIE DES SCIENCES.

Lettre de M. Alexandre de Humboldt à M. Arago, annonçant la mort de M. Léopold de Buch. — Orfila. — Produits industriels, etc., amenés des oasis du continent africain. — La photographie appliquée à l'histoire naturelle.

Mort de M. de Buch, de Berlin, membre associé étranger. Lettre de M. A. de Humboldt.—Le savant qui a illustré son nom a dû se livrer pendant de longues années à des études sérieuses, à de laborieuses et persévérantes recherches. En contemplant ses traits altérés par les veilles, sa figure pensive et souvent austère, on est généralement porté à croire que son cœur est froid, que son âme est sèche : c'est une grande erreur, qu'il serait facile de détruire en citant un grand nombre de faits qui prouveraient le contraire.

La lettre suivante, adressée par M. Alexandre de Humboldt à M. Arago, lue par M. le secrétaire perpétuel Flourens, prouve combien le cœur d'un savant illustre peut renfermer de doux épanchements et de sentiments affectueux.

Berlin, 4 mars 1853.

« Mon cher et excellent ami, j'ai une triste nouvelle à t'annoncer, Léopold de Buch nous a été enlevé aujourd'hui, il n'y a que quelques heures, par une fièvre que l'on a crue typhoïde. La maladie n'a paru grave que pendant trente-six heures, rien n'annonçait une perte si prompte et si douloureuse. Il y a peu d'exemples d'un dévouement si long, si actif, si fécond pour les sciences dont M. Léopold de Buch a étendu les limites : la réforme de la géologie, les heureux changements que cette science, a subis sont en grande partie son œuvre. C'était avec cela une âme noble et belle ; ardent comme tous les hommes qui ont laissé une trace lumineuse dans les sciences, bon sous des apparences souvent austères. Gay-Lussac et toi vous l'aviez connu dans toute l'individualité de sa physionomie morale ; aussi M. de Buch était, après moi, la personne qui t'était le plus attachée de cœur et d'âme. »

L'illustre Assemblée a été d'autant plus affectée de la perte d'un de ses membres, annoncée par cette lettre, qu'elle était à peine remise de l'impression douloureuse que lui avait laissée la mort si inattendue et si récente (12 mars) du célèbre professeur Orfila.

M. Orfila comptait au nombre de ses amis beaucoup de membres de l'Académie. Il était, de tous les professeurs vivants, celui dont on a le plus parlé, celui que l'on a le plus connu dans le monde ; son cours attirait la plus grande affluence d'élèves, et il laisse dans la science de nombreux et d'utiles travaux.

Il a disposé d'une partie de sa fortune en faveur de la science ; le total des legs qu'il lui a laissés s'élève à 161,000 fr., et il a en outre doté de 400 fr. de rentes la caisse de prévoyance des médecins.

Histoire naturelle, produits industriels, agricoles, amenés des oasis sud du continent d'Afrique. — M. le colonel du Couret, connu chez les Arabes sous le nom de Abd-el-hamid-bey, chargé par M. le ministre de l'instruction publique d'une mission scientifique dans le continent africain, a soumis au jugement de l'Académie des inscriptions et belles-lettres dix-sept manuscrits français et arabes où sont consignés les résultats de cette mission ; trois de ces cahiers, qui sont du ressort de l'Académie des sciences, lui ayant été adressés, nous signalerons dans un prochain numéro quelques-unes des pages les plus curieuses de ces manuscrits.

M. le colonel du Couret a recueilli en outre :

Un cheval étalon de race barde, amené avec sa selle et sa bride.

Un dromadaire coureur du pays des Touarengs, faisant cinq lieues à l'heure.

Une vipère cornue du Sahara.

Des truffes blanches, apportées à Tuggurt par les nomades Harazalie et Arba en échange de dattes; une mesure de truffes coûte 4 mesures de dattes ; les Arabes de Tuggurt et des oasis environnantes en font un de leurs mets les plus succulents.

Il y en a encore une autre espèce qui est rouge et infiniment préférable à la première ; les Arabes les appellent toutes deux torsas.

Espèce de champignon du Sahara, que les Arabes appellent techh-de-ba, et dont la farine leur sert dans les maladies de poitrine en la mêlant avec du beurre.

Vinaigre (lagmi) des Arabes des oasis méridionales, provenant de la sève fermentée du palmier, sève dont les indigènes font une boisson très-agréable, mais peu bienfaisante, qui se débite sous le nom de lagmi.

Garance avec laquelle les Arabes de Tuggurt et des oasis environnantes teignent leurs effets de cuir et de laine ; la garance est récoltée l'année après les semailles. La livre ou rotli étant de 20 onces à Tuggurt pour la garance seulement, le quintal se trouve ainsi porté à 125 livres et se vend 40 fr.; le transport de Tuggurt à Philippeville est de 32 fr. par 200 kil., charge d'un chameau.

Plusieurs boites renfermant des monnaies d'or, d'argent et des médailles ; une d'elles contient 2,500 ouda.

Les coris, appelés ouda par les nègres, leur servent de monnaie d'échange ; une jeune et jolie négresse peut être achetée 2,500 ouda.

Trois poissons, un petit saurien, un petit serpent, pris dans les puits artésiens de Tuggurt.

Un manuscrit arabe de 518 pages, copié à prix d'argent par les meilleurs notaires et copistes de Sfax; il renferme un sommaire historique et très-succinct de la dynastie ottomane de Stamboul, des beys de Tunis, et s'étend surtout sur l'historique des principaux marabouts du pays, ce qui rend impossible aux chrétiens l'acquisition de ce livre, regardé comme sacré par les musulmans. Le caractère religieux de Si-el-hadji Abd-el-hamid-bey (M. du Couret) en a facilité la possession.

LA PHOTOGRAPHIE

APPLIQUÉE A L'HISTOIRE NATURELLE.

MM. Deveria et Rousseau, dessinateurs et peintres attachés au Muséum d'histoire naturelle, ont eu l'heureuse idée d'appliquer les procédés photographiques à la reproduction des précieuses et uniques collections de ce vaste établissement. Ils ne veulent s'attribuer d'autre mérite que celui d'avoir, par de nouveaux efforts, cherché à développer et à rendre utile et possible pour la science, des procédés qui n'avaient pas encore reçu cette application.

Nous félicitons bien sincèrement les éminents artistes qui ont pris cette initiative. Ils reconnaitront bientôt que la photographie, pratiquée par des mains habiles, est depuis longtemps en mesure de rendre d'utiles services à la science. Les colonnes de ce journal, consacrées depuis plusieurs années à constater les admirables progrès que l'art photographique réalise presque journellement, ont plusieurs fois signalé les noms des artistes qui ont été chargés de missions scientifiques par MM. les ministres, et elles ont rendu compte des résultats importants qui ont toujours été obtenus.

Pour qu'elle réussit, une entreprise aussi considérable devait être confiée, sous la direction de MM. Deveria et Rousseau, à des hommes disposés à apporter à l'accomplissement de leurs travaux, du zèle, de la persévérance, et surtout des soins minutieux ; MM. Bisson frères, pour la photographie, et M. Lemercier l'excellent lithographe, pour les textes, réunissaient toutes ces aptitudes, et c'est au concours de ces divers talents réunis que sont dues les belles épreuves spécimens qui ont été présentées à l'Académie des sciences. Une de ces épreuves, très-bien réussie, offre un vif intérêt au point de vue de l'histoire naturelle; elle reproduit différentes espèces de mollusques, zoophites coraux, plantes marines, etc. La finesse des détails, obtenue au moyen du collodion, et le rendu parfaitement naturel, permettent de saisir la constitution de ces êtres qui occupent les derniers degrés de l'échelle organique, et d'en faire une étude approfondie; avec de pareilles planches, chacun pourra, sans sortir de son cabinet, suivre les intéressants travaux entrepris récemment par des savants distingués, dans le but de reconnaitre l'intimité qui existe entre le règne végétal et le règne animal.

MM. Bisson et Lemercier sont à même de fournir promptement une nombreuse série de ces planches.

A.-T. L.

GRAVURE.

Napoléon franchissant les Alpes, d'après M. Paul Delaroche, par M. Alphonse François. — *Assassinat du duc de Guise*, d'après M. Paul Delaroche, par M. Victor Desclaux.

De tous les maîtres français contemporains, M. Paul Delaroche est celui dont les œuvres, grâce à leur caractère spécial, se prêtent le mieux à la reproduction gravée : c'est aussi, de tous, celui qui a rencontré les interprètes les plus heureux et les plus habiles : Mercuri, Henriquel Dupont, etc. C'est que la manière sobre, élégante, toujours ingénieuse, et le procédé un peu effacé de l'auteur de *Jane Grey* convient à merveille aux ressources restreintes de la gravure; et je ne veux pour preuve de ce bon accord que les gravures si connues de *Sainte Elisabeth de Hongrie, la Mort de Strafford*, etc. Aujourd'hui nous voudrions appeler l'attention de nos lecteurs sur deux gravures très-réussies, exécutées d'après M. Paul Delaroche : *Napoléon franchissant les Alpes*, par M. Alphonse François, et l'*Assassinat du duc de Guise*, par M. Victor Desclaux.

Le tableau du *Napoléon* nous est inconnu. Il est la propriété de lord Onslow et n'a jamais été exposé : seulement il a été *exhibé* (pour employer le mot spécial anglais) à Londres et à Vienne, où on l'a fort admiré. Un détail a surtout enthousiasmé les Viennois : les bottes de Napoléon sont souillées de boue et de neige, et l'exécution précieuse de ces taches a soulevé des transports d'admiration, au dire des critiques étrangers : quoi qu'il en soit de ce fanatisme puéril et très-antipathique à l'art véritable, voici le plan du tableau : le premier consul, enveloppé dans un large manteau, traverse un passage difficile encaissé entre deux murailles de rochers. Il est monté sur un mulet que tient par la bride un guide italien. Les Alpes forment le fond imposant de cette scène, et peut-être ce gigantesque repoussoir écrase-t-il un peu la figure épique du futur Empereur.

Rendre avec fidélité, traduire respectueusement l'œuvre du peintre de façon à conserver son individualité, tel est le but, le mérite propre de la gravure. L'absence du point de comparaison nous rend fort difficile l'appréciation consciencieuse de l'œuvre de M. Alphonse François. Au point de vue absolu et purement technique, la gravure du *Napoléon* dénote un burin exercé, rompu aux habiletés du métier, peut-être un peu froid. D'ailleurs, en gravant, avec un succès qui n'est pas oublié, *le Pic de la Mirandole* de M. P. Delaroche, M. A. François avait déjà donné la mesure de son talent sérieux.

L'*Assassinat du duc de Guise*, qui fut exposé au Salon de 1834, est le chef-d'œuvre de M. Delaroche. On connait la composition simple et pathétique de ce tableau, véritable résumé qui permet d'apprécier les qualités et les défauts du peintre d'une façon complète. D'un côté, le duc étendu mort, les traits encore menaçants et fiers; de l'autre, le roi au milieu des assassins, tout pâle de sa victoire. On a reproché à M. Delaroche de faire du drame bourgeois, et ce reproche a été quelquefois mérité : ici tout est juste, vrai, senti, sans exagération ni fracas. M. Victor Desclaux s'est tiré heureusement de sa redoutable tâche. Les fonds sont un peu uniformes : mais les premiers plans, enlevés avec vigueur, et particulièrement le corps du duc sont traités avec une remarquable adresse. Ces deux gravures font honneur au talent de leurs auteurs: l'une nous donne la reproduction d'une toile qu'on peut regarder comme perdue pour la France; l'autre traduit très-heureusement le chef-d'œuvre d'un de nos peintres les plus populaires.

L'art du graveur, éminemment français, exige un long apprentissage, des qualités de pratique difficiles à acquérir, une éducation artistique très-avancée, et une rare abnégation de tout système personnel. Tant de conditions diverses ne sont jamais récompensées par la célébrité, rarement par la fortune. Un homme du monde, un homme honnête, comme on disait au dix-huitième siècle, ne peut sans ridicule ignorer le nom de nos peintres fameux. En dehors d'un cercle peu étendu d'artistes et d'amateurs, qui connait les noms de nos graveurs, les premiers de l'Europe pourtant? C'est à la presse, par son action incessante, à stimuler cette triste indifférence, ce dédain immérité, et, pour notre part, quand il se produira dans la gravure d'art une tentative sérieuse, notre publicité ne lui fera pas défaut.

LOUIS D'ORNANT.

COURS

DE CHIMIE APPLIQUÉE A LA PHOTOGRAPHIE.

DÉFINITIONS ET NOTIONS PRÉLIMINAIRES.

En général, plus les corps sont odorants, plus ils sont faciles à vaporiser.

11° Ce mot nous entraine à examiner l'*action de la chaleur* sur les corps. Nous entendons ici cette action immédiate, accessible à tous, sans aucun instrument de précision et dans nos foyers ordinaires.

Un corps peut fondre ou ne pas fondre. S'il ne fond pas, il peut cependant se vaporiser, en répandant des vapeurs caractéristiques, tant par leur couleur que par leur odeur; de même qu'en brûlant au contact de l'air, il peut donner des indices qui serviront à le reconnaître. Il pourra aussi prendre des teintes très-différentes, variables avec l'intensité de la chaleur, ou colorer la flamme de diverses nuances.

S'il fond, il pourra éprouver une ou deux *fusions*. S'il contient de l'eau de cristallisation, il fondra dans cette eau ; c'est ce que l'on nomme la *fusion aqueuse*. Une fois privé de cette eau, ou s'il n'en contenait pas, il subira la fusion *ignée*. Après cela, il pourra se volatiliser en répandant des vapeurs de couleurs et d'odeurs caractéristiques. De même, une fois fondu, il peut prendre des couleurs variables ou colorer diversement les flammes qui l'environnent. On constatera toujours avec fruit ce qui se passe, s'il s'enflamme à l'air.

12° La *densité*, ou le poids sous l'unité de volume, est une propriété très-importante, mais qui, le plus souvent, ne devient caractéristique qu'à l'aide d'excellents instruments. Cependant on peut quelquefois, et rien qu'à la main, reconnaître si un volume déterminé d'un corps est plus pesant que le pareil volume d'un autre corps.

Les substances métalliques sont très-denses.

13° Enfin, nous terminerons par une dernière propriété, celle du *développement de l'électricité*. Certains corps acquièrent par le frottement, la chaleur, ou le contact avec d'autres corps, la faculté d'attirer à eux des poussières d'autres substances; la résine, le soufre, etc., etc., deviennent électriques par le frottement.

Maintenant, supposons qu'on nous présente deux substances à examiner, pour appliquer à leur signalement ce que nous avons appris de la méthode naturelle d'examen des corps.

La première est solide, jaune-citron, se cassant brusquement et à cassure vitreuse, très-friable, opaque vue en masse, translucide et jaunâtre sur les bords de la cassure, insipide et insoluble dans l'eau, inodore à froid, légère odeur sulfureuse par le frottement qui la rend électrique. La chaleur fond cette substance en un liquide jaune qui s'épaissit et devient rouge en élevant la température. Elle répand alors des vapeurs jaunes, ayant une odeur sulfureuse très-prononcée. Ces vapeurs brûlent avec une flamme bleue au contact de l'air et dégagent alors l'odeur vive et piquante des allumettes enflammées. Tous nos lecteurs appelleront avec nous cette substance-là du soufre.

L'autre matière soumise à notre examen est solide, d'un brun noir rappelant celui de la plombagine, dont elle a aussi l'éclat métallique, cristallisée en lames à cassure grasse, très-peu dures et opaques. Sa saveur et son odeur rappellent celles du chlore, mais à un moindre degré. Elle tache la peau et les matières organiques en jaune. A chaud elle ne fond pas, et répand de magnifiques vapeurs violettes qui ne s'enflamment pas à l'air...

N'allons pas plus loin, tout le monde dit que cette substance est de l'iode.

(*La suite au prochain numéro.*)

LÉON KRAFFT,
Chimiste, élève de Gay-Lussac.

ERRATUM. *Cours de chimie appliquée à la photographie*, premier article, numéro du 12 mars, deuxième colonne, avant dernier alinéa, *au lieu de :* plus les corps sont sapides, etc., *lisez :* en général la sapidité des corps est un indice de leur solubilité dans l'eau.

CORRESPONDANCE.

MONSIEUR,

Puisque vous reportez l'attention de vos lecteurs sur les négatifs obtenus sur albumine, je me permettrai de vous indiquer un moyen très-expéditif pour préparer cette substance.

On verse 4 à 5 gouttes d'acide acétique ordinaire, vinaigre distillé, sur chaque blanc d'œuf et, après avoir agité légèrement avec un tube de verre pour opérer le mélange, on abandonne le tout au repos. En peu de temps l'albumine se liquéfie et fait monter à sa surface une matière coagulée que l'on sépare facilement en passant dans un linge fin.

En faisant dissoudre 2 grammes d'iodure de potassium dans 100 grammes d'albumine ainsi préparée, et ajoutant tout juste assez de sucre pour qu'elle ne se fendille pas sous l'influence d'une légère chaleur, on obtient une couche qui se conduit très-bien dans les opérations subséquentes. Si l'on réunit les autres conditions du succès, une minute d'exposition dans la chambre obscure suffit pour recevoir l'empreinte d'un monument ou d'un paysage. — Je me suis assuré bien souvent que la sensibilité dépend en grande partie du degré de coagulation de l'albumine; elle n'est qu'un excipient inerte destiné à fixer les substances actives. Si elle les emprisonne trop fortement, le jeu des affinités est moins facile; leur action mutuelle sous l'influence de la lumière se ralentit, et la sensibilité est diminuée. On peut en dire autant du collodion dont la fermeté ou le degré de coagulation dépend de tant de conditions différentes; aussi conseille-t-on généralement de le mettre sur le sel d'argent avant sa dessiccation complète. La sensibilité dépend donc, toutes circonstances égales d'ailleurs, de l'état plutôt que de la nature de la couche destinée à fixer les substances actives, témoin les épreuves instantanées obtenues par M. Talbot sur l'albumine. Ces épreuves n'existent probablement qu'à l'extrême surface; en effet, bien des opérateurs ont dû remarquer qu'en mettant une couche d'albumine iodurée sur un bain d'argent étendu, et peu acidulé, l'eau abondante dissout en partie l'albumine, le nitrate d'argent faible la coagule en partie, il se forme un iodure d'argent légèrement emprisonné et qui est extrêmement sensible; mais le simple lavage, et souvent même la solution d'acide gallique l'enlèvent comme une poussière peu adhérente. En suivant cette idée, on arrivera peut-être à donner aux couches albuminées autant de sensibilité qu'au collodion.

Je trouve toujours beaucoup d'avantages à associer l'acétate de chaux à l'acide gallique; mais on ne doit pas mettre ces deux substances à la fois dans l'eau simple, car elles noircissent promptement. Il faut, comme je l'ai déjà conseillé, laisser séjourner pendant quelques heures un morceau de camphre dans l'eau qui tient l'acide gallique en solution, ajouter un peu d'acide acétique, puis y mettre l'acétate de chaux. Bien souvent la couche d'albumine présente, après toutes ces opérations une surface terne et comme dépolie; l'emploi du camphre dans l'acide gallique, et même dans le bain d'argent, lui conserve ordinairement tout son éclat, et il faut y regarder de près pour distinguer le côté du verre qui a reçu l'image. Un peu de nitrate de potasse, ajouté à l'acide gallique, contribue à la netteté des blancs. Cette substance produit un excellent effet dans le sulfate de fer destiné à faire venir les épreuves au collodion. Il ne faut l'ajouter qu'après l'acide sulfurique; sans cette précaution, l'acide, plus pesant que la solution, descend jusque sur le nitrate, en dégage l'acide nitrique concentré, qui produit au contact du sulfate de fer un changement bien connu des chimistes; la liqueur noircit et contient alors de l'acide nitreux, nuisible au développement de l'image.

L'acide tartrique, mis en faible quantité dans le sulfate de fer, donne de l'intensité aux noirs; son efficacité est plus évidente lorsqu'on s'en sert pour développer un négatif sur papier. S'il fait jaunir le sulfate, il faut y ajouter de l'acide sulfurique jusqu'à ce que le liquide revienne à sa première teinte.

Je vous prie, monsieur, d'agréer l'hommage de ma respectueuse considération. LABORDE,

Professeur de physique à Piguelin, près Nevers.

10 mars 1853.

Besançon, le 6 mars 1853.

MONSIEUR LE RÉDACTEUR,

Peut-être trouverez-vous convenable de faire part du procédé suivant aux lecteurs de votre estimable journal.

Il manquait au collodion, qui donne des épreuves si rapides et si vigoureuses, de pouvoir être étendu sur les glaces, et rendu sensible assez longtemps d'avance pour permettre d'aller prendre des points de vue ou autres épreuves à une certaine distance, n'ayant à emporter que la chambre obscure et les châssis garnis de leurs glaces sensibles, et, rentré chez soi, procéder à la continuation de l'épreuve par les moyens en usage. Voici la méthode:

On choisit deux glaces d'égale dimension, qu'on nettoie parfaitement au tripoli et à l'esprit-de-vin. Sur l'une, on étend la couche de collodion, qui est rendu sensible immédiatement, en la plongeant dans un bain de nitrate d'argent à 12 pour 100. Quand les stries ou veines ont disparu, ce qui arrive en 20 ou 30 secondes, on retire la glace du bain, et la tenant verticalement, en laissant sa base plonger de quelques millimètres dans le bain, on applique l'autre glace contre la partie enduite de collodion, en commençant la jonction par la base inférieure (nappe); une mince nappe du bain d'argent s'élève, par la capillarité, jusqu'à la partie supérieure; le collodion se trouve alors renfermé entre les deux glaces avec une mince couche liquide qui le soustrait complétement à l'action de l'air, et l'entretient dans l'état le plus favorable à la reproduction des images de la chambre noire. On saisit alors les deux glaces par les angles extrêmes; on laisse égoutter quelques secondes, et on les place dans les châssis, en sorte que l'image traverse la glace non enduite de collodion; on devra donc veiller à ce que celle-ci soit parfaitement propre.

Aucune bulle d'air ne restera entre les deux glaces si l'opération a été bien faite. On pourra conserver les glaces ainsi préparées toute une journée, avant de les exposer à la chambre noire.

Après leur exposition à la chambre noire, et rentré chez soi, à l'abri de la lumière, on procède à la séparation des glaces en introduisant dans un angle une palette en corne amincie, en forme de coin. Les glaces se séparent facilement, sans que la couche de collodion se trouve en rien endommagée; il suffit alors de les remettre au bain de sulfate de fer ou d'acide hypogallique, et on traite comme d'habitude.

Je me sers avec avantage, pour protéger les glaces négatives et positives, d'un vernis composé avec du mastic en larme et de l'essence de térébenthine, en lui donnant une très-faible densité; on l'étend sur la glace parfaitement sèche, comme le collodion, puis on laisse égoutter et sécher verticalement à l'abri de la poussière.

Agréez, etc. A. GIROD.

NOUVELLES DIVERSES.

Le Conseil municipal de la ville de Paris a autorisé l'exécution d'une partie des travaux d'embellissement du bois de Boulogne, dont les projets lui avaient été présentés par M. le préfet de la Seine, et il a voté les fonds nécessaires pour commencer immédiatement les travaux.

Ces premiers embellissements consistent en une rivière artificielle dont les eaux couleront sur une surface de 12 hectares environ, entre le rond-point dit *du Roi* et le rond-point *Mortemart*. Cette rivière se composera de deux bassins, de niveau différent, dont l'un déversera ses eaux dans l'autre au moyen de cascades. Deux îles, formées de pelouses et de bouquets d'arbres, seront ménagées au milieu du plus grand bassin, et seront réunies entre elles par un pont.

Les routes droites, qui coupent cette partie du bois, seront transformées en allées sinueuses, avec des touffes et des bouquets de verdure, disposés de façon à donner à la promenade, sur ce point, l'aspect d'un véritable jardin anglais. Cette charmante fantaisie, qui ne peut manquer d'ailleurs d'ajouter beaucoup d'attraits à la promenade favorite du monde parisien, coûtera environ 1,400,000 fr.; 500,000 seulement y seront appliqués cette année.

MOYEN D'ÉTEINDRE LE FEU A BORD D'UN NAVIRE. — Pour éteindre le feu dans la cale d'un navire, il ne faut rien de plus qu'un tonneau de chaux ordinaire, qu'on place au fond de la cale en le faisant communiquer avec le pont au moyen d'un petit tuyau, et une bouteille contenant 2 gallons (10 litres) d'acide sulfurique. Au cri d'alarme *Au feu!* on n'a qu'à verser le contenu de cette bouteille dans le tuyau pour produire une quantité de fumée épaisse (dans laquelle la flamme ne peut se développer) suffisante pour éteindre toute espèce de feu, quelque considérable qu'il soit. La flamme ne peut exister dans le gaz acide carbonique. (*Times.*)

EXPOSITION DE PEINTURE. — *Avis.* — Le directeur général des Musées impériaux a l'honneur de prévenir le public et les artistes que, par suite de retards nécessités par l'appropriation du local nouveau de l'Exposition, l'ouverture de cette Exposition ne pourra avoir lieu que le 15 mai. En conséquence, le dépôt des ouvrages ne se fera aux Menus-Plaisirs, faubourg Poissonnière, que du 1er au 15 avril inclusivement, de dix heures du matin à quatre heures du soir.

Les artistes devront présenter eux-mêmes leurs ouvrages, en se conformant au règlement en date du 12 février dernier. Ce règlement a été inséré au *Moniteur* et affiché. Dans le cas où les artistes ne pourraient pas accompagner leurs œuvres, ils devront les faire remettre par une personne munie de leur autorisation écrite.

Le dépôt des ouvrages aura lieu par l'entrée de la rue du Faubourg-Poissonnière.

L'administration de l'Exposition est transférée du Palais-Royal aux Menus-Plaisirs, rue Richer, 1.

Toutes les demandes et réclamations relatives au service, toutes les lettres et communications relatives à la RÉDACTION, doivent être adressées (*affranchies*) à M. Ernest LACAN, rédacteur en chef, au bureau du journal. — *Toute lettre non affranchie sera rigoureusement refusée. Les demandes d'abonnement doivent être accompagnées d'un* bon sur la poste, à l'ordre du Gérant.

Le Propriétaire-Gérant, ALEXIS GAUDIN.

TYPOGRAPHIE HENNUYER, RUE DU BOULEVARD, 7. BATIGNOLLES.
Boulevard extérieur de Paris.

TROISIÈME ANNÉE. N° 12. SAMEDI, 26 MARS 1853.

LA LUMIÈRE

REVUE DE LA PHOTOGRAPHIE.

BEAUX-ARTS. — HÉLIOGRAPHIE. — SCIENCES.

JOURNAL NON POLITIQUE, PARAISSANT LE SAMEDI.

Bureaux, rue de la Perle, 9, à Paris.

ABONNEMENTS. — *Paris*, UN AN, 16 FR.; 6 MOIS, 10 FR.; 3 MOIS, 6 FR.; *Départements*, UN AN, 18 FR.; 6 MOIS, 11 FR.; 3 MOIS, 7 FR.; *Étranger*, UN AN, 20 FR.; 6 MOIS, 12 FR.; 3 MOIS, 8 FR.

Dans le but de faciliter à nos lecteurs les moyens de se procurer la *Lumière*, nous avons cru devoir établir des bureaux d'abonnement :

A la *Librairie Nouvelle*, 15, boulevard des Italiens;

Au *Cabinet de Lecture*, galerie d'Orléans, 2, Palais-Royal ;

Chez Mlle LEGENTIL, cabinet de lecture, place de la Madeleine ;

Et chez M. DELAHAYE, rue de Lancry, 37.

On trouvera dans ces succursales des numéros séparés de la *Lumière* (40 c. le numéro).

Nous sommes heureux de voir les journaux français et étrangers reproduire nos articles, mais nous les prions de vouloir bien indiquer la source de ces reproductions; c'est de toute justice.

SOMMAIRE.

PUBLICATIONS PHOTOGRAPHIQUES

DE M. BLANQUART-EVRARD.

Entre le poëte qui chante, entre l'historien qui raconte, entre le savant qui instruit, entre l'artiste qui reproduit sur le cuivre ou la pierre, avec le burin ou le crayon, les créations infinies de la nature ou les chefs-d'œuvre des maîtres, et le public qui lit, juge, admire et profite, il y a un intermédiaire également utile à l'homme qui travaille et à la foule qui reçoit, c'est l'éditeur. L'éditeur a une mission difficile : il doit savoir choisir, parmi les écrivains ou les artistes, ceux auxquels il aura à confier des travaux, parmi les œuvres, celles qui réunissent les meilleures qualités et qui répondront le mieux aux besoins si divers et si nombreux de cet être multiple, dont l'intelligence insatiable dévore par année des milliers de productions de toute nature, et qu'on nomme LE PUBLIC.

La photographie, dès le jour où elle put, grâce à la découverte des clichés et à la rapidité de leur reproduction, satisfaire aux conditions du commerce, devait naturellement avoir aussi ses éditeurs, comme elle avait ses imprimeurs. Nous avons parlé de M. H. de Fonteny (Lachevardière) et de ses publications, aujourd'hui nous nous occuperons de celles de M. Blanquart-Evrard.

Mieux que tout autre, M. Blanquart-Evrard était à même de se faire éditeur-photographe. Artiste distingué, praticien habile, ayant concouru par ses travaux au perfectionnement de la photographie, il a fondé à Lille, sur une grande échelle, une imprimerie photographique: il se trouvait donc naturellement placé entre les artistes et le public, et dans les conditions nécessaires pour produire beaucoup et faire bien. M. Blanquart-Evrard a tiré parti de sa position avec une haute intelligence. Embrassant d'un regard les résultats obtenus et les besoins à satisfaire, il s'est tracé un vaste cadre, dans lequel entreront la plupart des applications de la photographie. Puis il a demandé leur concours aux premiers artistes, afin de n'avoir que des œuvres choisies, et il a commencé hardiment une entreprise dont on comprendra toute l'importance en étudiant avec nous les publications sorties de son imprimerie.

La première, qui s'adresse aux amateurs aussi bien qu'aux artistes, est intitulée : *Album photographique*, et forme douze livraisons par an. Les épreuves que nous avons sous les yeux et qui appartiennent à cette série présentent un vif intérêt.

Voici d'abord une belle reproduction de l'*Arrivée de sainte Ursule à Rome*, de Hemmelink. On sait que ce peintre, qui vivait en Flandre au quinzième siècle, ayant été soigné à l'hôpital Saint-Jean de Bruges, où l'on conserve les reliques de sainte Ursule, orna de peintures la châsse qui renferme ces précieuses reliques, en reconnaissance des soins qu'il avait reçus. L'œuvre du maître flamand a été rendue d'une manière remarquable par la photographie. Toutes les figures ont conservé leur expression et leur modelé. Les traits de la sainte, ceux du pape saint Damase, des moines qui baptisent les catéchumènes, sont d'une grande finesse. Les couleurs un peu tranchées et crues des peintures de ce temps présentaient, par leurs contrastes, des difficultés que le photographe a vaincues avec un rare bonheur.

A côté de cette épreuve, l'*Album photographique* nous donne un chef-d'œuvre : *la mère de Gérard Dow*, d'après la gravure de Wille. Cette merveilleuse reproduction est due au talent de M. Renard ; aussi ne doit-on pas s'étonner de sa perfection. En s'adressant à de tels artistes, M. Blanquart-Evrard a prouvé qu'il voulait obtenir de beaux et d'utiles résultats. Du reste, nous qui avions vu le positif que M. Renard avait tiré lui-même pour se rendre compte de sa réussite, nous devons dire que l'épreuve sortie de l'imprimerie photographique de Lille ne lui est inférieure ni comme ton, ni comme finesse. On pourrait compter les coups de burin. C'est plaisir que d'étudier sur le visage plissé de la bonne femme le jeu des muscles, le croisement des rides, jusqu'à l'ombre du pince-nez. Il y a une mèche de cheveux blancs, échappée du serre-tête, qui se détache sur les hachures du fond avec une netteté vraiment prodigieuse. Comme toujours dans les clichés de M. Renard, les coins de cette épreuve sont aussi venus que le centre. Nous félicitons M. Blanquart d'avoir enlevé cette charmante page à la collection de l'habile artiste. C'est une acquisition précieuse.

Le Porche de Saint-Germain-l'Auxerrois, reproduit d'après nature par M. Fortier, est certainement une des plus belles choses que nous ayons vues. Le soleil projette vigoureusement l'ombre des vieux piliers gothiques sur les peintures murales du porche. Et cependant, pas une figure, pas un détail des fresques n'a échappé à l'objectif. Les groupes se dessinent, les formes s'accusent sous les draperies, les visages se modèlent ; il n'y a pas jusqu'aux étoiles d'or dont les ciels sont semés qu'on ne puisse compter dans ces petits tableaux d'un pouce carré. Les sculptures des piliers sont aussi admirables de reproduction, malgré leurs petites dimensions sur l'épreuve.

Une scène d'intérieur, d'après une peinture contemporaine de M. Deloose, nous a aussi vivement frappé. L'harmonie de ton, qui distingue les tableaux de l'école flamande, se retrouve dans l'épreuve photographique. Il y a surtout une tête de femme, éclairée par derrière, et dont le profil se dessine dans une demi-teinte d'un effet charmant. Le fond, quoique sombre, est parfaitement réussi.

Voici encore deux épreuves d'un intérêt puissant au point de vue de l'art : *Un bas-relief de Luca della Robbia*, pris dans la galerie des Offices, à Florence, et *un temple hindou moderne, à Mirzapour* (Bengale).

La première de ces épreuves est digne de l'œuvre qu'elle reproduit. Il est impossible de donner plus de relief aux figures, plus de transparence aux ombres. On comprend et l'on admire le célèbre sculpteur dans cette reproduction si pleine de mouvement et de vie. Le *temple hindou*, qu'un élève de M. Blanquart-Evrard a été copier au Bengale même, nous donne une idée de l'art dans ce pays. C'est une sorte de pyramide, à base carrée, sur laquelle grimpent et s'étagent des statues assez semblables, par leurs attitudes bizarres et leurs formes ébauchées, à celles que le moyen âge a taillées dans les murs épais de nos cathédrales.

Nous voulions rendre compte de tous les spécimens qui résument les diverses publications de M. Blanquart-Evrard, et voilà que nous n'avons encore parlé que d'une seule de ces publications : l'*Album photographique*. On voit quelle variété l'intelligent éditeur a su mettre dans cet ouvrage, et quel intérêt doivent faire naître le sujet et l'exécution remarquable des épreuves.

Le manque d'espace nous force de remettre à un second article tout ce que nous avons à dire encore sur les autres publications de M. Blanquart-Evrard.

ERNEST LACAN.

LES PEINTRES ILLUSTRES.

Ce *Protogène*, dont nous avons parlé en terminant le précédent article, donna une marque de tranquillité d'esprit bien extraordinaire, durant le siége de Rhodes, et qui fait voir à quel degré de concentration peut s'élever l'esprit vraiment dévoué à l'art ; ce fut au bruit des armes de guerre et au milieu des terreurs qu'elles répandaient autour de lui qu'il fit ce fameux tableau d'un satyre jouant du flageolet et appuyé contre une colonne, c'est-à-dire le satyre se reposant.

Vers le même temps parut *Aristide*. Il était de Thèbes. Son coloris ne passait pas pour agréable, et sa manière était un peu sèche; malgré de tels défauts, cependant, il ne laissa pas que d'être mis au premier rang parmi les artistes de l'époque. Il peignit sur le visage toutes les passions de l'âme. Entre ses tableaux, celui qui représenta la prise d'assaut d'une ville lui acquit une célébrité merveilleuse. Il peignit aussi la guerre d'Alexandre contre les Perses, et cet ouvrage était composé de cent figures. On vit encore de lui quantité d'autres tableaux, dont plusieurs furent longtemps exposés à Rome. On rapporte que le roi Attale paya cent talents pour en avoir un.

Quant à *Asclépiodore*, ses ouvrages furent fort recherchés; on en remarquait particulièrement les proportions et la régularité. L'estime qu'Apelles faisait de lui contribua beaucoup à sa réputation. Il fit douze tableaux représentant des dieux. Mnason, roi d'Elate, lui en donna une somme considérable.

Théomnestus, qui vivait en ce même temps, eut le don particulier de la ressemblance, et le même roi d'Elate achetait tous les tableaux de cet artiste au prix de cent mines d'argent.

Nicomaque fut non-seulement un peintre de premier ordre, mais un savant distingué. Il était d'une habileté rare à manier le pinceau, et la promptitude avec laquelle il travaillait ne nuisait point à l'excellence de ses tableaux.

Il eut pour disciple son frère *Aristide*, son fils *Aristocle*, et *Philoxène* qui peignit, pour le roi Cassandre, la bataille dans laquelle Alexandre défit Darius. Ce dernier imita son maître dans la promptitude de l'exécution et dans la manière de travailler.

On peut encore mettre au nombre des artistes de cette école *Nicophane*, qui ne peignit pas seulement avec grâce, mais encore avec force. Il avait l'esprit prompt et intelligent, et s'appliquait à représenter les choses antiques afin d'en perpétuer la mémoire. En effet, soit qu'il copiât tout ce qu'il y trouvait de beau, soit qu'il y ajoutât des compositions de son invention, on lui a attribué ce que la peinture antique a eu de majestueux et de grand.

Persée, disciple d'Apelles, fut doué d'un naturel admirable, d'une excellente méthode et fut de plus littérateur. Il écrivit un traité de son art, qu'il dédia à son illustre maître.

Aristide le Thébain eut aussi pour disciples *Niceros* et *Aristippe*, ce dernier fut le maître d'*Anthoride*, et d'*Euphranor* qui ne fut pas seulement peintre, mais qui sut encore manier le ciseau et faire des statues de marbre, de bronze et d'argent. Il donnait à ses héros une attitude et une majesté remarquables; il observait les proportions et la symétrie, dont il décrivit les règles.

Pausias, disciple de Pamphile, fut le premier qui commença à peindre les lambris et les voûtes des palais. Son amour pour la bouquetière Glycère fut fort connu. Il la représenta composant une guirlande de fleurs, et ce tableau eut une si grande réputation que Lucullus, passant à Athènes, en acheta la copie un prix exorbitant.

Nicias l'Athénien, qui vint après, fut encore en grande estime. Il peignit admirablement les femmes. Il fit un tableau représentant l'enfer tel qu'Homère l'a décrit, dont il refusa soixante talents, et aima mieux en faire cadeau à sa patrie que de le vendre.

Il y eut aussi *Athénion*, Maronite, disciple de Glaucion, de Corinthe, qui ne fut pas moins estimé que Pausias, et dont le talent fut admiré, malgré la sécheresse qu'on reprochait à son coloris. Une mort précoce l'empêcha de s'élever au degré de perfection auquel il aspirait. Il travaillait avec soin et recherche, et ne laissait rien échapper des connaissances qu'il pouvait acquérir.

Clésides eut son mérite aussi, attesté en particulier par l'aventure suivante qui lui arriva. La reine Stratonice, épouse d'Antiochus, ayant refusé de le recevoir avec tous les témoignages d'estime qu'il croyait être dus à son talent, il fit un tableau dans lequel il représenta cette princesse d'une manière fort offensante pour elle. Après l'avoir achevé, il l'exposa publiquement sur le port et se sauva dans un vaisseau prêt à mettre à la voile, satisfait de ce moyen de vengeance. Mais il arriva que la reine, en voyant un tableau si bien fait, et ses propres charmes reproduits avec leur beauté naturelle, se mit médiocrement en peine du rôle et de l'attitude que lui prêtait l'artiste. Elle aima mieux laisser subsister l'affront qui lui était fait que de brûler une peinture aussi précieuse par son exécution. L'histoire n'approfondit pas quel fut le sentiment qui domina la princesse dans une modération si louable, mais il ne se trouverait pas mal de gens de notre temps pour dire que sa coquetterie égalait au moins sa vertu, si elle ne la surpassait pas, et pour détourner l'attention de son véritable objet par cette observation gratuitement malicieuse.

Il y eut bien, à Rome aussi, quelques peintres, qui avaient bien pu y venir de Grèce ou y avoir puisé des leçons. Du temps de Jules César, on y voyait *Thimomacus*. Celui-ci était de Byzance; il fit plusieurs tableaux pour l'empereur, entre autres un Ajax et une Médée qui lui furent payés quatre-vingts talents.

Lodius fut en grand crédit sous Auguste; il excellait par l'imagination. Il fut le premier à introduire la peinture sur les murailles et à mêler à l'architecture des maisons des paysages et des figures diverses.

On trouve encore dans les auteurs un nombre considérable de noms d'artistes qui ont été plus ou moins en vogue de leur temps. Il y en eut qui s'appliquèrent à des genres peu élevés et excellèrent néanmoins. C'est ainsi que *Pirrichus* se fit un nom de premier ordre, quoiqu'il ne peignit que des sujets modestes, des paysages, des herbes, des fruits, des fleurs, des animaux, des boutiques d'artisans, etc. Mais en voilà assez pour montrer que l'art de la peinture ne manqua point d'hommes de talent dans l'antiquité. Toutefois, cette chaîne brillante d'artistes semble se rompre dès le temps déjà de Néron, et à mesure que la Grèce, perdant son génie propre, se trouve absorbée dans le colosse romain, dès ces temps-là, dis-je, on sent dans tous les arts quelque chose qui les énerve sourdement et prépare la décadence.

Nous ne savons plus qui peignait à Rome; les historiens parlent des tableaux anciens qui s'y voyaient et nous laissent ignorer, par exemple, quels sont les artistes qui peignirent les belles fresques retrouvées à la villa Adriana, à Saint-Grégoire, aux ruines des Thermes de T te, et cette frise, représentant un mariage, qu'on a trouvée dans la vigne Aldobrandine. On ignore également quels furent ceux qui peignirent les plus belles fresques d'Herculanum et de Pompeï, où l'on retrouve des qualités précieuses, bien qu'elles n'appartenaient pas à l'art le plus élevé. C'est assez dire que la lassitude des esprits se manifeste; que ce géant romain, qui couvre de son immense corps le monde, tombe en vieillesse, ou que quelque poison secret s'est glissé dans la coupe de ses festins. Tous les arts dépérissent, après avoir jeté un certain éclat sous l'Empire. On sent que le matérialisme déborde l'esprit; que la façon y supplée au génie. Il y a encore des artisans mais peu d'artistes, des mécaniciens, des inventeurs même; mais l'inspiration, qui fait les beautés naturelles, est absente, et, bien plus, elle n'est ni connue ni goûtée. Voilà l'époque de la décadence; viendront ensuite les barbares qui jetteront tout cela par terre et substitueront, à tant de mollesse, leur virilité féroce, et renouvelleront la race abâtardie des Grecs et des Romains; puis ce moyen âge sépulcral où les races humaines seront broyées et mélangées dans les souillures de la conquête et lavées par le baptême chrétien. — Puis enfin la renaissance; et c'est là que nous retrouverons la chaîne longtemps brisée des artistes qui ont reçu du Ciel de sublimes inspirations.

F. BOUVET.

ACADÉMIE DES SCIENCES.

Baguette divinatoire, moyen de rechercher et indiquer les sources d'eau souterraine; le docteur de Saint-Roma n en 1679, et M. Riondet en 1853. — Sériculture, amélioration de la race des vers à soie; MM. Guerin-Menneville et Pamard-Picquot.

Baguette divinatoire. — M. Riondet, propriétaire à Hyères (Var), en adressant à l'Académie un mémoire sur la baguette divinatoire, ne se dissimule pas toutes les chances qu'il court de voir son travail accueilli avec une certaine répulsion. Nous pensons qu'il a dû avoir plusieurs fois l'occasion de lire, dans le premier dictionnaire venu, cette définition de la baguette *divinatoire* : « Baguette de coudrier avec laquelle les *empiriques prétendent* découvrir les mines, les sources d'eau, etc. » Les paroles de doute prononcées par M. le secrétaire perpétuel, lorsqu'il a entretenu l'Académie de l'objet de ce mémoire, n'étaient pas très-rassurantes pour l'auteur; M. Arago a rappelé qu'étant chargé, avec Laplace (il y a longtemps de cela), de suivre les expériences faites avec la baguette divinatoire, il avait cru voir son collègue disposé à accorder quelque confiance à l'efficacité de ce moyen, parce que la baguette commençait à tourner dans ses mains qu'il tenait serrées et élevées; mais que lui, M. Arago, ayant soumis à l'épreuve la même baguette, le phénomène ne s'était pas reproduit, et que, faute de confiance suffisante, les choses en étaient restées là. Cependant, a-t-il ajouté, puisque la communication de M. Riondet n'est pas, comme la recherche du mouvement perpétuel ou de la quadrature du cercle, au nombre de celles dont l'Académie a décidé qu'elle ne s'occuperait pas, rien ne s'oppose à ce que cette communication soit renvoyée à une commission.

Avant de donner l'analyse de ce curieux mémoire, nous prenons la liberté de citer du vieux nouveau; nous avons sous les yeux un petit volume intitulé : « *La Science naturelle dégagée des chicanes de l'école*, OUVRAGE NOUVEAU, *par G.-B. de Saint-Romain, escuyer, docteur en médecine, Paris*, MDCLXXIX. » On y lit, à la page 41 :

« La verge d'Aaron n'est pas la moindre des expériences qui nous surprennent, car, en effet, il est surprenant de voir qu'une baguette, qu'on tient ferme entre les mains, se penche, et se tourne visiblement du côté où il y a de l'eau ou du métal, plus ou moins promptement, selon que l'eau ou le métal sont plus proches de la superficie de la terre, ou plus enfoncés dans la terre; et ce qui paraît surprenant, c'est que cette baguette n'a aucun mouvement, à cet effet, qu'entre les mains de ceux qui ont quelque vertu particulière pour cela qui les distingue des autres, sans qu'on puisse dire qui leur a donné cette vertu, et pourquoi la baguette fait ce mouvement entre les mains d'une personne, et ne le fait pas entre les mains d'une autre.

« Ce qui est encore à remarquer sur ce sujet regarde la cause de ce mouvement, qui ne peut pas être attribué à la sympathie, parce que la sympathie étant une cause nécessaire, ce mouvement arriverait toujours, et entre les mains de tous indifféremment, ce qui n'arrive pas. Il faut donc chercher une cause plus naturelle; je la tire des esprits minéraux ou aquatiques qui sortent des lieux où se trouvent des mines ou des eaux, qui, venant à rencontrer la baguette dont les pores sont proportionnés à leurs agrafes, les attirent en s'en retournant par le mouvement perpendiculaire qui leur est naturel, la font courber comme si c'étaient des filets de soie ou des chaînettes d'or. »

Dans son épître au prince de Conti, le docteur de Saint-Romain disait, en parlant de ce petit ouvrage qui était le fruit de ses veilles et de ses expériences : « c'est, Monseigneur, un abrégé de ce que j'ai observé de plus beau dans la nature, de plus rare dans la philosophie, etc. »

Le savant docteur qui faisait paraître, en 1679, sous la protection d'une altesse sérénissime, un recueil scientifique d'une grande importance, a dû citer avec bonne foi le fait de la baguette d'Aaron, et il est permis de supposer qu'en 1853 M. Riondet mérite la même confiance, et que ni l'un ni l'autre ne doivent être considérés comme des prestidigitateurs ou des charlatans. M. Riondet est propriétaire à Hyères, les eaux courantes sont très-rares dans les environs de cette ville, et elles y sont utilisées avec le plus grand soin. D'après le rapport de M. Bosc, géomètre en chef du cadastre, le Gapeau est, de tous les petits cours d'eau, le seul qui sillonne le département du Var; aussi a-t-on soin de n'en laisser perdre à la mer la moindre goutte qui n'ait été utilisée.

Ces eaux courantes sont insuffisantes, et ce n'est que depuis quelques années seulement que le perfectionnement des machines à élever les eaux a permis aux habitants d'utiliser celles qui se trouvent au-dessous du sol. Les eaux souterraines sont très-abondantes en certains points, mais il s'agit de les trouver, et c'est là la grande difficulté; car ces recherches, faites presque toujours au hasard, nécessitent des dépenses considérables et donnent rarement de bons résultats.

Il y a eu cependant de tout temps, et il y a encore, dans beaucoup de villages, des devineurs d'eau, qui, au moyen de la baguette, font profession de rechercher les eaux souterraines; mais, généralement, ces *sourciers* (autrefois on aurait écrit sorciers) sont considérés comme des charlatans et n'obtiennent qu'une confiance fort limitée. Ce qui contribue encore à accroître le doute, c'est que ce sont pour la plupart des gens presque entièrement ignorants, et qui refusent de divulguer un secret qui leur fournit quelques moyens d'existence.

On a vu, dans une partie du midi de la France, M. l'abbé Paramelle rechercher et indiquer les sources, mais il a aussi refusé de faire connaître le moyen dont il se sert. M. Riondet, habitant un pays où des croyances superstitieuses et traditionnelles se sont conservées avec tant de persévérance, s'est demandé s'il n'y aurait pas, dans la baguette des devineurs d'eau, quelque chose de vrai, et si l'on ne pourrait pas trouver dans cette hydroscopie les éléments d'une science nouvelle. C'est alors qu'il fut assez heureux pour recevoir chez lui M. de Théas, propriétaire à Grasse, qui, ayant vu plusieurs fois opérer le sieur Bellia, hydroscope de Nice, avait eu le désir de l'imiter, et avait, à son grand étonnement, senti la baguette se dresser dans ses mains. Désirant fournir à son hôte une occasion de renouveler son expérience, M. Riondet engagea M. de Théas à visiter, la baguette à la main, une de ses terres qui, bien arrosée en hiver et au printemps, manquait complétement d'eau pendant les chaleurs de l'été; celui-ci indiqua le point où l'on pourrait creuser, et on y trouva une source assez abondante pour fournir 300 mètres cubes d'eau par jour, ce qui peut suffire à l'irrigation de 4 ou 5 hectares de terre.

Ne pouvant douter de la sincérité de son ami, puisqu'il avait vu la baguette s'élever de ses mains, et qu'il avait obtenu, d'après ses indications, un magnifique résultat,

M. Riondet essaya lui-même de faire usage de cette baguette divinatoire. Après de longs essais et beaucoup de tentatives, souvent infructueuses, il est parvenu à acquérir une sensibilité assez exercée pour reconnaître facilement les plus petits cours d'eau, et il a été assez heureux pour constater la même faculté chez un grand nombre de personnes qui ont éprouvé bien moins de difficulté que lui-même. Ayant remarqué que quelques personnes parviennent de suite, et sans nulle peine, à rendre la baguette sensible, tandis que d'autres ne réussissent qu'après de nombreux essais, il croit pouvoir conclure des diverses observations auxquelles il s'est livré, qu'en général les personnes nerveuses ont beaucoup plus d'aptitude que celles d'un tempérament lymphatique.

M. Riondet énumère, dans la seconde partie de son mémoire, beaucoup de faits qu'il a observés, et donne des détails, dont nous citons quelques extraits, sur les phénomènes qui se manifestent sous l'influence des cours d'eau souterrains.

Il se sert d'une petite baguette de bois flexible : toute espèce de bois peut être employée avec succès, même un fil de fer ou de cuivre ; mais c'est toujours la baguette d'olivier sauvage qu'il préfère, parce que le bois en est très-flexible, et qu'il peut se tordre sur lui-même sans se casser. Il peut se servir également d'une baguette droite comme d'une baguette fourchue, mais cette dernière est préférable, parce que les deux tiges étant égales, l'une ne présente pas plus de résistance que l'autre. Il appuie le pouce de chaque main sur une extrémité de la baguette qu'il fait passer entre le petit doigt et l'annulaire, et il la tient horizontalement. Lorsqu'il veut chercher une source, il parcourt lentement le terrain qu'il doit explorer, et, au moment où il arrive sur un cours d'eau souterrain, les deux extrémités de la baguette étant serrées avec force dans ses mains, le milieu se redresse peu à peu, se tord et vient frapper sa poitrine. Alors, s'il éloigne suffisamment ses bras de son corps, la baguette continue son mouvement de rotation, et accomplit un tour presque entier. Il peut, par ce moyen, reconnaître aisément les eaux courantes souterraines. Les eaux souterraines stagnantes et les eaux courantes superficielles n'ont aucune action sur la baguette.

Il cite douze des faits les plus remarquables qu'il a recueillis parmi ses nombreuses et très-curieuses observations, et qui l'ont conduit à considérer l'électricité sinon comme la cause, du moins comme la principale cause des phénomènes ; celui-ci entre autres : si l'opérateur, tenant la baguette dans ses mains, se met en communication au moyen d'un long roseau, d'une corde ou d'un fil de fer, avec une personne qui passe sur un cours d'eau, la baguette s'abaissera, quoiqu'il soit hors du cours d'eau.

M. Riondet a tenté aussi beaucoup d'expériences sur les métaux, mais elles nous paraissent moins concluantes que les premières. Il termine en manifestant le désir que les artistes habiles qui, à Paris, ont su établir de si merveilleux instruments de physique et d'optique, puissent construire un instrument de précision, au moyen duquel on déterminerait avec certitude, et sans être accusé pour cela de prestidigitation, la force des courants souterrains.

Tous les soupçons de charlatanisme disparaîtraient s'il était prouvé que la force qui met la baguette en mouvement doit être attribuée à l'électricité, et ce phénomène serait une manifestation nouvelle de ce merveilleux agent auquel on doit déjà la réalisation de tant de prodiges. M. Riondet s'étant mis à la disposition de l'Académie, et ayant en outre prié un de ses amis qui réside à Paris, et qui est doué des mêmes facultés que lui, de répondre à l'appel de MM. les commissaires, et de répéter devant eux les expériences qu'il croit avoir faites le premier, nous saurons bientôt à quoi nous en tenir, et nous aurons soin de faire connaître à nos lecteurs l'opinion émise par M. le rapporteur.

Sériciculture, amélioration de la race des vers à soie. — M. Guérin-Menneville, bien connu de l'Académie, à laquelle il a lu différents mémoires sur les observations intéressantes qu'il a faites en Piémont, en Italie et dans la France méridionale, a présenté aujourd'hui un tableau de comparaison entre la valeur des cocons de la grosse race des vers à soie de Provence et celle de la race acclimatée et améliorée à Sainte-Tulle (Basses-Alpes), dans la magnanerie modèle de M. E. Robert. Pour parvenir à dresser ce résumé, qui est contenu dans quelques lignes seulement, il a été nécessaire de faire un grand nombre d'observations, de comparer les races entre elles, les cocons produits par chacune des variétés ; de tenir compte des déchets, des rebuts, des pertes, aussi bien que du prix de la main-d'œuvre, du mûrier, du filage, etc.

M. Guérin-Menneville, ayant pris l'année 1851 pour point de départ de ses recherches, donne les trois termes de comparaison qui suivent :

1° Vers à soie de Provence, grosse race :

Pour faire 1 kil. de soie chanvreuse, ou de qualité très-inférieure, il faut 13 kil. 800 gr., soit 14 kil. de cocons ; à 4 fr. le kil., 56 fr. d'achat, plus les frais de filage.

2° Race améliorée de Sainte-Tulle :

Pour faire 1 kil. de très-belle soie, il faut 11 kil. 255 gr. de cocons ; à 4 fr. le kil., 44 fr. d'achat, plus le filage.

3° Race chinoise du ministère :

Essais faits en petit : on peut admettre que pour faire 1 kil. de soie, il n'aurait fallu que 10 kil. de cocons.

On doit remarquer qu'il est nécessaire d'employer autant, et même plus de main-d'œuvre et de feuilles de mûrier pour 1 kil. de très-mauvais que pour 1 kil. d'excellents cocons. Les bons étant cotés 4 fr., ceux de Provence ne devraient être payés comparativement que 3 fr. 28 c. ; mais comme, dans ce pays, on mêle ensemble indistinctement les bons et mauvais cocons, c'est pour cela que la consommation moyenne se trouve évaluée à 13 kil. pour 1 kil. de soie.

L'auteur de ce mémoire pense que si l'on se décidait à adopter les améliorations qu'il a indiquées, que si des races analogues à celle de Sainte-Tulle remplaçaient un jour les mauvaises races, le produit en soie pourrait être augmenté annuellement de 10,800,000 fr.

Cette communication avait été précédée de la lecture d'un mémoire de M. Pamard Picquot, sur la sériciculture, mémoire dans lequel sont signalées : 1° les variétés du *Bombyx mori* et de plusieurs races nouvelles de vers à soie que l'on pourrait faire venir du Bengale ; et 2° les ravages exercés par le botrytis muscardinique sur nos races abâtardies de vers à soie. Nous espérons avoir l'occasion de donner aux détails intéressants qu'il renferme tous les développements qu'ils méritent.

A.-T. L.

Plusieurs de nos abonnés nous ont parlé avec éloges des travaux photographiques de différents artistes de la province, et nous ont demandé d'en rendre compte. Nous le ferions avec bonheur, si ces artistes voulaient bien nous envoyer quelques-uns de leurs spécimens. On comprend qu'il nous est impossible de parler d'épreuves que nous n'avons pas vues, quel que soit notre désir d'être justes envers tous.

BALANCE USUELLE

POUR L'EXERCICE DE LA PHOTOGRAPHIE.

Plusieurs abonnés ont demandé des renseignements sur l'emploi des pièces d'or ou d'argent pour remplacer les poids au besoin. Cette question suppose qu'on possède une balance sans poids, ou plutôt qu'il s'agisse de peser sans avoir ni poids ni balance dans son bagage.

La meilleure solution du problème consiste à faire l'achat d'un trébuchet qui, avec son assortiment de poids, coûte 3 ou 4 fr. Il m'est arrivé cependant de ne pouvoir faire une pesée délicate, bien que j'eusse en ma possession une petite balance de cette espèce ; l'humidité de mon laboratoire, qui est au rez-de-chaussée, ayant pour parquet la terre et pour atmosphère un mélange perpétuel des gaz les plus corrosifs, avait mis le fléau hors de service et les attaches des plateaux s'étaient aussi réduites en poussière.

Convaincu par cet exemple que toute pièce en fer aurait le même sort en pareil lieu, je me suis construit une petite balance composée de verre, cire à cacheter, cuivre, fil et papier, dont j'espère un bon service. Le poids du gramme manquant dans mon trébuchet dépareillé, j'ai été très-heureux de pouvoir le remplacer immédiatement par une pièce de 20 centimes.

J'ai construit le fléau de ma balance avec un tube de verre creux de 3 millimètres de diamètre et 2 décimètres de long : à chaque extrémité du tube j'ai soudé, avec de la cire à cacheter, un petit anneau formé par du fil de laiton très-fin, dont les bouts tordus l'un sur l'autre ont été engagés dans la cire. N'ayant pas trouvé de compas dans mon bel étui de mathématiques, qui était si complet il y a vingt ans, j'ai pris le milieu de mon fléau en ployant en deux une bande de papier, ayant tout juste sa longueur prise d'un anneau à l'autre ; et à ce point milieu j'ai fixé de la même manière un nouvel anneau aussi en fil de laiton, dont les deux bouts furent tordus après avoir enserré la baguette de verre.

Cet anneau sert à passer une épingle qui est piquée dans un bouchon de liége, soudé à une planche ou une boiserie avec de la cire à cacheter ; par conséquent l'ouverture de l'anneau du milieu fait face à l'opérateur, et les deux anneaux des bouts sont rabattus à angle droit, et leur plan est perpendiculaire à la direction du fléau.

Aux anneaux des bouts j'ai attaché un fil qui soutient une épingle ployée en crochet servant à tenir un cornet en papier en guise de plateau.

Cette balance a été construite en dix minutes et ne m'a pas coûté 10 centimes ; à vide elle s'est trouvée sensible à un décigramme, et à un demi-gramme lorsqu'elle est chargée d'un poids de 25 grammes. On pourra l'obtenir plus sensible et simplifier encore sa construction, en supprimant le fil de laiton ; c'est-à-dire en fixant directement les fils des plateaux avec de la cire, aussi bien que celui qui servira à suspendre le fléau. On fixera celui-ci en le collant par-dessus la tige de verre avec une goutte de cire à cacheter ou de gomme laque bien chaude, qui laissera le fil libre des deux côtés au milieu de l'épaisseur de la tige de verre, ce qui établira les points de flexion du fil le plus près possible du centre de gravité du fléau.

Cette seconde construction me paraît préférable, uniquement pour la facilité qu'elle donne de loger la balance dans un étui plus étroit, qui sera un simple tube en verre de 5 ou 6 millimètres de diamètre intérieur.

Avec cette balance j'ai pesé une pièce de 20 fr., qui a été contrebalancée par un poids de 6 grammes et demi, ce qui porte la valeur du kilogramme d'or monnayé à 3,077 ; elle est en réalité de 3,100 en moyenne ; l'or fin vaut 3,444 fr. 44 c.

La pièce de 5 fr. a pesé 25 grammes.
La pièce de 2 fr. 10 grammes.
La pièce de 1 fr. 5 grammes.
La pièce de 50 c. 2. 5.
La pièce de 20 c. 1 gramme.

Ce qui porte la valeur de l'argent monnayé à 200 fr. le kilogramme : l'argent fin vaut 222 fr. 22 c.

La quantité de cuivre qui sert d'alliage aux monnaies, pour leur donner plus de résistance à l'usure, est assez variable d'un pays à un autre ; mais cette différence n'est pas assez grande pour qu'il soit nécessaire d'en tenir compte rigoureusement dans l'emploi des monnaies pour peser les substances qui servent à la photographie. La précision ne signifie rien dans l'exercice de cet art ; j'en trouve la preuve dans la multiplicité des recettes notablement différentes données par les photographes pour l'emploi d'une même substance.

Par exemple, le prix du kilogramme d'or monnayé est
en Allemagne, Autriche et Belgique, de 3,150 à 3,400.
en Angleterre, 3,150.
en Espagne, 3,100.

La monnaie d'argent ne vaut que 190 fr. en moyenne en Belgique et en Allemagne ; en Angleterre et en Espagne elle vaut 200 fr., comme en France.

Il résulte de cet examen que les monnaies d'or et d'argent de tous les pays pourraient servir à peser, pourvu qu'on évite de se servir de pièces d'argent, de billon, comme celles qui ont cours en Allemagne. En effet, un ducat d'Autriche, qui vaut 11 fr. 80 c., avec un poids de 3 grammes et demi, donne 6 grammes pour une valeur de 20 fr. C'est une monnaie d'or à un très-haut titre, qui seule pourrait causer une erreur sensible.

Avec les monnaies d'argent, la différence serait beaucoup moindre, elle ne dépasserait pas un vingtième du poids total, pour les pièces à plus bas titre ou rognées ; par conséquent voici comment on devra procéder.

Quand on voudra peser un certain nombre de grammes, on divisera ce nombre par 5 pour avoir les francs à placer dans le cornet en monnaie d'argent quelconque ; il faudra multiplier ce nombre de grammes par 3 et un dixième, pour avoir le nombre de francs à employer en monnaie d'or.

Par exemple, si je veux peser 12 grammes, il me faudra employer 2 fr. 40 c. en argent et 37 fr. 20 c. en or; on voit par ce seul exemple qu'il sera préférable d'employer la monnaie comme étalon pour former des poids, ou du moins ceux de 1 à 5 grammes et les fractions du gramme. Le carton sera bon pour les poids d'un gramme et ses multiples, le papier pour les fractions décimales du gramme. Une bande rectangulaire de papier fort, du poids d'un gramme, donnera avec l'une de ses moitiés le poids du demi-gramme; l'autre moitié sera divisée en cinq parties, au canif, après l'indication, avec la règle et le crayon, des lignes à suivre; ces fractions seront des décigrammes.

Pendant que j'écris cet article, je reconnais qu'il serait encore plus commode de faire des pesées avec une balance hydrostatique; cela me paraît très-facile, et je viens même d'imaginer une disposition extrêmement simple qui permettra de faire une pesée avec autant de promptitude qu'on mesure un liquide avec un vase gradué. Je vais soumettre cet appareil à l'essai et le décrirai sans doute dans le prochain numéro.

Cette balance hydrostatique nécessitera l'emploi d'un vase gradué, ou, à défaut, permettra d'en graduer un qui servira à son usage.

La sensibilité de la balance sera plus grande en proportion de la longueur du fléau : je crois la longueur de 2 décimètres suffisante; si l'on adoptait une longueur beaucoup plus grande, il faudrait employer du tube plus fort et même du tube plein, pour éviter sa rupture par l'effort des poids.

M.-A. Gaudin,
Calculateur du Bureau des Longitudes.

COURS
DE CHIMIE APPLIQUÉE A LA PHOTOGRAPHIE.

DÉFINITIONS ET NOTIONS PRÉLIMINAIRES.

Autant que l'on a pu, on a donné aux corps simples un nom tiré de quelqu'une de leurs propriétés caractéristiques. Le mot *brôme* rappelle l'odeur fétide de ce corps, de même que le mot *iode* provient de la belle couleur violette que répandent les vapeurs de cette autre substance.

On a divisé les corps simples en deux classes, les *métalloïdes* et les *métaux;* division fondée sur ce que ces derniers ont seuls la propriété de former des *bases* ou *oxydes* avec l'oxygène.

Le principe fondamental de la nomenclature chimique consiste à désigner les corps composés par la réunion des noms des corps composants ou de leurs abréviations.

Puisque nous venons de parler des bases ou oxydes, disons de suite que l'on donne ce nom aux composés binaires oxygénés neutralisant les acides et ramenant au bleu la teinture de tournesol rougie par ces derniers. Leur nomenclature est facile à retenir.

Quand un corps, en se combinant avec l'oxygène, ne peut former qu'un oxyde, on désigne ce composé par le mot collectif *oxyde*, que l'on fait suivre du nom du corps simple. Ce cas est très-rare.

Si le corps simple peut s'unir en plusieurs proportions avec l'oxygène, ce qui a lieu généralement, on désigne ses différents composés toujours par le mot collectif *oxyde*, que l'on fait précéder des mots *prot*, *sesqui*, *deut* ou *bi* et *per*, exprimant des quantités d'oxygène progressivement croissantes.

C'est ainsi que l'on dit :

Protoxyde de manganèse, sesquioxyde de manganèse, deutoxyde ou peroxyde de manganèse, pour désigner les combinaisons du manganèse avec une, une et demie et deux proportions d'oxygène. Les derniers degrés d'oxydation des métaux ont presque toujours le caractère des acides; leur nomenclature suit alors les règles établies pour cette classe de corps. Outre les composés dont nous venons de parler, le manganèse forme encore avec l'oxygène deux acides qui portent les noms d'acide manganique et permanganique. Ce n'est pas le seul métal qui soit dans ce cas.

Les *acides* sont des composés qui ont la propriété de rougir la teinture de tournesol et de neutraliser les bases ou oxydes. On les divise en deux groupes, les *hydracides* et les *oxacides*.

Les hydracides sont des composés binaires acides formés par la combinaison d'un corps simple avec l'hydrogène. On les désigne par le nom du corps simple, suivi de la terminaison *hydrique*. Jusqu'ici l'hydrogène n'a pu produire qu'un seul acide avec le même corps simple. Les combinaisons du chlore, de l'iode, du brôme, du soufre, etc., avec l'hydrogène, sont nommées acides chlorhydrique, iodhydrique, bromhydrique, sulfhydrique.

Les oxacides sont des produits acides résultant de la combinaison d'un corps simple avec l'oxygène. Ce dernier peut entrer dans la combinaison pour une ou plusieurs proportions. Quand il n'entre que pour une seule proportion, l'acide prend le nom du corps simple auquel on ajoute la terminaison *ique*. Le bore et le silicium forment chacun un acide avec l'oxygène, que l'on nomme *acide borique, acide silicique*.

Quand le corps simple forme deux acides avec l'oxygène, on donne au plus riche en oxygène la terminaison *ique*, et la terminaison *eux* au second. Ainsi l'on dit acide *arsénieux* et acide *arsénique*.

Enfin, si le corps simple forme quatre composés acides avec l'oxygène, on place devant le nom du corps la préposition *hypo*, et l'on termine ce nom en *eux* ou en *ique*, suivant que l'oxygène y entre en moindre ou en plus grande proportion. Un acide encore plus oxygéné sera précédé de la préposition *per* ou *hyper*. Citons pour exemple les composés oxygénés acides du chlore dans l'ordre de leur moindre oxydation à la plus grande; ils donnent la série suivante :

1° Acide hypochloreux, 2° acide chloreux, 3° acide hypochlorique, 4° acide chlorique, 5° acide perchlorique ou hyperchlorique.

La combinaison d'un acide avec une base produit un *sel*. La nomenclature des sels est très-simple. Tout acide dont la terminaison est en *ique* donne des sels terminés en *ate*. Si l'acide a la terminaison en *eux*, il donnera des sels finissant en *ite*.

Pour désigner un sel, on commencera par rappeler le nom de l'acide qui le constitue, avec les changements de terminaison que nous venons d'indiquer, puis on fera suivre du nom de la base. En reprenant les composés acides du chlore ci-dessus dénommés, et les supposant unis à la potasse, on dirait :

1° Hypochlorite de potasse; 2° chlorite de potasse; 3° hypochlorate de potasse; 4° chlorate de potasse; 5° perchlorate de potasse.

Quand l'oxyde qui entre dans le sel provient d'un corps simple, susceptible de s'unir en plusieurs proportions avec l'oxygène, et donnant lieu à divers oxydes, on conserve en entier, et sans aucun changement dans la nomenclature du sel, le nom particulier de cet oxyde. Ainsi, l'on dira azotate de protoxyde de mercure et azotate de deutoxyde de mercure, pour désigner les combinaisons de l'acide azotique avec le protoxyde et le deutoxyde de mercure.

Un sel est *neutre*, quand il renferme une proportion d'acide pour une de base. Il devient *sel acide*, quand il renferme plus d'une proportion d'acide. On signale cette dernière circonstance dans sa nomenclature, en mettant devant le nom de l'acide les mots *sesqui*, *bi*, *tri*, *quadri*, *penta*, etc., indiquant les proportions relatives d'acide, en sus de celle entrant dans le sel neutre. On fait suivre de la terminaison *ate* ou *ite*, puis on ajoute le nom de la base. C'est ainsi que l'on dit sesquicarbonate et bicarbonate de soude, pour désigner deux sels acides, produits par la combinaison de l'acide carbonique avec la soude.

De même il peut arriver que plusieurs proportions de bases se combinent avec une seule proportion d'acide; on a alors des *sels basiques*. Ils se désignent en faisant suivre le nom générique du sel des mots *sesquibasique*, *bibasique*, *tribasique*, *quadribasique*, etc., suivant que les proportions de base par rapport à l'acide sont avec celui-ci comme 1 est à 1 1/2, 2, 3, 4, etc. On dira acétate de plomb sesquibasique, acétate de plomb bibasique, acétate de plomb tribasique, etc., etc., pour désigner les combinaisons de l'acide acétique avec 1 1/2, 2 et 3 proportions d'oxyde de plomb.

Quand un métalloïde autre que l'oxygène se combine avec un métal, la combinaison se désigne en donnant au métalloïde la terminaison *ure*, que l'on fait suivre du nom du métal. Le soufre et le plomb forment du sulfure de plomb. Les combinaisons des hydracides avec les bases se désignent aussi de cette manière, parce qu'un de leurs éléments, l'hydrogène, s'unit à l'oxygène de la base pour faire de l'eau qui n'a aucun rôle actif dans la réaction, et qui n'entre pas dans la constitution des composés qui se forment. L'acide sulfhydrique et l'oxyde de plomb feront de l'eau et du sulfure de plomb. Dans ce cas, on ne parle pas plus de l'eau que si elle n'existait pas; on ne considère que l'autre produit, le sulfure de plomb, qui est en tout semblable à celui obtenu par la combinaison directe du soufre et du plomb.

Si le métalloïde se combine en plusieurs proportions avec le métal, on fera, comme pour les sels, précéder le nom générique des prépositions *proto*, *sesqui*, *bi*, *tri*, etc., etc., suivant les proportions du métalloïde, et l'on terminera le nom en *ure*, en le faisant suivre du nom du métal. Ainsi l'on dira sulfure, sesquisulfure, bisulfure, trisulfure, etc., etc., de potassium, pour indiquer les combinaisons du potassium avec 1, 1 1/2, 2, 3, etc., proportions de soufre.

La combinaison de deux métalloïdes se compose de leurs deux noms, un seul et le premier se terminant en *ure*. On dit *sulfure* d'arsenic, *chlorure* de soufre, etc., pour désigner les combinaisons du soufre et de l'arsenic, du chlore et du soufre.

Toute combinaison des métaux entre eux se nomme *alliage*. Les alliages dans lesquels entre le mercure portent, par exception, le nom d'*amalgames*.

Léon Krafft,
Chimiste, élève de Gay-Lussac.

On lit dans *la Presse :*

Il a fallu, pour populariser l'image des hommes célèbres, un art qui pût, par une rapide multiplication, reproduire la copie de l'œuvre des sculpteurs, dont les travaux sont restés et resteront toujours le privilége des favoris de la fortune.

La gravure et la lithographie, le bronze et le plâtre, ont vaincu la difficulté; le problème est résolu; chacune de ces grandes inventions apportant son tribut au Panthéon des hommes illustres, tout le monde, le riche et le pauvre, peut avoir aujourd'hui l'image de ceux qui, par les qualités de leur esprit, les vertus de leur cœur, la puissance de leur génie, ont trouvé place dans leur souvenir.

Mais la gravure et la lithographie s'altèrent à l'humidité; le bronze, métal de luxe, est encore cher, et le plâtre, qui ne supporte pas d'être lavé, se détériore au moindre contact, se brise au moindre choc.

Pour compléter l'œuvre de la reproduction en la popularisant, il fallait une matière qui réunît à la dureté du bronze et du marbre les conditions de bon marché de la gravure et de la lithographie.

C'est la révolution que vient d'opérer dans les arts le *céramo-marbre*.

Cette matière, malléable sous les doigts de l'artiste qui la travaille, se solidifie au moyen d'un agent chimique et prend dès lors, sans pouvoir la perdre jamais au contact de l'eau ou du feu, la fermeté du marbre.

Le premier usage que l'artiste se propose de faire de cette matière, c'est de la consacrer à la création d'une *galerie historique des hommes de l'Empire*. Cette galerie comprendra toutes les illustrations dans le clergé, la magistrature, la science, l'armée, l'administration. La tribune, la finance, l'économie politique, fourniront à la galerie historique une longue série de citoyens célèbres. Enfin, les hommes dont la France s'honore, tous ceux dont la postérité revendiquera la mémoire, trouveront place dans cette galerie, qui pourrait être appelée le Panthéon des hommes du jour.

Erratum *du dernier numéro.* — Album de M. Meistral, 2e colonne, 2e alinéa, 21e ligne, *lisez* : neveu, *au lieu de* petit-fils.

Le Propriétaire-Gérant, Alexis Gaudin.

Typographie Henneyer, rue du Boulevard, 7, Batignolles. Boulevard extérieur de Paris.

TROISIÈME ANNÉE. N° 14 — SAMEDI, 2 AVRIL 1853.

LA LUMIÈRE

REVUE DE LA PHOTOGRAPHIE.

BEAUX-ARTS. — HÉLIOGRAPHIE. — SCIENCES.

JOURNAL NON POLITIQUE, PARAISSANT LE SAMEDI.

Bureaux, rue de la Perle, 9, à Paris.

ABONNEMENTS.—*Paris*, UN AN, 16 FR.; 6 MOIS, 10 FR.; 3 MOIS, 6 FR.; *Départements*, UN AN, 18 FR.; 6 MOIS, 11 FR.; 3 MOIS, 7 FR.; *Étranger*, UN AN, 20 FR.; 6 MOIS, 12 FR.; 3 MOIS, 8 FR.

Dans le but de faciliter à nos lecteurs les moyens de se procurer la *Lumière*, nous avons cru devoir établir des bureaux d'abonnement :

A la *Librairie Nouvelle*, 15, boulevard des Italiens;

Au *Cabinet de Lecture*, galerie d'Orléans, 2, Palais-Royal ;

Chez Mlle LEGENTIL, cabinet de lecture, place de la Madeleine ;

Et chez M. DELAHAYE, rue de Lancry, 37.

On trouvera dans ces succursales des numéros séparés de la *Lumière* (40 c. le numéro).

Nous sommes heureux de voir les journaux français et étrangers reproduire nos articles, mais nous les prions de vouloir bien indiquer la source de ces reproductions ; c'est de toute justice.

SOMMAIRE.

ACADÉMIE DES SCIENCES.

HÉLIOCHROMIE. M. Niépce de Saint-Victor. Reproduction.—Note de M. Quatrefages sur les ravages exercés à Saintes, Rochefort, La Rochelle, etc., par les termites, et sur les injections gazeuses que l'on pourrait appliquer à la destruction de ces insectes.

Héliographie. — M. Niépce de Saint-Victor. — Nous sommes heureux d'avoir à rendre compte aujourd'hui d'une nouvelle communication de M. Niépce de Saint-Victor, sur la reproduction des gravures et des dessins par la vapeur d'iode, présentée à l'ouverture de la séance par l'honorable M. Chevreul, et des glorieuses marques d'estime et de bienveillant intérêt qui ont été données spontanément à notre modeste ami.

M. Niépce a rappelé que, dans son Mémoire sur les *Propriétés particulières à quelques agents chimiques*, publié en 1847, il a signalé l'action des différentes vapeurs, entre autres celle de l'iode.

Il a dit que la vapeur d'iode se portait sur les noirs d'une gravure, à l'exclusion des blancs, et que l'on pouvait en reproduire l'image sur papier collé à l'amidon, ou sur un verre enduit de cette matière réduite à l'état d'empois ; qu'il se formait ainsi un dessin dont la matière colorée était de l'iodure d'amidon ; mais ces dessins étaient peu stables, quoiqu'il eût employé divers moyens pour les fixer.

Voici le procédé qu'il a trouvé pour les rendre inaltérables.

Si, après avoir obtenu un dessin à l'iodure d'amidon, sur papier ou sur verre, en opérant comme il l'a dit en 1847 (1), on plonge ce dessin dans une solution d'azotate d'argent, le dessin disparaît; mais si l'on expose le papier ou le verre quelques secondes à la lumière, voici ce qui arrive : le dessin primitif, qui était de l'iodure d'amidon, s'est transformé en iodure d'argent, et, par l'exposition à la lumière, cet iodure, étant beaucoup plus sensible que l'azotate d'argent contenu dans le papier ou la couche d'empois du verre, s'est impressionné avant l'azotate ; dès lors il suffit de plonger le papier ou le verre dans une solution d'acide gallique pour voir apparaître aussitôt le dessin primitif, que l'on traite ensuite par l'hyposulfite de soude, absolument comme on le fait pour les épreuves photographiques.

Par cette opération, le dessin devient aussi stable que ces dernières; ce nouveau procédé sera certainement pratiqué dans beaucoup de circonstances.

M. Bayard, l'habile photographe, vient de faire une autre application de la vapeur d'iode, c'est-à-dire qu'après avoir exposé la gravure à la vapeur d'iode, il l'applique sur une glace préparée à l'albumine, pour fournir une épreuve négative ou cliché, avec lequel il tire ensuite sur papier des épreuves positives par les procédés connus des photographes.

C'est ainsi qu'il a obtenu de magnifiques reproductions de très-anciennes gravures, sans aucune déformation des images.

Ces deux dernières applications prouvent, jusqu'à l'évidence, que la vapeur d'iode se porte, comme M. Niépce l'a dit depuis longtemps, sur les parties noires des dessins et des gravures, de préférence aux parties blanches.

Quatre épreuves de M. Bayard, obtenues par ces procédés, étaient jointes à cette communication ; M. Chevreul les a soumises à l'examen de ses collègues, en disant que leur auteur, dont le nom est bien connu à l'Académie, et qui a rendu déjà de si nombreux services à la photographie, « ne les considérait que comme des essais, et priait l'Académie de les juger ainsi », ce qui n'a pas empêché beaucoup de ces messieurs de témoigner leur admiration pour ces spécimens.

Il était évident que le problème de la reproduction des gravures, sans déformation, quelle que fût leur dimension, était définitivement résolu, puisque ce sont les gravures ou dessins mêmes qui sont reproduits par contact, et sans qu'il soit nécessaire d'avoir recours à la chambre noire ni aux instruments qui ne pouvaient donner des résultats aussi satisfaisants, quand même ils eussent atteint leur plus haut degré de perfectionnement.

Le célèbre directeur de la manufacture des Gobelins était plus que tout autre à même de faire valoir les longs et persévérants travaux de M. Niépce; en prêtant une oreille attentive aux explications si claires données par le savant chimiste, on se rappela que M. Chevreul avait depuis longtemps apprécié à leur juste valeur les découvertes faites par l'auteur de cette communication, et qu'il avait résumé ses appréciations dans un mémorable Rapport intitulé : *Considérations sur la reproduction, par M. Niépce de Saint-Victor, des images gravées, dessinées ou imprimées*, rapport dans lequel il passait en revue toutes les propriétés particulières aux agents chimiques signalés par l'auteur, et qu'il termine ainsi : « Ces détails sur un homme qui, pendant vingt-trois ans, (1847) a constamment satisfait à toutes les exigences de la profession militaire, sans jamais reculer devant aucun sacrifice que son goût des recherches scientifiques lui a imposé, ne paraîtront pas déplacés, et j'ose espérer que l'Académie accordera un témoignage d'estime à M. Niépce de Saint-Victor, qui honore doublement le titre d'officier français. »

A peine M. Chevreul avait-il fini d'entretenir l'Académie, que M. le secrétaire perpétuel prit la parole, et, rappelant les travaux de M. Niépce, les progrès nombreux qu'il a fait faire à la science, proposa d'émettre le vœu que le gouvernement accordât au capitaine Niépce une position qui, en le fixant à Paris, lui permît de continuer ses recherches si intéressantes et si utiles. Ces paroles furent accueillies de la manière la plus favorable ; mais, au même instant, M. le maréchal Vaillant, membre de l'Académie, qui avait eu l'occasion de faire connaître à l'Empereur les travaux de M. Niépce, est venu annoncer à M. le président que, comme toujours, Sa Majesté, pleine de sollicitude pour tout ce qui intéresse la science, avait déjà, de son propre mouvement, devancé les vœux formés par l'Académie, en accordant à M. Niépce une position qui dépasse les espérances du modeste savant et le met à même de continuer ses recherches scientifiques.

Cette marque toute particulière de la bienveillance du prince, ces témoignages de sympathie de la part de nos plus célèbres savants ont dû faire oublier au laborieux chercheur bien des heures d'anxiété et de découragement.

Note de M. Quatrefages sur les ravages exercés à Saintes, Rochefort, La Rochelle, etc., par les termites, et sur les injections gazeuses que l'on pourrait appliquer à la destruction de ces insectes. — L'auteur de cet excellent mémoire, membre distingué de l'Académie, section d'anatomie et de zoologie, s'est trouvé à même d'étudier à loisir, pendant un séjour prolongé à La Rochelle et dans diverses localités de ce département, les pernicieux effets du fléau destructeur qu'il signale ; et, après avoir constaté le mal, il s'est appliqué à chercher par quels moyens on pourrait y remédier.

Les termites sont des insectes de l'ordre des névroptères, qui habitent les contrées chaudes ou au moins tempérées des deux continents. Sous le rapport des mœurs, les termites se rapprochent des fourmis, mais ils sont bien autrement redoutables. Les voyageurs nous ont transmis une foule de détails sur les ravages que causent ces insectes, et sur les dangers qu'ils font courir à l'homme lui-même en attaquant les habitations. On peut s'assurer, sans sortir de France, que ces récits ne sont pas exagérés. Il y a près de vingt ans que M. Audouin observa dans nos départements de l'Ouest le termite lucifuge, une des plus petites espèces connues dans les jardins, qui jouent le rôle d'ouvrières, ressemblent à des fourmis de taille moyenne, au corps translucide, aux tissus d'une délicatesse extrême. Il rapporta au Muséum des preuves matérielles du péril auquel sont exposés journellement les habitants de Saintes, Rochefort, etc., par suite de la multiplicité d'ennemis si faibles en apparence. Dans ces localités, des toitures, des planchers se sont écroulés à l'improviste, des maisons entières ont été minées jusque dans leurs fondements, et les habitants ont dû les abandonner ou les reconstruire. En 1843, MM. Blanchard et Edouard B... ont parcouru les mêmes contrées et constaté les mêmes faits.

C'est à La Rochelle que M. de Quatrefages a fait ses observations ; l'envahissement des termites est loin d'y être aussi complet que dans les localités citées plus haut. Deux points seulement sont attaqués ; ces deux points, situés dans les deux extrémités de la ville, sont séparés par le port et les bassins. A l'Arsenal, ils n'occupent que les salles basses ; une surveillance empressée a préservé jusqu'ici les étages supérieurs. Il n'en est pas de même de la préfecture et de quelques maisons voisines ; toutes ces constructions en sont infestées, de la cour au

(1) Voir page 55 l'extrait du compte-rendu.

grenier ; mais les termites ont été arrêtés par le canal de la Verrière, qui met en communication le port et les fossés de la place. Le reste de la ville et ses environs ont échappé jusqu'à présent au fléau. Les traditions locales ont attribué ces envahissements à l'introduction de bois termités qui auraient servi à la construction de l'Arsenal et de l'hôtel Poupet. Une seule année extrêmement favorable à la multiplication de ces insectes peut suffire pour que la ville soit envahie ; tôt ou tard, La Rochelle entière et ses environs, selon toute probabilité, subiront le même sort. Les arbres les plus vigoureux et les plantes annuelles sont attaqués ; un piquet enfoncé dans une plate-bande, un morceau de planche oublié sur le sol ont eu toute leur surface labourée par les termites en moins de vingt-quatre à quarante-huit heures.

L'hôtel Poupet, acheté par le gouvernement 200,000 fr., est tellement ravagé qu'il ne vaut plus que 30,000 fr. Comme ses congénères, le termite travaille toujours à couvert, et respecte avec un soin extrême les surfaces des corps. M. Audouin cite une colonne de bois entièrement taraudée dans l'intérieur, et dont les peintures extérieures sont parfaitement intactes. Une poutre, qui traversait à hauteur d'appui l'escalier des bureaux de la Préfecture, lui a montré un fait tout pareil ; un employé s'y étant appuyé brusquement par suite d'un faux pas, y enfonça la main jusqu'au-dessus du poignet. La cloison conservée par les termites avait, sur certains points, à peine l'épaisseur d'une double feuille de papier ; et l'intérieur, rempli de cellules abandonnées, était tellement friable qu'avec un simple grattoir on l'aurait facilement égrené tout entière. On venait de découvrir que les archives avaient été dévorées presque en totalité par ces insectes ; et pourtant les liasses de papier ne présentaient au dehors rien d'extraordinaire, grâce au soin qu'avaient eu ces insectes de ne toucher ni au bord des feuilles, ni aux feuilles supérieures. On a dû, depuis cette époque, remplacer les cartons par des boîtes en zinc.

Après avoir signalé les ravages faits par ces insectes destructeurs, M. de Quatrefages donne des détails très-intéressants sur les recherches et expériences scientifiques auxquelles il s'est livré pour trouver le moyen de les détruire.

Se rappelant que M. Thénard, l'illustre académicien, s'était servi d'un appareil dégageant l'hydrogène sulfuré pour détruire des souris, hôtes incommodes de sa maison, il eut l'idée de soumettre à des essais ce produit chimique et plusieurs autres, tels que l'acide sulfhydrique pur, le chlore, etc. Ayant pu, grâce aux soins de M. Robillard, pharmacien en chef de l'hôpital militaire de La Rochelle, se livrer à un grand nombre d'expériences dont il rend compte, il lui parut démontré qu'en employant les injections gazeuses on peut atteindre les termites dans leurs retraites les plus profondes et les tuer à coup sûr. Le même procédé de destruction est applicable à tous les insectes et autres animaux qui présentent des mœurs analogues. Dans presque tous les cas, le chlore doit être employé de préférence, comme plus actif, plus facile à préparer, et moins coûteux ; son inspiration est d'ailleurs plus facile à supporter que celle de l'acide sulfureux. Pour prévenir l'action que pourraient opérer, soit sur les métaux, soit sur les meubles d'un appartement, soit même à l'intérieur des poutres ou solives, le chlore et l'acide sulfureux, on pourra faire suivre l'emploi des gaz, d'injections d'ammoniaque gazeuse.

SOCIÉTÉ PHOTOGRAPHIQUE DE LONDRES.

A l'ouverture de la séance, M. Robert Hunt lit un Mémoire ayant pour titre : *Des principes sur lesquels la construction des objectifs devrait être basée.*

Un autre Mémoire est lu par le comte de Montizon, sur l'*Emploi du collodion en photographie.*

Comprenant l'avantage que l'opérateur peut retirer de la connaissance des éléments qui constituent la matière sensible qu'il emploie, l'auteur décrit en détail la méthode dont il se sert pour faire du coton-poudre, appuyant sur la nécessité de n'en préparer à la fois que de petites quantités, et de le bien laver avant de le faire sécher pour l'employer.

Après avoir indiqué les précautions à prendre en faisant dissoudre dans l'éther le coton ainsi obtenu, il donne les proportions de six différentes recettes pour ioder le coton dissous, ou collodion. Il montre, à l'appui de ces indications, plusieurs épreuves qu'il a produites ainsi en une fraction de seconde.

Il décrit ensuite l'opération tout entière, depuis le nettoyage de la glace jusqu'au développement de l'image et la fixation. Puis il indique le moyen qu'il emploie pour ôter de la glace où elle se trouve la couche de collodion, devenue image négative, et la transporter sur une feuille de papier ciré très-mince.

Pour prouver que la couche de collodion peut conserver pendant quelque temps sa sensibilité, il montre une épreuve représentant le dromadaire du jardin zoologique, qu'il a faite trois quarts d'heure après que la plaque avait été préparée.

Comme exemple de l'extrême sensibilité que l'on obtient par ce procédé, il livre à l'examen de la Société une épreuve qui représente l'un des pélicans du même jardin. Bien qu'au moment où elle a été faite il y eût un véritable ouragan et qu'il tombât une pluie torrentielle, le plumage de l'oiseau est rendu avec une finesse et une netteté remarquables.

A propos de l'influence de la lumière jaune d'une chandelle, par exemple, sur le collodion, M. Robert Hunt dit qu'il a remarqué, dans des expériences auxquelles il s'est livré sur l'action des verres de différentes couleurs, que les verres jaunes n'obstruaient nullement les rayons qui agissent énergiquement sur le collodion. Il croit donc nécessaire de distinguer entre deux espèces de verres jaunes : ceux admettant les rayons chimiques qui noircissent les plaques collodionnées, sont les verres colorés en jaune par le carbone ; l'autre espèce de verres jaunes doit sa couleur à l'oxyde d'argent. Il pense que ceux-là seuls doivent être employés pour les laboratoires.

M. Wilkinson a fait usage, comme écrans, dans son cabinet noir, de feuilles de caoutchouc d'un 32e de pouce environ d'épaisseur. Par ce moyen, les rayons chimiques n'avaient aucune action sur ses préparations. Le soleil le plus brillant frappait sur ses écrans de caoutchouc, sans que le collodion qui se trouvait dans son cabinet fût le moins du monde altéré.

Une discussion s'élève ensuite sur l'obtention d'épreuves photographiques représentant les couleurs naturelles aussi bien que les formes des objets. MM. Malone et Hunt rappellent les travaux de MM. Niépce de Saint-Victor, Edmond Becquerel et Stokes.

M. Rosslin présente à la Société une copie en réduction d'une page de « l'Illustration anglaise » (*Illustrated London news*) ; cette reproduction est d'un quatre-centième de la dimension véritable de cette page. Dans cette épreuve, les caractères typographiques, dont on peut se figurer l'extrême ténuité, sont pourtant parfaitement lisibles à la loupe.

D'autres spécimens ont été communiqués par différents membres de la Société. Parmi eux nous citerons une lithographie dont le dessin avait été obtenu sur la pierre au moyen de la photographie, sans être aucunement retouché.

La prochaine réunion aura lieu le 7 avril, et le principal sujet de cette séance sera « la Chambre obscure. »

La Société recevra avec reconnaissance toutes les communications qui pourraient annoncer un perfectionnement de cet appareil.

BALANCE HYDROSTATIQUE USUELLE

A L'USAGE DE LA PHOTOGRAPHIE.

I.

On fait un fréquent usage, en photographie, des vases gradués, pour mélanger le liquide en proportions déterminées, sans avoir égard à leur pesanteur spécifique ; car, je le répète encore, la précision du dosage n'est d'aucune utilité en photographie, puisque les proportions employées varient sans cesse par l'emploi des bains, sans qu'on puisse reconnaître à quel instant le bain est le meilleur ; c'est pourquoi j'ai pensé qu'une balance qui permettrait de peser les substances solides, comme on mesure les liquides, serait d'un usage très-commode.

Sans parler des essais successifs que j'ai faits pour réaliser ce projet, j'arrive de suite à la construction extrêmement simple qui m'a réussi.

Lorsqu'on charge un corps flottant sur l'eau d'un poids déterminé, le corps flottant s'enfonce dans l'eau de manière à déplacer autant de litres (décimètres cubes) que l'on a ajouté de kilogrammes, autant de centimètres cubes qu'on a ajouté de grammes ; si donc on conçoit un énorme aréomètre dont la tige aurait 2 ou 3 centimètres de diamètre, les divisions de cette tige pourraient servir à lire les poids en grammes, comme on lirait les centimètres cubes avec un vase gradué de même diamètre ; mais un pareil aréomètre exigerait un très-grand vase, et, en le chargeant à l'extrémité de sa tige, l'instrument perdrait sa stabilité, son axe prendrait une position oblique et il ne pourrait plus servir.

En envisageant la question sous une autre face, l'appareil se simplifie ; on peut se guider sur le niveau ascendant que prend l'eau déplacée par l'aréomètre ; or, dans ce cas, l'aréomètre n'a plus de tige, le corps et la tige sont transformés en un cylindre plongé dans un vase cylindrique, l'eau déplacée occupe l'entre-deux des cylindres, et son niveau s'élève proportionnellement au poids qui charge le cylindre flottant.

Pour construire une balance sur ce principe, j'ai soudé bout à bout avec de la cire à cacheter quatre gros bouchons de 3 centimètres de diamètre ; puis avec une râpe à bouchon, je les ai nivelés de manière à n'en former qu'un cylindre d'égal diamètre d'un bout à l'autre, ayant même hauteur qu'un récipient d'aréomètre de 4 centimètres de diamètre, destiné à contenir l'eau. J'ai ensuite enduit ce cylindre de cire, pour boucher les trous du liége et empêcher l'eau d'y adhérer.

J'ai aussi fixé au bout inférieur une petite plaque de plomb, du poids de 20 ou 25 grammes, pour augmenter sa stabilité, que j'ai complétée en enfonçant dans le cylindre 6 épingles, dont 3 à la partie inférieure et 3 à hauteur de l'orifice du récipient, de façon à rendre les têtes de ces 6 épingles tangentes à la paroi intérieure du récipient.

Par ce moyen, le cylindre en liége se maintient toujours d'aplomb, et le contact des têtes d'épingles ne produit qu'un frottement très-faible.

Cela établi, j'ai mis de l'eau dans le récipient, et, après avoir complétement enfoncé le cylindre en liége, l'eau en excès s'est écoulée ; et le cylindre étant abandonné à lui-même, il a remonté tandis que le niveau de l'eau s'est abaissé jusqu'à une hauteur que j'ai prise pour le zéro de l'échelle.

J'ai alors collé à l'extérieur du récipient une bande de papier sur laquelle j'ai tracé une ligne de niveau marquée zéro, puis j'ai placé sur la face supérieure du cylindre une pièce de cinq francs. J'ai écrit le chiffre 25 en face de cette nouvelle ligne de niveau. En plaçant un poids de 100 grammes sur le cylindre, j'ai reconnu que les degrés de l'échelle n'étaient pas uniformes ; ils allaient en augmentant de longueur de plus en plus, signe certain du rétrécissement du récipient ; c'est pourquoi il sera bon de le choisir autant que possible d'un égal diamètre, du haut en bas.

Pour remédier le plus possible à cette inégalité, j'ai ajouté successivement des poids de 25 grammes, et j'ai obtenu ainsi 6 divisions de 25 grammes, donnant un poids total de 150 grammes, puis j'ai divisé chacun de ces espaces en 5 parties représentant un poids de 5 grammes. La surface de section du liquide déplacé étant, dans le cas actuel, de 7 centimètres carrés, les divisions pour 5 grammes se sont trouvées avoir environ 3 millimètres de longueur.

Malgré la cire, il s'attache toujours un peu d'eau à la surface du cylindre ; sa totalité ne paraît pas dépasser le poids d'un gramme ; cela, joint à l'exiguïté de la division correspondant au gramme, ne permettrait pas de peser avec certitude, à un gramme près. Mais on remarquera que les vases gradués dont on fait un fréquent usage, sans jamais hésiter, ne peuvent non plus mesurer à un gramme près, lorsqu'il s'agit de 100 grammes et que leur section dépasse 5 centimètres ; car la surface de section est alors de 20 centimètres, et le gramme correspond à une épaisseur de nappe d'un demi-millimètre.

La petitesse des degrés de l'échelle vient de ce que le cylindre déplace de l'eau en dessous comme en dessus de la ligne zéro, et 3 millimètres pour 5 grammes sont très-près du maximum de longueur que l'on puisse obtenir avec cette disposition.

Pour se servir de cette balance, les préparatifs sont bien simples : après avoir introduit le cylindre dans le récipient, on ajoute de l'eau jusqu'à ce que son niveau atteigne le zéro de l'échelle ; si l'on veut employer une capsule pour recevoir le corps à peser, il sera nécessaire de la placer sur le cylindre avant de verser l'eau, et, à cet effet, la surface supérieure du cylindre en liége sera creusée en demi-sphère.

Le zéro étant atteint par l'eau, on versera la substance solide dans la capsule, jusqu'à l'indication du poids par l'échelle.

D'après les essais que j'ai faits avec cette balance, on pèse de 5 à 150 grammes avec une promptitude extrême.

Pour le gramme et ses fractions elle ne pourrait pas servir.

Dans ce cas, on peut faire usage d'un aréomètre ordinaire, qui n'est pas susceptible de perdre sa stabilité par l'effort, à son bout supérieur, d'un poids de quelques grammes.

J'en ai fait l'essai sur mon pèse-acide ; il marquait nécessairement zéro avec de l'eau : pour faire surnager la tige, j'y ai adapté un petit bouchon percé, que j'ai descendu jusqu'à la partie renflée en boule ; la tige de l'aréomètre s'est élevée alors d'environ 50 degrés au-dessus du niveau de l'eau. J'ai, de plus, ajusté à l'extrémité de cette tige un petit bout de tube en verre de 1 centimètre de long, formant manchon, après y avoir soudé une carte, ce manchon avec sa carte pouvant s'enlever à volonté, et constituant le plateau de la balance. J'ai placé alors sur la carte une pièce de 1 franc, qui a fait enfoncer la tige de 22 degrés ; par conséquent les divisions de la tige, correspondant au poids d'un gramme, étaient $\frac{22}{5} = 4.4$.

Un poids de 5 grammes ayant été supporté sans trop incliner l'arc de l'aréomètre, il est évident qu'il pourra servir à un poids moindre, en prenant toujours 4 divisions 4 dixièmes pour le poids d'un gramme ; car ce rapport est indépendant de la grosseur du bouchon ajouté, qui ne sert qu'à faire surnager plus ou moins la tige graduée.

Le cylindre en liége de la balance hydrostatique usuelle m'a coûté 35 centimes ; il peut se transporter logé dans le récipient, et n'est susceptible d'aucun dérangement.

M.-A. GAUDIN,
Calculateur du Bureau des Longitudes.

STATISTIQUE DE LA PHOTOGRAPHIE.

Encadrements divers et de fantaisie.

Le titre de cet article laisse trop à embrasser pour que nous nous arrêtions à des développements particuliers et spéciaux à chaque genre. Enumérer les diverses formes d'encadrement le plus en usage, les faire suivre de leurs appellations les plus connues, c'est assez quand elles tombent dans le domaine de la fantaisie, de l'invention à naître, du perfectionnement à créer. Aussi est-ce là que nous bornerons notre travail de renseignements et de recherches. Au reste, n'avons-nous pas déjà trop parlé de cette matière pour y revenir encore ?

Voici ceux qui rentrent plus particulièrement dans la catégorie des encadrements dits de fantaisie.

Ce sont :

Les porte-monnaie poudre d'écaille riches avec médaillons extérieurs, nacre, feuille d'écaille, ou gélatine ;

Les porte-monnaie poudre d'écaille unis, médaillons dorés extérieurs ;

Les porte-monnaie poudre d'écaille incrustés avec médaillons dorés extérieurs ;

Les tabatières poudre d'écaille médaillons dorés extérieurs ;

Les souvenirs poudre d'écaille médaillons dorés intérieurs, unis, incrustés en nacre ;

Les portefeuilles à serrures, médaillons intérieurs pour portraits ;

Les porte-cigares avec médaillons intérieurs pour portraits, maroquin chagrin, fermoir acier ou vermeil ;

Les porte-cigares avec médaillons intérieurs, et portefeuilles maroquin chagrin ou vermeil ;

Les porte-cigares sujets extérieurs, médaillons intérieurs pour portraits, maroquin chagrin, fermoir acier ou vermeil ;

Enfin, les porte-cigarettes avec médaillons intérieurs pour portraits, maroquin chagrin, fermoir acier ou vermeil.

Nous ne devrions peut-être que rappeler ces articles, à cause du peu d'importance qu'ils ont, et de la rareté de leur emploi dans la photographie, ou bien plutôt encore parce qu'ils forment, en dehors, un commerce assez vaste qui ne permet pas d'apprécier rigoureusement leur application à l'industrie dont nous étudions les détails.

Il va sans dire que la statistique que nous allons en établir ne regarde que le daguerréotype et la photographie, et qu'elle repose sur des résultats obtenus après diverses consultations de notre part.

Or, nous avons trouvé qu'il se vend par année, en moyenne, trois mille cinq cents porte-monnaie ordinaires et douze cents porte-monnaie riches.

Au priseur, nous avions fait l'injure de l'oubli : le daguerréotype a été plus juste que nous à son égard, et le voici qui introduit son épreuve dans la tabatière.

Le commerce des tabatières échappe à une estimation exacte, par les raisons données plus haut à propos des porte-monnaie, portefeuilles, etc. Cependant, nous pouvons affirmer qu'il s'achète par an, en moyenne, au moins huit cents tabatières avec encadrement pour portraits. Les souvenirs, les portefeuilles, les porte-cigares, les porte-cigarettes, atteignent à peu près le même chiffre, ce qui porte à plus de 14,000 fr. d'affaires la part du daguerréotype dans cette branche d'industrie.

Glaces diverses.

La glace est, à proprement parler, un verre plus poli, plus pur et plus limpide. S'il réunit ces trois qualités, il laisse plus de netteté à l'image qu'il protége, qu'il couvre, qu'il embellit de son brillant, de son eau presque. Le verre à bulles, à bouillons, à bosses, à raies, est tout à fait impropre à cet usage. Au reste, la moindre défectuosité, le grain le plus imperceptible paraît être une énormité dans la glace qui ne s'adapte qu'à des cadres de petites proportions, comme le médaillon, la bague, la broche, etc., tandis que sur un tableau de grandeur ordinaire le regard pourrait ne pas y arrêter son attention, ou en éprouver une impression pénible, comme de tout ce qui est imparfait, choquant, disparate.

L'emploi des glaces en daguerréotypie est assez considérable. Si nous réunissons les divers résultats que donnent ses différentes applications, nous arrivons par année, en moyenne, au chiffre de 80,000 glaces de 18 lignes, et de 10,000 glaces de dimensions moindres ou supérieures. Ce qui fait un poids de 300 kilogrammes.

Toutes les glaces sont presque de rechange, et voilà l'explication d'un chiffre si élevé, même par rapport aux cadres qui en sont susceptibles.

Jusqu'à présent nous n'avons eu devant nous que l'épreuve sortie de la chambre noire, venue aux vapeurs de l'iode, et prête à être encadré. Nous en avons, de plus, étudié tous les moyens, toutes les formes d'encadrement. Mais la cause? la nature du travail qui l'a produite? la suite des opérations qui la forment? les instruments qui aident à ces opérations? C'est ce que nous essayerons d'apprécier en peu de mots dans le prochain article, où nous traiterons des appareils, ces instruments d'un ouvrier bien difficile et bien merveilleux, vérité à l'encontre du proverbe, et dont il faut qu'il se console bon gré mal gré, quand cet ouvrier est le soleil.

J.-D. DU VERNAY.

DE L'IODE ET DE SES EFFETS.

Afin d'épargner des recherches à nos lecteurs, nous croyons utile de reproduire ici l'extrait du premier mémoire de M. Niépce sur les vapeurs d'iode, dont la note présentée lundi dernier à l'Académie est le complément.

Je crois avoir le premier découvert dans l'iode une propriété que l'on était loin d'y soupçonner, la propriété de se porter sur les noirs d'une gravure, d'une écriture, etc., à l'exclusion des blancs. Ainsi, une gravure est soumise à la vapeur de l'iode pendant dix minutes environ, à une température de 15 à 20 degrés ; on emploie 15 grammes d'iode par décimètre carré (il faudrait plus de temps si la température était moins élevée) ; on applique ensuite cette gravure sur du papier collé à l'amidon, en ayant soin préalablement de le mouiller avec une eau acidulée à 1 degré d'acide sulfurique pur. Les épreuves, après avoir été pressées avec un tampon de linge, présentent un dessin d'une admirable pureté ; mais, en séchant, il devient vaporeux, tandis que, si l'on opère sur un papier enduit d'une ou de deux couches d'empois, le dessin sera non-seulement plus net, mais il se conservera beaucoup mieux. Ce qu'il y a de plus extraordinaire, c'est que l'on peut tirer plusieurs exemplaires de la même gravure sans lui faire subir de nouvelles préparations, et les dernières épreuves sont toujours les plus nettes ; car, en laissant très-longtemps la gravure exposée à la vapeur d'iode, les blancs finissent par s'en imprégner, si le papier est collé à l'amidon ; mais les noirs en retiennent toujours plus que les blancs, quelle que soit la durée de l'exposition.

J'ai trouvé le moyen de reproduire par le même procédé toute espèce de dessin, soit que celui-ci ait été fait à l'encre grasse ou aqueuse (pourvu que cette dernière ne contienne pas de gomme), soit qu'il l'ait été à l'encre de Chine ou à la mine de plomb ; en un mot, tout ce qui a trait peut être reproduit (n'importe la couleur) ; seulement il faut faire subir à ces dessins les préparations suivantes : on les plonge pendant quelques minutes dans une eau légérement ammoniacale, puis on les passe dans une eau acidulée avec les acides sulfurique, azotique et chlorhydrique, et on les laisse sécher ; c'est alors qu'on les expose à la vapeur d'iode, et qu'on répète le procédé décrit plus haut. Par ce moyen, on parvient à décalquer des dessins qui jusqu'ici n'auraient pu l'être autrement, par exemple des dessins qui seraient dans la pâte du papier. On peut aussi ne reproduire qu'une des deux images qui se trouvent sur le *recto* et le *verso* d'une même feuille de papier ; il suffit, pour cela, de ne laisser que très-peu de temps la gravure exposée à la vapeur d'iode, afin qu'elle n'ait pas le temps de se porter sur les caractères opposés. On peut aussi, au moyen d'une couche de gomme, ne reproduire qu'une partie du dessin.

J'ai indiqué la nécessité que le papier qui doit recevoir une gravure soit collé avec de l'amidon, parce qu'en effet la matière colorée du dessin est de l'iodure d'amidon ; d'après cela, j'ai eu l'idée d'enduire d'empois une feuille de papier, et, ce qui est bien préférable, la surface d'un corps dur et poli, tel qu'une plaque de porcelaine, de ver opale, de verre, d'albâtre et d'ivoire, et d'opérer ensuite comme j'opérais sur le papier : le résultat, comme je l'avais prévu, a été d'une supériorité incontestable relativement aux dessins produits sur simple papier collé à l'amidon.

On obtient aussi une grande pureté de traits et beaucoup plus de solidité.

Après avoir exposé la gravure à la vapeur d'iode, il faut l'appliquer d'abord sur des feuilles de papier collé à l'amidon, et, lorsque l'image est bien nette, on mouille la surface amidonnée d'eau aiguisée à 1 degré d'acide sulfurique, et l'on applique la gravure en l'étendant avec un rouleau de linge doux et très-serré. On tamponne pardessus très-légèrement avec un linge, afin qu'il y ait un contact parfait. On recouvre ensuite la gravure avec un linge imbibé d'eau acidulée, et on la laisse pendant un temps plus ou moins long, en raison de la température.

Lorsque le dessin résultant de cette opération est parfaitement sec, on y passe, si l'on veut, un vernis à tableau ; et, si on peut le mettre sous verre, il acquiert une telle fixité, que j'en ai conservé depuis plus de huit mois sans aucun changement notable.

Les dessins sur porcelaine et sur verre opale imitent parfaitement la miniature et peuvent s'appliquer, sans le moindre inconvénient, sur tous les vases de porcelaine non usuels ; mais, dans ce dernier cas, le vernis est indispensable.

Lorsque je veux reproduire une gravure, je me sers de préférence de verre opale, derrière lequel je colle une feuille de papier pour le rendre moins transparent : on obtient sur cette plaque une image renversée ; mais, en opérant sur une feuille de verre ordinaire que l'on retourne ensuite, l'épreuve se trouve alors redressée, et il suffit de placer derrière une feuille de papier ou de verre opale, pour faire ressortir le dessin. On peut aussi le conserver comme vitrail ; mais, dans ce cas, il faut placer le dessin entre deux feuilles de verre, afin de le préserver de tout contact et en assurer la solidité.

Cette dernière application sera très-avantageuse pour la fantasmagorie.

On peut obtenir des dessins de plusieurs couleurs, telles que le bleu, le violet et le rouge, suivant que l'amidon est plus ou moins cuit ; dans le premier cas, il porte au rouge ; il en est de même du plus ou moins d'acide.

On obtient du bistre plus ou moins foncé en soumettant une épreuve à la vapeur d'ammoniaque ; mais, pour cela, il faut qu'elle soit très-vigoureuse et qu'il y ait peu d'acide. Les épreuves ainsi bistrées reprendraient leur couleur primitive, si on les vernissait après cette opération.

On peut également donner la couleur bistre avec de l'iodure de potassium très-étendu d'eau. L'opération doit se faire par immersion ; on laisse ensuite sécher à l'air et à la lumière pour obtenir du bistre.

Avant de passer à d'autres faits, j'indiquerai tout ce qui peut faciliter l'application de ce procédé de reproduction des gravures au moyen de l'iode sur une couche d'empois ; car, tout simple qu'il paraît être, il n'en demande pas moins une étude pratique pour obtenir de bons résultats. La première condition est de bien préparer l'empois, et, pour cela, la cuisson doit être faite à un degré de chaleur qu'on ne doit pas dépasser ; il ne faut pas attendre que l'amidon soit fondu, parce qu'alors il deviendrait trop clair et n'aurait plus aucune viscosité. Cependant il doit être aussi cuit que possible pour que les dessins aient une grande solidité. Le procédé le meilleur à suivre est de prendre 15 grammes d'amidon (le plus fin possible), et de les délayer avec 15 grammes d'eau, puis d'en ajouter 250 grammes ; de mettre le mélange sur le feu dans un vase de porcelaine, de l'agiter constamment, et, après trente ou quarante secondes d'ébullition, de le laisser refroidir, d'enlever la couche épaisse qui s'est formée à sa surface, et de l'étendre ensuite avec un pinceau. On donne une seconde couche en sens contraire lorsque la première est sèche, mais toujours de façon que la dernière soit transversale au dessin que l'on veut reproduire. Je préviens que l'empois ne peut se conserver plus de vingt-quatre heures, surtout en été.

Ayant essayé de tous les acides comme mordant pour fixer les dessins d'iodure d'amidon, j'ai reconnu que l'acide sulfurique bien pur donnait la plus belle couleur bleue et le plus de solidité, sans qu'il soit nécessaire de vernir les épreuves ; mais, pour en éviter l'action corrosive, il faut rincer la gravure à grande eau, puis ensuite la passer dans une eau ammoniacale. Avec cette précaution elle n'est nullement altérée ; mais on n'emploie ce moyen que lorsqu'on ne veut plus en tirer de copie.

Il faut éviter le plus possible de mettre de l'amidon sur les gravures, car il est excessivement difficile, pour ne pas dire impossible, de l'enlever. Cependant j'indiquerai le moyen qui m'a le mieux réussi, et qui consiste à passer la gravure dans de l'acide azotique à 25 degrés ; on la rince ensuite à grande eau, puis on la plonge dans de l'eau ammoniacale. Si cette opération est bien faite, la gravure n'est nullement altérée, et l'on peut en tirer de très-belles épreuves sans qu'il soit nécessaire de répéter cette opération, à moins cependant d'y appliquer une nouvelle couche d'empois.

La gravure, quoique recouverte d'une couche d'empois, n'est pas altérée, mais on ne peut plus la reproduire sur amidon.

Je dois aussi prévenir que dans la reproduction d'une gravure tous les points noirs ou colorés qui se trouvent presque toujours dans la pâte du papier se reproduiront comme les traits de la gravure ; il faut, dans ce cas, les faire disparaître de l'épreuve en les touchant avec de l'ammoniaque, ou par tout autre moyen.

NIÉPCE DE SAINT-VICTOR.

CORRESPONDANCE.

Monsieur,

Vous avez bien voulu insérer dans le dernier numéro de la *Lumière* la lettre que je vous ai adressée le 10 mars ; permettez-moi de la compléter aujourd'hui, en signalant une autre propriété que possède l'acide tartrique : il remplace avec beaucoup d'avantage l'acide acétique que l'on est forcé d'ajouter à l'acide pyrogallique, pour conserver sur les négatifs la netteté des blancs.

La volatilité de l'acide acétique étant favorisée par la grande surface sur laquelle il est étendu, il en résulte que, pendant la venue même de l'épreuve, les taches deviennent de plus en plus imminentes. L'acide tartrique ne présente pas cet inconvénient, puisqu'il est fixe. 1 gramme d'acide pyrogallique et 1 gramme d'acide tartrique, dans 400 grammes d'eau, forment une solution très-convenable et qui se conserve longtemps sans altération. L'acide citrique agit à peu près de la même manière.

Je vous prie d'agréer, etc.

LABORDE.

EXPOSITION DE NARBONNE.

CIRCULAIRE. — Une exposition de peinture, sculpture, dessin, architecture, gravure et lithographie, aura lieu, pour la première fois, à Narbonne, le dimanche 7 août 1855, sous le patronage de l'administration municipale. Elle sera close le 28 août.

L'exposition aura lieu dans les salles du musée et dans les galeries nouvelles qui ont été récemment construites par M. Viollet-Leduc. Ce local offre les dispositions les plus favorables pour une exposition de tableaux et d'objets d'art.

Le public ne sera admis qu'en payant une rétribution qui sera ultérieurement fixée, et dont le produit sera consacré à l'acquisition de tableaux, dessins, statuettes, etc. La cotisation annuelle des membres de la Commission archéologique sera également consacrée à l'achat des ouvrages qui auront plus particulièrement mérité cette faveur.

Les objets d'art devront être adressés et rendus francs de port au musée de Narbonne, avant le 15 juillet. Les frais de retour seront aussi à la charge des exposants.

Les artistes sont expressément invités à faire connaître leurs adresses et l'explication de leurs œuvres. Ceux qui désireraient en disposer devront indiquer le prix, afin que les directeurs du musée puissent représenter leurs intérêts.

Les caisses devront, autant que possible, être fermées avec des clous à vis, afin d'éviter l'ébranlement occasionné par le déballage.

Une commission sera chargée de veiller avec le plus grand soin au déballage, à l'exposition et au départ des objets d'art.

Les lettres devront être adressées franco à *M. le Président du musée et de la Commission archéologique de Narbonne*.

Notre but, en fondant à Narbonne une exposition de tableaux de l'école moderne, a été de développer le goût des beaux-arts, d'organiser une solennité qui pourra, dans un avenir prochain, attirer dans notre ville un grand concours d'étrangers, et de favoriser les artistes, soit par la publicité accordée à leurs productions, soit par la vente de leurs œuvres.

Un grand nombre d'artistes expédient chaque année leurs ouvrages aux expositions de Bordeaux, de Toulouse, de Montpellier, de Nîmes et de Marseille ; en donnant des ordres nécessaires pour que ces mêmes ouvrages puissent également figurer au salon de Narbonne, les frais seront, pour ainsi dire, insignifiants.

Cette considération explique et justifie nos prétentions. Le dernier numéro de *la Gazette des Beaux-Arts* exprimait, du reste, le vœu de voir augmenter le nombre des villes qui ont fondé des expositions. Ce journal désignait même particulièrement Narbonne, comme pouvant offrir de grandes chances de succès.

Des peintres éminents nous ont déjà communiqué leurs intentions bienveillantes, et nous avons ainsi la certitude que l'exposition de 1855 débutera sous de brillants auspices.

Narbonne est le centre d'une population riche et éclairée ; son musée, classé comme monument historique, et qui, dans une circonstance récente, a été honoré du séjour de Sa Majesté Impériale, est un des plus vastes et des plus curieux de la province ; les collections de tableaux et d'antiques qu'il renferme offrent un intérêt sérieux. Ce résultat a été obtenu par la haute protection du gouvernement, et par le concours de plusieurs hommes dévoués et généreux ; c'est sous les auspices de ces notabilités, que nous sollicitons le bienveillant concours des artistes et plus particulièrement des peintres et des sculpteurs du midi de la France.

Nous les prions instamment de vouloir bien se montrer favorables à une ville qui fut le berceau des beaux-arts dans les Gaules.

Pour les directeurs du musée :

De Stadieu, président ; Paulhiez, vice-président ; Tournal, secrétaire ; Delort-Mialhe, secrétaire adjoint ; Dureau, bibliothécaire ; Jules Delmas, trésorier.

Les membres de la sous-commission de peinture :

Rouanet, professeur de dessin ; Barthe, peintre ; Castanier, ingénieur.

NOUVELLES DIVERSES.

Nous avons appris avec plaisir que la Société photographique de Londres vient de fonder un journal qui paraîtra prochainement. Nous connaissons toute l'importance d'une semblable publication pour les progrès de l'art, dont elle vulgarise les procédés et répand le goût par sa publicité ; aussi applaudissons-nous de tout notre cœur à cette décision.

—

Le local destiné à l'exposition des œuvres des artistes vivants sera bientôt terminé ; il sera beaucoup plus vaste qu'on ne le supposait d'abord : on a fait servir les constructions enlevées du Palais-Royal pour être réédifiées aux Menus-Plaisirs ; chacun se rappelle que ce local consistait en un grand salon carré, inscrit dans un carré plus grand, de manière à ménager quatre galeries entre les deux carrés intérieur et extérieur ; le même système a été continué, le second carré a été inscrit à son tour dans un carré plus grand, et celui-ci est entouré lui-même d'une dernière enceinte, de manière que le salon carré du milieu sera flanqué de trois galeries sur chacun de ses côtés.

En tout *douze galeries* éclairées du haut, et qui permettront de voir également tous les ouvrages exposés.

En comptant les parois intérieures et extérieures du salon carré et des galeries, on voit qu'elles sont au nombre de 28. L'espace sera plus que suffisant. Espérons que le jury ne cédera pas pour cela à des mouvements trop indulgents, et qu'en remplissant gravement un devoir sérieux, il donnera à l'administration la faculté d'isoler, d'espacer les tableaux, au lieu de les entasser, ce qui permettra alors de les voir sans qu'ils aient rien à redouter de leurs voisins ; c'est une amélioration que le goût réclame depuis longtemps, et à laquelle il sera sans doute permis de faire droit aujourd'hui.

Nous n'avons pu nous procurer aucun renseignement sur les places réservées à la sculpture, mais on nous donne l'assurance que, sauf quelques rares exceptions, la statuaire sera complétement distincte de la peinture.

—

Un de nos abonnés, propriétaire d'un établissement qui fait d'importantes publications photographiques, nous écrit pour nous prier d'annoncer qu'il désirerait trouver une personne intelligente et assidue qui aurait à s'occuper du tirage des épreuves positives, et d'habiles photographes qui se chargeraient de voyager pour le compte de la maison.

Les personnes qui désireraient de plus amples renseignements les trouveront au bureau du Journal.

—

On lit ce qui suit dans les journaux anglais :

Une amélioration de la plus haute importance dans la fabrication de la plume métallique vient d'être introduite par MM. Hinks, Wels et Ce, fabricants à Birmingham. Cette invention consiste en un mélange de gutta-percha à la trempe de la plume. La forme, la souplesse, l'élasticité de cette sorte de plume la rendent propre à toutes les mains, à tous les genres de papier. Cette composition la met à l'abri de l'oxydation et l'empêche de cracher.

—

C'est par un oubli du compositeur que l'origine de l'article de M. d'Ornant, sur la *gravure*, publié dans notre numéro du 19 mars, n'a pas été indiquée. Cet article a été emprunté par nous au *Moniteur universel*.

Le Propriétaire-Gérant, ALEXIS GAUDIN.

TYPOGRAPHIE HENNUYER, RUE DU BOULEVARD, 7. BATIGNOLLES. Boulevard extérieur de Paris.

TROISIÈME ANNÉE. N° 15. SAMEDI, 9 AVRIL 1853.

LA LUMIÈRE

REVUE DE LA PHOTOGRAPHIE.

BEAUX-ARTS. — HÉLIOGRAPHIE. — SCIENCES.

JOURNAL NON POLITIQUE, PARAISSANT LE SAMEDI.

Bureaux, rue de la Perle, 9, à Paris.

ABONNEMENTS.—*Paris*, UN AN, 16 FR.; 6 MOIS, 10 FR.; 3 MOIS, 6 FR.; *Départements*, UN AN, 18 FR.; 6 MOIS, 11 FR.; 3 MOIS, 7 FR.; *Étranger*, UN AN, 20 FR.; 6 MOIS, 12 FR.; 3 MOIS, 8 FR.

Dans le but de faciliter à nos lecteurs les moyens de se procurer la *Lumière*, nous avons cru devoir établir des bureaux d'abonnement :

A la *Librairie Nouvelle*, 15, boulevard des Italiens;

Au *Cabinet de Lecture*, galerie d'Orléans, 2, Palais-Royal ;

Chez Mlle Legentil, cabinet de lecture, place de la Madeleine ;

Et chez M. Delahaye, rue de Lancry, 37.

On trouvera dans ces succursales des numéros séparés de la *Lumière* (40 c. le numéro).

Nous sommes heureux de voir les journaux français et étrangers reproduire nos articles, mais nous les prions de vouloir bien indiquer la source de ces reproductions ; c'est de toute justice.

SOMMAIRE.

PUBLICATIONS PHOTOGRAPHIQUES

DE M. BLANQUART-EVRARD.

II.

Dans notre premier article sur les publications de M. Blanquart-Evrard, nous avons rendu compte de l'*Album photographique*. Aujourd'hui, nous parlerons tout d'abord des *Mélanges*. Cette série d'épreuves se compose de reproductions d'objets d'art, tableaux, bas-reliefs, monuments, vues, etc. Cinquante-deux planches ont déjà paru. Nous prenons au hasard dans cette riche collection.

La première épreuve qui se présente sous nos yeux est une reproduction de la *Porte rouge* de Notre-Dame de Paris. Le soleil frappe de côté et découpe les légers ornements de ce petit portail, le bas-relief qui remplit l'ogive, les statuettes mignonnes qui couronnent le chambranle, jusqu'aux grillages imperceptibles qui protégent les vitraux. Un homme descend les quelques marches qui conduisent à cette porte de la vieille église, et rarement nous avons vu une figure aussi finement reproduite que ce petit personnage qui anime à lui tout seul cette charmante page d'architecture.

Une autre épreuve reproduit une *Cabane de moutons*, au Jardin des Plantes. Sous ce simple titre, M. Blanquart nous donne un petit chef-d'œuvre. C'est toute une idylle que cette petite cabane construite de branches et de terre, recouverte d'un chaume fin comme un duvet, et cette herbe touffue, et ces haies grêles qui laissent apercevoir de lointaines perspectives, et ces arbres qui entrelacent, sans les confondre, leurs rameaux où pendent encore quelques feuilles desséchées. L'exécution de cette délicieuse épreuve, le choix du point de vue, tous ont fait reconnaître un artiste habile à qui l'on ne saurait reprocher que la rareté de ses œuvres.

Pourquoi ne pouvons-nous décrire une à une toutes les planches que nous avons sous les yeux? On verrait combien l'éditeur a été heureux dans le choix de ses clichés.

Nous arrivons aux *Variétés photographiques*. Le titre seul suffit pour donner une idée du nombre considérable de sujets que comportera cette publication d'un format plus grand que la précédente. Nous voici dans les Pyrénées, au fond d'une gorge profonde, où *la nouvelle route des Eaux chaudes* traverse, sur un pont appuyé au flanc du rocher, un torrent que le voyageur, en passant, ne doit regarder qu'avec une certaine émotion, tant il est resserré et écumant dans son lit de granit. Au fond, l'espace s'élargit, et l'on aperçoit la pente rapide et lumineuse d'un immense pic dont le sommet se perd dans la brume. Une autre vue, qui nous a aussi beaucoup frappé par le pittoresque du sujet et la beauté de l'exécution, est la *Cascade des Eaux-Bonnes*. Entre deux lignes bizarrement tortueuses de roches sombres couvertes d'une végétation sauvage qui ressemble à de la mousse géante, elle passe, cette blanche cascade, tantôt rapide et serrée quand elle descend un des degrés de la route inégale, tantôt calme, et comme se reposant de sa course, tantôt légère et transparente comme un voile, se prêtant à toutes les formes heurtées du rocher qu'elle lave et qu'elle fait reluire au soleil; puis elle vient se perdre au premier plan, qui semble conduire à un abîme. Cette épreuve, signée J. S., est très-certainement d'un photographe expérimenté et d'un artiste de talent.

Le *Silène*, d'après une gravure sur bois originale de Rubens, nous a rappelé les belles reproductions de Marc-Antoine, par M. Delessert. C'est la même vigueur et la même vérité de ton, la même exactitude de rendu. Pas une des tailles, largement tracées par la main hardie du maître, n'a échappé à l'objectif. C'est une reproduction complète et identique. Le *Saint Jérôme dans le désert*, d'après une gravure originale du Titien, présentait plus de difficultés à cause de la finesse plus grande du trait et des détails du paysage. Cependant, nous devons le dire, la plus grande partie de cette planche est saisissante de vérité et de perfection. Ces deux épreuves seront précieuses à étudier.

Ce mot nous amène à parler d'une série de vues que M. Blanquart-Evrard a choisies, de façon à composer un recueil d'études d'après nature, dans lequel les artistes trouveront des enseignements inappréciables. Il y a, en effet, dans le paysage, reproduit par la photographie (et les personnes qui connaissent les admirables vues de forêts de MM. le vicomte Vigier, Cousin et Le Secq seront certainement de notre avis), quelque chose qui fait comprendre les différentes écoles de paysagistes, les diverses manières de rendre le feuillé, les masses ou les effets, quelque opposés qu'elles soient dans leurs interprétations. Ainsi, par exemple, l'œil le moins artistique comprendra parfaitement Th. Rousseau, en étudiant la belle *Forêt* de M. Le Secq, de même qu'on retrouve tout le sentiment de Ruysdael dans les *Saules*, si admirablement vrais, de M. le vicomte Vigier. Aussi croyons-nous que les *Études photographiques* de M. Blanquart-Evrard rendront d'importants services aux artistes.

Un autre ouvrage qui, selon nous, aura également une grande valeur, c'est celui que l'intelligent éditeur désigne sous ce titre : l'*Art chrétien*. Cet ouvrage se composera des chefs-d'œuvre de l'architecture et de la statuaire religieuse. On comprend quel intérêt devront avoir pour l'artiste, pour le philosophe, pour le savant, ces planches où se trouveront réunis les monuments que la foi, ce génie si fécond et si puissant dans ses inspirations, a laissés à notre étude et à notre admiration.

Il y a parfois au fond d'une province, dans un village inconnu, comme Saint-Ricquier, par exemple, une vieille église que le voyageur ignore, ou quelque ruine d'abbaye que le temps et les révolutions ont respectée[1], comme le porche de Saint-Loup-de-Naud, que le photographe s'en va copier au premier rayon de soleil, et qui sont de véritables chefs-d'œuvre. Il y a, aux corniches les plus élevées des cathédrales, dans les galeries où l'hirondelle et le corbeau font leur nid, des figures de saints ou de vierges que nul œil humain n'a jamais pu contempler de près, et que l'objectif découvre et reproduit dans toute leur suavité de formes et d'attitude. Voilà les œuvres dont se composera l'*Art chrétien*.

Une autre publication d'une immense utilité pour les artistes, et que M. Blanquart a entreprise déjà avec succès, c'est la reproduction des gravures des premiers maîtres, dans tous les genres, depuis l'origine de cet art. L'œuvre de Marc-Antoine, éditée par M. Delessert, les prodigieuses reproductions de MM. Bayard et Renard, ont prouvé suffisamment avec quelle perfection la photographie rendait la gravure; aussi croyons-nous que M. Blanquart-Evrard pourra réunir une collection dont il est facile de comprendre tout le précieux intérêt.

Pour nous, du reste, nous attachons, au point de vue de l'art, une telle importance à cette application de la photographie, que nous nous réservons de parler plus longuement des travaux de MM. Bayard et Renard, dans un article spécial.

On a vu, par l'énumération rapide que nous venons de faire des publications de l'Imprimerie photographique de Lille, quel vaste cadre M. Blanquart-Evrard s'est tracé; Nous ne doutons pas qu'il ne le remplisse avec autant d'habileté et de talent qu'il a montré d'intelligence et de sentiment artistique en le concevant. Nous avons essayé, en rendant compte de quelques-uns des négatifs qui composent ses publications, de donner une idée du choix heureux que l'éditeur a su faire ; maintenant, nous dirons en terminant que, pour ce qui concerne l'*imprimeur photographe*, les épreuves dont nous avons parlé sont très-supérieures à celles que l'imprimerie de Lille avait d'abord produites. Les tons sont beaucoup plus harmonieux, les noirs plus vigoureux, les lumières plus tranchées, les contours beaucoup plus nets. On sait que, grâce au procédé de M. Blanquart, l'image positive existe dans le corps même du papier, au lieu d'être à sa surface, ce qui lui donne une solidité aussi grande que celle des négatifs; mais cette méthode a son désavantage en ce que l'épreuve est naturellement moins nette. Nous devons dire pourtant que les spécimens que nous avons sous les yeux sont, pour la plupart (et nous citerons entre autres *la Mère de Gérard Dow*, de M. Renard ; *la Cabane des Moutons*, de M. Marville, et le *Porche de Saint-Germain-l'Auxerrois*, de M. Fortier), aussi parfaits de netteté et de finesse que les positifs tirés par les artistes eux-mêmes. Il y a donc dans les résultats obtenus par M. Blanquart des progrès tels que la réussite la plus complète lui est dès maintenant assurée.

E. Lacan.

ACADÉMIE DES SCIENCES.

Application des aérostats aux sciences. M. Launoy, messager météorologiste.—Physiologie du mal de mer, par M. Marshall-Hall. — La photographie appliquée à l'histoire naturelle. MM. Bisson frères et Lemercier.

Application des aérostats aux sciences. — En rendant compte, dans le nº 52 de *la Lumière*, de l'ascension faite, le 2 décembre 1852, par MM. Launoy et Louis Deschamps, dans le ballon le *Napoléon*, nous annoncions que, depuis deux ans, M. Launoy a commencé une série d'ascensions, dans le but spécial de se livrer à l'étude si intéressante des phénomènes atmosphériques et des faits qui s'y rattachent. MM. Thénard, Faye et Dumas, membres de la Commission nommée par l'Académie pour examiner la note communiquée par M. Launoy, ont accueilli favorablement la proposition, faite par l'intrépide navigateur aérien, de se mettre entièrement à la disposition et aux ordres des savants physiciens, membres de l'illustre assemblée. L'honorable rapporteur, M. Dumas, après avoir rendu compte des observations faites le 2 décembre 1852, ajoute que M. Launoy annonce l'intention de continuer ses voyages d'exploration, non avec le désir d'exécuter dans les airs des expériences délicates auxquelles il ne se sent pas suffisamment préparé, et qui ne peuvent inspirer confiance que lorsqu'elles émanent d'un Gay-Lussac ou d'un Biot, mais d'abord, pour réunir des observations nombreuses sur les points de la météorologie les plus familiers, et, en outre, pour chercher des aventures, si l'on peut s'exprimer ainsi. Or, il faut convenir que, si l'on excepte un très-petit nombre d'ascensions demeurées célèbres dans les annales de la science et quelques faits dont elles l'ont enrichie, le résultat des huit ou dix mille ascensions qui ont déjà sillonné les airs et le souvenir des douze ou quinze aéronautes qui les ont effectuées se réduit à bien peu de chose; cependant il semblerait facile d'organiser un système d'observations propres à faire connaître : 1° la composition de l'air à diverses hauteurs; 2° son état hygrométrique; 3° sa température; 4° son état électrique; 5° enfin, les courants qui en agitent les diverses couches.

Une suite d'observations faites par un temps calme, en diverses saisons, donnerait bientôt, sur ces divers points, des notions dont la physique manque et dont elle tirerait bon parti.

Elles seraient faciles à effectuer aujourd'hui, les aérostats étant toujours construits de manière à admettre plusieurs voyageurs dans la nacelle, et l'observateur pouvant se consacrer tout entier à l'examen de ses instruments, sans en être distrait par la direction de l'appareil aérostatique qui doit toujours être abandonnée à un aéronaute de profession.

M. Launoy désire entreprendre une suite de voyages aérostatiques de ce genre, en mettant à profit les occasions nombreuses qui se présentent à cet égard, tant dans les fêtes publiques que dans les spectacles préparés par la spéculation; il désire obtenir une place pour un *passager météorologiste* dans ces navires aériens officiels ou dans ces navires aériens du commerce, et il espère que l'Académie ne verra pas ce projet sans quelque intérêt. En outre, M. Launoy voudrait faire quelques ascensions par des circonstances atmosphériques extraordinaires. C'est sur celles-là qu'il compterait pour recueillir des faits inattendus, que la science sait bien mettre à profit, mais qu'elle ne peut pas toujours prévoir.

Dans le nombre immense d'ascensions aérostatiques, n'est-il pas curieux, en effet, que celle de Testu, du 18 juin 1786, et celle de MM. Barral et Bixio, du 20 juin 1850, soient, pour ainsi dire, les seules, à soixante-quatre ans de distance, qui aient laissé des traces intéressantes sous ce rapport? Testu partit par une température de 23 degrés au-dessus de zéro, se trouva bientôt au milieu des nuages où il observa « une sorte de congélation en lames rondes très-minces, qui ressemblaient à des paillettes et qui nageaient en l'air. » Pendant toute la nuit, il passait alternativement des nuages à pluie aux nuages à neige, évidemment le jouet des attractions et répulsions électriques qui s'exerçaient sur son ballon, au bruit du tonnerre, à la lueur des éclairs et constamment illuminé par une aigrette dans les nuages à pluie, par un point lumineux dans les nuages à neige.

Tout le monde connaît les observations récentes de MM. Barral et Bixio (1). Il est incontestable que des observations faites par des conditions atmosphériques extrêmes seraient de nature à offrir ample matière à des découvertes de plus d'un genre. Le danger de tels voyages serait-il bien grand? Il est permis d'en douter. Les aéronautes ont bravé les plus grandes élévations, les froids les plus vifs, les vents, les tempêtes, la pluie, la neige, les orages même, et l'on n'en cite guère qui aient succombé à ce genre de péril. Ceux qui ont péri ont toujours été victimes de dispositions absurdes dans leur appareil, comme Zambeccari ou Pilâtre-Desroziers; de démonstrations vaines, comme Mme Blanchard, ou de folies, comme Cocking ou Gale. Il n'est donc pas trop téméraire de se préparer à effectuer un certain nombre d'ascensions; les unes, par des temps calmes, dans le but de recueillir les observations météréologiques que comporte l'étude de l'état normal de l'atmosphère; les autres, par ces temps de trouble atmosphérique où l'on peut espérer la rencontre de faits imprévus et de nouveautés très-importantes.

La Commission annonce, par l'organe du savant rapporteur, qu'elle croit qu'un observateur calme, prudent, d'un caractère ferme et d'un sang-froid éprouvé, pourrait, dans ces deux conditions de l'atmosphère, réunir des matériaux d'un haut intérêt pour la science; qu'elle propose de remercier M. Launoy de sa communication et qu'elle pense qu'au besoin l'Académie pourrait lui tracer un plan d'observations et lui procurer les moyens de contrôle nécessaires pour ses instruments. Les conclusions de ce rapport ont été adoptées; mais M. Arago, ayant fait remarquer que, sauf un très-petit nombre d'exceptions, les observations faites dans les ascensions aérostatiques n'ont donné que des résultats illusoires, que la plupart des instruments employés à ces observations, n'ayant pas atteint le degré de sensibilité indispensable à des expériences faites presque simultanément dans des milieux que les mouvements très-rapides de l'aérostat rendent si différents les uns des autres à quelques minutes d'intervalle seulement, il croit nécessaire que l'Académie signale les méthodes à suivre et les instruments à employer pour ces observations; en conséquence, il a été décidé qu'il serait nommé une Commission chargée de ce soin. Les membres désignés pour en faire partie sont : MM. Arago, Thénard, Dumas, Pouillet et Regnault.

M. Launoy sera invité à suivre les travaux de cette nouvelle Commission, et à faire tous ses efforts pour acquérir, par l'étude de ces travaux, des connaissances pratiques spéciales, qui le mettront à même de répondre, le plus promptement et le mieux possible, aux bienveillantes intentions des célèbres savants qui lui accordent une faveur toute particulière.

Si l'on se reporte à la date du 13 décembre, jour de la communication de M. Launoy, on pourra remarquer, avec une certaine satisfaction, que cette fois l'Académie a pris une décision assez prompte; qu'elle entre dans une voie nouvelle, en retenant d'avance la première place, dans toutes les nacelles des ballons, pour un passager météorologiste qui, honoré de sa confiance, sera sous sa protection et devra procurer en retour aux illustres savants de précieux documents, dont la science fera son profit.

Physiologie du mal de mer. — Aujourd'hui qu'on fend les flots au moyen de la vapeur, avec autant de rapidité, pour ainsi dire, qu'on fend les airs au moyen du gaz, c'est presque ne pas changer de sujet qu'entretenir nos lecteurs de la communication du docteur Marshall-Hall sur le mal de mer. En attendant que MM. les passagers météorologistes nous donnent la physiologie du mal d'air, faisons, avec le savant docteur, le voyage de Liverpool aux Etats-Unis d'Amérique. Il est bon qu'un Parisien saisisse l'occasion d'étudier la physiologie du mal de mer.

Suivant M. Marshall-Hall, tous les phénomènes de cette maladie le conduisent à croire que c'est la moelle épinière qui en est le centre nerveux. . . . .

Il lui paraît que les mouvements d'élévation et d'abaissement du vaisseau influent spécialement sur l'état de la circulation du sang de la moelle épinière : dans les premiers, la force de l'impulsion du sang sur cet organe est diminuée; dans les seconds, elle est augmentée : il y a donc changement perpétuel dans la force de cette impulsion; d'où il résulte l'excitation, l'agacement de la moelle du nerf pneumogastrique, etc. Les mouvements d'une voiture, d'une balançoire, etc., s'ils sont assez continus, produisent les mêmes effets chez les individus très-susceptibles.

L'influence de la position du corps, par laquelle ces mouvements d'élévation et de dépression sont augmentés ou diminués, est très-remarquable. Si la position horizontale, dans la direction de l'axe du mouvement du vaisseau est choisie et bien conservée, le voyageur peut échapper au mal de mer, et ce n'est qu'en changeant de position qu'il en éprouve les premiers symptômes. Au premier abord, on sent je ne sais quoi de malaise, de défaillance à l'estomac; bientôt surviennent des aigreurs, de l'acidité, des éructations, des hoquets, symptômes produits par les nerfs pneumogastrique et diaphragmatique sur les sécrétions et les mouvements de l'estomac, sur les mouvements du diaphragme, etc.

Presque en même temps, le malade pâlit et l'action du cœur devient affaiblie et irrégulière, quelquefois même avec palpitation : c'est encore une affection du nerf pneumogastrique. Un des amis du docteur a éprouvé, pendant des années, des irrégularités d'action du cœur, après avoir beaucoup souffert du mal de mer pendant un voyage de quelques heures.

Ensuite surviennent des nausées, des vomissements pénibles; l'estomac est vidé d'abord, il y a ensuite vomissements de mucus, de bile. — Ces phénomènes se répètent par accès; un sentiment étouffant de chaleur oblige d'abord à repousser et éloigner les habits ou les couvertures, dont la chaleur douce avait été agréable auparavant, et alors les nausées et les vomissements ont lieu; ensuite les pores de la peau s'ouvrent, il y a perspiration algide, et enfin un sentiment de froid qui fait rechercher les couvertures qu'on avait éloignées d'abord.

Il est impossible de décrire le sentiment d'abattement profond que le malade éprouve dans ces accès de mal de mer, moralement et physiquement. Dans un cas, celui d'une jeune demoiselle, ce cruel mal s'est terminé par l'épuisement des forces. — Après chaque accès, le malade se rétablit un peu, et la couleur et les forces reviennent; avant et après les accès, un défaut d'action du nerf pneumogastrique est aussi observé; son influence, comme excitateur intérieur de la respiration, est devenue imparfaite; cet état est soulagé par l'exposition libre de la figure, et même des mains, au grand air, et surtout au vent frais, et par des efforts d'inspiration volontaires et forcés. Une atmosphère chaude et close, et sans courants d'air, au contraire, est une cause très-puissante d'accès.

Si la mer devient calme, on s'habitue à un petit mouvement; mais si l'orage vient, on est de nouveau bientôt malade. M. Marshall-Hall s'était réjoui, pendant son voyage, de six jours de bonheur physique, lorsqu'il éprouva les effets d'une tempête dont la plus grande force était un peu éloignée; il souffrit alors du mal de mer pendant quarante-huit heures.

Photographie appliquée à l'histoire naturelle. — MM. Bisson frères et Lemercier continuent leurs intéressants travaux au muséum d'Histoire naturelle; M. Valenciennes, membre de l'Académie, a déposé aujourd'hui sur le bureau quatre nouvelles planches de la photographie appliquée à l'histoire naturelle; ces reproductions de coquillages, insectes, etc., nous ont paru bien mieux réussies encore que les précédentes. Elles font suite à la série que *la Lumière* a annoncée dans le numéro du 19 mars dernier.

(1) Les relations des voyages aériens de MM. Biot et Gay-Lussac, Charles et Robert, Barral et Bixio, Robertson et Saccharof, etc., sont consignées dans le tome deuxième de l'excellent ouvrage de M. Louis Figuier, *Exposition et Histoire des principales découvertes scientifiques modernes*, que nous nous plaisons à signaler à nos lecteurs.

LES PEINTRES ILLUSTRES.

Nous l'avons dit dans un précédent article, les chefs-d'œuvre de l'antiquité, après avoir subi sous Constantin et ses successeurs une dégénérescence funeste, subirent définitivement le sort d'une destruction générale. L'empereur Théodose voulut que toutes les statues et peintures de l'antiquité fussent détruites dans tout l'empire romain. La lutte profonde qui avait lieu entre le christianisme et le paganisme atteignit ainsi les beaux-arts considérés comme faisant partie de l'ancienne religion qu'une religion nouvelle venait remplacer.

Après une destruction si générale, et malgré le précepte mosaïque qui défendait de faire des représentations, la peinture (tant elle est pour les hommes une forme nécessaire de la pensée) recommença sans plus de règles que si elle n'eût jamais existé. On a retrouvé à Herculanum et à Pompéia, ainsi que dans les catacombes de Rome, des peintures qui datent des premiers siècles du christianisme, et c'est la manière dont elles sont traitées qui nous en fournit la preuve. En effet, dans presque toutes ces fresques, on retrouve les traces mal éteintes du paganisme, à côté de l'intention, dans laquelle était évidemment l'auteur, de représenter un sujet chrétien. C'est ainsi que, dans une de ces fresques, nous trouvons le Rédempteur qui, sous les traits d'Orphée, émeut les êtres vivants; plus loin, c'est le prophète Élie, qui, sous la forme d'Apollon, monte au ciel dans un char attelé de quatre coursiers et qui remet son manteau à l'Élisée. Partout on rencontre ainsi le profane et le sacré, marchant de pair dans une décadence profonde, comme tout ce qui, dans ces temps de rénovation sociale, participait de l'intelligence et des sciences de précision.

Durant l'obscur moyen âge, les peintres se mirent à faire des peintures enluminées et à encadrer leurs sujets de dorures. Mais la forme était véritablement perdue. Le caractère distinctif de ces peintures est, au contraire, profond par le sentiment qui les anime. C'est toute l'épopée chrétienne; c'est le Christ mourant ou radieux; ce sont les saints martyrs supportant stoïquement les supplices, les yeux levés vers la nouvelle patrie à laquelle ils aspirent; c'est la Vierge, selon le naïf récit de la Conception ou de la Nativité. Partout la foi se montre là où la science et la raison antique ont disparu, et, tout en admirant les effets de la doctrine d'amour qui vient de renouveler la face du monde, on se prend à regretter que le christianisme n'ait pas pu s'élever au-dessus des trésors de l'antiquité et animer ses riches formes sans les détruire.

Ce ne fut que vers la fin du septième siècle que l'on se remit à faire des tableaux véritables, et ce fut en Grèce qu'un premier perfectionnement se manifesta. On présenta au pape Jean VII un tableau du Christ qu'il consacra et fit reproduire dans l'église de Saint-Pierre. D'autres vinrent de Constantinople, d'où les chassaient les Turcs, ennemis de toute représentation. La plupart étant voués à des sujets chrétiens furent accueillis à Rome par les papes, et recherchés par les moines qui leur donnaient place dans leurs couvents. Les papes Adrien Ier, Jean III et Benoît IV passent pour avoir encouragé les peintres obscurs de ces temps-là. C'est vers cette époque qu'avait lieu la controverse scandaleuse des iconoclastes et iconolâtres, briseurs et adorateurs d'images. Les Turcs s'étant déclarés pour les premiers, il en résulta un bienfait pour l'art, car l'esprit de controverse lui fut dès lors favorable chez les chrétiens. Mais, avant le treizième siècle, il ne sortit rien du chaos du moyen âge qui mérite de nous arrêter plus longtemps.

Ce fut en 1240 que vint au monde Cimabue, destiné à poser les premiers fondements solides de l'art, et à en préparer la renaissance. Cimabue naquit d'une famille noble de Florence; ses parents l'avaient d'abord destiné à l'étude des sciences; mais les barbouillages de l'enfant sur les livres et sur les murs annoncèrent bientôt quelles étaient la préoccupation de son esprit et la direction de son goût. Le gouvernement de Florence ayant fait venir des peintres grossiers de Grèce pour peindre la chapelle de la famille de Gondi, qui est dans *Santa-Maria-Novella*, le jeune Cimabue passait son temps à les regarder faire, et négligeait entièrement le maître que ses parents lui avaient donné pour en faire un savant. Les peintres furent frappés de l'assiduité de l'enfant, et ils en parlèrent à son père, qui fut d'accord de le laisser suivre les leçons, hélas peu éclairées, de ces barbouilleurs émérites.

Grâce à son application et aux lumières de la nature, le jeune Cimabue eut bientôt surpassé ses maîtres pour le dessin et le coloris. Peu de temps après, son nom et ses ouvrages faisaient la gloire de sa patrie. Tout le monde admirait le devant d'autel de *Santa-Cecilia* et la madone qui ornait et orne encore un pilastre du chœur de *Santa-Croce*. Il peignit ensuite, sur un fond d'or, un saint François, qu'il entoura de vingt-quatre petits tableaux renfermant la vie du saint.

Cimabue fit des progrès rapides, attestant l'indépendance du génie véritable. Il peignit à fresque l'Annonciation de la Vierge, et Jésus-Christ sur la façade de l'hôpital de Porcellana. Il fit le grand crucifix en bois qui orne encore l'église de *Santa-Croce*. Il alla à Pise, où il peignit un saint François dans le couvent du même nom, et montra dans ce tableau une intelligence des draperies qui ne s'était point vue jusque-là. Il y peignit également une madone entourée d'anges, et fut comblé d'éloges et de présents par les Pisans.

Tous ces travaux firent à Cimabue une grande réputation, et le firent appeler à Assise, où il peignit, dans l'église de Saint-François, une partie des voûtes et la vie du Christ. Encouragé par le succès, il fit encore là, et ailleurs, plusieurs fresques dignes d'admiration.

De retour à Florence, sa patrie, Cimabue exécuta plusieurs peintures, mais, en particulier, une grande madone, que le gouvernement de Florence se fit une fête de montrer à Charles d'Anjou qui traversait cette ville, avant même qu'elle fût terminée. Il fit un autre tableau, représentant le Christ entouré d'anges qui portent à la Vierge éplorée une inscription contenant ces paroles : *Mulier, ecce filius tuus;* une autre, où on lit : *Ecce mater tua.* Cette idée de faire ainsi parler la peinture était absolument nouvelle ; elle avait pour but d'en exprimer doublement la pensée et le sujet.

Les travaux de Cimabue lui avaient valu une grande réputation et une grande fortune. Il se préparait à faire une œuvre d'architecture, lorsque la mort vint le surprendre à l'âge de soixante ans, après avoir en quelque sorte renouvelé l'art de la peinture. Il laissa plusieurs élèves, et entre autres Giotto, qui fut un peintre d'un haut mérite, et effaça prodigieusement la réputation de son maître.

Voici un jugement porté par un commentateur de Dante, une douzaine d'années après la mort de Cimabue : « Cimabue, de Florence, fut un caractère aussi noble qu'on peut l'imaginer. Il était si fier de son art, qu'il n'hésitait jamais à détruire un ouvrage, si précieux qu'il fût, dès qu'on lui faisait apercevoir ou qu'il y apercevait lui-même un défaut... »

C'est bien là le caractère du véritable artiste : fier, désintéressé, aspirant exclusivement à la perfection et à la gloire, et passant à travers le monde comme l'inspiration qui l'anime, sans s'y matérialiser : voilà à quoi on le reconnaît !

F. Bouvet.

Le palais qui s'élève en ce moment dans le carré Marigny, aux Champs-Élysées, et qui doit recevoir les produits des Expositions industrielles, sera un des plus grands monuments modernes connus. Cette vaste construction n'aura pas moins de 254 mètres de longueur, sur une largeur de 108 mètres; sa hauteur sera de 35 mètres, c'est-à-dire qu'elle sera à peu près égale à l'élévation sous voûte de Notre-Dame de Paris. Le mur extérieur du palais sera construit en pierres de taille et percé de 300 arcades. Ce mur, de forme circulaire, sera flanqué de six pavillons monumentaux.

Quatre grandes entrées, ouvertes dans les axes des façades, donneront accès dans ce palais. Quelques autres entrées accessoires seront ménagées dans des pavillons d'angle. La façade principale se développera sur les Champs-Élysées. Dans la couverture de la grande salle, des galeries et des pavillons, il n'entrera que du fer et du zinc. Le jour pénétrera dans le centre de cette salle par une immense vitrerie, à l'instar de celle du Palais de Cristal de Londres. Les plans relatifs à l'ornementation intérieure et extérieure du monument sont de la plus grande richesse. Enfin, on pourra juger de l'importance de toutes ces constructions, quand on saura qu'elles doivent recouvrir un espace superficiel de terrain de 31,919 mètres. (*Siècle.*)

CORRESPONDANCE.

Mon cher monsieur Lacan,

On vient de me montrer un petit instrument qui, je crois, rendra des services à MM. les photographes voyageurs.

Si, dans une excursion, l'artiste photographe veut noter les vues qu'il se propose de reproduire au moyen de la chambre noire, déterminer le point précis où il devra, du premier coup, placer son appareil, comparer l'effet de l'épreuve prise en hauteur ou en largeur, savoir même de quelle dimension devra être la plaque, le papier ou la glace nécessaires à l'ensemble de son sujet; l'iconomètre, dont le verre dépoli représente exactement celui d'un grand appareil avec les divisions réduites de ses différents châssis, donnera ces diverses indications, dispensera des déplacements réitérés de la chambre noire, que ses dimensions rendent quelquefois d'un transport difficile et préviendra une perte de temps toujours regrettable.

On pourra ainsi faire des voyages d'exploration, choisir des points de vue, et déterminer préalablement la grandeur de chaque sujet, sans autre embarras de bagages qu'un instrument qui tient dans la poche du gilet, et ce sont ces divers avantages qui m'engagent à vous signaler l'iconomètre, que nous devons à un de nos peintres les plus distingués, qui s'est occupé quelquefois de photographie et toujours avec succès.

Agréez, etc. Bayard.

M. le Rédacteur,

De retour, il y a plusieurs mois, d'un voyage en Espagne d'où j'ai rapporté des photographies, et maintenant ayant devant moi les épreuves positives, je vais vous communiquer quelques aperçus qui se rapportent principalement à la photographie en voyage, en vous laissant juger s'ils ont assez d'intérêt pour être reproduits dans votre journal.

1° Si l'on voyage en Espagne ou dans un autre climat plus méridional que le nôtre, pendant la saison chaude, il serait bon d'éviter le plus possible les caisses en bois. Le bois le plus sec qu'on y apporte de nos pays souffre beaucoup, soit à cause des grandes chaleurs et de la température changeante, soit par suite de la mauvaise locomotion. On aura à regretter, particulièrement, si l'on place ses cuvettes en cristal ou en porcelaine dans des caisses où elles entrent trop juste.

Peut-être, en choisissant le cuir au lieu du bois, ou du bois américain, éviterait-on beaucoup d'inconvénients.

2° Pour faire des photographies en Espagne, on fera bien de se munir d'un objectif à très-court foyer, parce que la plupart des monuments sont entourés de maisons qui ne permettent pas de choisir un point de vue très-éloigné.

Du reste, on n'a qu'à se louer de la complaisance des habitants, lorsqu'on demande la permission d'entrer dans leurs maisons, muni des instruments.

3° Puis on ferait bien de s'instruire des usages des douanes et de s'y conformer autant que possible. Je veux bien croire qu'on peut mieux s'arranger, mais il m'a fallu, dans chaque ville où je voulais m'arrêter, faire porter et montrer à la douane tous les objets photographiques deux fois, en arrivant et en partant.

4° Il ne faut pas compter trouver partout de bonne eau distillée; j'en ai rencontré seulement à Madrid et à Grenade. A Séville, par exemple, ville des plus considérables d'Espagne, je m'étais adressé à la première pharmacie, mais je ne pus me servir de l'eau qu'elle me remit. Donc, un petit alambic est presque indispensable.

5° Il faut moins encore espérer trouver des produits chimiques dont on puisse faire usage.

Il est essentiel de ne pas négliger d'essayer les siens avant de partir de chez soi et de ne pas se fier entièrement aux droguistes.

Lorsque je faisais la première fois une solution de nitrate d'argent, j'apercevais qu'il se troublait dans l'eau distillée et donnait un aspect laiteux comme il aurait fait dans l'eau ordinaire. J'en voulais attribuer la cause plutôt à l'eau qu'au nitrate, quoique l'eau sortît de la même officine que le nitrate; néanmoins j'obtenais le même résultat avec de l'eau que je distillais moi-même avec le plus grand soin.

Quoique la solution devînt claire après être filtrée, elle donnait de mauvais résultats, particulièrement pour le papier ciré et le procédé de M. Le Gray, dont je voulais me servir principalement, et que j'avais eu l'occasion de connaître chez lui-même. Pour plonger le papier ciré dans la solution d'acéto-nitrate d'argent, je me servais, comme je l'avais vu, d'un pinceau. Plus tard, après l'usage, j'apercevais sur le cristal des lignes noires, ondulantes. A Séville, où je montrais le procédé sur papier ciré à un photographe de cette ville, il réussissait bientôt. Mais, plus tard, il se plaignait chez moi de ces lignes noires lorsqu'il s'était servi de ma solution d'acéto-nitrate d'argent.

Je ne pouvais plus attribuer la cause à l'eau distillée, et

il me fallut soupçonner le nitrate d'argent. Ce ne fut que vers la fin de mon voyage que j'en obtins la certitude.

Comme je remarquais que ces lignes noires se trouvaient sur le côté du papier où le pinceau l'avait touché, j'essayai de laisser le papier dans l'acéto-nitrate : d'abord sur un côté, peut-être une minute, jusqu'à ce qu'il se fût bien étendu, et puis je le mettais rapidement sur l'autre côté, et, en remuant la cuvette, le papier se trouvait dans la solution sans qu'il eût été arrêté en y étant plongé, et je ne me servis alors du pinceau que pour chasser les petites bulles d'air. Dès ce moment, je ne vis plus ces lignes noires.

Je n'eus cette idée que très-tard, et qu'après avoir remarqué ces lignes, quoique souvent elles fussent assez légères pour n'être pas aperçues par transparence; d'un autre côté, manquant longtemps de cuvettes, parce que mes deux cuvettes en cristal étaient cassées, et que j'étais réduit à construire des cuvettes qui, après peu d'usage, ne servaient plus, je me décidai à abandonner le papier ciré et à iodurer d'autre papier. Veuillez me permettre de vous en dire quelques mots.

C'est un procédé qui, cependant, pourrait ne pas être considéré comme nouveau, parce qu'il se base sur divers procédés bien connus.

Ce n'est que très-peu de chose qu'on a probablement oublié d'ajouter dans les publications, pour rendre ces moyens applicables à l'excursion et à la saison chaude.

Ce sont les procédés sur albumine et sérum de lait que je combinai, en ajoutant un lavage dans l'eau distillée après la préparation à l'acéto-nitrate d'argent.

Dans 300 grammes d'une solution d'eau distillée, saturée de sucre de lait, j'ai dissous 10 grammes d'iodure de potassium, j'y ai ajouté le clair de 5 blancs d'œufs (battus comme à l'ordinaire), ioduré par 10 grammes d'iodure de potassium; j'ai laissé le papier seulement d'un côté sur ce bain à peu près 5 minutes, que je crois être le temps le plus convenable. Ne prenant pas plus d'œufs, le papier s'étend sur ce liquide très-facilement, sans faire des bulles d'air comme sur de l'eau ordinaire. On pourra probablement, sans s'exposer à cet inconvénient, ajouter plus de blancs d'œufs, pour rendre la couche photogénique encore plus égale.

Avant de mettre le papier ainsi ioduré sur l'acéto-nitrate, je l'ai tenu devant un feu ardent. J'ai composé le bain d'acéto-nitrate d'argent 1 : 2 : 10, et, sans vouloir fixer d'une manière certaine la durée de ce bain, j'y ai laissé le papier ordinairement 7 à 12 minutes (selon la température et l'épaisseur du papier), après quoi je l'ai mis sur de l'eau distillée, le temps pendant lequel une seconde feuille restait sur l'acéto-nitrate. Après ce lavage, je l'ai séché avec le papier buvard.

J'ai toujours mis le papier seulement sur le côté ioduré, ce qui me permettait de me servir de grands morceaux de verre au lieu de cuvettes, qui depuis longtemps n'étaient plus à ma disposition.

J'avais essayé les papiers au sérum et à l'albumine, quelque temps après que ces préparations furent publiées. Quoique j'en eusse obtenu de très-bons résultats, dans l'été je ne pouvais conserver ces papiers, après le bain de nitrate, plus de quelques heures. Maintenant, lorsque j'ai lavé le papier, je le conserve parfaitement pendant vingt-quatre heures, dans la plus grande chaleur du midi de l'Espagne (j'y suis resté depuis juillet jusqu'à novembre). Je n'ai pas essayé s'il se conservait plus longtemps, parce qu'il ne m'en fallait pas davantage; mais il me semble très-vraisemblable que si le dernier lavage à l'eau distillée est assez prolongé, ce papier se conservera beaucoup plus de temps, et peut-être aussi longtemps que le papier ciré. Car je pense qu'on a tort d'attribuer cette propriété du papier ciré au cirage ou à l'iodurage, plutôt qu'au dernier lavage à l'eau distillée. Un lavage pareil, et une plus petite proportion de nitrate d'argent, rendront sans doute la plupart des couches photogéniques propres à être conservées; et pour le même cas, on pourra peut-être se servir des glaces collodionnées, qui conservent peu de leur sensibilité, longtemps après leur préparation, pour faire des excursions, le lendemain, par exemple, si on les a lavées à l'eau. C'est un essai qu'on peut faire facilement.

Je me suis arrêté un peu à ce point, parce qu'on a réclamé pour le papier ciré la préférence, en lui accordant la propriété de se conserver particulièrement dans les grandes chaleurs mieux que d'autres papiers photogéniques (et encore dernièrement, dans le numéro 8 de votre journal, il en était question). Permettez-moi, monsieur, d'ajouter encore quelques observations comparatives.

Le papier que j'avais préparé de la manière susdite était pour moi préférable au papier ciré, sans vouloir prétendre qu'il le soit en général. J'ai obtenu avec le papier ciré des épreuves très-fines, mais les résultats n'étaient pas toujours constants, et je crois avoir aperçu (sans parler de la température qui, dans une grande partie de l'Espagne, change très-rapidement) que tout dépend du temps convenable pendant lequel le papier ciré doit rester sur l'acéto-nitrate d'argent. Lorsqu'on prolonge trop ce bain, on affaiblit considérablement la sensibilité, et, en prolongeant l'exposition à la chambre noire, on obtiendra des épreuves monotones. Si le temps de ce bain était trop court, l'épreuve serait grenue, sans assez de finesse, ce qui arriverait aussi par une prolongation exagérée du bain d'acide gallique.

Ce sont, comme on voit, les mêmes difficultés qui entouraient les procédés plus anciens.

Au contraire, avec le papier préparé au sucre de lait, comme je l'ai dit, on n'a pas autant à craindre de prolonger trop le bain d'acéto-nitrate, les limites du temps pour ce bain n'étant pas si étroites qu'avec le papier ciré, pas plus que pour le bain d'acide gallique, après l'exposition. Pour ce dernier, j'ai pris de l'acide gallique, tout à fait à volonté, et dissous dans l'eau du lavage, qui se trouve légèrement nitratée. Avec le papier ciré, il est plus difficile de bien connaître le point d'arrêt, et on risque plus d'obtenir, par un effet exagéré de l'acide gallique, un cliché pointillé; car on ne s'en aperçoit pas pendant que l'épreuve est au bain; et, quand elle est fixée et la cire refondue, s'il reste du pointillé, on doute s'il faut l'attribuer au cirage, ou au bain de nitrate, ou au temps de l'exposition à la chambre noire, ou à l'effet prolongé de l'acide gallique. Quant au papier mentionné, on peut l'exposer très-longtemps à l'acide gallique, jusqu'à ce qu'on trouve tous les détails, même dans les parties le moins éclairées, bien indiqués; et l'épreuve, après avoir été fixée et séchée, ayant perdu presque toute transparence, la regagne complétement par le cirage.

On ne doit pas en conclure que le temps de l'exposition à la chambre noire soit peu important; je ne veux pas non plus contester la supériorité du papier ciré; seulement ce dernier, si l'on en veut tirer tout l'avantage qu'il offre, est plus difficile dans son emploi, sous ce rapport qu'on ne trouve pas aussi facilement les causes d'une mauvaise réussite pour régler ces opérations, et particulièrement le temps de l'exposition et des bains.

On trouvera peut-être le papier ciré plus économique, quant à la consommation du nitrate d'argent, qu'un papier au sucre de lait, parce que la même solution, après avoir servi, se conserve très-longtemps pour d'autres préparations. Cependant on ne peut pas employer cette solution jusqu'à l'épuisement, parce qu'elle s'affaiblit; puis, en changeant de site en voyage, on fera bien de ne pas transporter la solution de nitrate d'argent; le mouvement fort et continu la gâterait. Puis, ne versant pas plus qu'il ne faut pour étendre facilement le papier au sucre de lait, on ne consomme pas beaucoup. Néanmoins, la quantité est assez considérable si l'on fait de grandes épreuves; mais ce qui reste, étendu dans l'eau distillée, est très-propre pour le bain d'acide gallique. Enfin, il reste encore à essayer si la même solution, quoiqu'elle brunisse après le bain d'un papier à l'albumine ou au sérum, ne peut néanmoins servir plusieurs fois. J'ai fait du moins l'expérience que cela est possible pour le papier positif : j'ai tiré quelques positifs sur du papier préparé à l'albumine; des papiers que je mis sur une solution de nitrate d'argent qui avait déjà servi, et qui ensuite était devenue d'une couleur brune très-foncée, presque noire, furent encore fort bons, pour quelques objets, même préférables au papier préparé dans un bain neuf, parce que, le papier entier recevant un ton plus jaunâtre, les blancs de l'épreuve positive sont un peu modérés.

Les observations que je viens de faire dans cette lettre ne tendent point à mal juger du papier ciré; et comme je ne pense pas que les photographes qui l'appliquent avec succès l'abandonneront, il leur sera peut-être agréable de connaître un procédé de cirage qu'on applique fréquemment en Allemagne pour les clichés finis à cirer, mais qui est aussi bien applicable à cirer du papier non préparé; ce procédé me semble beaucoup moins fatigant que la manière de cirer employée par M. Le Gray.

Pour la manier plus facilement, on donne à la cire vierge, qu'on trouve ordinairement en plats ronds, la forme d'une bougie. Au lieu de fondre la cire dans une plaque de doublé d'argent, on peut employer une plaque en métal verni, que l'on chauffe au bain-marie. On y place le papier à cirer; on promène la cire dessus, elle fond instantanément, en tenant le papier, par exemple, au moyen d'un bouchon, et on enlève avec un morceau de papier buvard ou de papier joseph, ou avec un linge propre, la cire superflue. — En appliquant la lampe à esprit-de-vin, au lieu du feu de charbon, on n'a rien à redouter de la chaleur ni des vapeurs du charbon.

De cette manière le cirage me semble beaucoup facilité, et on gagne bien du temps. Dans un jour on peut cirer des centaines de grandes feuilles, et même, par ce moyen, on est plus sûr de les obtenir cirées également, que par l'emploi d'un fer chaud.

Agréez, etc. F. A. OPPENHEIM.

Dresde, 17 mars 1853.

Cette communication d'un photographe étranger très-habile, mais peu familiarisé avec la langue française, nous a paru présenter assez d'intérêt, au point de vue pratique, pour que nous nous soyons décidés à la mettre sous les yeux de nos lecteurs telle qu'elle nous a été envoyée par notre correspondant.

Il y a dans cette lettre des instructions très-précieuses pour ceux de MM. les photographes qui se disposeraient à parcourir l'Espagne. Quant aux améliorations que M. Oppenheim propose d'apporter aux procédés inventés et suivis avec tant de succès par M. Le Gray, comme elles peuvent guider, dans leurs expériences, des artistes qui opéreront dans un climat dont la température est si différente de la nôtre, nous pensons que le maître expérimenté, dont M. Oppenheim lui-même est un élève, donnera son approbation à une publication qui peut être aussi utile qu'intéressante.

AVIS.

Toutes les demandes et réclamations relatives au service, toutes les lettres et communications relatives à la RÉDACTION, doivent être adressées (*affranchies*) à M. Ernest LACAN, rédacteur en chef, au bureau du journal. — *Toute lettre non affranchie sera rigoureusement refusée. Les demandes d'abonnement doivent être accompagnées d'un* bon sur la poste, à l'ordre du Gérant.

Plusieurs de nos abonnés nous ont parlé avec éloges des travaux photographiques de différents artistes de la province, et nous ont demandé d'en rendre compte. Nous le ferions avec bonheur, si ces artistes voulaient bien nous envoyer quelques-uns de leurs spécimens. On comprend qu'il nous est impossible de parler d'épreuves que nous n'avons pas vues, quel que soit notre désir d'être justes envers tous.

Le Propriétaire-Gérant, ALEXIS GAUDIN.

TYPOGRAPHIE HENNUYER, RUE DU BOULEVARD, 7. BATIGNOLLES. Boulevard extérieur de Paris.

TROISIÈME ANNÉE. N° 16. SAMEDI, 16 AVRIL 1853.

LA LUMIÈRE

REVUE DE LA PHOTOGRAPHIE.

BEAUX-ARTS. — HÉLIOGRAPHIE. — SCIENCES.

JOURNAL NON POLITIQUE, PARAISSANT LE SAMEDI.

Bureaux, rue de la Perle, 9, à Paris.

ABONNEMENTS.—*Paris*, UN AN, 16 FR.; 6 MOIS, 10 FR.; 3 MOIS, 6 FR.; *Départements*, UN AN, 18 FR.; 6 MOIS, 11 FR.; 3 MOIS, 7 FR.; *Étranger*, UN AN, 20 FR.; 6 MOIS, 12 FR.; 3 MOIS, 8 FR.

Dans le but de faciliter à nos lecteurs les moyens de se procurer la *Lumière*, nous avons cru devoir établir des bureaux d'abonnement :

A la *Librairie Nouvelle*, 15, boulevard des Italiens;

Au *Cabinet de Lecture*, galerie d'Orléans, 2, Palais-Royal ;

Chez Mlle LEGENTIL, cabinet de lecture, place de la Madeleine ;

Et chez M. DELAHAYE, rue de Lancry, 37.

On trouvera dans ces succursales des numéros séparés de la *Lumière* (40 c. le numéro).

Nous sommes heureux de voir les journaux français et étrangers reproduire nos articles, mais nous les prions de vouloir bien indiquer la source de ces reproductions; c'est de toute justice.

SOMMAIRE.

BEAUX-ARTS.

L'HOTEL-DE-VILLE.

Il y a, dans chaque cité, un monument qui est en même temps la conquête, la défense, la propriété, l'orgueil de tous. Ce monument est l'Hôtel-de-Ville. Arrivez comme étranger à Lyon, à Bordeaux, à Marseille ou à Rouen, si vous prenez pour cicérone un bourgeois dans toute l'acception du mot, il ne vous fera pas voir d'abord, ici la vieille église, ici la mer qui replie, dans les bassins du port, son escadre de vaisseaux marchands, ici encore les grandes places et les larges avenues ; il vous conduira tout droit et instinctivement à l'Hôtel-de-Ville. C'est qu'il a sa pierre dans cette maison, qu'il peut en faire ouvrir les portes, et qu'il est chez lui dans ce palais municipal. La maison commune a été la première protestation de la bourgeoisie contre la féodalité, le premier symbole de son affranchissement. Cette maison au pied de laquelle se promenait une sentinelle armée, comme devant le palais du roi, voulait dire que s'il plaisait au baron qui est dans le château voisin d'attaquer la ville avec ses hommes d'armes, la ville, à son tour, appellerait toutes ses corporations, chargerait ses arquebuses et livrerait bataille. Bannière contre bannière, blason contre blason, car la cité a aussi son écusson, et chaque citoyen est noble, de la noblesse de tous.

A mesure que la France s'est de plus en plus concentrée dans Paris, Paris s'est concentré dans son Hôtel-de-Ville. Toute l'histoire a passé sous cette voûte profonde. Ces façades se sont illuminées à toutes les fêtes, ces toits ont porté les drapeaux de toutes les couleurs, ces fenêtres se sont ouvertes au vent de toutes les révolutions. Que de figures souriantes, effarées, sinistres ou glorieuses se pressent entre ces murailles qui se reculent chaque jour, comme pour laisser entrer les générations à venir! Anne d'Autriche, Foulon, Robespierre, La Fayette, Lamartine! Tandis que nous parcourions ces grandes salles, il nous semblait les voir se remplir, comme l'Averne de Virgile, d'ombres pâles qui nous montraient leurs blessures. C'est ici qu'on a dansé toutes les danses, depuis la sarabande jusqu'à la mazurke, qu'on a aimé de tous les amours, depuis l'amour de Reine jusqu'à l'amour de la déesse de la Raison ; c'est ici qu'on a tué et qu'on s'est tué ; sur ces tapis les pas virils des combattants de la rue se sont pressés sur les pas légers des valseuses de la veille; du haut de ces escaliers, de ces balcons, à tous ces angles sous lesquels la foule hurlait, blasphémait, pour acclamer ensuite, des paroles de flamme et de concorde ont été prononcées!

M. de Rambuteau, qui étendait une sollicitude si intelligente à toutes les parties de la ville qu'il a administrée pendant quinze ans, a accompli toute la restauration extérieure du grand palais municipal. La façade qui regarde la Seine, les achèvements et les dégagements des autres côtés, datent tous de ce long règne préfectoral. Le magistrat a rencontré un architecte habile, et des conseillers assez éclairés pour ne pas épargner les deniers de la cité à la décoration de la cité, et ils ont terminé à eux tous un monument qui a le grand mérite, pour le palais d'une ville, de n'appartenir positivement à aucune époque, et de concilier assez le passé et l'avenir probable de l'architecture, pour qu'en effaçant la date, on ne puisse point la préciser par son caractère, un édifice pareil étant aussi bien la propriété des générations qui se sont écoulées que de celles qui naîtront.

Dans les dernières années de Louis-Philippe, plusieurs salons des bâtiments nouveaux avaient déjà été ouverts, et ces magnifiques fêtes, qui ont duré pendant un nombre suffisant d'hivers pour que toute l'Europe élégante et voyageuse ait pu y assister, se donnaient dans d'immenses galeries dont on n'aurait pas prévu que la splendeur pût être éclipsée par celles qu'on vient de terminer. A la place des tentures de soie et de velours, les peintures de MM. Hesse, Muller, Riesner, Lehmann, Landelle, Benouville, Cabanel, Coigniet et Schopin ; c'est-à-dire de l'art à la place de l'étoffe, de la pensée à la place de la matière.

Deux grands noms vont encore se réunir à tous ces noms estimables : ceux de MM. Ingres et Eugène Delacroix. Leurs œuvres non terminées déchireront bientôt d'elles-mêmes le papier blanc qui les recouvre. Nous pouvons conjecturer que ce seront les plus magistrales et les plus puissamment conçues. Il est bien, pour l'histoire de Paris, que les deux chefs des écoles de la peinture actuelle signent tous les deux les merveilles de son Hôtel-de-Ville. On avait craint que l'un des deux ne se retirât. Nous espérons que le *Salon de l'Empereur* restera définitivement à M. Ingres, comme le *Salon de la Paix* à M. Delacroix.

Nous n'avons jamais eu beaucoup d'entraînement vers ces toiles suspendues au plafond, qui vous forcent à une position désespérée, et qu'on ne verrait bien qu'horizontalement. Les détails en échappent nécessairement aux yeux les plus exercés. Ces figures, groupées au-dessus du front, ainsi que des formes de rêves descendues des cieux, donnent le vertige quand on les regarde trop longtemps ; elles vous fuient dans le vague, et semblent, au bout de peu d'instants, remonter à une sphère où on ne les voit plus. Cependant, prosternons-nous devant les admirables coupoles des temples de l'Italie, devant *Saint-Pierre* et la *Chapelle Sixtine*, devant tous ces firmaments de la peinture, où les brosses les plus éblouissantes ont laissé des traînées de lumière, et regardons, autant que possible, les nouvelles fresques et les nouvelles toiles de l'Hôtel-de-Ville.

M. Hesse a placé, en haut du grand escalier, des peintures sur verre d'une belle invention et d'une exécution patiente. On s'arrêtera souvent à ces richesses du vestibule.

La *Salle des Prévôts* a été confiée à M. Muller. Il y a traité, dans un style élégant et gracieux, *l'Affranchissement des communes*. La peinture de décoration a ses exigences de mouvements et de convention. Sans aucun doute, si M. Muller avait fait une toile historique, il aurait prêté d'autres physionomies à toutes ces figures charmantes. Les *Communes*, symbolisées dans de jeunes femmes, traduisent leur joie par des danses un peu risquées ; elles n'ont pas cette attitude d'esclaves séculaires et tristes dont on allongeait seulement la chaîne, elles ne représentent pas cette France douloureuse sur laquelle pesaient encore tant d'institutions féodales. Oublions le sujet abordé par M. Muller, et félicitons-le pour la couleur et la désinvolture de son tableau.

M. Lehmann a fait l'œuvre capitale de la restauration de l'Hôtel-de-Ville. La *Galerie des Fêtes*, la plus splendide peut-être qui existe en Europe, encadre sous les immenses groupes de ses moulures et entre les chapiteaux dorés de ses colonnes vingt-huit pendentifs (cinquante-six sujets), représentant l'histoire de la civilisation. Les luttes graduées de l'homme avec les bêtes féroces au commencement, avec les raffinements du luxe et des sciences, plus tard, ont fourni à l'habileté de M. Lehmann, des motifs variés et heureux. L'improvisation ne s'y devine qu'à la largeur et à la liberté du style. M. Lehmann n'a vu sa commande adjugée que le 28 janvier 1852, et il a couvert environ 240 mètres carrés de peinture. En suivant sur les tribunes supérieures, qui vous placent presque à leur niveau, chacun de ces tableaux ingénieux, on est frappé des progrès de M. Lehmann dans les voies de l'indépendance et du naturel. D'un peu maniérée qu'elle était autrefois, sa touche est devenue large. Le sujet a grandi le peintre. M. Lehmann est sorti de cette magnifique galerie à une des premières places de l'école, et avec une vigueur et une vérité d'exécution qu'il n'avait peut-être pas assez en y entrant. Il a, comme ces athlètes de l'antiquité, développé ses muscles en fournissant une longue course, et incontestablement gagné le prix.

Ce n'est pas que M. Cabanel n'ait fait aussi des œuvres très-éminentes dans ses *Mois* de la *salle des Cariatides*. Ils sont là, tous les douze, plus régulièrement classés que dans la nature, et avec des attributs plus certains. Juin a bien toutes ses roses, Septembre toutes ses grappes, Décembre toutes ses neiges. L'année de M. Cabanel tient ses promesses et fait honnêtement son devoir. On voit des détails charmants dans chacune de ses allégories souriantes; mais on ne les voit que pendant les nuits de fête. La salle des Cariatides reste enveloppée dans des voiles d'obscurité durant les heures de soleil. Les *Mois* de M. Cabanel méritaient que l'architecte les traitât comme la nature, et que le jour descendit sur eux trois cent soixante-cinq fois par an.

Nous en dirons autant pour les *quatre Saisons* que M. Bénouville a logées dans les tympans de cette même salle des Cariatides.

Quand MM. Ingres et Delacroix auront terminé les chefs-d'œuvre qu'ils préparent, l'Hôtel-de-Ville aura sur tous ses membres gigantesques des vêtements dignes de cette incarnation architecturale de la royauté municipale de Paris.

Pour nous, l'endroit où nous nous arrêterons toujours le plus longtemps, en sortant de la ravissante cour intérieure, sous l'ombre de la tour Saint-Jacques, qui atteint maintenant, aux heures où le crépuscule l'allonge, les pieds mêmes de l'Hôtel-de-Ville, sera cette façade d'autrefois, que François Ier a fait dessiner par son architecte italien, Boccador. Henri de LACRETELLE.

ACADÉMIE DES SCIENCES.

Nouvelles expériences pour mettre le feu aux fourneaux des mines, M. G. Verdù.—Baratte nouvelle au moyen de laquelle on peut obtenir directement du lait frais tout le beurre qu'il contient, M. Seignette. — Tremblement de terre à Sèvres. — L'œuvre de Rembrandt reproduit par la Photographie.

Nouvelles expériences pour mettre le feu aux fourneaux des mines, ou moyen de l'électricité. — M. G. Verdù, lieutenant-colonel du corps du génie espagnol, était en Angleterre vers la fin de 1851, époque de l'inauguration du télégraphe sous-marin. Il suivit attentivement les curieux essais que l'on fit, dans cette circonstance, de la force électrique. D'une rive à l'autre du canal de la Manche, on mit le feu à une pièce d'artillerie, au moyen de l'électricité, en employant le conducteur isolé déjà établi, et en faisant usage d'une batterie voltaïque composée de vingt piles chacune de douze couples, cuivre et zinc, de 1 décimètre carré. Le fil de platine interpolaire était remplacé par de la gutta-percha soufrée, c'est-à-dire par un petit tuyau de cette matière, garni intérieurement d'une couche mince de sulfure de cuivre. L'année dernière, il fut témoin des nombreuses expériences qui eurent lieu, à Londres, dans la fabrique de gutta-percha (City-Road), et qui furent répétées avec un égal succès, à Madrid, par le corps du génie espagnol. Dans ces dernières expériences, on a mis le feu à différents fourneaux de mines jusqu'à la distance de 4,000 mètres, qui était celle de toute la longueur du fil isolé dont on pouvait disposer.

C'est alors que M. le colonel Verdù entreprit de nouveaux essais dont le but était :

1° De constater si l'on pouvait, au moyen d'un courant d'induction, combiné avec la pile ordinaire, porter l'étincelle électrique à de grandes distances avec l'intensité ou l'énergie suffisante pour enflammer la poudre et simplifier ainsi l'appareil hydro-électrique en le réduisant à un ou deux éléments.

2° Si l'on pourrait se dispenser tout à fait d'employer la pile qui est un appareil trop embarrassant.

3° Si l'on pourrait obtenir l'inflammation de la poudre à de grandes distances, directement par l'étincelle électrique, c'est-à-dire sans l'intermédiaire du fil de platine ou d'une autre substance interpolaire.

Il s'est servi de l'appareil d'induction qui a été perfectionné par M. Ruhmkorff, et c'est à la Villette (Seine), dans la fabrique de fil électrique de M. Erckmann, qu'ont eu lieu les expériences faites avec le savant M. Ruhmkorff lui-même, et pour lesquelles l'honorable négociant a eu la bienveillance de mettre à leur disposition toute longueur de fil conducteur nécessaire.

Les essais, commencés sur des longueurs de circuit de 600, 1,000, 4,000, 6,400, 7,600 mètres, ont été conduits progressivement et obtenus avec plus de succès jusqu'à la distance de 26 kilomètres (6 lieues 1/2). Cette dernière expérience a été répétée pour plus de sûreté, et il est certain que la distance à laquelle on a obtenu l'explosion de la poudre, en n'employant que deux éléments de Bunsen et l'appareil d'induction, est bien réellement de 26 kilomètres. On n'a pas continué au delà de cette limite; mais, d'après la vivacité de l'étincelle, il est évident que l'on pourrait aller à des distances plus considérables, surtout si l'expérience était faite dans des conditions meilleures d'isolement parfait.

Il y avait, en effet, une perte énorme d'électricité statique par les points d'attache des différentes longueurs de conducteurs, et dans un air saturé d'humidité, la pluie n'ayant cessé de tomber pendant toute la durée des expériences.

M. Verdù voulant tenter, comme il se l'était proposé, de se dispenser tout à fait d'employer la pile, a fait ensuite une autre série d'expériences, en ne se servant que l'appareil d'induction et en remplaçant la pile par un petit appareil de Clarke, construit par M. Ruhmkorff. Dans les mêmes circonstances que précédemment, il a obtenu l'inflammation jusqu'à la distance de 5,000 mètres de longueur de circuit, et il en conclut qu'il sera possible, et facile même, de produire l'explosion des fourneaux des mines au moyen d'un appareil mécanique comme celui de Clarke, sans avoir recours à la pile. C'est un résultat pratique dont l'importance peut être facilement appréciée par les hommes compétents de tous les pays, et dès lors la puissante énergie des courants d'induction deviendra la source de nouveaux moyens d'application et de progrès.

Beurrière Seignette. — Baratte nouvelle au moyen de laquelle on peut obtenir directement, du lait frais, tout le beurre qu'il contient. — Tout le monde connaît les procédés appliqués ordinairement à la fabrication du beurre ; ces procédés exigent une grande complication de soins, un travail pénible, un emploi considérable de temps, et occasionnent enfin une perte réelle, puisque le lait qui reste après l'opération est entièrement détérioré. M. Seignette, capitaine retraité, a inventé une baratte nouvelle qu'il croit propre à remédier à ces inconvénients, puisqu'elle dégagera, dans l'espace de quelques minutes, de la masse du lait, sans en altérer la qualité, le beurre prêt à être livré à la consommation.

Au moyen de cette beurrière, il sera facile de retirer immédiatement du lait la quantité de beurre qu'il contient, sans en séparer préalablement la crême et en lui conservant sa qualité primitive, puisque tout mélange, toute préparation chimique deviennent inutiles.

La petite machine inventée par M. Seignette est aussi simple qu'elle est d'un usage facile. C'est une boîte pouvant contenir jusqu'à 16 litres de lait, une plus grande quantité nécessiterait un moteur. Cette boîte est mue horizontalement par une bielle qui lui imprime un mouvement rectiligne alternatif de va-et-vient plus ou moins accéléré, suivant le rapport du pignon d'engrenage à la roue de commande; une manivelle est adaptée à cette roue. Dans l'intérieur de la boîte, et selon sa longueur, sont deux ou plusieurs plateaux percés d'un certain nombre de trous distants l'un de l'autre d'environ 50 centimètres; au moyen d'un mécanisme, ces plateaux restent immobiles dans l'intérieur et opposent à la masse du lait une résistance qui la broie et accélère la séparation du beurre. Au-dessus des plateaux, et dans toute la largeur de la boîte, est un châssis auquel on adapte un fond percé d'une multitude de trous; ce fond est destiné à garantir un tamis très-fin qui lui est superposé, et dans lequel le beurre vient se placer à mesure qu'il se forme.

La boîte est fermée par un dessus en bois, comprimé au moyen de vis de pression, et muni de deux ventouses qui conduisent l'air dans l'intérieur.

On peut verser le lait dans la boîte, soit qu'il vienne d'être trait, soit qu'il ait été depuis quelques heures; néanmoins, pendant les fortes chaleurs de l'été il est indispensable de le laisser reposer pendant une demi-heure; on ferme ensuite en comprimant le dessus au moyen des vis de pression; le mouvement de va-et-vient ne doit être imprimé que pendant cinq à dix minutes, suivant la température.

Toute l'opération ne doit pas durer plus de vingt minutes; on a limité à quelques minutes seulement le mouvement à imprimer à la machine, afin de laisser dans le lait une quantité de crême suffisante, évaluée au quart. Ainsi la moyenne nécessaire pour extraire un demi-kilogr. de beurre, par les procédés connus, étant de 12 litres, il sera bien d'opérer sur 16 litres pour obtenir la même quantité par la beurrière nouvelle ; cependant, si l'on voulait obtenir les mêmes résultats qu'avec les barattes en usage, il suffirait de prolonger l'opération.

M. Seignette pense que si les procédés qu'il indique venaient à se généraliser, il aurait eu le mérite de réduire la fraude à l'impuissance. En effet, il reste au nourrisseur qui a retiré le prix d'un demi-kilogr. de beurre des 12 litres de lait, 11 litres d'un lait pur qu'il peut vendre à bon marché, et tel que les palais les plus exercés ne sauraient le distinguer de celui qui n'aurait pas subi l'opération, et que l'analyse la plus minutieuse ne pourrait y découvrir la moindre trace de sophistication. Le prix de cette denrée, d'un usage si général, serait d'ailleurs tellement abaissé, que les matières étrangères que l'on y introduirait ne feraient que la détériorer sans bénéfice pour le commerçant.

Si la nouvelle machine de M. Seignette doit produire les résultats prévus par l'inventeur, souhaitons ardemment que la routine ne parvienne pas, comme on l'a vu tant de fois, à empêcher ses prévisions de se réaliser.

Tremblement de terre à Sèvres. — M. Salvital, chimiste à la manufacture impériale de Sèvres, annonce par sa lettre du 11 avril, à M. le secrétaire perpétuel de l'Académie, qu'il a pu facilement apprécier la nature de deux secousses très-distinctement ressenties à 10 secondes d'intervalle, dans la soirée du vendredi 1er avril, à 10 heures 45 minutes ; les journaux avaient annoncé que, le même jour, quelques secousses de tremblement de terre s'étaient fait sentir au Havre.

Heureux Paris, qui danse, qui joue, qui travaille, qui mange (même du poisson le 1er avril), qui dort, pendant que la terre tremble... à Sèvres.

L'OEUVRE DE REMBRANDT

REPRODUIT PAR LA PHOTOGRAPHIE.

M. Chevreul, qui remplaçait au fauteuil un de MM. les secrétaires perpétuels de l'Académie des sciences, et qui porte un véritable intérêt à l'art photographique, a présenté, dans la séance du 11, lundi dernier, la première livraison d'une admirable publication de MM. Gide et J. Baudry, intitulée : *L'œuvre de Rembrandt reproduit par la Photographie, décrit et commenté par M. Charles Blanc, ancien directeur des Beaux-Arts.* Il ne nous a été possible que d'entrevoir le texte, qui est magnifique, et quatre épreuves d'une réussite parfaite, dues aux soins laborieux de MM. Bisson frères, photographes de plus en plus habiles, et de M. Lemercier, imprimeur, si avantageusement connu par ses nombreux et excellents travaux.

Ces épreuves sont la reproduction des gravures du célèbre maître, qui portent pour titre :

— *Les Mendiants à la porte d'une maison,*

— *La Descente de croix aux flambeaux,*

— *Jacques Cats,*

— *Jésus-Christ prêchant* (petite Tombe).

Dans le prochain numéro nous rendrons compte de cette importante publication qui a fixé l'attention des illustres savants, et qui paraissait digne de cette faveur : on disait que MM. Gide et J. Baudry avaient eu le bonheur de vaincre de nombreuses difficultés; qu'ils s'étaient imposé l'obligation de ne faire tirer les positifs des clichés qu'après avoir acquis la certitude qu'ils reproduiraient la grandeur exacte de l'original, et qu'ils avaient dû, pour atteindre à ce degré de perfection, en annuler un grand nombre, avant d'obtenir ceux qui ont produit les belles épreuves mises sous les yeux des honorables membres de l'Académie.

Le nom célèbre de Rembrandt a rappelé celui de Marc-Antoine Raimondi, cité, *séance du 31 janvier*, dans les mêmes circonstances, ainsi que la splendide publication photographique de M. Benjamin Delessert qui, entré le premier dans cette voie, a déjà reproduit avec tant d'habileté douze estampes choisies parmi les œuvres du grand artiste Bolonais. A.-T. L.

LES PEINTRES ILLUSTRES.

LÉONARD DE VINCI.

Antoine de Messine, en 1430, fut le premier Italien qui peignit à l'huile, et André Verocchio, en 1460, se rendit célèbre par la correction du dessin et une grâce dans ses têtes qu'on n'avait pas encore vue. Ce dernier fut maître de Léonard de Vinci, qui enseigna Raphaël. Léonard naquit en 1455 au château de Vinci, près de Florence. La peinture lui fut pour ainsi dire naturelle ; le premier jour qu'il entra à l'école de Verocchio il peignit, dans un tableau commencé, un ange si bien fait que le maître, piqué de se voir surpasser par son élève avant de lui avoir donné des leçons, ne voulut plus, dit-on, manier le pinceau.

Léonard avait cultivé les sciences; il avait du goût, un esprit judicieux et solide. Le duc Sforza l'ayant appelé à Milan, le mit à la tête d'une Académie de peinture qu'il y avait établie. Ce prince l'ayant chargé de faire une peinture dans le réfectoire des Dominicains de cette ville, il conçut le magnifique tableau connu de tout le monde sous le nom de *la Cène*. Il avait fait les têtes des apôtres si belles, qu'il ne put rien imaginer d'assez parfait, à son gré, pour celle de Jésus-Christ qui est restée ébauchée. Ne trouvant rien non plus d'assez hideux pour représenter Judas, il lui fit la tête du prieur du couvent, homme insupportable qui le tourmentait sans cesse de mettre fin à son ouvrage.

Léonard revint à Florence en 1500, et s'y trouva avec Michel-Ange. Le sénat les employa l'un et l'autre à peindre la grande salle du Conseil, et ils firent avec une noble émulation ces fameux cartons dont il est parlé dans l'histoire de la peinture comme des meilleurs modèles. Les discussions quelquefois animées de ces deux brillants génies servirent infiniment à l'instruction de Raphaël, qui n'avait encore que vingt ans.

Léonard vint à Rome à l'occasion du sacre de Léon X, en 1515. Ce pontife lui commanda un tableau, et l'ayant vu préparer le vernis destiné à être mis sur les couleurs: « Ce peintre, dit-il, ne finira jamais rien, puisqu'il pense à la fin de son ouvrage avant de l'avoir commencé. » L'observation du pontife n'était peut-être pas très-bien motivée, cependant elle rencontrait juste, car Léonard a laissé inachevés la plupart de ses ouvrages, par l'unique raison qu'il n'en était jamais satisfait et qu'il ne pouvait élever son art à la hauteur de l'idéal qu'il avait conçu; il se livra à des études extraordinaires pour saisir la nature sur le fait et impressionner le spectateur. Rien ne lui échappait; il portait continuellement à sa ceinture des tablettes sur lesquelles il recueillait tout ce qui frappait sa vue. Il allait jusqu'à suivre au supplice les condamnés pour saisir leur physionomie et pouvoir reproduire les passions qui les agitaient. Il ne mettait jamais dans ses tableaux de personnages inutiles, et s'appliquait à donner à chacun de ceux qu'il mettait en scène la plus haute expression.

On lui reproche d'avoir apporté trop d'attention à reproduire des minuties de la nature, telles que la barbe, les cheveux, les herbes, les fleurs, etc. Cette servile exactitude n'avait pas arrêté les artistes de l'antiquité, mais Léonard eut le tort de ne les consulter jamais. Son coloris n'est pas excellent, ses carnations tirent sur la couleur de lie, et il règne dans tous ses tableaux un ton violet qui en détruit l'union. A force de finir ses ouvrages, il les rendait secs, et ses contours étaient *chantournés*. Il fut quatre ans à peindre le portrait d'une femme. Un traité de la peinture qu'il a publié est considéré comme une des meilleures sources auxquelles les artistes doivent puiser.

Léonard fut de plus, et naturellement, un ingénieur distingué; il en donna des preuves à Pise en détournant le canal de l'Arno pour le conduire à Florence; il fit le canal qui amène les eaux de l'Adda à Milan, entreprise qui avait paru jusqu'alors impossible. Il pratiquait des chemins dans les montagnes qu'il savait aplanir, et trouva moyen de fondre, d'un seul jet, une statue équestre si grande, qu'au rapport de Vasari, on ne put la transporter.

La jalousie qui avait toujours régné entre Michel-Ange et Léonard s'étant réveillée à Rome, elle obligea ce dernier à quitter l'Italie et à venir en France, où François Ier, à qui il avait été présenté à Milan, l'attira par ses bienfaits et la protection qu'il donnait à la science et aux arts. Ce monarque le reçut avec toutes les marques de distinction qu'il méritait.

Léonard ne fut que cinq ans en France, et comme il était déjà vieux et presque toujours maladif, il n'y fit aucun ouvrage. François Ier, qui l'était venu visiter à Fontainebleau pendant sa maladie, le vit mourir entre ses bras, en 1520, à l'âge de soixante-quinze ans.

Cet homme rare avait une physionomie très-agréable; il était bien fait, parlait bien et se faisait généralement estimer. La nature l'avait en outre doué de facultés très-peu utiles à faire l'ornement de l'art; on rapporte des prodiges incroyables de sa force; il pliait avec les mains un fer de cheval et tournait en forme de vis le battant d'une cloche....

Les élèves de Léonard de Vinci sont *André Saleino, Antoine Boltraffio, Marc Uggioni, César Cesto, Paul Lomazzo*, etc.

Les dessins de Léonard de Vinci sont faits à la mine de plomb, à la sanguine, à la pierre noire, et le plus souvent à la plume maniée avec beaucoup de naturel, de légèreté, et soutenue d'un petit lavis. On y remarque une grande précision, beaucoup d'esprit et une parfaite imitation de la nature. Il a fait des caricatures admirables.

Le caractère qui distingue les ouvrages de Léonard consiste dans une vérité simple, un dessin un peu sec, une manière singulière de disposer les draperies, et, en général, une vive expression des passions de l'âme, qu'il a possédées et rendues mieux que personne.

Il a peint à Florence, dans la grande salle du Conseil, l'histoire de *Nicolo Piccinino*, capitaine du duc de Milan; pour le maître-autel de l'église de l'Annonciade, une *Sainte Famille* avec *sainte Anne* et *saint Jean*, dont il fit seulement le carton.

Dans la galerie du grand-duc, on voit de lui une *Vierge* et la *Chute de Phaéton*; dans celle du duc de Parme, un *Saint Jean*.

Il peignit pour l'empereur une *Nativité* et *deux têtes de Méduse*, dont la composition fait horreur.

A Milan, la *Cène*, dont nous avons déjà parlé et dont il fut fait une belle copie dans l'église Saint-Germain-l'Auxerrois, à Paris, et une encore plus parfaite dans la chapelle du château d'Ecouen. Dans la sacristie de Sainte-Marie, il a peint la *Vierge* qui s'appuie sur les genoux de sainte Anne, pour retenir son fils qui joue avec un agneau. Dans la galerie Ambrosiane, le portrait d'une *duchesse*; et dans une chapelle de l'église des Grâces, celui d'un *docteur*.

On voit encore de Léonard de Vinci, particulièrement à Florence, d'autres ouvrages; entre autres une *Sainte Famille* avec un *Saint Michel* au fond; une *Vierge*, un *Jésus*, un *Saint Jean* et un *Ange* ensemble; un *Bacchus*, la *Belle Féronnière*; un *Christ* tenant un globe; *Saint Jean au désert*; une *Vierge* avec *sainte Anne*; une *Vierge à genoux*; la *Joconde*, qui n'est autre que le portrait de *Mona Lisa*, femme de François Joconde.

Il y avait au Palais-Royal, à Paris (nous ignorons où ils sont en ce moment), une *Tête de femme* dont les cheveux sont tortillés; le portrait d'une *Fille* dont la coiffure est bizarre, avec une collerette; et enfin la *Colombine*, demi-figure de femme tenant un bouquet de jasmin.

Léonard de Vinci appartenait à l'école florentine; mais nous ne pensons pas qu'il y ait lieu de faire des distinctions d'école entre les peintres italiens, et nous nous contenterons de les classer dans les époques où ils ont vécu; cette méthode nous paraît la plus favorable à l'intelligence des progrès de l'art.

F. Bouvet.

MÉLANGES PHOTOGRAPHIQUES.

Nous touchons enfin aux beaux jours tant désirés par les amateurs de collections. La campagne qui s'ouvre fait éclore bien des espérances qui ne pourront être réalisées que par l'emploi d'excellents produits et l'observation minutieuse de toutes les conditions essentielles du procédé.

Le collodion, comparé à l'albumine, a des avantages aussi bien que des inconvénients: le collodion jouit d'une sensibilité beaucoup plus grande, et il se pose sur les glaces avec une extrême promptitude. L'inconvénient du collodion vient de la multiplicité des recettes qui donnent autant de produits différents, tandis que l'albumine, que chacun est obligé de préparer exprès, donne une grande constance dans ses résultats.

La faculté de conservation que possède le collodion n'est pas aussi absolue qu'on le croit communément. Cette préparation éprouve, avec le temps, des modifications impénétrables aux chimistes, et qui ne se révèlent que par la qualité des épreuves; en un mot, toute recette de collodion est aussi variable dans ses résultats que la recette pour la préparation du fulmi-coton; cela vient de ce que la sensibilité dépend de causes infiniment légères; et si les résultats, avec un même collodion, varient beaucoup d'un opérateur à un autre, cela vient aussi de la manière de travailler qui est spéciale à chaque artiste.

Par exemple, j'ai entendu dire beaucoup de mal du collodion de Bertsch; des photographes très-habiles prétendent qu'il ne donne que des épreuves grises, manquant de noirs et de demi-teintes; cependant j'ai vu des épreuves positives de portraits instantanés, tirées de négatifs obtenus par M. Bertsch avec son collodion; ces portraits sont d'une rare perfection, et quand on dit que la photographie sur papier a besoin de retouche, je comprends que ceci n'est pas applicable aux portraits de M. Bertsch; je défierais bien le peintre le plus habile d'y poser la moindre touche sans y faire tache. J'ai vu aussi des effets de neige avec des blancs très-purs et d'un effet saisissant par le rendu harmonieux de la perspective aérienne.

C'est parce que je me suis fait l'écho des plaintes nombreuses soulevées par le collodion de Bertsch, que M. Delahaye a mis beaucoup d'empressement à me montrer ces résultats qui m'ont paru péremptoires. Je pense donc que si beaucoup de personnes ont échoué dans l'emploi de ce collodion, cela vient de ce qu'elles ont agi avec ce collodion comme avec tout autre.

Pour ma part, j'ai peine à croire que M. Bertsch obtienne ses négatifs complets avec le sulfate de fer seul; je présume qu'il complète toujours l'effet du sulfate de fer par un traitement à l'acide gallique, additionné de nitrate d'argent, qu'il a imaginé.

M. Delahaye m'a dit qu'il avait toujours visé essentiellement à préparer un collodion constant, c'est-à-dire invariable par l'action du temps; il prétend en avoir fait voyager exprès en Russie, qui s'est trouvé identique à son retour. Je n'ai pas de peine à le croire, car les flacons que j'ai consommés ne m'ont pas montré la moindre variation du commencement à la fin, et après un repos prolongé à l'état de vidange.

Le collodion de Bertsch m'a paru très-enclin à former des mouchetures; j'en ai reconnu la cause: elles sont dues au plissement qu'éprouve la couche encore molle, quand on la met en contact avec le bain d'argent. On y remédie tout à fait en laissant sécher le collodion avant de l'appliquer sur le bain d'argent; mais alors la sensibilité est diminuée de beaucoup, à n'en pas douter; par conséquent la sensibilité et le bon emploi de ce collodion consistent à l'employer aussi frais que possible en l'appliquant d'une manière continue, mais sans brusquerie, sur le bain d'argent.

M. Delahaye m'a affirmé aussi que la préparation du bain de sulfate de fer n'est pas indifférente; il m'a montré un liquide saturé de sulfate de fer d'un vert olive qui exige un certain temps pour se produire; ce n'est plus le vrai protosulfate de fer, mais bien un sulfate indéfinissable, qui remplit on ne peut mieux sa fonction.

Les épreuves sur collodion ne dépendent pas uniquement de la qualité du collodion; j'ai passé deux jours à la campagne sans pouvoir obtenir une seule épreuve avec trois collodions qui me réussissaient bien à Paris, savoir: le collodion de Bertsch, le collodion de Dubois, et un collodion que j'avais préparé à l'iodure de zinc. Mes plaques étaient constamment couvertes d'un voile gris qui se manifestait même avant d'exposer la plaque à la chambre obscure; cependant je l'aperçus à la clarté d'une bougie. Il est vrai que j'employais l'eau de pluie au lieu de l'eau de Seine; en y substituant l'eau distillée, le résultat fut le même; enfin, j'ai fini par découvrir que j'avais introduit une trop grande quantité d'iodure d'argent dans mon bain d'argent. Dans ce cas, le nitrate d'argent versé goutte à goutte dans le sulfate de fer y détermine immédiatement un précipité d'argent d'un noir plus ou moins gris.

Après avoir mis l'eau de pluie hors de cause, je me suis servi d'un bain de nitrate fondu nouveau à l'eau de pluie, je n'ai obtenu aucune trace d'épreuve; mais le collodion était resté d'*un grand pur*, ce nitrate mêlé au sulfate de fer n'y formait aucun précipité. J'ai alors ajouté au bain un petit fragment d'iodure de potassium pulvérisé qui y a introduit une très-faible quantité d'iodure d'argent: avec ce bain, le collodion de Bertsch, le collodion de Dubois et mon collodion à l'iodure de zinc ont donné aussitôt des épreuves superbes, dénotant une rapidité extraordinaire. Le collodion de Dubois, que j'avais essayé au moins quinze fois les jours précédents, sans résultat, s'est montré supérieur à tous.

Ce fait m'a expliqué enfin pourquoi à Paris je réussissais bien avec l'eau de Seine. Cette eau forme un léger précipité de chlorure; mais quelques gouttes d'acide nitrique ou acétique éclaircissent le bain qui va très-bien ensuite, sans doute parce qu'il contient en solution une très petite proportion de chlorure d'argent, jouant ici le même rôle que l'iodure d'argent.

Pendant ces jours d'insuccès, je préparai du collodion

à l'iodure de zinc; mais l'éther sulfurique, qui était très-ancien et acide, donnait un collodion d'un rouge très-intense au lieu d'être clair comme de l'eau. N'ayant pas de papier de tournesol pour essayer l'éther, j'y suppléai par l'emploi de la teinture de tournesol et de fleurs bleues macérées; ces liquides sont d'un effet bien plus certain que les papiers, surtout pour le collodion, car l'intervention de l'eau est très-utile pour déterminer l'action chimique. Le changement de nuance est, par ce moyen, instantané et ne peut être attribué à l'intervention de l'air, comme il arrive avec le papier de tournesol imbibé de collodion.

M.-A. Gaudin,
Calculateur du Bureau des Longitudes.

ICONOMÈTRE

A L'USAGE DES PHOTOGRAPHES VOYAGEURS.

On nous demande de nouveaux renseignements sur l'iconomètre dont nous avons parlé dans notre dernier numéro. C'est tout simplement une très-petite chambre obscure, sous la forme de lunette de spectacle; l'extrémité la plus étroite contient l'objectif; à l'autre extrémité se trouve le verre dépoli, ayant les proportions normales de hauteur et de largeur sur une échelle réduite. Le verre dépoli porte des divisions qu'on peut varier et mettre en rapport avec divers objectifs ou divers châssis, de sorte qu'il est facile au photographe d'étudier, la lorgnette à la main, les différents aspects d'un point de vue, et de combiner d'avance les moyens d'exécution. On ne peut que faire l'éloge des soins et de la perfection avec lesquels MM. Lerebours et Secrétan ont exécuté le modèle de M. Ziégler.

LES FOUILLES DE NINIVE.

Les anciennes villes de Ninive, de Babylone, ne sont pas explorées seulement par les savants français; sur ce terrain neutre de la science, de nouvelles fouilles sont aussi exécutées sous la direction d'un riche Anglais. Nous reproduisons, d'après *la Presse*, un intéressant article qui semble faire suite à ceux publiés par *la Lumière* (nos 3 et 11), concernant la mission de M. Place.

De nouvelles fouilles exécutées à Ninive, sous la direction de M. Layard, membre du Parlement d'Angleterre, ont donné des résultats du plus haut intérêt pour l'histoire, et qui semblent confirmer les récits des anciens historiens sur l'immense étendue et les magnificences de l'antique capitale de Sémiramis, fondée 2,200 ans avant J.-C., et engloutie depuis vingt-huit siècles. Au moyen d'une galerie souterraine, creusée à la base d'un monticule inexploré, on arriva bientôt à un des murs de cet incommensurable palais, ou plutôt de cette réunion, de ce *rendez-vous* de palais des rois d'Assyrie, bâtis sous différents règnes et attachés les uns aux autres sans plan uniforme. On continua la galerie en suivant extérieurement le mur du palais, et, quand on eut trouvé une ouverture pour pénétrer à l'intérieur, on déblaya tout ce qui faisait obstacle. On pénétra ainsi dans plusieurs pièces ornées de bas-reliefs très-bien conservés, sauf quelques-uns qui avaient été évidemment détruits à l'aide d'un instrument pointu.

Il est digne de remarque que la tribu arabe qui habite aujourd'hui toutes ces ruines, situées sur les bords du Tigre, ressemble singulièrement au peuple vêtu de peaux de mouton contre lequel le roi d'Assyrie était toujours en guerre, et qui se révoltait si fréquemment, comme nous l'apprennent les sculptures de son palais. Or, l'histoire, d'accord avec ces sculptures, nous apprend que Ninus, qui subjugua les Arabes de cette contrée et fonda Ninive, fut obligé de lutter constamment contre les anciens habitants pour conserver sa conquête; il est dès lors permis de croire que ces turbulents vassaux, maîtres à leur tour du palais où avaient trôné leurs orgueilleux vainqueurs, en auront fait disparaître les sculptures qui leur rappelaient trop cruellement les humiliations de la défaite.

De salle en salle, on arriva à une vaste pièce de 60 pas de long sur 40 de large, autour de laquelle se groupaient toutes les dépendances de cette partie du palais. Un passage étroit conduisit de cette salle à une petite chambre à peu près carrée, d'où partent deux longues galeries qui aboutissent à un labyrinthe de corridors et de nouvelles salles.

La plus grande de ces galeries, située à l'ouest, a 218 pieds de long sur 25 de large. On y pénètre par une grande porte ornée de sculptures d'un assez beau style. Parmi les débris qui obstruaient l'entrée de cette galerie, on trouva une statue mutilée représentant un homme à tête de lion portant une épée en l'air. Un peu plus avant, des sculptures, qui font partie des pierres de la muraille, et qu'on a laissées pour cette raison dans la position où on les trouva, représentent un bateau à fond plat qui porte un énorme bloc de pierre.

Le bateau est tiré par une troupe de deux à trois cents hommes, dont les uns marchent dans l'eau et les autres sur le bord de la rivière. D'autres hommes, qui ont de l'eau presque jusqu'aux épaules, marchent au milieu du courant et poussent le bateau par derrière. Les uns et les autres sont dirigés par des contre-maîtres armés d'épées et de bâtons. Plus loin, une autre sculpture représente un bœuf colossal, couché de côté sur un traîneau tiré par des câbles. Ce traîneau glisse sur des rouleaux qui sont placés en avant à mesure qu'il avance, et, pour faciliter son mouvement, les ouvriers qui le conduisent cherchent à le soulever par derrière au moyen de grands leviers en bois; d'autres ouvriers, à genoux et courbés, sont occupés à insérer des coins entre les leviers et le point d'appui.

Ces leviers sont de véritables pièces de bois très-longues, et, sur un fragment détaché qu'on a découvert plus loin, on voit plusieurs hommes à califourchon sur leur extrémité, afin d'ajouter par leur poids à la force nécessaire. Sur le taureau lui-même sont quatre hommes, probablement des ingénieurs, qui avaient trouvé là un singulier moyen de faciliter le trajet du monolithe. Le premier est à genoux et semble battre des mains pour régler la mesure, afin que les travailleurs emploient au même moment toutes leurs forces pour mettre l'énorme masse en mouvement. Derrière lui est un second officier debout et le bras droit étendu, comme pour donner des ordres. Le troisième tient près de sa bouche une espèce de trompette ou de porte voix, et le quatrième, qui porte une massue, semble placé derrière pour diriger ceux qui disposent les leviers. Derrière le traîneau marchent des hommes portant différents outils ou conduisant des charrettes chargées de cordes roulées et de poutres. Le paysage même n'est pas négligé dans ces sculptures, et la scène des opérations qu'elles représentent est indiquée par des arbres et une rivière sinueuse dans laquelle on voit des nageurs, des bateaux à rames, et des radeaux semblables à ceux dont on se sert aujourd'hui encore dans le Kurdistan.

Mathieu.

(La suite au prochain numéro.)

COURS
DE CHIMIE APPLIQUÉE A LA PHOTOGRAPHIE.

DES ÉQUIVALENTS CHIMIQUES.

Nous avons dit précédemment qu'un corps simple pouvait se combiner avec un autre corps en une ou plusieurs proportions. On donne aux rapports de ces poids le nom de *proportions multiples*, et l'on appelle *équivalents* les nombres qui représentent ces poids. Chaque corps simple entre dans les combinaisons avec un poids qui lui est dropre et qui fait en quelque sorte partie de lui-même; car toutes les fois qu'il remplacera un autre corps dans un composé, c'est sous ce poids qu'il prendra place dans la nouvelle combinaison, et toutes les fois qu'il sera éliminé d'une substance, c'est encore sous ce poids qu'il en sortira. Ceci ayant lieu pour chaque corps simple en particulier, il s'ensuit que les équivalents représentent bien les quantités pondérales des différents corps pouvant se remplacer mutuellement dans les combinaisons chimiques.

On a déterminé ces poids par expérience. En France, et en beaucoup d'autres contrées, les équivalents sont fixés par rapport au corps le plus répandu dans la nature, c'est-à-dire par rapport à l'oxygène. Ils représentent les quantités de chaque corps simple pouvant se combiner avec 100 parties de cette substance. En Angleterre et en quelques autres pays, c'est l'hydrogène qui sert d'unité, et les équivalents des autres corps représentent les poids de chacun d'eux pouvant entrer en combinaison avec 1 ou 100 parties en poids d'hydrogène.

Les lois des combinaisons chimiques, sur lesquelles nous ne pouvons nous étendre ici, ont été établies par une série de travaux qui ont à jamais illustré leurs auteurs. Tout le monde, en effet, connaît les noms de Wenzel, de Richter, de Berzélius, de Dalton, de Gay-Lussac, de Dulong, etc.

On a imaginé des signes représentatifs des équivalents. On les emploie dans l'explication écrite des phénomènes chimiques, et l'on opère dessus tout à fait algébriquement. On obtient ainsi des formules qui représentent nettement à l'esprit les réactions. Toute la pratique consiste à remplacer ces signes par les poids (équivalents) qu'ils représentent et à opérer dans les circonstances les plus favorables pour obtenir les résultats annoncés par le calcul. La pratique et la théorie concordent toujours quand on est maître des circonstances.

Nous avons résumé, dans le tableau suivant, les noms des corps simples avec leurs signes représentatifs et le poids de leurs équivalents, tant par rapport à l'oxygène que par rapport à l'hydrogène.

Noms des corps.	Signes représentatifs.	Equivalents, l'oxygène étant 100.	Equivalents, l'hydrogène étant 1.
Hydrogène.	H	12 50	1,00
Carbone.	C	75,00	6,00
Lithium.	Li	81.66	6.53
Glucinium.	Gl	87,12	6.96
Oxygène.	O	100,00	8,00
Magnésium.	Mg	158 14	12,65
Aluminium.	Al	170,90	13,67
Azote.	Az	175,00	14 00
Soufre.	S	200,00	16,00
Fluor.	Fl	235,43	18,83
Calcium.	Ca	250 00	20.00
Silicium.	Si	266,82	21,34
Bore.	B	272,41	21,79
Sodium.	Na	287.20	22,97
Titane.	Ti	314,70	25.17
Chrôme.	Cr	328,50	26.28
Manganèse.	Mn	344.70	27,57
Fer.	Fe	350.00	28,00
Cobalt.	Co	368 [illegible]5	29.49
Nickel.	Ni	369 33	29,54
Cuivre.	Cu	395.60	31,64
Phosphore.	Ph	400 00	32,00
Yttrium.	Y	402 31	32 18
Zinc.	Zn	406,50	32,52
Zirconium.	Zr	420,00	33,60
Chlore.	Cl	443.20	35 45
Potassium.	K	490 00	39,[illegible]0
Sélénium.	Sé	495,28	39.62
Strontium.	St	548,00	43,84
Cérium.	Cé	575.00	46.00
Molybdène.	Mo	596,10	47 68
Lantane.	La	600.00	48,00
Ruténium.	Ru	646,00	51,68
Rhodium.	Rh	652,00	52.16
Palladium.	Pd	665 47	53,28
Cadmium.	Cd	696,80	55.74
Etain.	St	735,30	58,82
Thorium.	Th	743.86	59.50
Uranium.	U	750,00	60,00
Tellure.	Te	801 76	64.14
Antimoine.	Sb	806,50	64,52
Vanadium.	Va	855,84	68 46
Barium.	Ba	8[illegible]8 00	6[illegible] 64
Arsenic.	As	937.50	75,00
Brôme.	Br	1000 00	80 00
Tantale.	Ta	1148,36	91.86
Tungstène.	W	1188,40	95.07
Or.	Au	1227.75	98,22
Platine.	Pt	1232,08	98,56
Osmium.	Os	1242.62	99 40
Mercure.	Hg	1250 00	100.00
Plomb.	Pb	1294.50	103,56
Bismuth.	Bi	1330,00	106.40
Argent.	Ag	1350,00	108,00
Iode.	I	1586,00	126,88

Erbium, Terbium, Niobium, Didyme, Pélopium, Ilménium. — Métaux dont les équivalents ne sont pas encore déterminés.

Il faut ajouter à cette liste quatre nouveaux corps simples récemment découverts, et dont les noms ne sont pas encore définitivement acceptés par la science.

Léon Krafft,
Élève de Gay-Lussac.

Le Propriétaire-Gérant, Alexis GAUDIN.

TYPOGRAPHIE HENNUYER, RUE DU BOULEVARD, 7, BATIGNOLLES.
Boulevard extérieur de Paris.

TROISIÈME ANNÉE. N° 17. SAMEDI, 23 AVRIL 1853.

LA LUMIÈRE

REVUE DE LA PHOTOGRAPHIE.

BEAUX-ARTS. — HÉLIOGRAPHIE. — SCIENCES.

JOURNAL NON POLITIQUE, PARAISSANT LE SAMEDI.

Bureaux, rue de la Perle, 9, à Paris.

ABONNEMENTS. — *Paris*, UN AN, 16 FR.; 6 MOIS, 10 FR.; 3 MOIS, 6 FR.; *Départements*, UN AN, 18 FR.; 6 MOIS, 11 FR.; 3 MOIS, 7 FR.; *Etranger*, UN AN, 20 FR.; 6 MOIS, 12 FR.; 3 MOIS, 8 FR.

Dans le but de faciliter à nos lecteurs les moyens de se procurer la *Lumière*, nous avons cru devoir établir des bureaux d'abonnement :

A la *Librairie Nouvelle*, 15, boulevard des Italiens;

Au *Cabinet de Lecture*, galerie d'Orléans, 2, Palais-Royal ;

Chez Mlle LEGENTIL, cabinet de lecture, place de la Madeleine ;

Et chez M. DELAHAYE, rue de Lancry, 37.

On trouvera dans ces succursales des numéros séparés de la *Lumière* (40 c. le numéro).

Nous sommes heureux de voir les journaux français et étrangers reproduire nos articles, mais nous les prions de vouloir bien indiquer la source de ces reproductions; c'est de toute justice.

SOMMAIRE.

BEAUX-ARTS.

MUSÉE CARPORAMIQUE.

Plusieurs journaux ont reparlé depuis quelque temps de cette collection qui avait ses jours de gloire et d'exposition publique vers le milieu de juillet 1830. Trois révolutions, la mort qui frappe toujours à plusieurs seuils, dans la même famille, pendant un aussi long laps de temps, l'ont recouverte de leur ombre et de leur silence jusqu'à ce qu'elle fût recueillie par les mains pieuses de M. Humbert de Molard, neveu de M. d'Argentelle, son auteur et son propriétaire.

M. d'Argentelle, capitaine d'artillerie dans la marine, partit en 1801 pour l'île de France, comme attaché à l'état-major du général de Caen, qui était à la tête de l'expédition des Indes. Dans les loisirs et dans les haltes d'une longue campagne au fond des régions intertropicales, le jeune officier, qui admirait passionnément les fleurs et les fruits d'une végétation nouvelle et inconnue, se ressouvint qu'il avait étudié en Italie l'art de reproduire, avec la cire, les champignons et les pièces anatomiques. Il essaya d'abord d'imiter les feuilles que broutait son cheval dans les postes d'observation où on l'envoyait, et les plantes colossales qui formaient le toit des abris éphémères de ses campements. Ces premiers essais ont fait naître une collection merveilleuse et incontestablement unique en Europe. Il a produit en même temps une œuvre d'artiste et de savant. Pendant ses doigts façonnaient et coloriaient des modèles, son esprit inventait une substance inaltérable qui reproduisait, pour des siècles, ce luxe végétal que la nature n'engendre que pour quelques heures, sous les caresses du soleil des tropiques. Tout est là, couleur, dimension, et forme, dans ce magnifique musée, qui ressemble à une serre, ou plutôt à un paysage biblique, à un pan d'une montagne d'Asie, dans le temps où l'Asie cachait l'Eden mystérieux, le paradis perdu de notre premier père; tout est là, depuis l'arbre à pain qui donne la vie, jusqu'au tanghin qui donne la mort. Le cocotier, la cambare de Java, cette fleur gigantesque exhalant une odeur de cadavre; le cannelier, d'où s'écoule par les fentes de l'écorce une huile si parfumée que les rois de l'Inde se la réservaient pour eux seuls; la noix d'arec avec laquelle on fait le bétel; le figuier du Bengale, dont les racines et les entrelacements infinis défendent, comme des fortifications naturelles, les vallons et les retraites où il pousse; le monbin, dans le tronc duquel les Indiens taillent des pirogues; le mangoustan, dont le fruit réunit, dit-on, à lui seul les parfums et les saveurs de la fraise, de l'orange, de la cerise et du raisin; enfin, car nous ne voulons pas épuiser ici toutes les ressources d'une érudition que nous ne possédons guère, la passiflora, qui a un nom si doux, et avec laquelle on abrite les berceaux de ces beaux enfants morts que Félicien David berce de sa chanson indienne, s'étalent, avec leurs profusions de couleurs et leurs contextures étranges, sous les vitrines de la collection de M. d'Argentelle. Tous ces fruits sont si vrais que les oiseaux de leur pays viendraient y becqueter en confiance, et tiennent à des fils si souples qu'ils se balanceraient à la brise, si une des douces brises de ces climats du soleil s'égarait jusque sous notre ciel de nuages. Nous le répétons, il y a là autant de trésors pour le naturaliste qui voudra étudier, que pour le peintre qui voudra copier. Ces merveilles de reproductions vivantes sont devenues des créations elles-mêmes.

L'Académie des sciences, par l'organe de MM. de Cassini, Labillardière et Desfontaines terminait ainsi, en 1829, son rapport sur cette collection :

« En résumé, les beaux ouvrages de M. d'Argentelle sont très-supérieurs à tout ce qu'on connaît en ce genre; ils ont atteint toute la perfection désirable, et sont dignes de figurer honorablement dans un Musée ouvert au public, où ils attireront infailliblement les regards des spectateurs, en leur procurant la facile et parfaite connaissance d'objets intéressants auxquels est acquise une sorte de célébrité. »

Plus tard, en 1833, M. Guizot, ministre de l'instruction publique, écrivait que l'insuffisance des fonds empêchait seule le gouvernement d'acquérir une collection qui avait sa place désignée dans le Cabinet d'histoire naturelle.

C'est qu'en effet un travail qui a coûté vingt-cinq ans, et qui est réussi comme la nature elle-même, ne peut devenir qu'une propriété nationale. Quand M. d'Argentelle s'exilait dans sa solitude des bords de la rivière Noire, quand les années, qui s'allongeaient devant son travail, lui laissaient croire qu'il mourrait presque inconnu et loin de son pays, quand il accomplissait au fond de son désert, et avec des procédés dont il a gardé le secret, une œuvre d'art exquise, il devait se dire que cette cargaison flottante des richesses d'un autre sol, qu'il renverrait à la France sur son vaisseau, serait accueillie par la France, et que la récompense de sa vie de patience, et de sa mort d'exil, serait une œuvre utile à sa patrie, et un monument artistique de plus à Paris, qu'il n'entrevoyait qu'à travers tant de lieues d'Océan. Ces lointains de vagues, il a cependant pu les franchir avec sa collection, qu'il a ramenée. Mais la mort l'attendait presque sur le rivage, en 1826.

L'Angleterre, qui est le génie de la curiosité et qui paye magnifiquement, comme une grande reine, les merveilles qui ne naissent pas sur son sol, offrit des sommes énormes à la famille de M. d'Argentelle, en échange de cette Flore et de cette Pomone intertropicales. M. Humbert de Molard, avait, très-jeune encore, aidé son oncle, à son retour, dans les dernières retouches à faire à sa collection, et il s'arrangea pour l'acquérir, afin qu'elle ne fût pas dénationalisée. Depuis longtemps, il l'abrite chez lui, dans de larges appartements. Il consacre plusieurs heures par jour à faire les honneurs de ce jardin intérieur, qui éblouit et étonne les yeux. C'est un cicérone infatigable et gracieux, qui vous mène d'un arbre à l'autre, en vous expliquant les mystères de sa germination, et qui vous laisserait emporter ses fruits s'ils tenaient toutes les promesses et toutes les tentations qu'ils offrent aux lèvres. Mais il respecte le vœu de son oncle; l'affluence des visiteurs lui a prouvé avec quel empressement le public irait à une exposition plus spacieuse, et il espère que les galeries du Jardin des Plantes deviendront propriétaires de ce Musée, pour une somme qui payerait à peine le quart des années que M. d'Argentelle a consacrées à son travail, et qui n'en payerait jamais la patience, l'originalité, et nous pourrions presque dire la saveur.

M. Humbert de Molard était déjà connu des lecteurs de ce journal, par ses études photographiques. Nous n'avons pu qu'entrevoir chez lui des centaines d'épreuves sur albumine. Nous y reviendrons, si son hospitalité nous le permet. C'est un des esprits qui cherchent et qui trouvent le plus, dans les régions de la science, comme dans celles de la grâce et de l'affabilité.

HENRI DE LACRETELLE.

ACADÉMIE DES SCIENCES.

Nomination d'une Commission. — Mémoires lus. — Découverte de deux nouvelles planètes, à Naples et à Marseille. — L'œuvre de Rembrandt. — MM. Gide et J. Baudry.

La séance de l'Académie a été consacrée, en partie, à la nomination d'une Commission de neuf membres, qui sera chargée d'examiner les pièces adressées au concours pour les prix de médecine et de chirurgie de la fondation Montyon : les membres, élus par 51 votants, sont MM. Roux, Velpeau, Serres, Lallemand, Rayer, Andral, Flourens, Magendie, Duméril. Pendant cette élection trois mémoires ont été lus.

M. CH. GAUDICHAUD, *Recherches expérimentales sur la sève ascendante, sur la sève descendante, etc.*; 3e partie, faisant suite à celui qui a été présenté dans la séance du 7 mars dernier.

M. REGNAULT, *Recherches sur les chaleurs spécifiques des fluides élastiques.*

LORD BROUGHAM, *Mémoire sur une question d'optique*, qu'il avait annoncé dans la séance du 7 février dernier et dont la lecture, remise alors d'après sa demande, a eu lieu dans la séance de ce jour.

L'Académie devait se former en Comité secret; M. Chevreul, qui remplaçait au bureau MM. les secrétaires perpétuels, a dû renoncer à analyser la correspondance. Il a seulement informé ses honorables collègues de la mort prématurée de M. Laurent, membre correspondant, éminent chimiste; c'est sa veuve qui a annoncé cette triste nouvelle à l'Académie.

M. Laugier a communiqué deux lettres adressées à M. Arago, dont l'indisposition, malheureusement trop prolongée, excite la vive sollicitude de ses nombreux amis. Ces lettres, de M. Gasparis, de Naples, et de M. Chacornac, de Marseille, annoncent la découverte de deux nouvelles planètes dans les constellations du Lion et de la Balance.

(24) *Planète de Gasparis*, 12ᵉ grandeur, découverte à Naples, le 6 avril.

Le 6. — Temps moyen de Naples, 8 h. 55' 24"; ascension droite, 11° 4' 17" 75; déclinaison, 6° 48' 40".

Le 7. — Temps moyen de Naples, 9 h. 16' 48"; ascension droite, 11° 5' 59" 15; déclinaison, 6° 50' 48".

(25) *Planète de Chacornac*, 9ᵉ grandeur.

Le 6. — Temps moyen de Marseille, 15 h. 40"; ascension droite, Alt * + 4' 11"; déclinaison, D * + 11' 2"; n° 27,363. Lalande.

Le 8. — Temps moyen de Marseille, 11 h. 58'; ascension droite, Alt * — 1' 57"; déclinaison, D * + 4' 22"; n° 18, zone 205. D'Argelander.

A.-T. L.

L'ŒUVRE DE REMBRANDT

REPRODUIT PAR LA PHOTOGRAPHIE.

Nous avons sous les yeux la première livraison de l'importante publication de MM. Gide et Baudry, présentée à l'Académie dans la séance du 11 courant, et annoncée dans notre dernier numéro.

L'Œuvre de Rembrandt est publié dans le format in-folio. Les épreuves photographiques, montées sur papier Bristol, sont accompagnées d'un texte de même format, imprimé avec le plus grand soin.

Le catalogue de la collection complète des estampes de Rembrandt, recueilli depuis l'an 1728 jusqu'à 1755 par M. Amadé de Burgy, et publié à La Haye, contenait 257 portraits, 161 histoires, 152 figures et 85 paysages, faisant ensemble 655 estampes, gravées par la propre main du maître. Les habiles éditeurs, quoiqu'ils aient choisi parmi ce nombre considérable les estampes les plus belles ou les plus rares, ne pouvaient publier cet œuvre d'un seul jet; aussi se sont-ils décidés à commencer la publication par une première série de quarante planches très-variées, reproduisant des portraits, des paysages, des sujets pieux, fantaisie, gueux, etc.

Cette première série, divisée en dix livraisons du prix de *vingt francs* l'une, comprend en outre une introduction sur la vie de Rembrandt, et plusieurs documents nouveaux et curieux, dus à la plume savante de M. Charles Blanc, ancien directeur des beaux-arts.

Comme nous l'avons dit, cette livraison contient quatre épreuves photographiques très-bien réussies. Chacune d'elles est de la grandeur exacte de l'original.

Nous donnons ci-après quelques extraits des notices :

Mendiants à la porte d'une maison.
Hauteur, 0,166; largeur, 0,129.

Un groupe de mendiants à la porte d'une maison placée à gauche, et sur laquelle paraît un vieillard portant barbe, coiffé d'un bonnet, et qui leur fait l'aumône.

Ces mendiants sont : un vieillard couvert d'un chapeau à larges bords; une femme vue de profil, qui porte un enfant sur son dos, tient de la main gauche un bâton, et tend la droite pour recevoir l'aumône; enfin sur le devant un petit garçon vu de dos, qui a un chapeau, et qui porte un pot attaché à une espèce de ceinture; au bas, sur la droite, est écrit *Rembrandt f.* 1648.

D'après la notice, ce morceau est un des plus beaux de l'œuvre, et l'on peut dire que tout y est parfait, aussi bien le travail de la pointe, qui est ici d'une rare délicatesse, que l'expression des personnages, leur attitude et le jeu de la lumière qui les détache si bien l'un de l'autre. Le judicieux critique admire avec quel art le graveur a laissé complétement au tout un côté de l'estampe, pour bien concentrer l'attention sur son sujet. Les belles choses ne vivent que de sacrifices, et mieux que personne Rembrandt a connu cette grande loi de l'art. Tantôt il sacrifie une portion de sa gravure en la couvrant de taillis, tantôt c'est en y épargnant les travaux; ordinairement, il sabre de hachures toute une estampe pour faire valoir quelques points lumineux; mais ici, au contraire, c'est la lumière qui fait l'office de l'ombre. Si l'on suppose, en effet, que le peintre ait dessiné une muraille, un paysage ou tel autre objet, sur la partie droite de la planche, derrière la mendiante qui porte un enfant sur son dos, aussitôt l'économie de la composition est troublée, et le regard distrait ne va plus s'attacher avec autant de force, ni à ce groupe de pauvres, si intéressant dans la mère, si vrai dans le petit enfant, si noble dans l'aïeul, ni aux détails de leur accoutrement, de leur panier, ni à la physionomie de ce même, vu de dos, dont on ne pourra plus oublier le signalement grotesque, ni enfin à la figure de ce vieillard charitable, à qui l'habitude de faire l'aumône n'en a pas ôté le plaisir.

La descente de croix au flambeau.
Hauteur, 0,210; largeur, 0,162.

Le sujet est placé sur une colline à la gauche de l'estampe. Au bas est un brancard sur lequel Joseph d'Arimathie étend un linceul pour recevoir le corps de Jésus-Christ, que les disciples descendent de la croix. Un d'eux tient le corps dans ses bras; un autre éclaire la scène avec un flambeau. Le haut de la gravure et la partie droite sont plongés dans l'obscurité. On y aperçoit les murs de Jérusalem, quelques figures indistinctes et une main qui sort de l'ombre. Au bord de la droite est la figure d'un homme, coiffé d'un haut bonnet, qui paraît richement vêtu. L'estampe est signée sur les bords du linceul *Rembrandt*, 1653.

Dans la composition de cette descente de croix, le peintre hollandais s'est inspiré de Louis Carrache : le grand goût de l'Italie se mêle ici à la poésie du Nord; le génie de l'effet se marie à un sentiment de noblesse tout à fait inattendu. Le Christ mort est cette fois d'une grande beauté, et Rembrandt a pu donner une expression profonde à ses figures, sans leur imprimer un caractère de vulgarité. On peut voir cependant que le meilleur de son tableau est encore ce qu'il y a mis de son propre fonds. L'auteur de la notice veut parler de cette lumière magique qui prête tant de poésie à la scène, de cette main blanche qui sort de l'ombre noire, et qui produit absolument la même impression que ferait un grand cri poussé dans les ténèbres.

Jacques Cats.
Hauteur, 0,125; largeur, 0,152.

Un vieillard très-ridé, vu de face, à mi-corps, etc. On lit au-dessus de la tête : *Rembrandt. Venetiis*, ou *Renetiis*, et plus bas 1635.

C'est un des noms les plus populaires de la Hollande que celui de Jacques Cats. Poëte, administrateur, diplomate, mêlé à toutes les affaires de son temps, Cats eut une grande renommée sa vie durant. Il entendit ses vers répétés par tous les Hollandais; il fut le chansonnier en vogue, le littérateur classique de son pays.

Il avait cinquante-huit ans lorsque son portrait fut gravé par Rembrandt, ou pour mieux dire, peint, car cette estampe est une véritable peinture à l'eau-forte.

Jésus-Christ prêchant, pièce dite la Petite Tombe. Hauteur, 0,254; largeur, 0,205.

Jésus-Christ est debout au milieu de l'estampe, sur une espèce de perron, prêchant au peuple, les deux bras levés, et montrant le ciel. A ses pieds, à droite, est une femme assise, qui a la tête appuyée sur sa main, dans l'attitude de la réflexion. A gauche est un homme assis, également accoudé, qui écoute avec l'attention la plus expressive. Par une large ouverture, pratiquée sur la droite, on aperçoit quelques maisons. Le devant de l'estampe est occupé, à gauche, par un homme qui est coiffé d'un turban et enveloppé d'un manteau; à droite, par la figure d'une femme assise et vue de dos, auprès de laquelle est un enfant couché à plat ventre, qui a sa toupie à côté de lui. Le nombre des figures est de vingt-six.

Il n'existe que deux états de cette planche : le premier est celui que nous venons de décrire; on en distingue les belles épreuves à la présence des barbes; le second est après la retouche de Pierre Norblin. A la mort de cet habile graveur, arrivée en 1830, le cuivre fut vendu à M. Paul Colnaghi, de Londres; les épreuves qu'on a en tirées en fort petit nombre, si l'on en juge par leur rareté, sont faciles à reconnaître, en ce que la planche est généralement chargée de travaux serrés à la pointe sèche, ce qui change l'aspect de l'estampe, de manière à la faire prendre souvent pour une copie.

On lisait sur le dos d'une des épreuves de cette retouche, ces mots écrits de la main de Pierre Norblin : « *Epreuve de la planche originale de Rembrandt que moi, indigne, j'ai osé retoucher.* »

Après avoir cité une copie trompeuse de la *Petite Tombe*, M. Charles Blanc dit en terminant : Je ne parle pas du caractère des têtes, qui n'a pas été imité parce qu'il était vraiment inimitable dans cette belle composition, exécutée avec le génie d'un artiste, et tout imprégnée du vrai sentiment de l'Evangile.

Le littérateur distingué qui a écrit l'introduction sur la vie de Rembrandt est bien connu déjà par les ouvrages qu'il a publiés sur les peintres célèbres. Nous ne pouvons cependant résister au désir de citer quelques passages de la partie de cette introduction qui vient de paraître dans la première livraison de l'*Œuvre de Rembrandt*.

REMBRANDT.

« Rembrandt est, sans contredit, le plus illustre des peintres graveurs; il partage, depuis deux cents ans, avec Albert Durer et Marc-Antoine Raimondi, l'honneur d'alimenter le grand commerce des estampes en Europe, d'être collectionné par un nombre toujours croissant d'amateurs, et d'avoir fait monter de simples gravures à des prix fabuleux dans les ventes les plus célèbres.

« Ce long enthousiasme, que deux siècles n'ont pu refroidir, s'explique aisément pour ceux qui connaissent à fond l'œuvre de Rembrandt, et qui en ont vu les belles épreuves. A vrai dire, c'est un vaste et merveilleux tableau de la comédie humaine que l'œuvre de ce grand peintre; tableau varié comme la vie, coloré de toutes les nuances qu'y découvrent l'observation d'un philosophe, l'œil d'un poëte, le sentiment d'un artiste. Rembrandt a tout remué, tout ce qui peut, du moins, intéresser notre âme, nos souvenirs ou nos regards : les Ecritures, l'histoire, la poésie, la nature, les mœurs de son temps, les usages de son pays; mieux encore, les caractères et les passions de l'homme. Il a entrevu l'humanité entière à travers la Hollande, qui n'a fait que lui prêter des costumes, lui fournir un prétexte et des modèles. Que dis-je? C'est une revue du ciel et de la terre que cette immortelle série d'estampes. On y voit passer, sous un jour mystérieux, et le plus souvent fantastique, les saints du Paradis, les patriarches de l'Ancien Testament, le Dieu de l'Evangile et son cortége de malheureux, les personnages de la légende aussi bien que les héros de l'histoire, les théologiens en méditation, les moines en compagnie des lions du désert, les riches dans leurs oripeaux, les gueux dans leurs guenilles.

« Mais ce qui a le plus fortement occupé la pensée de Rembrandt et son génie, c'est la vie de Jésus-Christ. Personne n'en a mieux compris la sublimité touchante; aussi l'a-t-il suivi pas à pas, aux lueurs de cette lumière solennelle que son imagination a inventée, depuis la crèche où les bergers visitent le nouveau-né, jusqu'au Calvaire où le Dieu expire sous une pluie de rayons tombés du ciel. Rembrandt s'est complu surtout à l'aventure de la fuite en Egypte, et à conduire, une lanterne à la main, la famille errante du jeune Dieu, au travers des forêts obscures et des ravins jusqu'à ce que, arrivée sur une colline, elle découvre enfin la clarté du jour. La poésie religieuse du moyen âge, l'ineffable tendresse du sentiment populaire ne se retrouvent bien que dans l'interprétation de Rembrandt. Là, nous reconnaissons vraiment l'Enfant prodigue, le bon Samaritain, tous les personnages de ces paraboles que tant de fois la peinture nous a représentées, sans les comprendre, en images fastidieuses, mais dont Rembrandt a si bien compris le texte et deviné le sens profond.

« Que de contrastes aussi dans ce grand œuvre! le trivial s'y confond avec le sublime. A côté de la laideur et de la décrépitude, se montre la grâce de la *jeunesse surprise par la mort*. Comme Shakspeare, Rembrandt embrasse à la fois tous les aspects de la vie. Les oppositions de la lumière et de l'ombre semblent correspondre chez lui aux divers mouvements de la pensée. Les mendiants y promènent leurs haillons pittoresques, les juifs y font briller leurs manteaux d'hermine, leurs pierreries; la campagne enfin y déploie ses paysages les plus imprévus, tantôt des aspects désolés, tantôt des perspectives heureuses, quelquefois, comme dans l'estampe aux *Trois arbres*, les moissons tourmentées par un orage, et dramatiquement éclairées par le combat du jour et de la nuit.

« L'auteur de ce grand poëme, né le 15 juillet 1606, était le fils d'un meunier, dont la maison et le moulin étaient situés sur un bras du Rhin, dans la ville même de Leyde.

« Rembrandt dut à son obscure naissance, et à son contact perpétuel avec la réalité, d'entrer dans l'art par la porte la plus sûre, et d'ignorer, au début, ces conventions qui gâtent si souvent les dons de Dieu. L'observat' on son premier talent.

« Après avoir quitté le collége de Leyde pour se livrer à la peinture, et revenu de chez J. Pinas, son maître, au moulin paternel, il commença par étudier sur sa personne toutes les variantes de l'humanité, de même que Velasquez les étudiait dans le même temps sur son esclave Paréja. Il fit son portrait plus de vingt fois dans tous les costumes imaginables. Il se peignait aujourd'hui sous le chapeau d'un paysan grossier, demain avec l'élégance d'un gentilhomme, la fine collerette, la toque à plumes; d'autres fois en chef de brigands, tenant en main un sabre flamboyant, un oiseau de proie; ou bien au chevalet de l'artiste, dessinant la nature et la pénétrant du regard; le plus souvent nu-tête, dans le désordre de sa chevelure d'un blond ardent, semblable aux rayons ondoyants qui encadrent la figure du soleil; et il varia les expressions de son visage au moins autant que les ajustements de son habit, de façon qu'il pût y saisir les traits qui décident du caractère d'une tête, ceux qui expriment la douleur, la joie, le contentement de soi-même, la rudesse, la fierté, le mépris. Mais, dès le commencement, il laissa percer dans ses croquis les plus simples, quelque chose de personnel, une originalité puissante qui tranchait avec la naïveté des autres maîtres hollandais. A peine eut-il vu la nature qu'il la comprit, à peine l'eut-il comprise qu'il y mêla sa fantaisie. Le feu de sa plume, la finesse de son pinceau, l'étrange vivacité de sa pointe de graveur, donnèrent à chaque objet un accent imprévu. Son imagination, jetant un voile entre la nature et lui, ennoblit la vulgarité même, et ses moindres études portèrent bientôt le cachet du maître, l'empreinte du génie.

« Quelques succès, qui firent un peu de bruit, attirèrent Rembrandt à Amsterdam, vers l'année 1630 ; il était alors âgé de vingt-quatre ans. C'était un homme à la fois robuste et fin. Son front spacieux, légèrement bombé, présentait les développements qui annoncent la poésie. Il avait de petits yeux enfoncés, vifs, intelligents, pleins de feu. Ses cheveux, d'un ton chaud, tirant sur le roux, étaient naturellement frisés, et sa tête avait beaucoup de physionomie, en dépit de sa laideur ; un nez gros, épaté, des pommettes saillantes, un teint couperosé, imprimaient à son masque une vulgarité que relevaient heureusement le dessin de la bouche, le mouvement fier des sourcils et l'éclair des yeux. De sorte, qu'en somme, Rembrandt était beau comme ses ouvrages, par l'expression. »

Ces extraits suffiront, sans doute, pour donner une idée exacte de l'importance de la publication présentée par MM. Gide et J. Baudry. L'ancien directeur des Beaux-Arts, M. Ch. Blanc, ne contribue pas seulement par sa collaboration, au succès de cette entreprise ; il veut bien encore veiller au choix judicieux des meilleures estampes du célèbre graveur. MM. Bisson frères et Lemercier ont reproduit avec beaucoup d'habileté, au moyen d'un collodion sur verre qu'ils préparent eux-mêmes, les quatre épreuves-spécimens qui nous ont paru rendre très-exactement l'œuvre de Rembrandt : la lumière magique, les demi-teintes, le clair-obscur, qui produisent un si grand effet dans la plupart des compositions du grand peintre-graveur, présentaient des difficultés que les habiles photographes ont su vaincre avec un rare bonheur.

A.-T. L.

MÉLANGES PHOTOGRAPHIQUES.

EMPLOI DU CYANURE DE POTASSIUM POUR LES ÉPREUVES POSITIVES DIRECTES SUR COLLODION, ET DES VERRES JAUNES POUR L'ÉCLAIRAGE DES LABORATOIRES.

Parmi la multitude d'opérateurs qui se servent du collodion, un bien petit nombre s'est adonné à la production des épreuves positives directes. La raison en est que l'on opère généralement sur plaques normales plutôt que sur les demi-plaques, les quarts et les moindres dimensions encore. En opérant sur plaque normale, personne ne peut résister au désir de produire un beau négatif susceptible de fournir un nombre indéfini d'épreuves positives : cette dimension permet d'obtenir les traits du visage et les détails des vêtements avec une finesse suffisante. Avec les plaques de dimensions très-petites, le but final devient inverse : le papier ne peut plus donner les finesses des négatifs, ou, pour mieux dire, les épreuves positives sur plaques de petites dimensions sont infiniment au-dessus des épreuves positives qu'on pourrait obtenir sur papier, si l'on poussait l'épreuve jusqu'au négatif.

La promptitude extrême avec laquelle on obtient ces épreuves positives rend ce procédé très-précieux pour les portraits. Jusqu'à présent, à mon avis, la photographie a exigé une pose trop longue pour rendre l'expression qui, seule, donne du charme aux portraits : le regard est toujours fixe ou fatigué par la lumière, défauts qui proviennent à la fois d'une lumière trop vive et d'une pose trop prolongée. Le redressement est aussi une condition indispensable pour la ressemblance ; j'en ai parlé trop souvent pour y revenir encore. En définitive, un procédé qui permet d'obtenir un portrait-miniature, soit de dimension un quart, en une seconde, dans les ateliers ordinaires, avec toute la finesse de la plaque, et souvent avec une vigueur supérieure, par la plus grande intensité des blancs, un tel procédé, dis-je, me paraît digne d'attention.

Le miroitage de ces épreuves est presque nul. On ne cesse pas de les voir, comme les daguerréotypes, derrière un rideau blanc ou au reflet du blanc; le seul miroitage subsistant vient de la réverbération de la surface du verre; par conséquent, elles sont supérieures aux épreuves sur argent sous une foule de rapports; si leur dessin a moins de fermeté, elles en acquièrent plus de charme.

Les liquides les meilleurs pour développer les images sont le sulfate de fer et le cyanure de potassium : ce dernier sel doit être employé à une dose extrêmement faible; j'en ai fait une étude attentive qui m'a donné constamment des résultats excellents pour l'éclat des blancs et l'intégrité des demi-teintes.

Le seul cyanure propre à cet usage est *le cyanure purifié, qui est en poudre blanche*; le cyanure en plaques est souvent impur. On emploie le cyanure en poudre à la dose de *1 gramme par litre d'eau ordinaire*, ce qui fait revenir le litre de liquide, prêt à servir, à moins de un centime. On renouvelle le liquide à chaque épreuve, non pas que le liquide qui a déjà servi soit mauvais, mais plutôt en vue de le renforcer; car, à une si faible dose, le principe dissolvant est vite épuisé.

J'ai toujours bien réussi en lavant la plaque avec la quantité de liquide frais suffisante pour la baigner. Quand j'ai voulu employer le même liquide en masse pour une suite d'épreuves, il m'a semblé perdre bien vite son pouvoir dissolvant. Était-ce par décomposition au contact de l'air, ou par suite d'un peu d'acide, que les plaques retiennent toujours au sortir du bain de sulfate de fer après un lavage modéré? Je ne puis le certifier; seulement, l'inconvénient que je signale m'a paru certain; il est vrai que j'ai toujours évité de laver les épreuves à fond, au sortir du sulfate de fer; ayant réussi à souhait, après un lavage superficiel qui laissait toujours un peu d'acide, je n'ai pas cherché si un lavage à fond conviendrait mieux. Un lavage superficiel, avec le cyanure renouvelé à chaque fois, ne laissant rien à désirer, et le cyanure n'ayant, à cette dose, aucune valeur, il m'a paru y avoir, dans cette méthode expéditive, un avantage assez marqué pour ne pas m'enquérir d'autre chose.

Il est évident que, par ce procédé, le cyanure, déjà en très-petite proportion, s'épuise bien vite par sa saturation et par sa décomposition au contact de l'acide libre, si bien que quand l'iodure d'argent est parti, il ne reste, pour ainsi dire, plus de cyanure libre susceptible de nuire aux demi-teintes. Si l'on employait ce même cyanure en masse, en ayant soin de laver parfaitement les épreuves, il serait possible qu'il pût servir ainsi un grand nombre de fois sans être épuisé, mais sans doute qu'alors il corroderait les demi-teintes.

Pour les épreuves positives comme je les produis, il importe que les moindres détails soient conservés : j'en ai laissé souvent plusieurs heures dans le cyanure ainsi employé, sans qu'elles aient été amoindries.

Les épreuves négatives pour le tirage sur le papier sont fixées, ordinairement, à l'hyposulfite de soude, de manière à leur laisser une teinte opaline dans les clairs. On dit qu'elles tirent mieux avec cette précaution ; je n'en suis pas convaincu, je ferai un essai en règle pour m'en assurer ; si cela n'est pas vrai, comme je le soupçonne, l'emploi du cyanure au millième serait plus commode et plus économique.

On éprouve un grand embarras pour encadrer ces épreuves positives, parce qu'il n'existe pas encore de passe-partout pour cet usage ; mais voici qu'on vient de supprimer le verre : M. le baron Séguier m'a dit avoir obtenu de fort jolies épreuves positives de ce genre, en posant le collodion sur toile cirée noire qui leur sert en même temps de fond. Ce procédé aura le désavantage de donner des portraits non redressés, ce qui ne me paraît pas compenser la fragilité d'une épreuve sur verre.

Dans un article sur la Société photographique de Londres, qui a paru dans le numéro du 2 avril, j'ai remarqué un passage où il est question de l'action des rayons jaunes sur le collodion ; ceci m'engage à parler des observations que j'ai faites à cet égard.

Tous les photographes ont pu remarquer combien la sensibilité du collodion varie aux différentes heures de la journée. M. Vaillat, qui a acquis une expérience consommée pour évaluer la sensibilité des plaques de doublé d'argent, me dit un jour avoir fait la remarque que la sensibilité du collodion lui paraissait supérieure au milieu du jour et par un beau temps, mais que le soir, aux approches de la nuit, c'était le plaqué qui montrait plus de sensibilité. Je crois cette observation fondée, et on pourrait s'en rendre compte par le fait non moins certain que la lumière jaune ou rouge n'agit pas sur le collodion.

Dans l'article précité, il est question de verres colorés par le carbone et de la flamme d'une bougie qui y est assimilée : je ne sais si les verres ainsi colorés existent dans le commerce; quant à la flamme de la bougie, elle émet beaucoup de rayons violets et, telle qu'elle existe, elle a certainement une action très-marquée sur le collodion, car une plaque tenue pendant une minute, à la distance de 5 centimètres de la flamme d'une bougie, donne l'épreuve d'un négatif quand on est arrivé au maximum de sensibilité.

La même intensité de lumière perçue à travers un verre jaune-orange ne produirait absolument aucun effet sur le collodion, car le soleil lui-même ne donne une épreuve de négatif qu'au bout d'un temps assez long.

L'insensibilité du collodion sous l'influence des rayons jaunes en excès est très-remarquable, et si j'y insiste aujourd'hui, c'est pour montrer qu'on peut s'y fier complétement et en profiter pour s'éclairer largement avec cette lumière dans le laboratoire où l'on soumet les feuilles au bain d'argent et aux liquides continuateurs.

L'expérience la plus décisive que j'aie faite à cet égard m'a étonné : je me trouvais dans le laboratoire de M. Toissier; le voyant occupé tranquillement à passer ses plaques au bain d'argent, très-près d'un carreau en verre jaune dont la nuance me semblait bien claire pour ne pas impressionner le collodion sensibilisé. Ce verre jaune avait la nuance jaune-serin clair, qui est très-connue et très-répandue dans le commerce ; le carreau était formé de deux épaisseurs de ce verre.

Je jugeai donc un essai indispensable pour décider la question. Après avoir sensibilisé une glace couverte de collodion et avoir posé une règle en bois sur son revers, j'exposai la plaque à la lumière jaune, tout près du carreau, pendant 120 secondes bien comptées, et plongeai aussitôt la plaque dans un bain de sulfate de fer qui servait à développer les épreuves. Au sortir de ce bain, la plaque fut trouvée intacte, d'un jaune pur sur toute sa surface, et par conséquent on eut la preuve que les rayons jaunes, transmis par les verres du commerce, peuvent servir à éclairer autant que l'on voudra un laboratoire, sans qu'ils puissent jamais voiler le moins du monde les épreuves.

M.-A. GAUDIN,
Calculateur du Bureau des Longitudes.

ERRATA. 7e paragraphe, 5e colonne de la page 63, ligne 9e *au lieu de* : cependant je l'aperçus, *lisez* : cependant j'opérais. — 8e paragraphe, 4e ligne, *au lieu* d'un grand pur, *lisez* : d'un jaune pur.

Le *Moniteur universel* a publié, dans son numéro du 18 de ce mois, un excellent article sur la photographie; nous nous empressons d'en reproduire les principaux aperçus, en priant toutefois nos lecteurs de consulter au besoin les numéros des 5 et 12 février de *la Lumière*, dans lesquels nous les entretenions de la splendide publication de M. Benjamin Delessert.

Vulgariser l'art sans lui faire perdre son caractère élevé, est toujours une tâche difficile et ingrate, si l'on considère la mince réputation que donne son accomplissement. Il faut nécessairement éviter de rester inabordable au vulgaire; il faut aussi se garder, en devenant trop compréhensible, de violer les conditions essentielles de l'art vrai.

On s'est souvent, et par mille moyens divers, efforcé déjà de mettre à la portée de tous des images satisfaisantes des chefs-d'œuvre créés par la peinture et la sculpture, en un mot, par les arts du dessin. Le succès, j'entends le succès légitime et mérité, a bien rarement récompensé ces tentatives si louables dans ce temps d'éparpillement des fortunes et de médiocrité des ressources individuelles. Qui n'a encore présentes à la mémoire les espérances passionnées et irréfléchies qu'a fait naître la lithographie? La gravure sur bois a rarement été employée autrement que comme moyen commercial : les procédés qu'elle emploie, très-améliorés depuis vingt ans, manquent de souplesse. Toutes ces tentatives, quelque dignes d'encouragement qu'elles fussent, ont toujours été incomplètes; c'étaient des *à peu près* plus ou moins réussis; et voilà ce qui les distingue profondément des merveilleuses reproductions photographiques exécutées par M. Benjamin Delessert, d'après les plus célèbres estampes de Marc-Antoine Raimondi, l'illustre graveur bolonais.

M. Pouillet, en présentant la notice sur la vie de Marc-Antoine Raimondi à l'Académie des sciences, a fait observer « que cette publication tendait à provoquer les progrès de la photographie, particulièrement dans tout ce qui se rapporte à l'économie des procédés, à la pureté des lignes et à la parfaite précision des formes... »

C'est sur la portée artistique de cette publication que nous voudrions appeler l'attention. Son prix, relativement très-modéré, constitue un progrès notable. Donner pour 1 fr. 25 (déduction faite des prix accessoires et supprésibles) une reproduction fidèle et artistique, — c'est là le grand point, — des planches inabordables par leur rareté et leur grand prix aux collectionneurs et aux artistes, c'est là un résultat inespéré, vraiment utile, et dont il faut féliciter M. Delessert d'avoir si complétement montré la possibilité. En s'attaquant à des chefs-d'œuvre consacrés, en allant au-devant d'inévitables et dangereuses comparaisons, M. Delessert a servi la cause de la photographie, bien mieux que ne l'eussent fait dix volumes de démonstrations théoriques.

Evidemment ce n'est *pas là* le dernier mot de cet art, hier au berceau, aujourd'hui fort et puissant. Le prix de revient pourra être abaissé, et c'est pour l'avenir commercial une considération intéressante. Il se rencontrera peu d'amateurs riches et instruits, disposés à partager avec le public leurs trésors, libéralement et sans arrière-pensée de gain. Il faut que les éditeurs soient tentés par la probabilité d'un bénéfice quelconque, et déjà le succès de cette première entreprise permet de prévoir que ce moment n'est pas loin.

Quelques artistes se sont montrés inquiets de cette nouvelle et formidable concurrence qui menace ce grand art de la gravure, si négligé chez nous. Ils peuvent se rassurer : Delécluze, commentant Topffer, a montré qu'il y aurait toujours une grande différence entre les produits obtenus par un procédé mécanique et ceux où se révèle l'action spontanée de l'intelligence, avec ses défaillances, mais aussi avec ses ressources imprévues et son originalité. Reproduire exactement des objets choisis avec discernement, voilà l'avenir et le but de la photographie; elle peut s'en contenter, le champ est assez vaste à parcourir. Mais, à côté de ces calques étonnants de fidélité, et qui eux-mêmes auront toujours besoin d'être guidés par une main exercée et savante, prendront toujours rang, et le premier, les œuvres personnelles, libres, de l'artiste créateur. La photographie ne supprimera pas plus la gravure que le daguerréotype, si menaçant à son origine, n'a supprimé la peinture.

COLLODION BERTCH.

L'emploi des substances sensibles exige une certaine dextérité que plusieurs photographes sont facilement parvenus à acquérir; mais beaucoup d'autres artistes, moins bien initiés aux manipulations de ces substances, désiraient un produit qui, jouissant des excellentes propriétés du collodion rapide de M. Bertch, leur permît cependant de faire poser dix à douze secondes au moins. Nous apprenons avec plaisir que ce savant artiste a composé un nouveau collodion qui atteint parfaitement le but désiré, et auquel il a donné le nom de collodion rapide n° 2, tandis que celui n° 1, qui est si bien apprécié des opérateurs les plus habiles, restera toujours destiné à reproduire les épreuves instantanées.

SALON DE 1853.

AVIS.

Le jury chargé de statuer sur l'admission et les récompenses des ouvrages des artistes vivants pour l'exposition de 1853, et nommé conformément au chapitre XI du règlement, se trouve ainsi composé :

Le directeur général des Musées impériaux, président de tous les jurys réunis.

SECTION DE PEINTURE.

Désignés par l'élection. — MM. Eug. Delacroix, Paul Delaroche, Picot, H. Flandrin, Dauzats, Henriquel Dupont, Mouilleron.

Désignés par l'administration. — MM. le comte de Morny, premier vice-président; Villot, conservateur de la peinture au Louvre, deuxième vice-président; Reiset, conservateur; comte Horace de Viel-Castel, conservateur du Musée des Souverains; de Mercey, chef du bureau des beaux-arts au ministère d'Etat; Arago (Alfred), inspecteur des beaux-arts; le marquis Maison.

SECTION DE SCULPTURE.

Désignés par l'élection. — MM. Toussaint, Rude, Oudiné, David (d'Angers).

Désignés par l'administration. — MM. De Longpérier, conservateur des antiques au Louvre, premier vice-président; comte de Laborde, membre de l'Institut, conservateur du moyen âge et renaissance au Louvre, deuxième vice-président; Raoul-Rochette, membre de l'Institut, secrétaire perpétuel de l'Académie des beaux-arts; comte Turpin de Crissé, membre de l'Institut.

SECTION D'ARCHITECTURE.

Désignés par l'élection. — MM. Labrouste, Danjoy.

Désignés par l'administration. — MM. Mérimée, membre de l'Institut, inspecteur général des monuments historiques, premier vice-président; de Caumont, président de l'Institut des provinces, deuxième vice-président.

LES FOUILLES DE NINIVE.

(Suite.)

Une autre série de bas-reliefs, placée du côté opposé, représente les travaux de fondation du palais et l'érection du taureau colossal sur son piédestal de granit. Le roi, entouré de ses gardes, paraît prendre un vif intérêt aux diverses opérations qui s'exécutent sous ses yeux. Le paysage est ici fort accidenté et tout couvert d'arbres fruitiers. Au fond, on aperçoit une rivière sur les bords de laquelle des hommes s'occupent à élever de l'eau à l'aide d'une machine qui, de nos jours, est connue en Egypte sous le nom de shadoof.

Dans le sujet suivant, on voit des hommes occupés à faire des briques; plusieurs d'entre eux sont à genoux ou accroupis autour d'un carré qui représente probablement la fosse où se trouve l'argile. Cette fabrique de briques se trouve entre deux collines où l'on voit de longues files d'ouvriers qui montent et descendent. Ceux qui montent ont sur le dos des paniers remplis de briques, ou portent de grosses pierres, et ceux qui descendent portent de la terre et des décombres, ce qui semblerait indiquer que le nouveau palais prenait la place d'un édifice en ruines. Tous ces manœuvres sont vêtus de façons différentes, preuve certaine qu'ils étaient des prisonniers ou des malfaiteurs. Beaucoup d'entre eux sont enchaînés et attachés l'un à l'autre par une barre de fer fixée au gros anneau de leur ceinture. Chaque groupe est dirigé par un contre-maître armé.

Cette série intéressante est complétée par un bas-relief représentant les opérations finales de l'érection du taureau colossal. La statue n'est plus couchée sur le côté, elle est dans la position naturelle et entourée d'hommes munis de cordes et de pièces de bois destinées à servir d'étançons; elle est maintenue au moyen de poutres attachées par des barres qui se croisent, et supportée par de grosses pierres entassées sous le corps. Des câbles, des machines et des leviers sont mis en jeu pour élever la sculpture gigantesque. Les prisonniers se distinguent des ouvriers libres, indépendamment de leurs chaînes, par des turbans d'une forme particulière. La partie supérieure de ce curieux tableau manque malheureusement, mais les parties admirablement conservées qui en restent indiquent parfaitement les moyens dont se servaient ces contemporains d'Abraham pour transporter et mettre en place ces colosses dont les immenses proportions nous étonnent. Elles démontrent aussi l'analogie des moyens employés par les Egyptiens et les Assyriens de ces temps reculés pour exécuter des travaux que la mécanique moderne oserait à peine entreprendre.

MATHIEU.

M. Parris, peintre anglais, a commencé dernièrement la restauration des fresques de sir James Thornhill, qui forment la coupole de Saint-Paul de Londres, et représentent, en huit panneaux, des scènes tirées de la vie de saint Paul. Une machine ingénieuse protégera M. Parris contre le danger dont sir James Thornhill eût été victime sans la rare présence d'esprit d'un de ses amis. Un jour, pour juger à distance de l'effet de sa peinture, le célèbre artiste, tout entier à son art, et oublieux de sa position, se recula, pas à pas, jusqu'au bord de l'échafaudage; un pas de plus, et il tombait d'une hauteur de deux cents pieds sur le pavé de l'église. Heureusement un de ses amis qui était avec lui vit le danger; au lieu de l'appeler ou d'aller à lui, il saisit un pinceau et fit comme s'il voulait tirer une large raie à travers le tableau. Sir James, à cette vue, s'élança comme un tigre sur son ami et fut sauvé.

(*Moniteur universel.*)

AVIS.

Toutes les demandes et réclamations relatives au service, toutes les lettres et communications relatives à la RÉDACTION, doivent être adressées (*affranchies*) à M. Ernest LACAN, rédacteur en chef, au bureau du journal. — *Toute lettre non affranchie sera rigoureusement refusée. Les demandes d'abonnement doivent être accompagnées d'un* bon sur la poste, à l'ordre du Gérant.

Plusieurs de nos abonnés nous ont parlé avec éloges des travaux photographiques de différents artistes de la province, et nous ont demandé d'en rendre compte. Nous le ferions avec bonheur, si ces artistes voulaient bien nous envoyer quelques-uns de leurs spécimens. On comprend qu'il nous est impossible de parler d'épreuves que nous n'avons pas vues, quel que soit notre désir d'être justes envers tous.

Le Propriétaire-Gérant, ALEXIS GAUDIN.

TYPOGRAPHIE HENNUYER, RUE DU BOULEVARD, 7. BATIGNOLLES.
Boulevard extérieur de Paris.

TROISIÈME ANNÉE. N° 18. SAMEDI, 30 AVRIL 1853.

LA LUMIÈRE

REVUE DE LA PHOTOGRAPHIE.

BEAUX-ARTS. — HÉLIOGRAPHIE. — SCIENCES.

JOURNAL NON POLITIQUE, PARAISSANT LE SAMEDI.

Bureaux, rue de la Perle, 9, à Paris.

ABONNEMENTS.—*Paris*, UN AN, 16 FR.; 6 MOIS, 10 FR.; 3 MOIS, 6 FR.; *Départements*, UN AN, 18 FR.; 6 MOIS, 11 FR.; 3 MOIS, 7 FR.; *Étranger*, UN AN, 20 FR.; 6 MOIS, 12 FR.; 3 MOIS, 8 FR.

SOMMAIRE.

Londres, le 27 avril 1853.

MON CHER MONSIEUR GAUDIN,

Quand je partais, il y a quelques jours, pour l'Angleterre où je me proposais d'étudier l'état actuel de la photographie, je croyais pouvoir, en vous écrivant deux ou trois lettres, rendre compte à nos lecteurs de tout ce que j'aurais vu. Grande était mon erreur! A peine pourrai-je, dans une série d'articles, épuiser les notes que j'ai prises sur les œuvres produites, sur les instruments employés, sur les procédés découverts ou perfectionnés, sur les laboratoires, sur les ateliers, sur les galeries photographiques.

Je dois vous dire que ce qui m'a le plus frappé tout d'abord, c'est l'ignorance dans laquelle nous sommes en France de ce qui se fait ici; les Anglais connaissent beaucoup mieux nos progrès; presque tous les artistes que j'ai vus lisent régulièrement *la Lumière*, ce qui m'a singulièrement flatté, je le confesse; il en résulte qu'ils connaissent les noms de nos maîtres en photographie et qu'ils suivent leurs recherches et leurs succès. Dès le premier jour, j'ai pu me convaincre des immenses avantages dont nous jouirions mutuellement, si des relations régulières s'établissaient entre nous. Aussi est-ce vers ce but que j'ai dirigé tous mes efforts. Je me suis assuré la collaboration d'un artiste habile qui, par ses relations à Londres et ses connaissances artistiques, est à même de nous tenir au courant de tout ce qui se fait en Angleterre. Non-seulement il sera en rapport ici avec les hommes spéciaux, mais encore il extraira de tous les journaux ce qui peut intéresser les artistes français; sa première communication, que je vous envoie dans cette lettre, donnera une idée de l'importance et de l'utilité d'une semblable correspondance.

J'ai trouvé dans les artistes anglais des dispositions toutes sympathiques pour leurs confrères de France. Ils désirent vivement se mettre en rapport avec eux, échanger leurs productions contre celles de nos photographes, s'instruire de leurs progrès, les faire participer aux leurs, s'unir, enfin, pour marcher ensemble vers la perfection. Je suis heureux d'avoir à constater l'existence de semblables sentiments. Il faut que notre journal soit l'intermédiaire de cette union, qui aura de si utiles résultats; cette mission lui revient de droit, parce que seul il peut la remplir. Faire connaître les travaux des artistes anglais, comme nous faisons connaître ceux de nos compatriotes, donner de la publicité aux découvertes, aux perfectionnements qui se font en Angleterre, comme nous l'avons fait pour la France, c'est nous rendre également utiles à tous, et servir ainsi notre art de prédilection. Je pense donc qu'une des premières choses que nous ayons à faire, c'est d'établir dans nos colonnes une sorte de *Questionnaire international*, semblable aux "*Notes and Queries*", auxquelles M. Frank Scott fait allusion dans son article. Aussitôt qu'une question aura été posée par un artiste et publiée par nous, je suis sûr que la réponse ne se fera pas attendre. On comprend quel sera l'avantage d'un semblable système.

Pour mon compte, j'aurai bien des choses à dire, bien des descriptions à faire. Je garde tout cela pour les heures de calme qui suivront mon retour à Paris; quant à présent, je crois qu'il vaut mieux voir qu'écrire, et étudier que raconter; aussi terminé-je bien vite cette note rapide pour reprendre mon voyage photographique dans Londres.

ERNEST LACAN.

LA PHOTOGRAPHIE EN ANGLETERRE.

Notre correspondant de Londres nous adresse la note qui suit :

Une des choses les plus importantes qui aient paru dernièrement ici dans la photographie, c'est une lettre de M. Fox Talbot sur la gravure photographique, qui a été publiée dans l'*Athenæum*. Il paraîtrait, d'après cette lettre, que les découvertes continuent à venir à lui avec une constance de prédilection très-flatteuse; et celle-ci, si les perfectionnements qu'il promet peuvent se réaliser, mènera très-certainement à des résultats plus étendus et plus frappants que tout ce qui s'est fait depuis l'origine de cet art. Il ne manquait que cela pour compléter la valeur pratique et la vulgarisation de la photographie; et au moment où il commençait à être le plus ardemment désiré, ce moyen de répandre à l'infini et le plus facilement les résultats merveilleux de cette nouvelle science, a bien voulu, à ce qu'il paraît, se communiquer à l'un de ses doyens. Nous donnons en entier la communication de M. Talbot, pour que nos lecteurs puissent juger par eux-mêmes de tous ses détails.

« J'ai le plaisir de vous informer que tout récemment j'ai eu la bonne fortune d'avancer d'un autre pas dans la voie de la découverte photographique; et comme j'espère que ce que j'ai déjà accompli sera d'une grande utilité pratique, j'en ai préparé le court récit qui suit.

« Plusieurs personnes ingénieuses, surtout sur le continent, ont souvent tenté de compléter le procédé daguerrien par la gravure de la planche imprimée de l'image photographique; c'est-à-dire, de la faire se graver d'elle-même, par des moyens chimiques seulement, sans qu'il y eût besoin de la faire toucher en aucune manière par un artiste ou par un graveur. Ces efforts n'ont pas manqué de réussir jusqu'à un certain point; et les échantillons qui ont été plusieurs fois apportés de Paris ont suffisamment montré que la chose était faisable. Mais les difficultés pratiques d'exécution ont été assez graves pour limiter l'utilité de l'invention; et je crois qu'on a trouvé que les planches se gâtent après avoir donné un nombre assez faible d'exemplaires.

« J'ai eu cependant le bonheur de découvrir une méthode pour résoudre ce problème intéressant, que je crois entièrement nouvelle, et qui déjà, dans mes mains, réussit assez certainement pour une série considérable de sujets photographiques. Elle sera, sans doute, bientôt très-améliorée par d'autres expérimentateurs. Je suis à présent même occupé à faire un compte-rendu détaillé du procédé, qui sera préparé dans quelques semaines. Mais, en attendant, je vous prierai de me permettre d'en donner une esquisse générale.

« Je commencerai par une mention des travaux de ceux qui m'ont précédé dans cette recherche. Le premier qui y ait dirigé son attention fut le docteur Donné, de Paris, vers l'année 1840, selon les « comptes-rendus » de l'Académie des sciences. Je crois cependant que ses efforts ne furent pas couronnés de succès, et qu'ils furent bientôt abandonnés. Après lui, le docteur Berres, de Vienne, entreprenait ce sujet. Les spécimens de ses gravures, que j'ai vus, furent petits de dimensions; elles ont une grande netteté de contour, mais pas de demi-teintes ni de gradations d'ombre, ce qui leur donne un effet dur. Je crois que le secret du docteur Berres n'a jamais été révélé. Après lui, les essais ont été repris par M. Fizeau, de Paris, qui a obtenu un succès considérable. Des spécimens qu'on disait de lui, que j'ai vus, sont d'une admirable netteté. Toutefois, quoique son procédé ait été suivi, pour être développé, par plusieurs photographes éminents de Londres, on n'a pas continué d'en faire usage, à ce que je crois, à cause de ses grandes incertitudes, qui lassaient la patience des expérimentateurs. Il se peut bien qu'il y ait eu d'autres expériences de publiées; mais celles que je viens de citer sont les principales dont j'ai vu des spécimens, ou dont j'ai trouvé des notices publiées. Il y a quelques mois, je me décidai à entreprendre ce curieux problème, car il offrait un champ intéressant de recherches et d'expériences délicates.

« Laissant de côté les méthodes déjà tentées, comme n'ayant pas assez réussi dans la pratique, j'entrai dans une nouvelle voie, qui me fit bientôt espérer que j'avais trouvé le vrai chemin. Mais, à mesure que j'avançais, les difficultés paraissaient se multiplier, et je trouvai, en plusieurs cas, que les résultats obtenus étaient entièrement contraires à ce que j'attendais. Par exemple, quand j'avais tout préparé, à ce que je pensais, pour une gravure *positive*, c'était une *négative* qui se produisait; ou encore, la moitié de la planche se gravait positivement, et l'autre moitié négativement. Naturellement, un tel résultat était, pour tout objet pratique, entièrement inutile. J'emploie ici le terme *gravure positive*, que je crois inusité jusqu'ici, pour indiquer une gravure qui produira des impressions où les objets seront représentés d'une manière positive, comme dans la nature; et il s'ensuit que le terme *gravure négative* est employé dans le sens contraire. Les résultats irréguliers que j'obtins d'abord me forcèrent à une investigation soigneuse des propriétés photographiques et des réactions chimiques d'un nombre considérable de substances, jusqu'à ce que les faits principaux que j'avais observés eussent été expliqués d'une manière satisfaisante, et que la nature des causes *dérangeantes* fût connue et le procédé contrôlé par l'expérience. Il paraissait que, de changements légers dans le mode de manipulation, il résultait à volonté des gravures ou positives ou négatives. Mais, des deux, la positive était la plus parfaite et la plus facilement obtenue. Ceci étant constaté, je dirigeai mon attention, dorénavant, surtout vers le perfectionnement du procédé positif.

« Maintenant je dois dire jusqu'à quel point je suis parvenu à le pousser. Les objets le plus facilement gravés sont ceux que l'on peut mettre en contact avec la planche métallique, tels que la feuille de fougère, les fleurs légères des herbes, de la dentelle, etc. En des cas pareils, la gravure est précisément comme l'objet ; de sorte qu'on croirait, sans explication du procédé, que c'est l'ombre même de l'objet qui a corrodé le métal, tant la gravure est vraie. Si un voile de crêpe noir est placé sur la plaque métallique, chaque fil est gravé avec une précision et avec une netteté étonnante ; et même si deux plis du crêpe sont placés obliquement sur le métal, la gravure qui en résulte n'offre cependant aucune confusion, et, à l'aide d'une loupe, on peut distinguer les fils appartenant à chacun des plis.

« Des objets qui portent une ombre large et égale, comme, par exemple, la feuille opaque d'une fougère ou d'une autre plante, produiront une gravure qui rendra l'original dans un style singulier, mais agréable ; quelque chose entre une eau-forte et un dessin à l'encre de Chine. Mais je ne doute point qu'il ne soit possible d'obtenir une grande variété d'effets de ce procédé. Quand l'objet à copier est une photographie sur papier, le procédé présente des difficultés qui ne sont pas encore entièrement surmontées. Ce n'est pas que les gravures ainsi obtenues manquent d'exactitude, car elles reproduisent l'original avec des détails minutieux ; mais les gradations d'ombre et la profondeur de la gravure ne paraissent pas suivre la même loi qui les gouverne dans la photographie originale. Les contrastes sont bien plus marqués ; les ombres sont trop profondes et les jours trop forts. Je ne suis cependant pas sans espérance que des moyens d'éviter cet inconvénient ne soient découverts quand le procédé sera mieux compris. Quelque changement dans la manipulation peut-être détruira cette loi de variation dans l'intensité des ombres, et en établira une autre plus en conformité avec la nature.

« Il ne faut pas oublier un trait marquant de mon nouveau procédé, qui est celui-ci : je trouve que la *dimension* de la planche à graver ne fait aucune différence dans le résultat, si ce n'est qu'une planche plus grande demande naturellement de plus grands soins de la part de l'opérateur. Par conséquent, le même degré d'exactitude qu'on peut obtenir sur les petites plaques peut s'obtenir aussi sur les plus grandes ; et cela est un résultat d'une importance considérable, car l'avantage de cette nouvelle manière de graver, c'est que la quantité d'objets et les détails qui sont représentés grandissent en proportion de l'aire du tableau, tandis que l'erreur ou l'inexactitude qui affecte chaque point particulier reste d'une grandeur constante. Dans les grandes planches, des déviations minutieuses des contours de l'original, même si elles existent, sont peu importantes. Elles se fondent et disparaissent dans l'effet général.

« Je suis, etc.

« H. F. TALBOT. »

Lacock-Abbey, 4 avril.

Il y a, sur cette communication qui est certainement très-importante dans le simple fait qu'elle annonce, une remarque très-évidente à faire ; c'est que, en communiquant ce fait, elle ne nous donne pas la moindre indication des moyens de ce procédé tant vanté, et si justement vanté, si c'est un procédé vraiment poussé assez loin pour donner une certitude d'arriver à proximité du but. Une trace cependant de la différence entre ce procédé et ceux que l'honorable expérimentateur a laissés de côté nous est donnée dans une autre communication adressée par M. Talbot au même journal, une semaine après. Dans ce post-scriptum, comme dans ceux des lettres des dames, se trouve le point le plus important, et la seule indication réelle qui nous soit accordée. Là, l'habile écrivain dit :

« Dans la lettre que vous me fîtes l'honneur de publier dans votre dernier numéro, je me suis aperçu que j'avais laissé échapper un point d'une importance considérable, que je voudrais maintenant rétablir. Quand j'ai dit que les planches daguerriennes, gravées par le procédé français, se sont trouvées usées après avoir fourni un petit nombre seulement d'exemplaires, j'ai oublié d'ajouter que ma méthode sera très-probablement exempte de cet inconvénient, à cause de la grande différence de mes matériaux ; car je ne fais pas usage des plaques douces d'argent ou de cuivre argenté, comme dans le daguerréotype ; mais mes gravures s'exécutent sur des plaques d'acier. Par conséquent, on ne peut douter de leur durée et de leur capacité de produire tout ce qu'on voudrait d'impressions. Ainsi, ce point essentiel est assuré, et il ne reste qu'à améliorer, autant qu'il est possible, l'exécution des gravures elles-mêmes.

Recevez, etc. H. F. TALBOT. »

Lacock-Abbey, 11 avril.

Comme, dans toute cette communication, rien ne nous est donné à savoir, excepté le seul fait de l'emploi des planches d'acier, et que, par conséquent, les améliorations imitées des autres expérimentateurs n'ont pas même encore leur point de départ, nous attendons avec une grande curiosité et avec un désir très-vif que toutes les espérances de M. Talbot se trouvent réalisées, et le compte-rendu détaillé qu'il nous promet bientôt. En fait, cette découverte est capable de produire une très-grande révolution dans l'art, dans l'illustration des livres, et par conséquent dans la littérature et dans les moyens d'instruction, si elle est bien réalisée ; et le nom de son auteur et les preuves si connues de son grand talent d'invention photographique nous donnent toute raison de croire que ces espérances et notre désir ne seront pas trompés.

L'étendue que je suis forcé, à cause de son importance, de donner à ce dernier sujet me contraint, à regret, de remettre à la semaine prochaine des nouvelles de la Société photographique et un résumé de sa dernière séance, dans laquelle on a émis, sur l'arrangement de la chambre obscure, des idées d'une valeur et d'une utilité réelles.

La manière sérieuse dont la photographie est envisagée en Angleterre et la considération de plus en plus élevée qui lui est largement accordée ont été marquées très-clairement, non plus seulement par la rapide et étonnante extension de la Société photographique, dont je parlerai prochainement, mais encore plus, à mon idée, par la position et par l'attention qui lui ont été données depuis longtemps par la presse littéraire et scientifique. Vous savez que, quoique nous ne prétendions pas à une réputation littéraire et artistique aussi haute et aussi particulière que quelques autres nations, il arrive, je ne sais comment, que nous avons plus de journaux et de revues littéraires et scientifiques, et des journaux d'art plus étendus et mieux dirigés que partout ailleurs. C'est sans doute pour répandre parmi nous et à notre avantage les progrès faits et les idées naissantes dans les autres pays plus richement doués. Toutefois, il n'y a guère de journal de cette espèce qui ne s'occupe plus ou moins de la photographie. Le *Journal de la Société des Arts*, *l'Athenæum*, *le Chimiste*, le *Critique*, la *Gazette littéraire*, les *Notes et Questions*, le *Journal d'Art*, *l'Illustration*, etc., et plusieurs Revues, donnent une place plus ou moins large et régulière à notre science ; mais c'est surtout les *Notes et Questions*, journal in-8° hebdomadaire d'une trentaine de pages, qui a commencé et qui continue régulièrement et avec beaucoup de succès un système qui est évidemment d'une grande utilité pour tous les photographes, et qui ne peut que beaucoup aider à l'avancement de la photographie. Ses colonnes sont ouvertes toutes les semaines à des questions et à des exposés des difficultés éprouvées dans leurs expériences par tous les photographes ; ces questions y reçoivent des réponses des autres photographes qui sont parvenus à vaincre ces difficultés et qui donnent en détail leurs procédés. De ces comptes-rendus pratiques et familiers, j'aurai souvent à vous envoyer des extraits ; et je serai bien aise même de recevoir de la part de vos opérateurs français des exposés comparatifs de leurs procédés, que je me chargerai d'envoyer au même journal.

Je dois dire aussi qu'elle se répand dans l'armée, et devient pour les officiers, et même pour les sous-officiers et les soldats, non-seulement un moyen d'amusement et d'instruction, mais aussi un moyen, parmi les plus instruits des officiers, d'élargir le champ de la science, et d'établir des faits intéressants qu'ils ont plus souvent et plus largement occasion de rencontrer que les gens sédentaires. On m'a même appris dernièrement qu'elle attire, d'une manière toute spéciale, l'attention des plus hauts personnages du royaume ; et qu'il est question, de la part du prince qui a déjà donné une impulsion si notable aux arts scientifiques et industriels, de confier une mission photographique dans un des plus beaux pays du monde à un artiste expérimenté qui a déjà rapporté d'un voyage, moins officiellement préparé, quelques centaines de clichés d'une grande beauté.

Parmi les applications nouvelles de la photographie, on a commencé une espèce de daguerréotype *criminel*. Pour éviter une grande dépense de temps et d'argent, et pour ajouter à la certitude des opérations de la police, on a commencé, dans certains endroits, avec la sanction des magistrats, de tirer des portraits des criminels arrêtés et connus dans ces districts, surtout quand on les soupçonne d'avoir pris part à des vols et à d'autres crimes dans d'autres endroits. Ces portraits sont distribués alors parmi les agents de police dans les lieux où le crime a été commis, et immédiatement, sans qu'il y ait de doute comme avec des descriptions écrites et nécessairement vagues, et sans que les agents soient forcés de venir de loin reconnaître les personnes des prisonniers, on reçoit une réponse. Déjà, en plusieurs cas, cet arrangement a eu plein succès.

Je vois aussi que tout dernièrement on a reproduit photographiquement et distribué dans les bureaux de police le portrait de quelqu'un qui a disparu pour le moment, et qu'on cherche pour un héritage ou quelque fortune qui lui est arrivée depuis. FRANK SCOT.

Londres, 27 avril.

A propos de cette communication de notre correspondant de Londres, nous ferons remarquer à nos lecteurs que M. Talbot ne donne aucun de ses procédés. Nous avons acquis la certitude, en outre, que M. Niépce de Saint-Victor, qui n'a jamais cessé d'appliquer ses laborieux travaux à l'étude des précieuses découvertes de son oncle, s'est depuis longtemps mis en rapport avec M. Lemaître, l'habile graveur, l'ami et le correspondant intime du célèbre inventeur de l'héliographie ; que ces messieurs sont sur le point de mettre à exécution les moyens arrêtés par eux pour la reproduction des épreuves photographiques *sur planche d'acier ;* une de ces planches, préparée à cet effet et prête à recevoir l'empreinte, est dans les mains de M. Lemaître.

Un illustre membre de l'Académie, auquel M. Niépce a fait connaître, *dès le* 18 *avril*, les détails de son procédé, lui en a témoigné toute sa satisfaction, et l'a encouragé à persévérer dans cette voie.

M. Lemaître, de son côté, avait présenté, il y a deux mois, au Comité des inventeurs et artistes industriels deux épreuves de plaques d'étain, gravées *en* 1827 par Nicéphore Niépce. (Le procédé de l'inventeur est décrit, page 39 et suivantes, dans la brochure de Daguerre, publiée en 1839). M. Lemaître annonçait en même temps au Comité qu'il s'étudiait, conjointement avec M. Niépce de Saint-Victor, à appliquer les procédés de Nicéphore, mais modifiés par eux, à la reproduction des épreuves photographiques sur planches d'acier.

ACADÉMIE DES SCIENCES.

Nomination de deux membres correspondants pour la section de minéralogie et de géologie. MM. Fournet, de Lyon, et Delabèche, de Londres. — Sommaire de la séance du 25 avril — Photographie. M. A. Martin.

Élection d'un membre correspondant, section de minéralogie et de géologie. — Dans la précédente séance, l'Académie avait arrêté, en Comité secret, la liste suivante des candidats à la place vacante de membre correspondant :

En première ligne, M. Delabèche, à Londres.

En deuxième ligne, M. Haussemann, à Gœttingue.

Sur 51 votants, M. Delabèche, de Londres, ayant obtenu 45 voix, a été déclaré membre correspondant.

M. Fournet, de Lyon, nommé dans la séance du 18 avril, et dont nous n'avions pas annoncé l'élection, nous fournit aujourd'hui l'occasion de réparer cette omission. Voici la lettre qu'il adresse de Lyon, 25 avril :

« Monsieur le Président,

« J'ai reçu la lettre par laquelle vous m'annoncez ma

nomination au rang de correspondant, dans la section de minéralogie et de géologie, de l'Académie des sciences.

« L'Institut s'étant déjà approprié plusieurs de mes anciens collègues, je sens que ce témoignage de haute estime s'adresse à la Faculté des sciences de Lyon, dont je m'honore de faire partie, encore plus qu'à ma personne.

« Heureux encore d'avoir été choisi cette fois, je le suis également de succéder à un savant dont les beaux travaux sur la cristallisation des corps fondus ont définitivement assis la théorie plutonique sur ses véritables bases. Pour ma part, je n'ai fait que suivre la voie qu'il avait ouverte, quand j'ai appliqué ses principes au métamorphisme des roches, ainsi qu'à la formation de la classe la plus essentielle des filons métalliques.

« En me désignant pour remplacer M. Fleuriau de Bellevue, l'Académie prouve, d'ailleurs, l'estime toute spéciale qu'elle fait des vues de mon illustre devancier, et, par cela même, elle m'enhardit à persévérer dans un ensemble d'études que déjà un de mes plus illustres maîtres, M. Berthier, avait si largement développé.

« Veuillez, M. le Président, etc. »

M. Boussingault a lu son rapport sur l'exploration, par M. Wisse, du volcan de Sangaï (Amérique équatoriale).

L'honorable secrétaire perpétuel, M. Arago, quoique souffrant encore de l'indisposition qui l'avait retenu chez lui depuis quelque temps, a donné lecture de la volumineuse correspondance adressée à l'Académie. Une grande partie de ces lettres fournit des détails sur la secousse de tremblement de terre ressentie, le 1er avril, dans les départements de l'Ouest; sur les ballons, sur une voiture nautique. Une, entre autres, annonce que le célèbre Observatoire astronomique du collége de Rome, mal placé sur une tour peu solide, va être transféré dans une position plus convenable, sur quatre pilastres massifs, de plusieurs mètres de diamètre, qui soutiennent la coupole inachevée de la belle église de Saint-Ignace.

Lord Mauley écrit à M. Arago qu'il est en mesure de mettre en communication le télégraphe électrique de Greenwich avec celui de l'Observatoire de Paris.

La note intéressante de notre correspondant de Londres, M. Franck Scot, nous force à remettre au prochain numéro les curieux détails que contiennent ces diverses lettres.

A.-T. L.

—

PHOTOGRAPHIE.

Méthode pour obtenir des épreuves photographiques, positives et directes, sur des planches de nature quelconque, et principalement sur celles qui servent à la gravure, par M. Adolphe Martin. — Le 5 juillet 1852, M. A. Martin présentait à l'Académie un Mémoire ayant pour titre: *Méthode pour obtenir des épreuves positives directes sur glace.* Les abonnés du journal *la Lumière* ont été à même de suivre les travaux de l'habile photographe, dont nous avons entretenu nos lecteurs dans les nos 25 et 29 des 12 juin et 10 juillet 1852; dans son Mémoire du 5 juillet, M. A. Martin disait: « Occupé depuis quelque temps de cette question, je ne tarderai pas à communiquer à l'Académie quelques améliorations qui me sont personnelles. » Le 20 juillet 1852, le savant chimiste déposait au secrétariat de la Société d'encouragement un Mémoire, qui a été publié et qui est connu de la plupart des photographes. Il nous suffira de citer de nouveau les titres suivants de cet intéressant Mémoire: 1° choix des verres; 2° préparation du collodion; 3° nettoyage des glaces; 4° formation de la couche de collodion; 5° sensibilisation de la couche; 6° développement de l'image, 7° sa transformation en image positive; 8° son fixage, pour que nos lecteurs se rappellent cette communication et apprécient le mérite de l'auteur. Fidèle à sa promesse, M. A. Martin a fait connaître à l'Académie, dans la séance du 18 avril, ses procédés nouveaux, dans les termes qui suivent: « Dans la séance du 5 juillet dernier, j'ai eu l'honneur de communiquer à l'Académie une méthode photographique, pour obtenir, d'une manière sûre et rapide, des épreuves positives et directes sur collodion. Je pensai, dès cette époque, que si de telles épreuves pouvaient être déposées à la surface des planches de bois, de cuivre et d'acier, qui servent à la gravure, le travail de l'artiste serait considérablement simplifié. Je fis à cette occasion quelques expériences que la mauvaise saison me força d'interrompre. Les ayant reprises depuis cette époque, j'ai l'honneur d'en mettre les résultats sous les yeux de l'Académie.

« La méthode que j'emploie est la même que celle que j'ai donnée pour les épreuves sur glace. La planche métallique, recouverte à la manière ordinaire (mais sur les deux faces) du vernis à graver à l'eau-forte, est enduite de collodion, iodurée, puis plongée dans le bain d'azotate d'argent, etc. L'épreuve, débarrassée par le bain d'argento-cyanure de son iodure non modifié par la lumière, est lavée à grande eau, plongée dans une solution de dextrine et séchée. Le graveur à l'eau-forte peut alors en tirer le parti qu'il tire du calque qu'il porte ordinairement sur son vernis à graver. Une seconde épreuve, obtenue sur glace, conserve, comme modèle, le dessin que le travail même de l'artiste détruit successivement sur la planche.

« En enduisant de vernis des feuilles métalliques de nature quelconque ou même des feuilles de carton, et opérant par la même méthode, on obtient des épreuves qui joignent aux qualités des épreuves positives sur glace une solidité et une facilité de transport qui manquent à ces dernières. »

A cette note étaient joints deux des produits obtenus par le procédé de M. Martin: un décalque photographique sur bois, et une épreuve de gravure sur acier dans laquelle l'image a été produite directement sur la plaque métallique.

Il ne nous a pas été possible de voir les spécimens qui sont restés dans les mains de MM. les membres de l'Académie; mais nous profiterons de la plus prochaine occasion pour revenir sur cette intéressante communication.

BEAUX-ARTS.

—

EXPOSITION DE L'ATELIER DE M. DECAMPS.

Des courants rapides de curiosité, de sympathie et d'admiration amenaient, la semaine passée, de tous les quartiers, la population artistique de Paris à la salle des Jeûneurs. On arrivait avec un sentiment triste vers cet atelier brusquement transporté dans les salles banales de l'encan, et on en sortait avec une espérance. Tant de merveilles d'invention, tant de projets de tableaux confiés au crayon frêle, tant de richesses de couleurs vous passaient devant les yeux, que vous vous disiez que puisque le génie inspirateur qui a créé tout cela ne s'est point envolé vers les régions inconnues de la mort, il se réveillerait de sa langueur passagère, et aurait encore de longs soirs pour accomplir toutes les promesses de ses matins. Ces esquisses et ces ébauches ont été jetées par centaines aux hasards de la vente. Ceci est fort regrettable assurément. Mais M. Decamps en retrouvera d'autres dans les rayons de soleil qui luisent autour de lui, et dans les rayons intérieurs de l'imagination qui éclaire son esprit.

Nous avons dit que la première impression de la foule était triste. En effet, on recueillait là comme les témoignages d'une vie écoulée, comme les empreintes de jours qui ne doivent plus revenir. C'était le sillon d'une existence à travers les rêves et les réalités des inspirations et des voyages. Ce croquis indique un grand tableau encore vague qui a passé devant l'artiste, et qui s'est perdu on ne sait où, sans laisser une autre trace que ce fusin; celui-ci nous prouve que, par une soirée du ramazan le voyageur s'est arrêté devant la mosquée du sultan Bayezid, le café turc de l'Echelle de Top-Hané, une place du Caire, une école de l'Asie, ou plus près de nous, dans la halte du midi, devant une rue montueuse des villages de l'Italie, aux maisons étagées les unes sur les autres, et où les bandeaux noirs de la jeune fille qui penche la tête dans l'encadrement de la porte renvoient, comme un miroir bruni, la flamme du jour tourbillonnant dans la campagne. Nous passions ainsi par les sentiers qu'il a suivis, et dont il a, comme toujours, abandonné un grand nombre, quelques autres, plus rapides, l'ayant mené à une gloire trop tôt interrompue.

Car, parmi les jeunes noms de l'école française, il en est peu qui aient retenti autant que celui de Decamps. Bien que sa manière fût à lui, et froissât quelques traditions, il a eu le bonheur d'être à peine contesté. Nous nous rappelons, dans nos premiers souvenirs, il y a quinze ans au moins, la place qu'occupait dans le grand salon *la Bataille des Cimbres et des Teutons*, et l'immense traînée de spectateurs qui passaient en battant des mains devant ce colossal entassement dans une petite toile, de chevaux, de guerriers et de lances, ce mouvement fiévreux et universel de la grande bataille, et cette ligne magnifique de l'horizon du ciel. *Le Supplice des crochets*, le *Joseph*, furent aussi acceptés par tous et classés dès l'abord parmi les chefs-d'œuvre. Le maître se trahissait et s'imposait par ses premières productions.

Decamps est une des originalités les plus saisissantes de l'époque. Il n'est dans une individualité tranchée, ni spécialement peintre d'histoire, ni portraitiste, ni paysagiste. Il a tous les genres, ainsi que ces musiciens qui parcourent toutes les notes du clavier. Il a des horizons comme Salvator, de la couleur comme Rubens, de l'esprit comme Téniers, et il est toujours Decamps. Nous ne connaissons pas de plage plus éblouissante que celle qui figure sous le n° 7, dans le catalogue, ni de type plus anatomiquement vrai que celui de la vieille femme dans la toile campagnarde: *Quand les canes vont aux champs*. Decamps a une teinte à lui, qui n'est peut-être pas la vraie teinte des choses, lumineuse et éclatante pourtant, qui restera comme une teinte de plus dans la gamme. La seule chose qu'il n'ait jamais faite, et qu'on lui ait reproché de n'avoir point faite, c'est une toile d'une certaine dimension. Les figures, dans une proportion un peu élevée, ne s'offrent sans doute pas à lui. Mais il met de grandes choses dans de petits cadres; cela vaut mieux que de mettre de petites choses dans de grands cadres. Et, assurément, la place occupée ne fait pas beaucoup à la grandeur. L'épisode d'Ugolin ne s'allonge pas démesurément dans les stances du Dante, ni celui de Graziella dans les feuillets des Confidences de Lamartine; et, malgré cela, ils entreront de force dans les mémoires de l'avenir. Il n'est pas indispensable que René ait cent coudées pour être René, et il n'est pas nécessaire que Decamps ait rempli des toiles de vingt pieds pour avoir produit une œuvre immense.

LES TABLEAUX ET LES ÉBAUCHES.

Ce qui attirait tous les regards dans cette salle, c'était le *Josué arrêtant le soleil*, astre fixe de cette pléiade de tableaux. Tout n'est pas encore trouvé dans cette toile, mais ce qui y est suffit à en faire un chef-d'œuvre. Pendant que le combat se hérisse dans la plaine tourmentée, en fers de piques, en croupes de chevaux, en panaches ondulés, le successeur de Moïse, pour faire plus longue la journée sanglante, s'adresse au soleil d'un geste superbe et lui ordonne de s'arrêter. Alors toutes les attitudes se transforment, toutes les teintes se modifient: la tête blanche du cheval de Josué, s'élevant par-dessus les autres, fixe des yeux dominateurs sur l'astre effaré, comme pour lui imposer aussi l'immobilité; des poussières de rayons se groupent dans le ciel; des nuages fantastiques prennent eux-mêmes des physionomies d'épouvante, et la nature et l'humanité assistent dans une prostration religieuse à ce spectacle prodigieux. Les soldats n'ont plus qu'à laisser retomber leurs bras; puisque Dieu permet ce miracle, il combattra pour son peuple qui est sûr de vaincre. Nous ne pensons pas que jamais une page de la Bible ait été plus remplie de terreur et de merveilleux. Tout inachevée qu'elle soit, cette composition est magnifique, et le large foyer de l'inspiration en éclaire suffisamment toutes les parties, pour la faire éblouissante et durable. Bien des jours d'admiration s'allongeront encore devant le *Josué*.

La Plage et *la Pêche miraculeuse* flamboyaient plus bas, et dirigeaient les regards autour d'elles. Si la couleur est devenue quelquefois de la lumière, ce fut certes au moment où Decamps effleurait de son pinceau la transparence de ces eaux, et le lointain aéré de ces falaises. Ils réjouiront pendant des siècles le pan de galerie auquel on va les suspendre. Le lac de Tibériade est plus limpide encore, et on sent qu'il réverbère le ciel de l'Orient. La pose du Sauveur est magnifique, et ces deux petites toiles ont été couvertes, pendant la vente, d'un or qui pâlissait devant elles.

Nous retrouvons la Bible dans une œuvre inachevée, *Job et ses amis*. C'est trop une esquisse pour qu'il soit permis de dire ce que le tableau serait devenu. Job est bien posé sur son fumier, d'où il devait se placer devant l'avenir, comme sur un piédestal. Mais pourquoi cette cour fermée et humide? Nous avions toujours vu Job et sa litière fangeuse au bord d'une grande route, exposé aux insultes, au mépris et aux pierres des passants, pendant qu'il s'enveloppe de la vapeur fumeuse que la chaleur du sol fait monter de sa couche, et de l'auréole involontaire dont l'entoure le rayonnement de ses psaumes.

Le Café turc, *la maison turque sur un lac*, et surtout

la Sortie d'une école turque, nous ramènent de nouveau à la physionomie de l'Orient. Dans cette joyeuse échappée d'enfants, sous les lunettes du magister encadré sous la porte de son école, dans cette gambade traditionnelle qui passe les mers et les siècles, et qui accentue si juste l'éternel gamin de Jérusalem, de Rome, de Constantinople ou de Paris, dans l'attitude plus grave de quelques autres, qui annonce que quelques maximes sévères de l'islam ont déjà traversé ces jeunes têtes, dans l'arrangement si habile de ces groupes, qui fait rentrer l'un pour avancer l'autre, chacun a reconnu cette aquarelle qui a tant occupé d'elle il y a plusieurs Salons.

L'Intérieur de cour rustique, qui a dû être la première pensée de cette charmante chose: *Quand les canes*, etc., le *Pifferaro* si bien drapé dans ses vêtements et dans sa lumière d'Italie; le *Don Quichotte*, et le *Charlatan* posé magistralement sur son estrade, au-dessus des groupes villageois dont l'admiration le contemple, entouré de torches comme la statue d'un dieu, mériteraient tous un plus long examen : le temps nous manque et non pas la reconnaissance.

LES DESSINS.

Il y en a cent douze. Si beaux et si complets qu'ils soient presque tous, nous pensions, en les regardant, que plus de cent fois la vision n'avait été qu'éphémère devant le peintre, qu'un coloriste aussi puissant avait dû rêver de traduire autrement que par le crayon tant de sujets ingénieux ou grands, et que si c'était la partie la plus belle de l'Exposition, c'en était aussi la plus affligeante. Quels beaux cadres variés et charmants pour y promener un pinceau si sûr de lui-même! Toute la forêt de Fontainebleau, dans ses horizons majestueux ou attrayants; toute l'Italie dans ses villas sur lesquelles courent les ombres grêles des pins en parasols, dans ses villages où chaque pas est une cascade, dont l'équilibre du voyageur est la masse mouvante; tout l'Orient dans ses tentes, ses minarets, ses bazars et ses cafés : ici une échappée vers la littérature du dix-septième siècle, dans *la Vieille réveillant ses servantes*, de La Fontaine; là, un retour encore vers la Bible, dans un *Christ au prétoire*. Et ces *Singes musiciens*, arrangés avec une orchestration si spirituelle; et cette *Bûcheronne au repos*, laissant deviner des formes académiques sous ses haillons; et ces grottes, ces bohémiens, ce Diogène: voilà des motifs variés et éclatants de tableaux qui auraient vu le jour, si!...

Mais point de regrets anticipés, point de chants d'adieux avant l'exil, point d'oraisons funèbres avant le tombeau. Maître, allez rafraîchir vos yeux qui ont vu tant d'horizons, et reposer vos mains qui ont si laborieusement remué votre champ de gloire! Choisissez une retraite ombreuse, avec la fenêtre ouverte pour laisser entrer l'inspiration que vous avez été chercher sous tant de climats, avec la porte seulement entr'ouverte, pour que la foule de ceux qui vous admirent ne trouble pas votre convalescence! Des flots étrangers ont emporté au hasard les costumes, les esquisses, les toiles, les merveilles de votre atelier; mais d'autres flots vous en rapporteront encore. La maison est vide aujourd'hui, mais vous la remplirez quand vous voudrez, puisque vous y êtes toujours; le foyer est éteint, mais vous le rallumerez, avec tant d'éclairs que vous avez en vous. De vous, il ne reste que vous-même, mais c'est la gloire, une des plus belles du passé de l'art; mais c'est l'espérance, une des plus chères de son avenir!

HENRI DE LACRETELLE.

RECHERCHES PHOTOGRAPHIQUES.

ACTION DES VERRES JAUNES ET ROUGES SUR LE COLLODION.

Les verres qui ont servi à mes expériences sont: le verre jaune orangé, coloré dans sa masse, et le verre rouge peint, qui doit sa couleur à une couche très-mince d'émail au protoxyde de cuivre.

J'ai constaté de nouveau que la lumière diffuse qui a traversé le verre jaune orangé a très-peu d'action sur une couche de collodion sensibilisé. J'ai employé le collodion de Dubois, donnant une épreuve positive d'objets éclairés par le soleil, en dix secondes, avec ma plus petite ouverture, qui aurait exigé une minute avec une plaque d'argent préparée aux substances accélératrices, c'est-à-dire six fois plus vite.

Au lieu de masquer ma feuille de verre sensibilisée avec une planchette, j'ai mis par derrière une feuille de verre jaune, masquée elle-même à moitié par la planchette, puis je suis allé en plein air prendre une épreuve d'une vue dans l'ombre, qui a exigé trente secondes de pose: en somme, ma plaque, dans une de ses moitiés, avait reçu la lumière du jour à travers le verre jaune pendant cinquante secondes environ: après le passage au sulfate de fer, j'ai eu une épreuve positive très-pure dans toutes ses parties, sur laquelle il était impossible de distinguer la moindre inégalité; par conséquent, il demeure bien prouvé que la clarté du jour, arrivant directement à travers un verre jaune orangé, sur une plaque revêtue de collodion sensibilisé, n'y produit aucun effet appréciable, surtout si l'on prend des négatifs, car les épreuves positives sont plus exigeantes sous ce rapport. Cette expérience est aussi bien plus concluante que celle faite dans le laboratoire de M. Teissier, puisque cette fois j'avais une épreuve parfaite, indiquant une plaque sensible, tandis que l'absence de toute épreuve pouvait venir de l'insensibilité de la plaque.

J'avais débuté par divers essais tendant à continuer des épreuves, en observant une pose capable de donner une épreuve positive, puis, couvrant toute la plaque par un verre jaune masqué à demi par la planchette, et exposant le tout pendant trente secondes au soleil direct, j'espérais transformer l'image positive en image négative, pour la moitié exposée au soleil; mais j'ai toujours eu une image couverte d'un voile gris dans cette partie. Il me paraissait dès lors évident qu'on ne pouvait espérer de se servir du verre jaune comme agent continuateur, et que les rayons solaires qui ont traversé un verre jaune de cette nuance impressionnent avec le temps le collodion sensibilisé; c'est pourquoi j'ai fait une autre expérience pour mettre ce fait hors de doute.

Entre la plaque sensibilisée et le verre jaune j'ai placé un négatif sur albumine, puis j'ai tenu le tout immobile pendant trente secondes, exposé aux rayons directs du soleil; après le passage au sulfate de fer, j'ai eu une contre-épreuve très-pure du négatif, mais pâle et correspondant à la force d'un positif. Il suit de là qu'une seconde de la clarté du soleil serait (comme une minute de la lumière diffuse) d'un effet inappréciable; mais, avec le temps, le soleil produira une action proportionnelle à ce temps, et il en découle cette conséquence importante *qu'en interposant un verre jaune on pourra tirer des épreuves sur verre d'un négatif, si l'on fait durer l'exposition une ou deux minutes*. Sans le verre jaune l'opération serait presque impraticable, car il faudrait faire durer l'insolation moins peut-être qu'un vingtième de seconde. Pour ces reproductions sur verre on était obligé d'avoir recours à l'albumine; au moyen du verre jaune, on pourra désormais y substituer le collodion.

Obligé de renoncer au verre jaune comme continuateur, j'ai employé de la même manière le verre rouge.

J'ai commencé par essayer son action avec un négatif interposé: ce premier essai me donna une plaque grise sur toute sa surface. Ce singulier résultat m'étonna beaucoup; il est vrai que j'avais été obligé d'attendre longtemps la venue du soleil, et peut-être que ce retard avait été cause du voile général; c'est pourquoi j'ajoutai aussitôt quelques gouttes d'acide nitrique à mon bain d'argent et m'assurai, en faisant des épreuves positives, que les images venaient très-pures et presque aussi vite que précédemment.

Dans ces conditions, le soleil tombant pendant trente secondes sur le verre rouge avec négatif interposé, il ne s'est produit aucune trace d'épreuve; mais, après le passage au sulfate de fer, la plaque avait conservé sa teinte opaline jaune sur toute sa surface, preuve évidente que le verre rouge agit encore bien moins que le verre jaune sur le collodion sensibilisé.

Cela me fit espérer qu'il y aurait continuation : une épreuve positive, qui avait reçu l'insolation pendant trente secondes à travers un verre rouge, sur l'une de ses moitiés, montra en effet une différence tranchée d'une moitié à l'autre; la moitié continuée avait des parties plus foncées, mais elle n'était certainement pas si pure que l'autre moitié occupée par l'épreuve positive intacte.

Je ne puis cependant conclure dès aujourd'hui que le verre rouge n'est pas plus apte à continuer que le verre jaune, attendu que je n'ai pu me soustraire, pendant la préparation de mes plaques, à la lumière du jour: la disposition de mon local est telle que je ne puis éviter un demi-jour, que je sais par expérience ne pas nuire aux épreuves ordinaires; il se peut donc qu'il n'en soit plus ainsi pour la continuation au verre rouge: je ne manquerai pas d'examiner cette question.

Je me suis imaginé qu'il serait possible qu'une plaque pût subir une lumière intense dont l'effet serait détruit par son contact prolongé avec le nitrate d'argent, en supposant que le nitrate d'argent pourrait agir à la façon des substances accélératrices qui détruisent l'action antérieure de la lumière.

Pour m'en assurer, au moment où je mis une plaque couverte de collodion dans le bain d'argent, je fis tomber sur sa surface un rayon direct de soleil qui parut éblouissant; j'espérais même y trouver une cause de sensibilité. Après l'exposition à la chambre et le passage au sulfate de fer, mes espérances s'évanouirent, car toute ma plaque devint noire comme un charbon.

Pour la production des positifs sur verre par les rayons directs du soleil traversant un verre jaune, il y aura une disposition à suivre, sans laquelle on n'obtiendrait pas de netteté. La partie du ciel voisine du lieu du soleil est beaucoup plus lumineuse que le ciel bleu; les rayons qui en émanent, tombant obliquement, rendraient confuse l'image produite à distance par les rayons parallèles du soleil : à cause de leur intensité, ces rayons obliques ne peuvent pas être dédaignés, quand l'exposition doit durer plusieurs minutes; c'est pourquoi, pour se servir avantageusement des rayons directs du soleil, *il faudra les recevoir dans un endroit sombre, après leur réflexion sur une glace de belle qualité*. Cette disposition éliminera presque tous les rayons obliques, et le collodion se trouvera exposé, en dehors des rayons solaires, à la seule lumière ambiante d'une fenêtre au fond d'une chambre, qui est, comme nous l'avons vu, d'un effet inappréciable à travers un verre jaune.

Dans mon dernier article, en parlant de l'emploi du cyanure de potassium, j'avais laissé croire qu'il pouvait se décomposer au contact de l'air: j'ai reconnu depuis que le cyanure au millième, abandonné dans un flacon ouvert pendant un mois, ne perdait rien de sa force; il agit aussi bien que le jour même de sa préparation. Par conséquent, la décompostion de ce cyanure employé en masse ne vient que de l'acide resté sur les plaques après un lavage superficiel, au sortir du sulfate de fer. C'est un empêchement de moins à s'en servir en masse, et une raison de croire au succès de son emploi dans cette condition, si on lave préalablement les plaques à grande eau.

On a beaucoup exagéré l'action délétère du cyanure de potassium; je l'ai cru moi-même plus redoutable qu'il ne l'est réellement : le dernier renseignement qui m'est parvenu me semble prouver qu'il devient superflu de s'en défier dans son emploi en photographie. Une personne compétente m'a assuré qu'on l'*administrait à l'intérieur à la dose d'un demi-gramme sans inconvénient*. D'après cela, qui hésiterait à s'en laver les mains et à mettre sur le compte de l'alcali en excès les prétendues douleurs et coliques que bon nombre de photographes ont attribuées à l'emploi du cyanure lui-même?

M.-A. GAUDIN,
Calculateur du Bureau des Longitudes.

Toutes les demandes et réclamations relatives au service, toutes les lettres et communications relatives à la RÉDACTION, doivent être adressées (*affranchies*) à M. Ernest LACAN, rédacteur en chef, au bureau du journal. — *Toute lettre non affranchie sera rigoureusement refusée. Les demandes d'abonnement doivent être accompagnées d'un* bon sur la poste, à l'ordre du Gérant.

Le Propriétaire-Gérant, ALEXIS GAUDIN.

TYPOGRAPHIE HENNUYER, RUE DU BOULEVARD, 7, BATIGNOLLES.
Boulevard extérieur de Paris.

TROISIÈME ANNÉE. N° 19.

SAMEDI, 7 MAI 1853.

LA LUMIÈRE

REVUE DE LA PHOTOGRAPHIE.

BEAUX-ARTS. — HÉLIOGRAPHIE. — SCIENCES.

JOURNAL NON POLITIQUE, PARAISSANT LE SAMEDI.

Bureaux, rue de la Perle, 9, à Paris.

ABONNEMENTS.—*Paris*, UN AN, 16 FR.; 6 MOIS, 10 FR.; 3 MOIS, 6 FR.; *Départements*, UN AN, 18 FR.; 6 MOIS, 11 FR.; 3 MOIS, 7 FR.; *Etranger*, UN AN, 20 FR.; 6 MOIS, 12 FR.; 3 MOIS, 8 FR.

SOMMAIRE.

LES PEINTRES ILLUSTRES.

RAPHAEL.

Les historiens, généralement, ajoutent au nom de Raphaël une dénomination tirée de sa ville natale. Nous ne voyons pas la nécessité d'une précaution semblable, car il n'y a qu'un Raphaël au monde des beaux-arts modernes, de même qu'il n'y eut qu'un Apelles dans l'antiquité.

Raphaël naquit à Urbin en 1483. Son père, qui était un peintre fort médiocre, mais qui avait assez d'esprit pour se juger lui-même incapable d'un bon enseignement, fit entrer son fils dans l'atelier de Pierre Pérugin. L'élève ne fut pas longtemps à égaler le maître et à le surpasser même, tout en conservant le cachet d'une imitation telle, que des ouvrages qu'il fit à Sienne et à Pérouse ont passé pour être de Pérugin (1).

Sur le bruit que faisaient les cartons de Léonard de Vinci et de Michel-Ange, destinés au palais de Florence, Raphaël se rendit dans cette ville. L'admiration qu'il en éprouva fit qu'il changea entièrement la manière de peindre qu'il tenait de Pérugin. Il se lia d'amitié dans cette ville avec frère Barthélemy de Saint-Marc, et cette liaison fut profitable à l'un et à l'autre. Raphaël y trouva les règles certaines du coloris et Barthélemy celles de la perspective.

C'était à Rome que Raphaël devait rencontrer un théâtre digne de son noble talent. Le pape Jules II l'y prit en amitié et lui commanda des ouvrages dans le Vatican. Le premier qu'il exécuta fut l'*Ecole d'Athènes*, dont la riche composition étonne encore autant qu'elle ravit. Ce tableau éleva si haut la réputation de Raphaël que le pape fit détruire des peintures commencées par d'habiles artistes, pour donner un champ plus vaste au génie qui venait de se révéler.

Raphaël, quoique gracieux et habile dessinateur, n'avait point encore acquis alors cette grandeur et cette majesté qu'il donna depuis à ses figures. La chapelle que peignait Michel-Ange, et que l'architecte Bramante, parent de Raphaël, trouva moyen de lui faire voir secrètement, produisit en lui un nouveau changement. Il y puisa cette fierté et cette élévation qui font le principal caractère de Michel-Ange. On a dit, à cette occasion, que Raphaël avait fait de l'imitation; mais bien des artistes, depuis lors, ont vu les œuvres dont il s'agit et ne les ont pas imitées. Le génie n'imite pas, mais les germes qu'il recèle peuvent se développer au contact mystérieux des objets qui renferment de véritables révélations.

Raphaël était jaloux de la gloire; il finissait ses ouvrages avec un soin extrême, et n'épargnait rien pour leur assurer l'immortalité. Sa réputation s'étendit par toute l'Europe, et plusieurs souverains voulurent avoir de ses tableaux.

C'est au Vatican de Rome qu'il faut voir les principaux chefs-d'œuvre de Raphaël, dans les galeries vitrées, appelées loges; il les a tous exécutés de sa main, quelquefois aidé de ses élèves dont il conduisait le pinceau. Le génie de cet illustre artiste s'exaltait à la pensée de contribuer à l'embellissement d'un monument célèbre; il avait sans cesse à la pensée qu'il posait dans la capitale du monde chrétien. La correction de ses dessins fait assez voir qu'il étudiait avec un soin extrême les statues de l'antiquité, et il n'est pas difficile de retrouver dans les contours de ses figures le type grec vers lequel il était entraîné par les séductions de leur beauté.

Léon X, qui porta sur le siége pontifical les traditions artistiques de la maison des Médicis, honora beaucoup Raphaël; il l'avait attaché à son palais par le titre de chambellan. Il lui commanda les ornements de la salle dite de Constantin, qui est un des monuments les plus frappants par l'étendue comme par le caractère des peintures exécutées sur ses dessins.

Ne pouvant atteindre Michel-Ange dans l'élévation de son genre, il prit une manière nouvelle plus gracieuse et qui plaisait davantage. Il consultait la belle nature, en étudiant les charmes avec un goût tout particulier. Ses études au crayon font connaître qu'il corrigeait les défauts de la nature sur l'antique, et qu'il dessinait les figures nues avant de les couvrir de draperies, et les variait jusqu'à ce qu'elles convinssent à son sujet.

L'étude de l'anatomie contribua à donner à Raphaël cette correction qui le fait tant admirer. Les peintres qui sont venus après lui ont peut-être trop négligé cette ressource.

Pour peu qu'on observe les œuvres de Raphaël, on n'a pas de peine à se convaincre de l'élévation prodigieuse de son talent et de sa fécondité. Il traitait également l'histoire sainte, l'histoire profane, l'allégorie et la fable; son génie se prêtait à toutes les variétés de genre et de sujet. Un dessin très-correct, de l'élégance dans les figures, une grande naïveté d'expression, du naturel dans les attitudes, une manière grande sans être affectée, des grâces sans des airs de tête, tout cela joint ensemble avec simplicité fait assurément de Raphaël le plus grand peintre qui ait existé.

Tout différent de lui-même, et toujours en voie de progrès jusque dans ses derniers temps, il a marqué tous les pas que son génie faisait faire à l'art. Le tableau de la *Transfiguration*, que l'on voit encore au Vatican et qui passe pour son chef-d'œuvre, est la plus haute et la plus noble expression d'un talent inimitable; et, dans cette voie toujours ouverte et toujours ascendante, on doit le croire, Raphaël eût fini par acquérir ce qui lui manqua sans doute pour une perfection absolue, un coloris aussi parfait que celui de Titien et un pinceau aussi moelleux que celui de Corrège. Je ne conçois pas comment, lorsqu'il fréquentait des hommes instruits, tels, par exemple, qu'Arioste, Raphaël ait pu commettre des anachronismes historiques comme celui que j'observai la première fois que je vis son œuvre de la *Transfiguration*. C'étaient des anges jouant du violon!...

Raphaël était beau, bien fait, d'un caractère doux, poli et modeste. Il aimait naturellement à donner des conseils aux peintres et à les aider dans leur travail. Sa conversation aimable et ingénieuse le faisait rechercher et chérir de tout le monde. On a dit qu'il avait une passion violente pour les femmes; c'est exprimer d'une manière injuste et grossière l'amour entraînant qu'une belle maîtresse lui avait inspiré; une douce figure de jeune fille qui lui a servi de modèle pour ses vierges, et qu'il aimait comme on aime quand on est un grand génie et un grand artiste, et que la poésie coule dans le cœur comme dans l'esprit.

Elle aussi l'aimait trop, et l'excès d'une passion partagée au point de ne laisser ni à l'un ni à l'autre la réflexion, put contribuer à hâter la fin de ses jours dans un âge peu avancé. Mais, si nous n'avions pas pour la médecine et les médecins des égards tout particuliers, nous serions entraîné à croire que de fortes saignées qu'on lui fit dans une maladie qui participait du caractère nerveux firent plus de mal à Raphaël que l'amour et ses excès.

Raphaël mourut en 1520, à l'âge de trente-sept ans. Son corps fut exposé dans la même salle où il peignait, avec son tableau de la *Transfiguration*; son tombeau se voit à l'église de la Rotonde, à côté de celui d'Annibal Carrache. Jules Romain et François Penni, ses principaux élèves, furent ses héritiers.

Les dessins de Raphaël sont moins rares que ses tableaux. On sait qu'il dessinait presque continuellement pour fournir de l'occupation à ses nombreux élèves. Quoique plusieurs personnes se soient efforcées de le contrefaire, sa manière de conduire le crayon, la hardiesse de sa main et ses grâces découvriront toujours son originalité. Il se servait ordinairement de crayons rouges; il croisait ses hachures très-promptement, et les contours coulants de ses figures sont seuls capables de les faire reconnaître. Raphaël a aussi dessiné au bistre, à l'encre de Chine rehaussée de blanc; mais il employait ordinairement la plume avec beaucoup de légèreté, conduisant ses hachures de droite à gauche.

Il serait trop long de détailler tous les ouvrages dont Raphaël a enrichi les palais et les musées; il y en a par tout le monde. Les principaux sont à Rome: ce sont les seize morceaux peints à fresque dans les quatre chambres du Vatican; il y en a sept de sa propre main: *Saint Léon parlant à Attila, la Prison de saint Pierre, le Miracle de Bolsène, la Dispute du Saint-Sacrement, l'Ecole d'Athènes, le Mont-Parnasse* et *Grégoire IX donnant les décrétales*. Les cinq autres ont été peints sous sa conduite par différents disciples et retouchés par lui, ce sont: *l'Histoire d'Héliodore, l'Incendie du bourg Saint-Pierre, les Sarrasins chassés du port d'Ostie, la Justification de Léon III devant Charlemagne* et *le Couronnement de cet empereur*.

Les quatre morceaux de la salle de Constantin ont été peints après la mort de Raphaël, sur ses dessins, par Jules Romain qui a empreint son talent personnel dans ces œuvres et, en particulier, dans *la Bataille de Constantin* et *la Vision miraculeuse de ce prince*.

Il y a un charme inexprimable à voir revivre comme une apparition momentanée ces hommes qui semblent être des messagers du ciel à la terre. Mais une idée triste se mêle bien souvent à cette admiration passagère; c'est que rarement les génies privilégiés atteignent un âge proportionné à leur utilité: ils tombent le plus souvent au moment où ils semblaient devoir franchir quelque nouvelle barrière du côté de l'avenir. Cela est vrai des artistes, comme des poëtes, comme des savants et comme des hommes d'Etat.

FRANCISQUE BOUVET.

(1) Un membre de phrase, omis dans le dernier numéro, nous a fait dire que Raphaël était élève de Léonard de Vinci; c'est de Pérugin qu'il fallait dire.

ACADÉMIE DES SCIENCES.

Reproduction d'épreuves photographiques sur planches d'acier, procédés de M. H.-F. Talbot. — Photographie zoologique, MM. Bisson frères et Lemercier. — Marc-Antoine Raimondi, par M. Benjamin Delessert, 2e livraison. — Lithophotographie, par MM. Lerebours, Bareswil et Lemercier.

REPRODUCTION D'ÉPREUVES PHOTOGRAPHIQUES SUR PLANCHES D'ACIER.

Mémoire de M. H.-F. TALBOT, *lu par l'honorable* M. BIOT, *membre de l'Institut, dans la séance du 2 mai* 1853.

Après avoir mentionné les travaux des docteurs Donné, de Paris, Berres, de Vienne, de M. Fizeau, de Paris, et reproduit en partie les détails contenus dans sa lettre, datée de Lacock-Abbey, 4 avril (*voir le dernier numéro de la Lumière*), M. H.-F. Talbot ajoute :

« Les épreuves que j'ai l'honneur de soumettre aujourd'hui à l'Académie ont été produites par des plaques d'acier gravées d'après ma méthode ; je dois ajouter que la gravure est toute photographique, car je n'ai pas voulu les faire retoucher en aucune manière par le burin. Je prie l'Académie de vouloir bien excuser les imperfections qu'on remarque dans ces premiers essais d'une nouvelle méthode, qu'il sera facile d'améliorer par la suite. Je n'ai pas voulu en retarder la communication, retard qui m'aurait permis d'envoyer de meilleures épreuves, parce que celles-ci suffiront, du moins, pour donner une idée du procédé que j'ai suivi.

« Voici maintenant une description de la manière de faire des gravures : je prends la plaque d'acier que je veux graver et je commence par la plonger dans le vinaigre acidulé avec un peu d'acide sulfurique, sans cela la couche photographique ne tiendrait pas bien sur la surface trop unie de la plaque, mais s'en détacherait bientôt. La substance dont je me sers pour produire sur la surface de la plaque une couche impressionnable par la lumière, est un mélange de gélatine avec le bichromate de potasse ; ayant séché et légèrement chauffé la plaque, j'enduis toute sa surface d'une manière uniforme avec ce mélange de gélatine, ensuite je mets la plaque sur un support bien horizontal et je la chauffe doucement au moyen d'une lampe tenue dessous, jusqu'à ce qu'elle soit entièrement séchée, alors sa surface doit paraître d'une belle couleur jaune très-uniforme ; si l'on y remarque des espaces nuageux produits par une espèce de cristallisation microscopique, c'est un signe que la proportion de bichromate est trop forte, et on recommence l'opération en corrigeant cette erreur.

« Ayant ainsi obtenu une couche uniforme de gélatine sèche, on prend l'objet (que je supposerai d'abord être d'une forme aplatie, comme, par exemple, un morceau de dentelle ou la feuille d'une plante), on le met sur la plaque et on l'expose au grand soleil pendant une ou deux minutes; alors on retire la plaque, on ôte l'objet, et on examine l'image obtenue pour voir si elle est parfaite. Dans le cas où l'objet ne serait pas de nature à être placé directement sur la plaque, il faudrait en prendre d'abord une image négative par les moyens photographiques ordinaires, pour tirer de là une image positive sur papier ou sur verre, puis on mettrait cette dernière sur la plaque d'acier pour *l'impression au soleil*.

« Je suppose donc que l'on vienne d'obtenir ainsi une image correcte de l'objet, elle sera d'une couleur jaune sur un fond brun, puisque l'effet des rayons solaires est de rembrunir la couche de gélatine; on prend alors la plaque impressionnée, que l'on plonge dans une cuvette d'eau froide pendant une ou deux minutes ; on voit aussitôt que l'eau blanchit l'image; il faut alors la retirer de l'eau et la mettre pendant quelques instants dans l'alcool. Après avoir sorti la plaque de ce bain, on la laisse sécher spontanément à une chaleur modérée ; l'image photographique est dès lors terminée. Cette image est blanche et se dessine sur un fond d'un brun jaunâtre; elle est souvent d'une beauté remarquable, ce qui vient surtout de ce qu'elle paraît ressortir un peu de la surface de la plaque; par exemple, l'image d'une dentelle noire a l'apparence d'une véritable dentelle blanche collée sur la surface de la plaque, qui est d'une couleur bleuâtre.

« La blancheur de l'image vient de ce que l'eau a dissous tout le sel de chrôme et aussi une grande partie de la gélatine; c'est pendant cette solution que l'eau a soulevé les parties sur lesquelles elle agissait, effet qui persiste encore, même après que ces parties ont été séchées; de sorte que l'image n'est pas au niveau général de la surface, ce qui produit l'aspect agréable dont j'ai parlé.

« Il s'agit maintenant de trouver un liquide qui puisse graver l'image que l'on vient d'obtenir.

« D'après l'observation que nous venons de faire, c'est-à-dire que l'eau peut agir sur les images photographiques produites sur la gélatine, en enlevant une grande partie du chrôme en même temps qu'une grande partie de la gélatine elle-même, on entrevoit bien la possibilité d'une pareille gravure; car, en versant sur la plaque un liquide corrosif, il doit, d'abord, pénétrer par là même où il éprouve le moins de résistance, c'est-à-dire aux endroits où l'épaisseur de la couche de gélatine a été réduite par l'action dissolvante de l'eau : c'est aussi ce qui a lieu. Dans les premiers instants, si l'on verse sur la plaque un peu d'acide nitrique mêlé d'eau, aussitôt après l'acide pénètre dans toute la couche de gélatine et détruit le résultat en attaquant toutes les parties de la plaque.

« Les autres liquides qui ont la propriété de graver l'acier ont, pour la plupart, une certaine analogie avec l'acide nitrique, à cause de leur pouvoir corrosif; lorsqu'on les essaye, on trouve que leur effet est assez semblable à celui de cet acide et on renonce à les employer.

« Il faut donc, pour réussir dans l'expérience dont je parle, trouver un liquide qui, n'exerçant aucune action chimique sur la gélatine, soit assez corrosif pour graver la plaque d'acier et n'ait en outre qu'un faible pouvoir pénétrant (mordant).

« J'ai été assez heureux pour trouver un liquide qui remplit ces conditions, c'est le bichlorure de platine; néanmoins, pour qu'il réussisse bien, il faut y joindre une proportion d'eau assez exactement mesurée. Le meilleur moyen à employer, c'est de faire d'abord une solution bien saturée de bichlorure, d'y ajouter ensuite une quantité d'eau égale au quart de son volume, puis de tenter quelques expériences d'essai, afin de modifier les proportions du mélange jusqu'à ce que l'on soit parvenu au degré qui assure une parfaite réussite.

« En admettant que ce mélange du bichlorure avec l'eau soit bien préparé, voici comment on parvient enfin à graver l'image photographique obtenue précédemment sur la plaque d'acier : on met la plaque sur une table horizontale, et sans qu'il soit nécessaire de l'entourer de cire comme cela se pratique ordinairement, et on n'y verse qu'une petite quantité du liquide; ce liquide étant très-opaque, une trop forte dose empêcherait de distinguer l'effet qu'il produit sur la plaque.

« La solution de platine ne donne lieu à aucun dégagement de gaz sur la plaque; mais au bout d'une minute ou deux, on voit l'image blanche photographique se noircir, ce qui indique que la solution a commencé à attaquer l'acier. Après une ou deux autres minutes encore, on incline la plaque pour faire couler, et recueillir dans une bouteille le superflu de la solution. Ensuite, on sèche la plaque avec du papier brouillard, puis on la lave avec de l'eau contenant beaucoup de sel marin. Après cela, si l'on frotte la plaque un peu fortement avec une éponge humide, on parvient en peu de temps à détacher d'abord, puis à enlever la couche de gélatine qui la couvrait, et alors on peut voir la gravure que l'on a obtenue.

« Les expériences nombreuses que j'ai tentées, en substituant la gomme ou l'albumine à la gélatine, ou en les mêlant ensemble dans diverses proportions, m'ont conduit à cette conclusion : que la gélatine employée seule est ce qui réussit le mieux.

« On peut modifier de diverses manières le procédé que je viens de décrire, et changer ainsi l'effet de la gravure qui en résulte; une des plus importantes de ces modifications consiste à prendre une plaque d'acier portant une couche de gélatine sensible à la lumière, et à la couvrir d'abord d'un voile de crêpe ou de gaze noire, puis à l'exposer au grand soleil. En retirant la plaque après l'exposition, on la trouve empreinte d'un grand nombre de lignes produites par le crêpe; alors on substitue au crêpe un objet quelconque, par exemple, une feuille opaque d'une plante, et on expose de nouveau la plaque au soleil pendant quelques minutes.

« Lorsqu'on la retire pour la deuxième fois, on voit que le soleil a rembruni sur la plaque toute la surface extérieure de la feuille, en détruisant tout à fait les lignes produites par le crêpe, mais que ces lignes subsistent toujours sur l'image de la feuille qui les a protégées.

« Si l'on continue alors à graver la plaque par les moyens que j'ai indiqués, on parvient facilement à une gravure qui représente une feuille couverte de lignes intérieures. Ces lignes se terminent au bord de la feuille et manquent absolument sur tout le reste de la plaque. Lorsqu'on a tiré une épreuve de cette gravure, si l'on se place à une certaine distance, elle offre l'aspect d'une feuille uniformément ombrée. Or, il est facile de comprendre qu'en exposant, à la place d'un crêpe ordinaire, un tissu beaucoup plus fin, d'une fabrication extrêmement délicate, dont on superposerait cinq ou six fois l'image photographique sur la plaque, on obtiendrait un réseau de lignes entre-croisées, si fines et si nombreuses qu'elles produiraient sur la gravure l'effet d'une ombre uniforme, quoiqu'en les regardant même d'assez près. Je crois qu'il y aurait de l'avantage à se servir de cette méthode, parce que les lignes délicates et serrées, gravées sur l'acier, retiennent l'encre bien plus facilement. »

Lorsque cette lecture a été terminée, M. Arago, cédant à un généreux sentiment de justice, a pris la parole et a fait valoir les titres bien antérieurs qu'ont à la découverte des procédés annoncés par M. Talbot, Nicephore Niépce et son neveu, M. Niépce de Saint-Victor.

Par une réserve qu'il est facile de comprendre, nous n'avions pas dû nommer l'illustre membre de l'Académie auquel M. Niépce avait depuis longtemps confié son secret; mais M. Chevreul, qui prête toujours un si bienveillant appui au véritable mérite, a bien voulu se faire connaître, et, appréciant comme son célèbre confrère, M. Arago, l'opportunité de la réclamation de MM. Niépce et Lemaître, a témoigné à M. le secrétaire perpétuel le désir que la note insérée dans *la Lumière* du 30 avril fût lue séance tenante; ce qui ayant eu lieu immédiatement, a assuré aux habiles inventeurs la priorité de leur découverte et leur permettra de recueillir bientôt le fruit de leurs longues et laborieuses recherches.

NOUVELLES PUBLICATIONS PHOTOGRAPHIQUES.

Si nous sommes heureux de pouvoir, en assistant aux séances hebdomadaires de l'Académie, entendre les maîtres célèbres traiter les questions les plus délicates des diverses branches de la science, combien, à plus forte raison, doit être grande notre satisfaction, notre reconnaissance même, lorsque nous voyons, comme cela a eu lieu dans la séance de ce jour, la docte assemblée s'occuper, avec le plus vif intérêt et presque exclusivement, de notre art de prédilection, des progrès de la photographie!

Déjà, dans la dernière séance, M. le président de Jussieu avait mis sous les yeux de l'Académie la première livraison d'une *photographie zoologique*, ou représentation des animaux rares des collections du Muséum d'histoire naturelle, spécimen dédié à MM. les administrateurs par MM. L. Rousseau et A. Devéria. Les huit planches qui composent cette livraison, très-bien réussies par les procédés photographiques de MM. Besson frères et Lemercier, représentent des *mollusques gastéropodes* et *acéphales*, des *zoophytes* classe des polypes, des *insectes* ordre des coléoptères, des *crustacés*, des *mammifères* édentés, des *reptiles* famille des varaniens, des *mollusques gastéropodes* genre triton, des *céphalopodes* fossiles et vivants

Cette première livraison, annoncée dans le numéro de *la Lumière* du 19 mars dernier, se trouve ainsi complétée et mettra MM. les administrateurs du Muséum à même d'appliquer les procédés photographiques à la reproduction des précieuses et uniques collections de ce vaste établissement.

Aujourd'hui, le vénérable M. Biot, qui prenait pour la première fois la parole depuis qu'il a atteint sa cinquantaine académique (M. Biot a été élu membre de l'Institut le 11 avril 1803, et sa nomination a été confirmée le 15 du même mois (1), a été l'interprète de M. H. Fox Talbot;

(1) Lorsque M. le président eut annoncé que la séance se trouvait être le jour de l'anniversaire qui intéressait si vivement l'Académie, M. le baron Thénard, élu en 1810, qui est aussi un des doyens, ajouta : « Je n'ai qu'une observation à faire; c'est qu'il est heureux pour les sciences que notre honorable confrère soit membre de l'Académie depuis cinquante ans. »

après avoir déposé sur le bureau quelques spécimens de gravures sur planche d'acier, qu'il nous a été impossible de voir, il a lu un long mémoire, qui lui était adressé par le savant anglais; nous en donnons plus haut une analyse aussi exacte que nous l'a permis le texte, traduit en français par l'auteur même.

Ensuite, l'honorable M. Pouillet a présenté la deuxième livraison de la magnifique reproduction des gravures de Marc-Antoine Raimondi, par *M. Benjamin Delessert*; les douze planches qui la composent sont restées longtemps entre les mains des membres de l'Académie, qui ne cessaient d'admirer ce beau travail.

Enfin, quatre épreuves de lithophotographie, obtenues par les procédés de MM. Lerebours, Bareswil et Lemercier, et déposées par M. Milne-Edwards, ont fixé l'attention des illustres savants et mérité leur bienveillante approbation.

—

MARC-ANTOINE RAIMONDI,

PAR M. BENJAMIN DELESSERT.

2e *livraison* (1).

On se rappelle la vive sensation que produisit dans le monde artistique et savant l'annonce faite dans la séance du 31 janvier dernier, par un membre de l'Académie, de la première livraison *d'une collection* où se trouveraient reproduites *par la photographie* les principales œuvres des maîtres de la gravure, et du brillant accueil que reçut l'œuvre si remarquable de *M. Benjamin Delessert*.

Le savant auteur de cette publication, animé du désir d'être utile, non-seulement aux amateurs, mais encore aux peintres et dessinateurs de tous genres, se proposait d'abord de provoquer les progrès de la photographie, ensuite, de mettre à la portée du public et des artistes les moins aisés des reproductions fidèles de tous les chefs-d'œuvre des anciens maîtres.

« Possédant une grande fortune et un nom que la reconnaissance publique a ennobli, M. Benjamin Delessert a un culte pour tout ce qui touche aux arts, et une bienveillance inépuisable pour les artistes. Sa demeure est un musée; partout l'œil s'y arrête sur une œuvre de génie, sur le nom d'un grand maître. Il a vu dans la photographie l'auxiliaire, le complément des autres arts dont elle reproduit les admirables chefs-d'œuvre, pouvant ainsi les multiplier à l'infini, sans leur rien prendre, et il s'est fait photographe. Sachant mieux que personne tout ce qu'il y a d'enseignements dans les œuvres que les artistes d'un autre temps nous ont laissées, il s'est donné la tâche difficile de les reproduire pour les répandre, se faisant ainsi le collaborateur des plus grands noms et des plus beaux génies (2). »

Cependant il arrive souvent que lorsqu'on jouit de ces avantages immenses, on néglige volontiers les travaux entrepris, qu'on ne se livre que mollement à la rude tâche de vaincre les difficultés qui se présentent. La promptitude avec laquelle l'éminent artiste a fait suivre cette deuxième livraison à la première, les progrès sensibles qu'il a obtenus, la perfection des quatorze nouvelles épreuves photographiques, le choix qu'il a fait des précieuses gravures de Marc-Antoine, presque toutes puisées dans son riche musée, tout prouve que, loin de ralentir son zèle, M. Benjamin Delessert s'empresse avec une généreuse et rare persévérance d'atteindre au but qu'il s'était proposé.

Quoiqu'il y ait dans cette livraison quatorze photographies au lieu de douze et qu'elles soient beaucoup plus grandes que celles de la première et d'une parfaite exécution, cependant M. Benjamin Delessert a maintenu au prix de 20 fr. cette livraison, c'est-à-dire à moins de 1 fr. 25 chaque gravure.

Voici les titres des planches d'après la notice (Nos de Bartsch) :

3. *Dieu ordonnant à Noé de bâtir l'arche.*

D'après une composition de Raphaël.

344. *Cupidon et les trois Grâces.*

D'après une composition de Raphaël.

382. *La Poésie.*

D'après Raphaël, qui a peint à fresque cette belle composition au Vatican.

320. *L'Amour et les trois Enfants.*

(1) Chez Goupil et Ce.

(2) *La Lumière*, 26 février 1852, no 16.

Cette estampe, qui porte la date 18 septembre 1507, est de la première manière de Marc-Antoine, lorsqu'il travaillait à Bologne sous le Francia; probablement la composition est de ce maître.

337. *Pallas.*

Gravée probablement d'après un dessin de Jules Romain.

342. *Jupiter embrassant l'Amour.*

343. *Mercure descendant du ciel.*

404. *Les trois Docteurs.*

355. *Amadée.*

Les dessins de ces deux compositions sont attribués à Marc-Antoine lui-même.

375. *La Force.*

459. *Le Cardinal.*

On ignore les auteurs de ces deux dessins.

417. *La Peste.*

D'après l'inscription qu'on lit sur cette pièce, Raphaël est l'auteur du dessin qui a servi à Marc-Antoine pour cette belle estampe.

25. *J.-C. à table chez Simon le pharisien.*

Gravée d'après Raphaël.

45. *Notre-Dame à l'escalier.*

Gravée d'après Raphaël.

Les trois premières, nos 3 à 382, sont d'une teinte jaune très-claire; celles nos 320 à 417 sont d'une teinte bleue très-délicate, et les deux dernières grandes estampes nos 25 à 45, qui ont 35 centimètres sur 21 centimètres 5 millimètres, sont de la nuance gris clair qui distingue les gravures anciennes. M. Benjamin Delessert, qui est parvenu à améliorer ce genre de reproductions déjà très-remarquables, a dû se servir pour cette livraison de négatifs obtenus par les divers procédés en usage les uns sur papier, les autres sur verre albuminé, d'autres sur verre collodionné. L'habile photographe, quoiqu'il soit très-disposé à donner la préférence aux clichés sur papier, a voulu, par ce moyen, mettre le public à même de juger ce qu'il y a de mieux.

A.-T. L.

Nous recevons trop tard pour l'insérer une nouvelle note de notre correspondant de Londres, concernant les travaux de M. Talbot, les brevets d'invention qu'il s'est empressé de prendre à Londres, à Paris, etc., et aussi l'avis qu'une exposition très-intéressante des œuvres *des meilleurs photographes anglais et français* vient de s'ouvrir à Londres.

RECHERCHES PHOTOGRAPHIQUES.

—

PRODUCTION DES ÉPREUVES POSITIVES SUR VERRE, A LA LUMIÈRE, SOLAIRE, AVEC OU SANS VERRE JAUNE; EMPLOI DU COLLODION VINGT-QUATRE HEURES APRÈS SA POSE SUR LES GLACES.

Le collodion ne peut pas servir de la même manière que l'albumine pour produire des épreuves positives sur verre, soit de portraits destinés au coloriage, soit d'images stéréoscopiques. L'albumine, qui s'emploie à sec, permet de placer le négatif au contact, et, dans ce cas, la lumière diffuse est tout aussi bonne que la clarté du soleil. Avec le collodion, c'est tout autre chose; on n'a pas encore trouvé le moyen de l'employer à l'état sec, ni de lui donner, à cet état, une solidité suffisante. Je prévois le moment où cela pourra se faire; mais, quant à présent, on ne peut s'en servir qu'à l'état frais, et, par suite, rien ne peut être mis en contact avec lui sans le gâter. Par conséquent le négatif doit être tenu à distance, ce qui exige évidemment l'emploi de la lumière parallèle pour la production des épreuves positives.

En fait de lumière parallèle, la plus intense et la plus parfaite est celle du soleil quand le ciel est pur; je craignais même que son intensité ne fût trop grande pour permettre d'opérer à découvert, mais comme il existe une foule de moyens de diminuer la sensibilité du collodion, ce procédé devient praticable, sans employer aucun stratagème pour limiter l'action des rayons solaires à une très petite fraction de seconde.

1° On diminue la sensibilité du collodion en le laissant devenir presque sec sur la feuille de verre avant de la passer au bain d'argent, précaution qui met en même temps obstacle à la formation des mouchetures.

2° On diminue la sensibilité en ajoutant un acide au bain d'argent; l'acide nitrique est le meilleur par son énergie retardatrice, et l'avantage qu'il présente de ne jamais former de combinaison insoluble; quelques gouttes par 100 grammes de liquide suffisent amplement pour produire l'effet désiré. L'acide acétique n'agit pas toujours dans le même sens, et détermine souvent une formation d'acétate d'argent en aiguilles soyeuses, que la filtration seule peut éliminer.

3° On diminue encore la sensibilité en laissant écouler un certain temps entre la sortie de la plaque du bain d'argent et son exposition à la lumière.

En prenant toutes ces précautions, j'ai pu obtenir une épreuve positive avec les rayons solaires réfléchis en un quart de seconde; cette épreuve, développée avec le sulfate de fer, s'est trouvée très-noire, et son intensité eût été encore bien plus grande par l'emploi de l'acide pyrogallique.

Les épreuves positives sur verre, que j'avais obtenues auparavant en interposant un verre jaune orangé après deux minutes de pose, étaient bien moins noires. J'estime qu'il faudrait cinq minutes avec le verre jaune pour produire une épreuve aussi intense que celle produite en un quart de seconde du soleil direct; ce qui montre que la lumière solaire directe est environ mille à douze cents fois plus active que quand elle a passé à travers un verre jaune orangé. Il ne me paraît pas douteux qu'il ne se trouve une disproportion encore plus grande pour la lumière diffuse qui est peut-être rendue quatre ou cinq cents fois moins active par l'interposition du verre jaune.

Pour cet objet, l'emploi du verre jaune me paraît donc superflu, d'autant plus que dans l'espace de plusieurs minutes la direction des rayons change sensiblement; c'est au point que le faisceau lumineux se déplace à vue d'œil et nécessite un très-grand miroir réfléchissant pour ne pas dégarnir la plaque dans le cours de son déplacement. A la première vue, les épreuves paraissent encore très-nettes; mais il est certain qu'elles ne doivent pas être aussi nettes qu'avec le soleil direct, même en faisant abstraction de la non-planimétrie du verre jaune et des empreintes qui peuvent se trouver sur ses deux surfaces.

La faculté que l'on a, avec les rayons solaires, de pouvoir observer une certaine distance entre la surface du négatif et celle du collodion sensibilisé, permet de porter cette distance à quelques millimètres, surtout en supprimant le verre jaune; par conséquent on peut aussi bien faire arriver les rayons solaires sur le collodion, par derrière que par devant. Cette faculté est importante en ce qu'elle permet de ne pas placer la surface du négatif du même côté que le collodion, toujours couvert de nitrate d'argent; dans cette position, ce nitrate d'argent peut couler sur le négatif et y produire des taches rouges ineffaçables : on a ainsi le choix de plusieurs positions respectives, suivant que l'on veut obtenir sur le collodion une épreuve redressée ou inverse.

Dans le cours de ces essais, j'ai été amené à constater un fait très-important : j'avais toujours pensé qu'une plaque revêtue de collodion pourrait servir plusieurs heures, et même plusieurs jours après sa sensibilisation, pourvu qu'on mît obstacle à la dessiccation du nitrate d'argent. Quand on laisse sécher une plaque, le nitrate d'argent cristallise sous forme de bouquets ou écailles largement espacés, d'une forme très-singulière, en même temps que l'iodure d'argent contenu dans le collodion est décomposé au point qu'il ne se forme plus d'image sous l'influence de la lumière. On a déjà indiqué dans *la Lumière* un procédé qui devait conserver indéfiniment la nappe de nitrate d'argent à la surface du collodion; cela avait lieu par l'application d'une seconde glace, par imitation du procédé primitif de M. Blanquart-Evrard pour les papiers négatifs. En dépit des assertions contraires de l'auteur, ce procédé me semblait impraticable pour la plupart des collodions, qui sont déchirés ou déflorés par le contact le plus léger d'un corps solide.

J'avais donc formé le projet d'étudier l'influence du temps sur une glace sensibilisée, quand l'occasion de faire cet essai s'est présentée à moi fortuitement.

Ayant sensibilisé une plaque sur laquelle je plaçai le négatif, puis un verre jaune orangé, avec interposition de bandes de papier rose à filtrer le plus épais, et obligé que j'étais de sortir pour avoir le soleil et le réfléchir dans un fond obscur, j'avais enveloppé ces trois feuilles de verre avec le support en verre rouge de la glace au collodion, dans un linge en plusieurs doubles; mais le soleil se couvrit de nuages et me força de renoncer à cet essai pour ce jour-là. Je songeai donc à achever mon expérience le lendemain, dans le cas où le collodion me paraîtrait intact. Ainsi enveloppée, la couche de collodion ne devait pas sécher, surtout dans mon laboratoire au rez-de-chaussée, qui est très-humide. Je laissai donc le tout *à plat* jusqu'au lendemain à la même heure. Pour être plus exact, vingt-deux heures après je me mis en devoir de compléter mon essai.

Ma première pensée fut d'examiner la couche de collodion : elle me parut très-pure ; sondée avec le doigt, elle se trouva encore molle, mais sans nappe de liquide à sa surface, le papier buvard épais y ayant mis obstacle. Je n'eus aucun doute d'obtenir une épreuve visible ; en effet, après trois minutes du soleil avec verre jaune et le passage au sulfate de fer, j'eus une épreuve comme à l'ordinaire, moins marquée, mais très-nette, qui m'a fait conclure que le collodion sensibilisé peut être employé bien des heures après sa préparation, sans autre désavantage qu'un affaiblissement de sensibilité, pourvu qu'on tienne les plaques dans un milieu fermé, se saturant nécessairement d'humidité au point de maintenir la couche sensible dans un état de moiteur permanent. Après vingt-deux heures, la plaque en question m'a paru, d'après son épreuve, environ trois fois moins sensible qu'une plaque récemment préparée.

D'après cela, quand il s'agira d'opérer au loin, il suffira de disposer une série de glaces sensibilisées dans une boîte à glace, les unes au-dessus des autres; et dans une position horizontale plutôt que verticale, pendant le transport surtout, pour éviter autant que possible l'amincissement de la nappe liquide; en ayant soin, bien entendu, d'adapter à la boîte une fermeture bien juste, pour obvier, autant que possible, à l'évaporation. Avec des châssis bien joints et bien justes quant au jeu de la planchette, et une position à plat bien observée, on a toute chance de réussir, en plaçant d'avance chaque glace dans son châssis.

Très-prochainement j'espère pouvoir donner les moyens d'opérer sur collodion sec au moyen d'un sous-nitrate d'argent incristallisable et de l'emploi du lactate d'argent combiné à l'albumine. Ce dernier procédé, imaginé, comme on sait, par M. Comes de Casio, me semble avoir une grande portée, si j'en augure par les épreuves que m'a montrées son auteur avant son départ pour le Mexique. J'ai mis à l'étude de ces préparations un chimiste très-habile, qui me fera gagner du temps.

M.-A. GAUDIN,
Calculateur du Bureau des Longitudes.

CYANURE DE POTASSIUM.

MM. M.-A. Gaudin et A. Martin recommandent tout particulièrement l'emploi du cyanure de potassium pur : nous sommes heureux de pouvoir mettre sous les yeux de nos lecteurs, d'après M. Meunier, du journal *la Presse*, un extrait du mémoire présenté par MM. Fordos et Gélis à la Société d'encouragement. Le cyanure de potassium est une substance qui rend de très-grands services à la dorure chimique, à la daguerréotypie et à la thérapeutique. Il a malheureusement plusieurs défauts : d'abord celui de n'être jamais pur, — le cyanure du commerce ne renferme que 50 à 60 pour 100 de cyanure réel ; — un second défaut, plus grave encore, est d'être altérable à l'air.

Négliger d'analyser ce produit avant de l'employer, c'est donc s'exposer à des mécomptes toujours graves. S'agit-il d'une opération industrielle? la constance du succès dépendra de la connaissance exacte du titre du cyanure ; s'agit-il de thérapeutique? la vie et la mort peuvent dépendre des notions plus ou moins exactes sur la constitution de cette substance.

On comprend dès lors combien il serait avantageux de pouvoir analyser rapidement et exactement le cyanure au moment où on l'achète, et ensuite avant de l'employer lorsqu'on l'a acheté depuis longtemps.

On demandait donc aux chimistes de doter l'industrie d'un procédé simple et pratique qui fût entre les mains du doreur et du photographe ce que le saccharimètre est entre les mains du fabricant de sucre, et l'alcalimètre entre celles du savonnier et du fabricant de verre.

Deux chimistes, connus depuis longtemps par d'utiles travaux, à qui l'on doit notamment la découverte de plusieurs acides du soufre, et celle du composé aurifère si précieux en daguerréotypie, où il est connu sous le nom de *sel des photographes*, MM. Fordos et Gélis, ont entendu cet appel, et ils y ont répondu.

Ils ont fait plus, ils ont étudié les circonstances de la préparation du cyanure de potassium, et trouvé le moyen d'obtenir ce composé à l'état pur.

Le procédé analytique de ces chimistes est fondé sur l'action décomposante que l'iode exerce sur le cyanure ; les produits de la décomposition consistent en iodure de potassium et iodure de cyanogène.

Si l'on verse une dissolution d'iode dans une dissolution de cyanure de potassium, l'iode est absorbé et la liqueur reste incolore tant que le point de saturation n'est pas atteint. Mais pour peu qu'on dépasse ce point, le liquide prend la couleur jaune propre à l'iode en dissolution étendue.

Ce caractère constitue le point d'arrêt du procédé auquel MM. Fordos et Gélis appliquent la méthode des volumes. Les praticiens savent combien cette méthode est expéditive. Il suffit ici de deux lectures sur la burette alcalimétrique et d'une simple proportion pour connaître le titre cyanométrique du sel.

MM. Fordos et Gélis prévoient, dans leur Mémoire, le cas des impuretés qui peuvent se rencontrer dans le cyanure de potassium et des altérations dont cette matière est susceptible; ils indiquent les moyens à employer pour éliminer, dans l'analyse, ces fâcheuses influences. Leurs procédés ont été contrôlés dans tous leurs détails par le comité des arts chimiques de la Société d'encouragement, qui a voté l'insertion du mémoire de MM. Fordos et Gélis dans son bulletin mensuel.

DES SIGNAUX SUR LES CHEMINS DE FER.

Dans un précédent article, nous avons cherché à montrer le danger des signaux *rouges* et *verts* pour les chemins de fer. Ces deux couleurs, qui indiquent un danger ou des précautions à prendre, sont souvent pris pour le *blanc*, signe d'entière sûreté ; nous avons cité plusieurs accidents qui avaient été causés par la confusion de ces couleurs pour l'œil du chef de train, et nous avons demandé des améliorations dans le système des signaux.

M. George Wilson nous écrit sur ce sujet. Nous allons donner à nos lecteurs quelques extraits de sa lettre :

« Il est bien prouvé que certaines personnes ne peuvent distinguer la différence d'une nuance de couleur avec une autre. Dalton a écrit plusieurs ouvrages là-dessus. D'autres écrivains, sous le titre de *Daltonisme chromatopseudopsis*, ont aussi émis cette opinion, entre autres le professeur Wartmann, dans ses « *Mémoires scientifiques* » (Vol. IV, 1846).

« Mon but est de constater trois points importants sur cette impossibilité de distinguer les nuances des couleurs :

« 1° Cette affection est beaucoup moins rare qu'on ne le croit généralement ;

« 2° Le rouge et le vert, qui servent de signaux de danger dans les chemins de fer, sont précisément les deux couleurs dont les nuances se confondent le plus entre elles ;

« 3° Cette affection non-seulement empêche de distinguer les couleurs, mais donne une appréciation imparfaite de la disposition naturelle des objets.

« Il est assez difficile d'établir la statistique exacte des personnes affligées de la *chromatopseudopsis*. Prevot nous donne le chiffre de un sur vingt ; Seebeck, cinq sur quarante. J'ai moi-même remarqué des cas assez fréquents dans ma classe de chimie. Le professeur Allen Thomson, de l'Université de Glasgow, blâme avec beaucoup de raison, dans ses ouvrages, les signaux de couleurs pour les chemins de fer.

« Le professeur Kelland, de l'Université d'Edimbourg, a reconnu que le chiffre de un sur trente-huit était la proportion la plus exacte des cas de *chromatopseudopsis* chez les étudiants écossais.

« Un fait assez remarquable m'a été signalé. Cette affection atteint souvent les personnes qui doivent, par état, savoir distinguer toutes les nuances des couleurs. L'on m'a cité, entre autres, quatre peintres bien connus, trois chirurgiens, deux papetiers, deux teinturiers, un fabricant de châles, un drapier et un émailleur. D'après les chiffres déjà établis, il est probable que quelques employés des chemins de fer peuvent être atteints de cette maladie qui peut, dans ce cas, être la cause d'accidents bien graves.

« Il arrive souvent que la *chromatopseudopsis* empêche de distinguer les couleurs ou en change la nature. Les professeurs Wartmann et Kelland ont reconnu que certaines personnes ne pouvaient distinguer le vert du rouge, et que d'autres prenaient l'un pour l'autre ; ils nous citent l'exemple d'une personne qui, chargée par une dame de lui acheter une robe verte, lui en apporta une rouge, croyant avoir bien rempli sa commission.

« Quelques jardiniers ne peuvent distinguer quand un fruit est mûr, autrement que par le toucher. J'ai vu des papetiers offrir de la cire blanche quand on leur demandait de la rouge, et un autre ne pouvoir distinguer un papier rouge d'un autre vert pâle, ce qui amenait beaucoup d'erreurs dans les commandes dont il était chargé.

« Nous croyons qu'il serait urgent de changer la couleur des signaux des chemins de fer. Ce serait déjà une amélioration; car, nous le répétons, les couleurs rouge et verte sont celles qui présentent le plus de dangers. Nous espérons aussi que les directeurs des chemins de fer s'occuperont de ce sujet, et chercheront par tous les moyens possibles à remédier aux inconvénients que nous venons de signaler. » (*Moniteur universel.*)

En évaluant le yard cube d'or à 2 millions de livres sterling, ce qui est, en chiffre rond, sa valeur réelle, tout l'or du monde, s'il était fondu en lingots, pourrait être contenu dans une cave de vingt-quatre pieds carrés et de seize pieds de hauteur; toutes les richesses déjà recueillies de la Californie et de l'Australie tiendraient dans un coffre-fort en fer de neuf pieds carrés et de neuf pieds de haut, tant est petit le cube du métal jaune qui a mis en mouvement les populations et causé la stupéfaction du monde. (*New-Quaterley-Review.*)

Errata du dernier numéro. — Premier mot de la quatrième ligne qui suit la seconde communication de M. Talbot, au lieu d'*imitées*, lisez : « auxquelles il a *invité*, » et, trois lignes plus bas, au lieu de « *et* le compte-rendu, » lisez, « le compte-rendu. »

Plusieurs de nos abonnés nous ont parlé avec éloges des travaux photographiques de différents artistes de la province, et nous ont demandé d'en rendre compte. Nous le ferions avec bonheur, si ces artistes voulaient bien nous envoyer quelques-uns de leurs spécimens. On comprend qu'il nous est impossible de parler d'épreuves que nous n'avons pas vues, quel que soit notre désir d'être justes envers tous.

Toutes les demandes et réclamations relatives au service, toutes les lettres et communications relatives à la RÉDACTION, doivent être adressées (*affranchies*) à M. Ernest LACAN, rédacteur en chef, au bureau du journal. — *Toute lettre non affranchie sera rigoureusement refusée. Les demandes d'abonnement doivent être accompagnées d'un* bon sur la poste, à l'ordre du Gérant.

Le Propriétaire-Gérant, ALEXIS GAUDIN.

TYPOGRAPHIE HENNUYER, RUE DU BOULEVARD, 7. BATIGNOLLES.
Boulevard extérieur de Paris.

TROISIÈME ANNÉE. N° 20. SAMEDI, 14 MAI 1853.

LA LUMIÈRE

REVUE DE LA PHOTOGRAPHIE.

BEAUX-ARTS. — HÉLIOGRAPHIE. — SCIENCES.

JOURNAL NON POLITIQUE, PARAISSANT LE SAMEDI.

Bureaux, rue de la Perle, 9, à Paris.

ABONNEMENTS.—*Paris*, UN AN, 16 FR.; 6 MOIS, 10 FR.; 3 MOIS, 6 FR.; *Départements*, UN AN, 18 FR.; 6 MOIS, 11 FR.; 3 MOIS, 7 FR.; *Etranger*, UN AN, 20 FR.; 6 MOIS, 12 FR.; 3 MOIS, 8 FR.

SOMMAIRE.

LA PHOTOGRAPHIE EN ANGLETERRE.

(Correspondance particulière de la LUMIÈRE.)

Voici la communication de M. Frank Scot, que nous n'avons pu insérer dans notre dernier numéro :

Londres, le 4 mai 1853.

J'avais en préparation, pour la *Lumière*, outre les nouvelles photographiques de la semaine, qui sont assez importantes, un article sur le collodion en Angleterre, ses emplois, les procédés divers des opérateurs, et la valeur de leurs résultats. Mais je suis forcé de remettre cela à une autre occasion, aussi bien que de serrer les communications moins importantes, par suite d'une nouvelle, la plus intéressante que je puisse vous donner dans les circonstances présentes, c'est-à-dire le procédé de M. Fox Talbot, pour graver, par des moyens chimiques, les planches d'acier photographiques, dont il publie les détails dans l'*Athenæum* de samedi. J'ai été bien aise, en rapportant dans le dernier numéro l'annonce de la découverte de M. Talbot, de vous donner occasion de constater publiquement les efforts, dans la même direction, de MM. Niépce de Saint-Victor et Lemaître. Nous sommes ici, il faut vous le dire, bien plus instruits qu'on ne le croit en France de la valeur des efforts courageux et persévérants de M. Niépce. Nous admirons ses expériences héliographiques, et nous en espérons beaucoup. Nous savions aussi, mais vaguement, qu'il recherchait les moyens d'arriver à la gravure photographique. Si M. Talbot s'est pressé bien vite de devancer d'autres procédés par l'annonce bien vague que je vous ai rapportée, et par l'exposé, ni très-clair, ni très-avancé dont je vais vous rendre compte, soyez assurés que nous ne serons pas, pour cela, moins empressés de rendre tout honneur aux efforts et aux résultats de vos expérimentateurs. Et nous n'y serons pas moins disposés, s'il est vrai que, ainsi qu'on le dit, M. Talbot, quoique riche, a encore breveté ce procédé qui n'est, en toute vérité, que dans son enfance la plus faible ; tandis que nous connaissons la manière dévouée et désintéressée dont M. Niépce donne libre et plein avantage à la science et à ses codisciples de tout progrès qu'il parvient à accomplir. Je regrette seulement de n'avoir pas plus tôt commencé de vous tenir au courant de nos progrès et de nos expériences ici ; car, en publiant plus tôt l'annonce de M. Talbot, M. Niépce aurait pu avoir le temps de nous dire publiquement où il en était dans ses recherches. Dès à présent, comme la photographie a, dans les deux camps, non pas seulement des journaux qui s'intéressent à sa marche, mais aussi *ses* journaux spéciaux, il ne doit plus exister de doutes sur le droit à l'honneur d'une découverte ; doutes qu'on trouve quelques difficultés à détruire quant aux temps passés, mais qui doivent, à l'avenir, être résolus aussitôt qu'avancés, par la reproduction publique et permanente des faits et des documents qui s'y rattachent, dans les journaux mêmes de la photographie. Ainsi, j'espère que MM. Niépce et Lemaître ne tarderont pas à rétablir publiquement et nettement les droits de leur procédé, d'une manière aussi détaillée et aussi satisfaisante que le premier l'a fait, *dès le 18 avril*, devant « un illustre membre de l'Académie. » Je retourne donc à la communication de M. Talbot.

Notre correspondant nous donnait la traduction du procédé que nous avons publié, et terminait par les observations suivantes :

J'ai rendu de mon mieux, et aussi littéralement que possible, ces communications du savant et habile expérimentateur. Mais il faut dire que, *même en anglais*, il y a des phrases — comme celle, par exemple, où il donne le mélange de bichlorure de potasse avec de l'eau, et l'avant-dernière aussi de sa première lettre, — où un peu plus de clarté et d'exactitude seraient à désirer. J'ai cru mieux de laisser à chacun le soin d'en déchiffrer par lui-même le sens juste, si cela se peut, et de donner aussi pour la plupart, dans toute leur étendue, ses explications assez souvent inutilement développées. J'ai tâché aussi de conserver, dans ses tournures de phrases, la naïveté habile avec laquelle il nous conduit, par exemple, d'une feuille opaque à un morceau de dentelle, et d'un morceau de dentelle à une feuille opaque, sans dire cependant nettement et carrément que, au delà d'une ombre rude et simple, il n'a pas encore réussi à obtenir d'autres résultats de son procédé. Quant à ce qui est du *voile photographique*, il en parle lui-même avec tant de doute modeste, et tant de longueur embarrassée, que je n'ose pas y ajouter un mot.

Toutefois il est évident, qu'après bien des travaux courageux et continus, M. Talbot est parvenu à faire un pas dans cette voie ; un pas très-petit, il est vrai, mais donnant toujours un résultat qui n'est point sans promesse pour l'avenir. Il ne reste qu'une chose à savoir, c'est-à-dire si, comme on le dit déjà, M. Talbot a breveté ce procédé si imparfait dans ses résultats, si vague dans ses détails, de manière à empêcher ou à se réserver toutes les améliorations qui sont cependant bien nécessaires. Si non, la science lui doit encore de la reconnaissance, et il a, une fois de plus, bien mérité de son pays et de son siècle, et même des siècles à venir. S'il en est autrement — mais nous n'aimons pas à en parler tant que ce doute nous est laissé.

M. Talbot ne s'est pas contenté de prendre un brevet en Angleterre, il en a pris un également en France, ainsi que le constate le dernier numéro du journal *l'Invention*.

—

Une exposition très-intéressante des œuvres « des meilleurs photographes anglais et français » vient de s'ouvrir à Londres, le 28 avril dernier. Cette exposition est, il est vrai, une affaire de commerce ; mais comme elle formera, de toute manière, le meilleur moyen de faire connaître à notre public les photographes français et leurs œuvres, je me propose, aussitôt que j'en aurai l'espace dans vos colonnes, de donner des détails sur cette institution, ce qui me fournira aussi l'occasion de parler de nos meilleurs photographes en Angleterre, et de leurs spécialités.

FRANK SCOT.

Londres, 10 mai.

Il y a eu, jeudi dernier, une séance très-intéressante de notre Société photographique. Sir William Newton, vice-président de la Société, et l'un de nos meilleurs peintres en miniature, occupait le fauteuil. Une chambre obscure d'une excellente construction, et qui paraissait combiner tous les avantages déjà obtenus, avec d'importantes simplifications, a été présentée par M. Clarke, qui en a donné une description très-claire et très-intéressante. L'assemblée lui en a témoigné sa satisfaction par un vote de remerciement. Nous sommes, je le crois, plus avancés que vous dans la construction des chambres obscures, et nous dirigeons des efforts plus marqués et plus continus que jamais vers le perfectionnement de cet instrument indispensable. J'espère pouvoir bientôt vous démontrer ces efforts, plus au long et plus clairement, à l'aide de gravures.

L'attention du meeting a été ensuite appelée, par M. Jones, sur l'imperfection des vues que l'on prend ordinairement avec un seul objectif, en ce qu'elles ne représentent que ce que l'on verrait en fermant un œil, et ne peuvent donner toute l'étendue qu'on voit avec les deux yeux. Pour éviter ce défaut, et pour ajouter au tableau obtenu par un seul objectif la partie supplémentaire qui complète l'ensemble embrassé par les deux yeux, il a l'habitude de prendre la vue en deux morceaux qu'il réunit ensuite. Sir W. Newton a appelé l'attention des opérateurs sur ce fait dont il a été très-frappé, en voyant chez M. Jones l'effet de son procédé ; effet très-simple, à ce qu'il a dit, à concevoir et à remarquer, mais plus important qu'on ne croirait dans ses résultats. Ces remarques ont été encore appuyées par l'adhésion de M. Harding, un de nos premiers paysagistes et de nos meilleurs lithographes ; et l'Assemblée a témoigné également sa satisfaction à M. Jones par des applaudissements.

Le secrétaire, M. Fenton, a lu ensuite une communication importante de M. le professeur Wheatstone, — si connu pour ses inventions dans la télégraphie électrique, — sur une modification du stéréoscope qui permet de voir des vues de toutes les grandeurs. Après cette lecture, la séance a été levée, et l'on a pu examiner dans la salle même une grande quantité de vues, à l'aide du stéréoscope modifié par M. Wheatstone. Les honneurs de cette exposition étaient dus surtout à M. Fenton et à M. le comte de Montizon. Le premier avait eu la complaisance de nous soumettre des vues d'un intérêt et d'une excellence remarquables, prises dans son voyage en Russie, l'année dernière, et dans les bois, près de Londres, il y a quelques semaines ; et le dernier, — avec sa bienveillance ordinaire et son zèle pour tout ce qui peut faire progresser la photographie, exposait quelques-uns des tableaux d'animaux que personne ne fait comme lui.

Il était très-agréable de voir que la science et la pratique de la photographie en France étaient représentées dans cette réunion d'observateurs, d'hommes d'intelligence et de talent. Nous y avons remarqué, en effet, M. le vicomte Vigier, ainsi que M. Ernest Lacan, rédacteur en chef de la *Lumière*, entourés des soins du conseil de la Société et des plus notables des assistants, qui étaient évidemment heureux de la présence de ceux qu'ils connaissaient déjà si bien de nom. Il serait à désirer pour tous que ces visites se multipliassent.

Je suis tenté, par sa simplicité et par son utilité évidente, de vous faire part d'un moyen ingénieux de niveler l'objectif, communiqué, à l'avant-dernière séance, par

M. Wilkinson. On trace, de chaque côté de l'appareil, une ligne perpendiculaire à la base. Puis, ayant attaché à un fil de soie deux balles à pesée, on le pose sur la chambre obscure, de façon à ce que chacune des balles tombe de chaque côté. Si les deux fils touchent tout le long de l'appareil, c'est que ce dernier est posé bien horizontalement; si, au contraire, l'un d'eux s'en écarte, cela indique que l'objectif penche de ce côté, et l'on peut facilement le redresser. La ligne perpendiculaire sert à montrer si l'objectif ne penche pas en avant ou en arrière. Quand le fil la suit dans toute sa longueur, l'aplomb est parfait. — On peut même encore appliquer ce fil à mesurer les distances pour les vues stéréoscopiques; en le faisant de trois pieds de longueur, et en le divisant par un nœud à chaque pied. — Ou encore, si l'on veut avoir une mesure de temps en prenant des portraits, on peut en faire un chronomètre très-exact. Au lieu de trois pieds, on le fait long de trente-neuf pouces et du décimal nécessaire, disons 0,2, depuis le centre du soutien jusqu'au centre de la balle. On obtient ainsi, en le suspendant à une épingle, un pendule qui marque une seconde exactement, et comme il continuera à osciller pendant une minute, on peut l'employer pour mesurer le nombre de secondes nécessaire pour l'obtention d'un portrait. Ainsi, au moyen d'une dépense de rien, on a de quoi niveler son objectif avec la plus grande exactitude, et de quoi mesurer le temps et la distance. Il est très-possible que déjà quelques personnes se servent de cet appareil si simple et si portatif; mais la mention que vous en ferez dans les colonnes de la *Lumière* ne peut manquer de le faire connaître à beaucoup d'opérateurs.

Un nouveau liquide pour développer les images est recommandé par un des premiers à s'en servir, M. Sisson, et par un de nos premiers et de nos plus savants photographes, le docteur Diamond. Ses avantages sont qu'il est simple, peu coûteux, et qu'il peut se garder longtemps. Vos opérateurs, s'ils n'en ont pas déjà connaissance, feront bien d'en essayer. On prend :

Protosulfate de fer.....	0,78 grammes.
Nitrate de plomb.......	0,52
Eau..................	38,86
Acide acétique.........	1,99

Dissolvez le protosulfate dans l'eau, puis ajoutez le nitrate de plomb en poudre; agitez avec une baguette en verre jusqu'à ce qu'il soit dissous; continuez d'agiter pendant que vous y versez l'acide acétique, et puis quelques minutes après, laissez le précipité se retirer au fond, et puis filtrez. M. Sisson dit avoir employé cette mixture, depuis qu'il l'a trouvée, pour des positifs sur verre, mais non pas encore pour le papier ciré ou les autres papiers. Elle est sans couleur quand elle est nouvellement faite, mais après quelque temps elle change de couleur, quoique sans perdre de ses propriétés.

Vous savez que chez nous tout se fait par des associations. Aussitôt une découverte faite, ou une idée saisie, on s'associe pour l'exploiter et pour la réaliser. Ainsi, depuis quelque temps on a parlé, dans le monde des photographes et des antiquaires, de la grande utilité d'un échange d'épreuves représentant les objets que chacun peut posséder, ou des négatifs qu'on aurait obtenus. Maintenant, l'idée a pris assez de force pour qu'on institue une société qui est déjà presque au complet, et qui ne peut manquer d'être très-utile, quoique ses efforts et ses dépenses doivent être restreints à un simple échange d'épreuves entre ses membres. Sans doute on serait heureux de compter parmi ces membres des antiquaires français, car on pourrait ainsi connaître tout ce qui a été conservé d'antiquités dans les deux pays. On peut s'adresser au secrétaire de *l'Antiquarian photographic club*, chez M. Bell, 186, Fleet-Street, Londres.

Une école photographique vient de s'ouvrir à l'Institution polytechnique, sous la direction de MM. Malone et Pepper. Une autre vient de s'ouvrir aussi au Panopticon, nouveau monument de style oriental élevé dans Leicester-Square, où presque tout ce qui se fait dans l'industrie et dans les arts doit être exposé et enseigné. Cette dernière école est sous la direction de M. Henneman, qui était autrefois assistant de M. Talbot. Ainsi la photographie se vulgarise de toute façon avec une merveilleuse rapidité.

FRANK SCOT.

ACADÉMIE DES SCIENCES.

Remarques de M. Biot sur le compte-rendu de la séance du 2 mai 1853. — Tables et chapeaux tournants. Extraits d'une lettre de M. Kœpplin, régent de physique au collége de Colmar. — Communication au journal *le Loiret* d'un article de M. Drion, professeur de physique au collége d'Orléans.

Remarques de M. Biot sur le numéro du compte-rendu de la séance du 2 mai 1853. — Après la lecture du procès-verbal de la dernière séance, l'honorable M. Biot a pris la parole et fait remarquer que l'extrait du journal la *Lumière*, cité dans le compte-rendu (1) de la séance du 2 mai, immédiatement après le mémoire de M. Fox Talbot, pourrait donner lieu à une interprétation inexacte qui n'est dans l'intention de personne; en effet, cet article, publié par nous le 30 avril, s'appliquait, comme on a dû le remarquer, aux deux lettres de M. Talbot des 4 et 11 avril insérées dans l'*Athenæum*, et dans lesquelles il annonçait avec emphase sa découverte, sans donner ses procédés. Quant à la manière dont le savant anglais a exposé, dans son Mémoire du 2 mai, ses procédés, nous voyons par la correspondance de M. Frank Scot, qu'à Londres même on a trouvé sa communication très-vague et que l'on ne croit pas qu'elle contienne tous les détails nécessaires pour qu'on puisse en répéter l'application; nous prions nos lecteurs de vouloir bien se reporter à cette correspondance, que nous avons donnée plus haut.

Tables et chapeaux tournants. — Ce n'est qu'à la fin de la séance, et après le dépouillement de la correspondance, que M. Arago a mentionné la lettre de M. Kœpplin, régent de physique au collége de Colmar, qui entretient l'Académie du phénomène des tables et chapeaux tournants. Nous croyons avoir entendu dire à l'illustre secrétaire perpétuel qu'il avait assigné, à dessein, la dernière place à une communication de ce genre, qui devait être accueillie dans cette enceinte avec beaucoup de réserve. Depuis le 4 mai, date de la lettre de M. le professeur Kœpplin, tant d'expériences ont été faites, tant de chapeaux, de tables, etc., ont tourné, tant de nouvelles diverses ont été publiées, que des extraits, qui eussent alors présenté un certain intérêt, paraîtront aujourd'hui surannés.

D'après l'auteur de la communication, un négociant de Brême, ayant reçu d'Amérique une lettre d'un frère qui lui donnait quelques renseignements, réalisa pour la première fois, dans son salon, l'expérience curieuse qui s'est si promptement propagée et qui est devenue l'objet d'une préoccupation générale.

Ce fut, comme beaucoup de monde, avec froideur et même avec une certaine répugnance que M. Kœpplin se décida à tenter sa première expérience, car il opposait la plus ferme incrédulité aux données sur lesquelles s'est présentée à lui la connaissance du nouveau phénomène, incrédulité fondée non sur son étrangeté, mais sur ce qu'il n'avait jamais admis aucune analogie entre les causes vitales, même celles manifestées sous la forme du magnétisme animal, et les agents naturels capables d'agir comme moteurs sur la matière inerte; mais cette expérience fut suivie bientôt d'un complet étonnement de sa réussite et du plus vif intérêt.

M. Kœpplin pense qu'il est bon, pour que l'expérience réussisse bien, que les personnes qui forment la chaîne soient adultes, âgées de moins de cinquante ans, de sexes différents et même de tempéraments et d'organisations aussi dissemblables que possible.

Après avoir soumis à l'expérience un bol de porcelaine, pesant un kilogramme et demi, placé sur un guéridon, il réussit à lui imprimer le mouvement de rotation en ne le touchant qu'avec une seule main par les extrémités du pouce et de l'auriculaire. Il dirigea ensuite, par sa volonté, le mouvement de rotation en tous sens et parvint même à faire mouvoir, dans une direction rectiligne, un chandelier en laiton, qui avançait, reculait, allait à droite ou à gauche aussitôt qu'il en avait conçu la ferme volonté.

Une jeune dame de vingt-six ans, d'une complexion essentiellement nerveuse obtint absolument les mêmes résultats.

M. Kœpplin répéta ces expériences si étranges de mouvements excités dans un corps inerte par la volonté de la personne qui y impose ses mains, sur l'une des dames qui étaient présentes; d'abord il la pria de désirer que le mouvement de rotation se fît dans le sens qu'il désigna, et à peine lui eut-il posé les mains sur les épaules, que le haut de son corps tourna, se tordant sur ses hanches, les pieds restant attachés au sol, par le frottement sans doute, et que, saisie de terreur à cette étrange sensation, elle poussa un cri d'effroi, et fut prise d'une crise nerveuse assez violente.

Comme résultat des expériences qu'il a faites, M. Kœpplin conclut qu'il lui est démontré :

1° Qu'une communication convenablement établie entre deux ou plusieurs personnes agit sur un objet inerte de manière à lui donner une tendance d'impulsion qui se manifeste surtout par la rotation, mais qui peut être amenée à un mouvement rectiligne ;

2° Que, sous les conditions de cette puissance d'action successivement développée, le mouvement de l'objet inerte s'exécute suivant la volonté de l'opérateur ou des opérateurs ;

3° Que cette puissance d'action, que toute personne paraît plus ou moins prompte à acquérir, en s'exerçant d'abord sur des corps inertes, peut ensuite être employée sur des personnes avec des effets analogues ;

4° Que cette facilité d'acquérir la puissance dont il s'agit dépend de l'organisation des personnes, mais que toutes y sont aptes, pourvu qu'elles aient la volonté.

Le journal du Loiret publie un article communiqué par M. Drion, professeur de physique au collége d'Orléans; nous le reproduisons parce qu'il nous paraît devoir inspirer au lecteur la réserve recommandée par M. Arago ; réserve bien justifiée par les appréciations si différentes d'hommes sérieux et honorables, tels que MM. les professeurs de physique des colléges de Colmar et d'Orléans.

« En présence des convictions bien arrêtées d'un grand nombre de personnes très-sérieuses, et dont on ne saurait révoquer en doute un seul instant l'entière bonne foi, l'on nous trouvera bien hardi peut-être d'oser élever des doutes. Et cependant, nous l'avouons, nous ne croyons pas que le phénomène de la table tournante puisse être regardé comme définitivement acquis à la science. Nous ne nous arrêtons pas aux exagérations et aux plaisanteries plus ou moins spirituelles que l'on a mêlées à profusion aux faits consciencieusement observés. Mais nous désirons éveiller l'attention des personnes sérieuses sur la facilité avec laquelle les plus graves erreurs se glissent malgré nous dans nos observations. C'est principalement lorsqu'une expérience est entreprise avec le désir de la voir aboutir à la confirmation d'une idée préconçue, d'une loi imaginée à l'avance, que l'opérateur est entraîné, sans en avoir conscience, dans la direction même du but qu'il voulait atteindre.

« Nous avons pris part, à plusieurs reprises, à l'expérience de la rotation de la table; chaque fois cette expérience a été tentée en compagnie de personnes aussi désireuses que nous d'arriver à la vérité. Nous le dirons, le résultat a presque toujours été négatif; et, lorsque l'expérience a réussi, il ne nous a pas semblé qu'elle eût été faite dans les conditions convenables. Au bout d'un temps plus ou moins long, la table éprouve une impulsion dans une certaine direction, après quoi les expérimentateurs la suivent dans la direction du mouvement commencé, et la rotation s'effectue avec une vitesse croissante.

« La première impulsion peut avoir diverses causes ; la lassitude de l'une ou l'autre des personnes faisant la chaîne, un mouvement involontaire de l'une d'elles ; peut-être même la table obéit-elle à un effort exercé par l'un des opérateurs, qui, désirant voir le mouvement s'effectuer dans un certain sens, incline, sans le savoir, la partie supérieure de son corps dans ce sens. Mais c'est après cette première impulsion surtout que le mode d'expérimentation nous paraît défectueux. Lorsque l'on cherche à suivre le mouvement commencé, il est certain qu'on le devance. En effet, les mains de la plupart des personnes qui ont fait la chaîne pendant une demi-heure au moins sont humides de transpiration ; elles ont contracté une forte adhérence avec la table, et il est facile de s'assurer que, dans ces conditions, pour peu que l'on avance un tant soit peu d'un côté ou de l'autre, on entraîne la table avec soi.

« Nous voudrions que l'expérience pût être faite par des personnes qui resteraient dans une complète immobilité, et qui laisseraient glisser la table sous leurs mains sans chercher à la suivre dans son mouvement. Malheureusement nous n'avons jamais pu réussir en opérant ainsi, et nous serions heureux d'apprendre que d'autres ont été plus habiles.

(1) Comptes-rendus, n° 18, p. 784.

« Malgré ces difficultés, nous nous abstenons encore d'énoncer une opinion. Nous sommes d'autant plus porté à cette réserve, que jusqu'ici aucun corps savant n'a encore émis son jugement. Notre opinion, d'ailleurs, ne serait fondée que sur des résultats négatifs, et de pareils résultats peuvent éveiller des doutes ; mais l'on ne doit s'en servir qu'avec la plus grande circonspection pour rejeter les faits. »

A.-T. L.

LES PEINTRES ILLUSTRES.

MICHEL-ANGE.

A côté de Raphaël, le peintre de la suavité et de la grâce, plaçons Michel-Ange, le peintre de la grandeur et de la force.

Michel-Ange naquit au château de Chiusi, en Toscane. Son père, hobereau de province, qui croyait déroger à la dignité nobiliaire en permettant à son fils de suivre la carrière des beaux-arts, mit tout en œuvre pour l'en détourner. Mais des dispositions invincibles venaient toujours arracher le jeune Michel-Ange aux études littéraires pour l'y entraîner. Ce n'étaient que figures tracées avec du charbon ou sculptées avec les premiers instruments qui lui tombaient sous la main. Sa famille fut obligée de le laisser entrer dans l'atelier de Guirlandaï, peintre médiocre, comme beaucoup d'autres qui n'ont eu que le mérite d'allier leur nom à celui d'élèves devenus illustres.

Bientôt Michel-Ange eut surpassé le talent de son maître. Il se saisit ensuite du ciseau, et trouva d'autant plus de facilité à le manier que déjà cet instrument lui avait servi d'amusement chez sa nourrice dont le mari était sculpteur de profession.

La maison des Médicis s'était toujours honorée de la protection des artistes. Le prince Laurent prit le jeune Michel-Ange dans son palais, et lui facilita ses études. Il fit là un *Cupidon* qui parut tellement beau à ses amis, qu'ils lui conseillèrent et lui firent adopter un stratagème singulier. Ce fut d'envoyer son œuvre à Rome, et de la faire enterrer dans une vigne où l'on poursuivait des fouilles à la recherche d'antiquités. Les savants réunis déclarèrent que la pièce était un antique, et Michel-Ange ne put les désabuser de cette opinion qu'après avoir exhibé à leurs regards un bras qu'il avait cassé à son Cupidon et qu'il apportait avec lui.

Ce fut en ce temps-là que le beau groupe de *la Piété*, qui se voit dans Saint-Pierre à la chapelle de la Vierge, sortit de son ciseau. Après avoir exécuté ce chef-d'œuvre, il revint à Florence où, d'un géant manqué par un autre peintre, il tira un jeune *David* armé de sa fronde, inimitable figure qui fut placée sur la grande place de Florence. C'est là qu'il se rencontra avec Léonard de Vinci, et que ces deux illustres talents furent mis en concurrence pour exécuter les peintures de la grande salle du Conseil.

Le pape Alexandre VI étant mort, Jules II qui lui succéda chargea Michel-Ange, alors âgé de vingt-neuf ans, d'exécuter son propre tombeau. C'était une entreprise colossale : le monument devait être de forme carrée, isolé de toutes parts, et orné de quarante figures en marbre et d'une infinité d'ornements. Il ne se finit pas, en raison non des difficultés, mais de la longueur qu'il présentait. Une circonstance aussi contribua à dégoûter Michel-Ange de son exécution. Après avoir été lui-même choisir à Carrare les marbres, il revenait chez le pape pour l'entretenir de la mission qu'il avait remplie ; on rapporte qu'un chambellan le renvoya, en lui faisant connaître que c'était bien par la volonté du pape qu'il n'était pas reçu. L'artiste blessé rentra chez lui, prépara ses hardes, et partit pour Florence dès l'entrée de la nuit.

Le pape, informé de son départ, expédia sur ses pas plusieurs courriers, auxquels le fugitif se contenta de répondre qu'il priait Sa Sainteté de l'excuser ; mais que l'ayant fait chasser de son palais comme un coquin en récompense de ses services, elle pouvait chercher quelqu'un qui remplît sa place. A quelque temps de là, cependant, il fut obligé de céder ; car le pape avait envoyé bref sur bref. Mais il n'obéit qu'avec répugnance, et fut même sur le point de se rendre en Turquie, où l'appelait le sultan qui voulait lui faire bâtir un pont pour passer de Constantinople à Péra. Toutefois il céda à de meilleures inspirations, et le gonfalonier de Florence, afin de lui donner tout à la fois plus de considération et de sûreté, le revêtit du titre d'envoyé de la République, et écrivit au cardinal Soderin, son frère, de le présenter en cette qualité au Vatican.

On rapporte que la querelle entre Jules II et Michel-Ange avait eu pour cause que le pape voulait voir des ouvrages non achevés de l'artiste contre sa volonté. Lorsqu'il revint à Rome, un prélat maladroit s'étant avisé de dire au pape qu'il fallait pardonner à Michel-Ange parce que les hommes de son état étaient des ignorants, Sa Sainteté frappa le malencontreux personnage d'un bâton qu'il tenait à la main, et reconnut franchement qu'il avait eu quelques torts à l'égard de Michel-Ange qu'il accabla de caresses, et à qui il fit de riches présents.

Le pape tourmentait sans cesse l'artiste, le faisant passer d'un ouvrage à l'autre ; et comme l'un était très-prompt et l'autre aussi fier qu'il convenait à son génie et à son talent, il en résultait des ruptures momentanées auxquelles la munificence papale mettait ordinairement un terme. Jules II chargea Michel-Ange de peindre la voûte de la chapelle Sixtine ; et, si l'on en croit les historiens, c'était dans la persuasion qu'il échouerait dans l'exécution, ou que du moins il n'excellerait pas dans la peinture comme il l'avait fait dans la sculpture. Le peintre se mit à l'œuvre, et il ne l'avait pas exécutée à moitié que le fougueux pontife voulut absolument la voir et fit abattre les échafauds. Tout Rome y accourut, et l'admiration fut générale. Quand il l'eut achevée, on y voyait neuf sujets de l'ancien Testament, et au-dessous d'eux les prophétesses et les sibylles dans des attitudes jugées peu convenables à la sainteté du lieu, et que Daniel Volterre a couvertes en partie.

Après la mort de Jules II, Michel-Ange revint à Florence, où il exécuta plusieurs ouvrages, notamment le tombeau des Médicis. Léon X l'appela ensuite à Rome, et lui ordonna de peindre le jugement universel au-dessus de l'autel de la chapelle Sixtine, dont il avait déjà orné la voûte. Cet ouvrage l'occupa pendant huit années, et ne put être fini que sous le pontificat de Paul III. C'est dans cet ouvrage particulièrement que Michel-Ange déploya la puissance du génie et les ressources de son talent. Un nombre infini de figures dans des attitudes très-extraordinaires forment une composition aussi grande que terrible. L'idée est tirée du poëme du Dante, qui était son auteur favori. Il a représenté dans l'enfer les sept péchés capitaux avec un grand nombre de damnés parmi lesquels il a placé le maître des cérémonies du pape qui avait parlé en mal de son ouvrage et le tourmentait sans cesse pour qu'il l'achevât. La joie des bienheureux est aussi bien peinte que le supplice des condamnés. Michel-Ange se surpassa lui-même dans cette œuvre bien supérieure à celle qu'il avait exécutée sur la voûte.

Michel-Ange exerça encore son pinceau dans la chapelle Pauline, et peignit sur le mur la conversion de saint Paul et le crucifiement de saint Pierre. Il fit aussi la fameuse Léda qui fut transportée à Fontainebleau, et qu'on y a brûlée par la suite, à raison du sujet d'autant moins édifiant que l'exécution en était plus parfaite.

Après l'exécution de ces morceaux, Michel-Ange, âgé de soixante-quinze ans, laissa la peinture pour reprendre la sculpture. Le pape Pie IV le nomma architecte de Saint-Pierre. Il réforma le plan de ce vaste édifice, et le couronna de cette magnifique coupole qui fait sa distinction extérieure. On lui doit la façade du Capitole, l'entablement du palais Farnèse, la vigne du pape Jules III et la porte Pie, exécutés sur ses dessins.

Michel-Ange a laissé de nombreux ouvrages en peinture et en sculpture comme en architecture. Tout le monde connaît son Christ, à propos duquel on a fait le conte absurde d'un homme crucifié pour lui servir de modèle.

Sa peinture est fière et terrible, et comme il a cherché le difficile et le surprenant, elle cause, comme les poëmes du Dante ou d'Arioste, plus d'étonnement peut-être que de plaisir. Ses couleurs sont fort tranchantes et tirent sur la brique. Grand anatomiste, on dirait qu'il avait l'intention de le montrer ; il a fait ressortir avec quelque dureté les muscles et outré les attitudes. Il aspirait à produire des impressions fortes et à exalter l'esprit, de même que Raphaël s'appliquait à charmer le goût et à faire naître les jouissances d'une admiration plus calme.

Michel-Ange mourut à Rome, à l'âge de quatre-vingt-dix ans : son tombeau est à Florence, où Côme de Médicis fit transporter son cercueil. Il avait servi sept papes et deux empereurs. Côme de Médicis lui parlait toujours le chapeau bas, et plusieurs pontifes le faisaient asseoir devant eux. Il était spirituel dans ses reparties, et faisait bien les vers. Pour faire savoir à Raphaël qu'il était venu en son absence voir l'*Histoire de Psyché*, que le peintre peignait au petit Farnèse, il dessina au charbon une belle tête de faune dans un des coins du plafond. Raphaël, en la voyant, s'écria que ce ne pouvait être que Michel-Ange qui avait fait cette tête.

Les dessins de Michel-Ange faits à la plume annoncent une certaine pesanteur dans la main ; mais ils respirent la science et l'art au suprême degré. Ce sont des traits hardis, des hachures croisées de tous côtés comme une lime, avec un petit lavis de bistre, des plis nobles et élégants, des têtes fières et quelquefois féroces, et partout un grand caractère de poésie et d'inspiration.

Il y a aujourd'hui par toute l'Europe des ouvrages de Michel-Ange. Mais les principaux sont toujours, comme ceux de Raphaël, l'ornement de Rome et en particulier du Vatican.

Francisque Bouvet.

FOUILLES DE NINIVE.

Voici de nouveaux détails sur les dernières découvertes archéologiques des Anglais dans l'Asie Mineure : à l'extrémité de la galerie assyrienne récemment découverte à Kouyoudjik, on trouva une grande salle dont l'entrée était ornée d'inscriptions cunéiformes et de deux sculptures colossales représentant Dagon, le dieu poisson, qui n'a été rencontré jusqu'ici dans aucune des ruines de Ninive ou de Babylone. Il faut s'aider des inscriptions bibliques pour reconnaître dans ces sculptures confuses l'antique divinité des Philistins, et probablement de tous les peuples répandus entre le Tigre et l'Euphrate. La tête du dieu est surmontée d'une espèce de mitre, en forme de tête de poisson, et, si l'on pouvait distinguer quelque chose de plus dans ces lignes détruites ou inachevées, il est probable qu'on découvrirait quelques parties du corps du poisson qui devait former une espèce de manteau en tombant par derrière, et laisser à nu le corps et les pieds d'un homme.

Nous remarquerons en passant que parmi les innombrables sculptures trouvées dans ces ruines, il s'en rencontre beaucoup dont les cheveux, la barbe et le costume sont à peine ébauchés ou simplement indiqués. Les Assyriens taillaient grossièrement leurs statues gigantesques avant de les placer dans leurs monuments, et les achevaient ensuite ; mais ils sculptaient leurs bas-reliefs sur les murs mêmes et quand tous les gros travaux étaient terminés. On en conçoit facilement la raison. Bien des causes, résultant surtout de changements intérieurs, ont dû contribuer à faire abandonner ces travaux d'art là où ils étaient en voie d'exécution ; ainsi, on remarque que les sculptures des grandes salles et des galeries ou parties de galeries qui y conduisent sont terminées dans leurs plus petits détails, tandis que celles des petites pièces et des corridors qui y aboutissent sont, en général, d'une exécution fort grossière.

Dans la salle qui était gardée par les deux cariatides du dieu Dagon, on découvrit de larges dalles renversées représentant une procession de serviteurs, portant les uns des lièvres et des oiseaux assez semblables à des perdrix, d'autres des grappes de raisins et de dattes, des grenades, des paniers de gâteaux et de fruits, des sauterelles confites attachées à des baguettes, comme on en trouve aujourd'hui chez les Arabes du désert ; en un mot, tous les éléments d'un grand festin. De l'autre côté du mur se trouvait un bas-relief, aussi renversé, représentant des chevaux précédés d'un chambellan et conduits en ordre par de petits valets. (On voit que l'invention des grooms n'est pas aussi moderne qu'on le croyait.)

A l'extrémité de cette salle, qui servit probablement aux festins et dont on peut déterminer les limites, se trouvait une cour près de laquelle on découvrit les restes d'un vestibule pavé de grandes dalles en pierre calcaire, qui portaient encore la trace des roues de chariots.

Dans d'autres parties de ces ruines, dont il ne fut pas possible de reconnaître la destination, on découvrit des sculptures représentant des siéges de villes et de forteresses, des captifs enchaînés et portant leurs propres dépouilles ; d'autres, les accidents d'une marche fatigante dans le désert, au milieu de l'été, ou le passage d'un fleuve par le roi et toute son armée. Un de ces curieux bas-reliefs représente, d'un côté, un marais avec des touffes de hauts joncs ; de l'autre, des eaux tranquilles, peu profondes et abondantes en poissons. On y voit des hommes et des femmes accroupis à la mode orientale sur des radeaux et cachés par des plantes touffues, tandis que les soldats assyriens chassent d'autres fugitifs dans des bateaux d'osier.

Le peuple vaincu représenté sur toutes ces pierres est vraisemblablement aussi riche, sinon davantage, que ses conquérants; car on voit parmi ses dépouilles, avec lesquelles les Assyriens rentrent à Ninive, des vases et des coupes élégantes en métal; des bœufs, des ânes, des chameaux, des épées, des boucliers, des lances, des siéges et des tables curieusement façonnés. Parmi les objets en métal, on remarque un écrin élégant, probablement en or ou en argent, dont le couvercle en forme de château garni de tours et de créneaux surmonte une colonne supportée par des pieds contournés terminés par des sabots de bœuf. Dans un coin de ce tableau, des captifs portent sur leurs épaules des paniers d'osier tels qu'on les fait aujourd'hui en Babylonie, et des sacs de cuir contenant des dattes confites. Les guerriers assyriens, affamés à la suite d'une longue marche, sont occupés autour d'un grand feu à rôtir les membres d'un mouton.

D'autres bas-reliefs trouvés dans le voisinage des précédents représentent les tortures atroces que les Assyriens faisaient subir à leurs prisonniers. Les uns sont conduits enchaînés devant leurs juges, et leur contenance indique qu'ils pressentent leur sort. A côté d'un malheureux qu'on écorche vif, on en voit un autre à qui l'on brise la tête à coups de massue. Plus loin, un bourreau arrache la langue à une autre victime, et des soldats suspendent au cou des captifs vivants les têtes sanglantes de ceux qui ont été massacrés. Ces terribles exemples de la cruauté assyrienne sont évidemment décrits dans les inscriptions cunéiformes qui les accompagnent. En les voyant, on peut du reste se passer d'explications.

COURS
DE CHIMIE APPLIQUÉE A LA PHOTOGRAPHIE.

DE L'AIR ATMOSPHÉRIQUE.

Quoique jusqu'ici l'air n'ait été appelé à remplir aucun rôle spécial en photographie, nous avons cru devoir commencer notre cours de chimie par l'étude de ce corps au sein duquel nous sommes plongés. L'air du reste exerce une action sur certains réactifs d'un emploi journalier, et à ce titre nous devons apprendre à le connaître.

Considéré par les anciens comme un des quatre éléments constituants du monde, sa véritable nature n'a été bien connue que vers la fin du siècle dernier. Lavoisier démontra le premier que l'air contenait deux gaz, l'oxygène et l'azote. Toutes les recherches entreprises depuis sur ce sujet n'ont fait que confirmer la découverte, et l'on n'a pu apporter que des corrections sur les quantités relatives de ces gaz qu'il avait indiquées dans ses analyses.

Pour nous l'air n'est pas un composé défini, mais un *mélange* contenant, sur cent parties en poids, 23,01 d'oxygène et 76,99 d'azote; et sur cent parties en volume, 20,80 d'oxygène, et 79,20 d'azote. Cette composition est sensiblement invariable sous toutes les latitudes, dans toutes les saisons et à toutes les hauteurs où l'on soit parvenu. Il est même probable qu'il en a toujours été ainsi depuis l'apparition de l'homme sur la terre.

Tout le monde connaît les propriétés de l'air. C'est un gaz incolore vu en petite quantité, et bleu vu en masse. Il est permanent, c'est-à-dire qu'on n'a pu le liquéfier et encore moins le solidifier, quels qu'aient été d'ailleurs les pressions et le froid auxquels on l'a soumis. Il est insipide et inodore. Sa densité est prise pour terme de comparaison à la densité des autres gaz, et est représentée par l'unité. A la température de 0° du thermomètre centigrade et à la pression barométrique de $0^{m}76$, un litre d'air sec pèse 1 gramme 293, d'après Regnault. — Il entretient la combustion et la respiration. Il est soluble dans l'eau. — L'air n'étant qu'un mélange, l'eau dissout nécessairement chacun des deux gaz qui le composent, dans le rapport de leur solubilité. L'oxygène étant plus soluble que l'azote, il s'ensuit que l'eau dissout plus du premier que du second, et que l'eau aérée renferme plus d'oxygène que l'air atmosphérique. — La mort des poissons hors de l'eau est donc une véritable asphyxie. De même, ils meurent quand on les plonge dans une eau privée d'air par l'ébullition.

— L'air contenu dans les pores de la neige a toujours la composition de l'air atmosphérique, quelles que soient d'ailleurs les hauteurs auxquelles on prend cette neige.

— En dehors de l'oxygène et de l'azote qui, eux seuls, constituent réellement notre atmosphère dans les circonstances ordinaires, l'air que nous respirons contient accidentellement de trois à six dix-millièmes de son volume d'acide carbonique provenant de la combustion et de la décomposition des matières végétales, de la respiration des animaux et des éruptions des volcans. Il renferme aussi de six à neuf millièmes de vapeur d'eau et des traces d'une matière organique composée d'hydrogène et de carbone, qui donne de l'odeur aux brouillards et occasionne des fièvres et des maladies contagieuses. La nature de ces *miasmes* contenus dans l'air est encore inconnue; on sait seulement qu'ils sont détruits par le chlore. C'est à l'eau que l'air des marais Pontins, des rizières de la Toscane et de tous les pays marécageux, doit son insalubrité.

— La respiration des animaux et la combustion des matières organiques vicient aussi profondément l'air que nous respirons. Celui qui sort de nos poumons contient en moyenne 4 pour 100 d'acide carbonique; il est alors rendu irrespirable, car déjà à la dose de 1 pour 100, on ne peut le respirer sans malaise. Une bougie s'éteint dans une atmosphère contenant seulement 5 à 6 pour 100 d'acide carbonique, et 1 kilogramme de braise rend asphyxiable l'air d'une chambre fermée de vingt-cinq mètres cubes de capacité. En bonne hygiène, il importe donc de renouveler le plus souvent possible, pour ne pas dire constamment, l'air de nos habitations. On y arrive par un bon système de ventilation. Il faut fournir ainsi en moyenne et par heure

10 mètres cubes d'air pour un homme.
20 mètres cubes d'air pour un cheval.

Outre l'acide carbonique, la combustion dans nos foyers peut déterminer la formation d'oxyde de carbone. Or, une atmosphère devient mortelle quand elle contient seulement 1 pour 100 de ce gaz. On doit donc éviter de toutes manières de laisser répandre chez soi les produits de la combustion des matières charbonneuses.

A l'aide des cloches à plongeur, employées dans les constructions sous-marines, on a étudié les effets de l'air comprimé sur l'homme. MM. Codner et Tesié du Mottay, en 1843, ont pu avec un de ces appareils relever pied à pied le niveau du fond du détroit du Pas-de-Calais, depuis Sangate, près Calais en France, jusqu'à South-Forland, près Douvres en Angleterre. Ils ont eu à supporter jusqu'à six atmosphères de pression. D'après leurs observations et celles de M. Triger, qui a employé un appareil analogue dans ses recherches sur le bassin houiller qui s'étend sous les alluvions de la Loire, voici quels phénomènes on observe lorsqu'on passe de l'air libre dans l'air comprimé.

On éprouve d'abord une sensation désagréable dans les oreilles, sensation qui se change bientôt en douleur plus ou moins vive, et qui ne cesse que dès que l'équilibre de pression s'est établi entre l'air comprimé de la cloche et celui renfermé dans l'oreille interne. Les battements du pouls s'accélèrent dans une proportion très-considérable. Au-dessus d'une pression de trois atmosphères on éprouve une espèce d'enivrement analogue à celui que produit le café pris en excès, et les phénomènes de combustion se développent avec une intensité telle qu'une chandelle ordinaire se consume en moins d'un quart d'heure. Il n'est plus possible à personne de siffler, tout le monde parle du nez, et l'ouïe devient si sensible, que les personnes sourdes entendent très-distinctement. Ces phénomènes s'expliquent facilement, puisque l'air se trouve trois, quatre, cinq, etc. fois plus condensé, et qu'il renferme trois, quatre, cinq, etc. fois plus d'oxygène que le nôtre sous le même volume.

La hauteur moyenne de l'atmosphère au-dessus de la terre est de 16 à 17 lieues; son volume, le 29e de celui du globe; et son poids, seulement les 43 millièmes. Au fur et à mesure que l'on s'élève dans l'atmosphère, l'air se raréfie, ce qui est tout naturel, puisque les couches inférieures ont à supporter le poids de toutes les couches supérieures et sont, par conséquent, les plus comprimées et les plus denses. Dans les ascensions aérostatiques, on a été à même d'étudier les effets de l'air raréfié sur l'homme et sur quelques animaux. A une grande hauteur, on éprouve un froid très-vif, accompagné de fourmillements dans les membres. Le sang suinte des oreilles, du nez, des yeux et de la bouche, et l'on éprouve une très-vive douleur. L'ouïe devient moins sensible; tous les sens s'engourdissent, et l'on a peine à ne pas succomber au besoin impérieux du sommeil. Ce qui aide à supporter ces souffrances, c'est le spectacle magique de la voûte céleste. L'azur disparaît peu à peu, et le ciel semble couvert d'un voile noir, sur lequel se détachent les étoiles comme en pleine nuit. Le soleil, dépouillé de son auréole, a perdu son scintillement. On dirait le globe de feu que nous apercevons, quand nous regardons cet astre à travers un verre obscur.

En remontant la cloche, ou en diminuant la pression, la douleur aux oreilles se fait ressentir en sens inverse, c'est-à-dire de l'intérieur à l'extérieur, et elle est beaucoup plus vive. En tous cas, il ne faut opérer ces changements de pression que petit à petit, car, s'ils avaient lieu subitement, la mort pourrait s'ensuivre; l'air contenu dans le corps, en se dilatant tout d'un coup, pourrait lui faire faire explosion.

Léon KRAFFT,
Élève de Gay-Lussac.

CORRESPONDANCE.

Paris, ce 10 mai 1853.

Monsieur,

Quand j'allai, il y a une quinzaine de jours, chez M. le baron Séguier, qui s'occupe activement de photographie, il me dit qu'il voulait s'occuper de recherches photographiques sur la toile cirée, mais qu'il n'en avait pas le temps.

Je me saisis de cette idée et je me mis à l'œuvre. Je vous envoie ci-joint le résultat de mes expériences et la manière dont j'ai obtenu le portrait que vous trouverez dans cette lettre :

On prend d'abord une toile cirée noire que l'on nettoie à l'alcool avec soin; puis on l'applique sur une plaque de verre de la grandeur de la toile cirée, et que l'on a plongée dans l'eau distillée pour faciliter l'adhérence avec la toile.

On verse alors un peu de collodion sur cette toile cirée et appliquée sur la feuille de verre, et on agit comme pour faire un portrait sur glace collodionée ordinaire. La pose est de 20 à 25 secondes.

Pour faire apparaître l'image, je me suis servi d'une solution saturée de protosulfate de fer, que j'ai versée sur l'épreuve par un angle et rapidement. Il ne paraît presque rien, on est tenté de croire l'épreuve mal venue; mais, si on arrête l'action du sulfate de protoxyde de fer en la plongeant dans de l'eau, et si on verse dessus une solution saturée d'hyposulfite de soude, on voit apparaître une image telle que celle que j'ai l'honneur de vous envoyer.

En séchant, cette image se ternit et se couvre d'un nuage blanchâtre et désagréable à la vue.

Pour y remédier, je passe sur l'épreuve, pendant qu'elle est encore humide, une solution de gomme qui rend le collodion moins altérable, et, quand cette couche de gomme est sèche, je passe légèrement un peu d'huile d'olive sur toute l'épreuve, que je place alors verticalement et à l'abri de la poussière, pour la faire égoutter.

Voilà, monsieur, la manière dont j'ai opéré. Mes occupations ne me permettent pas de la perfectionner, mais j'espère que d'autres y arriveront, et qu'un jour, en faisant faire de la toile cirée plus fine encore que celle qui existe, on pourra donner de l'extension à cette manière de faire les portraits qui sera moins coûteuse et qui aura sur la plaque l'avantage de ne pas miroiter.

Veuillez accepter, monsieur le Rédacteur, l'assurance de ma parfaite considération.

Votre abonné, FRANÇOIS GAYETTY.

Nous devons ajouter à cette lettre que l'épreuve de M. Gayetty, considérée comme essai, est très-satisfaisante et donne beaucoup à espérer.

Le Propriétaire-Gérant, ALEXIS GAUDIN.

TYPOGRAPHIE HENNUYER, RUE DU BOULEVARD, 7, BATIGNOLLES.
Boulevard extérieur de Paris.

TROISIÈME ANNÉE, N° 21. SAMEDI, 21 MAI 1853.

LA LUMIÈRE

REVUE DE LA PHOTOGRAPHIE.

BEAUX-ARTS. — HÉLIOGRAPHIE. — SCIENCES.

JOURNAL NON POLITIQUE, PARAISSANT LE SAMEDI.

Bureaux, rue de la Perle, 9, à Paris.

ABONNEMENTS. — *Paris*, UN AN, 16 FR.; 6 MOIS, 10 FR.; 3 MOIS, 6 FR.; *Départements*, UN AN, 18 FR.; 6 MOIS, 11 FR.; 3 MOIS, 7 FR.; *Etranger*, UN AN, 20 FR.; 6 MOIS, 12 FR.; 3 MOIS, 8 FR.

SOMMAIRE.

SALON DE 1853.

(1er article).

MM. HÉBERT, BARRIAS, LOUIS BOULANGER, LANDELLE.

Depuis que l'Exposition a été exilée des salles du Louvre, elle a eu déjà bien des asiles d'une saison. Elle s'en est allée de palais en palais, des Tuileries au Palais-Royal, du Palais-Royal aux Menus-Plaisirs; elle a couvert ses murailles d'un jour de la décoration de ses toiles. Dans ses pérégrinations à travers Paris, elle ressemble un peu à cet impressario du Roman comique qui cahote sur sa charrette boiteuse sa troupe bariolée, d'une province à une autre. Il y a, en effet, plus de distance du quartier du Louvre au faubourg Poissonnière que du Languedoc à la Normandie. La rue sur laquelle ce grand théâtre ouvre ses portes cette année est une de celles dont le climat est le moins favorable à l'art. Elle est peu habitée par l'aristocratie et par la richesse qui achètent, et pas beaucoup plus par la classe ouvrière qui admire et qui apprend. Les boutiques ne fournissent pas le public utile et intelligent des Expositions. Nous ne comprenons que deux systèmes pour placer ces galeries des arts. Il faut les construire dans le milieu le plus riche de la ville, de sorte qu'elles attirent à elles les courants de l'élégance et du luxe, ou dans un quartier populaire, de façon que cette noble distraction des yeux et cet enseignement de l'esprit civilisent et améliorent encore, à leur insu, les masses prolétaires et laborieuses. Ces deux systèmes ont l'un et l'autre leur utilité. Nous applaudissons donc à l'espérance de voir, d'ici à peu d'années, le Musée moderne installé définitivement aux Champs-Elysées, dans ce Palais de cristal pour lequel on transporte et on taille, à l'heure actuelle, des couches entières de rochers. Les tableaux de l'avenir seront bien dans cet espace aéré et lumineux, encadrés par le groupe des vieux arbres, au bord de la rivière, à la porte des champs. Les hommes descendront quelquefois de la selle de leurs chevaux, et les femmes des coussins de leurs voitures pour utiliser davantage leurs heures à l'étude des œuvres d'art; et ces foules innombrables, qui font disparaître sous elles l'immense promenade, pendant les nuits d'illuminations et de feux d'artifice, envahiront périodiquement des colonnes assez serrées pour remplir les vastes salles qui seront destinées à l'Exposition.

Le bruit a couru qu'une fois installé au Palais de cristal, l'entrée du Musée ne serait plus gratuite. On reviendrait sur cette fâcheuse disposition si elle avait été prise. C'est une des gloires et des plus nobles prodigalités de la France d'ouvrir à deux battants les portes de ses galeries d'art. La foule peut entrer là aussi librement que la lumière. Le génie français se donne. On ne rencontrera jamais, dans nos musées, ces portiers qui vous taxent comme en Angleterre, ou ces custodes qui vous poursuivent comme en Italie, de salle en salle, pour vous demander la bonne main. Le gouvernement d'ici ne consentira pas à copier ces grands seigneurs florentins ruinés qui n'ont plus, pour revenu, que le paolo que paye l'étranger pour visiter leur galerie. Nous avons beaucoup à emprunter, comme institutions, à l'Angleterre, comme goût artistique, à l'Italie d'autrefois; mais la France gardera toujours cette originalité d'être libérale jusqu'à la prodigalité pour tout rayonnement de pensée et de civilisation.

Ce n'est pas que nous désapprouvions la rétribution qui est imposée, cette fois, pendant les huit premiers jours. Il est bon de créer ainsi un pécule qui sera dépensé à l'acquisition de plusieurs ouvrages. On peut bien prélever un dividende sur la première impatience de la curiosité. Si la répartition en est faite avec impartialité, cette somme, assez importante dans son ensemble, encouragera des talents réels ou préviendra quelques misères nobles, mais misères toujours! Quand l'artiste a mis toute l'existence d'une année sur ce tableau, son rêve, qui sort de son atelier, ce tableau, s'il y revient sans acheteurs, y ramène le désespoir. Il y a de petits enfants qui mourront si la toile de leur père n'est pas vendue. Cette obole, qui est prélevée pendant les huit premiers jours, se répandra en rayons et en pluie bienfaisante dans les ateliers. Elle n'a pas empêché les salles d'être débordantes de spectateurs, aujourd'hui dimanche, premier jour de l'Exposition. Nous faisons des vœux pour que cet empressement continue, et pour que Paris, et une certaine partie de l'Europe, qui est en ce moment à Paris, prenne ensuite la route de ce quartier excentrique des Menus-Plaisirs. Ce quartier aura été une des stations du chemin de l'art. Nous allons nous y recueillir. Puissions-nous y rencontrer des extases et y motiver des adorations! Notre coup d'œil n'a pu être encore que bien rapide et bien incomplet. Nous n'avons pu voir le Salon aujourd'hui que comme on voit un paysage en chemin de fer. Voici cependant les coins où nous avons le plus regardé et les cimes qui nous sont apparues.

Disons d'abord, et disons tristement, que notre première impression n'a pas été favorable. Peut-être une étude plus approfondie du Salon la modifiera-t-elle? Nous ne nous fions guère à cette espérance toutefois, car la vraie beauté éclate de même qu'une flamme, et vous attire par un fluide mystérieux. Tous les voiles du sanctuaire sont soulevés au souffle du public, et rien n'est plus facile à sentir que l'absence d'une divinité sur un autel. Il nous a semblé qu'il arrivait sur nous, de ces horizons du Musée, comme une *malaria* des époques de décadence. Sombres limbes de l'histoire, où l'on ne voit plus s'agiter que des formes et non des âmes! Balancement stérile des flots de la mer humaine, qui ne transportent plus rien! Il n'y a plus de naufrages, mais il n'y a pas non plus de Christophe Colomb!

La pensée créatrice ne s'est point répandue, cette année, dans un grand moule. Nous avons vu quelques inimitables paysages, de beaux portraits et de consciencieuses études d'animaux. Mais le génie qui anime et invente un tableau comme un poëme, qui fait Raphaël égal à Virgile, et Michel-Ange égal au Dante, n'a pas même essayé de rien composer dans des proportions moindres. On a merveilleusement reproduit la nature, mais on n'a pas donné une forme nouvelle à une de ces visions qui passent dans les têtes éclairées par Dieu. On est arrivé au charme, non à la splendeur; à l'exécution, non à l'invention. Le Salon de 1853 nous semble encore inférieur, sous ce rapport, à celui de 1852. Ces deux années ne se dateront point par un chef-d'œuvre. Nous donnerions beaucoup pour avoir à nous repentir, à la fin de l'examen que nous consacrerons à l'Exposition actuelle, d'un jugement trop absolu et précipité.

Decamps ne peint plus. Paul Delaroche fait de belles choses, comme son *Passage du Mont-Saint-Bernard*, mais il ne les destine pas à la France. Horace Vernet a oublié, dit-on, pendant quelques mois, ses pinceaux dans la cellule d'une chartreuse d'Afrique; Ingres, Couture, Muller, Flandrin, Delacroix (qui a cependant envoyé trois souvenirs au Salon), Diaz, Amaury Duval, Scheffer ne font guère que de la peinture décorative ou ne livrent plus rien à l'Exposition. Tous les maîtres ne sont pas là. Cherchons ceux qui s'y trouvent, et ceux qui n'y sont représentés que par leurs disciples.

TABLEAUX D'HISTOIRE, DE RELIGION ET DE STYLE.

Le Baiser de Judas, par M. Hébert, répand une lumière mystérieuse, sinistre, et, en même temps, évangélique, qui attire de loin le regard sur une des œuvres les plus remarquables de la galerie. C'est une page du Nouveau-Testament, religieusement et harmonieusement traduite. « Ensuite, dit saint Matthieu, ils allèrent dans un lieu appelé Gethsemani, où il dit à ses disciples : Demeurez ici jusqu'à ce que j'aie fait ma prière. Mon âme est triste jusqu'à la mort. Attendez, et veillez... Il parlait encore, lorsque Judas Iscariote, l'un des douze, vint accompagné d'une grande troupe de gens armés de bâtons et d'épées, envoyés par les princes des prêtres, par les scribes et les sénateurs... Et, dès qu'il fut arrivé, il s'approcha de Jésus, et lui dit : Maître, je vous salue. Et il le baisa. Aussitôt ils mirent la main sur Jésus et se saisirent de lui. » M. Hébert n'a pas omis une ligne de ces versets de la pieuse légende. Le Gethsemani, assombri encore par l'ombre des oliviers qui tombent de la montagne et font la nuit plus noire, est lugubre comme le lieu d'un crime. Dans le fond apparaissent les murailles de Jérusalem, où pas un défenseur ne se lèvera pour sauver le Fils de l'Homme. Lui, cependant, marchait, dans la prière, dans la tristesse et dans la certitude de ce qui allait s'accomplir, à travers le sombre jardin. Sa robe blanche le trahissait comme une lueur. Les soldats arrivent. Un d'entre eux soulève sa lanterne qui éclaire toute la scène, et se verse en nappe lumineuse sur le front divin et sur la tunique éclatante. Judas alors passe son bras autour du cou de Jésus, et approche sa tête de satyre, câline et féroce, de la tête calme et sublime du Sauveur. Les grands yeux bleus, où nagent et se confondent la surprise malgré l'attente, le mépris malgré le pardon, sont des plus beaux et des plus expressifs qu'un pinceau ait jamais créés. La chair de Jésus frémit au contact du baiser du traître, et elle frémit en dépit de son âme qui absout toutes les iniquités. Dans le fond du ciel morne, une seule étoile, ainsi qu'une espérance d'en haut, brille au-dessus du Christ, moins douce que son regard trempé de toute l'eau sainte de l'Evangile. M. Hébert a acquis un nouveau titre à l'admiration, et son œuvre serait irréprochable, si elle n'accusait pas peut-être un arrangement un peu trop théâtral pour la simplicité de cette scène sainte.

Le *Dante Alighieri* a inspiré poétiquement M. Barrias. Nous aimons ces grands sujets, qui contiennent toute une vie dans peu de détails. Auguste Barbier a écrit:

> Et les petits enfants.....
> Disaient en contemplant son front livide et vert,
> Voilà, voilà, celui qui revient de l'Enfer!

Et M. Barrias a fait son tableau. Le poëte, ce grand exilé de Florence, descend les degrés d'une rue de Ravenne, pour regagner le palais des Polentani, où on lui avait ouvert un asile. Il est seul. Il roule un monde dans son *œil visionnaire*, ainsi que dit Hugo, cet autre Dante. Son front, sur lequel l'exil déplie ses voiles, a traversé l'Enfer, et en a gardé la couleur, comme celui du nageur garde le ruissellement de l'eau qu'il a coupée. Cette tête verte se détache bien dans le ciel bleu. Et les enfants, qui jouaient sur la place, se sont écartés pour laisser passer l'hôte mystérieux de Ravenne. Le plus grand s'avance, effrayé et hardi, et, dans une pose ravissante, regarde furtivement l'homme qui vient de faire ce terrible voyage. Un autre, tête blonde et mutine, raconte à sa sœur ce que lui a dit sa mère sur ce seigneur étranger. Un autre enfant, qui ne croit déjà plus à l'enfer, continue à remuer ses osselets sur les dalles. Ces enfants expriment bien la curiosité dans la peur. M. Barrias appartient à l'école du contraste. Ainsi, le Dante livide, et les enfants roses. Mais il y a un grand effet de majesté, de solitude et de philosophie dans ce tableau. Ce poëte, sous les pieds duquel les siècles s'entasseront, est touchant et plus grand encore, au milieu de ces enfants que sa présence effraye. L'inspiration a été noble, et le talent ne l'a pas trahie.

Nous avons associé, dans notre impression, *la Paix*, de M. Louis Boulanger, et *la Renaissance*, de M. Landelle. Ces deux toiles symboliques ont d'éminentes qualités. La tête de la Paix ferait des conversions même parmi les soldats les plus déterminés. L'Abondance est fraîche et virginale comme une matinée de printemps. Cette peinture est riche et large, et elle reflète la force et la sérénité. On ne peut pas mettre plus de vie et plus de style dans le cadre un peu glacial d'une allégorie.

La *Renaissance*, de M. Landelle, est entièrement dans le goût de Philibert Delorme. Elle est charmante, tout en restant magistrale. Une coupe de Bernard de Palissy et un émail de Limoges égayent le bas de ce tableau, qui a su aussi être intéressant, quoique commandé, et qui ornera bien une des salles du Louvre. Nous retrouverons bientôt M. Landelle, dans des portraits, et M. Louis Boulanger, dans sa belle peinture de Mme M..., et dans le *Roi Léar*.

Maintenant, pour continuer notre première série, allons revoir le *Darius* de M. Moreau, l'*Agrippine*, de M. Duveau, la *Paix d'Amiens*, de M. Ziegler, la *Florinde*, de M. Winterhalter, les *Pèlerins d'Emmaüs*, de M. Delacroix, les *Nymphes* et l'*Annonciation*, de M. Jalabert, et le *Trépidarium*, de M. Chasseriau. HENRI DE LACRETELLE.

ACADÉMIE DES SCIENCES.

De l'influence de l'action vitale et même de la volonté sur la matière inerte; observations de M. Chevreul sur cette communication. — Encore quelques mots au sujet des tables et des chapeaux tournants; magnétisme animal ou mesmerisme. — Photo-lithographie, procédé des inventeurs.

Influence de l'action vitale et même de la volonté sur la matière inerte. — Le mémoire de M. Kæpplin, dont nous avons donné quelques extraits dans le dernier numéro de ce journal, a été renvoyé à une Commission de l'Académie des sciences, composée de MM. Chevreul, Boussingault, Babinet; nous reproduisons, d'après les comptes-rendus, nº 19, du 9 courant, les observations qui suivent, présentées à l'Académie par M. Chevreul :

« Après la communication du mémoire de M. *Kæpplin*, M. CHEVREUL rappelle à l'Académie des expériences qui font le sujet d'une lettre qu'il adressa à M. Ampère le 29 mars 1833, et qui fut insérée dans la *Revue des Deux-Mondes* (livraison du 1er mars de la même année); elle a pour titre : *Sur une classe particulière de mouvements musculaires.*

« M. *Chevreul* y décrit, d'après des expériences qui lui sont propres, la cause des mouvements d'oscillation d'un pendule qu'il tenait entre ses doigts, lorsque ce pendule était placé au-dessus de certains corps. Il attribue à la même cause les phénomènes dont parle M. Kæpplin, quoique plusieurs personnes aient concouru à produire ceux-ci, tandis que les premiers l'ont été par une seule. M. Chevreul ajoute que des recherches sur les moyens de découvrir les eaux souterraines et les métaux, par M. Riondet, propriétaire à Hyères, ayant été renvoyées à l'examen d'une Commission composée de MM. Chevreul, Boussingault et Babinet, il reviendra sur ce sujet comme rapporteur de la Commission. M. Riondet a fait, avec la *baguette divinatoire*, des expériences absolument correspondantes à celles que M. Chevreul a décrites en 1833, sauf qu'il n'a pas constaté, comme lui, l'influence toute-puissante de la vue, car *les phénomènes de mouvement cessent du moment où l'expérimentateur a les yeux fermés.*

« Au reste, on trouve dans les *Comptes-rendus des séances de l'Académie des sciences*, tome XXIII, séance du 14 décembre 1846, un extrait de la lettre adressée à M. Ampère. Cet extrait fut imprimé à l'occasion d'une communication de MM. Desplaces, Chabert et Robert, sur les mouvements d'un pendule tenu à la main. »

Le phénomène de la rotation des tables, quoiqu'il ait été expliqué d'une manière très-satisfaisante par divers savants, et particulièrement par M. Blanchard, un des rédacteurs du *Siècle* (mercredi 17 courant), a cependant laissé : dans l'imagination d'un grand nombre de personnes, l'idée d'un fluide agent moteur; ce fluide subtil, qui pénètre les corps, pourrait peut-être, dans cette circonstance, être assimilé au *magnétisme animal*, au *mesmérisme*. Le médecin allemand, fondateur de la fameuse doctrine qui porte son nom, avait la prétention de guérir les malades : jusqu'à présent les expériences des tables et chapeaux tournants ont parfois, au contraire, fait tomber dans de violentes crises les personnes douées d'un système nerveux délicat et irritable. Quoi qu'il en soit, et malgré ces résultats, en apparence si différents, nous croyons qu'on pourra lire avec intérêt quelques lignes extraites d'une biographie du célèbre thaumaturge.

« L'appartement où Mesmer magnétisait ses malades était de l'élégance la plus recherchée; dans la salle où le traitement avait lieu et où pénétrait un demi-jour heureusement ménagé, on respirait les parfums les plus exquis et on entendait une musique délicieuse. Au milieu de la salle on voyait une cuvette couverte, ou *baquet*, d'où partaient des cordes et des tiges de fer disposées de manière à pouvoir être tournées et dirigées en tous sens. Autour de la cuve étaient les malades, ayant chacun une des cordes passée autour du corps, et tenant à la main une des tiges métalliques pour la tenir appliquée sur la partie malade. Ils quittaient de temps en temps ces tiges; *alors ceux qui étaient voisins l'un de l'autre se touchaient mutuellement les doigts*, ce qui s'appelait *former la chaîne*. Y avait-il dans le baquet couvert une vapeur concentrée, échauffante ou irritante? Ces tiges étaient-elles autant de petits tuyaux par où passait cette vapeur subtile? Ces cordes étaient-elles ointes de quelque matière excitante qui pénétrait dans l'épiderme? Le tout ensemble avait-il le pouvoir de produire une secousse électrique?... C'était le secret de l'opérateur. Mais il arrivait presque toujours que quelqu'un des malades éprouvait des agitations nerveuses, qui étaient bientôt partagées par plusieurs autres avec les modifications les plus bizarres. On appelait ces agitations *une crise*..... Chez les personnes qui avaient un tempérament ardent, un système nerveux délicat et irritable, chez les femmes surtout, la crise se manifestait par des pleurs ou des rires immodérés, par des cris perçants, par des convulsions, plus souvent par un sommeil ou somnambulisme complet. On a remarqué que les personnes qui avaient souffert des émotions pénibles prenaient en aversion le magnétiseur, et qu'il dominait, pour ainsi dire, celles dont les émotions avaient été douces et agréables. Quoi qu'il en soit, l'art de Mesmer fit des opérateurs *intrus*, qui établirent chez eux, et secrètement, des salles et des dortoirs *clinico-magnétiques*, où les mœurs n'étaient pas toujours respectées. Les femmes les plus coquettes ou les plus crédules couraient après le magnétisme, devenu bientôt une affaire du *bon ton*, avec la même fureur qu'elles couraient les modes, les spectacles et les bals. Cet enthousiasme éveilla la surveillance du gouvernement. Il nomma, pour faire un examen sévère du *magnétisme animal*, une commission, composée, pour la Faculté de médecine, de MM. Darcet, Majault, Sallin et Guillotin; et pour l'Académie des sciences, de MM. Franklin, Leroy, *Bailly*, Lavoisier et de Bory; ils assistèrent aux opérations, s'y soumirent eux-mêmes, et *ils n'éprouvèrent absolument rien.* L'examen des membres de la double Commission et surtout le *rapport* de Bailly ne furent point favorables au mesmérisme. »

L'*Annuaire pour l'an* 1853, publié par le Bureau des longitudes, contient une très-savante notice de M. Arago, ayant pour titre : *Biographie de Jean-Sylvain Bailly.*

Dans le chapitre intitulé *Rapport sur le magnétisme animal*, l'illustre auteur de cette notice a traité, avec sa supériorité habituelle, ce sujet si étrange, qui donna lieu à tant de controverses vers la fin du siècle dernier; ce chapitre excite, à tous les titres, un intérêt puissant, et fournit des renseignements qu'il serait très-curieux de consulter.

—

PHOTO-LITHOGRAPHIE.

PROCÉDÉ DES INVENTEURS.

Dans la séance du 28 juin 1852, MM. Lemercier, Lerebours et Barreswil déposèrent un paquet cacheté, contenant la description du procédé au moyen duquel ils sont parvenus à reproduire des épreuves photographiques sur pierre lithographique.

Sur la demande des auteurs, ce paquet ayant été ouvert dans la séance de ce jour (16 mai), et M. le secrétaire perpétuel en ayant donné lecture, nous le reproduisons *textuellement* :

« Le procédé que nous proposons consiste à préparer un négatif sur papier et à produire un positif sur pierre lithographique.

« Le négatif est préparé par un moyen quelconque; nous préférons le plus rapide. Le positif est obtenu par un enduit gras ou résineux, soluble dans un dissolvant quelconque, et devenant insoluble dans un dissolvant quelconque par l'action de la lumière (et peut-être de l'oxygène). La pierre lithographique, imprégnée de cet enduit, est recouverte du positif et d'une feuille de verre, et solarisée. Puis elle est mise à nu, lavée avec le dissolvant, appropriée et traitée par les procédés ordinaires de la lithographie.

« Nous avons employé jusqu'ici le bitume de Judée, indiqué par Niépce, et, comme dissolvant, l'éther sulfurique. Nous comptons reproduire de la même manière les gravures lithographiées, etc., soit en deux temps, en préparant un négatif, soit en produisant un négatif avec un positif, ce qui est une affaire de dissolvant. »

Comme nous l'avions annoncé dans le nº 19 du 7 courant, M. Milne-Edwards avait mis sous les yeux de l'Académie, dans la séance du 2 mai, les spécimens de lithophotographie qui ont été obtenus par ces procédés.

MM. Lerebours, Lemercier et Barreswil ont pris, le 3 juillet 1852, un brevet de quinze ans.

A propos de brevet, nous trouvons dans le *Catalogue des brevets d'invention, pris du 1er janvier au 31 décembre 1852, dressé par ordre de M. le ministre de l'intérieur, de l'agriculture et du commerce*, et adressé à M. le secrétaire perpétuel de l'Académie, à la série *Photographie, Daguerréotype*, les dix numéros suivants :

— 26 février 1852 : Reutlinger, photographe à Bade; Reproduction sans retouchage des dessins par la photographie; brevet de quinze ans, le 8 janvier 1852.

— 26 février 1852 : Moyens perfectionnés propres à fixer les couleurs et rendre les portraits du daguerréotype inaltérables et indestructibles; Allouis, brevet de dix ans, pris le 9 janvier 1852.

— 12 juin 1852 : Système pour prendre des épreuves simultanées ou successives, à l'usage du stéréoscope; Gaudin, brevet de quinze ans, le 8 août 1852.

—25 juillet 1852 : Système d'encadrement reproduisant en même temps que la figure faite au daguerréotype, ou au moyen de la photographie, les exergues, légendes, noms, qualités, professions, dates, etc., ainsi que cela se pratique en numismatique; Richard, brevet de quinze ans, pris le 25 mai 1852.

— 25 août 1852 : Système d'images photographiques coloriées, dit tardéochrôme; Tardieu, brevet de quinze ans, pris le 28 juin 1852.

— 30 août 1852 : Application de la peinture à la photographie sur verre et tous autres corps transparents; Dufafort, brevet de quinze ans, pris le 6 juillet 1852.

— 2 septembre 1852 : Châssis multiple à papier sec, à l'usage de la photographie; Plant, brevet de quinze ans.

— 2 septembre 1852 : Combinaison et fabrication d'épreuves photographiques, dites bichromatypes transparents, sur papier, sur verre, à l'usage spécial des stéréoscopes; Sanson et Deschamps, brevet de quinze ans, le 12 juillet 1852.

—8 novembre 1852 : Obturateur photographique Bertsch, brevet de quinze ans, le 6 octobre 1852.

— 19 novembre 1852 : Production instantanée et économique des images photographiques par des lumières artificielles; Gaudin et Jourdan, brevet de quinze ans, le 15 octobre 1852.

Le journal *l'Invention*, publié par M. Gardissal, donne, dans chaque numéro mensuel, la liste des brevets pris à Paris dans le mois précédent; dans les départements, en Belgique et à l'étranger, dans le mois antérieur. A.-T. L.

En arrivant, l'autre semaine, d'Angleterre, où nous avons fait tant d'études intéressantes, et où nous avons trouvé des artistes si habiles et des œuvres si remarquables, nous avons vu dans nos cartons tant d'épreuves nouvelles que MM. Baldus, Marteus, Bayard, Legray, Renard, Bertsch et d'autres encore, également aimés de nous et du public, y ont déposées pendant notre absence, que nous ne savons plus réellement par où commencer pour rendre compte et admirer. Cependant quelques-uns de nos chers artistes nous ont manifesté le désir de nous voir parler d'abord de leurs confrères étrangers; c'est une courtoisie dont nous leur sommes reconnaissant. Nous voudrions pouvoir rendre aux photographes anglais, dans nos colonnes, un peu de la gracieuse hospitalité qu'ils nous ont donnée dans leurs ateliers et dans leurs réunions. Nous commencerons donc, dans le plus prochain numéro de *La Lumière*, une série d'articles sur MM. Claudet, le comte de Montizon, R. Fenton, le docteur Percy, Rosling, Hennemann, Kilburn, de La Motte, Sanford (de Londres), Shaw (de Birmingham), Owen (de Bristol). C'est ainsi, en critiquant les œuvres, en dépeignant les ateliers, en indiquant les procédés, que nous essayerons de faire connaître à nos lecteurs l'état actuel de la photographie en Angleterre.

Ernest Lacan.

LES PEINTRES ILLUSTRES.

JULES ROMAIN.

Jules Romain naquit à Rome en 1492. Elève de Raphaël, il fit des progrès si rapides à cette école que le maître lui-même en fut surpris.

Raphaël lui confia bientôt, sur ses dessins, l'exécution de ses plus beaux ouvrages, et le jeune Jules donnait à toutes ses figures une vie et une action qui manquaient souvent aux ouvrages de son maître.

Grand dans ses ordonnances, d'un esprit très-fécond, il rappelait la manière des artistes de l'antiquité par ses idées nobles et élevées. Il dessinait correctement; mais une disposition naturelle l'éloignait de cette grâce simple, et en apparence facile, qui faisait le charme principal des œuvres de Raphaël; elle l'entraînait à des airs de grandeur souvent dépourvus de l'inspiration du vrai.

Jules avait toute l'érudition nécessaire à l'exercice de son art. Il y joignait une connaissance approfondie des antiques et des médailles.

Durant la vie de Raphaël, le mérite du disciple fut absorbé dans les ouvrages qu'il faisait pour son maître. Toute son application tendait à les exécuter parfaitement, et il y réussissait; mais après la mort de ce grand modèle, Jules se montra bien différent dans ses travaux. Il s'abandonna à certains caprices et à une fougue d'imagination qui faisaient tort à la simplicité de la nature. Ses chairs tiraient sur le rouge de brique, il mêlait trop de noir à ses teintes, et ses desseins se ressentaient encore davantage d'une absence de goût dans les draperies et dans la pose exagérée des personnages.

Raphaël, qui l'aimait de préférence à tout autre de ses élèves, le fit son héritier, conjointement avec Jean-Francisque, dit le *Faiseur* (il fattore). Il le chargea de terminer les ouvrages qu'il avait commencés au Vatican, et notamment la salle de Constantin. Jules s'en acquitta dignement, aidé de Jean-Francisque et de Raphaël del Collo. Dans le tableau où Constantin donne au pape la ville de Rome, il se peignit lui-même, avec le comte de Castiglione et quelques autres de ses amis.

Lorsque les ouvrages du Vatican furent achevés, Jules Romain se laissa emmener, par le comte de Cortillonne, à Mantoue où on lui fit des fêtes dignes de ce siècle des beaux-arts pour l'Italie. Ce voyage lui épargna la punition qui aurait pu tomber sur lui pour les vingt estampes obscènes qu'a gravées Marc-Antoine Raymondi, connues sous le nom de figures de l'Arétin. Tout l'orage tomba sur le graveur qui se trouvait à Rome.

Le duc de Mantoue le logea au château du T. L'artiste reconnut cette libéralité en transformant presque entièrement cette résidence princière; quoiqu'il n'y eût en ce lieu que des briques pour bâtir, il en fit des colonnes, des chapiteaux, des corniches et autres ornements dignes d'admiration. On voit encore dans un salon carré le Mariage de l'Amour et de Psyché, peint avec tant d'art que les figures, qui n'ont que la longueur du bras, paraissent, vues en dessous, de grandeur naturelle. Quant aux chevaux et chiens du duc, peints à fresque dans une salle, ils sont dus au pinceau de deux de ses élèves, Rinaldo de Mantoue et Benoît Pagni.

A l'exemple de Raphaël, Jules Romain faisait, sur ses dessins, ébaucher et même terminer ses tableaux par ses disciples, et les repassait entièrement lui-même. C'est ainsi qu'a été exécuté le plafond du vestibule où l'on voit l'histoire d'Icare avec les douze mois de l'année, indiqués par les travaux qui leur conviennent. Jules fit encore d'autres ouvrages dans ce palais, tels que les géants foudroyés par Jupiter, la guerre de Troie, etc.

Jules Romain s'adonna aussi à l'architecture; il avait bâti sur le mont Janicule un petit palais d'une beauté ravissante, et orné de peintures exquises. Les libéralités du duc de Mantoue ayant beaucoup augmenté sa fortune, il fit construire pour sa famille, aux portes de Rome, la villa Madame, qu'il orna également de peintures, et où il établit un cabinet de médailles et d'antiquités du choix le plus précieux.

Jules Romain a enrichi plusieurs villes d'Italie de productions attestant une grande variété de conceptions. C'est ainsi qu'on lui doit, à Bologne, la façade de l'église de Sainte-Pétronne.

L'architecte de Saint-Pierre étant venu à mourir, Jules fut nommé à sa place. Mais le cardinal de Gonzague et sa famille mirent tant d'instance à le retenir près d'eux, qu'ils lui firent décliner ce poste élevé, et la mort vint le surprendre à Mantoue au moment où il recevait de cette famille la plus gracieuse hospitalité; il avait alors cinquante-quatre ans. On l'enterra dans l'église de Saint-Barnabé.

Les principaux ouvrages de Jules Romain se trouvent à Rome et à Mantoue; on en rencontre cependant par toute l'Italie et même ailleurs. Ses dessins sont très-spirituels, très-corrects; ils sont lavés au bistre, quelquefois rehaussés de blanc, le trait fier et délié, est toujours à la plume. Ses hachures sont de droite à gauche et croisées irrégulièrement dans les ombres. La fierté affectée des têtes, la sécheresse des contours, la médiocrité des draperies et le peu de grâce en déparent la beauté.

F. Bouvet.

APPAREIL A OBJECTIFS JUMEAUX

POUR ÉPREUVES STÉRÉOSCOPIQUES

Inventé par M. Quinet. — Brevet d'invention (s. g. d. g.).

M. Quinet vient de faire une découverte des plus intéressantes pour la production des épreuves stéréoscopiques. Ces épreuves prennent de plus en plus faveur; l'appareil en question est par conséquent une excellente acquisition pour l'art de la photographie.

Les épreuves formées avec un pareil objectif, on le sait, manquent généralement de relief, comparativement à celles qui sont vues au stéréoscope; les plans sont confondus; il n'y a pas d'air entre eux; et c'est par cette raison qu'il en résulte toujours déformation des parties antérieures, quand il s'agit de portraits. Ce défaut est surtout remarquable dans les épreuves prises avec un diaphragme très-étroit. Tout récemment, j'ai été étonné de la confusion complète des plans sur une épreuve très-pure produite avec une ouverture extrêmement petite, et j'étais à me demander pourquoi la même vue, envisagée avec les deux yeux, conservait tout l'effet de la perspective aérienne, quand un jeune dessinateur, avec qui j'en causais, me fit observer que dans l'acte de la vision habituelle l'effet stéréoscopique avait lieu en raison de l'écartement des deux yeux, et que cet écartement était *certainement* suffisant pour toutes les distances.

Précédemment j'avais dit le contraire; je croyais que l'écartement des objectifs devait croître avec la distance; d'autant mieux que dans la pratique on suivait cette règle. J'avais, il est vrai, toujours *remarqué* des monstruosités dans les épreuves vues au stéréoscope: dans les portraits, *la tête paraissait en avant ou en arrière du corps, les membres étaient disloqués*, et représentaient, en un mot, un mannequin mal bâti, qui détruisait la vie du portrait; pour les vues, *les plans se détachaient sèchement, et ne ressemblaient pas mal à des écrans découpés placés les uns devant les autres*. Je ne pensais pas que cela provînt du trop grand espacement des objectifs; j'attribuais ce désaccord à un manque d'identité dans la longueur focale des objectifs, et surtout à la non-coïncidence du point de vue central.

Quoi qu'il en soit, il est certain que les épreuves produites par l'appareil de M. Quinet ne présentent plus ce défaut capital; leur relief, bien senti, est exempt de toute déformation: dans les vues, les plans sont parfaitement distincts, et avec une telle précision que la perspective aérienne s'y trouve parfaite: par suite, dans les portraits, les membres les plus avancés paraissent dans leurs vraies proportions par rapport au corps, quel que soit leur raccourci, et tout cela est obtenu avec un appareil à objectifs jumeaux *dont les centres sont rarement plus espacés que nos deux yeux*. En un mot, on peut dire qu'il a complétement résolu le problème, sans compter que l'emploi d'un seul châssis pour les deux plaques, avec emploi facultatif d'une seule plaque pour les deux épreuves, donnera une sûreté et une facilité incomparables pour l'obtention des épreuves.

La disposition de l'appareil est très-simple et très-ingénieuse: il se compose de deux objectifs de foyer identique adaptés chacun à une planchette en bois jouant dans une même coulisse; les planchettes étant appelées au contact par des bandes de caoutchouc vulcanisé, chaque objectif porte un disque excentrique tournant à frottement sur sa monture extérieure; ces disques sont dentés, et viennent s'engrener de chaque côté sur un petit pignon placé juste au milieu de la ligne qui joint le centre des deux objectifs; ce pignon peut tourner dans les deux sens, au moyen d'un bouton moleté, qui est fixé à son axe. A cause de l'excentricité des axes, il est évident que le mouvement de rotation du pignon, joint à l'effet des ressorts, fera mouvoir les planchettes dans leur rainure en les éloignant ou les écartant du centre, toujours d'une même quantité pour chaque objectif, sans que l'axe des objectifs dévie de la normale à leur planchette.

Pour la réussite des épreuves, ces objectifs doivent satisfaire à une autre condition, qui est de produire leur image en arrière *suivant une ligne oblique convergente*, ce qui est tout à fait analogue à la divergence de la ligne de vision des épreuves vues au stéréoscope; et, comme pour le stéréoscope, les objectifs doivent préalablement avoir été réglés une fois pour toutes avec grand soin avant d'arrêter leur monture, et les disques dentés doivent avoir été réglés de même avant d'y faire mordre le pignon.

Avec un appareil ainsi construit, il devient nécessaire de faire varier la distance des objectifs suivant l'éloignement des objets à reproduire; l'écartement voulu est indiqué par la coïncidence d'un point du tableau très-voisin du centre avec des lignes noires croisées qui sont tracées sur le verre dépoli; quand, en outre, sur ce verre dépoli, l'image paraît nette et bien d'aplomb par le parallélisme évident de ses lignes horizontales avec la ligne horizontale de la glace dépolie, il ne reste plus qu'à remplacer la glace dépolie par le châssis portant une seule ou deux plaques sensibilisées, soit d'argent, soit de verre avec collodion.

Cette disposition, on le comprend, présente une foule d'avantages: on peut employer une plaque au lieu de deux plaques; par suite, la sensibilité est bien plus égale, si ce n'est identique, pour les deux images. La préparation en devient plus simple et plus rapide, et comme on peut démasquer les deux objectifs en même temps, par le soulèvement d'un écran, les deux images sont produites avec une simultanéité rigoureuse qui permettra de prendre des personnages, et donnera toujours une perfection de modelé découlant immédiatement d'un éclairage identique, chose qu'on ne pourrait obtenir avec la méthode actuelle que très-difficilement, et qui exigerait presque toujours l'emploi de deux personnes.

Dans l'appareil de M. Quinet, l'écartement minimum des objectifs est égal à la distance moyenne de nos yeux, et le plus grand écartement en plus ne dépasse pas 5 centimètres. La chambre obscure est très peu volumineuse; elle forme un prisme triangulaire de 20 centimètres environ d'arête horizontale sur 12 centimètres de hauteur, et 14 centimètres d'épaisseur dans la direction de l'axe des objectifs.

Par l'emploi de cet appareil, la photographie fera enfin disparaître les monstruosités choquantes, inséparables des plus beaux portraits, pour les yeux les moins exercés, et je me plais à signaler un des premiers le grand service que M. Quinet a rendu à notre art favori, par sa belle invention.

M.-A. Gaudin,
Calculateur du Bureau des longitudes.

Notre prochain numéro contiendra le dessin de cet ingénieux appareil, en indiquant le moyen d'obtenir les épreuves stéréoscopiques.

Plusieurs de nos abonnés nous ont parlé avec éloges des travaux photographiques de différents artistes de la province, et nous ont demandé d'en rendre compte. Nous le ferions avec bonheur, si ces artistes voulaient bien nous envoyer quelques-uns de leurs spécimens. On comprend qu'il nous est impossible de parler d'épreuves que nous n'avons pas vues, quel que soit notre désir d'être justes envers tous.

STATISTIQUE DE LA PHOTOGRAPHIE.

(13e article.)

Des appareils.—Malgré les simplifications nombreuses apportées à l'ensemble des instruments et des matières nécessaires à la reproduction des images, vues ou portraits par la daguerréotypie, la complication des parties qui concourent à cet ensemble, la série des produits chimiques qui lui sont indispensables, lui méritent bien assurément encore le nom important d'appareil, surtout si, de l'objectif et de la chambre noire, nous descendons aux châssis, aux planchettes, aux polissoirs, etc., etc., etc., tous détails sans lesquels pourtant l'exécution serait impossible. Il est bien entendu que nous ne voulons pas donner ce nom à certains appareils joujoux que l'on peut mettre dans sa poche et porter avec soi tout à son aise. Seulement, nous garderons à ces derniers une petite place dans notre statistique, et nous aimons à croire que c'est là tout ce qu'ils nous demandent.

Ces quelques mots sur la composition des appareils nous montrent déjà la part immense que doivent y avoir l'opticien et l'ébéniste. Le fabricant de porcelaine et de faïence y trouve lui-même le placement de quelques-uns de ses articles, tels que les cuvettes à brôme, les bassines à laver, quand elles ne sont pas remplacées par les mêmes ustensiles en gutta-percha. Pour le marchand de produits chimiques, c'est un commerce bien plus considérable encore par rapport à l'appréciation difficile de sa marchandise et à l'énormité de la valeur sous un plus petit volume. Mais nous allons seulement aujourd'hui borner notre étude au rôle capital de l'ébéniste dans la confection des appareils.

Si nous avons donné notre admiration à la vapeur, à l'électricité au service de la fabrication des plaques en doublé ou de leur argenture galvanique, nous n'avons pas moins été surpris lorsque nous nous sommes rendu de la chambre des laminoirs aux ateliers d'ébénisterie. Ici encore nous avons ressenti l'impulsion puissante et féconde de la vapeur et son travail effrayant, invincible, infatigable. Les scies, les meules à roder, les tours mis en mouvement avec une rapidité incalculable au moyen de courroies enroulées autour des arbres de fer promoteurs, le chant des ouvriers, le bruit des rabots, le cri des poulies, tout cela est d'un entrain qui fait le plus grand honneur à la photographie, et semble quelque chose d'incroyable à celui qui l'ignore; qui le frappe, alors qu'il en est témoin, d'un vertige et d'un étonnement dont il est long à se remettre.

Et ce qu'il y a de merveilleux surtout, c'est la diversité des occupations. Là, un bras solide et fort fixe avec peine sur la scie la planche qu'il veut régulariser; ailleurs, l'acier y creuse à l'infini les rainures pour la boîte à plaques; plus loin, la main dépolit la glace sur la meule à roder. Ici, le dernier coup de vernis se donne à l'acajou du stéréoscope; à côté, le compas dessine les articulations du pied brisé, et tout près, enfin, la chambre noire sort achevée des mains de l'ouvrier. Et ces derniers comptent par centaines. Aussi, plus nous descendons aux détails des appareils, plus la part de l'ébéniste grandit à nos yeux.

On ne peut, à proprement parler, établir d'autres divisions entre les appareils que celles des grandeurs auxquelles ils sont destinés. Encore avec les grandeurs supérieures, peut-on obtenir, des appareils qui les produisent, les dimensions immédiatement inférieures. Le plus ou moins de complications, le double de quelques parties, les châssis triplés ou quadruplés, ne sont pas des raisons déterminantes et des motifs péremptoires pour donner lieu à des classifications. Ils autorisent au plus à dire que les appareils sont plus ou moins complets. Ces considérations, jointes à certaines particularités, nous empêcheront de procéder dans notre statistique suivant notre habitude de synthèse. En effet, nous aurions trouvé combien il s'est vendu, pendant un certain temps, d'appareils complets pour le daguerréotype; nous ne ferions que rester à côté de la vérité numérique. En dehors des appareils complets, tous les jours on achète séparément des objectifs, des chambres noires, des parties d'appareils plus ou moins souvent, suivant qu'ils sont plus ou moins fragiles, ou d'un usage plus ou moins durable. Ces détails détachés de l'appareil en constituent un certain nombre que nous n'apprécierions pas si nous suivions la première méthode. Nous devons donc tenir compte de chaque partie mise à part dans le commerce, rechercher minutieusement de quoi se composent les appareils, et en déduire la quantité vendue.

Or, les appareils pour daguerréotype se composent :

D'objectifs,
De chambres noires,
De châssis à coulisses pour les épreuves,
De boîtes à mercure,
De thermomètre,
De planchettes à polir,
De cuvettes à brômer et à ioder,
De polissoirs en daim,
De polissoirs en velours,
De bassines à laver,
De pied à chlorurer,
De lampe à esprit-de-vin,
De crochet pour retirer la plaque de la bassine,
De séchoir,
De flacons garnis d'iode, de bromure de chaux, d'hyposulfite de soude, de chlorure d'or, d'alcool, de tripoli, de rouge, de mercure, de coton,
De pied brisé,
D'appui-tête,
De sablier,
De régulateur,
De boîte à couleurs, etc.

Il est évident que l'emploi et la vente de chacun des détails qui précèdent nous étant connus, nous aurons atteint notre but plus complétement. Nous pouvons laisser de côté les produits chimiques, parce qu'ils auront leur place à la première occasion.

J.-D. Du Vernay.

Nous sommes heureux de voir les journaux français et étrangers reproduire nos articles, mais nous les prions de vouloir bien indiquer la source de ces reproductions; c'est de toute justice.

NOUVELLES DIVERSES.

La vente des tableaux formant la galerie espagnole de feu le roi Louis-Philippe a commencé le 6 mai à Londres; elle a attiré une foule considérable d'amateurs et d'étrangers. *La sainte Vierge et l'enfant Jésus*, tableau de Murillo, connu en Espagne sous le nom de *la Vierge à la ceinture*, a été vendu 38,750 fr.; *Jésus-Christ et saint Jean-Baptiste au bord du Jourdain*, du même, 16,500 fr.; *le portrait de Philippe IV, roi d'Espagne*, par Velasquez, 6,250 fr.; *saint François avec les stigmates*, par Zurbaran, 6,625 fr.; *la sainte Vierge et l'enfant Jésus*, par Alonso Cano, 5,250 fr.; *noble Vénitien*, peint sur bois par Sebastien del Piombo, 4,375 fr.

(*Le Siècle.*)

Les travaux qui avaient été entrepris sur le quai du Louvre touchent presque à leur fin, et avant peu cette belle voie de communication, interrompue depuis quelque temps, sera rendue à la double circulation des piétons et des voitures. On achève la restauration et la sculpture des deux pavillons qui étaient demeurés inachevés pendant près de trois siècles. Grâce à cette résolution prise par le gouvernement, toute la ligne de constructions, depuis le pont des Saints-Pères jusqu'au pont des Arts, présentera une suite d'ornementations du style le plus élégant et le plus varié. Sur la même ligne, le sol a été abaissé et mis en harmonie avec le nouveau quai, qui a été reconstruit pour donner plus de largeur à la voie publique. Par suite de ces changements, il faut monter quelques marches pour gagner le pont des Arts, et l'entrée du Louvre forme une pente douce. Les trottoirs qui entourent les jardins, les grilles qui les protégent, sont aussi en voie de reconstruction. Avant peu, toute cette partie du littoral formera un ensemble aussi grandiose que magnifique.

(*Gazette des Beaux-Arts.*)

Un artiste danois, Scholer, vient de produire un curieux spécimen d'un art nouveau; c'est un portrait de Thorwaldsen, gravé en *stylographie*, c'est-à-dire dessiné à l'aide d'un stylet sur une pierre noire recouverte d'une couche blanche très-mince, et transporté ensuite sur le cuivre au moyen de l'électrotype. L'effet est, dit-on, très-remarquable.

Toutes les demandes et réclamations relatives au service, toutes les lettres et communications relatives à la Rédaction, doivent être adressées (*affranchies*) à M. Ernest Lacan, rédacteur en chef, au bureau du journal.—*Toute lettre non affranchie sera rigoureusement refusée. Les demandes d'abonnement doivent être accompagnées d'un* bon sur la poste, à l'ordre du Gérant.

Dans le but de faciliter à nos lecteurs les moyens de se procurer la *Lumière*, nous avons cru devoir établir des bureaux d'abonnement :

A la *Librairie Nouvelle*, 15, boulevard des Italiens;

Au *Cabinet de Lecture*, galerie d'Orléans, 2, Palais-Royal;

Chez Mlle Legentil, cabinet de lecture, place de la Madeleine;

Et chez M. Delahaye, rue de Lancry, 37.

On trouvera dans ces succursales des numéros séparés de la *Lumière* (40 c. le numéro).

Le Propriétaire-Gérant. Alexis GAUDIN.

TYPOGRAPHIE HENNUYER, RUE DU BOULEVARD, 7, BATIGNOLLES.
Boulevard extérieur de Paris.

TROISIÈME ANNÉE. N° 22. SAMEDI, 28 MAI 1853.

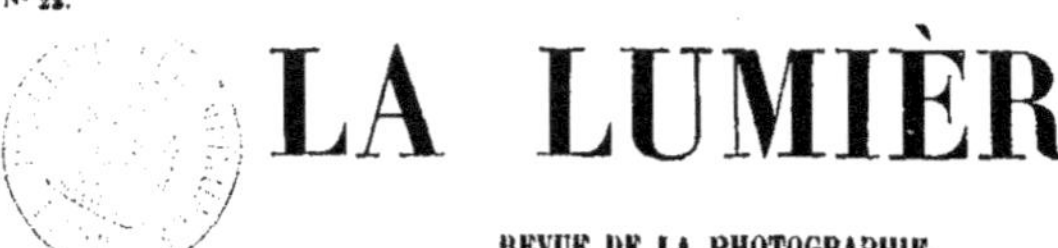

LA LUMIÈRE

REVUE DE LA PHOTOGRAPHIE.

BEAUX-ARTS. — HÉLIOGRAPHIE. — SCIENCES.

JOURNAL NON POLITIQUE, PARAISSANT LE SAMEDI.

Bureaux, rue de la Perle, 9, à Paris.

ABONNEMENTS. — *Paris*, UN AN, 16 FR.; 6 MOIS, 10 FR.; 3 MOIS, 6 FR.; *Départements*, UN AN, 18 FR.; 6 MOIS, 11 FR.; 3 MOIS, 7 FR.; *Etranger*, UN AN, 20 FR.; 6 MOIS, 12 FR.; 3 MOIS, 8 FR.

SOMMAIRE.

LA PHOTOGRAPHIE EN ANGLETERRE.

(Correspondance particulière de LA LUMIÈRE.)

Londres, 24 mai.

Selon ma promesse, je prends occasion de l'exposition de tableaux photographiques, dont j'ai fait mention dernièrement, pour parler de quelques-uns des meilleurs photographes anglais, afin de mieux faire connaître leurs noms à leurs coopérateurs en France. Je dis *quelques-uns*, parce qu'ils n'y sont pas tous représentés. Mais, des autres, je ne manquerai pas d'avoir bientôt occasion d'en parler, à propos de faits ou de procédés photographiques, ou bien de leurs résultats dont nous serons autrement amenés à traiter. Je puis aussi dire, pour ne pas y revenir, que, malgré les promesses de l'annonce, « les meilleurs photographes français » sont tout aussi imparfaitement représentés que ceux du Royaume-Uni. Non pas que ceux qui y paraissent ne soient pas des meilleurs, et ne soient pas bien représentés par leurs meilleures épreuves, car nous y avons vu de nombreux ouvrages de MM. Le Secq, Martens, Ferrier, Evrard, Renard, Bresolin, Flachéron, Moulin, Le Gray, et ils sont évidemment bien appréciés. Cependant, on verra qu'il y a beaucoup d'absents aussi, que, du reste, nous espérons bientôt y voir; car l'établissement, qui n'est que dans son enfance, cherche déjà, à ce qu'on me dit, à suppléer à ses lacunes.

Pour comparer *généralement* les ouvrages que nous trouvons là, sans individualiser, je dirai que les Français paraissent l'emporter dans le rendu des arbres en feuille, et dans les perspectives qui embrassent une étendue et une distance considérables. Peu des photographies anglaises ont aussi bien vaincu la difficulté des arbres verts, et font voir aussi distinctement les caractères et les formes différentes des divers feuillages que celles des artistes français, MM. Le Secq et Le Gray. Peu aussi approchent, pour la clarté des fonds éloignés et pour l'effet bien balancé de la perspective des tons, des vues de M. Martens. Mais nos opérateurs, cependant, ne laissent pas d'être très-forts dans certaines choses, et d'être très-près d'arriver dans toutes les autres. Des coins de bois bien charmants, des troncs d'arbres admirables de couleur et de texture, des premiers plans larges et riches d'effet, quoique microscopiques de clarté de détail, des eaux, et des reflets dans l'eau transparents, légers et harmonieux, des nuages même involontairement très-bien venus, *sans être retouchés*, des bâtiments, des rochers, des ornements, etc.; de tout cela, nos opérateurs anglais qui y figurent nous donnent des exemples magnifiques et surprenants. Et il ne faut pas oublier que nous en avons d'autres encore, qui, dans certaines choses, sont, je le crois, en avance des vôtres.

Parmi les exposants, M. Delamotte lui-même, le chef de l'établissement, prend une place très-honorable. Il expose des édifices, des paysages, des statues, et même des portraits sur papier. Dans l'architecture et dans les échappées des bois, il fait voir une excellence qui est rarement surpassée et qui promet d'arriver rapidement à une perfection plus marquée encore. Les vues des travaux du nouveau Palais de cristal, à Sydenham, près Londres, sont intéressantes comme comptes-rendus exacts et détaillés des procédés de construction et de leur progrès; et, par leur côté photographique, elles sont aussi admirables de vigueur et de perspicuité. Son *Château de Kenilworth*, ses *Vues à Penshurst*, son *Garçon sous l'arche*, et autres choses ont beaucoup de valeur. Nous avons vu aussi de ses portraits talbotypes, qui sont au moins au niveau de ce que nous avons vu jusqu'ici. Il y a de ses têtes qui n'ont pas besoin de la stéréoscopie pour s'arrondir et se séparer bien du fond, et qui, sans la moindre retouche, sont arrivées presque à la finesse de la daguerréotypie.

Il y a aussi quelques épreuves de M. Cundell. Cet opérateur mérite bien notre mention honorable, car il est le premier qui effectua et qui publia (dans le *Philosophical Magazine* de mai 1844) des améliorations notables sur le procédé de M. Talbot, que ce dernier, comme on sait, avait publié dans le mois de février 1841, et qui admettait bien des améliorations et des variations. Le procédé de M. Cundell est à peu près le meilleur que nous ayons encore, et il a ajouté beaucoup de valeur au brevet de M. Talbot; valeur qu'il a bien voulu donner librement au public scientifique, autant que cet obstacle de brevet le permettait. Nous ne voyons ici de lui que deux épreuves, qui, évidemment, n'ont pas été choisies, mais qui témoignent cependant du talent distingué de l'opérateur. L'une des deux, *Vue de Londres, prise de la rivière*, est charmante, même par ses défauts. Le premier plan est peut-être trop nébuleux, quoique la distance du grand dôme de Saint-Paul au centre soit claire et lumineuse; mais cela, en cachant un peu dans le vague les premières maisons qui ne sont guère d'un style admirable d'architecture ni d'arrangement, et en faisant ressortir à l'œil la partie la plus attrayante, ajoute à l'effet pittoresque du tableau.

M. Hugh Owen a fourni un nombre considérable d'ouvrages qui, par l'excellence de leur manipulation et par la beauté de leurs sujets, prennent place, sans contestation, dans le premier rang. M. Owen, qui demeure à Bristol, quoique la plupart de son temps soit accaparé par ses devoirs comme employé de chemin de fer, est arrivé cependant à une habileté d'opération qui laisse derrière lui beaucoup d'amateurs qui peuvent consacrer tout leur temps à des expériences photographiques. Il nous fait voir ici des épreuves variées; de bustes, de sujets religieux, de curiosités de la Chine et de l'Inde; mais c'est surtout ses paysages qui sont admirables. La *Scène des moissons* est un tableau charmant; les arbres, au centre, sont peut-être trop noirs, et, comme je l'ai fait remarquer en parlant des photographes anglais, ils sont moins bien maîtrisés que ceux de M. Le Secq, par exemple; mais les gerbes du premier plan, et le chaume sont d'un effet ravissant. Son *Pont du Lierre, en Devonshire*, est une des belles choses de la collection. Les rochers blancs en avant, avec leurs tons richement argentés; l'eau qui coule dessus, se cachant quelquefois et puis reparaissant dans de petits étangs limpides; l'encadrement d'arbres, derrière, tout autour, avec leur feuillage gracieux et riche de ton, quoique toujours un peu trop foncé; et le petit coin de maison, entrevue d'un côté; tout cela, si admirablement rendu, vous transplante inopinément, comme par la lampe d'Aladin, dans un Eden, bien loin des bruits, de la poussière, et des durs reflets des rues de la cité. M. Owen a exposé aussi quelques *intérieurs d'églises* qui sont très-bien venus.

M. Shaw, de Birmingham, a également exposé des épreuves qui méritent les mêmes éloges. Des troncs d'arbres nus, et des coins de paysages en été, qui figurent en trop petit nombre, sont tout aussi heureux d'effet poétique, et tout aussi habiles de manipulation que ceux de M. Owen que nous venons de mentionner. Un *Pont rustique* est admirablement bien choisi de site, et tout aussi admirablement rendu. Le premier plan est vivant de clarté, le fond est très-bien esquissé, quoique les arbres, au centre, soient toujours d'un ton trop accentué. Dans un autre *Pont à travers un ruisseau*, les mouvements de l'eau qui coule dessous, ses ondulations de surface, sont admirablement bien rendus. M. Shaw, par des investigations suivies longtemps et avec persévérance, a pu ajouter beaucoup d'instructions précieuses à notre connaissance sur les causes des changements chimiques qui s'opèrent dans la reproduction des images photographiques. Il a publié, dans le *Philosophical Magazine*, le résultat de ses expériences, pour lesquelles il a eu un coopérateur très-habile dans le docteur Percy, qu'il a d'abord initié à la connaissance de la photographie.

Un autre des exposants, ici, qui a apporté des améliorations notables dans les procédés photographiques, c'est M. Bingham. Il a ajouté des modifications utiles au procédé talbotypique de M. Cundell. Il a publié aussi, dans le *Philosophical Magazine* d'octobre 1846), « une amélioration du procédé daguerréotypique, par l'application de quelques composés nouveaux de brôme, de chlore et d'iode avec la chaux. » Il expose des épreuves de vues de Jersey, qui sont lumineuses et riches de ton. *La Mare tranquille* est un très-joli petit coin; l'eau n'est guère assez limpide, mais les rochers et les buissons sont très-bien rendus. Une *Chaumière à Jersey* est d'un très-bon effet; les vignes grimpantes en groupe contre la muraille sont bien légèrement et bien gracieusement reproduites et les ombres portées sont d'une transparence agréable.

Les ouvrages de M. Buckle, de Peterborough, sont des mieux dans le rendu des arbres. *Shorpe Park*, par exemple, n'est pas très-loin des épreuves de MM. Le Secq et Le Gray, sous ce rapport. Dans les vues des monuments aussi, où les exposants français sont bien les plus forts, il est arrivé à d'heureux résultats. Les vues variées de la *Cathédrale de Peterburgh* et d'autres monuments ont bien leur mérite; mais les nombreuses vues de Venise, par M. Bresolin, par l'intérêt et par les avantages supérieurs de leurs sites, aussi bien que par la réussite parfaite de leur manipulation, ont un succès qui rend difficile la concurrence de l'architecture native.

M. Fenton, secrétaire de la Société photographique, est un de ceux qui ont exposé le plus grand nombre d'épreuves, bien qu'il soit l'un des moins anciens dans la pratique de la photographie. Ses ouvrages donnent beaucoup de promesses, et témoignent d'une persévérance honorable. S'il mettait un peu plus de soins dans la préparation de ses épreuves, et cherchait plutôt la perfection que le nombre, nous croyons que ses progrès seraient encore plus rapides. Toutefois, il nous fait voir des troncs d'arbres nus qui sont très-bien venus, et de ton et de clarté de détail, et qui, avec une manipulation un peu plus délicate et patiente, n'auraient rien laissé à désirer. L'intérêt se rattache surtout à ses vues variées de localités, en Russie, dont nous parlons tous, mais que peu de personnes ont l'occasion de voir. Saint-Pétersbourg, Moscou, Kief, le Kremlin, etc., sont ici devant vous, dans toute leur réalité, et de tous les points. Cette architecture, moitié italienne, moitié orientale, a, dans ce mélange, une originalité d'effet surprenante et agréable. Le résultat en est quelquefois étrange; mais le plus souvent, les contours et les masses s'harmonisent bien et produisent un effet élégant et riche. M. Fenton nous a donné aussi quelques effets de neige qui sont très-bien réussis. Il y a également quelques paysages vastes, plats, marécageux, qui s'en vont à l'infini, et sur lesquels plane un air de désolation et de mort, qui fait bien comprendre, en serrant le cœur d'un accès involontaire de douleur, les désastres terribles et inexprimables de cette retraite à jamais mémorable des restes de la grande armée. On voit presque passer, à travers leurs déserts sombres et illimités, les ombres toujours errantes de ces malheureux braves.

Il y a aussi des épreuves d'un mérite considérable par MM. Cocke, Sherlock et d'autres ; mais il ne faut pas que j'oublie de mentionner M. Horne, chimiste et fabricant (de profession) de matières photographiques, qui, dans l'emploi du collodion, a donné un procédé et des suggestions utiles, et dont nous avons ici des paysages et des portraits qui font preuve d'une réussite marquée dans la pratique de son procédé.

Je viens de voir des épreuves du procédé de gravure photographique de M. Talbot. Il en a sans doute envoyé à Paris, où il est probable que vous les aurez déjà vues ; j'ai été très-content de les voir, et d'autant plus qu'elles justifient pleinement tout ce que j'en ai dit provisoirement dans vos colonnes. Ce sont des ombres égales et sans détails en dedans des contours, des ombres plates de feuilles et de dentelle. Voilà tout. Ce n'est rien encore que l'ombre d'un objet qu'on peut superposer directement sur la planche ; il a choisi des feuilles primates et ternates, afin que le contour soit le plus varié possible, et que l'ombre ne soit pas d'une masse trop grande. Une feuille qui n'aura même que la grandeur d'une seule feuille de rosier y perdra toute sa beauté et tout son intérêt ; car ce procédé lui fera perdre tous ses détails et toutes ses inégalités, qui lui donnent une expression particulière, et ses ondulations de lumière et d'ombre, et il la réduira à un contour forcé et distorqué par la pression entre les deux surfaces plates, et qui ne sera rempli que d'un ton mort et égal. J'ai vu aussi ce qui a dû être évidemment une épreuve du *voile photographique*. De ce voile, je crois que le mieux à dire, ce sera le moins possible. Sa valeur est si inappréciable, qu'on ne doit pas chercher à lui retirer ce voile de doute modeste dont son inventeur l'a laissé entouré.

Mais je ne veux nullement déprécier cette découverte de M. Talbot. En cherchant à la réduire à ses dimensions véritables, en ne la considérant comme rien que le commencement d'un commencement, je ne veux certainement pas lui ôter son importance véritable. Si nous pouvions la séparer des circonstances environnantes dont j'aurai peut être à vous parler plus tard ; la séparer des prétentions d'être plus qu'elle n'est ; la séparer surtout du brevet monstrueux et inexcusable, qui, sur la réclamation d'un premier pas, cherchera à engloutir tout autre progrès à venir, à entraver et à accaparer toute autre découverte semblable ; si nous pouvions, dis-je, l'envisager par ses seuls et vrais mérites, nous ne pourrions pas regarder sans un enthousiasme profond, sans émotion de satisfaction et d'espérance, ces premiers et étroits essais d'une puissance inconnue jusqu'ici de tous les grands hommes du passé ; ces balbutiements d'une éloquence brillante, quoique sans voix, qui bientôt peut-être ornera de ses images des plus belles œuvres de Dieu et de l'homme, les murailles des plus pauvres et les âmes des plus ignorants. Certes, je voudrais pouvoir l'envisager ainsi, sans avoir l'attention détournée, et l'enthousiasme tenu en bride par l'obtrusion sur la considération des mesquineries de l'inventeur, mesquineries qui sont d'autant plus impardonnables, que celui qui en est coupable est dans une position riche et aisée, et indépendante ; et qu'il est, par conséquent, de son *devoir* de donner libéralement, fièrement et sans arrière-pensée, au monde qui lui fournit les moyens de vivre pour ces travaux qu'il préfère, leurs résultats les plus grands et les plus petits, les plus complets et les plus informes. C'est en agissant ainsi, et non pas par des démarches pitoyables auprès des gouvernements, pour un titre dont il n'aura pas alors besoin, qu'il parviendra à se faire et à garder, dans le souvenir et dans l'admiration du monde, un nom dont l'éclat éteindra le pauvre clinquant de toute une page de titres dérivant de Bains ou de Jarretières, ou d'autres sources ridicules. La vraie noblesse et la vraie grandeur vivante n'ont pas besoin de l'attribution d'une noblesse factice et de la grandeur des morts. Du reste, l'homme des sciences nouvelles, l'inventeur, le conquérant de l'avenir, doit moins que personne convoiter les vanités des temps passés ; il doit surtout *se donner*, en tout ce qu'il est et en tout ce qu'il a, à son œuvre.

Je suis très-content de voir que M. Talbot a des amis en France qui ne laisseront pas parler légèrement de lui ni de son œuvre. Cette amitié désintéressée et vigilante leur fait honneur. Pour ma part, je ne parle pas légèrement, mais très-sérieusement, et sur des données qui ont ma croyance complète.

FRANK SCOT.

SCIENCES.

Séance de l'Académie des sciences du 23 mai. — Gravure héliographique sur plaque d'acier, par MM. Niépce de Saint-Victor et Lemaître. — Appareils pour épreuves stéréoscopiques, inventé par M. Quinet. — Correspondance : — Lettre de MM. Vauquelin et Séguin aîné. — Rotation des tables, etc. ; Remarques de M. Arago. — Nouvelle planète découverte par M. Luther, de Dusseldorff.

Académie des sciences, séance du 23 mai 1853. — Nous avons remarqué, à l'ouverture de la séance, plusieurs groupes qui se formaient autour de M. Chevreul ; l'illustre membre de l'Institut présentait à ses honorables collègues les spécimens de gravure sur acier (planches et épreuves) obtenus par MM. Niépce et Lemaître, et leur donnait l'explication des procédés employés par les inventeurs et l'habile artiste. Pendant assez longtemps MM. Biot, de Sénarmont, Chevreul et Becquerel, auprès desquels est venu se placer M. le maréchal Vaillant, paraissaient examiner avec le plus vif intérêt les épreuves très-satisfaisantes qui leur étaient soumises.

Nous reproduisons plus loin le mémoire de MM. Niépce et Lemaître, tel qu'il a été lu pendant la séance.

M. Chevreul dépose ensuite sur le bureau les deux planches gravées sur étain par *Nicéphore Niépce*, envoyées par le célèbre inventeur « *de Châlon-sur-Saône*, le 2 FÉVRIER 1827 », imprimées depuis par M. Lemaitre, et il insiste surtout sur cette date remarquable de l'année 1827, qui assigne et restitue à la France une de ses plus belles gloires.

C'est avec une vive satisfaction, avec un sentiment d'orgueil national bien naturel que le savant directeur de la manufacture impériale des Gobelins a fait remarquer que MM. Niépce et Lemaitre, les modestes auteurs, ont, par cette communication, *déposé au public* leurs procédés, puisqu'ils n'ont pas voulu prendre de brevet d'invention, et qu'ils invitent ainsi, par leur désintéressement, les artistes *de tous les pays* à ajouter de nouveaux moyens pratiques à l'art de la gravure, en leur faisant part des améliorations qu'ils ont apportées aux importantes découvertes faites par Nicéphore Niépce, dont une mort fatale et prématurée a interrompu, il y a vingt ans, les utiles et brillants travaux.

— M. Arago a présenté à l'Académie, dans cette même séance, l'*appareil à objectifs jumeaux pour épreuves stéréoscopiques*, de M. QUINET, notre savant collaborateur. M. A. Gaudin a rendu un compte très-détaillé, dans le dernier numéro du Journal, de la découverte très-intéressante de M. Quinet.

CORRESPONDANCE.

— MM. Vauquelin, de Mortagne, Séguin aîné et Mongolfier ont, dans des lettres adressées à M. le secrétaire perpétuel, entretenu l'Académie des faits merveilleux observés par eux et leurs amis, dans le phénomène de la rotation des tables. M. Vauquelin ayant cité, entre autres faits, ceux déjà bien connus de la conversation muette établie entre les opérateurs les plus convaincus ou les plus habiles, et les tables les mieux roulantes ou les plus savantes, M. Arago a dit qu'il serait curieux de savoir si dans ces réunions d'hommes aussi instruits que distingués, qui ont tenté ces expériences, on avait essayé d'adresser aux meubles intelligents des questions en toutes sortes de langues, en hébreu, en arabe, en chinois, etc., et si ces expériences avaient réussi. M. Arago, dont les vastes connaissances sont aussi étendues que sa mémoire est prodigieuse, rappela un fait surprenant qu'il observa il y a bien longtemps à l'occasion de la confection, par un excellent artiste, M. Héliot, de deux pendules astronomiques. Pour connaître toute la valeur de ces instruments et, en même temps, la solidité des appuis qu'il était nécessaire de leur donner, on décida que ces horloges seraient placées sur un même mur, et qu'on étudierait avec soin le mouvement oscillatoire des balanciers. Les dispositions étant prises, on donna le mouvement d'oscillation au balancier de l'horloge A seulement ; peu de temps après, l'horloge B, laissée en repos à dessein, marchait ; le mouvement d'oscillation s'était communiqué de l'une à l'autre au moyen des impulsions ressenties par le mur. Mais alors, A, qui avait communiqué le mouvement à l'horloge B, resta en repos, tandis que celle-ci continuait sa marche avec plus de rapidité ; et réciproquement, lorsque l'horloge A reprit son mouvement, B cessa peu à peu le sien et resta en repos. Dans cette expérience, il est à remarquer que la foi et la volonté n'ont aucune action à exercer, c'est la matière inerte seule qui agit, et produit les résultats singuliers qui ont été observés.

— M. Argelander, de Bonn, membre correspondant de la section d'astronomie, annonce que M. Luther, placé à un observatoire particulier de X., près de Dusseldorff, a découvert une nouvelle planète qui devra prendre le signe (23). La planète de M. de Gasparis, découverte un jour avant celle de M. Chacornac, a été désignée définitivement par le signe (24), celle de M. Chacornac par le signe (25) ; donc la nouvelle, découverte par M. Luther, portera le signe (26).

MÉMOIRE SUR LA GRAVURE HÉLIOGRAPHIQUE

SUR PLAQUES D'ACIER,

Par MM. NIÉPCE DE SAINT-VICTOR et LEMAITRE, lu dans la séance du 23 mai 1853.

J'ai l'honneur d'annoncer que, conjointement avec M. Lemaitre, graveur, je viens de faire une nouvelle application des procédés de mon oncle (Joseph-Nicéphore Niépce).

Ces procédés se trouvent décrits dans la communication officielle de M. Arago, séance du 19 août 1839 (comptes rendus, tom. IX, page 155.

Mon oncle se servait de bitume de Judée, dissous dans l'essence de lavande, de manière à en former un vernis semblable, quant à l'aspect, au vernis des graveurs. Il l'étendait, au moyen d'un tampon, sur une plaque de cuivre ou d'étain, et appliquait ensuite le recto d'une gravure vernie sur la plaque préparée, la recouvrait d'un verre, et l'exposait à la lumière. Après une heure ou deux d'exposition, il enlevait la gravure et recouvrait la plaque d'un dissolvant composé d'huile de pétrole et d'essence de lavande.

Cette opération avait pour but de faire apparaître l'image qui était invisible, en enlevant le vernis dans toutes les parties qui avaient été préservées de l'action de la lumière, tandis que celles qui avaient été impressionnées par son action étaient devenues insolubles ; il s'ensuivait de là que le métal était mis à nu dans toute la partie correspondant au noir de la gravure, et en conservait, bien entendu, toutes les demi teintes.

Il chassait ensuite mécaniquement le dissolvant, en versant de l'eau sur la plaque, la séchait, et l'opération était terminée.

J'ai l'honneur de présenter à l'Académie deux épreuves que M. Lemaitre a fait imprimer avec les planches gravées sur étain par mon oncle ; ces planches lui avaient été envoyées de Châlon-sur-Saône, le 2 février 1827 (1).

Mon oncle, dans le principe de sa découverte, n'avait d'autre but que de préparer, par la lumière, une planche susceptible ensuite d'être gravée à l'eau-forte, sans le secours du burin ; plus tard, il changea d'idée et chercha à produire une image directe sur métal, dans le genre de celle que l'on connait aujourd'hui, sous le nom d'image daguérienne.

C'est pour cela qu'il abandonna la plaque de cuivre pour celle d'étain, et, enfin, la plaque d'étain pour celle d'argent, sur laquelle il travaillait à l'époque de sa mort.

J'arrive maintenant aux modifications que M. Lemaitre et moi avons apportées aux procédés de mon oncle.

L'acier sur lequel on doit opérer ayant été dégraissé avec du blanc de craie, M. Lemaitre verse, sur la surface polie, de l'eau dans laquelle il a ajouté un peu d'acide chlorhydrique dans les proportions de 1 partie d'acide pour 20 parties d'eau ; c'est ce qu'il pratique pour la gravure à l'eau-forte, avant d'appliquer le vernis ; par ce moyen, celui-ci adhère parfaitement au métal.

La plaque doit être immédiatement bien lavée avec de l'eau pure, et puis séchée.

Il étend ensuite à l'aide d'un rouleau recouvert de peau, sur la surface polie, *le bitume de Judée dissous dans l'es-*

(1) Lettre originale entre les mains de M. Lemaitre.

sence de lavande, soumet le vernis ainsi appliqué à une chaleur modérée, et quand il est séché, on préserve la plaque de l'action de la lumière et de l'humidité.

Sur une plaque ainsi préparée, j'applique le recto d'une épreuve photographique directe (ou positive) sur verre albuminé ou sur papier ciré, et j'expose à la lumière pendant un temps plus ou moins long, suivant la nature de l'épreuve à reproduire, et suivant l'intensité de la lumière; dans tous les cas, l'opération n'est jamais très-longue, car on peut faire une épreuve en un quart d'heure au soleil, et en une heure à la lumière diffuse. Il faut même éviter de prolonger l'exposition, car dans ce cas l'image devient visible avant l'opération du dissolvant, et c'est un signe certain que l'épreuve est manquée, parce que le dissolvant ne produira plus d'effet.

J'emploie pour dissolvant trois parties d'huile de naphte rectifiée et une partie de benzine (préparée par Colas) : ces proportions m'ont en général donné de bons résultats; mais on peut les varier en raison de l'épaisseur de la couche de vernis et du temps d'exposition à la lumière, car plus il y aura de benzine, plus le dissolvant aura d'action. Les essences produisent le même effet que la benzine, c'est-à-dire qu'elles enlèvent les parties du vernis qui ont été préservées de l'action de la lumière. L'éther agit en sens inverse, ainsi que je l'ai découvert.

Pour arrêter promptement l'action et enlever le dissolvant, je jette de l'eau sur la plaque en forme de nappe, et j'enlève ainsi tout le dissolvant; je sèche ensuite les gouttes d'eau qui sont restées sur la plaque, et les opérations héliographiques sont terminées.

Maintenant reste à parler des opérations du graveur; M. Lemaitre se charge de les décrire.

COMPOSITION DU MORDANT.

Acide nitrique à 36°, en volume..	1	partie.
Eau distillée.	8	—
Alcool à 36°.	2	—

L'action de l'acide nitrique étendu d'eau et alcoolisé dans ces proportions a lieu aussitôt que le mordant a été versé sur la plaque d'acier, préparée comme il vient d'être dit; tandis que les mêmes quantités d'acide nitrique et d'eau sans alcool ont l'inconvénient de n'agir qu'après deux minutes au moins de contact. Je laisse le mordant fort peu de temps sur la plaque, je l'en retire, je lave et sèche bien le vernis et la gravure, afin de pouvoir continuer et creuser le métal plus profondément sans altérer la couche héliographique. Pour cela, je me sers de résine réduite en poudre très-fine, placée dans le fond d'une boîte préparée à cet effet. Je l'agite à l'aide d'un soufflet, de manière à former une sorte de nuage de poussière que je laisse retomber sur la plaque, ainsi que cela est pratiqué pour la gravure à l'aquatinta; la plaque est alors chauffée, la résine forme un réseau sur la totalité de la gravure, elle consolide le vernis qui peut alors résister plus longtemps à l'action corrosive du mordant (acide nitrique étendu d'eau, sans addition d'alcool). Elle forme dans les noirs un grain fin qui retient l'encre d'impression et permet d'obtenir de bonnes et nombreuses épreuves, après que le vernis et la résine ont été enlevés à l'aide de corps gras chauffés et des essences.

Il résulte de toutes ces opérations que, sans le secours du dessin, on peut reproduire et graver sur acier toutes les épreuves photographiques, sur verre et sur papier, sans avoir besoin de la chambre obscure.

Les épreuves que nous avons l'honneur de présenter sont encore imparfaites, mais elles ne sont pas retouchées; un graveur pourrait, avec peu de travail, en faire de bonnes gravures.

Nous espérons pouvoir atteindre bientôt le degré de perfection que nous désirons. Ces procédés, étant *publics*, deviendront de nouveaux moyens pratiques ajoutés à l'art de la gravure. A.-T. L.

RÉUNION PHOTOGRAPHIQUE.

Une réunion nombreuse d'artistes, d'amateurs, d'hommes de lettres, a eu lieu mardi dernier chez M. Ernest Lacan.

L'intérêt de cette soirée devait être principalement dans les épreuves variées que M. Lacan a rapportées d'Angleterre. Mais nos artistes ont su le diviser en nous ouvrant leurs cartons, et en répandant sous nos yeux un nombre infini d'œuvres remarquables à tous les titres.

Les épreuves anglaises étaient faciles à reconnaître, quand bien même elles n'auraient porté ni titre ni nom d'auteur. Il existe, en photographie, une école anglaise et une école française bien distinctes l'une de l'autre, ayant chacune ses beautés, son caractère, son coloris. Il y a autant de différences entre leurs productions qu'il y en a entre les diverses écoles de peinture. Le choix des sujets, la manière, le ton, les catégorisent distinctement.

Nous ne décrirons pas les épreuves des artistes anglais, M. Lacan s'étant réservé d'en parler longuement dans des articles spéciaux. Nous dirons seulement qu'elles ont répondu avec succès à la curiosité qui poussait toutes les mains et qui dirigeait tous les regards vers elles.

Les *Scènes de forêt*, de M. Roger Fenton, ses *Vues de Russie*; la *Ferme anglaise*, de M. Sandford; les portraits au collodion, de M. Henneman, ont vivement attiré et captivé l'attention. Il y a dans ces vues et ces portraits des effets nouveaux que l'on étudiait avec intérêt. Quelques portraits sur plaques de M. Claudet, dont on connaît ici, aussi bien qu'en Angleterre, l'intelligence artistique et la rare expérience, ont soutenu avantageusement l'examen attentif auquel ils ont été soumis, et n'ont rien retranché à l'idée favorable qu'on s'en était faite.

Parmi les épreuves rapportées de Londres se trouvaient les reproductions d'animaux vivants, si merveilleusement réussies par M. le comte de Montizon, et dont *la Lumière* a déjà eu occasion de parler lors de leur présentation à la Société photographique anglaise. On les regardait longtemps pour les admirer; et, quand on les avait bien examinées, on voulait les revoir encore. Il y a tant de vérité, tant de mouvement, tant de vie, dans ces animaux saisis instantanément dans toutes les attitudes, qu'on trouvait, à chaque regard, une expression, un trait caractéristique, une beauté d'exécution qui avait échappé tout d'abord.

On a beaucoup remarqué deux portraits sur plaque métallique, dus au talent de MM. Meade frères, de New-York. L'un de ces portraits, surtout, excitait une curiosité toute particulière : c'est celui du révérend Hill, l'inventeur présomptif du Hillotype. Comme nos lecteurs ne seront sans doute pas fâchés de savoir à peu près comment est cet intéressant personnage, nous allons le décrire de notre mieux.

Qu'on se représente donc une figure longue, ravagée par la petite vérole; un front élevé, mais resserré aux tempes; une forêt de cheveux noirs, longs, épais et raides, qui dessinent sèchement les contours heurtés et durs du visage. Des yeux rapprochés, très-noirs, très-dilatés, qui ne doivent jamais regarder en face, et qui brillent d'un éclat sombre, au fond d'une orbite profonde; un nez, mince et droit d'abord, qui s'élargit et qui s'avance à sa base; une bouche largement fendue, aux lèvres épaisses (surtout celle inférieure) et à peine dessinées; des joues profondément creusées, qui laissent deviner tous les contours de la mâchoire et des pommettes; un menton très-long et en forme de trapèze; des mains maigres et musculeuses. Le révérend Hill doit être de haute taille. Son corps est raide et osseux; il doit être sobre de gestes. Il est entièrement vêtu de noir. En somme, ce qui frappe dans l'ensemble de cette figure, c'est l'austérité. On ne sait vraiment si c'est la maladie, la prière, ou les passions violentes et laborieusement contenues, qui ont desséché ce visage, amaigri ce corps anguleux. Il y a, dans le haut de la tête, de l'intelligence et de la pensée; le regard semble porter au loin, non pour planer dans les régions élevées de l'imagination et de la poésie, mais pour descendre jusqu'au fond dans les abîmes ténébreux de la science — ou des spéculations hardies. En résumé, la personne du révérend Hill est comme sa découverte : une énigme.

Ajoutons que l'épreuve de MM. Meade est une des plus belles plaques que nous ayons vues.

Nous avons hâte d'arriver aux œuvres de nos artistes, aux productions de notre école.

M. Bayard n'avait apporté que trois épreuves, mais c'étaient trois chefs-d'œuvre; nous ne faisons qu'exprimer l'opinion de tous ceux qui les ont vues. Ce sont trois reproductions de bas reliefs : une *Sainte Famille*, prise au musée de la Renaissance, et deux épreuves d'une *Vénus sortant de l'onde*, éclairée différemment. Il est impossible d'arriver à une perfection plus grande d'exécution, à un ton plus profond et plus pur, à un relief plus frappant. — On ne pouvait croire que ce fût autre chose qu'une ronde-bosse véritable, et l'on se prenait à toucher du doigt les saillies trompeuses de ces dessins magiques.

C'est à une nouvelle manière d'étendre l'albumine sur le verre que M. Bayard (qui cherche toujours, bien qu'il ait déjà tant trouvé) doit cet incroyable résultat. Nous nous demandons ce qu'il lui reste à trouver maintenant?

M. Gustave Le Gray, l'un des travailleurs les plus infatigables que nous ayons jamais connus, avait fait apporter un carton d'une dimension inusitée. Il nous serait impossible de décrire tout ce qu'il contenait; nous dirons seulement que, par leurs proportions gigantesques et la beauté de leur exécution, ces épreuves ont provoqué les éloges enthousiastes de toutes les personnes présentes.— Il y a un tel sentiment de l'art dans les productions de l'intelligent artiste, il sait si bien éclairer ses modèles ou choisir ses vues, qu'il ajoute tous les charmes de l'art aux beautés de la photographie.

Dire que M. Le Secq a tiré de son portefeuille un nombre infini de charmantes choses, c'est ne surprendre personne. Mais ce qui nous a frappé, ce sont les progrès que ce laborieux artiste a su faire encore depuis quelques mois. Il a des vues de forêt, des arbres chargés de feuilles, vraiment surprenants de vérité et de réussite. Nous croyons qu'il est impossible de faire mieux.

M. Moulin nous a montré des groupes champêtres admirablement rendus. Le *Repos des Jardiniers* nous a rappelé les *Casseurs de pierres* de Courbet : c'est d'une vérité encore plus *vraie* et d'un dessin plus pur. M. Moulin fera bien, selon nous, de garder ce genre, dans lequel il réussit, et qui a certainement un grand intérêt.

Les reproductions microscopiques de M. Bertsch sont arrivées à un tel degré de perfection, qu'elles deviennent, dès maintenant, indispensables à ceux qui étudient sérieusement l'histoire naturelle. Combien ces dessins, si exacts, dans lesquels on peut compter, sans qu'il y ait d'erreur possible, les divisions de l'œil d'une mouche ou les filaments qui composent la texture d'une feuille, doivent-ils faciliter et élucider ces études si intéressantes. Du reste, M. Bertsch ne se borne pas à ce genre de travaux; nous avons eu souvent à parler de ses vues *instantanées*! ses portraits sont généralement très-beaux; celui de M. Regnault, entre autres, mérite les plus sincères éloges. Mais ce que nous aimons par-dessus tout, dans les épreuves qu'il nous a fait voir mardi, c'est une délicieuse copie des *Saintes Femmes au tombeau*, d'Ary Scheffer, d'après le dessin original. Rien de plus harmonieux que cette charmante page photographique.—M. Scheffer a dû être heureux de voir cette création de son talent, belle de simplicité, si élevée de sentiment, si chaste d'exécution, ainsi recréée par la photographie.

L'année dernière, M. Plumier a fait un chef-d'œuvre : le portrait de M. Niépce de Saint-Victor. Cette année, il en a fait plusieurs. Son album ne renferme que cela.

A ce propos, M. Plumier, dont nous connaissons toute la modestie, nous permettra de lui donner un conseil. Pourquoi, maintenant qu'il n'a plus rien à ajouter à la perfection de ses procédés, n'ajouterait-il pas un intérêt de plus à ses beaux portraits, en les *composant* un peu plus? Pourquoi ne placerait-il pas derrière ses modèles un décor habilement peint, pris dans quelque objet d'art, quelque vase gracieux, chargé de fleurs, comme M. le comte Aguado l'a fait dans cette ravissante épreuve, tant admirée, où lui et le vicomte son frère semblent rêver au milieu d'un de leurs parcs favoris? Ces accessoires ont une grande importance, ils complètent les œuvres photographiques et en font de véritables tableaux.

Les planches composant la seconde livraison de l'*Œuvre de Marc-Antoine Raimondi*, reproduit par M. Benjamin Delessert, étaient dans toutes les mains. On ne se lassait pas d'admirer les beautés du vieux maître dans les copies si vraies, si identiques et si intelligentes, et l'on pensait avec reconnaissance aux services qu'elles sont appelées à rendre aux artistes. On se demandait ce qu'il fallait louer davantage, de la généreuse pensée qui a inspiré cette publication, ou de son exécution si remarquable.

L'*Œuvre de Rembrandt*, par M. Ch. Blanc, les publications de M. Blanquart-Evrard, les essais nouveaux de photolithographie, par MM. Lerebours, Barreswil et Lemercier, les reproductions de gravures de MM. Bayard et Renard, la *Notre-Dame* et la *Vue de Lausanne*, de M. Martens, une autre vue gigantesque de la *Cathédrale de Paris* (qui n'a pas moins de 50 centimètres sur 25), par M. Baldus, une *Vue de l'Hôtel de-Ville*, prise de la plate-forme des tours Notre-Dame, et qui embrasse un horizon de plus d'une lieue, par M. Nègre, telles sont les œuvres dont nous voudrions parler plus longuement pour être justes, en disant l'impression qu'elles ont faite; malheureusement, l'espace qui nous reste est déjà trop restreint pour nous permettre de rendre compte, comme nous l'aurions désiré, des spécimens de deux applications nouvelles de la photographie, qui ont excité au plus haut point l'intérêt de la réunion.

M. le baron Gros avait apporté des négatifs très-curieux, qu'il obtient sur papier collodionné. Bien qu'il donne à ces épreuves le nom modeste d'*essais*, nous dirons qu'elles sont d'une finesse et d'une vigueur qui ne le cèdent guère aux clichés sur verre. M. le baron Gros nous a dit que ce procédé lui permettait d'opérer avec une extrême rapidité. On comprend combien de services ce perfectionnement est appelé à rendre aux photographes dans leurs excursions artistiques.

Enfin, nous dirons en terminant que MM. Niépce et Lemaître avaient apporté quelques-uns de leurs spécimens de gravure photographique sur plaques d'acier. On sait qu'ils ont présenté lundi dernier quelques-unes de ces épreuves à l'Académie des sciences. Celles que nous avons vues ont été faites d'après des épreuves positives de M. Ferrier (1/4 de plaque). C'est une petite maison rustique du parc de Trianon, entourée d'arbres et couverte de neige, et deux vues de l'Hôtel-de-Ville, prises de la berge du marché aux fruits. On verra dans la lettre de M. Frank Scot ce que sont les gravures de M. Talbot. Celles de MM. Niépce et Lemaître ont déjà atteint, nous pouvons le dire, un degré de réussite extrêmement satisfaisant, quand on considère que ce sont de premiers essais. Ce ne sont pas des silhouettes de feuilles, ce sont des *vues* dont les détails sont assez distincts pour qu'on puisse lire les enseignes des marchands du quai. Quoique la dimension de l'épreuve soit très-petite, les lignes architecturales de l'Hôtel-de-Ville se dessinent parfaitement; les fenêtres, les balcons, les persiennes des maisons du quai sont très-bien reproduits. Tout est venu dans ces épreuves, à l'exception des demi-teintes, ce qui les fait ressembler exactement à des ébauches à l'eau-forte, très-avancées. Il y a donc déjà dans ces spécimens un résultat immense, et qui assure une réussite complète et prochaine.

Toutes les personnes qui les ont vues pourront dire si nous exagérons.

M. Niépce nous a dit qu'il peut obtenir maintenant ces épreuves à la chambre obscure. En somme, cette soirée a prouvé une chose : c'est que, dans les derniers mois qui viennent de s'écouler, la photographie a encore fait d'incroyables progrès, non-seulement dans l'exécution, mais encore dans les procédés.

M. Ernest Mayer a fait, il y a quelques jours, un beau portrait de l'Empereur. Nous avons vu cette épreuve qui est très-remarquable. La figure est très-heureusement éclairée et le modelé en est parfait.

Nous sommes heureux d'annoncer que ce succès a valu à M. Mayer le titre de photographe de S. M.

STATISTIQUE DE LA PHOTOGRAPHIE.

(16e ARTICLE.)

Des chambres noires. — Si l'auteur des vingt livres de la *Magiæ naturalis*, Naples, 1589, le merveilleux Napolitain Jean-Baptiste Porta, qui substitua la lentille convexe au petit trou pratiqué dans le volet de la chambre obscure, imaginée, suivant les uns, par un bénédictin nommé Gapnutio, suivant d'autres, par Léonard de Vinci, le grand peintre, et selon les Anglais enfin, par Roger Bacon, moine qui vivait au treizième siècle; si l'inventeur de la *camera lucida*, la chambre obscure périscopique, du goniomètre à réflexion, le célèbre physicien anglais William Wollaston, qui fit connaître, en outre, des nouveaux métaux, et des moyens de malléabiliser les plus durs; si l'immortel potier anglais et son associé Humphry Davy, si Wedgwood Josias qui, désespéré de son impuissance à reproduire les images de la chambre noire, concluait que le nitrate d'argent ne jouissait pas d'une sensibilité suffisante pour donner des images, à moins de prolonger immodérément l'exposition à la chambre obscure, et, par conséquent, ne se doutait guère du rôle important que cette dernière était appelée à remplir un jour; si celui à qui seul revient l'immortelle gloire de la découverte du daguerréotype, Nicéphore Niépce, et, nouveau Christophe Colomb, en subira l'injustice séculaire, malgré des tentatives généreuses; si Daguerre lui-même, qui ne fit que des perfectionnements admirables, il est vrai, mais ne trouva pas le secret de l'accélération; si tous ces savants, ces inventeurs, ces chercheurs intrépides, ces expérimentateurs infatigables, se trouvaient amenés par un pouvoir magique dans nos ateliers d'ébénisterie photographique, s'ils voyaient de l'établi s'accumuler ces chambres noires dans les vastes magasins pour en disparaître aussitôt et de là s'expédier par centaines en Angleterre, en Allemagne, en Amérique, sous le feu des tropiques, sous les glaces du pôle et jusque dans les régions du monde où la civilisation commence à peine, bien assurément leur surprise serait grande et ils se demanderaient, avec un étonnement admiratif, comment cet art a pu prendre des proportions colossales et grandir de cette énormité, tant ceux que des déceptions, des impuissances, des dégoûts avaient fait douter et renoncer, que ceux-là même qui, plus heureux, avaient cru et prévu, quels qu'aient été leurs espérances et leurs pressentiments de l'avenir de la photographie.

Nous-mêmes, qui vivons dans le courant industriel, qui suivons le mouvement commercial, nous serions encore à nous expliquer le prodige des résultats, sans ce spectacle de tous les jours et notre foi artistique.

Interrogez le contre-maître des ébénistes sur le nombre des chambres noires qui lui sont commandées? Demandez-lui si l'ardeur du travail se calme parfois, s'il peut suffire convenablement à toutes les exigences? Non! vous répondra-t-il! Et, bien souvent encore, vous aurez en vain compté sur la promesse qu'il s'est cru à même de vous faire!

La chambre noire varie ses formes, ses mesures, ses dispositions, suivant les désirs, les systèmes les découvertes.

Ainsi, l'une consiste en une boite carrée longue, ouverte par un de ses bouts. Ses dimensions sont calculées de telle manière que sa longueur excède de 30 à 40 centimètres la longueur focale du plus grand objectif que l'on veut y adapter, et, quant à sa largeur, elle dépasse de 5 à 6 centimètres la plus grande dimension d'une plaque entière. Sur le devant de cette boite on ménage une grande feuillure carrée, destinée à recevoir des planchettes de même forme et de même dimension, sur lesquelles sont montés les différents objectifs, et que l'on fixe à la chambre noire au moyen de petits tourniquets en métal. L'intérieur de cette chambre noire est fermé par un cadre mobile, en forme de tiroir, glissant parallèlement et à frottement senti dans toute la longueur de la boîte. Le cadre mobile se compose lui-même de quatre autres cadres de dimensions appropriées à chaque grandeur de plaque et entrant l'un dans l'autre au moyen de feuillures qui les font affleurer en dessus et en dessous. C'est dans les feuillures de ces cadres que l'on place la plaque.

L'autre, pour être rendue portative, est composée de charnières qui servent à la replier et à réduire son volume. Un bouton à la partie supérieure fait mouvoir la crémaillère, quand on veut mettre au point. Une vis, à sa partie inférieure, fixe la chambre noire sur le pied de l'appareil.

Une autre a une longueur de tirage qui s'étend de 40 centimètres à 1 mètre 30 centimètres, et la rend propre à recevoir des objectifs de tous les foyers.

Une autre est la chambre noire pliante, plus spécialement consacrée à la photographie.

Enfin, vient la chambre noire dite *américaine*, qui rentre dans les conditions normales, et, par son emploi de tous les jours, peut être appelée la chambre noire ordinaire. Et, comme dernière remarque, nous observerons que, par un esprit de controverse ou l'amour du contraste, on a blanchi l'intérieur de la chambre. Mais les images, obtenues plus rapidement peut-être, étaient ternes, voilées, et n'avaient pas cette netteté et cette vigueur des belles épreuves photographiques que donne la chambre obscure usuelle et noircie dans ses parois du dedans.

Toutes ces complications de la fantaisie ou de l'art, toutes ces difficultés d'exécution, toutes ces minuties du travail, ces entraves de l'œuvre, semblent un jeu dont la production ne s'inquiète ni dans le chiffre qu'elle atteint, ni dans l'affluence toujours croissante des commissions.

Et ce que vous voyez dans un atelier vous frappera également dans un autre. Seulement, il est naturel que les pièces sur mesures se vendent en moindre quantité, et par conséquent se fabriquent sur une plus petite échelle.

Les chambres noires ordinaires sont de trois grandeurs : la chambre noire pour plaque entière, la chambre noire pour demi-plaque et la chambre noire pour quart de plaque. Les chambres noires pour quart de plaque sont celles qu'on achète le plus. Viennent ensuite les chambres noires pour plaque entière, puis les chambres noires pour demi-plaque. Nous l'avons déjà dit, avec une chambre noire de grandeur supérieure, on peut opérer pour les grandeurs immédiatement inférieures.

Le commerce s'est approprié les chambres noires dites américaines. Or, il s'en vend par année, dans les mesures pour quart, onze cents au moins ; dans les mesures pour plaque entière, trois cent soixante-dix, et dans les mesures pour demi-plaque, cent quatre-vingt-dix. Ce qui fait une somme, pour l'année, de seize cent soixante chambres noires, et d'un peu plus de quatre pour la fabrication quotidienne. Les chambres noires sur mesure peuvent porter à dix-sept cents le chiffre atteint; total énorme si on le compare à celui des premières années où la science nouvelle marchait de tâtonnements en tâtonnements, de difficultés en difficultés, ou l'art nouveau semblait un moment manquer à des promesses depuis si bien remplies.

J.-D. DU VERNAY.

L'abondance des matières et la longueur de notre correspondance de Londres nous obligent à remettre à samedi prochain le second article de M. H. de Lacretelle, sur le ***Salon.***

Le retard apporté dans l'envoi du dernier numéro de ***la Lumière*** **a été occasionné par quelques difficultés avec l'administration des postes, à cause d'un mot rayé à la main dans ce numéro. Ceux de MM. les abonnés de province qui ne l'auraient pas reçu sont priés de vouloir bien nous en faire la réclamation.**

ERRATUM DU DERNIER NUMÉRO. — Article de M. Gaudin sur l'appareil à objectifs jumeaux, première ligne, second alinéa, lisez : Les épreuves formées avec un *seul* objectif.

Toutes les demandes et réclamations relatives au service, toutes les lettres et communications relatives à la RÉDACTION, doivent être adressées (*affranchies*) à M. Ernest LACAN, rédacteur en chef, au bureau du journal. — *Toute lettre non affranchie sera rigoureusement refusée. Les demandes d'abonnement doivent être accompagnées d'un* bon sur la poste, à l'ordre du Gérant.

Plusieurs de nos abonnés nous ont parlé avec éloges des travaux photographiques de différents artistes de la province, et nous ont demandé d'en rendre compte. Nous le ferions avec bonheur, si ces artistes voulaient bien nous envoyer quelques-uns de leurs spécimens. On comprend qu'il nous est impossible de parler d'épreuves que nous n'avons pas vues, quel que soit notre désir d'être justes envers tous.

Le Propriétaire-Gérant, ALEXIS GAUDIN.

TYPOGRAPHIE HENNUYER, RUE DU BOULEVARD, 7. BATIGNOLLES. Boulevard extérieur de Paris.

TROISIÈME ANNÉE. N° 23. SAMEDI, 4 JUIN 1853.

LA LUMIÈRE

REVUE DE LA PHOTOGRAPHIE.

BEAUX-ARTS. — HÉLIOGRAPHIE. — SCIENCES.

JOURNAL NON POLITIQUE, PARAISSANT LE SAMEDI.

Bureaux, rue de la Perle, 9, à Paris.

ABONNEMENTS.—*Paris*, UN AN, 16 FR.; 6 MOIS, 10 FR.; 3 MOIS, 6 FR.; *Départements*, UN AN, 18 FR.; 6 MOIS, 11 FR.; 3 MOIS, 7 FR.; *Étranger*, UN AN, 20 FR.; 6 MOIS, 12 FR.; 3 MOIS, 8 FR.

SOMMAIRE.

SALON DE 1853.

(2e article).

MM. MOREAU, DUVEAU, ZIÉGLER, WINTERHALTER, CHASSÉRIAU, BENOUVILLE, JALABERT.

La bataille d'Arbelle, qui a déjà inspiré le vieux maître Lebrun, vient, dans un de ses épisodes, de conduire heureusement et sévèrement le pinceau de M. Moreau. Son *Darius* est une des plus belles toiles de l'Exposition. La bataille est perdue. Le grand roi d'Orient, avec ses femmes et ses lieutenants, a déjà laissé bien loin, au galop de ses chevaux, la plaine rouge où elle s'est livrée. Il est descendu de sa selle, et, pendant qu'un esclave tient avec peine son cheval effaré, il s'agenouille, épuisé, au bord d'une mare, pour y boire et y rafraîchir son front. Sa mère et sa femme ont quitté leur char pour suivre le roi, et semblent s'inquiéter de son action; la première avec son cœur aimant, à cause du danger de se désaltérer ainsi; la seconde, avec ses yeux charmants et étonnés, prêtant l'oreille au vent, pour savoir s'il ne leur apporte pas le bruit des escadrons macédoniens. Les chevaux du char, qui entendent toujours le retentissement de la bataille, se dressent d'épouvante sur l'horizon triste. Darius est jeune; il a sur le front tout le regret de son empire perdu. Le soir arrive; à la fin de cette journée il n'aura plus de royaume. Le sol sur lequel il hâte sa fuite ne lui appartient déjà plus. Où va-t-il poser la tente qui abritera sa belle épouse? Ce guerrier grec, qui a eu l'audace de le vaincre, s'arrêtera-t-il devant le seuil conjugal? Ces doutes se lisent dans la mélancolie anxieuse du regard de ce jeune découronné. Nous préférons ce Darius presque allemand à ces profils de pacha qu'on avait toujours attribués au Darius de Quinte-Curce. M. Moreau a profondément le sentiment de la vie dans ses figures. Les attitudes, les couleurs sont vraies comme si elles appartenaient à Delacroix. C'est une belle toile, douce et triste, qui se déroule longtemps devant le souvenir.

Nous sommes toujours attirés vers celles de M. Duveau. Il cherche et il ose; il cherche dans le drame et il ose dans l'accent. Sa *Mort d'Agrippine* est audacieusement historique. Ce *ventrem feri* de Tacite est énergiquement rendu. Agrippine présente sans peur au glaive tiré du triérarque Herculeus son ventre qui avait conçu son assassin. Cette absence de pudeur devant la mort résume bien l'héroïsme dépravé de l'empire romain. Elle appelle le meurtrier vers sa couche aussi tranquillement qu'elle y eût appelé son amant. Tout est fini : les affranchis ont pris la fuite; sa dernière esclave africaine, celle sur qui elle comptait le plus, se dérobe aussi. La maison est vide de tous ses défenseurs; il ne reste qu'à mourir, pour que son fils, suivant la version de Tacite, fasse sur son cadavre une dissertation sur la beauté de ses formes. Agrippine mourra bien; elle a beaucoup joui des voluptés de la vie : voluptés du sang et de l'amour. Elle est lasse. Là-bas, dans cette autre vie vers laquelle elle va, elle aura peut-être encore, pense-t-elle dans son regard profond, d'autres ambitions à satisfaire et d'autres appétits à rassasier!

Ce tableau est conçu. Il se pourrait que, dans un tel sujet, on reprochât aux accessoires d'être un peu trop soignés; mais cette recherche même annonce le travail et la conscience.

Il est difficile d'avoir un motif de tableau moins inspirateur que celui que M. Ziégler a accepté. La signature officielle d'un traité de paix! Mais c'est encore plus beau pour une ville d'avoir été le théâtre d'une paix conclue que d'une bataille gagnée. Amiens a voulu consacrer ce souvenir. Elle ne pouvait pas le confier à une main plus habile ni plus spirituelle que celle de M. Ziégler. Il a fallu beaucoup d'invention pour animer cette scène. Chaque geste parle, chaque main tendue est un discours. Quelques femmes ont été admises à concourir à cette joie générale, et cette circonstance est relatée dans le procès-verbal de l'Hôtel-de-Ville, heureusement pour la variété du tableau de M. Ziégler. La part de réserve sera bien faible dans les éloges très-sincères que le public donne avec nous à cette page habile et forte. Pourquoi ce fauteuil ouvert si triomphalement, et occupant une large place, dans son mauvais goût de l'époque consulaire, derrière Joseph Bonaparte? Ce fauteuil est-il une allusion à ce trône sur lequel le plénipotentiaire de 1802 devait s'asseoir si éphémèrement sur le sol d'Espagne? Il choque l'œil, et ce modèle de tapisserie est trop laid pour être si pompeux. Que M. Ziégler, qui a une brosse si magistrale et en même temps si poétique, se répande bientôt dans un sujet de son choix! Il est trop grand pour faire longtemps de la peinture municipale, si ingénieuse qu'elle soit! Il invente trop heureusement, pour se laisser enfermer dans la prose d'une commande. Il ne faut pas que Daniel s'endorme dans la fosse aux lions!

Le paysage déroule harmonieusement ses nappes de feuillage. La lumière du matin, chaude et claire, fait évaporer toutes les senteurs des plantes. Le ravin est profond et ombreux; la source éclate sous un pan du ciel découvert, et baigne les joncs et les nénuphars. Le vieux château, avec ses tours, brûle là-haut embrasé de soleil. Et les damoiselles descendent en troupe folâtre. Se croyant seules, elles posent leurs pieds nus sur la mousse, et dévoilent peu à peu leurs beautés pour le bain. M. Emile Deschamps les a vues dans une de ces heures de grâce et d'inspiration qui sonnent si souvent sur le cadran harmonieux de sa vie de poëte :

> Chacune aussitôt dénoue
> Ses cheveux bouclés et longs.
> Le vent les berce et s'y joue;
> Ceux de Florinde, on l'avoue,
> Sont les plus beaux : ils sont blonds.

M. Winterhalter les a vues aussi, plus indiscret et plus ébloui que le roi Rodrigue. Sa *Florinde*, composée après douze ans d'intervalle, va se poser dans son chemin glorieux, comme un pendant, et peut-être aussi comme un miroir de son *Décaméron*. On se rappelle les parfums, l'enchantement et la langueur de cette journée de Boccace, et les abandons si pleins de nonchalance et de morbidezza de ces dames et de ces seigneurs, groupés sous les bosquets toscans, pour se dire des histoires d'amour. Il est désormais impossible d'ouvrir le conteur florentin, sans voir apparaître ce coin de prairie émaillée de fronts italiens, et sur laquelle les paroles d'amour bourdonnent comme des abeilles dans des parfums. Il n'y a peut-être pas de peintre plus séducteur que M. Winterhalter. Ces chairs sont toutes rosées, et on craint de les faire pâlir rien que par le regard dont on les effleure. Mais s'il exprime délicieusement la grâce, nous n'avons pas encore la preuve qu'il sache exprimer la passion. Ces douze jeunes filles, si admirablement jolies chacune, formeraient le plus délicieux harem; mais le sultan qui en serait possesseur ne ferait jamais, pour ainsi dire, d'infidélité à aucune d'elles, car elles se ressemblent toutes, de même qu'elles ressemblent un peu aux dames du *Décaméron*. C'est une origine italienne fondue dans la richesse du sang anglais, mais ce n'est malheureusement pas de la couleur espagnole. Si toutes les maîtresses de Charles II descendaient de leur galerie pour jouer sur les gazons d'Hampton-Court, elles seraient tout aussi espagnoles que les compagnes de Florinde. Les baigneuses de M. Winterhalter n'appartiennent en rien à ce type arabe que cinq siècles de domination orientale ont créé dans toutes les familles de la Péninsule. Rien ne brûle en elles; et on se demande pour quelle cause elles vont tremper leurs membres délicats, dont aucune veine ne roule du feu, dans la fraîcheur de marbre de cette source sous l'ombre. Pourquoi sont-elles toutes si ravissantes, que l'on ne comprenne pas que Rodrigue puisse faire un choix? Où sont les duègnes qui doivent venir les rejoindre, inquiètes? Où bourdonnent la guitare et le tambour de basque qui accompagnent malgré elles tous les pas des jeunes Espagnoles? Pourquoi n'y a-t-il pas une mante ou une résille dans les vêtements dont elles se dépouillent? Mais ne demandons pas à un talent de premier ordre, dans un genre donné, d'autres qualités que celles très-éminentes qui le constituent. Les couleurs de M. Winterhalter chatoient et ruissellent au bruit de rimes douces et sonores d'Emile Deschamps. Ces rimes valent bien la chanson d'un guitarero. Et ces épaules frissonnantes à la brise du bois, ces admirables cheveux blonds glissant entre les doigts, ces jambes pendantes sur le ravin, ces têtes exquises, ces poses charmantes, cette senteur de femmes, comme dit don Juan, tenteront quelques fils de la pairie anglaise, et amoncelleront des piles de guinées autour de cette œuvre de fraîcheur et de goût, assez bien combinée pour que ce qui y fera rêver les lords n'y fasse point rougir les ladies.

Nous venons de voir les femmes au moment où elles allaient entrer dans le bain; à présent, les voilà qui en sortent. Le *Tépidarium* de M. Chassériau est une chaude peinture embrasée par les parfums qui fument et par les corps jeunes qui sèchent. Nous avons visité à Pompéi cette grande salle où les pas s'impriment sur la cendre comme, dans le désert, ils s'impriment sur le sable. M. Chassériau l'a visitée aussi, mais dix-sept siècles plus tôt que nous; et, à l'heure où le soleil fait bouillonner l'eau bleue dans le bassin de marbre, il se sera caché derrière une de ses colonnes, et aura dessiné indiscrètement la scène qu'il surprenait. Elles sont là à demi nues, frissonnantes, serrées les unes contre les autres, assises sur les bancs autour de l'immense cassolette; la Nubienne à côté de la Bretonne, la Juive auprès de l'Ibérienne, la matrone sévère effleurant du genou la courtisane rieuse. Toutes les races de l'empire qui était le monde, se pressaient dans cette ville de loisir et de langueur. Le sérail était de premier choix. Tout le côté gauche du tableau est éclairé par des têtes gaies et par des contours lumineux. L'onde glisse sur ces épaules de marbre et sur ces cheveux dénoués. La femme du milieu qui se lève debout et tord ses bras, comme s'ils voulaient se refermer sur quelque chose, rappelle beaucoup l'Hétaïre que M. Gérome a placée dans une autre maison de Pompéi; mais M. Chassériau a trouvé un grand nombre de types qui ne sont qu'à lui et aux générations sensuelles du paganisme. Malgré sa nudité et ses détails intimes, cette toile peut être regardée par tous les yeux. Il en arrive comme une vapeur de respirations chaudes. L'atmosphère de cette étuve est si lourde, le bain a tellement lassé toutes ces organisations ardentes, que, malgré le dévoilé et la splendeur de leurs formes, elles expriment plutôt la torpeur que la volupté. M. Chassériau est resté chaste, quoiqu'il ait merveilleusement réussi une des études antiques les plus hardies.

Nous allons vers d'autres impressions. Un paysage sévère dans lequel on distingue à peine le manteau rouge d'un cavalier qui passe et la toison fauve des brebis qui paissent; dans le fond, une ville avec quelques monuments estompés dans la brume du lointain; et sur le premier plan, au-dessous d'un groupe d'arbres, quelques religieux, en robe grise, portant un des leurs sur un brancard. C'est le *Saint François* de M. Bénouville, envoyant sa bénédiction à la ville d'Assise. Il va mourir, et son bras s'étend, dans un dernier geste, vers la ville. Cette bénédiction, donnée par un agonisant, traversant tant d'étendue pour arriver à sa destination, remplit ce paysage d'une odeur de calme et de paix. C'est une des toiles les plus baignées d'inspiration sainte que nous ayons vues; et nous l'imaginons suspendue pour des siècles sur les murs de quelque cloître d'Italie, et éclairée par le rayon du soleil qui perce la haute fenêtre, et qui fait tout sourire, même le cloître!

M. Jalabert a eu un des plus beaux envois de cette année. *Les nymphes écoutant les chants d'Orphée* sont si belles et si poétiques sous les ramures des hauts arbres, qu'Orphée a bien du courage en ne jetant pas sa lyre pour descendre vers elles. Nous reviendrons à un très-beau *Portrait de Mme...* par M. Jalabert. Mais ce qui nous a le plus longtemps ravi, c'est son *Annonciation*. La Vierge Marie a été la muse inspiratrice de toutes les vraies gloires de l'art. Raphaël, Murillo, et tous ceux qui ont tenu une brosse avec ferveur, ont vu tomber sur leur œuvre un peu de l'immortalité du modèle, et ont représenté Marie dans toutes ses attitudes de maternité, d'extase, de paix, de douleur et de prière. Nous ne croyons pas que jamais on l'ait faite plus jeune fille; elle est à genoux devant un missel qui a un peu devancé son époque. Elle pense au Ciel, où sa destinée mystérieuse la fera reine, et un nuage blanc entre par la fenêtre ouverte. Sur ce nuage paraît Gabriel, diaphane comme un rayon. Et Marie effrayée, et confiante toutefois, tourne vers lui un profil enchanteur, et s'appuie contre la muraille, de même que si elle voulait la faire reculer. Par quels mots chastes et divins l'ange messager remplit-il sa mission? Quel est l'échange de paroles entre l'initiateur et la douce initiée? Par un mouvement de pudeur charmant, la jeune fille porte la main à son sein. L'intérieur de sa chambre, le lit virginal et modeste, les quelques meubles presque enfantins sont en harmonie de pureté avec une pareille confidence. Cette annonciation rend encore plus poétique la légende sacrée. Salut à vous, ange Gabriel! Créez un Dieu pour le Ciel dans le sein de la Vierge avec une parole apportée d'en haut! Créez des artistes pour la terre avec un des rayons de votre auréole!

HENRI DE LACRETELLE.

M. HILL ET LE *COSMOS*.

Nous avions promis à nos lecteurs de ne leur plus parler de M. Hill ni du *Cosmos*. Depuis tantôt une année, nous avions donc laissé, l'un, publier force lettres, récriminations, certificats innocents de toute preuve de son invention, et l'autre reproduire des *nouvelles* scientifiques d'un trimestre en retard, et souvent même des articles qu'il nous empruntait sans crainte de réciprocité. — Peu agressif par tempérament, mettant les intérêts de la science au-dessus de nos rancunes, trouvant qu'il est plus utile d'encourager, de louer un progrès que de blâmer une erreur ou une impuissance, nous avions laissé le *Cosmos* lutter contre les difficultés de toute nature qui l'écrasaient, et nous lui avions accordé un silence bienveillant. Nous n'avons pas signalé le singulier penchant qui porte son rédacteur à voir d'un œil enthousiaste ce qui se fait à l'étranger, pendant qu'il est toujours disposé à douter de ce qui se fait en France, et à juger rigoureusement ce que produisent nos artistes, nous n'avons pas fait ressortir l'incroyable persistance (que nous aimons mieux attribuer à des renseignements imparfaits qu'à une partialité inexplicable) avec laquelle il prodigue les éloges à M. Talbot à propos de son procédé de gravure photographique, tandis qu'il ne fait qu'indiquer en passant celui de MM. Niépce et Lemaître, pourtant bien plus remarquable dans ses résultats et bien plus simple dans son emploi, de l'aveu même des Anglais. Nous avions cru faire acte de courtoisie et de convenance en laissant le *Cosmos* achever péniblement sa course, sans proclamer ses défaillances, et sans l'attaquer dans sa faiblesse et dans sa lassitude.

Mais voilà que le *Cosmos* se réveille et nous saute à la gorge. Nous nous y attendions. Il y a quelques jours, son rédacteur en chef était venu nous offrir une franche alliance et une cordiale amitié!

Et c'est à propos du célèbre Hill que le *Cosmos* nous attaque. Il nous reproche d'ignorer que le Révérend vient d'être reconnu l'inventeur de la *coloration* photographique, de par le sénat américain. Nous connaissions ce grand événement avant le *Cosmos;* seulement il nous a paru plus sage d'attendre, avant de publier une nouvelle de cette importance, que l'authenticité en fût bien établie. Aussi avons-nous cherché à nous éclairer sur ce sujet, et les renseignements que nous avons pris ne nous font nullement regretter notre silence. Nous ajouterons même, si cela peut tranquilliser notre confrère, si prompt à s'enthousiasmer et à s'inquiéter de nos hésitations, qu'un artiste américain, qui connaît personnellement M. Hill, et qui est même en correspondance avec lui, partage tous nos doutes sur sa découverte. Il nous a même révélé un fait que nous ignorions: c'est que le Révérend, qui livre ses spécimens à l'examen de ses amis et leur fait signer des certificats, refuse obstinément de montrer ses merveilleuses épreuves, dès que c'est un *photographe* qui se présente. Il craint qu'un simple coup d'œil jeté sur ses plaques ne révèle le secret de son procédé, ou plutôt que l'artiste ne découvre l'adroit subterfuge par lequel il abuse des yeux moins exercés. D'après même ce qu'on nous a dit, nous avons tout lieu de croire que les épreuves présentées au sénat, comme celles montrées aux signataires des certificats, sont très-habilement, très-savamment coloriées à la main, et recouvertes d'un émail qui les rend plus brillantes encore, les fixe parfaitement et permet de les frotter sans crainte.

On voit que nous ne partageons pas encore, bien que nous la comprenions, la sympathie de M. l'abbé Moigno pour le révérend Hill.

Le *Cosmos* attaque aussi l'article de M. H.-A. Gaudin sur le *quinétoscope*. On verra plus loin la réponse de notre collaborateur.

Notre malicieux confrère n'a rien laissé passer; nous avions reproduit, d'après un catalogue des brevets d'invention pris pendant l'année, dressé par ordre du ministre de l'intérieur, le relevé de ceux que nous avions trouvés dans la série: *Photographie, Daguerréotype*. Le *Cosmos* nous accuse d'avoir omis volontairement et par une noire injustice, quatre brevets pris par M. Jules Duboscq, pour des stéréoscopes, bioscopes, stéréo-fantoscopes, etc. — Nous n'avons eu nullement l'intention de nuire à M. Duboscq; mais, comme nous voulions seulement parler des perfectionnements apportés aux *procédés photographiques*, et non aux instruments d'*optique*, nous n'avons pas cité les noms qui se trouvaient à ce chapitre de l'opuscule officiel.

Nous ne doutons pas que le *Cosmos* ne revienne sur le jugement quelque peu téméraire qu'il a porté contre nous; mieux que personne, M. l'abbé Moigno doit savoir que les jugements téméraires sont choses coupables.

Ce qui nous a un peu égayé dans le dernier numéro du *Cosmos*, c'est de voir qu'après avoir reproduit, sous prétexte de les critiquer, une partie des articles que *la Lumière* a donnés depuis plusieurs semaines, notre adroit confrère s'écrie avec une satisfaction plus naïve que modeste: « Nous n'avons, du reste, rien trouvé de nouveau dans la dernière livraison de nos confrères; il nous semble, au contraire, que nous avons donné, nous, de *véritables* nouveautés. »

Il paraît que c'est une joie rare pour notre ami. Aussi en est-il fier, comme il le dit lui-même en terminant son numéro.

En résumé, les critiques du *Cosmos* contre nous lui ont fourni le moyen de rajeunir les nouvelles que nous avions données, et ont rempli huit de ses pages. Vraiment, c'est tout profit!

Nous le répétons, ces polémiques ne sont nullement de notre goût. L'espace est trop précieux, dans un journal scientifique, pour qu'on le prodigue à des discussions inutiles, ou au moins inopportunes. Si le *Cosmos* trouve que nos informations sont incomplètes ou tardives, qu'il s'en procure de plus étendues, de plus promptes, et qu'il en fasse profiter le public; si M. l'abbé Moigno trouve que, malgré nos efforts, *la Lumière* ne rend pas tous les services que nous voudrions qu'elle rendît, qu'il fasse mieux que nous: ce n'est pas l'habileté qui lui manque. Nous acceptons cette lutte, parce qu'elle sera profitable à tous. Mais si de nouvelles attaques, semblables à celles que nous venons de citer, étaient dirigées contre la *Lumière*, nous négligerions d'y répondre. Nous sommes convaincu, du reste, que M. l'abbé Moigno renoncera de lui-même à cette guerre de coups d'épingles, tant soit peu envenimées, qui ne convient ni à son talent, ni à son caractère.

ERNEST LACAN.

Nous recevons, trop tard pour l'insérer, une lettre de notre correspondant d'Angleterre, dans laquelle il nous parle des doutes qui existent dans ce pays sur la question de savoir si M. Talbot a pris, oui ou non, un brevet pour son nouveau procédé. Nous pouvons annoncer que le doute n'est plus possible, car voici ce que publie le journal l'*Invention* (n° de juin 1853):

« M. Fox Talbot a pris, à la date du 28 avril, un certificat d'addition à son brevet principal du 21 avril, pour graver, par des moyens chimiques, sur planches d'acier photographiques. Nous nous proposions de publier, d'après le journal *la Lumière*, la description du brevet de M. Talbot; mais cette description renferme de telles obscurités, que nous avons cru devoir ajourner, espérant que le mémoire descriptif du certificat d'addition sera plus clair et plus complet. »

Et nous trouvons plus loin, dans le même journal, au *Catalogue des brevets :*

« 21 avril. — TALBOT, 2, rue Drouot, méthode de produire des gravures sur plaques d'acier. »

Ainsi, l'on voit que M. Talbot n'a négligé aucun moyen d'assurer ses droits en France, et de prévenir tout perfectionnement étranger, à son procédé cependant si incomplet.

SCIENCES.

Séance du 30 mai 1853. — Mémoires de MM. Duvernoy et Quatrefages. — Nouveau four économique pour la cuisson du pain et des aliments, inventé par M. Carville, d'Alais. — Remarques de M. Chevreul sur la communication de MM. Niépce de Saint-Victor et Lemaître. — Note de M. Séguin sur le phénomène des tables et chapeaux tournants.

— Lundi dernier, de deux à trois heures, une pluie torrentielle inondait les rues; refoulé par le vent d'ouest, un violent orage éclatait au milieu de Paris, les rafales étaient d'autant plus impétueuses sur les bords de la Seine et sur les quais à l'intérieur, que cet espace est le seul où elles rencontrent le moins d'obstacles et où elles sont entraînées par les courants avec le plus de rapidité. A la lueur des éclairs qui se succédaient apparaissait, par moments, le dôme de l'Institut, dont des tourbillons de grêle faisaient retentir les échos, aussitôt que les grondements du tonnerre avaient cessé de mugir dans cette vaste enceinte.

Cependant l'horloge du palais Mazarin marquait trois heures, et les amis de la science étaient accourus, quand même, pour entendre la voix des maîtres. Si, par quelque malentendu, la porte du sanctuaire de la science avait été fermée, lequel d'entre les illustres savants ne se serait empressé de faire ouvrir, à deux battants, pour un public si ardent, si respectueux, si avide de connaître des travaux aussi recommandables?

Cependant parmi ce public si zélé, on a dû remarquer les écrivains studieux qui, depuis près de vingt années, étaient admis à recueillir, pendant la veillée, tant de précieux enseignements et les communications faites par l'élite des savants de tous les pays, honorables associés ou membres correspondants de l'Académie. Abrités sous le toit hospitalier de l'Institut, ils prenaient, selon leur habitude, après la séance, le chemin qu'ils ont tant de fois parcouru ; ils voulaient encore consacrer à un travail souvent pénible quelques heures de leur nuit ; mais ce fut en vain, et la porte du secrétariat de l'Institut, qui avait toujours été ouverte depuis 1835, est restée impitoyablement fermée. Nous nous plaisons à croire qu'une mesure si inattendue et si rigoureuse n'est que provisoire.

Nous l'espérons, du moins, et nous pensons comme M. H. Roger, le spirituel et sérieux écrivain du *Constitutionnel*, « que cette immense publicité que donnaient les cent voix de la presse avait d'incontestables avantages ; que si elle servait parfois les charlatans de la science, qui font plus de bruit que de besogne, plus souvent elle profitait aux travailleurs sérieux, aux vrais savants qui y trouvaient un stimulant réel et une récompense immédiate, et qu'elle était certainement loin de nuire à l'Institut et à ses membres, à l'éclat de ses séances et à la célébrité de leurs noms. »

Nous espérons aussi que nos comptes rendus hebdomadaires n'auront point à souffrir d'une mesure sévère, dont on ignore les motifs, mais dont les graves inconvénients pour la science seront bientôt évidents pour tous. Nous espérons encore que les très-honorables académiciens, promoteurs de cette exclusion, reviendront eux-mêmes, et avant peu, sur une décision plus contraire à l'intérêt de leur renommée qu'à celui des revues scientifiques.

—A l'ouverture de la séance, la salle présentait un aspect qui n'était certainement pas de nature à dissiper la tristesse qui s'empare fatalement des esprits pendant les heures de tempêtes. Deux squelettes monstrueux d'orang-outang, envoyés au Muséum et rapportés des côtes occidentales de l'Afrique, flanqués à droite et à gauche du bureau, paraissaient s'exercer encore à faire d'horribles grimaces. Le bureau était couvert de têtes de mort. M. Duvernoy, membre de l'Institut, est venu lire un intéressant mémoire sur la classification de ces familles, et les explications données par le savant professeur ont fait oublier la laideur des spécimens.

—M. Quatrefages a entretenu l'Académie des travaux de pisciculture, entrepris par un modeste pêcheur du midi de la France, et a fait valoir combien il serait utile de pratiquer, sur les rives de la Durance, le système d'éclosion artificielle des œufs de poissons, essayé sur une grande échelle à Huningue, sous les auspices du gouvernement. Il pense que le produit de la pêche qui est affermée sur tout le littoral de cette rivière pour 520,000 fr. environ, pourrait alors s'élever en très-peu d'années à 5,200,000 fr.; c'est-à-dire qu'il serait décuplé par la pratique de ces moyens nouveaux et si ingénieux de pisciculture.

— M. Dumas a présenté à l'Académie le modèle d'un four inventé et construit par M. Carville, fabricant de briques à Alais. Cet ingénieux appareil, tout en fer et en briques, destiné principalement à la cuisson du pain, a la forme d'une voiture à quatre roues ; sa longueur est de 2 mètres 50 cent. et il ne pèse que 15 kil. Il comprend : 1° le four qui, renfermé dans l'intérieur, est une véritable moufle, inaccessible à la fumée, puisque celle-ci circule autour de ses parois ; 2° le pétrin mécanique ; 3° à la partie supérieure une étuve pour faire cuire les légumes ou autres aliments. Il porte, en outre, dans un caisson, une quantité suffisante de combustible. Il est tellement économique qu'il a été reconnu, par les expériences faites sur des appareils qui ont déjà fonctionné, que 85 gr. de coke suffisaient pour la cuisson de 1 kilog. de pain, et qu'en admettant qu'il soit fait une fournée par heure, il serait possible de pourvoir, avec un seul appareil, à la consommation journalière de deux mille hommes.

Cet appareil ayant le mérite d'être très-économique, d'un transport facile, à l'épreuve de toute cause d'incendie, etc., sera présenté à M. le ministre de la guerre. L'usage de ce four serait d'une très-grande utilité aux troupes françaises campées dans les contrées incultes de nos possessions d'Afrique.

MM. le maréchal Vaillant, Dumas et Combes ont été nommés membres de la Commission chargée de faire le rapport.

— Après avoir rendu compte dans la dernière séance du mémoire de MM. Niépce de Saint-Victor et Lemaître, M. Chevreul a ajouté quelques observations importantes que nous trouvons consignées dans le compte rendu, n° 21, et qui nous paraissent présenter un assez grand intérêt pour être reproduites :

« M. Chevreul, en résumant devant l'Académie la note de M. Niépce de Saint-Victor, fait remarquer l'intérêt qu'il y aurait de voir si l'oxygène de l'air concourt avec l'influence de la lumière à dénaturer le vernis de bitume de Judée appliqué sur la plaque, en donnant lieu à ces combustions lentes de matières organiques si fréquentes et si sensibles dans l'exposition, des étoffes teintes, à la lumière ; car les expériences de M. Chevreul démontrent que la plupart des décolorisations de ces étoffes ne sont point le résultat du contact de la lumière seul, mais bien celui du concours de l'action de la lumière avant l'action de l'oxygène atmosphérique. Au reste, il n'existe pas de faits plus évidents que ceux-là pour montrer la nécessité de tenir compte de l'influence de la lumière dans toutes les recherches de chimie organique en particulier. »

Enfin, M. Chevreul a montré que « les effets optiques de la plaque mordue à l'eau-forte, par le procédé de M. Lemaître, rentrent complétement dans la théorie qu'il a donnée des étoffes de soie façonnées en général, et en particulier des étoffes de soie formées par les deux procédés de tissage qui donnent le *satin* et le *taffetas*. En effet, les clairs de la planche correspondent au *satin*, tandis que les ombres correspondent au *taffetas* » (Voyez *Théorie des effets optiques des étoffes de soie*, par M. Chevreul, page 105).

—C'est à l'Observatoire de Bilk que M. Luther a découvert le 5 mai, la nouvelle planète (20) qu'il n'a pu observer, à cause du mauvais temps, que le 14.

Voici les positions approximatives qu'il a indiquées :

5 mai à 13^h.... AR = 207° 40', D = —10° 15'.
14 mai à 11^h52^m AR = 206° 3', D = — 9° 37.

M. Argelander ayant pu faire lui-même, dans la nuit du 15 mai, pendant une courte éclaircie, quatre comparaisons du nouvel astre, avec une étoile voisine, il en résulte la position suivante :

15 mai à 12^h 0^m 41^s, 6 temps moyen de Berlin.
AR = 206° 53' 4', 1.
D = — 9° 53' 46" 5.

Cette planète est classée pour l'éclat parmi les étoiles de 10° à 11° grandeur.

—L'Académie a procédé dans sa dernière séance à la nomination, par la voie du scrutin, d'une Commission qui sera chargée de décerner le prix d'astronomie fondé par M. de Lalande. MM. Arago, Laugier, Mauvais, Mathieu, Liouville ont réuni la majorité des suffrages.

—Nous avons reproduit de notre mieux, dans le dernier numéro de *la Lumière*, les remarques faites par M. Arago sur la note de M. Séguin, et nous avons cité d'anciennes expériences de M. Ellicot, horloger. Mais comme M. Séguin est membre correspondant de l'Académie des sciences, il nous semble convenable de reproduire, au moins, les passages les plus saillants de cette note, d'après le compte rendu de la séance du 23 mai 1853 (pages 891 et 892).

« Nous choisîmes une petite table en noyer très-ancienne, de 40 à 50 centimètres de long, 30 de large, 70 de hauteur, pouvant peser 2 à 3 kilogrammes. Nous étions douze à quinze personnes. M. Eugène de Montgolfier, âgé de trente-cinq à quarante ans, et moi fûmes les principaux acteurs des expériences ; nous formâmes une chaîne animale avec nos mains, en superposant chacun de nos petits doigts de la main droite sur celui de la main gauche de nos voisins, et au bout de dix minutes environ la table commença à se soulever du côté qui lui était indiqué à haute voix, tourna sur elle-même, se transporta d'un bout de l'appartement à l'autre sur un plancher inégal et raboteux, qui à chaque instant l'arrêtait dans son mouvement et occasionnait des sobresauts que nous aurions eu de la peine à obtenir en employant notre force ; et cependant nous ne faisions que la toucher légèrement du bout du doigt. Ces mouvements s'exécutaient au bout de deux heures d'exercice avec tant de facilité, que nous fîmes retirer les deux autres personnes qui étaient avec nous, et restâmes seuls avec M. de Montgolfier, sans toucher nos mains ; la table exécuta alors ses mouvements avec autant de force et de promptitude qu'auparavant, et l'ayant abandonnée à M. de Montgolfier seul, il put la diriger également ; mais tous les essais que je fis, ainsi que les autres personnes de la compagnie, furent inutiles, et à lui seul put appartenir cette faculté. Dans la plus grande violence de son mouvement j'essayai de retenir l'un de ses pieds, soit avec le bout du pied, soit avec ma main, en essayant de le faire briser ; il plia fortement, mais pas assez pour déterminer sa fracture, et cependant M. de Montgolfier la touchait seulement légèrement du bout des doigts. Enfin, battre la mesure au son du piano, indiquer l'âge, le nombre des personnes et des choses que connaissaient la personne ou les personnes qui étaient en communication avec elle, furent des expériences répétées de mille manières et toujours avec le même succès. Pour mettre le fait dans sa plus grande évidence, nous voulûmes essayer de soustraire un chapeau à l'empire de la gravité, en cherchant à le détacher d'une table sur laquelle il était placé ; mais nous ne pûmes y parvenir, malgré que nous eussions attaché au chapeau, soit un ruban de laine, soit un mouchoir de poche pour le mettre en communication avec le sol ; le chapeau s'est quelquefois soulevé tout autour et jusqu'à ce que quelques poils de la partie convexe de la calotte fussent ses seuls soutiens : on voyait, en plaçant une bougie en face, une ligne éclairée et continue entre la table et le chapeau, mais le détachement n'a jamais été ni tranché ni complet.

Le lendemain, nous avons renouvelé les expériences chez moi avec la même table et obtenu les mêmes résultats. La table, soutenue sur deux de ses pieds, les deux autres étant en porte-à-faux, a fait le tour d'une autre table de marbre ronde, sur laquelle elle était placée ; elle a fait la même chose sur un seul pied, s'est abaissée jusqu'à terre ; ensuite, au commandement qui lui en a été fait, elle s'est relevée de manière à reprendre sa position première : toutes choses qui m'ont convaincu que les lois de la gravitation se trouvaient, dans cette circonstance, complétement interverties et dominées par une cause qui leur était momentanément supérieure. »

A. T. L.

QUINÉTOSCOPE.

M. Quinet a donné son nom à l'appareil qu'il a inventé pour la production simultanée des épreuves jumelles à l'usage du stéréoscope. La plupart des photographes et surtout les théoriciens contestent la bonté de cet appareil ; ils soutiennent qu'il ne peut pas produire l'illusion du relief aussi bien qu'un objectif employé suivant certaines règles ; le fait est certain, mais il reste à savoir si un relief *outré* est préférable à un relief *normal*.

Le *Quinétoscope* donne le relief tel que nous l'offrent les objets naturels vus avec nos deux yeux ; ce point ne paraît pas contestable, tandis que nos adversaires ont la prétention d'obtenir plus que le relief ordinaire, que l'on peut, en conséquence, qualifier de relief monstrueux.

Pour ma part, je trouve les épreuves produites par le quinétoscope infiniment supérieures à leurs devancières. Par la pratique constante de la photographie, j'ai acquis un coup d'œil très-sûr qui me fait découvrir les moindres imperfections de dessin, et comparaison faite avec un même stéréoscope des épreuves prises comme d'habitude avec des épreuves prises au *quinétoscope*, les premières me paraissent des charges, tandis que les secondes me semblent parfaitement justes.

A peine la découverte de M. Quinet est-elle constatée, qu'on nie déjà sa nouveauté : Voici comment s'exprime dans le *Cosmos* M. l'abbé Moigno qui jouit, on le sait, d'une grande autorité dans cette matière.

« Un heureux hasard nous a fait rencontrer, dans « les magnifiques ateliers de M. Lemercier, un photo- « graphe fort habile, dont on nous parlait depuis quel- « ques jours, M. Quinet, comme auteur d'une décou- « verte fort intéressante, comme créateur d'un appa- « reil nouveau, le *Quinétoscope*, qui permettait de pro- « duire à la fois les deux images qui, vues dans le sté- « réoscope, produisent la sensation du relief et de la « perspective. Il nous a été donné de voir tout à l'heure « le nouvel appareil, et nous avons été à la fois surpris « et très-satisfait de retrouver dans le *Quinétoscope* la « chambre binoculaire de notre illustre ami sir David « Brewster, telle que nous l'avons décrite après lui, il y « a dix-huit mois, dans notre brochure intitulée : *Stéréoscope*. Voici ce que nous nous disions alors :

« On ne peut parvenir à produire les images stéréosco- « piques qu'avec l'aide du daguerréotype ; il semblerait « plus convenable d'employer à cet effet une chambre « obscure binoculaire ou avec deux ouvertures munies « de deux lentilles de même diamètre et de même distance « focale ; comme il est presque impossible de construire « deux lentilles simples, et à plus forte raison deux len- « tilles achromatiques parfaitement identiques, il fau- « drait faire pour la chambre obscure ce que l'on a fait « pour les prismes-lentilles du stéréoscope, et ajuster de- « vant les ouvertures de la chambre obscure les deux « moitiés d'un objectif unique, de telle sorte que les dia-

« mètres de bisection soient parallèles entre eux, et que « la distance des deux autres soient de deux pouces et « demi, huit centimètres, ou la distance des deux yeux. « Nous ajoutions :

« Mais il est évident que la chambre obscure ainsi « construite, dans laquelle la distance des deux objectifs « serait limitée à deux pouces et demi, ne serait apte qu'à « donner des images d'objets peu étendus, de statues de « petites dimensions qui ont assez de relief pour que « dessinées à la distance de la vue distincte, ils donnent « des images vraiment dissemblables. »

Ce paragraphe commençant par un mais contredit déjà les prétentions de M. Moigno; aussi n'a-t-il pas jugé à propos de compléter sa citation ; il ajoutait dans sa brochure :

« Comment faudrait-il opérer s'il fallait obtenir pour le « stéréoscope des figures de grands objets. Un pied d'é- « tendue est une dimension très-convenable pour une « statue ou un objet d'art qu'on regarde des deux yeux : « ses reliefs et ses creux sont alors très-bien saisis. Cela « posé, si l'on désigne par 1 : n la proportion dans la- « quelle le morceau d'art dont on veut prendre deux « images au daguerréotype doit être réduit pour que sa « plus grande dimension ne soit plus que d'un pied, la « distance des deux objectifs de la chambre obscure devra « être égale au produit de n par deux pouces et demi. « Ainsi, dans le cas d'une statue haute de dix pieds, *n* « *sera* 10, *et la distance des deux objectifs dix fois deux* « *pouces et demi, ou vingt-cinq pouces*. Quand les objec- « tifs seront ainsi espacés, les deux dessins de la statue « donneront les mêmes sensations de relief que si l'on « voyait la statue colossale elle-même avec des yeux dis- « tants de vingt-cinq pouces, ou avec nos yeux une ré- « duction au dixième de la statue colossale faite avec « une précision mathématique. »

Par cette citation complétée, il est déjà évident que le *Quinétoscope* qui reproduit les images de toute grandeur et à toute distance, sans que les objectifs s'écartent de plus de 3 pouces, n'est pas la chambre binoculaire de sir David Brewster, ou plutôt qu'il est la réalisation de l'idée mère du célèbre physicien anglais restée à l'état d'ébauche. M. Moigno dit de plus dans le *Cosmos :*

« La nécessité de couper en deux les objectifs, surtout « quand ce sont comme pour le daguerréotype des objec- « tifs composés ou à quatre verres, est une opération « dangereuse ou un inconvénient très-grave. A la chambre « obscure binoculaire substituer deux chambres obscures, « c'est plus difficile encore, car il n'existe pas d'objec- « tifs parfaitement égaux et identiques. Si donc on n'a- « vait pas inventé un autre moyen d'obtenir les images « dissemblables du stéréoscope, les applications à la re- « production des grands objets d'art et des vues de la « nature auraient été très-limitées. Nous décrivions le « moyen seul efficace, et qui, si bien appliqué par « MM. Duboscq et Ferrier, a produit tant de merveilles, « moyen qui consiste à prendre successivement, et sous « des angles égaux de quelques degrés à droite et de « quelques degrés à gauche, AVEC LA MÊME CHAMBRE OBSCURE, « deux images de la statue, du bas-relief, du groupe, du « paysage, etc., etc.

« La chambre obscure binoculaire réalisée par M. Quinet « est aussi parfaite qu'elle peut être, ses objectifs sont « doubles; mais les seconds objectifs, ceux placés en « dedans de la tête, sont restés entiers; les deux autres « sont seuls des moitiés d'objectifs, c'est-à-dire des ob- « jectifs excentriques taillés dans les deux moitiés d'un « même objectif primitif; la distance entre les deux « autres des objectifs est variable de manière que l'angle « de convergence des deux axes optiques puisse varier lui- « même; de plus, en faisant tourner les têtes, et par cela « même que les objectifs extérieurs sont excentriques, « les deux images peuvent se déplacer dans le sens verti- « cal, de telle sorte que les parties correspondantes des « deux images, les deux yeux, par exemple, puissent être « toujours amenés sur une même ligne horizontale. Pour « assurer cette horizontalité, comme aussi pour qu'on « soit certain que la distance entre les deux images est « ce qu'elle doit être, M. Quinet a eu l'heureuse idée de « tracer sur la glace dépolie de la chambre obscure des « lignes noires verticales et horizontales. En un mot, ce « charmant appareil est aussi bien construit qu'il peut « l'être, et nous désirons ardemment qu'il se répande « assez pour récompenser M. Quinet de son habileté et « de ses peines. Employé dans les limites que lui assi- « gnent la théorie et l'expérience, limites fixées à l'a- « vance par son véritable inventeur, sir David Brewster, « c'est-à-dire employé à reproduire des objets de petite et « de moyenne grandeur, il donnera d'assez beaux résul- « tats. Il ne pourra pas servir évidemment, il ne donnera « pas bien l'effet stéréoscopique voulu, quand on voudra « l'appliquer à de très-grands objets ou à des vues ou des « paysages pris d'une très-grande distance mais il est « de la nature des œuvres humaines d'être essentielle- « ment bornées. Nous aurons à rendre compte dans la « prochaine livraison du *Cosmos* d'admirables vues pa- « noramiques prises tout récemment par M. Ferrier; « pour obtenir de si étonnants résultats, il a fallu néces- « sairement que la distance entre les centres de l'objec- « tif dans ses deux positions fût d'un mètre et plus; or, « la distance entre les objectifs de M. Quinet n'est jamais « que de quelques centimètres.

« Nous regrettons de n'avoir pu dire que l'invention de « M. Quinet était nouvelle et justifier ainsi le nom un peu « ambitieux de *Quinétoscope*; mais nous ne pouvons pas « faire, malgré toute notre bonne volonté, que l'histoire « ne soit pas de l'histoire, que M. Brewster n'ait pas réuni « et n'ait pas décrit la chambre binoculaire employée par « lui, peut-être avant lui par M. Wheatstone, et après lui « par M. Claudet, et que notre brochure sur le *stéréoscope* « ne soit pas imprimée depuis deux ans. »

De tout cela je tire une conclusion inverse de celle annoncée par M. Moigno; de ce que la brochure sur le stéréoscope a décrit la chambre binoculaire de sir David Brewster, en la déclarant impropre à produire des épreuves pour stéréoscope de toute grandeur et à toute distance, j'en conclus que le *Quinétoscope* qui fonctionne sans difficulté dans tous les cas est un appareil nouveau : il doit sa réussite *à la combinaison des objectifs, à leur mobilité et à leur régularisation par les lignes tracées sur le verre dépoli, toutes conditions nouvelles sans lesquelles on retomberait sur l'appareil idéal et problématique de sir David Brewster.*

Quant au manque d'effet stéréoscopique que M. Moigno attribue d'avance aux épreuves qu'il produira, je pense qu'il y a erreur : le Quinétoscope donnera le relief et la perspective tels que nous les percevons avec nos deux yeux, et s'il était nécessaire de les augmenter, il suffirait de modifier la courbure des objectifs; mais après comparaison des épreuves du Quinétoscope avec celles produites comme d'habitude avec un seul objectif dans deux positions successives, je trouve cela superflu : le *Quinétoscope* donne à toute distance deux épreuves simultanées qui, vues au stéréoscope, montrent tout le relief désirable et l'effet juste et complet de la perspective aérienne. L'ancienne méthode donne, au contraire, des images contre nature, monstrueuses et déformées quand on opère de près, découpées sèchement et chevauchant toutes les fois qu'elles représentent des monuments ou des paysages.

M.-A. GAUDIN,
Calculateur du Bureau des Longitudes.

Nous sommes heureux de voir les journaux français et étrangers reproduire nos articles, mais nous les prions de vouloir bien indiquer la source de ces reproductions; c'est de toute justice.

NOUVELLES DIVERSES.

Le beau portrait de l'Empereur, dont nous avons parlé dans notre dernier numéro, est dû à MM. Mayer frères, et non à M. Ernest Mayer seul, comme nous l'avions dit par erreur, bien que nous sachions parfaitement que ces artistes partagent toujours fraternellement leurs travaux et leurs succès.

La vente des 489 tableaux composant la galerie espagnole de Louis-Philippe, mise aux enchères à Londres, s'est élevée à la somme totale de 671,000 fr. environ. La vente aux enchères de la collection Standish aura lieu à la fin de cette semaine.

Le 20 mai, à onze heures du matin, M. A. Launoy s'est enlevé, de l'usine à gaz de Passy, dans le ballon *le Napoléon*, en compagnie de M. Louis Deschamps, aéronaute, pour continuer la série de ses expériences et de ses observations scientifiques; les instruments et les détails de l'opération avaient été préparés par les soins de M. Regnault, membre de l'Académie des sciences, qui assistait au départ.

L'aérostat est monté lentement, conformément au programme; il a pu être suivi longtemps au moyen de lunettes et d'instruments géodosiques. Après avoir atteint la hauteur maximum de 5,600 mètres, il est descendu à Guerchy, près Joigny, département de l'Yonne, à environ 200 kilomètres de Paris, où la descente s'est opérée heureusement avec l'aide empressée des habitants du pays. On peut calculer que l'aérostat, en vertu des courbes qu'il a décrites, a exécuté un parcours double de celui indiqué par la route directe; de sorte que MM. Launoy et Deschamps ont voyagé à raison d'une vitesse d'environ 128 kilomètres à l'heure.

Pendant toute la journée du 20, des observations comparatives de température ont été faites à l'Observatoire de Paris, à la Manufacture impériale de Sèvres et dans plusieurs autres postes d'observations établis sur différents points. (*Siècle.*)

ERRATUM DU DERNIER NUMÉRO. — *Réunion photographique*, 7e ligne du 6e alinéa, *au lieu de* : pris dans, *lisez :* près d'eux.

Dans le but de faciliter à nos lecteurs les moyens de se procurer *la Lumière*, nous avons cru devoir établir des bureaux d'abonnement :

A la *Librairie Nouvelle*, 15, boulevard des Italiens;

Au *Cabinet de Lecture*, galerie d'Orléans, 2, Palais-Royal ;

Chez Mlle LEGENTIL, cabinet de lecture, place de la Madeleine ;

Et chez M. DELAHAYE, rue de Lancry, 37.

On trouvera dans ces succursales des numéros séparés de *la Lumière* (40 c. le numéro).

Plusieurs de nos abonnés nous ont parlé avec éloges des travaux photographiques de différents artistes de la province, et nous ont demandé d'en rendre compte. Nous le ferions avec bonheur, si ces artistes voulaient bien nous envoyer quelques-uns de leurs spécimens. On comprend qu'il nous est impossible de parler d'épreuves que nous n'avons pas vues, quel que soit notre désir d'être justes envers tous.

Toutes les demandes et réclamations relatives au service, toutes les lettres et communications relatives à la RÉDACTION, doivent être adressées (*affranchies*) à M. Ernest LACAN, rédacteur en chef, au bureau du journal. — *Toute lettre non affranchie sera rigoureusement refusée. Les demandes d'abonnement doivent être accompagnées d'un* bon sur la poste, à l'ordre du Gérant.

Le Propriétaire-Gérant, ALEXIS GAUDIN.

TYPOGRAPHIE HENNUYER, RUE DU BOULEVARD, 7. BATIGNOLLES.
Boulevard extérieur de Paris.

TROISIÈME ANNÉE. N° 24. SAMEDI, 11 JUIN 1853.

LA LUMIÈRE

REVUE DE LA PHOTOGRAPHIE.

BEAUX-ARTS. — HÉLIOGRAPHIE. — SCIENCES.

JOURNAL NON POLITIQUE, PARAISSANT LE SAMEDI.

Bureaux, rue de la Perle, 9, à Paris.

ABONNEMENTS.—*Paris*, UN AN, 16 FR.; 6 MOIS, 10 FR.; 3 MOIS, 6 FR.; *Départements*, UN AN, 18 FR.; 6 MOIS, 11 FR.; 3 MOIS, 7 FR.; *Etranger*, UN AN, 20 FR.; 6 MOIS, 12 FR.; 3 MOIS, 8 FR.

SOMMAIRE.

LA PHOTOGRAPHIE EN ANGLETERRE.

(Correspondance particulière de LA LUMIÈRE.)

Londres, 7 juin.

La séance de jeudi de la Société photographique a été très-importante et très-vive. Elle a duré depuis huit heures jusques après onze heures, avec un intérêt croissant; cette réunion devait être la dernière, et l'on sentait le regret de se séparer. Le président distingué de la Société, sir Charles Eastlake, qui est aussi le président très-respecté de l'Académie royale, a très-bien dirigé le meeting, quoique les orateurs aient été quelquefois un peu difficiles à tenir en bride dans l'ardeur de la discussion. Le secrétaire, M. Fenton, à la grande satisfaction des assistants, a annoncé que la reine et le prince Albert avaient bien voulu se joindre à la Société et la prendre sous leur haut patronage. Ce témoignage si encourageant de l'intérêt et de la protection des plus hauts personnages du royaume a été obtenu par l'entremise de l'honorable président, à qui l'assemblée a vigoureusement témoigné ses remercîements. Ce fait est d'autant plus important, qu'il est question d'accorder bientôt à toutes les Sociétés royales un emplacement libre et central pour leurs réunions et pour leurs expositions; avantage que la Société photographique aura maintenant droit de partager, et dont elle a bien besoin; car c'est principalement la difficulté qu'elle trouve à se procurer un bon local qui empêche et qui retarde une exposition photographique, qui serait peut-être permanente. On a ensuite lu une lettre qui accompagnait les épreuves de MM. Niépce et Lemaître, et de MM. Lerebours, Lemercier et Barreswil, que ces messieurs avaient bien voulu envoyer à la Société. Ces épreuves si intéressantes ont attiré l'attention du président et du Conseil, et elles ont été passées après aux assistants, avec les épreuves du procédé de M. Talbot. Elles n'ont pas manqué, en faisant le tour de la salle, d'exciter une curiosité marquée. Le Conseil a depuis envoyé à M. Niépce et aux autres inventeurs une lettre de remercîements pour cette marque obligeante de leur considération.

Le meeting a ensuite passé aux sujets et aux communications de la soirée. La première, par sir John Herschel, a été de la plus grande importance, et tend à amener une révolution dans la partie la plus fondamentale du procédé. Mais cette communication et celles qui l'ont suivie ont été trop importantes pour que je puisse vous en donner, dans ce numéro, même l'aperçu le plus court, ce que je tâcherai de faire dans celui de la semaine prochaine.

J'ai eu l'heureuse occasion dernièrement d'assister à une petite réunion chez M. le professeur Wheatstone, qui nous a montré, avec une grande complaisance, des modifications de son invention si intéressante, le stéréoscope, telles que nous en avons vu à l'avant-dernière réunion de la Société, et des applications d'une de ses inventions d'une date plus récente, le *pseudoscope*. C'est un instrument très-simple, qui donne lieu cependant à des expériences et à des illusions d'optique bien étonnantes. C'est un arrangement de deux prismes, fixés à peu de distance l'un de l'autre, et qui tournent sur un gond central de l'encadrement, en s'arrangeant pour les yeux de façon à rencontrer en une seule les deux images qu'ils donneront séparément d'un objet quelconque. Ainsi arrangés, ils ont pour effet de porter à l'œil droit l'image qui aurait dû se fixer sur l'œil gauche, et *vice versâ*. Le résultat de ceci est très-singulier. Les objets convexes se voient concaves, et les objets concaves se voient convexes. En regardant dans une tasse, le fond paraît en ressortir, et a l'apparence d'une boule ronde. En retournant la tasse et en la regardant en sens inverse, le cercle qui l'entoure paraît s'enfoncer, et la partie centrale, qui est ordinairement un peu creuse, semble encore au contraire ressortir. Un globe paraît comme une grande cavité ronde. Tout objet en relief paraît concave, et même un petit objet, placé devant un plus grand, semble passer au travers et prendre position derrière le plus grand. En somme, le *pseudoscope* change tout à fait les relations de la vue et trompe l'œil d'une manière irrésistible. Par une modification du même instrument, arrangée par le savant professeur, les images de deux surfaces, sur lesquelles sont décrits des *contours* seulement d'une forme géométrique, dessinées chacune à un certain angle, sont rapprochées et réunies, et alors, à l'étonnement de l'observateur, ce ne sont plus des traits secs qui traversent une surface plane, mais bien un cristal transparent, dont les angles sont bien coupés, et qui sort bien solidement de cette surface plane; ou encore, en changeant la position relative de ces deux mêmes images, nous avons, au lieu d'un corps solide qui ressort, un creux de la même forme, qui s'enfonce bien distinctement au-dessous du niveau de la surface.

M. Wheatstone avait aussi préparé un stéréoscope de très-grande dimension, pour faire des expériences avec de grandes épreuves photographiques. On a fait des essais avec une grande épreuve stéréoscopique d'une vue russe, prise par M. Fenton pour le stéréoscope, et une vue dans les mêmes proportions à peu près, par M. Turner. Mais, après des tentatives assez satisfaisantes, le savant professeur et les photographes qui l'assistaient sont arrivés à cette conclusion, que décidément, au delà d'un certain point, il n'y avait nullement avantage à employer de grands stéréoscopes ni de grandes épreuves stéréoscopiques. Il était évident que celles de dimensions ordinaires, c'est-à-dire de huit à dix pouces de long, étaient tout aussi grandes qu'on devait le désirer, et que, au delà de ces dimensions, le stéréoscope, au lieu de les amplifier, les diminuait. Ceci est un fait intéressant à constater, car on n'aura plus envie de traîner avec soi des objectifs binoculaires de trop grande dimension, très-incommodes et très-coûteux.

FRANK SCOT.

En attendant les importants détails que M. Frank Scot promet de nous donner, dans sa prochaine lettre, sur la réunion de la Société photographique et les communications qui ont été faites dans cette dernière séance, nous croyons devoir en reproduire le compte-rendu sommaire, d'après une note que nous recevons de M. Fry.

Après la lecture des noms de seize nouveaux membres de la Société, parmi lesquels figurent plusieurs savants distingués, et après quelques mots sur les progrès que l'Association fait chaque jour, M. le président annonce que plusieurs dons importants de différente nature ont été faits à la Société pendant le mois qui vient de s'écouler. Il annonce la réception de *la Lumière*, qui parviendra régulièrement à l'avenir, et dont tous les membres pourront prendre communication. La Société vote donc des remercîements au propriétaire de *la Lumière*, ainsi qu'à MM. Niépce et Lemaître, et à MM. Lerebours, Lemercier et Barreswil, pour les spécimens de gravure héliographique et photolithographique qu'ils ont bien voulu envoyer, et qui figurent sur la table de la Société, où ils sont grandement admirés. Quelques épreuves obtenues par M. Talbot, au moyen de son nouveau procédé, et une série de délicieuses vues photographiques d'après nature, dues à divers artistes, ont attiré l'attention de l'assemblée.

Sir John Herschel donne lecture d'une note sur les imperfections qui résultent de l'emploi de l'iode dans la préparation des papiers. Les remarques de l'illustre savant présentent un vif intérêt. Il rappelle les opinions qu'il a exprimées à ce sujet dans plusieurs écrits communiqués aux journaux scientifiques dès 1848, et dit qu'elles ont été confirmées et affermies par les expériences et les recherches qu'il a faites depuis. Il recommande instamment la substitution du brôme à l'iode, et déclare que ceux qui les premiers ont appliqué cet agent à la photographie, lui ont préparé d'incroyables progrès dans l'avenir.

M. Robert Hunt, le savant professeur, fait aussi à ce sujet d'importantes remarques (1).

Une vive discussion s'engage sur la question de la photographie dans ses relations avec les beaux-arts. — La Société est divisée en deux catégories bien distinctes : les photographes, qui sont jaloux de conserver à leur art toute son importance et sa valeur, et les peintres, graveurs, lithographes, etc., qui, acceptant la photographie comme un auxiliaire puissant, lui empruntent le plus possible, mais parlent hardiment de ses résultats souvent peu artistiques, selon eux, et proposent divers moyens d'ajouter à *l'effet* des épreuves. Ces deux catégories devaient nécessairement se trouver en désaccord sur la question qu'amenait l'ordre du jour. Il était curieux de voir l'ardeur, modérée et pleine de convenance, avec laquelle les deux partis soutenaient leur cause. Sir W. Newton, le chef du second parti, déclara, comme résultat de ses expériences, qu'il avait beaucoup amélioré l'effet de ses épreuves photographiques, artistiquement parlant, en mettant au point hors du foyer. Il dit que, dans ce cas, si la netteté des contours et la finesse des détails sont moins grandes, le dessin est beaucoup plus large et vigoureux. Il en appelle à sir Charles Eastlake, qui l'a vu opérer en sa présence. Sir Eastlake répond qu'en effet le portrait qu'il a vu faire avec un objectif ajusté comme l'a indiqué sir W. Newton présentait un résultat plus satisfaisant pour l'œil d'un peintre que les plus parfaites épreuves obtenues avec un objectif donnant une netteté beaucoup plus grande.

M. le docteur Percy et d'autres photographes protestent énergiquement contre l'idée qu'une image photographique, difforme et imparfaite, puisse être préférable à une épreuve aussi correcte que l'instrument permet de l'obtenir. Ils déclarent qu'un tel usage de la photographie serait dérogatoire à la science, et empêcherait les perfectionnements que l'on apportera nécessairement aux appareils,

(1) Nous comptons les donner *in extenso* dans un prochain numéro.

et qui permettront de produire des images absolument exemptes de défauts.

M. Robert Hunt s'élève sévèrement contre l'habitude qu'ont certains photographes (même parmi les plus habiles) de corriger leurs négatifs au moyen du grattoir ou du pinceau, avant de tirer les positifs. Il espère que la Société s'unira à lui pour blâmer de tels subterfuges, et demande que les épreuves ainsi modifiées ne soient admises aux expositions qu'accompagnées d'une note explicative.

Cette discussion, quoique très-animée, n'a pas cessé un seul instant, comme bien on le pense, d'être parfaitement courtoise, et cette soirée restera dans la mémoire de tous les membres de la Société qui assistaient à la réunion, comme une des plus agréables et des plus intéressantes.

FRY.

L'abondance des matières nous force, encore cette fois, à remettre au prochain numéro le troisième article de M. DE LACRETELLE sur le *Salon*.

SCIENCES.

Séance de l'Académie du 6 juin 1852. — Communications de MM. Chevreul et Geoffroy Saint-Hilaire. — Correspondance. — Nouvelles dispositions dans les essieux employés sur les chemins de fer, par M. Gardiner, de New-York. — Photographie zoologique. — Rapport de M. Milne Edwards.

Académie des sciences. Séance du 6 juin. — Après avoir entendu la lecture d'un mémoire de M. de Gasparin (de la section d'économie rurale), dont il nous a été impossible de saisir une seule phrase, M. le vice-président Combes a donné la parole à M. Chevreul. Le savant chimiste, qui dirige avec tant d'habileté la manufacture impériale des Gobelins, a étudié depuis longtemps l'action des sels et acides employés pour la teinture sur les laines, soies et cotons, dans les diverses conditions où ces matières se trouvent par suite des apprêts auxquels elles sont soumises, et il a expliqué, avec sa lucidité habituelle, dans quelles proportions, par rapport à l'eau, l'acide chlorhydrique, les eaux sulfureuses, etc., sont absorbés par la laine, la soie et le coton; quels sels, ou parties de sels, résistent avec le plus de persistance aux lavages, etc. En terminant, M. Chevreul a rappelé que cette communication faisait naturellement partie des travaux auxquels il s'est livré depuis longtemps, et pouvait être considérée comme faisant suite à ses précédents Mémoires.

— M. Isidore Geoffroy Saint-Hilaire qui, conjointement avec M. Duvernoy, avait étudié les caractères anatomiques que présentent les squelettes du troglodytes-tschego et du gorilla-gina, nouvelles espèces de grands singes de la côte occidentale d'Afrique, que nous avons citées dans notre dernier numéro, a mis sous les yeux de l'Académie les moules des mains des gorillas, des troglodytes et des orangs, les trois genres de singes les plus rapprochés de l'homme.

Le savant professeur, qui avait déjà traité ce sujet dans l'extrait de son cours au Muséum d'histoire naturelle, extrait publié dans la *Revue zoologique* (mars 1853), disait dans son Mémoire du 30 mai dernier : « Il en est ainsi, en particulier, à l'égard de la main, organe si admirablement conformé chez l'homme, et qui chez les animaux, et déjà même parmi les singes, se déforme et se dégrade si rapidement. Plus de pouce véritablement opposable aux mains antérieures chez les singes américains et dans la moitié de ceux de l'ancien monde; chez les autres, un pouce opposable, mais court et reporté plus en arrière ; la main d'ailleurs étroite et longue. — C'est en raison de ces caractères, et aussi à cause des proportions encore presque humaines des bras que le genre troglodyte a toujours été placé en tête du règne animal par mon père, par M. de Blanville et par moi-même, tandis que M. Cuvier, d'après d'autres considérations, a, dans tous ses ouvrages, donné le premier rang à l'orang-outang.

« La main du gorille se rapproche de celle de l'homme par la forme aplatie des ongles et l'existence des os carpiens, caractères connus jusqu'alors dans le seul genre troglodyte, et de plus dans celui qui est sous les yeux de l'Académie, par le moindre allongement et la largeur relative de la main. Au premier aspect, on croirait voir la main d'un géant. »

M. Isidore Geoffroy Saint-Hilaire a déposé sur le bureau *deux figures photographiques* du gorille.

— M. le secrétaire perpétuel annonce lui-même que la correspondance officielle de l'Académie ne présente aucun intérêt ; qu'elle ne se compose que d'une *seule lettre* dont il ne peut même faire l'analyse, parce qu'elle a pour objet la dissection de l'homme, contre laquelle réclame M. l'abbé X..., et que ce sujet se trouve comme la quadrature du cercle, le mouvement perpétuel, au nombre de ceux que l'Académie ne doit pas prendre en considération.

M. Arago ayant fait observer, à propos de cette disette de correspondance, que MM. les journalistes n'auront pas lieu, dans ce cas, de regretter la mesure qui les prive de la communication des pièces, nous ne sommes nullement disposés à conclure comme l'illustre secrétaire perpétuel : qu'il veuille bien nous permettre de supposer même que plus la mesure en question sera connue, plus rares seront les lettres adressées à l'Académie. Cependant, pour continuer les us et coutumes académiques, M. Arago a déposé sur le bureau une liasse de lettres particulières qui lui étaient adressées, et il en a extrait divers passages dont il a donné lecture.

— M. Luther écrit que M. de Humboldt a témoigné le désir que la planète découverte à Blick portât le nom de Proserpine; et que, suivant le vœu du grand astronome, ce nom était adopté pour la planète (26).

—Une lettre anonyme attribue à la mauvaise confection et à la rupture d'un essieu le déraillement du wagon qui a été cause du dernier accident signalé sur le chemin de fer de Versailles. S'il était reconnu que cette cause est la seule et la véritable, ce serait pour nous l'occasion de citer l'invention de M. Gardiner, de New-York, qui a été breveté pour de nouvelles dispositions dans les essieux employés sur les chemins de fer.

Ces nouveaux essieux ne sont pas sujets à se rompre aussi facilement que ceux employés jusqu'à ce jour; et, de plus, comme une des roues peut tourner indépendamment de l'autre, on évitera, en les employant, les frottements qui se produisent actuellement dans le passage des courbes.

La rupture des essieux est plus ordinairement due à la désagrégation du fer, causée par la torsion et la détorsion constante qui a lieu dans le passage des courbes et par les inégalités de hauteur qui existent parfois entre les surfaces des rails.

M. Gardiner a eu l'idée de fixer une ou deux roues sur un ou deux manchons cylindriques, passant dans l'axe du moyeu et qui sont eux-mêmes traversés intérieurement par l'essieu. A l'aide de cette disposition, chacune des roues peut tourner indépendamment de l'autre, et, afin de les maintenir dans une position invariable, elles sont fixées à demeure sur le manchon, et celui-ci est retenu sur l'essieu au moyen d'une bride qu'on fixe avec des boulons sur un épaulement que porte l'essieu, et qui retient le manchon au moyen d'un collet qui le termine. Cette bride peut tourner avec le manchon, auquel elle est réunie par des boulons, et le collet que porte l'essieu est pris entre le manchon et cette bride.

Les boites à graisse sont placées sur ces manchons, soit à l'intérieur soit à l'extérieur des roues. Comme nous l'avons dit plus haut, les deux roues peuvent être munies d'un manchon; mais en général il suffit d'appliquer cette disposition à une seule des roues.

Cette disposition d'essieux, d'une exécution facile, offre le grand avantage de diminuer notablement le frottement dans le passage des courbes, et de prolonger la durée des essieux. On peut, en outre, employer dans cette disposition de vieux essieux rebutés à cause de leur faible diamètre ou autres défauts.

A.-T. L.

PHOTOGRAPHIE ZOOLOGIQUE.

M. Milne-Edwards, chargé, au nom de la Commission nommée par l'Académie, de faire un rapport sur les divers spécimens de *photographie appliquée à l'histoire naturelle*, présentés dans la séance du 14 mars dernier (1) par MM. L. Rousseau et A. Devéria, n'a lu qu'au dernier moment son travail, qui est très-favorable à cette nouvelle application de la photographie.

(1) Voir *la Lumière*, n° 12, du 19 mars 1853.

M. le rapporteur considère comme très-belles les premières épreuves dues aux procédés de MM. Bisson frères et Lemercier, et il pense que, comme ces habiles artistes l'ont fait espérer, les livraisons qui suivront celles-ci, présenteront bientôt le degré de perfection auquel elles sont susceptibles d'atteindre. Il a reconnu que la photographie rend avec plus de vérité et de finesse les détails les plus minutieux : ces détails indispensables, que la main la plus exercée des meilleurs dessinateurs ne pourrait rendre avec une pareille exactitude, la photographie les donne, et on peut, au moyen de la loupe, découvrir ceux-là mêmes qui paraissent imperceptibles à l'œil nu. Ces planches, qui reproduisent des collections uniques et très-précieuses, seront d'un emploi facile et très-important pour les zoologistes. Nous avons sous les yeux les numéros 1, 3 et 7; nous signalerons particulièrement le nautilus n° 4, et l'argonauta-argo n° 6 *a*, de la planche n° 1; les échinus lividus de la planche n° 2; le crâne du felis smilodon, fossile des cavernes du Brésil, qui a 33 centimètres de l'occiput à l'extrémité de la dent, est une des plus heureuses réductions que l'on soit parvenu à reproduire par la photographie.

Cependant ces premiers spécimens, quoique biens rendus par les photographes, manquent généralement d'une certaine vigueur ; les parties éclairées pourraient être plus saillantes et les demi-teintes moins noyées dans les ombres. Pour obvier à cet inconvénient, MM. L. Rousseau et Devéria disposeront les séries qui composent les planches avec tant d'art et de soins, que ces imperfections disparaîtront facilement. L'étude qu'ils ont dû faire avec MM. Bisson frères, des instruments photographiques et des propriétés rapides du collodion, les met à même de donner aux nouvelles planches les dispositions les plus favorables, et telles que l'objectif, en recevant la puissante action de la lumière, devra produire d'excellentes épreuves, supérieures aux premières.

M. Milne-Edwards, en terminant son rapport, expose à l'Académie que l'heureuse idée de reproduire les collections du Muséum, mise à exécution par MM. Rousseau et Devéria, et les premiers essais tentés pour les reproductions ont dû les entraîner à supporter des premiers frais assez considérables : d'une part, des préparations très-ingénieuses faites sur châssis de verre d'une grande dimension ou de toute autre manière, des travaux extrêmement minutieux qui exigent toute la dextérité que d'habiles naturalistes seuls possèdent; d'autre part, des instruments photographiques d'une puissance et d'une perfection rares; tous ces frais, ils les ont supportés tout d'abord, se livrant avec ardeur à l'accomplissement de la tâche qu'ils avaient entreprise, et espérant que d'heureux résultats couronneraient leurs efforts : ils ont eu le bonheur de réussir et de mériter l'approbation de plusieurs membres de l'Académie. M. le rapporteur propose, en conséquence, que l'Académie veuille bien lui permettre d'adresser à la Commission administrative une demande de fonds qui seraient alloués à ces messieurs, pour les indemniser de leurs premiers frais, les encourager en même temps à persévérer dans la nouvelle voie qu'ils ont ouverte à la photographie, et fournir des ressources suffisantes pour apporter aux moyens qu'ils emploient tous les perfectionnements désirables. L'Académie a voté à l'unanimité les conclusions de ce rapport, qui avait excité le plus vif intérêt.

L'unanimité avec laquelle ces conclusions ont été adoptées doit être considérée, suivant nous, comme un grand encouragement pour MM. les photographes ; elle engagera un bon nombre d'entre eux à poursuivre une carrière qui peut devenir aussi lucrative qu'honorable ; et, en effet, dès que l'Académie des sciences de Paris donne publiquement des éloges à un art nouveau, dès que les professeurs éminents, qui sont membres de l'Institut, reconnaissent que cet art est appelé à rendre de bons et utiles services, dès que l'Académie elle-même prend sous sa protection la *photographie zoologique*, il est permis d'espérer que l'avenir des artistes photographes est assuré, et que les diverses applications de la photographie prendront journellement des proportions aussi grandes qu'inattendues.

La photographie zoologique est la collection des figures reproduites d'après les spécimens fournis par le Muséum d'histoire naturelle, destinées à accompagner les textes des savants illustres dont les écrits ont fait faire, à notre époque, de si grands progrès aux sciences naturelles. Cette collection a pour but, en donnant une nouvelle application à la photographie, de mettre à la portee de tous les reproductions obtenues par ce procédé merveilleux; reproductions si fidèles, que la loupe suffit pour rendre parfaitement distincts des caractères qui échapperaient à l'œil nu sur l'objet lui-même.

L'ouvrage, qui se composera de soixante planches, à 9 fr. la livraison de six, est dédié à MM. les professeurs administrateurs du Muséum; il est édité par MM. L. Rousseau, aide-naturaliste au Muséum, et A. Devéria, peintre conservateur adjoint au département des estampes de la Bibliothèque impériale. Les procédés photographiques sont de MM. Lemercier et Bisson frères.

Nous avons remarqué que l'honorable M. Milne-Edwards a omis de citer dans son rapport les noms de MM. Lemercier et Bisson frères, photographes; c'est sans doute par inadvertance, et il est probable que le compte rendu de lundi prochain réparera cet oubli. A.-T. L.

MM. Niépce et Lemaître, ainsi que MM. Lerebours, Lemercier et Barreswil, viennent de recevoir des lettres flatteuses, dans lesquelles, M. le secrétaire de la Société photographique de Londres les remercie, au nom de cette Société, des spécimens de gravure héliographique et de photolithographie qu'ils lui ont fait offrir dans la séance de jeudi dernier, par l'entremise de notre correspondant, M. Frank Scot.

Nous avons regardé comme un devoir de faire parvenir régulièrement *la Lumière* à la Société photographique de Londres. Voici la lettre que le Conseil de cette Société a bien voulu nous adresser, en reconnaissance de ce témoignage bien naturel de sympathie et de confraternité.

A. MM. LES ÉDITEURS DE *la Lumière* :

Messieurs,

Je suis chargé par la Société photographique de vous accuser réception des numéros de *la Lumière*, et, en vous exprimant les remercîments de la Société, de vous assurer qu'elle est très-honorée de cette marque de votre considération.

Je suis, etc.

John WILLIAMS,
Secrétaire suppléant.

Londres, 3 juin 1853.

RÉPONSE A M. L'ABBÉ MOIGNO.

M. l'abbé Moigno, faute d'arguments à produire contre mon article sur le *quinetoscope*, discute avec acharnement sur deux fautes d'impression qu'il contenait. Il ne lui suffit même pas que l'une de ces fautes ait été corrigée à la main avant l'envoi du journal, il regarde la correction comme non avenue, attendu que si elle n'avait pas été faite, le paragraphe eût été inintelligible, et, comme il serait très-heureux, pour couler le *quinetoscope*, de me montrer dépourvu de sens commun, il suppose qu'il a fallu tenir conseil pour corriger ma rédaction. Il devient évident que M. Moigno raisonne ainsi par pure méchanceté, et s'il veut bien m'accorder que j'ai ecrit *seul* objectif et non pas *pareil* objectif, il trouve alors que j'ai médit de l'art photographique, en disant que les images manquent généralement de relief, n'ont pas d'air entre leurs plans, et que ces défauts sont surtout remarqués dans les épreuves prises avec de très-petites ouvertures. Si cela n'était pas vrai, on n'aurait jamais songé à regarder les épreuves au stéréoscope; mais il est constant que l'effet de cet instrument consiste principalement à compléter le relief et à distancer les plans; et il n'est pas douteux que les grandes épreuves y gagneraient autant que les petites, si l'on pouvait également les voir au stéréoscope. Il me fait dire de plus qu'avec un objectif unique on n'obtient pas de *netteté* : je n'ai jamais dit cela, par conséquent c'est en pure perte qu'il pousse des exclamations larmoyantes, à propos des chefs-d'œuvre de tels et tels; ce sont des phrases à effet et non des raisons. M. Moigno insinue que je ne connaissais pas la manière de fonctionner du *quinetoscope*, et que je croyais sans doute qu'avec ses deux objectifs il ne donnait qu'une seule image; et pour appuyer son raisonnement il rappelle que j'ai eu déjà la naïve pensée de produire des épreuves stéréoscopiques d'elles-mêmes par la disposition de deux diaphragmes, distancés autant que nos yeux, sur un seul objectif assez grand pour les renfermer facilement dans sa périphérie : ma conviction à cet égard n'a pas changé, et M. Moigno serait très-embarrassé s'il voulait contredire ma théorie. Le *quinetoscope*, loin de l'infirmer, lui donne une bien plus grande portée, en ce qu'il prouve que ce procédé, que je croyais limité à des objets fort rapprochés, devra réussir à toute distance. Je crois même qu'il existe deux autres moyens d'obtenir des *épreuves stéréoscopiques par elles-mêmes*, avec un seul objectif.

Enfin, toujours d'après M. Moigno, je n'aurais pas même vu le *quinetoscope*, puisque, d'après la description que j'en donne, il aurait la forme d'un prisme *triangulaire* : j'avais écrit prisme *rectangulaire*, voilà tout, et les lignes qui suivent le démontrent. J'ai aussi constamment parlé de la formation de deux épreuves distinctes sur deux plaques séparées, ou, au besoin, sur une seule plaque.

Je ne répondrai pas ici aux attaques personnelles qu'il m'adresse dans le cours de son article, tout cela manque de sérieux et n'intéresserait en rien nos lecteurs; ce qu'il y a de plus clair pour moi en ceci est la mortification de M. Moigno et de ses amis, qui se manifeste maintenant en attaques inconsidérées; je trouve cet emportement assez naturel, car voyez ce qui est arrivé.

Sir David Brewster, le plus habile physicien de l'Angleterre pour l'optique mathématique, conçoit la possibilité d'obtenir des images pour le stéréoscope avec un appareil binoculaire; mais il déclare que cet appareil ne pourra servir que pour des objets très-rapprochés des objectifs. M. Moigno, dans sa brochure sur le stéréoscope, décrit cet appareil et approuve la théorie de son illustre ami. Un an après, M. Jules Duboscq prend un brevet d'invention pour ce même appareil, sans aucun perfectionnement; c'était un plagiat en règle, mais cela pouvait servir à effrayer les titulaires de brevets subséquents; néanmoins, M. Quinet, qui ne connaissait pas les tentatives antérieures, et précisément parce qu'il ne les connaissait pas, *sans le secours des x et des y*, *mais avec une paire de bons yeux*, découvre le véritable appareil binoculaire fonctionnant à toute distance, qu'il nomme avec raison *Quinetoscope*. Les conditions qui ont fait le succès de M. Quinet sont entièrement nouvelles, et donnent par conséquent à son brevet une base solide. On comprend, dès lors, que ses adversaires cherchent à discréditer son invention et en nient la nouveauté; car il doit leur paraître dur de reconnaître qu'avec toute leur science en optique mathématique et expérimentale, ils ont fait fausse route : c'est comme une anguille qui leur a glissé des mains.

M.-A. GAUDIN,
Calculateur du Bureau des Longitudes.

LA PHOTOGRAPHIE EN CHINE.

On lit dans *le Constitutionnel*, compte rendu, par M. Henri de Chonski, du *Voyage en Chine* de M. C. Lavollée, membre de la mission de M. de Lagrené dans le Céleste-Empire.

« Le déjeuner fut servi à dix heures dans le salon des officiers, à bord de la corvette à vapeur l'*Archimède*, sur laquelle Ky-Ing, retournant à Canton, allait s'embarquer pour remonter le Tigre jusqu'au Bogue. Cette formalité (le déjeuner), qui joue ordinairement un assez grand rôle dans les *travaux* des ambassades, s'accomplit assez vite. Le voisinage des fourneaux de la machine communiquait à la salle une chaleur étouffante; la corvette, rudement secouée par le mouvement des roues qui avaient à lutter contre un courant contraire, éprouvait de violentes secousses de tangage, et nos mandarins, peu sensibles d'ailleurs aux délicatesses de la cuisine européenne, avaient hâte de respirer le grand air du pont. Ky-Ing s'installa sous la tente, but sa tasse de thé, fuma sa pipe et entama une conversation très-vive et très-gaie avec Houan et Pant-tsen-tchen.

« Il y avait à bord un *daguerréotype*, dont le propriétaire ne pouvait laisser échapper l'occasion de reproduire une scène aussi étrange. Les mandarins se prêtèrent volontiers à la pose qu'il fallut exiger d'eux. Le soleil était très-favorable; mais le tangage opposait à la netteté du dessin un obstacle presque invincible. On essaya pourtant; la seconde épreuve donna un résultat très-convenable, et les Chinois demeurèrent stupéfaits devant cette reproduction fidèle et rapide dont ils ne pouvaient s'expliquer le secret.

« Les Chinois nous étonnent parfois; mais nous les étonnons bien plus encore avec ces merveilleuses inventions qui humilient singulièrement leur orgueil, quoi qu'ils en disent, devant la supériorité de la science européenne. »

M. Carré nous communique un procédé de collodion, trop tard pour que nous en puissions donner connaissance à nos lecteurs. Nous l'insérerons dans le numéro prochain.

CORRESPONDANCE.

Paris, 1er juin 1853.

Monsieur le Rédacteur du Journal *la Lumière*,

Un article ayant paru dans le journal *le Cosmos*, tout à fait opposé à l'article que vous avez inséré précédemment dans votre journal *la Lumière* sur le Quinetoscope, j'ai cru devoir, pour démontrer toutes les erreurs dont fourmille cet article, et peut-être la mauvaise *foi* qui l'a dicté, répondre au rédacteur du *Cosmos*; lui enjoindre en quelque sorte l'insertion de ma réponse dans son premier numéro. Je verrais avec plaisir, monsieur le Rédacteur, l'insertion de cette lettre dans votre journal *la Lumière*, afin que l'on sache au moins dans le public que quand vous trouvez bonne une invention, et que vous le dites, c'est que vous l'avez consciencieusement étudiée, et qu'il n'en est pas de même des rédacteurs du journal *le Cosmos*.

J'ai l'honneur de vous donner ici copie de ma réponse à l'article du *Cosmos*, afin que vous en preniez connaissance et que vous en fassiez l'usage que vous trouverez convenable.

J'ai l'honneur d'être, monsieur le Rédacteur, votre très-humble serviteur,

A. QUINET.

Copie de ma réponse à un article du journal *le Cosmos*.

Monsieur le Rédacteur du journal *le Cosmos*,

Je lis dans *le Cosmos* un article qui, sous plus d'un rapport, m'a beaucoup étonné et que je ne puis laisser sans réponse; car, ou vous avez mal compris l'instrument le Quinetoscope dont vous entretenez le public, et la manière dont vous le faites pouvant lui faire croire qu'il appartient désormais au domaine public, et que l'on peut sans inconvénient en établir de semblables, je me hâte de déclarer que cet instrument est sous la sauvegarde d'un brevet, et que je poursuivrai partout et rigoureusement les contrefacteurs; ou vous en avez à dessein dénaturé l'effet et le mecanisme dans l'intérêt de vos amis, ce que je ne veux pas croire dans l'intérêt de votre dignité. Quoi qu'il en soit, dans un cas comme dans l'autre, soit par erreur, soit par complaisance, vous nuisez à mes intérêts en vous écartant de la vérité, et il est important pour moi de la rétablir; je suis, du reste, persuadé que, comptant bien sur une réponse de ma part, vous m'avez réservé d'avance la place que je réclame dans votre prochain numéro.

Vous débutez, monsieur, par dire que depuis quelques jours on vous parlait de M. Quinet comme auteur d'une découverte très-intéressante, comme créateur d'un appareil nouveau, le Quinetoscope, qui permettait de produire à la fois deux images qui, vues dans le stéréoscope, produisent la sensation du relief et de la perspective, et qu'un heureux hasard vous l'a fait rencontrer dans les magnifiques ateliers de M. Lemercier : permettez-moi de signaler cette première erreur, sans importance, mais qui est un acheminement à beaucoup d'autres plus graves, et de vous faire remarquer que ce n'est pas chez M. Lemercier, mais bien dans les bureaux de M. Gaudin, où le hasard m'avait conduit au moment où vous y veniez vous-même lui demander *mon adresse*. J'aime à croire que ce n'était pas alors un parti pris de chercher à connaître mon instrument pour le dénigrer, mais bien le désir d'ajouter quelque chose à tant de choses que vous savez déjà touchant la photographie.

Je regrette alors que le Quinetoscope ne vous ait rien appris et que vous l'ayez si peu compris, ou que plutôt vous ayez eu si peu le temps de le comprendre; car je vois que vous étiez pressé de terminer votre journal; que c'est un post-scriptum que vous lui consacrez, et que probablement vous n'avez pas voulu faire attendre le compositeur.

Permettez-moi, monsieur, avant de vous dire en quoi

consistent les graves erreurs qui font de votre article un article qui s'écarte du vrai, de m'étonner de ce que la description que vous donnez de la chambre binoculaire de sir David Brewster comme une répétition de ce que vous écriviez l'an dernier dans votre brochure intitulée *Stéréoscope*, et que vous avez eu la bonté de me faire remettre par M. Duboscq, ces jours derniers, ne soit pas en tous points la même, et que vous omettiez, par exemple, une toute petite phrase il est vrai, mais qui ne manque pas d'importance; ainsi, après avoir fait remarquer ce qui suit : « La nécessité de couper en deux les objectifs, surtout « quand ce sont, comme pour le daguerréotype, des objec- « tifs composés ou à quatre verres, est une opération dan- « gereuse et un inconvénient très-grave ; et ensuite : « Substituer à la chambre obscure deux chambres obscures, « c'est chose plus difficile encore, attendu qu'il n'existe « pas d'objectifs parfaitement égaux et identiques, et que, « si l'on n'avait pas inventé un autre moyen d'obtenir les « images dissemblables du stéréoscope, ses applications « à la reproduction des objets d'art et des vues de la na- « ture auraient été très-limitées »; pourquoi, dis-je, ne continuez-vous pas jusqu'au bout et ne répétez-vous pas, comme vous le faisiez alors, que ce moyen *sir David Brewster ne l'a pas indiqué?* Ce membre de phrase, tout court qu'il est, ferait voir à tout le monde que son idée, toute bonne qu'elle fût, a été sans résultat : il en est de cela comme de celui qui dirait que pour faire un utile voyage en ballon, il n'y aurait qu'à trouver le moyen de le diriger. C'est une bonne idée, sans doute, mais celui qui trouvera ce moyen ne devra pas être placé au-dessous de celui qui en a eu l'idée; il ne devra même pas lui être comparé, il devra être placé de beaucoup au-dessus. Quant à ce que vous dites que MM. Duboscq et Ferrier ont mieux fait et qu'ils ont corrigé le système vicieux de sir David Brewster, je vous l'accorde volontiers, car je me garderai toujours d'ôter à qui que ce soit le mérite d'une amélioration : j'ai même un certain orgueil national qui me fait toujours vivement désirer de ne pas être obligé de glorifier l'étranger aux dépens d'un compatriote.

J'aurais désiré que, comme dans votre brochure, votre article du *Cosmos* au sujet du Quinetoscope décrivît les moyens employés par MM. Duboscq et Ferrier; c'eût été une occasion pour moi de vous démontrer en quoi nous différons, et comme il faut que tout le monde le sache, il faut bien que je supplée à ce silence que je regrette au point de vue de l'impartialité, et que je dise, avec vous, que MM. Duboscq et Ferrier ne sont arrivés qu'à prendre *successivement*, de la même distance et sous des angles égaux, de quelques degrés à droite et de quelques degrés à gauche, avec la même chambre obscure, deux images de statue, de bas-reliefs, de groupe, de paysage, etc., à l'aide de ce que vous appelez alidade ou longue règle de bois qui joue un rôle très-important dans la recherche des angles nécessaires.

Je dirai maintenant qu'entre le Quinetoscope et la chambre obscure de MM. Duboscq et Ferrier, la différence est grande ; elle est énorme, et je m'étonne que vous n'en ayez pas été frappé. Et d'abord, je me place à telle distance que je veux, selon la grandeur de l'image que je désire ; j'opère sur un monument d'une grande élévation, comme sur un objet de petite dimension ; j'obtiens les angles nécessaires, à quelque endroit que je me place, par le mécanisme le plus simple du monde ; il en résulte des images qui, vues au stéréoscope, produisent relief et perspective ; ces images, je les obtiens *simultanément* et non pas *successivement* ; je n'ai nul besoin de cet attirail incommode de longues règles qui doivent singulièrement embarrasser l'opérateur, qui ne pourrait avec elles faire ce que je fais tous les jours, c'est-à-dire de ma croisée prendre une vue du Louvre et en faire en quinze secondes et *d'un seul coup* deux images dissemblables pour être vues au stéréoscope. J'ai souligné les mots *simultanément* et *successivement* pour en faire comprendre la différence. J'évite par cette simultanéité ce que cinq minutes seulement amènent de changement dans les choses soumises à la vue : un monument reste debout ; mais le soleil, en cinq minutes, change ses clartés et ses ombres. Pour un portrait, l'inconvénient est plus grave encore : une personne reste impassible pendant quinze secondes qui est le laps de temps que demande le Quinetoscope pour reproduire deux images dissemblables de cette personne, mais elle ne restera jamais cinq minutes dans la position inerte d'une statue. Une vue ne cesse pas d'être la même ; mais, en cinq minutes, un nuage étendra ses ombres sur une de ses parties, et les deux images, soit du monument, soit du portrait, soit de la vue, ne seront pas dissemblables au même titre que celles faites au Quinetoscope, elles ne le seront pas dans les conditions voulues pour une bonne épreuve stéréoscopique.

Ainsi, Monsieur, toute la question est là : elle est dans ce fait incontestable que j'opère tout différemment que MM. tels et tels ; qu'à l'un appartient l'idée, sans résultat ; qu'à l'autre appartient une application fort louable, mais embarrassante, difficile, pleine d'inconvénients et imparfaite ; et qu'enfin à moi appartient le bouleversement hardi de toutes vos théories, de toutes les idées reçues, si vous voulez, mais enfin l'unique et seul moyen d'avoir en quinze secondes, au moyen d'un petit instrument, que je vous demande bien pardon d'appeler Quinetoscope, des images faites *simultanément* quoique dissemblables, et cela sans aucun dérangement; dans un si petit espace que deux personnes y seraient mal à l'aise, puisque l'instrument est si peu volumineux qu'il tiendrait dans un chapeau.

Si vous tenez toujours à ce que cela ne soit pas du nouveau, vous aurez, je crois, beaucoup de peine à faire partager au public votre sentiment, et, ce qui me le fait espérer, c'est que cette invention est bien nouvelle et qu'elle a déjà été assez appréciée pour que le chiffre des demandes qui me sont faites de cet instrument s'élève ce jour à **202**, ce qui me donne quelque espérance pour son avenir.

Il est très-facile de voir, Monsieur, que le temps vous a manqué et que vous n'avez fait qu'un examen très-superficiel de mon instrument; sans cela toutes les différences que je vous signale entre lui et l'idée et l'application du système de sir David Brewster, indiquées dans votre brochure, ne vous eussent pas échappé; car je trouve constaté dans cette brochure que ce système ne peut s'appliquer qu'à des objets de petite dimension ; que les objectifs de la chambre binoculaire sont placés à la distance des yeux ; distance qui n'est propre qu'à procurer des images prises sur des objets n'ayant pas plus d'un pied; qu'il faut éloigner ces objectifs de deux pouces et demi (8 centimètres) à mesure que l'objet est plus grand d'un pied, c'est-à-dire 25 pouces pour 10 pieds, et par conséquent je ne sais combien de pouces pour les tours Notre-Dame. Je ne sais pas davantage quelle énorme alidade, quelle énorme règle en bois viendra prêter son secours à la chambre obscure de MM. Duboscq et Ferrier, pour reproduire ces grands objets à grande distance, et je sais encore moins quelle énorme chambre noire il faudrait si l'on était obligé d'y placer des objectifs à quinze ou vingt pieds de distance entre eux. Ce que je sais pertinemment, au contraire, c'est que j'ai pu éviter toutes ces difficultés au moyen d'innovations que vous n'avez pas remarquées ; au moyen d'une heureuse combinaison des verres dans les objectifs, et surtout au moyen du mouvement de va-et-vient imprimé aux objectifs par un mécanisme que vous n'avez pas assez apprécié.

Si vous trouvez maintenant que mes observations ne fournissent nullement la preuve de la bonté de mon système, je vous offre avec le plus grand plaisir de faire une expérience devant telles autorités scientifiques qu'il vous plaira de réunir à cet effet, et, comme il est de mon intérêt le plus pressant de prouver que je ne suis ni un plagiaire ni un imposteur, je désire que l'expérience que je vous propose ait le plus de retentissement possible, et que, pressé par l'évidence des faits, vous preniez une idée plus juste et par conséquent plus favorable du Quinetoscope.

Je pourrais encore pour dernière observation et pour répondre à la manière dont vous terminez votre article, c'est-à-dire « qu'il n'y a rien de nouveau dans le Quinetoscope, attendu qu'avant moi MM. Duboscq et Ferrier, avant MM. Duboscq et Ferrier, sir David Brewster, avant sir David Brewster, M. Wheatstone, avant M. Wheatstone, M. Claudet avaient résolu le problème dont je m'attribue la solution comme quelque chose de nouveau », je pourrais, dis-je, vous prier, vous, qui avez assisté à la naissance de cette idée quatre fois résolue, et qui court le monde depuis longtemps, de me dire, vous qui ne l'avez pas perdue de vue, où je pourrai m'adresser pour me procurer un des appareils qu'elle a produits et avec lequel je pourrai faire ce que je fais avec le mien : si vous me le dites, je me tiens pour battu ; mais si vous ne le pouvez, il est de toute justice que vous conveniez que vous vous êtes trompé dans votre appréciation du Quinetoscope, et que, mieux informé, vous vous rendiez à l'évidence et lui restituiez le mérite de la nouveauté et de son incontestable supériorité sur tout ce qui a paru en ce genre jusqu'à ce jour.

Tout ceci, Monsieur, ne sera pas une raison pour ne pas vous communiquer quelque jour telle autre chose que j'aurai le bonheur de découvrir et d'appliquer à quelque branche que ce soit de la photographie; je tiendrais à vous prouver que je professe la plus haute estime pour la manière distinguée dont vous abordez ordinairement toutes questions scientifiques, et que j'attache un très-haut prix à votre approbation dans l'avenir.

Je ne crois pas qu'il soit besoin de vous prier de hâter l'insertion de la présente dans votre journal *le Cosmos*; vous serez aussi empressé de faire connaître ma réponse que vous l'avez été de faire connaître vos impressions, et comme c'est un acte de justice que je réclame de votre loyauté, je n'ai pas la crainte de le voir ajourné au delà de votre prochain numéro.

J'ai l'honneur, etc.

Signé : A. QUINET.

Paris, 31 mai 1855.

Nous apprenons que M. Dodero, photographe à Marseille, dont l'habileté est connue de tous ses compatriotes, a fait une nouvelle application du stéréoscope, qu'on nous a dit être très-ingénieuse.

—

Un artiste suédois, M. Carleman, a fait une nouvelle découverte qu'il nomme photochromographie. Par cette nouvelle application de la photographie, il peut obtenir 3 à 400 copies par jour, et les divers objets sont reproduits avec leurs couleurs naturelles. M. Carleman va prendre sans délai un brevet en Allemagne. (*Morning-Chronicle.*)

—

Un propriétaire des environs d'Hyères s'occupe avec succès, depuis deux ans, de la culture d'un arbre qui produit du suif; on le dit originaire de la Chine. Il croît à la hauteur d'un cerisier; son écorce est unie et ses feuilles, taillées en cœur, sont d'un rouge vif. Le fruit est enfermé dans une espèce de gousse ou d'enveloppe, à peu près comme les châtaignes, et consiste en trois grains de la grosseur et de la forme d'une noisette. La substance blanche qui entoure le noyau a toutes les qualités du véritable suif, sa consistance, sa couleur, son odeur même : aussi les naturels en font-ils des chandelles, qui seraient aussi bonnes que les nôtres s'ils savaient le purifier comme nous purifions le suif animal.

—

On écrit de Vienne :

« On parle de l'invention d'un procédé au moyen duquel on appliquerait la photographie à l'impression sur étoffes en soie et en laine. D'après les expériences faites jusqu'à ce jour, l'impression d'environ trente mètres d'étoffe n'exige que quelques minutes. Cette invention est un pendant à l'invention faite par le chef de l'imprimerie impériale à Vienne, de reproduire les dessins d'objets de la nature, des plantes, etc., *par voie directe.* »

Toutes les demandes et réclamations relatives au service, toutes les lettres et communications relatives à la RÉDACTION, doivent être adressées (*affranchies*) à M. Ernest LACAN, rédacteur en chef, au bureau du journal. — *Toute lettre non affranchie sera rigoureusement refusée. Les demandes d'abonnement doivent être accompagnées d'un* bon sur la poste, à l'ordre du Gérant.

Le Propriétaire-Gérant, ALEXIS GAUDIN.

TYPOGRAPHIE HENNUYER, RUE DU BOULEVARD, 7. BATIGNOLLES. Boulevard extérieur de Paris.

TROISIÈME ANNÉE. N° 25. SAMEDI, 18 JUIN 1853.

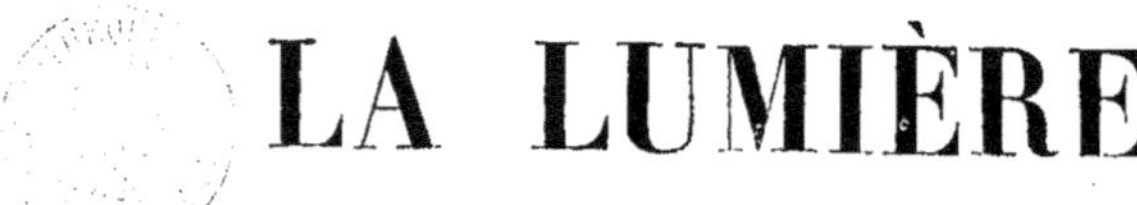

LA LUMIÈRE

REVUE DE LA PHOTOGRAPHIE.

BEAUX-ARTS. — HÉLIOGRAPHIE. — SCIENCES.

JOURNAL NON POLITIQUE, PARAISSANT LE SAMEDI.

Bureaux, rue de la Perle, 9, à Paris.

ABONNEMENTS.—*Paris*, UN AN, 16 FR.; 6 MOIS, 10 FR.; 3 MOIS, 6 FR.; *Départements*, UN AN, 18 FR.; 6 MOIS, 11 FR.; 3 MOIS, 7 FR.; *Etranger*, UN AN, 20 FR.; 6 MOIS, 12 FR.; 3 MOIS, 8 FR.

SOMMAIRE.

SALON DE 1853.

(3e ARTICLE.)

Mlle ROSA BONHEUR, M. GÉROME.

C'est Mlle Rosa Bonheur qui a fait l'œuvre la plus vigoureuse, la plus franche et la plus masculine de l'Exposition. Géricault a revécu. Le *Marché aux chevaux* restera comme un monument du genre impétueux et sauvage. Il est surprenant que la pensée et les doigts d'une femme aient pu remplir cette grande toile de tant de mouvement et de force. Ordinairement leurs inspirations leur arrivent dans la grâce, et non dans la puissance ; elles ont des nerfs plutôt que des muscles. Mais l'esprit souffle où il veut ; et, quoique nous aimions mieux voir naître des mains d'une jeune fille une *Jeanne d'Arc* qu'un limonier, nous applaudirons sans réserve à ce talent qui n'est pas coupable de s'être trompé de sexe. Le fond de la toile a été sacrifié avec intention : la ligne des arbres est à peine indiquée. Mais les deux autres plans sont admirablement pleins. C'est le moment où les percherons défilent confusément devant les acheteurs formés en galerie. On ne peut pas rendre avec plus de vérité le pelage abrupt, les jarrets épais, la tête lourde, l'encolure où l'on sent passer une respiration puissante comme la vapeur, et la croupe éléphantine de cette race qui arrive à une sorte de beauté par sa vigueur. Ils s'enlèvent avec les maquignons qui les montent ; ils s'emportent, excités les uns par les autres ; leurs naseaux roses et blancs se gonflent avec une telle justesse, qu'on croit en entendre sortir le hennissement sonore. Ils ont tous une attitude différente. Le noir qui pointe lourdement est magnifique. Le blanc, dont la croupe se confond avec la chemise du beau palefrenier qui le dresse, étale splendidement cette robe éblouissante, qui emportait comme un nuage sur les grandes routes de France la diligence Laffitte, cette majestueuse physionomie qui disparaît de plus en plus. La scène représentée par Mlle Bonheur est populaire ainsi qu'une scène de foire : toutefois, ce défilé ne laisse pas grand' chose à l'esprit. Nous avons une passion pour les chevaux, mais pour les arabes sous le burnous, pour les anglais sous la toque du jockey, pour les genets sous la jupe flottante des damoiselles, pour les normands sous la cuirasse retentissante des chevaliers. Le type si puissamment rendu dans le *Marché*, est un de ceux qui nous plaisent le moins.

Nous osons à peine dire que nous préférons à cette œuvre de maître l'autre petit cadre que Mlle Bonheur a appelé *Vaches et moutons*. Il a plu dans la nuit. Le sol est trempé. Les bêtes hésitent et glissent. Elles descendent sous les feuilles mouillées d'un bois pour se rendre au pacage. Le sujet n'est pas compliqué davantage, mais il est charmant ainsi. Les deux moutons qui s'avancent en tête sont adorables d'ingénuité. On voit à leur attitude modeste que ce sont de bonnes petites créatures, plutôt faites pour comprendre *Fadette* qu'*Estelle*. Ils sont intéressants, parce que le peintre donne à chacun de ses animaux une personnalité et un caractère. La vache qui est près du berger est magnifique, dans sa démarche d'Io. Le fond de la colline annonce un sentiment prononcé de la nature. Nous avons retrouvé là, de Mlle Rosa, *le Labourage nivernais*, avec toute la fraîcheur de sa poésie simple. Espérons que l'immense succès de son *Marché aux chevaux* ne la détournera pas de ces sentiers dans les ravins, de ces prés entourés de haies qui sont, suivant nous, le véritable champ de son talent. N'y a-t-il pas des chanteurs ailés qui fuient les vallées où ils ont eu le plus d'échos, pour revenir à celles où ils ont eu le plus de recueillement et de paix ? Du reste, M. Auguste Bonheur, que nous retrouverons bientôt dans les paysages, les a repris ces sentiers fraternels, et ils l'ont conduit à des rives charmantes et nouvelles.

Un de nos peintres les plus aimés, M. Gérome, dont une grande partie du temps est pris par des commandes très-importantes, a envoyé une *Idylle* exquise, dont le seul malheur est d'avoir été précédée, dans le souvenir de tous, par le *Combat de coqs*, qu'elle rappelle comme ton et comme composition. Elle lui a été imposée par un amateur qui a voulu avoir quelque chose dans le goût des *Coqs*. Ce sont encore de beaux adolescents, vêtus seulement d'un rayon du soleil de la Grèce, le jeune homme blond, la jeune fille brune, qui se regardent pudiquement et amoureusement, à travers le ruissellement d'une fontaine qui coule sous une statue. Le jeune homme essaye de cacher sa nudité avec un bouquet qui lui a été jeté par la belle. La tête de celle-ci, câlinement posée sur un corps admirablement dessiné, hésite entre l'abandon et la retenue. Une jolie biche fauve qui arrive familière vers l'eau domestique, va lécher leurs pieds nus. Tout cela a toujours cette pâleur soucieuse qui est une des qualités du peintre déjà célèbre.

Mais l'œuvre de M. Gérome, cette année, est la frise destinée à être reproduite sur un vase de Sèvres, pour rappeler l'Exposition de Londres. C'est un pèlerinage de toutes les nations modernes vers ce grand rendez-vous de la science et de l'industrie. Les Chinois d'abord, qui semblent arriver des horizons de laque d'un paravent. Les Américains, le Yankee, l'Indien tatoué. La Russie enveloppée dans ses fourrures, portant la croix grecque, personnifiant la beauté slave, suivie des Kalmoucks et des Caucasiens. L'Angleterre, c'est-à-dire toutes les races, et à sa suite tous les types humains, aussi nombreux que les îles qu'elle possède dans les mers. Puis, au milieu, trois figures allégoriques merveilleusement caractérisées, l'Abondance, la Concorde et la Justice. A leur droite, la Belgique, et la France traînant après elle un pan du burnous algérien. Ensuite, la Prusse et l'Autriche, corps puissants et nourris de bière. L'Espagne et le Portugal, figures tristes et empreintes du deuil de leur souveraineté et de leurs industries perdues. Et enfin, la Turquie et l'Egypte, marchant à leurs destinées nouvelles, mais toujours dans la voie de l'islam. M. Gérome a fait ainsi le tour du monde avec un rare bonheur. Il n'y avait pas de main mieux faite que la sienne pour cette frise correcte, pure et animée par la multiplicité des attitudes. Le jeune maître est un Athénien du temps de Périclès. Il a consacré le souvenir de la fête la plus antique de l'époque contemporaine.

HENRI DE LACRETELLE.

LA PHOTOGRAPHIE EN ANGLETERRE.

(Correspondance particulière de LA LUMIÈRE.)

Londres, 14 juin.

Dans ma dernière lettre, j'ai donné quelques détails sur le commencement de la réunion de la Société photographique du 2 juin. Mais comme les communications qui formaient le sujet principal de la soirée étaient trop importantes pour ne faire que les mentionner, j'ai préféré attendre quelques jours pour pouvoir en donner un meilleur résumé qu'on ne saurait le faire à la hâte (1). L'intérêt qui avait si bien commencé par l'annonce si importante et si agréable de l'adhésion gracieuse de la reine et du prince Albert, dont j'ai déjà parlé, s'est soutenu en tournant aux sujets pratiques de la séance, par une communication de sir John Herschel, quelque peu révolutionnaire dans ses suggestions *sur la substitution, dans les procédés photographiques, du brôme à l'iode.* Cet article a été lu par le secrétaire.

Sir J. H. Herschel commence par dire qu'il a toujours éprouvé les mêmes impressions que sir J. H. Newton a communiquées dans son article sur la *photographie au point de vue artistique* qui a été publié dans le premier numéro du journal de la Société. Il trouve que l'effet naturel de la lumière et de l'ombre est loin d'être bien rendu, que l'harmonie de ton n'existe pas, et que la variété du relief due à la variété des couleurs et des tons est à peu près perdue dans les épreuves photographiques. « La végétation est trop noire, dit-il, et manque de saillie artistique. Quiconque a étudié la couleur, non pas comme artiste, mais comme photologiste, ne peut en ignorer la cause. C'est que les rayons rouges et jaunes, mais *surtout les premiers qui entrent si largement dans les verts végétaux*, sont supprimés. Ils n'ont pas d'effet sur les matières qui sont employées à présent dans l'art photographique. »

Un mot explique tout : c'est L'IODE. Tout le mal que nous regrettons, et si justement, est attribuable à l'usage exclusif de cet agent. J'ai démontré (dans mes articles nos 129 et 217, dans les *Phil. Trans.*, 1840 et 1842, et *sur l'action des rayons du spectre solaire sur la plaque daguerrienne*, dans le *Phil. Journal*, 1843, art. XIX) que l'argent iodé est presque insensible aux rayons rouges et orangés; que sa sensibilité commence tout à coup au delà du jaune moyen et en dedans du bleu ; qu'elle est puissante à l'indigo, et qu'elle s'étend très-loin jusqu'à des rayons qui n'ont absolument pas d'effet visible. On ne doit donc pas s'étonner que l'iode produise des tableaux qui ne satisfont pas l'œil artistique. Il faut rejeter entièrement ou retenir dans des limites étroites l'emploi de l'iode, *coûte que coûte* (quoique le sacrifice soit grand), si nous voulons que la photographie satisfasse jamais aux désirs de l'artiste.

« A quoi donc recourrons-nous ? Au BROME. Une photographie nouvelle est à créer, dont le brôme doit être la base. J'ai prouvé ceci dans mes expériences sur cette substance (Voir *Phil. Trans.*, 1840, art. 77 et *Phil. Journal*, art. 29, cité ci-dessus). L'action de chaque rayon

(1) C'est à la complaisance du rédacteur du journal et du secrétaire de la Société, qui m'a permis de consulter les communications lues dans la soirée, que je dois de pouvoir vous donner les détails qui vont suivre. Je suis heureux d'exprimer ici ma reconnaissance envers ces messieurs.

lumineux est égale dans toute l'étendue du spectre. Mais les rayons au delà des rayons lumineux agissent puissamment, et *il faut* les éliminer. Un écran de verre jaunâtre, placé près du foyer, ou encore mieux une capsule en verre contenant une solution faible de sulfate de quinine, comme les résultats récents du professeur Stokes l'ont prouvé, préviendra leur effet et restreindra l'action de ces rayons dans des limites approuvées par l'art. Je crois que M. Becquerel a employé ce dernier liquide dans le même but. J'ajouterai encore qu'il serait bien à désirer que les artistes étudiassent *le spectre* et son action, en ce qui concerne les couleurs. »

Cette communication a été suivie par des observations que M. Crookes a lues à la réunion, et qui tendaient à prouver la conclusion de sir John Herschell. Seulement les opérations de cet habile expérimentateur avaient été faites dans un tout autre champ d'étude. Les expériences de M. Crookes, qu'il a continuées depuis dix-huit mois, avaient pour but de saisir les beaux arrangements de formes qui sont remarqués dans des tranches minces de cristaux, vues dans le polariscope. Les premiers résultats ont été obtenus au moyen du collodion iodé de la manière ordinaire, et les images, de calcopar et de nitre, présentaient des anneaux bien plus nombreux et d'une étendue bien plus grande que dans le polariscope; de sorte que, au lieu de huit ou dix qu'on en voyait dans l'instrument, on en pouvait compter quelquefois cinquante dans l'image photographique, ce qui faisait voir très-clairement la plus grande étendue des anneaux produits par les rayons les plus réfrangibles, comparés à ceux formés par les rayons visibles. Enfin, le patient opérateur ayant fait remarquer cette circonstance au professeur Wheatstone, dernièrement celui-ci lui a suggéré l'emploi du procédé proposé par sir John Herschel. Il a tout de suite fait les expériences suivantes. S'étant d'abord assuré qu'une épaisseur de plusieurs pouces de quartz n'empêchait en rien l'action des rayons chimiques, il en a construit une sorte de petite boîte, dont les deux côtés se composaient de morceaux plats de quartz, et dont l'épaisseur était d'un pouce et demi. Il la remplit d'une solution de sulfate de quinine dans de l'acide sulfurique étendu, qui contenait 25 pour 100 de sulfate, et il trouva que le cône de la lumière bleue pénétrait à peine jusqu'à un huitième de pouce au delà de la surface. La boîte ainsi remplie était placée de façon à faire face au ciel, et on en tirait une image avec une lentille de quartz sur de l'argent iodé. En développant cette image, le ciel paraissait noir, tandis que la lumière qui avait passé à travers la quinine avait à peine affecté la plaque. En délayant plusieurs fois la solution, il a trouvé que chaque fois la lumière pénétrait plus, et que l'effet photographique croissait. Quand elle fut réduite à une proportion d'un ou deux décigrammes de sulfate par litre, les rayons chimiques étaient à peine absorbés (1).

Ensuite, s'étant procuré du collodion avec du brôme, au lieu d'iode, et ayant employé une solution presque saturée de sulfate de quinine, ses présomptions ont été agréablement réalisées. Les anneaux étaient réduits au nombre visible, et ils étaient en même temps bien plus larges, par suite de la plus grande étendue de surface de chaque anneau qui pouvait affecter le bromure d'argent. Ici, cependant, il a rencontré quelques effets singuliers, quelques figures anomales se produisaient; il a trouvé que certains rayons n'ont pas d'action sur l'iodure d'argent, mais qu'ils agissent sur le bromure, avec ou sans la solution de quinine interposée. Il en conclut que ces rayons ne peuvent guère être dans la partie la plus réfrangible et invisible du spectre, ou du moins dans la partie qui est absorbée par le sulfate de quinine. Ils ne peuvent pas être non plus des rayons calorifiques invisibles, puisque ceux-là n'ont pas d'effet sur le bromure d'argent. Il s'est assuré que ces figures anomales ne sont pas visibles à l'œil, en examinant soigneusement chaque cristal dans un polariscope, illuminé d'abord de la lumière blanche, et puis par chaque rayon isolé d'un spectre solaire très-pur; car c'était toujours une image normale qui s'y voyait alors. Il est donc possible que ces images anomales soient causées par des rayons invisibles, qui n'ont pas encore été remarqués et qui existent en dedans de l'espace du spectre visible.

Cette communication habile de M. Crookes, celle de sir John Herschel, ont été suivies d'applaudissements qui prouvaient qu'on avait apprécié toute leur valeur. Elles ont évidemment pour résultat de faire naître un vif désir d'investigation et l'espérance de nouvelles améliorations. Nous sommes certain qu'avant la prochaine réunion, qui n'aura lieu qu'en novembre, bien des recherches et des résultats auront amené quelque progrès notable dans la direction nouvelle suggérée par sir John Herschel.

—

Le procédé de gravure de MM. Niépce de Saint-Victor et Lemaître excite déjà beaucoup d'intérêt ici. Venant ainsi en même temps que celui de M. Talbot, et en même temps aussi que les derniers perfectionnements de la photographie sur pierre, de MM. Lerebours, Lemercier et Barreswil, il aide à faire une époque dans les progrès de la photographie. J'ai eu occasion, avant personne ici, de recevoir les opinions sur ces procédés si remarquables, et sur leurs résultats si intéressants, qui m'ont été envoyés. Ils ont déjà été vus d'une foule de personnes capables, depuis les premiers, dans les rangs de nos doyens dans la science et de nos opérateurs photographiques, jusqu'aux simples amateurs. Eh bien! pour parler d'abord de la gravure, naturellement l'enthousiasme est excité par ces résultats inattendus, d'une science qui est presque encore inattendue elle-même. Il y en a qui, de plein cœur, prévoient des progrès rapides, en partant de ces commencements de notre plus grand inventeur, et de deux explorateurs si courageux et si habiles de votre côté. Il y en a qui ne voient pas de limites au perfectionnement de cette découverte, et qui vont se mettre à la recherche à bride abattue. Mais il y en a d'autres qui en doutent beaucoup, et qui croient même que les inventeurs ont déjà presque atteint ses limites.

Toujours est-il qu'on est très-heureux de voir qu'il y a des différences marquées entre les deux procédés; et des deux, je crois que je ne suis pas hors de la vérité en disant que ce qu'il y a d'espérance se porte vers le procédé de MM. Niépce et Lemaître. Mais j'aurai à revenir sur ce sujet quand sa connaissance sera plus généralement répandue, et il n'est pas nécessaire de s'étendre là-dessus trop tôt.

FRANCIS SCOT.

(*La suite au prochain numéro.*)

SCIENCES.

Cartes écliptiques de M. Walz, photographiées sur papier. — Rapport de M. Milne-Edwards sur la photographie zoologique. — Epreuves microscopiques de M. Bertsch.

« M. Valz a adressé à l'Académie une de ses *cartes écliptiques* gravée d'après les procédés de la *photographie sur papier*. Le fond de la carte est noir, tandis que les étoiles y ressortent en blanc proportionnellement à leurs grandeurs jusqu'à la 12e.

« Il envoie aussi les éléments elliptiques de la planète Phocéa, découverte par M. Chacornac, de Marseille.

Époque; 1853 mai	1,486
Anomalie moyenne	303°17'
Longitude du périhélie	303.14
Longitude du nœud ascendant	214. 0
Inclinaison	21.24
Excentricité	0,24411
Demi-grand axe	2,3762
Mouvement moyen diurne	968", 70

Rapport de M. Milne-Edwards sur la photographie zoologique. — « Les procédés photographiques mis en usage par MM. Rousseau et Devéria ne présentent rien de particulier: ce sont ceux employés dans les ateliers de M. Lemercier, par MM. Bisson, pour diverses publications artistiques dont il a été déjà question ici, et, par conséquent, il ne nous semble pas nécessaire de nous y arrêter; mais les résultats obtenus par les auteurs sont de nature à intéresser si vivement les zoologistes, que nous croyons devoir y appeler l'attention de l'Académie. En effet, ces essais, bien qu'incomplets encore, réalisent en partie ces avantages que nous espérions obtenir de l'application de la photographie aux études zoologiques, et suffisent pour montrer que, dans certains cas, cet art nouveau est susceptible de rendre aux sciences naturelles des services plus grands que ne sauraient le faire ni le dessin ni la gravure.

« Ainsi, les corps que le zoologiste a besoin de représenter offrent souvent une multitude de détails qui échappent à l'œil nu et qui sont cependant nécessaires à montrer. Pour les mettre en évidence, le dessinateur est obligé de les grossir comme si c'était à travers une loupe qu'il les voit, et les figures amplifiées ainsi obtenues ont rarement l'aspect de ces objets tels qu'ils se présentent d'ordinaire dans la nature. Pour en donner une idée exacte et suffisante, le zoologiste a donc presque toujours besoin de deux sortes d'images: de figures d'ensemble non grossies et de figures de certaines parties caractéristiques plus ou moins amplifiées.

« Dans les planches photographiques bien faites, telles que les planches de l'Euryale, de l'Agaracie et des Fongies, présentées à l'Académie par MM. Rousseau et Devéria, on n'aperçoit, pas plus que dans la nature, les détails de structure lorsqu'on les regarde à la vue simple, et les objets représentés conservent alors leur aspect ordinaire; mais lorsqu'on vient à examiner ces planches à l'aide d'une loupe, on y voit tous les détails que cet instrument ferait voir dans l'objet lui-même, et, par conséquent, ici une seule et même image peut tenir lieu des deux sortes de figures dont nous venons de parler comme étant généralement nécessaires dans les ouvrages exécutés au pinceau ou au burin. Par exemple, dans les figures de Fongies données par MM. Rousseau et Devéria, ces Polypiers sont moins grands que dans la nature, et, cependant, en les examinant à la loupe, on peut non-seulement compter toutes les lames dont chacun de ces corps se compose, mais distinguer les denticulations et les autres caractères de structure que chacune des lames elle-même présente. Le dessinateur le plus habile n'aurait ni la patience ni la légèreté de main nécessaires pour reproduire fidèlement tous ces détails; or, non-seulement la photographie nous les donne, mais elle nous les donne à bas prix.

« Ces avantages de la photographie sur la gravure ne laissent pas que d'être considérables, lorsqu'il s'agit de la représentation de corps d'une structure très-complexe, comme les Polypiers et les Échinodermes; dans beaucoup de cas, il faut tenir compte aussi d'un autre fait qui, à mon avis, est plus important, et qui est une conséquence de la nature même de l'opération photographique.

« Quand le zoologiste fait un dessin, il ne représente que ce qu'il remarque dans son modèle, et, par conséquent, l'image tracée par son crayon ne traduit que l'idée plus ou moins complète qu'il s'est formée de la chose à reproduire, et il est bien rare que la figure ainsi obtenue montre nettement des caractères dont l'auteur n'aura pas tenu compte. Aussi lorsque, par les progrès de la science, un de ses successeurs fait intervenir, dans la solution des questions zoologiques, des caractères dont le premier iconographe n'aurait pas fait usage, il est bien rare qu'il les trouve fidèlement représentés dans les dessins de celui-ci; pour constater la présence ou l'absence de ces particularités de structure, il ne peut donc se contenter de l'examen des figures déjà publiées, et il est obligé d'observer à nouveau les objets en nature.

« Mais avec la photographie il pourrait en être autrement, car une image photographique bien faite donne, non-seulement ce que l'auteur a lui-même vu et voulu représenter, mais tout ce qui est réellement visible dans l'objet ainsi reproduit. Un autre naturaliste pourra donc y saisir des faits que le premier n'aura pas aperçus, et faire réellement des découvertes à l'aide de l'image, comme il en aurait fait en observant l'objet en nature.

« Ces considérations, et quelques autres raisons qu'il serait trop long d'exposer ici, nous ont fait vivement désirer que la photographie pût devenir d'un emploi usuel pour les zoologistes, et c'est avec satisfaction que nous avons vu un naturaliste zélé et un artiste distingué réunir leurs efforts pour arriver à ce résultat. MM. Rousseau et Devéria sont loin d'avoir surmonté toutes les difficultés que présente l'application de cet art nouveau à l'iconographie zoologique, et peut-être reste-t-il encore quelque chose à faire pour donner à leurs épreuves toute la stabilité désirable. Mais ils nous paraissent en bonne voie, et s'ils avaient à leur disposition les instruments convenables et les moyens d'expérimentation nécessaires, nous pensons qu'ils arriveraient promptement à des résultats très-utiles pour la science.

« Ainsi, avec les instruments dont les photographes se sont servis jusqu'à présent, on ne peut guère obtenir l'image que de corps suffisamment rigides pour rester

(1) Nous avons remarqué dernièrement chez M. le professeur Wheatstone des épreuves très-intéressantes de ces procédés de M. Crookes, dont nous espérons, du reste, grâce à l'obligeant concours du Conseil de la Société de Londres, offrir bientôt à nos lecteurs des illustrations gravées.

immobiles dans une position verticale, et, par conséquent, les préparations anatomiques des parties molles des animaux ne peuvent être convenablement disposées pour l'obtention de bonnes figures photographiques; mais, pour lever cette difficulté, il suffirait d'installer l'instrument dans une position verticale, ou d'y adapter un prisme pour recueillir le faisceau lumineux envoyé par la pièce anatomique posée à plat et à une distance convenable au-dessous de la lentille. Il y aurait aussi beaucoup d'expériences à faire relativement au mode d'éclairage des objets, et aux moyens à l'aide desquels on pourrait peut-être corriger l'inégalité d'action de certaines couleurs sur le papier sensible. La Commission a engagé MM. Rousseau et Devéria à s'en occuper, et comme ces essais, dont la zoologie pourrait tirer un grand profit, occasionneraient des dépenses considérables, elle a pensé que l'Académie ne refuserait pas de leur venir en aide, et elle a l'honneur de vous proposer, non-seulement d'encourager les auteurs à poursuivre leurs travaux, mais de mettre à leur disposition les instruments nouveaux que vos Commissaires considèrent comme étant nécessaires pour leurs expériences, et que la Commission administrative jugerait opportun de leur confier. »

M. Bertsch, l'habile photographe, inventeur du collodion rapide qui porte son nom, a, depuis longtemps déjà, obtenu des épreuves admirables d'insectes, de végétaux, etc., ou seulement de quelques parties caractéristiques de ces figures, dont les grossissements sont dans les proportions de 150, 200, 300 fois leur volume et au delà. La combinaison ingénieuse des effets du microscope solaire et de ceux de la chambre noire, l'emploi du collodion rapide, réglé par un obturateur de son invention, ont produit dans les mains de M. Bertsch des résultats merveilleux. Nous avons sous les yeux deux épreuves.

L'une, d'un pou de tête qui a 0,150 millim. de longueur, 0,055 millim. de largeur au milieu du corps; la tête seule a 0,020 millim., et chacune des six pattes 0,025 millim.

L'autre, d'un œil multiple de mouche azyle, qui a 0,140 millim. de diamètre.

On nous a assuré que les cartons de cet éminent artiste renferment un grand nombre d'épreuves de végétaux, d'insectes, reproduites avec une grande perfection d'après les mêmes procédés.

M. Milne Edwards, le savant rapporteur de la Commission académique, dit que, pour mettre en évidence une multitude de détails qui échappent à l'œil nu dans les corps que le zoologiste a besoin de représenter, le dessinateur est obligé de les grossir comme si c'était à travers une loupe qu'il les voyait, et que les figures amplifiées ainsi obtenues ont rarement l'aspect de ces objets tels qu'ils se présentent d'ordinaire dans la nature. Non-seulement les imperfections signalées par le célèbre professeur disparaîtraient si les procédés de M. Bertsch étaient appliqués dans certaines spécialités, mais encore l'utile concours de cet habile photographe ferait faire nécessairement d'immenses progrès à une classe des sciences considérée comme une des premières du monde entier, tant par la célébrité des savants professeurs qui l'ont illustrée depuis plus d'un siècle, que par les généreux et persévérants encouragements accordés par leur intervention à notre magnifique Muséum d'histoire naturelle.

A.-T. L.

M. Robert Hunt, le savant professeur, l'un des hommes qui ont le plus contribué aux progrès de la photographie, a bien voulu nous envoyer les observations suivantes qui viennent corroborer, avec toute l'autorité de l'expérience, ce qui a été dit, à la séance de la Société photographique de Londres, sur la substitution du *brôme à l'iode*. Nous nous empressons de publier cette intéressante communication, en priant M. Hunt d'agréer tous nos remerciements.

E. L.

DU BROME COMME AGENT PHOTOGRAPHIQUE.

Sir John Herschel ayant appelé l'attention de la Société sur diverses propriétés importantes du bromure d'argent mis sous l'influence des rayons du spectre, et ayant cherché à prouver que, dans beaucoup de cas, ce sel présente des avantages particuliers sur l'iode, je prends la liberté d'ajouter quelques mots pour confirmer cette opinion.

L'influence des rayons prismatiques sur les composés argentifères est notre seul guide certain pour reconnaître leur valeur relative. Sir John Herschel a fait remarquer que, même dans les meilleures productions photographiques, dans la préparation desquelles l'iode est employé, l'impression du feuillage vert est imparfaite. En examinant l'effet du spectre sur l'iodure et le bromure d'argent, nous pouvons découvrir d'importantes différences. Le spectre obtenu sur l'iodure d'argent est renfermé dans les limites de la portion la plus réfrangible des rayons verts, et un peu au delà du spectre lumineux, en un point qui correspond avec le bord extrême des rayons extraprismatiques du professeur Stokes, au lieu que le spectre reproduit par le bromure d'argent s'étend au delà de ce point d'extrême réfrangibilité d'un côté, et, de l'autre, descend très-loin, avec une activité considérable, jusque dans les rayons jaunes. De plus, les rayons rouges ordinaires du spectre produisent toujours une tache rouge sur le bromure d'argent, tache qui, dans beaucoup de cas, devient assez intense pour donner une belle couleur cramoisie. Il sera donc facile de comprendre que l'impression produite par les rayons émanant d'une surface verte sera beaucoup plus décidée sur le bromure d'argent que sur l'iodure. Ayant laissé, par hasard, un papier préparé au bromure d'argent exposé pendant longtemps à la chambre obscure, je trouvai que les images obtenues avaient acquis les couleurs complémentaires de celles des objets devant lesquels l'instrument se trouvait placé. Ces considérations, que les rayons rouges produisent constamment une couleur rouge sur ce sel, et que des effets semblables à celui que je viens de citer ont été souvent obtenus, semblent démontrer que le bromure d'argent possède quelque pouvoir colorant particulier, qui est peut-être capable d'un développement considérable par la combinaison de ce sel avec d'autres agents que nos études photographiques nous ont fait connaître comme augmentant les effets chromatiques ordinaires.

On a exprimé l'opinion que les rayons lumineux, qu'on distingue des rayons chimiques, ont quelque action particulière sur le bromure d'argent; et plusieurs exemples, que l'on croit concluants, ont été cités à la Société photographique. Cependant je suis disposé à croire qu'il n'en est pas ainsi. Les effets qui paraissent avoir été produits par les rayons lumineux sont dus aux rayons chimiques qui ont une réfrangibilité du même ordre que celle des rayons colorés visibles, et ont, par conséquent, une action semblable. Toutefois, l'expérience m'a convaincu que la lumière et l'actinisme sont deux agents dissemblables, deux forces différentes en antagonisme, et se balançant à peu près. Nous savons que chaque préparation chimique a son échelle particulière d'action, et il semble évident que la différence de l'effet produit par le spectre sur l'iodure et le bromure d'argent provient de cette cause : que le bromure reçoit l'entier effet des rayons chimiques (actiniques), sans permettre à la lumière des rayons verts et d'une partie des rayons jaunes de neutraliser le résultat, mais que l'iodure, par suite de quelque action particulière de sa surface jaune, laisse tout pouvoir aux rayons lumineux, qui détruisent l'effet chimique des rayons d'égale réfrangibilité.

Toutefois, ces différentes questions demandent encore une série d'expériences ; et c'est avec beaucoup de satisfaction que je vois sir John Herschel sortir de son long silence pour diriger l'attention des artistes sur la valeur du bromure d'argent.

ROBERT HUNT.

Nous apprenons avec bonheur que M. Claudet vient d'être nommé membre de la Société royale de Londres. C'est une juste récompense des nombreux perfectionnements que ce savant artiste a apportés aux procédés et aux instruments photographiques, en même temps qu'un hommage rendu à ses vastes connaissances scientifiques.

DERNIÈRE RÉPONSE A M. L'ABBÉ MOIGNO.

Je n'aurais pas donné suite à la polémique provoquée par M. Moigno, au sujet du *Quinetoscope*, si son dernier article ne contenait pas un défi que j'accepte avec empressement; selon son habitude constante, M. Moigno, au lieu de discuter, écrit des tirades en style mousseux, qui manquent de la modération et de l'aménité les plus ordinaires : nos lecteurs en jugeront par son dernier article, que je transcris textuellement.

« Non, monsieur Marc-Antoine Gaudin, nous ne vous « répondrons pas, car il nous serait trop pénible, à nous « qui vous fûmes et qui vous serons sincèrement attaché, « de vous prouver que vous n'entendez rien, absolument « rien, à la théorie et à la pratique du stéréoscope. Vous « avez des convictions, gardez-les, alors même qu'elles « sont à nos yeux de tristes illusions. Ces vues panora-« miques prises par M. Ferrier, en dehors de vos fausses « théories, mais conformément aux vrais principes de la « science et de l'art, que vous proclamez *sèches, mons-« trueuses*, que vous comparez à des *écrans découpés « placés les uns devant les autres*, elles ont excité à Paris « et à Londres des cris unanimes d'admiration enthou-« siaste; elles ont étonné les Séguier, les Niépce de « Saint-Victor, les Foucault, les Clerget, les Thompson, « etc. etc.; tous les artistes et tous les amateurs qui sont « venus en foule les contempler. Pour nous qui avons le « bonheur de les posséder dans notre humble cellule, « elles sont un hymne magnifique au Créateur, elles dé-« passent les limites du possible. Libre à vous de détour-« ner de ces charges odieuses votre œil *devenu très-sûr « par la pratique constante de la photographie* et qui « découvre si bien les moindres imperfections du dessin; « ces incomparables épreuves n'en feront pas moins le « tour du monde.

« Quant à vous, monsieur Quinet, nous vous voulons du « bien, beaucoup de bien; nous approuvons sincèrement « votre ingénieux appareil; nous lui souhaitons un succès « de vogue; nous sommes convaincu que, dans les limites « que lui assigne la théorie, il donnera de très-bons résul-« tats; c'est lui-même, en se montrant, qui s'est produit, « comme la chambre binoculaire, décrite par sir David « Brewster, mais perfectionnée par vous. On ne gagne « rien, on perd tout en exagérant, en sortant de la vérité, « et vous rentrerez forcément dans les limites du vrai, « qui sont en même temps les limites du bon et du beau; « car la vérité est la première condition de la beauté et « de la bonté ; car si tout ce qui est vrai n'est pas bon et « beau, tout ce qui est bon et beau est, avant tout, vrai. « Nous vous le disions, il y a quelques instants : prenez « vous-même avec le Quinetoscope, et c'est bien simple, « une vue de l'un des bas-reliefs de l'Arc-de-Triomphe de « l'Étoile, comparez vous-même l'effet que vous obtien-« drez avec celui que M. Ferrier a obtenu avec des objec-« tifs dont les centres étaient séparés de plusieurs déci-« mètres; jugez vous-même, prononcez vous-même; nous « enregistrerons purement et simplement votre arrêt, qui « sera le nôtre, car vous êtes honnête et de bonne foi. Lors « même que vous aurez prononcé contre vous, votre ap-« pareil n'en sera pas moins un bon appareil. Que disons-« nous? Alors seulement il deviendra un bon appareil, qui « s'écoulera rapidement, parce que vous aurez posé vous-« même les limites entre lesquelles il sera vrai, bon et beau. « Nous vous l'avons déjà dit, il est de la condition essen-« tielle des œuvres humaines qu'elles soient bornées dans « leur nature comme dans leur action. »

Le premier paragraphe est furibond : il met à nu le dépit de l'auteur, nous n'y prendrons pas garde. Celui qui concerne M. Quinet est, au contraire, d'une humilité caractéristique, et est destiné à écarter, s'il est possible, la publication de sa lettre; mais il semble dire que le *Quinetoscope*, quoi qu'on fasse, ne donnera jamais que des résultats médiocres, toujours en se fondant sur la théorie, supposée vraie, qu'à partir de la vue distincte l'espacement des objectifs doit augmenter dans un rapport constant avec la distance. Il n'y a donc qu'un moyen de vider ce différend, c'est d'opérer simultanément avec les divers appareils, de faire juger les résultats par les personnes les plus compétentes, et de *publier la sentence définitive*; c'est pourquoi M. Quinet m'autorise à accepter le défi de M. Moigno, qui n'est qu'un travestissement du premier défi de M. Quinet, qu'il importe de ne pas perdre de vue; aussi vais-je poser les conditions du combat, afin que tout cela n'aboutisse pas à un déluge de paroles sonores.

M. Moigno a beaucoup parlé de l'appareil binoculaire de sir David Brewster : malgré toutes les recherches faites par M. Quinet, sur les indications de M. Moigno, cet appareil est demeuré invisible; c'est jusqu'à présent un être fabuleux ; néanmoins, M. Moigno sera invité à s'en procurer un pour le faire servir concurremment avec le *Qui-*

netoscope; faute de quoi son premier article, niant la nouveauté du *Quinetoscope*, sera reconnu mensonger.

Quant à la lutte à établir entre le procédé ancien et le *Quinetoscope*, il importe de bien s'entendre, afin que l'ancienne méthode conserve son caractère et n'envahisse pas le champ conquis par le *Quinetoscope*.

Suivant les deux méthodes, on opérera à courte distance et à longue distance : à courte distance, l'objectif, suivant l'ancienne méthode, devra occuper *deux positions successives*, distantes au moins de *plusieurs décimètres*; et, à longue distance, au moins de *plusieurs mètres*; en un mot, suivant la formule de M. Moigno.

Dans la prise d'un monument, on devra représenter la perspective du ciel avec ses nuages et les personnes stationnant; il ne sera pas difficile de réunir ces conditions, qui sont très-importantes.

En fait d'objets rapprochés, un bas-relief est chose trop facile; il vaudra mieux prendre un portrait à deux mètres avec les membres vus en raccourci, ou, mieux encore, un attelage de chevaux, pas des chevaux de carton, par exemple, comme il en faudrait pour la réussite du procédé ancien, pas même des chevaux de fiacre, mais bien des chevaux fins, et, au besoin, si M. Moigno l'exige, des chevaux anglais pur sang, attelés à une voiture découverte garnie de monde, impatients de partir, le pied en l'air, et retenus par un groom.

Si M. Ferrier trouve la tâche impraticable avec l'ancienne méthode, ce qui me semble très-clair, et bien que je le sache de première force pour la photographie, j'accepte encore au nom de M. Quinet, qui ne se croit pas aussi habile, la comparaison, par un jury composé de nos grands peintres, des épreuves panoramiques de M. Ferrier avec l'attelage de chevaux anglais de M. Quinet, qui lui aussi est déjà encadré et a figuré au stéréoscope avec honneur.

Quand je parle d'un jury composé de nos grands peintres, c'est que je pense qu'ils sont les hommes les plus compétents pour démêler le faux du vrai et distinguer le beau précisément, comme le dit M. Moigno; il n'y aura pas moyen qu'on leur fasse accepter une perspective outrée, en un mot une *vraie fantasmagorie*, pour de la perspective réelle.

Il y a mieux que cela encore, envoyons les épreuves panoramiques ou autres de M. Ferrier avec les vues, chevaux et portraits obtenus au *Quinetoscope*, à l'Académie des beaux-arts, en convenant de publier le rapport qui sera fait par une Commission choisie dans son sein, et tout sera dit.

Si l'on redoutait de la lenteur, j'y objecterais en disant que la question soulevée aujourd'hui est d'un si grand intérêt pour les beaux-arts, qu'il y aura certainement une vive curiosité excitée parmi nos peintres, à l'occasion de cette lutte singulière; ils seront empressés de comparer, et leur jugement ne se fera pas attendre. Voici notre ultimatum; qu'en pense M. l'abbé Moigno?

M.-A. GAUDIN,
Calculateur du Bureau des Longitudes.

Nous donnerons samedi prochain le procédé de M. Carré, dont nous avons parlé dans notre dernier numéro.

STATISTIQUE DE LA PHOTOGRAPHIE.

(16e ARTICLE.)

Dans notre précédent article concernant les chambres noires, nous avons cru devoir restreindre les détails que nous pouvions développer sur une bien plus grande échelle. Notre cadre est si étroit que nous n'avons pas voulu le dépasser, au risque même de faillir au sujet plutôt que d'en épuiser toutes les richesses. Mais des conseils d'un bienveillant intérêt sont venus en faire prévaloir l'importance avec une autorité si haute qu'ils ont rassuré notre religion autant par la justesse incontestable de leur portée que par le mérite de leur à-propos.

L'amateur, nous a-t-on dit, l'artiste consommé lui-même, aiment bien à connaître l'instrument qu'ils emploient, les parties qui le forment et le rôle qu'elles y jouent, soit afin de pouvoir se rendre compte d'un progrès par leur disposition meilleure, soit pour s'expliquer une irrégularité par leur dérangement. Souvent une minutie amène l'un comme l'autre; elle passerait inaperçue, ou bien on ne songerait pas à en chercher la cause occasionnelle où elle est. La signaler à l'attention, c'est assez pour que l'opérateur y remédie ou y aide lui-même, sans le secours de l'ébéniste. Et l'acheteur aussi ne trouve-t-il pas une satisfaction bien grande et bien légitime à savoir parfaitement le travail et la main-d'œuvre de ce qu'il acquiert, commissionne ou exploite, autant pour l'emploi de son argent que pour le bénéfice à prélever ou le courant d'affaires à grossir?

Ces considérations et plusieurs autres non moins sérieuses nous engagent, nous devons dire, nous obligent à revenir sur les chambres noires, non pour des redites, ce qui serait assez difficile puisque nous en avons si peu parlé, mais bien pour des développements nécessaires, indispensables. Nous en sommes d'autant plus heureux que, par une de ces particularités, de ces bizarreries inexplicables, un oubli s'est glissé au milieu de nos recherches pour la partie numérique de notre matière. Entouré des livres que l'on avait bien voulu mettre à notre disposition et dans notre envie si naturelle de ne pas en abuser trop longtemps, embarrassé aussi de leur nombre, non sous le rapport de leur abondance précieuse, mais sous celui de leur incommodité matérielle, nous les avons rendus avec un peu de précipitation et nous avons été puni de notre envie de bien faire. Et de plus, ne savions-nous pas nous-même l'urgence continuelle de leur service. Nous avons laissé à compulser un des plus importants qui contient les résultats de six mois au moins, et le malheur a voulu que ce fût celui de la meilleure saison commerciale pour la photographie. Notre chiffre est donc incomplet, puisque nous n'avons pu l'établir que d'après une partie des données seulement et n'enregistrer peut-être qu'à demi ce que nous avions cru rigoureusement exact et parfaitement complet. Mais la vérité s'en rétablira d'elle-même pour chaque grandeur de chambre noire, chaque genre, chaque espèce d'inventions, pour les aperçus nouveaux et les curieux détails que nous allons y rencontrer en l'observant de plus près et en approfondissant toutes ses ressources connues ou à connaître.

Nous le reconnaissons très-humblement, ce que nous avons dit des chambres noires est tout à fait incomplet et peu instructif sous tous les rapports. D'abord, nous avons passé sous silence une foule de perfectionnements qui pourtant valent bien au moins une mention honorable, sinon un brevet d'invention. Nous n'avons pas parlé du corps de la chambre noire ordinaire, et conséquemment de ses accessoires. Puis nous n'avons effleuré qu'un genre exceptionnel peu ou presque plus en usage, et énuméré seulement et moins complétement encore qu'un titre de matières, deux ou trois espèces, sans même en rappeler les noms.

Mais de quoi se compose la chambre noire? Quelle est sa forme? Quel est son usage? De quelle manière la fait-on servir? Dans quelles conditions d'optique, d'assiette perpendiculaire, verticale, horizontale? Comment est-elle fixée à l'appareil? Quelles sont les garanties contre un mouvement, une oscillation même la plus imperceptible, quand elle peut amener une monstruosité, un désastre dans l'épreuve photographique?

Puisque nous sommes assuré de l'intérêt que ces détails pourront exciter, nous allons y entrer avec notre réserve habituelle qui n'en exclura que les plus insignifiants et sans portée artistique ou mécanique, et nous pensons qu'il ne sera pas ennuyeux de révéler à nos lecteurs les chambres incroyables que nous avons vues et que l'on pourrait appeler sans exagération les chambres noires géantes destinées à reproduire de véritables tableaux et des bustes de grandeur naturelle.

La chambre noire ordinaire est un parallélipipède rectangulaire, habituellement un peu plus long et moins haut que large. Il y a le corps et les accessoires.

Le corps de la chambre noire ordinaire est formé de cinq planchettes régulières parfaitement adaptées les unes dans les autres. Elles sont vernies en noir sur leurs faces intérieures et deviennent à plus proprement parler les parois intérieures de la chambre noire.

La planchette inférieure dépasse les autres dans une certaine mesure et forme ce que l'ébéniste appelle la queue de la chambre noire, petit plateau fort commode et indispensable aux exigences des manipulations. Il semblerait que le devant de la chambre noire dût être le côté où s'adapte l'objectif; mais, par une contradiction assez singulière, on nomme devant, dans la chambre noire, le côté qui fait face à l'opérateur, et par conséquent derrière de la chambre noire, celui devant lequel pose le modèle. Ce dernier côté est ouvert à son milieu d'un trou circulaire et rigoureusement circonférenciel destiné à recevoir l'objectif. Une rondelle de cuivre, à la dimension de laquelle il est proportionné, y fixe l'objectif au moyen de trois ou quatre vis.

Le corps de la chambre noire ne se composant que de cinq planchettes, une partie nécessairement reste ouverte; c'est celle du devant, dont les planchettes sont creusées à leurs bords intérieurs de rainures qui permettent d'y introduire les châssis.

Voilà la chambre noire à sa plus simple expression et bien incomplète encore.

Dans le prochain article nous donnerons des détails aux accessoires, et nous allons terminer celui-ci par l'énumération des divers genres de la chambre noire, spécialiser par leurs noms celles qui en possèdent, et par quelques mots d'explication celles qui n'en ont pas encore.

Or, les genres de chambre noire comprennent jusqu'à ce jour :

La chambre noire ordinaire,
La chambre noire à bascule,
La chambre noire à allonge,
La chambre noire pliante,
La chambre noire à double tirage,
La chambre noire à cônes et vis de rappel,
La chambre noire à soufflet;
La chambre noire nouveau système, qui permet de placer les mains et la figure du modèle au centre du foyer dans toutes les conditions d'optique désirables;
La chambre noire châssis double, avec laquelle on peut faire deux épreuves dans un même châssis sans aucun dérangement, ce qui est très-commode pour les vues et le portrait;
La chambre noire pour opérer sur papier sec, et faire de quinze à trente épreuves, et même davantage, en plein air, sans avoir besoin d'aucune ombre;
Enfin, la chambre noire pliante et à bascule, de toutes les grandeurs, pour opérer sur plaque, sur papier humide, sur papier sec, sur collodion, et que l'on peut employer encore à la reproduction sur positif.

Nous parlerons même, comme nous l'avons dit dans le courant de cet article, de tout ce qui se fait d'extraordinaire et qui pourrait paraître anormal au premier aspect. Et nous terminerons, au sujet des chambres noires, par le chiffre bien plus étonnant qu'elles atteignent seulement à Paris dans l'année commerciale.

J.-D. DU VERNAY.

Nous sommes heureux de voir les journaux français et étrangers reproduire nos articles, mais nous les prions de vouloir bien indiquer la source de ces reproductions; c'est de toute justice.

Toutes les demandes et réclamations relatives au service, toutes les lettres et communications relatives à la RÉDACTION, doivent être adressées (*affranchies*) à M. Ernest LACAN, rédacteur en chef, au bureau du journal. — *Toute lettre non affranchie sera rigoureusement refusée. Les demandes d'abonnement doivent être accompagnées d'un* bon sur la poste, à l'ordre du Gérant.

Le Propriétaire-Gérant, ALEXIS GAUDIN.

TYPOGRAPHIE HENNUYER, RUE DU BOULEVARD, 7. BATIGNOLLES.
Boulevard extérieur de Paris.

TROISIÈME ANNÉE. N° 26. SAMEDI, 25 JUIN 1853

LA LUMIÈRE

REVUE DE LA PHOTOGRAPHIE.

BEAUX-ARTS. — HÉLIOGRAPHIE. — SCIENCES.

JOURNAL NON POLITIQUE, PARAISSANT LE SAMEDI.

Bureaux, rue de la Perle, 9, à Paris.

ABONNEMENTS.—*Paris*, UN AN, 16 FR.; 6 MOIS, 10 FR.; 3 MOIS, 6 FR.; *Départements*, UN AN, 18 FR.; 6 MOIS, 11 FR.; 3 MOIS, 7 FR.; *Etranger*, UN AN, 20 FR.; 6 MOIS, 12 FR.; 3 MOIS, 8 FR.

SOMMAIRE.

SALON DE 1853.

(4e ARTICLE.)

—

MM. EUGÈNE DELACROIX, GALLAIT, CHENAVARD, DE COUBERTIN, COURBET, JACQUAND, VERDIER, LOUIS KNAUS.

Quelle que soit l'importance du nom de M. Eugène Delacroix, et bien qu'il doive rester comme un des rayons les plus vifs du foyer de l'art actuel, nous n'avons pas pu le placer en tête de notre Revue. Occupé à la décoration entière d'une des salles de l'Hôtel-de-Ville, M. Delacroix a eu le bon goût de mettre sa carte en passant devant les Menus-Plaisirs, bien qu'il soit toujours présent à toutes les expositions par les grands souvenirs qu'on a de lui et par les élèves qui répandent sa lumineuse tradition. Nous n'aimons pas les Achilles qui demeurent sous leurs tentes à l'heure du combat, comme s'ils n'étaient pas sûrs de rester toujours des Achilles. M. Delacroix n'avait avec lui que des flèches légères, mais qui atteindront le but. *Les Pèlerins d'Emmaüs* sont conçus dans un goût flamand ; la servante descend l'escalier de la taverne avec sa lanterne; deux voyageurs sont attablés, ils parlent des nouvelles du jour, et, entre autres choses, avec une certaine incrédulité, de la résurrection du Christ. Mais alors il leur apparaît, rompant le pain avec eux, et se révèle dans sa divinité. Le sentiment de ce tableau est doux et mystérieux. La couleur de M. Delacroix s'y révèle dans la robe verte d'un des pèlerins. Peut-être la pose de Jésus est-elle trop théâtrale, et peut-être aussi cette toile aurait-elle gagné à rester plus longtemps sous la brosse du grand artiste? Malgré ses qualités éminentes, nous préférons *le Martyre de saint Etienne*. Il est d'un grand aspect, et de cette teinte qui appartient à M. Delacroix, comme certaines splendeurs du ciel appartiennent à quelques climats. Les murailles de la ville, avec leurs tours pesantes, sur lesquelles courent quelques herbes, se déroulent et se replient dans un admirable lointain. Etienne, lapidé, est étendu mort sur la route. Un juif, avec une sorte de turban vert, s'écarte après l'acte commis. Une femme se penche charitablement pour laver le sang du martyr. A une certaine distance, le *saint Etienne* fait l'effet d'un des plus beaux tableaux de M. Delacroix. Il le produirait infailliblement de plus près, si l'exécution avait été plus méditée. Quand M. Delacroix aura-t-il terminé la décoration de la salle de l'Hôtel-de-Ville?

M. Gallait s'est voué à la biographie, par le pinceau, du comte d'Egmont. Ses *derniers moments* de la victime du duc d'Albe sentent trop le procédé, et ne saisissent pas. Le comte, placé près de la fenêtre, reçoit un des premiers rayons de l'aurore. Son confesseur, assis au fond de la prison, est éclairé par la lampe de la veille d'agonie. De là un double effet lumineux, qui retire de l'harmonie.

Encore une prison, encore un martyre. C'est *le Tasse* de M. Gallait. Il est grelottant, sous la voûte humide de ce cachot que nous avons visité à Ferrare. Il chauffe ses mains amaigries, sous une langue de soleil qui a glissé par une crevasse du mur. L'impression est assez belle, mais c'est toujours un peu la tête du comte d'Egmont de l'année dernière. Il a cependant laissé un type connu de beauté douloureuse, ce grand homme attirant à lui tous les malheurs, par des tristesses et des difficultés de caractère, qui étaient peut-être son génie. Nous nous sommes toujours penchés, avec une tendre admiration, vers cette gloire, marchant derrière tous les pas d'une vie si triste. Le Tasse est une des figures les plus lamentables de l'histoire. C'est à peine si toutes les lampes allumées par les siècles sur ce tombeau peuvent racheter et adoucir les aspérités et les abîmes du chemin qui y a conduit. Abrité pendant quelque temps chez le cardinal Scipion de Gonzague, il eut la honte, ce gueux de génie, d'être chassé du palais par les laquais du cardinal, quoiqu'il fût gentilhomme, bien plus, quoiqu'il fût le Tasse! Celui qui devait partager le manteau de lumière de Virgile ne posséda pas toujours une chemise : *Ne roba d'estate, ne camiscire!* Il écrivait : « Je voudrais me retirer du monde et de moi même! Plaise à Dieu qu'il me rappelle bientôt à lui! » Sachons donc gré à M. Gallait d'avoir attendri la galerie de ses admirateurs devant cette infortune, si lumineuse et si enviée pourtant!

Nous n'abordons qu'avec un triste respect les cartons de M. Chenavard. Le monument est en ruines avant d'avoir été terminé. La foudre des révolutions est tombée sur une œuvre grandiose, et en a jeté au hasard quelques débris dans la salle des Menus-Plaisirs. Ces dessins gigantesques, de la couleur du deuil, enfermaient dans un cycle solennel l'histoire philosophique de l'humanité, et devaient s'étendre, comme une épopée, le long des murs du Panthéon. Le Panthéon est redevenu Sainte-Geneviève, et l'*escalier de Voltaire* ne peut plus étager ses marches encyclopédiques et railleuses, sous le déploiement des bannières catholiques escortant la croix pendant la procession. La pensée qui avait ordonné cette commande à M. Chenavard était grande et austère, et l'exécution s'était rencontrée à la même hauteur. Les cimes de l'histoire, personnifiées par les principaux acteurs, devaient apparaître au-dessus de ces caveaux qui renferment quelques molécules de leurs cendres. Nous avons pu voir, dans une salle du haut Louvre, un grand nombre de ces pages vivantes, tandis que le peintre, éloquent par sa parole autant que par son crayon, allait de l'une à l'autre, et nous en expliquant magnifiquement les symboles. Il nous semblait que le Dante, choisissant indistinctement ses compagnons de route, nous entraînait, avec quelques autres, à travers les régions de l'enfer et des champs Élysées, dont il nous montrait du doigt les ombres sacrées. Cet enseignement historique, résumant le drame humain par ses sommets et par ses gouffres, ne serait pas inutile à la foule, qui apprend plus vite par les yeux que par les oreilles; et nous faisons des vœux pour que ces grands panneaux, qui font l'effet de magnifiques gravures, soient reliés les uns aux autres dans quelque musée, à Versailles, par exemple, puisque les portes du Panthéon, leur place vraie, ont été fermées. Il est impossible, de toute manière, qu'une œuvre pareille, qui a la force et la simplicité, deux conditions de la grandeur, ne soit pas accueillie par un gouvernement. Quand un Shakespeare, même amoindri, se montre avec ses poëmes, il est nécessaire de lui ouvrir un théâtre.

M. Chenavard ne nous semble pas avoir choisi les plus beaux de ses cartons pour en faire voir le spécimen. Il en a d'autres; le *Passage du Rubicon*, entre autres, où sa forte sève s'est répandue avec plus d'originalité et d'indépendance. On n'y reconnaît pas, comme dans ceux-ci, un motif de Raphaël ou de Michel-Ange. Tels qu'ils sont néanmoins, ceux qui sont livrés au public respirent l'inspiration et la puissance.

Dans le premier, Auguste ferme les portes du temple de Janus. L'imperator apparaît, plus soutenu encore par les poëtes éclatants qui sont à ses côtés, Virgile, Horace et Ovide, que par son omnipotence incontestée. Les sacrificateurs antiques se préparent à immoler les victimes; les femmes, les moissonneurs, le cygne qui nage sur les eaux du fond, indiquent le calme et la richesse de la paix. Dans le second, Luther commence et sème la réforme, du haut de la chaire de Wittemberg. Sa tête ironique et vigoureuse défie le pape et l'Eglise. On sent que le souffle de cette parole va se répandre par le monde, et enlever par millions les âmes à Rome, de même que le vent enlève les flammes dans un incendie. Comme l'action obéit vite au commandement! Comme le bras suit la lèvre! Les soldats brûlent les livres du couvent; les hommes du peuple dépouillent l'autel. Mélanchton et Ulric donnent l'impulsion à cette révolution instantanée et irrésistible, et le prêche de Luther dure toujours! Le troisième carton s'intitule *Attila*. C'est une des compositions les plus épiques que nous ayons jamais admirées. Le chef barbare, à la tête du flot humain qui inonde la ville, s'est avancé sur son cheval, dont le poitrail a fendu tous les fleuves de l'Europe. Le massacre est commencé. La flamme court de maison en maison, léchant le pied des fugitifs et des vainqueurs. Le clergé défile avec les magistrats sur la galerie extérieure d'un palais embrasé. Ici, un barbare brandissant sa massue, entraîne un cadavre, par les cheveux, sur le pavé de la rue. Là, une Romaine nue, sur laquelle a passé la cohorte sanglante, cherche à embrasser son enfant avant de mourir. Et le pape Léon, porté en litière, sur les épaules des soldats de sa garde, s'avance calme et bénissant au-devant du fléau de Dieu. Attila, profil féroce et magnifique, sur lequel s'est condensée toute la haine du monde contre Rome, arrête brusquement le galop de son cheval devant la sainteté majestueuse du vieillard. Tout est merveilleux de mouvement et de vérité dans ce dessin, composé et harmonieux comme un chant du Tasse. Et quand on se dit que l'œuvre entière, exécutée en cinq ans, se complète par cinquante-six sujets d'une importance au moins égale, où le fusin immobilisé donne au trait, et à l'ombre portée, le relief du marbre dans une décoration monumentale, on s'explique cette mystérieuse inaction de M. Chenavard durant tant de saisons où ce poëme germait en lui. Et on admire, et on voudrait voir bâtir d'autres Panthéons dans l'avenir, pour qu'ils fussent revêtus d'une tenture aussi magnifique!

M. de Coubertin, dans une toile remarquée, nous transporte aussi à Rome, à une époque un peu antérieure. *Le Baiser de paix dans les catacombes* est un spécimen heureux de l'école classique qui disparaît. Un prêtre célèbre la messe sur un de ces autels taillés dans le rocher. Deux jeunes femmes, sentant arriver l'heure du martyre, s'embrassent silencieusement dans les galeries. Sur le devant, des enfants jouent aux osselets avec quelques débris de charpente humaine, légués par une génération chrétienne qui a précédé celle de leurs mères. Le jour arrive d'en haut dans ces souterrains tumulaires. Cette scène, un peu immobile, est froide comme le vent qui souffle par ces vestibules et ces défilés de la mort.

Nous voici devant M. Courbet. Passons avec tristesse auprès de ces *Baigneuses*, sous lesquelles retentit un éclat de rire peu bienveillant de la foule. En choisissant, comme étude anatomique, les reins grossiers et mal lavés de cette cuisinière qui sort de l'eau et qui s'ébaudit sur la mousse d'un bois charmant, M. Courbet semble avoir jeté un défi au public qui l'a relevé. Nous reconnaissons une grande puissance de vérité à l'école réaliste, et un talent remarquable à son chef; mais il y a des spectacles qu'il faut pourtant réserver aux bains à quatre sous! M. Courbet s'est relevé dans ses *Lutteurs*. Ils sont affreux, mais rien ne les oblige à être beaux. Mais leurs muscles sont bien tendus, mais leurs genoux craquent. Quelles académies savantes, et pourtant quelle offense à l'Académie! L'artiste a probablement compris qu'il avait un peu insulté dans les *Baigneuses* la beauté type de la femme, quand il a peint sa modeste et villageoise *Fileuse*. Assurément elle n'a point de charme, cette villageoise bouffie qui travaille auprès d'un rouet si admirablement exact. Mais elle a la douceur et la santé. On se sent comme attiré vers cette jeune fille proprement vêtue, qui a moins de rêves en travaillant qu'une machine à la Jacquart! C'est bien le sentiment d'une vie obscure, renfermée dans une pauvre chambre et dépensée tout entière pour le labeur. Cette tête est sympathique dans son peu de caractère. Pourquoi? Parce que M. Courbet peint consciencieusement, qu'il a le dessin et la couleur vrais, qu'il donne la vie à ses créations; que l'huile colore comme du sang ces visages communs qui naissent sous ses pinceaux, et qu'il est réservé sans doute à rencontrer un jour les types de la grâce, après avoir représenté avec une sincérité si téméraire ceux de la vulgarité et de la laideur.

M. Jacquand ne sort guère de son couvent. Il connaît si bien les dégradations de la lumière dans le cloître, les buffets du réfectoire et les appartements du prieur, qu'il aurait tort d'en sortir. Son *Amende honorable* a de la finesse et du caractère. Le repentir est bien sur la tête du coupable, le pardon sur les lèvres du commandeur, dans sa robe verte. Le novice qui tient le flambeau est une belle étude. M. Jacquand a fait une échappée en Espagne. *Le Sacrilége* nous montre des Gitanos traduits devant le corrégidor. Les personnages sont groupés avec art. La scène n'a pas besoin de l'interprétation du livret. Le corrégidor est nettement accentué, avec ses cheveux et sa barbe plus blancs que sa fraise. C'est un gaillard bien portant et facétieux qui doit envelopper une sentence de mort dans un calembour. Les Gitanos sont si habitués à vagabonder, que le voyage, même dans l'autre monde, ne les effraye pas trop. C'est une des bonnes années de M. Jacquand.

La Jacquerie moderne, de M. Verdier, rappelle le vieux proverbe latin : *Parturiunt montes, nascitur ridiculus mus*; c'est un commentaire illustré du spectre rouge. Cela est confus et mal peint. On ne distingue rien dans une scène qui a la prétention d'être terrible. Le curé, grièvement blessé, d'après le texte, s'étend derrière les pavés, dans une des poses d'Auriol. Le maréchal-des-logis, frappé à mort, reste à cheval sur sa monture également morte. La femme en robe violette, insultée par les paysans, a de loin des apparences de polkeuse échevelée. Tout est ainsi manqué dans cette grande toile qui n'avait rien fait pour qu'on la plâtrât d'une caricature. La politique a été une fâcheuse inspiration pour M. Verdier, et si M. Ingres a passé sous ce tableau, il n'a pas dû reconnaître un de ses élèves qui lui avait fait le plus de promesses. Que M. Verdier se hâte d'oublier cette *Jacquerie*. Le public essayera de faire comme lui.

M. Louis Knaus a envoyé du fond de l'Allemagne un tableau de genre, qui mérite d'être classé parmi les tableaux de style. Il est élève de l'Académie de Dusseldorf, et entraînera probablement plusieurs jeunes artistes vers le chemin de cette école. Son *Matin après une fête de village* est l'Allemagne tout entière dans un petit cadre. On a dansé pendant la nuit sur la pelouse qui s'étend sous les vieux arbres. L'aurore fraîche est venue, surprenant les valseuses dans un des cercles de leur robe gonflée, et les vieillards au fond de leur vingtième cruche de bière. L'alouette du sillon a fait taire le flageolet. Le bal est rentré dans la maison. On a été chercher à la cave un pot de vieux vin du Rhin qui aidera à traverser le brouillard de la plaine. Et la fatigue est venue avec le rayon. Un jeune homme s'est endormi, la tête sur les genoux de sa délicieuse maîtresse, un peu parente de la Marguerite. Elle rêve les yeux ouverts, et regarde dans son rêve. Qu'y voit-elle, la pensive jeune fille? l'amour; une longue vie passée ainsi; une fête, et, après la fête, le front de son amant dans ses mains. Chacune des figures de cette ravissante toile est admirablement juste dans son mouvement et dans son expression. C'est du Téniers trempé dans du Schiller. M. Louis Knaus s'est engagé avec Paris. Il faudra que chaque année il fasse traverser le Rhin à un de ses poëmes rêveurs et vrais.

HENRI DE LACRETELLE.

LA PHOTOGRAPHIE EN ANGLETERRE.

(Correspondance particulière de LA LUMIÈRE.)

Séance de la Société photographique.

(Suite.)

On s'est occupé ensuite de la photographie *artistique*, sujet amené par sir W. J. Newton à la première réunion de la société, par des observations intitulées : *De la Photographie au point de vue artistique et dans ses relations avec les arts*; sujet qui, par la manière dont il a été traité, a mis en hostilité active, quoique amicale, des opinions assez tranchées. Il est évident que les deux partis étaient venus préparés à tirer l'épée et à rompre la lance. Ils ne pouvaient laisser venir une longue saison de silence et de séparation sans une bonne bataille rangée, et une décision *bello et armis*. Le parti *artistique* s'avançait à l'attaque sous son général en chef, sir W. Newton lui-même, qui avait deux jeunes et vaillants lieutenants dans MM. Buss et Leighton, bien que l'épée parût un peu trop longue et trop lourde pour leurs forces. Le parti *scientifique* a sonné la charge par la voix de M. Shadbolt, qui est tombé comme un obus au milieu des munitions de l'ennemi, et a causé par son explosion une confusion considérable dans ses rangs. Le docteur Percy, en géant, qui était à lui seul tout un corps de réserve, a sauté dans la mêlée et a lancé des foudres avec une énergie titanesque. En somme, après toute cette grande bataille, il n'y avait pas un seul mort, personne n'avait dit son dernier mot, et il n'y avait pas même de blessés ou au moins pas de blessures graves. Il est vrai que les spectateurs ont été vivement intéressés par ce combat, et que le président avait quelque difficulté à tenir en ordre le général en chef du parti *artistique*, tant son courage était excité par les coups exagérés de l'ennemi. Je vais essayer de vous rendre compte de cette lutte.

Dans la première réunion de la Société, dont vous avez donné une esquisse dans le numéro de février, sir W. J. Newton posait assez nettement ses idées. Il cherchait à établir qu'il y a une photographie *artistique* et une photographie *scientifique*; c'est-à-dire une photographie pour l'artiste et pour l'amateur, qui intéresse principalement par ses résultats, par la représentation d'objets naturels, par les effets de couleur; et une photographie pour l'homme de science, le chimiste, l'opticien, le botaniste, le zoologiste, etc., qui intéresse principalement par ses procédés, par les traits de lumière qu'elle jette sur des points longtemps obscurs, par les nouvelles voies qu'elle ouvre à l'œil investigateur, sujets cependant auxquels l'artiste et le public s'intéressent peu, ou n'ont pas le temps de s'intéresser. Ceci établi, et ces deux classifications reconnues, — et personne n'en contestera la justesse — il continuait, en prenant pour sujet la photographie *artistique*, de rechercher comment un opérateur doit procéder. Il faisait remarquer que les sujets varient selon les goûts, et que le choix en est infini. Ainsi il ne limitait pas le champ qu'il devait passer sous observation. Il faisait remarquer aussi, ce que nous avons tous observé à regret, et ce que sir John Herschel a cité également, que la photographie ne rend pas avec une harmonie et une vérité assez parfaite les tons de tous les objets; que les rouges, les jaunes et les verts qui brillent dans la nature, sont rendus noirs, et que les bleus, au contraire, sont plus clairs. En vue de ces défauts et en vue aussi de l'avantage, de la nécessité même pour l'artiste d'avoir des effets larges, il recommandait à l'*artiste* photographe, afin d'éviter trop de détails et d'avoir un effet convenable, de prendre ses épreuves de manière que l'ensemble soit un peu *hors du foyer*; disant toutefois que ce procédé doit servir seulement pour les reproductions que l'artiste se propose de faire comme *études* pour l'aider dans ses compositions.

Naturellement les photographes scientifiques, bien que cette recommandation ne leur fût pas du tout adressée, s'en occupaient beaucoup. Un procédé si paradoxal ne pouvait passer sans être attaqué. Mais au lieu de l'attaquer dans son véritable sens, on a paru croire que sir W. Newton l'avait appliqué à la photographie entière, et avait voulu faire une révolution antiscientifique. Il est vrai qu'en commençant ses remarques, il n'avait peut-être pas assez précisé son idée; mais il était facile de comprendre, en suivant ses observations, que c'était une suggestion offerte à des artistes pour un emploi spécial et particulier, et nullement à tous les photographes et pour tous les cas.

Donc, les observations de sir W. Newton et de ses aides de camp, dans cette dernière réunion, avaient pour but de rétablir les vraies limites de l'application de son moyen paradoxal; et puis, de s'étendre sur les avantages que l'art pourrait retirer de la photographie, et que celle-ci, de son côté, peut et doit retirer d'une étude plus ou moins approfondie des principes artistiques. Pour rendre justice à sir W. Newton, je crois que l'importance exagérée que la question a acquise était due, plutôt qu'à toute autre chose, à l'opposition qu'on lui a faite.

M. Shadbolt s'est levé pour repousser le moyen proposé par sir William. Il reconnaît la justesse et la valeur des intentions artistiques de ce dernier; mais il ne peut admettre qu'on puisse ou qu'on doive les réaliser d'une façon semblable. Ce qu'on réussit à produire en mettant aussi bien que possible au foyer, n'est déjà que trop imparfait; mais en opérant en dehors du foyer, on ne ferait qu'empirer le résultat et aggraver la confusion, sans cependant par là éviter les détails, ou arriver au but proposé.

M. le docteur Percy a attaqué toute la question posée par sir W. Newton. Il revendique pour l'homme de science, tout aussi bien que pour l'artiste, l'appréciation du beau et l'intelligence de la richesse, de la fraîcheur et de la pureté de la nature. Il ne peut laisser passer, a-t-il dit, des propositions, de la part de n'importe qui, tendant à apporter, dans un but prétendu artistique, des imperfections de plus aux résultats des procédés photographiques. Il prie qu'on ne donne pas à ses remarques une signification personnelle, et demande qu'on l'excuse si elles paraissaient dépasser, dans leur chaleureuse énergie, les limites des convenances. « Opérer avec un instrument défectueux, et la recommandation qu'on nous fait en vient exactement à cela, ne mènera jamais, quoi qu'on en dise, à une amélioration des résultats. A quoi bon rechercher patiemment des perfectionnements aux instruments et aux procédés, si, pour arriver à des résultats améliorés, on n'avait qu'à prendre un instrument imparfait? La proposition, par son propre ridicule, porte sa condamnation en elle-même. Changer la photographie en y introduisant des défauts inexcusables, est une idée tout à fait inadmissible. Pour arriver à la vérité parfaite et complète, ce qui devrait être le but de tout opérateur, artiste ou savant, il faut les meilleurs procédés, les meilleurs instruments et les soins les plus minutieux, et même avec tout cela on n'arrive pas encore. Celui qui propose de perfectionner au moyen des imperfections soutient évidemment une contradiction palpable. » En terminant, le savant docteur déclare qu'il combattra toujours une semblable proposition.

Sir W. J. Newton s'est alors levé, en protestant contre l'interprétation fausse qui était donnée à sa suggestion. Il avait pris toute la peine possible pour bien préciser et limiter son idée. Il n'avait jamais proposé ni désiré de l'appliquer à la photographie en général, mais seulement à ces croquis, à ces indications larges et libres de différents sujets dont l'artiste se sert comme d'*études*.

Alors le président sir Charles Eastlake, en peu de mots, a justifié sir W. Newton, a rétabli le caractère limité et spécial de sa proposition, et a ajouté que ce dernier lui a montré chez lui des photographies qu'il avait prises par le moyen qu'il recommandait, et dont il pouvait dire, comme artiste, qu'elles remplissaient les conditions désirées.

L'ouragan s'est alors calmé. Nous sommes tentés de croire que le docteur Percy l'a excité par esprit malin, et pour amuser et animer un peu l'auditoire, plutôt que par suite d'une méprise réelle. Il est vrai que le moyen que sir Newton propose est très-douteux, et qu'on peut bien le contester; nous croyons même qu'on arrivera au but qu'il se donne, ainsi qu'à tout autre but avantageux, bien plutôt par des moyens comme ceux proposés dans la communication de sir John Herschel, c'est-à-dire par des améliorations pratiques et scientifiques des procédés.

M. Robert Hunt a présenté quelques sévères remarques sur plusieurs épreuves *retouchées*, venant de Paris, et exposées dans les salles de l'Institution photographique. Il n'a pas nié le droit et l'avantage, en certains cas, de retoucher les nuages, les fonds, ou l'épreuve entière; mais il a soutenu que, quand on envoyait des photographies à une exposition, elles devaient être scrupuleusement intactes. Nous savons tous à qui de droit ces remarques sont dues; mais je crois que le cas auquel elles faisaient allusion est justement celui où une exception doit être faite. Si cette exposition était purement scientifique ou artistique, il ne serait que juste et de bonne foi, sans doute, que les œuvres exposées fussent sans la moindre retouche. Mais il est bien connu de tout le monde que celle-ci n'est qu'une affaire de commerce, et quoiqu'elle nous fournisse la meilleure occasion que nous ayons à présent de connaître la position et les progrès de la photographie, on ne saurait la soumettre aux règles strictes d'une exposition publique. Toutefois, les artistes français peuvent être assurés qu'il existe ici un sentiment très-prononcé *contre les retouches*.

M. Hunt a lu ensuite une communication habile et intéressante *sur des moyens de mesurer les variations de l'action chimique des rayons solaires*. Il a commencé par faire remarquer que Niépce et Daguerre, dès le commencement de leurs investigations, avaient observé des variations considérables dans les phénomènes chimiques produits par les rayons solaires, et que M. Arago, en annonçant leur découverte, avait appelé l'attention sur la différence notable qu'on avait remarquée dans la puissance photographique des rayons du soleil à dix heures du matin, par exemple, et à deux heures après midi. Bientôt on trouva que ces variations n'étaient pas en relation régulière avec l'intensité de la lumière. Des photographes, même ceux qui voyageaient vers les tropiques et dans une atmosphère plus claire que celle de Londres ou de Paris, remarquèrent avec peine une inconstance singulière dans leurs résultats.

Ceci amena plusieurs investigateurs à construire un instrument pour noter ces variations photographiques. La première annonce que M. Hunt ait trouvée d'un tel instrument est dans un article « *Sur une méthode nouvelle pour enregistrer les indications des instruments météorologiques* », par M. J.-B. Jordan, publié en 1838. L'année suivante, le même auteur a publié une « *Description d'un nouvel arrangement de l'héliographe, pour mesurer l'intensité de la lumière solaire*. » Dans son article (1840) « *Sur l'action chimique des rayons du spectre solaire* », sir John Herschel a donné la « *description d'un actinographe, ou photomètre, pour les usages météorologiques*. » Ces deux instruments étaient assez semblables; ils étaient composés de cylindres portant une fente verticale, auxquels on donnait, par un mouvement d'horlogerie, un jeu régulier; à l'intérieur on plaçait un papier photographique qui recevait la lumière à travers la fente constamment tournée vers le ciel. Mais sir John Herschel et M. Jordan se sont trompés, en supposant que ces instruments mesureraient l'intensité lumineuse des rayons solaires. Bien au contraire, il arrive souvent que, quand la force lumineuse est à son maximum, la force chimique est à son minimum. Ainsi l'héliographe ou l'actinographe ne fait que mesurer les rayons chimiques actifs; et, s'il est employé avec un photomètre et un thermomètre, il fera voir une variété d'exemples remarquables de l'opposition fréquente de ces trois principes entre eux : la lumière, la chaleur et l'actinisme.

Après avoir donné quelques détails intéressants sur un instrument construit par le docteur Drapez, et sur des expériences que ce dernier a faites dans le même but, M. Hunt a fait la description d'un instrument qu'il est parvenu à construire, et qu'il a soumis à l'examen de la Société. Bientôt nous espérons donner les détails de sa construction, accompagnés des planches, qui feront mieux connaître son arrangement.

Outre les épreuves de M. Talbot, de M. Niépce et de M. Lerebours, il a circulé dans la réunion des épreuves très-belles, principalement de vues dans le pays de Galles, par M. Llewellyn, photographe habile que nous ne connaissions pas encore.

[FRANK SCOT.

Nous donnerons dans notre prochain numéro une notice sur M. Claudet et ses travaux.

SCIENCES.

Séance de l'Académie des sciences du 20 juin. — La séance de ce jour a offert un vif intérêt; seize membres de l'Académie ont pris successivement la parole; ce sont : MM. De Larive de Genève, Milne-Edwards, Regnault, Lallemand, Duvernoy, Séguier, Roux, Brongniart, Babinet, Bussy, Thénard, Poncelet, Pelouze, Chevreul, Balard, Rayer. Des Mémoires très-intéressants ont été lus, ainsi qu'un rapport de M. Séguier, sur de nouvelles soupapes adaptées par MM. Breton frères à la machine pneumatique.

La lecture d'une lettre, dans laquelle l'auteur annonçait qu'il avait essayé d'employer le lycopode comme agent anesthésique, a vivement impressionné l'assemblée. M. le secrétaire perpétuel Flourens a rappelé que le docteur Robinson, de Londres, s'était, dans une circonstance récente, servi de ce moyen avec succès, près de la reine d'Angleterre, pour atténuer les douleurs de l'enfantement; mais de quelle espèce de lycopode faut-il se servir pour obtenir de si heureux résultats? *That is the question* : telle est la question. Néanmoins, M. le secrétaire perpétuel appelle de tous ses vœux la découverte d'une substance qui, sans offrir tous les dangers attachés à l'emploi du chloroforme, n'offrirait que les propriétés bienfaisantes de cet agent anesthésique, et au moyen de laquelle nous pourrions alléger autant qu'il est en nous les souffrances de nos semblables.

M. Milne-Edwards, l'honorable rapporteur de la Commission nommée pour prendre connaissance des travaux de MM. L. Rousseau, Devéria et Bisson frères, a bien voulu combler la lacune que nous avions signalée dans les conclusions de son rapport, et, rendant toute justice à MM. Bisson frères, il a annoncé que la Commission administrative de l'Académie était autorisée à adjoindre les noms de ces habiles photographes à ceux de MM. Rousseau et Devéria et qu'ils seraient admis à jouir des mêmes faveurs que ces messieurs.

Épreuves microscopiques de M. Bertsch. — Lorsque nous citions dans le dernier numéro de ce journal le nom de M. Bertsch, nous nous proposions seulement de faire connaître les admirables travaux de l'éminent artiste, et, craignant de blesser sa rare modestie, nous nous étions contenté, uniquement dans l'intérêt des progrès de la science, de souhaiter sincèrement que ses procédés si ingénieux fussent appliqués, dans certaines spécialités, à la photographie zoologique : c'est donc avec la plus vive satisfaction que nous avons vu, dans la séance de ce jour, un membre illustre de l'Académie présenter plusieurs épreuves microscopiques de l'habile photographe. M. Regnault, excellent juge en photographie, a dit que ces spécimens étaient très-remarquables par la pureté des lignes, par la finesse des détails, et surtout par la perfection avec laquelle M. Bertsch est déjà parvenu à vaincre, de prime abord, des difficultés presque insurmontables; puis il a soumis ces épreuves à l'appréciation de ses honorables collègues, qui les ont examinées pendant longtemps avec le plus vif intérêt.

M. Bertsch a dû, en effet, se livrer à de longues et laborieuses études, avant de trouver les moyens pratiques qui l'ont conduit à obtenir des résultats aussi satisfaisants. Depuis longtemps, occupé de recherches physiologiques sur les infiniment petits, frappé des illusions nombreuses que présentent les instruments et, par-dessus tout, de l'infériorité des dessins annexés aux ouvrages qui traitent de ces matières, ce photographe a pensé qu'il serait intéressant pour la science d'avoir en une série de planches prises photographiquement sur nature, une sorte d'iconographie microscopique du règne organique, qui formerait comme le complément des différents traités d'histoire naturelle.

Une des principales difficultés à vaincre avant d'entreprendre un pareil travail, était l'ébranlement continuel que présente le milieu dans lequel on doit opérer : insignifiant quand il s'agit de reproduire un paysage ou un portrait, cet ébranlement prend des proportions gigantesques quand il s'agit de dessiner des corps imperceptibles avec un grossissement de mille fois leur diamètre, ce qui est souvent nécessaire. Dans ce cas, un mouvement d'un centième de millimètre fait voyager l'image d'un mètre en tous sens dans le champ du microscope, et sa reproduction devient impossible.

Le microscope *solaire*, si profondément modifié, devient dans les mains de l'inventeur un instrument nouveau qui n'a d'autre rapport avec l'ancien que la source à laquelle on puise la lumière.

M. Bertsch a d'abord cherché des procédés assez rapides pour lui permettre de saisir instantanément son objet au passage, procédés dont nous avons déjà eu occasion de rendre compte dans ce journal. Il lui a fallu ensuite modifier profondément les instruments dont on se sert, afin de diminuer autant que possible l'aberration de sphéricité dans les objectifs, d'augmenter leur achromatisme, et de vaincre les obstacles que présentent, pour la netteté des images, les phénomènes de diffraction, de réflection multiple, des franges vibrantes et de la décomposition partielle de la lumière.

Les objectifs dont il faut se servir ont des foyers chimiques qui varient entre un centième et un 500 centième de millimètre de différence avec le foyer réel; de sorte que, pour les trouver, il faut se faire des vis micromatiques dont les pas sont invisibles à la vue simple.

L'habile photographe obtient aujourd'hui d'excellents résultats, et sera bientôt en mesure de publier un atlas renfermant les principaux caractères du règne organique invisibles à l'œil, nécessaires à connaître pour le classement des espèces, et dont les planches gravées ne donnent pas une idée suffisante. Déjà il possède une série de parasites, d'acarus, d'arachnides, etc., des préparations anatomiques pour la physiologie des insectes, des yeux, des palpes, des mandibules, des appendices, des trachées, des stigmates appartenant aux différentes classes d'articulés, tout cela rendu avec la perfection qu'on peut attendre de la photographie. La physiologie végétale prend aussi une large place dans le travail de M. Bertsch. Nous avons vu des coupes de ligneux, des dissections de feuilles, des pollens, des tissus de toutes formes, des radicelles, en un mot, des planches d'anatomie végétale très-intéressantes à étudier. Avec un pareil atlas sous les yeux, on est plus instruit en quelques heures qu'après la lecture des descriptions les plus claires et l'inspection des planches les mieux gravées. Intéressant à voir même pour les gens du monde, cet ouvrage présentera aux savants les particularités du règne organique qu'on ne peut étudier qu'à l'aide du microscope, sur des préparations que beaucoup ne savent pas faire convenablement, et leur sera utile pour élucider certains points encore douteux de classification ou de fonctions.

On pourra se faire une idée de l'importance et de la diversité des travaux de M. Bertsch, par la note suivante des spécimens présentés à l'Académie.

Différentes trachées ou organes respiratoires des chenilles, avec des grossissements de 400 diamètres.

Coupes horizontales de bois.	50 diamètres.
— — de salsepareille.	50
— — de paille de blé.	50
Acarus ou parasite du coq.	500
— — de l'abeille.	500
— — du cheval.	500
Ricin du coq.	50
— de la chèvre.	50
Trompe de cousin.	50
— de mouche asyle.	50
Bouche d'abeille.	100
Aiguillon —	100
Bouche et palpe de fourmi.	50
Palais de nécrophore.	50
Antennes de mouche volucille.	50
Aile — —	50
Appareil phosphoresc. du ver luis.	100
Puceron du rosier.	50
Trips de blé.	50
Tête d'une larve de cousin.	200
— — du ver à soie.	100
Puce, pou, etc., de l'homme.	50

L'Académie a nommé MM. Regnault, Séguier et Milne-Edwards, commissaires pour examiner les travaux de M. Bertsch. Comme il existe une grande corrélation entre ces travaux et ceux de MM. L. Rousseau, Devéria et Bisson frères, il est probable que MM. les commissaires s'empresseront de présenter leur rapport. Nous espérons qu'il sera favorable à l'auteur; que les célèbres savants qui composent cette Commission, prenant en considération l'adoption bienveillante et unanime, par l'Académie, des conclusions du dernier rapport de M. Milne-Edwards, reconnaîtront que la photographie mérite d'être admise au Muséum d'histoire naturelle, et que d'habiles artistes convenablement placés dans ce bel établissement, munis des instruments nouveaux nécessaires pour leurs expériences, qui seraient mis à leur disposition, rendraient de bons et utiles services, et fourniraient quelques belles pages à l'histoire des sciences.

A.-T. L.

M. Levavasseur, de Reims, nous a envoyé un portrait de femme sans aucune retouche, même sur le négatif, ainsi que l'indiquent quelques petites taches qui auraient pu facilement être évitées. M. Levavasseur est certainement un photographe de talent. Le portrait que nous avons sous les yeux, obtenu sur verre au collodion, est très-habilement éclairé, la figure est bien modelée, les mains sont parfaitement dessinées. Le ton général de l'épreuve positive est très-harmonieux, quoique vigoureux dans les noirs. En somme, c'est un très-bon portrait.

Nous remercions M. Levavasseur de nous avoir donné une idée de l'état actuel de la photographie dans son pays. Ce spécimen nous montre une fois de plus que les progrès de cet art ne s'arrêtent pas à Paris, et que partout il trouve d'habiles praticiens pour l'aider dans sa marche.

RÉCLAMATION DE M. DUBOSCQ.

M. Duboscq nous somme d'insérer une lettre dans laquelle il proteste contre une action blâmable que je lui imputais dans un de mes derniers articles.

Je raisonnais d'après une énumération des brevets pris par M. Duboscq et donnée par M. l'abbé Moigno, où il est dit :

22 mars 1852 : Procédés pour prendre les deux images stéréoscopiques. On lit dans le mémoire descriptif présenté à l'appui de la demande du certificat d'addition : « Le moyen indiqué par la théorie comme permettant « d'obtenir les deux images stéréoscopiques est l'emploi « d'une CHAMBRE OBSCURE BINOCULAIRE OU BOÎTE DE DAGUERRÉOTYPE AVEC DEUX OUVERTURES ET DEUX OBJECTIFS PARFAITEMENT ÉGAUX (c'est-à-dire jumeaux). » L'auteur du brevet ajoutait : « *Mais lorsque l'objet a de grandes dimensions, « la distance des deux ouvertures doit être extrêmement « grande, et la boîte de daguerréotype prendrait des dimensions impossibles.* » Avis à M. Quinet et à ses associés !

Ne croirait-on pas, à lire ces lignes, que M. Duboscq avait pris un brevet pour une chambre obscure binoculaire ? Cela était tellement croyable, que malgré sa lettre j'ai voulu lire sa spécification pour m'expliquer cette énigme, et j'ai reconnu seulement alors que les lignes citées faisaient partie d'un préambule assez développé par lequel M. Duboscq croyait prouver que la chambre obscure binoculaire était impossible à réaliser, en vue d'un résultat quelconque.

Je regrette bien qu'il ne soit pas permis de copier les spécifications des brevets, cela m'empêche de mettre sous les yeux de nos lecteurs cette théorie singulière, au moyen de laquelle des gens qui se vantent de leur science en optique, déclarent impossible à réaliser un instrument qui opère aujourd'hui très-bien et défie toutes les anciennes méthodes.

Donc le *Quinetoscope* est un instrument nouveau, puisqu'il fonctionne parfaitement, et il diffère essentiellement de la chambre obscure binoculaire de sir David Brewster, puisqu'un opticien qui a consigné tous les arguments de M. Moigno dans son brevet, se défend d'avoir jamais voulu breveter ni construire un pareil instrument, par la raison évidente à ses yeux qu'il était radicalement impropre au service.

Voici la lettre de M. Duboscq, qui est l'argument le plus clair à opposer à M. l'abbé Moigno. M. Duboscq pouvait se dispenser de nous *sommer* de l'insérer. Nous avons pour habitude de faire droit aux réclamations qu'on nous adresse ; seulement nous essayons d'y donner lieu le plus rarement possible.

M.-A. GAUDIN.

Monsieur Alexis Gaudin, propriétaire-gérant du journal *la Lumière*.

Paris, 17 juin 1853.

MONSIEUR,

Dans le dernier numéro de votre journal *la Lumière*, l'un de vos rédacteurs, M. M.-A. Gaudin, dit, en parlant de la chambre binoculaire de sir David Brewster : « *Un an après, M. Jules Duboscq prend un brevet d'invention pour ce même appareil, sans aucun perfectionnement.* »

Mon honneur m'oblige à protester contre cette assertion, fausse de tous points, d'autant plus que M. M.-A. Gaudin en fait le point de départ contre moi d'une accusation de plagiat en règle.

Je n'ai jamais pris de brevet d'invention pour la chambre obscure binoculaire ; au contraire, dans le préambule de mon brevet du 23 mars 1852, *Procédé pour prendre les deux images stéréoscopiques*, j'ai dit en termes formels que je regardais l'emploi de la chambre obscure binoculaire comme impossible pour la prise des images d'un objet éloigné.

Bien plus, quoique l'on m'ait souvent pressé de le faire, je me suis toujours refusé à construire la chambre binoculaire, parce que je croyais et que je crois encore qu'elle n'est applicable que dans des cas exceptionnels.

Me poser comme ayant eu pour but d'effrayer les titulaires de brevets subséquents est m'injurier, et vous n'en avez pas le droit.

Je vous prie, Monsieur, et au besoin je vous somme d'insérer cette lettre dans votre plus prochain numéro.

J'ai l'honneur de vous saluer,

DUBOSCQ.

Plusieurs de nos abonnés nous ont parlé avec éloges des travaux photographiques de différents artistes de la province, et nous ont demandé d'en rendre compte. Nous le ferions avec bonheur, si ces artistes voulaient bien nous envoyer quelques-uns de leurs spécimens. On comprend qu'il nous est impossible de parler d'épreuves que nous n'avons pas vues, quel que soit notre désir d'être justes envers tous.

CORRESPONDANCE.

Longlaville, le 10 juin 1853.

MONSIEUR,

La cruelle maladie qui me prive des douces distractions données par l'héliographie a fait pis encore en me mettant en retard dans la lecture de votre intéressant journal. Je lis donc seulement aujourd'hui les nos 18, 19, 20, 22, 23, de *La Lumière* dans lesquels il est question de la gravure photographique sur acier.

Sans pouvoir me prononcer sur le travail du grand maître anglais, qui du reste met une réserve peu fraternelle dans ses communications, et, tout en rendant justice à qui de droit, en reconnaissant l'initiative (sur acier) de l'infatigable M. Niépce de Saint-Victor, l'honneur et l'espoir de l'héliographie ; je crois, monsieur, devoir vous faire part de mes modestes recherches pour les progrès de la gravure photographique, recherches que d'autres occupations ne m'ont pas permis de continuer, mais qui peuvent cependant ouvrir la marche à de plus habiles que moi.

Ayant aussi reconnu combien il est difficile d'obtenir une quantité passable d'épreuves sur planche en plaqué d'argent, j'ai imaginé, après avoir préalablement décapé une gravure sur plaqué d'argent qui avait été faite par un ami, habile graveur allemand, de faire arriver sur cette gravure un dépôt de cuivre assez épais. Ceux qui connaissent l'électrochimie savent quelles belles reproductions on peut obtenir d'une épreuve daguerrienne par ce moyen. J'ai, de cette manière, tiré sur ma planche une contre-épreuve en relief à laquelle mon ami n'a eu que de légères retouches à faire. En faisant un dépôt sur ce cliché devenu type, j'ai donc obtenu une planche en creux, analogue à l'original sur plaqué, réunissant les conditions nécessaires de résistance, et ayant même plus de dureté qu'une planche ordinaire ; car on sait que le métal déposé dans les opérations de galvanoplastie est dans toute sa pureté.

Maintenant, si au bain de sulfate de cuivre on en substitue un autre de protosulfate de fer, on aura un dépôt d'une densité analogue à celle de l'acier.

Mais ce dépôt de fer est encore plus difficile à produire que celui de cuivre. Je le répète, je n'ai pas eu le temps de continuer mes recherches dans cette direction ; cependant quelques reproductions que j'ai faites sur camées dans les premiers temps avaient une dureté telle, qu'elles étaient inattaquables au burin.

Quel que soit le dépôt obtenu, cuivre ou fer, il aura l'avantage sur les procédés de M. Talbot (ceux de MM. Niépce de Saint-Victor et Lemaître paraissent être d'une application plus générale), parce que la gravure sera faite sur du plaqué d'argent apte à recevoir directement et indistinctement l'image de toutes espèces de sujets.

J'ai lieu de croire, monsieur, que vous trouverez cette communication assez intéressante pour en faire part à vos nombreux lecteurs, et, dans cette attente, veuillez agréer l'assurance de ma considération la plus distinguée.

Pour mon père ne pouvant écrire,

Vte DE NOTHOMB.

Nous sommes heureux de voir les journaux français et étrangers reproduire nos articles, mais nous les prions de vouloir bien indiquer la source de ces reproductions ; c'est de toute justice.

Toutes les demandes et réclamations relatives au service, toutes les lettres et communications relatives à la RÉDACTION, doivent être adressées (*affranchies*) à M. Ernest LACAN, rédacteur en chef, au bureau du journal. — *Toute lettre non affranchie sera rigoureusement refusée. Les demandes d'abonnement doivent être accompagnées d'un* bon sur la poste, à l'ordre du Gérant.

Le Propriétaire-Gérant, ALEXIS GAUDIN.

TYPOGRAPHIE HENNUYER, RUE DU BOULEVARD, 7. BATIGNOLLES.
Boulevard extérieur de Paris.

TROISIÈME ANNÉE. N° 27. SAMEDI, 2 JUILLET 1853

LA LUMIÈRE

REVUE DE LA PHOTOGRAPHIE.

BEAUX-ARTS. — HÉLIOGRAPHIE. — SCIENCES.

JOURNAL NON POLITIQUE, PARAISSANT LE SAMEDI.

Bureaux, rue de la Perle, 9, à Paris.

ABONNEMENTS. — *Paris*, UN AN, 16 FR.; 6 MOIS, 10 FR.; 3 MOIS, 6 FR.; *Départements*, UN AN, 18 FR.; 6 MOIS, 11 FR.; 3 MOIS, 7 FR.; *Etranger*, UN AN, 20 FR.; 6 MOIS, 12 FR.; 3 MOIS, 8 FR.

SOMMAIRE.

SALON DE 1853.

(5e ARTICLE.)

—

MM. ANTIGNA, HAMON, ISAMBERT, DOERR, ALEXANDRE ET AUGUSTE HESSE, HAMMAN, MATONT, LAZERGE.

Voici encore un tableau de genre que nous classerons parmi les œuvres de style. *La Ronde d'enfants* tourne dans un communal, près d'un village. Sous ces pieds légers, toutes les herbes du pré exhalent leurs senteurs qui parfument ce coin du salon. M. Antigna est aussi un réaliste, mais il choisit dans la grâce et la vérité ne se sépare point du charme. Ces petits danseurs campagnards sautent au mouvement de la chanson qu'on entend sortir de leurs lèvres. Leurs habits sont d'étoffe grossière et déchirée; mais l'enfance donne de l'élégance même à ces haillons qui flottent au vent de la danse. Toutes les poses ont de l'entrain et de la suavité. Tandis que leurs voix font ruisseler des notes printanières, les mères les regardent en filant et en répétant le vieil air, sous le mur de la ferme. Elles ont dansé aussi autrefois au bruit des mêmes refrains. Leurs compagnons d'alors sont couchés sous la terre ; l'arbre qui les ombrageait a vu trente fois s'envoler ses feuilles; la musique de la ronde n'a pas changé, elle remplira encore les bois et la vallée quand ces roses danseurs d'aujourd'hui seront des vieillards blancs. Cette douce scène, qui se répète chaque dimanche, partout où il y a des enfants et une pelouse, a été poétiquement rendue par M. Antigna, dont la toile obtient un très-légitime succès.

Mais l'idylle de M. Hamon, à l'autre bout du salon carré, attire bientôt à elle, et avec plus d'empressement, les mêmes spectateurs. Il pose si légèrement sa couleur douce et pâle qu'on ne peut guère qu'entrevoir la délicatesse exquise de ses compositions. Elles ne sont jamais colorées que par un crépuscule, qu'il doit prendre sans doute pour un soleil rayonnant. On devine pourtant des formes si charmantes dans un jour faux, qu'on est tenté de ne pas lui souhaiter plus de lumière ; cette idylle s'appelle : *Ma Sœur n'y est pas!*... Dans une vallée fabuleuse d'une Grèce de convention qui a des teintes du Nord, dans un de ces creux d'un mont Olympe imaginaire, qui n'a plus ses immenses pans d'une verdure noire et ses fauves déclivités de pierres brûlées du Midi, sur la terrasse d'une maison antique, deux petits enfants en chemise cachent, en se dressant sur leurs pieds tendus, une jeune fille qui s'agenouille derrière eux. Un berger amoureux, comme il appartient de l'être à tout berger, arrive apportant des fleurs à la jeune fille. Alors les deux enfants, têtes mutines et rougissantes d'un premier mensonge, disent en même temps la phrase qui fait le titre du tableau. Le berger n'a pas quatorze ans ; il hésite entre la puberté et une sorte d'enfance. On ne sait point pourquoi il est nu, quand les autres personnages sont à demi vêtus. Nous ne comprenons pas cet amoureux. Mais il n'y aurait rien de plus enchanteur que la pose des deux petits en chemise, si la jeune sœur cachée, appuyant sur leurs épaules ses deux bras qui de sa figure ne laissent voir que son œil bleu, n'était pas encore plus harmonieuse et plus souple dans une cambrure qui semble hasardée, et qui ne fait qu'ajouter à sa grâce. Par un mouvement en avant, elle tend, sous les plis de sa tunique rose, un sein qui serait digne de celui des Vénus de son pays. Au loin, dans un écart de cette montagne fantastique dont nous parlions, arrive un autre galant plus mâle, son arc sur son dos. Les détails sont traités avec toute la finesse d'un élève de Paul Delaroche. Le petit Pénate aux pieds des enfants, la tapisserie de fleurs vivantes le long de la muraille, sont admirablement indiqués par ce pinceau, qui ne dépose guère plus solidement ses couleurs que l'aile d'un papillon ne dépose sa poussière sur la feuille qu'il frôle. Quoi qu'il en soit de ces imperfections de M. Hamon, que nous lui reprochons surtout parce que ses tableaux sont dignes de vivre et que nous craignons qu'ils ne vivent pas, c'est un artiste d'une originalité et d'un talent des plus incontestables, et les éloges que méritait si bien sa *Comédie humaine* de l'année passée retournent encore plus justement à son idylle de ce printemps, qui n'en a guère eu, hélas! que sous les vitrages des Menus-Plaisirs.

Sous un titre spirituel, *les Parasites de Diogène*, M. Hombert a fait un tableau qui aurait demandé peut-être plus d'invention. Ces parasites sont des rats. Le cynique est assis devant son tonneau. Il vient de déjeuner et il donne accès à ses hôtes qui mangent les miettes de son pain. Il a une belle tête chauve. Il n'a que trente-cinq ans, plutôt mélancolique que railleur. Mais qui raillerait-il? Personne ne passe devant lui. Il n'aperçoit pas cette belle Athénienne qui s'arrête au coin de la rue pour considérer la demeure du philosophe. Peut-être est-ce Aspasie? Elle rêve à cette vie étrange, et voudrait laver avec les parfums de la courtisane ces vêtements souillés dans la paille du tonneau. Tout cela n'est qu'indiqué dans un bon sentiment de couleur et de dessin.

Nous nous arrêterons aussi pendant quelques minutes devant *les derniers moments de Bailly*, par M. Charles Doerr. Il y a une vraie impression d'histoire dans ce cadre. Le ciel de novembre est ruisselant de cette brume glaciale qui a fait dire au maire de Paris son mot si triste et si noble. La tête de Bailly s'avance bien, tête douloureuse qui a renfermé une partie de la Révolution, et qui va tomber pour elle, sans avoir pu comprendre le mot du grand problème. L'effroyable charrette s'enfonce, avec le cri lugubre de cet essieu qui a porté tant de victimes dans la vase du Champ-de-Mars. Le tambour bat sourdement, amolli par le brouillard. La foule qui fait cortége n'est pas grande. Elle comprend sans doute que l'exécution de Bailly est une des méprises les plus odieuses de la Terreur. Ce sang, comme tout celui qui a coulé, devait être respecté jusqu'à la dernière goutte. M. Doerr compose bien. Les leçons de M. Léon Coignet ont évidemment traversé par réminiscences cette toile qui fera remarquer le nom nouveau qui l'a signée.

Nous retrouvons deux fois le nom de Hesse. M. Alex. Hesse a signé *les deux Foscari*, M. Auguste Hesse, *Clytie mourante*. Les têtes, dans les deux Foscari, sont belles et expressives, la couleur est vive. Les mains du condamné, brisées par la torture, se tordent énergiquement dans une suprême supplication. Il y a une certaine monotonie dans cette composition, où les figures principales devraient avoir une accentuation plus indiquée. La Clytie est un beau sujet. Une jeune fille amoureuse du soleil, c'est-à-dire de la flamme, est un des symboles mythologiques les plus ingénieux. Elle s'est traînée au rivage, et là, exposée nue aux rayons du midi, elle meurt d'un désir impossible, les yeux noyés dans ce globe de feu qui attire son dernier regard. Autour d'elle la mer, où pas une voile ne passe, les grèves lointaines, où pas un exilé ne savait mourir. Cette nudité même est chaste dans cette solitude et dans ce sacrifice. La pensée a de la poésie, les yeux sont très-beaux ; mais l'Océan a une teinte ardoise qui contraste à peine avec le firmament plein de rayons ; le corps de la jeune fille a des reflets gris qui nuisent à sa beauté. Elle aurait dû mourir, rouge de sa fièvre et de son impuissance, l'amante désespérée du soleil !

M. Hamman est un peintre de genre. Dans sa *Famille du supplicié*, il fait une première tentative pour exprimer la passion. Est-elle heureuse? Cette famille qui se réfugie sous un portique, pendant qu'on supplicie un de ses membres, se groupe-t-elle bien dans l'attitude du désespoir et de la terreur? Ce que nous avons le plus remarqué dans cette toile, c'est le beau reflet sur Florence. L'artiste est bien mieux dans sa vraie nature lorsqu'il peint *la Visite du doge*. Mocenigo, l'auguste républicain de cette époque des grands artistes, vient, en compagnie du Titien, faire une visite à Paul Véronèse. Celui-ci, escorté de sa famille, reçoit le doge au perron de sa maison. L'attitude est noble. On ne sait pas qui est le plus honoré, du Titien qui accompagne le doge, ou de Véronèse qui les reçoit. Les costumes éclatants se reflètent sous la gondole, dans l'eau verte du canal. Le velours se froisse en larges plis, la soie resplendit comme une flamme, les panaches flottent à la brise de mer. Dans le lointain, les palais se perdent les uns sous les autres avec leurs écussons. C'est la belle Venise du Canaletto, avant que la perte de ses institutions lui ait donné sa teinte de ruine. Dans l'histoire de la république aristocratique, c'est le mois d'août resplendissant : Décembre est encor loin de quatre siècles.

Le grand tableau d'Ambroise Paré, destiné à l'École de médecine, nous montre les horreurs de l'amputation, et annonce dans M. Matont un praticien habile. *La Mort de la Sainte Vierge*, par M. Lazerge, a bien le sentiment de la délivrance et de la divinisation. Le pinceau s'est trempé dans les mêmes couleurs que la plume de Bossuet.

HENRI DE LACRETELLE.

LA PHOTOGRAPHIE EN ANGLETERRE.

(Correspondance particulière de LA LUMIÈRE.)

Comme vous, j'ai été bien heureux des honneurs qui viennent d'être accordés à un Français, le doyen de la photographie en Angleterre, dont le nom vous est tout aussi bien connu qu'à nous, M. Claudet. C'est à la séance de la Société royale, du 9 de ce mois, qu'il a été reçu membre, sa nomination ayant eu lieu le 2. C'est le 10 que lui a été remise, à la Société des Arts, de la main du prince Albert, comme président, la médaille pour son mémoire *Sur le stéréoscope et ses applications à la photographie*. Vous savez que cet honneur, d'être *Fellow of the Royal Society*, est convoité des hommes de science, des hommes de lettres, des inventeurs, et peut-être encore plus des ducs et des lords, qui, non contents des titres que leurs ancêtres leur ont laissés, cherchent à y ajouter un titre à eux, et dont la source honorable soit hors de toute suspicion. Aussi cet honneur est très-difficile à obtenir. Il y en a beaucoup qui le cherchent et très-peu qui le trouvent. Encore plus difficile est-il à atteindre pour un homme de *métier*, à moins que ce ne soit un métier de millionnaire, et l'on sait bien que la photographie n'est pas jusqu'ici de ces métiers-là. Mais M. Claudet n'est pas seulement photographe de métier, il l'est de cœur, comme artiste, et il l'est d'intelligence, comme homme de science et d'investigation. De plus, M. Claudet est Français, ce qui a encore contribué à sa bonne réception parmi les membres de la Société. Grâce aux progrès d'un esprit amical entre les deux nations, d'une estime mutuelle fondée sur une meilleure connaissance, les anciennes haines, les vieux préjugés se sont changés en prédilections. Ainsi je crois que là où il eût été impossible à un photographe anglais de profession d'entrer, M. Claudet a été reçu avec une facilité plus grande en sa qualité de Français; mais, outre l'accident de naissance, il avait d'ailleurs des droits bien autrement valables à cette élection.

M. Claudet est photographe depuis que la photographie existe. Venu en Angleterre en 1821, pour épouser une dame anglaise, il s'y est établi d'une manière permanente en 1827. Aussitôt que la découverte de Daguerre lui fut annoncée, en 1839, par M. Lerebours, avec lequel il était déjà en relations, il alla à Paris s'informer exactement de tout ce qui se rattachait à cette découverte, et voir jusqu'à quel point elle pouvait être mise en pratique. Ayant traité de suite avec M. Daguerre, il retourna en Angleterre, et commença à Londres l'art merveilleux de portraitiste héliographe. Mais ce n'est pas seulement comme métier qu'il a embrassé cet art; il s'est fait immédiatement explorateur et il s'est appliqué à améliorer ses procédés. Ses recherches ne furent pas infructueuses. En 1841, il publiait sa découverte de l'effet accélérant des chlorures de brôme et d'iode, qui permettait de prendre des portraits au daguerréotype dans le même nombre de secondes qu'il fallait jusque-là de minutes. Il est inutile d'appuyer sur l'importance, la nécessité même de ce moyen instantané pour saisir les expressions fugitives du visage. Ce perfectionnement a bientôt grandement étendu l'application du daguerréotype. Au mois de mai 1844, M. Claudet a publié un Mémoire sur la différence entre le foyer visuel et le foyer photogénique. Il s'est toujours beaucoup occupé de ce sujet, qui intéresse non-seulement les photographes, mais aussi les opticiens; et pour arriver à connaître le foyer photogénique d'une manière assez exacte pour opérer avec sûreté, il a inventé le *focimètre*, instrument très-utile pour le photographe portraitiste. Au mois de mai 1847, il écrivit un Mémoire sur certaines propriétés du rayonnement solaire, qui causent ou empêchent les dépôts de mercure sur la plaque. Il donna aussi, l'année suivante, la description d'un instrument qu'il a appelé le *photographomètre*, pour mesurer l'intensité des rayonnements actiniques; et, en 1850, il décrivit le *dynactinomètre*, instrument qui indique les intensités photogéniques dans leur progression géométrique. A la séance de l'Association britannique, du 14 septembre 1849, il lut un Mémoire très-instructif dans lequel il résumait ses recherches sur la théorie des principaux phénomènes de la photographie; et, dans les *Transactions* de la Société des Arts, du 1er février 1847, il publia encore un article très-intéressant sur les progrès de la photographie. Enfin, on lui doit le Mémoire sur le stéréoscope, qui a été couronné par la Société des Arts.

Tout ceci ne dit que bien imparfaitement le dévouement qui a conduit M. Claudet à poursuivre, avec une patience infatigable et avec un enthousiasme désintéressé, les perfectionnements de la photographie. Ses efforts ont été appréciés par les savants distingués qui ont travaillé comme lui au développement de cet art. Aussi se sont-ils prêtés volontiers, et en grand nombre, à le soutenir et à le recommander auprès de la Société royale. Son certificat de candidat est signé, à leur honneur aussi bien qu'au sien, par sir J. W. Herschel, sir David Brewster, MM. Faraday, Talbot, Wheatstone, Brande, Playfair, Ch. Babbage, et une demi-douzaine d'autres qui se sont ralliés autour de lui, non pas évidemment à cause de sa position élevée de richesse ou de naissance, mais bien à cause de leur estime vraie et franche pour son caractère et ses travaux. Il est toujours satisfaisant à tout cœur droit de voir le talent ainsi reconnu et apprécié. Nous souhaitons pour M. Claudet, pour sa famille et pour ses amis, qu'il puisse pendant bien longtemps encore ajouter à son nom le triplet, honorable et mérité : F.-R.-S.

Il n'est pas besoin de dire que les daguerréotypes de M. Claudet prennent place au premier rang. Les causes de cette supériorité sont très-faciles à expliquer, quoique, à en juger d'après les faits, elle paraisse très-difficile à atteindre, ou est du moins très-rarement atteinte. Une des principales, c'est qu'il ne se contente pas de travailler mécaniquement, et en vue, avant tout, du résultat pécuniaire; mais qu'il cherche, avant tout, à approfondir la science des procédés, et à comprendre, autant qu'il se peut, les forces secrètes qu'il dirige. Une autre cause, qui se lie aux mêmes motifs, c'est qu'il ne se contente jamais non plus du premier, ni du deuxième, ni même du dixième résultat sur la plaque, s'il n'est pas tout ce qu'on peut faire de mieux. Et la cause qui est peut-être la plus importante de toutes, c'est qu'il étudie très-soigneusement l'effet à rendre; qu'il ne cherche pas seulement à reproduire la personne placée devant un objectif, mais à la reproduire dans la meilleure pose, avec le meilleur geste, le meilleur arrangement de draperie, et la meilleure expression possible; et que, pour arriver à cela, il se donne la peine, non-seulement de bien poser la personne, mais de faire planche après planche pour essayer et rechercher l'ensemble le plus satisfaisant. Il n'est donc pas étonnant que M. Claudet soit arrivé à la plus haute position, en Angleterre au moins, comme daguerréotypiste.

J'avais annoncé dernièrement que, à la suite d'expériences faites avec un très-grand stéréoscope et de grandes épreuves jumelles, M. Wheatstone et les photographes qui l'assistaient étaient arrivés à cette conclusion que, au delà des dimensions ordinaires, on ne retirait pas d'avantages des effets stéréoscopiques. Le savant professeur, cependant, ne s'est pas laissé décourager par les premières expériences; il a trouvé que cela ne devait pas être, et il s'est mis à vaincre les difficultés. Je suis heureux de pouvoir annoncer sa réussite parfaite. En visitant de nouveau l'autre jour sa retraite tranquille aux bords de la Tamise, hors de Londres, j'ai trouvé que le grand stéréoscope, avec ses angles de réflection seulement un peu modifiés par l'œil intelligent du maître, fonctionnait à merveille, et rendait des effets encore plus beaux et plus étonnants, dans leurs illusions logiques, que tout ce qui avait été fait jusqu'ici au moyen de cette invention intéressante.

Ainsi, c'est avec grande satisfaction que, grâce à la foi et à la persévérance savante du professeur, je puis rectifier le jugement prononcé sur des preuves insuffisantes, et rétablir la vraie conclusion. La seule chose qui soit à regretter, c'est que ces matinées si intéressantes du complaisant professeur, où les premiers savants et les gens les plus distingués viennent s'émerveiller des belles choses de la science et de l'art, cesseront bientôt avec la saison de Londres, qui amène et qui termine tout, depuis les séances du Parlement jusqu'aux bals et aux fêtes.

Parmi les épreuves que les photographes anglais les plus habiles se font honneur de porter en tribut aux expositions scientifiques, je regrette qu'il n'y ait guère de ces belles choses que vos artistes distingués savent si bien produire. Avant la saison prochaine, j'espère que nous y verrons de grandes et belles épreuves stéréoscopiques qui représenteront convenablement les richesses artistiques et les talents de la France, et qui témoigneront aussi de votre estime pour une invention qui ajoute tellement à l'intérêt de la photographie.

En parlant stéréoscopie, je ne dois pas oublier que j'ai vu l'autre jour une preuve assez marquante de l'intérêt qu'elle inspire. C'était une lettre qui demandait pour le *roi de Siam* un envoi de stéréoscopes et de vues stéréoscopiques, à l'usage particulier de Sa Majesté. Certes, la lumière de la science commence à pénétrer jusque dans les endroits les plus éloignés de nous; mais il paraît, d'après le rapport du docteur Bowrin, que le *Fils du Ciel* est un des hommes les plus extraordinaires du siècle, qu'il étudie la science et les arts avec une curiosité insatiable et une intelligence puissante, qu'il parle anglais et l'écrit presque comme un Anglais même; que, dans son for intérieur, il a dit adieu, depuis longtemps, aux superstitions vénérées et ridicules du pays, et que déjà il connaît assez la photographie et la stéréoscopie pour désirer avidement d'en connaître davantage.

Il vient d'être décidé qu'on ferait reproduire par la photographie tous les trésors du Musée britannique. Je ne sais encore si l'on doit faire ces reproductions pour le stéréoscope, mais il n'est guère probable qu'on pense à les prendre autrement. — On doit établir au musée même un atelier photographique complet.

Nous recevons des épreuves de M. Fenton, dont quelques-unes font voir un progrès véritable. Deux surtout, représentant le Raglan-Castle, château situé dans le pays de Galles, qui a été démantelé par les soldats de Cromwell, sont très-remarquables. Ces planches sont, par la beauté du site, et par les plans variés et remplis d'arbres qu'elles reproduisent, les plus ravissantes que nous ayons vues au stéréoscope. M. Fenton fait toujours des négatifs jumeaux; il opère sur glace avec du collodion, qu'il transporte ensuite sur papier, moyen si bien donné et si bien employé par M. le comte de Montizon.

Vous savez que le prince Albert s'intéresse beaucoup à la photographie. Son secrétaire, M. Becker, est un opérateur très-habile, et le prince lui-même, dit-on, étudie d'une manière toute pratique. Il commence un album photographique d'épreuves faites spécialement pour lui; j'ai vu quelques reproductions de tableaux de Raphaël entre autres, destinées à cet album, dont une surtout, de M. Becker, était très-bien réussie. On dit même que le prince a parlé de faire photographier tous les tableaux de Raphaël, ce qui serait une idée magnifique. Il a fait apporter dernièrement au palais des stéréoscopes de M. Wheatstone, et les meilleures épreuves de la collection du professeur, que toute la famille royale a examinées avec grand plaisir et avec admiration. FRANK SCOT.

Londres, 27 juin.

SCIENCES.

Séance de l'Académie du 27 juin 1853. — M. Combes, vice-président, ayant annoncé que M. le président de Jussieu était assez gravement indisposé pour que son état de santé inspirât de sérieuses inquiétudes à quelques-uns de ses honorables collègues, l'Académie a décidé que MM. Decaisne et Brongniart seraient invités à se rendre, en son nom, auprès de M. le président, et que le bureau serait représenté, dans cette mission de filiale sympathie, par M. le secrétaire perpétuel Flourens (1).

— M. Leverrier, continuant de se livrer avec une bien rare persévérance à la recherche des simplifications qu'il a introduites le premier dans beaucoup de calculs de la mécanique céleste, a lu un nouveau mémoire, dans lequel il signale les notables modifications qu'il a apportées dans certains calculs, et qui abrégent considérablement la longueur de ces calculs.

— M. Dumas a mis sous les yeux de l'Académie, dans la séance du 30 mai, le modèle en petit d'un four portatif inventé par M. Carville (voir le n° du 4 juin), destiné à cuire le pain pour les troupes en campagne, et pour les ouvriers des grands chantiers éloignés des centres de population, etc. Cet appareil est un four à moufle analogue à ceux en usage dans les laboratoires de chimie. Si l'on arrive aux détails de la construction, on aperçoit d'abord, au-dessus du dôme du fourneau, une étuve chauffée par les flammes perdues, et destinée à favoriser le levage de la pâte; au-dessous de la moufle et dans les massifs du foyer, une seconde étuve destinée à la cuisson des aliments autres que le pain; enfin, autour de la cheminée, une chaudière destinée à fournir l'eau nécessaire au pétrissage.

Tout le système, monté sur quatre roues, et ne pesant que 1,500 kil. (et non 15 kil. comme une erreur de typographie nous l'a fait dire), ressemble extérieurement à un tender de locomotive, dont le milieu serait occupé par le four à pain proprement dit et ses accessoires immédiats, l'avant, par un caisson à combustible, et l'arrière, par un pétrisseur mécanique.

L'auteur, énumérant tous les avantages communs aux fours fixes et à celui de son invention, ajoutait que ce dernier présentait en outre des avantages particuliers, savoir :

1° De pouvoir se transporter d'un point à un autre, en traînant avec soi son approvisionnement d'eau et de charbon;

2° De fournir, sans augmentation de frais, l'eau chaude pour le pétrissage de la pâte et la cuisson des aliments autres que le pain;

(1) On lit dans le *Moniteur universel* du 30 juin : « M. Adrien de Jussieu, membre de l'Académie des sciences, président pour l'année 1853, professeur et administrateur du Muséum d'histoire, professeur à la Faculté des sciences, est décédé aujourd'hui, 29 juin, dans son domicile du Jardin des Plantes. »

3° De fournir, sans augmentation de frais, de la chaleur pour faire lever la pâte pétrie ;

4° Enfin de fournir, sans augmentation de frais, de la chaleur pour la cuisson des aliments autres que le pain.

Une Commission, composée de MM. Dumas, Poncelet et Vaillant, a été invitée à prendre connaissance de cet appareil, et à en faire l'objet d'un rapport.

La parole est donnée à M. Vaillant, rapporteur.

Qu'on veuille bien nous permettre de soumettre les réflexions qui nous ont été inspirées à l'appel du nom de M. Vaillant.

Il y a peu de jours, tous les journaux ont donné, d'après l'*Almanach impérial* pour 1855, les noms des dignitaires attachés à la maison de l'Empereur ; on a pu y remarquer au premier rang :

S. E. M. le maréchal comte Vaillant (G. O. ☆), sénateur, *Grand-Maréchal* du palais.

Et plus loin, maison militaire :

S. E. M. le maréchal comte Vaillant (G. O. ☆), gouverneur de la maison militaire.

Eh bien ! l'honorable rapporteur de la Commission, c'est le grand-maréchal du palais, c'est le gouverneur de la maison militaire de l'Empereur, c'est le maréchal Vaillant, qui, lorsqu'il siége à l'Académie, redevient tout simplement l'honorable M. *Vaillant*. Elu le 21 février 1853 membre de l'Académie, M. Vaillant a remplacé M. Héron de Villefosse, *académicien libre*, mort le 6 juin 1852.

S'il est un des plus récemment élus, il peut être mis aussi au nombre des plus exacts.

Nous remarquions encore parmi les honorables académiciens M. Charles Bonaparte, prince de Canino, membre de la section *d'anatomie et géologie*; ce nom de Bonaparte, nous nous souvenions de l'avoir vu figurer, dans un ancien *Almanach impérial*, sur la liste des membres de l'Institut. Alors nous nous disions : n'y a-t-il pas dans cette famille un autre prince qui, étant officier d'artillerie, a publié des ouvrages scientifiques d'une haute portée, et ne se pourrait-il pas qu'en raison de ces travaux le titre de membre de l'Institut fût ajouté, dans l'*Almanach impérial*, à tous ceux qui y suivent le nom de ce prince?... Mais notre excellent ami le propriétaire-gérant de la *Lumière*, M. Alexis Gaudin, nous rappelle que nous assistons aux séances seulement pour enregistrer les élections et donner de notre mieux le compte rendu des travaux de l'Académie, et, tout en partageant notre espoir avec une noble satisfaction, il nous engage à revenir au rapport de l'honorable M. Vaillant.

— M. le rapporteur sait qu'il a été établi dans plusieurs localités des fours portatifs de M. Carville, et qu'effectivement ils ont présenté de grands avantages sous le rapport de l'économie ; mais il ne pense pas que ces appareils puissent servir pour les troupes en campagne. Il n'y a pas lieu d'espérer que les briques triangulaires circulaires de 1m 130 qui forment le dôme puissent résister à un long service. On parviendrait à des résultats plus favorables si l'on supprimait ces dômes en terre cuite et si on les remplaçait par des calottes en cuivre. Les troupes en campagne sont quelquefois abondamment pourvues de combustibles, d'autres fois elles en manquent totalement. Il existe des fours portatifs en tôle, inventés par M. X..., qui se démontent facilement et pèsent beaucoup moins que ceux de M. Carville. Ils seraient préférables pour le service des armées. Cependant, ces derniers seraient bien placés dans les villes, et d'après les expériences qui ont été faites déjà, et qui seront répétées à la manutention des vivres, ils pourraient être adoptés dans ces établissements de l'Etat, où ils procureraient de notables économies. M. le rapporteur pense donc que l'Académie voudra bien recommander M. Carville à MM. les ministres, comme l'auteur d'un appareil destiné à rendre de bons services aux administrations.

—

SOCIÉTÉ D'ENCOURAGEMENT POUR L'INDUSTRIE NATIONALE.

Séance du 15 juin 1853.

Dans cette séance, présidée par M. Dumas, MM. Beuvière et Humbert de Molard ont fait des communications intéressantes concernant la photographie. Nous en donnons quelques passages extraits du journal *la Patrie*.

Nouveau procédé de gravure photographique. — M. Beuvière avait présenté, il y a quelque temps déjà, à la Société d'encouragement un travail très-étendu sur l'application de la photographie aux arts industriels. Ce travail contient, entre autres choses intéressantes, un procédé de gravure photographique sur cuivre. On sait qu'après avoir soumis à l'action de la lumière une plaque daguerrienne, on la lave dans un bain d'hyposulfite de soude pour enlever les parties de matières photogéniques (iodure et bromure d'argent) sur lesquelles les rayons lumineux n'ont pas réagi ; le but de cette opération est bien facile à comprendre : si, en effet, on laissait à la lumière la plaque recouverte de matière impressionnable, l'action s'exerçant uniformément sur toute la surface, les iodure et bromure d'argent seraient uniformément modifiés, et lorsque ensuite on la présenterait aux vapeurs du mercure, celles-ci, ne trouvant aucun endroit où l'argent fût mis à nu, ne s'attacheraient nulle part, il n'y aurait par suite aucun blanc, et la plaque n'offrirait qu'une surface noire sans aucun dessin.

M. Beuvière a remarqué que si, au lieu de laver la plaque daguerrienne avec l'hyposulfite de soude, on la place dans un bain de sulfate de cuivre, en la faisant communiquer avec le pôle d'une pile voltaïque, les parties modifiées par la lumière, c'est-à-dire les noirs, se recouvraient d'une couche de cuivre métallique, tandis que les parties non modifiées restaient absolument intactes ; ce qui revient à dire que l'iodure et le bromure d'argent, une fois altérés par la lumière, deviennent conducteurs de l'électricité, tandis qu'auparavant ils ne l'étaient nullement. On a donc ainsi une plaque sur laquelle les noirs sont dessinés par une couche mince de cuivre, tandis que les blancs conservent la couleur de l'argent. Pour graver cette plaque ainsi préparée, M. Beuvière emploie le procédé de M. Poitevin, c'est-à-dire qu'après avoir oxydé le cuivre et amalgamé la plaque, il la soumet à l'action d'un acide qui dissout l'oxyde de cuivre sans attaquer l'amalgame d'argent.

Perfectionnements apportés à la chambre noire. — M. Humbert de Molard a soumis à l'appréciation de la Société diverses modifications qu'il vient d'apporter à la construction des appareils photographiques.

Le premier perfectionnement qu'il apporte à la chambre noire est d'une excessive simplicité. On sait que cet appareil est fermé à sa partie postérieure par un châssis à glace dépolie sur lequel viennent frapper les rayons lumineux; cette glace, sur laquelle se dessine l'image, sert à la mettre au point; lorsque l'on veut la fixer, on enlève le châssis à glace, et on le remplace par un autre châssis de même forme, dans lequel la glace dépolie est remplacée par une plaque préparée. Il y a là, pour enlever le châssis à glace et replacer dans les rainures le châssis à plaque, une perte de temps de dix secondes environ.

Cette perte est surtout désavantageuse en ce que la durée de la pose est doublée, et que les dix premières secondes, celles où le modèle est le moins fatigué, où par suite sa pose est le plus naturelle, se trouvent ne servir à rien. M. Humbert de Molard, pour éviter cette perte de temps, se contente d'ajuster les deux châssis à la suite l'un de l'autre et de les placer dans des rainures telles, qu'à la moindre pression ces deux châssis se mettent en mouvement; de telle sorte qu'il suffit de pousser légèrement le châssis à plaque pour que, glissant dans les rainures, il vienne instantanément prendre la position occupée par le châssis à glace.

Le deuxième appareil présenté par M. Humbert de Molard est destiné aux excursions lointaines faites par les photographes; lorsque, en effet, ceux-ci vont chercher des vues dans des lieux éloignés, ils sont forcés de traîner après eux tout un attirail d'un poids et d'un volume considérables. Pour remédier à cet inconvénient, M. le baron Séguier a construit et publié en mars 1840 une machine dite à soufflet. La longueur et la forme de cet appareil sont les mêmes que celles d'une chambre noire ordinaire; mais, au lieu d'être en bois, les côtés sont construits en toile forte, plissée comme les côtes d'un soufflet, de sorte qu'en rabattant ces plis les uns sur les autres, on réduit toute la machine à un très-petit volume. M. Humbert de Molard a reproduit cette construction avec plusieurs perfectionnements, et il est arrivé à faire une machine à soufflet de 75 cent. de tirage, n'occupant qu'un espace restreint et ne pesant que 6 kilogr.

M. Humbert de Molard annonce en outre qu'il travaille à la construction d'un grand appareil panoramique rectiligne. Les essais qu'il a déjà faits avec cet appareil lui permettent d'en espérer les meilleurs résultats.

A.-T. L.

—

Nous prions les personnes dont l'abonnement expire à la fin de ce mois, de vouloir bien le renouveler immédiatement pour éviter tout retard dans l'envoi du journal.

—

Les portraits de l'Empereur et de l'Impératrice, si bien réussis par MM. Mayer frères, auraient suffi (quand bien même nous n'aurions pas connu les précédents travaux de ces artistes) pour nous prouver à quel degré de perfection leurs procédés sont arrivés. Mais un album que M. Frédéric Mayer a mis sous nos yeux dépasse tout ce que nous avons vu de ces habiles photographes jusqu'à ce jour. Ce sont des portraits pris dans leurs ateliers de Bordeaux. Ils ont, à nos yeux, d'autant plus de mérite qu'ils ne sont point retouchés.

Ce qui frappe dans ces épreuves, c'est la vigueur et le modelé. Aucune des demi-teintes n'est perdue, et pourtant les lumières sont très-vives et les ombres très-accusées, mais fouillées et transparentes. Les vêtements se dessinent parfaitement, et la figure tout entière se détache du fond. Il y a de l'air dans ces portraits. Nous félicitons MM. Mayer des progrès que cette nouvelle collection indique; mais nous croyons qu'il leur serait difficile d'en faire encore : ils ont atteint les limites de la perfection.

Puisque nous avons parlé de portraits, nous dirons quelques mots de ceux que M. Gouin nous a fait examiner.

Les portraits stéréoscopiques que nous avons vus à Londres, chez M. Claudet, et qui ont tant de succès en Angleterre, nous avaient fait regretter qu'on n'en produisît pas davantage en France. Nous croyons qu'il y a là, pour la photographie, des ressources précieuses qu'elle ne doit pas négliger. Les beaux portraits au stéréoscope, de M. Gouin, nous ont confirmé dans cette opinion.

On sait que cet habile artiste opère sur plaque et qu'il colorie : mais on sait aussi avec quel talent il harmonise les couleurs et trouve les tons vrais et naturels. Aussi, quand on voit dans l'instrument magique ces yeux qui vous regardent, ces poitrines qu'on croit voir respirer, ces bras tendus vers vous, on éprouve une véritable émotion. On a dit que les portraits au stéréoscope avaient quelque chose de hideux, que ce n'était pas la nature vivante, mais la nature pétrifiée et morte; que le stéréoscope ne faisait que des cadavres et non des êtres animés. A ceux qui nous répéteraient ces objections, nous dirions : Allez voir les portraits de M. Gouin.

—

COLLODION POUR OPÉRER A SEC,

DONNANT DES ÉPREUVES INSTANTANÉES PAR LA VOIE HUMIDE.

Ainsi que nous l'avons annoncé dans un de nos derniers numéros, M. Carré a composé un nouveau collodion qui lui donne, comme rapidité et comme rendu, d'excellents résultats. Voici la manière d'opérer :

« Vous versez une couche de ce collodion sur une glace que vous plongez dans un bain de nitrate d'argent (10 grammes pour 150 d'eau distillée), puis vous la lavez avec de l'eau distillée, vous la mettez perpendiculairement dans une boîte, et vous pouvez vous en servir deux ou trois jours après. Si, au contraire, vous employez cette glace deux ou trois heures après cette préparation, pourvu qu'elle ne soit pas encore sèche, elle aura autant de sensibilité que si elle avait été préparée avec un collodion ordinaire.

Le temps de l'exposition à la lumière, pour une glace sèche, est de cinq minutes au soleil avec l'objectif simple.

Pour une glace humide, quinze secondes.

Pour développer l'image, je me sers d'une solution saturée d'acide gallique. L'image se développe au bout de quelques secondes et prend une teinte rougeâtre; alors on verse sur la glace une solution très-faible de nitrate d'argent (2 grammes pour 100 d'eau distillée), puis on la replonge dans la solution d'acide gallique; le ton rougeâtre commence à disparaître, et si l'on continue ainsi à traiter l'épreuve jusqu'à sa parfaite venue, on obtient des noirs et des blancs d'un très-beau ton, ainsi que des demi-teintes. Toutes ces opérations finies, on fixe par une solution saturée d'hyposulfite.

Ce même procédé de collodion à sec est aussi applicable au papier.

Vous coupez une feuille de papier de la grandeur de votre glace, sur laquelle vous la placez, et vous y versez le collodion en ayant soin de tenir l'un des angles du papier: sitôt le collodion versé, le papier adhère à la glace. Vous faites alors les mêmes opérations que pour le collodion sur verre. On aura soin de cirer l'épreuve une fois les opérations terminées.

Ce même collodion pourrait être employé avec succès pour les portraits; il donne des épreuves instantanées au soleil. Un portrait peut être fait en cinq secondes. Il donne aussi de très-beaux blancs aux épreuves positives sur verre.

L'épreuve peut être traitée, dans ce cas, avec l'acide pyro-gallique ou le protosulfate de fer. E. CARRÉ.

Plusieurs de nos abonnés nous ont parlé avec éloges des travaux photographiques de différents artistes de la province, et nous ont demandé d'en rendre compte. Nous le ferions avec bonheur, si ces artistes voulaient bien nous envoyer quelques-uns de leurs spécimens. On comprend qu'il nous est impossible de parler d'épreuves que nous n'avons pas vues, quel que soit notre désir d'être justes envers tous.

STATISTIQUE DE LA PHOTOGRAPHIE.

(17e ARTICLE.)

La chambre noire ordinaire quart, comme les deux précédentes, se compose de deux châssis à coulisses, d'un châssis à glace dépolie, et de trois châssis américains, mais à partir bien entendu de la mesure quart seulement jusqu'à la mesure neuvième. Elle n'est pas susceptible de l'application d'autres châssis américains de proportion inférieure, puisqu'elle contient ceux de la plus petite dimension. Comme pour la chambre noire ordinaire plaque entière, et la chambre noire ordinaire plaque demie, on peut, en y joignant aussi deux châssis, l'un pour le collodion, l'autre pour papier, opérer sur chacune de ces branches de la photographie.

Chambre noire à bascule. La chambre noire à bascule se compose de sept tiroirs s'enclavant les uns dans les autres, et se développant ou diminuant dans une proportion régulière. Ce qu'on appelle la bascule est ce qui sert à mettre au point les parties plus ou moins saillantes du modèle pour donner plus de naturel à l'ensemble, pour placer par exemple les mains et la figure au foyer dans une direction plus parallèle. La bascule est montée sur coulisses. On l'appelle ainsi à cause de l'analogie de son mouvement de va-et-vient avec la bascule proprement dite, et qui permet comme elle d'apprécier les différences, seulement dans d'autres conditions. La chambre noire est munie de fortes vis qui la retiennent au-dessous sur la queue. Elle a des coulisses sur les côtés, destinées à la faire mouvoir dans toutes les proportions des grandeurs de portraits, en sorte que pour opérer sur plaque entière, il faut qu'elle soit toute déployée, pour demie au tiers à peu près, et ainsi de suite jusqu'au neuvième où elle est réduite à son moindre volume. La mesure, au reste, n'est pas rigoureuse pour les chambres noires qui ont aux rapports qu'elle doit avoir avec celle des portraits, puisque avec des chambres noires quart on peut faire des portraits sixième et neuvième, avec des chambres noires demie, on peut faire des portraits tiers, quart, sixième et neuvième; et enfin, avec les chambres noires plaque entière on peut faire des portraits de toutes ces grandeurs inférieures, les différences se rattachant toutes aux châssis. Le fond de la chambre noire à bascule est percé de trois coulisses pour recevoir ces objectifs quart, demie et plaques entières.

La chambre noire à bascule sert donc pour toutes les mesures généralement reçues. Quant à la composition de ses accessoires, elle rentre dans les conditions normales des chambres noires ordinaires; seulement il lui faut tous les châssis nécessaires à chacune des grandeurs de la chambre noire ordinaire, et si l'on ajoute à la chambre noire à bascule les châssis pour papier et collodion, on obtient avec elle les épreuves de ces deux autres genres.

Le châssis à coulisse est plus compliqué que le châssis à glace dépolie. Il se compose d'une coulisse et d'une planchette. La coulisse est brisée au moyen d'une charnière qui permet de la replier à l'extrémité supérieure du châssis qu'elle ne peut dépasser, arrêtée qu'elle y est par un double obstacle, l'intersection de ses deux bords inférieurs avec les bords supérieurs du châssis. La planchette est destinée à recevoir la plaque. Elle peut se détacher du châssis. On l'y fixe au moyen de petites pattes de cuivre mobiles qui, tournant près des bords, font que l'on peut également l'en ôter. On l'a déjà compris, la coulisse, si elle se lève, c'est pour laisser opérer sur la plaque de la planchette, et si elle s'abaisse c'est pour arrêter cette opération ou en laisser prendre la durée. La coulisse est le devant du châssis, ou plutôt, si elle en avait la forme, ce que l'on pourrait appeler le rideau du châssis. Comme la coulisse préserve l'épreuve de la confusion et d'un prolongement trop grand à l'exposition des rayons solaires, la planchette abrite la plaque et l'épreuve du danger des manipulations nombreuses auxquelles elles sont soumises l'une et l'autre.

Chambre noire ordinaire. La chambre noire ordinaire, plaque entière, se compose de deux châssis à coulisse, d'un châssis à glace dépolie, et de trois châssis américains; un châssis américain pour plaque entière, un châssis américain pour plaque demie, et un châssis américain pour plaque tiers.

En y ajoutant les châssis américains pour quart, sixième, neuvième de plaque, on peut opérer, avec la chambre noire ordinaire plaque entière, pour chacune des épreuves que l'on désirera à ces grandeurs respectives.

De plus, en joignant à la chambre noire ordinaire plaque entière :

1° Un châssis à coulisse, on pourra opérer sur collodion;

2° Un autre châssis à coulisse aussi, on pourra opérer sur papier.

La chambre noire ordinaire plaque demie se compose également de deux châssis à coulisse, d'un châssis à glace dépolie, de trois châssis américains, mais à partir de la mesure demie évidemment.

De même aussi, en y ajoutant les châssis pour sixième et neuvième de plaque, on pourra opérer avec celle-ci pour chacune des épreuves que l'on désirera à ces grandeurs respectives.

Et de même encore en y joignant de plus :

1° Un châssis à coulisse, on pourra opérer sur collodion;

2° Un autre châssis à coulisse aussi, on pourra opérer sur papier.

Il est essentiel de regarder à la qualité et à l'état du bois qui sert à la construction des chambres noires. S'il est trop vert, s'il est de mauvais choix, il est susceptible de se tordre, de se fendre aux rayons du soleil, et par conséquent de laisser introduire des rayons lumineux qui nuiraient à ceux passant par l'objectif et empêcheraient l'image de se produire convenablement. Le chêne et le noyer sont ceux qu'on a le plus l'habitude d'employer à cet usage. Le luxe n'est pas banni des appareils, et nous en avons vu de fort beaux en acajou.

Les châssis jouent un bien grand rôle dans l'opération du daguerréotype; ils sont indispensables pour la mise au point et l'abri de la plaque de tout contact des mains ou autres objets extérieurs ou intérieurs.

Ils sont de deux sortes principales :

Le châssis à glace dépolie;

Le châssis à coulisse.

Le châssis à glace dépolie est formé, comme l'indique son nom, d'une glace dépolie encadrée dans le milieu de ses bords. Il sert à faire mettre au point, c'est-à-dire à montrer si l'image du modèle est parfaitement nette, vigoureuse et la plus intense d'expression. Cette image se reproduit sur la glace dépolie dans les meilleures données possibles, et laisse apercevoir tout ce qui pourrait nuire à la reproduction du modèle. Devons-nous dire que l'image alors est renversée? Quand l'opérateur s'est bien assuré de l'accomplissement de ces conditions essentielles, il détache le châssis de la chambre noire avec le plus grand soin, pour ne pas s'exposer ou à faire une mauvaise épreuve ou à recommencer l'œuvre si difficile, et si minutieuse de la mise au point. Le châssis à glace dépolie, détaché de la chambre noire après la mise au point, fait place au châssis à coulisse.

Chambre noire pliante. — La chambre noire pliante est une chambre noire ordinaire, qui, au moyen de charnières près de chacun de ses quatre angles, peut se ployer tout à fait et réduire sa forme à celle de deux planches contingentes l'une à l'autre, ce qui est très-commode pour le touriste ou le photographe voyageur. C'est la seule différence qui la distingue de la chambre noire ordinaire. Elle se fait comme cette dernière pour plaque entière, pour demie et pour quart, et comme elle encore, elle est susceptible des mêmes parties supplémentaires.

Chambre noire à allonges. — La chambre noire à allonges est une chambre noire ordinaire double. Elle se compose d'un tiroir mobile, qui se rapporte à l'intérieur et que l'on peut ôter à volonté; alors elle devient simplement une chambre noire ordinaire. Ce tiroir est ce qu'on appelle l'allonge.

J.-D. DUVERNAY.

Nous sommes heureux de voir les journaux français et étrangers reproduire nos articles, mais nous les prions de vouloir bien indiquer la source de ces reproductions; c'est de toute justice.

Toutes les demandes et réclamations relatives au service, toutes les lettres et communications relatives à la RÉDACTION, doivent être adressées (*affranchies*) à M. Ernest LACAN, rédacteur en chef, au bureau du journal. — *Toute lettre non affranchie sera rigoureusement refusée. Les demandes d'abonnement doivent être accompagnées d'un* bon sur la poste, à l'ordre du Gérant.

Le Propriétaire-Gérant. ALEXIS GAUDIN.

TYPOGRAPHIE HENNUYER, RUE DU BOULEVARD, 7. BATIGNOLLES. Boulevard extérieur de Paris.

TROISIÈME ANNÉE. N° 28. SAMEDI, 9 JUILLET 1853

LA LUMIÈRE

REVUE DE LA PHOTOGRAPHIE.

BEAUX-ARTS. — HÉLIOGRAPHIE. — SCIENCES.

JOURNAL NON POLITIQUE, PARAISSANT LE SAMEDI.

BUREAUX, à Paris, 9, rue de la Perle. **BUREAUX**, à Londres, 6, Henman Terrace, Camden-Town.

ABONNEMENTS.—*Paris*, UN AN, 16 FR.; 6 MOIS, 10 FR.; 3 MOIS, 6 FR.; *Départements*, UN AN, 18 FR.; 6 MOIS, 11 FR.; 3 MOIS, 7 FR.; *Etranger*, UN AN, 20 FR.; 6 MOIS, 12 FR.; 3 MOIS, 8 FR.

Nous prions les personnes dont l'abonnement expire à la fin de ce mois, de vouloir bien le renouveler immédiatement, pour éviter tout retard dans l'envoi du journal.

SOMMAIRE.

SALON DE 1853.

(6e ARTICLE.)

LES PORTRAITS.

—

MM. JALABERT, BÉNOUVILLE, CABANEL; Mme JUILLERAT; MM. CHAPLIN, CHANCEL, DUBUFE, VIDAL, GLAIZE, JEANRON.

La ressemblance matérielle n'a qu'une importance de second ordre dans les portraits : c'est la ressemblance morale qui est tout. L'artiste ne doit jamais oublier qu'il est le biographe de celui qu'il peint. Ce n'est pas à cette chair, qui doit sitôt redevenir de la cendre, c'est à la transparence de l'âme sur cette chair, c'est à cette expression profonde, spiritualiste et infinie du regard, par laquelle l'homme porte en lui comme un signe de son immortalité, et comme la lumière de sa vie d'avenir, qu'il faut s'attacher d'abord. Un beau portrait à faire pour le peintre, c'est une belle strophe à chanter pour le poëte, et nous ne savons point si Raphaël s'est plus illustré par ses *Madones* que par sa *Fornarina*. Ce n'est pas que, dans nos méditations intimes sur l'art, nous ne reconnaissions toute l'importance du côté purement plastique de la peinture du visage et de la forme humaine. Il y a des caresses dont les yeux s'enivrent dans les contours et dans les lignes de la beauté, mais elle n'est parfaite que lorsqu'ils font parler et penser l'intelligence qu'ils enveloppent. Cela devient alors une sorte de confidence intime que vous raconte sur elle-même la figure que vous contemplez : elle vous dit, avec le langage si complet de la physionomie, quels fardeaux, quelles espérances, quels regrets elle porte, et par quel chemin, doux ou difficile, elle passe dans la vie. Voilà pourquoi nous allons vers les portraits avec une sorte de préférence ; voilà pourquoi aussi la photographie, dont on avait tant nié les résultats en ce genre, peut éclairer si vivement, par la multiplicité de ses portraits, l'histoire d'une époque. L'âme tout entière monte sur le visage à certains moments, de même qu'aux temps mythologiques les dieux des fleuves et des mers montaient sur les lignes fuyantes de leurs flots et de leurs vagues. C'est à ce moment qu'un praticien habile sait fixer le rayon qui éclaire le visage et saisir sa ressemblance pensive, en moins de temps que les cils des yeux ne se sont tenus éloignés les uns des autres ! Hélas! combien nous connaîtrions mieux la Terre-Sainte, l'Egypte, la Grèce, Rome et Carthage, et les Barbares si civilisés, et tous ces siècles ingénieux noyés dans tant de brumes d'incertitude, si Niépce et Daguerre fussent venus au monde trois mille ans plus tôt! Dans l'histoire générale qu'écriront nos petits-neveux, les époques antérieures à la photographie seront des nuits sans lune.

Les portraits ne sont pas nombreux cette année, et nous en savons gré au jury. Par respect pour un grand art et pour la dignité humaine, on a bien fait de n'admettre que ce qui ne les offense pas !

M. Jalabert a, suivant nous, les honneurs de l'Exposition des portraits. Celui de Mme X... est un chef-d'œuvre. Il se rencontre rarement, sous la brosse du peintre, une tête plus charmante; plus de sérénité dans plus de pensée. C'est un type de douceur chaste, et de force rêveuse. Les yeux vous suivent, même quand vous les avez perdus : la bouche vous parle, même dans le murmure de cette foule qui passe au-dessous d'elle. La branche de chêne qui court sur ces bandeaux noirs, et qui pend sur le cou, remue au vent de la grande porte ouverte : la peau rougit des éloges de l'admiration involontaire. C'est une tête qu'il est regrettable de ne point pouvoir graver, pour l'enchâsser dans le culte de l'avenir. Nous conseillerions presque à M. Jalabert de ne plus peindre de portraits. Il a fait une œuvre qui restera, et il ne rencontrera jamais un modèle qui aille aussi bien à son beau talent.

Mme de S... a inspiré M. Bénouville. Cette tête expressive est inquiète et captivante. On serait tenté d'interroger ce portrait sur ce qui le préoccupe, et il vit tellement, qu'on pourrait avoir la certitude d'obtenir une réponse. Les cheveux noirs en couronne se tordent merveilleusement sur ce front méditatif. La main soutient bien le menton. Nous ne blâmerions, dans cette toile, que quelques tons heurtés entre les rubans de la robe.

M. Cabanel, qui a été si heureux dans ses *Saisons* d'une des salles de l'Hôtel-de-Ville, a continué en bonheur par le beau portrait de Mme J. P. C'est une peinture solide et douce, et qui a presque des touches magistrales. Nous ne répondrions pas que, lorsque quelques saisons auront donné, à cette tête italienne, cette couleur du temps qui ne fait qu'accomplir le travail du peintre, on ne la prît pour une de celles qui se sont échappées par centaines des fenêtres des ateliers illustres de Rome et de Florence. Elle a du style. L'enfant est délicatement posé entre les genoux de la mère. La coiffure, originale sans bizarrerie, semble être née d'elle-même sur ce front. Le bras, sur lequel court un riche bracelet, est d'un moule antique. La pose, gracieuse et facile, dénonce autant le bon goût de celle qui l'a donnée, que le talent de celui qui l'a rendue. Ou nous nous trompons fort, ou les cordes d'une voix puissante et douce doivent résonner dans cette poitrine harmonieuse. La physionomie est ondoyante et variée dans les lignes de sa beauté. M. Cabanel aura un premier prix cette année, comme il en a eu un pour Rome en 1845.

Nous avons déjà eu occasion d'exprimer nos regrets de ce que notre tâche de critique n'ait pas commencé assez tôt, pour dire, il y a deux ans, toute notre part dans l'admiration publique qu'avait excitée un magnifique portrait de sa mère, par Mme Juillerat. Il est resté dans les souvenirs, à un des coins les plus vivants et les plus éclairés de la mémoire. On a rarement trempé un pinceau plus sûr dans plus de piété filiale. Avoir fait ainsi son chef-d'œuvre du portrait de sa mère, c'est avoir rendu en même temps hommage à l'amour et à l'art. Aujourd'hui, Mme Juillerat a encore envoyé une toile très-éminente, un portrait d'homme. Cette jeune figure, énergique et mobile, a une sorte d'âpreté mélangée de bienveillance. On dirait qu'elle s'est déjà bronzée au soleil et au vent de bien des éléments. On dirait que les déceptions de la vie lui ont déjà jeté souvent un voile de mélancolie, que le souffle de la jeunesse a heureusement soulevé. Mme Juillerat communique ainsi à ceux qui regardent ses œuvres toutes les pensées qui lui sont venues en les composant avec tant de scrupule et de perfection. C'est la vie elle-même qu'elle crée, par ses gouttes d'huile sur une toile. Ce talent de premier ordre est gracieux et spontané comme une inspiration. Il a été classé et apprécié depuis quelques années, et il faut que l'administration l'ait complétement reconnu, pour avoir relégué ce beau portrait à une place perdue, d'où il ressort comme à une place d'élite.

Trois portraits de femme par M. Chaplin. Trois œuvres entièrement réussies dans des types bien différents. La tête blonde attirerait à elle toutes les rêveries, si la tête brune ne pensait pas vis-à-vis d'elle, dans la splendeur de sa beauté. Nous voudrions maintenant voir M. Chaplin dépenser, dans une toile inventée, toutes les richesses de grâce, de couleur et de mouvement, qui coulent si facilement de ses brosses. C'est déjà un grand portraitiste. Pourquoi ne serait-il pas un poëte peintre? La moitié de son bagage est prête pour cette nouvelle route, au bout de laquelle il y a une nouvelle gloire.

Les vieilles écoles célèbres font des recrues parmi les jeunes générations qui s'avancent. Voici M. Chancel, continuant son maître, M. Hip. Flandrin. Nous l'avons vu, pendant plus d'une saison, suspendu aux échafaudages de Saint-Germain-des-Prés, et travaillant, sous l'inspiration du maître, à la splendide fresque qui se déroule, comme une vision de Jacob, autour de l'immense chœur de l'église. Il ne serait pas juste que le nom du patient disciple fût oublié, lorsque celui de M. Flandrin jouit d'une considération si méritée. Les peintres, suspendus ainsi que des oiseaux aux murailles des vieux monuments, bâtissent aussi des nids, d'où sortira leur avenir. M. Chancel ne s'est annoncé au salon que par un portrait; mais ce portrait révèle une main souple et une pensée vigoureuse. Le peintre est évidemment amoureux du modèle charmant qui pose devant lui. Il n'aurait pas si légèrement fait onduler les cheveux sur la tempe. Il n'aurait pas mis tant de questions muettes, dans ce regard d'une tristesse si douce, s'il n'en avait pas adoré toutes les beautés. Nous ne comprenons pas pourquoi nous n'avons pas trouvé au livret un profil de Mlle Rimblot, la belle tragédienne grecque du Théâtre-Français, et qui avait été extrêmement remarqué dans l'atelier de M. Chancel.

Comme nous le disions tout à l'heure, la ressemblance et la séduction ne sont pas tout dans un portrait, car, à ce compte, M. Edouard Dubufe serait le premier peintre dans ce genre. Assurément, les femmes les plus élégantes de la France viennent poser devant lui, et il les renvoie, dans leurs cadres dorés, briller dans un salon de leurs châteaux, comme dans une glace contournée, qui les maniérerait un peu, en les flattant dans la ressemblance. Cependant, nous serons juste envers une école que nous n'aimons pas. M. Dubufe, cette année, n'a plus habillé une charmante poupée, mais il a fait vivre presque complétement une jolie tête que l'on pourrait nommer la Penserosa, si le livret ne la dés-gnait point sous le nom de la comtesse de Montebello. Nous aimons beaucoup moins les portraits de Mme d'Hauteserve et de l'Impératrice.

C'est M. Vidal qui a eu l'honneur de réussir le mieux ce dernier portrait. Le pastel convient peut-être plus que l'huile à cette beauté, difficile à rendre. Nous retrouvons encore M. Vidal dans de ravissants dessins de femmes, qui naissent tous les ans dans sa fantaisie, en se ressemblant, comme des roses, par la famille et par le parfum.

M. Glaize, dont on a remarqué une belle toile sévère, l'*École-Asile de Sainte-Elisabeth*, a fait un consciencieux portrait de femme. Mais, malgré nous, nous pensions à ces belles *Gauloises* du dernier Salon, et nous n'en trouvions pas l'équivalent dans son envoi de cette année.

De plusieurs manières, comme peintre et comme administrateur du Musée, M. Jeanron a laissé son nom dans l'histoire de l'art. On n'oubliera jamais que c'est à son court passage à la direction que l'on doit cette classification qui conduit, comme un guide intelligent, à travers le dédale des écoles, et qui vous donne, par les yeux, un cours complet sur les progrès de l'art. M. Jeanron aurait voulu se confondre modestement depuis parmi la foule des exposants. Mais son magnifique portrait de M. Odiot, et ses deux *Effets du soir* et *du matin*, sur les vagues des côtes de la Manche, l'ont replacé à la tête des artistes d'élite. Sa destitution n'est que fictive.

Henri de Lacretelle.

LA PHOTOGRAPHIE EN ANGLETERRE.

(Correspondance particulière de la Lumière.)

Une communication des plus intéressantes a été faite dernièrement par le révérend J. Kingsley, à la Société des Arts. Je regrette que l'espace, nécessairement limité de vos colonnes, me force d'abréger, en quelques endroits, cet article savant; ce qui me fait, du reste, et me fera très-souvent retenir des faits assez intéressants; mais j'espère bien que l'importance grandissante de notre sujet ne tardera pas à faire grandir cet espace. Cette communication traitait, selon son titre, de « l'*Application du microscope à la photographie* »; mais la partie qui donne la théorie de l'auteur sur les opérations actiniques ayant pour but de former l'image, nous intéresse tout autant que la partie spéciale.

Après avoir parlé des lois de la réfraction, de la nature de l'image prismatique, et de la division des rayons de lumière en rayons calorifiques, lumineux et chimiques, l'auteur dit : « Je parlerai maintenant de la nature du changement produit par l'action de la lumière sur les sels d'argent. Nous pourrons facilement concevoir que les molécules des substances simples, qui forment un corps composé, sont capables de vibrer à des périodes différentes, comme des cordes d'un ton différent. Ainsi, si les vibrations de l'éther lumineux sont reprises par une substance, sans l'être par une autre, et si l'affinité chimique de l'une pour l'autre est en même temps faible, une décomposition chimique s'ensuivrait. Ceci, au moins, me paraît être une vue raisonnable du procédé. Les sels d'argent sont très-facilement décomposés, et ils ont toujours une tendance à laisser l'argent retourner à son état métallique. Par exemple, l'oxyde d'argent est très-facilement réduit en métal, par la chaleur ou par le contact avec toute autre substance qui aura une affinité plus grande pour l'oxygène. Cette action, cependant, est bien plus rapide si elle a lieu en plein soleil. L'iodure d'argent suit la même loi; mais le brôme et le chlore ont une affinité pour l'argent plus grande que celle de l'iode; si nous exposons l'iodure d'argent à l'action du brôme ou du chlore, ou de tous deux ensemble, nous détruirons la faible affinité de l'iode pour l'argent, et nous rendrons le composé si inconstant, que l'action de la lumière peut très-bien réduire le métal. Si l'on s'arrête, même avant d'arriver à ce point, on peut encore réduire le métal par des substances qui ont une affinité un peu plus grande pour l'iode que n'a l'argent dans sa condition maintenant changée. Ce procédé constitue toute la pratique de la photographie; car, quoique d'autres métaux que l'argent puissent être employés à cet usage, il est le meilleur marché que nous connaissions, qui possède la propriété de retourner assez facilement à sa forme simple.

« Le procédé de Daguerre, comme il est pratiqué à présent, consiste à exposer une plaque d'argent poli à l'action de la vapeur d'iode, puis, pour une période très-courte, à celle du brôme, et puis encore, une seconde fois, à la vapeur d'iode. Cette manière de traiter la plaque l'enduit d'iodure d'argent, et libère ensuite une partie de l'iode, dont le brôme prend la place. L'image est ensuite formée sur la plaque, qui est alors exposée, dans l'obscurité, à l'action de la vapeur de mercure, qui bientôt blanchit les parties que la lumière a affectées. Il a été considéré, jusqu'ici, que l'image était formée par le dépôt des particules de mercure sur la plaque. Je suis certain, cependant, que ceci est une erreur; et, quoique je ne sache expliquer toute l'action qui s'opère, je n'ai pas de doute sur sa nature. La vapeur de mercure a une affinité décidée pour l'oxygène, l'iode, le brôme et le chlore. Ainsi, quand la plaque y est exposée, cette vapeur prive de son iode l'iodure d'argent, et elle dépose l'argent pur. Quand le brôme et le chlore sont aussi présents, l'argent est réduit, et des sels de mercure sont formés. Et je ne doute point que les couleurs différentes ces lumières, selon les proportions différentes d'iode, de brôme, etc., ne soient dues à ces sels de mercure; mais, comme leur quantité est très-petite, il est très-difficile de les découvrir; j'y ai découvert du calomel et de l'oxyde noir. Après que la planche a été soumise à l'action du mercure, on la fixe en enlevant, d'abord, par un bain d'hyposulfite de soude, l'iode qui n'a pas été réduit, et puis en la dorant légèrement à l'aide de chlorure d'or. Si l'action de la lumière a été trop forte, de l'argent métallique est tout de suite formé, et puis le mercure s'y unit en un amalgame qui n'est plus aussi léger de couleur que l'argent réduit d'abord. Ceci paraît être un des points, dans le procédé, où nous pourrons ajouter, par l'expérience, à nos connaissances présentes; car, si nous pouvions découvrir quelque moyen de rétablir l'argent sur ces parties de la planche où la lumière ne l'a pas réduit, sans cependant détruire les parties rétablies, nous pourrions nous assurer toute planche en l'exposant seulement assez longtemps à la lumière. Je puis dire que la vapeur d'aldehyde promet d'effectuer cet objet. Comme agent désoxydant ou désiodant, il est très-puissant, mais la difficulté est de restreindre son action. Pour le microscope, les planches daguerriennes, préparées de la manière ordinaire, peuvent très-bien recevoir une image, après être exposées une minute. Mais ces images, toutes belles qu'elles soient, ne seront jamais aussi utiles que celles qui sont prises sur verre ou sur papier, et qui peuvent être reproduites photographiquement. »

Ainsi, M. Kingsley prononce hardiment sa théorie, qui aura beaucoup d'intérêt, je n'en doute pas, aux yeux de vos savants expérimentateurs. Il continue ensuite en donnant son procédé pour prendre l'image. Il préfère le collodion. On prend donc du collodion préparé

« On y ajoute une petite quantité d'iodure d'argent, dissous dans l'iodure de potassium ou dans le cyanure de potassium. On verse ensuite sur une plaque de verre, et on en verse l'excédant pour n'en laisser qu'une couche sur la surface du verre. On plonge alors la plaque dans un bain de nitrate d'argent, dans les proportions de 1 à 16 de l'eau; et aussitôt que la planche retiendra l'eau également partout, elle devra être exposée à l'action de la lumière; puis on la plonge dans un bain ainsi composé : acide pyro-gallique, 1; eau, 160; acide acétique glacial, 20. L'image se développe dans ce bain désiodant et désoxydant; l'iodure qui n'est pas réduit est alors déplacé par l'hyposulfite de soude, comme on le fait ordinairement.

« Si nous ajoutons au collodion une petite quantité d'iodure et de bromure de fer, et si nous développons avec le protonitrate de fer, le procédé est bien plus énergique; car nous obtenons sur la plaque, aussitôt qu'elle entre dans le bain d'argent, un nitrate d'argent qui désiode la plaque aussitôt que la lumière la frappe. Je trouve que ces préparations de fer ne se conservent pas bien, de sorte qu'elles ne doivent être faites que peu de temps avant de les employer. L'iodure et le bromure d'arsenicum sont aussi d'admirables accélérateurs, et paraissent se conserver pendant des mois entiers sans changer; on peut, avec eux, faire usage ou de la solution pyrogallique, ou de protonitrate de fer.

« Je ne pense pas que le procédé au collodion soit aussi bon que les procédés sur papier, car il est difficile d'enduire de grandes plaques de verre; elles prennent beaucoup d'espace, et elles sont plus gênantes pour en tirer de positifs.

« Je dois remarquer ici que l'albumine, traitée exactement comme le collodion, mais séchée et chauffée après être versée sur le verre, est tout aussi bonne et aussi rapide dans ses résultats.

« Je donnerai maintenant ma méthode pour préparer le papier; mais je ne doute point que bien d'autres ne soient tout aussi bonnes. Je préfère le papier Canson, et je l'emploie ciré ou non, avec presque les mêmes résultats; mais le papier ciré est plus facilement manié, parce qu'il ne devient pas si tendre quand il est mouillé. Il est d'abord trempé durant quelques heures dans un bain ainsi composé :

Eau distillée.	0lit.,586
Iodure de potassium. . . .	155 grammes.
Bromure de potassium. . .	2 —
Fluorure de potassium. . .	3 q. gr.
Deux blancs d'œuf.	

« Si l'on pouvait faire ceci sous la machine pneumatique, ce serait d'autant mieux. On suspend le papier pour le faire sécher, et ainsi préparé, il se conservera bien tout un mois. Si on ajoute de l'arsenic, comme dans le collodion, le papier sera plus sensible.

« Quand on veut en faire usage, il faut le plonger dans un bain ainsi composé :

Nitrate d'argent. . . .	2 grammes.
Acide acétique. . . .	0lit.,0175
Eau distillée.	0lit.,284.

« Après que le papier en est saturé, il faut le placer sur une plaque de verre, sur laquelle il adhérera à cause du liquide surabondant. On l'expose ensuite à l'action de la lumière aussi longtemps qu'il le faut; ce qui dépend naturellement de l'intensité de la lumière; avec un microscope, une exposition de deux à cinq minutes suffit. L'image est alors développée dans un bain d'acide gallique saturé. Si au bout d'une heure elle ne paraît pas assez solide, on ajoute quelques gouttes au bain d'argent. L'hyposulfite de soude est, comme à l'ordinaire, le moyen de fixer. L'argent peut être employé à plusieurs reprises, s'il est filtré après chaque opération, ou aussitôt qu'il commence à montrer la moindre décoloration.

« Dans ces procédés, l'affinité pour l'iode est dérangée par l'action de la lumière; l'agent développant continue cet effet, et l'oxygène de l'air, ou de l'eau, ou de l'acide, qui a toujours pour l'argent une affinité un peu plus grande que celle de l'iode, se combine avec l'argent libéré, et produit les parties foncées de l'image. Si l'action est encore continuée, l'argent sera *ressuscité*, et dans le procédé de collodion, ceci produit un positif. Pour obtenir ces positifs, la quantité d'argent dans le collodion doit être petite, et l'exposition ne doit pas dépasser un instant. Après que la plaque est développée et fixée, on doit la mettre dans un bain d'aldehyde ou de sucre de raisin, qui fera revenir l'argent avec beaucoup d'éclat. On peut développer ces tableaux sur papier en les plaçant dans la boîte à mercure; mais ce n'est pas une bonne manière de faire.

« Il y a un emploi du collodion qui est d'une utilité marquée. Quand on se sert d'un verre d'une puissance très-grande pour des objets très-délicats, il n'est pas facile de voir l'image sur la glace dépolie, comme il est décrit ci-après. Or, quand on a mis au foyer le plus exactement possible, un positif au collodion, sur une petite échelle, d'une partie de l'image, peut s'obtenir dans quelques instants, et on peut ainsi éprouver l'exactitude des arrangements avant de placer le papier. »

M. Kingsley continue alors, en décrivant la construction de son instrument. Je suis forcé de remettre à une autre occasion cette partie intéressante de sa communication, par la longueur inattendue de la première partie que je viens de donner.

France Scot.

Six tableaux du célèbre peintre anglais, Turner, mort l'année dernière, ont été vendus récemment à Londres, et ont produit la somme de 4,683 liv. st. (117,075 fr.). « *Le Soir à Venise, départ pour le bal* », exposé en 1840 à l'Académie royale, a été acheté 546 liv. « *Le Matin, retour du bal* », exposé en 1840, 641 liv. « *L'Aube du Christianisme* et *la Fuite en Egypte* », exposé en 1841, 746 liv. « *Glaucus* et *Scylla*, » exposé en 1841, 735 liv. « *L'Église de Saint-Georgio* », qui fait pendant au tableau déjà acquis par la galerie de Vernon, a atteint le chiffre de 1,155 liv. « *L'Approche de Venise* », d'après ces deux vers de Byron :

Le sentier domine la mer,
La lune est levée, et cependant ce n'est point la nuit,
Le soleil lui dispute encore le jour ;

peinture décrite dans les *Peintres modernes*, par Rucker, comme une des plus belles œuvres qui soient sorties de la main d'un artiste, a été vendue près de 1,000 guinées.

SCIENCES.

Académie des sciences. — Séance du 4 juillet 1853.

L'Académie avait entendu, dans sa séance du 27 juin dernier, la lecture de différents mémoires présentés par quelques-uns de ses membres, entre autres :

De M. Leverrier, sur la construction des tables astronomiques, et sur les observations du soleil ;

De M. Payen, deuxième note sur les litières terreuses, et expériences comparatives sur la litière de paille;

De M. A. Cauchy, mémoire sur l'évaluation d'inconnues, déterminées par un grand nombre d'équations approximatives du premier degré.

Dans la séance de ce jour, trois mémoires traitant des mêmes sujets ont été lus :

— Le premier par M. Mauvais, en réponse à M. Leverrier ;

— Un par M. Branne, en réponse à M. Payen ;

— Et le troisième par M. Bienaymé, en réponse à M. A. Cauchy.

Il en est résulté que presque tout le temps de la séance s'est passé, suivant nous, en conversations très-savantes, sans doute, sur des sujets donnés et qui doivent intéresser particulièrement les astronomes, les agronomes et les mathématiciens livrés à l'étude spéciale de ces sciences, mais dont l'analyse trop succincte n'offrirait qu'un médiocre intérêt dans ces colonnes.

M. Edmond Becquerel a lu ensuite un mémoire très-intéressant, ayant pour titre : *Recherches sur la conductibilité des gaz à des températures très-élevées.* Le savant physicien a rendu compte dans ce mémoire des nouvelles expériences auxquelles il s'est livré sur les gaz et vapeurs traités dans des conditions toutes particulières, et il a obtenu des résultats d'autant plus curieux que ces agents ont été généralement négligés jusqu'à présent dans certaines circonstances, comme conducteurs de l'électricité.

REVUE SCIENTIFIQUE DE LA PHOTOGRAPHIE.

L'Académie accueille avec un si bienveillant intérêt toutes les communications qu'elle reçoit des artistes distingués qui recherchent les meilleurs moyens pour accélérer les progrès de la photographie, qu'il nous a été possible de faire figurer dans nos comptes rendus, depuis quelques mois seulement, des mémoires et rapports sur cet art si nouveau, mais si bien apprécié par les honorables savants.

L'évidence de cette prédilection des illustres membres de l'Académie pour la photographie sera reconnue facilement par ceux de nos lecteurs qui auront sous leurs yeux les nos de *la Lumière* des 19, 26 mars ; 2, 9, 16, 23, 30 avril ; 7, 21, 28 mai ; 11, 18, 25 juin. Ils verront que dans chacune des séances qui précédaient ces dates, il a été fait des communications concernant ou un procédé nouveau, ou une nouvelle application de la photographie.

Déjà, dès le 5 février de cette année, M. Benjamin Delessert avait ouvert la marche en présentant la première livraison de *Marc-Antoine Raimondi*, magnifique publication dont il fixait le prix à vingt francs la livraison de douze planches. Le 25 avril, MM. Gide et Baudry présentaient la première série de l'*Œuvre de Rembrandt reproduit par la photographie*, ouvrage très-remarquable, divisé en dix livraisons de vingt francs l'une. Puis sont venues la photolithographie de MM. Lerebours, Barreswil et Lemercier, la deuxième livraison de Marc-Antoine Raimondi, la Photographie zoologique de MM. Devéria, Rousseau et Bisson frères, l'Atlas des épreuves microscopiques de MM. Berstch, etc., etc.

Cependant, préoccupé de toutes ces bonnes nouvelles, nous nous apercevons, beaucoup trop tard, que nous avons, sinon oublié, du moins négligé de citer, parmi tous ces noms honorables, celui d'un éminent artiste, M. Blanquart-Evrard, de Lille, et nous avouons qu'il lui aurait été permis de nous adresser ce reproche banal, mais souvent vrai, *les absents ont tort*. Notre rédacteur en chef, en en appréciant au point de vue de l'art, dans le numéro du 26 mars dernier, l'*Album photographique*, et, dans celui du 9 avril, les *Mélanges photographiques*, publiés par M. Blanquart-Evrard, a fait de ces œuvres remarquables l'éloge qu'elles méritaient. Mais, depuis cette époque, l'habile directeur de ces belles publications a mis à contribution les musées et les cabinets des riches amateurs, il a recueilli de nombreux clichés obtenus par les plus célèbres photographes et exécutés à Paris, en France, en Italie, en Belgique, dans l'Indoustan, en Chine même ; ces collections offrent aujourd'hui une rare et très-attrayante variété; elles peuvent être admises utilement dans l'atelier de l'artiste et dans le cabinet de l'amateur. Le zélé directeur de l'imprimerie photographique de Lille, jaloux d'assurer et de constater les progrès d'un art dont il avait pressenti depuis longtemps le brillant avenir, est parvenu, à force d'habileté et de persévérance, à obtenir d'admirables résultats; on en jugera par quelques extraits que nous donnons de ses publications.

Les *Mélanges photographiques* ont dépassé 61 sujets variés ; nous y remarquons les numéros suivants :

3. Henri IV recevant le portrait de Marie de Médicis, d'après Rubens.
4. La plus belle des Mères, d'après Van-Dyck.
5. Les Cinq Douleurs, d'après Annibal Carrache.
6. Charles Ier, d'après Van-Dyck.
7. La Mère du Bien-Aimé, d'après Greuze.
8. Le Saint Jérôme, d'après le Corrège.
10. Sainte Famille, d'après le Corrège.
11. Sir Asthon Cooper, d'après Lawrence.
13. Les Enfants de Charles Ier, d'après Van-Dyck.
14. La Fuite en Egypte, d'après Jordaens.
18. Moïse sauvé des eaux, d'après le Poussin.
23. Booz et Ruth, d'après le même.
24. La Terre promise, d'après le même.

Eglise Saint-Etienne-du-Mont, Arc-de-Triomphe de l'Étoile, Place de la Concorde, Hôtel-de-Ville, Panthéon, Tuileries, Pont des Arts, Hôtel des Invalides, Colonne de la place Vendôme, Colonne de Juillet, etc., etc.

30. Diane, de Jean Goujon (musée du Louvre).
31. Cabane des moutons au Jardin-des-Plantes.

La Politique à la campagne, sujets d'après les dessins originaux de M. J. Hussenot, tirés du cabinet de M. le comte A. de Caulincourt.

59. Vue du quartier Saint-Paul, à Lavallette (île de Malte).
60. Temple de Minerve Poliade, à Athènes.
61. Palais des Doges et Basilique Saint-Marc, à Venise.

Album photographique. Nous avons remarqué :

1re livraison : Peinture antique (musée de Naples); Place du Marché à Ypres.

2e : Tête en cire, attribuée à Raphaël; Vue prise à Bruges.

3e : La Vierge, de Michel-Ange, dans l'église Notre-Dame, à Bruges.

4e : Catherine de Médicis, statuette en ivoire, attribuée à Germain Pilon.

5e : Ancien Temple indou à Tchittour, entre Agra et Bombay ; le Thésée de Phidias, fragment d'un fronton du Parthénon d'Athènes (appartenant au musée Britannique); Arcade musulmane dans l'enceinte du Koutoul, près Dehli (Indoustan).

6e : Bas-reliefs en marbre, par Luca della Robbia, galerie des Offices à Florence; Temple indou moderne à Odjigpour (Indoustan).

7e : Mosquée d'Omar à Jérusalem, extrait de l'ouvrage de M. Maxime Ducamp (Egypte, Nubie, Syrie, Palestine); les OEuvres de miséricorde, peinture flamande du 15e siècle (maître inconnu), à l'Académie de Bruges.

8e : Temple indou moderne, à Mirzapour (Bengale); Temple indou moderne, à Moudlesir, entre Agra et Bombay (Indoustan).

9e : Dieppe pris du château ; Porche de Saint-Germain-l'Auxerrois.

10e : La Mère de Gérard Dow, photographiée d'après la gravure de Wile; Salle des Cariatides (musée du Louvre), à Paris.

11e : Le Parthénon à Athènes, fronton septentrional; Sainte Ursule et ses compagnes, peinte par Hemeling sur la châsse conservée à l'hôpital Saint-Jean à Bruges.

Paris photographié se compose de plus de 28 numéros. Nous avons remarqué, parmi ce choix des plus beaux monuments de Paris, l'Abside de Notre-Dame, la Colonnade du Louvre, le Pavillon de l'Horloge du Louvre (avant la restauration), Portail méridional de Saint-Eustache, Obélisque de Louqsor, Fontaine de la place de la Concorde, Église de la Madeleine, la Porte Saint-Denis, la Bourse, Arc-de-Triomphe du Carrousel.

Dans les *Souvenirs photographiques* nous devons signaler : Eglise Saint-Pierre de Louviers, Eglise Notre-Dame à Mantes, Eglise Saint-Walfrand à Abbeville, Portail de la façade principale des cathédrales d'Amiens, Rouen, Evreux, Cathédrale d'Anvers, Hôtel-de-Ville d'Anvers.

Lorsqu'il a conçu l'idée d'une publication si importante, M. Blanquart-Evrard a pensé qu'il pourrait compter sur le bienveillant concours des principales notabilités photographiques. Aujourd'hui, artistes et directeur, hommes de goût et de talent, tous doivent se féliciter du concours mutuel qu'ils se sont prêté avec tant de bienveillance, et plusieurs artistes très-estimés, dont les noms ont été souvent cités avec éloges dans les colonnes de ce journal, ont contribué, pour leur part, à la réussite complète et bien méritée de l'œuvre fondée et si habilement dirigée par M. Blanquart-Evrard.

Le savant directeur de l'Observatoire de Marseille nous a fait l'honneur de nous écrire pour nous donner le nom du photographe auquel il a confié la reproduction de ses cartes célestes écliptiques ; nous l'en remercions et nous nous empressons de publier son intéressante communication, d'autant plus que le nom de M. Disderi, que nous avions bien désiré faire connaître, n'a été indiqué ni dans le rapport oral de M. le secrétaire perpétuel, ni dans le compte rendu de l'Académie du 13 juin.

A.-T. L.

Plusieurs photographes étrangers nous ayant manifesté leur étonnement de ne pas trouver le journal *la Lumière* à la Bibliothèque impériale, nous leur annonçons que nous en faisons remettre, dès aujourd'hui, des collections et plusieurs exemplaires.

EPREUVES POSITIVES SUR VERRE.

Cette application de la photographie a été peu goûtée jusqu'à présent ; cependant, pour les petits portraits instantanés, elle donne des résultats merveilleux. Quant à moi, je ne trouve rien de plus étonnant et de plus joli; l'harmonie de ces petites épreuves ne peut s'exprimer; je ne pense pas qu'on ait produit rien de plus parfait aux yeux des artistes.

Jusqu'à ce jour le procédé était resté fort incertain, en raison d'un principe qui m'était demeuré caché et que j'ai enfin saisi, après des insuccès sans nombre, qui me paraissaient inexplicables.

Ce principe est : que pour obtenir des épreuves positives directes, jouissant de toute leur intensité dans les noirs, *il est indispensable que le bain de protosulfate de fer soit exempt de tout sel d'argent.*

J'ai dit, il y a longtemps, que le bain de sulfate de fer employé avec un grand excès d'acide sulfurique et contenant du fer dégageant de l'hydrogène me paraissait le meilleur : je ne connaissais pas alors l'utilité la plus immédiate de ce dégagement de gaz hydrogène. Eh bien, cet hydrogène *est destiné à précipiter le sel d'argent introduit au moment du passage des épreuves*, c'est sa fonction essentielle ; hors ce dégagement d'hydrogène, le bain de sulfate de fer se charge de plus en plus d'argent en solution, et bientôt les épreuves sortent voilées, en dépit de toutes les tentatives pour l'empêcher.

Je ne sais pas à quel état est l'argent; on pourrait croire que, en raison de l'insolubilité presque complète du sulfate d'argent, il ne peut s'en introduire qu'une quantité insignifiante; peut-être se forme-t-il un sulfate double de fer et d'argent très-soluble : ce qu'il y a de certain est que le bain, à la longue, se charge d'une grande quantité d'argent, qui se dépose aussitôt qu'on place dans le bain du fer, du zinc, ou du laiton ; c'est même l'apparition de ce phénomène qui m'a enfin ouvert les yeux. Dès que j'ai cru voir dans ce cas la cause de mes déboires, j'ai fait un essai qui devait être décisif : au lieu de plonger ma plaque dans un bain de fer, toujours le même, j'ai versé sur la plaque du bain de fer neuf, absolument comme on le fait avec l'acide pyro-gallique. En agissant ainsi, j'ai constamment réussi, tandis que toutes les fois que j'employais une *seconde fois* le sulfate, mes épreuves étaient voilées totalement.

Par conséquent, il faut absolument, pour obtenir des épreuves positives directes, dignes de ce nom, employer chaque fois du sulfate de fer *neuf*, à moins de le placer dans un grand vase, et d'y produire constamment un dégagement de gaz hydrogène, soit par des pointes de fer en grand nombre, garnissant le fond du vase, soit en y passant, après chaque épreuve, une lame de zinc ployée en L qui, en quelques secondes, dégage assez d'hydrogène pour détruire chaque fois le sel d'argent soluble formé.

C'est précisément parce que les épreuves se succédaient avec une extrême rapidité, pendant mes jours d'insuccès, que je n'obtenais que des plaques voilées : je négligeais d'activer le dégagement du gaz hydrogène, j'employais une quantité insignifiante de fer; de sorte que d'une épreuve à l'autre, le dégagement de gaz hydrogène était devenu insuffisant.

Le bain doit être *saturé* de sulfate de fer. Une même épreuve passée moitié dans un bain *saturé*, et moitié dans le même bain *étendu d'eau*, donne des noirs beaucoup plus intenses dans le bain *saturé*. L'acide sulfurique peut être ajouté *en toutes proportions* : je n'ai trouvé aucune différence appréciable entre un bain qui en contenait *un tiers de son poids* et un bain simplement acidulé; mais il vaut mieux, pour la permanence du dégagement de gaz hydrogène, l'employer à la proportion du vingtième en volume. Si le sulfate de fer ne doit pas resservir, il est inutile d'y placer du fer.

Quant au bain d'argent, il est nécessaire aussi qu'il soit acide, très-acide; il n'y a pas de pureté dans les noirs sans addition d'acide. L'acide acétique est très-bon; mais l'acide nitrique vaut encore mieux; ce dernier a l'avantage de ne jamais produire de précipité, tandis que l'acide acétique forme souvent, au moment où on s'y attend le moins, un précipité soyeux d'acétate d'argent qui surnage en partie, et nécessite la filtration du bain.

On s'étonnera peut-être de m'entendre recommander l'emploi de l'acide nitrique quand il s'agit de produire des épreuves instantanées; on s'étonnera bien davantage quand je dirai que cette addition d'acide nitrique concentré peut aller *jusqu'au vingtième* du volume du bain, sans que le collodion perde sa sensibilité. Pour l'acide acétique c'est la même chose; le mieux est d'ajouter de l'acide au bain d'argent jusqu'à ce que le vide disparaisse. Voici un moyen très-simple et très-expéditif pour faire cet essai préliminaire.

On prend une baguette de verre, qu'on introduit, après l'avoir essuyée avec soin, dans le flacon de collodion; dès que le collodion est figé, on la plonge dans le bain d'argent sur toute la hauteur garnie de collodion, puis dans le bain de fer, sur la moitié de la hauteur garnie de collodion. Si le contact du bain de fer a bruni le moins du monde la teinte jaune du collodion, il faudra ajouter de l'acide au bain d'argent, puis procéder à un nouvel essai. *Le maximum de sensibilité existera au moment où le bain de fer cessera de voiler le collodion, hors l'influence de la lumière.*

Si l'on se décide à verser chaque fois du sulfate de fer neuf, il faudra le verser sur un angle, attendu que le liquide détruit l'épreuve dans l'endroit où il tombe; il vaudra toujours mieux appliquer la plaque sur une nappe de liquide.

Après le passage au sulfate de fer, il sera avantageux de passer la plaque dans un bain de nitrate d'argent, acide faible; l'épreuve en sera rehaussée d'une manière remarquable. Mais ce bain ne pourra servir pour sensibiliser le collodion; la moindre trace de sulfate de fer dans le nitrate d'argent enlève la sensibilité aux plaques.

Le collodion au bromure de zinc donne des blancs beaucoup plus intenses avec le sulfate de fer.

Le protochlorure de fer neutre ou acide ne développe pas les images; les chlorures ajoutés au sulfate de fer n'empêchent pas son action continuatrice; mais le chlorure d'argent formé s'attache souvent aux épreuves et les tache.

La faculté d'employer un bain d'argent fortement acidulé par l'acide nitrique donne beaucoup de facilité pour préparer le nitrate; il suffit de dissoudre dans l'acide nitrique quelques pièces de monnaie, et de retirer la capsule dès que le nitrate est devenu pâteux. On aura ainsi une dissolution bleuie par le cuivre; elle n'en vaudra que mieux, et loin d'être trop acide, il faudra encore ajouter de l'acide nitrique.

Si l'on précipite des résidus par le sel marin, il faudra avoir soin *d'ajouter de l'acide aussitôt après*; cette précaution fera agglomérer le chlorure, et son lavage en deviendra très-facile. A l'état pâteux, sa réduction par le zinc et l'acide sulfurique est aussi beaucoup plus rapide.

Le nitrate d'argent ammoniacal donne des noirs très-intenses avec le sulfate de fer, mais l'impossibilité de l'employer acide fait qu'il ne peut servir à produire des épreuves positives directes. Cela pourra se faire sans doute avec un continuateur moins énergique, par exemple le protonitrate de fer, qui ne produit rien avec le nitrate d'argent ordinaire.

J'espère toujours arriver à remplacer l'acide pyro-gallique par les sels de fer, pour les épreuves négatives; cela arrivera quand les ciels prendront un noir intense. Jusqu'à présent, avec le sulfate de fer, on ne dépasse pas une teinte légère, qui s'affaiblit même, passé une certaine impression lumineuse.

Avec les conditions que je viens d'indiquer, on obtient, en se servant de tous les collodions, des épreuves positives directes en un laps de temps qui est le *cinquième* de celui exigé pour opérer sur plaqué.

M.-A. GAUDIN,
Calculateur du bureau des Longitudes.

Plusieurs de nos abonnés nous ont parlé avec éloges des travaux photographiques de différents artistes de la province, et nous ont demandé d'en rendre compte. Nous le ferions avec bonheur, si ces artistes voulaient bien nous envoyer quelques-uns de leurs spécimens. On comprend qu'il nous est impossible de parler d'épreuves que nous n'avons pas vues, quel que soit notre désir d'être justes envers tous.

Nous donnerons, dans le prochain numéro, une description très-intéressante du quinetoscope, ainsi que la gravure de cet instrument nouveau.

PROCÉDÉS PHOTOGRAPHIQUES
APPLIQUÉS A LA GRAVURE.

Nous recevons la lettre suivante :

Monsieur,

J'ai l'honneur de vous adresser un mémoire sur un nouveau procédé de gravure dont je suis l'inventeur.

Les quatre épreuves que je joins à ma brochure, et que je vous prie d'accepter, ne sont que des croquis faits à la hâte et avec de mauvaises pointes, ce ne sont que les résultats de mes premiers essais; mais ces résultats, quoique imparfaits, suffiront, je pense, pour montrer toutes les ressources qu'on peut tirer de ce nouveau genre de gravure.

L'accueil favorable qui a été fait à mon travail, par l'Académie des sciences et lettres de Montpellier, me fait espérer que mon procédé ne sera peut-être pas indigne de votre attention, et que vous voudrez bien me faire l'honneur de lui réserver une place dans votre estimable journal.

Je vous prie, monsieur, de vouloir bien agréer l'assurance de ma parfaite considération. SALIÈRES.

Montpellier, le 30 juin 1853.

Les épreuves que M. Salières a bien voulu nous envoyer sont certainement très-satisfaisantes, et ont de plus, pour nous, un intérêt tout particulier, en ce qu'elles sont le résultat d'une nouvelle et heureuse application de la photographie. Nous donnerons, dans notre prochain numéro, l'ingénieux procédé de M. Salières, d'après un Mémoire présenté par cet artiste à l'Académie de Montpellier.

CORRESPONDANCE.

Marseille, 30 juin 1853.

MONSIEUR LE RÉDACTEUR,

Dans le numéro de samedi 18 juin de votre intéressant Journal, vous avez reproduit un passage des comptes rendus sur la carte photographique que j'avais envoyée à M. Arago. M. Disderi, espérant que vous voudriez bien faire connaître que c'était lui qui en avait obtenu les épreuves, me prie de vous transmettre une note qui le constate, et que voici, pour être insérée dans votre journal.

C'est à M. Disderi, fort zélé photographe, que M. Valz a confié le tirage des épreuves photographiques de ses cartes célestes écliptiques, qui a fort bien réussi et représente au plus naturel la voûte céleste. On avait bien, avant cela, essayé par la gravure ordinaire d'obtenir un effet aussi favorable; mais ce n'était que pour un nombre beaucoup plus restreint d'étoiles, à des prix bien plus dispendieux, et avec bien moins de vigueur que la photographie, qui reproduit exactement l'original, sans la moindre inexactitude possible.

Veuillez bien agréer l'expression de mes sentiments de considération.

BENJ. VALZ.

Nous sommes heureux de voir les journaux français et étrangers reproduire nos articles, mais nous les prions de vouloir bien indiquer la source de ces reproductions; c'est de toute justice.

ERRATUM du n° 26 du 25 juin 1853.—Lettre de M. de Nothomb, dernière colonne, 4e alinéa, *au lieu de* : mais ce dépôt de fer est *encore* plus difficile à produire; *lisez* : ce dépôt de fer est plus difficile, etc.

Toutes les demandes et réclamations relatives au service, toutes les lettres et communications relatives à la RÉDACTION, doivent être adressées *(affranchies)* à M. Ernest LACAN, rédacteur en chef, au bureau du journal. — *Toute lettre non affranchie sera rigoureusement refusée. Les demandes d'abonnement doivent être accompagnées d'un bon sur la poste, à l'ordre du Gérant.*

Le Propriétaire-Gérant, ALEXIS GAUDIN

TYPOGRAPHIE HENNUYER, RUE DU BOULEVARD, 7, BATIGNOLLES.
Boulevard extérieur de Paris.

TROISIÈME ANNÉE. N° 29. SAMEDI, 16 JUILLET 1853

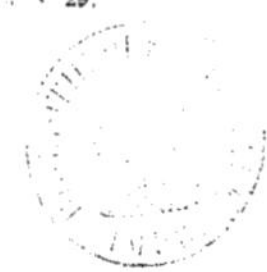

LA LUMIÈRE

REVUE DE LA PHOTOGRAPHIE.

BEAUX-ARTS. — HÉLIOGRAPHIE. — SCIENCES.

JOURNAL NON POLITIQUE, PARAISSANT LE SAMEDI.

BUREAUX, à Paris, 9, rue de la Perle. **BUREAUX**, à Londres, 6, Henman Terrace, Camden-Town.

ABONNEMENTS. — *Paris*, UN AN, 16 FR.; 6 MOIS, 10 FR.; 3 MOIS, 6 FR.; *Départements*, UN AN, 18 FR.; 6 MOIS, 11 FR.; 3 MOIS, 7 FR.; *Etranger*, UN AN, 20 FR.; 6 MOIS, 12 FR.; 3 MOIS, 8 FR.

Nous prions les personnes dont l'abonnement expire à la fin de ce mois, de vouloir bien le renouveler immédiatement, pour éviter tout retard dans l'envoi du journal.

SOMMAIRE.

SALON DE 1853.

(7e ARTICLE.)

MM. BESSON, BIDA, MEISSONNIER, ROEHN, Mme ROUGEMONT, MM. NÈGRE, LE SECQ, BONVIN, WILLEMS.

Il y a un peintre anecdotique des artistes du dix-huitième siècle. M. Besson avait célébré, l'an dernier, les amours de Lantara. Voici ceux de Boucher. Dans une rue de Paris, par une matinée de mai, Boucher s'arrête devant l'étalage embaumé de la bouquetière Rosine : un nom approprié à la besogne, celui-là ! Les fruits et les fleurs pendent en grappes sur le comptoir; et que de jolies mains pour les choisir et pour les nouer ! Elles sont trop pimpantes, ces bouquetières blanches et jaunes ! Elles ont de trop frissonnantes robes de soie, ces jeunes bourgeoises venant faire leurs provisions du matin ! Mais tout cela se passe sous ce règne fantaisiste de Louis XV, où la reine de France s'était appelée Jeanne Vaubernier, et appelait le roi *la France*, et où tout était possible, même que des marquises se déguisassent en commères, pour venir intriguer leur peintre favori, celui qui les déshabillait si galamment en bergères ! M. Besson a bien le sentiment de cette époque, qui semblerait n'avoir existé que dans les rêves de Crébillon le fils, si, sous des rayons d'un soleil plus vrai, Voltaire et Rousseau n'avaient pas écrit alors ! Les types de ces femmes sont égrillards et mutins. Boucher n'a que l'embarras du choix entre tant de jolis modèles. Mais est-ce par scrupule historique que M. Besson l'a fait si laid, au milieu de toutes ces têtes engageantes?

Le portrait de M. Amédée Achard, ce romancier et ce poëte d'une verve si méridionale et si française, complète l'envoi de M. Besson. Cette étude est très-belle, quoique la pâleur y soit un peu exagérée.

Ils ne sont point pâles, bien que dessinés au crayon, les Egyptiens de M. Bida. Le sang court, en la colorant, sous leur peau hâlée ; ils sont fièrement campés sur leurs chevaux et sur leurs ânes du désert. *Le Convoi de recrues* défile bien, et nous souhaitons qu'il se retrouve tout entier dans l'armée que le vice-roi envoie à Abdul-Medjid contre le Russe. M. Bida s'arrête assez juste dans le sentiment de l'énergie, qu'il a puissamment, pour qu'elle ne devienne point de la brutalité. Il ne pousse aucun de ses types au delà de la vérité. Les gestes qu'il indique très-justement sont les paroles et les dialogues de toutes ses compositions. Sa mémoire retient avec la fidélité d'un daguerréotype les paysages et les habitants des contrées qu'il visite; il est amusant, ingénieux et de bon goût. Il aura trouvé, sur l'entablement d'une pyramide ou sous les feuilles sèches d'un palmier, un crayon oublié par Decamps; et, après l'avoir taillé plus finement, c'est avec ce crayon qu'il dessine.

M. Meissonnier nous embarrasse. Il a trop d'habileté pour se tromper étourdiment, et il ne peut guère ne pas voir qu'il se trompe. L'infériorité de son exposition, vis-à-vis de celles qui l'ont précédée, ne s'explique que par l'exagération de son système de miniature. Il finit par lasser l'attention publique avec le trop petit. Les vieillards auront besoin d'une loupe pour voir ces trois tableaux qui tiendraient sur le double couvercle d'une tabatière. Cela dit, nous reconnaîtrons que le faire de M. Meissonnier a tout son mérite habituel. *Le jeune Poëte* est dans une pose heureuse. *Le Philosophe de vingt ans*, qui lit en déjeunant sous sa fenêtre ouverte, a de beaux meubles autour de lui et un très-bon repas sur sa table. Le *Paysage* est bien rempli par cette cavalcade qui défile un matin au bord d'une rivière, en beaux costumes Louis XIII. Mais ces trois motifs ne prétendent pas sans doute inspirer un autre intérêt que celui de la finesse de l'exécution.

L'intérieur de Chaumière, par M. Roehn fils, est un doux épisode d'une vie de pêcheur. Il est midi. Le soleil éclate sur la mer. L'ombre de la voile ne suffit plus. Le jeune homme vient se reposer un instant dans la fraîcheur de sa maison fermée, et se couche sur le sol humide. La femme qui file à la porte largement ouverte se détache sur l'horizon de la mer. Le jour entre en nappe éblouissante et égaye les détails. Il fait bon venir s'abriter sous ce toit de paix, quand les filets ont été remplis le matin, et qu'on a épousé une Graziella.

La Giacinta de Mme Rougemont est une belle tête expressive. Les deux figures, habilement peintes, tristes et méditatives, ne semblent guère être sorties du boudoir d'une femme du monde le plus élégant. Il y a sur elles, comme un reflet d'Allemagne. Nous les avions prises d'abord pour Faust et Marguerite. Mme Rougemont emploie noblement les heures qui doivent sonner pour elle sur un timbre d'or.

La photographie et les longs voyages ne font pas oublier leurs pinceaux à MM. Nègre et Le Secq. Nous avons retrouvé dans *le Joueur d'orgue* du premier les qualités de couleur que l'on a depuis longtemps signalées en lui, réunies à des franchises de style et à des souplesses d'exécution. M. Le Secq a écrit une page spirituelle dans *les Inconvénients du célibat*. Il est très-difficile de raconter avec le pinceau une scène un peu ridicule de la vie intime sans se risquer dans la charge, et M. Le Secq a eu l'habileté de l'éviter.

L'Ecole régimentaire de M. Bonvin fera un nouveau succès au réalisme spirituel. C'est une des meilleures idées du règne de Louis-Philippe, que celle d'imposer aux conscrits une autre instruction que celle de la charge en douze temps, et de les forcer à apprendre la lecture et l'écriture. On les rend ainsi hommes tout à fait à leurs familles, ces pauvres paysans qui arrivent de toutes les routes de la France, le vide dans la tête, le regret dans le cœur, et, malgré tout, une chanson sur les lèvres ! L'école régimentaire est un des modes de l'instruction gratuite, et nous croyons qu'il est encore plus utile de savoir lire dans un livre que de viser à une cible, tenir une plume que tirer le briquet ; M. Bonvin a très-ingénieusement étudié les physionomies de ces écoliers en pantalon garance. Aucune figure ne se ressemble dans cette triple rangée de braves, et cependant elles appartiennent toutes au type consacré du conscrit français. Le sergent, qui est en chaire, paraît fier et ennuyé en même temps de ses fonctions de pédagogue. La lumière de l'intelligence entre à différents degrés, par la lecture et par l'écriture, dans ces cervelles que l'éducation du village a laissées lourdes. M. Bonvin s'est gardé avec soin du ridicule qu'il était aisé de répandre, et son *Ecole* est une scène touchante et moralisante.

Le groupe le plus complet de tableaux de genre qui eût été envoyé appartient à M. Willems. *La Veuve*, et *le Peintre dans son atelier*, étaient d'assez charmantes études pour faire remarquer le nom de M. Willems ; mais la *Vente publique de tableaux à Anvers, en 1660*, écrase tout autre voisinage par son importance et sa perfection. Dans une salle d'un haut goût flamand, sous une lampe hollandaise qui brille de la lumière éblouissante entrant par les vitres, à une table angulaire, sont assis de nombreux personnages plus ou moins intéressés à la vente. Ici, des seigneurs en pourpoints riches qui se penchent pour voir les beaux tableaux qui, dans ce temps-là, poussaient avec la régularité des champs de blé, sous le ciel brumeux de la Flandre : plus loin, des juifs en habits usés, qui ont seuls assez d'or pour payer cette toile ; puis un groupe d'amateurs parlant très-haut et se disputant à propos d'écoles ; un moine venu là pour son couvent fastueux ; une jeune femme s'intéressant davantage à la galerie qu'à la vente ; un petit enfant s'ennuyant avec une entière franchise ; et enfin, dans un coin de la salle, le peintre dont on vend le tableau, montrant des apparences d'indifférence extérieure, mais dévorant des angoisses de défaite ou de triomphe au fond de son âme. Tout cela, ensemble et détails, larges perspectives et coins minutieux, est traité avec beaucoup d'esprit et de talent. *La Vente publique* restera et popularisera M. Willems, qui doit déjà avoir vécu dans les Flandres, il y a deux cents ans, et qui est peut être l'incarnation nouvelle du peintre qui passe dans cette toile. La Belgique est souvent représentée cette année. Allons vers les deux Stevens.

HENRI DE LACRETELLE.

LA PHOTOGRAPHIE EN ANGLETERRE.

(Correspondance particulière de LA LUMIÈRE.)

COLLODION.

PROCÉDÉ DE M. LE COMTE DE MONTIZON.

Il sera sans doute intéressant pour les opérateurs français de savoir où en sont les photographes anglais dans les diverses manières d'employer le collodion. Pour en donner quelque idée, nous reproduirons ici de temps en temps les procédés de plusieurs des plus habiles expérimentateurs anglais, et il serait très-utile pour les progrès de la science que nous recherchons tous, que les opérateurs français voulussent bien aussi rendre compte de leurs expériences, afin d'établir des comparaisons.

Un des mémoires les plus importants qui aient été écrits sur ce sujet est celui que M. le comte de Montizon a communiqué dernièrement à la Société de Londres. La valeur de son procédé est prouvée par l'excellence de ses résultats. Les photographies d'animaux, par M. de Montizon, sont les plus parfaites en ce genre que nous ayons vues. Ce ne sont pas seulement, comme vous l'avez si bien remarqué dans le n° du 28 mai, des reproductions très-exactes et très-claires de sujets vivants; ce sont des dessins riches et largement touchés, qui représentent par l'attitude, par l'expression de l'animal, sa nature vraie, son caractère bas ou fier, grossier ou noble, lourd ou élégant; ce sont souvent même de véritables poëmes d'un charme étonnant par l'arrangement heureux des accessoires, par l'effet plein d'illusion des lumières et des ombres, par la pose et par la physionomie rêveuse, spirituelle ou maligne des sujets. Pour arriver à ces résultats, il faut un procédé qui permette d'opérer tout à fait instantanément, et en même temps d'étudier et de produire tous les effets désirés. Nous donnons volontiers une large part à la communication de M. de Montizon. Comme on n'est pas toujours content du collodion qu'on achète, et qu'il est souvent préférable de le préparer soi-même, il commence par nous donner sa manière de composer le collodion, qu'il est d'autant plus nécessaire de bien comprendre, que le succès de l'opération dépend beaucoup d'une connaissance entière des matières employées.

Pour faire le collodion. — Versez dans un bassin bien propre 0,35 centilit. d'acide sulfurique de force ordinaire, 46 grammes de nitrate de potasse, et ajoutez 2 gr. 60 de coton cardé très-propre.

Avec des baguettes en verre, remuez bien le coton pendant à peu près six minutes, jusqu'à ce qu'il soit entièrement saturé; puis, versez dessus beaucoup d'eau ordinaire; changez-le sept ou huit fois, et enfin, lavez deux fois avec de l'eau distillée ou de pluie. Mieux il est lavé, plus il sera complétement dissous après dans l'éther. Séchez-le dans un linge propre; pressez-le entre des feuilles de papier buvard, et l'ayant retiré avec les mains, séchez-le devant le feu.

Il est très-nécessaire de ne préparer à la fois que de petites quantités de coton-poudre, pas plus de 2 gr. 60, autrement il n'absorberait pas bien le liquide.

Toute cette partie de l'opération doit être faite sous la cheminée, pour que les vapeurs des gaz puissent s'échapper.

Pour dissoudre le coton.—Quand le coton est bien sec, ajoutez à chaque demi-gramme de coton préparé, 0lit.,28 de bon éther sulfurique, en ayant soin de prendre une grande bouteille pour que le liquide pur puisse y être versé quand il le faut. Si le coton a été bien préparé, il est immédiatement dissous. Cela dépend beaucoup aussi de la qualité de l'éther, qui doit être bon, mais pas trop fort. En faisant dernièrement une solution avec de l'éther préparé par un des meilleurs chimistes, le coton que j'y avais ajouté ne subit aucun changement. Ne pensant pas que le coton ait été mal préparé, je l'essayai dans d'autre éther, et je le trouvai parfaitement bon. Avant de condamner l'éther, cependant, je l'essayai en y ajoutant un peu d'alcool; immédiatement le coton fut dissous, et avec le collodion ainsi obtenu, j'ai produit de très-bons négatifs. Je trouvai qu'il fallait ajouter à cet éther le quart de son volume d'alcool.

Si le collodion doit être employé de suite, il n'est pas nécessaire d'attendre qu'il se soit déposé; mais il faut, dans ce cas, qu'il soit filtré dans du linge propre.

Le collodion qui est fait ainsi est si fort en texture, qu'on le peut facilement transporter sur une feuille de papier.

Pour iodurer le collodion. — J'ai essayé de plusieurs méthodes pour iodurer le collodion, mais celles qui m'ont donné les résultats les plus heureux sont celles qui suivent :

1° Dans 28 centilitres de collodion, mettez un peu d'iodure d'argent, et à peu près le quart d'un gramme d'iodure de potassium; puis secouez bien. Le collodion devient très-bourbeux; mais, après quelques heures, il se purifie graduellement, en commençant par le fond. Quand il est bien clair, versez le liquide dans une autre bouteille.

2° A 28 centilitres de collodion, ajoutez le huitième d'un gramme d'iodure d'ammonium. Ce procédé donnera une très-belle gradation dans les demi-teintes, mais il ne produira pas une image aussi vigoureuse que le précédent.

3° Dans 28 centilitres d'alcool pur, dissolvez entièrement un demi-gramme d'iodure d'ammonium ou d'iodure de potassium, et 33 milligrammes d'iodure d'argent; puis, ajoutez 85 centilitres de collodion. Il faut que l'iodure d'argent soit nouveau, autrement le négatif qui en résulterait serait imparfait. Il faut aussi que l'iodure d'ammonium soit fraîchement préparé. Ce collodion est des plus sensibles; mais les demi-teintes qu'il produit sont moins belles que celles obtenues par les autres procédés.

4° Dans 28 centilitres d'alcool, faites dissoudre un demi-gramme d'iodure de potassium, 25 centigrammes d'iodure d'ammonium, et 32 milligrammes d'iodure d'argent; puis, ajoutez 85 centilitres de collodion; on a ainsi une mixture très-sensible.

5° Dans 70 centilitres de collodion, 48 centilitres d'alcool, et 5 minims (1) d'ammoniaque liquide, faites dissoudre 91 centigrammes d'iodure d'ammonium. On a ainsi un très-bon collodion, très-sensible et sans couleur.

6° Dans 7 centilitres d'alcool, dissolvez 4 décigrammes d'iodure de potassium, et ajoutez 2 décilitres de collodion.

Frank Scot.

(La suite au prochain numéro.)

M. Moulin a reçu de M. Fenton, secrétaire de la Société photographique de Londres, une lettre très-flatteuse, dans laquelle il le remercie des épreuves qu'il a adressées comme spécimen à la Société. M. Fenton lui promet de lui envoyer quelques-unes de ses belles épreuves, ajoutant qu'il serait à désirer que d'autres artistes suivissent l'exemple de M. Moulin, un semblable échange ne pouvant manquer d'avoir de grands avantages pour les photographes des deux pays.

Nous sommes heureux de voir l'intelligent et habile secrétaire de la Société de Londres exprimer un désir que nous avons souvent émis, et commencer lui-même à faire ce qu'il conseille.

SCIENCES.

Production d'or artificiel. — M. Théodore Tiffereau a présenté, dans la dernière séance de l'Académie des sciences, un mémoire intitulé : *Les métaux ne sont pas des corps simples, mais bien des corps composés*, qui contient, à la première page, cette phrase significative : « *J'ai découvert le moyen de produire de l'or artificiel, j'ai fait de l'or.* » Ce mémoire, manuscrit, est composé de quelques pages seulement; l'auteur demandait des commissaires. Il espérait exposer devant les célèbres chimistes, membres de la Commission, par quels moyens il est parvenu à produire de l'or et à opérer la transformation complète d'une quantité donnée d'un métal en or pur.

Mais l'Académie ne pouvait pas déférer aux vœux de M. T. Tiffereau, le règlement s'y oppose, parce que le mémoire a été imprimé; ensuite, l'auteur ne donne pas le moyen qu'il emploie pour faire de l'or. Donc, qu'il n'en soit plus question. L'alchimiste peut, en l'an de grâce 1853, regagner paisiblement son officine de la rue du Théâtre, à Grenelle, et s'y reposer en paix sans craindre d'être brûlé vif.

Cependant, nous dira-t-on peut-être, pourquoi nous entretenir de M. Tiffereau, puisque le compte-rendu de l'Académie n'en parle pas? C'est parce que tous les photographes se servent d'un instrument fort commode, inventé par ce sorcier; tous connaissent et apprécient *le sablier à double échelle* de M. Tiffereau.

Élève et préparateur de chimie à l'École professionnelle supérieure de Nantes, en 1840, l'auteur du mémoire s'adonna surtout, dès cette époque, à l'étude des métaux, et, convaincu que cette partie des sciences chimiques offrait un champ immense à moissonner, observateur intelligent et résolu, il entreprit un voyage d'exploration au Mexique, terre classique des métaux. Parti en décembre 1842, et cachant ses travaux secrets sous l'abri du *daguerréotype*, cette autre merveille de la féerie, il parcourut en tous sens ces immenses contrées, les placers, la province de Sonora, la Californie. Là, il a étudié ces gisements des métaux, leurs gangues, leurs divers états physiques; enfin il a acquis la certitude que les métaux subissaient dans leur formation certaines lois, certains âges inconnus, mais dont les résultats frappent l'esprit de quiconque les étudie avec soin. Alors ses recherches devinrent plus ardentes, plus fructueuses; il comprit l'ordre dans lequel il devait commencer ses travaux, et, après cinq ans de recherches, il réussit à produire quelques grammes d'or parfaitement pur.

L'intrépide chercheur dit qu'il lui est impossible de peindre l'immense joie qu'il ressentit en touchant ce but si désiré et qu'il n'eut qu'une pensée fixe, rentrer en France pour faire profiter son pays de sa découverte. Il décrit les difficultés qu'il eut à vaincre pour traverser le Mexique, alors envahi par les Américains qui venaient de s'emparer de Vera-Cruz, de Mexico et de Tampico. Il ne mit pas moins de six mois pour venir de Gualdalajara à Tampico, où il s'embarqua pour la France en mai 1848.

A son arrivée, il constata de nouveau les propriétés de l'or qu'il avait artificiellement obtenu; cristallisation, aspect, densité, malléabilité parfaite, ductilité, insolubilité absolue dans les acides simples, solubilité dans l'eau régale et les sulfures alcalins, rien n'y manque. La quantité qu'il possède aujourd'hui ne peut, suivant lui, laisser aucun doute sur le fait de la découverte et sur le peu de frais au moyen desquels il est parvenu à la préparer.

S'attachant à faire disparaître le merveilleux dont il prévoit que cette découverte ne manquera pas d'être entourée aux yeux de beaucoup de personnes, l'auteur indique comment sa réussite a été l'œuvre de déductions logiques déjà acquises à la science; il traite, à son point de vue et en peu de mots, cette question qu'il s'est posée : *les métaux ne sont pas des corps simples, mais bien des corps composés;* partant de ce principe, admis par tous les chimistes, que « les propriétés des corps sont le résultat de leur constitution moléculaire », il cite les propriétés chimiques d'un grand nombre de corps polymorphes qui, suivant qu'ils cristallisent dans un système ou dans un autre, acquièrent des propriétés très-différentes, sans que cependant leur composition soit altérée ou changée en aucune façon; et il conclut de ces citations, qui décèlent un chimiste expérimenté, que la constitution d'un corps étant changée, ce corps acquiert des propriétés nouvelles, tout en conservant sa nature intime, sa composition, si l'on veut.

Il lui suffira donc de découvrir le corps qui, par sa force catalytique, peut agir sur le corps que l'on veut transformer, puis de mettre ce dernier en certaines conditions de contact avec lui, pour opérer cette transformation. Voilà le principe qu'il a mis en application et auquel il doit son succès. Admettant ensuite que ce n'est jamais qu'avec un très-petit nombre de substances simples que la nature produit tous les composés, il trouve tout naturel de penser que les quarante et quelques métaux, considérés aujourd'hui comme des corps simples, ne sont que des mélanges, des combinaisons, peut-être, d'un radical unique avec un autre corps inconnu, mal étudié sans doute, dont l'action nous échappe, mais qui seul modifie les propriétés de ce radical et nous montre quarante métaux là où il n'y en a qu'un? Et si un homme vient à démontrer ce corps inconnu qui a échappé à tant de recherches et à le faire agir sur un métal donné, qu'y a-t-il de surprenant à ce que cet homme change la nature de ce métal en lui donnant, avec une constitution moléculaire différente, les propriétés de tel autre métal dans lequel existe naturellement cette constitution?

Lorsque M. Tiffereau a écrit cette phrase : *J'ai découvert le moyen de produire de l'or artificiel, j'ai fait de l'or*, il s'est empressé d'ajouter : J'entends déjà les clameurs des incrédules et les sarcasmes des savants; et il oppose, avec calme, pour toute réponse à ces clameurs qu'il croit entendre, quinze années d'études, de voyages, de fatigues, de recherches ardentes; il est passionné pour une science à laquelle il a consacré presque toute sa vie, pour une science qui fait tous les jours de tels progrès, que les savants les plus érudits sont forcés de créer des mots nouveaux afin de donner des noms à leurs nouvelles découvertes. N'est-il pas probable que ce chimiste, s'il n'a pas trouvé la pierre philosophale, a au moins inventé quelque procédé nouveau, inconnu? Mais avec rien, on ne fait rien, pas même de l'or; cependant le chercheur opiniâtre espère qu'avec l'aide de la publicité il trouvera des ressources suffisantes, et que s'il a fait avec peu quelques grammes d'or, il pourra, en opérant sur des masses assez considérables, produire des monceaux de ce précieux métal.

Olivet, près Orléans, le 11 juillet 1853.

Mon cher ami,

Je me disposais à commencer ma tournée dans le Loiret afin d'y recueillir, comme je vous l'avais promis, des notes sur les phénomènes signalés dans cette contrée, qui présenteraient quelque intérêt pour les sciences; mais une

---

(1) Le *minim* anglais est une mesure d'environ 60 gouttes.

blessure que je me suis faite à la jambe droite me force malheureusement à garder la chambre. Cependant je passe assez agréablement le temps de ma captivité, grâce à la bienveillance avec laquelle mon bon oncle veut bien me consacrer presque toutes ses heures. Comme je lui ai fait part de notre projet, nos entretiens, qu'il remplit de charme, roulent le plus souvent sur des sujets scientifiques. Aussi affable qu'instruit, le bon vieillard se complaît à rechercher dans ses notes les sujets les plus intéressants. Je suis persuadé que vous éprouverez autant de plaisir à lire les quelques extraits que je vous adresserai que j'en ai à les entendre citer par mon vénérable et savant ami...

Recevez, etc.

Lamproie qui a vécu un an dans un puits. — Il y a déjà quelques années que M. R..., d'Orléans, encore écolier, jouant avec ses camarades près du puits de la maison occupée par son père, y laissa tomber son chapeau. Un des écoliers se fit aussitôt descendre dans ce puits pour en rapporter le chapeau; mais à peine fut-il au bas, qu'il jeta un grand cri, et demanda qu'on le remontât, ce que les jeunes gens firent à l'instant. Il parut tout tremblant, et raconta qu'étant prêt à mettre la main sur le chapeau, il avait aperçu un serpent qui lui avait causé la plus grande frayeur. Le père du jeune R..., instruit de cet événement, fit descendre un maçon dans le puits; il en rapporta non-seulement le chapeau, mais encore une grosse lamproie. Chacun des assistants cherchait à expliquer ce phénomène, lorsque M. R... se rappela que, l'année précédente, sa cuisinière, en revenant de la poissonnerie, avec une lamproie dans un panier, avait placé ce panier sur le bord du puits alors découvert, et dans lequel la lamproie était tombée en cherchant à s'échapper. Ainsi la merveille disparut. Il paraîtra cependant singulier que la lamproie, qui ne passe qu'une partie du printemps dans l'eau douce et qui retourne ensuite le reste de l'année dans la mer, ait non-seulement vécu pendant un an, mais encore grossi dans l'eau d'un puits. Cette propriété que possède la lamproie de vivre dans les puits ne pourrait-elle pas devenir en tout temps une ressource pour le service de nos tables? Cette expérience mériterait bien d'être tentée dans l'intérêt de la pisciculture.

Nuée de hannetons. — Trois particuliers passaient, au mois d'avril.., devant une ferme appelée Doublainville, dans la paroisse d'Ozouer. Un d'eux, dont la véracité est au-dessus de tout soupçon, me disait, il y a quelque temps, à ce sujet, qu'ayant à peine fait cent pas au delà de cette ferme, il s'éleva d'une vente de cinq bourgeons une nuée si considérable de hannetons, qu'elle égalait ou surpassait peut-être en grosseur six charretées de foin. L'air en était obscurci; leurs chevaux en étaient inquiétés au point de s'emporter; et les chocs de ces insectes fatiguaient tellement ces trois voyageurs, qu'ils étaient obligés d'avoir continuellement les yeux fermés, ce qui rendait leur marche d'autant plus pénible qu'ils n'étaient plus maîtres de leurs chevaux. Des vaches qui paissaient dans ce bois prirent tellement l'épouvante, qu'elles accoururent à la ferme. Cette myriade de hannetons se répandit de là dans les champs voisins, et tous ceux qui furent témoins de ce phénomène convinrent qu'ils n'avaient jamais rien vu de pareil. Le jour était chaud; il était trois heures après midi.

Pailles couleur de rose. — J'ai ramassé dans la paroisse de Fleury, près Orléans, des pailles couleur de rose. Je les conserve depuis plus de dix ans, sans que leur couleur ait perdu de son intensité.

Jeunes pies de couleurs bien opposées. — A Souvigny, paroisse de Sologne, on a trouvé, il y a plusieurs années, un nid de pie, dans lequel il y avait deux petits; l'un entièrement blanc, l'autre entièrement noir.

APPLICATION DE LA PHOTOGRAPHIE

AUX ARTS INDUSTRIELS.

Gravure à jour, de M. Beuvière; gravure diaphane, de M. Salières. — Dans sa séance du 11 juillet, l'Académie des sciences a reçu de M. Salières, peintre à Montpellier, communication d'un mémoire intitulé: *Gravure diaphane*, qui nous était aussi adressé par cet habile artiste et dont nous donnons plus loin quelques extraits. Ce mémoire, ainsi que les spécimens de gravure qui l'accompagnaient, n'a pas dû être soumis à l'appréciation d'une Commission nommée par l'Académie, parce qu'il est imprimé; cette exigence du règlement, ignorée sans doute de l'auteur, nous fait attacher un plus grand prix à la communication directe qu'il a bien voulu nous faire.

Les colonnes de ce journal étant ouvertes aux artistes qui ont un procédé nouveau ou quelques progrès à signaler, nous nous sommes empressés d'insérer la lettre de M. Salières. Cette publication ayant éveillé l'attention de M. Beuvière, inventeur de la gravure à jour, dont les travaux sont connus depuis plusieurs années (1), nous nous rendons à son désir en donnant la description de ses procédés de gravure à jour, tels qu'il les a communiqués, le 13 mars 1850 à la Société d'encouragement.

« Ces procédés consistent essentiellement :

« 1° A recouvrir une feuille mince et translucide (comme une feuille de verre, par exemple), d'un mastic opaque, soit de l'encre de Chine, et à exécuter à la pointe, sur ce mastic, le dessin que l'on veut reproduire.

« 2° A appliquer la planche ainsi *gravée à jour* sur la surface d'une substance sensible à la lumière (d'une feuille de papier imprégnée de chlorure d'argent, par exemple), à l'exposer, en la garantissant de la lumière ambiante, à l'action des rayons émanant d'une source unique (du soleil).

« 3° Enfin à enlever à la copie ainsi obtenue, la sensibilité photogénique qui a servi à la produire.

« Telle est, très sommairement, la suite des opérations à exécuter pour l'application des procédés, on trouvera, dans la pièce officielle (communication du 6 août 1849 à la Société d'encouragement), tous les renseignements nécessaires pour la réalisation des résultats. »

Le défaut d'espace nous prive de donner de plus longs détails sur les intéressantes communications de MM. Beuvière et Salières; nous y reviendrons prochainement.

A.-T. L.

(1) Voir page 116, à la *Correspondance*, la lettre de M. Beuvière.

ÉPREUVES POSITIVES SUR VERRE,

DE M. LEBORGNE.

M. M.-A. Gaudin a parlé avec avantage, dans son dernier article, des épreuves positives sur verre, en manifestant le regret de voir négliger cette application du collodion. M. Leborgne nous a montré, cette semaine, des portraits qui nous font partager entièrement le regret de notre collaborateur. Ces épreuves, faites par un amateur, M. de Chancey, élève de M. Leborgne, sont obtenues directement sur collodion, en deux ou trois secondes. Cette rapidité n'exclut pas, comme cela arrive trop souvent, le modelé ni la vigueur. Les portraits que nous avons sous les yeux le prouvent suffisamment. Ils ont un aspect très-agréable; les détails en sont bien venus et l'ensemble est très-harmonieux.

Nous ne doutons pas qu'on n'arrive à perfectionner encore cette intéressante application. M. Leborgne est un artiste intelligent, son procédé est simple, les résultats en sont très-remarquables; nous que les portraits positifs sur verre ont un aussi croyons-bel avenir.

GRAVURE DIAPHANE.

APPLICATION DES PROCÉDÉS PHOTOGRAPHIQUES A LA GRAVURE.

Voici le procédé de M. Salières, dont nous avons parlé dans notre dernier numéro :

Je préparai une glace au collodion, absolument comme pour faire une épreuve photographique. La glace ainsi passée au nitrate d'argent, je l'exposai un moment au soleil et la plongeai immédiatement dans une solution de sulfate de fer, où je la laissai quelques secondes. Par ce procédé bien simple, j'obtins un ton noir parfaitement uniforme en regardant par transparence; vu autrement, l'œil ne découvrait qu'un aspect blanchâtre, un ton laiteux remplaçant la couche de blanc de céruse que j'employais dans mes premiers essais (1).

Pour bien fixer cette teinte noire par transparence, je plongeai la glace dans une solution d'hyposulfite de soude, où je la laissai quelques minutes; puis je passai une couche de gomme assez étendue d'eau pour isoler la préparation et la préserver de tout contact. Une fois bien sèche, je fis le tracé de mon dessin avec un crayon ordinaire, comme j'aurais pu faire le décalque à la mine de plomb ou à la sanguine; après quoi, avec une aiguille à coudre emmanchée, je dessinai et je gravai l'épreuve sur le carré de verre.

La glace représentant une Femme faisant manger son enfant, et portant la lettre C, a été préparée de cette manière.

Messieurs les artistes qui ne se sont point occupés de photographie et qui voudraient adopter ce dernier procédé n'auraient qu'à consulter un manuel de photographie, pour connaître les propriétés et l'emploi des substances qui entrent dans ces préparations.

Avant d'aller plus loin, je dois consigner ici une observation capitale qui s'applique aux trois procédés, et qui est de nature à démontrer comment il se fait que le peintre peut graver comme il dessine, et que l'art du dessin et de la gravure ne font qu'un, par mon procédé.

Cette observation s'applique à l'idée bien simple de la part du dessinateur, de placer la glace sur un fond noir, drap ou velours, et, cela fait, de commencer le travail sur le côté qui a reçu la préparation. Il reconnaîtra que chaque coup, chaque trait du corps acéré qui lui sert de crayon, enlèvera une part relative de la préparation, et laissera paraître à sa place un trait du noir le plus brillant. Il aura obtenu, comme je l'ai dit plus haut, le résultat qu'il aurait obtenu par le crayon sur le papier blanc; et son dessin terminé, la gravure le sera aussi, puisqu'il ne s'agira plus tard que du tirage des épreuves au moyen de ce même dessin.

Cette idée, si simple en elle-même, de dessiner et de graver à la fois, et de pouvoir juger par la substitution instantanée du trait noir, des progrès, de l'effet général et de l'harmonie de l'ensemble, présente un avantage réel sur l'art de la gravure par les procédés ordinaires et pratiqués.

Le graveur sur cuivre, sur acier ou sur bois, après avoir préparé sa planche et tracé les lignes, n'obtiendra pas des résultats qui lui permettent de juger son œuvre aussi exactement; le trait n'aura jamais que la couleur du métal ou du bois creusé; par mon procédé, non-seulement le dessinateur lui-même peut juger chacun des coups de burin au moment où il les donne, mais il peut, en prenant la glace et la plaçant entre ses yeux et la lumière, ou mieux encore, en plaçant le côté préparé de la glace contre une feuille de papier blanc, juger très-facilement du croisement des hachures et de la finesse de son travail.

Cet examen par transparence, qui ne peut se faire dans aucun autre genre de gravure, et qui permet à l'artiste de voir à l'avance et à chaque instant le dessin dans le sens qu'il sera reproduit, est encore d'un grand avantage et sera, je n'en doute pas, bien apprécié.

On va voir tout à l'heure que le mode de tirage permet, en outre, d'obtenir une ou plusieurs épreuves lorsque le travail n'est encore qu'en état d'ébauche, et de continuer ensuite son travail sans rien changer à la préparation.

TIRAGE DES ÉPREUVES.

Je viens d'indiquer mes trois procédés de préparation et ma manière de dessiner et de graver sur les glaces préparées; il ne me reste qu'à faire connaître le moyen de fixer et de multiplier sur le papier l'œuvre terminée sur la glace.

Ce moyen ne m'appartient pas; je n'ai d'autre mérite que d'avoir eu l'idée d'appliquer à la gravure diaphane le procédé du photographe pour obtenir son épreuve positive.

Je prépare un papier par le même procédé (2) : je le su-

(1) Depuis la rédaction du Mémoire, des études nouvelles et de nouvelles expériences ont démontré à l'auteur que l'acide pyrogallique donnait d'aussi bons et quelquefois de meilleurs résultats.

(2) Lorsque l'on opère avec les verres préparés au vernis, il faut, pour faire venir l'épreuve, faire l'exposition à l'ombre. Un soleil trop ardent ramollirait le vernis et gâterait la planche gravée.

derpose d'une manière bien adhérente à ma gravure sur le côté qui a reçu la préparation ; je l'expose à la lumière pendant quelques minutes, et l'œuvre est transposée de la glace sur le papier.

Si l'on veut obtenir des épreuves non renversées, on n'aura qu'à placer le papier positif sur l'envers de la glace ; mais dans ce cas les traits sont élargis ; l'épreuve a quelque chose de mou et d'estompé, qui peut convenir cependant à la reproduction de certains sujets.

Il faut se servir dans ce cas d'un verre mince. Une glace trop épaisse rendrait l'image tout à fait confuse (1).

On le voit donc, tout consiste de la part de l'artiste à dessiner avec la pointe aiguë d'un corps dur sur la glace préparée, comme il aurait dessiné avec le crayon sur une feuille de papier, et à tirer, quand son œuvre sera terminée, autant d'épreuves qu'il désirera.

En résumé, la gravure par mon procédé aura l'avantage de reproduire la vraie pensée de l'auteur, l'inspiration qui l'a soutenu, les passions qu'il a voulu mettre en scène ; elle portera ce *faire* personnel, ce cachet particulier, cette nature de génie propre à l'inventeur seul.

Les tirages peuvent se faire à l'infini ; une fois l'œuvre terminée, l'auteur, par lui-même ou par une main d'emprunt, peut obtenir autant et plus d'épreuves que par une planche sur acier. Cela se comprend facilement : il n'y a sur la glace ni poids ni pression ; le papier positif ne peut en aucune manière corroder ou altérer la préparation qui est sur la glace et sur laquelle on a dessiné.

Ce procédé me paraît offrir encore une grande utilité pour les applications industrielles dont il sera susceptible lorsqu'on aura créé des ateliers de photographie.

Ce sont du moins des espérances que font concevoir les moyens de reproduction rapides déjà publiés par un de nos plus célèbres photographes, M. Blanquart-Évrard, et qui permettent de livrer quatre à cinq mille épreuves par jour.

Déjà, MM. Bayard et Blanquart-Évrard ont réfuté victorieusement les objections qu'on peut élever contre les chances de prospérité d'un établissement d'imprimerie photographique.

Depuis la découverte du procédé de la gravure diaphane et la rédaction de ce Mémoire, MM. Lemercier, Lerebours et Barreswil ont inventé un procédé qui ne permet plus aucun doute sur l'application facile et économique du tirage de la gravure diaphane à l'industrie.

P.-N. Salières.

(1) Je tiens à mentionner ici un moyen de reproduire des croquis et silhouettes non renversées et avec une parfaite netteté. Il consiste à noircir tout simplement à la fumée d'une lampe une feuille de papier blanc très-mince, à dessiner ensuite avec une pointe quelconque, et le dessin terminé, à fixer la couche de noir en imbibant le dos de la feuille d'une solution de gomme-laque dans l'alcool, préparation connue sous le nom de vernis fixatif.

Le tirage se fait ensuite par le même procédé que j'ai indiqué.

CORRESPONDANCE.

COLLODIONS BROMURÉS. — BROMURE DE CADMIUM.

Monsieur le Rédacteur,

Depuis quelque temps, on s'occupe beaucoup de l'emploi des bromures dans le collodion, et les résultats que l'on a obtenus prouvent que l'on trouve dans ces substances accélératrices des agents photographiques d'une sensibilité exquise et d'une rapidité qui dépasse de beaucoup toutes les préparations de collodion employées jusqu'à ce jour.

M. C. Laborde a, depuis plus de six mois, fait de nombreuses expériences sur les bromures introduits dans le collodion, et il est arrivé à des effets d'une étonnante sensibilité. Ce savant ayant appris que j'avais sous presse un nouveau *Traité du collodion*, seconde édition entièrement refondue de ma publication de l'an dernier sur ce sujet, a bien voulu m'envoyer, pour y être insérés, ses nouveaux procédés ainsi que plusieurs autres documents précieux.

Comme il est probable que ma brochure ne paraîtra qu'à la fin de ce mois, et que je vois déjà plusieurs essais de collodions bromurés indiqués dans votre journal, je serais désolé que la délicatesse de M. C. Laborde, qui veut bien garder le silence jusqu'à l'époque de ma publication, lui enlevât le mérite de la priorité. Permettez-moi de détacher une page déjà imprimée de ma brochure, avec l'espoir que vous voudrez bien l'insérer dans *la Lumière*.

Agréez, etc. De Brébisson.

Falaise, le 7 juillet 1853.

« J'ai étudié l'action des bromures ajoutés *seuls* au collodion. Mon choix devait tomber naturellement sur ceux qui sont solubles dans l'alcool et l'éther, et j'ai essayé les bromures de fer, de nickel, de cadmium, de zinc et de mercure. Ce sont les bromures de fer, de nickel et de cadmium qui m'ont donné les meilleurs résultats, et, parmi ces derniers, j'ai donné la préférence au bromure de cadmium. J'y ai trouvé tant d'avantages que j'ai été plusieurs fois tenté de bannir tous les iodures de mes préparations.

« 1 gramme de bromure de cadmium, ajouté à 50 gr. d'une solution de collodion, donne un liquide qui peut servir de suite et qui s'est conservé jusqu'à présent, depuis cinq mois environ, sans altération sensible. Pour faire venir l'image, on se sert du sulfate de fer ou de l'acide pyro-gallique. L'acide gallique ne produit qu'un effet très-médiocre. Tous les détails de l'image apparaissent presque à la fois, l'effet des plus faibles radiations devient sensible; mais on obtient une épreuve où les teintes extrêmes sont trop peu différentes pour fournir un bon cliché. Afin de leur donner leur véritable valeur, on a alors recours à un autre procédé (Voir le chap. VII).

« En ajoutant une faible proportion d'iodure de potassium au bromure de cadmium, la sensibilité est augmentée; on obtient en même temps plus de différence entre les teintes extrêmes de l'épreuve, et les négatifs ont plus de valeur. Voici les proportions que j'emploie ordinairement :

Bromure de cadmium	0,8 décigr.
Iodure de potassium	0,2
Collodion	50 grammes.

« Dans les premiers instants, l'iodure de potassium colore d'une teinte jaune-rougeâtre le collodion ; mais le bromure de cadmium fait disparaître peu à peu cette teinte, et la solution devient incolore. » « C. Laborde. »

GRAVURE A JOUR.

Paris, le 13 juillet 1853.

Monsieur le Rédacteur,

A la suite de la lettre que M. Salières, peintre à Montpellier, vous a écrite et que vous avez insérée dans le dernier numéro de votre intéressant journal, vous exprimez l'intention de publier, très-prochainement, la description du procédé de gravure et d'impression photographique que cette lettre annonce, et qui est exposé dans le mémoire imprimé qui l'accompagnait.

Nul doute que cette communication ne soit favorablement accueillie par vos nombreux lecteurs ; mais telle qu'elle est annoncée, elle renferme une erreur, erreur involontairement commise, sans doute, mais qu'il importe à la vérité de faire disparaître, et à mon intérêt propre d'arrêter dans sa propagation : *Le procédé dont il s'agit n'a point, en effet, le degré de nouveauté qu'on lui a attribué et M. Salières n'en est pas le premier inventeur...*

Dès le mois de *septembre* 1847 (le 21 septembre), je m'étais assuré, selon les dispositions de la loi, la propriété exclusive de ce procédé (que j'ai nommé *Gravure à jour*) par un acte authentique, d'une précision minutieuse, dont la minute se trouve encore dans les collections du ministère de l'intérieur.

Le 6 *août* 1849, j'en ai fait la communication à la *Société d'encouragement*, en accompagnant ma présentation de nombreux résultats. Le 13 mars 1850, j'ai lu, dans une séance de cette Société, un mémoire fort étendu, *sur l'application de la photographie aux arts industriels*, et j'ai de nouveau décrit le procédé de gravure à jour, dont j'ai ensuite discuté l'utilité et l'emploi, au point de vue indiqué par le titre de mon mémoire. Quelques mois après, (été de 1850), j'ai expérimenté les différents procédés écrits dans ce mémoire, et particulièrement le procédé de gravure à jour, en présence de la *Commission de photographie*, à laquelle la Société d'encouragement avait renvoyé leur examen ; plusieurs résultats de ces expériences sont encore dans les collections de la Société.

Un journal périodique, *le Conservatoire, revue des arts et métiers* (éditeur Mathias, 15, quai Malaquais), a donné, dans son numéro 11, du 12 août 1850, une analyse étendue du mémoire lu le 13 mars à la Société d'encouragement et a particulièrement insisté sur mon procédé de gravure à jour.

Enfin, des produits de ce procédé ont été, *dès* 1847, appliqués à la librairie : un mémoire (L. Prud'homme, imprimeur-libraire, à Saint-Brieuc, Côtes-du-Nord) dont je suis l'auteur, que j'ai offert à la Société d'encouragement en août 1849, à plusieurs de ses membres et à plusieurs de ceux de l'Académie des sciences, renferme trois planches, dont la grandeur du format (0m 40 sur 0m 30), la netteté et la finesse du trait, l'exactitude de son impression, témoigneront, pour tout le monde, que la date du 21 septembre 1847 n'est qu'une date certaine, que j'ai dû citer de préférence ; mais que la date *réelle* de mon invention est bien antérieure ; et en effet, dès les premiers mois de 1846, le procédé m'était acquis ; mais je ne puis justifier cette assertion par des faits.

Quoi qu'il en soit, vous voyez, Monsieur le Rédacteur, par les faits qui précèdent, que mon antériorité sur M. Salières, pour le procédé de gravure et d'impression dont il s'agit, ne saurait être mise en discussion ; déjà, à la suite de la communication manuscrite, faite par cet artiste à la Société d'encouragement, dans sa séance du 28 décembre 1852, j'ai adressé (le 12 janvier 1853) une réclamation de priorité ; mais ce fait n'étant sans doute pas parvenu à la connaissance de M. Salières, l'impression et la publication de son mémoire sont des actes qui me forcent à sortir de la réserve que je m'étais imposée, en attendant le rapport de la Société d'encouragement. Je dois avouer, d'ailleurs, que ces travaux étant le produit de loisirs d'une autre époque, le genre de mes occupations, depuis 1848, n'a été rien moins que favorable à leur développement ; mais je ne les ai point abandonnés.

Je viens donc vous prier, Monsieur le rédacteur, dans l'intérêt de la vérité et dans mon intérêt propre, de vouloir bien publier *mon procédé de gravure à jour et d'impression photographique*, dans le numéro de votre journal où vous insérerez ce que vous voulez dire du mémoire de M. Salières : le public, nanti de tous les renseignements nécessaires, pourra mieux asseoir son jugement et revenir des impressions erronées qu'il peut avoir reçues.

Dois-je, en terminant, protester contre toute insinuation de mauvaise foi, dont les termes de ma lettre auraient conservé *l'apparence*, malgré les soins que j'ai mis à les en préserver?... Personne, je pense, ne croira à l'utilité de cette protestation ; ma conviction aura nettement apparu, j'espère, et aura été partagée. Tout le monde comprendra, comme je l'ai compris moi-même, que M. Salières, éloigné de Paris, peu au courant peut-être des progrès de la photographie, a bien pu considérer comme nouveau et comme sien un procédé qu'il avait réellement inventé, quoiqu'il fût publié et connu de beaucoup de personnes. J'exprimerai toutefois l'espoir qu'en voulant bien agréer mes sincères félicitations pour le talent de *graveur à jour*, dont les spécimens qu'il a communiqués portent l'empreinte, M. Salières aura la courtoisie de restituer au procédé le nom de *Gravure à jour* et *d'impression photographique*, que je lui ai donné ; ce nom, pour être un peu moins grec, n'en sera peut-être pas moins bien accueilli.

En excusant la longueur de cette lettre et en recevant, par anticipation, tous mes remercîements,

Veuillez, etc., etc. Beuvière,

Géomètre en chef du cadastre, ancien professeur du génie rural à l'École régionale de Grignon.

Le Propriétaire-Gérant, Alexis Gaudin.

Typographie Hennuyer, rue du Boulevard, 7. Batignolles. Boulevard extérieur de Paris.

29.

TROISIÈME ANNÉE. N° 30. SAMEDI, 23 JUILLET 1853

LA LUMIÈRE

REVUE DE LA PHOTOGRAPHIE.

BEAUX-ARTS. — HÉLIOGRAPHIE. — SCIENCES.

JOURNAL NON POLITIQUE, PARAISSANT LE SAMEDI.

BUREAUX, à Paris, 9, rue de la Perle. BUREAUX, à Londres, 6, Henman Terrace, Camden-Town.

ABONNEMENTS.—*Paris*, UN AN, 16 FR.; 6 MOIS, 10 FR.; 3 MOIS, 6 FR.; *Départements*, UN AN, 18 FR.; 6 MOIS, 11 FR.; 3 MOIS, 7 FR.; *Etranger*, UN AN, 20 FR.; 6 MOIS, 12 FR.; 3 MOIS, 8 FR.

Nous prions les personnes dont l'abonnement expire à la fin de ce mois, de vouloir bien le renouveler immédiatement, pour éviter tout retard dans l'envoi du journal.

SOMMAIRE.

SALON DE 1853.

(8e ARTICLE.)

MM. JOSEPH ET ALFRED STEVENS, FRÈRE, TOULMOUCHE, HILLEMACHER, GENDRON, STORTZ, DE VIGNON, BARON, LUMINAIS, LAEMLEIN, JADIN, LOUBON.

M. Joseph Stevens, dont le tableau *Un Métier de chiens* a été si remarqué à la dernière Exposition, a peint avec beaucoup d'énergie *un Taureau flamand*. M. Alfred Stevens, dans *le Matin du mercredi des Cendres*, a dépensé, pour une scène assez banale, sa couleur parfois brutale. Nous n'écrirons pas le long titre donné par le catalogue au n° 1080. Un seigneur a été assassiné dans la nuit par les guisards. Des bourgeois retrouvent son corps. Le jour naissant tombe en belles gouttes sur cette foule épouvantée. La jeune femme a une tête d'étude. Elle sort de son lit à peine vêtue, pour venir prendre sa part de cet effroi. Les groupes se détachent dans des mouvements vrais. Mais nous regrettons que le cadavre ait exactement la pose de celui du duc de Guise, dans le célèbre tableau de Paul Delaroche.

Il est dangereux d'ouvrir toujours le même canal à la source d'inspiration que l'on porte en soi. M. Frère excelle aux scènes de ménage; mais il les voit constamment dans une disposition semblable. C'est une pauvre chambre propre, une cheminée, avec une famille arrangée autour du foyer. Cette fois, cela s'appelle *la Bouillie*. Cette femme, qui soulève le couvercle de la marmite, a regardé déjà dans bien des pots-au-feu; cet enfant, sur les genoux de son petit frère, a déjà traîné sur beaucoup de bras. Combien de peintres, de poëtes et de musiciens refont ainsi éternellement leur première œuvre qui a réussi! *Non licet omnibus adire Corinthum!* Tous ceux qui ont quelque flamme dans l'esprit entrevoient bien une Corinthe idéale devant eux! Ceux qui y arrivent une fois ont du mérite; ceux qui y arrivent souvent, et par des routes différentes, ont du génie.

Que M. Toulmouche prenne garde de ne pas aller vers la Corinthe d'un autre! Depuis le succès si mérité de la *Lucrèce* de Ponsard et de la *Ciguë* d'Augier, il s'est formé dans le quartier du Luxembourg une école de jeunes peintres d'un grand talent, qui ont transporté sur leurs toiles des Grecs mieux vêtus et entourés de meubles plus vrais que ceux de l'école de David. Ce sont les Athéniens de l'Odéon. Ils ont beaucoup d'esprit, beaucoup de faire. Le coloris leur manque un peu. Leur peinture a les tons des fresques des temples antiques, séchées aux soleils des siècles. M. Gérome s'est placé à leur tête par son merveilleux tableau des *Coqs*. Mais ses amis n'ont plus fait que du grec! Ils l'ont fait avec toute la supériorité et la conscience des études et des recherches modernes. Pourtant, si riche qu'elle soit, la veine s'épuise. M. Gérome, pour ne pas s'exposer à des redites, ira, nous n'en doutons pas, vers des régions nouvelles. Son école s'attarde un peu sur les routes qu'il a parcourues si brillamment. Elle a beau faire ruisseler du vin de Chio dans des coupes d'or, ce vin, après avoir enivré, finirait par endormir. Nous disons cela pour M. Toulmouche, parce que, l'année passée, dans sa *Putiphar*, s'il s'était inspiré de l'antique, c'était d'un antique biblique et égyptien, beaucoup moins exploité encore. Que de scènes inédites on trouverait à peindre sur ces rives ignorées du Nil où paissaient les futurs bœufs Apis, dans ces cryptes, sous les Pyramides, dans ces palais des Ptolémées, dans les religieux mystères de la déesse Isis! *La Putiphar* était un pas heureusement fait dans cette direction, et nous avions espéré que M. Toulmouche le continuerait! Nous l'avons donc vu avec regret revenir à Athènes. *Deux Amours*, après avoir déjeuné, se lèvent l'un vers l'autre pour se regarder de plus près, et, les coudes appuyés sur une table haute, pendant que les esclaves emportent les débris du repas, ils avancent tellement leurs deux figures qu'on sent venir le baiser. Ils sont charmants, mais un peu trop inspirés par les réminiscences de M. Hamon. M. Toulmouche a mieux prouvé son originalité dans *le Premier pas*. Deux jeunes femmes se sont arrêtées aux bords d'un champ de blé, rougissant de coquelicots. Le petit enfant que les épis dépassent trois fois s'enhardit à poser les pieds l'un devant l'autre, sur les marguerites qui bordent la lisière du sentier. La mère adolescente qui tend les bras est ravissante avec son profil éclairé par le sourire. Les vêtements pleins d'harmonie préparent une coiffure rouge qui se détache sur ce fond d'or. Cette scène n'est ni grecque, ni moderne; elle est de tous les temps et de toutes les saisons. M. Toulmouche a trop le sentiment de la grâce pour se réserver exclusivement à une seule époque!

Le Voyage de Vert-Vert était un joli tableau, légèrement dessiné par les rimes spirituelles de Gresset. Il a passé, sur des flots d'ironie ingénieuse, devant les yeux sceptiques du dix-huitième siècle, ce coche d'Auxerre, qui portait une si joyeuse cargaison. M. Hillemacher est remonté, pour le voir, en haut d'un siècle écoulé, et rien ne lui a échappé, des physionomies, des allures, des costumes du temps. Les Visitandines de Nantes apprirent donc les prouesses de Vert-Vert et voulurent le voir:

> Désir de fille est un feu qui dévore,
> Désir de nonne est cent fois pis encore!

Le voilà embarqué dans sa cage dorée, sur *le Nivernais*:

> La même nef, légère et vagabonde,
> Qui voiturait le saint oiseau sur l'onde,
> Portait aussi deux nymphes, trois dragons,
> Une nourrice, un moine, deux Gascons:
> Nouvelle langue et nouvelles leçons!
> . . . .
> Par la corbleu! que les nonnes sont folles!
> . . . .

M. Hillemacher a traduit fidèlement: le garde-française qui se renverse sur la proue, la tête inclinée sous une bouteille qu'il vide; le bourgeois en habit rouge; le moine; les nymphes qui ont traversé d'autres eaux que celles de la paisible Yonne; le jouvenceau derrière la cage, personnifiant l'allégorie du poëte, ont des attitudes débraillées et représentent librement les enfants de la gaie Bourgogne. Un monsieur, en chasseur tyrolien, disait dédaigneusement à côté de nous: « Cela fait rire le bourgeois! » — Oui, mais en même temps qu'il y a une séduction pour le vulgaire dans ce tableau, il y a aussi un coin très-réussi pour l'artiste.

M. Gendron s'inspire aussi bien de la fiction romantique que du récit classique. Sa *Titania* a moins d'importance que son beau *Tibère* de l'année passée, mais elle est peut-être plus dans la nature de ce talent, vague et doux comme le mouvement d'un sylphe. Elle est couchée sur des lianes, dans le demi-jour. Une femme joue à côté d'elle, sur la harpe, un air impossible, qu'on croit entendre passer entre ces branches mystérieuses. Nous sommes dans les pays de Shakespeare et de Jean Faust. Ces visions fantastiques n'ont jamais été mieux saisies que par M. Gendron, au vol rhythmé de la strophe qui les crée et qui les emporte. Son *Soir d'automne* est d'une autre tristesse. Le crépuscule a encore assombri la forêt; des jeunes filles la traversent, tenant sur une litière le corps d'une de leurs compagnes morte. Un oiseau, qui doit symboliser les ailes de l'âme s'échappant, vole au-dessus d'un petit lac plein d'humidité et de transparence. M. Gendron a, dans sa fraîche imagination, quelques infiltrations du génie d'Ossian.

M. Stortz nous rapporte un sujet tiré des légendes et des brumes de son pays d'Allemagne: *le Feu follet*. Il est nuit nécessairement: deux amants, séparés par un ruisseau, vont se rejoindre, quand une flamme folâtrant sur les eaux les effraye. Est-ce l'âme d'une autre maîtresse abandonnée? Est-ce l'image de ce feu léger de l'amour qui doit s'éteindre dans les larmes? Ce tableau, d'un bleuâtre assez agréable, a la couleur d'un cinquième acte de ballet. Mais il exprime bien une sensation d'humidité, et on ne voudrait pas se hasarder dans ce bois glacé, même pour y retrouver la pauvre délaissée de l'autre rive.

La *Tarentelle*, de M. de Vignon, quoiqu'un peu pâle, découpe hardiment et finement une danseuse sur l'horizon de la mer. Nous citerons encore une marine, de M. Morel Fatio, et un salon tout entier éblouissant de fleurs. Et, à présent, allons aux paysages et à la sculpture, après avoir rencontré en route MM. Adolphe Leleux et Henri Baron. D'abord, félicitons M. Leleux d'avoir enfin rompu avec les tristes souvenirs des journées de juin, et de revenir à ses chers Bretons et à ses amis les Bédouins. Sous ces titres: *Dépiçage des blés en Algérie* et *Terrassiers dormant*, il a envoyé deux toiles empreintes de cette mâle rusticité et de cette franchise vigoureuse qui distinguent son talent. Quant à M. Baron, notre sympathie pour lui nous fait craindre qu'il ne fasse fausse route à la suite de Decamps et de Guignet. Qu'il laisse à l'un ses murailles grenues, cuites et dorées par le soleil, à l'autre ses brigands et leurs mines hâves et leur accoutrement féroce, et qu'il reste le peintre des fêtes galantes du seizième siècle. Au lieu de nous conduire, comme cette année, dans *Un Repaire* plein de guenilles et de haillons, qu'il nous ramène vite à ces villas italiennes qu'il sait si bien peupler d'un monde toujours beau, jeune et heureux.

M. Luminais le paysagiste est supérieur à M. Luminais le peintre de genre. Nous aimons ces artistes amoureux eux-mêmes du sol qui les a vus naître, et qui en reproduisent tout, sentiers, horizons, intérieurs, types de visages, costumes. Peu à peu, M. Luminais déroulera sur ses toiles toute sa chère Bretagne. La *Lecture du testament* doit avoir un mérite de fidélité. Les héritiers avides écoutent bien, tandis que les autres, plus religieux, acceptent et bénissent d'avance la volonté du mort. Les meubles sont placés heureusement, et une belle lumière court dans tout cela pour en faire ressortir les détails. *La récolte du varech* est encore une belle étude bretonne.

Nous nous reprochons de ne pas avoir classé parmi les œuvres de style *la Musique*, de M. Laemlein. Voilà un des inconvénients des toiles à trop grande dimension. On se dit qu'on aura toujours le temps de les voir; on passe, et on les oublie. Le sujet, un peu vague, est tiré de quatre vers de Métastase, établissant dogmatiquement que, sans la musique, toute civilisation aurait été impossible. Des chœurs de séraphins font entendre des accords célestes qui réveillent les morts, depuis Orphée jusqu'à Rossini. Nous disons Rossini, parce que, bien que le sublime auteur de *Guillaume Tell* aille très-régulièrement tous les matins faire ses provisions gastronomiques au marché de Bologne, M. Laemlein, en le roulant dans son manteau, a eu le droit de mettre au nombre des morts ce grand indifférent de la gloire, qui, depuis vingt ans, écoute murmurer pour lui seul les mélodies magnifiques qui se lèvent dans son âme sonore, de même que les brises se lèvent sur l'Océan. Il est difficile de pousser plus loin le dédain pour son génie, et d'être plus dur envers les admirations qui vous sollicitent! Quand il n'y aurait que cette intention d'ironie dans le cadre de M. Laemlein, nous lui en saurions gré. C'est à la peinture à provoquer sa grande sœur la musique! Mais on retrouve encore d'autres qualités et d'autres audaces dans cette toile décorative.

M. Jadin revient toujours à ses chiens et à ses piqueurs qui se détachent, avec leurs cors de chasse, sur un occident enflammé. Il y a du mouvement et de la lumière dans *La Retraite prise*. Seulement, nous avons entendu trop souvent jouer cette fanfare!

Et voici encore un même tableau, sous un même nom! M. Loubon a eu, l'année dernière, un succès de poussière. Il recommence la poussière. Retrouvera-t-il le succès? Ses *Menons*, en tête d'un troupeau de la Camargue, sont placés comme des guides en tête d'un régiment de cavalerie. L'ordre est trop parfait. Ils marchent en mesure. Nous préférons le fond, qui s'estompe bien dans le dessin des mamelons de la Provence. Nous préférons surtout la *Vue de Marseille*. La poussière, qui était au bout de la brosse de M. Loubon, s'est fondue dans l'eau du bassin, et en a fait de la boue, comme cela existe trop souvent, depuis deux mille ans qu'elle lave les murs de la colonie grecque.

HENRI DE LACRETELLE.

LA PHOTOGRAPHIE EN ANGLETERRE.

(Correspondance particulière de LA LUMIÈRE.)

(*Suite.*)

Méthode pour opérer.—Je ne prends que de l'eau pour nettoyer la plaque de verre, l'employant en grande quantité, et frottant le verre de la main, jusqu'à ce que l'eau coule librement sur sa surface. Il doit être bien séché et nettoyé avec un linge qui ait été lavé sans savon. Quand le collodion se sépare du verre, c'est presque toujours à cause de quelque graisse ou autre saleté, ou de quelque humidité sur la surface.

Versez le collodion sur le verre de la manière ordinaire, et presque de suite plongez-le dans le bain de nitrate d'argent, qui est composé de 2 grammes de nitrate pour 28 centilitres d'eau; plongez-le et levez-le alternativement pour laisser échapper l'éther. Quand il prend un ton d'opale bleuâtre, il est prêt à être employé. En ajoutant un peu d'alcool à la solution, dans les proportions d'une partie d'alcool pour dix parties d'eau, et une partie de nitrate d'argent, le collodion est plus vite rendu sensible, et l'image vient plus vigoureuse.

Après l'apparition du ton opale, on peut sans danger laisser la plaque pour quelque temps dans le bain, s'il est préparé depuis longtemps; mais si le bain est nouveau, on ne doit pas l'y laisser trop séjourner, autrement le nitrate attaquerait l'iodure d'argent. Pour prévenir cela, il est utile, quand on prépare un nouveau bain, d'ajouter 65 milligrammes d'iodure d'argent pour 28 centilitres de la solution de nitrate.

Il est mieux de ne pas filtrer le bain, car il change souvent de nature en passant au travers du papier qui contient des ingrédients chimiques nuisibles. En promenant sur la surface un morceau de papier buvard, on enlèvera toute la poussière qui peut y flotter.

Si le bain contient de l'alcool, on doit le garder dans une bouteille à tampon.

Des châssis. — Il est très-important que le châssis dans lequel la plaque de verre doit ensuite être placée soit parfaitement propre, et que rien de ce qui pourrait décomposer le nitrate d'argent n'entre dans sa construction. En employant dernièrement une grande chambre obscure dans laquelle la plaque de verre reposait sur des soutiens de verre, réunis au cadre de bois par du mastic, les épreuves étaient toujours tachées en haut. Mais après avoir mis une bande de papier buvard entre ces soutiens et la plaque négative, je ne vis plus ces taches se produire; plus tard, j'employai un châssis en bois, fourni par M. Ross, et peint avec du vernis à la laque, et je les évitai ainsi complétement.

Le temps d'exposition dans la chambre obscure varie; mais, jusqu'à ce que l'on connaisse la qualité du collodion, il est mieux de commencer par une exposition de courte durée; parce que l'on peut croire que le collodion n'est pas bon quand, après 30 secondes, il donne une mauvaise épreuve, tandis qu'il aurait peut-être produit une épreuve magnifique si on l'avait exposé pendant 2 secondes seulement.

Comme preuve de la sensibilité qu'on pourrait obtenir, M. le comte a fait voir la reproduction d'un pélican pris au milieu d'une pluie battante et d'un vent violent, dont les plumes, cependant, n'étaient pas troublées, et dont l'image était aussi nette que possible.

Quoique le collodion soit plus sensible immédiatement après être retiré du bain, on peut le garder bien plus longtemps qu'on ne suppose généralement. M. le comte a l'image d'un dromadaire qui a été prise trois quarts d'heure après que la plaque eut été préparée.

Mais en employant une plaque de collodion qui a été lavée et séchée, je n'en ai jamais eu de bons résultats. Le grand avantage du collodion, qui est sa sensibilité, n'existe plus, et la plaque collodionnée est alors inférieure à la plaque albuminée.

Pour développer l'image, l'acide pyro-gallique paraît préférable au protosulfate de fer. Je verse la solution sur la surface de la plaque, puis je la fais couler dans le verre qui la contenait d'abord, et ainsi de suite, jusqu'à ce que l'image soit développée.

Pour cette solution, prenez 2 décigrammes d'acide pyro-gallique, et 0lit.,0175 d'acide acétique, pour 0lit.,284 d'eau. En l'employant, il faut l'étendre d'une mesure égale d'eau. J'ai entièrement abandonné l'addition du nitrate d'argent à la solution, ayant trouvé que le négatif en est rendu moins clair, et que les contrastes de jour et d'ombre deviennent trop forts. Le seul cas où je l'ajouterais serait quand le négatif paraît faible et cesse de se développer. Quand la plaque, après sa préparation au nitrate d'argent, a été gardée quelque temps, il est bien de la plonger encore un instant dans le nitrate, avant de commencer à développer l'image.

Il est bien aussi, quoique cela puisse paraître peu important, de laver avec de l'eau distillée, après que chaque négatif a été obtenu, le verre qui contient l'acide pyro-gallique. On doit faire la solution immédiatement avant de l'employer, ou tout au plus deux jours avant; autrement elle perd de sa force.

Le protosulfate de fer a cet avantage qu'il n'est pas altéré, mais amélioré par l'usage, et qu'on peut ainsi y plonger la plaque, et éviter la difficulté de verser la solution sur une grande plaque. On dit aussi qu'il produit de meilleures demi-teintes que l'acide pyro-gallique; mais je n'ai pas trouvé cela.

La solution est ainsi préparée : 46gr.,60 de protosulfate, 0lit.,0887 d'acide acétique, 0lit.,887 d'eau, et 11 minims d'acide sulfurique.

Après que la plaque est sensibilisée, surtout pendant le développement de l'image, il faut bien se garder du jour, au moyen d'un rideau jaune. Il ne faut même pas admettre de lumière artificielle; car M. de Montizon a trouvé qu'une chandelle même donne une image très-distincte dans la chambre obscure, en six secondes.

Pour fixer l'image, employez une solution saturée d'hyposulfite de soude, et puis lavez le négatif à l'eau. Séchez-le, mais pas devant le feu, et protégez sa surface d'un vernis. Le meilleur est fait d'ambre, selon la recette du docteur Diamond. L'ambre est dissous dans du chloroforme (7gr.,70 dans 28 centilitres), où on le laisse deux ou trois jours. Le vernis fait de gomme damma, de M. Horne, est excellent aussi.

Pour transporter l'image, au lieu de la vernir sur la plaque, je préfère la transporter sur papier; ce qu'on peut faire si vite et si facilement qu'il n'est plus permis d'objecter, à l'emploi du collodion, la nécessité de traîner avec soi un grand nombre de verres. Après que l'image est fixée et lavée, mais avant que la couche soit sèche, prenez un morceau de papier buvard aussi grand que le verre, mouillez-le et mettez-le sur la couche un peu en dedans du bord du verre. Levez un coin de la couche que vous tournerez en double sur le papier, et ainsi de suite tout le long de ce côté-là. Puis levez le papier avec soin, et la couche le suivra, y adhérant parfaitement. Ensuite, enduisez une feuille très-mince de papier Canson, d'une couche de gomme arabique; étendez-y le cliché, en expulsant les bulles d'air; retournez soigneusement, sur le papier Canson, la marge de la couche qui a été tournée sur le papier buvard; alors, levez un coin de celui-ci pour voir s'il est bien séparé, et ôtez-le graduellement de partout.

A ce point, le procédé négatif de M. de Montizon est complet. Il y a une chose qu'on remarquera dans son ensemble et dans ses détails, c'est le soin extrême et intelligent que l'opérateur apporte dans ces manipulations. C'est dans ce soin que nous voyons la cause de la perfection admirable de ses épreuves; et ce soin, à notre idée, ne résulte que du sentiment éminemment artistique de l'illustre artiste, qui maîtrise l'ennui des nombreux détails manuels, qui tient l'esprit éveillé en vue d'un résultat satisfaisant, et qui dirige, dans cette vue et jusqu'au dernier point, l'œil, le jugement et les mains. C'est aussi parce qu'ils n'ont point, ou parce qu'ils négligent de cultiver cet esprit artistique, que beaucoup de nos opérateurs anglais n'accordent pas ces soins minutieux à leurs opérations et n'arrivent point à des résultats aussi satisfaisants. Je dirais plutôt qu'ils travaillent dans un esprit mécanique, et qu'ils envisagent une netteté raide de détails, une reproduction géométrique et microscopique du sujet, comme le beau idéal de la photographie. Je dis *beaucoup* de nos opérateurs, car ceci n'est pas une règle sans de nombreuses et éclatantes exceptions. Toutefois ici c'est la règle, tandis que chez les Français et chez les autres nations moins affairées que nous, je crois que c'est et que ce sera toujours l'exception.

FRANK SCOT

SCIENCES.

Maladie de la vigne.—L'Académie des sciences reçoit des contrées les plus opposées des lettres, des mémoires sur les causes de la maladie de la vigne, sur sa nature, sur les moyens les plus propres à en entraver le développement; aussi voyons-nous figurer sur les derniers comptes-rendus les noms de MM. Nohazic, Fox, Chenot, Destigny, etc., qui traitent ce sujet à leurs divers points de vue. Mais les auteurs de ces communications posent souvent des conclusions contradictoires, et il serait difficile de se former une opinion si l'on ne consultait que ces documents.

Cependant pourrait-on voir avec indifférence le dépérissement de nos vignes si renommées, le tarissement de la source si abondante d'une de nos plus grandes richesses territoriales? les vins généreux de la France seraient-ils demandés et vainement attendus par tant de nations, auxquelles ils procurent la santé et le bien-être, en échange de produits bien inférieurs? la vigne, enfin, ne serait-elle plus bientôt, dans les champs fertiles de l'empire français, qu'un don stérile de Dieu? Cela ne peut pas être. Nous croyons, d'abord, que les perturbations de l'atmosphère qui ont exercé, depuis quelques années, une pernicieuse influence sur notre climat, disparaîtront comme elles sont venues; ensuite, qu'une vive sollicitude étant excitée de toutes parts, on saura prendre de bonnes mesures pour atténuer les effets du mal, s'il se prolongeait.

Déjà la Société d'encouragement est entrée dans une heureuse voie, en disposant d'un somme de 12,000 francs qui sera distribuée, en 1854, s'il y a lieu, et qui est divisée comme suit :

1° Un prix de 3,000 fr., à l'auteur du meilleur travail sur la nature de la maladie qui attaque la vigne ;

2° Un prix de 3,000 fr., à l'inventeur d'un moyen préventif ou destructeur le plus efficace pour la maladie de la vigne ;

3° Encouragements; savoir : trois encouragements de 1,000 fr. chacun, et six de 500 fr. chacun, en faveur des auteurs des meilleurs travaux indiqués dans le programme de la Société, sous les numéros 1 à 9.

Les concours seront clos le 31 décembre 1855.

Au reste, les nouvelles sont bonnes; nous lisons dans le *Moniteur universel* du 15 : « La vigne, sous l'influence du beau temps, a gagné beaucoup depuis huit jours. La fleur va paraître, et si elle se passe bien, on peut compter sur une forte récolte; les vignerons qui n'ont pas encore vendu leur vin de la dernière récolte baissent leurs prétentions. On aurait aujourd'hui, de 120 à 130 fr. les deux hectolitres, ce qu'on tenait, il y a quinze jours, de 180 à 200 francs.

Dans le Médoc, nous sommes heureux de pouvoir dire que nulle part, dans les vignobles de Pauillac, Saint-Julien, Saint-Laurent, etc., nous n'avons rien constaté qui puisse établir, dès cet instant, l'apparition de l'*oïdium*. » Profitant d'un moment de loisir, nous avons visité, il y a peu de jours, quelques vignobles célèbres des environs de Paris; les vignes qui couvrent ces riches coteaux situés sur les bords de la Seine sont très-saines, pleines de sève, et couvertes d'un brillant feuillage ; elles promettent d'abondantes récoltes. A.-T. L.

—

APPLICATION DE LA PHOTOGRAPHIE

AUX ARTS INDUSTRIELS.

Dans le numéro 2 de ce journal (samedi 8 janvier 1855), nous avons émis le vœu que d'habiles photographes fussent appelés à prêter le concours de leur art aux services publics; nous fondions notre espoir sur cette phrase de l'honorable M. Faye : « C'est ainsi que la longitude, si fréquemment affectée d'erreurs inextricables, si souvent douteuse, peut être déterminée par une simple combinaison *des procédés photographiques* avec ceux de la télégraphie. » Nous prévoyons que, comme nous l'avions espéré, MM. les ministres de l'intérieur et de la guerre, pour la télégraphie électrique, ainsi que le corps savant des officiers d'état-major pour la carte de France, décideront très-prochainement que cette application des procédés photographiques sera faite à ces diverses branches des services publics.

Nous apprenons, en effet, que le travail confié à M. Disderi, par le savant astronome, directeur de l'Observatoire de Marseille, est d'une grande importance ; les cartes écliptiques de M. Benjamin Valz sont au nombre de 72, divisées par 3 à l'heure, de vingt minutes en vingt minutes; elles doivent être adressées à tous les astronomes, il en faudra donc 150 à 200 de chacune d'elles, ce qui porte le nombre des épreuves, de 10,000 à 14,000. Ces opérations minutieuses demandent la plus grande attention, car, d'après le système inventé par M. Disderi, les étoiles, depuis la première jusqu'à la douzième grandeur, sont figurées en blanc sur un fond noir, et la moindre tache, un point presque imperceptible, nuiraient à l'exactitude mathématique d'une semblable reproduction. Mais M. Disderi est un habile artiste, et la photographie, dans cette circonstance, fera dignement ses preuves. A.-T. L.

—

CHEFS-D'OEUVRE DES GRANDS MAITRES, REPRODUITS PAR LA PHOTOGRAPHIE.

Dessins et gravures de Raphaël, Poussin, Guide, Van Dyck, Rubens, Albert Durer, etc.—Sculptures de Jean Goujon, Clodion, etc.

Épreuves présentées par M. Bayard. — Si nous avons à rendre compte d'une nouvelle communication concernant la photographie, c'est encore au zèle bienveillant d'un illustre membre de l'Académie, que nous devons cette heureuse occasion. A la fin de la séance de ce jour, l'honorable M. Chevreul a présenté à l'Académie de très-belles épreuves, faites par M. Bayard, sur papier albuminé, d'après des clichés sur verre albuminé.

L'empressement avec lequel tous les honorables membres ont examiné ces épreuves, et l'assentiment donné aux éloges bien mérités qu'en faisait le savant académicien, ont dû procurer une bien grande satisfaction à l'habile photographe.

« On prévoyait, a dit M. Chevreul, en terminant, que la photographie était appelée à faire de rapides progrès, mais en admirant la perfection des épreuves soumises par M. Bayard, on est tenté de croire qu'il est impossible d'aller plus loin et d'obtenir des résultats plus satisfaisants. » Chacun alors les revoyait toutes avec plaisir, et on remarquait surtout un *bas-relief*, une *Vénus à la Coquille*, etc.

Les épreuves présentées étaient la reproduction de quatre gravures et de deux bas-reliefs, comme suit :

La *Vierge à la Chaise*, gravure d'après Raphaël; *Vision d'Ézéchiel*, gravure d'après Raphaël; la *Sainte Famille*, gravure d'après Poussin; le *Repos en Égypte*, bas-relief d'après Albert Durer; *Fête à Pau*, terre cuite de Clodion; *Vénus à la Coquille*, sculpture de Jean Goujon.

M. Bayard nous a montré plusieurs autres épreuves d'une aussi grande valeur, qu'il a terminées depuis sa communication; ce sont :

Les *Sept Sacrements*, Poussin, deux éditions, dont une grand format, et une format plus petit.

Les sept cartons de Raphaël, à *Hopten Court*, aussi en deux éditions.

Les *Loges du Vatican*...........	Raphaël.
La *Transfiguration*...............	*Dito.*
Le *Sommeil de l'Enfant Jésus*.....	Rubens.
L'Adoration des Mages...........	*Dito.*
La *Vierge à la Perle*..............	Raphaël.
Moïse............................	P. de Champagne.
Assomption de la Vierge..........	Guide.
La *Vierge aux Enfants*...........	Van Dyck.

Le relief que l'on observe dans quelques-unes de ces épreuves, et qui a un certain rapport avec l'effet produit par le stéréoscope, a été obtenu par M. Bayard au moyen d'une combinaison calculée de la lumière directe et de la lumière réfléchie. Quant aux reproductions de gravures, elles sont supérieures à toutes celles qui ont été livrées déjà à l'examen de l'Académie, et qui étaient obtenues autrement que par l'albumine.

Ce procédé a une supériorité évidente sur tous les autres. M. Blanquart-Evrard, excellent juge en cette matière, en a si bien reconnu l'avantage, qu'il en fait en ce moment l'application à une publication très-importante, qui consiste dans la reproduction des chefs-d'œuvre des maîtres anciens en peinture, dessin, sculpture et gravure. C'est pourquoi il s'est adressé de préférence à M. Bayard; mais cet artiste distingué, consacrant une partie de son temps à un emploi qui ne lui laisse que de rares loisirs, a dû confier une grande partie de ses travaux à son élève et associé M. Renard, dont tous les lecteurs de ce journal connaissent le nom et le talent remarquable. A.-T. L.

EPREUVES ANGLAISES.

MM. FENTON ET DELAMOTTE.

Nous avons reçu de M. Roger Fenton trois épreuves ravissantes : ce sont les vues de *Raglan Castle*, tant admirées à la dernière réunion de la Société photographique de Londres.

Il est impossible de choisir un sujet plus pittoresque et plus artistique. La première de ces vues représente l'entrée du castel. La porte basse et cintrée s'ouvre entre deux tours hexagonales, dont les meurtrières en ogives disparaissent presque entièrement sous une muraille de lierres séculaires qui s'élève jusqu'aux créneaux ébréchés. Il y a dans ce motif quelque chose de grand et d'imposant. Ces murs, qui ont peut-être repoussé bien des assauts, s'écroulent pierre à pierre; ce monument de la force humaine tombe en ruines sous ces lierres que chaque année rend plus épais et plus forts, et qui semblent défier le temps dans leur éternelle jeunesse.

Une autre vue du même château est plus frappante encore. A droite, une tour sombre dont il ne reste que la base; une petite porte creusée dans cette tour, laisse apercevoir un escalier de pierre conduisant dans l'intérieur du château, et dont les premières marches se perdent dans l'eau qui remplit le fossé. A gauche, une rangée d'arbres touffus qui se penchent et se réfléchissent dans cette eau tranquille et pure. Au fond, une délicieuse éclaircie sous l'arche d'un pont tout couvert d'une végétation qui le fait ressembler à un berceau de feuilles ; et, plus loin, de grands arbres dont la cime seule semble avoir conservé la vie. Les peintres qui ont vu cette épreuve en ont admiré le motif et l'effet; les photographes en ont étudié avec ravissement l'incroyable finesse de détails. Cette même délicatesse les a vivement frappés dans la troisième *vue* qui est un merveilleux fouillis de lierres, de saules, de bruyères, à travers lequel on aperçoit au fond les murs lumineux du castel.

Ce qu'il y a de plus surprenant dans ces trois petits chefs-d'œuvre, c'est la finesse, jusqu'à présent sans exemple, du *feuillé*. Nous avions cru d'abord qu'elle était due à l'emploi du brôme, bien que la vigueur des épreuves semblât devoir exclure cette supposition ; mais M. Fenton a bien voulu nous indiquer le procédé à l'aide duquel il a obtenu ce résultat. Il a opéré sur un collodion auquel il ajoute de l'*iodure d'ammonium* dans la proportion de 2 grains par once ; puis, au lieu de quelques secondes, il a fait durer l'exposition à la chambre noire, de deux à cinq minutes.

Voilà le secret dans toute sa simplicité. Les vues de *Raglan Castle* nous prouvent suffisamment quel admirable parti on en peut tirer.

Nous avons reçu encore de délicieuses épreuves d'Angleterre : ce sont des vues, par M. Delamotte. D'abord, une *ferme* à demi cachée sous des peupliers, au bord d'une rivière, avec de petits paysans qui se sont arrêtés, un seau ou un panier à la main, pour regarder, tout ébahis, l'artiste qui s'établissait devant eux, et que l'objectif a reproduits dans leur attitude naïve. Si Teniers avait eu une semblable épreuve, il l'eût copiée et nous eût laissé un chef-d'œuvre de plus. Il y a encore une *Entrée de vieux château* près de laquelle trois enfants jouent au soleil. Ces figures ont un demi-pouce de haut, et quand on les regarde à la loupe, ce sont des portraits d'une délicatesse étonnante. Mais ce qui nous a le plus vivement frappé, c'est *l'Enfant sous l'arche* (*the boy in the arch*). Il est assis, ce vigoureux enfant de l'Angleterre, sous l'ogive sombre de la vieille cathédrale. Son chapeau sans forme, qui ressemble à ceux des pâtres, laisse voir son frais et beau visage que le travail n'a pas encore flétri. Sa chemise de grosse toile, sa veste et son pantalon de velours grisâtre dessinent ses muscles que l'âge développera. Il n'a que quinze ans, et il y a déjà de la force dans son repos... A lui seul il est tout un poëme sous cette arcade silencieuse : il symbolise le peuple; il repose sur ces pierres noircies par le temps, comme l'avenir sur le passé. Derrière lui, sous l'arche profonde, tout est ombre et ruine; devant lui, tout est soleil et vie.

Cette belle épreuve a prouvé à tous ceux qui l'ont vue, que M. Delamotte n'est pas seulement un photographe de premier ordre, mais qu'il est aussi un poëte et un penseur.

ERNEST LACAN.

M. Disderi, dont nous avons eu déjà occasion de citer le nom, à propos des cartes écliptiques de M. Benjamin Valz, nous a envoyé plusieurs épreuves sur collodion, très-remarquables surtout par la rapidité avec laquelle elles ont dû être obtenues. Il y a, entre autres, deux ouvriers chargeant une voiture, qui attestent par leur mouvement l'instantanéité de l'opération. Une levrette qui tremble sous la caresse de son maître, a été reproduite par l'artiste avec une finesse charmante. Deux chevaux et des canards se roulant dans le sable sont aussi d'une netteté étonnante.

Malgré le peu de durée de l'exposition à la chambre noire, ces épreuves sont très-vigoureuses et également venues partout.

M. Disderi va, dit-on, publier un ouvrage sur l'emploi du collodion dans la photographie. Les épreuves que nous avons sous les yeux nous prouvent d'avance toute la valeur de cette publication.

L'abondance des matières ne nous permet pas de rendre compte de la première livraison de l'*Histoire des* ARTISTES VIVANTS, *études d'après nature*, par M. Théophile *Silvestre*, avec le concours des photographes, MM. Edouard *Baldus*, Gustave *Le Gray*, Victor *Laisné* et Emile *Defonds*, Henri *Le Secq*, Louis *Macaire* et *Bisson* frères.

CONSIDÉRATIONS SUR LA GRAVURE A JOUR

DE MM. BEUVIÈRE ET SALIÈRES.

Les gravures ordinaires s'exécutent sur planches de cuivre rouge ou d'acier : pour qu'elles réussissent au tirage, il faut que les tailles ou les creux soient assez profonds pour retenir l'encre d'impression. Les métaux sont entamés, soit au burin, soit avec les acides : pour graver au burin, il faut un long apprentissage, on ne peut tracer des sillons avec précision qu'en réunissant l'adresse à la force : pour graver à l'eau-forte, au contraire, il suffit d'enlever, avec une pointe très-fine, le vernis mince qui recouvre le métal, et de faire agir ensuite l'acide nitrique de manière à creuser le métal partout où il a été découvert.

La photographie sur papier, qui a d'abord servi à reproduire les anciennes gravures, a fait concevoir à M. Beuvière un procédé simple pour exécuter des gravures d'une délicatesse extrême.

Dès l'année 1847, au moment même où M. Niépce de Saint-Victor s'occupait de la production des négatifs sur verre, M. Beuvière exécutait sa *gravure à jour*, qui est une sorte de négatif fait à la main.

Pour y parvenir, il couvrait une glace d'une couche opaque d'encre de Chine impénétrable à la lumière; cet enduit a la propriété de se laisser facilement entamer avec une pointe fine sans s'écailler; de sorte qu'il a pu produire ainsi des lignes à jour d'une pureté exquise, capables, par conséquent, de produire sur un papier photogénique des lignes d'un noir très-intense, puisque les parties réservées étaient par elles-mêmes impénétrables à la lumière.

Il mit, à cette époque, son procédé en pratique, en publiant un livre orné de plusieurs planches obtenues par ce moyen : les épreuves étaient fort belles; les lignes, quoique moins noires et moins tranchées que par la gravure en taille-douce, étaient cependant d'une finesse remarquable.

Une gravure à jour ainsi produite peut s'imprimer sur papier, soit à la lumière diffuse, par application sur le papier du côté de la gravure; soit à la lumière du soleil, en plaçant la glace, n'importe de quel côté, parallèlement à la feuille de papier photogénique. M. Beuvière s'est beaucoup occupé du tirage des gravures à la clarté du soleil; pour cela, il se servait d'un châssis mobile sur un axe qui permettait de suivre le soleil pendant la durée de l'impression. J'ignore si les planches en question ont été tirées à la clarté du soleil et à distance; je présume qu'elles ont été tirées avec contact. Dans ce cas, la gravure est inverse de l'original, et l'écriture doit être tracée à l'envers.

Le procédé de M. Beuvière constitue certainement la méthode la plus expéditive pour établir une gravure susceptible d'un tirage indéfini par la photographie; la facilité de son exécution permettra aussi à tout artiste d'y réussir sans aucun tâtonnement. Pour la reproduction de l'écriture et des dessins dans leur véritable sens, la lumière directe du soleil sera indispensable; mais alors on devra employer, pour papier positif, le papier ioduré passé au nitrate d'argent, qui est deux cents fois plus expéditif que le papier positif ordinaire au chlorure; procédé employé en grand dans l'imprimerie photographique de M. Blanquart-Evrard.

M. Salières paraît avoir découvert, de son côté, un procédé de gravure tout à fait identique, quant à son principe, avec celui de M. Beuvière, qui était public déjà depuis plusieurs années. On demeure convaincu que M. Salières ignorait complétement la découverte antérieure de M. Beuvière, en remarquant qu'il ne se doute pas du tout qu'en plaçant un papier continuateur au revers de la gravure, on obtiendrait, en quelques secondes, par les rayons directs du soleil, une épreuve directe parfaitement pure.

Le seul perfectionnement notable de M. Salières consiste dans le remplacement de la surface noire par une surface blanche, qui représente assez bien le papier et permet, en traçant le dessin, après avoir passé une surface noire derrière la glace, de voir les traits se détacher en noir, absolument comme le tirage les donnera.

L'emploi du sulfate de fer ne donnant pas une couche métallique suffisamment opaque, il faudra employer l'acide pyro-gallique, comme il l'a reconnu lui-même.

Reste à savoir si le collodion se prêtera à la formation de traits aussi purs que la couche d'encre de Chine de M. Beuvière. Le collodion est très-sujet à s'écailler; sans doute que la couche de gomme, que M. Salières ajoute, fait disparaître cet inconvénient.

Comme M. Beuvière, j'ai été fort étonné que la Société d'encouragement n'ait pas fait de rapport sur son procédé : aujourd'hui je crois en trouver la raison dans les progrès rapides qu'a faits la photographie. Il n'y a pas de progrès sans amoindrissement des inventions antérieures. L'apparition des négatifs sur verre albuminé, de M. Niépce de Saint-Victor, qui ne sont pas autre chose que des *gravures à jour* d'un objet quelconque, a singulièrement dépassé l'invention de M. Beuvière.

Qu'il s'agisse, par exemple, d'établir un dessin linéaire sur glace, dans le système de M. Beuvière, on ne le tracera pas sans un dessin préalable sur papier; et, s'il s'agit de reproduire ce dessin, de grandeur naturelle, réduit, ou agrandi dans un rapport quelconque, il suffira d'une heure pour obtenir un négatif sur verre albuminé, prêt à tirer; tandis que, pour le tracer sur verre, sans points d'appui pour le compas, il s'agira d'une œuvre de patience qui durera plusieurs jours sans pouvoir jamais atteindre à la même perfection.

Pour les réductions surtout, la différence sera énorme; et, si l'on veut reproduire la largeur relative des lignes et les dessins ombrés, la difficulté deviendra insurmontable.

Tout récemment, j'ai fait réduire, au tiers de ses dimensions, un dessin linéaire obtenu par la lithographie : les épreuves, tirées sur papier d'un négatif sur collodion, étaient si délicates et si pures, qu'il serait impossible d'en tracer de pareilles sur verre enduit d'une couche d'encre de Chine.

Le procédé de M. Beuvière me semble donc purement limité, par les progrès de la photographie, aux tracés à la main (couleurs ou dessins) qu'on voudra tirer immédiatement. Pour cet objet, l'enduit de M. Salières sera plus commode, et la conductibilité du collodion métallisé, employé sans vernis, pourra mener à la production de planches très-délicates et susceptibles d'être employées en typographie, sans avoir été gravées comme le sont les dessins sur bois.

M.-A. Gaudin,
Calculateur du Bureau des Longitudes.

Nous recevons trop tard, pour l'insérer, une lettre très-intéressante de M. Lespiault, de Nérac; nous la donnerons dans notre prochain numéro.

CORRESPONDANCE.

Arras, 14 juillet 1855.

Monsieur,

J'ai reçu de Montpellier, il y a quelque temps, communication de la découverte de M. Salières. Des essais ont été faits ici par notre paysagiste distingué, M. Corot; ces essais ont parfaitement réussi; j'ai l'honneur de joindre à ma lettre un petit croquis, n° 1, dont le négatif a été exécuté, sur verre collodionné, en quelques instants. Le procédé de M. Salières est sans doute précieux; mais il oblige à l'emploi de solutions coûteuses et demande une certaine habitude des préparations photographiques. J'ai pensé que l'on pourrait remplacer les préparations photogéniques par d'autres plus simples et plus à la portée de tout le monde : le dessin n° 2, également de M. Corot, a été exécuté en négatif sur une feuille de verre, que j'avais fait noircir au moyen d'un rouleau d'imprimeur lithographe, chargé de noir dur, saupoudré d'une poudre d'argent étendue avec les barbes d'une plume. En plaçant le verre ainsi préparé sur un drap noir, on rentre, pour l'effet immédiatement obtenu, dans les conditions de la glace collodionnée. La préparation que j'indique a sur celle de M. Salières plusieurs avantages. — On peut varier l'intensité de la couche opaque et lui donner l'épaisseur qui convient au sujet que l'on a à traiter. — On peut se servir d'une brosse raide pour couvrir, comme dans le dessin n° 2, certaines parties d'un grain varié qui abrége le travail d'exécution et en harmonise les diverses parties. — La substance opaque est plus adhérente au verre et plus inaltérable à la lumière que le collodion. — On peut préparer des feuilles de verre de toute dimension et à un prix presque insignifiant.

M. Corot a été très-favorable à cette dernière manière d'opérer. Il se propose d'exécuter, pendant ses loisirs de l'hiver, des négatifs un peu plus importants, et je m'empresserai de vous en adresser des épreuves positives.

Veuillez agréer, etc. L. Grandguillaume,
Professeur à l'École du génie, à Arras.

Les dessins que M. Grandguillaume nous a envoyés, et qui sont des positifs tirés d'après ces clichés, sont très-curieux, et rendent d'une manière admirable le sentiment de l'éminent artiste. Ils ressemblent à des eaux-fortes, hardiment et largement tracées. Le beau talent de M. Corot assure le succès de cette application des procédés photographiques à la gravure.

Falaise, le 18 juillet 1855.

Monsieur le Rédacteur,

Je viens de lire, dans le dernier numéro de *la Lumière*, la réclamation de M. Beuvière à propos de son invention de la *gravure à jour* qui, datant de 1846, a certainement un droit de priorité sur le procédé de *gravure diaphane* récemment présenté par M. Salières. Celui-ci, toutefois, a le premier remplacé par une couche de collodion les enduits ordinaires.

Cette réclamation m'a prouvé, une fois de plus, que bien souvent les nouvelles inventions ne sont que des faits anciens oubliés.

Permettez-moi, Monsieur, pour éclairer la discussion, de rappeler ici quelques lignes d'une excellente brochure que M. Soleil a publiée en 1840, sous ce titre : *Guide de l'amateur de photographie*. On y trouvera les principes de la *gravure à jour* ou *diaphane*, et, en même temps, un procédé analogue sur corne, qui doit avoir une vraie valeur artistique.

On lit dans cette brochure, pages 51 et suiv. :

« M. Berry a fait connaître une application curieuse du papier sensible. Il prend une lame de corne transparente et mince, et la dépolit à la pierre ponce; puis, la plaçant sur un fond noir, il esquisse au pinceau imprégné d'eau gommée; cette eau restitue à la corne sa transparence première, et laissant paraître le fond, elle forme les ombres bien tranchées. Les demi-teintes et les grandes lumières s'exécutent avec du blanc.

« On étend sur un morceau de glace ou d'ardoise une feuille de papier photogénique blanc, sur lequel on met la lame de corne, le côté peint en dessous : la lumière, passant à travers les parties gommées de la plaque, colore le papier dans les points correspondants, et n'exerce aucune action sur ceux qui couvrent les traits formés par le blanc.

« Il est facile de multiplier à l'infini les épreuves d'un semblable dessin.

« M. Berry a également réussi en faisant usage d'un verre dépoli, couvert de vernis noir, et dessinant à la pointe. (*Académie des sciences*, séance du 30 septembre 1839.)

« Un artiste fort distingué, M. Monvoisin, s'est occupé du même genre d'application des procédés photographiques; la méthode qu'il a suivie consiste à prendre de la cire dont les graveurs font usage pour préparer leurs planches de cuivre. On l'enveloppe d'une gaze légère, de manière à en faire un tampon; on confectionne un autre tampon avec du coton et un lambeau de soie; on chauffe alors une glace dépolie au *douci* sur une de ses faces, et quand la température en est assez élevée, on frotte sur le côté dépoli la poupée de cire : celle-ci se fond et noircit le verre; on tamponne avec la poupée de coton jusqu'à ce que la teinte soit uniforme sur toute l'étendue de la glace. Quand la cire est figée, ce qui a lieu très-promptement, on la frotte légèrement avec du coton, qui lui donne un luisant nécessaire pour le travail.

« Le dessinateur trace ses traits sur cet enduit à l'aide de la pointe, etc. »

Agréez, etc., de Brébisson.

Le Propriétaire-Gérant, Alexis Gaudin.

Typographie Hennuyer, rue du Boulevard, 7. Batignolles.
Boulevard extérieur de Paris.

TROISIÈME ANNÉE. N° 31. SAMEDI, 30 JUILLET 1853

30.

LA LUMIÈRE

REVUE DE LA PHOTOGRAPHIE.

BEAUX-ARTS. — HÉLIOGRAPHIE. — SCIENCES.

JOURNAL NON POLITIQUE, PARAISSANT LE SAMEDI.

BUREAUX, à Paris, 9, rue de la Perle. **BUREAUX**, à Londres, 6, Henman Terrace, Camden-Town.

ABONNEMENTS.—*Paris*, UN AN, 16 FR.; 6 MOIS, 10 FR.; 3 MOIS, 6 FR.; *Départements*, UN AN, 18 FR.; 6 MOIS, 11 FR.; 3 MOIS, 7 FR.; *Etranger*, UN AN, 20 FR.; 6 MOIS, 12 FR.; 3 MOIS, 8 FR.

Nous prions les personnes dont l'abonnement expire à la fin de ce mois, de vouloir bien le renouveler immédiatement, pour éviter tout retard dans l'envoi du journal.

SOMMAIRE.

SALON DE 1853.

(9e ARTICLE.)

MM. DAUBIGNY, FRANÇAIS, TROYON, CABAT, CHINTREUIL, COROT.

Dans la grande famille des paysagistes, famille qui est l'honneur de l'Ecole française actuelle, les noms rappellent, comme ceux des fleurs, certaines couleurs, et nous pourrions presque dire certaines odeurs. Les fleurs ont reçu ce caractère et cette individualité de l'air léger qui court en remplissant leur calice, sur le versant de la montagne, de l'humidité chaude qui sort du marais, du large rayon qui étend sa nappe dans les parterres. Les paysagistes se sont fait les leurs par l'étude, et aussi par leur bonne volonté à suivre l'inspiration que leur a donnée la nature, et à se laisser aller du côté où le courant les emporte. Le nom de M. Daubigny veut dire grâce et vérité, et elles ne manquent pas plus à ses compositions que la blancheur ne manque au lis. L'*Etang de Gylieu* est une des meilleures branches d'un tronc fécond et souple. Le bouquet de bois baigné de brume, le sentier qui monte vers l'étang; les hérons regardant l'onde immobile qui reflète mollement leurs plumes; les roseaux courbés par une brise qui vient de loin; les nénufars froids et ennuyés d'eux-mêmes; tout cela existe, comme au détour de la route perdue dans l'Isère, et ce paysage sans accident et sans mouvement repose les yeux, et par les yeux, l'esprit. On en revient comme d'une promenade solitaire et rafraîchissante, faite de bon matin, les pieds sur la mousse et les mains nues, pour mieux recueillir tout le fluide de la vallée. On en revient et on y revient. Ce coin paisible est un des rendez-vous que le jeune artiste a donnés à la foule choisie qui l'admire, et à la gloire qui lui sourit. La *Vallée d'Optévoz* est triste et fermée. Le pan de montagne qui la borne trop tôt a des ondulations très-véritables. Le gazon, au bord de l'eau terne, est une nappe bien servie, sur laquelle s'étale le festin des troupeaux qu'elle attend. L'*Entrée de village* n'est qu'une indication; l'œuvre n'est pas assez faite. Il n'y a là qu'une route, étageant irrégulièrement des maisons closes, et une vieille femme descendant le dos courbé. Si incomplet qu'il soit, ce tableau fait rêver, et on devine que cette route vous conduirait à des endroits charmants, si M. Daubigny l'avait voulu. Il a récolté les grains de blé de son admirable *Moisson* de l'année dernière. Quelques-uns ont germé déjà. Bien d'autres germeront encore aux saisons nouvelles.

M. Français a suspendu des soleils, réverbérés et étendus dans des nuages d'or, afin d'éclairer les Menus-Plaisirs. Son *Effet d'automne* fait grelotter sous un occident rouge et froid, et auprès d'un foyer humide, dans le bois, quelques bûcherons qui ont fini leur journée. La délicatesse exquise du pinceau de M. Français, cette facilité légère qui vaporise le tableau dans sa toile, comme le mirage construit ses oasis et ses palais dans les horizons du désert, se retrouvent dans l'*Effet d'automne*. Mais nous avons été distrait de cette contemplation par la *Fin de l'hiver*. Dans une forêt humide, de grands arbres, étendant leurs branches à la chaude transpiration du printemps dans l'air, laissent tomber leur parure de givre, de même que la Belle endormie laisse tomber, quand elle se réveille, dans le conte arabe, les perles qui ornaient ses bras. Tout se détend, tout sort du douloureux engourdissement des frimas, tout boit la vapeur et le rayon. Rarement la nature aura été plus merveilleusement animée par cette joie qui accueille la renaissance du printemps, dans ces élévations des arbres levant la tête vers le ciel chaud, et entraînant leurs racines dans cette terre qui s'entr'ouvre aussi pour respirer les brises de mars. La *Fin de l'hiver* est le plus beau thème de la grande pastorale de M. Français.

Le ciel est orageux et bas, l'horizon un peu immédiat ne laisse rien voir; un ruisseau sur le premier plan, ce ruisseau recevant toute la lumière du seul coin clair du ciel; puis des perspectives ondulées de prairies : telle est la décoration de cette grande toile que M. Troyon appelle la *Vallée de la Touque*, et où les seuls personnages sont les vaches et les bœufs. Ces personnages, magistralement dessinés, revêtus de leurs robes fauves et blanches, n'ont pas toute la personnalité que Mlle Rosa Bonheur, ce La Fontaine plus religieux de la peinture, donne à ses animaux. Mais ils marchent superbement; mais ils s'arrêtent pour ruminer, accomplissant gravement la tâche qu'on leur impose, et qui consiste à engraisser. Le pays, coupé de légères collines, est la Normandie verdoyante. Les plans sont nets et se distinguent comme les héritages. Ce tableau est plein d'une sève puissante, qui explique son grand succès. Les aspects forts arrêtent involontairement la foule.

L'*Abreuvoir* est l'autre exposition de M. Troyon. Les bœufs sont encore plus lourds, mais d'une lourdeur faite de chair et de force. Un jeune paysan à cheval vient les voir dans le pacage, et les regarde au point de vue de l'étal de la boucherie. L'imprudent qui s'appuie dans son ampleur contre la balustrade, a beaucoup de chances pour aller le premier au marché. Les herbes se plient sous le poids de ces pieds épais. La peinture de M. Troyon est solide, et a assez de mérite pour être digne de la durée qu'il lui a assurée.

M. Cabat semble ne pas se souvenir qu'autrefois il faisait circuler l'air autour des arbres, et que ses espaces étaient traversés par des courants. Les *Bords de la rivière d'Arques* ont certaines apparences de paysages de carton et de pâte. Nous n'avons reconnu le signataire que dans un charmant bateau sous les saules, glissant, léger, écartant les branches, et incliné à la proue par le poids d'une femme qu'il porte. La *Chasse au sanglier* et le *Soleil couchant* sont estimables à plus d'un égard; toutefois, quand on se nomme M. Cabat, on atteint souvent autre chose que l'estime.

Les *Bruyères* de M. Chintreuil ont poussé dans le printemps même. Les chevreuils, qui n'entendent aucun frémissement de cors au fond des halliers, se groupent paisiblement au bord des allées, où nuls pas ne sont marqués avant les leurs. Les herbes poussent sous les arbres; les oiseaux traversent les ramures, portant du grain pour leurs nids. Fraîcheur et innocence des couleurs sont des qualités spirituelles et caractéristiques du printemps, sous la brosse de M. Chintreuil, qui a encore le *Soir d'automne* et *Novembre*. Passons à son maître.

Il est le maître de bien d'autres. M. Corot cache, sous une apparence un peu paysanesque et railleuse, la compréhension exquise des mystères les plus poétiques de la nature. C'est un bonhomme qui, d'une voix malicieuse, vous raconte les idylles murmurées par les branches remuées aux brises des soirs d'été. On dirait, à le voir, qu'il va vous chanter Béranger en patois, et il improvise une *Méditation*, quand ce n'est pas un chapitre parfumé de thym, de la *Petite Fadette* ou de la *Mare au diable*. Personne n'a mieux compris la mélancolie des crépuscules et les radieuses fraîcheurs de l'ombre que ce grand artiste, qui garde sa blouse d'atelier pour mieux ressembler à un campagnard. Si quelques vols étourdis de moineaux et de fauvettes, entrés par les fenêtres ouvertes des Musées, s'y laissaient surprendre par le coucher du soleil, ils choisiraient de préférence les bosquets de M. Corot pour y passer la nuit sous les larges feuilles amollies à la rosée. Il a créé, depuis vingt ans, un si grand nombre de villas enchantées et de retraites ombreuses, qu'il s'y est reposé cette fois au milieu de sa carrière de gloire. Il a essayé d'introduire l'histoire dans un paysage. Il a la modestie de ne pas soupçonner que tous ses paysages sont déjà historiques, en ce sens qu'ils posent la date d'un des meilleurs progrès de l'école française. *Saint Sébastien* a été laissé mourant dans une forêt. Des femmes passent, et une d'elles s'approche respectueusement du saint et lave sa blessure. Au-dessus du groupe, des anges cueillant des feuilles afin de les tresser en couronne pour le martyr, s'étagent dans les cimes de beaux arbres admirablement penchés sous ce poids glorieux. Nous aimons mieux sur les branches, les oiseaux que les anges. La tête de la femme est belle, mais le saint a trop l'air de souffrir. Il n'est pas assez entièrement à l'extase qui doit lui descendre d'en haut. La teinte générale est terne. M. Corot se retrouve dans sa toile appelée *la Matinée*; mais peut-être s'y retrouve-t-il trop. Ce cadre a déjà été rempli par lui, et par lui seul, des mêmes effets. Nous avons déjà vu souvent ce brouillard, laissant à peine deviner les formes, et cette lutte du jour et de la nuit. Quant au *Coucher du soleil*, il se reflète identiquement dans toutes les galeries où il y a un chef-d'œuvre signé Corot. Que le célèbre paysagiste se garde bien toutefois de changer sa manière! mais qu'il varie les sujets qu'il traite. Qu'il ne se copie plus lui-même. Tant d'autres le copient, et se font un nom en le copiant.

HENRI DE LACRETELLE.

LA PHOTOGRAPHIE EN ANGLETERRE.

(Correspondance particulière de LA LUMIÈRE.)

GRAVURE DE M. TALBOT.

Je viens de recevoir de M. Talbot quelques épreuves de ses dernières gravures. En ouvrant le paquet, j'ai été également charmé et étonné du progrès marqué qu'elles indiquent. Certes, l'inventeur a fait faire à son procédé un pas remarquable. Si nous pouvons en juger par une de ces épreuves, qui est évidemment la dernière, ce procédé ne produit plus seulement une ombre plate et égale partout, mais il peut reproduire des détails, même microscopiques. Nous avons ici deux feuilles ovales et pointues, d'un pouce de largeur et d'un pouce et demi de longueur, mais qui ne sont plus du tout les mêmes feuilles que nous avons critiquées auparavant. Ici, le *voile photographique* est abandonné, l'inventeur n'en a plus besoin pour donner une variété artificielle de surface; et tout le monde lui saura gré de cet abandon, car personne n'approuvait ce procédé. — M. Talbot a trouvé moyen de donner à la surface la variété vraie. Tout le corps de la feuille est traversé par des veines, et la membrure si délicate que nous voyons et que nous admirons dans la nature se trouve indiquée. Ceci donne même une variété de ton qui nous fait espérer qu'on arrivera bientôt aux demi-teintes. Tous les détails de l'anatomie sont donnés si minutieusement et si clairement, qu'en regardant les épreuves avec une loupe qui grossit considérablement, elles sont encore plus belles. Il est évident que pour arriver à ce point il a fallu une modification importante du procédé. Nous espérons que l'inventeur ne tardera pas à la faire connaître.

Il est impossible dorénavant de ne pas espérer beaucoup de ce procédé. Jusqu'ici, comme nous l'avons remarqué à propos des premières épreuves, il ne promettait pas grand'chose, et nous avons seulement regretté qu'il eût donné occasion à M. Talbot de retourner à son système de brevets. Mais aussitôt que nous voyons une *preuve* de ce qu'il peut produire, quand même il aurait été modifié considérablement, nous voulons être le premier à annoncer et à reconnaître les progrès que l'inventeur lui a fait faire. Toutefois, ces progrès nous font regretter d'autant plus ce malheureux système de brevets. Nous savons que M. Talbot ne l'adopte que pour établir nettement ses droits d'inventeur; mais c'est un moyen qui n'atteint que bien imparfaitement ce but. Du reste, pour un homme comme M. Talbot, qui ne travaille que par amour pour l'art, il doit répugner à ses meilleurs sentiments de chercher à établir des droits individuels, que tout le monde s'empresse de reconnaître, par des moyens qui empêchent le progrès même et l'émulation générale qu'il désire et pour lesquels *il travaille*. Pour juger du mauvais effet des brevets qu'il a pris jusqu'ici, on n'a qu'à se reporter à l'extension que la photographie a prise en Angleterre et au pas considérable qu'elle y a fait depuis qu'il a abandonné une partie de ses droits de patente. Il est bien possible qu'il ait eu occasion de voir les mesquineries et les petites jalousies d'hommes spéciaux de la science qui, pour réclamer leurs droits à certaines découvertes, n'ont pas toujours assez soin de ne pas empiéter sur ceux d'autres inventeurs. Il pense peut-être ainsi éviter ces querelles, et poser clairement ses prétentions. Mais ses inventions ne sont pas de celles qui brillent un instant pour disparaître; ce sont des voies larges et nouvelles qu'il ouvre, peut-être d'abord à son insu, au progrès des sciences et à l'instruction de ceux qui travaillent. C'est à la voix de ceux-là qu'il doit s'en rapporter et à leur reconnaissance qu'il doit se fier. Leur enthousiasme, leur admiration, leur gratitude valent mieux que la reconnaissance des coteries scientifiques. Nous ne pouvons donc nous empêcher d'espérer qu'aussitôt que l'importance de cette invention lui aura été bien prouvée par les résultats qu'il obtient, il trouvera, dans son for intérieur, qu'il est de son devoir de rejeter tous les obstacles qu'il aurait pu opposer à l'amélioration la plus rapide de son procédé et à son application la plus libre et la plus étendue.

—

SOCIÉTÉS. — L'accroissement rapide des sociétés photographiques en Angleterre donne une idée de l'intérêt qu'on prend à cet art. La Société royale de Londres n'existe guère depuis plus de six mois; déjà elle compte plus de trois cents membres, et son journal a atteint une circulation de presque deux mille exemplaires. Les comptes rendus qu'il publie donnent une idee de l'importance de cette Société; mais elle ajoutera bien plus au progrès de la photographie quand elle aura obtenu un local pour une exposition, ce qu'elle aura presque certainement avant la saison prochaine et quand son journal sera assez agrandi pour contenir tout ce qu'il sera important de faire connaître au public. Alors aussi ses membres, qui appartiennent à toutes les provinces de l'Angleterre, et même à l'étranger, pourront mieux raconter et comparer leurs expériences.

La Société de Liverpool a été établie deux mois après celle de Londres. Elle compte déjà une centaine de membres à peu près, et, parmi eux, il y a des opérateurs qui travaillent avec tant d'enthousiasme, de hardiesse et de persévérance, que nous serons bien forcés de donner aussi bientôt un résumé de leurs travaux. A Leeds, une autre société s'est constituée dernièrement, mais nous ne savons encore aucun détail sur ses actes. A Newcastle, à Glasgow, et dans d'autres villes encore, on nous dit que des tentatives ont été faites pour imiter cet exemple, et réunir ceux qui s'intéressent à la photographie.

—

MANUEL DE M. DELAMOTTE.—Les manuels de photographie qui sont déjà publiés constitueront à eux seuls une petite bibliothèque d'une étendue assez considérable, et chaque jour on nous en annonce d'autres qui sont en préparation. Le dernier que nous avons reçu est un petit livre, bien imprimé (qualité qu'ils n'ont pas tous), de 150 pages, par M. Delamotte, qui est bien connu pour un des meilleurs praticiens du collodion. Nécessairement ces manuels se ressemblent tous; mais celui de M. Delamotte diffère par une qualité très-recommandable, que nous avons souvent souhaitée, c'est-à-dire par sa simplicité. Celle-ci est atteinte par un très-bon arrangement qui sépare les procédés des explications plus ou moins scientifiques et abstraites qu'on est forcé naturellement de donner, mais qui ne mènent qu'à la confusion, au lieu d'expliquer les mystères, quand elles sont, comme cela arrive trop souvent, mêlées à des instructions pratiques. L'auteur ne dit rien de la daguerréotypie; il appuie principalement sur le procédé qu'il connaît le mieux, c'est-à-dire le collodion, quoique, sur les autres procédés talbotypiques, il donne aussi des instructions claires et simples. Je crois cependant qu'il aurait pu donner quelques perfectionnements de plus, mais il tient peut-être à tout divulguer *vivâ voce* à ses élèves. Il aurait pu aussi, sans diminuer la simplicité de son arrangement, nous donner, surtout dans la partie chimique, les noms les plus importants des inventeurs; car il est toujours juste de les répéter, et cela ajoute aussi à l'intérêt des élèves, en personnifiant la science. Le manque d'illustrations est une omission importante, d'autant plus que M. Delamotte a assez d'habileté pour les faire aussi bien que possible.

FRANK SCOT.

SCIENCES.

M. Combes, vice-président, étant appelé à présider l'Académie, par suite du décès de M. de Jussieu, l'Académie des sciences a procédé, dans la séance du 25 juillet, à la nomination d'un nouveau vice-président. Le candidat devait être pris, d'après le règlement, dans les sections de *minéralogie, anatomie et zoologie, médecine et chirurgie*. 37 membres présents ont pris part au scrutin; M. le docteur Roux a obtenu 22 voix, M. Isidore Geoffroy Saint-Hilaire, 7. D'autres votes ont été répartis entre MM. Milne-Edwards, Duméril et Cordier. En conséquence M. Roux a été proclamé vice-président pour la fin de l'année 1853 et pour l'année 1854.

MM. Bertsch et J.-J. Heilmann ont fait, dans cette même séance, des communications très-intéressantes, que nous avons la satisfaction de donner plus loin.

—

NOUVEAU PROCÉDÉ DE MM. J.-J. HEILMANN ET JOHN STEWART,

POUR LA REPRODUCTION DE TOUTES DIMENSIONS DES EMPREINTES PHOTOGRAPHIQUES.

M. J.-J. Heilmann, de Mulhouse, un de nos meilleurs photographes, avait déposé, le 16 *mai* dernier, à l'Académie des sciences, un paquet cacheté contenant diverses épreuves et une note détaillée des procédés nouveaux employés par l'auteur. Dans la séance de ce jour, M. le secrétaire perpétuel a donné lecture d'une lettre, remise par M. Delahaye, chimiste, bien connu de nos lecteurs, qui demandait, au nom de M. Heilmann, l'ouverture du paquet, la remise des épreuves et la lecture du mémoire qu'il nous est permis de reproduire textuellement.

Empreintes photographiques positives, par un procédé qui permet de les obtenir de toutes dimensions, et avec toute la finesse dont est susceptible l'empreinte négative. — Jusqu'à ce jour, l'embarras de transport d'une chambre noire de grande dimension, ainsi que son prix, empêchaient les photographes d'obtenir des épreuves négatives de grand format pour vues.

Les mêmes difficultés de grande dimension, pour portraits, venaient de ce que le rapprochement de l'objet faussait la perspective, et que le temps de la pose étant limité par la mobilité du sujet, on ne peut employer des lentilles à long foyer.

De plus, ces négatifs, péchant déjà par leur dimension restreinte, ne rendraient jamais en positif toute leur finesse, grâce au mode de reproduction employé.

Je crois avoir obvié à ces divers défauts et obtenu quelques nouveaux avantages à la photographie en employant un nouveau procédé de reproduction en positif, dont voici la description :

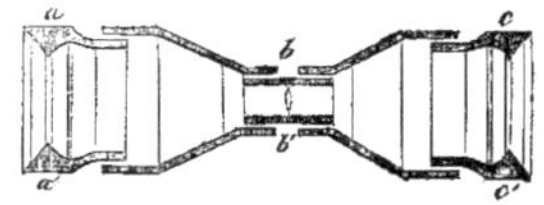

Dans ce croquis, représentant une coupe de l'instrument qui me sert à la reproduction,

aa' est un châssis encadrant le négatif à reproduire;

bb' est un verre lenticulaire;

cc' est un second châssis qui se trouve à toutes les chambres noires photographiques, et dans lequel j'expose une surface quelconque rendue impressionnable à la lumière.

Le reste de l'appareil se compose d'une double caisse qui ne demande d'autre particularité de construction qu'une fermeture hermétique à tous les rayons autres que ceux qui peuvent y entrer par les transparences du négatif, et une disposition qui permette de varier à volonté les distances *ab* et *bc*.

J'expose aux rayons de la lumière le plan *aa'* de cet appareil, c'est-à-dire la partie qui contient le négatif. Les rayons, après avoir traversé le négatif, sont dirigés par la lentille *bb'* sur la surface *cc'* et y opèrent une empreinte positive qui, par les temps les plus sombres, est faite en vingt minutes, si j'emploie du papier préparé à l'iodure d'argent. En dirigeant mon appareil sur le soleil, j'obtiens, par les jours du négatif, une lumière telle que je puis employer le papier positif ordinaire préparé au chlorure d'argent.

Maintenant voici, je crois, quels sont les avantages de ce mode d'agir :

1° En variant la distance *ab* et *bc*, je varie les proportions entre le négatif et le positif. J'ai obtenu ainsi des positifs *quatre fois plus grands*, et d'autres *trente fois* plus petits qu'au même négatif.

Les dimensions du négatif n'ont donc plus d'importance pour la dimension du positif, et l'on pourra mettre dans la poche de son gilet la chambre noire qui doit produire des paysages aussi grands que le papier le permettra.

2° En mettant de côté l'augmentation de dimension, la finesse y gagnera pourtant à grandeur égale, par la raison que les rayons que traverse le négatif étant régularisés par la lentille, conservent leur direction normale et donnent une empreinte mathématiquement symétrique à celle du négatif; tandis que, par le procédé ordinaire, l'épaisseur du négatif exposé à une lumière toujours diffuse empêche la perfection du positif. Cette épaisseur n'a plus d'importance ici, étant si minime, comparée à la distance du négatif à la lentille.

3° Les négatifs peuvent, dans cet instrument, s'exposer dans un sens ou dans l'autre, ce qui permet de faire des positifs sur ou sous verre.

4° Ce nouveau mode que j'indique a l'avantage de conserver parfaitement intacts les négatifs toujours si faciles à détériorer (surtout ceux faits sur collodion), puisqu'on n'est pas obligé d'appliquer dessus une feuille de papier.

5° Par la même raison, je puis prendre deux des empreintes positives sur papier humide, sur collodion et sur des surfaces non flexibles ni élastiques, telles que porcelaine, ivoire, verre, etc. Ces dernières, étant positifs transparents, peuvent s'appliquer au stéréoscope par transparence, à la lanterne magique, etc.

Mon procédé sera peut-être une aide à ceux qui cherchent à faire une empreinte négative sur des plaques métalliques humides qui doivent servir à la reproduction par l'impression ordinaire.

6° M. John Stewart, photographe expérimenté, qui m'a beaucoup aidé dans mes essais, m'a encore suggéré un procédé mixte très-avantageux, surtout sous le rapport de la production de positifs en grand nombre et à bon marché : c'est d'employer un positif sous verre, obtenu par mon procédé, à refaire, par le même mode, *plusieurs négatifs sur papier*. On pourra ainsi produire des positifs en nombre illimité, tout en ayant toujours le négatif original intact et en réserve. Les deux opérations se faisant par transparence, à travers une couche de collodion très-mince, la perte de finesse est imperceptible.

Cette communication était accompagnée de diverses épreuves obtenues au moyen du collodion Bertsch, par les procédés qu'indique l'auteur. Une épreuve positive, représentant un cheval anglais, faite d'après le procédé ordinaire et qui est de même grandeur que le négatif primitif obtenu sur verre, a servi de terme de comparaison pour quatre autres reproduites directement par ce négatif.

Celle n° 2 sur verre est douze fois plus petite.

N° 3 sur papier est quatre fois plus petite.

N° 4 sur papier est une fois et demie plus grande, — et n° 5 deux fois et demie plus grande.

Un portrait d'homme est reproduit sur verre trois fois plus petit et trois fois plus grand.

On voit qu'il ne reste plus à M. Heilmann qu'un pas à faire dans cette voie de progrès, pour qu'il obtienne des portraits de grandeur naturelle.

—

MOYENS PROPOSÉS PAR M. BERTSCH

POUR OBTENIR TOUJOURS DE BONS POSITIFS.

M. Bertsch soumet à l'Académie une observation qui nous paraît de nature à intéresser les personnes qui s'occupent de photographie.

Depuis, dit ce savant praticien, que l'on emploie des procédés très-rapides, c'est-à-dire des combinaisons *tout à fait instables*, beaucoup d'opérateurs se plaignent de n'obtenir, dans beaucoup de circonstances, que *des résultats négatifs ou incomplets*. Ces insuccès, connus sous le nom de *voile de brôme*, *caprices du collodion* ou *de l'albumine*, etc., ont été attribués à différentes causes, dont aucune ne rend sérieusement compte des phénomènes qu'on n'a su éviter que par des moyens empiriques. Les expériences que j'ai entreprises sur ce sujet, dans l'emploi du collodion rapide pour la reproduction des objets microscopiques, m'ont amené à reconnaître que les sels d'argent appliqués sur les glaces éprouvent souvent, dans le laboratoire le mieux garanti contre la lumière, un commencement de réduction. Ils ne donnent plus alors à la chambre noire que des épreuves faibles, voilées, inégales, incapables de fournir un bon positif. La cause évidente de ces réductions partielles est la présence souvent fortuite de quantités même très-faibles, soit d'hydrogène libre ou combiné au soufre, au phosphore, au carbone, soit des vapeurs d'une huile essentielle quelconque, en un mot, de tout corps gras qui abandonne aisément son hydrogène. Beaucoup d'entre eux réduisent même dans la plus complète obscurité et à la température ordinaire les iodures, les bromures et les chlorures d'argent. A l'état naissant, leur action n'est pas absolument la même que celle de la lumière. La portion réduite est superficielle et se détache dans les bains de la partie inférieure demeurée intacte, et sur laquelle peut encore se produire une image faible.

Mais on ne saurait néanmoins trop se garantir contre ces agents funestes, qui depuis longtemps sont la cause de bien des mécomptes. Dans un laboratoire fraîchement peint à l'huile et à l'essence de térébenthine, dans le voisinage des sources sulfureuses, des matières organiques en décomposition, partout où il est facile de mettre de l'hydrogène en liberté, ces phénomènes se produisent invariablement. Ils se manifestent même quelquefois avec tant de violence, que dans les capsules où l'on verse la solution d'acide pyro-gallique, additionnée de quelques millièmes de nitrate d'argent pour développer l'image, l'argent est réduit instantanément; tandis que dans les circonstances ordinaires, et à une température de 80 degrés, il faut plus d'un quart d'heure pour opérer ce résultat. On produit à volonté tous les effets dont je viens de parler, en répandant dans le laboratoire un peu d'huile essentielle de térébenthine, de lavande, etc., ou en laissant ouvert un flacon d'hydrogène sulfuré.

En portant à la connaissance de l'Académie les résultats de mes expériences sur ce sujet, je n'ai pas besoin d'ajouter ce que tout le monde comprendra, qu'il suffit de répandre *quelques vapeurs de chlore* dans le lieu où l'on opère, pour voir *disparaître* ces réductions, en quelque sorte spontanées, et parer aux inconvénients qui en résultent.

Nous venons de voir chez M. Ernest Mayer de très-beaux portraits positifs sur verre, coloriés au moyen des couleurs en poudre, pour lesquels cet artiste a pris un brevet, en date du 23 juillet 1853.

BEAUX-ARTS.

—

La distribution solennelle des récompenses décernées à la suite de l'exposition de 1853 s'est faite le 26 juillet, dans le grand salon du Louvre. Voici les noms des lauréats :

Premières médailles. — MM. Daubigny, peintre de paysage; Benouville, peintre d'histoire; Jalabert, peintre d'histoire et portraits.

Médailles de 2e classe. — MM. Comte, peintre de genre; Brion, idem; Millet, idem; Lambinet, paysage; Knauss; Maréchal fils (Raphaël). (M. le directeur des Musées a annoncé que M. le ministre d'Etat, pour témoigner sa haute satisfaction pour les travaux de ce jeune artiste, lui accordait une allocation afin qu'il puisse, pendant trois ans, aller étudier les grands maîtres en Italie, en Espagne et en Allemagne.)

Médailles de 3e classe. — MM. Stevens (Alfred). Genre : Valbourg. Genre et histoire : Hamon (Jean-Louis); Mme Sturel, née Paigné; Troyer (Jean), Chavet (Victor). Genre : Dehodencq, Matout (Louis). Histoire : Legentile. Paysage : Noël (Jules), Verlat (Charles), Hamman (Edouard).

SCULPTURE ET GRAVURE EN MÉDAILLES.

Médailles de 1re classe. — MM. Maillet (Jacques), Loison (Pierre).

Médailles de 2e classe. — Hébert (Pierre), Allasseur (Pierre-Jules), Montagny (Etienne), Cordier (Charles).

Médailles de 3e classe. — Lebourg (Charles), Ferrat, Boitel (Isidore), Mme Lefèvre-Deumier, Chabaud (Louis-Félix), Ravaux (Pierre).

ARCHITECTURE.

—

Pas de médaille de 1re classe.

Médailles de 2e classe. — Pertuisot (Victor), Miney (Maximilien), Brunet-Debaisne.

Médailles de 3e classe. — Compagnon (Charles), Huguenet (Joseph), Gaucherel (Léon).

GRAVURE ET LITHOGRAPHIE.

Médaille de 1re classe. — François (Jules).

Médailles de 2e classe. — Salmon (Louis-Adolphe); Demarne (Johannot).

Médailles de 3e classe. — Bal; Joubert (Ferdinand); Laurens (Jules); Leroy (Alphonse).

MÉDAILLE D'HONNEUR.

M. Henriquel-Dupont, membre de l'Institut.

M. Henriquel-Dupont, comme membre du jury, désirait ne pas accepter le prix : mais, sollicité par ses collègues de le recevoir, M. Henriquel n'y a consenti qu'à la condition de faire l'emploi suivant des 4,000 fr. qui accompagnent ce prix : 2,000 fr. en faveur de l'association des artistes, et les 2,000 autres ajoutés aux recettes des jours payants pour entrer à l'exposition.

La généreuse décision de M. Henriquel-Dupont a été couverte des applaudissements de toute l'assemblée.

Sont nommés : *Officiers de la Légion-d'Honneur*, — MM. Henri Lehmann, et Duret, membre de l'Institut.

Chevaliers, — MM. Français. — E. Dubuffe. — P. Chenavard. — J. André. — Hébert. — Wilmen (Laurent). — Cavelier (Pierre). — Gayrard. — Dieboldt. — Dien.

Mmes Rosa Bonheur et Herbelin, ne pouvant recevoir la décoration de la Légion-d'Honneur, seront désormais affranchies de tout jury.

DESCRIPTION DU QUINETOSCOPE.

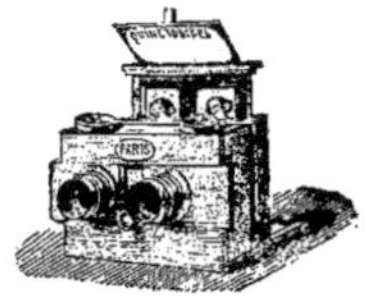

Disons un mot des modes employés jusqu'ici pour parvenir à obtenir les images pour le stéréoscope. Cela nous conduira naturellement à établir la différence qui existe entre les moyens d'une application difficile, et le moyen plus simple, qui fait du Quinetoscope un appareil à part et nouveau. Ceux mis en usage jusqu'ici sont l'emploi du daguerréotype ordinaire, avec lequel on prend une image de l'objet que l'on veut reproduire et que l'on transporte immédiatement de dix centimètres à cent mètres et plus, pour tirer la seconde image, selon que l'exigent la distance et la dimension de cet objet à reproduire; et s'il y a quelque chose de changé à ces dispositions impérieusement commandées par la nécessité d'obtenir les angles nécessaires et indispensables, suivant la théorie indiquée par les plus savants opticiens, c'est depuis l'apparition du Quinetoscope, et ces changements sont sans grande importance et sans grande valeur, car ils laissent subsister encore beaucoup trop d'imperfections qu'on n'évitera, nous osons l'assurer, qu'à l'aide de cet instrument.

Un des plus célèbres physiciens d'Angleterre, sir David Brewster, s'est beaucoup occupé du meilleur moyen d'obtenir des images stéréoscopiques; il avait parfaitement compris que l'usage du daguerréotype ordinaire, qui ne permet de prendre les images qu'avec un seul objectif et par conséquent dans deux positions différentes et successives, ne donnerait jamais des épreuves parfaites. Il conçut l'idée d'une chambre binoculaire, c'est-à-dire portant deux objectifs jumeaux, convenablement établis pour donner simultanément les deux images que réclame le stéréoscope; mais hâtons-nous de dire que la réalisation de cette idée, qui renfermait le seul moyen d'arriver à la perfection, lui a paru presque impossible.

Si l'auteur du Quinetoscope, qui vient de résoudre ce problème, cite cette circonstance, ce n'est pas assurément pour se placer au-dessus de sir David Brewster dont il connaît toute la supériorité scientifique; c'est uniquement pour constater ce fait, qu'il n'y a que ce moyen de faire simultanément deux images, qui soit bon dans la circonstance qui nous occupe; ce qu'un seul exemple entre mille va prouver suffisamment, si l'on veut bien nous suivre et opérer comme nous le désirons, et faire avec nous une image du Louvre dans les circonstances suivantes.

En se plaçant au coin de la rue du Coq qui touche à la rue Saint-Honoré, on découvre de là, non-seulement toute la rue du Coq, mais encore la partie du Louvre qui lui fait face, la cour du Louvre, l'issue du côté de la Seine, le pont des Arts et enfin l'Institut avec son horloge. Si vous opérez avec le daguerréotype ordinaire, vous serez obligé de vous placer, pour obtenir vos deux images, à un coin de la rue pour la première, et à l'autre coin pour la seconde, et jamais au milieu. Il arrivera de cette nécessité que vous n'aurez, de tout ce que vos yeux verraient en vous plaçant au milieu de la rue, que ce qu'ils peuvent voir en vous plaçant tantôt sur un côté et tantôt sur un autre, et l'horloge de l'Institut, qu'on ne peut voir qu'en se plaçant au milieu, ne figurera pas sur vos images; il en sera de même de tout ce qui se trouvera sur cette ligne droite qui vous échappe, jusqu'à la conjonction des lignes qui forment le sommet de votre angle. Le temps que vous mettrez dans votre déplacement, pour obtenir vos deux images, sera plus que suffisant aussi pour changer les lumières et les ombres, il sera possible que vous en ayez une resplendissante de lumière, tandis que l'autre sera sombre par l'absence du soleil qui brillait tout à l'heure; vos images seront veuves aussi de tout ce monde qui circule; de ce lourd chariot qui pèse sur le pavé, et de ce brillant équipage qui le brûle par sa course rapide; en un mot, vous n'aurez qu'un monument au bout d'une rue déserte; rien de ce qui prête à la perspective, et rien enfin de ce qui fait le charme d'un tableau, l'animation qui résulte de ces groupes amenés là par le hasard et par autant de causes qu'il y a de personnages. Est-ce là de la perfection? — Assurément non.

Le Quinetoscope, au contraire, qui peut se placer au milieu de la rue, et qui ne se dérangera pas pour prendre simultanément et instantanément les deux images, vous donnera tout ce qui manque aux vôtres : le Louvre également éclairé; l'horloge qui orne l'Institut, et tout ce qui se trouve sur le théâtre de cette opération, hommes, chevaux, voitures, etc. Enfin, un panorama animé, au lieu d'une image triste, froide et décolorée; et si l'on est invité à choisir entre ces deux résultats, il n'est certes pas besoin de dire auquel on donnera la préférence.

Au lieu de la vue que nous venons de faire du Louvre et dans laquelle, avec le système du daguerréotype ordinaire, nous avons démontré que l'on ne pouvait reproduire ni l'horloge de l'Institut, ni les groupes, ni le premier et le dernier plan, si nous nous transportons sur la place du Châtelet et si nous nous établissons de manière à reproduire la colonne qui se trouve au milieu, il est bien vrai que le daguerréotype ordinaire verra plus que le Quinetoscope, qui ne reproduira certainement pas tel objet que lui masquera la colonne, par la raison toute simple qu'il n'est pas dans la nature de le voir, tandis que le daguerréotype, qui promène son objectif de gauche à droite ou de droite à gauche, tourne la colonne et le verra. Il sera reproduit deux fois dans ses images, et cet objet, lorsque les images seront soumises au stéréoscope, déplacera momentanément la colonne, troublera l'œil qui ne saura sur lequel des deux objets s'arrêter, ce qui faussera l'effet merveilleux que l'on a droit d'attendre du stéréoscope lorsqu'on lui soumet des épreuves bien prises.

Rien n'est plus capable d'établir combien ce système est vicieux, puisqu'il s'écarte de la vérité.

Maintenant que nous savons ce que l'on peut faire avec le Quinetoscope, voici sa description :

Le Quinetoscope diffère du daguerréotype ordinaire en ce qu'à la chambre obscure sont adaptés deux objectifs jumeaux; ils sont composés de verres qu'une heureuse combinaison rend parfaitement identiques; ils sont à foyer excentrique et convergent; ce sont eux qui, simultanément et aussi rapidement que la pensée, reproduisent sur la glace dépolie, mise à son point, les deux images stéréoscopiques avec toutes les conditions d'angles exigées par le calcul, quelles que soient d'ailleurs et la distance à laquelle on se place et les dimensions en largeur et en hauteur des objets à reproduire.

Ainsi qu'on le voit par le dessin qui se trouve plus haut, il existe, au-dessous des deux objectifs et entre eux, un bouton moteur peu apparent, qui porte au bout de sa tige un pignon agissant sur deux crémaillères en contact avec les objectifs, et détermine un mouvement de va-et-vient de ces mêmes objectifs. Si l'on tourne le bouton à gauche, les objectifs s'éloignent, si on le tourne à droite, ils se rapprochent.

A l'aide de ce mouvement de va-et-vient, et par la raison que les objectifs sur lesquels il agit sont excentriques, l'angle de convergence varie à volonté, ce qui dispense de le chercher en se déplaçant comme on le fait aujourd'hui.

On peut joindre le mouvement de rotation des objectifs imprimé par la main à celui donné par le bouton, et il sert, comme il est facile de le comprendre, puisque l'on sait que leur foyer est excentrique, à déplacer les images, jusqu'au moment où elles se trouvent convenablement placées sur la glace dépolie, ce qu'on reconnaît aisément par des points de repère représentés par des lignes verticales et horizontales, et qui indiquent sûrement la place qu'elles doivent occuper, afin qu'en les retirant de leurs châssis que l'on vient de substituer à la glace dépolie, on puisse les enlever pour passer immédiatement sous les yeux du stéréoscope, dont l'écartement est tout semblable à l'écartement des objectifs jumeaux de la chambre obscure du Quinetoscope.

Enfin, pour faciliter encore le succès de cette opération, on a mis au sommet extérieur de l'appareil une ligne qui le coupe par le milieu; cette ligne est terminée aux deux extrémités par deux petites saillies qui servent de point de mire, et elle indique avec une rigoureuse exactitude la place que l'instrument doit occuper pour tirer le meilleur parti possible de l'objet que l'on veut reproduire et de tout ce qui l'accompagne, avec autant de vérité de relief et de perspective que possible, et non pas avec cette exagération que l'on remarque dans beaucoup d'épreuves, qui, par ce seul fait, manquent du cachet artistique.

Nous croyons que cette description suffira pour indiquer un mécanisme si simple et si facile. Le premier venu peut donc prendre un Quinetoscope et le faire fonctionner aussi bien que l'inventeur même. Et, de même qu'ayant très-peu l'habitude des chiffres, on peut multiplier une somme par une autre, à l'aide du multiplicateur tout fait; de même on peut ici, sans aucune connaissance des formules géométriques, et sans chercher à se rendre compte des différences qui existent entre des angles obtus, droits ou aigus, obtenir *à priori*, avec l'instrument inventé par M. Quinet, des images parfaitement établies pour l'usage du stéréoscope.

C. G.

NOUVELLES DIVERSES.

Un assez grand nombre de tableaux, faisant partie de la collection de la feue duchesse douairière de Bedford, ont été vendus ces jours derniers à Londres. Parmi ces peintures se trouvaient des œuvres des artistes les plus célèbres de l'Angleterre : sir Landseer, sir David Wilkie, David Roberts, Nasmyth, Lance, etc. Plusieurs connaisseurs et amateurs étaient venus de Manchester, de Liverpool, de Warwick et d'autres villes de province pour assister à cette vente.

Voici les tableaux qui ont atteint les chiffres les plus élevés :

Un petit paysage, par Lee, 400 guinées; *Scène de rivage*, par Bonnington, 220 guinées; l'*Ermite*, par Landseer, 100 guinées; un paysage d'une exécution très-soignée, par Nasmyth, 400 guinées; *Vue de rivière en Ecosse*, par Landseer, d'une dimension de quatorze pouces sur dix, 198 guinées; *Campagne romaine* avec des paysans, par Williams, 109 guinées; tableau de *Fruits*, par Lance, 100 guinées; *Cabane dans le Highland* (montagnes d'Ecosse), par Landseer, 780 guinées; *Gibier*, par Landseer, peinture considérée comme une des meilleures productions de cet artiste (24 pouces sur 18), 1,200 guinées. *Trois chiens*, par le même, 225 guinées.

Les autres tableaux se sont vendus généralement à des prix élevés. Une nombreuse et importante collection de porcelaine de Sèvres et de Dresde sera vendue prochainement.

—

L'une des galeries de l'exposition à Dublin, celle du Nord, vient d'être enrichie, ces jours derniers, d'un nouveau chef-d'œuvre : c'est un service en porcelaine dont plusieurs Irlandais ont fait présent au comte d'Eglington, pour reconnaître le zèle qu'il a déployé pendant son administration de lord-lieutenant. Les figures qui ornent cet objet d'art, dont l'exécution a été confiée à l'un des plus habiles sculpteurs de Dublin, représentent le *Songe d'une nuit d'été*, de Shakespeare; on voit que l'artiste a apporté un soin extrême jusque dans les plus petits détails; les têtes des Elfes, la figure du nain Puck et celle de l'artisan à la tête d'âne sont habilement exécutées; mais on admire avant tout la scène de Shakespeare endormi sous un arbre et rêvant à son poëme, tandis que des groupes d'êtres fantastiques, représentant les songes, voltigent au-dessus de sa tête.—La fabrique de porcelaine, à laquelle l'on doit cette pièce d'un remarquable travail, a exposé tout à côté une simple assiette qui a une valeur de 1,500 liv. st. C'est un cadeau de Louis XV à la comtesse Dubarry, et cette circonstance contribue beaucoup à en augmenter le prix. La *Gazette d'Augsbourg*, à qui nous empruntons ces détails, dit qu'entre autres objets intéressant la France qui se trouvent à l'exposition de Dublin, on voit un casque de François Ier, exposé par un Français qui réside en cette ville.

(*Gazette des Beaux-Arts.*)

—

On assure que notre célèbre graveur Jazet a consenti à se charger de la gravure du délicieux tableau de Faustin Besson, *le premier amour de Bouché*.

—

M. Arago s'est mis en route pour Paris. L'état de la santé de l'honorable secrétaire perpétuel est tel que l'on a fait parvenir par le télégraphe à ses fils l'invitation de se rendre auprès de lui. Cette nouvelle a causé une douloureuse sensation dans le monde savant.

CORRESPONDANCE.

MON CHER MONSIEUR LACAN,

Veuillez me permettre de rectifier, sur un point qui me concerne, l'article que vous avez inséré dans le dernier numéro de *la Lumière*, au sujet des épreuves présentées à l'Académie des sciences par M. Bayard.

Je m'honore du titre d'élève de M. Bayard, et suis fier de celui de son associé; mais il est de mon devoir de déclarer aussi que j'apprécie à toute sa valeur l'honneur que m'a fait M. Blanquart-Evrard de s'adresser directement à moi, en janvier dernier, par l'inestimable médiation de son ami, M. Cousin, pour demander ma collaboration aux grandes publications qu'il a entreprises et qu'il dirige avec une si rare intelligence.

Veuillez agréer, etc. F.-A. RENARD.

27 juillet 1853.

Nous sommes heureux que M. Renard nous fournisse l'occasion de rectifier la dernière phrase de notre article. En disant que M. Bayard s'était associé son élève et son ami, M. Renard, pour différents travaux qui lui ont été confiés, nous paraissions oublier ceux que cet habile artiste a exécutés seul pour M. Blanquart-Evrard; mais nos lecteurs connaissent et apprécient trop bien *les Musiciens*, de Wille, *la Liseuse* et *la Tricoteuse*, de Gérard Dow, et tant d'autres productions admirables dues au talent de M. Renard, pour ne pas avoir complété d'eux-mêmes notre pensée. A.-T. L.

ERRATA.

Dans le 6e article de M. de Lacretelle, sur le *Salon*, plusieurs fautes ont dénaturé entièrement le sens : au lieu de *continuer en bonheur*, lisez : continuer ce bonheur; et au lieu de : *au vent de bien des éléments*, lisez : au vent de bien des *climats*.

Toutes les demandes et réclamations relatives au service, toutes les lettres et communications relatives à la RÉDACTION, doivent être adressées (*affranchies*) à M. Ernest LACAN, rédacteur en chef, au bureau du journal. — *Toute lettre non affranchie sera rigoureusement refusée. Les demandes d'abonnement doivent être accompagnées d'un* bon sur la poste, à l'ordre du Gérant.

Le Propriétaire-Gérant, ALEXIS GAUDIN.

TYPOGRAPHIE HENNUYER, RUE DU BOULEVARD, 7. BATIGNOLLES. Boulevard extérieur de Paris.

TROISIÈME ANNÉE. N° 32. 31 SAMEDI, 6 AOUT 1853

LA LUMIÈRE

REVUE DE LA PHOTOGRAPHIE.

BEAUX-ARTS. — HÉLIOGRAPHIE. — SCIENCES.

JOURNAL NON POLITIQUE, PARAISSANT LE SAMEDI.

BUREAUX, à Paris, 9, rue de la Perle. BUREAUX, à Londres, 6, Henman Terrace, Camden-Town.

ABONNEMENTS.—*Paris*, UN AN, 16 FR.; 6 MOIS, 10 FR.; 3 MOIS, 6 FR.; *Départements*, UN AN, 18 FR.; 6 MOIS, 11 FR.; 3 MOIS, 7 FR.; *Etranger*, UN AN, 20 FR.; 6 MOIS, 12 FR.; 3 MOIS, 8 FR.

Nous prions les personnes dont l'abonnement expire à la fin de ce mois, de vouloir bien le renouveler immédiatement, pour éviter tout retard dans l'envoi du journal.

SOMMAIRE.

SALON DE 1853.

(10e ARTICLE.)

—

MM. Ziem, Marandon de Monthyel, Jules Noel, Auguste Delacroix, Huet, Th. Rousseau, Ch. Leroux, Cicéri, Paul Flandrin, Auguste Bonheur, Léon Belly, Achard.

Le Canaletto n'est pas mort : il a revécu dans M. Ziem, qui repeint sans cesse, dans la lumière et dans la poésie, la belle Venise des anciens temps. Cette persévérance à reproduire cette merveille féerique, qui a été la realité d'un grand gouvernement, a sa récompense dans le modèle même. Venise a tellement d'aspects : l'eau qui court dans les canaux, la gondole qui se délasse dans le traghetto, ont passé devant tant de façades, d'églises et de ruelles différentes, que le pinceau ne se répète pas, en revenant toujours à cet horizon des lagunes. La grande courtisane du Moyen Age variait ses poses, pour que chacun de ses amants eût une maitresse à lui. Mais au temps les plus splendides de la seigneurie, la silhouette des maisons, desquelles tour à tour sortait un doge, comme les aigles de plusieurs nids, ne se répétait pas dans des eaux plus transparentes que celles qui ont coulé des mains de M. Ziem, pour arriver à cette couleur impossible de l'Adriatique. Ce tableau est simple et vrai comme une photographie, et éclairé comme par un de ces ciels qu'on voit dans le rêve. Le rêve et Venise vont bien ensemble. On ne rêve presque jamais que de ce qui n'est plus ou de ce qui ne sera plus !

M. Marandon de Monthyel a rendu l'humidité des soirs, dans ses *Bois de Bourbonne-les-Bains*, et M. Jules Noel, après ses deux *Vallée de Très-Auray*, est encore resté en Bretagne, d'où il a rapporté de magnifiques arbres, intelligents, causant entre eux du temps qu'il fait et des nids qu'ils bercent, et se découpant sur un ciel d'un bleu sombre.

La *Marée d'équinoxe*, de M. Auguste Delacroix, est à la fois un tableau de genre et un paysage. Les jeunes filles se groupent heureusement sur la rive, auprès des filets et des paniers, pendant que la marée arrive comme un tonnerre du fond de l'Océan : l'enfant qui a peur, s'accroche bien au rocher qu'il voudrait gravir. M. Auguste Delacroix a aussi deux autres toiles très-distinguées : une vue d'Afrique et une autre d'Espagne.

C'est dans un jour pareil, que M. Huet a contemplé aussi les *Brisants*, qu'il a si bien réussis. On entend mugir les flots sous le firmament noir. L'écume soulevée par le vent fort mouille les ailes des mouettes tournant sur les rochers. C'est une belle étude de marine, que M. Huet a complétement réussie. Il a raison d'aller des bois à la mer, c'est-à-dire vers les deux plus belles choses que Dieu ait faites. L'*Intérieur de forêt* est un autre océan de feuilles remuées. La mare, éblouissante de jour tombé des arbres qui s'entr'ouvrent, est le point lumineux de ce cadre si rempli. Les branches légères tremblent sous le rayon qui glisse en cascade. L'écorce reluit comme un miroir. L'allée profonde invite à une promenade infinie. M. Huet a respiré à pleine poitrine la poésie balsamique des bois sinueux et ondulés. C'est le peintre des retraites mystérieuses des cerfs et des chevreuils. Il les connait plus que l'oiseau qui est né sous ces feuilles, plus que le chasseur qui passe sa vie à sonner du cor de ravin en ravin. Du temps des druides, M. Huet, malgré lui, aurait été grand-prêtre.

Les vaches entrent jusqu'au poitrail dans une eau mêlée d'herbe; une ligne d'arbres fuit dans le lointain, courbée sous la brise d'une atmosphère douce et chaude. L'horizon s'en va à perte de vue et ne rencontre que des nuages. L'herbe est si fine qu'elle se laisse percer par l'eau ; l'eau est si pure qu'elle répète une fois de plus l'herbe. Les arbres ont des contours harmonieux et légers, fondus dans une lumière inépuisable. Leur panache flotte et tremble avec les mouvements d'une plume balancée par l'air. Le charme de ces *Landes* de M. Rousseau agit physiquement sur les yeux qui les regardent et leur fait du bien. L'exécution est achevée, et l'on ne pourrait lui reprocher qu'un peu de minutie. M. Rousseau a été avare des trésors de ses pinceaux. Il n'a qu'une toile; il aurait dû en avoir deux au moins, puisque M. Jules Dupré n'a rien envoyé. Nous ne sommes qu'imparfaitement consolés.

Elle nous plait cette *Prairie sur les bords de la Loire*, par M. Charles Leroux. Les nuages noirs sont arrêtés au-dessus de la rivière, dans un ciel qu'aucun souffle ne traverse. Il a plu, car l'eau est limoneuse sous les saules, et il va encore pleuvoir. Le vent n'entre plus ni dans le nuage sur le ciel, ni dans la voile sur la rivière. M. Leroux a encore un très-fier groupe d'arbres dans le *Souvenir de Pornic*.

Voici un tableau bien rempli : *le Matin*, de M. Cicéri. Les cheminées de la petite ville fument, quoiqu'il soit de très-bonne heure. Le bateau des pêcheurs rentre, et s'attache sous les arbres du rivage, en ramenant les poissons pris pendant la nuit. Quelques hommes matinaux s'accoudent sur le pont, et regardent d'en haut les laveuses qui entrent la moitié de leurs bras dans l'eau. Et le sentier serpente dans les herbes du village, emmenant sous les ombres d'alentour les habitants de la paisible cité, comme on dit dans les opéras. Plusieurs tâches s'accomplissent dans ce coin éveillé : les toits vomissent la fumée du feu qui prépare le repas; les femmes travaillent, ouvrent les fenêtres et lavent ; la rivière conduit la barque, et, quelques pas plus loin, fait tourner un moulin. Les hommes seuls ne font rien. Cette façade de petite bourgade est très-heureusement venue. M. Cicéri a éminemment la qualité de la transparence des eaux, et il l'exagère peut-être jusqu'à fatiguer la vue. Nous aurions tout autant de bien à dire du *Soir* et du *Chemin dans la forêt*. Ce n'est pas un peintre d'imagination; mais c'est un reproducteur de beaucoup d'habileté des côtés les plus séduisants de la nature arrangée.

Nous ne pouvons pas suivre M. Paul Flandrin dans toutes ses excursions au centre et au midi de la France. Chacune des stations qu'il y a faites, comme *la Rêverie* et *la Forêt*, ont été autant de pas en avant pour le grand art du paysage.

Nous n'en n'avons pas fini avec le nom de Bonheur, puisque nous devons le retrouver encore à la sculpture. Le génie de l'art s'est répandu chez tous les membres de cette famille, comme la sève dans toutes les branches d'un même tronc. Sœurs, frères, cousins, ils traduisent tous avec l'huile ou avec le ciseau la vision qui est en eux. Et l'inspiration se lève pour eux tous du même coin de la vallée. Ce sont presque toujours de douces fleurs, des prairies et des ravins, de beaux animaux qu'ils peignent ou qu'ils sculptent. Il est rare que les convives d'une seule table voient ainsi se remplir toujours la coupe qu'ils tendent, aussi souvent les uns que les autres ! M. Auguste Bonheur a encore mieux réussi que l'année dernière. Il a trois beaux tableaux, encadrant d'or la nature âpre et glacée du Cantal. Ce curé, qui s'avance à cheval, par une matinée d'automne, au bas de cette ruine dentelée pendant sur la montagne; ces bœufs, pliés sous le joug, et fendant avec le soc la terre noire de la Jordanne, le long de ces beaux arbres dans le ravin, et conduits par une femme qui les excite de la voix; ce vieux château d'Apchon, qui a dû être le théâtre de quelques siéges durant les grands jours de l'Auvergne, annoncent chez M. Auguste Bonheur un faire souple et varié, se prêtant à des compositions de plus d'un genre. M. Bonheur choisit ses paysages avec autant de goût qu'il les peint. Est-ce qu'il se laisserait conduire par sa grande sœur?

Nous nous sommes assis sur le sable, dans l'ombre claire des magnifiques palmiers, rapportés de la Syrie par M. Léon Belly. Ces trois pages d'Orient, dont l'une est des environs du Caire, sont extrêmement remarquées, et laissent une impression nouvelle au regard qui s'en empare. Les nuages d'argent flottent dans l'indigo du ciel, comme des cygnes dans le bassin bleu des sultanes. Les hauts arbres perdent et noient leurs cimes dans les montagnes violettes de la Syrie. Les petites vallées se creusent dans le bloc épais du mont. Tout cela est pur et chaud, ainsi qu'une description de Lamartine. M. Belly ira très-loin, et nous ne serions pas étonnés que dans quelques années une école le suivît par un chemin peu exploré encore. Les lyres trempées dans les flots d'une mer lointaine sont les plus sonores, et les pinceaux baignés dans les couleurs d'un autre climat sont les plus brillants. Depuis Homère, les poëtes gagnent toujours à voyager. Le cœur mûrit le style durant les longues courses, de même que le vaisseau améliore le vin qu'il transporte.

Le sentier est heureusement suivi parmi les rochers du *Dauphiné*, de M. Achard, il quitte des arbres un peu gris. C'est peut-être par là que le futur roi de France, Louis XI, allait promener ses rêves, qu'inondèrent tant de larmes et de sang.

HENRI DE LACRETELLE.

SCIENCES.

—

La séance du 1er août a été bien remplie à l'Académie des sciences. — MM. Lamée et Cauchy, membres de l'Académie, ont lu des mémoires; d'autres membres ont pris successivement la parole; MM. Regnault, Pelouze, Balard,

Biot, Combes et Flourens ont lu des mémoires ou des communications très-intéressantes. Nous pouvons, dès à présent, donner celles présentées par M. Biot sur le miroir magique, et par M. le secrétaire perpétuel Flourens sur le procédé de MM. Lerebours et Salleron.

M. de Brébisson a fait hommage à l'Académie de la seconde édition de son nouveau *Traité du collodion*, que nous avons annoncé dans le numéro du 16 juillet dernier, et dont il nous sera permis de publier quelques extraits.

Miroirs magiques. — M. Biot a présenté à l'Académie, dans la séance de ce jour, deux miroirs métalliques, dont l'un est d'origine chinoise, et l'autre fabriqué par un artiste parisien. Ils sont cylindriques, convexes et de la même grandeur que les miroirs à barbe grossissants, très-répandus dans le commerce. On sait qu'en Chine la magie et le sortilége sont en grande faveur; or, le spécimen qui était sous les yeux de l'Académie est décoré du titre pompeux de *miroir magique*. Voici pourquoi : si l'on s'y regarde à une petite distance, l'image est réfléchie dans la surface métallique, comme dans toute autre glace ordinaire; mais lorsqu'on oppose au foyer, à une plus grande distance, une feuille de papier blanc ou toute autre surface susceptible de recevoir la lumière réfléchie, on distingue alors, au milieu du disque, des figures de forme bizarre, des caractères cabalistiques, des croissants, des dragons, etc., qui causent d'autant plus de surprise que, quelques instants auparavant, ces mêmes signes étaient imperceptibles dans la glace métallique et n'altéraient nullement l'image d'abord reproduite.

On ne s'était nullement occupé, jusqu'à présent, de rechercher la cause de ce phénomène, lorsque le miroir magique ayant été mis, il y a quelques jours, sous les yeux de M. Lerebours, l'habile artiste, remontant immédiatement de l'effet à la cause, reconnut que les signes en question étaient produits par des épaisseurs, des aspérités, ou même par des parties de métal moins malléables, existant dans la plaque avant qu'elle ait été soumise à ses diverses manipulations et qu'elle ait été planée.

Ayant fait préparer, d'après ces données, une plaque dagerrienne, d'une forme identique à celle du miroir chinois, M. Lerebours en obtint la reproduction des phénomènes observés dans le *miroir magique*. Attachant, du reste, peu d'importance à un fait qui lui paraît si simple, s'il soumet à l'Académie le miroir fabriqué par un artiste français, c'est parce qu'il pense que, dans beaucoup de circonstances analogues, des faits admis sans réserve comme merveilleux, par des populations que leurs lettrés laissent croupir dans l'ignorance, perdront leur prestige dès que la science, répandue chez nous avec tant de prodigalité, sera convoquée à dévoiler par ses investigations les ruses du charlatanisme. A.-T. L.

PROCÉDÉ DE MM. LEREBOURS ET SALLERON

POUR LA REPRODUCTION EN TOUTES DIMENSIONS DES EMPREINTES PHOTOGRAPHIQUES.

Depuis longtemps on a reproduit sur plaques daguerriennes des objets microscopiques au moyen de la lumière solaire.

Les images d'objets ainsi agrandis et reproduits photographiquement nous ont donné l'idée d'appliquer cette méthode à la reproduction des épreuves de daguerréotype elles-mêmes, et d'obtenir ainsi des images beaucoup plus grandes, tout en diminuant considérablement le bagage daguerrien.

Aujourd'hui déjà nous obtenons des épreuves dont la grandeur est limitée seulement par la dimension des feuilles de papier qui se trouvent dans le commerce, et le jour où les papetiers nous donneront des feuilles de plusieurs mètres de superficie, nous ne voyons aucune difficulté pour les remplir. Voici le procédé que nous employons : notre première image négative est obtenue sur une glace albuminée ou recouverte d'une couche de collodion photogénique. Sur cette épreuve nous projetons, au moyen d'un miroir, les rayons parallèles du soleil. Un appareil optique spécial amplifie cette image et la projette sur un écran placé à distance; c'est sur cet écran que nous appliquons notre papier préparé positivement. Nous obtenons, par ce moyen, une image positive d'une dimension considérable, tout en supprimant la chambre noire et tout le bagage encombrant qui accompagne l'artiste dans ses excursions; nous lui laissons seulement un appareil en miniature avec lequel il peut opérer instantanément, et, à son retour dans son atelier, il peut reproduire ou faire reproduire ses clichés de telle dimension qui lui convient.

Les épreuves que nous avons déjà obtenues par ce moyen nous ont prouvé qu'on peut, en employant du papier très-impressionnable, produire des épreuves positives instantanément.

Si l'on ne pouvait disposer de la lumière solaire, on pourrait employer les lumières électrique et de Drummond; l'expérience nous a prouvé qu'on peut, par ce moyen, obtenir des images dans un temps très-court.

A M. le président de l'Académie des sciences.

Nous lisons dans les comptes-rendus de la séance du 25 juillet dernier, une communication de M. Heilmann relative à un nouveau mode de reproduction des images photographiques. Le procédé n'est pas aussi nouveau que M. Heilmann semble le supposer. Nous l'avons employé nous-mêmes il y a longtemps, et le 25 octobre dernier nous avons déposé à l'Académie un paquet cacheté contenant la description d'un procédé analogue. Nous vous prions, monsieur le président, de vouloir bien en faire l'ouverture, afin d'établir notre priorité à cet égard.

Au reste, nous n'attachons pas une grande importance à ce procédé; car sa principale application, la reproduction amplifiée des images négatives, nous semble peu avantageuse. En effet, quand une négative est amplifiée plus de trois ou quatre fois, elle perd considérablement de sa netteté et surtout de ses détails, quoiqu'elle ait été obtenue sur verre et soit douée d'une finesse remarquable; nous ne partageons donc pas l'opinion de M. Heilmann, qui trouve ces reproductions plus belles que l'original.

Les comptes-rendus ne mentionnent pas la manière dont M. Heilmann éclaire les images négatives. Nos premiers essais ont été tentés en dirigeant notre appareil vers la lumière des nues; mais avec les préparations de papiers négatifs alors connues, nous n'obtenions pas une rapidité suffisante, c'est pourquoi nous avons eu recours à la lumière solaire.

Nous avons l'honneur d'être, etc.

N.-P. Lerebours. J. Salleron.

PUBLICATIONS.

JERSEY ET LES ILES DE LA MANCHE

VERS ET PROSE; PHOTOGRAPHIES ET DESSINS.

Vers par Victor Hugo; prose par Auguste Vacquerie, Charles Hugo et François Hugo.

Photographies par Ch. Hugo; dessins par Victor Hugo.

Il y a près des côtes de France, à six ou sept lieues de Granville, un groupe d'îles dont les deux principales seulement sont connues, et encore ne le sont-elles que de nom, Jersey et Guernesey; les autres portent des noms sauvages comme elles, Gettao et Serk. De Jersey et de Guernesey personne en France ne sait rien. Et pourtant quel plus charmant rendez-vous pour les touristes et pour les voyageurs de la saison des bains? Ce sont deux corbeilles de granit pleines de fleurs; quand vous les apercevez de la pleine mer, elles vous apparaissent hérissées et formidables, dressant contre le vent du nord et les vagues de l'Océan des murailles inexpugnables; quand vous y débarquez, elles vous accueillent en souriant, avec des brises odorantes et des perspectives de verdure.

Voulez-vous la Bretagne avec ses rochers inaccessibles, ses plaines de bruyère, son terrible voisinage de l'Océan et jusqu'à ses mystérieuses constructions druidiques? allez au nord de Jersey, à Sainte-Brelade, à Plémont, au Pinacle; préférez-vous la Normandie avec ses pâturages d'émeraude, où paissent de graves et belles vaches? allez à Saint-Aubin, à Saint-Clément, dans la vallée de Saint-Pierre. Quant à Serk et à Gettao, c'est inouï et merveilleux; c'est la Chine à huit lieues de la France. Un fait peut suffire pour peindre ces deux nids de pirates et de cormorans: dans l'un, il y a 600 habitants, dans l'autre, il y a *deux* habitants. A Serk on entre par un trou! L'île est à pic dans la mer; elle y plonge de toutes parts une muraille de rochers; le port s'appelle le *creux*, l'entrée de l'île est une roche percée sous terre; on ne passerait pas trois de front dans cette ouverture bizarre.

La nature semble avoir jeté ses plus belles fleurs, répandu ses plus doux parfums, ses plus poétiques couleurs sur ces îles, isolées à quelques heures de France, au milieu des vagues qui ne leur apportent du continent que de lointains échos.

Voilà en quelques mots ce qu'est le groupe d'îles que MM. Hugo ont choisi pour sujet d'un livre et d'un album photographique. Certes on voit que les inspirations ne manqueront pas à l'écrivain, ni les sites pittoresques, grandioses ou charmants au photographe. Or, MM. Charles et François Hugo sont photographes; ils ont le droit d'être classés dès maintenant au premier rang parmi ceux qui pratiquent cet art. Nous avons vu d'eux de délicieuses scènes empruntées à ce petit monde ignoré qu'ils habitent, nous avons vu de beaux portraits que nos plus habiles artistes auraient voulu signer.

La publication qu'ils préparent sera composée de la manière suivante :

Un livre avec des vers et des dessins, un album avec un texte et des vues photographiques. Le premier sera tiré à un grand nombre d'exemplaires et mis à un prix accessible à toutes les bourses; le second sera un ouvrage de luxe, tiré sur papier magnifique, de grand format, et s'adressera, en raison des frais qu'il aura nécessités, aux bourses de la société d'élite.

On comprend avec quel plaisir nous annonçons d'avance cette publication, dans laquelle la photographie aura une place si large et si importante.

Quant au succès qui attend cet ouvrage, si neuf de conception, nous croyons qu'il sera immense. Bien que le ciel qui inspire aujourd'hui les vers de Victor Hugo ne soit plus le ciel de la Grèce ou de l'Espagne, sa voix n'en est pas moins celle qui a chanté ces *Orientales*, que le monde entier répète depuis vingt ans; seulement elle est mûrie par l'âge, et attristée par l'exil.

Et puis, ceux qui connaissent comme nous ces dessins étranges, fantastiques, pleins de grandeur et de poésie qu'il avait tracés entre deux strophes et qu'il laissait voir quelquefois dans la demi-ombre de son salon, doivent juger avec quelle énergie saisissante, il a su reproduire les sites sauvages et ossianiques de Jersey. Il y aura quelque chose de délicieux dans cette prose jeune, vive et colorée de Vacquerie, de Charles et de François Hugo, entre-mêlée çà et là d'une strophe du grand poëte et d'un dessin du grand artiste, comme une guirlande de fraîches et brillantes fleurs où l'on aurait semé de purs diamants.

En somme, la publication de MM. Hugo sera un grand événement pour la littérature et pour la photographie.

Ernest Lacan.

Nous avons vu plusieurs épreuves très-remarquables de M. Millet. Nous en rendrons compte dans notre numéro de samedi prochain.

CORRESPONDANCE.

ÉPREUVES POSITIVES SUR VERRE.

EMPLOI DU DEUTOCHLORURE DE MERCURE. COLLODION BROMURÉ.

Nérac, 12 juillet 1853.

Monsieur,

Vous avez publié dans le journal *la Lumière* du samedi 9 juillet un article plein d'intérêt sur le développement des épreuves positives sur verre. Vous espérez, dites-vous, arriver à remplacer l'acide pyrogallique par les sels de fer, pour les épreuves négatives, et vous ajoutez que jusqu'à ce jour on n'est pas parvenu, à l'aide du sulfate de fer, à produire des ciels d'un noir intense.

Des études très-longues, sur le moyen de développer l'image des clichés au collodion, m'ont permis d'arriver à ce résultat, et dans aucun cas je ne me sers d'acide pyrogallique.

Voici le procédé qui m'a toujours parfaitement réussi; s'il vous paraît digne d'intérêt, veuillez en faire part à vos lecteurs.

La composition du collodion n'est pas de première importance. Toutes les formules sont bonnes, pourvu que l'enduit ne se détache pas dans les différents bains et qu'il ne se gerce pas par la dessiccation.

On arrive aisément à ces deux résultats en iodurant faiblement le collodion et l'étendant d'une quantité suffisante d'alcool et d'éther.

Voici une formule très-simple, qui réussit très-bien :

Alcool rectifié............	5 gr.
Collodion du commerce...	5 gr.
Ether sulfurique.........	20 gr.
Iodure de potassium sec...	0 gr. 10 c.

L'épreuve se développe d'abord dans le protosulfate de fer, additionné, comme à l'ordinaire, de quelques gouttes d'acide sulfurique. Je me sers avec succès, pour cette opération, d'une cuvette verticale en faïence ou en gutta-percha, je lave légèrement l'épreuve, et j'en augmente la vigueur d'une façon extraordinaire par l'opération suivante. Elle acquiert alors dix fois plus d'intensité, et les ciels des paysages particulièrement deviennent d'un noir très-opaque.

Je plonge l'épreuve dans un bain d'eau saturée de deutochlorure de mercure. Si la température est froide, il est bon de faire tiédir le bain; on peut le chauffer sans inconvénient jusqu'à 30 degrés. Au bout d'une à deux minutes l'image devient positive, le mercure se précipitant sur les sels d'argent réduits par la lumière et formant un amalgame. Je retire l'épreuve du bain avant qu'elle s'empâte, et après l'avoir lavée et placée sur un support je verse dessus une solution d'ammoniaque au 10me, qui convertit les précipités d'argent et de mercure en oxydes d'un noir très-intense et dissout l'iodure resté libre. L'image se trouve ainsi parfaitement fixée; il ne reste qu'à la laver, la gommer légèrement, et la laisser sécher à l'abri de la poussière. L'hyposulfite de soude et le cyanure de potassium produisent sensiblement la même réaction que l'ammoniaque.

Si je veux obtenir moins de vigueur et plus de douceur dans le modelé, je renforce d'abord l'image, au sortir du sulfate de fer, par l'acide gallique concentré à chaud, selon la méthode de M. Bertsch, et j'opère ensuite comme je viens de l'indiquer.

Je joins à ma lettre un portrait obtenu à l'aide de ce rocédé.

J'ai l'honneur d'être, etc.

M. Lespiault, peintre.

P. S. Le n° de *la Lumière* du 16 juillet donne un procédé de collodion au bromure de cadmium. Je crois devoir réclamer en faveur de M. Pascalis, ingénieur, employé au chemin de fer du Midi, la priorité de l'application du brôme au collodion pour lui donner plus de rapidité. M. Dodero, peintre habile de Marseille, emploie ce procédé journellement avec le plus grand succès.

Voici en peu de mots le procédé de M. Pascalis :

Dans un flacon contenant 15 gr. de brôme pur, on verse avec précaution, pour éviter la projection du liquide, 30 gr. d'éther sulfurique.

On prend 5 gr. de cette première solution, on les ajoute à 100 gr. d'éther et l'on verse de 6 à 10 pour cent de cette dernière liqueur dans du collodion préparé comme à l'ordinaire. Celui de M. Pascalis contient de l'iodure double d'argent et de potassium et une petite quantité d'iodure d'ammonium.

Les épreuves obtenues à l'aide de ce procédé sont admirables de finesse et donnent des demi-teintes parfaites. Le temps d'exposition à la lumière diffuse est ordinairement de 10 secondes.

M. L.

—

Le portrait que M. Lespiault nous a envoyé est en effet d'une grande vigueur, bien que les demi-teintes aient conservé toute leur valeur.

Monsieur le rédacteur du journal *la Lumière*.

J'ai lu, dans votre journal du 30 juillet dernier, un article intitulé : *Nouveau procédé de MM. J.-J. Helmann et John Stewart pour la reproduction de toutes dimensions d'empreintes photographiques*, et comme je me crois à bon droit le véritable inventeur de ce nouveau procédé, je crois devoir y répondre, en vous priant de vouloir bien insérer cette réponse dans votre plus prochain numéro.

J'ai pris, le 25 février 1853, pour la France, la Belgique, l'Angleterre et les Etats-Unis d'Amérique, un brevet de quinze ans pour perfectionnements à la photographie en général; parmi ces perfectionnements figurait un moyen de reproduire, dans toutes les dimensions, les empreintes photographiques.

Permettez-moi, pour preuve de ce que j'avance, d'extraire de mon brevet principal et de mon brevet d'addition ce qui a trait à la question qui nous occupe, et d'y arriver sans autre préambule, pour ménager autant que possible l'espace précieux de votre journal.

La première chose que l'on peut voir en déployant mon brevet est ceci, à propos des moyens employés à l'agrandissement des images par transparence :

« Ces moyens consistent dans un nouveau système « d'appareils photographiques auxquels je donne le nom de « Quinetoscope, et qui apporte une grande perfection dans « les épreuves stéréoscopiques dont *je puis à volonté augmenter les dimensions*, avec une pureté de lignes inconnue « jusqu'à ce jour, à l'aide de l'appareil décrit (fig. 5), comme aussi obtenir *dans toutes les dimensions* des épreuves « positives avec des négatives, et des négatives avec des « positives, sans préjudice à toute épreuve photographique « qui se prête également à ce même résultat, et que j'obtiens indifféremment par la lumière du jour ou la lumière factice.»

Et plus loin :

« Les images obtenues sur glace, verre ou papier, vues « par transparence, sont négatives, et à l'aide de ces images « que l'on appelle clichés, on obtient, par les procédés « ordinaires et au moyen de la lumière naturelle du jour « ou du soleil souvent nécessaire pour cette opération, « des épreuves positives; mais elles ne peuvent jamais « être que de la même grandeur des clichés; tandis qu'à « l'aide de mes procédés j'obtiens, non-seulement des « images de la même grandeur que les clichés, mais encore « je les obtiens plus petites ou plus grandes à ma volonté, « et j'opère aussi bien avec la lumière factice de la lampe, « du gaz ou de la lumière électrique, qu'avec la lumière « du jour ou du soleil.

« Les appareils dont je me sers pour arriver à ce résultat se composent d'un corps de tube rond ou carré, plus « long que gros, et dans lequel je place le cliché dont je « veux obtenir des épreuves, entre un objectif et un verre « dépoli; et dans de certaines conditions je supprime le « verre dépoli, ou l'objectif, suivant que le cliché à reproduire le permet.

« Si c'est à la lumière du jour que je veux opérer, je place « tout simplement ce tube, disposé comme je viens de le « dire, à un trou réservé dans un volet de croisée d'un « cabinet noir, et je ne laisse pénétrer le jour qu'à travers « le tube et, par conséquent, le cliché qui se trouve dans « l'intérieur, soit entre l'objectif et le verre dépoli, soit « seul (voir figure 5).»

Cette description et surtout le plan qui y est annexé sont fort suffisants pour faire connaître que M. Helmann ne vient qu'après moi indiquer la manière d'obtenir de grandes images avec des clichés fort petits; seulement la forme de l'appareil de M. Helmann, au lieu d'être ronde ou carrée, a subi un rétrécissement dans son milieu, et il est bordé de lignes que l'on ne comprend pas et dont l'usage n'est pas expliqué.

Cette description d'ailleurs est plus explicite encore dans mon brevet d'addition, qui a suivi de fort près le brevet principal, et, malgré mon désir d'être court, je vous demande la permission de la faire connaître.

Cette description, la voici :

« Mon appareil consiste dans l'emploi d'une chambre « noire à double tiroir, dans l'intérieur de laquelle est « placé l'objectif (voir le plan indicatif ci-annexé, « fig. 1re de la planche 2me).

« Les lettres AAAA indiquent la chambre noire et sa « forme. BB indiquent les deux rallonges sur lesquelles « viennent coulisser les deux tiroirs CC et DD. E est un « cliché en verre, glace, papier ou toute autre matière « transparente, sur lequel se trouve une image quelconque « obtenue soit par le daguerréotype, soit faite à la main, « soit de toute autre manière. F est un châssis à glace « dépolie qui s'abaisse devant le cliché E, afin de pouvoir, « dans certains cas, rendre plus diffuse la lumière qui doit « se tamiser au travers dudit cliché, empêcher le vacillement inséparable de l'emploi d'une lumière factice « si l'on se sert de cette lumière, et parce que même la « lumière naturelle a souvent besoin aussi d'être également répartie sur la surface entière du cliché, condition indispensable si l'on veut obtenir une bonne « épreuve, que l'on n'aura jamais si le milieu du cliché « est plus éclairé que les bords. GG est un objectif de daguerréotype, soit simple, soit combiné pour vues ou « pour portraits, avec ou sans diaphragme. Cet objectif est « placé à l'intérieur et au milieu de l'appareil, à égale « distance du cliché E et de la glace dépolie II qui se « trouve adaptée au tiroir C. I est la planchette ordinaire à coulisse, ainsi qu'elle existe toujours dans le « châssis où se trouve la plaque ou toute autre matière « sensibilisée sur laquelle doit venir se former la reproduction de l'image du cliché E; cette même planchette « doit s'abaisser aussitôt que l'on suppose l'opération terminée. JJ représente une cloison qui sépare en deux la « chambre noire, au milieu de laquelle est placé l'objectif. « Cette planchette-cloison JJ peut être fixe ou mobile, de « manière à pouvoir rapprocher ou éloigner à volonté l'objectif du cliché E que l'on veut reproduire, et par « contre le rapprocher ou l'éloigner de la glace dépolie « II. KKK est un appareil de lumière factice obtenue par « l'électricité.

« On comprend facilement que la lumière, soit naturelle, soit factice, venant frapper et se tamiser à travers « le cliché E, l'objectif reproduira l'image de ce cliché « sur la glace dépolie II, et, par conséquent, après l'absence de la glace dépolie, sur la plaque ou toute autre « matière sensibilisée sur laquelle on voudra faire cette « reproduction, tout à fait de la même grandeur que le « cliché; que, plus on rapprochera la cloison JJ avec « son objectif GG du cliché E, en même temps qu'on éloignera le tiroir CC, plus sera grande la dimension de « l'image reproduite sur la glace dépolie d'abord, et ensuite sur la plaque ou toute matière sensibilisée qu'on « lui substituera.

« Si, au contraire, on opère à l'inverse, c'est-à-dire si « on rapproche le tiroir CC et la cloison JJ avec son objectif GG l'un vers l'autre, en même temps que l'on « écartera le tiroir DD, les images se reproduiront plus « petites que le cliché E. »

Qui peut douter maintenant que le procédé que M. Helmann croit nouveau soit bien positivement la reproduction des indications contenues dans mon brevet? Je suis heureux, du reste, que *la Lumière* en ait rendu compte, puisque cela me permet de réfuter aujourd'hui des prétentions sans valeur, et de conserver mon invention, qui se trouve sous la sauvegarde de la loi, et qu'il est impossible de me contester.

J'ai l'honneur d'être, etc. A. Quinet,
rue Saint-Honoré, n° 166.

P. S. J'oubliais de faire une remarque qui n'est pourtant pas sans importance, c'est que M. Helmann ne paraît être parvenu, jusqu'à présent, qu'à grandir ses images de deux, trois et quatre fois au plus, tandis que j'ai indiqué le moyen de faire un portrait de grandeur naturelle.

Monsieur,

Depuis quelques jours mes amis et mes élèves de province semblent se donner le mot pour m'adresser force questions à l'endroit d'un procédé photographique nouveau, soi-disant en vogue à Paris, et à l'aide duquel on obtiendrait, leur assure-t-on, des épreuves directes, indélébiles, exécutées séance tenante sur papier, sur toile, sur soie, etc., sans lavages et sans clichés négatifs, etc.

Permettez-moi d'avoir recours à la publicité de votre journal pour leur répondre : 1° que malheureusement la photographie ne possède pas encore de procédé aussi miraculeux; 2° qu'un peu de réflexion de leur part les aurait de suite mis à l'abri des séductions d'une pareille annonce. Ils ne peuvent avoir oublié qu'il y a plus d'un an, je me suis empressé de leur démontrer, avec soin, tout ce que je savais de relatif au collodion et à son emploi. Ils ont donc vu que sur glace collodionnée on obtient deux espèces d'images différentes : l'une négative, ou cliché devant servir plus tard à la reproduction multiple; l'autre positive, directe, destinée à être conservée comme type unique à l'instar de la plaque dont elle a, du reste, l'effet lorsqu'on l'examine sur un fond noir.

Ils savent encore que la pellicule de collodion peut être

facilement séparée de la glace et transportée sur toute autre surface donnée.

Or, là est tout le mystère, tout le secret... Qu'à l'aide du sulfate de fer, du cyanure d'argent, ou du bichlorure du mercure, on obtienne d'abord une bonne épreuve positive sur glace collodionnée, que par les moyens ordinaires et connus de tout le monde on la transporte ensuite sur un fond noir quelconque, on aura de suite le résultat proposé, c'est-à-dire une épreuve directe, redressée, sur papier, sur étoffe, laquelle pourra se colorier comme toute autre sur plaque, se vernir, se laver, sans crainte de détérioration, etc.

L'image ainsi décalquée ou appliquée perd beaucoup de la beauté qu'elle offre sur la glace; sa nuance devient gris plombé, elle est sombre et d'un aspect tout à fait insupportable lorsque l'épreuve transportée sur toile ou taffetas laisse apercevoir à sa surface les rugosités ou les dessins du tissu; en un mot, je n'attacherais pas, pour mon compte, grand prix à un pareil procédé, et si j'en parle ici, c'est uniquement pour répondre à ceux qui me demandent mon avis.

Si cependant, Monsieur, vous pensiez que la publication des moyens que j'emploie soit de quelque utilité pour vos abonnés, je me ferai un plaisir de vous les communiquer dans votre prochain numéro.

Agréez, etc.

EDMOND FRUIT.

—

L'annonce à laquelle M. Fruit fait allusion dans la première partie de sa lettre est contenue dans une circulaire que MM. Wulff et Cᵉ ont répandue dans tous les coins de Paris, de la France et même de l'étranger. Si elle n'était signée, nous croirions qu'elle vient d'Amérique.

Elle a déjà donné lieu à un assez grand nombre de communications de la part de nos abonnés; elle a mis en émoi la plupart des photographes qui l'ont reçue; elle est presque un événement. Aussi croyons-nous devoir prier instamment MM. les artistes d'attendre, avant de s'inquiéter, la publication de notre prochain numéro, dans lequel nous dirons tout ce que nous savons à ce sujet.

STATISTIQUE DE LA PHOTOGRAPHIE.

(18ᵉ article).

Des objectifs. — L'objectif est l'intermédiaire indispensable entre le modèle et son image. Il a de plus à remplir deux fonctions considérables, la transmission plus ou moins fidèle des rayons lumineux qui sont dans la direction de l'objet à reproduire ou de la personne à représenter, et la régularisation presque facultative des images, sous les rapports de la pureté et de la grandeur, au moyen d'accessoires dont nous allons parler bientôt, et que l'on doit considérer comme parties intégrantes de l'objectif. On le voit, de ses qualités dépendent celles de l'épreuve.

L'objectif est à la chambre noire ce que le tube de compression de la vapeur est au mouvement de la machine. Pourtant on essaya de supprimer l'un et l'autre. L'appareil alors se composait principalement d'un miroir périscopique étamé qui, recevant l'image, la réfléchissait sur la plaque. Par conséquent, elle se trouvait redressée; mais l'extrême difficulté d'une mise au point, qui ne peut être réglée que par voie de tâtonnement, l'impossibilité d'opérer sur une plaque de grandeur raisonnable, sans augmenter démesurément les proportions du miroir, le manque absolu de netteté, se sont opposés d'une manière désespérante à l'obtention des résultats même les moins passables. Joignez à ces inconvénients, qui déjà rendent l'exécution chimérique, le volume incommode et embarrassant de l'appareil, et son prix excessif, exorbitant même; c'était au moins deux fois trop pour le faire abandonner, malgré cette bienveillance généreuse et cet encouragement d'initiative dus à tout effort d'amélioration.

On revint donc à l'objectif et à la chambre noire.

Si la chambre noire et les autres accessoires de l'appareil ont été et sont tous les jours encore l'objet de perfectionnements et de découvertes, ou au moins de tentatives et de recherches, l'objectif, plus que tout autre, a excité, à juste titre, l'émulation des savants les plus consciencieux comme celle des praticiens les plus habiles et les plus expérimentés, et à Paris le nombre est grand des uns et des autres. Malgré l'importance des autres branches de l'optique, tous les opticiens, ou presque tous, ont à cœur, et ce, à la gloire de la photographie, de faire des objectifs. C'est leur brevet de capacité. Cependant bien peu d'objectifs, et surtout parmi les objectifs français, sont excellents et réunissent pour le manipulateur certaines conditions minutieuses de lui seul connues. C'est que difficile est l'art, délicate est la matière, et impossibles les chances d'un succès complétement victorieux des difficultés inhérentes à la forme et à la nature de ce qui compose l'objectif et concourt à en faire obtenir les résultats. Souvent aussi la science n'a pas le temps, les moyens ou les occasions de la pratique, et celle-ci, les révélations de la science.

Ainsi, l'achromatisme que nous devons à Dollond, célèbre opticien anglais, à la rigueur n'est jamais parfait; car, lors même que l'on parvient à faire coïncider les rayons émergents, rouges et violets, par exemple, et, comme on sait, deux des couleurs de la lumière passée à travers les lentilles de l'objectif, ceux des autres couleurs peuvent bien en être encore séparés, puisque les différences de réfrangibilité ne restent pas les mêmes dans les milieux de diverses natures.

Les rayons de lumière qui ont traversé une lentille n'ont pas non plus rigoureusement un point unique pour foyer; mais les rayons les plus éloignés de l'axe s'écartent sensiblement de ce point: c'est ce qu'on nomme l'aberration de sphéricité. On diminue beaucoup cette confusion, en plaçant devant la lentille un diaphragme pour arrêter les rayons de ces bords. C'est un disque métallique, percé d'un trou central, que l'on fixe à la partie extérieure de l'objectif, et qui laisse passer les rayons lumineux les plus voisins de l'axe de la lentille, tandis que les rayons latéraux sont interceptés par la partie pleine du diaphragme.

L'objectif allemand de Voigtlander, de Vienne, malgré ces lois d'imperfection, est d'une supériorité incontestable, d'une netteté et d'une précision bien voisines de ce que l'on peut désirer. Un autre objectif, dû au talent modeste d'un de nos opticiens de Paris, réunit aussi bien de ces qualités fondamentales.

Dans la construction des premiers objectifs, on a cherché les rapports de mesure entre la longueur du foyer et les grandeurs de la plaque. On a établi la formule suivant cette proportion : La plus grande dimension de la plaque doit être à la longueur focale comme l'unité est à deux. On a trouvé de plus que le diamètre du diaphragme doit avoir environ le septième de la longueur focale; ce qui prouve surabondamment que l'on ne peut pas exiger d'un objectif plus qu'il ne doit faire produire; et même il arrive souvent qu'avec ceux dits plaque entière, plaque demie, plaque quart, on n'obtient pas d'épreuves convenables de la dimension que comportent la mesure de la plaque et l'indication de la grandeur de l'objectif, mais bien dans celles inférieures; en d'autres termes, que l'on fait de magnifiques demies avec l'objectif plaque entière, et des quarts irréprochables avec l'objectif demi, et ainsi de suite.

Les deux formules que nous venons d'énoncer ne s'appliquent qu'aux objectifs destinés à faire reproduire des points de vue ou des objets éloignés. Mais, comme ce n'est que la partie la moins intéressante du daguerréotype, par rapport aux portraits et aux groupes d'objets d'art, et qu'il faut pour ces derniers opérer de plus près, on a raccourci les foyers en conséquence, et suivant des proportions qui au service de cette partie essentielle, dérogent singulièrement aux conditions proposées d'après les premières expériences.

On a perfectionné, on a compliqué ou simplifié, puis on est enfin arrivé à l'objectif double, système allemand, où la puissance est pour ainsi dire doublée, comme l'indique son nom, parce qu'il concentre sur la plaque un foyer de lumière d'une très grande intensité, et que le champ de l'image s'y agrandit. L'objectif allemand de Voigtlander devait couronner dignement tous ses efforts, en se plaçant à la tête des instruments les meilleurs.

Les défauts les plus communs aux objectifs sont les stries, ce que l'opticien appelle les fils, l'imperfection de l'achromatisme, le manque de cette transparence que le lapidaire nomme une belle eau, et enfin une trop grande aberration de sphéricité. Il y a bien aussi le double foyer, à peu près inévitable dans les objectifs allemands. Nous avons dit plus haut les difficultés de vaincre ces inconvénients et les impossibilités à triompher tout à fait de quelques-uns.

Maintenant, pour notre statistique, devons-nous détailler les différentes parties de l'objectif; chercher le poids du verre qui entre dans les lentilles et la quantité de cuivre jaune qui s'emploie dans la monture? Non! Ce travail, qui pouvait avoir quelque intérêt à propos des plaques, parce qu'il rentrait dans la question des matières premières, ne saurait en exciter ici et semblerait même une vulgarité, au point où nous en sommes de la question éclairée et scientifique. Nous allons donc établir ce qu'il se vend d'objectifs par année, sans autres distinctions, sans autres classements que ceux qui nous sont offerts naturellement par les grandeurs d'usage et les dénominations reçues.

L'objectif est simple ou composé; simple, il est pour vues et paysages; composé, il est pour portraits. L'objectif allemand, outre ces distinctions, est encore rapide ou demi-rapide; rapide pour portraits, et alors quart et sixième de plaque seulement, il opère quatre fois plus vite que les autres objectifs allemands; demi-rapide pour portraits et pour vues, et alors, demi-plaque seulement, il opère en un tiers moins de temps que les autres objectifs allemands, et les vues sur plaque entière sont nettes jusqu'au bord.

J.-D. DU VERNAY.

(*La suite au prochain numéro.*)

C'est le 14 juillet qu'a été ouverte avec la plus grande solennité, par le président Franklin Pierce, l'exposition universelle de New-York. L'estrade était occupée par les hauts fonctionnaires des États-Unis, les généraux, les évêques, les commissaires des différents États de l'Union, les ministres des nations étrangères. M. Pierce, accompagné de ses ministres, est monté sur l'estrade vers deux heures pour occuper le siége qui lui avait été réservé, au milieu des acclamations des quatre à cinq mille personnes qui se trouvaient dans l'enceinte. (*Siècle*).

L'École royale des Beaux-Arts de Munich vient de perdre le doyen de ses professeurs, M. Wilhelm de Kobell, décédé le 14 juillet, à l'âge de quatre-vingt-huit ans. M. Kobell avait acquis de la célébrité comme peintre de bataille; il avait été peintre de cabinet du feu roi de Bavière, Maximilien Iᵉʳ.

ERRATA.

Dans l'avant-dernier article SALON, on avait mis *Jean Faust*, il faut lire *Jean-Paul*.

Toutes les demandes et réclamations relatives au service, toutes les lettres et communications relatives à la RÉDACTION, doivent être adressées (*affranchies*) à M. Ernest LACAN, rédacteur en chef, au bureau du journal. — *Toute lettre non affranchie sera rigoureusement refusée. Les demandes d'abonnement doivent être accompagnées d'un* bon sur la poste, à l'ordre du Gérant.

Le Propriétaire-Gérant, ALEXIS GAUDIN.

TYPOGRAPHIE HENNUYER, RUE DU BOULEVARD, 7. BATIGNOLLES
Boulevard extérieur de Paris.

TROISIÈME ANNÉE. N° 33. SAMEDI, 13 AOUT 1853.

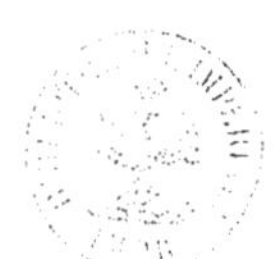

LA LUMIÈRE

REVUE DE LA PHOTOGRAPHIE.

BEAUX-ARTS. — HÉLIOGRAPHIE. — SCIENCES.

JOURNAL NON POLITIQUE, PARAISSANT LE SAMEDI.

BUREAUX, à Paris, 9, rue de la Perle. BUREAUX, à Londres, 6, Henman Terrace, Camden-Town.

ABONNEMENTS.—*Paris*, UN AN, 16 FR.; 6 MOIS, 10 FR.; 3 MOIS, 6 FR.; *Départements*, UN AN, 18 FR.; 6 MOIS, 11 FR.; 3 MOIS, 7 FR.; *Etranger*, UN AN, 20 FR.; 6 MOIS, 12 FR.; 3 MOIS, 8 FR.

Nous prions les personnes dont l'abonnement expire à la fin de ce mois, de vouloir bien le renouveler immédiatement, pour éviter tout retard dans l'envoi du journal.

SOMMAIRE.

ÉPREUVES POSITIVES

SUR VERRE, SOIE, TOILE CIRÉE, ETC., ETC.

RÉPONSE A MM. WULF ET Ce.

Nous avons, dans notre dernier numéro, pris deux engagements vis-à-vis de nos lecteurs, 1° de publier le procédé de M. Fruit pour obtenir des épreuves positives sur verre ; 2° de fournir tous les renseignements que nous aurions pu recueillir sur la découverte de MM. Wulf et Ce, qui doit, selon eux, faire une si grande révolution dans l'art photographique.

Nous allons satisfaire à ces deux engagements en faisant l'historique de cette question, la *question d'Orient* de la photographie.

Donc, un beau matin, MM. les photographes de Paris et de la province, de l'étranger même, reçoivent une circulaire qui les jette dans le plus grand émoi. On commençait par énumérer dans cette communication, pour les exagérer, les inconvénients du daguerréotype sur plaque et de la photographie sur papier qui n'avaient jamais, disait-on, produit rien de passable. — On voit que nous aurions eu plus d'une raison de croire que cette circulaire venait d'Amérique. Celui qui l'avait écrite ne connaissait évidemment pas les travaux de MM. le baron Gros, le comte Aguado, Plumier, Vaillat, Gouin, Sabatier, Thompson, Millet, Andrieux, de Paris ; Claudet, Kilburn, de Londres ; Durand, de Lyon ; Armande, de Bordeaux ; Simonet, de Boulogne, pour la plaque ; ni ceux de MM. Bayard, Le Gray, Baldus, Nègre, Le Secq, pour le papier. — Mais continuons.

Après avoir ainsi posé en principe qu'en résumé, Daguerre, Talbot et Niépce de Saint-Victor n'avaient pas fait grand'chose de bon, on disait :

« Le procédé que nous venons vous offrir aujourd'hui n'a aucun des inconvénients que nous venons de vous signaler. Il est simple, facile, et les résultats ne laissent rien à désirer : il possède, en outre, les avantages suivants :

1° De donner des épreuves sur papier, sur soie, sur toile, etc.

2° De ne pas se détériorer par le contact. On peut essuyer l'épreuve et même la laver sans qu'elle soit aucunement dégradée, ce qui permet d'envoyer un portrait dans une lettre, de le mettre dans un portefeuille, de faire des albums, etc.

3° D'économiser une quantité de boîtes, de flacons, d'ustensiles et de dissolutions.

4° De permettre aux opérateurs de livrer un portrait séance tenante.

5° De pouvoir se colorier, soit avec des couleurs en poudre, comme la plaque, soit autrement.

6° Enfin d'être infiniment meilleur marché.

Nous avons pensé, disait-on en terminant, qu'un procédé réunissant tous ces avantages était digne de vous être présenté. Nous espérons que vous encouragerez par votre concours une innovation qui promet *tant d'avenir* à ceux qui l'adopteront.

Ainsi on obtient, au moyen du fameux procédé, des épreuves sur papier, — ceci n'est pas positivement nouveau, — sur toile, sur soie : — nous verrons tout à l'heure si cela l'est davantage. On peut envoyer les épreuves dans des lettres : — nous en recevons tous les jours depuis longtemps de la même manière, qui sont obtenues par les anciens procédés. On peut faire des albums : — on en a toujours fait. Nous avons toujours eu, *séance tenante*, les portraits sur plaque qu'on a faits de nous, et tous les photographes savent comment on colorie avec des couleurs en poudre, à l'aquarelle, au pastel, etc.

Mais ce qu'on n'avait pas encore trouvé, c'était un procédé qui promît *de l'avenir* à ceux qui l'adoptent, un *procédé de longue vie*. C'est précieux cela au moins ! cela touche quelque peu à la magie.

Une circulaire est une lettre. Or, le point important d'une lettre se trouve toujours dans le *Post-Scriptum*. Celui de la circulaire en question indiquait simplement le prix auquel les inventeurs pouvaient céder leur découverte, — une bagatelle ! — avec dommages-intérêts fixés d'avance à *mille francs* en cas de révélation du secret par l'élève à ses amis et connaissances.

Voilà la pièce importante dont l'apparition a produit une si grande rumeur dans le monde photographique.

Les choses en étaient là, lorsque parut notre dernier numéro avec la lettre de M. Fruit et les quelques lignes de réflexion que nous y avions ajoutées. Mais voilà que le 10 août nous recevons, par huissier, sommation « d'avoir à insérer dans la feuille dudit journal, qui doit paraître samedi prochain, treize août courant, en réponse à la lettre signée Edmond Fruit, insérée dans le dernier numéro dudit journal, du six courant, la réponse qui suit :

« Monsieur, vous avez inséré dans votre dernier numéro « une lettre signée Edmond Fruit, nous concernant, et « vous l'avez fait suivre de réflexions qui tendraient à « faire croire au public que notre nouveau procédé de « photographie serait une chimère.

« Nous allons répondre brièvement à M. Fruit, ce sera « répondre en même temps à vos réflexions.

« Il paraît, d'après ce monsieur, qu'un procédé donnant « *des épreuves directes*, *indélébiles*, *exécutées séance tenante sur papier ou étoffes et sans clichés négatifs*, « *serait un procédé miraculeux. Malheureusement*, toujours d'après M. Fruit, *la photographie ne possède pas* « *encore ce procédé*.

« Nous en sommes fâchés pour l'infaillibilité de votre « correspondant, mais notre procédé réunit précisément « toutes les qualités qu'il énumère si bien dans sa lettre.

« M. Fruit s'efforce de faire croire à ses nombreux « amis et innombrables élèves qu'il connaît ce procédé. « Mais alors pourquoi ne pas l'avoir publié immédiatement dans les colonnes de votre complaisant journal ? « Pourquoi l'ajourner à huit jours ? Pourquoi faire faire « antichambre à la science, à ses amis, à ses élèves ?

« Il faut croire que M. Fruit s'occupe d'obtenir au moins « une seule épreuve bien réussie pour la montrer comme « spécimen, car il paraît que jusqu'ici, à l'aide des « moyens qu'il emploie, et dont il va rendre compte prochainement, dit-il, il n'obtient que des *épreuves d'un* « *gris plombé et d'un aspect insupportable*.

« Ce ne sont pas là les défauts qu'on peut reprocher à « nos épreuves ; ceux qui les ont vues ont dû convenir « qu'elles dépassent en finesse et en éclat tout ce que la « plaque a produit de plus beau jusqu'ici ; nous ajouterons « que nous pouvons en livrer dix en une heure et avec « une dépense très-minime.

« Les avantages de notre procédé sont donc incontestables, et votre journal, au lieu de dénigrer une utile « innovation, devrait, au contraire, la protéger, s'il voulait rester fidèle à sa mission.

« En résumé, nous prendrons le public pour juge, et « nous prions, à notre tour, messieurs les artistes de « s'éclairer sur la question avant de se prononcer.

« Qu'on voie nos épreuves, c'est tout ce que nous demandons.

« Agréez, monsieur, l'assurance de notre parfaite considération.

« WULFF ET Ce. »

Tout d'abord nous dirons à MM. Wulff et Ce qu'ils n'avaient pas besoin de faire des frais de papier timbré et d'huissier : notre journal aurait poussé la *complaisance* jusqu'à insérer leur lettre sans tout cet appareil offensif. Nous croyons même devoir les remercier des renseignements qu'ils nous fournissent et des conseils qu'ils prennent la peine de nous donner ; et pour leur prouver que nous en profitons, nous allons donner à MM. les artistes les moyens « *de s'éclairer sur la question avant de se prononcer*. » Si nous avons bien compris, c'est là notre mission.

En premier lieu, voici le procédé de M. FRUIT.

Paris, le 11 août 1853.

MONSIEUR,

Je m'empresse, selon votre demande et l'offre que je vous en ai faite, de vous communiquer des moyens que j'emploie pour obtenir : 1° des épreuves positives directes sur verre, toile, etc. ; 2° le transport par l'application de la pellicule formée par le collodion sur la glace et sur toute autre surface voulue.

Voici comment je procède : Je me sers indifféremment de toute espèce de collodion, seulement j'ajoute un peu de collodion médicinal pour avoir une solution plus épaisse et faciliter par ce moyen la suite des opérations.

La plaque collodionnée est sensibilisée dans le bain suivant :

Eau distillée............	100 gr.
Nitrate d'argent..........	8
Collodion photographique..	2

Après l'exposition à la chambre noire, on développe l'image en plongeant entièrement la glace dans un bain préparé de la manière suivante :

Eau distillée............	500 gr.
Protosulfate de fer........	80
Acide acétique............	15

Si la pellicule doit être transportée, l'image sera développée par l'acide pyrogallique. Dans ces deux opérations, la glace sera lavée parfaitement et fixée en recouvrant entièrement sa surface avec la solution suivante :

Eau distillée..............	500 gr.
Cyanure de potassium......	20

On peut employer aussi une solution d'hyposulfite de soude un peu concentrée; la glace sera de nouveau lavée à plusieurs eaux. On peut obtenir plus de mat dans les blancs en versant après le lavage complet une faible solution de bichlorure de mercure.

Pour enlever la pellicule, je procède de la manière suivante :

Après que l'épreuve est fixée, je plonge la glace dans un bain d'eau ordinaire et l'y laisse quelques instants, la pellicule ne tarde pas à se détacher. Je facilite l'action en faisant couler de l'eau entre la couche collodionnée et la glace. Lorsque le collodion est entièrement soulevé, la glace est posée à plat. Je recouvre la surface de la feuille de papier ou de toile sur laquelle je veux transporter l'image d'une solution de gomme ou de vernis, et je dépose avec précaution ce côté sur le collodion, en appuyant assez fortement pour en assurer parfaitement le contact, et, prenant par un angle, j'enlève doucement l'image qui s'y trouve parfaitement fixée.

Quand toute trace d'humidité est disparue, je vernis pour donner de la solidité.

Pour opérer directement sur un autre corps que la glace, les préparations sont les mêmes; il faut seulement rendre insoluble à l'eau le corps sur lequel on veut opérer.

Je ne donne pas ce moyen comme étant préférable à tous les autres ; ainsi que vous avez pu le remarquer dans ma lettre, je n'en fais pas usage; je m'en suis occupé il y a plus d'un an, mais je l'ai laissé de côté, ne voyant pas dans ce moyen un procédé qui puisse être de grande utilité à la photographie.

Agréez, monsieur, l'assurance de ma parfaite considération. Ed. Fruit.

M. Fruit n'a pas du tout cherché à faire une épreuve *réussie* ; il nous a tout simplement montré une de celles qu'il a faites il y a un an, alors qu'il s'occupait de ce procédé.

De son côté, M. Leborgne nous a montré, il y a quelque temps, de beaux portraits dont nous avons parlé dans notre numéro du 16 juillet et qui sont obtenus par un procédé excessivement simple qu'il va publier. La brochure dans laquelle il donne les moyens d'opérer sur toile cirée, est sous presse.

Mais voici une lettre que nous avons reçue cette semaine, et que MM. Wulff et Ce, qui désirent tant qu'on éclaire MM. les artistes, seront certainement très-heureux de voir dans nos colonnes :

Metz, le 8 août 1853.

Monsieur Alexis Gaudin,

En ma qualité d'un des premiers concessionnaires du brevet d'invention qu'a dû prendre M. Truchelut, relativement à sa soi-disant découverte du report de la couche collodionnée sur étoffe cirée ou papier, etc., veuillez me permettre de vous entretenir un instant de cet objet. Vous faites erreur si vous croyez que MM. Wulf et comp. ont inventé quoi que ce soit; *ils ont, comme moi, acheté à M. Truchelut le droit d'exploiter sa découverte*, qui, grâce à l'art divinatoire de M. Edmond Fruit, *est connue aujourd'hui de tous vos abonnés.*

Mais ce qu'ils ne savent pas, et contre quoi je voudrais que vous les missiez en garde, le voici :

C'est que j'ai acheté non pas le moyen de transporter une couche de collodion sur de la toile cirée, en appliquant cette dernière sur la pellicule de proxiline humide, mais la concession du brevet pour le département de la Moselle. Comme M. Truchelut n'avait encore en affaire qu'à MM. Wulff et Ce, il a écrit sous ma dictée à ces messieurs ce qu'il venait de me vendre, et qu'ils eussent à exploiter d'autres départements.

Quelle fut ma surprise, ces jours passés, quand j'appris que, non-seulement MM. Wulff et comp. cherchaient à vendre le procédé dans mon département, mais encore à des personnes de mes amis! j'ai les pièces entre les mains. Faites de cette communication l'usage que vous voudrez.

Agréez, etc. E. Casimir Oulif.

N. B. Ci-inclus un échantillon de ce que je fais sur toile cirée, j'ai voulu vous faire juger de l'effet. J'ai bien mieux que cela, et je crois le moyen susceptible d'être perfectionné.

Que disent MM. Wulff de cette lettre?

Et que disent-ils encore de celle-ci, que nous recevons au moment même de mettre sous presse :

9 août 1853.

Monsieur le rédacteur en chef de la *Lumière*, à Paris.

Dans votre numéro du 6 courant, vous promettez à vos abonnés des éclaircissements au sujet de la circulaire de MM. Wulff et Ce. Auteur du procédé que ces messieurs ont lancé avec tant de fracas, je me déclare tout d'abord entièrement étranger à leur réclame. Veuillez donner accueil aux quelques explications que je suis à même de vous fournir à ce sujet.

L'année dernière, sentant le besoin de réduire mon bagage de voyage, je faisais sur verre des portraits positifs et directs, au moyen du collodion. Après avoir colorié et verni, je passais au revers de mes épreuves une couche de peinture noire, et je pouvais ainsi livrer au public de bonnes épreuves, à peu de frais, et d'une réussite presque assurée.

Je cherchai à reporter mon épreuve sur un corps moins fragile. La toile vernie me donna de jolis résultats, mais j'avais de fréquents insuccès, et le plus souvent des tons désagréables.

Cependant, je soumis mes épreuves à quelques opérateurs; j'en obtins peu d'encouragements. Je n'attachais donc plus qu'une médiocre importance à mon procédé, et pourtant je croyais avoir fait un pas. Modeste artiste, je sentais qu'au moyen d'un collaborateur habile, les portraits sur étoffe vernie pourraient un jour être adoptés.

Vers la fin de juin dernier, j'indiquai à MM. Wulff les moyens que j'employais alors; en échange, ils me remboursèrent une partie de mes frais d'expériences, et surtout me donnèrent leur promesse formelle de me faire part très-prochainement d'importantes améliorations.

De mon côté, je me mis à l'œuvre, et depuis je suis parvenu à rendre ce procédé pratique, et à le dégager des entraves d'exécution dont il était alors entouré.

J'allais, selon notre promesse réciproque, leur communiquer mes perfectionnements, lorsque parut leur annonce du 18 juillet. Elle me donna lieu de croire qu'ils avaient apporté à mon système des perfectionnements inouïs; cependant jusqu'alors je n'ai reçu de ces messieurs aucune communication.

Je vous adresse quelques épreuves telles que je les obtiens aujourd'hui, plus vite et plus facilement que sur plaque. Sous peu, je serai en mesure de vous en faire parvenir de plus vigoureuses et de différents tons.

Agréez, etc.,

Truchelut,
artiste photographe.

MM. Wulff trouvent-ils maintenant que nous remplissons bien notre mission, qui est d'éclairer sur la valeur des procédés qu'on annonce et de choisir, pour les recommander, ceux qui sont utiles au progrès de l'art?

Nous pourrions encore donner copie d'une lettre que M. Thierry, l'habile praticien de Lyon, a adressée à MM. Wulff et Ce, et qu'il nous a communiquée; mais nous laissons à ces messieurs le plaisir de la publier dans leur prochaine circulaire, toujours pour éclairer les artistes.

Nous n'ajouterons plus que quelques mots.

MM. Wulff citent, parmi les personnes qui font l'éloge de leur découverte, des noms qui figurent en première ligne sur la liste des photographes les plus distingués. Un de ces artistes, dont nous pourrions invoquer le témoignage, a protesté vivement devant nous contre cette association morale qu'on lui faisait subir.

MM. Wulff invitent le public à aller voir leurs épreuves. Nous avons répondu à cette invitation. Nous avons examiné ces œuvres qu'ils prétendent préférables à tout ce qui s'est fait jusqu'à présent. Eh bien ! nous le déclarons hautement, l'épreuve sur toile cirée que M. Oulif nous adresse, et qu'un grand nombre de personnes ont vue dans nos bureaux, les portraits de M. Leborgne surtout, obtenus au moyen du procédé qu'il va publier, sont infiniment supérieurs à ce que nous avons vus dans leurs ateliers.

MM. Wulff et Ce trouvent-ils que les artistes et le public soient suffisamment éclairés ?

Alexis Gaudin.

SCIENCES.

Séance de l'Académie du 8 août. — *M. F. Arago.* — Le retour de M. F. Arago était annoncé depuis quelques jours, et il assistait, en effet, à la séance de ce jour, mais il paraissait accablé de fatigue. L'air si pur du pays natal, les eaux si salutaires des Pyrénées, l'accueil si cordial de ses compatriotes, rien n'a pu retenir le célèbre malade loin de Paris, de l'Observatoire, de l'Académie, de sa famille. Ses bons amis de là-bas ont dû, d'eux-mêmes, l'engager à revenir prendre, au milieu de ses nombreux admirateurs, la place qu'il a illustrée depuis un quart de siècle par un savoir si vaste, par de si immenses services rendus à la science. Mais plus l'homme a de génie, plus il se livre avec ardeur aux rudes travaux qui ennoblissent son nom et étendent la gloire de son pays, et plus tôt aussi ses forces s'épuisent : on a pu remarquer avec quelle énergique volonté le vénérable savant lutte contre cet épuisement, combien cette noble intelligence se révolte contre la sourde maladie qui voudrait le dompter. Il faut espérer cependant que l'illustre secrétaire perpétuel sortira vainqueur de cette lutte, et qu'on aura le bonheur d'entendre longtemps encore cette voix aimée, instruire et charmer un auditoire attentif et respectueux.

Nains de l'Amérique. — On montre en ce moment, à Londres, deux individus désignés comme appartenant à la race aztèque, et qui sont de sexe différent. *M. H. de Saussure* a adressé à l'Académie un mémoire renfermant quelques remarques générales sur les caractères physiques communs à ces deux individus.

Ils ont de dix à onze ans ; leur taille est très-peu élevée relativement à cet âge, et n'excède pas trois pieds ; mais les proportions parfaites de la forme, qui est élancée et semblable à celle de l'âge adulte, ne permettent pas de considérer cette réduction de la taille comme le résultat d'un arrêt de développement.

La tête est extraordinairement petite, et ne dépasse pas en volume la tête d'un enfant naissant; le nez forme une saillie considérable, et, malgré sa grandeur, il n'est point disgracieux ; comprimé vers le haut, il s'épate légèrement vers le bas ; le front est si oblique qu'il continue la ligne du nez ; il est bas, et n'offre aucune trace de dépression artificielle. Au-dessus des orbites, sont deux enfoncements très-visibles, dirigés obliquement de dedans en dehors, et de bas en haut ; au-dessous de ces dépressions, les arcades sourcilières forment une saillie tranchante, qui porte un sourcil très-étroit et médiocrement fourni; le maxillaire supérieur est très-avancé, mais nullement oblique comme chez les nègres ; à partir de ce point, la face fuit autant que le front; la mâchoire inférieure ne correspond nullement à la supérieure, tellement que la lèvre inférieure est bien arrière de la supérieure, et le menton est encore en retrait.

Les dents ne sont pas implantées obliquement, et lorsque la bouche est fermée les incisives supérieures, non-seulement couvrent les inférieures, mais les dépassent même d'une quantité très-sensible; les lèvres ne sont point portées en avant comme chez les nègres ; mais la brièveté de l'inférieure contraste si fort avec la grandeur de sa correspondante, que celle-ci paraît plus grosse qu'elle ne l'est en réalité.

Les cheveux sont noirs, très-crépus, mais nullement laineux.

La physionomie de l'un et de l'autre a de la douceur et de l'intelligence ; il y a un éclat extraordinaire dans leurs grands yeux noirs.

La peau est lisse et dépourvue de poils ; sa couleur est d'un bistre foncé.

Le poids de ces individus est d'environ 25 livres.

— M. Gardissal, en transmettant un mémoire de *M. de Montravel*, sur la force motrice des gaz permanents échauffés, a demandé, au nom de l'auteur, que l'Académie voulût bien renvoyer ce travail à une Commission ; mais ce mémoire étant lithographié rentre dans la catégorie des ouvrages sur lesquels l'Académie s'est interdit de porter un jugement.

— M. Ch. Chevalier a adressé à l'Académie une lettre dans laquelle il fait valoir ses droits à la priorité des procédés pour la reproduction, en toutes dimensions, des empreintes photographiques, communiqués dans les dernières séances par M. Heilmann, d'une part, et, d'autre part, par MM. N.-P. Lerebours et J. Salleron. A.-T. L.

—

REPRODUCTION PAR LA PHOTOGRAPHIE

DE L'ATLAS EN RELIEF DE L'EUROPE,

Par J.-L. Sanis, professeur spécial de géographie.

Il y a peu de personnes qui ne connaissent les cartes en relief inventées, il y a près de vingt années, par M. J.-L. Sanis, professeur spécial de géographie. Grâce à cette ingénieuse innovation, l'étude de cette science fut mise à la portée des intelligences les plus rebelles, et devint, même pour les élèves, une intéressante et instructive récréation. On peut, en effet, suivre, sur ces cartes si habilement composées par ce savant professeur, la disposition respective de tout le territoire compris dans le cadre qu'il a tracé. Ici les monts les plus hauts s'élèvent entre deux fleuves qui y prennent leur source ; on peut suivre le cours de ces fleuves à travers les collines et les plaines, au milieu des villes, jusqu'à leur embouchure ; là, chaque montagne est figurée à sa véritable hauteur ; chaque ville à la place qu'elle occupe, soit sur le bord d'un fleuve ou d'un vallon, soit sur le penchant d'une colline, soit au sommet le plus élevé. Mais, malgré tous ces avantages, les cartes de M. Sanis présentaient un grand inconvénient ; elles étaient très-massives et trop volumineuses pour être portatives ; elles se trouvaient reléguées dans les salles d'études ou dans les cabinets des riches amateurs.

Observateur attentif, M. J. Sanis remarqua sans doute quel excellent parti l'on pourrait tirer de l'application de la photographie à la reproduction de ses cartes en relief, et il chargea de ce travail MM. Bisson frères, dont nous avons eu déjà l'occasion de louer l'habileté.

Aujourd'hui, M. Babinet, membre distingué de l'Académie, mettait sous les yeux de ses honorables collègues une série de ces cartes faisant partie de l'*Atlas en relief de l'Europe*, édité par le savant professeur de géographie, et photographié par MM. Bisson frères.

La carte de *la France en relief* est un petit chef-d'œuvre ; réduite à 24 centimètres sur 20, rendue avec une surprenante vigueur de tons, cette carte reproduit très-exactement le modèle ; on y lit facilement les noms des 86 départements et des 86 chefs-lieux. Les chaînes de montagnes, les fleuves, les limites des départements, les lignes de chemins de fer, tout y est tracé très-distinctement.

M. le professeur Sanis a créé un système dont la valeur réelle a été appréciée par les savants et par beaucoup d'hommes éminents dont il a reçu des éloges et des encouragements ; mais les obstacles que nous avons signalés nuisaient aux progrès de sa méthode : l'heureuse idée de reproduire par la photographie ses cartes en relief, lui permettra, nous l'espérons, de réaliser son plus ardent désir, en le mettant à même de répandre avec profusion et à peu de frais, au moyen de son *Atlas*, une science élémentaire d'une utilité incontestable, et qui est particulièrement cultivée de nos jours.

Le Courrier de la Gironde raconte ainsi la découverte d'un tableau d'Otto-Venius, qui, acheté 50 francs par un aubergiste, aurait été revendu 25,000 fr.

« Il y a peu de temps qu'un tableau provenant d'une succession fut vendu à Cleyrac pour 50 francs. Un aubergiste s'en rendit l'acquéreur et en décora sa salle à manger. Huit mois après on découvrit le nom du peintre et la date 1595, peints sur un bonnet. C'est une œuvre d'*Otto-Venius* (Othon Vanveen), maître de Rubens. Le sujet est Abigaïl venant à la rencontre de David. On se demande comment il se fait que l'œuvre du peintre flamand ait été trouvée si loin de son berceau, au point de figurer dans une vente de village. Ce tableau a cinq pieds de haut sur trois de large ; il est sur un panneau et n'a jamais été retouché. On en a offert à son nouveau propriétaire de 10 à 18,000 fr. ; il s'est décidé à s'en défaire pour 25,000 fr. L'acquéreur est un amateur fort connu à Paris. »

PHOTOGRAPHIE SUR PLAQUES MÉTALLIQUES.

VUE DU CAMP DE SATORY,

Par M. MILLET.

Les épreuves de M. Millet, dont nous avons parlé dans notre dernier mémoire, sont des vues du camp de Satory. Elles ont un intérêt tout particulier, en ce qu'elles représentent les scènes diverses de la vie du soldat au camp. Ainsi, par exemple, deux de ces épreuves, qui pourraient être réunies et n'en former qu'une, ont été prises pendant la messe du dimanche. A gauche, auprès de grands arbres qui semblent s'incliner religieusement, l'autel s'élève sur une estrade qu'abrite une tente légère. Le prêtre officie, assisté de deux enfants de chœur. A droite et à gauche, dans toute la longueur de la plaine, les troupes sont rangées par bataillons, sapeurs en tête, et l'arme au pied. Au centre, et faisant face à l'autel, le général Renault et son état-major, en grande tenue, assistent au service divin. Auprès de l'autel, une foule de dames élégantes, de paysannes, d'ouvriers, que la curiosité plutôt que la piété attirent, se pressent pour mieux voir.

Ces deux épreuves étaient difficiles à bien réussir. Le point de vue est immense ; le nombre des figures est infini ; et cependant M. Millet est parvenu à reproduire exactement jusqu'aux plus éloignées. Le cheval blanc du général, malgré ses petites dimensions, mériterait un cadre à lui tout seul.

Une autre épreuve nous montre l'état-major assistant à une manœuvre, la formation du carré, à ce que nous croyons. Les officiers occupent le milieu du terrain, et se groupent si heureusement, que rien qu'en copiant cette épreuve, Bellangé ferait un charmant tableau. Il est à regretter seulement qu'elle manque un peu de netteté. On comprend que dans de semblables conditions il soit difficile pour le photographe de mettre exactement au point. Pourtant, c'est la seule des épreuves dont nous nous occupons qui laisse deviner cette difficulté, et encore rachète-t-elle le manque de netteté par un effet artistique très-remarquable.

En voici une qui est nette, par exemple! C'est la *Cantine*. Quarante-sept personnes, — officiers, visiteurs, femmes, enfants, garçons de café, dans toutes les attitudes, fumant, causant, buvant, regardant, riant, — sont groupées au hasard, devant la façade de l'établissement Ce sont quarante-sept portraits de la plus grande exactitude ; je n'en veux d'autre preuve que la vérité de l'expression. Il n'y a pas un trait qui ait échappé à l'objectif. Toutes les mains ont été merveilleusement réussies. Le modelé des visages est vraiment extraordinaire. Chacun de ces modèles aurait posé à part dans l'atelier du photographe, que son portrait n'eût pas été plus parfait.

Cette épreuve, qui est une de plus belles plaques que nous ayons vues, serait un chef-d'œuvre si M. Millet avait fait ce que nous voudrions que l'on fît toujours pour le portrait : redresser l'image en mettant un prisme devant l'objectif, comme M. Claudet le fait avec tant d'intelligence, à Londres. Dans la vue dont nous venons de parler, si M. Millet avait employé ce moyen, les décorations et les aiguillettes ne se trouveraient pas à droite de celui qui les porte ; les lieutenants ne seraient pas transformés en sous-lieutenants, et *vice versâ* ; et dans les portraits obtenus dans des conditions ordinaires, la ressemblance serait bien plus frappante.

M. Millet fait déjà trop bien pour ne pas vouloir ajouter ce perfectionnement de plus à ses épreuves.

Il y a encore dans sa collection une vue très-curieuse, c'est la *Cantine du terrible Joseph*. Rien n'y manque, ni la naïve allégorie peinte sur toile à voile, et représentant un esquif qui gagne le port malgré l'orage, ce qui prouve que le terrible Joseph n'est pas complétement étranger à la poésie ; ni l'enseigne qui le représente, tenant son formidable verre, et chantant la *Vigne* de Pierre Dupont, dont on peut lire tous les couplets sur le fronton de l'édifice, entre « CAFÉ AU LAIT » et « CIDRE DE MORTAGNE. »

Mais ce que nous aimons le mieux, ce sont les *Chargeurs de gazon*. Auprès d'une mare bordée de jeunes platanes, des ouvriers du génie se sont arrêtés. Sur un tombereau attelé de deux chevaux blancs, qui broutent l'herbe par désœuvrement, ils chargent le gazon qu'ils vont porter au camp pour le jardin des officiers. C'est une scène pleine de simplicité et de naturel. Si Courbet voyait cette épreuve-là, nous aurions à la prochaine Exposition, des *Chargeurs de gazon* qui vaudraient ses *Casseurs de pierres*.

Nous citerons encore deux vues de la *Cantine des officiers*, très-bien reussies, et deux portraits du général Renault dans sa tente, qui sont dignes des plus sincères éloges.

Toutes ces épreuves ont un mérite véritable et indiquent des progrès remarquables dans les procédés et le talent de M. Millet. Nous avions vu de lui déjà de belles plaques, nous avions plus d'une fois admiré ses portraits au daguerréotype ; mais les *Vues de Satory* le placent au rang des artistes les plus habiles dans ce genre, et montrent que le daguerréotype a bien encore sa valeur et son utilité, malgré tous les succès des autres procédés.

E. L.

RECHERCHES PHOTOGRAPHIQUES.

EMPLOI DU LACTATE D'ARGENT ALBUMINÉ.

Il y a déjà longtemps, *la Lumière* a donné quelques indications sur un procédé imaginé et pratiqué par M. Côme de Cosio, qui était annoncé comme donnant à la couche de collodion une solidité égale à celle de l'albumine. Dans la note en question, il n'était pas du tout question de l'emploi de l'albumine ; cependant, cette substance faisait partie du bain d'argent.

Ayant eu occasion de voir M. Côme de Cosio avant son départ pour le Mexique, il me montra des épreuves positives, obtenues par ce procédé : ces épreuves étaient, en effet, d'une solidité parfaite, qui rendait superflu l'emploi du vernis, et l'auteur me dit avoir trouvé ce procédé à la suite de recherches pour combiner l'albumine au collodion.

Les sels d'argent solubles sont en très-petit nombre ; l'azotate, coagulant l'albumine, ne pouvait servir dans ce cas ; le lactate d'argent, au contraire, est très-soluble aussi et ne coagule pas l'albumine.

M. Côme de Cosio me parut désireux de donner à son procédé une publicité plus complète ; je n'eus pas occasion de le revoir, mais je formai le projet d'étudier son procédé pour en faire part à nos lecteurs.

J'éprouvai d'abord une grande difficulté à me procurer de l'acide lactique ; c'est un produit exceptionnel qu'on ne peut pas avoir de bonne qualité à prix d'argent ; les échantillons que j'ai essayés à plusieurs reprises étaient insipides au goût et n'agissaient presque pas sur l'oxyde ou le carbonate d'argent. Enfin, M. Balard, à qui je parlai de cet incident, m'offrit de me donner de l'acide tartrique préparé à son laboratoire du collége de France. J'acceptai avec empressement son offre obligeante, et dès ce moment, en effet, je pus pratiquer avec succès le procédé de M. Côme de Cosio.

Après avoir introduit dans un matras de l'oxyde d'argent en excès, j'y ai ajouté de l'acide lactique ; l'action de l'acide s'est manifestée aussitôt par une légère effervescence et l'agrégation de l'oxyde d'argent ; en chauffant à la lampe et détruisant la cohésion de l'oxyde avec une baguette de verre, l'effervescence, très-vive d'abord, a diminué de plus en plus, et la couleur jaune du liquide est devenue un peu verdâtre ; refroidi lentement, il s'est pris en masse, c'était le lactate d'argent. Après y avoir ajouté deux fois son volume d'eau et chauffé de nouveau, le lactate fut dissous en totalité ; je le filtrai aussitôt, mais il déposa encore beaucoup de cristaux par le refroidissement, ce qui me força d'ajouter encore de l'eau jusqu'à dissolution complète. A ce moment, le liquide était clair et d'une teinte verdâtre, sans doute par la présence d'un peu de cuivre.

J'y mêlai alors un quart de son volume d'albumine fraîche, et introduisis le tout dans un entonnoir garni d'un tampon de coton mouillé. Certaine partie de l'albumine fut coagulée, mais il filtra un liquide légèrement trouble et moussant par l'agitation, qui était certainement un mélange d'albumine fluide avec du lactate d'argent.

Il devenait intéressant de savoir si le lactate d'argent, avec ou sans albumine, était plus photogénique que l'azotate d'argent. Mis sur du papier dans ces deux états, la coloration s'est marquée très-franchement et beaucoup plus vite sous l'action de la lumière ; mais les agents continuateurs, tels que le sulfate de fer, l'acide gallique et l'acide pyro-gallique n'ont pas noirci autant que l'avaient fait l'azotate d'argent pour la même action lumineuse.

Une plaque de verre revêtue de collodion au bromure de zinc, qui donnait le noir le plus intense par une action de la lumière diffuse pendant cinq secondes, après le passage au sulfate de fer, ne prenait qu'un ton bistre dans les mêmes circonstances avec le lactate d'argent albuminé. J'en conclus qu'à la chambre obscure la différence serait tout aussi marquée ; cependant la sensibilité se trouva à peu près égale pour le bain d'azotate et pour le bain de lactate albuminé. Avec l'acide pyro-gallique, l'avantage fut du côté du bain d'azotate ordinaire, surtout pour la netteté.

Avec le collodion à l'iodure d'ammonium, le résultat fut le même ; il ne faut donc pas compter sur une plus grande sensibilité avec le lactate albuminé.

Quant à la cohésion de la couche de collodion, qui était la chose essentielle à constater, mon attente n'a pas été trompée ; j'ai pu coller les épreuves sur toile cirée noire et sur papier avec beaucoup de facilité. Après dessiccation à l'air libre, la pellicule était si solide que l'ongle glissait dessus plutôt que de l'entamer : on pouvait détacher les épreuves du verre et les faire flotter dans l'eau sans inconvénient, de manière à les poser sur le même verre pour les coller sur toile cirée en sens contraire, c'est-à-dire de manière à donner une image redressée. On appréciait aussi facilement la cohésion de ce collodion par l'effort nécessaire pour le rompre ; cependant cette cohésion n'est pas telle qu'on puisse saisir une épreuve flottante par deux angles et l'appliquer sur un verre sans la rompre en deux ; c'est la dessiccation qui lui donne une cohésion extraordinaire.

Cet accroissement de cohésion sera certainement très-marqué pour certains collodions, et je dirai même pour la plupart des collodions usités maintenant : ils doivent leur faible cohésion à la forte proportion d'alcool employée dans la préparation du collodion photogénique. Cette proportion s'élève quelquefois à la moitié du volume de l'éther employé. L'alcool, il est vrai, fait adhérer le collodion au verre, mais il détruit sa cohésion ; l'emploi de l'hyposulfite de soude concentré désagrége aussi promptement le collodion. Pour préparer un collodion solide et lui conserver cette importante qualité, ***il faut laisser digérer le fulmi-coton dans l'éther rectifié, et n'ajouter d'alcool par faibles portions qu'autant que le fulmi-coton n'aura pas été attaqué.*** Si le fulmi-coton est de nature convenable, le collodion se formera sans addition d'alcool ; il donnera des pellicules d'une cohésion extrême, qui s'imbiberont immédiatement d'azotate d'argent, sans former de lignes huileuses.

Dans la préparation du collodion, la dose d'alcool indiquée *à priori* est donc une mauvaise chose, il ne faut en ajouter que le moins possible, et discontinuer cette addition aussitôt que, par l'agitation, le liquide mousse un peu, et que, par le repos de quelques secondes, il laisse surnager un chapelet de bulles lentes à crever.

M.-A. Gaudin,
Calculateur du Bureau des Longitudes.

PUBLICATIONS PHOTOGRAPHIQUES.

La brochure de M. de Brebisson, dont nous avons parlé dans un de nos précédents numéros, vient de paraître. Ainsi que le dit l'auteur dans son introduction, bien qu'il annonce cet ouvrage comme une seconde édition, il a ajouté tant d'excellentes choses à son premier manuscrit, que c'est vraiment une publication nouvelle.

Nous en extrayons les deux passages ci-après :

Je regarde le collodion photographique préparé dans de bonnes conditions, comme la substance la plus sensible à la lumière que l'on connaisse. Il dépasse la vitesse de la plaque métallique, et de beaucoup les préparations sur papier ou les couches albuminées les plus rapides. Les étonnantes épreuves sur verre de M. Bacot, représentant la mer avec ses vagues agitées et moutonnées, seraient de l'exécution la plus aisée avec le collodion.

J'ai obtenu instantanément des vues de places ou de rue, un jour de marché avec une foule compacte, mobile, s'occupant de ses affaires commerciales.

Le collodion est d'un emploi très-prompt, très-facile, et demande peu de détails préliminaires. Les plaques de verre sur lesquelles on l'étend n'ont pas besoin d'être préparées à l'avance, et leur nettoyage est sans aucune difficulté.

On a toujours désiré que l'on pût trouver pour la photographie un papier dont la pâte fût bien homogène, sans inégalités, sans traces de tissu et qui renfermât une substance propre à le rendre sensible. Le collodion présente tous ces avantages. C'est en quelque sorte une feuille très-mince de papier que l'on fabrique sur une glace qui lui sert de forme ; cette pellicule diaphane dépasse la finesse de toute espèce de papier, et elle a l'heureuse propriété de se laisser imprégner complétement par les liquides propres à lui donner une exquise sensibilité.

Je dois dire ici, toutefois, que si le collodion, par sa grande rapidité, lutte avantageusement avec les glaces albuminées pour le portrait et les scènes animées, il ne peut être mis en usage avec autant de succès pour les vues et paysages. On ne peut l'employer à sec, et par conséquent, les glaces préparées par ce moyen ne supportent pas un transport un peu éloigné.

Rien, dans les cas de reproduction d'un sujet immobile, ne doit remplacer les glaces albuminées, rendues sensibles et séchées, qu'il est permis de garder plusieurs jours, avant et même après l'exposition à la chambre noire, et que l'on peut, de retour chez soi, faire apparaître à loisir. On ne devra pas s'étonner qu'une couche plus délicate, plus sensible, comme celle que donne le collodion, doive se conserver plus difficilement.

Considéré sous le rapport des épreuves positives sur papier qu'il fournit, le collodion doit avoir pour le portrait la préférence sur l'albumine. Les clichés *collodionnés* donnent aux épreuves positives un aspect plus doux, plus *flou* que les clichés albuminés. Leur ton légèrement grené convient surtout à rendre le modèle de la figure, l'effet des chairs. On sait que les portraits sur verre albuminé ont toujours quelque chose de plus arrêté, de plus sec que les épreuves sur papier qui, à leur tour, manquent de netteté. Aussi les faiseurs de portraits retouchés préfèrent-ils beaucoup les épreuves obtenues avec des négatifs sur papier à celles que donnent les clichés sur verre. Le vague des premières permet plus facilement les retouches que les lignes trop dures des secondes. Je crois que le collodion est préférable aux deux procédés cités, car sa finesse dispense de ces retouches au pointillé qui peuvent être agréables à l'œil, mais qui souvent finissent par diminuer la ressemblance, et qui, comme l'a fort bien dit M. Le Gray, sont une direction fâcheuse qui pourra nuire au progrès de l'art de la photographie.

Dans l'heureuse application que l'on a faite de la photographie au microscope solaire, je donne encore la préférence à l'albumine.

Le collodion, par la rapidité de son procédé, présente un grand avantage en permettant d'obtenir des images microscopiques sans que le miroir du microscope solaire ait subi un changement appréciable dans la lumière qu'il réfléchit. Les images sont fines, mais elles ont trop de moelleux, tandis que les épreuves sur verre albuminé peuvent fournir des épreuves très-amplifiées avec des contours et des détails bien plus accusés.

. . . .

Le moyen que j'emploie pour étendre le collodion sur les glaces, et qui est à peu près le procédé de tous les opérateurs, réussit très-bien pour les dimensions qui ne dépassent pas la plaque entière. Il est très-difficile d'avoir une couche bien unie sur des plaques d'une dimension un peu grande. Si l'on verse au milieu d'une glace large une certaine quantité de collodion, cette substance n'arrive aux parties éloignées de son point de départ qu'après avoir subi une évaporation qui la rend plus épaisse, moins fluide, et alors elle présente dans ces points un aspect nuageux, *moutonné*, chargé de jaspures d'un effet déplorable.

C'est pour parer à ces inconvénients que M. Laborde vient d'inventer un appareil des plus ingénieux, qu'il a récemment présenté à la Société d'Encouragement. Voici la description de cet instrument, telle que ce savant a bien voulu me l'adresser :

« La Société d'Encouragement, en proposant un prix pour un procédé d'application en couche régulière d'une substance impressionnable sur verre, a témoigné de l'importance qu'elle attachait à cette opération. Je crois répondre à ses vues en lui adressant la description d'un appareil qui me permet d'appliquer avec facilité et égalité le collodion sur des glaces de toutes grandeurs.

« Après avoir préparé une planche un peu plus large et moins longue que la glace sur laquelle on veut étendre le collodion, on fixe sur chacun des côtés une règle en bois, présentant une feuillure sur laquelle doit glisser librement la plaque de verre ; elle se trouve ainsi arrêtée par deux rebords qui la dépassent de 4 millimètres. On fixe à demeure sur ces deux rebords une glace parallèle à la première, et qui la couvre dans toute son étendue, à une distance de 4 millimètres. Ces deux glaces, par une de leurs extrémités, doivent dépasser la planche de 3 à 4 centimètres. La glace mobile vient buter contre un crochet fixé par son autre extrémité sur la planche elle-même.

« Pour se servir de cet appareil, on le met de niveau sur une table, on tire la glace mobile d'un tiers environ, et l'on y verse, d'un seul coup, la quantité de collodion que l'on juge nécessaire, puis on la pousse aussitôt sous la glace supérieure. Le liquide s'y trouve renfermé, pour ainsi dire, comme dans un flacon, et, en saisissant l'appareil entre les deux mains, on le guide facilement sur toute l'étendue de la glace ; après quoi on le fait écouler dans un flacon par l'extrémité qui dépasse la planche inférieure.

« Baigné continuellement dans sa propre vapeur, le collodion ne se coagule que lentement ; les rides s'effacent d'elles-mêmes ; la poussière qui s'attache si facilement au collodion encore humide n'y a plus d'accès, et on a tout le temps convenable pour bien diriger l'opération.

« Le collodion, comme tous les autres liquides, éprouve un léger obstacle à dépasser les bords du verre ; pour ne pas perdre cet avantage, les bords supérieurs doivent être isolés dans toute leur étendue. On obtient cela en inclinant en dehors les rebords des règles, en sorte que la glace n'y soit retenue latéralement que par ses bords inférieurs ; on en fait autant pour le crochet, et avec un peu de précaution, on peut couvrir la surface entière sans perte aucune.

« Un avantage dont on appréciera l'importance, c'est qu'à l'aide de cet appareil l'opérateur est moins exposé aux vapeurs d'éther dont l'action, souvent répétée, peut compromettre la santé.

Je ne doute pas que cet appareil ne soit de suite généralement adopté. Peut-être sera-t-il plus avantageux de le faire tout en glaces réunies par des bords formés de bandes épaisses également en glaces ? On pourrait ainsi être assuré d'un plan plus parfait, ne pouvant se déjeter, et le nettoyage serait plus facile, lorsque le liquide aurait dépassé les bords de la plaque.

Toutes les demandes et réclamations relatives au service, toutes les lettres et communications relatives à la Rédaction, doivent être adressées (*affranchies*) à M. Ernest Lacan, rédacteur en chef, au bureau du journal. — *Toute lettre non affranchie sera rigoureusement refusée. Les demandes d'abonnement doivent être accompagnées d'un* bon sur la poste, à l'ordre du Gérant.

Le Propriétaire-Gérant, Alexis Gaudin.

Typographie Hennuyer, rue du Boulevard, 7. Batignolles.
Boulevard extérieur de Paris.

TROISIÈME ANNÉE. N° 34. SAMEDI, 20 AOUT 1853

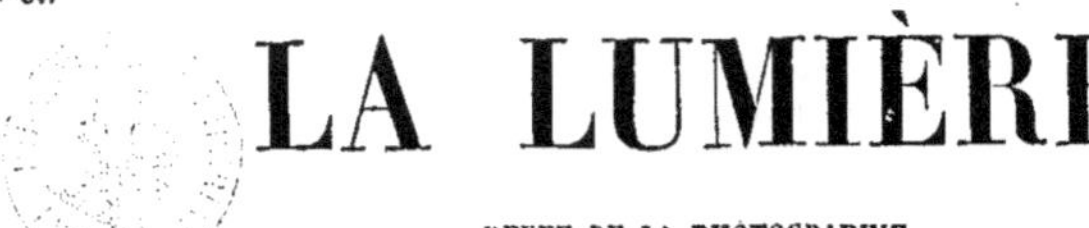

LA LUMIÈRE

REVUE DE LA PHOTOGRAPHIE.

BEAUX-ARTS. — HÉLIOGRAPHIE. — SCIENCES.

JOURNAL NON POLITIQUE, PARAISSANT LE SAMEDI.

BUREAUX, à Paris, 9, rue de la Perle. BUREAUX, à Londres, 6, Henman Terrace, Camden-Town.

ABONNEMENTS.—*Paris*, UN AN, 16 FR.; 6 MOIS, 10 FR.; 3 MOIS, 6 FR.; *Départements*, UN AN, 18 FR.; 6 MOIS, 11 FR.; 3 MOIS, 7 FR.; *Etranger*, UN AN, 20 FR.; 6 MOIS, 12 FR.; 3 MOIS, 8 FR.

A partir du 1er septembre prochain, le prix de l'abonnement au journal LA LUMIÈRE *sera fixé de la manière suivante :*

PARIS.

UN AN.........	20 FR.
SIX MOIS........	12
TROIS MOIS......	7

DÉPARTEMENTS.

UN AN.........	22
SIX MOIS........	13
TROIS MOIS......	8

ÉTRANGER.

UN AN.........	25
SIX MOIS........	15
TROIS MOIS......	10

Les abonnements pris avant cette époque ne subiront aucune augmentation.

SOMMAIRE.

SCIENCES.

Séance du mardi 16 août. — La séance publique du lundi 15 avait été remise au 16 ; mais ce changement de date, qui porte ordinairement le trouble dans les habitudes, n'a ralenti aucun zèle ; la salle était, comme toujours, bien garnie ; l'absence de M. F. Arago a seule été l'objet d'une bienveillante sollicitude, et l'on craignait que l'état de sa santé fût moins satisfaisant.

L'honorable M. Flourens, illustre et modeste savant qui exerce avec un rare talent, depuis vingt années, conjointement avec M. Arago, la noble et lourde charge de secrétaire perpétuel, supporte avec une extrême mansuétude tout le poids des travaux. Quoique indisposé, il a pris sa place habituelle au fauteuil. Aussi avons-nous eu, comme à l'ordinaire, communications, mémoires lus ou présentés, correspondances, etc. M. Biot a particulièrement fixé l'attention de l'Académie par la lecture d'un mémoire très-intéressant, résumé d'un immense travail et des savantes recherches auxquelles il a consacré plusieurs années consécutives de sa vie. Le célèbre astronome, en fouillant avec Champollion le jeune et ses continuateurs, les monuments de l'Egypte construits sous les Pharaons, les tombeaux des rois de l'Assyrie, est parvenu à retrouver la signification des hiéroglyphes jusqu'alors inintelligibles ou intraduisibles; il a découvert le sens, ignoré jusqu'à présent, de ces tables antiques de la science astronomique ; et faisant concorder les fêtes de ces peuples, adorateurs du soleil et des astres, avec les notions scientifiques écrites par leurs grands-prêtres, sur la pierre, sur le marbre, sur les cercueils des monarques, il prouve que ces instituteurs sacrés des peuples et des rois, quoiqu'ils ne connussent aucun de nos instruments, si bien perfectionnés, savaient très-bien lire dans le firmament, possédaient de profondes connaissances astronomiques, indiquaient aussi exactement que nos astronomes les levers et les couchers des astres ; et qu'un jour, peut-être, on trouverait dans la traduction des caractères tracés sur les papyrus, tout un système d'astronomie si habilement coordonné, que la science moderne elle-même pourrait y puiser de très-précieux renseignements. M. Biot a avoué qu'il avait dû se livrer à d'immenses travaux pour soulever le voile mystérieux dont ces trésors de la science étaient enveloppés. Plus justes et plus soigneux de nos gloires nationales que les peuples anciens, qui ne conservaient pas les noms de leurs savants, nous consacrons les noms célèbres des nôtres. C'est dans cette illustration, si bien méritée, que M. Biot trouvera la plus douce récompense de ses travaux.

—

MM. Wulff et Ce ont soumis à l'Académie quelques-unes de leurs épreuves. Nous devons dire, pour être justes, que ces images, que nous avons vues, sont d'un ton désagréable et n'ont aucune des qualités qui constituent les belles épreuves.

L'indifférence avec laquelle elles ont été accueillies prouve que notre jugement est conforme à celui de l'Académie.

PORTRAITS DE GRANDEUR NATURELLE.

PROCÉDÉ PHOTOGRAPHIQUE DE M. H. PLAUT.

Après avoir inséré la réclamation de MM. Lerebours et Salleron, et celle de M. Quinet, à propos de la communication faite à l'Académie par M. J. Heilmann, contenue dans le n° 31 du 30 juillet dernier, nous devons reproduire également celle de M. Henri Plaut, photographe très-habile, connu surtout par ses épreuves pour stéréoscopes, d'une admirable finesse; la preuve évidente de son droit à la priorité ressortira de ce document.

Voici d'abord la lettre de M. H. Plaut à M. le président de l'Académie :

« Ayant lu, dans le compte-rendu de la séance du 25 juillet dernier, la communication d'un procédé de reproduction d'images photographiques dont l'honneur de la publication revient tout entier à M. J. Heilmann, je n'aurais rien dit ni rien réclamé pour ma part, sachant fort bien qu'une découverte cachée n'est profitable qu'à son auteur, si MM. N.-P. Lerebours et J. Salleron n'étaient venus revendiquer pour leur propre compte, en rappelant leur dépôt, du 25 octobre dernier, d'un paquet cacheté, la preuve de leur droit à la priorité. En outre, l'honneur de la découverte étant réclamé aussi par M. Quinet, qui, par brevets pris le 25 février dernier, dans l'ancien et le nouveau monde, semblerait vouloir opposer une barrière insurmontable à l'invention que j'avais laissée de côté, faute de temps, je viens vous prier, monsieur le président, de vouloir bien faire ouvrir l'un des paquets cachetés, déposés par moi le 26 juin 1851, portant sur l'enveloppe les lettres G.-T.-N. Vous y trouverez la preuve que cette idée n'est pas nouvelle.

« J'ai l'honneur, etc. PLAUT. »

Paris, 25 juin 1851.

M. Henri Plaut, en déposant sur le bureau de l'Académie le paquet cacheté contenant la description d'un instrument dont il est l'inventeur, annonçait, dans sa lettre d'envoi, que cet instrument lui permettait de faire des portraits de grandeur naturelle, en se servant d'un cliché très-petit, et de faire aussi des vues d'une très-grande étendue, comparativement à tout ce qui était connu jusqu'à ce jour (25 juin 1851), puisque, écrivait-il, ce n'est plus que la dimension du papier qui oppose un obstacle à celle de l'épreuve.

Description de l'instrument et manière de procéder. — « J'ai fait construire par M. Schierck, ébéniste, une boîte longue de 1 mètre 50 centimètres, haute de 60 et large de 45 centimètres (dans le but de faire des portraits de grandeur naturelle, jusqu'au buste seulement, bien convaincu, du reste, qu'en employant un instrument plus grand, on pourrait à volonté augmenter la grandeur du portrait) ; à l'une des extrémités de la boîte est un châssis à verre dépoli, semblable à ceux de la chambre noire ordinaire ; je place dans la coulisse, à l'autre extrémité de la boîte, et en face de ce châssis, le cliché négatif sur verre, d'un portrait, qui ferme la boîte parallèlement au verre dépoli, et qui laisse passer, en la tamisant, la lumière du soleil ou celle du jour ; puis, un verre grossissant, convenablement disposé à l'intérieur, reporte l'image négative amplifiée sur la glace dépolie; celle-ci sert à mettre l'image au point. Dès que ce résultat est obtenu, on remplace la glace dépolie par du papier sensible préparé à cet effet, et une image de grandeur naturelle vient s'impressionner sur ce papier. J'ai essayé de reproduire des épreuves négatives sur papier, par le même procédé ; mais le grossissement énorme des grains du papier m'a paru devoir nuire à la parfaite réussite des images. Voulant découvrir le moyen de remédier à cet inconvénient, j'ai cherché pendant près d'une année entière un procédé sûr, au moyen duquel on pût faire de tels portraits. C'est ce procédé qui est décrit dans un second paquet cacheté, que je prie l'Académie de recevoir en même temps que celui-ci. »

M. H. Plaut n'ayant pas demandé l'ouverture du deuxième paquet mentionné ci-dessus, nous ne pouvons faire connaître le procédé qu'il annonce.

PROCÉDÉ

POUR RENFERMER UNE ÉPREUVE PHOTOGRAPHIQUE A L'INTÉRIEUR DU VERRE.

PAR M. HENRI PLAUT.

M. H. Plaut annonce à M. le président de l'Académie qu'ayant peu de temps pour faire des essais, il le prie de rendre public le procédé suivant, qu'il croit nouveau, et dont les résultats, obtenus dans des conditions peu favorables, semblent cependant présenter quelque intérêt.

« Si après avoir obtenu sur glace albuminée (le collodion ne m'a pas aussi bien réussi) une épreuve négative, on la soumet doucement et par degrés à un feu assez fort pour faire rougir la glace, l'albumine est détruite et l'argent réduit reste sur la glace à l'état d'épreuve positive par réflection, jouissant dans cet état d'un éclat supérieur aux épreuves positives sur collodion. (Il serait sans doute possible de renforcer par un dépôt galvanique cette image et de l'imprégner d'encre comme une planche gravée; mais n'ayant pas tenté cet essai par moi-même, je signale seulement ce point.) Maintenant, si l'on soumet la glace recouverte de l'image argentée à la vapeur de l'acide fluorhydrique, on obtient la gravure des parties de la glace restées découvertes; mais si, au lieu d'arrêter l'effet du feu à la couleur rouge, on chauffe la glace jusqu'à ce que sa surface entre en fusion, l'image pénétrera sans être altérée jusqu'à l'intérieur de la glace et sera recouverte d'un vernis vitreux qui la rend, dès lors, inaltérable à l'acide azotique et à tous les frottements. L'image perd un peu de sa vigueur par son immersion dans le verre, mais j'ai souvent eu des résultats qui, je le répète, obtenus dans de meilleures conditions, eussent été, sans doute, parfaits. En employant des épreuves positives sur glace au lieu des négatives, on obtient de jolis vitreaux d'un dessin charmant, que l'on pourrait peut-être colorier par les procédés ordinaires. »

M. H. Plaut ajoute qu'il espère que des opérateurs plus habiles pourront tirer un bon parti de ce procédé, et que ce motif l'ayant décidé à le livrer à la publicité, il prie M. le président de le communiquer à l'Académie dans une de ses séances.

M. H. Plaut, ancien opérateur de la maison Deleuil, est un excellent portraitiste. On nous a montré de lui des vues pour le stéréoscope d'une grande beauté et d'une admirable finesse de tons. Donnant, en outre, ses soins à des travaux photographiques très-importants, cet artiste n'a pas le temps de continuer ses recherches et de se livrer à des essais aussi longs que dispendieux; mais il aiderait au besoin de ses conseils ceux qui chercheraient à perfectionner les procédés qu'il indique, et il verra toujours avec plaisir les progrès et les succès obtenus, lors même qu'il n'y aurait contribué pour sa part que par un concours désintéressé.

PERFECTIONNEMENTS

DES INSTRUMENTS D'ASTRONOMIE,

PAR J. PORRO.

M. J. Porro, habile constructeur d'instruments d'optique, est bien connu des lecteurs de ce journal auquel il a déjà fait d'intéressantes communications. Nous regrettons de ne pouvoir donner que quelques extraits du mémoire qu'il a lu dans la séance académique de ce jour :

A l'occasion de la construction d'un grand équatorial commandé à l'Institut technomathique par lui fondé et dirigé, M. Porro se propose de soumettre à l'Académie une suite de mémoires dans lesquels il décrira plusieurs perfectionnements qu'il a imaginés et relatifs aux grands instruments astronomiques.

A l'équatorial dont il s'agit, et dont la construction est très-avancée, se trouvent appliqués les perfectionnements suivants :

1° Les rotations ne se font pas sur des axes coniques, comme à l'ordinaire, elles ont lieu sur des surfaces sphériques; la surface sphérique est la seule que l'art puisse exécuter avec la haute perfection que ces instruments réclament; elle est la seule dont l'usure n'altère pas l'exactitude, quand toutefois on a su la combiner convenablement avec ses appuis.

2° La transmission du mouvement horaire a lieu par un moyen entièrement nouveau.

3° Le moteur n'est pas un mouvement d'horlogerie, mais une turbine piézocratique.

4° Les contre-poids d'allége des rotations sont entièrement supprimés et remplacés par une contre-pression exercée par l'huile lubrificatrice.

5° Le tube de la lunette, qui a quarante-quatre décimètres de longueur, est confectionné d'une manière nouvelle qui lui donne une grande rigidité et qui permet d'amener à l'égalité parfaite la flection minime résidue des deux troncs, quelle que soit la position de la lunette, ce qui équivaut à l'inflexibilité absolue.

La lunette de cet instrument a vingt-quatre centimètres de diamètre, elle porte dix grossissements variables, de cent à mille fois; elle est équipée d'un micromètre, d'un chercheur et de deux éclairages, dont l'un éclaire les fils et laisse le champ obscur, l'autre éclaire le champ sur le fond duquel les fils se projettent en noir : les procédés nouveaux imaginés par M. Porro pour tailler les verres d'optique de grande dimension seront l'objet d'une de ses communications.

L'instrument se compose des rotations sphériques et du mouvement horaire dont on a parlé. Il est équipé de deux cercles en bronze d'un demi-mètre, qui donnent par lecture microscopique les cinq secondes de degrés en déclinaison, et le tiers de la seconde de temps en ascension droite.

Le pied de l'instrument, grâce aux rotations sphériques, a pu être combiné avec cette élégante simplicité qui, dans les instruments de précision, est le plus sûr garant de leur exactitude.

Mais M. Porro n'a parlé aujourd'hui que du tube de la lunette qui est en apparence la plus modeste, mais qui n'est pas à beaucoup près la moins importante des parties d'un équatorial.

M. Porro a composé son tube de cent douze morceaux de bois de sapin assemblés, sans colle, avec près de mille vis. Nous ne suivrons pas l'auteur dans les détails de sa construction, mais nous donnerons à nos lecteurs une idée de sa réussite par les résultats des expériences ci-après, qu'il consigne dans son mémoire :

Flection totale maximum du tube 25'';

Variations dans les différentes positions du tube, moins d'une seconde en plus ou en moins;

Différences des flections partielles des deux troncs dans une première expérience 5'', 1;

Différence dans une deuxième expérience, après l'addition d'un petit poids correcteur 0'', 0;

Variation maximum pour les différentes positions de la lunette, six dixièmes de seconde en plus ou en moins.

Si l'on considère qu'un équatorial n'est pas destiné à prendre des mesures absolues des coordonnées astronomiques des étoiles, on trouvera que M. Porro s'est attaché ici à un luxe d'exactitude qui nous laisse bien espérer de toutes les autres parties de l'instrument.

RECHERCHES PHOTOGRAPHIQUES.

COMMUNICATION IMPORTANTE SUR LE COLLODION.

Jusqu'à ce jour la photographie sur papier et sur verre a été qu'une application féconde des principes découverts par M. Talbot, savoir : la réunion d'un composé solide d'argent insoluble avec un sel d'argent soluble pour l'impressionnement à la lumière, que l'on fait suivre, pour le développement de l'image, d'un agent continuateur qui achève de réduire ou de transformer les composés argentifères en les rendant insolubles aux liquides capables d'enlever en totalité la préparation photogénique non impressionnée. C'est aussi à M. Talbot qu'appartient l'idée aussi simple qu'ingénieuse de produire indéfiniment des épreuves positives avec les épreuves négatives.

Pour la photographie sur verre, les négatifs tirent tout leur effet de l'iodure d'argent combiné au nitrate d'argent; les positifs, du chlorure d'argent réuni au nitrate d'argent.

Pour la photographie sur verre, c'est encore l'iodure d'argent qui est en présence du nitrate d'argent : pour le verre albuminé, il n'est pas douteux que cette alliance existe dans le corps de l'albumine, puisque l'impressionnement se produit très-bien après un lavage qui ne laisse rien à la surface : dans le collodion, qui est de sa nature moins spongieux, le lavage enlève tout le sel d'argent, et l'iodure, resté seul, se trouve paralysé.

On a fait bien des tentatives pour arriver à employer le collodion à l'état sec comme l'albumine, sans y avoir encore réussi. La dessiccation spontanée du collodion, sans avoir été précédée d'un lavage à l'eau, détruit aussi bien sa sensibilité qu'un lavage à l'eau; mais l'apparence de la couche est tout autre : après la dessiccation spontanée, le nitrate d'argent reste seul, l'iodure a disparu; après un lavage à l'eau, l'iodure reste, mais le nitrate a disparu. Dans le premier cas, la disparition de l'iodure est due à sa solubilité dans le nitrate d'argent, solubilité qui est proportionnelle à la concentration du nitrate; or, en se desséchant, le nitrate ne peut manquer d'arriver à sa concentration maximum; aussi les plaques desséchées présentent toujours des semis de cristaux très-curieux en forme de cercle rayonné, de cœur ou autres figures bizarres qui sont dues à la cristallisation du nitrate d'argent saturé d'iodure d'argent.

J'ai déjà prouvé qu'une couche de collodion pouvait servir un temps quelconque après avoir été sensibilisée, à la condition qu'on ait mis obstacle à la vaporisation de l'eau, ou, ce qui revient au même, à la concentration du nitrate d'argent; en raison de cela, il est probable que si une plaque sensibilisée était plongée dans de l'eau, mais sans la rincer et en quantité modérée, par exemple dans une bassine contenant une couche d'eau de deux millimètres de hauteur, il est probable, dis-je, qu'il resterait forcément du nitrate d'argent en quantité suffisante pour sensibiliser, mais en quantité trop faible pour dissoudre tout l'iodure d'argent; la cristallisation serait à l'état microscopique, et sans doute qu'on pourrait faire servir le collodion comme l'albumine. J'ai fait cet essai pour du collodion employé à l'état humide, l'épreuve est venue comme à l'ordinaire; mais je n'ai pas encore essayé les plaques séchées après ce lavage. Il sera si facile à ceux qui désirent opérer à sec de faire l'expérience, qu'il me paraît inutile d'attendre un résultat pour publier ce tour de main, d'autant plus que je ne regarde le procédé actuel que comme acheminement vers un nouvel état de choses qui ne peut tarder à s'établir.

Du moment où j'ai touché au collodion, j'ai compris qu'il serait possible de composer un collodion contenant en lui-même tous les ingrédients nécessaires à l'impressionnement par la lumière, c'est-à-dire un iodure, un bromure ou un chlorure d'argent, avec un sel d'argent soluble dans l'éther, l'eau et l'alcool, et je me suis mis aussitôt à faire des essais dans cette direction.

Depuis un an, j'ai fait une multitude d'essais, encouragé que j'étais par les résultats obtenus dès ma première tentative; cependant l'alliance désirée n'est pas facile à réaliser; le nitrate d'argent est insoluble dans l'éther et l'alcool rectifiés, même à chaud; il m'a fallu souvent introduire de l'eau dans le collodion, mais alors le collodion et l'iodure se sont agglomérés. La couleur de l'iodure a varié souvent, quelquefois il était d'un *blanc pur, jaune vif, gris opalin*. Cette dernière nuance est la meilleure.

Je ne suis pas encore arrivé à une sensibilité comparable à celle du collodion ordinaire; l'intensité des épreuves n'est jamais grande, parce que la réduction paraît n'être que superficielle; cependant, mes progrès ont de jour en jour été sensibles.

Ce collodion paraît devoir se conserver douze heures après son application sur le verre. Tenu en plein air, à l'abri de la lumière, il produit des images comme s'il était frais; cela n'est pas étonnant; il ne *sèche jamais de lui-même*, et l'application de la chaleur le dessèche difficilement. Après cinq minutes d'une exposition à la lampe qui le faisait fumer et me brûlait sérieusement les doigts, il était encore un peu mou. Cette propriété est très-heureuse; il peut, dès aujourd'hui, remplacer l'albumine. J'ai, en effet, obtenu des épreuves positives avec un négatif que j'ai pu transporter sur papier après le lavage à l'hyposulfite; on aura ainsi des épreuves d'une finesse extrême, qui seront supérieures à celles qu'on a obtenues jusqu'à présent sur papier albuminé. Ce collodion posé sur le papier donnera immédiatement des épreuves du même genre.

Quand ce collodion est bien réussi, les feuilles de verre qui en sont couvertes ont tout à fait l'aspect du collodion sensibilisé par le bain d'argent, et, de plus, la couche est parfaitement homogène, sans mouchetures ou inégalités qui se présentent si fréquemment par le procédé actuel; on ne se noircira plus les doigts avec les sels d'argent; l'économie de temps et d'argent sera manifeste.

Comme je l'ai dit, cependant, ce collodion s'est montré peu sensible jusqu'à présent, et ne donne que des noirs peu intenses; il n'est encore applicable qu'à la formation des épreuves par le tirage des négatifs ou des positifs directs, avec une longue exposition à la chambre obscure.

Il est vrai aussi que j'ai toujours préparé ces collodions à la hâte, sans aucun soin, et n'ai développé les images qu'avec l'acide gallique et le sulfate de fer.

L'impressionnement par la lumière a lieu dans toute l'épaisseur de la couche, tandis que la réduction paraît n'avoir lieu qu'à la surface. On réussira sans doute à faire disparaître cette cause d'infériorité.

J'ai été souvent tenté de prendre un brevet pour ce nouvel emploi du collodion; mais j'y ai renoncé en considérant que c'est une chose de première nécessité pour la photographie. Tôt ou tard le collodion en question devra prévaloir sur son devancier; et par les recherches de chacun, son perfectionnement sera bien plus rapide.

C'est avec le bromure d'argent que j'ai le mieux réussi;

l'acétate et le lactate d'argent ont agi aussi bien que le nitrate.

Dès aujourd'hui, je cherche un nom qui puisse distinguer ce collodion du collodion inerte employé maintenant, un nom exprimant qu'il est toujours prêt à fonctionner sous l'influence de la lumière; à défaut d'un nom plus expressif, je l'appellerai provisoirement *collodion argentifère*.

J'ai fait des essais analogues avec l'albumine et la gélatine. M. Humbert de Molard m'a dit avoir eu aussi, de son côté, des résultats avec l'albumine; mais cela perd tout son intérêt avec ces substances qu'il faut coaguler.

En résumé, tout l'avenir de la photographie me semble résider dans un collodion argentifère, composant la matière impressionnable qu'on pourra mettre en bouteille, étendre sur verre, papier, toile cirée, etc., pour obtenir immédiatement, ou le lendemain, des épreuves positives ou négatives à la chambre obscure, aussi bien que des épreuves positives par négatifs, ayant toute la perfection désirable.

Je vais, de mon côté, étudier attentivement la préparation de ce collodion, sans me laisser aller à ma précipitation habituelle. Je crois avoir saisi les principes; et si je ne m'abuse pas, je pourrai bientôt obtenir un collodion argentifère qui réalisera toutes mes espérances.

M.-A. Gaudin,
Calculateur du Bureau des Longitudes.

Nous ne voulons plus ajouter qu'un mot à ce que nous avons dit dans notre dernier numéro, en réponse au prospectus de MM. Wulff et compe. : c'est qu'un journal qui a cru devoir se faire notre adversaire, parce qu'il parle quelquefois de photographie, et qui a le malheur d'être toujours l'avocat des causes perdues d'avance, a fait l'éloge du procédé en question et des épreuves qu'il donne. Ceci est concluant, et MM. Wulff ne se relèveront pas de ce coup.

LA PHOTOGRAPHIE DE GENRE.

ÉPREUVES DE M. MOULIN.

Nous avons eu souvent occasion de parler des travaux de M. Moulin. Aujourd'hui encore nous citerons son nom pour lui donner de nouveaux éloges.

M. Moulin, qui travaille beaucoup, a choisi un genre qui ne pouvait manquer de succès dans des mains habiles. Il ne se contente pas de reproduire des portraits ou des vues, ou bien des académies qui devront servir d'études aux peintres : il compose des sujets; il fait poser des modèles, les habille, leur donne une attitude, une occupation, une expression; puis il les entoure d'accessoires en rapport avec le rôle qu'il leur a donné, et il fait ainsi des épreuves qui unissent l'intérêt à la beauté de l'exécution. Un peintre de talent, qui est en même temps un photographe de premier ordre, M. Ch. Nègre, avait compris, avec l'intelligence de l'artiste, combien certaines scènes se prêteraient merveilleusement à la reproduction de l'objectif. Son *Chiffonnier* et ses *Ramoneurs* ont créé le *genre* photographique. M. Moulin a suivi son exemple, et, en suivant presque exclusivement cette nouvelle voie, il est arrivé à se faire une place à part au milieu de ses confrères. Il est photographe de *genre* (qu'on nous passe le mot), comme M. Cousin est photographe *paysagiste*, comme M. Plumier est photographe *portraitiste*.

La composition donne à ses épreuves un cachet d'originalité frappant. Nous en citerons quelques-unes qui nous ont paru très-remarquables. La *Fileuse*, par exemple, est une œuvre pleine de charme et de sentiment. Une paysanne, avec sa cornette blanche, son corsage de bure, sa jupe de laine rayée, son tablier de grosse toile, est assise auprès du rouet qui la fait vivre; mais sa main laborieuse s'est arrêtée, la quenouille lui échappe. C'est que sa fille, une délicieuse enfant qui jouait tout à l'heure à ses côtés, est venue vers elle, sans doute sous l'impression d'une crainte enfantine, et l'a entourée de ses bras potelés et blancs. La tête penchée vers celle de la charmante créature, la fileuse oublie que la main qui presse tendrement le corps délicat de l'enfant ne fait plus tourner le rouet.

Cette scène n'est pas seulement une délicieuse composition, elle est aussi une épreuve admirablement bien réussie. Le groupe est très-habilement posé dans sa simplicité. Les deux têtes ont une expression touchante et vraie; celle de la femme est tout à fait dans le sentiment de Gérard Dow. Les traits de l'enfant, qui sont d'une rare beauté, ont été rendus aussi avec un bonheur incroyable.

C'est un succès complet dont M. Moulin peut, à juste titre, se glorifier.

La *Pêcheuse* a aussi un mérite artistique qui a droit à tous nos éloges. Il suffit d'avoir vu sur le port de Calais ou sur la jetée de Dunkerque, ou au *Portel*, près de Boulogne, une de ces grandes et fortes femmes qui s'en vont vers la grève, à la marée basse, la tête entourée d'un fichu, le jupon roulé en ceinture, la chemise cachant à peine le genou, bras et jambes nus, avec un panier suspendu comme la giberne d'un soldat, pour reconnaître la pêcheuse de M. Moulin. Celle-là ne peut nier son origine, et quiconque a visité les bords humides de la Manche a dû la rencontrer sur sa route.

Les bras et les jambes de cette femme sont merveilleux de dessin et de modelé. Il y a à la fois de la vigueur et de la grâce.

Nous ne parlerons plus que d'une épreuve de M. Moulin, c'est un groupe de trois figures, un *Ménage d'ouvriers*. Le père élève, en riant, au-dessus de sa tête, une poupée que sa petite fille, un peu boudeuse, cherche à saisir. La mère, assise auprès d'eux, regarde, prête à s'interposer, ce jeu qui chagrine son enfant. Cette petite scène est pleine de mouvement et de naturel. Les trois figures sont d'une exécution parfaite, jusque dans leurs plus petits détails.

Que M. Moulin continue donc à retracer de semblables scènes, qu'il fasse des tableaux de genre aussi bien compris et exécutés que ceux que nous venons de signaler, et non-seulement il se fera un nom parmi les artistes, mais de plus il concourra puissamment à faire tomber l'objection que l'on oppose encore à la photographie, en disant qu'elle n'est qu'une opération mécanique, et que l'imagination et le sentiment artistique ne sont pour rien dans ses résultats.

E. L.

Nous avions encore à rendre compte de plusieurs autres épreuves qui nous ont été communiquées par différents artistes; mais nous sommes forcés d'en remettre l'examen au prochain numéro.

Nous avons reçu de M. E. de Valicourt, auteur d'un excellent ouvrage, *le Manuel de photographie*, une lettre commençant par cette phrase : « Personne plus que moi ne s'intéresse à la prospérité du journal *la Lumière*, destiné à servir, en quelque sorte, de lien commun parmi la nombreuse famille des photographes; mais ce résultat désirable ne serait certainement pas atteint, si vous donniez asile dans vos colonnes à ce que je ne crains pas d'appeler la piraterie littéraire. » L'auteur de la statistique, M. J. Duvernay, auquel s'adresse la dernière partie de cette phrase, nous prie d'insérer la réponse suivante :

LETTRE A M. DE VALICOURT,

A Bécourt par Albert (Somme).

Monsieur,

Je vous prierai d'abord de ne voir dans les considérations qui vont suivre aucune intention blessante. Vous vous faites une loi dont les conséquences rigoureuses me semblent inadmissibles. Vous ne méconnaîtrez pas mon droit de critique, et vous pourrez vous convaincre de son désintéressement, au moins quant à l'esprit.

Dans la propagation des découvertes ou procédés acquis à la science, et surtout quand ils s'appliquent à l'art aussi nouveau que merveilleux de la photographie, il est pour moi un intérêt tellement supérieur qu'il m'en fait négliger peut-être beaucoup d'autres. C'est celui des développements et des progrès dans l'esprit du plus grand nombre possible; et si j'y contribuais pour une aussi grande part que vous, monsieur, je m'estimerais trop récompensé par cette satisfaction hors ligne, et je n'en revendiquerais pas d'autres aussi légitimes, mais d'un ordre moins relevé.

Je ne songeais pas, je vous l'avoue, qu'en prenant mes notes, à moins d'exciter certaines susceptibilités et de manquer à des considérations diverses, j'avais au préalable à établir minutieusement leur parrainage ou leur paternité, d'après des pièces plus ou moins officielles. Votre passion de la justice vous a fait exagérer, ce me semble, la portée de votre devise : *cuique suum*; et vous conviendrez que ce serait une obligation impossible à remplir, si, en principe, on y soumettait rigoureusement tout travail d'étude et de recherches. Ce ne serait rien moins que l'entraver, l'arrêter même, en dénaturer l'objet par des citations oiseuses qui vous ennuieraient le premier vous-même. Car de quoi se compose l'ensemble? D'une foule de renseignements écrits ou non, de révélations verbales, d'inspirations quelquefois. Quelle mémoire serait assez heureuse pour s'en rappeler les détails occasionnels, les personnalités, si je puis le dire, et avec elles, de toute nécessité, les moments, les incidents, les particularités, les circonstances? ce n'est pas la mienne, assurément, et je ne lui souhaite pas même ce bonheur!

Le domaine de la science est à tout le monde, et n'est à personne en particulier; et on serait non-seulement mal venu si l'on en réclamait un partage exclusif, mais on resterait encore en dehors de cette vérité qu'elle vient un peu de tout le monde, et qu'il est des choses qui y coopèrent, même aveuglément, dans une certaine mesure.

C'est en vertu de cet axiome que j'ai puisé et que je puise partout, quand mes propres ressources me font défaut, sans m'inquiéter de la source, tout ce qui me paraît convenable et digne d'attention pour mon sujet. Vous êtes d'accord vous-même, dans votre lettre, que M. Louis Figuier, dont le rapprochement en cette occurrence m'est trop flatteur pour que ma juste modestie l'accepte, agit de même à plus d'un égard, qu'il *vous a emprunté un grand nombre de passages*, puis a poussé l'oubli aussi loin que moi. Mais puisque vous voulez bien me choisir et arrêter en moi cette appropriation à votre détriment, je vais vous rendre pleine et entière justice.

Dans le dix-huitième article de ma *Statistique*, je reconnais que j'ai eu recours à votre *Manuel*, d'abord pour douze lignes du deuxième alinéa qui fait l'historique de l'appareil de M. Lecchi, parce que j'ai trouvé l'invention curieuse; ensuite, pour cinq lignes dans la définition du diaphragme, parce qu'elle m'a semblé juste; puis, pour des expressions du onzième alinéa, parce que, traitant le même sujet, j'ai dû m'en servir, et, de plus, parce que la langue photographique est comme les autres, et que des mots différents n'ont pas la même signification. Quant à l'avertissement comminatoire aux reproducteurs des articles du journal *la Lumière*, vous ne voudrez pas vous en appuyer, parce qu'il s'agit d'intérêts dont votre appréciation judicieuse saura bien faire la différence.

En terminant, vous me permettrez d'exprimer un regret d'occuper une place précieuse et attendue avec une impatience légitime par des communications multipliées et plus méritoires à mes yeux que toute tentative de polémique, même celle à votre avantage.

Veuillez agréer, etc. J.-D. Du Vernay.

Paris, ce 16 août 1853.

PUBLICATIONS PHOTOGRAPHIQUES.

BROCHURE DE M. LEBORGNE.

L'opuscule de M. Leborgne, que nous avons annoncé dans notre dernier numéro, est sous presse et va paraître au commencement de la semaine prochaine. Nous avons lu le manuscrit auquel notre collaborateur, M. M.-A. Gaudin, a ajouté quelques aperçus d'un grand intérêt.

Il y a longtemps que nous avions parlé des portraits de M. Leborgne; c'est le moyen de les obtenir sur glace, sur toile cirée, sur soie, etc., qu'il va publier, nous le répétons. Ce petit ouvrage, consciencieusement rédigé, ne peut manquer d'avoir du succès dans ce moment où l'attention des artistes et du public est dirigée vers cette application de la photographie. M. Leborgne ne fait pas de longs commentaires, il ne crie pas au miracle, il ne prétend nullement faire une révolution dans l'art photographique : il donne tout simplement un excellent procédé pour obtenir de belles choses.

Du reste l'administration du journal, désireuse de favoriser les progrès de l'art, sous quelque forme qu'ils se manifestent, met dès aujourd'hui un atelier et un laboratoire à la disposition des personnes qui voudraient essayer ce procédé.

M. Victor Place, consul de France à Mossoul, où il exécute en ce moment des fouilles si intéressantes, écrit de Ninive une lettre dont nous extrayons ce qui suit :

« Ce pays est plein des souvenirs les plus curieux, et en voici un qui vous surprendra sans doute : La semaine dernière, la ville de Mossoul a célébré trois jours de jeûne, suivis d'un jour de réjouissance, en commémoration de la pénitence imposée aux Ninivites par Jonas. Comme le fait s'accomplit de temps immémorial dans le pays, on le trouve fort naturel, et, l'année dernière, on ne m'en parla qu'assez longtemps après qu'il était passé.

« Mais cette année-ci, j'ai voulu en être témoin par moi-même, et vous pouvez dire que vous tenez d'un consul présent sur les lieux, qu'une ville entière consacre, tous les ans, un des faits les plus étranges et les plus anciens de la Bible. Ce qu'il y a de plus frappant, c'est que les musulmans eux-mêmes respectent cette tradition et font la fête le même jour que les chrétiens.

« Il est vrai que le Koran renferme un chapitre entier consacré à Jonas, et qu'en face de Mossoul il y a, sur un monticule artificiel, une mosquée très-vénérée qui passe pour recouvrir le tombeau du prophète. Elle est même si vénérée que, bien que nous ayons la preuve que ce monticule renferme les plus précieux restes de l'archéologie assyrienne, il ne nous a pas été possible d'y faire des fouilles. Toucher à la terre qui supporte le tombeau de Jonas, ce serait s'exposer à faire éclater une révolution. Chaque vendredi, à l'heure de la prière, on vient en masse de Mossoul y faire un pèlerinage.

« Rapprochez ces faits du respect qui entoure encore le tombeau de Daniel, à Suze, où les hommes de toutes les religions vont prier, et qu'on ne violerait qu'en s'exposant à être massacré, et dites-moi s'il y a un pays qui puisse intéresser davantage un de vos anciens élèves.

« Voulez-vous un autre souvenir de la Bible, qui a son côté d'autant plus curieux que son existence ne dépend pas de la volonté des hommes? Vous vous rappelez le fameux poisson du jeune Tobie, dont l'existence a paru difficile à admettre dans un fleuve où l'on ne s'attend pas à voir un poisson assez gros pour effrayer un homme.

« Eh bien! ce poisson existe, on le pêche souvent dans le Tigre, et je vous assure qu'il est armé de terribles dents. Lorsque je serai moins occupé, j'irai, avec quelques hommes, en prendre un de la plus grande taille qu'il sera possible, et, si je réussis, je porterai sa peau au muséum d'histoire naturelle. On m'en a bien apporté un hier, mais d'abord ce n'était pas moi qui l'avais pêché, et ensuite il pesait à peine trois cents livres, c'est trop petit. Je l'ai distribué à mes ouvriers chrétiens qui font maigre.

(*Le Salut public.*)

CORRESPONDANCE.

Pau, le 9 août 1853.

Monsieur le rédacteur du journal *la Lumière*.

Je lis aujourd'hui dans votre numéro du 6 août deux réclamations de priorité au sujet d'une note que j'avais déposée le 16 mai dernier à l'Académie des sciences, et qui a été ouverte et lue le 25 juillet.

Autant que j'en puis juger par les extraits que contient votre estimable journal, je vois que les trois procédés, celui de MM. Lerebours-Salleron, celui de M. A. Quinet et le mien, sont à peu de chose près les mêmes. Je renonce donc pour ma part à toute *prétention* d'invention sur ce sujet, et en laisse l'honneur à M. Lerebours.

Et, comme les réclamations de M. Quinet pourraient faire croire à vos abonnés que c'est chez lui que j'ai puisé mes idées, je déclare sur l'honneur n'avoir jamais su, avant d'avoir lu votre dernier numéro, que ce procédé fût pratiqué ailleurs que dans mon laboratoire.

Quant à la question de légalité, je suis convaincu que la partie du brevet de M. Quinet qui a rapport à notre sujet tombe dans le domaine public par la priorité de dépôt de M. Lerebours.

Je vous prie, monsieur le rédacteur, de vouloir bien insérer ces quelques lignes dans votre prochain numéro, et croire à ma parfaite considération.

J.-J. Heilmann.

Nous sommes heureux que la lettre si pleine de modestie et de convenance de M. Heilmann nous fournisse l'occasion de dire quelques mots de ses épreuves.

Nous en avons deux entre les mains. Elles représentent un *Marché*, à Pau. Il est impossible de mettre en doute l'instantanéité de l'opération. Un grand nombre d'hommes, de femmes, d'acheteuses, de paysannes traversent la rue où se tient le marché. On voit leur pied levé et prêt à se poser. D'autres boivent, et cependant leur bras en mouvement est très-distinctement dessiné. Les fonds, très-éloignés, sont parfaitement nets et détaillés. Tout au bout de la rue qui se présente de face, on peut voir une foule de gens affairés qui s'étagent dans la perspective jusqu'aux plans les plus reculés. C'est vraiment merveilleux de réussite.

Ces épreuves font à la fois l'éloge du beau talent de M. Heilmann et du collodion de M. Bertsch, au moyen duquel ces vues ont été obtenues.

M. Heilmann nous pardonnera-t-il d'avoir donné ces quelques lignes d'éloges bien sincères à ses travaux? — On peut renoncer avec autant de bonne grâce qu'il le fait à la priorité d'une découverte, quand on en utilise les résultats avec autant de talent.

E. L.

Montpellier, 10 août 1853.

Monsieur Ernest Lacan,

J'ai fait, comme bon nombre de photographes, l'essai des bromures dans le collodion. Mais une pensée que je crois très-heureuse, a été d'introduire dans mon collodion ioduré préalablement le chloro-bromure de chaux qui me sert journellement à sensibiliser mes plaques daguerriennes. Ce mode de préparation, très-facile à faire et à la portée de tous les opérateurs, donne des résultats étonnants. J'ai pu obtenir une rapidité extrême, et mes portraits surtout sont pleins de vigueur et d'harmonie. Il suffit d'ajouter à tout collodion ioduré quelques grammes de chloro-bromure de chaux amené au rouge sang de bœuf, méthode baron Gros (2 à 4 pour cent). Le collodion se trouble tout aussitôt; on remue vivement, et puis on laisse reposer. Au bout de quelques heures, le liquide reprend sa limpidité; la chaux s'est précipitée au fond du flacon, et l'on s'en débarrasse en décantant.

L'obtention des ciels dans les paysages d'après nature, dont tous les amateurs de photographie déploraient l'absence complète, grâce au chloro-bromure, est aujourd'hui un fait accompli. J'en parle, à la vérité, d'après une seule expérience que j'ai faite et qui m'a bien réussi; mais si mes instantes occupations me permettent de consacrer quelques jours à la campagne, j'espère vous soumettre de nombreux spécimens qui vous le prouveront.

Quoi qu'il en soit, les bromures seuls, employés avec quelque soin dans le collodion, sont déjà une véritable conquête, et j'en félicite ceux qui en ont eu la première idée. Mais je prévois que la propriété des chloro-bromures, déjà si remarquable dans la préparation des plaques de doublé, donnera des résultats si extraordinaires dans le collodion, que je ne crains point d'avancer que leur emploi déterminera, dans la photographie, une transformation radicale; car cette combinaison me paraît remplir les conditions artistiques les plus désirables.

J'ai l'honneur d'être, etc., Huguet-Moline,
Peintre.

En remerciant M. Huguet-Moline de son intéressante communication, nous lui rappellerons qu'il y a plus d'un an, nous avons parlé des clichés de ciels que M. Bayard obtient au moyen du collodion.

Mais s'il peut produire les ciels sur le cliché même de ses paysages, M. Moline a, certes, réalisé un grand progrès dont nous sommes heureux de le féliciter.

NOUVELLES DIVERSES.

Nous avons fait connaître l'accueil empressé qu'avait reçu de la part de divers gouvernements d'Europe la notification du décret impérial qui institue une Exposition universelle à Paris en 1855. De nouvelles adhésions sont parvenues au gouvernement de l'Empereur, notamment de l'Angleterre, de la Prusse, du Danemarck, des duchés de Darmstadt et de Nassau, de Francfort, de Hambourg, etc.

La mesure qui autorise la vente, pour la consommation en France, des objets *prohibés* admis à l'exposition, moyennant un droit de 30 p. 100, a levé les hésitations qu'auraient pu éprouver quelques industriels.

Le grand-duc de Toscane, voulant répondre aux dispositions bienveillantes du Gouvernement français pour les industriels étrangers qui enverront leurs produits à l'Exposition universelle de 1855, a décidé que l'exposition quinquennale des *produits industriels* indigènes, qui devait avoir lieu à Florence en 1855, serait avancée d'un an et fixée au second semestre de 1854. Cette exposition, dans laquelle figureront les produits destinés à l'exposition française, sera analogue à celle qui avait également précédé, dans ce pays, l'exposition universelle de Londres.

L'Académie des beaux-arts a procédé samedi dernier à l'élection d'un membre pour la section de peinture en remplacement de M. Blondel, décédé il y a deux mois. Le nombre des votants était de 33, la majorité de 17. Au premier tour de scrutin, M. Flandrin a obtenu 18 suffrages, M. Delacroix 5, M. Vinchon 4, M. Signol 3, M. Delorme 2, et M. Hesse 1.

M. Flandrin a été proclamé membre de l'Académie des beaux-arts.

La section se trouve ainsi composée, en suivant l'ordre chronologique des nominations : MM. Hersent, Ingres, Horace Vernet, Heim, Paul Delaroche, Abel de Pujol, Picot, Schnetz, Couder, Brascassat, Léon Coignet, Robert Fleury, Alaux et Flandrin.

On annonce que le tableau de Mlle Rosa Bonheur, *le Marché aux chevaux*, a été acheté par l'Impératrice.

Le *Technologiste* indique le moyen suivant pour découvrir la présence du cuivre dans les eaux-de-vie et les en débarrasser.

L'huile d'olive est, comme l'expérience l'a démontré, non-seulement un excellent réactif pour accuser la présence d'un sel de cuivre dans un liquide, mais de plus un moyen sûr pour le débarrasser complétement, surtout les eaux-de-vie, des traces de cuivre provenant des vases de ce métal dans lesquels s'est opérée la distillation. Si, à cet effet, on introduit dans ces sortes d'eaux-de-vie quelques gouttes d'huile d'olive et qu'on agite avec soin, on voit au bout de quelques minutes, c'est-à-dire le temps pour que l'huile se sépare, celle-ci se colorer en vert et absorber tout le sel cuivrique dissous dans l'eau-de-vie, au point qu'avec les réactifs les plus délicats il n'est plus possible de découvrir dans la liqueur qui reste la moindre trace de cuivre.

Le Propriétaire-Gérant, Alexis Gaudin.

Typographie Hennuyer, rue du Boulevard, 7. Batignolles.
Boulevard extérieur de Paris.

TROISIÈME ANNÉE. N° 35. SAMEDI, 27 AOUT 1853.

LA LUMIÈRE

REVUE DE LA PHOTOGRAPHIE.

BEAUX-ARTS. — HÉLIOGRAPHIE. — SCIENCES.

JOURNAL NON POLITIQUE, PARAISSANT LE SAMEDI.

BUREAUX, à Paris, 9, rue de la Perle. BUREAUX, à Londres, 6, Henman Terrace, Camden-Town.

ABONNEMENTS.—*Paris*, UN AN, 16 FR.; 6 MOIS, 10 FR.; 3 MOIS, 6 FR.; *Départements*, UN AN, 18 FR.; 6 MOIS, 11 FR.; 3 MOIS, 7 FR.; *Etranger*, UN AN, 20 FR.; 6 MOIS, 12 FR.; 3 MOIS, 8 FR.

A partir du 1er septembre prochain, le prix de l'abonnement au journal LA LUMIÈRE *sera fixé de la manière suivante :*

PARIS.

UN AN......... 20 FR.
SIX MOIS........ 12
TROIS MOIS..... 7

DÉPARTEMENTS.

UN AN......... 22
SIX MOIS........ 13
TROIS MOIS..... 8

ÉTRANGER.

UN AN......... 25
SIX MOIS........ 15
TROIS MOIS...... 10

Les abonnements pris avant cette époque ne subiront aucune augmentation.

SOMMAIRE.

SALON DE 1853.

(11e ARTICLE.)

MM. CHEVANDIER DE VALDRÔME, PH. ROUSSEAU, LAMBINET, DE KNYFF, IMER, BODMER, LAPIERRE, LAVIEILLE, LEFMAN, MICHEL, PENGUILLY-LHARIDON, HÉDOUIN.

Un élève de ce grand et si regrettable Marilhat, M. Chevandier de Valdrôme, s'est lancé dans cette *Campagne de Rome*, si stérile pour le peintre et pour le laboureur, et qui peut être si féconde pour le poëte. Il nous a donné aussi une *Vue de Marseille* qui exprime le sentiment de l'étendue. Les maisons de la ville se perdent dans le lointain. On disait à côté de nous que la mer était trop bleue. Ceux qui parlent ainsi ne savent pas qu'aucun peintre n'eut jamais une palette plus variée de couleurs que le vieux Oceanus Pater.

La *Pyrargue chassant au marais*, de M. Philippe Rousseau, étend magnifiquement ses ailes puissantes. C'est une étude d'un vrai mérite, et nous avons vu des connaisseurs la mettre au nombre des meilleures du Salon. C'est bien le sentiment de la force chez la chasseresse. En se livrant aussi au plaisir de la chasse, l'homme n'a peut-être jamais pensé qu'il ne faisait que copier la bête. Seulement, il y a cette différence entre eux que la bête chasse parce qu'elle a faim, et l'homme, le riche bien entendu, pour avoir faim.

L'automne et le rayon ont rendu bleus les saules. Un paysan en blouse est couché auprès de la vache qui boit dans le ruisseau, dont l'écume savonneuse se brise contre les pierres. La poitrine puissante de l'écluse contient l'eau qui va déborder. Les joncs, brûlés par l'été, se courbent frôlés par l'aile des poules d'eau. M. Lambinet a créé un tableau frais et vivant avec ces éléments simples.

M. de Knyff est venu de Belgique pour voir se lever le soleil dans les Ardennes. Le rayon tombe d'abord sur le dos fauve des moutons que garde le pâtre, et ensuite sur la rivière qui le double comme un miroir. Les coteaux boisés, dans le fond, voient s'échapper leurs volées d'oiseaux. Le ciel s'entr'ouvre sous l'aurore. Nous aimons la belle teinte de ce tableau silencieux.

La *Plaine en Provence*, de M. Edouard Imer, a un grand aspect. Des groupes d'ormes, se détachant dans les lointains, sont la seule animation de cette plaine tourmentée de soleil. Le *Clair de lune* et le *Paysage de Marseille* nous semblent d'autres œuvres éminentes à différents degrés. M. Imer n'est porté sur le livret comme l'élève de personne. Mais il est né à Avignon, sous l'ombre merveilleuse de ce colosse de pierre qu'on appelle le château des Papes, et qui a si impérialement le caractère de la force catholique. Triste et languissante force du reste, à une époque où il y avait trois papes simultanés ! M. Imer sera l'élève de Vaucluse et du Rhône ; deux maîtres au langage sonore et à la couleur limpide, qui valent tous les autres.

Les *Feuilles sèches* de M. Bodmer feraient une belle illustration à une élégie de Millevoye. Il faudrait en dire les meilleurs vers sous ces bouleaux, au vent qui sort de cette haie décharnée, et à l'accompagnement sec et triste de ces branches qui se cassent et de ces feuilles qui tombent. L'*Automne*, de M. Lapierre, est de la même teinte. L'arbre coupé, mélancoliquement couché auprès de la scie, la cabane de bûcheron, le grand ciel orangé, sont dignes des plus habiles pinceaux.

Le mur fuit. Le petit pré verdit au bout de la rue. La vieille femme accroupie donne à manger à la volaille et à un coq qui hésite entre la pâtée et l'amour. M. Lavieille a fait une très-jolie étude dans cet *Intérieur de cour à Barbizon*.

Les *Souvenirs de la Marne*, de M. Lefman, nous ont rappelé, avec leur ciel moutonneux, ce vers de Jules Lefèvre :

> Les blancs moutons épars dans les prés bleus du ciel.

Est-ce que les faunes d'autrefois se sont réfugiés dans les saules ? Nous l'avons pensé en voyant les formes trapues et violentes de ceux que M. Michel a placés sur les *Bords de l'Orne*. Les pieds pris dans le gazon, la barbe au vent de la rivière, se reconstruisant une tête à mesure qu'on leur en coupe une, ils attendent, depuis des années, en étendant leurs bras velus, des nymphes qui ne viendront pas. Des oiseaux aquatiques, voletant au-dessus d'eux, semblent narguer leur solitude avec leurs cris perçants. Sous prétexte d'inondation et d'arbres, M. Michel a évidemment voulu faire une étude de ces êtres intermédiaires qui dansent si joyeusement sous l'Olympe.

M. Penguilly-Lharidon a-t-il essayé de traduire une légende ? Il y a une énigme bizarre dans ce *Cavalier* qui passe, recevant sous son manteau ce coup de vent qui fait plier les arbres. Quoi qu'il en soit, ce cadre ne manque pas de couleur et d'accent.

Les faucheurs parcourent en tous sens le Salon, comme s'il y avait là une grande récolte d'herbes vigoureuses et de fleurs printanières à faire ! Ceux de M. Hédouin nous ont paru les mieux venus. Les uns, groupés sous l'ombre, se reposent de tous les assassinats qu'ils viennent de commettre ; les autres aiguisent leurs faulx ; dans le fond, la dévastation s'opère, et les têtes roses du sainfoin tombent toutes sur ce champ de meurtre, que les morts vont parfumer. Nous avons remarqué aussi les *Batteurs de colza*, bien groupés, solides et fiers. Ces deux compositions ressemblent aux chansons si villageoises et si mélodiques de Pierre Dupont.

HENRI DE LACRETELLE.

SCIENCES.

La fritillaire ou couronne impériale. — M. Payen, président de la Société centrale d'agriculture, a communiqué à l'Académie la note suivante : — La Société s'est occupée avec le plus vif intérêt, dans ses trois dernières séances, d'une découverte fort importante pour l'industrie et l'alimentation. Il s'agit d'une plante de la famille des liliacées, la fritillaire, appelée communément couronne impériale, dont les bulbes contiennent au moins autant de fécule que la pomme de terre.

Voici, du reste, l'analyse comparative :

	Pommes de terre.	Bulbes de fritillaire.
Eau,	70	68
Fécule,	20	23
Matières solubles,	4	5
Résidu sec,	6	4
Total,	100	100

La fécule de fritillaire est d'un blanc parfait : les grains en sont ovoïdes et réguliers; cette fécule peut servir à l'alimentation aussi bien qu'à l'industrie, et la preuve c'est qu'un biscuit de Savoie a été fait avec ce produit seul, sans aromate, et que tous les membres de la Société l'ont trouvé identique avec celui qui serait préparé avec la fécule de pommes de terre.

Il va être fait un rapport sur ce nouveau produit, dont la découverte est due à M. Basset, médecin, 33, rue de Vaugirard, qui s'est occupé depuis 1847 des moyens de remédier à la maladie des pommes de terre, et de la recherche des plantes qui pourraient les remplacer comme matière féculente.

La fritillaire est d'une culture facile ; son rendement permettrait d'obtenir la nouvelle fécule au prix de revient de 15 ou 16 francs les 100 kilogrammes.

La comète de 1853. — Après la lecture de cette communication et celle d'un mémoire de M. Cauchy, la parole a été donnée à M. F. Arago, secrétaire perpétuel ; c'est avec une satisfaction bien apparente que le célèbre astronome s'est empressé d'annoncer à l'Académie l'apparition d'une comète, signalée le vendredi 19 août.

Cette comète à queue et d'une grande dimension est voisine de la Grande-Ourse et visible sous les pieds de l'étoile π de cette constellation.

M. Brunel, fils du grand ingénieur français, est le premier qui ait porté la nouvelle de cette découverte à l'Observatoire de Paris, pendant que, de son côté, M. Mauvais, membre distingué de l'Académie et du Bureau des longitudes, l'observait des hauteurs de Sannois, petit village près de Paris.

Une lettre de Libourne, parvenue le 21 au secrétariat, annonçait aussi cette découverte ; mais, comme l'a fait remarquer M. Arago, l'astre nouveau est si brillant, qu'il n'est pas surprenant qu'il ait été observé simultanément de beaucoup de points différents, et, dans ce cas, il n'y aurait pas lieu de s'occuper des noms des personnes qui le signaleront.

Nous croyons faire plaisir à nos lecteurs en leur donnant l'extrait suivant d'un ouvrage publié tout récemment, qui contient les appréciations scientifiques de sir John F. W. Herschel (1).

« L'aspect extraordinaire des comètes, leurs mouvements rapides et qui semblent irréguliers, la manière inattendue dont elles éclatent souvent sur nous et la grandeur imposante qu'elles acquièrent quelquefois, les ont rendues dans tous les siècles un objet d'étonnement, non sans crainte superstitieuse de la part des ignorants, et une énigme pour ceux qui sont le plus familiarisés avec les merveilles de la création et les opérations des causes naturelles. Maintenant même qu'on a cessé de regarder leurs mouvements comme irréguliers, ou réglés par d'autres lois que celles qui retiennent les planètes dans leurs orbites, leur nature intime et le rôle qu'elles jouent dans l'économie de notre système sont tout aussi inconnus que jamais. Aucun compte raisonnable ou même plausible n'a encore été rendu de ces appendices immensément volumineux que l'on connait sous le nom de leurs queues (nom fort impropre, puisque souvent elles précèdent leurs mouvements), non plus que de quelques autres singularités qu'elles présentent.

« Le nombre des comètes qui ont été observées astronomiquement, ou enregistrées dans l'histoire, est très-grand et se monte à plusieurs centaines. Mais si l'on considère que dans les premiers âges de l'astronomie, et, dans des temps beaucoup plus récents, avant l'invention du télescope, on n'avait noté que les plus grandes et les plus brillantes; que, depuis qu'on y fait attention, il se passe à peine une année sans qu'on en observe une ou deux; que deux ou trois apparaissent même à la fois; on supposera aisément qu'il doit y en avoir plusieurs milliers. Un grand nombre d'ailleurs échappent à l'observation, parce que leurs cours traversent cette partie des cieux qui est au-dessus de l'horizon pendant le jour seulement. Ces comètes ne peuvent ainsi devenir visibles que par la coïncidence très-rare d'une éclipse totale de soleil, coïncidence qui se présenta, ainsi que l'a relaté Sénèque, 60 ans avant J.-C., et qui permit d'observer une grande comète près du soleil. Au reste, on en cite plusieurs autres assez brillantes pour avoir été vues de jour, et même en plein soleil de midi. Telles furent les comètes de 1402 et 1532, et celle qui parut 43 ans avant la naissance du Christ, pendant les jeux célébrés par Auguste en l'honneur de Vénus, peu de temps après l'assassinat de César, et que la flatterie des poëtes déclara être l'âme du héros prenant place parmi les dieux.

« Que des sentiments de frayeur et d'étonnement aient été excités par l'aspect soudain et inattendu d'une grande comète, cela n'a rien de surprenant, car c'est, d'après tous les rapports, l'un des plus brillants et des plus imposants phénomènes de la nature. Les comètes consistent, pour la plupart, en une masse de lumière, large, splendide, mais terminée mal et nébuleusement, que l'on nomme la tête; elle est ordinairement beaucoup plus brillante vers le centre, et offre un *noyau* d'une vive apparence, comme celle d'une étoile ou d'une planète. A partir de la tête, et *dans une direction opposée à celle dans laquelle est placé le soleil* par rapport à la comète, semblent diverger deux traînées de lumière, qui deviennent plus larges et plus diffuses à mesure qu'elles s'éloignent de la tête; quelquefois elles se réunissent à peu de distance derrière la tête; quelquefois elles continuent à rester distinctes dans la plus grande partie de leur cours, produisant un effet semblable à celui de la traînée de feu laissée par quelques brillants météores, ou par une fusée volante, mais sans étincelle ou mouvement perceptible. C'est la queue; et ce magnifique appendice atteint accidentellement une immense longueur apparente. Aristote parle de la queue de la comète de l'an 371 avant J.-C., comme occupant un tiers de l'hémisphère ou 60°; on dit que la queue de celle de 1618 n'avait pas moins de 104° de longueur. La comète de 1680, la plus célèbre des temps modernes, et sous plusieurs rapports la plus remarquable de toutes, avec une tête n'excédant pas en éclat une étoile de seconde grandeur, couvrait avec sa queue une étendue de plus de 70° des cieux, ou même, suivant quelques rapports, de 90°; la queue de la comète de 1769 s'étendait jusqu'à 97°; celle de la dernière *grande* comète de 1843, à 65° dans sa plus forte longueur.

« Au reste, la queue n'est pas du tout un appendice invariable des comètes. On a observé que plusieurs des plus brillantes n'avaient que des queues courtes et faibles, et que plusieurs même en étaient entièrement dépourvues. Celles de 1585 et de 1763 n'offraient aucun vestige de queue; et Cassini décrit la comète de 1682 comme étant aussi ronde et aussi brillante que Jupiter. D'un autre côté, il ne manque pas d'exemples de comètes à plusieurs queues ou traînées de lumière divergentes. Celle de 1744 n'en avait pas moins de six, se déployant comme un immense éventail, et s'étendant à une distance de près de 30° de longueur. La petite comète de 1823 en avait deux, faisant un angle d'environ 160°, la plus brillante loin du soleil et la plus faible vers le soleil, à peu près comme cela a toujours lieu. Les queues des comètes sont souvent courbes, la courbure se dirigeant, en général, vers la région que la comète a quittée, comme se mouvant en quelque sorte plus lentement, ou comme éprouvant de la résistance dans sa course. »

(1) *Nouveau Manuel complet d'astronomie*, librairie encyclopédique de Roret; Paris, 1855.

EMPLOI DE L'AMMONIO-CITRATE DE FER

AU LIEU DE CHLORURE D'ARGENT.

M. Marié Davy, en adressant à l'Académie une lettre relative à deux opuscules imprimés, y a joint un spécimen d'images photographiques d'objets d'histoire naturelle vus à un grossissement de quarante-cinq fois le diamètre. L'auteur fait remarquer qu'au lieu de chlorure d'argent, c'est l'ammonio-citrate de fer qu'il a employé pour obtenir ces épreuves. Il pense qu'on a trop négligé ce procédé, découvert par M. Herschel en 1843; suivant M. Marié Davy, ce procédé est plus prompt, plus solide, plus économique que l'autre, auquel il ne le cède point pour la finesse.

ENCORE UNE LETTRE DE MM. WULFF ET Cᵉ.

M. Janvier, huissier au tribunal civil de première instance de la Seine, nous remet la lettre suivante de la part de MM. Wulff et Cᵉ.

A Monsieur Alexis Gaudin.

« Monsieur, si nous venons vous répondre encore une « fois, c'est que nous trouvons que le public et les artistes « ne sont pas suffisamment éclairés.

« 1. Nous désirons que la lettre que nous vous adressons aujourd'hui soit la dernière; si nous possédions, « comme vous, un journal, la discussion serait possible « entre nous; nous combattrions alors à armes égales; « mais, vous le comprendrez, monsieur, nous n'avons pas « nos coudées franches dans les colonnes de *la Lumière*; « nous sommes chez vous, et nous savons fort bien que, « pour être reçu chez les autres, il faut se présenter poliment.

« 2. Avant d'entrer en matière, permettez-nous de vous « faire remarquer d'abord que nous n'avons pas dit que « le daguerréotype sur plaque et la photographie sur papier n'avaient jamais rien produit de passable; que Daguerre, Talbot, Niépce de Saint-Victor n'avaient pas fait « grand' chose de bon.

« 3. Non, nous n'avons jamais proféré de semblables « blasphèmes; personne plus que nous n'éprouve de respect pour des hommes qui ont enfanté et perfectionné « une des plus belles découvertes de notre siècle.

« 4. Notre circulaire a simplement signalé les inconvénients des portraits sur plaque et sur papier.

« 5. Voudriez-vous nier par hasard que la plaque miroite? Contesterez-vous que jusqu'ici on n'a obtenu « des épreuves sur papier que par un cliché négatif?

« 6. Comme il est impossible de contester ces faits avérés et connus, vous êtes nécessairement forcé d'appuyer « vos attaques par des raisons spécieuses ou par des lettres qui ne prouvent pas grand'chose; enfin, votre article, qui occupe six colonnes de votre journal, n'est « rien moins que concluant; vous n'êtes pas plus avancé « aujourd'hui que vous l'étiez il y a quinze jours.

« 7. Vous avez promis à vos abonnés de leur livrer notre procédé: l'avez-vous fait?

« 8. Non, nous le déclarons d'une manière formelle, « d'une manière péremptoire.

« 9. Vous répondez à cela que vous aviez promis un « procédé et que vous en donnez deux; les artistes ne « seront pas embarrassés, ils pourront choisir.

« 10. Voici, d'après vous, la manière d'opérer: on prend « indifféremment tel ou tel collodion; on a soin seulement d'y ajouter une quantité de collodion médicinal « *ad libitum*, dix gouttes ou dix litres, peu importe. La « glace ou la toile collodionnée est sensibilisée dans une « dissolution quelconque de nitrate d'argent; l'image est « développée soit par le sulfate de fer, soit par l'acide « pyrogallique; elle est fixée soit par le cyanure de potassium, soit par l'hyposulfite de soude. Si les artistes ne « réussissent pas par l'un de ces procédés, ils réussiront, « à coup sûr, par l'autre. M. Fruit le leur promet positivement.

« 11. Nous doutons fort qu'à l'aide de ces conseils d'une « précision si peu rigoureuse on arrive à quelque chose; « mais quand bien même, à force de travail et de tâtonnements, on parviendrait à obtenir un semblant d'épreuve, est-ce là un résultat?

« 12. Nous appelons procédé un système pratique, facile, certain, donnant de bonnes épreuves à chaque fois.

« 13. Eh bien! nous le disons hautement: c'est là ce « qui fait l'excellence de notre méthode.

« 14. Vous apprenez à vos abonnés qu'on livre depuis « longtemps des portraits, séance tenante, exécutés *sur* « *plaque*, et que les épreuves *sur papier* peuvent, comme « les nôtres, s'envoyer dans des lettres.

« 15. Nous savons cela; mais faites le contraire, si vous « pouvez; essayez de mettre des épreuves sur plaque « dans des lettres ou dans des albums, et tâchez de livrer, « séance tenante, des portraits sur papier, obtenus par « un négatif.

« 16. Passons aux lettres de MM. Oulif et Truchelut.

« 17. Nous ne connaissons pas M. Oulif, et nous faisons « peu de cas de ce qu'il dit dans sa lettre.

« 18. Quant à M. Truchelut, c'est différent, nous le « connaissons; c'est un artiste honnête et intelligent. Il « est très-vrai que nous avons travaillé ensemble; mais ce « qui prouve que nous n'opérons pas par les mêmes « moyens, c'est qu'il lui sera difficile de produire des « épreuves qui aient atteint la perfection des nôtres.

« 19. Nous pourrions nous dispenser de parler de « M. Leborgne; nous en dirons quelques mots, principalement pour déclarer que nous avons toujours refusé « de lui démontrer notre procédé; un jour il est venu nous « supplier d'exécuter son portrait sur toile; nous y avons « consenti; mais, voulant qu'il fût bien constaté que le « portrait de ce monsieur avait été fait chez nous, nous « avons exigé de M. Leborgne qu'il tînt pendant la pose « une grande pancarte à la main, avec ces mots: Procédé « Wulff, écrits en gros caractères. Nous avons des témoins « qui peuvent attester ce fait.

« 20. M. Leborgne va, dit-on, publier une brochure « donnant le moyen d'opérer sur toile. Nous déclarons, « dès à présent, être entièrement étrangers à cette publication.

« 21. Mais c'est assez nous occuper de choses secondaires; — abordons franchement la question:

« 22. Vous avez insinué, à deux différentes reprises, « que notre procédé était un *canard américain*; cette assertion est-elle fondée?

« 23. Possédons-nous, oui ou non, un procédé tel qu'il « est décrit dans notre circulaire, tel qu'il est décrit par « M. Fruit? un procédé donnant des épreuves directes, « indélébiles, exécutées séance tenante et sans cliché négatif?

« 24. Il serait inutile de nier cela; notre porte est ouverte à tous les visiteurs; nous répondons à toutes les « questions; nous opérons à toute heure du jour; enfin, « nous sommes toujours prêts à prouver d'une manière « irréfragable que nous tenons rigoureusement toutes les « promesses de notre circulaire.

« 25. Voilà comment nous voulons que le public s'éclaire, monsieur; c'est par ses yeux, et non parce que « vous déclarez avoir vu nos épreuves et n'en être pas « satisfait.

« 26. Laissez le public se prononcer librement, monsieur; ne craignez pas qu'il se trompe. Si notre procédé est mauvais, il sera condamné; s'il est bon, il « triomphera, malgré toutes les attaques qu'on dirige « contre lui.

« 27. Il parait, au surplus, qu'il a quelque valeur, « puisque chacun se dispute le mérite de l'avoir découvert. Il est vrai que jusqu'ici nous avons entendu force

« déclamations, force théories ; mais nous n'avons pas en-« core vu d'épreuves ailleurs que chez nous.

« 28. Nous avons donc raison de soutenir que nous « sommes les promoteurs d'un nouveau système de da-« guerréotype ; système que nous persistons à croire ex-« cellent, malgré ses détracteurs, préférable à tout ce qui « s'est fait jusqu'ici.

« 29. Car, que veut le public ? le public qui est le juge « souverain, le public qui est le maître, le public qui « paye ? Il veut des portraits qui ne miroitent pas ; des « portraits dont la ressemblance ne soit pas altérée par « des retouches grossières, enfin des portraits à bon « marché.

« 30. Que faut-il aux artistes ? Un système qui simpli-« fie, qui abrége leur travail.

« 31. Ce problème, nous croyons l'avoir résolu. Nous « savons que notre procédé aura le sort de toutes les in-« novations ; repoussé d'abord par quelques intérêts pri-« vés, il sera bientôt adopté par tous les artistes, parce « qu'il aura été adopté par le public.

« Agréez, monsieur, l'assurance de notre parfaite con-« sidération. « WULFF. »

Voilà une lettre qui occupe près de deux colonnes et qui contient *trente-un* paragraphes ! — Nous les avons numérotés. — Peste ! et ces messieurs trouvent qu'ils n'ont pas leurs coudées franches !... Mais n'anticipons pas. — Comme nous sommes décidés à ne point continuer plus longtemps cette discussion, nous allons répondre alinéa par alinéa à la lettre de ces messieurs, afin que tout soit dit et qu'on n'en parle plus. Nous ne voulons pas rester seuls à nous occuper du procédé de MM. Wulff.

1. Vous avez un journal à votre disposition ; celui dont nous parlions dans notre dernier numéro et qui a fait l'éloge de vos épreuves ; vous préférez, à ce qu'il paraît, *la Lumière* ; nous en sommes reconnaissants, mais alors ne vous plaignez pas.

2. Vous avez dit dans votre circulaire :

« Depuis l'invention de Daguerre, quinze ans se sont écoulés, et nous sommes toujours aux épreuves sur plaques métalliques sur lesquelles l'inventeur *a fait ses premiers essais*. Tout a marché, tout s'est transformé : le daguerréotype, seul, *est resté à peu près stationnaire*.

« Et cependant, est-il nécessaire d'énumérer ici tous les inconvénients attachés aux épreuves sur plaque ? D'abord, la *difficulté* de se procurer des plaques parfaites ; leur prix élevé ; leur polissage long, difficile et fatigant ; *l'inconstance dans l'évaporation des substances* ; *l'incertitude dans la réussite*, et enfin, *cette même réussite*, si *péniblement obtenue*, *compromise* par les effets du mercure, de l'hyposulfite, du chlorure d'or, ou par *le plus simple attouchement des doigts*.

« Toutes ces difficultés expliquent le petit nombre de belles épreuves qu'on rencontre généralement ; beaucoup d'opérateurs adroits et intelligents ont échoué devant cette multitude d'obstacles.

« En outre, ce qui fait que le daguerréotype a été peu goûté jusqu'ici, c'est le miroitage désagréable des épreuves sur plaque ; le *public n'a jamais pu s'habituer* à cet éclat métallique d'un effet si disgracieux. » (Ce qui n'a pas empêché et ce qui n'empêche pas les artistes qui n'opèrent absolument que sur plaque de faire leur fortune.)

« Aussi, lorsque la photographie sur papier fit son apparition, chacun applaudit à cette innovation, on se crut délivré des plaques à tout jamais. Malheureusement *l'impossibilité* d'avoir de bon papier, la longueur des manipulations, la *médiocrité* des épreuves obtenues, ont empêché un grand nombre d'opérateurs de s'y livrer avec succès. »

Ceci revient absolument à dire que les inventeurs de ces divers procédés n'ont pas fait grand' chose de bon. Ainsi vous avez blasphémé. C'est vous qui l'avouez.

5. Nous ne voulons pas nier que la plaque miroite ; mais nous nions que le ton enfumé de vos épreuves soit moins désagréable que ce miroitage. Non-seulement nous ne contestons pas qu'il soit nécessaire de faire un négatif pour obtenir une épreuve sur papier ; mais, bien plus, nous trouvons que c'est là le plus bel avantage de ce procédé, puisqu'il donne le moyen de multiplier à l'infini de belles épreuves, et que cent belles épreuves valent mieux qu'une.

6. Les lettres que nous avons publiées, et qui occupent la plus grande partie de l'article que vous nous reprochez, prouvent que votre procédé n'est pas nouveau et que M. Truchelut l'a trouvé avant vous. (Voir la réponse au § 18.)

7-8. Nous acceptons votre dénégation en vous en laissant toute la responsabilité.

9. Vous répondez vous-même.

10. Relisez le procédé de M. Fruit ; vous verrez que vous avez mal copié.

11. Ce n'est pas un semblant d'épreuve qu'on obtient : c'est une épreuve satisfaisante, et sans tâtonnement.

12 et 13. Vous appelez procédé « un système certain qui donne de bonnes épreuves *à chaque fois*. » Par quel moyen avez-vous donc obtenu celles que nous avons vues, et que des artistes de talent, M. Plumier, entre autres, ont trouvées, comme nous, plus que médiocres ? Est-ce là ce qui fait l'excellence de votre méthode ?

14 et 15. Il y a là deux phrases que votre huissier aura mal copiées. Il est impossible que vous ayez écrit ces naïvetés.

16 et 17. Ceci n'est pas très-courtois, et nous sommes fâchés que vous ne connaissiez pas M. Oulif ; il aurait pu vous donner des conseils utiles pour la découverte de votre procédé.

18. Vous dites : « *ce qui prouve que nous n'opérons pas par les mêmes moyens que M. Truchelut*, c'est qu'*il lui sera difficile* de produire des épreuves qui aient *atteint la perfection des nôtres*. »

Eh bien ! messieurs, nous avons sept épreuves de M. Truchelut : une vue, quatre portraits et deux reproductions de gravures.

Nous les avons montrées à plusieurs artistes, qui ont vu vos épreuves chez vous, à l'Académie, et ils ont déclaré, comme nous, que ces spécimens étaient infiniment supérieurs aux vôtres. Nous le leur avons fait répéter plusieurs fois, et ils le répéteraient encore au besoin. Du reste, nous tenons ces épreuves à la disposition de toutes les personnes qui voudraient les examiner, et les comparer à deux portraits faits par vous et que nous avons entre les mains.

Ainsi, M. Truchelut a fait plus que d'atteindre la *perfection* de vos épreuves. Il l'a laissée bien loin derrière lui, et il n'est pas encore satisfait. Donc, messieurs, cherchez une autre preuve, plus à votre avantage, de la différence qui existe entre votre procédé et le sien.

19. Nous passons l'anecdote racontée dans ce paragraphe, nous ne l'avons pas comprise ; mais M. Leborgne en cite une autre dans sa lettre que nous publions plus loin.

20. Ah çà ! messieurs, qui a prétendu que vous fussiez pour quelque chose dans la brochure de M. Leborgne ? Nous avons dit : « M. Leborgne va publier un excellent procédé pour obtenir de belles épreuves. » (Voir le dernier numéro.) Vous voyez qu'il ne s'agit nullement de vous, ni de votre procédé.

21. Abordons franchement la question !...

22. Avons-nous dit que votre procédé était un *canard américain* ?

23. Oui, il est possible que vous *possédiez* un procédé qui donne des épreuves positives exécutées séance tenante, et sans cliché. On peut transporter, en très-peu de temps, une couche de collodion impressionnée sur une feuille de toile cirée ou sur du papier (1). Nous avons vu faire cela en Angleterre, il y a tantôt un an, et tous les jours on fait des positifs sur collodion depuis longtemps. Mais nous contestons, entendez-vous bien, messieurs, que vos épreuves soient meilleures que celles que l'on a admirées jusqu'à présent, et que l'on admire encore ; nous contestons que vous fassiez mieux que tous les artistes qui vous ont précédés, et qui se sont fait une réputation méritée ; nous contestons que le procédé que vous possédez vaille mieux que le daguerréotype sur plaque, et que la photographie sur papier.

Est-ce clair ?

24. Nous passons.

25. Un journal n'a d'autre but que d'éclairer le public ; c'est par la publicité qu'on fait connaître les bonnes choses, et qu'on signale les mauvaises. Or, MM. Wulff ne nous forceront jamais à prôner des épreuves et des procédés qui nous paraissent sans valeur et sans utilité.

26. Voilà une vérité.

27. On ne se dispute pas du tout, messieurs, le mérite d'avoir découvert votre procédé. Seulement ceux qui croient l'avoir découvert avant vous en font simplement la remarque, et fournissent leurs preuves. Si vous voulez voir les spécimens de M. Truchelut, venez aux bureaux du journal ; amenez-y le plus de monde possible ; nous en serons très-heureux, et puis comparez. Nous vous montrerons aussi des épreuves de MM. Oulif et Girod, et nous mettrons les vôtres à côté, et vous comparerez.

28. Ce paragraphe a le double tort de manquer étrangement de modestie, et d'avancer une chose qu'il est impossible de soutenir. D'où venez-vous donc, messieurs, pour oser dire que ce que vous faites est préférable à tout ce qui s'est fait jusqu'ici ? Donc tous ces amateurs, tous ces artistes dont le nom est si connu et si aimé, ne sont que des écoliers auprès de vous ? Donc leurs œuvres qui ont été couronnées dans les expositions universelles, comme les produits admirables d'un art merveilleux, ne sont que des ébauches imparfaites ; et il fallait que vous vinssiez pour que la photographie existât réellement ! Et c'est vous qui le proclamez !...

Nous ne dirons plus qu'un mot. Au lieu de nous envoyer des huissiers, envoyez-nous des épreuves qui justifient vos prétentions, et alors nous serons les premiers à vous donner des éloges et à encourager vos efforts.

ALEXIS GAUDIN.

PORTRAITS DES ARTISTES VIVANTS

ET REPRODUCTION DE LEURS PRINCIPAUX OUVRAGES PAR LA PHOTOGRAPHIE.

La deuxième livraison de *l'Histoire des artistes vivants, français et étrangers, études d'après nature par* THÉOPHILE SILVESTRE, vient de paraître, sans qu'il nous ait été possible de donner à l'auteur de cette importante publication tous les éloges et les encouragements qu'il mérite. Mais pourquoi n'accuserions-nous pas de ce retard involontaire M. Théophile Silvestre lui-même ? Littérateur distingué, habile artiste, il est doué en outre d'une activité prodigieuse ; à peine avait-il conçu l'idée de son œuvre, dont la première livraison était annoncée pour paraître en juillet, qu'il cause une heureuse surprise à ses nombreux souscripteurs, en faisant paraître dans la première quinzaine d'août cette seconde livraison. Écrire dans un style élégant la vie d'un de nos grands peintres, faire paraître dans un très-court espace de temps une biographie des plus intéressantes qui remplit seize pages *in-folio* de texte, imprimées avec le plus grand luxe, faire reproduire par d'habiles photographes le portrait de M. Corot et sept de

(1) Voir la brochure de M. Leborgne, qui est en vente en ce moment au bureau du Journal.

ses meilleurs tableaux, voilà les merveilleux résultats obtenus par l'intelligente activité de MM. T. Silvestre et E. Blanchard, deux hommes qui considèrent comme sérieux les engagements qu'ils prennent envers le public. Nous les félicitons pour notre compte au nom de l'art photographique auquel ils promettent, par le concours de leurs talents, un grand et nouveau progrès, et nous souhaitons bien sincèrement la réussite de leur entreprise. Les deux livraisons qui sont sous nos yeux réunissent toutes les brillantes qualités qui assurent un succès.

L'idée de l'histoire des artistes vivants, conçue par M. Théophile Silvestre, présentait au premier abord des difficultés insurmontables d'exécution ; on prétendait que la photographie, malgré ses continuels progrès et ses résultats obtenus, était bornée à la facile reproduction des portraits, des sites naturels, des gravures, des eaux-fortes, des dessins au trait, des sculptures et des monuments ; mais on lui défendait d'oser même aborder les ouvrages de la peinture. L'auteur pense qu'il est enfin arrivé à son but, grâce à sa persévérance et au noble concours des meilleurs artistes, et que les plus grandes difficultés de reproduction photographique, inhérentes aux tableaux peints, ont été complétement vaincues. C'est ce que nous examinerons au point de vue de la photographie dans un prochain article, mais nous conviendrons tout d'abord que le portrait de M. Corot, ainsi que les *Environs de Paris* et le *Château de Pierrefond*, reproductions des tableaux de cet artiste, peuvent être considérés comme de très-bonnes épreuves.

Cet ouvrage sera publié en même temps dans deux formats différents : in-folio et in-quarto ; et suivant deux modes d'illustration : la photographie et la gravure sur bois.

1° L'ouvrage, dans le format in-folio, sera divisé en 100 livraisons ; il comprendra 800 pages environ de texte, imprimées avec le plus grand luxe sur papier vélin satiné, fabriqué tout exprès dans les manufactures de M. Conte, à Angoulême, et 400 Estampes photographiques, d'après les portraits des artistes vivants, pris sur nature, d'après leurs ouvrages originaux, dans les ateliers, les Musées impériaux, les galeries privées, les places publiques et les monuments ;

Exécutées par les photographes :

MM. Edouard Baldus, Gustave Le Gray, Victor Laisné et Emile Defonds, Henry Le Secq, Bisson frères, etc., etc.

2° L'ouvrage, dans le format in-quarto, comprendra intégralement le même texte, illustré des mêmes sujets, portraits, tableaux, sculptures, etc.,

Exécutés sur bois par les graveurs :

MM. Adrien Lavieille, H. Pisan, Charles Carbonneau, Louis Dujardin, Alphonse Masson, Brugnot, Trichon.

Le prix de la livraison in-folio avec 4 photographies montées sur cartons de Bristol est de......... 20 fr.

Celui de la livraison in-quarto avec 4 gravures comprises dans le texte, de..................... 1 fr.

Il ne sera mis en vente des photographies, séparées du texte de la livraison à laquelle elles appartiennent, qu'à partir du jour de la publication de la livraison suivante.

Le prix de chaque photographie séparée du texte est de.. 5 fr.

STATISTIQUE DE LA PHOTOGRAPHIE.

(19e article).

Dans l'objectif simple à crémaillère, pour vues et paysages, les grandeurs sont : quatre pouces ou quarante-huit lignes, trois pouces et demi ou quarante-deux lignes, trente-six lignes ou plaque entière ; vingt-sept lignes ou plaques demi, et enfin dix-neuf lignes ou plaques quart.

L'objectif double, système allemand, reste dans les mêmes dimensions. Seulement il descend à des mesures encore exceptionnellement inférieures, telles que l'objectif quinze lignes ou plaque sixième, l'objectif plaque neuvième, l'objectif plaque douzième, et enfin l'objectif pour reproduction microscopique.

Il en est de même à peu près de l'objectif allemand de Voigtlander, dont le demi est de vingt-quatre lignes au lieu de vingt-sept, et qui ne se fabrique pas dans la grandeur trois pouces et demi ou quarante-deux lignes.

Les objectifs doubles, système allemand, sont les plus vendus, et la mesure quart surtout, soit à cause de la modicité du prix, soit encore à cause du peu de frais que cette mesure entraîne avec elle, dans les accessoires, ustensiles ou produits. Le quart garde cette supériorité de vente dans les trois genres d'objectifs, peut-être moins dans les objectifs allemands, et ce, au profit des grandeurs supérieures, parce que, arrivé là, on ne regarde plus aussi minutieusement au prix d'un objectif de choix.

Objectifs doubles, système allemand. — Nous avons trouvé que la vente de l'année se monte à cent vingt pour les sixièmes, à treize cents pour les quarts, à trois cent vingt pour les demi, à quatre cents pour les plaques entières, à deux cent quarante pour les trois pouces et demi ou quarante-deux lignes, et à deux cents pour les quatre pouces ou quarante-huit lignes.

Objectifs simples. — Nous avons obtenu par année un chiffre de cinq cent soixante pour les quarts, cent vingt pour les demi, cent quarante pour les plaques entières, quatre-vingts pour les trois pouces et demi ou quarante-deux lignes, et soixante-huit pour les quatre pouces ou quarante-huit lignes.

Objectifs allemands de Voigtlander, de Vienne.—L'année nous a donné le nombre de cent quarante pour les quarts, cent pour les demi, quatre-vingts pour les plaques entières et soixante pour les quatre pouces ou quarante-huit lignes.

Ce qui fait à peu près une somme de quatre mille objectifs, commerce considérable, et qui ne porte pas à moins de trois cent soixante mille à quatre cent mille francs le chiffre annuel d'affaires.

Nous n'avons pas distingué les rapides et les demi-rapides dans les résultats numériques des objectifs allemands. Le détail n'est pas assez important pour en être ainsi détaché, et l'ensemble ne peut que gagner à cette confusion inaperçue.

Quoique les plus satisfaisants et de conditions excellentes, les objectifs allemands sont loin d'être vendus en aussi grand nombre que les autres. Ils sont chers, ou peut être plus justes, nous dirons que comme tout ce qui est de qualité hors ligne, ils mesurent leur prix à leur valeur, et, suivant une loi contraire, autant l'un a de force d'attraction, autant l'autre a de vertu répulsive.

Chambre noire à double tirage. — La chambre noire à double tirage se compose de trois tiroirs enclavés et rentrant les uns dans les autres, de manière à s'allonger ou à s'accourcir suivant les besoins des vues ou portraits. Le tiroir du milieu est adapté à la chambre noire au moyen d'une coulisse qui permet de le faire mouvoir en avant ou en arrière : c'est celui qui joue le principal rôle dans la chambre noire à double tirage ; et, selon qu'on le développe, il peut servir pour les paysages, et, selon qu'on le retire, il s'approprie à d'autres destinations. Quant aux autres accessoires, comme quant aux autres parties essentielles, la chambre noire à double tirage rentre dans les conditions de la chambre noire ordinaire et les compositions usuelles de la chambre noire normale.

La chambre noire à double tirage est pour plaque, papier et collodion. Elle se fabrique dans les grandeurs de la chambre noire ordinaire, c'est-à-dire pour plaque entière, pour demi-plaque, et pour quart de plaque.

Chambre noire à cône et à vis de rappel. — La chambre noire à cône et à vis de rappel est formée d'une chambre noire ordinaire, plus d'un cône que l'on fixe sur le fond et de vis qui, dans celle-ci, remplacent le bouton des chambres noires de grandeurs ordinaires. Le cône y est mis en usage par deux coulisses qui se trouvent sur le fond de la chambre noire, et les vis dites de rappel, comme nous venons de l'énoncer, en remplacent le bouton des chambres noires de grandeur ordinaire. Cette chambre noire a beaucoup de rapport avec la chambre noire à double tirage : on pourrait la considérer comme une de ses espèces ; ce qui nous dispense de plus de détails à son sujet. Comme la précédente, elle est pour plaque, pour papier et pour verre. Elle se fabrique pour toutes les dimensions. Elle a ses avantages comme ses inconvénients, et sa préférence, par rapport à la chambre noire à double tirage, ne peut être déterminée que par le choix ou l'habileté de tel ou tel artiste. Elle est purement personnelle, suivant le goût et la manière d'opérer.

J.-D. Du Vernay.

Nous sommes encore forcés de remettre au prochain numéro la correspondance d'Angleterre.

CORRESPONDANCE.

Besançon, le 18 août 1853.

Monsieur le rédacteur de *la Lumière*,

Les lettres de MM. Oulif et Truchelut me mettent sur la voie du procédé qui excite une si vive réplique de MM. Wulff et Ce ; ce procédé, je l'ai mis en pratique depuis l'hiver dernier, époque à laquelle je l'ai communiqué à quelques personnes. Le voici :

On choisit de la toile cirée, aussi belle que possible, noire, vernie des deux côtés : celle dont se servent les brodeuses est excellente.

Afin de pouvoir faire subir toutes les préparations à la toile cirée, on la fixe sur une feuille de verre au moyen de quelques gouttes d'alcool, puis on la nettoie avec un tampon de coton et de l'alcool ; lorsqu'elle est parfaitement sèche, on étend le collodion et on traite la toile cirée tout à fait comme une glace sur laquelle on veut obtenir une épreuve positive directe. Une seule difficulté se présente : l'épreuve, étant terminée et sèche, prend un aspect glauque et laiteux. Pour lui donner une transparence admirable et la fixer, il suffit de la couvrir d'une légère couche d'éther ; on s'y prend comme pour étendre le collodion. L'épreuve est alors fixée et peut subir le frottement de la main sans s'effacer.

J'obtiens les mêmes résultats sur papier et cuir vernis.

Les couleurs s'appliquent en poudre comme sur plaque.

Je remplace la toile cirée noire par du taffetas ciré blanc, bien transparent, et j'obtiens d'assez beaux négatifs.

Je vous adresse ici une petite épreuve ; on peut faire beaucoup mieux.

Agréez, Monsieur, mes sincères salutations.

A. Girod.

24 août 1853.

Monsieur le rédacteur,

Vous avez bien voulu me communiquer, en ce qui me concerne, la lettre que vous écrivent MM. Wulff et Ce. Je n'ai qu'une bien courte réponse à leur adresser par la voie de votre estimable journal. D'abord je puis prouver que, venu à Paris pour tirer parti de mon procédé sur verre, je l'ai démontré à ces messieurs, qui n'avaient que des données incertaines.

Bien des photographes, venus par curiosité, sur l'annonce renversante que vous savez, chez MM. Wulff et Ce, m'ont vu faire des expériences de démonstration.

Si postérieurement j'ai payé 10 francs à MM. Wulff et Ce pour l'épreuve avec leur nom, c'est que je tenais à montrer à mes élèves que mes concurrents n'avaient ni profité de mes leçons, ni perfectionné la découverte des autres.

Je vous envoie cette épreuve. En l'examinant, vous serez édifié sur la modestie de ces messieurs, qui, je n'en doute pas, donneraient beaucoup pour ne pas l'avoir produite.

Que ces messieurs envoient leurs amis au bureau du journal, et je suis prêt à prouver tout ce que j'avance.

Agréez, etc. Leborgne.

Le Propriétaire-Gérant, Alexis Gaudin.

Typographie Hennuyer, rue du Boulevard, 7. Batignolles.
Boulevard extérieur de Paris.

TROISIÈME ANNÉE, N° 36.

SAMEDI, SEPTEMBRE 1853

LA LUMIÈRE

REVUE DE LA PHOTOGRAPHIE.

BEAUX-ARTS. — HÉLIOGRAPHIE. — SCIENCES.

JOURNAL NON POLITIQUE, PARAISSANT LE SAMEDI.

BUREAUX, à Paris, 9, rue de la Perle.

BUREAUX, à Londres, 6, Henman Terrace, Camden-Town.

ABONNEMENTS.—*Paris*, UN AN, 16 FR.; 6 MOIS, 10 FR.; 3 MOIS, 6 FR.; *Départements*, UN AN, 18 FR.; 6 MOIS, 11 FR.; 3 MOIS, 7 FR.; *Etranger*, UN AN, 20 FR.; 6 MOIS, 12 FR.; 3 MOIS, 8 FR.

SOMMAIRE.

SALON DE 1853.

(12e ARTICLE.)

—

SCULPTURE.

MM. PREAULT, CAVELIER, Mme LE FÈVRE-DEUMIER, MM. GUILLAUME, FREMIET, JACQUEMART, BONHEUR.

Le Dante, dans son entretien immortel avec Virgile, a tellement attaché son grand nom florentin à celui du poëte romain, que ces deux figures si dissemblables, séparées par douze siècles, l'une souriante et douce, sur laquelle la brise champêtre des *Géorgiques* creuse à peine une ride rêveuse; l'autre, triste et austère, amaigrie et hâlée au vent de la guerre civile, apparaissent souvent ensemble à ceux qui s'inclinent vers les grandes mémoires. On les voit côte à côte, enveloppées du même manteau, descendant du même pas le sentier qui conduit aux enfers. M. Preault a été bien inspiré en les réunissant dans un seul cadre. Ces deux médaillons convenaient à ce talent grandiose, qui se développe puissamment dans les lignes étendues. M. Preault a une large envergure; il brise ses ailes quand l'espace lui manque. Ces deux têtes, sur lesquelles s'est gravée l'histoire de deux époques, attendaient, pour sortir de la nuit des temps, le ciseau d'un Michel-Ange : elles l'ont trouvé.

La Vérité, de M. Cavelier, est sortie tout entière d'une seule pensée, comme d'un seul bloc de marbre. L'artiste n'a pas hésité devant son inspiration. Elle se découvre, rejetant sa draperie; elle entre nue dans le regard, de même que si elle entrait dans l'eau; elle a un geste sincère, qui dit impérieusement : croyez-moi ! Ce miroir limpide qu'elle tend, c'est sa conscience pure, dans laquelle on lit jusqu'au fond. Nous aimons cette franchise d'attitude et d'exécution, et elle a été pour beaucoup dans le succès de la statue de M. Cavelier. Nous lui aurions bien demandé d'être un peu moins grasse et un peu plus belle; mais la vérité n'a pas le droit de séduction.

Mme Le Fèvre-Deumier, qui avait fait une si belle entrée, l'année dernière, dans le monde des arts, a encore mûri son talent au doux soleil de l'amour maternel. Elle se serait épuisée de tendresse et de grâce juvénile pour le buste de son fils, si la source de l'âme pouvait s'épuiser jamais; elle aurait fait le dernier de ses chefs-d'œuvre, si le Ciel ne lui avait pas donné un second enfant, qu'elle revêt aujourd'hui d'amour, dans un marbre qui vivra à son tour. Il est là, l'adolescent, double création de la mère, sous les étincelles blanches de la pierre de Carrare. Tous les regards vont avec émotion vers ce sourire fin, qui n'a que la finesse de l'innocence; vers ces lignes pures qui ont soulevé aussi harmonieusement le marbre, que le Zéphyr antique soulevait l'onde des lacs de la Grèce, en souriant à leur azur; vers ces cheveux souples, qui ne pèseraient pas plus dans la main que des plumes de colombe. Ce portrait du fils d'un poëte sévère et grand, et d'une artiste qui s'est révélée tout d'un coup, pour arriver à une première place, a convenu à tous les cœurs, parce qu'il semble vivre et aimer; et lorsque Maxime Le Fèvre sera un homme, il regrettera peut-être cette époque, où sa tête marmoréenne éclairait la galerie sombre de sa jeunesse et de sa candeur.

Le retard des praticiens n'a point permis à Mme Le Fèvre-Deumier d'exposer le buste de Lamartine. Ce buste est une splendeur et une force. Ce n'est plus seulement l'immense poëte des anciens jours si éclatants de gloire, c'est le grand homme qui a porté héroïquement son poids de révolution, et qui est monté sur la montagne des revers, pour dominer son époque par tous les sommets. Mme Le Fèvre a compris Lamartine, comme si elle avait été un de ses disciples. Le génie de la femme a, de plus que celui de l'homme, une face de l'assimilation : celle de la sympathie plus expansive. Ce marbre, nous ne le reverrons pas; il part pour l'Exposition de New-York. Ne regrettons pas qu'une des plus nobles figures du vieux monde aille réjouir et faire tressaillir le nouveau.

Si le bronze est merveilleusement apte à représenter le type romain, il va bien surtout aux faces des deux Gracques; ces hommes dont la chair et dont l'âme étaient du plus robuste métal. Ensemble à la tribune, ils se donnent fraternellement la main, ces tribuns austères, dignes d'être les défenseurs du peuple, dignes d'être frères l'un de l'autre, dignes d'être fils de la mère qui a dit d'eux un mot impérissable. Sous deux fronts fanatiques, ils se ressemblent, bien que l'aîné soit plus attendri, et le cadet plus violent. M. Guillaume a magnifiquement ramassé autour de ses héros les plis de la toge latine. Cette sculpture est de l'histoire autant qu'une page de Tite-Live.

Le jeune Cheval, de M. Frémiet, a ému la foule comme une victime. Blessé à la jambe hors-montoir, ce meuble fait de chair et de sang est inutile, et on l'a traîné à Montfaucon pour être abattu. Dressant ses naseaux pour flairer d'avance l'embûche qu'il sent venir, soulevant la chaîne qui l'attache au sol, il est très-beau d'épouvante et de désespoir. La peur de l'anéantissement est énergiquement traduite chez ce noble animal, qui comprend et qui pressent. Cette tête levée vers le ciel semble une protestation contre la férocité du droit de la force. L'œuvre de M. Frémiet est plus qu'une consciencieuse étude d'anatomie; c'est comme un appel à des sentiments plus doux de l'homme pour ces compagnons inférieurs, que Dieu ne lui a point donnés pour qu'il soit barbare avec eux.

M. Jacquemart, qui a fait de très-beaux bustes il y a cinq ou six ans, et entre autres celui du père du signataire de cet article, réussit admirablement aussi cette partie si variée de la sculpture animale. Son *Lévrier malade*, rentré sous lui-même, frissonnant de fièvre, son *Basset allemand*, intelligent et spirituel dans sa physionomie, font voir la main d'un maître habile. Nous attendons M. Jacquemart à la prochaine exposition, avec sa statue équestre de Bonaparte après Waterloo. L'esquisse que nous en avons admirée promet qu'il sortira une figure magistrale du bloc où elle repose encore.

M. Isidore Bonheur a de beaux groupes dans ses *Gazelles*; mais son étude la plus remarquée est son *Zèbre attaqué par une Panthère*. La panthère est suspendue à sa proie, de même que Vénus à Phèdre; elle fait craquer la peau du zèbre sous sa griffe, et tordre sa jambe, et plier sa queue. Ce plâtre deviendra du bronze, et ce bronze se moulera en plus petits moules pour être le monument d'une œuvre de premier ordre. Quand nous rencontrons une des branches de la dynastie des Bonheur, nous sommes sûrs de rencontrer une sève.

HENRI DE LACRETELLE.

COURS DE PHOTOGRAPHIE.

Nous lisons dans un journal anglais :

M. J.-H. Pepper, professeur de chimie, a fait l'autre soir, à l'Institution royale Polytechnique de Londres, une lecture sur la photographie. Il a commencé par rappeler jusqu'à quel point elle facilite le travail des artistes, en leur donnant des reproductions exactes des formes humaines, des animaux, des plantes, des rochers, des arbres, des monuments, des chefs-d'œuvre de l'art, par l'action de la lumière sur le papier, le verre, le métal ou d'autres corps. Il a appuyé sur son utilité pour les touristes, les ingénieurs, les architectes, par la rapidité de ses opérations, et sur les services qu'elle peut rendre aux officiers pour leurs plans stratégiques, aux magistrats en leur fournissant un moyen sûr d'avoir des fac-simile de pièces incriminées, des vues de localités où des crimes ont été commis, etc., etc.

M. Pepper a fait ensuite un historique intéressant des découvertes de Niépce, Daguerre et Talbot, en y ajoutant un exposé des différents principes sur lesquels reposent leurs travaux; puis il a passé en revue les perfectionnements qui ont été faits depuis, surtout en ce qui concerne le collodion.

L'effet d'une lumière brillante sur les solutions d'argent, aidé par l'intervention d'un cône ou d'un prisme de verre, a été parfaitement démontré par M. Pepper, au moyen de la reproduction d'un petit spectre solaire, dont les différentes couleurs étaient parfaitement distinctes. Il a ensuite fait plusieurs expériences photographiques qui ont parfaitement réussi. Le professeur a reçu de chaleureux applaudissements.

Le cours que M. Pepper a entrepris avec tant de zèle ne peut manquer d'inspirer un vif intérêt au public, et le succès qu'a eu cette première leçon doit le lui prouver suffisamment.

Nous avons vu dans le salon de photographie quelques spécimens admirables des vues d'un grand nombre de monuments les plus remarquables en Italie et dans les autres pays de l'Europe, des portraits, etc., etc.

SCIENCES.

—

Académie des sciences, séance du 29 août 1853. — MM. les docteurs Jobert de Lamballe et Baudens poursuivent avec persévérance leurs savantes études sur les propriétés anesthésiques du chloroforme. Dans la séance de ce jour, M. Jobert a présenté un mémoire dans lequel il indique les moyens de remédier par l'électricité aux pernicieux effets de cet agent, et de combattre par ces moyens les dangers attachés à l'emploi du chloroforme. C'est sur un grand nombre d'animaux que l'habile docteur a pratiqué les expériences dont il rend compte à l'Académie, et il considère l'étude des battements du cœur comme la règle la plus sûre à suivre, soit pour éviter les dangers, soit pour rappeler à la vie le malade gravement affecté et foudroyé en quelque sorte par la rapidité avec laquelle le chloroforme exerce son action. On sait que l'emploi de l'éther (l'éthérisation), abandonné lors de l'apparition toute récente du chloroforme, a repris une nouvelle faveur. L'inspiration de l'éther présentant moins de danger, mais n'en étant pas tout à fait exempte, nous donnons à nos lecteurs, dont la plupart sont exposés à respirer pendant des journées entières ce produit et beaucoup d'agents de même nature, l'extrait du mémoire de M. le docteur Baudens, qui leur paraîtra à tous égards digne du plus grand intérêt.

« ... Les principes physiologiques qui pourraient servir de base à une bonne réglementation pour l'emploi du chloroforme existent; ils ont été mis en évidence par M. Flourens, dont les expériences ont fait connaître la marche successive et progressive du chloroforme allant des lobes cérébraux au cervelet, à la moitié postérieure et aux racines sensitives de la moelle épinière, puis à la moitié antérieure et aux racines motrices de cette même moelle, et finalement à la moelle allongée et au nœud vital. Ainsi, l'animal soumis au chloroforme perd d'abord l'intelligence et l'équilibre de ses mouvements; il perd ensuite le sentiment, puis le mouvement. A ce moment suprême, chassée de proche en proche, la vie se concentre dans la moelle allongée; seule, celle-ci survit dans son action, et l'animal périrait bientôt, car, ajoute M. Flourens, le chloroforme qui ôte la douleur ôte aussi la vie.

« Les soins que demande la chloroformisation se rangent sous trois catégories :

« *Avant*. Contre-indications. — Explorer à fond la constitution du malade; ausculter le cœur et les poumons pour s'assurer qu'il n'existe pas de lésions organiques qui seraient une contre-indication. Tels sont l'asthme, les anévrysmes, la phthisie pulmonaire, même peu avancée, la chlorose, l'anémie, la pyoémie, la chorée, la prédisposition aux congestions cérébrales, etc. Le malade devra être calme d'esprit; il faut non-seulement qu'il ne craigne pas l'anesthésie, mais, s'il se peut, qu'il la désire, et qu'il ait à cet égard une entière confiance dans son médecin. S'il manifeste une vive appréhension, à plus forte raison, s'il éprouve de sinistres pressentiments, on doit refuser obstinément la chloroformisation. De tous temps, des malades sont morts d'épuisements nerveux, sidérés en quelque sorte soit par la frayeur, soit par la douleur, avant, pendant ou peu d'instants après l'opération; il ne faut pas oublier que tous les cas de mort provenant de cette source passent inaperçus aujourd'hui, et vont grossir le nécrologe du chloroforme. Tant que des doutes subsisteront sur les risques auxquels il expose, alors même qu'il est administré sagement, on ne devra y recourir que pour des opérations d'une certaine importance. Le malade devra être à jeun. On tiendra toujours grandement compte des effets de la commotion consécutive aux grandes lésions traumatiques, de l'épuisement après des pertes de sang et des suppurations considérables; en un mot, de toutes les causes débilitantes qui ôtent plus ou moins à l'organisme sa puissance de résistance aux agents anesthésiants ; c'est ce qu'a d'ailleurs conseillé déjà M. J. Guérin. Le local sera grand, facile à ventiler par le renouvellement de l'air; on aura à sa disposition tous les agents nécessaires pour porter secours en cas de danger.

« *Pendant*. L'administration du chloroforme devrait être une spécialité réservée dans les hôpitaux à un aide intelligent et exercé, et en ville, dans la pratique civile, à des médecins spéciaux. L'opérateur agirait sans préoccupation aucune, et les mêmes personnes donnant toujours le chloroforme, il serait alors possible de les astreindre à des règles uniformes. Voici celles que nous proposons :

« Pour rendre un compte exact de la quantité de chloroforme employé, mettre ce liquide dans de petits flacons allongés et gradués gramme par gramme, comme l'a déjà fait M. J. Guérin. — Compter, à l'aide d'une montre à secondes, le temps employé à l'inhalation, le nombre des pulsations du pouls et des inspirations pulmonaires; observer la force et la fréquence des battements du cœur : s'ils tombent au-dessous de soixante pulsations, cesser l'inhalation. — Le malade étant couché la tête soulevée par un oreiller, lui donner le chloroforme versé sur un mouchoir gramme par gramme, en commençant par un gramme, progressivement et à doses de plus en plus concentrées, comme le conseille M. Sédillot. — Tenir d'abord le mouchoir à distance de la bouche et des narines ; rassurer le malade par de douces paroles; rapprocher le mouchoir de la bouche dont une partie restera toujours découverte pour éviter sûrement une asphyxie par insuffisance d'air. — Dès le début, pincer doucement la main du malade, et lui dire sans interruption : Qu'est-ce que je vous fais? — Du moment que le malade, jusque-là calme, répond avec une humeur croissante : Vous me pincez, vous me pincez, se tenir sur ses gardes, car il touche au moment de la perte des perceptions et du sentiment. — Dès qu'il ne répond plus, le sentiment est aboli; il faut se hâter d'ôter le mouchoir et de faire l'opération, car il ne faut jamais, avec intention, arriver jusqu'à la résolution musculaire. — Une agitation légère, de la loquacité, des paroles incohérentes, des hallucinations, accompagnent souvent le premier degré de l'anesthésie, et indiquent que le mouchoir doit être enlevé, loin d'être maintenu, comme on le fait. — Le moment est venu de redoubler d'attention du côté du pouls, du cœur et des actes respiratoires. S'il y a ralentissement manifeste, si les effets de l'inhalation se continuent, s'ils augmentent même, si l'on est arrivé involontairement au deuxième degré, à la résolution générale, on mettra en œuvre immédiatement quelques-uns des moyens qui seront indiqués pour rétrograder au plus vite jusqu'au premier degré de l'anesthésie. — S'il survient des spasmes du larynx, une toux répétée, de l'écume à la bouche, une dépression notable du pouls, de la gêne respiratoire marquée, quelque indice d'imminence syncopale ou de congestion cérébrale, on suspendra à l'instant les inhalations. — Dès que le malade perd ou va perdre la conscience de ses actes, il survient parfois un peu d'agitation. Si elle est légère, si rien n'indique un danger, il faut résister : quelques secondes suffiront; mais si l'agitation est extrême, si la face est congestionnée avec écume à la bouche, à plus forte raison si le malade dit : J'étouffe! il faut ôter de suite le mouchoir, respecter cet avertissement de l'organisme et ne pas lutter. — Quand l'opération doit durer longtemps, les inhalations seront données avec intermittence, suspendues et reprises dès que le malade, par un léger gémissement, annonce le retour de ses perceptions. Cette pratique est aussi celle d'un éminent professeur, M. Velpeau.

« *Après*. — Quand tout s'est passé naturellement, il n'y a rien à faire, le malade revient promptement à lui. Mais lorsque la saturation du système nerveux par le chloroforme a été portée à ses limites extrêmes, quand il y a imminence de mort, il faut, sans perdre un seul instant, user de toutes les ressources de l'art.

« Chasser l'atmosphère chloroformique par la brusque irruption de l'air d'une fenêtre ouverte; placer le malade horizontalement sur le dos pour rétablir plus facilement la circulation ; M. Nélaton conseille même de mettre la tête en bas, et M. le professeur Piorry fait soulever les quatre membres pour faire refluer le sang vers le cœur ; enlever l'écume de la bouche, qui pourrait obstruer l'entrée de l'air; introduire le doigt au fond de la gorge pour la stimuler, à l'exemple de M. Chassaignac ; provoquer une respiration artificielle par la compression alternative des parois thoraciques et abdominales ; jeter à la face des verres pleins d'eau froide sous forme de douches brusques; insuffler l'air à l'aide d'une pompe à asphyxie, et, à défaut, de bouche à bouche, à l'imitation de M. Ricord ; ingurgiter une cuillerée d'eau additionnée de quelques gouttes d'ammoniaque ; diriger sur la surface rectale, d'après l'avis de M. Jobert, des antispasmodiques pour favoriser le rappel des mouvements du cœur réduits à l'état d'oscillations ou de résolution complète; ne pas négliger les cautérisations faites sur la bouche ou le pharynx avec l'ammoniaque, comme l'a conseillé M. Guerin ; recourir à l'électricité. »

CONSIDÉRATIONS GÉNÉRALES

SUR LE COLLODION.

M. l'amiral Lugeol, qui est un amateur distingué de photographie et que nous nous honorons de compter parmi nos abonnés, nous écrit de Toulon pour avoir des renseignements généraux sur le collodion ; il dit que le collodion de Bertsch ne réussit pas dans ce pays, et que le collodion qu'il a préparé lui-même, quoique s'étant montré très-rapide, s'est toujours déposé en stries qui ont déparé les épreuves, bien qu'il eût fait varier les proportions d'alcool, d'éther, d'iodure d'ammonium et de collodion neutre; tous ces inconvénients l'ont dégoûté du procédé, et il pense qu'un article spécial pourra être utile et remédier au mal.

Je suis très-fâché que M. Lugeol n'ait pas indiqué le défaut qu'il a reconnu au collodion de Bertsch ; car M. Heilmann opère constamment dans le Midi avec le plus grand succès en se servant du même collodion. J'ai vu de lui une épreuve sur papier de demi-plaque, dans laquelle les passants sont très-bien rendus; leur corps est net; la jambe seule qui était en mouvement de progression est un peu confuse. Par conséquent le négatif aura été obtenu avec une exposition qui n'a pas dû excéder un quart de seconde. M. Heilmann, il est vrai, sait parfaitement manier ce collodion, il n'en emploie pas d'autre, il en consomme je ne sais combien de flacons par semaine.

Cependant il a eu, lui aussi, ses jours d'insuccès en changeant de lieu. Aux Eaux-Bonnes, il a été plusieurs jours sans pouvoir rien obtenir ; ses plaques étaient toujours voilées, ce qu'il a attribué, avec raison je crois, aux émanations sulfureuses permanentes en ce lieu. Elles agissaient comme un accélérateur trop énergique qui réduisait l'argent en dehors du concours de la lumière. Pour réussir, il lui a fallu modérer la sensibilité du collodion.

Je présume que c'est un empêchement de ce genre qui s'est présenté à M. Lugeol ; ces voiles gris sont très-ordinaires aux collodions sensibles ; M. Delahaye m'en a donné une théorie très-ingénieuse qui mérite considération ; voici son raisonnement :

« Les collodions très-sensibles doivent être soigneusement mis à l'abri de toute lumière diffuse et de toute émanation désoxydante, sans quoi l'argent est réduit partiellement sur toute la surface de la plaque, où il forme *une couche métallique invisible, mais effective, qui de sa nature est opaque et forme écran*. L'impressionnement par la lumière est tout autre, les composés d'argent sont modifiés moléculairement, mais il n'y a pas encore d'argent formé, l'écran n'existe pas ; la lumière agit librement, et les agents continuateurs réduisent l'argent partout où la lumière a pénétré. Dans le premier cas, au contraire, la lumière n'a pu passer nulle part, il ne vient pas d'image ; les liquides continuateurs détachent une pellicule métallique infiniment mince, et toute leur action se borne à réduire, à la longue, le nitrate d'argent, qui dépose à son tour une couche grise sur toute la plaque. »

Je n'accorde pas que la lumière diffuse puisse d'elle-même produire un effet de ce genre, car elle ne réduit pas plus l'argent que la lumière dans la chambre obscure; elle modifie seulement la couche sensible en raison de son intensité. Elle pourra voiler les noirs des épreuves positives et les clairs des épreuves négatives, mais sans cependant dépasser sa valeur; aussi ai-je reconnu que le jour diffus qui permet d'opérer sans bougie, et l'éclairage modéré de la bougie, sont tout à fait inappréciables sur les épreuves positives les plus délicates obtenues avec le collodion de Bertsch. Ainsi, il ne faut pas confondre deux effets complétement différents : la lumière diffuse ne compte que pour sa valeur, mais la *réduction effective antérieure à la radiation lumineuse* présente un obstacle presque insurmontable à cette radiation.

Les collodions rapides échouent encore par une autre raison, qui vient de leur pouvoir réducteur sur le bain d'argent, combiné avec l'agent continuateur. Avec un bain d'argent rigoureusement neutre, il arrivera que le sulfate de fer ou l'acide pyro-gallique réduiront la couche insoluble indépendamment de la lumière ; dans ce cas, on aura une image noyée dans une teinte grise générale. Pour éviter cela, il faut un sulfate de fer spécial, c'est-à-dire assez peu réducteur, et surtout, ajouter de l'acide acétique au bain d'argent pour les négatifs à développer avec l'acide pyro-gallique, et de l'acide nitrique pour les positifs à développer avec le sulfate de fer. *Avec un bain d'argent acidulé par l'acide nitrique, tous les bains de sulfate de fer sont bons.*

J'ai cependant trouvé un moyen beaucoup plus simple qui, du même coup, met obstacle aux réductions antérieures à l'exposition, et dispense de l'addition d'acide nitrique au bain d'argent; il consiste à ajouter au collodion, toutes les fois qu'il produit des épreuves voilées par excès de sensibilité, quelques gouttes de teinture d'iode préparée avec de l'alcool rectifié. C'est tout simple : cette précaution introduit dans le collodion de l'iode libre qui, au contact du nitrate d'argent, produit de l'iodure d'argent avec séparation d'oxygène qui se dégage, et d'acide nitrique qui s'ajoute au bain ; c'est comme si l'on avait mis cet acide dans le collodion ou dans le nitrate d'argent ; ce procédé a le grand avantage de donner de la stabilité au collodion, et de pouvoir faire servir le même bain neutre pour des épreuves positives ou négatives.

Par la même raison, cette teinture d'iode, ajoutée en très-faible quantité aux collodions à base de bromure, qui sont les plus sensibles, donne de la vigueur aux épreuves obtenues avec ces collodions, qui ont toujours une certaine tendance à se voiler ; et comme l'iode ainsi ajouté s'évapore très-vite, si l'on veut modérer son action, il suffit de retarder l'application du collodion sur le bain d'argent.

Comme pendant aux collodions rapides, il y a les collodions lents, qui ne sont pas les moins nombreux. On les reconnaît à leur couleur rouge, qui décèle précisément l'excès d'iode libre dont nous venons de parler. Les moyens pour les activer sont précisément inverses ; il faut employer des bains d'argent neutres, et avoir recours aux substances réductrices.

Les substances réductrices sont très-nombreuses, mais la plupart sont si énergiques qu'il faudra les employer en proportion très-minime : ce sont l'ammoniaque concentré, l'aldéhyde, le tannin, l'acide gallique, l'acide pyrogallique, les huiles essentielles, le phosphore, etc.

L'ammoniaque liquide est la substance la moins énergique, et par conséquent la plus facile à employer ; elle agit en neutralisant les acides. La meilleure manière de s'en servir est de l'ajouter goutte à goutte au bain d'argent. Parmi les autres substances, je n'ai étudié encore que l'acide gallique. Pour les ajouter au collodion et faciliter leur dosage, il faudra les dissoudre dans l'alcool ou l'éther, à raison d'une partie sur mille du dissolvant.

Afin de donner une idée de la puissance accélératrice de ces agents réducteurs, je citerai seulement deux faits bien caractérisés que j'ai constatés.

En comparant la sensibilité d'un collodion au chlorure, je pus établir, au moyen de diaphragmes très-dissemblables, que ce collodion au chlorure était trois cents fois plus lent que les collodions ordinaires ; il lui fallait, en un mot, un diaphragme présentant une surface d'ouverture trois cents fois plus grande pour opérer aussi vite ; mais quelques gouttes d'alcool, tenant un millième de son poids d'acide gallique, lui ont aussitôt procuré une sensibilité normale. Gros comme une tête d'épingle d'acide gallique floconneux, introduit dans un flacon de 100 grammes de collodion de Le Gray, qui était rouge et très-lent, fut cause que les plaques se voilèrent totalement aussitôt après avoir versé l'acide pyro-gallique.

Le collodion de Bertsch sent presque toujours l'aldéhyde, comme la plupart des collodions au bromure ; ce corps se produit de lui-même pendant la préparation du collodion, dans certaines conditions.

Par ce que je viens de dire, je pense avoir indiqué les moyens de diminuer et d'augmenter la sensibilité des collodions, et de produire par ces moyens de belles épreuves en toutes circonstances ; mais il faut tenir compte aussi d'un ingrédient excessivement variable avec les localités, qui peut déjouer toutes les précautions qu'on aurait prises d'un autre côté ; je veux parler des eaux servant à préparer les bains et solutions pour développer les images. Les eaux de rivière et de source sont généralement bonnes : l'eau distillée est toujours préférable ; *mais il faut éviter avec le plus grand soin d'employer celle qui provient de la condensation de la vapeur qui a passé par les machines ;* elle contient un principe réducteur qu'elle a pris par son contact avec l'huile des pistons, principe qui brunit immédiatement le nitrate d'argent et l'acide pyro-gallique ; le sulfate de fer lui-même préparé avec cette eau voile constamment les épreuves. On en vend beaucoup à Paris, et c'est pour avoir voulu, contre mon habitude constante, employer de l'eau distillée, croyant mieux faire, que j'ai éprouvé des insuccès qui venaient de là. L'eau de pluie est dans le même cas ; elle est presque toujours chargée d'une matière organique, qui empêche de réussir avec les collodions rapides.

Il me reste à traiter des moyens propres à donner au collodion une belle surface unie, exempte, autant que possible, de stries.

Pour atteindre ce but, il faut remarquer d'abord que c'est la rapidité de volatilisation du dissolvant qui fait déposer le collodion en stries ; par conséquent, cet inconvénient sera bien plus marqué dans les pays chauds et secs que dans les contrées tempérées et humides. Le meilleur moyen d'y remédier est d'augmenter la proportion d'alcool, en diminuant celle de l'éther ; mais, en même temps, il faut éviter avec le plus grand soin d'employer de l'alcool à 36°, qui est aqueux et fait par lui-même déposer le collodion en stries d'un autre genre, formant des festons déliés sans continuité ; ce sont ces stries surtout qui nuisent aux épreuves. Ainsi, dans les pays chauds et très-secs, il faudra employer autant d'alcool bien rectifié à 40°, que d'éther, aussi rectifié, pour un *collodion adhérent servant à produire des négatifs.*

Pour les épreuves positives à transporter sur toile cirée, on diminuera à volonté l'adhérence du collodion, en augmentant largement la proportion de collodion pharmaceutique épais.

Quant à la proportion d'iodure ou de bromure à introduire, elle est limitée par la cohésion à donner au collodion ; elle varie de un à trois grammes pour un décilitre de collodion. Je trouve que deux grammes suffisent en tous cas. Les collodions fortement chargés d'iodure ou de bromure sont sujets à se détacher, dit-on : l'expression n'est pas juste cependant ; ce n'est pas le collodion qui se détache, mais bien l'iodure ou le bromure d'argent qui tapisse sa surface et forme la pellicule sensible. La désagrégation de la pellicule sensible a encore lieu dans trois cas, qui sont : 1° Quand le bain d'argent est trop faible ; 2° quand il contient trop de sels étrangers, et surtout des sels ammoniacaux ; 3° quand le collodion contient un *principe humide* provenant soit des ingrédients aquifères qui sont entrés dans sa composition, soit de l'eau développée par la transmutation de ses principes constituants. Il est très-rare que les collodions anciens n'aient pas ce défaut ; on y remédiera assez bien en les renforçant avec du collodion médicinal de bonne qualité.

En un mot, pour faire usage avec succès d'un flacon de collodion quelconque, il faut mettre tous les ingrédients et le lieu lui-même en rapport avec le contenu du flacon : c'est exactement comme la navigation, qui exige pour être bonne que le capitaine tienne compte non-seulement de la direction du vent, mais encore de l'état de la mer et des courants, de la force du vent, des qualités du bâtiment, etc. Si avec un bâtiment fin et une très-forte brise, pour aller plus vite, on met toutes voiles dehors, on court risque de démâter ou de chavirer ; on ne fait bonne route en sûreté, qu'en mettant tout en rapport ; il en est de même pour le bon usage d'un flacon de collodion.

M.-A. Gaudin,
Calculateur du Bureau des Longitudes.

STATISTIQUE DE LA PHOTOGRAPHIE.

(20e article).

Chambre noire nouveau système, qui permet de placer les mains et la figure du modèle au centre du foyer dans toutes les conditions d'optique désirables. Cette chambre noire se distingue surtout par une charnière qui tourne et se meut en tous sens pour la mise au point : cette charnière est d'une grande utilité, et spécialise, comme nous venons de le dire, ce genre de chambre noire. Avec elle, on peut saisir les poses du modèle, son maintien dans ce qu'elles ont de plus fantaisiste ou de plus ordinaire, sans aucun dérangement de sa part ; on peut lui conserver le naturel des positions quelles qu'elles soient, ce qu'on ne saurait faire s'il y avait lieu à une contrainte quelconque, la contrainte, même artistique, s'opposant toujours à la liberté des mouvements et des expressions vraies. Cette chambre noire n'a que sa charnière de particulier. Elle est également pour plaque, papier et collodion. C'est assez dire que pour ses autres composants elle est formée comme la chambre noire ordinaire, et qu'elle se construit, dans ses dimensions, selon les mesures d'usage.

Chambre noire à châssis double. — Comme la précédente, cette chambre noire ne se fait remarquer que par un côté spécial, son châssis double. Ce châssis double, comme l'indique son nom, se compose de deux châssis qui tiennent l'un à l'autre par deux charnières. Il sert à faire obtenir deux épreuves à la fois, c'est-à-dire que quand on a obtenu une épreuve d'un côté, on n'a qu'à le retourner pour pouvoir obtenir immédiatement de l'autre côté une seconde épreuve, sans perte de temps ou plus amples précautions ou préparations quelconques. La chambre noire à châssis double est pour papier seulement.

Chambre noire à soufflet. — La chambre noire à soufflet ne diffère de tous ces genres de chambres noires que par la toile des parois qui remplace le bois des côtés de la chambre noire ordinaire. La chambre noire à soufflet a été imaginée en mars 1840, par M. le baron Séguier, autant pour obvier à l'inconvénient du poids et du volume qu'entraînait la moindre excursion alors que l'on voulait opérer sur place, que pour rendre les dimensions du foyer facultatives aux exigences toujours croissantes de la photographie, qui les veut de plus en plus grands. C'était, comme nous venons de le dire, une chambre noire ordinaire, dont les parois en toile remplacent le bois des autres chambres. Cette toile était primitivement plissée comme la peau du soufflet ordinaire. Le soufflet se compose, comme chacun sait, d'éclisses rapportées par un collage, d'aines ou de goussets sur les angles de réunion, constituant une certaine épaisseur pour la boîte une fois fermée. M. Humbert de Molard, par un nouveau perfectionnement, vient encore de réduire cette épaisseur. Ce perfectionnement consiste dans la manière ingénieuse dont une toile imperméable à la lumière et se tenant ferme d'elle-même est susceptible d'être plissée par rapport à la combinaison du pli et aux diverses épaisseurs qui le forment dans les angles. Son épaisseur avec cette toile est de deux millimètres au plus.

Il serait difficile, à moins d'une figure ou d'une planche, de donner, de cette modification très-avantageuse, une description exacte et de façon à être parfaitement compris, parce que cette démonstration rentre dans des données mécaniques incompréhensibles, insaisissables sans image qui fixe l'attention. Seulement, nous dirons qu'il y a deux manières de plisser les angles, ou à pans droits, ou à coins rabattus, en sorte que l'on peut diminuer d'un tiers encore le volume de la chambre noire à soufflet primitive et le nombre des plis intérieurs de la boîte. La boîte normale avec ses cinq glaces ne pèse que six kilogrammes. M. Humbert de Molard prévoit d'autres perfectionnements plus sensibles encore. Il espère arriver à des longueurs de foyer extraordinaires, en comparaison du peu d'espace qu'elles occuperont, en faisant servir le premier perfectionnement dans des combinaisons qu'il étudie, et qu'il va livrer bientôt à la science. Les soufflets rentreront les uns dans les autres, et le développement pourra en être triplé, quadruplé même.

Dans cette chambre noire, nous avons encore remarqué une modification d'un avantage très-grand, due aux recherches du même savant. Ce sont deux châssis ajustés à la suite l'un de l'autre : le châssis à glace pour la mise au point et le châssis à plaque, papier ou verre. Le journal *la Patrie* a rendu compte de ce perfectionnement. Ces deux châssis sont placés dans des rainures telles qu'à la moindre pression ils se mettent en mouvement, en sorte qu'il suffit de pousser légèrement ce châssis à plaque pour que, glissant dans les rainures, il vienne instantanément prendre la position occupée par le châssis à glace. Mais *la Patrie*, dans son rapport, a omis cette remarque essentielle, capitale même, que, par le même mouvement de glissement, le volet du châssis s'ouvre de lui-même par l'effet d'un ressort *ad hoc*, pour présenter la plaque aux radiations de la lumière, et qu'ainsi il n'y a aucune perte de temps. Cette disposition, publiée en 1846, a été imaginée en vue des cas d'instantanéité, promis à cette époque, par l'eau bromée et le bromoforme. Elle convient, et elle est même indispensable aujourd'hui, pour les épreuves rapides du collodion. La chambre noire à soufflet se construit pour toutes les grandeurs. Elle est plus spécialement pour les vues qu'on veut prendre dans des excursions lointaines.

Dans le prochain article, nous terminerons notre travail sur les chambres noires par quelques considérations sur celles qu'il nous reste à examiner, ainsi que sur le Quinetoscope tout nouvellement inventé, et par les chiffres bien plus étonnants que ceux donnés d'abord et que la vente des chambres noires atteint dans l'année commerciale, seulement à Paris.

J.-D. Du Vernay.

Une exposition de peinture va s'ouvrir à Marseille dans les premiers jours de septembre et durera jusqu'à la fin d'octobre. Parmi les peintres qui y ont envoyé des ouvrages on cite, MM. Antigna, Beaume Justin, Besson, Coigniet, Corot, Gudin, Gue, Hédouin, Joyant, Ad. Leleu, etc.

PUBLICATIONS PHOTOGRAPHIQUES.

—

MANUEL OPÉRATOIRE DE PHOTOGRAPHIE SUR COLLODION INSTANTANÉ,

par M. Disderi.

La brochure de M. Disderi, que nous avions annoncée il y a quelque temps, vient de paraître cette semaine (1). Elle traite du collodion, et les épreuves de M. Disderi, que nous avons vues, prouvent suffisamment que le procédé qu'il publie joint à la rapidité de l'opération la beauté du résultat; mais ce qui nous a le plus frappé dans cette brochure, ce sont les détails *pratiques* et minutieux que l'auteur y donne, et qui révèlent à la fois une grande expérience des manipulations photographiques et un louable désir de se rendre utile.

Nous donnons dès aujourd'hui des extraits de ce livre auquel nous ferons de nombreux emprunts.

I. — MOYEN DE FAIRE L'IODURE D'ARGENT.

Prendre un gramme de nitrate d'argent, le dissoudre dans de l'eau distillée. Une fois dissous, le précipiter au moyen d'une dissolution concentrée d'iodure de potassium; décanter, puis laver à l'eau distillée; filtrer ensuite, faire sécher et conserver pour l'usage.

Le travail qui s'opère est celui-ci :

L'iode se porte sur l'argent pour former l'iodure; l'acide nitrique, rendu libre, se combine avec l'oxyde de potassium; il reste par conséquent dans la liqueur du nitrate de potasse en dissolution.

II. — MOYEN DE SE RENDRE COMPTE SI L'ACIDE NITRIQUE EST PUR.

Comme pour faire le nitrate d'argent il est important que l'acide nitrique soit pur, l'on aura soin de s'en rendre compte de la manière suivante : mettre dans une capsule environ vingt grammes d'acide nitrique, et ajouter quelques cristaux de nitrate d'argent. S'il précipite sous forme de poudre blanche qui noircit rapidement à la lumière, c'est qu'il contient un chlorure. Il faudrait alors en prendre d'autre, ou, à défaut, précipiter tout le chlorure contenu dans l'acide à l'aide du nitrate d'argent, puis filtrer. L'on aura ainsi un acide exempt de chlorure et propre à la fabrication du nitrate d'argent; l'acide nitrique du commerce contient généralement de l'acide chlorhydrique.

III. — MOYEN DE SE RENDRE COMPTE SI L'ACIDE ACÉTIQUE EST PUR.

En mettre environ dix ou quinze grammes dans une capsule en porcelaine ou en platine; chauffer, à l'aide d'une forte lampe à esprit-de-vin, jusqu'à siccité.

Si le liquide, en s'évaporant, laisse quelque résidu, c'est l'indice qu'il n'est pas pur. Il m'est arrivé de trouver jusqu'à sept grammes d'acétate de soude sur quinze grammes d'acide acétique.

L'emploi de cet acide falsifié fait précipiter l'acide gallique ou pyro-gallique en poudre noire.

IV. — MANIÈRE DE FAIRE DE L'EAU DISTILLÉE SANS ALAMBIC.

Dans les cas pressants, ou par suite du prix excessif qu'en demandent les pharmaciens de province, l'on peut se faire de l'eau propre aux opérations photographiques. Dans un litre d'eau ordinaire, il faut ajouter quelques cristaux de nitrate d'argent; le chlorure contenu dans l'eau se précipite. L'on ne met donc que peu de nitrate d'abord, et l'on en ajoute jusqu'à ce que l'eau ne précipite plus; on filtre ensuite, et l'eau qu'on obtient est parfaitement pure. Ainsi, un demi-gramme suffit pour précipiter tout le chlorure contenu dans un litre d'eau.

V. — MOYEN DE CONSERVER LES BAINS D'ARGENT, SOIT POSITIFS, SOIT NÉGATIFS.

Lorsque l'on emploie le papier albuminé, après la préparation de quelques feuilles le bain devient rouge, surtout en vieillissant. Je conserve parfaitement ce bain en y ajoutant du noir animal bien pur; je remue le flacon, laisse reposer et filtre avant de m'en servir. Le même noir peut rester au fond du flacon et servir pour six à huit solutions différentes; j'emploie le même moyen pour mes autres bains, soit négatifs, soit d'acéto-nitrate.

VI. — MOYEN DE SAUVER UN CLICHÉ PERDU PAR UN DÉPÔT DE NITRATE PROVENANT DE LA FEUILLE POSITIVE.

S'il arrive qu'on se serve d'un papier positif n'étant pas assez sec ou humide, ou bien encore que le cliché soit nouvellement verni, l'on risque de perdre le cliché, car l'excès de nitrate d'argent de la feuille positive dépose sur le cliché et le macule d'une infinité de taches jaunes qui deviennent d'autant plus foncées qu'elles sont soumises à la lumière.

Dans l'un de ces cas, que le cliché soit ou non verni, faites une solution de vingt grammes de cyanure de potassium; cent grammes eau ordinaire. Mettez la glace sur le pied et couvrez-la de cette solution. Laissez séjourner jusqu'à ce que les taches aient disparu; ce qui arrive au bout de six à huit minutes environ.

Ce procédé ne peut être employé sur les clichés de papier, même sur ceux qui ont été cirés.

L'on peut employer ce moyen pour arranger un cliché ayant quelques défauts.

VII. — MOYEN DE RETIRER L'ARGENT, SOIT D'UN BAIN DE NITRATE DÉTÉRIORÉ, SOIT DES EAUX DE LAVAGE DES CUVETTES SERVANT A CE BAIN, ET DE LE RENDRE A L'ÉTAT D'ARGENT MÉTALLIQUE.

On fait d'abord une solution saturée de chlorure de sodium, et si les eaux ne contiennent que du nitrate d'argent on précipite, à l'aide de cette solution, en versant goutte à goutte dans le liquide; il faut avoir soin de ne pas en mettre un excès, ce qui amènerait la dissolution d'une partie du chlorure d'argent précipité; on atteint ce but en laissant éclaircir la surface du liquide, et lorsqu'on présume que l'on approche du terme de saturation, on ajoute quelques gouttes de chlorure de sodium, et l'on juge si le terme a été atteint ou dépassé, suivant qu'il se produit un nouveau trouble dans la partie éclaircie.

Après que le chlorure d'argent s'est complétement déposé au fond du vase, on décante avec précaution l'eau surnageante, et on lave le chlorure à plusieurs eaux en répétant la même manœuvre; on décante alors de nouveau, et l'on acidule le chlorure humide avec quelques gouttes d'acide sulfurique ou chlorhydrique, en y mélant des fragments de zinc, ou mieux encore une lame assez large dont on peut plus aisément retirer le reste lorsque la réduction du chlorure à l'état d'argent métallique pulvérulent est complète, ce qui demande plus ou moins de temps, suivant le degré d'acidité du mélange.

Il ne faudrait pas cependant ajouter assez d'acide pour que le dégagement d'hydrogène fût très-sensible, attendu qu'il s'y dissoudrait en pure perte une grande quantité de zinc.

Il convient de laver la poudre d'argent obtenue à plusieurs eaux, dont les premières devront être acidulées et la dernière distillée; puis on décante, et l'on fait sécher dans une capsule de platine en chauffant fortement pour que la poudre rougisse, ce qui est très-utile, car ce que l'argent prend de la cohérence et que l'on n'a pas à craindre la formation du nitrite d'argent lorsqu'on le dissout dans l'acide nitrique pour en faire du nitrate.

(1) Chez M. Alexis Gaudin, 9, rue de la Perle, au Marais.

NOUVELLES DIVERSES.

L'HIPPOPOTAME. — Parti de Marseille jeudi de la semaine dernière et amené à Paris par M. Delaporte, consul de France au Caire, l'hippopotame a été installé samedi dernier au Jardin des Plantes dans le parc réservé jusqu'alors aux éléphants et au rhinocéros. C'est là que le public est admis à visiter ce nouvel hôte de notre ménagerie, qui peut être considéré comme une des plus riches de toute l'Europe, car elle possède à elle seule trois girafes, deux éléphants, un rhinocéros, sans compter les cerfs, les biches, les singes, des milliers d'oiseaux, et tant d'animaux rares tirés de toutes les contrées du globe.

L'hippopotame que possède aujourd'hui le Jardin des Plantes est, suivant *la Presse*, le premier animal de cette espèce qui ait été amené vivant sur le continent européen, depuis la chute de l'empire Romain.

L'hippopotame (cheval de rivière), presque aussi gros que l'éléphant et le rhinocéros, occupe le troisième rang parmi les quadrupèdes. On ne le trouve plus guère qu'au sud de l'Afrique, dans la Nubie ou dans la partie supérieure du cours du Nil, et en général dans les fleuves ou les lacs assez profonds pour qu'il puisse y plonger ou se rouler dans la vase des marais fangeux qui les environnent, afin d'assouplir un peu, par ces bains, sa peau grossière, qui empêche la souplesse de ses mouvements. Mme Achille Comte, dans son *Histoire naturelle*, dit : « la longueur de l'hippopotame est de treize pieds six pouces, et ses défenses ont vingt-six pouces de long; son poids équivaut d'ordinaire à celui de trois ou quatre bœufs. »

Lorsque les hippopotames sortent de l'eau, ils ont le dessus du corps d'un brun bleuâtre, qui s'éclaircit en descendant sur les côtes et se termine par une légère teinte de couleur de chair; le dessous du ventre est blanchâtre; mais ces différentes couleurs deviennent plus foncées partout lorsque leur peau se sèche.

—

Un fait inouï dans les annales de la navigation de la Seine vient d'être accompli.

Le 26 août, à six heures du soir, est venu mouiller à vingt mètres en amont du pont du Carrousel le trois-mâts goëlette la *Sole*, du port de Bordeaux, d'un tonnage de 400 tonneaux, ayant un chargement complet de vins et autres denrées.

Ce navire est à voiles et à hélice. Cette dernière a été appliquée auxiliairement au navire pour faciliter la remonte fluviale.

La *Sole* a une longueur (de l'étrave à l'étambot) de 32 mètres; sa largeur est de 6 mètres environ; il cale 1 mètre 60 centimètres tout chargé. Ses mâts sont à bascule, afin de franchir les ponts. Ce navire a quitté Bordeaux le 5 août, s'est arrêté deux jours au Havre pour réparer une avarie survenue à sa machine, et est arrivé à Paris le 26; total, vingt et un jours de navigation entre Bordeaux et Paris.

La foule se presse sur le port et sur le quai du Louvre pour voir le nouveau venu. Sa forme est gracieuse, bien élancée, et indique un bon voilier.

L'arrivage à Paris de la goëlette la *Sole* va bientôt être suivi, d'après ce que l'on nous écrit de Bordeaux, de celui d'un navire trois-mâts, le *Laromiguière*. Ce navire, que l'on achève en ce moment, aura des dimensions doubles de celles de la *Sole*. A voiles et à hélice comme celui-ci, le *Laromiguière* jaugera 700 tonneaux; sa longueur sera de plus de 60 mètres, et sa largeur dépassera 10 mètres.

(*La Presse*.)

—

Le *Journal d'Elbeuf* cite le phénomène suivant :

Une nuée de tout petits papillons s'est abattue sur notre ville jeudi soir, de neuf à dix heures. La lumière du gaz était obscurcie par d'épaisses couches de ces insectes ailés, qui s'étaient abattus sur les lanternes; partout dans les boutiques, dans toutes les maisons, ils tourbillonnaient par myriades, et on en était en quelque sorte aveuglé.

Toutes les demandes et réclamations relatives au service, toutes les lettres et communications relatives à la Rédaction, doivent être adressées (*affranchies*) à M. Ernest Lacan, rédacteur en chef, au bureau du journal. — *Toute lettre non affranchie sera rigoureusement refusée. Les demandes d'abonnement doivent être accompagnées d'un bon sur la poste, à l'ordre du Gérant.*

Le Propriétaire-Gérant, Alexis Gaudin.

Typographie Hennuyer, rue du Boulevard, 7. Batignolles.
Boulevard extérieur de Paris.

TROISIÈME ANNÉE. N° 37. SAMEDI, 10 SEPTEMBRE 1853

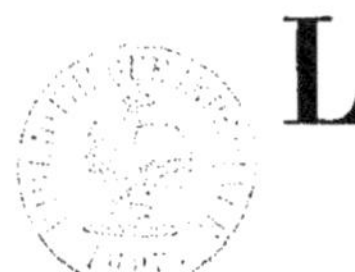

LA LUMIÈRE

REVUE DE LA PHOTOGRAPHIE.

BEAUX-ARTS. — HÉLIOGRAPHIE. — SCIENCES.

JOURNAL NON POLITIQUE, PARAISSANT LE SAMEDI.

BUREAUX, à Paris, 9, rue de la Perle. BUREAUX, à Londres, 6, Henman Terrace, Camden-Town.

ABONNEMENTS.—*Paris*, UN AN, 20 FR.; 6 MOIS, 12 FR.; 3 MOIS, 7 FR.; *Départements*, UN AN, 22 FR.; 6 MOIS, 13 FR.; 3 MOIS, 8 FR.; *Etranger*, UN AN, 25 FR.; 6 MOIS, 15 FR.; 3 MOIS, 10 FR.

SOMMAIRE.

SALON DE 1853.

(13e ARTICLE.)

SCULPTURE.

M. CLESINGER, M. ET Mme A. SALOMON, MM. CARPENTIER, COURTET, DIEBOLT, GAYRARD, JALEY, SCHOENEWERK, TOULMOUCHE, LEHARIVEL DUROCHER, MÉLINGUE, OTTIN, OLIVA, SANTIAGO, ROUILLARD, MICHEL PASCAL, MAILLET.

Les bustes s'amoncèlent dans les galeries; on ferait une foule avec toutes ces têtes vivantes, attentives, gracieuses et pâles. Quand les spectateurs se sont retirés et que la nuit descend des cintres, il s'établit des dialogues étranges, et pareils à ceux des morts, entre toutes ces lèvres condamnées au même silence pendant le jour. Les uns racontent les tristesses et les lueurs des siècles passés; les autres, les espérances et les désillusions du temps actuel. Voici Albert Durer, par M. Schoenewerk, sous sa toque et ses longs cheveux, qui parle des belles jeunes filles dont les robes traînaient sur les escaliers des cathédrales, et frôlaient, en s'y arrêtant, les portes de son atelier. Voici Dalayrac, de M. Jaley, avec ses boucles d'oreilles, son menton dans sa cravate et son triple collet : il fredonne un de ses plus doux airs d'autrefois, qui, d'écho en écho, ont traversé les saisons et sont arrivés jusqu'à nous. Voici des femmes du monde contemporain, par MM. Clesinger et Diebolt; les premières, belles de leurs cheveux ondés par les vagues de la pierre, et de cette grandeur que le célèbre statuaire donne à tout ce qu'il touche ; les autres, ravissantes de mélancolie et de grâce, et pensives jusque dans leur sourire : celles-là, nous voudrions bien les entendre, mais leurs confidences sont trop actuelles pour que nous ne nous éloignions pas. Voici Adrienne Lecouvreur, par M. Courtet; plaintive, elle dit que Rachel l'a fait oublier, tout en la faisant revivre, et qu'il est triste d'être illustrée ainsi jusqu'à l'anéantissement de sa personnalité. Voici Daguerre, par M. Carpentier : plus heureux que Niépce, le collaborateur de sa découverte de génie, il a laissé son nom à son invention. Mais les morts sont justes et prophétiques, et il annonce tout haut que le neveu de M. Niépce laissera le sien à la photographie en lui donnant la couleur. Et ensuite, lui qui se connaît en ressemblance, il remercie son sculpteur du beau portrait qu'il vient de faire. Voici Abeilard, que M. René Toulmouche a drapé dans une pose sévère et dans de beaux plis d'une robe de moine : il repasse les grandeurs et les fautes de sa vie, et il félicite courageusement son grand historien, M. de Lamartine, d'avoir discerné ses bassesses dans sa gloire. Enfin, voici l'amiral de Rigny, par M. Salomon, et de charmantes femmes par Mme Salomon et M. Paul Gayrard ; ils se placent à côté les uns des autres, comme ils le faisaient il y a peu d'années peut-être, dans un salon de la place Vendôme; l'amiral cause toilette par galanterie, et les spirituelles femmes parlent mer et batailles, et longs voyages, par à-propos. Quelle réunion bizarre que celle de tous ces dialogueurs ! et que de langages, que de sourires, ou de soupirs sur ces bouches, semblables à celle du Commandeur !

Les modernes portraitistes en sculpture n'ont eu qu'à regarder en arrière pour trouver des maîtres, ce grand art s'étant retrouvé, depuis plusieurs siècles, presque aussi éclatant que lorsqu'il rayonnait en Grèce. Mais ils ont eux-mêmes, presque tous, tenu le ciseau avec tant de fermeté et de grâce, qu'ils seront à leur tour des maîtres pour la génération qui viendra.

M. Leharivel Durocher a converti en un bas-relief charmant ce verset des évangiles apocryphes : « L'enfant Jésus ayant formé douze oiseaux en terre, frappa des mains, et dit : Allez ! et les oiseaux s'envolèrent en chantant. » Les enfants tournent tous leurs jolies têtes vers la volée qui part, et ils sont très-heureusement posés dans la surprise. Il y a un mélange avant-coureur de la foi du moyen âge et des contes de Perrault, qui nous a toujours touché dans ces évangiles fabuleux. Ces suppositions enfantines ne sont pas injurieuses pour le Sauveur : puisque le Christ a multiplié les pains et les poissons, l'enfant Jésus a bien pu créer des oiseaux.

Apprendre des rôles qu'on répète ensuite pendant cent représentations devant des spectateurs électrisés, et les apprendre en créant des statues qui suffiraient à faire un nom, telle est depuis longtemps la double gloire de M. Mélingue. Le Salon a revu cette Hébé populaire, qui naissait chaque soir sur la scène, svelte et souriante, et modeste, dans le beau drame de Paul Meurice. Il l'a revue entre une douloureuse statuette de Malfilâtre et une charmante fantaisie qui s'appelle OEnéis. M. Mélingue a eu là les regards, comme il a ailleurs les bravos.

Fouillons tous ces marbres et tous ces plâtres, dont l'amoncellement ferait une carrière. Nous y distinguerons encore les *Lutteurs* de M. Ottin ; le *Napoléon Ier*, le *Charlemagne* et le *Rembrandt*, trois empereurs ! de M. Oliva ; le *Braconnier breton*, bien renversé, bien attentif à l'affût, par M. Santiago ; l'*Hallali sur pied*, de M. Rouillard : le cerf est lancé, la flèche l'arrête ; le souffle palpite dans ses flancs, sous un pelage très-étudié. Nous nous arrêterons plus longtemps devant *les Enfants d'Edouard*, par M. Michel Pascal. La mélancolie est charmante dans ces deux têtes appuyées l'une sur l'autre, penchées sur la Bible, et destinées à se renverser si tôt sur le dernier oreiller ! La pensée harmonieuse et magistrale de David d'Angers doit avoir traversé ce groupe touchant. Enfin, avant de sortir pour la dernière fois des galeries, nous nous inclinerons devant *Agrippine et Caligula*, par M. Maillet.

Nous sommes bien près de croire que ce groupe est un chef-d'œuvre : la composition est savante et simple. L'épouse de Germanicus se sauve du camp de son époux, emportant son enfant dans ses bras. Elle marche consternée. Elle est tout entière dans une seule pensée : emporter son fils. De même que dans le splendide poëme de *Valéria* on dit à une autre Agrippine : — Ton fils sera Néron ! on aurait bien pu lui dire : — Ton fils sera Caligula ! Regarde le masque du fou féroce qui se dessine déjà par les traits de l'enfant ! laisse-le tomber pour qu'il soit foulé aux pieds par les légions ! épargne un effroi de plus au monde, et un de ses types les plus abhorrés, à cette sanglante lignée des Césars !... La mère n'en aurait fui que plus vite et aurait serré davantage l'enfant contre son sein palpitant. Que lui importe l'avenir ? c'est son fils que cette frêle créature ! Elle le sauvera, fût-ce même pour l'exécration de l'univers ! Tous ces sentiments sont admirablement traduits dans l'œuvre de M. Maillet. Cette belle Romaine, inquiète et hâtive, ira loin sur la route des grands arts !

Notre tâche est terminée. Nous avons été consciencieusement dans toutes les galeries, regardant partout. Si nous en avons passé, — et des meilleurs ! — qu'ils nous pardonnent ! L'attention donnée à une œuvre qui attire détourne parfois d'une autre qui aurait plu ! Notre jugement avait été un peu sévère, aux premiers pas que nous avions faits dans la salle des Menus-Plaisirs ; nous espérions bien que nous serions obligés de le modifier un peu. A mesure que nous nous sommes familiarisés avec cette foule, nous y avons fait des amis. Il y a des toiles et des marbres vers lesquels nous nous retournons avec un regret. L'adieu est le mot le plus triste dans toutes les langues. Quel chemin prendront-elles, quand ces portes se seront fermées sur elles, et où les retrouver, ces choses qui nous ont fait rêver, et qui ont conquis l'affection de nos regards ? Allons donc, comme des voyageurs, vers une nouvelle rive, vers cette exposition universelle promise pour 1855. La route est longue : il faudra deux ans pour la parcourir. Que les artistes la fassent avec leur génie ! si nous y sommes, ils nous y retrouveront avec notre amour !

HENRI DE LACRETELLE.

SCIENCES.

Séance de l'Académie du 5 septembre 1853. — Le célèbre anatomiste anglais, Richard Owen, de Londres, membre correspondant de l'Académie, section d'anatomie et de zoologie, a tenu sous le charme de sa parole, pendant près d'une heure (M. R. Owen s'exprimait en très-bon français), MM. les membres de l'Académie, et une grande partie de l'auditoire qui était très-nombreux; nous donnerons, d'après le prochain compte rendu, quelques extraits de cette importante communication.

M. Arago n'a pas encore pu assister à cette séance. M. le secrétaire perpétuel Flourens, en faisant l'analyse de la correspondance, a signalé à l'attention de l'Académie une lettre adressée par M. Garibbo, photographe à Florence, *à la Commission photographique.* Cet artiste avait chargé, il y a quelque temps, un de ses amis de Paris de faire parvenir à M. le président de l'Académie une communication concernant un procédé nouveau dont il est l'inventeur ; il pensait que ce document offrait assez d'intérêt pour que ceux de MM. les membres chargés par l'Académie de l'examen des communications de ce genre voulussent bien émettre leur avis, ou du moins, lui en accuser réception. D'abord, la communication annoncée par la lettre de M. Garibbo n'est pas parvenue au secrétariat, et, en tous cas, serait-elle même parvenue, que l'Académie n'est nullement engagée à recevoir toutes les communications concernant la photographie. MM. les secrétaires perpétuels dépouillent la correspondance, et sont les seuls juges de l'opportunité de la lecture de ces documents, qui ne peuvent être reçus ou présentés que par eux, ou par MM. les membres de l'Académie, autorisés par M. le Président à prendre la parole.

A.-T. L.

GRAVURE HÉLIOGRAPHIQUE SUR PLAQUE D'ACIER.

MM. Niépce de Saint-Victor et Lemaître, Rousseau et Devéria, Auguste Bisson, Mante, Riffaut, Pernel.

PHOTOGRAPHIE ZOOLOGIQUE.

Dans le numéro du 19 mars dernier de ce journal, nous avons félicité MM. L. Rousseau et Devéria de l'heureuse idée qu'ils avaient eue d'appliquer les procédés photographiques à la reproduction des précieuses et uniques collections du Muséum d'histoire naturelle. Aujourd'hui ce sont de nouveau éloges que nous leur adressons.

Dans la séance du 6 juin, l'honorable M. Milne Edwards, chargé, au nom de la Commission nommée par l'Académie, de faire un rapport sur les divers spécimens de photographie appliquée à l'histoire naturelle, quoiqu'il considérât comme très-belles ces premières épreuves, signala cependant quelques progrès à obtenir, et pensa que, comme ces artistes éminents l'avaient fait espérer, les livraisons qui suivraient présenteraient bientôt le degré de perfection auquel elles sont susceptibles d'atteindre; néanmoins, l'honorable rapporteur proposa d'adresser à la Commission administrative de l'Académie une demande de fonds, qui seraient alloués aux auteurs pour les indemniser de leurs premiers frais, et leur fournir des ressources suffisantes pour apporter aux moyens qu'ils employaient tous les perfectionnements désirables.

M. Rousseau, fort de l'approbation de l'Académie et des encouragements qu'il venait de recevoir, se livra tout entier, avec ardeur et persévérance, à la recherche des perfectionnements désirés; il crut reconnaître, à la suite d'essais infructueux, que l'emploi des procédés photographiques connus ne lui permettrait pas d'atteindre à ce degré de perfection. Une publication aussi importante que celle dont il avait conçu l'idée, qui embrasse les rares et nombreuses collections du Muséum, exigeait indispensablement, non-seulement que les épreuves fussent irréprochables, autant que possible, mais encore qu'on parvînt à les reproduire en grand nombre et à des prix très-modérés, afin que cette richesse nationale devînt, par ce fait, la propriété de tous, et que, sans sortir du Muséum, les précieuses collections qu'il renferme fussent mises, en quelque sorte, à la disposition de tout le monde, des savants, des amateurs, des professeurs, des élèves... de Paris et même de toute la France. Ce résultat inespéré, M. Rousseau l'a enfin obtenu, en remplaçant la photographie zoologique par l'héliographie sur planches d'acier.

Peu de temps après que MM. Rousseau et Devéria eurent fait leur première communication, le 23 mai, MM. Niépce de Saint-Victor et Lemaître présentaient à l'Académie des spécimens de gravure héliographique sur acier, accompagnés d'un Mémoire indiquant *toutes les opérations* (1) au moyen desquelles on peut reproduire et graver sur acier, sans le secours du dessin, les épreuves photographiques sur verre et sur papier.

Le désintéressement avec lequel les modestes auteurs donnèrent la plus grande publicité à cette communication engagea plusieurs artistes à appliquer ces nouveaux moyens pratiques à l'art de la gravure. C'est depuis ce moment que M. Rousseau, appréciant les avantages qu'il pourrait retirer de ce moyen de reproduction tenté par un graveur habile, M. Riffaut, et fortifié par les conseils de M. Niépce, dut se décider à employer de préférence, pour sa vaste entreprise, la gravure héliographique sur acier.

Les spécimens présentés dans la séance de ce jour sont admirablement bien réussis, ils dépassent de beaucoup en perfection ceux des précédentes livraisons. Ils sont dus au concours de quatre artistes qui, sous l'habile direction de M. Rousseau, ont contribué à ce brillant succès.

Le cliché (négatif) sur collodion, obtenu par M. Auguste Bisson, tiré sur verre albuminé par M. Mante, est transformé en positif. M. Mante, photographe expérimenté, a préparé et surveillé toutes les opérations photographiques de la gravure, l'application de l'épreuve sur la plaque d'acier, enduite de bitume de Judée, etc.; puis le graveur, M. Riffaut, a fait mordre; la planche, sortie de ses mains entièrement terminée, a été confiée aux soins de M. Pernel, imprimeur chargé du tirage.

L'illustre membre de l'Académie, qui donnait avec une bienveillance toute particulière ces divers détails, M. Chevreul, présentait en même temps plusieurs planches obtenues par la gravure héliographique, et fit sait remarquer à ses confrères les perfectionnements considérables obtenus par M. Rousseau.

Le savant professeur de zoologie, directeur du Muséum, M. Duméril, a prononcé quelques bonnes et encourageantes paroles, qui témoignaient de l'approbation qu'il donne aux essais tentés par M. Rousseau.

Les dispositions favorables des membres de l'Académie, dont plusieurs sont professeurs au Jardin des Plantes, doivent faire espérer que la Commission administrative s'empressera de satisfaire, par une prompte décision, au vœu exprimé par M. Milne Edwards, que les artistes recevront la récompense due aux travaux accomplis, des encouragements pour ceux qu'ils doivent accomplir, et que M. Rousseau sera indemnisé des frais assez considérables auxquels il s'est laissé entraîner par un zèle ardent et par le vif désir de vaincre de nombreux obstacles.

Les spécimens présentés par MM. Rousseau et Devéria se composent :

1° D'une planche d'insectes. — Ordre des coléoptères, famille des longicornes (Cayenne).

La première épreuve, sans retouches, de cette planche, sur laquelle sont figurés le *macrodonta cervicornis*, l'*enoplocerus armillatus*, et l'*acrocinus longimenus* (Fabricius), donne une idée très-exacte de la finesse extrême des formes de ces insectes et de la richesse des dessins qui ornent leurs robes. Cependant le graveur a dû retoucher légèrement la planche, pour rétablir la pureté de ces dessins. Aussi la planche n° 2, retouchée, est-elle la plus belle reproduction qui ait été faite de ces coléoptères, qu'il est facile d'étudier sans avoir recours à la loupe.

2° et 3°. Deux planches de crustacés, ordre des décapodes anomoures, etc.

Il y a deux épreuves, sans retouches, de chacune de ces planches, qui sont également bien réussies; les premières, un peu trop noires, prouvent, par leur vigueur, qu'il sera possible de tirer à trois cents au moins, avec les planches d'acier; la seconde, d'un ton plus moelleux, sera très-propre à recevoir les couleurs.

4°. Une planche de reptiles, famille des *varaniens; varanus Bellii*, Duméril et Bibron, et *varanus varius merrem*, qui est la plus belle de toutes.

A.-T. L.

(1) MM. Niépce et Lemaître n'ont pas voulu prendre un brevet d'invention.

CORRESPONDANCE D'ANGLETERRE.

QUARTERLY JOURNAL OF MICROSCOPICAL SCIENCES,
HIGHLEY ET SONHLEY, LONDON.

Il y a maintenant un an que ce journal trimestriel a été établi, et il mérite bien, par sa direction habile et par l'importance des communications qu'il publie, l'estime marquée qu'il s'est acquise. Aujourd'hui, dans les sciences comme dans les travaux manuels, c'est par le soin qu'on accorde aux détails, au profit de l'ensemble du résultat, que le progrès se réalise d'une manière si rapide et si étonnante. Aussi arrive-t-il que la science ne dépend plus du génie et des investigations de deux ou trois hommes qui paraissent de siècle en siècle; mais tout homme d'intelligence et d'esprit, plus ou moins élevé au-dessus de la vie matérielle et mondaine, peut y trouver une route qui le charme et dans laquelle il peut se rendre utile. C'est ainsi que les hommes de cette espèce se groupent et s'associent pour étudier et pour profiter mutuellement de leurs expériences. En Angleterre, nous sommes depuis plus longtemps que les Français habitués à nous associer pour toute chose. Les sociétés scientifiques sont aussi nombreuses que les divisions que l'on a faites dans la science, et elles se multiplient d'année en année, selon que de nouvelles branches de la science se produisent ou prennent de l'importance.

La Société microscopique de Londres est déjà âgée de treize ans, et compte plus de deux cents membres, dont trente ont été élus l'année passée. Graduellement, par l'amélioration progressive des instruments et par le nombre sans cesse croissant des sujets auxquels elle s'applique, la microscopie a pris une place de plus en plus élevée et indispensable, et l'importance de la Société s'est accrue en proportion. Enfin, il y a un an, un membre entreprenant, M. Highley, éditeur, voyant grandir le besoin d'une publication spéciale et régulière, a commencé ce journal, qui donne non-seulement les comptes-rendus de la Société, mais aussi des communications, bien choisies et pleines de connaissances spéciales, sur les questions variées qui sont liées à la microscopie, avec des nouvelles, des correspondances et des revues qui permettent aux lecteurs de juger de ce qui se fait à l'étranger ainsi qu'en Angleterre.

Vos savants et vos investigateurs doivent le bien connaître déjà. La microscopie est maintenant trop indispensable au botaniste, au zoologiste, au chimiste, au géologiste, et surtout à l'anatomiste, pour qu'un journal aussi bien dirigé ne leur soit devenu nécessaire. Ce journal nous tient aussi au courant de l'état comparatif des appareils, sujet sur lequel chaque nation trouve difficile de s'éclairer, comme le témoignent les écrits des opérateurs étrangers. Les rapports des jurys de la grande Exposition ont fait voir que nulle part on n'avait fait autant de progrès dans la construction des microscopes qu'ici. Les améliorations de Ross, de Smith et Beck, de Jackson, de Wenham, de Shadbolt et autres, ont donné à l'Angleterre la première place dans cette partie de la science optique, quoique les instruments français de Natchet, de Chevalier, de Lerebours, de Bernard, etc., aient été aussi très-admirés.

Le journal de la Société microscopique a commencé, depuis l'avant-dernier numéro (1er avril), à s'occuper de la photographie microscopique. Nous n'aurons pas assez de place dans cette courte notice pour donner le résumé des articles que MM. Delves, Shadboldt, Wheatstone et Highley fils ont publiés sur ce sujet; mais nous prendrons occasion, aussitôt que possible, de donner un exposé succinct, mais complet, de la photographie microscopique en Angleterre, où nous aurons à résumer ces diverses communications. A présent, nous ajouterons seulement que ce journal est le premier qui ait commencé à donner des illustrations produites au moyen de la photographie; il a fait remettre à tous ses lecteurs, en avril, deux planches microscopiques de M. Delves, dont les positifs ont été tirés par M. Hennemann.

FRANK SCOT.

REVUE PHOTOGRAPHIQUE.

Les 2me et 3me livraisons de MARC-ANTOINE RAIMONDI, par M. *Benjamin Delessert*, viennent de paraître chez Goupil et Vibert.

Nous nous attendions bien à voir progresser, dans les mains d'un artiste si éminent, une entreprise remplie de difficultés, et pour laquelle il ne néglige aucun sacrifice; mais tous les artistes qui verront ces deux nouvelles livraisons conviendront avec nous qu'il était impossible de prévoir les immenses progrès obtenus par l'auteur de cette splendide publication.

La grande dimension et le choix intelligent des dessins si rares qui la composent, l'heureuse réussite des épreuves, l'importance de ce beau travail, nous engagent à lui consacrer un article spécial dans le prochain numéro.

Nous avons à rendre compte d'un grand nombre d'épreuves qui nous ont été communiquées depuis quelque temps par plusieurs artistes bien connus de nos lecteurs. Avant tout, nous dirons que ce qui nous frappe toujours lorsque l'un d'eux nous montre ses nouvelles productions, c'est le progrès qu'elles constatent. L'épreuve d'aujourd'hui est toujours supérieure à l'épreuve d'hier, quel que soit le mérite que nous ayons reconnu à celle-ci. Souvent, en voyant les belles reproductions de gravures de MM. Bayard et Renard, les fragments architectoniques de MM. Nègre et Le Secq, les vues gigantesques de M. Baldus, les paysages, les statues de M. Le Gray, les portraits de MM. Plumier et Mayer frères, les épreuves composées de M. Moulin, et tant d'autres œuvres d'élite, il nous est arrivé de dire : La photographie n'ira pas plus loin ; et voilà que le lendemain les mêmes artistes nous apportaient d'autres productions qui surpassaient incontestablement les précédentes. Et nous nous demandons encore aujourd'hui où ces progrès s'arrêteront.

Ainsi, nous avons eu bien souvent à répéter les éloges que tous ceux qui les connaissent donnent aux épreuves de M. Nègre. Ses *Ramoneurs*, son *Chiffonnier*, ses *Arlésiennes*, nous avaient paru être ce qu'on pouvait faire de mieux dans ce genre. M. Nègre nous a prouvé que nous n'avions pas assez compté sur son talent et sa persévérance. Il vient, en effet, de nous montrer trois épreuves qui laissent très-loin en arrière celles que nous aimions tant. L'une, dont le négatif est sur papier (grandeur de plaque entière), représente un *Joueur d'orgue*. Le parti pris des lumières et des ombres dans le mur contre lequel le bonhomme s'appuie, et la voûte sombre qui s'enfonce derrière lui, rappellent les dessins les plus vigoureux de Decamps, tandis que les traits finement reproduits de la tête intelligente, pensive et triste du vieillard, les détails minutieux de son vêtement de velours jaunâtre, râpé et sordide, reportent aux sujets les plus soigneusement étudiés de Meissonnier. Deux enfants : un petit garçon et une petite fille écoutent, la bouche béante, les bras pendants, les sons inexplicables pour eux de l'instrument populaire. Il y a un contraste étrange entre la pose attentive, la physionomie émerveillée de ces enfants qui ont encore si peu vu, et que tout étonne, et l'expression de lassitude et de découragement du vieux musicien ambulant qui a tant vu de choses, lui, et pour qui toute cette science n'a pu aboutir qu'à la mendicité. Ce n'est pas nous qui disons tout cela, c'est l'épreuve de M. Nègre. Elle n'est pas seulement une froide reproduction de trois figures posées par le hasard : c'est un tableau raisonné, avec ses intentions et ses enseignements.

M. Nègre ne s'est pas contenté des beaux résultats que lui donnait la photographie sur papier, il a voulu faire aussi du collodion. Comme peintre, la rapidité de ce procédé lui donnait les moyens de prendre *sur le fait* des groupes, des attitudes, des expressions qu'il pourrait conserver comme de précieux croquis. Il a imaginé une combinaison de verres et une construction d'appareil telle, à très-court foyer, auxquelles il doit une rapidité telle, qu'en trois secondes un portrait est brûlé. Il opère donc presque instantanément. Nous lui avons vu faire sa troisième épreuve d'essai, et nous devons dire qu'elle est parfaitement réussie. C'est un portrait. M. Nègre en a fait, sur collodion, plusieurs autres qui feraient croire qu'il n'a jamais employé que ce procédé. C'est avec l'appareil dont nous venons de parler qu'il a obtenu deux ravissants petits sujets, en médaillons, un *Maçon* et un *Tailleur de pierre*, pleins de mouvement et de vie.

Nous engageons vivement M. Nègre, qui a créé la *photographie de genre*, à continuer ces travaux, qui ont tant d'intérêt, puisqu'ils ouvrent un champ inépuisable à l'art, et qui lui vaudront tant de succès.

Il y a longtemps que nous aurions voulu parler de plusieurs portraits que MM. Mayer frères nous ont envoyés. L'espace nous a manqué, mais non la mémoire. L'un de ces portraits est celui de l'Impératrice, que ces artistes ont fait une seconde fois. Ç'a été une véritable satisfaction pour nous de voir réhabiliter, par la photographie (qui ne ment pas même pour les têtes couronnées), ces traits si admirablement beaux et si affreusement travestis par la peinture, la gravure, et la lithographie. MM. Mayer auraient pu ne pas retoucher ce portrait, qui est bien supérieur au premier ; nous en avons vu le négatif, et nous avons pu juger de sa perfection. Mais nous dirons que leurs retouches ont été faites avec une telle habileté, qu'en donnant plus de vigueur à l'épreuve, elles ne lui ont rien retiré de sa ressemblance. Ce portrait fait un beau pendant à celui de l'Empereur, dont *la Lumière* a déjà parlé.

Nous avons vu encore, des mêmes artistes, deux portraits obtenus dans leurs ateliers de Lyon. Le premier, celui d'un ecclésiastique, est d'une remarquable finesse de détail. Le visage doux, méditatif et spirituel du prêtre a conservé toute son expression. Les yeux, bien que vus à travers des besicles, sont très-animés et très-expressifs. La main, qui soutient le menton dans une pose très-naturelle, est bien modelée. Enfin, les plis de la soutane se dessinent parfaitement, malgré la couleur sombre du drap. L'autre portrait est celui d'une toute jeune fille. Il n'y a qu'une tête, mais elle est charmante. Le modelé en est excessivement fin ; les yeux surtout sont très-beaux. Nous sommes heureux de voir que MM. Mayer, en éclairant leur modèle un peu de côté, et non de face, ont évité l'effet déplorable du point visuel au milieu de la pupille, ce qui fait tant de portraits aveugles.

Les deux épreuves dont nous venons de parler sont sans retouches, ainsi que MM. Mayer nous l'ont déclaré.

Nous avons à rendre compte encore de bien des choses. Voilà, dans nos cartons, des œuvres nouvelles de MM. Baldus, Plumier, Bayard et Renard ; des vues de M. Lerebours ; voilà les reproductions, par la photographie, des beaux vitraux de M. E. Galimard, à Sainte-Clotilde, dont nous voulions parler dans cet article ; mais le temps et l'espace nous manquent, et nous aimons mieux remettre à samedi prochain, que de négliger telle ou telle œuvre, ou de paraître injuste et oublieux envers tel ou tel artiste.

ERNEST LACAN.

Nous publierons dans le prochain numéro un extrait de la note qui nous a été envoyée par M. P. Simplicini, de la Société photographique de Florence.

ÉPREUVES POSITIVES SUR COLLODION,

TRANSPORTÉES SUR UN FOND BLANC.

Je songeais depuis longtemps aux moyens de produire sur papier des épreuves positives ayant la finesse des épreuves sur verre. Tout enduit appliqué sur le papier, soit d'albumine ou de collodion même, ne fait pas disparaître le grain du papier ; j'en étais venu à croire que les pellicules de gutta-percha, fabriquées par M. Perrot, réussiraient mieux, et j'allais m'en occuper, lorsqu'est survenu le transport du collodion lui-même sur toile cirée.

M. Le Gray avait bien dit déjà qu'il transportait les négatifs sur papier ; mais j'y croyais peu, ayant toujours opéré avec des collodions légers.

Du moment où je me suis servi du collodion de cet habile photographe, j'ai changé d'avis ; car j'ai remarqué que ce collodion glissait toujours sur la glace, au point de ne pouvoir être employé avec les cuvettes verticales, et sa cohésion permettait, en effet, de le transporter sans déchirure, quand on avait soin de le laisser séjourner quelque temps sur la glace avant de verser l'excédant.

Avec les collodions de cette nature, c'est-à-dire très-riches en fulmi-coton, il sera souvent avantageux de transporter des négatifs sur papier pour diminuer leur poids et se mettre à l'abri de la rupture des glaces en tirant des épreuves. Le papier, ainsi revêtu d'un négatif, tirera très-bien sans être verni ; mais il exigera un temps plus long, dépendant de la lumière réfléchie par le papier blanc ; mais on vernira le papier dès que le collodion sera sec, afin d'y faire adhérer le collodion ; sans cette précaution, le collodion s'en détacherait presque toujours partiellement ou totalement.

Quand je parle de produire des épreuves positives sur collodion, transportables sur fond blanc, je ne prétends pas substituer ces épreuves aux épreuves ordinaires sur papier, en tant qu'il s'agit de vues de grandes dimensions, mais bien pour les portraits et les vues à l'usage du stéréoscope.

Le collodion ne pouvant, quant à présent, s'employer qu'à l'état frais, il est évident que le négatif ne pourra y être appliqué immédiatement ; par conséquent la formation des épreuves exigera l'emploi d'une lumière à rayons parallèles, soit artificielle, soit donnée par les rayons solaires ; d'ailleurs, si le négatif pouvait être appliqué sur le collodion, le transport donnerait une épreuve renversée.

Par ces deux motifs, on placera la glace négative et la glace couverte de collodion, chacune dans une rainure, de façon à les maintenir parallèlement l'une à l'autre, à la moindre distance possible, en plaçant le collodion en regard du verso de la glace négative. Je recommande de placer les glaces à la plus petite distance possible, parce que j'ai reconnu par expérience que les rayons parallèles donnent des images déformées pour une distance qui dépasse un centimètre, par la raison bien simple que les couches d'albumine et de collodion ne jouissent ni d'homogénéité ni de planimétrie. Pour quelques millimètres de distance, cette cause d'imperfection est insensible.

Si l'on doit opérer avec les rayons solaires, il faudra (comme je l'ai déjà indiqué sommairement) réfléchir les rayons solaires avec un miroir, pour les faire arriver sur le négatif dans un lieu sombre. En voici la raison : à cause de l'intervalle existant entre la surface du négatif et la couche du collodion, qui est, dans le cas présent, plus grand que l'épaisseur de la glace négative, il est certain qu'une épreuve obtenue avec la lumière diffuse serait extrêmement confuse ; si donc on recevait les rayons solaires directement, l'image solaire serait accompagnée d'une image beaucoup plus faible, produite par la lumière ambiante ou diffuse, ce qui nuirait essentiellement à la netteté.

Il ne faut pas croire non plus qu'on puisse établir les deux glaces dans un châssis ordinaire, en noircissant la planchette qui serait du côté du collodion ; j'ai reconnu par expérience que cette disposition était vicieuse, la lumière solaire, après avoir traversé le collodion, arrivant sur la planchette noircie, se réfléchit dans toutes les directions, et rend aussi les images confuses ; j'ai été forcé, quand j'opérais la nuit avec la lumière électrique parallèle, de laisser le châssis ouvert derrière le collodion. On fera bien d'user autant que possible d'une disposition pareille, c'est-à-dire de placer le châssis à l'entrée d'un cabinet noir, ou au moins de l'adapter à l'ouverture d'une boîte rectangulaire de 4 ou 5 décimètres de longueur, soigneusement noircie à l'intérieur.

Ces dispositions ne suffiront pas encore pour obtenir de bonnes épreuves ; les rayons solaires directs agissent avec tant d'énergie sur le collodion, qu'il sera souvent difficile de limiter suffisamment la durée de l'exposition variant entre une seconde et un vingtième de seconde. En employant un rideau en tissu opaque que j'ai élevé et abaissé le plus rapidement possible, la radiation lumineuse s'est trouvée souvent trop longue. Pour agir plus sûrement, il vaudra mieux disposer en avant du négatif une planchette à coulisse découpée à jour sur une partie de sa hauteur ; de sorte qu'en faisant mouvoir la planchette de bas en haut, le temps d'exposition sera proportionnel à la largeur de l'échancrure divisée par la durée du passage : si, par exemple, la durée du passage a été d'une seconde, et qu'en même temps la largeur de l'échancrure soit le dixième de la hauteur du négatif, la radiation aura duré un dixième de seconde, et aura été répartie également partout, si le mouvement d'élévation a été uniforme. L'emploi de cette planchette pourra aussi dispenser de la réflexion des rayons solaires par un miroir, si l'on prend soin de l'établir à une certaine distance en avant du négatif ; car cette disposition, sans diminuer en rien l'intensité des rayons solaires, amoindrit singulièrement l'action de la lumière diffuse : si, par exemple, la fente soutient un angle de 5 degrés (en plaçant le centre à la surface du négatif), sa diminution pourra s'élever aux dix-neuf vingtièmes, en n'admettant même que les rayons les plus directs, qui ne pourront qu'adoucir l'image sans la rendre confuse.

En prenant toutes ces précautions, on produira des épreuves d'une finesse extrême, si j'en juge par les produits que j'ai obtenus sur plaque normale avec la lumière électrique rendue parallèle au moyen de sa réflexion par un miroir parabolique.

On développera les images avec l'acide pyrogallique, ou,

pour plus de facilité, avec le sulfate de fer. Avec ce dernier agent, les épreuves transportées sur papier seront peu intenses et d'une nuance rougeâtre; mais en les passant au bichlorure de mercure, puis à l'hyposulfite, on obtiendra tout à coup un très-beau noir.

En employant un collodion très-riche en fulmi-coton, et exempt de principe humide, il sera facile de les transporter sur papier. Pour éviter que le collodion ne se détache, il sera nécessaire de gommer légèrement le papier et de le mettre en presse aussitôt que le collodion commencera à sécher.

Les épreuves ainsi transportées ne peuvent être entamées par l'ongle, et résistent même à la pointe d'une épingle; mais le froissement du papier les détériore.

Avec un positif bien intense ainsi obtenu, on pourra, en s'en servant comme d'un négatif, produire, avec le même appareil, des épreuves positives transportables sur la toile cirée noire. Dans tous les cas, il sera plus simple de transporter les positifs issus de négatifs ordinaires sur toile cirée blanche, quand le commerce en fournira.

M.-A. Gaudin,
Calculateur du Bureau des Longitudes.

LA PHOTOGRAPHIE A BUCHAREST.

Nous recevons d'un de nos abonnés de Bucharest, M. Szathmari, deux choses pleines d'intérêt: une lettre et une épreuve.

Relégué dans ce coin du monde, privé de tout ce qui concerne notre art, comme il le dit lui-même, M. Szathmari nous soumet modestement une de ses épreuves. « Vous la trouverez sans doute médiocre, nous dit-il; mais rappelez-vous qu'elle vient de bien loin. Quand on est à Paris, quand on voit tous les jours de belles œuvres, qu'on est entouré des meilleurs opticiens, physiciens, chimistes et artistes du monde, c'est facile d'avancer; mais quand on est éloigné de tout, qu'on ne voit jamais rien, et qu'il faut en quelque sorte découvrir tout soi-même, il est difficile de bien faire.

« L'été passé, j'ai lu quelques détails sur le collodion, dans un journal anglais. Immédiatement j'ai essayé ce procédé; et *sans maître, sans livre*, je suis arrivé au résultat que je vous soumets. Ce n'est que depuis très-peu de temps que M. Lerebours m'a envoyé, avec deux très-bons objectifs, différentes brochures sur la photographie, entre autres celles de MM. Le Gray et de Brébisson. »

Voilà ce que nous dit M. Szathmari, et tous nos lecteurs comprendront ce qu'il y a de pénible dans cet exil de l'artiste, qu'il nous dépeint si bien. M. Szathmari nous permettra donc de lui apprendre une chose qu'il ignore: c'est qu'il est un photographe de premier ordre, et que l'épreuve qu'il nous soumet avec une sorte de crainte est tout simplement un des plus beaux portraits qui aient été faits. C'est l'opinion même des artistes auxquels nous l'avons montré. Ils en ont admiré comme nous l'aspect magistral, la pose savante, le ton franc et velouté. C'est le portrait d'une dame déjà âgée, mais dont les traits ont conservé l'empreinte d'une rare beauté. — L'épreuve de M. Szathmari est de la grandeur d'une double plaque. Le visage, un peu ridé, est merveilleux de modelé; les yeux vivent; les mains sont fort belles. La robe noire a bien la sécheresse et le brillant de la soie. Les dentelles d'un blanc très-pur, qui entourent le cou, le laissent entrevoir sous leur léger tissu. Il y a dans l'aspect général de ce portrait quelque chose qui frappe et qui plaît. Cela provient surtout, selon nous, de la manière habile dont le modèle a été posé, et de la beauté des tons. On dirait d'une belle gravure anglaise, avec plus d'animation et de vérité.

M. Szathmari doit être un peintre de talent; il sait composer un portrait, ce qui n'est pas toujours chose facile.

Cet artiste nous dit que les procédés qu'il emploie pour le tirage des positifs, et qu'il a imaginés lui-même, sont tout à fait différents de ceux indiqués dans les diverses brochures qu'il a lues. Nous le prions instamment de nous les donner et de nous permettre de les publier; il rendra ainsi un grand service à la photographie qu'il aime; car, s'il obtient régulièrement des tons semblables à ceux du spécimen qu'il nous a envoyé, il a fait faire un progrès sensible à cette partie si importante de l'art.

M. Szathmari prépare, nous a-t-il dit, deux albums photographiques, l'un contenant les différents costumes de la Valachie, l'autre se composant de plusieurs vues de l'armée russe d'occupation. Nous croyons que l'acquisition de ces deux albums serait une bonne fortune pour les éditeurs de notre pays. Nous le répétons, le talent de M. Szathmari le place au premier rang des artistes photographes les plus distingués.

Ernest Lacan.

BEAUX-ARTS.

Des peintures, qui intéressent au plus haut point l'art chrétien, viennent d'être découvertes à Avignon, sous d'épaisses couches de ciment et de badigeon.

Elles se trouvent, les unes dans l'appartement qui fut jadis la chapelle Saint-Jérôme, de l'ancienne église des Célestins, et l'autre sur l'un des murs de la chapelle que fonda, en 1431, dans l'église de Saint-Pierre-de-Luxembourg, et près du tombeau de ce saint, Jean Réolin, évêque d'Autun.

C'est, sans contredit, une des plus belles pages que la peinture au moyen âge nous ait laissées. Le *Campo-Santo* de Pise, au dire des connaisseurs les plus érudits et des artistes les plus compétents, ne peut rien offrir de plus parfait ni de mieux conservé.

Le tableau, qui, dans sa plus grande largeur, a deux mètres environ, est peint sur la partie ogivale de l'un des murs de la chapelle Réolin, et est composé de douze figures. Voici ce qu'il représente:

Un vaste paysage. A droite l'intérieur d'une église, dont la voûte aux fines nervures est peinte en bleu d'outremer. Les arceaux, à plein cintre, sont appuyés sur des colonnes de marbre d'une excessive légèreté, et qui portent sur leurs chapiteaux gothiques des statues d'une composition très-hardie et d'une merveilleuse finesse d'exécution. L'artiste, pour ainsi dire, a percé à jour le temple chrétien, pour laisser voir, se détachant sur le fond vert et or d'une vaste tenture fixée à la hauteur des chapiteaux, la scène principale de cette mystérieuse composition.

La Magdeleine est agenouillée au pied d'un autel qui est d'une simplicité primitive, et au milieu duquel brille un calice d'or (style romain) couvert de la pale. Cet autel n'a d'autre décoration qu'un tableau à fond doré, représentant Jésus crucifié et saignant, la tête entourée d'une auréole à croix byzantine, et les deux Marie à ses pieds. Vêtue de sa longue chevelure blonde, dont les derniers anneaux se déroulent sur le marbre du palais, l'auréole au front, les mains jointes, Magdeleine va être communiée par un saint évêque en chape et mitre rehaussées d'or, tenant d'une main la sainte hostie, et de l'autre la patène. Cette tête d'évêque est évidemment un portrait. Des deux côtés de l'autel, deux charmants enfants de chœur, à genoux, couverts d'une robe rouge et d'une dalmatique blanche, tiennent, tendue sous les mains de l'évêque officiant, la nappe du banquet eucharistique. Ils n'ont qu'une couronne de cheveux. Trois religieux, en surplis si longs qu'ils laissent apercevoir à peine le bord inférieur de leurs robes, dont l'une est bleue, l'autre rose, et la troisième rouge, assistent, recueillis et agenouillés, à l'auguste cérémonie. L'un d'eux porte un double cierge allumé, tordu en spirale vers le milieu. Ils ont tous les trois, comme les enfants de chœur, la couronne monacale.

Au milieu du tableau, et sur le premier plan, un chemin s'ouvre, traverse d'abord le fourré d'un bois, serpente sur le flanc verdoyant d'une montagne, et va, enfermé ensuite entre deux parapets, aboutir, après quelques sinuosités, à une *maison* blanche, à côté de laquelle se trouve un enclos de murailles. Non loin de là, à gauche, se dresse une croix de pierre gothique. Sur un plan plus éloigné, on distingue vaguement un mur, percé, vers le milieu, d'une porte flanquée de deux tourelles. Au dernier plan, sur le point culminant de la montagne, s'élève quelque chose comme un tronc d'arbre mort.

A gauche, sur le premier plan, et près d'une cellule ombragée par de grands arbres, un vénérable anachorète, à la tête chauve, à la longue barbe grise, revêtu d'un manteau et d'une ample robe de bure, les pieds nus, contemple, étonné, la communion de la Magdeleine. Il porte à la ceinture un chapelet aux grains énormes, et terminé par une croix grecque. Il s'appuie de la main droite sur un bâton recourbé, ayant au bout une tête humaine grossièrement sculptée. Il a sa main gauche élevée au-dessus de sa tête pour préserver sa vue de l'éblouissante lumière qui lui vient d'en haut. En effet, le ciel est entr'ouvert. La Magdeleine est représentée dans l'azur du ciel, l'auréole au front, les mains jointes sur sa poitrine, couverte jusqu'aux pieds, comme d'un vêtement, de sa chevelure, et enlevée par quatre anges aux ailes étendues et dorées à leurs extrémités. C'est une véritable *Assomption*. Les quatre anges qui l'emportent sont d'une grâce infinie; ils sont vêtus de riches robes blanches, sur lesquelles se déroulent, légères et flottantes, de longues écharpes roses.

Rien ne saurait rendre le charme, la suavité, et surtout le fini de cette originale composition. A part quelques parties dorées qui ont un peu souffert, tout est d'une belle couleur et d'une conservation parfaite. (*Revue des bibliothèques paroissiales.*)

(*Moniteur universel.*)

Nous avons reçu de M. Quinet une lettre que le manque d'espace nous oblige à remettre au prochain numéro.

A une vente faite, à Londres, par MM. Sotheby et Wilkinson, la semaine dernière, des cheveux et des poils de la barbe de Charles Ier ont été achetés 5 liv. st. 2 sh. 6 pence (près de 130 fr.). Une mèche de cheveux de Newton a été achetée 15 sh., et un dessin fait par Napoléon, lorsqu'il était élève à Brienne, représentant une attaque par l'artillerie, s'est vendu 6 liv. st. 12 sh. (165 francs).

L'*Almanach américain* pour l'année 1853, qui vient de paraître à Boston, donne sur l'Amérique les détails statistiques suivants: dans l'Amérique du Nord, le Danemarck possède une superficie de 380 milles anglais carrés et 17,000 habitants (Groenland); la France 118 milles et 200 habitants; la Russie, 394,000 milles et 66,000 habitants; les possessions anglaises (la Nouvelle-Bretagne, le Canada est et ouest, le Nouveau-Brunswick, la Nouvelle-Ecosse, l'île du prince Edouard et Terre-Neuve) ont 2,235,401 milles anglais et 2,472,195 habitants; les Etats-Unis de l'Amérique du Nord, 3,260,073 milles et 23,283,345 habitants. On calcule que les contrées et îles de l'Amérique du centre, à l'exception des Indes Occidentales (le Mexique, San-Salvador, Nicaragua, Honduras, Guatemala, Mosquita, l'Honduras anglais) ont 3,157,740 milles anglais carrés et 9,352,000 habitants; les Indes Occidentales, 90,183 milles anglais carrés et 3,603,746 habitants. Les contrées de l'Amérique du Sud occupent 6,500,000 milles anglais carrés, et comptent 18,275,195 habitants. Il est à remarquer que cet *Almanach américain*, qui est tout récent, ne porte la population totale de la terre qu'à 854,047,481 habitants, et donne à l'Afrique 101 millions d'habitants, à l'Amérique 57,339,681 habitants; à l'Asie, y compris ses îles, 429,600,000 habitants; à l'Australie avec ses îles, 1,368,000 habitants; à l'Europe, 265,220,300 habitants; enfin, à la Polynésie, 500,000 habitants. (*Nouvelle Gazette de Prusse.*)

Le Propriétaire-Gérant, Alexis GAUDIN.

TYPOGRAPHIE HENNUYER, RUE DU BOULEVARD, 7, BATIGNOLLES.
Boulevard extérieur de Paris.

TROISIÈME ANNÉE. N° 38. SAMEDI, 17 SEPTEMBRE 1853.

LA LUMIÈRE

REVUE DE LA PHOTOGRAPHIE.

BEAUX-ARTS. — HÉLIOGRAPHIE. — SCIENCES.

JOURNAL NON POLITIQUE, PARAISSANT LE SAMEDI.

BUREAUX, à Paris, 9, rue de la Perle. BUREAUX, à Londres, 6, Henman Terrace, Camden-Town

ABONNEMENTS.—*Paris*, UN AN, 20 FR.; 6 MOIS, 12 FR.; 3 MOIS, 7 FR.; *Départements*, UN AN, 22 FR.; 6 MOIS, 13 FR.; 3 MOIS, 8 FR.; *Etranger*, UN AN, 25 FR.; 6 MOIS, 15 FR.; 3 MOIS, 10 FR.

SOMMAIRE.

MARC-ANTOINE RAIMONDI.

PAR M. BENJAMIN DELESSERT.

Ainsi que nous l'avons annoncé dans notre dernier numéro, M. Benjamin Delessert vient de publier deux nouvelles livraisons de l'œuvre de Marc-Antoine Raimondi, la troisième et la quatrième (et non la première et la deuxième, comme une erreur typographique nous l'avait fait dire).

C'est quand on a entre les mains de semblables publications, que l'on reconnaît les immenses services que la photographie peut rendre aux arts; certes, parmi ses diverses applications, celle-là est une des plus utiles et des plus fécondes.

Un homme de génie passe dans un siècle. Il crée des chefs-d'œuvre que la postérité conservera avec une religieuse admiration et que les plus riches musées se disputeront comme des trésors. Il s'appelle Raphaël. Mais ces fresques, ces tableaux, ces dessins dont il orne les églises ou les palais, ne seraient connus que d'un petit nombre de privilégiés, si un autre artiste, un graveur, un homme de génie aussi, Marc-Antoine, ne les reproduisait, sous les yeux mêmes du maître, pour les vulgariser. Voilà déjà les créations de Raphaël multipliées et répandues et faisant progresser l'art par tous les enseignements et les modèles qu'elles lui fournissent. Mais le temps passe, les siècles s'écoulent, les collections se dispersent, et les gravures de Marc-Antoine deviennent si rares et si coûteuses, que les musées nationaux ou les portefeuilles des plus riches amateurs en peuvent à peine réunir quelques exemplaires. C'est là que les artistes doivent aller les chercher pour les étudier. Il faudrait, pour qu'ils pussent profiter de ces chefs-d'œuvre, que quelqu'un recommençât l'œuvre de Marc-Antoine, mais personne n'y pourrait songer. On ne fait pas plus de Raimondi en gravure, qu'on ne fait de Raphaël en peinture. Or, ce que personne ne pouvait tenter, la photographie pouvait seule le faire, et elle l'a fait. Pour cela il lui fallait un homme généreux et un artiste habile : elle les a trouvés dans M. Benjamin Delessert.

Les deux premières livraisons, dont nous avons rendu compte dans de précédents numéros (1), ont prouvé à M. Delessert, par la rapidité avec laquelle elles ont été épuisées, qu'en entreprenant ce magnifique ouvrage il répondait à un besoin véritable du public, et qu'il faisait une œuvre réellement utile. Elles contenaient 26 épreuves; les deux nouvelles qui viennent de paraître en renferment 21; c'est donc jusqu'à présent 47 gravures choisies du célèbre graveur bolonais, que M. Delessert a livrées aux amateurs, aux artistes, aux élèves, et à un prix accessible à toutes les bourses. D'ici à deux mois, il se propose de donner encore 24 reproductions, de telle sorte que pas une des plus belles pièces de l'œuvre de Marc-Antoine ne sera laissée de côté par l'infatigable artiste.

(1) *Lumière*, 5 février et 7 mai 1853.

Nous voudrions que l'espace nous permît de rendre compte de chacune des planches que contiennent les deux livraisons nouvelles, et dont nous donnons plus loin les titres. Nous voudrions pouvoir parler de la finesse et de la perfection des clichés, du soin qui a été apporté dans le tirage des positifs, de la vérité et de l'égalité des tons, qui ont toute la vigueur et toute la fermeté que l'on admire dans les originaux. Bien que M. Delessert ait opéré comme précédemment sur papier, et que ses planches soient d'une très-grande dimension, elles reproduisent, jusque sur les bords, les tailles hardies et nettes du burin.

M. Delessert doit être heureux : il a mis à la portée de tous, en négligeant des bénéfices qu'il aurait pu revendiquer, une œuvre dont mieux que personne il connaissait toute la valeur; et de plus, il a contribué à répandre et à faire aimer la photographie, en montrant quels beaux et quels utiles résultats elle pouvait donner dans des mains habiles et intelligentes.

A.-T. L.

—

TITRES DES PLANCHES PHOTOGRAPHIQUES D'APRÈS LA NOTE EXPLICATIVE, NUMÉROS DE BARTSCH (*Le peintre graveur*).

3me livraison, 10 Planches.

N° 10. *David coupant la tête à Goliath*, d'après un dessin de Raphaël.

48. *Le Massacre des Innocents*, d'après un dessin de Raphaël.

26. *La Cène*, d'après un dessin de Raphaël.

34. *La Vierge pleurant sur le corps mort de J.-C.* Raphaël est l'auteur du dessin de cette composition.

44. *Saint Paul prêchant à Athènes*, d'après le magnifique carton de Raphaël qui se trouve aujourd'hui à Hampton-Court, en Angleterre.

113. *La pièce des cinq saints*, gravée, d'après un dessin de Marc-Antoine, à la sépia, qui se trouve au Musée du Louvre.

199. *Cléopâtre*, gravée sur un dessin de Raphaël fait d'après une statue antique qu'on voit à Rome dans le jardin du Belvédère.

245. *Le Jugement de Pâris*, composition dessinée par Raphaël avec un soin infini. Si l'on doit regretter que ce dessin ne soit pas parvenu jusqu'à nous, combien ne faut-il pas avoir de reconnaissance pour Marc-Antoine de nous avoir conservé, par son burin, cette admirable composition !

496. *Raphaël Sanzio d'Urbin.* L'auteur du dessin est inconnu, mais cette petite composition si simple, et dont le manteau est drapé avec un goût si exquis, pourrait bien être de Raphaël lui-même.

513. *Arétin.* Bartsch dit que cette estampe a été faite d'après un tableau du Titien. Vasari déclare que ce portrait est le plus beau que Marc-Antoine ait jamais fait.

4me livraison, 11 Planches.

N° 32. *La descente de croix*, d'après un dessin de Raphaël.

42. *Ananie frappé de mort*, gravé d'après un des cartons de Raphaël qu'on voit aujourd'hui à Hampton-Court, en Angleterre.

47. *La Vierge assise sur des nues*, d'après un dessin de Raphaël.

57. *La Vierge à la longue cuisse*, d'après un dessin de Raphaël ou de Jules Romain.

121. *Sainte Catherine et Sainte Lucie.* Le dessin original paraît être de Francesco Francia.

217. *Danse d'amours*, d'après un dessin de Raphaël.

297. *Vénus sortie du bain*, d'après un dessin de Raphaël.

344. *Apollon.* Le dessin original de Raphaël avait été fait comme étude pour une des deux statues qui ornent l'architecture de l'école d'Athènes, au Vatican.

361. *Trajan entre la ville de Rome et la Victoire.* Cette estampe a été gravée sur un dessin fait d'après un des bas-reliefs de l'arc de triomphe de Trajan.

381. *La Philosophie*, d'après une fresque de Raphaël au Vatican.

487. *Les Grimpeurs*, d'après le carton de Michel-Ange, représentant un épisode de la guerre entre les Florentins et les Pisans.

La plupart de ces épreuves ont 40 centimètres sur 26, et sont collées sur grandes et belles feuilles de papier qui ont 60 centimètres de hauteur sur 46 de largeur.

A.-T. L.

SCIENCES.

—

Eléments paraboliques de la comète de 1853.

La comète a été découverte le 10 juin 1853, à Gœttingue, par M. *Klinkerfues*; voici ses éléments paraboliques calculés par M. C. Mathieu, et communiqués à l'Académie, dans sa dernière séance, par M. Laugier.

« En appliquant une méthode de correction à des éléments paraboliques suffisamment approchés, et en employant les observations de Gœttingue, le 11 juin, de Hambourg, le 19 juillet, et de Paris, le 24 août 1853, je suis arrivé au système d'éléments paraboliques suivants, qui représente les observations, à quelques secondes de degré. Les observations rapportées à l'équinoxe moyen du

1er janvier 1853 ont été corrigées de l'aberration et de la parallaxe.

Passage au périhélie,
1853, septembre..... 1.746833, T. M. de Paris.
Distance périhélie...... 0.306006......log q = 9.4857297.
Longitude du périhélie.. 311° 1' 24",4 } Equinoxe moyen
Longitude du nœud ascendant............ 140. 28. 8 ,7 } du 1er janvier 1853.
Inclinaison de l'orbite.. 61. 29.40 ,7
Sens du mouvement.... Direct.

Iconographie zoologique. — Nous trouvons dans le compte-rendu, sous ce nom d'*Iconographie zoologique*, quelques mots concernant l'application de l'héliographie sur planches d'acier à la reproduction des collections du muséum. MM. Rousseau et Devéria avaient donné à leurs premières livraisons le nom de *Photographie zoologique*, qui rappelait bien le principal rôle que la photographie joue dans cette publication. Nous aurions désiré que ce nom, déjà consacré par les premiers essais, fût conservé. De même qu'au Jardin des Plantes les collections se présentent tout d'abord aux yeux émerveillés des curieux, à l'observation attentive des amateurs, à l'étude des savants, de même les belles planches obtenues par les procédés héliographiques fixeront d'abord l'attention. L'idée première des auteurs et leur préoccupation la plus grande ayant été de reproduire particulièrement les collections; l'histoire naturelle des animaux, la *zoologie*, et la description des figures, l'*iconographie*, quoique intimement liées au sujet, n'appartiennent qu'au second plan.

Nous donnons le court extrait du compte-rendu; il nous fournira l'occasion de rectifier une erreur de typographie qui s'est glissée dans le dernier numéro.

« S'aidant des conseils de *M. Niépce de Saint-Victor*, MM. Rousseau et Devéria sont parvenus à transporter sur acier les images données par la photographie, et à obtenir ainsi des planches qui, en même temps qu'elles sont d'une grande fidélité, peuvent donner un nombre presque illimité d'exemplaires inaltérables, sans exiger pour le tirage plus de temps qu'il n'en faut pour les gravures en taille-douce ordinaires. Les épreuves obtenues par des procédés purement photographiques exigent pour le tirage beaucoup plus de temps, plus de précautions, et rien ne prouve encore qu'elles ne soient pas susceptibles d'éprouver quelque altération de la part d'une action prolongée de la lumière.

M. Duméril, à l'occasion d'une de ces figures, qui représente un Ouaran (*Lacerta Nicolita*, L.), fait remarquer que « les détails sont rendus avec une telle exactitude qu'on peut, à la loupe, constater sur l'image un système caractéristique de coloration des écailles, aussi sûrement qu'on le ferait en examinant l'animal lui-même. »

M. Rousseau annonce que les planches d'acier peuvent donner un nombre presque illimité d'exemplaires inaltérables; nous estimions ce nombre à trois mille, l'omission d'un zéro nous a fait dire 300.

Nous devons aussi rendre justice à M. Mante, photographe d'un grand mérite, chargé des opérations les plus délicates et qui exigeaient le plus d'habileté; il les a pratiquées avec tant d'aptitude, que les admirables résultats obtenus ont dépassé toutes les espérances.

La santé de M. Arago donne toujours de vives inquiétudes.

RECHERCHES PHOTOGRAPHIQUES.

DOSAGE DU NITRATE D'ARGENT. — ENLÈVEMENT DES TACHES SUR LES MAINS, LE LINGE ET LES PAPIERS.

Il est souvent utile de déterminer la quantité de nitrate d'argent qui existe dans les bains qui ont déjà servi, soit pour les papiers, soit pour le collodion. Le pesage à l'aréomètre, indiqué par M. Kraft, ne peut servir dans cette circonstance, à cause de la présence des sels étrangers qui ajoutent leur poids. En versant une solution de sel marin dans ces bains, tout le nitrate d'argent se précipite à l'état de chlorure, et, si l'on pesait ce chlorure après l'avoir isolé et desséché, on pourrait savoir quel poids de nitrate d'argent il représente; mais ce serait un véritable travail d'analyse.

Il existe un procédé beaucoup plus simple, inventé par Gay-Lussac, et qui est pratiqué à la Monnaie: c'est l'analyse par voie humide, qui permet de remplacer les pesées par la mesure de la solution d'eau salée employée, sans qu'on ait besoin de toucher au chlorure formé.

L'équivalent du nitrate d'argent étant de 4 254
l'équivalent du chlorure de sodium ou
sel marin est de. 1 467

c'est-à-dire environ trois fois plus faible; en d'autres termes, pour précipiter un gramme de nitrate d'argent, il faut employer trois grammes de sel marin; de sorte qu'en préparant une solution de sel marin à la dose de 30 grammes par kilogramme ou litre d'eau, et en agissant sur 10 centimètres cubes de bain d'argent, il y aura autant de grammes dans la solution d'argent qu'on aura ajouté de décilitres pour précipiter tout le nitrate d'argent; et comme un gramme de nitrate d'argent pour 10 centimètres cubes indiquerait déjà un titre à 10 pour 100, le bain d'argent contiendra autant d'unités pour cent qu'il faudra ajouter de centilitres au premier centilitre de bain d'argent: en un mot, il y aura autant d'unités pour cent qu'il faudra de volumes d'eau salée, au titre susdit, pour saturer un seul volume du bain soumis à l'examen, quel que soit le volume pris pour unité. Il sera plus commode cependant d'adopter un volume bien défini, assez faible pour épargner le bain d'argent, et assez fort pour se prêter à une mesure facile avec les vases gradués: 10 centimètres cubes me semblent une unité très-convenable sous ces deux rapports.

Après avoir versé 10 centimètres cubes du bain à examiner dans un vase gradué, on y ajoutera donc peu à peu l'eau salée en question, en agitant le mélange avec une baguette de verre, après chaque addition. Tant que le dépôt de chlorure se formera rapidement, sans laisser une eau trouble, ce sera signe qu'il reste encore un excès de nitrate d'argent; en approchant du point de la précipitation totale, le liquide excédant deviendra moins clair; d'ailleurs il sera toujours facile de reconnaître quand l'addition de l'eau salée par gouttes cessera de former un précipité: à ce moment, la graduation du vase indiquera le titre du bain. Par exemple: si, au moment de la cessation du précipité blanc, le niveau du liquide marque 70 centimètres cubes, cela voudra dire qu'on a ajouté 70 centimètres cubes, et le titre sera 6 pour 100; si le niveau s'élevait à 130 centimètres cubes, le titre serait 12 pour 100.

L'occasion de faire usage de ce procédé se présentera souvent aux photographes, pour savoir quel sera le poids du nitrate d'argent à ajouter aux vieux bains pour les rétablir. Les bains s'affaiblissent ordinairement de plus en plus; les bains pour papier positif, par la formation du chlorure, et les bains pour papier négatif et pour collodion, par la formation de l'iodure; le liquide qui mouille le papier ou le collodion est toujours aussi riche en nitrates, mais le nitrate d'argent se trouve uni à une proportion toujours croissante d'un nitrate alcalin inerte, qui est le résultat de la formation du chlorure et de l'iodure d'argent. La proportion du sel argentique soluble ne peut pas s'abaisser beaucoup au-dessous de 5 pour 100 pour les épreuves positives sur collodion, et au-dessous de 10 pour 100 pour les négatifs sur collodion et les épreuves sur papier, sans donner des produits inférieurs.

L'inconvénient le plus fâcheux et le plus inévitable de la photographie se manifeste par les taches qui surviennent aux mains, au linge et sur les épreuves. Les moyens indiqués jusqu'à ce jour pour faire disparaître complétement ces taches ne m'ont pas paru assez énergiques; je vais indiquer la composition d'une liqueur que j'ai employée avec succès pour ces trois cas, et qui m'a paru très-expéditive.

Mêlez ensemble:

Alcool ordinaire	20 parties.
Iode	1 partie.
Acide nitrique.	1 partie.
Acide chlorhydrique	1 partie.

Le tout formera une liqueur rougeâtre qui, par son contact avec les taches produites par les sels d'argent de toutes provenances, les transformera immédiatement en chlorure et iodure d'argent solubles dans l'hyposulfite et le cyanure de potassium. Son effet sera surtout très-marqué sur le linge taché; la tache noire, touchée avec un pinceau imbibé de la liqueur, deviendra aussitôt jaune sur un fond violacé, si le linge a été empesé; en faisant succéder un lavage à l'hyposulfite ou au cyanure, la teinte violette s'effacera immédiatement, et la teinte jaune peu à peu. Postérieurement à l'application de la liqueur iodée, il sera bien de laver l'endroit taché, pour enlever les acides qui pourraient à leur tour causer des taches par leur contact avec l'hyposulfite et le cyanure.

Pour les mains on agira de la même manière, en remplaçant le pinceau par un petit tampon de coton ou de chiffon qui servira à frotter l'endroit taché.

Pour les épreuves sur papier, l'application de la liqueur exigera les plus grands soins, afin que son action ne s'étende pas sur l'image elle-même. Les taches en question se montrent généralement dans les ciels et sur les fonds de portraits; non-seulement l'emploi de la liqueur les fera disparaître complétement, mais il permettra d'éclaircir l'espace environnant autant que l'on voudra. J'ai eu souvent occasion de détacher ainsi des ciels, de les blanchir à volonté, et, comme cas particulier, d'y produire des nuages beaucoup mieux fondus que ne l'eût fait l'encre de Chine servie par une main habile.

Voici comment j'ai procédé: l'épreuve imbibée d'hyposulfite était déposée dans une cuvette en porcelaine maintenue dans une position inclinée, l'image en haut, le ciel en bas; puis, avec un petit pinceau en cheveux, imbibé de la liqueur, je frottais très-légèrement les taches; elles prenaient une teinte bleuâtre intense, qui s'évanouissait en passant le même pinceau après l'avoir trempé dans l'hyposulfite écoulé à la partie inférieure de la bassine; la tache devenue jaune disparaissait peu à peu totalement en renouvelant ainsi l'hyposulfite, et le papier devenait blanc. L'enlèvement de ces taches me forçait, il est vrai, de blanchir tout le ciel, si elles se trouvaient à la partie supérieure, et de le dégrader, si elles se trouvaient près du sommet des édifices ou de l'horizon, en laissant une teinte plus vigoureuse à la partie supérieure, ce qui, en définitive, formait voûte et augmentait la perspective aérienne mal rendue par les ciels de teinte uniforme.

Pour les fonds de portraits, l'emploi judicieux de cette liqueur permettra aussi, à l'occasion de taches accidentelles, de conserver l'épreuve, en la réparant habilement.

J'ai essayé par ce moyen d'éclaircir des parties trop noires, en passant légèrement le pinceau sur ces parties; l'effet s'est produit alors, mais il en est résulté une mollesse du dessin, incompatible avec les premiers plans, un ton vaporeux dû au blanchiment des fibres superficielles du papier, qui pourra très-bien convenir pour atténuer au contraire des lointains trop accusés, cas qui se présente encore assez souvent, par suite de la diminution excessive de la lumière sur les côtés des épreuves. Un coup de pinceau légèrement imprégné de la liqueur, et suivi aussitôt d'un lavage à l'hyposulfite, produira des effets étonnants sur les lointains, à droite et à gauche près des bords.

Pour le lavage des mains, le cyanure de potassium en solution affaiblie sera préférable à l'hyposulfite de soude, à cause de l'odeur persistante de soufre que laisse celui-ci; mais, après l'application de la liqueur, il faudra avoir soin de se bien rincer les mains, pour éviter le dégagement et l'absorption de l'acide cyanhydrique.

M.-A. GAUDIN,
Calculateur du Bureau des Longitudes.

M. Quinet nous a remis une épreuve obtenue par son procédé de grossissement. C'est un portrait de grandeur demi-nature, reproduit d'après un prototype quart de plaque. Cette épreuve est d'un effet artistique très-remarquable. Elle est un peu floue, mais nullement déformée; l'oreille, par exemple, est bien dans son plan et dans ses proportions. Ce qu'il y a de vraiment surprenant dans ce portrait, c'est la vigueur des tons et le fini du modelé. A quelque distance, on croit voir un beau dessin à l'estompe, ferme et moelleux.

Nous engageons vivement M. Quinet à continuer ces intéressants travaux. Les résultats sont déjà trop satisfaisants pour qu'il ne cherche pas à les rendre parfaits. Quant à nous, nous serons toujours heureux de constater ses progrès.

NOUVELLE CHAMBRE NOIRE

PERFECTIONNÉE PAR M. GARIBBO, DE FLORENCE.

M. Simplicini, membre de la Société photographique de Florence, en nous adressant la note ci-dessous, nous affirme que tous les connaisseurs qui ont examiné les essais photographiques obtenus au moyen du nouveau système inventé par M. Garibbo, conviennent de sa supériorité ; il ajoute que plusieurs artistes italiens, ainsi que lui-même, désirent ardemment que la nouvelle chambre noire soit livrée au public, afin qu'ils puissent en faire usage immédiatement. Nous les invitons, de notre côté, à vouloir bien nous envoyer le plus tôt possible des spécimens dont nous nous empresserons de rendre compte à nos lecteurs.

Florence, le 21 juin 1853.

La machine optique, aussi simple qu'ingénieuse, qu'on appelle techniquement *chambre obscure*, est assez généralement connue pour qu'on soit dispensé d'en faire la plus courte description. Tout le monde sait également, peut-être, que c'est sur elle que s'appuie principalement la photogénie, cette moderne invention dans laquelle on peut presque dire que la nature est forcée de faire elle-même son portrait. En effet, la lumière qui s'introduit dans cette machine, allant tomber sur une plaque légèrement couverte de substances salines ou acides, y laisse une empreinte très-exacte de l'objet même qui la projette, et qu'ensuite, au moyen de procédés chimiques, on rend visible, permanente, multipliée; découverte vraiment admirable, qui distingue et illustre tant notre siècle, déjà si fécond en inventions aussi utiles que surprenantes.

L'instrument ou chambre obscure qu'on appelle spécialement ici *photographe*, employée jusqu'à présent pour la production des images photogéniques ou daguerréotypes et photographiques proprement dites, est telle que le plus souvent elle ne peut, à cause de la petitesse ordinaire de son ouverture ou angle optique, embrasser tel édifice, monument, figure, paysage ou autre objet dont on voudrait l'entière représentation ; de là l'expédient ordinaire des uns, dans ces cas, est d'incliner la machine, bien que sous des angles peu ouverts, au-dessus ou au-dessous de la plaque horizontale, afin de pouvoir acquérir un plus vaste champ du côté qui leur convient le mieux, tout en perdant par conséquent du côté opposé. Ils font supposer, par cette manière de procéder, qu'ils croient obtenir une image également exacte, ne comptant pour rien les convergences, les raccourcis, les agrandissements hors du vrai qui en résultent, et qui la déforment à mesure que l'axe optique de la machine est lui-même plus incliné.

D'autres, au contraire, plus instruits en pareilles matières, comprenant l'erreur de cet expédient, en ce qu'il est opposé aux théories sur lesquelles est fondé le mécanisme des rayons dans tous les instruments d'optique, sont forcés, à défaut de moyens propres à surmonter l'obstacle, de s'en tenir au seul effet exact, c'est-à-dire à celui du coup d'œil horizontal, et d'éloigner davantage, lorsque cela est nécessaire et possible, le point de station de l'objet dont on veut l'image, afin de le saisir sous un angle plus petit.

Il semble incroyable que les plus renommés opticiens et constructeurs de tels instruments, qui se sont aussitôt aperçus de l'inconvénient en question, n'aient pas cherché à y porter remède ; mais soit qu'ils pensassent que l'axe de la machine dans son état actuel devant rester toujours horizontal, ne pouvait comporter aucune inclinaison dans un sens vertical, soit que les remèdes qui se présentaient offrissent aussi des inconvénients, soit enfin que cet objet ne leur parût pas digne de nouvelles recherches, le fait est que rien que nous sachions n'a encore été mis au jour touchant l'espèce. Les appareils conservent toujours les mêmes formes, et les productions photogéniques, bien que quelques-unes aient atteint un degré de fini et de beauté surprenant, ne cessent d'être le plus souvent plus ou moins entachées des défauts en question.

Cependant le problème était par trop intéressant pour être si vite abandonné et pour ne pas mériter au contraire toutes les investigations possibles, afin d'en trouver la solution. Dans ce but, m'en étant aussi un peu occupé, par simple curiosité et sans aucune présomption, je ne tardai pas à me convaincre que, de même que tout le mal provenait d'une seule cause, il n'y avait aussi qu'un seul moyen à tenter, qui, à la vérité, n'était pas sans un léger inconvénient, mais que des avantages compensaient grandement. Ce moyen consistait à introduire quelques modifications, ou, pour mieux dire, à faire un nouvel instrument, qui, sans changer de station quand on veut un champ visuel plus haut ou plus bas que le normal, c'est-à-dire que celui déterminé par l'instrument dans sa position horizontale, se prête si bien à ce but, que l'image qui en résulte est toujours exacte.

L'inconvénient sus-indiqué, et qui, dans ces circonstances, est inhérent au nouvel appareil, consiste en ce que les effets de réfraction ou aberration sphérique, communs à tous les instruments dioptriques, s'y montrent parfois un peu plus prononcés en certains endroits que ceux occasionnés dans le même cas par les chambres ordinaires; mais cela non-seulement ne parvient jamais à en déformer le contour, ni à en rendre désagréable l'aspect aérien, mais devient même la cause indirecte que d'autres endroits ressortent mieux que ceux des productions de ces dernières. Il suffità d'ailleurs de confronter les deux images pour en voir l'insignifiance, et pour ne pas hésiter à donner la préférence à celle obtenue par le nouvel instrument. La plus grande extension de ses mouvements, soit la plus grande distance de l'horizon, tant en haut qu'en bas, à laquelle on peut obtenir le champ de vision, est plus que suffisante dans la majeure partie des cas ; et, attendu la susdite petitesse de l'angle optique dans les chambres obscures en général, elle est toujours en harmonie avec les préceptes de la perspective. Que si l'on a besoin d'un champ plus vaste, il faut alors éloigner la station. Quant à la justesse de la nouvelle découverte, basée comme elle est sur les principes qui la regardent, elle ne laisse aucun doute. En effet, l'instrument que je m'évertuai de construire comme essai ou échantillon résiste à toutes les épreuves qu'on en puisse faire dans toutes ses positions.

Après cela, le problème que je me suis proposé semblerait résolu d'une manière assez convenable, puisque si, dans les autres appareils, les résultats linéaires des mouvements verticaux, c'est-à-dire au-dessus et au-dessous de la position normale, sont tous erronés ; dans celui-ci, ils sont, aux mêmes conditions, tous corrects ; et, quant aux indécisions qui parfois les accompagnent plus qu'à l'ordinaire en quelque endroit, à cause de l'aberration des rayons, j'ajouterai à ce qui a déjà été dit que plus la distance focale de l'objectif est grande, et plus la dimension de l'image ou cadre photogénique est petite relativement à cette même distance ; de même que, plus l'ouverture d'un diaphragme placé à l'objectif est resserrée, plus ces indécisions seront petites, et, en certains endroits, presque sans valeur aucune ; dispositions qui ne sauraient être utiles aux autres instruments, car ils ne cesseraient d'avoir toujours les mêmes défauts, produits non par l'aberration sphérique, mais bien par leur disposition erronée en ouvrant le champ visuel au-dessus et au-dessous du normal.

Tel est le résultat de mes recherches touchant un problème qui comporterait toute l'exactitude géométrique, si, telle qu'elle était à sa naissance, avant de devenir un véritable instrument optique, la chambre obscure était dépourvue de sa lentille objective. Mais, dans son état actuel, on est forcé de se contenter de l'unique expédient qui existe, bien que parfois légèrement incomplet ; c'est-à-dire que, des deux inconvénients, il faut choisir le moindre. Cependant, je suis loin de présumer d'en avoir su tirer tout le parti possible : persuadé, au contraire, que les instruments et les mécanismes paraissent rarement au jour dans toute leur perfection, et que le mien en a peut-être plus besoin que tout autre, je n'ose prétendre autre chose que de l'avoir, pour ainsi dire, ébauché, et n'avoir, conséquemment, pas employé mon temps d'une manière tout à fait infructueuse pour le progrès d'une des plus belles et plus curieuses productions de l'esprit humain.

En attendant, si, parmi les constructeurs d'instruments optiques, il y en avait quelqu'un qui voulût profiter de ce perfectionnement tel quel pour en faire l'objet de sa spéculation, et procurer, le premier, aux amateurs photogénistes les moyens d'avoir des épreuves daguerréotypes et photographiques exemptes des déformations sus-mentionnées, il pourrait s'adresser à moi pour nous entendre sur tout ce qui sera nécessaire. Mais je préviens que je ne montrerai l'instrument-échantillon qu'après avoir arrêté les conditions et conclu toutes choses. Cependant j'en ferai voir préalablement le résultat dans quelques épreuves photographiques, obtenues correctes, précisément dans le cas où il est impossible de les obtenir telles avec les chambres noires ordinaires. Il est également bien entendu que si, après un certain laps de temps raisonnable, personne ne se présente, ou que je n'aie pas réussi à m'arranger avec quelqu'un, je resterai libre de tout engagement quelconque.

Luigi Garibbo.

CORRESPONDANCE.

A M. le Rédacteur du journal *la Lumière*.

Monsieur,

Après ma lettre du 6 août, que vous avez bien voulu insérer dans votre excellent journal, lettre dont on connaît le sujet et le but, je ne pensais pas avoir à vous prier encore de m'accorder une petite place dans vos colonnes.

Effectivement, sans la lettre de MM. J.-J. Heilmann, insérée dans votre numéro du 20 courant, je m'en serais abstenu ; j'aurais laissé passer sous silence la lettre de MM. Lerebours et Salleron, et celle de M. Plaut, réclamant toutes deux la priorité de cette invention (l'agrandissement à volonté des images photographiques), en la basant sur le dépôt de paquets cachetés à l'Académie des sciences le 25 octobre 1852 et le 26 juin 1851 ; je me serais abstenu, parce que cela ne me regardait pas, et que je me disais qu'une découverte, qu'avec tant de soins l'on tient secrète pour tout le monde, n'était pas censée exister et ne pouvait empêcher personne de prendre un brevet pour le même objet. Je me disais que la loi est positive à cet égard ; qu'elle ne protége que celui qui vient sans détours donner une description de ses procédés, et qui ne demande en échange de ses dépenses et de ses longs travaux qu'une protection temporaire, qui n'est qu'un moyen d'arriver au remboursement des avances qu'il a faites et une indemnité souvent bien faible pour ce qu'il abandonne ensuite au domaine public ; tandis que cette même loi demeure impuissante et muette pour celui qui n'invente que dans son intérêt personnel, qui cache ses procédés comme un avare cache son trésor, et qui se montre peu soucieux d'enrichir le pays de sa découverte, soit qu'il vive, soit qu'il meure. Je me disais encore que je ne trouvais rien dans leurs procédés qui se rapprochât du mien, et je trouvais inutile de m'en occuper davantage.

Si l'on en veut une preuve, on peut aisément la trouver dans la différence des résultats, et M. Heilmann répétera quand il faudra que ses résultats à lui, et par conséquent les miens, sont de rendre les reproductions agrandies plus parfaites que l'original ; tandis que MM. Lerebours trouvent la chose impossible, et disent ne pas tenir beaucoup à l'amplification des images photographiques, parce que cette amplification ne s'obtient qu'aux dépens de la netteté des lignes et des détails. M. Plaut dit à peu près la même chose, en se plaignant de rencontrer comme obstacle l'énorme grossissement du grain du papier servant à la reproduction. Pourquoi cette différence? C'est évidemment que nos procédés ne sont pas les mêmes, et qu'en effet, il n'est pas question dans le nôtre de miroir réflecteur, de lentilles grossissantes, d'écrans placés à distance, etc., toutes choses dont l'inventeur de la lanterne magique, s'il était encore de ce monde, pourrait à bon droit revendiquer la priorité du principe, si ce n'est de l'application.

J'arrive maintenant à la lettre de M. Heilmann, insérée dans votre numéro du 20 août, dans laquelle il déclare abandonner toute prétention à l'invention dont est question, attendu que MM. Lerebours et Salleron lui paraissent avoir droit à la priorité ; et il ajoute que, dans sa conviction et en présence de cette priorité, il n'y a plus de brevet possible, et que le mien tombe dans le domaine public.

Je trouve fort inutile de développer plus longuement ce que j'ai dit à ce sujet, et je me contenterai de faire remarquer que je suis possesseur d'un brevet pris dans de bonnes conditions ; que je suis intimement convaincu que M. Heilmann se trompe, que s'il y a réfléchi, il n'en doute pas, et qu'enfin, toutes les fois qu'il en sera besoin, je le défendrai comme on défend sa propriété, comme on défend son droit.

Tout le monde comprendra que M. Heilmann exprime plutôt un désir qu'une conviction : il a compris que c'était là le seul moyen d'utiliser sa découverte tardive, et l'on renonce difficilement à une chose sur laquelle on fondait de grandes et légitimes espérances. Je pourrais m'étendre beaucoup plus à ce sujet, mais je lui dois trop pour en dire davantage.

Je dis que je lui dois trop ; et, en effet, je lui dois beaucoup, sans pour cela être tenu à aucune reconnaissance, et voici comment : Lorsque M. Heilmann est venu, le 31 juillet dernier, donner communication à l'Académie d'un procédé en tous points semblable au mien, et avec lequel il obtient nécessairement les mêmes résultats, je me trouvais breveté et ne disais mot : il fallait cette circonstance pour que cette découverte fixât l'attention ; il fallait qu'elle fût présentée par un homme qui la recommandât par une réputation déjà faite ; et c'est ce qui arriva. Elle fut donc trouvée tellement importante en ses mains, que ceux qui les premiers en eurent connaissance se montrèrent pleins d'enthousiasme, et que l'un d'eux s'empressa de la signaler à l'illustre savant, M. Herschel, comme un grand succès photographique qui devait opérer des merveilles, et qui méritait de fixer son attention. Cette découverte, comme on le voit, et grâce à M. Heilmann, a donc eu un immense retentissement. C'est de tout ce bruit que je le remercie, et c'est en cela que, sans le vouloir, il m'a rendu service.

Maintenant je ne demande plus qu'une chose : c'est que chacun garde son œuvre et qu'on me laisse la mienne; ce que je demande, c'est qu'on ne lui emprunte rien de ce qui la rend préférable aux autres ; et je dois terminer par dire : que l'intérêt, et surtout la loyauté de mes honorables concurrents, sur laquelle je compte avec toute la confiance qu'ils méritent, me rassurent complétement à cet égard.

J'ai l'honneur d'être avec la plus grande considération, monsieur le Rédacteur,

Votre très-humble serviteur, A. QUINET.

Monsieur,

Le dernier numéro de l'estimable et utile journal que vous publiez contient un article remarquable de M. M.-A. Gaudin, intitulé : *Considérations générales sur le collodion*; les observations dont il fait part et la discussion qu'il aborde seront, je n'en doute pas, fort appréciées de tous vos lecteurs, et sont appelées à rendre un très-grand service à tous ceux qui s'occupent de photographie.

C'est une des attributions les plus profitables d'un journal comme le vôtre, que de s'étudier à résoudre les difficultés sans nombre que soulève l'emploi de substances aussi délicates ; et certainement les progrès réservés à cet art seraient bien plus rapides, si tous les photographes, artistes ou amateurs, communiquaient tour à tour les remarques qu'ils font dans le cours de leurs pratiques journalières. Une observation qui paraît peu importante, rapprochée de faits qui nous ont échappé, mais que d'autres auront constatés, peut contribuer à asseoir l'ensemble des théories photographiques sur des bases solides, et permettre d'abandonner la voie stérile et fastidieuse des tâtonnements, qu'on est réduit à suivre jusqu'à présent.

Une longue pratique, je le sais, apprend à beaucoup d'habiles opérateurs à atteindre le but d'une manière assez sûre; malheureusement beaucoup d'entre eux font un mystère des procédés qu'ils suivent; et, lorsque je dis procédés, je ne parle pas de l'ensemble des opérations, qui ne peut varier beaucoup, mais de ces mille petits riens qui permettent d'éluder les difficultés que l'on rencontre à chaque pas.

Ceux, comme M. Gaudin, qui font généreusement part de leur science à tous ceux qui désirent savoir, ne sont pas les plus nombreux ; aussi la reconnaissance de tous les photographes est-elle due à votre habile collaborateur.

En des matières aussi nouvelles, il est très-important de ne pas s'en tenir à une seule série d'observations; on doit rechercher, dans des expériences entreprises contradictoirement, la confirmation des faits déjà connus pour que leur constatation ne laisse rien à désirer; car toute l'impartialité et l'habileté possibles ne nous mettent pas toujours à l'abri d'idées préconçues qui faussent bien souvent les conclusions que l'on tire d'une observation personnelle. Ceci vous expliquera comment m'est venue la pensée de vous faire part des réflexions qui m'ont été suggérées par l'article cité.

L'envie m'est bien souvent venue de vous demander quelles étaient les précautions à prendre pour employer fructueusement le collodion de Bertsch que vous avez prôné souvent, et qui, je n'en doute pas, mérite les éloges qui lui sont adressés. J'ai essayé toutes les formules de bain d'argent et de bain de fer, toujours avec les mêmes insuccès. Le défaut total de cohérence de ce produit est facile à corriger par l'addition d'un peu de collodion pharmaceutique, ainsi que l'indique M. Gaudin : il n'en est pas de même de la sensibilité, qui est médiocre, et de l'intensité de l'image obtenue, qui est encore moindre.

Il ne m'est jamais venu la pensée que la formule de M. Bertsch fût plus mauvaise qu'une autre : je préférais d'abord attribuer mes insuccès à mon inexpérience ; mais j'ai dû chercher d'autres raisons, alors que des collodions fabriqués de toutes pièces me donnaient des résultats satisfaisants. Il est certain pour moi, maintenant, que le collodion est sujet à une prompte détérioration, surtout dans nos climats, et cela m'expliquerait pourquoi M. Heilmann, qui en fait une grande consommation, réussit parfaitement, alors que beaucoup d'autres, qui prennent ce produit dans les dépôts de province, échouent, parce qu'ils tombent sur des flacons déjà anciens.

La théorie de M. Delahaye, vraie dans les limites que pose M. Gaudin, ne justifierait nullement le produit qu'il prépare, attendu que, même en se mettant à l'abri des agents *immédiatement réducteurs*, on ne réussit pas mieux. Quant à l'action de la lumière diffuse, elle n'est jamais un obstacle à la formation de l'image, quand il s'agit d'un *négatif*, pas plus qu'une teinte plate, même assez foncée, n'empêcherait de s'en servir pour dessiner ; et, ce qui le prouve, c'est qu'on peut obtenir sur la même glace deux images différentes et superposées d'une égale valeur pour le même temps de pose. Il n'y a que la *réduction effective* de la couche sensible qui s'oppose à l'action de la lumière. Cet empêchement est presque absolu ; car une épreuve sortant du bain de fer peut voir le jour avant d'être lavée, sans en souffrir beaucoup ; l'action des rayons solaires directs est même assez lente. Voici une expérience singulière, que je trouve concluante : au moyen d'un collodion peu sensible, et par une lumière uniforme, je prends une image qui, au sortir du bain de fer, est pâle et positive par réflexion. Je lave à grande eau, et je plonge de nouveau la plaque dans le bain d'argent; je l'expose pendant quelques secondes en pleine lumière, et la soumets ensuite au bain de fer; j'obtiens ainsi une épreuve *positive par transparence*. Avec quelques précautions et un collodion convenable, cette image est assez pure pour donner sur papier des négatifs au moins aussi nets que ceux qu'on obtient directement. Je ne prétends pas conseiller d'avoir recours à ce procédé pour obtenir des clichés sur papier ; il me paraît cependant que, dans certains cas, une *matrice* à négatifs n'est pas chose à dédaigner.

Le collodion doit donc être tel qu'il oppose une certaine résistance à l'action des agents *immédiatement réducteurs*, et cette qualité n'exclut pas une sensibilité, même exagérée, sous l'action de la lumière. L'addition d'un acide dans le bain d'argent permet d'atteindre ce but; mais lorsqu'il s'agit d'obtenir des clichés négatifs, il faut que la quantité ajoutée soit extrêmement petite, sans quoi l'on perd en rapidité et surtout en intensité ; une goutte d'acide par cent grammes de bain d'argent fait passer bien souvent un collodion d'un excès de sensibilité à un excès de lenteur. L'action de la teinture d'iode est moins énergique, elle n'influe que sur la rapidité : l'intensité en est augmentée aux dépens du reste de la composition du collodion qu'on emploie; car souvent la présence de ce corps à l'état libre est de nature à faire varier à chaque instant les résultats que l'on obtient ; la présence d'un alcali en est la cause, et l'on sait que beaucoup de formules indiquent l'emploi de quelques gouttes d'ammoniaque; les iodures eux-mêmes contiennent presque toujours un excès d'alcali.

C'est à la réaction qui s'établit alors entre l'iode et l'ammoniaque ou la potasse en présence de l'alcool qu'il faut attribuer l'instabilité dont je parle, la formule moléculaire de ces corps indiquant la possibilité de formation de l'aldéhyde

$$2I + \underset{ammoniaq.}{2H^3Az} + \underset{alcool}{C^4H^6O^2} = \underset{iod.\ ammon.}{2(IHH^3Az)} + \underset{aldéhyde}{C^4H^4O^2}$$

L'éther se prêterait aussi à cette réaction, mais je n'ai fait l'expérience que sur l'alcool.

On comprend qu'avec un composé aussi instable que l'aldéhyde, on n'est jamais sûr de ce qu'on a. C'est, je crois, à cette circonstance que beaucoup de collodions doivent les promptes altérations qu'ils subissent, surtout pendant l'été.

Il m'est impossible d'admettre que les stries qui se produisent sur les couches du collodion viennent de la rapidité de volatilisation du dissolvant ; car en employant de l'éther chimiquement pur (1) et de l'alcool anhydre en proportion convenable, j'ai obtenu des couches aussi unies qu'on peut le désirer et complétement exemptes de stries avant et après la dessiccation ; la température du laboratoire était cependant de 30°, et la volatilisation aussi prompte que possible.

Plusieurs causes fort diverses peuvent donner lieu au défaut dont il s'agit ; ce sont : une trop grande proportion d'éther, la présence d'un acide dans les dissolvants, celle de l'ammoniaque ou des sels ammoniacaux en excès dans le coton employé.

L'excès d'éther donne au collodion une fluidité particulière, qui occasionne des stries dans le sens de l'écoulement du collodion, et le balancement de la glace de droite à gauche est impuissant à les faire disparaître. C'est de celles-là que M. Gaudin veut parler sans doute, mais elles ne sont pas les plus à redouter ; l'épreuve sur papier n'en est que peu affectée, car, regardées de près, ce ne sont, à proprement parler, que des cannelures fines et serrées.

On ne peut en dire autant de celles produites par la présence d'un acide dans l'éther et l'alcool employé; on sait que ces liquides, tels que les vend le commerce, ne sont pas toujours purs; l'éther contient fréquemment de l'acide sulfovinique et même de l'acide sulfureux, l'alcool renferme presque toujours des traces d'acide acétique et d'huile de vin. Les stries, dans ce cas, sont profondes et se produisent avant même que le collodion soit sec; elles sont plus ou moins fines, mais elles intéressent toujours l'épaisseur entière de la couche; ce sont de véritables solutions de continuité, qui se reproduisent très-visibles sur l'épreuve positive. Je ne puis, du reste, conserver le moindre doute sur la cause qui les produit, car il m'est arrivé de préparer du collodion avec de l'alcool à 95° c. et de l'éther du commerce, et d'obtenir des couches qui présentaient ce défaut au plus haut degré; il est du reste impossible de confondre ces stries avec les précédentes.

Le fulmi-coton est souvent passé à l'eau ammoniacale pour neutraliser les dernières traces d'acide qu'il pourrait contenir; il est attaqué par cet alcali à tel point que les eaux de lavage qui suivent sont laiteuses, alors que celles qui ont précédé le bain alcalin restaient limpides. Si le fulmi-coton que l'on emploie n'est pas bien lavé, il peut donc contenir, avec de l'ammoniaque, des sels ammoniacaux, et cette poudre blanche qui trouble les eaux de lavage; si au collodion préparé avec un pareil produit on ajoute encore quelques gouttes d'ammoniaque, comme l'indiquent plusieurs formules, les stries apparaissent, mais leur caractère est bien différent; elles ont un aspect réticulé que je ne puis mieux comparer qu'au tissu cellulaire du liége coupé parallèlement aux fibres; elles sont d'ailleurs très-fines et paraissent peu sur le positif.

L'eau épaissit le collodion ; un alcool faible est dans le même cas, et alors même qu'elle n'est pas en assez grande quantité pour enlever sa cohérence au collodion, elle occasionne des gerçures plus ou moins nombreuses dans la couche lorsqu'on la fait sécher après fixation à l'hyposulfite, et ce phénomène est tout à fait semblable au fendillement qu'éprouve une couche d'argile ou mieux de limon de rivière, avant même que toute l'eau se soit évaporée.

Je dois me borner à ces généralités.

J'ai l'honneur, etc. LAURENT,
Amateur photographe.

(1) Quelqu'un a prétendu que le fulmi-coton était soluble dans ce liquide : il n'en est rien.

Le Propriétaire-Gérant, ALEXIS GAUDIN.

TYPOGRAPHIE HENNUYER, RUE DU BOULEVARD, 7, BATIGNOLLES.
Boulevard extérieur de Paris.

TROISIÈME ANNÉE. N° 39. SAMEDI, 24 SEPTEMBRE 1853.

LA LUMIÈRE

REVUE DE LA PHOTOGRAPHIE.

BEAUX-ARTS. — HÉLIOGRAPHIE. — SCIENCES.

JOURNAL NON POLITIQUE, PARAISSANT LE SAMEDI.

BUREAUX, à Paris, 9, rue de la Perle. BUREAUX, à Londres, 6, Henman Terrace, Camden-Town.

ABONNEMENTS.—*Paris*, UN AN, 20 FR.; 6 MOIS, 12 FR.; 3 MOIS, 7 FR.; *Départements*, UN AN, 22 FR.; 6 MOIS, 13 FR.; 3 MOIS, 8 FR.; *Étranger*, UN AN, 25 FR.; 6 MOIS, 15 FR.; 3 MOIS, 10 FR.

A partir du 1er septembre dernier, le prix de l'abonnement au journal LA LUMIÈRE *a été fixé de la manière suivante :*

PARIS.

UN AN	20 FR.
SIX MOIS	12
TROIS MOIS	7

DÉPARTEMENTS.

UN AN	22
SIX MOIS	13
TROIS MOIS	8

ÉTRANGER.

UN AN	25
SIX MOIS	15
TROIS MOIS	10

SOMMAIRE.

LA PHOTOGRAPHIE EN ANGLETERRE.

(Correspondance particulière de LA LUMIÈRE.)

COLLODION. — Après avoir donné le procédé de M. le comte de Montizon, je compléterai cette notice en donnant, comme je l'avais promis, un ou deux autres des meilleurs procédés de nos plus habiles opérateurs, pour qu'on puisse, en comparant les légères différences de détails, arriver à choisir la méthode que l'on croit devoir donner les meilleurs résultats.

M. R. W. Thomas est un chimiste qui est parvenu à préparer un collodion si bon, que personne, que je sache, n'a pu encore en préparer un meilleur, et qu'on en fait un terme de comparaison pour tous les autres. Il ne donne point le moyen de le préparer ; mais il a publié dans les derniers numéros du journal de notre Société la manière de l'employer.

Pour préparer le verre. — Avivez la surface au bord, tout autour, avec du papier à l'émeri ; ce qui fait que la couche de collodion adhère sans se gercer, et que vous pouvez y verser les liquides sans craindre de la faire partir. Si le verre est neuf, il faut le nettoyer soigneusement avec un mélange d'esprit-de-vin et d'ammoniaque liquide à parties égales ; vous frottez, au moyen d'un peu de coton, la surface dont les bords ont été dépolis de la manière ci-dessus décrite ; puis vous lavez bien à l'eau, et vous séchez au moyen d'un vieux linge, qui aura été lavé sans savon et tenu rigoureusement propre pour cet usage. Pour nettoyer le verre après l'avoir employé, s'il n'est pas verni, vous enlevez la couche de collodion en la mouillant, et vous séchez la plaque comme nous venons de dire. Toujours, avant de l'employer, essuyez-la, et soufflez dessus ; si elle est propre, l'humidité disparaît sans laisser de tache.

Versez au centre du verre autant de collodion qu'il en tiendra ; puis, faites couler le superflu par le coin opposé à celui par lequel vous tenez le verre. Pour empêcher la formation de stries dans la couche, changez souvent la position de la plaque avant qu'elle soit sèche, ce qu'on parvient à faire facilement par l'expérience.

Bain de nitrate d'argent. — Aussitôt que le collodion a cessé de couler, vous plongez immédiatement le verre ainsi recouvert dans un bain préparé de la manière qui suit. — Mettez dans une bouteille bouchée à l'émeri, qui tiendra un demi-litre, 31 gr. de nitrate d'argent et 45 centilit. d'eau distillée que vous laissez dissoudre ; puis 32 centigr. d'iodure de potassium, et 3 1/2 centilit. d'eau distillée ; laissez dissoudre. En mélangeant ces deux solutions, il se forme un précipité d'iodure d'argent. Placez la bouteille qui contient ce mélange dans une casserole remplie d'eau chaude, que vous laisserez sur un poêle pendant douze heures ; secouez le flacon de temps en temps et ôtez quelquefois le bouchon. Ce bain sera alors parfaitement saturé d'iodure d'argent. Quand il est froid, filtrez-le dans du papier buvard blanc et ajoutez 7 centilitres d'alcool et 3 centilitres 1/2 d'éther sulfurique.

Un moyen plus facile de saturer d'iodure d'argent le bain de nitrate, est de faire dissoudre les 31 grammes de nitrate d'argent dans 5 centilitres d'eau et d'ajouter à cette forte solution la solution d'iodure de potassium ; en la secouant, vous dissolvez entièrement le précipité qui est ainsi formé ; ajoutez alors les autres 40 centilitres d'eau, et l'iodure d'argent est encore précipité, mais dans une forme si subtile que le bain en est entièrement saturé avec plus de facilité et sans qu'il soit besoin de le secouer si souvent. Au bout d'une demi-heure, vous pouvez ajouter l'alcool et l'éther et filtrer.

Laissez le verre préparé dans ce bain pendant huit ou dix minutes ; dans les temps chauds, cinq minutes suffiront. Immédiatement avant de l'ôter, levez-le et plongez-le alternativement trois ou quatre fois ; égouttez-le, mais pas trop strictement. Quand vous l'avez mis dans le châssis, placez derrière un morceau de papier buvard pour absorber la moiteur. Il est mieux de le remettre aussitôt dans la chambre obscure.

Le temps d'exposition ne peut être déterminé que par l'expérience, qui seule mène à une réussite constante dans cette partie importante du procédé photographique.

Pour développer l'image. — La plaque étant ôtée de la chambre noire et placée sur un support nivelé, on développe l'image au moyen d'une solution ainsi préparée : Mélangez : acide pyro-gallique 0,012 litres, eau distillée 28 centilitres, et acide acétique glacial 3 centilitres 1/2. Cette solution peut se garder pendant un mois, ou plus, dans un endroit frais et sombre. Pour l'employer, prenez-en une partie pour deux d'eau distillée.

Pour fixer. — Quand l'image est assez développée, lavez largement avec de l'eau ordinaire filtrée, puis versez dessus une solution saturée d'hyposulfite de soude, qui doit de suite enlever l'iodure d'argent ; lavez bien encore à l'eau ; il est bon de laisser de l'eau sur la plaque pendant au moins une demi-heure ; enfin, mettez-la debout pour sécher, et, s'il le faut, vernissez-la avec du vernis à l'ambre.

MOYEN DE RENOUVELER DU COLLODION. — M. George Shadboldt, un des plus ardents et des plus habiles de nos opérateurs, recommande, dans le dernier numéro du Journal de notre Société, un moyen de rendre au collodion qui aurait perdu de ses qualités par suite d'une préparation trop ancienne, et qui aurait pris une couleur trop orangé ou rougeâtre, la sensibilité nécessaire pour opérer et le ton léger qu'il doit avoir dans son état normal. Souvent un opérateur qui ne peut travailler que de temps en temps sera très-désappointé, quand il voudra travailler, en trouvant que son collodion s'est plus ou moins gâté par le dégagement de l'iode. Après des recherches considérables, M. Shadboldt a trouvé qu'en y ajoutant quelques gouttes d'ammoniaque liquide concentrée, le collodion qu'il avait considéré comme perdu devenait aussi bon qu'en son état originel. La quantité d'ammoniaque sera difficile à préciser, car elle dépendra du *degré* de détérioration de la liqueur ; mais si, après y avoir ajouté quelques gouttes d'ammoniaque, en l'agitant et le laissant reposer ensuite pendant douze heures, il se trouve avoir encore trop de couleur, il faudrait ajouter encore quelques gouttes de plus. Si, au contraire, la solution est rendue tout *à fait incolore*, c'est qu'on a mis trop d'ammoniaque, et il faut ajouter quelques gouttes d'iode pour rendre au collodion le ton léger qui est le critérium de sa vraie condition. — Dans ce dernier cas, il peut être nécessaire d'ajouter aussi une petite quantité de collodion frais et sans iode, pour prévenir un *excès de sensibilité*.

VARIÉTÉS. — Dans les *Notes and Queries*, on publie quelquefois de petites observations utiles, dont je vous donne ici quelques extraits. Elles ne sont pas toujours à l'usage des photographes les plus expérimentés, mais précisément pour cela, elles peuvent bien servir pour beaucoup de vos lecteurs ; et même les plus avancés en sauront parfois tirer quelque avantage.

MOYEN D'ÉPROUVER LES OBJECTIFS. — Sur ce point, un photographe et un artiste de mérite, M. Weld Taylor, fait les remarques suivantes : En achetant, on doit choisir un verre achromatique qui n'ait pas de bulles d'air à l'intérieur. Pour voir s'il en a, tenez-le entre l'index et le pouce devant un bec de gaz puissant, un peu de côté, et vous verrez la moindre bulle qui s'y trouverait. On voit aussi, par ce moyen, si la texture est striée. Si elle est trop striée, elle est mauvaise. Un objectif avec une ou deux bulles d'air est meilleur qu'un autre où la lumière est trop réfractée par une densité trop grande et inégale, à cause des stries.

Plus un objectif est mince, plus il opère vite. Un objectif d'une qualité indifférente peut être essayé à plusieurs ouvertures ; mais, s'il ne donne pas d'images nettes, ou s'il prend trop de temps avec une petite ouverture, il est mauvais. M. Claudet, à qui une longue expérience a donné un jugement rigoureux, change plusieurs fois par jour le diamètre de ses lentilles ; et il essaye de temps en temps, par sa méthode excellente, les positions du foyer chimique, de sorte qu'il opère presque toujours dans le même temps et avec des résultats réguliers. Les variations du foyer chimique pendant une journée sont souvent des causes de désappointements ; et le photographe inexpérimenté accuse bien des fois son objectif, quand le manque de succès vient tout simplement de cette autre cause. Quand on a un objectif dont les foyers chimique et visuel sont différents, le seul moyen, surtout pour un portraitiste, est l'emploi du focimètre de M. Claudet, qui fera voir, mieux que tout autre moyen, si un appareil est capable de donner une bonne image.

Plusieurs autres correspondants des *Notes and Queries* recommandent d'autres façons d'éprouver les lentilles; mais ce ne sont que des variantes du focimètre de M. Claudet. Un correspondant suppose aussi qu'on doit placer l'objectif, en l'achetant, sur du papier bleu, afin d'apercevoir s'il a une teinte jaune.

Bassines.—Une discussion considérable à ce sujet s'est élevée dans les *Notes and Queries*. Le rédacteur recommande des bassines en verre. M. Sisson les recommande en gutta-percha. Le rédacteur considère celles en verre comme supérieures, parce qu'il croit que souvent les altérations qui sont faites à la gutta-percha, pour la rendre plus ferme ou plus jolie de couleur, sont la cause de raies désagréables dans les images au collodion. A ceci M. Sisson répond que des centaines de cuvettes en gutta-percha sont journellement en usage; qu'il en a employé longtemps lui-même sans inconvénient; que des épreuves qu'il a envoyées au rédacteur, et que ce dernier a trouvées très-belles, sont sorties de la gutta-percha, et qu'on ne doit pas, sans preuve, accuser cette substance des stries qui peuvent bien être causées par l'inexpérience de l'opérateur. La gutta-percha est très-peu coûteuse, et très-facilement fabriquée. Elle n'est pas sujette à se casser ni à se fêler. On peut chauffer la solution qu'elle contient, en y plongeant un morceau chaud de plate-glass, et on peut la protéger de la poussière par un couvercle aussi de gutta-percha arrangé dans ce but. M. Sisson dit qu'il n'a jamais de raies dans ses positifs sur verre qu'il ne puisse attribuer avec certitude à quelque inégalité dans la couche, ou à quelque saleté sur le verre; seulement on doit d'abord, après avoir construit la bassine, prendre ses précautions pour la bien nettoyer, en la lavant à l'eau de temps en temps pendant quelques jours, puis avec de l'acide nitrique, puis deux ou trois fois encore à l'eau.

Frank Scot.

SCIENCES.

PORTRAITS SUR TOILE VERNIE, ETC.

Réclamation de priorité adressée à l'Académie des sciences, dans la séance du 19 septembre, par M. Truchelut. —Voulant éviter de rouvrir une discussion qui a déjà tenu trop de place dans les colonnes de ce journal, nous nous bornerons à citer quelques phrases de la lettre adressée de Besançon, le 6 courant, par M. Truchelut, à M. le secrétaire perpétuel de l'Académie, et citée dans l'analyse de la correspondance.

M. Truchelut a joint à sa lettre deux portraits qu'il a obtenus positifs, sur toile vernie. Dans le courant de *mai* dernier, cet artiste avait déjà fait, par son procédé, des épreuves dont il ne fut pas entièrement satisfait; il se mit alors en rapport avec MM. Wulf et Ce, espérant obtenir, avec leur concours, quelques perfectionnements; mais ces derniers livrèrent prématurément sa découverte à la publicité, et parurent s'en attribuer tout le mérite. Comme il lui est facile de prouver (notamment par une lettre que MM. Wulf lui adressèrent à Paris le 22 juin) ses droits à *la priorité* de ce nouveau moyen de reproduire des épreuves photographiques, M. Truchelut le revendique, et c'est dans ce but qu'il prend la liberté d'adresser sa réclamation à M. le président de l'Académie.

Aidé des conseils de M. Chapelle, chimiste distingué, l'inventeur a, depuis plus de deux mois, modifié ses moyens de reproduction, de manière à donner à ses nouvelles épreuves le ton chaud et les fonds blancs qui manquaient à ses premières. Les deux spécimens présentés à l'Académie : un portrait de jeune fille sur plaque entière, et, sur quart de plaque, un très-beau portrait d'homme, réunissent à une surprenante finesse de modelé une grande vigueur de tons; les fonds sont très-purs et d'un blanc dont les demi-teintes, très-bien graduées, font ressortir gracieusement les contours de la figure. Ces épreuves sont parfaitement réussies sous tous les rapports.

M. le secrétaire perpétuel a fait remarquer que M. Truchelut n'ayant pas fait connaître ses procédés, il n'y a pas eu lieu de donner suite à cette communication qui, dans ce cas, ne peut être renvoyée à une Commission nommée par l'Académie.

PAPIER PHOTOGÉNIQUE.

Nous nous plaisons à entretenir nos lecteurs des progrès incessants de la photographie, et il se passe peu de semaines sans que nous signalions quelque amélioration, quelque perfectionnement, ou quelque procédé nouveau. Mais nous avions remarqué avec regret qu'un des agents les plus essentiels, le papier photogénique, restait en arrière du progrès. Cependant, considéré comme source première de réussite, il méritait de fixer l'attention sérieuse des fabricants. Il faut donc savoir bon gré à M. *Marion*, chef de l'un des établissements les plus considérables de papeterie, des soins tout particuliers qu'il a donnés à la fabrication et à la préparation du papier photogénique. M. Marion est photographe amateur très-habile; il voulut être praticien avant tout, afin de bien connaître, par expérience, les imperfections des papiers en usage; alors il put étudier en artiste les améliorations les plus utiles et qui devaient produire les résultats les plus satisfaisants.

Le papier photogénique positif qu'il prépare au muriate d'ammoniaque est exempt de taches de fer et de tout autre corps nuisible aux reproductions photographiques; les praticiens qui en font usage se trouvent ainsi dispensés des opérations préparatoires les plus ennuyeuses. Mais le papier Marion est un peu mince, et ce n'est qu'avec une certaine prévention qu'on l'essaye d'abord; puis on reconnaît bientôt que la force n'est pas une condition indispensable, et que plus le papier est mince, moins il a de grain, plus il est uni; et par conséquent plus il est propre à reproduire la finesse du cliché. On ignore généralement que la surface qui couvre le papier très-fort est due à un glaçage exagéré, et que le grain reparaît au mouillage, surtout dans les bains préparatoires.

Avec le papier Marion, le bain au nitrate d'argent est le seul dont on ait, d'abord, à faire usage; et, par une combinaison heureuse de satinage, le côté destiné à recevoir l'image conserve, même après cette opération, toute la finesse de son poli. Il supporte les autres bains sans se désagréger, et il y puise, au contraire, un nouvel aliment de force et de pureté. Le nom de M. Marion, marqué au coin de la feuille, sur le côté opposé à celui qui doit recevoir l'image, prévient l'opérateur distrait, et l'empêche de commettre une erreur qui lui ferait perdre son temps et sa peine.

M. Marion a préparé, en outre, pour les cas où l'on aurait besoin de papier fort, un carton Bristol gommé, sur lequel on applique l'épreuve au sortir du dernier bain; ce qui forme une feuille d'une solidité à toute épreuve, sur laquelle on peut mettre de l'aquarelle ou toute autre espèce de peinture. Avant d'appliquer l'épreuve sur le carton gommé, il faut mouiller celui-ci sur le côté opposé à la gomme, en le mettant sur un linge imbibé d'eau; on pose ensuite l'épreuve sur le côté gommé, en la laissant tomber graduellement pour éviter les bulles d'air. Cette opération se fait au sortir du bain, lorsque l'épreuve est encore imbibée d'eau; on la sèche ensuite entre deux feuilles de buvard.

Les maîtres en photographie ont tous insisté, dans leurs publications, sur la nécessité de choisir les papiers avec la plus grande attention. MM. E. Baldus, Le Gray, M.-A. Gaudin, A. de Brébisson, etc., ont désiré ardemment de voir les fabricants faire des essais suivis pour parvenir à produire des papiers spécialement convenables à la photographie. Quelques-uns déjà étaient entrés dans cette voie. Mais, aujourd'hui, M. Marion est, par ses connaissances spéciales, et par ses relations avec les principaux fabricants de papiers, dans la position la plus favorable pour introduire dans cette industrie les perfectionnements tant désirés. Félicitons-le des progrès déjà obtenus, et espérons qu'il sera bientôt permis aux artistes de se procurer en France des papiers qu'on est réduit à faire venir de l'Angleterre ou de l'Allemagne; c'est alors aussi que les belles épreuves de nos photographes auront acquis la supériorité dont elles sont dignes à tant de titres.

A.-T. L.

REVUE PHOTOGRAPHIQUE.

Dans notre avant-dernier numéro, nous avons dit que nous rendrions compte d'épreuves récemment obtenues par M. Plumier. Cet artiste si laborieux, qui opère toujours lui-même, qui apporte tant de soins dans son travail, ne se contentant jamais de ce qui paraît à peu près réussi, cherchant toujours les moyens de faire mieux, quoiqu'il fasse déjà si bien, nous a montré deux portraits sur collodion extrêmement remarquables à plusieurs titres. D'abord ils dépassent, par leurs dimensions, ce qui jusqu'à présent s'est fait directement à la chambre noire. Le visage de l'un d'eux est dans les proportions d'un quart de nature; celui de l'autre est un peu plus petit, mais, en revanche, le modèle est reproduit presque en pied. Nous le répétons, ces portraits ne sont point grossis, mais obtenus tels qu'ils nous ont été montrés, avec un appareil ordinaire. Cependant les traits en sont excessivement nets et les tons très-vigoureux. Pour le public, M. Plumier fait colorier ces portraits au pastel, ce qui constitue un genre vraiment nouveau.

Nous ne parlerons pas des portraits, faits dans les conditions ordinaires, sortis tout récemment de l'atelier de cet habile artiste. On sait quelle est la perfection de ses épreuves sur plaque ou sur collodion; seulement nous dirons que chaque jour il fait de nouveaux progrès. Il est difficile d'opérer avec plus de certitude et de succès. Quelles que soient la température ou l'intensité de la lumière, M. Plumier réussit toujours avec un égal bonheur. Nous avons été souvent à même d'en juger.

MM. Bayard et Renard continuent, pour M. Blanquart-Evrard, leurs belles reproductions de gravures : il y a quelque temps, c'étaient les *Sept Sacrements* du Poussin; aujourd'hui, ce sont les Raphaëls d'Hampton-Court. Il y tant d'admirables clichés dans leurs portefeuilles, qu'en leur consacrant un article spécial nous ne pourrons encore qu'indiquer ceux qui nous ont le plus vivement frappé.

Nous avons parlé déjà des magnifiques épreuves de M. Baldus, la *Notre-Dame de Paris* et la *Tour Saint-Jacques*. Ces planches, qui n'ont pas moins de 45 centimètres sur 36, sont d'une rare perfection. On connaît la beauté des tons que M. Baldus sait donner à ses positifs; ceux-ci ont de plus une finesse de détails incroyable.

Nous avons vu, du même artiste, des reproductions de gravures, sur papier, admirablement réussies. M. Baldus a fait également plusieurs reproductions de tableaux. La gracieuse composition d'Hamon, *Ma sœur n'y est pas*, est devenue dans ses mains une charmante épreuve. La valeur relative des tons un peu voilés de l'original s'est parfaitement conservée dans la copie, et l'on sait que c'est la plus grande difficulté à vaincre en photographie.

M. Baldus a entrepris un travail qui présentait de plus grandes difficultés encore, et nous devons dire que la réussite la plus complète a répondu à ses efforts.

Un peintre dont le talent s'était déjà révélé dans plus d'une œuvre de mérite, M. Galimard, a été chargé de peindre les vitraux de Sainte-Clotilde. C'était une mission importante. Il fallait conserver l'individualité de son talent, tout en restant dans le style traditionnel de ce genre de peinture. C'est ce que M. Galimard est parvenu à faire avec une grande habileté. Mais ces vitraux dispersés çà et là dans la nouvelle église, le peintre a eu l'heureuse idée de les faire reproduire par la photographie, et de les réunir en un album qu'il a confié au talent de M. Baldus. De cette façon on peut juger l'ensemble de ce beau travail et voir avec quelle intelligence et quels soins il a été exécuté.

Nous avons cet album sous les yeux : il contient onze planches. La première se compose de cinq petits vitraux représentant des anges qui portent les attributs de la Passion. Celles qui suivent sont les reproductions de grands vitraux en ogive : saint Dionys, sainte Cécile, sainte Hélène, saint Hilaire, saint Prosper, sainte Camille, saint Germain, sainte Geneviève, sainte Radégonde et saint Grégoire.

Nous avons entendu un critique reprocher à M. Galimard, en examinant ces peintures, et particulièrement la sainte Geneviève, de laisser trop voir qu'il s'est inspiré de Raphaël. C'est, à notre avis, le plus bel éloge qu'on puisse faire de ses vitraux. En général, ils ont un très-grand caractère; le dessin en est simple et pur, et le sentiment élevé.

La photographie a rendu merveilleusement ces figures, malgré leurs couleurs vives et tranchées. Ces épreuves font le plus grand honneur à M. Baldus, qui comptait déjà tant de succès.

Avant de passer à un autre sujet, félicitons M. Galimard de l'exemple utile qu'il a donné aux artistes, en faisant exécuter ces reproductions. Si les peintres ou les sculpteurs chargés d'une série de travaux dans les monuments publics les réunissaient ainsi dans une suite de planches photographiques, ils prépareraient de curieuses et intéressantes collections, qui seraient, certes, accueillies avec empressement par les élèves et par le public.

M. Lerebours ne se contente pas de faire de bons objectifs, il fait aussi de belles épreuves. Il nous en a montré plusieurs, qu'il nomme modestement des essais, et qui ont cependant des qualités remarquables. Mais il nous en promet d'autres plus complètes ; aussi craindrions-nous de lui déplaire en parlant de celles que nous avons vues. Seulement nous le prévenons que nous ne renonçons pas à en rendre compte. Nous y reviendrons quand il nous aura communiqué celles qu'il prépare, ne fût-ce que pour constater ses progrès.

Nous espérons pouvoir donner prochainement l'analyse des récents travaux de MM. Le Gray, Le Secq, Martens et autres artistes, qui ont mis à profit en excursions photographiques les rares beaux jours de la saison d'été. E. L.

PERFECTIONNEMENT IMPORTANT
DE LA PHOTOGRAPHIE SUR COLLODION.

BAIN D'ARGENT SCHOER. — COLLODION DISDERI.

Jusqu'à ce jour, l'acide pyro-gallique a eu la supériorité pour la production des négatifs sur collodion ; on a renoncé à l'emploi de l'acide gallique, à cause de sa lenteur à faire paraître l'image, lenteur qui contribuait au ramollissement du collodion et le faisait détacher de la glace. L'acide pyro-gallique était infiniment plus expéditif, mais sa promptitude même devenait un défaut : les plus belles épreuves se formaient tout à coup, et le moindre retard apporté dans le lavage à l'eau voilait les clairs. L'eau elle-même employée pour le dissoudre était souvent une cause d'insuccès, et bien des personnes qui auront fait usage d'eau distillée en place d'eau de rivière, qui est souvent très-bonne, auront échoué, en raison de la mauvaise qualité de cette eau distillée, provenant de la condensation de la vapeur ayant passé par la machine, et contenant un principe gras imperceptible.

Ajoutons à cela que l'acide pyro-gallique exigeait, pour ainsi dire, d'être dissous au moment de s'en servir, la solution s'énervant du jour au lendemain ; pour ma part, la pensée d'extraire cette substance du flacon où elle était incrustée m'était désagréable, et je me trouvais heureux quand j'en avais sous ma main de toute préparée.

C'est pour éviter cet ennui qu'on commence à préparer des liqueurs réductrices qui se conservent indéfiniment. La première qui a paru est tout simplement *de l'acide pyro-gallique auquel on a ajouté de l'acide pyro-ligneux brut au lieu d'acide acétique cristallisable.* Il s'en prépare une nouvelle, tout aussi bonne, qui sera beaucoup moins chère.

Les choses en étaient là, lorsque j'ai eu occasion d'essayer *le bain d'argent Schoer*, dont la composition est telle qu'on emploie tout simplement *la solution concentrée d'acide gallique dans l'eau de rivière, qui ne perd rien de sa force par son ancienneté* ; et, chose extraordinaire, *l'image négative paraît instantanément*, c'est-à-dire encore plus rapidement qu'avec l'acide pyro-gallique, *sans jamais se voiler par le séjour de l'acide gallique sur l'épreuve* : les négatifs sont d'un *ton brun d'une finesse extrême, qui m'a paru égaler en quelque sorte les négatifs sur verre albuminé.* Si le négatif est faible, on peut le pousser en remplaçant l'acide gallique, employé seul d'abord, par de nouvel acide gallique additionné de nitrate d'argent ; le négatif se renforce ainsi avec le temps, sans voiler les clairs.

L'emploi de ce bain m'a paru être plutôt une cause de sensibilité qu'une cause de retard ; car toutes les fois que j'ai diminué la durée de l'exposition avec l'intention d'obtenir des positifs, j'ai eu des négatifs bons à tirer. Pour ce dernier usage, le *bain Schoer* ne m'a pas réussi, avec l'acide gallique bien entendu : les clairs n'étaient pas d'une transparence absolue, première condition exigée pour les positifs directs sur verre ; mais le *bain Schoer*, employé avec le sulfate de fer, donne *des blancs d'un éclat extraordinaire et en même temps d'une douceur charmante. Ils ont un ton de lait ou de porcelaine avec des noirs irréprochables.*

M. Schoer m'a dit que son bain permettait de laver le collodion à l'eau distillée, sans trop diminuer sa sensibilité, et de pouvoir, par conséquent, aller prendre des épreuves au loin ; il prétend aussi qu'il donne à l'albumine une sensibilité inusitée. Je n'ai pas encore vérifié ces deux assertions ; mais comme, jusqu'à présent, j'ai trouvé parfaitement exacts tous les faits énoncés par cet inventeur, je ne les révoque pas en doute et j'aurais pu, dès aujourd'hui, me prononcer sur l'albumine.

Le *bain Schoer* présente encore d'autres avantages : loin d'avoir à se presser lorsque la plaque a été sensibilisée, *on peut la mettre à égoutter, et c'est même une bonne précaution.*

J'ai fait tous les essais du *bain Schoer* avec le *collodion Disdéri*; je ne sais quelle part revient à chaque ingrédient pour la beauté du résultat ; mais je crois que tous deux y ont contribué également. Expérience faite, le *collodion Disdéri* m'a montré une extrême sensibilité, et m'a donné *des positifs sur verre d'une beauté exquise.* Pour les positifs légers, qui sont d'une finesse incomparable, j'ai opéré *dix fois aussi vite qu'avec la plaque*, et, pour les positifs, avec blancs intenses, *cinq fois aussi vite qu'avec la plaque.*

Le *collodion Disdéri* m'a paru cependant faible de cohésion ; il exigera l'emploi d'un hyposulfite très-étendu d'eau, et il faudra verser les liquides doucement sur le milieu de l'épreuve. J'ai été forcé, pour l'employer sur des petites plaques, de le renforcer par du collodion neutre épais. Pour les grandes plaques, en laissant un peu poser le collodion avant de verser l'excédant, cet inconvénient sera amoindri certainement ; d'ailleurs, je ne pense pas que ce défaut soit inhérent à la préparation du collodion lui-même. Le flacon que j'ai employé montrait à un faible degré ce que j'appelle le *principe humide*, qui résulte d'une altération des éléments du collodion, et qui peut se manifester dans les collodions les mieux préparés, sous l'influence d'une température élevée ; il y a eu cet été des exemples extraordinaires et bien fâcheux de cette funeste transformation, dont la cause première est encore un mystère.

En ce moment, les collodions à base de bromure prennent grande faveur ; le *collodion Disdéri* m'a semblé cependant être à base d'iodure ; et, si le bromure va plus vite, ce sera bien beau. J'ai été un des premiers à étudier et à signaler les collodions à base de bromure ; on espère avec raison obtenir par cette substitution plus de constance, car l'iode est le corps le plus instable qui existe. Je persiste toujours à étudier le *bromure de zinc* que je prépare moi-même. Je terminerai cet article par l'exposé d'un mécompte singulier, qui m'est survenu et qui prouve, à un grand degré, la valeur des tours de main. Ayant préparé du bromure de zinc alcoolique, en prolongeant l'ébullition de l'alcool, dans le dessein de l'avoir plus parfait, j'ai obtenu un collodion montrant, après sa sensibilisation, une magnifique couleur bleuâtre ; mais je n'ai jamais pu en obtenir d'épreuve ; j'en ai conclu qu'il s'était formé un éther à base de brôme, qui était cause de cette insensibilité. J'ai donc pensé que la préparation à froid donnerait un résultat tout autre, d'autant mieux que j'avais déjà obtenu des collodions au bromure de zinc qui péchaient plutôt par excès de sensibilité, quand je préparais le bromure à froid ; en effet, j'ai obtenu hier au soir un collodion de ce genre, qui m'a donné en quelques secondes des épreuves très-noires à la clarté d'une bougie.

Un phénomène analogue se présente avec l'iode : en mêlant ensemble du collodion neutre, de l'iode dissous dans l'alcool et de l'ammoniaque, *on obtient un collodion prenant une belle teinte opaline, qui ne donne pas d'épreuve à la chambre obscure.*

Ces faits, rapprochés de ce qui m'est arrivé relativement à un collodion à base de *chlorure*, me font croire que les collodions de cette base pourraient très-bien devenir les plus sensibles et les plus stables, en les préparant convenablement. M.-A. GAUDIN,

Calculateur du Bureau des Longitudes.

MM. les abonnés de Paris qui désireraient avoir les brochures de MM. Leborgne, Disdéri, Le Gray, de Brébisson, Bertsch, M.-A. Gaudin, Couppier, Blanquart-Evrard, Vaillat, pourront se les procurer à la *Librairie nouvelle*, où l'administration de la *Lumière* en a fait déposer un certain nombre d'exemplaires.

STATISTIQUE DE LA PHOTOGRAPHIE.

(21e article).

Les chambres noires qu'il nous reste à examiner sont :

La chambre noire pour opérer sur papier sec, et faire de quinze à trente épreuves, et même plus encore en plein air, sans avoir besoin d'aucune ombre;

Et la chambre noire pliante et à bascule, de toutes les grandeurs, pour opérer sur plaque, sur papier humide, sur papier sec, sur collodion, et que l'on peut employer aussi à la reproduction sur positif.

La première, que l'on appelle encore chambre noire à châssis multiple, et dont l'invention est due à M. Plaut, se distingue de la chambre noire ordinaire par son châssis, qui donne la faculté, comme nous venons de l'énoncer, de tirer un certain nombre d'épreuves au grand jour, et sans la nécessité d'aucun abri. On nomme ce châssis *multiple*, à cause de la quantité d'images qu'il permet de prendre, et que l'on peut *multiplier*, pour ainsi dire, à son gré. Quant à sa construction intérieure et à sa description, nous ne pouvons mieux faire que d'en laisser le soin à l'auteur.

L'appareil, dit-il, se compose d'une boîte de cinq centimètres d'épaisseur, et de la grandeur du papier que l'on veut employer. Malgré son peu d'épaisseur, cette boîte en forme deux, au moyen d'une cloison, et l'on n'a qu'à retourner le châssis multiple pour avoir d'un côté une boîte à clichés, et de l'autre le papier tout préparé. Dans ce dernier côté, treize rubans destinés à retenir les feuilles de papier se tirent les uns après les autres, à chaque fois que l'on veut faire une nouvelle épreuve, et laissent tomber une feuille de papier dans le châssis. Ces treize rubans sortent en dehors du châssis multiple. L'opérateur peut toujours savoir combien il lui reste de feuilles de papier à employer. Deux pièces de bois, dont une à ressort, pressent sur les rubans à leur sortie du châssis, et le contour en S qu'ils y prennent empêche toute espèce de lumière de pénétrer à l'intérieur. Le tout est recouvert de deux couvercles à coulisses qui ne s'ouvrent que ce qu'il faut pour le passage du papier, et qui sont fermés par deux petits tourniquets de cuivre qui les empêchent de s'ouvrir dans les manipulations. L'autre partie de ce châssis, qui est celle qui va dans la chambre noire, n'est, à proprement parler, qu'un châssis ordinaire de daguerréotype ; seulement, une glace fixe, destinée à retenir chaque feuille de papier, vient en former le fond, et deux coulisses placées sur les côtés permettent à une planchette qui y entre, tantôt de repousser la boîte à papiers au moment où celle-ci vient d'y déposer une nouvelle feuille de papier, tantôt d'être repoussée par elle, quand l'épreuve est faite, pour le faire tomber dans la boîte à clichés. Enfin, un bouton à vis placé en dessous de la planchette, et faisant vis de rappel, fait descendre et remonter dans le compartiment destiné aux papiers passés, une petite presse garnie de velours, destinée elle-même à maintenir le papier sous une pression convenable pendant l'opération, afin d'éviter les inégalités. Dans la manière de garnir le châssis, et d'après la substitution des feuilles, on peut consulter *la Lumière* du 25 septembre 1852, page 159, quarantième numéro de la deuxième année.

En résumé, le châssis multiple consiste donc dans un compartiment rempli de rubans de toile tenant les papiers séparés, et dans une boîte de réserve qui sert à renfermer ceux impressionnés par la lumière.

Chambre noire pliante et à bascule de toutes les grandeurs pour opérer sur plaque, sur papier humide, sur papier sec, sur collodion, et que l'on peut employer encore à la reproduction d'un positif. Comme l'indique son nom, cette chambre noire est la réunion de deux espèces déjà peu communes. Elle diffère de chacune d'elles séparément par l'ensemble des divers usages que l'opérateur peut en tirer. Ainsi, elle se distingue de la chambre noire pliante, non-seulement par la bascule, mais encore par un tiroir complémentaire, qui se ploie comme la chambre elle-même; et de celle à bascule par la propriété qu'elle a de se démonter de toute façon, et de ne présenter ainsi qu'un mince volume aussi régulier, aussi rempli, aussi bien employé que celui d'un livre d'une formation ordinaire. Et ç'a été pour nous quelque chose de surprenant, et nous n'en aurions pas cru nos yeux, si après nous ne nous étions assuré de la réunion de toutes ses parties en si peu de place, alors que connaissant le peu de disposition du bois à se prêter à des réductions semblables, à moins de brisures et de charnières multipliées, nous avons vu l'ébéniste les détacher une à une de l'ensemble assez spacieux, et non-seulement les superposer ingénieusement, mais encore les renfermer dans une boîte qu'elles forment une fois démontées, de manière à ce que les charnières, les vis, les coulisses qui servent à les bâtir, à les enclaver les unes dans les autres, ne s'opposent en aucune façon ni à leur coïncidence rigoureuse ni à leur parfait état de sûreté.

L'inconvénient le plus grand, dans la construction de cette chambre noire, consiste dans la difficulté d'y adapter une bascule.

D'abord elle se compose, comme la chambre ordinaire, de la planchette inférieure, qui dépasse les autres, et forme le petit plateau indispensable aux manipulations; en plus, de la chambre noire pliante, d'un tiroir qui reploie aussi, et enfin de la bascule. Celle-ci est entièrement indépendante du tiroir, et dans son emploi, fonctionne avec la plus grande aisance; seulement, le difficile est de la mettre en état de fonctionner. Elle tient au-dessous du tiroir au moyen de deux charnières mobiles, ce qui lui donne l'avantage de se détacher entièrement de la chambre noire, comme nous l'avons déjà fait remarquer, et permet à celle-ci de se ployer dans tous les sens.

Jusque-là, on avait regardé comme impossible cette complication, cette réunion de deux attributions qui semblaient exclusives l'une de l'autre dans la pratique, la bascule fonctionnant sur une chambre noire pliante.

Cette chambre noire est d'une très-grande commodité pour les voyages. On peut l'introduire dans une malle, dans un porte-manteau, sans qu'elle y gêne, ou par son poids ou par son volume. Elle est à même de servir à tous les genres d'expériences photographiques, si l'on y ajoute tous les ustensiles et produits nécessaires auxquels elle est susceptible de s'approprier, à l'entière satisfaction de tous.

Enfin, nous avons vu confectionner dernièrement, dans les ateliers d'ébénisterie photographique de M. Alexis Gaudin, une chambre noire qui en est tout le contraire, du moins sous le rapport de son volume irréductible. Elle était montée sur un véhicule à deux roues, et présentant deux brancards à l'attelage, seul moyen d'en faciliter le transport. Cette chambre noire était à soufflet. Elle n'avait pas moins d'un mètre soixante centimètres de foyer sur une longueur de soixante centimètres et une hauteur de soixante-dix centimètres. Elle était pourvue en reproduction de tableaux. Les portraits n'auraient pu s'obtenir au moyen de cette chambre noire que par une pose d'une durée immodérée, et presque impossible au modèle pour la venue de l'épreuve dans les conditions convenables. Elle était en tout semblable à la chambre noire ordinaire, et n'en différait que par les proportions de ses parties, qu'elle devait garder par rapport à son énormité.

J.-D. Du Vernay.

Nous verrions avec plaisir que MM. les photographes qui s'occupent exclusivement de la plaque nous communiquassent, comme les artistes qui opèrent sur verre ou sur papier veulent bien le faire, leurs progrès et leurs spécimens, afin que nous puissions en rendre compte. Ils savent aussi bien que nous l'intérêt que les amateurs et le public attachent à cette branche si importante de l'art.

Dans sa séance du 26 août dernier, la Commission municipale, sur le rapport de M. le Préfet de la Seine, a donné son approbation aux plans de M. Ballu, architecte, pour la restauration complète de la Tour Saint-Jacques-la-Boucherie.

Cette tour, l'une des plus hautes de Paris, rivalise avec celles de Notre-Dame. Sa construction, commencée en 1508, fut achevée en 1522; sa hauteur, depuis le sol de la rue jusqu'à la balustrade, est de 52 mètres. Elle est carrée, et chacun de ses côtés a hors d'œuvre 10 mètres 40 centimètres. A son sommet, on voyait la statue de saint Jacques, dessinée par un nommé Raoult, sculpteur d'images.

Par suite d'une nouvelle circonscription des paroisses de Paris, l'église Saint-Jacques-la-Boucherie fut supprimée en 1790, et devint propriété nationale. Elle servit alors aux assemblées de la section, et fut louée ensuite à un industriel moyennant 10,600 fr. en numéraire.

Le 8 thermidor an V (26 octobre 1797), la vente de cet édifice fut annoncée par affiches. On lit dans le procès-verbal, dressé par les citoyens Guillotin et Letourneur, que cette église et ses dépendances contenaient une superficie de 650 toises et demie, représentant un revenu de 16,500 francs. Elle fut adjugée le 11 floréal an V, moyennant 411,200 livres.

C'est par erreur qu'il a été dit dernièrement que la Tour Saint-Jacques-la-Boucherie avait été exclue de la vente; elle fut, ainsi que le prouve le procès-verbal, comprise dans l'aliénation concernant l'église.

Le comte de Rambuteau, dont le souvenir doit être cher aux Parisiens, se montra jaloux de réparer cette honteuse omission. Sur le rapport du préfet de la Seine, le conseil municipal vota par acclamation l'acquisition de ce monument. La vente s'effectua le 27 août 1836, moyennant 250,100 francs. — La tour appartenait alors aux héritiers Dubois.

Maintenant il importe de rendre à ce monument, par une réparation intelligente, son caractère religieux, que les mutilations des hommes et l'action du temps ont altéré. Les plans fournis par M. Ballu atteindront cet heureux résultat.

Une plate-forme, élevée et fermée par une balustrade en pierre, permettra de conserver, au pied de la tour, l'ancien niveau du sol. La statue de saint Jacques et les quatre figures des animaux symboliques couronneront l'édifice comme en 1522. Autour de la plate-forme, une place plantée d'arbres et formant un véritable jardin, isolé de la voie publique par une grille, offrira aux habitants de ce quartier une de ces promenades qu'on devrait multiplier dans l'intérieur de Paris.

(*Gazette des Beaux-Arts.*)

CORRESPONDANCE.

Nîmes, 17 septembre 1853.

Monsieur le Rédacteur de *la Lumière*,

Le numéro du samedi 6 août dernier faisait mention d'une communication très-importante faite par M. *Lespiault*, et relative à l'emploi du deutochlorure de mercure, comme moyen de renforcer un négatif sur verre.

Bien que jusqu'alors je me sois attaché à obtenir des négatifs ayant assez d'intensité pour n'avoir pas besoin d'être renforcés, je pensais qu'il était utile d'étudier la découverte de M. Lespiault.

C'est alors que, de concert avec M. Laurent, amateur distingué de cette ville, nous fîmes quelques expériences, qui toutes réussirent d'une manière admirable; des négatifs sur verre très-faible obtinrent, par ce procédé, des vigueurs extraordinaires. Ce résultat nous encouragea, et nous voulûmes essayer sur des clichés sur *papier*.

Nous prîmes donc une négative très-faible, voilée et jaune dans les clairs. Cette épreuve avait déjà été fixée à l'hyposulfite de soude. Malgré cette circonstance, nous la mîmes dans un bain de bichlorure de mercure, à 10 pour 100 environ; et, après un moment de séjour, l'épreuve, de voilée et confuse, devint parfaitement transparente dans les clairs; l'envers lui-même prit une teinte blanche, la plus petite apparence de voile avait disparu, et l'épreuve, après avoir pris un ton gris cendré, finit par disparaître presque entièrement; en cet état, on la croirait perdue. Nous la lavâmes alors à plusieurs eaux, et après l'avoir déposée dans une cuvette, nous versâmes dessus une solution d'hyposulfite à 10 pour 100. Aussitôt l'image apparut instantanément et acquit une vigueur incroyable. Nous fîmes cette expérience sur plusieurs épreuves, et toutes nous donnèrent un résultat aussi satisfaisant. Nous pensons que la plus ou moins grande intensité qui se produit dépend beaucoup du temps de la pose, car, d'après le peu d'expériences que nous avons faites, nous avons cru remarquer que l'épreuve ne gagnait pas en vigueur par une prolongation de temps dans le bain d'hyposulfite; cependant il paraîtrait probable que, pour obtenir plus de vigueur, il serait nécessaire de ne pas laisser l'épreuve trop longtemps sous l'action du deutochlorure de mercure.

Il est donc bien évident pour moi aujourd'hui, par ce qui précède, que le meilleur moyen de renforcer les épreuves négatives, soit sur *verre*, soit sur *papier*, est l'emploi du bichlorure de mercure, se combinant avec l'hyposulfite de soude.

Confiant dans ces divers essais, la pensée nous vint alors d'appliquer aussi ces procédés aux épreuves *positives sur papier*; cela devait éviter cette perte d'épreuves, si souvent répétée lorsque l'on opère sur une grande échelle. Nous prîmes donc une positive ayant été fixée, et nous la soumîmes aux divers bains; mais, à notre grand étonnement, nous obtînmes un résultat contraire : l'épreuve, au lieu de se renforcer, perdit énormément. Ce résultat n'en est pas moins avantageux, car, s'il ne remédie pas aux positives peu venues, il sauve celles qui le sont trop. Nous fîmes alors l'expérience sur des épreuves beaucoup trop venues, enfin complétement noires, empâtées et sans détails. Après ces diverses préparations, nous obtînmes des épreuves très-belles : les noirs s'étaient éclairés et tous les détails étaient indiqués; un ton un peu sépia remplaçait seulement le ton noir.

Il serait nécessaire de faire une assez grande série d'expériences pour se rendre parfaitement compte des différents phénomènes qui se présentent, et de la stabilité des résultats. C'est pourquoi je vous prie, monsieur le rédacteur, de vouloir bien porter ces diverses expériences à la connaissance de vos lecteurs, persuadé que les hommes habiles qui s'occupent de photographie, non-seulement les perfectionneront, mais découvriront encore de nouveaux phénomènes utiles à cet art naissant.

Recevez, etc. Disdéri.

Toutes les demandes et réclamations relatives au service, toutes les lettres et communications relatives à la Rédaction, doivent être adressées (*affranchies*) à M. Ernest Lacan, rédacteur en chef, au bureau du journal. — *Toute lettre non affranchie sera rigoureusement refusée. Les demandes d'abonnement doivent être accompagnées* **d'un** bon sur la poste, à l'ordre du Gérant.

Le Propriétaire-Gérant, Alexis GAUDIN.

TYPOGRAPHIE HENNUYER, RUE DU BOULEVARD, 7, BATIGNOLLES. Boulevard extérieur de Paris.

TROISIÈME ANNÉE. N° 40. SAMEDI, 1er OCTOBRE 1853.

LA LUMIÈRE

REVUE DE LA PHOTOGRAPHIE.

BEAUX-ARTS. — HÉLIOGRAPHIE. — SCIENCES.

JOURNAL NON POLITIQUE, PARAISSANT LE SAMEDI.

BUREAUX, à Paris, 9, rue de la Perle. BUREAUX, à Londres, 6, Henman Terrace, Camden-Town.

ABONNEMENTS.—*Paris*, UN AN, 20 FR.; 6 MOIS, 12 FR.; 3 MOIS, 7 FR.; *Départements*, UN AN, 22 FR.; 6 MOIS, 13 FR.; 3 MOIS, 8 FR.; *Étranger*, UN AN, 25 FR.; 6 MOIS, 15 FR.; 3 MOIS, 10 FR.

A partir du 1er septembre dernier, le prix de l'abonnement au journal LA LUMIÈRE *a été fixé de la manière suivante :*

PARIS.

UN AN.............. 20 FR.
SIX MOIS............ 12
TROIS MOIS.......... 7

DÉPARTEMENTS.

UN AN.............. 22
SIX MOIS............ 13
TROIS MOIS.......... 8

ÉTRANGER.

UN AN.............. 25
SIX MOIS............ 15
TROIS MOIS.......... 10

SOMMAIRE.

LA PHOTOGRAPHIE EN AMÉRIQUE.

Nous lisons les articles suivants dans un des journaux hebdomadaires d'Amérique les plus habilement rédigés, et dont nous avons eu souvent à citer le nom, le *Scientific American :*

D'après le journal le *Troy Times*, M. Hill a perfectionné sa découverte en ce qui touche le *transport* de toutes les couleurs en une seule opération. La seule chose qui lui reste à faire, c'est de trouver le moyen de réduire le temps nécessaire à l'obtention de ses épreuves, de trente minutes à trente secondes, ou moins si c'est possible. Une semblable difficulté (moins sérieuse, il est vrai) se présenta dans les premiers temps du daguerréotype ; on trouva l'iode, le brôme, etc., qui accélérèrent l'opération. Mais M. Hill a affaire à plusieurs couleurs, et les produits chimiques qui lui servent pour une couleur détruisent les autres, ou, au moins, sont sans effet pour leur production. Il lui manque le jaune.

Le *Scientific* ajoute à cette citation les réflexions qui suivent :

Nous trouvons ce qui précède dans un grand nombre de journaux cette semaine ; mais c'est de l'histoire ancienne, car c'est toujours le jaune qui a manqué à l'inventeur.

Le même journal, en passant en revue les différents produits des arts et de l'industrie que renferme la grande Exposition de New-York, consacre un long article au daguerréotype et à la photographie.

Le nombre des exposants dans ce genre, dit-il, est de quarante, tous Américains, à ce que nous croyons. La quantité des épreuves est très-considérable, et l'on trouve des spécimens de tous les procédés. La beauté et la vérité de quelques-unes de ces plaques ne laissent rien à désirer ; le *Hillotype*, quand bien même le « jaune ne lui manquerait pas », serait peu demandé, si tous les opérateurs savaient colorier leurs épreuves avec le goût exquis et le talent que l'on remarque dans celles de Gurnay et de quelques autres. Chacun des exposants a envoyé de bonnes épreuves, mais la palme appartient à nos artistes de New-York. Quelques-uns des daguerréotypistes de province ne savaient certainement pas avec quels opérateurs ils auraient à lutter en exposant leurs productions. Une des œuvres qui ont attiré généralement l'attention est la vue panoramique de Cincinnati (Ohio), prise de Newport, par M. Bisbee, de Dayton (Ohio), sur six plaques, grandeur extra-normale. M. Bisbee a vaincu les difficultés que présentait cette expérience hardie, mais il a manqué de soins dans l'exposition de ses plaques au mercure. Il est très-difficile, sans doute, mais non pas impossible de faire agir le mercure également, même sur la surface d'une large plaque.

Dans la section française, M. Blanquart-Evrard, de Lille, a exposé des épreuves phothographiques d'après des sujets variés. Nous ne les avons pas vues, mais nous en avons entendu parler avec les plus grands éloges. Dans la partie américaine, nous avons remarqué les *cristallotypes* de M. Whipple, de Boston, des *talbotypes* de M. Root, de Philadelphie, et des « *solographics* » de M. Hawkins, de Cincinnati. Ces épreuves, quoique portant des noms différents, sont obtenues par des procédés à peu près semblables.

Nous devons dire que nous avons été surpris qu'on ait accordé si peu d'importance jusqu'ici en Amérique à cette partie si intéressante de l'art photographique, malgré tous les efforts que nous faisons depuis plusieurs années pour en répandre la connaissance et le goût. Sur le continent européen, on préfère généralement la photographie sur papier au daguerréotype, et dans quelques villes d'Allemagne même, on s'en occupe exclusivement.

Les épreuves exposées ne sont pas, du reste, les meilleurs spécimens que l'on ait produits ici ; quelques-unes même sont tachées et inégales de tons. Mais au moins ceux qui les ont envoyées auront le mérite de s'être faits les éclaireurs de la photographie en Amérique. Ils l'auront fait connaître à un nombre considérable d'individus qui en ignoraient complétement l'existence. MM. Langenheim, de Philadelphie, ont été les premiers à en faire une industrie. Leurs épreuves sont appelées *hyalotypes*, et ont été d'abord exhibées dans les lanternes magiques. Bommer et Rolle, de New-York, s'occupent maintenant d'une façon toute particulière de photographie et préparent, pour le Palais de Cristal, des épreuves qui seront supérieures à tout ce qui y est exposé aujourd'hui.

Des épreuves photographiques sur bois ont été récemment produites avec succès à Manchester. Des vues de monuments et de beaux portraits ont été dessinés par le soleil sur des planchettes de bois semblables à celles qu'emploient ordinairement les graveurs. Cette découverte sera d'une utilité inappréciable pour la gravure sur bois, en épargnant les frais de dessin, généralement très-coûteux. Des copies de machines et autres esquisses qui nécessitaient beaucoup de temps, de talent et, par conséquent, de dépenses, pourront être faites en un moment par la lumière. (*Scientific American.*)

Ce que le *Scientific American* dit de cette découverte s'applique *à fortiori* à la belle découverte de MM. Niépce et Lemaître, qui donne chaque jour maintenant de si admirables résultats : la gravure héliographique sur acier.

SCIENCES.

CHARBON CHANGÉ EN DIAMANT.

M. C. Despretz, physicien d'un grand mérite, membre de l'Académie des sciences, résume en ces peu de mots, dans sa dernière note, lue le 19 septembre, toutes ses précédentes communications, intitulées modestement : *Observations sur le charbon :*

« Ai-je obtenu des cristaux de carbone (diamants), qu'on puisse isoler et peser, dont on puisse chercher l'indice de réfraction et l'angle de polarisation ? Non, sans doute (1).

« J'ai produit simplement, jusqu'à présent, par l'arc d'induction et par de faibles courants galvaniques, du carbone cristallisé *en octaèdres noirs*, *en octaèdres incolores, translucides, en lames incolores et translucides*, dont l'ensemble a la dureté de la poudre de diamant et qui disparaît dans la combustion sans résidu sensible. »

Le savant académicien a changé du charbon en poudre de diamant ; il l'annonce avec assurance aujourd'hui, parce qu'il est enfin parvenu à obtenir des résultats positifs, après s'être livré pendant plusieurs années à de très-laborieuses et très-savantes recherches.

Mais ces résultats sont si merveilleux, qu'ils soulèvent diverses objections, auxquelles M. Despretz s'est empressé de répondre. L'illustre doyen de l'Académie, M. Biot, lui a demandé si les petits octaèdres blancs déposés sur des fils de platine, obtenus par le procédé qui lui a le mieux réussi et fondé sur la volatilisation lente produite dans le courant d'induction, si ces petits octaèdres étaient opaques ou transparents. « Ils sont opalins, translucides, a-t-il répondu de suite, de même que les lames blanches, semblables par leur aspect aux octaèdres. Le reflet de ces petits cristaux et des lames blanches est tout à fait semblable, selon moi du moins, dit-il, au reflet des *diamants bruts* que j'ai eu l'occasion de voir depuis ma lecture

(1) On peut dire qu'il est préférable, dans l'état actuel de la question, que le *non sans doute* ait été prononcé. Tout le monde connaît cette farce de deux muscadins en goguette qui firent crier à 2 *sols* les écus de 6 livres sur le Pont-Neuf, dans ce temps-là, le quartier le plus fréquenté de Paris. Ils ne purent en vendre qu'un seul ; et, las de faire appel aux passants, ils remportèrent leurs sacs pleins d'écus. Par le temps d'incrédulité qui court, le célèbre physicien n'aurait-il pas été exposé à voir jeter en plein macadam les beaux et bons diamants qu'il aurait obtenus par ses habiles combinaisons ! A force de ne plus croire aux miracles, on ne croit pas même à la réalité. Mais patience, la science fait tant de progrès, qu'elle convaincra tôt ou tard les plus incrédules.

(Séance du 5 septembre). » Puis, répondant à quelques critiques bienveillantes, il ajoute :

« Plusieurs membres de l'Académie ont paru craindre que le charbon dont je me suis servi ne contînt des impuretés. J'ai dit que ce charbon était aussi pur que possible ; c'est le charbon dont j'ai parlé dans les cinq communications que j'ai eu l'honneur de faire à l'Académie en 1849 et 1850, sur la fusion et la volatilisation des corps ; j'ai préparé ce charbon avec du sucre candi blanc cristallisé, dans lequel M. Germain Barruel n'a trouvé que des traces presque inappréciables de matières étrangères. » (Voir les *Mémoires* lus dans les séances des 18 juin, 16 juillet, 19 novembre, 17 décembre 1849 et 1er avril 1850, qui prouvent avec quelle opiniâtre persévérance le savant académicien a poursuivi ses travaux.)

Le charbon dont il parle brûle pour ainsi dire sans résidu ; il en est de même des produits sur lesquels il appelle, dans ses dernières communications, l'attention de l'Académie.

Il dirigeait, en 1849, ses recherches en partie sur la fusion et la volatilisation du charbon ; il ne devait donc pas s'exposer à tomber dans l'erreur dans laquelle étaient tombés plusieurs physiciens dans différents pays, et à prendre des silicates pour du charbon fondu, erreur qu'il aurait peut-être commise aussi s'il avait cherché le premier à fondre le charbon.

« Après mes nombreuses recherches sur la fusion et la volatilisation du charbon, dit-il, il n'était pas présumable que je ferais choix de charbon impur dans des essais dans lesquels je tentais de faire cristalliser ce corps. »

Enfin des personnes (M. Cogniard de la Tour entre autres) ayant objecté que l'on polit les rubis avec des matières autres que le diamant : « Sans doute, répond M. Despretz, on dégrossit les rubis avec de l'émeri sur une roue en fonte ou en plomb, mue avec plus ou moins de vitesse, et on les polit avec du tripoli de Venise sur une roue en laiton. Mais cet émeri et ce tripoli sont, pour cette opération, *mêlés avec de l'eau*, tandis que sur un plan fixe, en cristal de roche, il n'y a que la poudre de diamant qui, mêlée avec un peu d'huile, polisse le rubis, rapidement, nettement. Ni la silice, ni l'alumine, ni aucune poudre quelconque ne donnent ce résultat. C'est ce qu'a parfaitement constaté M. M.-A. Gaudin à diverses reprises. D'ailleurs, le charbon qui a servi dans ses expériences ne renferme ni silice, ni alumine ; il ne peut pas en abandonner.

Enfin le charbon des cornues à gaz, qui use les burins si promptement, renferme un cinquantième de son poids de matières étrangères, qui sont un mélange de silice, d'alumine, d'oxyde de fer, etc. ; et cependant ce charbon n'est qu'un peu supérieur pour la propriété de polir les pierres au charbon de bois, au charbon volatilisé brusquement, et infiniment inférieur au charbon déposé dans les expériences de M. Despretz.

Ainsi donc il est bien vrai, bien évident, que le charbon déposé par la voie humide ou par la voie sèche est transformé en diamant. Le savant académicien a prié M. M.-A. Gaudin, *connu de l'Académie par diverses recherches*, d'essayer l'un et l'autre produit sur les pierres dures.

Le cristallographe habile et exercé a constaté, en présence de M. Despretz, que la petite quantité de matière dont était enveloppé l'un des douze fils de platine, mêlée avec un peu d'huile, suffit pour polir en très-peu de temps plusieurs rubis.

La poudre noire déposée par la voie humide, quoiqu'en quantité beaucoup plus considérable, a exigé plus de temps pour donner le même poli.

On sait que le diamant est le seul corps qui polisse les rubis ; aussi M. M.-A. Gaudin n'a pas hésité à considérer l'une et l'autre matière comme de la poudre de diamant.

Voici la lettre de notre ami et savant collaborateur, telle qu'elle a été insérée dans le compte-rendu de l'Académie :

« Je m'empresse de vous donner les renseignements que vous m'avez demandés sur la taille des pierres précieuses et sur les essais auxquels j'ai soumis les divers échantillons de carbone obtenus par l'électricité, que vous m'avez remis.

« Les pierres orientales, c'est-à-dire à base de corindon, sont dégrossies sur une roue en fonte, acier ou plomb, garnie de gros émeri ; puis on polit les facettes ainsi produites avec du tripoli de Venise, sur une autre roue en laiton portant des entailles très-fines. Ce travail se fait à l'eau, attendu que l'huile empêcherait l'émeri et le tripoli de mordre. Pour le poli, l'alumine fortement calcinée est bien supérieure au tripoli, pour la rapidité et la beauté du travail.

« Mes recherches persévérantes sur la production du rubis artificiel et du cristal de roche fondu m'ont conduit à user et polir moi-même mes échantillons, pour en étudier la texture. J'ai trouvé préférable à la roue du lapidaire l'emploi d'un plan de cristal de roche qui me permet de tailler un grand nombre de globules à la fois.

« Pour le polissage du cristal de roche et du rubis, après des essais très-nombreux, je n'ai rien trouvé de comparable à la poudre de diamant très-fine employée à l'huile : avec ce corps gras, l'alumine ne mord pas sur le cristal de roche fondu, et encore moins sur le rubis artificiel, qui est plus dur que la plupart des pierres orientales.

« J'avais donc acquis une grande habitude de juger le travail de la poudre de diamant sur le rubis, quand vous m'avez fourni l'occasion d'essayer vos produits, et la texture particulière de mes rubis artificiels a contribué à donner beaucoup de précision à mes essais.

« Je fixe ordinairement trois rubis sur une plaque en gomme laque, afin d'avoir un appui solide pour chaque facette, et si, après avoir poli ces rubis au diamant, je les frotte sur le plan garni d'alumine délayée à l'eau, ces rubis se dépolissent, et l'on reconnaît à la loupe que le dépoli provient uniquement du creusement de parties plus tendres ; il en résulte un damassé qui ne peut disparaître, quelque long que soit le travail à l'alumine chimique.

« Dès que j'ai été en possession du petit fil de platine, long de 1 centimètre, mis de côté par vous, comme chargé d'un grand nombre de cristaux microscopiques de forme octaédrique, j'ai ratissé ce fil avec le plus grand soin sur le milieu de mon plan en cristal de roche, après avoir dépoli sur ce même plan avec de l'alumine à l'eau, trois rubis fixés avec de la gomme laque, et avoir bien nettoyé le plan : une quantité imperceptible d'huile ayant été ajoutée à la poudre, j'ai reconnu aussitôt un travail franc, tout à fait semblable à celui de la poudre de diamant très-fine.

« Au bout de quelques minutes, le damassé des rubis avait disparu, toutes les saillies avaient été nivelées ; les rubis présentaient, en un mot, une surface parfaitement plane et brillante, telle que je ne l'ai jamais obtenue qu'avec de la poudre de diamant.

« J'ai été tellement frappé de ce résultat, que je dus examiner s'il ne provenait pas de quelque reste de poudre de diamant employée antérieurement, bien que le cristal de roche ne soit pas, comme les métaux, pénétrable à cette poudre.

« C'est pourquoi, après avoir de nouveau dépoli à l'alumine les mêmes rubis, après avoir nettoyé le plan et ajouté une trace d'huile, j'ai recommencé le travail du poli, mais sans aucun résultat ; de l'alumine ajoutée à l'huile n'a rien fait non plus ; tandis que le reste de la matière adhérente au fil de platine a produit rapidement, comme la première fois, un poli très-vif.

« C'est ce qui m'a fait vous dire que je suis parfaitement convaincu de l'existence de diamants microscopiques tout autour du fil de platine que vous m'aviez remis.

« La poussière noire obtenue par la voie humide, que j'ai essayée en votre présence, polit aussi franchement le rubis, mais moins vite que le carbone obtenu par la voie sèche ; enfin le dépôt obtenu par volatilisation brusque à l'aide de votre grande batterie, n'a donné qu'un travail presque insensible, qui m'a paru intermédiaire entre celui du charbon de bois et du graphite des cornues à gaz.

« Voici donc comme je rangerais ces divers corps par ordre de dureté :

« 1° Dépôt électrique par la voie sèche ;

« 2° Dépôt électrique par la voie humide ;

« 3° Graphite des cornues à gaz ;

« 4° Carbone volatilisé brusquement ;

« 5° Charbon de bois.

« J'ai essayé séparément les gaines graphiteuses des fils de platine ayant servi à l'expérience par la voie sèche, et qui, vues à la loupe, ressemblent au noir d'essence produit dans un tube de porcelaine, et ne leur ai pas trouvé plus de mordant qu'au charbon de bois.

« Enfin, après huit ou dix essais sur le charbon de bois, le graphite, votre dépôt instantané et l'alumine à l'huile, qui tous m'ont paru presque inertes, et qui démontraient l'absence complète de poudre de diamant antérieure, je viens de polir de nouveau, avec succès, des rubis dépolis exprès, en me servant d'un nouveau carbone que vous avez obtenu par une décomposition chimique lente, et que j'ai trouvé presque aussi dur que celui obtenu par la voie sèche.

« Tout cela m'a semblé confirmer, de la façon la plus nette, l'existence, sur les fils intacts, de véritables diamants implantés, dont vous avez pu voir la forme et la couleur au microscope ; et quand vous en aurez produit de nouveaux, il me sera facile de répéter mes essais de dureté devant témoins. »

A.-T. L.

LE DIAMANT.

Le diamant (carbone pur) est le plus dur de tous les corps, c'est-à-dire qu'il les raye tous, et n'est rayé par aucun d'eux. Jadis les diamants se portaient tels que la nature les forme ; on les nommait diamants à pointes noires ; en 1476, Louis de Berghem, de la ville de Bruges, s'aperçut le premier qu'en frottant deux diamants l'un contre l'autre, il parvenait à les égrener ; dès lors il imagina de tailler le diamant avec la poudre de cette substance. Le premier diamant taillé appartenait à Charles le Téméraire. On le trouve ordinairement en octaèdre, en dodécaèdre rhomboïdal, en trapézoèdre et en scalénoèdre. Les diamants naturels sont rugueux, et ont leurs faces courbes ; mais ils sont clivables parallèlement aux faces de l'octaèdre régulier ; lorsqu'en profitant de cette circonstance on les débarrasse de leur croûte, ils sont ordinairement limpides et incolores. Toutefois, ils peuvent être ambrés, couleur souci, roses, bleuâtres, et même tout à fait noirs. Le diamant doit une partie de son éclat à la puissance avec laquelle il réfracte la lumière. Il est lumineux par insolation, c'est-à-dire, qu'après avoir été exposé au soleil, il brille dans l'obscurité.

Les diamants se rencontrent généralement dans les terrains de transport, parmi les cailloux roulés, libres ou réunis en pouddingues. On les trouve au Brésil, dans les Indes Orientales, principalement dans les royaumes de Golconde et de Visapour. Jusque dans ces derniers temps, on n'avait encore signalé aucun gîte de diamants en place, c'est-à-dire, dans la roche où ils ont pris naissance. Cependant, on en exploite au Brésil depuis plusieurs années dans un grès flexible, que l'on nomme *itacolumite*, à six lieues portugaises de *Tyuco*, et dans la *Serra de Grammagoa*, à quarante-trois lieues du même pays. (*Ferd. Hoefer.*)

Nous avons dit que M. Despretz produisait de la poudre de diamant ; mais ce savant fait remarquer que l'on ne connaît pas encore comment les diamants naissent et croissent dans l'intérieur du globe. Ce n'est certainement pas, dit-il, par les deux procédés qui lui ont le mieux réussi jusqu'à présent, car il n'y a dans la nature ni nos piles galvaniques, ni nos machines électriques, ni nos appareils d'induction. C'est probablement par ce procédé qui fournit dans les laboratoires les cristaux les plus remarquables par la netteté et la pureté de leurs formes. Les chimistes savent que toutes les fois qu'on oublie dans un coin un mélange humide de diverses substances capables de réagir les unes sur les autres, on y découvre, après un certain temps, toutes les combinaisons possibles cristallisées, solubles ou insolubles, des oxydes, des sulfures, des sels, selon les circonstances, et quelquefois tout cela ensemble.

Les diamants se pèsent à l'once de 29 grammes 592 milligrammes ; cette once vaut 144 karats, et chaque karat se divise en 4 grains. Le karat est donc de 205 milligrammes 5, le grain de 51 milligrammes 375. La valeur approximative des diamants bruts est de 50 francs, multipliés par le carré du poids.

Pour un diamant brut de 3 karats, on multiplie 9, carré de 3, par 50, ce qui donne 450 francs.

Quant aux diamants travaillés, ils sont supposés avoir perdu la moitié de leur poids primitif pour arriver à l'état de perfection où ils se trouvent lorsqu'ils sortent des mains du lapidaire ; pour en connaître la valeur, on est dans l'usage de doubler leur poids karat.

Ainsi, pour un diamant travaillé pesant 3 karats, on multiplierait le carré 36 de 6 ou 2 fois 3, et l'on trouverait 1,800 francs.

Mais la valeur réelle ne pourra s'obtenir que par le cours commercial. Si le prix courant d'un diamant de 1 karat était de 125 francs, la valeur d'un diamant de même eau, pesant 3 karats, s'obtiendrait en multipliant par 125 le carré 9 du poids 3 karats, et l'on trouverait 1,125 francs. Le karat varie si peu d'un pays à un autre que l'on peut le considérer comme universel. (*Annuaire.*)

SEMAINE PHOTOGRAPHIQUE.

HÉLIOTYPE, — FILTRATION DES BAINS, — NETTOYAGE DES GLACES, — TRANSPORT DES ÉPREUVES SUR TOLE NOIRCIE.

Je nomme héliotype l'appareil que j'ai indiqué pour la production des épreuves positives sur collodion, au moyen d'un négatif traversé par les rayons solaires directs ou réfléchis par une glace. J'ai fait l'essai d'une fente placée à la distance d'un décimètre en avant du négatif et pouvant s'agrandir ou se diminuer à volonté au moyen d'une pièce à coulisse ; le châssis portant la fente a été établi horizontalement : en le faisant fonctionner à la main, il est fort difficile d'obtenir un mouvement uniforme ; avec un ressort en caoutchouc vulcanisé, le mouvement se trouverait aussi accéléré ; j'ai mieux réussi en employant le soleil réfléchi par une glace et reçu dans l'appareil, au fond d'une pièce sombre, et en laissant le négatif découvert pendant une fraction de seconde, au moyen d'un écran de percaline noire en plusieurs doubles : la durée de l'impressionnement s'est trouvée, il est vrai, trop longue; mais ce moyen réussira très-bien en plaçant en avant du négatif un verre *jaune très-clair*, ou mieux encore, en couvrant le négatif d'un vernis *jaune*.

Avec les négatifs non vernis au collodion, les épreuves ne sont pas nettes, surtout si ces négatifs sont *sur verre à vitre*. Ils doivent être sur *glace*, et le vernis sera employé en excès et mis à sécher, à plat, sur un support établi de niveau.

J'ai obtenu avec la lumière électrique, rendue parallèle par un miroir parabolique, des épreuves positives sur verre d'une finesse incomparable : les négatifs n'étaient pas vernis, mais ils étaient sur glace grandeur de plaque normale et à l'albumine ; ces négatifs avaient été obtenus par M. Renard ; et, en raison des soins de cet habile photographe, la couche se trouvait presque aussi unie que la glace elle-même. A un centimètre de distance, l'image formée par les rayons solaires était encore très-pure; mais à un décimètre, elle devenait confuse. Il faudra donc placer la couche de collodion aussi près que possible du revers du négatif.

L'interposition d'un verre *jaune-paille* ou d'un vernis de même teinte permettra de faire durer l'insolation quelques secondes; le verre jaune orangé retarde trop, il exige une minute avec les collodions rapides, et, pendant ce temps-là, le soleil se déplace sensiblement.

Pour transporter les épreuves sur papier, il faut avant tout que le collodion soit assez fort pour se doubler sans se déchirer ; et, pour le faire adhérer au papier, on verse sur le collodion, au sortir du lavage, de l'eau gommée faible, contenant un peu de sucre.

Le sulfate de fer suffira pour donner des épreuves d'un beau noir, sans employer le bichlorure de mercure et l'hyposulfite ; mais ce sera le sulfate de fer *rouge* très-affaibli, obtenu par addition de l'acide *acétique*; le sulfate de fer *vert*, qui me sert pour donner de beaux blancs aux épreuves positives directes sur verre et qui contient de l'acide *sulfurique et de l'acide nitrique, donne un ton rouge aux épreuves*.

Les épreuves sur verre de petites dimensions exigent que les plaques soient placées dans les bains, le collodion en dessus; par conséquent, il importe que ces bains soient exempts de précipités ou cristaux qui ne manqueraient pas de se poser sur la plaque et d'y produire souvent de petites déchirures ; c'est à cette cause qu'il faut attribuer ces jours dont certaines épreuves sont criblées; il sera donc avantageux d'employer à chaque épreuve des bains d'argent, de sulfate de fer et d'hyposulfite sortant du filtre. Pour les simples amateurs, trois flacons à large ouverture, recevant un entonnoir garni de coton, seront suffisants ; les entonnoirs à poste fixe ne posant pas sur les flacons reviennent au même ; mais il faut toujours saisir en même temps le flacon et l'entonnoir, quand on veut verser le bain dans la cuvette, et quand l'entonnoir filtre, on ne peut éviter de répandre du liquide, ce qui est toujours désagréable. Les réservoirs à robinet sont très-chers ; pour en tenir lieu, voici la construction que je propose.

Prenez un flacon à trois tubulures : sur la tubulure du milieu établissez un entonnoir garni de coton et engagé dans un bouchon en liége fermant bien et mastiqué au besoin ; la tubulure latérale de droite sera munie d'un siphon plongeant en verre pour verser le liquide dans la cuvette, et la tubulure latérale de gauche recevra un tube vertical plongeant, terminé à sa partie supérieure par une poire en gomme élastique, percée d'un trou de cinq millimètres de diamètre avec un fer chaud ; ce trou, placé au milieu de la panse, sera bouché par le pouce de la main gauche, quand on pressera la poire, et l'air foulé dans le vase réagira aussitôt par la pression, et fera couler le liquide par le siphon : le tube vertical devra être effilé à son extrémité inférieure pour diminuer la grandeur de son ouverture; éviter l'ascension du liquide dans la poire en gomme élastique. Quand la main cessera de presser, pour permettre à l'air de pénétrer par le trou pratiqué dans la poire, il est entendu que les tubes seront bien serrés dans les bouchons, et que les bouchons eux-mêmes fermeront tout passage à l'issue de l'air.

Les poires en gomme élastique sont devenues très-rares à Paris ; on y suppléera par des poires en caoutchouc vulcanisé que je vais faire fabriquer exprès, avec l'intention de les appliquer avec une légère modification au séchage des flacons, opération si utile pour la préparation et l'emploi du collodion, et qui est remplacée aujourd'hui par un lavage à l'alcool, fort dispendieux.

Je me suis souvent servi de bains très-sédimenteux, ce qui m'obligeait de placer mon collodion en dessous ; mais j'avais toujours des traînées grises dont j'ignorais l'origine. Enfin j'ai découvert que *toutes les traînées grises sont dues à des bulles d'air qui touchent ou glissent sur la plaque au moment de son immersion dans le bain d'argent*; c'est pourquoi il importe d'exécuter cette opération avec continuité, mais sans brusquerie.

Les bains filtrés ont surtout l'avantage d'être exempts de *pellicules* à leur surface. Il est tout à fait superflu de s'inquiéter du contact de l'air avec ces bains; voici ce qui me le prouve : l'épreuve la plus rapide et la plus pure que j'aie faite a été obtenue avec un bain *abandonné pendant un mois à l'air libre, si bien qu'il s'était complétement asséché et cristallisé; je me bornai à y ajouter un peu d'eau de Seine; les cristaux prirent une teinte jaune verdâtre, le bain devint trouble; mais employé dans cet état, c'est-à-dire bien saturé d'iodure, de bromure et de chlorure, il m'a donné des images d'une transparence inouïe.* Mon appareil, braqué sur un jardin qui est entouré de hautes maisons, à sept heures du matin, au moment où il était complétement dans l'ombre (et avec la petite ouverture de trois millimètres qui exige une minute avec la plaque pour des objets en plein soleil), m'a donné, en deux minutes, une épreuve complète où il ne manque pas une feuille ni un brin d'herbe.

J'avais, il est vrai, frotté vivement ces plaques avec une pâte formée de poudre de saphir à polir l'acier, avec de l'alcool rectifié, laissé sécher, puis essuyé avec un chiffon de coton blanc de lessive. Ce frottage est bon pour les plaques grasses, mais il est superflu pour les plaques qui ont été mises à tremper dans de l'eau claire; si, en les retirant et les laissant égoutter, l'eau les couvre d'une nappe continue, on peut être certain qu'elles sont propres; le séchage et le frottage avec des linges, *presque neufs blancs de lessive, en s'aidant du souffle*, donnent des glaces parfaitement propres.

Le souffle est très-bon pour reconnaître la propreté des glaces : pour qu'une glace soit bonne à servir, il faut que l'haleine condensée à sa surface ne fasse apparaître aucune inégalité et s'évapore bien uniformément; il est inutile de frotter de nouveau, quand la glace a subi cette épreuve, car le nouveau frottage n'aurait plus sa garantie, et j'ai acquis la certitude que le collodion déposé après le souffle donne de belles épreuves.

On peut transporter les épreuves positives sur n'importe quelle substance unie à fond noir; il faut, pour y réussir, que le collodion soit assez solide pour se doubler sur la pièce, ou, mieux encore, pour se détacher de lui-même de la glace et flotter dans l'eau sans se déchirer.

Par ce moyen, j'ai réussi à transporter des épreuves sur des plaques en tôle de fer très-minces, sur lesquelles j'avais déposé d'abord un vernis noir; ces plaques n'étaient pas assez planes pour enlever la pellicule de collodion par doublement tout autour; d'ailleurs, ce procédé manque toutes les fois qu'on exprime l'eau enfermée entre le collodion et le verre pour chasser les bulles d'air ; après avoir posé ma feuille de tôle sur le collodion, je place le tout dans une cuvette pleine d'eau, le verre en dessus ; en balançant légèrement celui-ci, le collodion se détache bientôt et tombe sur la feuille de tôle qui est ôtée de l'eau, couverte de l'épreuve. Après avoir égoutté la tôle et tendu le collodion, s'il fait des plis, on chauffe la tôle en dessous au moyen d'une petite lampe; peu à peu l'eau achève de se vaporiser, et finalement le vernis fond en dessous et s'applique au collodion, et s'incorpore si bien avec lui que l'ongle ne peut plus entamer l'épreuve ; les noirs deviennent très-beaux, surtout après un polissage au coton sec, qui enlève toutes les poussières que l'eau peut avoir déposées à la surface de l'épreuve.

Des feuilles minces en cuivre rouge, planées et vernies avec soin, donneraient des résultats encore plus beaux, car la tôle de fer est toujours un peu rugueuse, et la différence de valeur, pour une si faible épaisseur, serait presque inappréciable.

Les épreuves, ainsi transportées sur cuivre verni, seraient supérieures à tout ce qui a été fait jusqu'ici pour la solidité.

M.-A. GAUDIN,
Calculateur du Bureau des Longitudes.

STATISTIQUE DE LA PHOTOGRAPHIE.

(Suite du 21e article).

Comme le quinetoscope vient fort à propos des chambres noires, dont il n'est qu'une variété, nous finirons par quelques mots qu'il a le droit de réclamer en sa qualité d'invention nouvelle. Il est formé d'une chambre noire double, sixième, et de deux objectifs qui y sont adaptés. On fait mouvoir les objectifs au moyen de deux crémaillères, ce qui permet de les mettre au même point, et de faire instantanément et identiquement deux épreuves pour stéréoscope. C'est un perfectionnement qu'exigeait depuis longtemps le stéréoscope pour présenter à la vue cette régularité indispensable à la beauté et à la vigueur des reliefs qu'il lui fait détacher admirablement. Du reste, pour plus amples renseignements, nous renvoyons, comme nous avons fait à propos de la chambre noire à châssis multiple, au journal *la Lumière*, qui a donné du quinetoscope des détails assez étendus, et des développements assez intéressants pour nous dispenser d'en parler davantage.

Pour la partie numérique de notre statistique, nous allons suivre la division établie par notre premier article sur les chambres noires. Nous tiendrons compte seulement de quelques particularités ou exceptions, soit par rapport aux chiffres que leur commerce rend presque remarquables et dignes d'être rappelés, soit par rapport à l'intérêt que prend naturellement la vente des articles d'invention nouvelle, et qui y mesurent presque leur mérite et leur chance de durée.

Ainsi, nous avons trouvé qu'il se vend par année dans Paris :

Sept mille chambres noires,

Dont :

Trois mille quarts.

Deux mille demies,

Quinze cents plaques entières.

En chambres noires ordinaires, dites encore chambres noires américaines;

Et cinq cents,

Dans les espèces différentes par la forme, les complications ou la mesure; et l'ordre suivant peut être considéré comme celui de leur importance commerciale dans le chiffre énoncé :

En premier lieu, les chambres noires à double tirage,

En second, les chambres noires à soufflet,

En troisième, les chambres noires à bascule,

En quatrième, les chambres noires pliantes,

En dernier, les chambres noires à châssis double ; les chambres noires Mayer, les chambres noires à châssis multiple.

Les autres sont réellement exceptionnelles sous le rapport de la vente et de la fabrication, et l'on ne peut en établir approximativement une moyenne convenable.

Si nous comparons le chiffre de vente des chambres noires à celui des objectifs, nous voyons que l'un excède l'autre d'une quantité considérable. L'explication s'en trouve dans la fabrication étrangère des objectifs, et dans celle presque exclusivement française des chambres noires. Ainsi, en Allemagne, en Angleterre, les photographes se fournissent d'objectifs de ces pays, tandis qu'ils font venir de France toutes leurs chambres noires. Cette préférence est due autant au bon marché de ces dernières qu'à leur supériorité de confection. C'est pour nos ébénistes un honneur auquel nous voudrions voir s'associer les opticiens de Paris par des combinaisons nouvelles, et une dévotion à leur art tout à fait en dehors des intérêts vulgaires.

J.-D. Du Vernay.

CORRESPONDANCE.

Monsieur,

La lecture des derniers numéros de votre journal m'engage à vous faire part d'un résultat que j'ai obtenu, quelque imparfait qu'il soit. Tel fait paraissant sans importance de prime abord, peut devenir fécond en conséquences.

Une observation qu'ont dû faire tous les photographes, mais que je ne retrouve signalée dans le journal la *Lumière* que par M. Laurent dans le dernier numéro, observation que j'ai faite plusieurs fois, quoique me livrant depuis peu de temps à la photographie sur collodion, c'est qu'en employant une solution d'azotate d'argent pour augmenter l'intensité d'une épreuve négative, on obtenait, avec *certains collodions*, une image positive à la fois par réflexion et par transparence.

Aussitôt que j'eus connaissance de la circulaire relative au procédé sur toile cirée, ce fait me revint à l'esprit et j'eus l'espoir d'obtenir un effet analogue à celui annoncé. J'essayai donc immédiatement d'obtenir *directement* des épreuves *positives*, en étalant sur du papier, placé sur du verre, une couche de collodion et la traitant comme l'a *depuis* indiqué M. Laurent pour des épreuves *sur verre*, c'est-à-dire en lavant l'épreuve au sortir du bain de fer, l'exposant ensuite à la lumière après l'avoir trempée dans une solution d'azotate d'argent, et la replongeant enfin dans le sulfate de fer; j'obtins ainsi des épreuves sur papier directement positives, qu'il ne s'agissait plus que de fixer par les procédés ordinaires.

Le collodion qui me servait dans ces expériences était un mélange de plusieurs sortes, et contenait de l'iodure d'ammonium, de l'iodure d'argent, de la teinture d'iode et du brôme. C'est même à ce dernier corps qu'il faut, je crois, attribuer l'effet d'obtenir des noirs directement, car du papier ioduré ordinaire ne m'a pas donné ce résultat. Le sulfate de fer était aiguisé d'acide acétique. Le bain ferreux, préparé comme l'indique M. Gaudin, contenant de l'acide sulfurique et du fer, donne des tons rougeâtres dans les noirs.

Les épreuves que j'ai obtenues sont d'un aspect terne, peu satisfaisant, avec des blancs grisâtres et des noirs peu intenses. Ainsi, si je vous écris cette lettre, c'est que j'espère que des mains plus habiles pourront obtenir de meilleurs résultats, et qu'il y aurait peut-être possibilité d'obtenir sur elles un perfectionnement analogue à celui que le chlorure d'or a donné à la plaque, le deutochlorure de mercure aux positifs sur verre.

Dans ces images, l'argent se trouve évidemment à deux états moléculaires différents; dans les blancs, il est revivifié complétement; dans les noirs, il est, je pense, à un état de réduction transitoire.

Mes épreuves étaient fragiles et demandaient des précautions pour ne pas être détériorées dans les manipulations, mais rien n'empêche d'employer un collodion plus fort, surtout si au lieu de papier on opérait sur un tissu quelconque.

Faites, monsieur, de ma lettre tel usage qui vous paraîtra convenable, et recevez mes sincères salutations.

Votre nouvel abonné,

Mathieu Borie.

Tulle, ce 23 septembre 1853.

L'addition du chloro-bromure de chaux donne de bons résultats, d'autant mieux que la chaux neutralise les acides qui auraient pu se former dans le collodion.

J'ai pu former de l'iodure d'ammonium en ajoutant de l'ammoniaque liquide à de la teinture d'iode et en laissant réagir les corps tout seuls. L'acide chlorhydrique ne m'y a pas indiqué de traces d'iodate. C'est un mode de préparation que pourraient employer les photographes qui viendraient à manquer de cette substance.

NOUVELLES DIVERSES.

On vient de vendre publiquement, à Londres, une collection de cinquante-deux tableaux de maîtres célèbres. En voici les plus remarquables, avec le prix de leur adjudication :

La sainte Vierge avec l'Enfant, par Raphaël, tableau qui a appartenu au palais Colonna, 10,500 fr.; deux *Vues de la place Saint-Marc, à Venise*, par Canaletti, 720 francs; *la sainte Vierge avec l'Enfant et saint Joseph*, par le Corrége, 7,320 fr.; *un Philosophe assis à une table chargée de livres*, par S. de Koning, 825 fr.; *Paysan avec bétail passant une rivière*, par K. du Jardin, 975 fr.; *Jésus sur le mont des Oliviers*, par Rembrandt, tableau provenant de la collection du baron Daron, 1,350 fr.; *un Marchand de vinaigre devant la porte d'une chaumière*, par David Téniers, 800 fr.; *Paysage avec chaumières et des jeunes femmes faisant la lessive*, par Hobbema, 2,025 francs; *Portrait d'une dame dans un paysage*, par sir J. Reynold, 950 fr.; *Portrait d'un bourgmestre*, par Rembrandt, 1,450 fr.; *Paysage avec personnages et bétail*, par A. Vanderwelde, 5,025 fr.; *Paysage boisé*, par Hobbema, 3,250 fr.; *Paysage en hiver*, par Isaac Ostade, 3,030 fr.; *Portrait de Marguerite, archiduchesse d'Autriche*, par Rubens, 1,200 fr.; *Laiterie*, par Paul Potter, 3,825 fr.; *Bataille de Solehay*, par W. Vanderwelde, 4,750 fr.; *Paysage*, par Berghem, 1,500 fr.; *Intérieur avec une Famille hollandaise*, par Terburgh, 2,900 fr.; *Paysage boisé*, par Ruysdael, 3,550 fr.; *Navires et Bateaux pendant une rafale*, par Backhuysen, 3,250 fr.; *Corps de garde*, par Téniers, 5,250 fr. (*Débats.*)

Par suite de l'organisation des trains express sur tous les chemins de fer existant aujourd'hui en Europe, les distances entre les différentes capitales se trouvent réduites comme suit :

De Paris à Berlin, par Bruxelles et Cologne, 43 heures; de Londres à Berlin, 42 heures; de Berlin à Vienne, 31 heures; de Berlin à Saint-Pétersbourg, 137 heures; de Londres à Munich, 62 heures; de Londres à Vienne, par Paris, Strasbourg, Munich et Salzbourg, 119 heures. Les bateaux à vapeur du Danube conduisent les voyageurs de Vienne à Constantinople en sept jours en moyenne.

Des dépôts d'or d'une grande valeur ont été découverts sur les bords de la rivière Léna, en Sibérie.

Le célèbre vaisseau, *le Souverain des mers*, qui vient de partir pour l'Australie, emporte la cargaison la plus considérable qui ait été réunie sur un seul navire. Le jaugeage du bâtiment est de 3,000 tonneaux, et la valeur de sa cargaison est évaluée à 300,000 liv. st. (7,500,000 fr.). *Le Souverain des mers* renferme vingt-cinq cabines de passagers de première classe, et quarante de seconde.

EXPOSITIONS UNIVERSELLES

DE LONDRES ET DE PARIS.

L'exposition universelle de Londres de 1851, en mettant en lumière les qualités de l'industrie anglaise, en a fait ressortir le côté faible au point de vue du sentiment artistique.

Aussi la Grande-Bretagne s'efforce-t-elle d'encourager le développement des arts industriels par différentes mesures auxquelles prennent part tout à la fois le gouvernement, les corporations municipales et de simples particuliers.

C'est dans ce but que vient d'être créé le *Departement of pratical art*. Cet établissement a pour objet principal l'enseignement du dessin et le perfectionnement de toutes les branches d'industrie dont cet art est la clef, telles que la poterie, la verrerie, la peinture sur émail et sur verre, la sculpture et la gravure sur métaux et sur bois, l'ébénisterie, le décor, la broderie, etc.

Une école-modèle est instituée à Londres, à Marlborough-House, où se trouvent des salles de démonstration, d'anatomie, de lecture et d'application dans chaque spécialité, ainsi que des collections de modèles et d'échantillons de toutes sortes.

Des écoles semblables sont déjà en activité dans un grand nombre de villes de l'Angleterre, de l'Ecosse et de l'Irlande.

Des expositions annuelles des travaux des élèves doivent avoir lieu chaque année, ainsi que des examens publics et des distributions de prix.

Un musée industriel, richement doté par ce que l'Angleterre a de plus élevé, est déjà établi dans le même édifice, et quoiqu'il brille surtout par le nombre et le prix des objets, il n'en constate pas moins une preuve éclatante de l'importance que nos voisins attachent à cette création.

Le but qu'on se propose est de familiariser la classe industrielle avec les objets d'art, et d'ouvrir à ses conceptions un horizon plus étendu et plus varié. C'est également le but de l'exposition de meubles et d'articles d'ébénisterie qui est actuellement ouverte à *Gore-House*, et à laquelle toutes les habitations somptueuses de Londres, à commencer par le palais de la reine, ont fourni leur contingent. On espère qu'à la vue des chefs-d'œuvre de la Renaissance et des siècles de Louis XIV et de Louis XV, dont l'industrie parisienne s'inspire encore de nos jours, l'ébénisterie anglaise comprendra qu'un meuble peut être une véritable création artistique, et que le sentiment du beau n'est pas absolument incompatible avec la solidité.

Ce qu'il importe principalement de remarquer, c'est que si la métropole a pris l'initiative, les provinces ne restent pas en arrière du mouvement. Les magistrats municipaux de la plupart des grandes cités commerçantes et manufacturières du Royaume-Uni se sont réunis dernièrement à Londres chez le lord maire, pour aviser en commun aux moyens de faire pénétrer l'élément artistique dans l'éducation industrielle. Les membres les plus éminents de l'administration et de la société anglaise ont tenu à honneur d'assister aux paisibles délibérations de ce congrès. Le besoin de multiplier les écoles de dessin et de faciliter aux ouvriers l'étude des modèles de l'antiquité et des temps modernes a été généralement reconnu. On doit s'attendre à voir, dans un avenir prochain, des musées et des conservatoires, appropriés à leurs industries spéciales, s'élever dans chacune des principales villes manufacturières des trois royaumes.

De leur côté, les fabricants de toutes les catégories appliquent à se perfectionner l'énergie et la persévérance distinctives de la race anglo-saxonne, pour qui un aveu d'infériorité est un stimulant pour l'avenir. Ils aspirent à prouver, lors de notre exposition universelle de 1855, que le souvenir des modèles qu'ils ont eus sous les yeux en 1851 leur a profité. On peut être certain qu'ils ne reculeront devant aucun sacrifice pour se donner cette satisfaction, et le sentiment national leur viendra puissamment en aide.

Il suffit de signaler ces dispositions et ces efforts de nos voisins pour stimuler en France le sentiment artistique. Il trouvera en lui les ressources nécessaires pour conserver à notre industrie, à l'exposition de 1855, la supériorité qui ne lui a pas encore été contestée.

Le Propriétaire-Gérant, Alexis Gaudin.

Typographie Hennuyer, rue du Boulevard, 7, Batignolles.
Boulevard extérieur de Paris.

TROISIÈME ANNÉE. N° 41. SAMEDI, 8 OCTOBRE 1853

LA LUMIÈRE

REVUE DE LA PHOTOGRAPHIE.

BEAUX-ARTS. — HÉLIOGRAPHIE. — SCIENCES.

JOURNAL NON POLITIQUE, PARAISSANT LE SAMEDI.

BUREAUX, à Paris, 9, rue de la Perle. BUREAUX, à Londres, 6, Henman Terrace, Camden-Town.

ABONNEMENTS. — *Paris*, UN AN, 20 FR.; 6 MOIS, 12 FR.; 3 MOIS, 7 FR.; *Départements*, UN AN, 22 FR.; 6 MOIS, 13 FR.; 3 MOIS, 8 FR.; *Etranger*, UN AN, 25 FR.; 6 MOIS, 15 FR.; 3 MOIS, 10 FR.

A partir du 1er septembre dernier, le prix de l'abonnement au journal LA LUMIÈRE *a été fixé de la manière suivante :*

PARIS.

UN AN	20 FR.
SIX MOIS	12
TROIS MOIS	7

DÉPARTEMENTS.

UN AN	22
SIX MOIS	13
TROIS MOIS	8

ÉTRANGER.

UN AN	25
SIX MOIS	15
TROIS MOIS	10

SOMMAIRE.

FRANÇOIS ARAGO.

Académie des sciences, 3 octobre 1853. — « M. le président annonce que M. F. Arago est mort la veille 2 octobre, à 6 heures du soir, et qu'il n'y aura pas de séance. »

Il serait difficile de dépeindre l'impression douloureuse que produisit cette triste nouvelle; disons seulement que cette séance si courte restera certainement une séance mémorable.

Mais, dira-t-on, la santé de l'illustre malade donnait depuis longtemps de vives inquiétudes !

« La mort nous surprend toujours. Depuis plus de six mois, une maladie cruelle devait nous ôter toute espérance de voir M. Arago revenir parmi nous. Et cependant le coup qui nous frappe nous a aussi profondément consternés que s'il eût été imprévu. C'est que le vide que certains hommes laissent après eux est encore plus grand que nos craintes mêmes n'avaient pu le représenter, et que nous n'en découvrons toute l'étendue que lorsqu'il s'est fait.

« C'est que l'intelligence qui vient de s'éteindre était cette puissante intelligence sur laquelle l'Académie aimait à se reposer : intelligence étonnante, née pour embrasser l'ensemble des sciences et pour l'agrandir, et dans laquelle semblait se réaliser, en quelque sorte, la noble mission de notre Compagnie, et sa devise même, de *découvrir, d'inventer* et de *perfectionner* : *Invenit et perficit.* »

Ces paroles, qui expriment si bien le sentiment général, furent prononcées mercredi sur la tombe du grand citoyen, par M. Flourens, secrétaire perpétuel, avec M. Arago, depuis 1833.

L'éloquent académicien qui partagea, pendant vingt années, les travaux de son immortel collègue, est un de ses admirateurs les plus sincères ! Par l'aménité de son caractère, par les fraternels et doux soins dont il entoura son aîné, M. Flourens allégea, surtout dans ces derniers temps, les vives sollicitudes du fondateur des comptes-rendus hebdomadaires, en prenant seul la grande part de responsabilité qui pesait depuis 1833 sur les deux célèbres savants, sur les deux secrétaires perpétuels Arago et Flourens (1).

Les journaux quotidiens ayant déjà consacré leurs colonnes à la biographie de l'homme éminent que la France vient de perdre, nous mêlerions tardivement notre faible voix à la grande voix de la reconnaissance nationale, si nous cherchions à esquisser la vie glorieuse de celui qui emporte les regrets de la France, sa patrie, et du monde savant. Nous publierons seulement la partie du discours de M. Flourens que nous avons entendu prononcer au cimetière de l'Est; c'est une page bien éloquente, écrite par un membre de l'Académie française (M. Flourens appartient aussi, depuis 1840, à cette Académie), et inspirée par un membre distingué de l'Académie des sciences.

A.-T. L.

« Dès le début de sa carrière, M. Arago eut le bonheur le plus enviable pour un jeune homme qui osait déjà rêver un avenir illustre, celui d'être attaché à un grand maître. Il fut choisi pour aller en Espagne, sous la direction de M. Biot, concourir à l'achèvement de la grande opération scientifique qui devait nous donner une mesure plus précise du globe. Sa vive capacité et le courage ardent avec lequel il se dévoua à cette belle entreprise lui valurent, à son retour, l'adoption de l'Académie.

« Il avait à peine vingt-trois ans. Sa jeunesse même attira sur lui la plus bienveillante affection ; et le corps qui se plaisait à l'entourer de si bonne heure de tant de sympathies le vit bientôt, avec orgueil, les justifier toutes.

« Ce n'est point ici le lieu de rappeler tous les travaux d'une vie scientifique des plus actives, des plus passionnées, des plus mobiles. M. Arago avait le génie de l'invention. Il a ouvert des routes. Ses découvertes sur la *polarisation colorée*, sur les rapports de *l'aimantation* et de *l'électricité*, sur le *magnétisme* qu'on a appelé *magnétisme de rotation*, sont de ces découvertes supérieures qui nous dévoilent des horizons inconnus et fondent des sciences nouvelles.

« Il ne fut ni moins habile ni moins heureux dans une autre voie de découvertes. M. Arago ne s'isolait pas dans ses propres succès. Il voulait, avec la même ardeur, les succès du corps auquel il appartenait. Il se faisait un bonheur de chercher les jeunes talens qui promettaient de nouvelles gloires à l'Académie ; aussi, dans la carrière des sciences, n'est-il presque aucun de ses contemporains qui ne lui reste attaché par les liens de la reconnaissance.

« M. Arago fut appelé à remplacer, en 1830, M. Fourier, comme secrétaire perpétuel. Dès qu'il parut à ce poste, une vie plus active sembla circuler dans l'Académie. Il savait, par une familiarité toujours pleine de séduction dans un homme supérieur, gagner la confiance et se concilier les plus vives sympathies : ce don, cet art du succès, il le mit tout entier au service du corps dont il était devenu l'organe.

« Jamais l'action de l'Académie n'avait paru aussi puissante et ne s'étendit plus loin. Les sciences semblèrent jeter un éclat inaccoutumé et porter leurs bienfaisantes lumières sur toutes les forces productives de notre pays.

« Cet homme, d'une pénétration si sûre et si prompte, avait un talent d'analyse extraordinaire. L'exposition des travaux des autres semblait être un jeu pour son esprit. Dans ses fonctions de secrétaire, sa pensée rapide et facile, le tour spirituel, les expressions piquantes captivaient l'attention de ses confrères, qui, toujours étonnés de tant de facultés heureuses, l'écoutaient avec un plaisir mêlé d'admiration.

« Lorsque les progrès de la maladie lui eurent fait perdre la vue, toutes les ressources du génie si net et si vaste de M. Arago se dévoilèrent pour qui siégeait à côté de lui. De nombreux travaux sur les sujets les plus compliqués et les plus ardus, après une seule lecture entendue la veille, *se retraçaient à la plus simple indication*, dans une mémoire infaillible, avec ordre, avec suite, et; tout cela se faisait naturellement, aisément, sans aucune préoccupation visible. La facilité de la reproduction en dérobait la merveille.

« Comme historien de l'Académie, M. Arago apportait dans cette sorte de sacerdoce si difficile et si redoutable, où il s'agissait de pressentir le jugement de la postérité, une conscience d'étude, une force d'investigation, un désir d'être complétement équitable, qui marquent à ses *éloges* un rang éminent. Dans les écrits de l'éloquent secrétaire se trouvent toutes les qualités de son esprit, une pénétration sans égale, la verve brillante et le charme de la bonhomie.

« Interprète de cette Académie, dans laquelle M. Arago a siégé pendant près d'un demi-siècle, j'ai voulu ne parler que de l'homme qui nous a appartenu. Cet homme doit survivre pour rester une des illustrations scientifiques de notre pays.

« Les nobles vétérans de la science dans toutes les parties du monde civilisé, de Berlin à Londres, de Saint-Pétersbourg à Philadelphie, partageront notre douleur. Les générations studieuses, qui, depuis quarante ans, se sont succédé, rediront à cette intelligente et patriotique jeunesse qui aujourd'hui les remplace dans nos brillantes écoles, combien il sut s'y faire aimer, et tout ce qu'avait de puissance la bonté sympathique du maître sur la tombe duquel ils viennent porter en ce moment l'hommage de leur douleur.

« Cet homme, en qui se réunissaient tant de supériorités, a rempli une partie de sa vie par le culte de la famille : il avait connu toutes les douceurs de la piété filiale; le lien de ses affections s'étendit sans jamais s'affaiblir ; ses frères, ses sœurs, furent toujours chez lui sous le toit paternel ; ses enfants et les leurs lui appartenaient également : aussi trouva-t-il une fille dont les soins pieux et touchants doivent recevoir aujourd'hui le tribut de reconnaissance de l'Académie.

M. Barral a ensuite prononcé les quelques paroles chaleureuses qui suivent :

« Illustre maître, maître bien-aimé, grand citoyen, c'est

(1) L'honorable M. Flourens, illustre et modeste savant, qui exerce avec un rare talent, depuis vingt années, conjointement avec M. Arago, la noble et lourde charge de secrétaire perpétuel, supporte, avec une extrême mansuétude, tout le poids des travaux. Quoique indisposé, il a pris sa place habituelle au fauteuil. (*Lumière*, 20 août 1853.)

un devoir et en même temps un bien triste honneur pour moi de venir exprimer un sentiment qui est dans tous les cœurs. La constante sollicitude pour les progrès de l'esprit humain t'a toujours porté à prendre les jeunes gens dans ta main et à leur inspirer ta passion pour la science. La veille de ta mort, le dernier mot que tu m'as dit a été : Travaillez, travaillez bien !

« Cette sublime leçon restera gravée dans les âmes de tous les jeunes savants. Ils s'efforceront de suivre les voies que ton génie a ouvertes. En t'endormant dans l'immortalité tu as voulu leur enseigner que le travail est le seul moyen de rendre des services à leur pays et à l'humanité; merci pour eux. Adieu ! au nom de la jeunesse ! au nom de son admiration pour toi, de son amour pour ta mémoire, je te le dis : tu peux compter sur elle; adieu ! »

LA PHOTOGRAPHIE EN ANGLETERRE.

(Correspondance particulière de LA LUMIÈRE.)

SUBSTITUTION DU BROME A L'IODE. — Comme il était facile de le prévoir, les observations de sir John Herschel sur ce sujet ont attiré l'attention de beaucoup d'opérateurs. C'est un point si intéressant que je n'hésite pas à donner ici deux communications que j'ai sous la main. M. W. Crookes, dont j'ai analysé l'article dans *la Lumière* du 18 juin, a continué ses recherches, en travaillant avec un *collodion bromuré*, qu'il a trouvé, par ses expériences, avoir une grande valeur. Voici sa manière d'opérer, comme il la donne dans le dernier numéro du *Journal de la Société photographique.*

Pour préparer le collodion. — Mélangez, à volume égal, de l'acide sulfurique de la gr. sp. de 1.80 et de l'acide nitrique, gr. sp. 1.50; agitez bien avec une baguette en verre, et pendant que le mélange est encore chaud, enfoncez-y autant de morceaux de bon papier buvard de Suède que le vase qui le renferme en pourra contenir. Au bout d'une heure, versez ce liquide, et lavez le papier jusqu'à ce qu'il soit sans la moindre trace d'acide; alors séchez-le dans une pièce chaude. Prenez une partie du papier ainsi préparé et faites-le dissoudre dans 77 parties de l'éther le plus pur, et 5 parties d'esprit-de-vin à 60°.

Pour bromurer ce collodion. — Mettez dans une petite bouteille une partie de nitrate d'argent cristallisé et à peu près 5 parties de bromure d'ammoniaque pur; versez dessus 54 parties d'esprit-de-vin à 60°, et laissez-les pendant quelques heures, en secouant plusieurs fois le mélange. Alors ajoutez à 15 parties de collodion 1 partie de ce liquide. Le collodion ainsi préparé restera longtemps parfaitement bon et incolore.

Pour sensibiliser la plaque. — Il la plonge dans un bain de nitrate d'argent, qui a été saturé de bromure d'argent; il suffit de l'y laisser environ deux minutes, quoiqu'elle ne souffre pas d'un séjour plus prolongé. La couche de bromure d'argent est d'un orangé pâle en la regardant à la lumière transmise, et bleue par la lumière réfléchie, et elle est très-transparente.

Pour développer. — M. Crookes préfère le protonitrate de fer, y étant plus accoutumé; mais il ne doute point que l'acide pyro-gallique ne fasse aussi bien.

On peut varier dans certaines limites les proportions ci-dessus données de papier, d'alcool, et de mélange à bromurer. Il les a données comme il les a employées ordinairement; mais chaque opérateur doit s'assurer s'il ne peut, en les variant quelque peu, se procurer un collodion d'une consistance et d'une force préférables.

Les principaux avantages qu'il paraît posséder sur le collodion ioduré, outre sa grande sensibilité, sont ceux-ci : dans un paysage, l'opacité qu'il faut pour les parties les plus illuminées, comme le ciel, par exemple, n'est pas perdue par une trop longue exposition; et la végétation se reproduit plus facilement. Mais la plus grande sensibilité de ce collodion à la lumière coloriée est mise plus clairement en évidence quand on emploie du verre colorié ou du sulfate de quinine, selon la suggestion de sir John Herschel, pour absorber les rayons nuisibles qui agissent avec force. Pour prouver ceci, dit M. Crookes, j'ai arrangé plusieurs fleurs, de manière à obtenir un grand contraste de lumière, de couleur et d'ombre. La première image que j'en ai obtenue, sur le collodion ioduré, était, selon mon attente, défectueuse dans les demi-teintes, très-peu des couleurs produisant une impression proportionnée. Mais avec le collodion bromuré, dans les mêmes circonstances et avec l'interposition du bain de sulfate de quinine (voir le n° du 18 juin), toutes les parties sont sorties avec presque les mêmes gradations de jour et d'ombre que dans la nature. Cette dernière image demandait 40 minutes; sur le collodion ioduré il lui fallait 4 minutes, sans le bain de quinine; mais quand je l'essayai sur le collodion ioduré avec le bain de quinine, j'ai trouvé qu'avec la lumière dont je pouvais disposer, la plaque ne pouvait se conserver assez longtemps, puisque dans une heure et demie il n'y avait qu'une faible indication d'effet.

M. Crookes ne cherche pas à s'attribuer cette idée de travailler avec une partie seulement des rayons, en empêchant l'opération des autres par le sulfate de quinine, ou par du verre colorié; mais il en rend tout l'honneur, avec un soin honorable, à M. Edmond Becquerel fils (et à d'autres), dont les travaux sont mieux connus parmi nos opérateurs que vous ne pourriez le penser.

M. Berry, de la Société de Liverpool, a travaillé aussi dans la même direction. Il a commencé ses recherches en essayant du terbromure d'or, qui donnait des images presque instantanément, même dans des temps couverts; mais après avoir employé une portion considérable de terbr[illegible] pour obtenir une couche plus opaque, il trouvait qu'en développant, un dépôt de métal réduit se faisait sur toute la plaque, même sans l'introduction de la lumière. Enfin, après beaucoup d'expériences, il a trouvé un procédé qui permet, dit-il, de produire, avec la même solution et le même collodion, des positifs sur verre d'une grande clarté et d'une délicatesse remarquable, aussi bien que des négatifs, et d'opérer à toutes les lumières, en exposant seulement plus longtemps dans la chambre obscure, et en développant avec l'acide pyro-gallique pour les négatifs. Il a obtenu une ombre plus transparente et plus douce, et une constante intensité dans le négatif, soit qu'il travaillât dans une chambre imparfaitement éclairée, ou en plein soleil, ou par des temps sombres, de pluie et de nuages; il a trouvé de plus que le rouge, le vert, le brun, le jaune et le bleu peuvent chacun produire une impression définie avant de se solariser.

Voici son procédé (qui aurait pu être donné un peu plus nettement peut-être) tel qu'il l'a communiqué à la dernière réunion de la Société de Liverpool.

Pour bromurer le collodion, prenez 26 centigr. de bromure d'ammoniaque, que vous faites dissoudre dans la plus petite quantité possible d'esprit-de-vin, et ajoutez assez de collodion simple pour en faire 28 grammes. Ajoutez 4 grammes de nitrate d'argent à ce bain. Développez, pour les positifs, avec du sulfate de fer, comme à l'ordinaire; et pour les négatifs, prenez : acide pyro-gallique une partie, acide acétique 4 parties, esprit-de-vin 4 parties, et eau 24 parties. Si le négatif vient trop faible, versez de la plaque la solution pyro-gallique, ajoutez-y quelques gouttes du bain de nitrate d'argent, et alors versez-en encore sur la plaque; on peut de cette manière se procurer toute l'intensité qu'on veut.

M. Berry décrit ensuite une méthode pour employer des plaques doubles, c'est-à-dire une plaque collodionée sur laquelle on en colle une autre sans collodion, comme un moyen de garder plus longtemps le collodion sans perdre de sa sensibilité. Vous versez du collodion sur la plaque, de la manière ordinaire, et vous la laissez presque entièrement sécher avant de la plonger dans le bain; ayant trouvé alors que la couche est assez bromurée, retirez la plaque du bain, mettez contre son bord inférieur le bord d'une autre plaque des mêmes dimensions et parfaitement nettoyée, et enfoncez-les graduellement dans le bain. Quand elles sont submergées, laissez-les s'approcher face à face : sortez-les alors, et mettez-les dans le châssis. Elles peuvent se garder ainsi parfaitement bonnes pendant dix heures au moins. Quand la vue a été prise, placez la double plaque à plat sur une table, introduisez la lame d'un canif au coin, et les plaques se sépareront graduellement. On développe alors comme à l'ordinaire. On peut ainsi copier des objets qui sont très-faiblement éclairés, des intérieurs, etc., et prendre des vues malgré l'absence du soleil.

Un autre membre de la Société, M. Keith, a montré deux belles images de groupes de fleurs, obtenues par ce procédé, qui prouvent qu'on peut en tirer les résultats les plus satisfaisants.

FRANK SCOT.

SEMAINE PHOTOGRAPHIQUE.

SENSIBILISATION DES GLACES, SOUFFLET USUEL POUR ASSÉCHER LES VASES EN VERRE.

Le nettoyage des glaces, la pose du collodion et sa sensibilisation, *sans le contact des doigts*, entrent pour beaucoup dans la réussite des négatifs et des épreuves positives sur verre, et je commence à croire que tous les insuccès attribués jusqu'à ce jour à la lumière diffuse et à l'action de l'air, proviennent du contact des doigts et des châssis.

Les insuccès sont bien plus fréquents et plus marqués sur les petites plaques que sur les grandes, attendu que la réduction commence sur les bords et se propage vers le centre par la nappe de liquide; c'est pourquoi j'ai comparé avec le plus grand soin les diverses manières de mettre les plaques dans les bains. Pour les grandes plaques, l'emploi d'un crochet, le collodion en dessous, prévaut généralement; mais je crois qu'un manche à pompe appliqué sur le milieu de la plaque, avant la pose du collodion, permettrait d'étendre le collodion sur toute la surface de la glace; on éviterait ainsi d'avoir un angle dégarni qui livre passage au liquide et nuit, par conséquent, à la solidité du collodion; l'application du crochet produit aussi une déchirure qui est suivie des mêmes inconvénients.

Avec un manche, on peut sensibiliser la glace sans entamer le collodion, en la tenant suspendue dans le bain d'argent sans lui faire toucher nulle part le fond de la cuvette; une plaque ainsi tenue et plongée sans brusquerie dans une position légèrement oblique, se mouille avec une régularité parfaite, en commençant par l'extrémité la plus basse; et si l'on préférait la faire poser sur le fond de la cuvette, le moyen le plus simple serait de faire tomber sur ce fond bien sec et dans la partie correspondante aux angles de la plaque, deux gouttes de cire à cacheter qui ne produiraient qu'une déchirure imperceptible dans la partie la plus éloignée du centre.

J'ai appliqué ce procédé aux petites plaques, et toujours il m'a donné de belles épreuves, quand j'ai employé un collodion convenable et quand j'ai pu éviter les bulles d'air.

Pour cela, je coupe du tube en gutta-percha, de un centimètre de diamètre, en morceaux de deux centimètres de longueur. Ce sont mes manches, que j'applique en ramollissant leur extrémité à la chaleur d'une bougie ou d'une allumette chimique. Pour appliquer solidement ces manches, il faut que la gutta-percha soit bien ramollie, *sans être brûlée*, et l'appliquer avec *force et en tournant pour l'étaler un peu*. Ces manches se détachent au moment opportun, et servent indéfiniment.

La plaque ayant été bien nettoyée et armée de son manche, on peut y poser le collodion avec la plus grande facilité, en couvrir tous les angles et le faire déborder à volonté, pour le rendre bien adhérent aux bords, ce qui est nécessaire pour les collodions épais destinés au transport.

On ne doit pas se presser d'appliquer la plaque sur le bain. Il est certain que le collodion *desséché*, appliqué sur le bain d'argent, perd beaucoup de sa sensibilité; mais j'ai constamment obtenu des épreuves très-rapides et très-fines, avec un collodion posé depuis une minute et ventilé : dans ces conditions l'aspect gras disparaît très-vite, et le nitrate d'argent pénètre davantage.

La mise au bain de la plaque, le collodion en dessous, produit souvent sur les épreuves des *traînées blanches et des taches rondes*, qui proviennent uniquement du passage et du séjour des bulles d'air. On évite, il est vrai, ces taches en plongeant les plaques, le collodion en dessus, mais cette méthode exige un bain exempt de tout précipité, c'est-à-dire récemment filtré. A moins de filtrer à chaque fois, on éprouvera souvent l'inconvénient du dépôt de *cristaux microscopiques*, qui se forment souvent, sans que l'on sache pourquoi ils produisent autant de petites déchirures sur la pellicule sensible et se traduisent par des points noirs sur les positives, et des jours sur les négatives.

L'existence de ces cristaux se manifeste très-bien quand la plaque n'a plus de stries grasses au reflet de la flamme d'une bougie; la plaque paraît couverte d'un sable très-fin, en raison des saillies qui rompent l'uniformité de la nappe liquide. En plaçant le collodion *en dessous*, on évite cet inconvénient.

Le mieux serait d'employer pour les bains des auges verticales en verre, qui sont connues chez les verriers sous le nom de *conserves à forme plate*. Ces auges évitent les filtrations et les inconvénients des bulles d'air; elles permettent de ne pas mouiller la totalité de la plaque et d'en laisser par conséquent une portion sèche pour la saisir sans toucher au liquide.

Le contact de la plaque mouillée avec les bords des châssis en bois imprégnés de nitrate d'argent à moitié réduit, cause souvent des insuccès; le liquide, après avoir mouillé ces bords, *charrie sur la plaque un mélange réducteur qui cause les taches grises ou fusées qui souvent couvrent la plaque en totalité sans qu'on s'en doute*. Il faudrait au moins vernir les châssis à la gomme laque, ou déposer un peu de cire à cacheter aux quatres angles pour servir d'appui à la plaque, en tenant compte de l'éloignement de la plaque par rapport au verre dépoli. On commence à construire des châssis dans lesquels les plaques de verre ne posent qu'aux quatre angles : c'est un bon début; il serait préférable de faire poser ces plaques sur quatre petites plaques de verre que l'on pourrait nettoyer à volonté.

La nature du collodion influe singulièrement sur la production des stries. Les collodions à base de bromure ont rarement des clairs exempts de petits grains microscopiques, qui donnent aux noirs des épreuves positives un aspect terne désagréable : ces collodions se couvrent aussi de lames frangées très-singulières, à la formation desquelles la lumière diffuse paraît contribuer, attendu qu'elles manquent au revers du manche en gutta-percha ; mais comme ces taches grises sont étagées, leur non-existence sur la partie correspondante au disque de gutta-percha me semble bien plutôt due à une dessiccation plus complète du collodion, en cette partie qui est plus chaude : d'un autre côté, la portion exempte de voile est *nettement limitée*, ce qui n'aurait pas lieu si la chaleur en était cause; la transition serait graduée.

Ce singulier phénomène m'est apparu bien des fois, toujours avec les mêmes collodions contenant une certaine quantité de bromure de zinc : quand je laissais le manche en place pendant l'impressionnement à la chambre, je couvrais ma plaque de chiffon blanc, puis de percaline noire en plusieurs doubles; l'effet s'est produit avec et sans le chiffon blanc; en un mot je ne puis m'expliquer cette singulière apparition qu'en supposant que ces collodions sont sensibles à certains rayons obscurs que laisse passer la percaline noire, rayons qui n'impressionnent pas, dans les mêmes circonstances, d'autres collodions très-sensibles.

Pour le sulfate de fer et l'hyposulfite, l'immersion de la plaque avec le collodion en dessus ou en dessous, la différence est peu de chose, si leur surface est propre; et comme il est facile d'en avoir une certaine quantité à peu de frais, on s'en sert facilement le collodion en dessus. Il est très-bien aussi, après avoir placé la plaque sur un flacon à large ouverture, de verser le sulfate ou l'hyposulfite par un angle; on peut ainsi faire subir à une petite plaque toutes les opérations de lavage, comme on le fait aujourd'hui pour les grandes plaques.

J'ai pris des informations pour les poires en caoutchouc vulcanisé, destinées à la construction de mon soufflet pour assécher les vases. La maison du Pont-Neuf paraît disposée à entreprendre cette petite fabrication : on m'a montré des poires convenables. Voici, du reste, comment je me propose de construire mon soufflet; il est assez simple pour que chacun puisse le mettre à exécution.

On ne peut bien assécher un vase en verre qu'en le chauffant, tandis qu'avec un soufflet, on renouvelle l'air à l'intérieur : par ce moyen l'air s'échauffe et entraîne sans cesse de la vapeur d'eau ; mais la nécessité d'employer les deux mains pour faire fonctionner le soufflet ne permet pas d'échauffer commodément le vase d'une manière continue. Avec le petit soufflet que je propose, on fera souffler d'une main, pendant que de l'autre main on échauffera le vase en verre.

Le soufflet sera composé d'une poire en caoutchouc vulcanisé dont le goulot sera serré sur un bouchon, avec du fil de laiton recuit ; ce bouchon sera percé de deux trous inégaux ; l'un, plus grand, destiné à la rentrée de l'air, et l'autre, plus petit, recevra un tube en verre, long de 2 ou 3 décimètres, pour la sortie de l'air et son introduction dans le vase en verre. Le tube en verre viendra effleurer à la surface intérieure du bouchon, et son creux, qui ne dépassera pas 2 millimètres de diamètre, présentera une surface de section vingt-cinq fois moindre que le trou d'entrée de l'air, qui aura un diamètre de 10 millimètres au moins.

L'orifice de ces deux ouvertures sera masqué par une petite plaque en bois mince couverte de peau de daim ; sur la plaque en bois on fixera, avec de la gomme, laque un petit bout de tube en verre, long de 8 ou 10 millimètres, et d'un calibre intérieur propre à laisser passer librement un fil d'acier, dont les deux extrémités seront ployées à angle droit pour être fixées dans le bouchon. Le petit tube en verre sera, à dessein, placé plus près de l'orifice du tube de sortie que du milieu du trou pour l'entrée de l'air : par ce moyen il y aura un effet de levier qui fera que le mouvement du clapet sera commandé par la pression de l'air à l'orifice du grand trou, c'est-à-dire que ce petit obturateur ayant le fil d'acier pour axe procurera des mouvements alternatifs de poussée et d'appel par les mouvements de l'air à l'orifice du grand trou, qui fermeront et ouvriront invisiblement l'orifice du tube de sortie, si on a pris la précaution de placer l'orifice des trous sur des plans un peu différents, c'est-à-dire formant, par leur intersection, un angle obtus presque égal à 180°, en les supposant prolongés et coupant le fil d'acier.

Quand le fil d'acier et le tube auront été placés, on les arrêtera avec un peu de cire à cacheter bien chaude : cette mastication se fera pour le tube de verre, à sa sortie extérieure du bouchon.

Par cette disposition, en pressant la poire, le trou se fermera, l'orifice du tube s'ouvrira du même coup, et l'air sortira ; en cessant de presser, la poire se gonflera par son ressort, elle fera appel de l'air par le grand trou, le clapet sera poussé en arrière, et fermera l'orifice du tube par une nouvelle pression. L'effet se renouvellera indéfiniment.

M.-A. GAUDIN,
Calculateur du Bureau des Longitudes.

VUES DE JERSEY.

Par MM. HUGO frères et AUG. VACQUERIE.

Dans notre numéro du 6 août 1853, nous avons annoncé la belle publication à la fois littéraire et photographique que MM. Victor Hugo, Charles et François Hugo, et Auguste Vacquerie préparaient, et dont le titre devait être : *Jersey et les îles de la Manche*.

Les sites charmants ou grandioses qui distinguent ce groupe d'îles, les beautés diverses dont la nature s'est plu à les parer, et qui en font un sujet plein d'inspirations pour le poëte et l'artiste, surtout le nom et le talent de ceux qui ont entrepris de les faire connaître au public, tout se réunissait pour nous persuader d'avance du succès qui attendait le livre et cet album.

Aujourd'hui nous pouvons le prédire d'une façon plus positive encore, car nous avons sous les yeux deux épreuves qui feront partie des vues de Jersey.

L'une représente un rocher dont le pied doit être baigné souvent par la mer dans les hautes marées, lumineux au sommet, taillé de mille facettes qui brillent au soleil, et dans le flanc duquel s'ouvre un abîme profond et ténébreux que les tempêtes ont creusé; ce rocher, coupé à pic, laisse entrevoir à droite une perspective éloignée.

Ce sujet, simple, et grandiose parle éloquemment à l'imagination. On sent que derrière ce rideau de granit l'horizon s'élargit, et l'on croit entendre le grand bruit de la mer :

Vents, flots, hymne orageux, chœur sans fin, voix sans nombre.

Il semble que, quand on a gravi péniblement les rudes degrés de cette roche aride, et qu'on en atteint la cime, on doit se sentir inondé d'une lumière plus vive que le ciel laisse tomber sur vous, et que la vague et la pierre vous renvoient ; là, on doit respirer une brise plus pénétrante et plus forte, et l'œil doit plonger plus avant et plus sûrement dans l'espace. Ce rocher est à lui seul tout un poëme.

En photographes habiles, MM. Hugo ont compris qu'à cause même de la simplicité magistrale de leur sujet, il leur fallait s'attacher à la reproduction minutieuse des détails. Aussi ont-ils fait ce cliché sur verre ; mais ils ont su éviter la sécheresse en choisissant une lumière convenable, qui dessine grassement les contours heurtés de la pierre.

Une autre épreuve, la vue de *Mount-Orgueil Castle*, présente aussi un vif intérêt.

Pour défendre les îles contre la mer, Dieu les a entourées de rochers; mais l'homme n'a pas cru que ces digues naturelles puissent suffire pour les défendre contre l'homme ; aussi a-t-il couvert les rochers de remparts formidables, de tours massives. Mais ceux qui avaient construit ces murailles ont passé; le temps est venu qui a renversé pierre à pierre ces monuments de la défiance humaine, et qui en a fait des ruines sur lesquelles il a semé le lierre. Voilà tout ce qui reste aujourd'hui du *Château du Mont-Orgueil*. Et cependant, quand on contemple ces débris, quand on voit ces murs épais, dont quelques pans trapus subsistent encore, ces voûtes gigantesques qui ont porté sans faiblir l'écroulement des masses énormes qu'elles supportaient, on comprend que ceux qui les avaient bâtis étaient de rudes hommes, et l'on ne s'étonne plus du nom significatif que la tradition a donné à ces ruines, qui tombent vaillamment sous les coups répétés et puissants des années.

MM. Hugo ont fait de cette vue une page saisissante, une épreuve pleine de caractère et de grandeur. C'est ainsi que chacune des planches qui sortiront de leurs mains présentera un intérêt et un charme nouveaux. Et comment en pourrait-il être autrement ? Ils sont photographes et ils sont poëtes ! Ils ont, pour sentir, la poésie qui est l'intelligence suprême du beau, et ils ont, pour traduire, la photographie qui est la vérité absolue dans la reproduction. Le moyen de ne pas faire des chefs-d'œuvre avec cela ?

ACADÉMIE.

SÉANCE PUBLIQUE ANNUELLE

Du 1er octobre 1853.

PRÉSIDÉE PAR M. HEIM, PRÉSIDENT DE L'ACADÉMIE DES BEAUX-ARTS.

La séance a commencé par une ouverture de M. *Morhange Alkan*, second grand prix de l'année 1850.

Après la lecture par M. Raoul Rochette, secrétaire perpétuel, du rapport sur les ouvrages des pensionnaires de l'Académie de France à Rome, est venue la distribution des grands prix de peinture, de sculpture, d'architecture et de composition musicale.

Le sujet donné par l'Académie pour les grands prix de PEINTURE, était : *Jésus chassant les vendeurs du temple.*

L'Académie n'a pas décerné de premier grand prix.

M. PICOU (Henri-Pierre), né à Nantes le 24 février 1824, élève de M. *Paul Delaroche*, a remporté le second grand prix.

M. DELAUNAY, né à Nantes le 12 juin 1828, élève de M. *Flandrin*, a remporté le deuxième second grand prix.

Le sujet de concours pour les grands prix de SCULPTURE était : *Désespoir d'Alexandre après le meurtre de Clitus.*

L'Académie n'a pas décerné de premier grand prix, et elle a cru devoir rendre publics les motifs de cette décision :

C'est que l'ensemble du concours lui a paru manquer de l'harmonie d'aspect nécessaire au bas-relief, et que la figure principale, celle d'Alexandre, n'y répondait pas aux données antiques.

M. CHAPU (Henri-Michel-Antoine), né à Mée (Seine-et-Marne) le 29 septembre 1833, élève de M. *Duret*, a remporté le second grand prix.

M. DOUBLEMARD, élève de M. *Duret*, a obtenu une mention honorable.

Le sujet donné par l'Académie pour les grands prix d'ARCHITECTURE était : *un Musée pour une capitale.*

Le premier grand prix a été remporté par M. DIET (Arthur-Stanislas), né à Amboise (Indre-et-Loire) le 5 avril 1827, élève de M. *Duban* et de feu M. BLOUET.

Le second grand prix, par M. COQUART (Ernest-Georges), né à Paris le 9 juin 1831, élève de M. LEBAS.

M. DAUMET a obtenu une mention honorable.

L'Académie avait trouvé les premières épreuves de PAYSAGE HISTORIQUE trop faibles pour admettre les concurrents au concours définitif. Il n'y a donc pas eu cette année de concours de paysage historique. Mais l'Académie n'a pas voulu que notre jeune école restât privée pendant huit ans du prix de paysage. Elle a décidé, en conséquence, que ce concours serait repris l'année prochaine, dans l'espérance que cette leçon aura profité aux jeunes élèves appelés à jouir d'une faveur qui donnera lieu à une pension de trois ans, et qu'ils s'en seront montrés dignes par de sérieuses études.

Le premier grand prix de COMPOSITION MUSICALE a été remporté par M. GALIBERT (Pierre-Christophe-Charles), né à Perpignan le 8 août 1826, élève de M. *Halévy* et de M. *Bazin*.

Le second grand prix, par M. DURAND (Emile), né à Saint-Brieuc le 16 février 1830, élève de M. *Halévy* et de M. *Bazin*.

M. *Diet*, étant le seul qui ait remporté un premier grand prix, a reçu le prix de 600 fr. fondé par Mme veuve Leprince. L'Académie lui a décerné aussi la GRANDE MÉDAILLE D'ÉMULATION accordée au plus grand nombre de succès dans l'École d'architecture.

Il n'y a pas eu lieu de distribuer les prix de 1,000 fr. pour la peinture, de 1,000 fr. pour la sculpture, légués par la même fondatrice pour les premiers grands prix.

Feu M. le comte Maillé-Latour-Landry a institué un prix en faveur d'un écrivain ou d'un artiste dont le talent déjà remarquable mériterait d'être encouragé. Ce prix a été décerné à M. Coquart, jeune homme de vingt-deux ans, qui a obtenu le second grand prix d'architecture.

Feu M. Deschaumés a fondé, par son testament, un prix annuel de la valeur de 1,200 fr. à décerner, au jugement de l'Académie des Beaux-Arts, à un jeune architecte réunissant aux talents de sa profession *la pratique des vertus domestiques*.

L'Académie a décerné ce prix à M. Auguste Lafolye.

MM. JACOMETY et MAILLOT pour la peinture, et MANIGLIER pour la sculpture, ont obtenu chacun *la grande médaille d'émulation de* 1853.

La lecture de la notice historique sur la vie et les ouvrages de M. Pradier, par M. Raoul Rochette, a vivement impressionné la brillante et nombreuse société qui assistait à cette intéressante séance. Des applaudissements unanimes et réitérés ont souvent couvert la voix éloquente de M. le secrétaire perpétuel (1).

Mlle Lefèvre, MM. Bataille et Puget, tant aimés du public, ont concouru, avec l'orchestre de l'Opéra-Comique, à l'exécution de la scène composée par M. Galibert, qui a remporté le premier grand prix de composition musicale.

SOCÉTÉ D'ENCOURAGEMENT.

GRAVURE HÉLIOGRAPHIQUE.

M. Clerget, en présentant, au nom de MM. Niépce de Saint-Victor et Lemaître, à la Société d'encouragement (séance du 5 octobre), les épreuves de gravure héliographique dont nous avons parlé dans notre numéro du 10 septembre dernier, a annoncé que M. Niépce venait de composer un nouveau vernis aussi fluide que l'albumine, et qui, s'étendant aussi facilement que le collodion, sèche aussi vite, ce qui permet d'opérer dix minutes après qu'on en a couvert la plaque d'acier.

Voici sa composition :

Benzine,	100 grammes.
Bitume de Judée,	10 »
Cire jaune pure,	5 »

Par l'emploi de ce vernis on est amené à changer la composition du dissolvant selon l'action de la lumière et l'épaisseur de la couche.

STATISTIQUE DE LA PHOTOGRAPHIE.

(Suite du 21e article).

Boîtes à mercure. — La boîte à mercure est ainsi nommée à cause de son usage, que chacun connaît. Elle sert à faire venir l'épreuve au sortir de la chambre noire avec la vapeur du mercure chauffé à un certain degré.

Elle est de plusieurs sortes, que l'on peut réduire à trois principales.

La boîte à mercure en noyer, fond à coulisses, pieds rentrants, thermomètre et porte sur le devant.

La boîte à mercure, nouveau système, forme conique et capsules en porcelaine.

La boîte à mercure avec un seul pied sur le derrière.

La boîte à mercure en noyer, fond à coulisses, pieds rentrants, thermomètre et porte sur le devant, se compose d'une boîte principale ; de deux pieds, qui rentrent ou sortent à volonté; d'un tiroir au fond, à coulisse; d'une capsule, tantôt en porcelaine, tantôt en tôle de fer; d'un thermomètre, d'une porte sur le devant, enfin d'une petite glace carrée et transparente qui donne jour dans l'intérieur de la boîte.

La boîte principale est formée de quatre planches emboîtées en tous sens les unes dans les autres, pour éviter le travail du bois. Le noyer est le bois le plus propre à sa construction.

Les deux pieds sont deux planchettes qui se meuvent sur les côtés, au moyen de coulisses. Ils sont de la largeur de la boîte et forment une espèce de foyer abrité dont nous allons trouver l'usage. Sur ces pieds, la boîte est maintenue à une hauteur convenable qui permet de chauffer le mercure contenu dans la capsule du tiroir ou fond à coulisse. La facilité de faire glisser les pieds n'est absolument que pour diminuer le volume de la boîte. Le jeu en doit être aisé, sans irrégularité, sans oscillation de la boîte elle-même, ce qui s'opposerait tout à fait au succès de l'opération. Comme on le voit, les pieds sont indispensables dans l'emploi de la boîte. On comprend qu'en descendant ils la mettent debout et qu'en remontant ils l'asseyent pour ainsi dire. Il y a un ressort dans l'intérieur de chaque pied. En appuyant dessus, le pied semble remonter de lui-même. Ce ressort entre dans une petite entaille formée aussi en dedans du pied. L'entaille se fait pour empêcher le mouvement de bas en haut, et réciproquement. Les pieds poussés loin de leurs coulisses élèvent la boîte et laissent une place entre eux. C'est là que repose la lampe à esprit-de-vin allumée qui chauffe la température du mercure jusqu'à exhalaison de sa vapeur. Ainsi, comme nous l'avons entrevu, les deux pieds abritent les flammes de la lampe et en empêchent les dérangements ou vacillations.

Le tiroir ou fond à coulisses est fait de quatre pièces, en bois ordinaire, qui entourent la capsule.

La capsule est un vase dont le nom indique la forme. Nous l'avons dit, elle est tantôt en porcelaine, tantôt en tôle de fer, sujette qu'elle est à l'exposition de la lampe qui la ferait éclater en toute autre matière. Elle doit donc être ainsi assez mince pour communiquer rapidement la chaleur.

Le thermomètre se trouve sur le devant de la boîte. Il est adapté au tiroir; il y communique et est gradué de manière qu'en chauffant le mercure de la capsule, on puisse voir du dehors le degré de chaleur intérieure.

Le devant de la boîte est percé d'une petite ouverture où est placée la glace, qui permet de voir les progrès de l'épreuve sur la plaque durant le travail de l'évaporation.

La porte, sur le devant, est indépendante de la boîte; elle est de la grandeur de la glace; elle sert uniquement à empêcher la lumière de pénétrer pendant la vaporisation du mercure.

La boîte à mercure se construit ordinairement pour plaque entière, plaque demie et plaque quart.

La boîte à mercure, nouveau système, forme conique, ne se distingue de la précédente que par sa forme. Le tiroir est bien plus étroit que le haut, ce qui s'oppose par conséquent à ce qu'elle ait des pieds. Pour son emploi, on est obligé de la fixer contre une paroi quelconque, un mur, un écran assez fort, au moyen de deux pitons qui sont attachés à la boîte et susceptibles de s'adapter à des crochets placés à l'endroit où on veut la pendre. Dans le reste, elle est employée dans les mêmes conditions que la boîte à mercure ordinaire. Elle n'est composée que du tiroir de la boîte, de la porte sur le devant, et de la glace qui en est le vitrage.

Elle se fabrique également pour plaque entière, plaque demie et plaque quart.

La boîte à mercure avec un seul pied sur le derrière, ne diffère de la boîte ordinaire que par son pied unique. Mais ce genre doit être abandonné, à cause du mouvement donné à la boîte par celui du pied plus sensible alors, modifié qu'il n'est par aucun point d'appui. Nous avons dit un mot de cet inconvénient qui fait vaciller le mercure et tacher l'épreuve. On ne vend plus ou presque plus de boîtes à mercure à un seul pied. Cette simplification mauvaise prouve les limites du praticable et montre que les dépasser, c'est au moins faire fausse route.

La vente des boîtes à mercure ne se monte pas à moins de trois mille cinq cents par année, à Paris.

Les boîtes à mercure ordinaires participent à ce chiffre pour les cinq sixièmes au moins, et les boîtes à mercure à forme conique, pour l'autre sixième.

Cette différence de commerce tient surtout à la supériorité de la boîte à mercure ordinaire, pieds rentrants, quant à la commodité de son emploi, sur les boîtes à mercure des autres formes. J.-D. DUVERNAY.

AMENDEMENT A LA LOI DES PATENTES ANGLAISES DE 1852.

Le Parlement anglais vient d'adopter, et la reine a sanctionné, le 20 août dernier, certains amendements à la loi de 1852. Ces amendements consistent en ce qui suit :

1° Les lords-commissaires de la couronne mettent à la disposition du public les spécifications complètes ou provisoires déposées au bureau des patentes, à l'époque qu'ils jugent utile après que ces dépôts auront été effectués.

2° Toutes copies des spécifications et des dessins, signées et scellées du sceau des commissaires, seront considérées comme authentiques et feront foi en justice dans le Royaume-Uni, l'Irlande et les colonies.

3° Des copies certifiées par les mêmes commissaires seront déposées aux bureaux correspondants de Dublin et d'Edimbourg, vingt-un jours après le dépôt de ces documents à l'office des commissaires, à Londres, etc.

Les offices de Dublin et d'Edimbourg pourront en délivrer des copies authentiques, aux frais et conditions fixés par les commissaires.

4° Les commissaires pourront relever de la déchéance les patentes provisoires déchues pour n'avoir pas été complétées en temps utile, pourvu que ce défaut de compléter les patentes ou de déposer les spécifications complètes soit le résultat d'un accident, et non le fait de la négligence du demandeur. Le dernier article se rapporte, enfin, au cas de la prolongation des patentes.

Le temps nous manque pour apprécier dans ce numéro la portée des amendements ci-dessus; nous y reviendrons dans notre prochain numéro. En attendant, nous voyons dans la réforme de l'acte de 1852 :

1° Que la mise à la disposition du public des spécifications provisoires provoquera plus d'oppositions qu'elle n'en épargnera ;

2° Que cette publicité prématurée obligera les inventeurs qui en ont l'intention, à se pourvoir à l'étranger, avant même de déposer leurs demandes à Londres ;

3° Que le gouvernement anglais recule devant les frais de publication des documents relatifs aux patentes, publication à laquelle l'obligeait l'acte de 1852.

Enfin, l'autorisation donnée aux lords-commissaires de relever de la déchéance les protections provisoires déchues par suite d'un *accident*, est une bonne et juste mesure. G. (*Journal l'Invention.*)

(1) Le numéro 26 du 19 juin 1852 du journal *la Lumière* contient une notice remarquable sur les œuvres de Pradier et le catalogue des ouvrages du célèbre sculpteur.

Le Propriétaire-Gérant, ALEXIS GAUDIN.

TYPOGRAPHIE HENNUYER, RUE DU BOULEVARD, 7. BATIGNOLLES.
Boulevard extérieur de Paris.

TROISIÈME ANNÉE. N° 41. SAMEDI, 15 OCTOBRE 1853

LA LUMIÈRE

REVUE DE LA PHOTOGRAPHIE.

BEAUX-ARTS. — HÉLIOGRAPHIE. — SCIENCES.

JOURNAL NON POLITIQUE, PARAISSANT LE SAMEDI.

BUREAUX, à Paris, 9, rue de la Perle. BUREAUX, à Londres, 67, Newgate street-City.

ABONNEMENTS.—*Paris*, UN AN, 20 FR.; 6 MOIS, 12 FR.; 3 MOIS, 7 FR.; *Départements*, UN AN, 22 FR.; 6 MOIS, 13 FR.; 3 MOIS, 8 FR.; *Etranger*, UN AN, 25 FR.; 6 MOIS, 15 FR.; 3 MOIS, 10 FR.

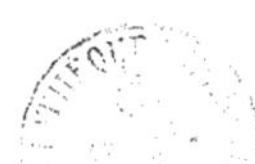

SOMMAIRE.

SCIENCES.

SÉANCE DE L'ACADÉMIE. — M. FRANÇOIS ARAGO ET LE DAGUERRÉOTYPE.

M. Combes, président pour l'année 1853 de l'Académie des sciences, absent de Paris mercredi de la semaine dernière, jour des funérailles de son illustre collègue, a prononcé à l'ouverture de la dernière séance quelques généreuses paroles qui témoignaient de son regret d'avoir été empêché d'assister à cette si grande et si triste cérémonie. En adressant du fauteuil présidentiel un dernier adieu à l'immortel Arago, il a exprimé en termes chaleureux et ses vifs regrets et sa sincère douleur.

M. le secrétaire perpétuel Flourens a rendu compte des funérailles; il a énuméré presque toutes les célébrités de la France, et cité tous les membres de l'Académie des sciences, présents à Paris, qui, malgré l'inclémence du temps, bravant une pluie diluvienne et incessante, se pressaient en foule autour du cercueil.

Ces deux discours, prononcés avec des larmes dans la voix et dans les yeux, ont vivement impressionné l'assemblée. On contemplait avec stupéfaction cette place occupée pendant vingt-trois années par le célèbre savant que la mort venait de surprendre: ce fauteuil vide où François Arago siégeait encore il y a quelques jours seulement. Hélas! hélas! il est donc vrai, maître, que ta noble et puissante voix est éteinte? Il est donc vrai qu'elle a cessé, pour toujours, de retentir dans le sanctuaire de la science?

D'autres ont eu le bonheur d'assister depuis longtemps à ces séances si intéressantes, pendant lesquelles il charmait son auditoire en l'instruisant; mais nos regrets sont aussi profonds que ceux de nos aînés (1). Combien fut grande notre satisfaction, alors qu'invité à suivre régulièrement les séances académiques nous nous rappelâmes ces lignes publiées dès 1843 (*Galerie des Contemporains illustres*).

« M. Arago est un savant presque universel, qui mène de front l'astronomie, la physique, la chimie, l'histoire naturelle, la philosophie, la littérature et même la politique. Ce savant est en correspondance suivie avec tous les autres savants de l'Europe; il est de tous les Comités politiques, scientifiques ou industriels du monde; son cabinet est journellement encombré de plans à examiner, de mémoires à analyser, de pétitions à soutenir; tout cela lui passe régulièrement par les mains, et le jour suivant c'est à recommencer; le gouvernement, la municipalité, les établissements d'utilité publique et même les industries privées trouvent en lui un conseiller et un guide aussi actif que désintéressé; ses heures sont à toutes choses et à tout le monde; en même temps qu'il a un œil à ce qui se passe là-haut, l'autre est à ce qui se passe ici-bas, et, au milieu de toutes ses occupations si absorbantes, si variées, il trouve encore le temps de se montrer l'un des plus spirituels et des plus aimables causeurs de Paris. »

Mais si la voix du célèbre savant est éteinte, l'écho de cette grande voix a été répété, ses écrits, ses discours ont été recueillis. Qu'on nous permette de citer quelques extraits d'un de ces écrits, du RAPPORT *fait par M. Arago à la Chambre des députés, le 3 juillet 1839*, au nom de la Commission (2) chargée de l'examen du projet de loi tendant à accorder des pensions annuelles et viagères à MM. Daguerre et Niépce fils. Ces quelques citations, qui intéressent les photographes, les mettront à même de connaître et d'apprécier l'admirable style du protecteur de leur art.

« Votre Commission a pris les dispositions nécessaires pour que le jour de la discussion de la loi tous les membres de la Chambre, s'ils le jugent convenable, puissent apprécier les fruits du daguerréotype, et se faire eux-mêmes une idée de l'utilité de cet appareil. A l'inspection de plusieurs des tableaux qui passeront sous vos yeux, chacun songera à l'immense parti qu'on aurait tiré, pendant l'expédition d'Egypte, d'un moyen de reproduction si exact et si prompt; chacun sera frappé de cette réflexion, que si la photographie avait été connue en 1798, nous aurions aujourd'hui des images fidèles d'un bon nombre de tableaux emblématiques, dont la cupidité des Arabes et le vandalisme de certains voyageurs a privé à jamais le monde savant.

« Pour copier les millions et millions de hiéroglyphes qui couvrent, même à l'extérieur, les grands monuments de Thèbes, de Memphis, de Karnak, etc., il faudrait des vingtaines d'années et des légions de dessinateurs. Avec le daguerréotype, un seul homme pourrait mener à bonne fin cet immense travail. Munissez l'Institut d'Égypte de deux ou trois appareils de M. Daguerre, et sur plusieurs des grandes planches de l'ouvrage célèbre, fruit de notre immortelle expédition, de vastes étendues de hiéroglyphes réels iront remplacer des hiéroglyphes fictifs ou de pure convention; et les dessins surpasseront partout en fidélité, en couleur locale, les œuvres des plus habiles peintres; et les images photographiques, étant soumises dans leur formation aux règles de la géométrie, permettront, à l'aide d'un petit nombre de données, de remonter aux dimensions exactes des parties les plus élevées, les plus inaccessibles des édifices.

« Ces souvenirs où les savants, où les artistes, si zélés et si célèbres, attachés à l'armée d'Orient, ne pourraient, sans se méprendre étrangement, trouver l'ombre d'un blâme, reporteront sans doute les pensées vers les travaux qui s'exécutent aujourd'hui dans notre propre pays, sous le contrôle de la Commission des monuments historiques. D'un coup d'œil, chacun apercevra alors l'immense rôle que les procédés photographiques sont destinés à jouer dans cette grande entreprise nationale; chacun comprendra aussi que les nouveaux procédés se distingueront par l'économie, genre de mérite qui, pour le dire en passant, marche rarement dans les arts avec la perfection des produits.

« Se demande-t-on, enfin, si l'art, envisagé en lui-même, doit attendre quelques progrès de l'examen, de l'étude de ces images dessinées par ce que la nature offre de plus subtil, de plus délié: par des rayons lumineux? M. Paul Delaroche va nous répondre.

« Dans une note rédigée à notre prière, ce peintre célèbre déclare que les procédés de M. Daguerre « portent si « loin la perfection de certaines conditions essentielles de « l'art, qu'ils deviendront pour les peintres, même les « plus habiles, un sujet d'observations et d'études. » Ce qui le frappe dans les dessins photographiques, c'est que le fini d'un « précieux inimaginable ne trouble en « rien la tranquillité des masses, ne nuit en aucune ma« nière à l'effet général. » « La correction des lignes, » dit ailleurs M. Delaroche, « la précision des formes est « aussi complète que possible dans les dessins de M. Da« guerre, et l'on y reconnaît en même temps un modèle « large, énergique, et un ensemble aussi riche de ton que « d'effet... Le peintre trouvera dans ce procédé un moyen « prompt de faire des collections d'études qu'il ne pour« rait obtenir autrement qu'avec beaucoup de temps, de « peine et d'une manière bien moins parfaite, et quel que « fût d'ailleurs son talent. » Après avoir combattu par d'excellents arguments les opinions de ceux qui se sont imaginé que la photographie nuirait à nos artistes et surtout à nos habiles graveurs, M. Delaroche termine sa note par cette réflexion: « En résumé, l'admirable découverte « de M. Daguerre est un immense service rendu aux « arts. »

« Nous ne commettrons pas la faute de rien ajouter à un pareil témoignage. »..............................

« La promptitude de la méthode est peut-être ce qui a le plus étonné le public. En effet, dix à douze minutes sont à peine nécessaires, dans les temps sombres de l'hiver, pour prendre la vue d'un monument, d'un quartier de ville, d'un site.

« En été, par un beau soleil, ce temps peut être réduit de moitié. Dans les climats du Midi, deux à trois minutes suffiront certainement. Mais, il importe de le remarquer, ces dix à douze minutes d'hiver, ces cinq à six minutes d'été, ces deux à trois minutes des régions méridionales, expriment seulement le temps pendant lequel la lame de plaqué a besoin de recevoir l'image lenticulaire. A cela, il faut ajouter le temps du déballage et l'arrangement de la chambre noire, le temps de la préparation de la plaque, le temps que dure la petite opération destinée à rendre le tableau, une fois créé, insensible à l'action lumineuse. Toutes ces opérations réunies pourront s'élever à trente minutes ou à trois quarts d'heure. Ils se faisaient donc illusion ceux qui, naguère, au moment d'entreprendre un voyage, déclaraient vouloir profiter de tous les moments où la diligence gravirait lentement des montées, pour prendre des vues du pays. On ne s'est pas moins trompé lorsque, frappé des curieux résultats obtenus par des reports de pages, de gravures des plus anciens ouvrages, on a rêvé la reproduction, la multiplication des dessins photographiques par des reports lithographiques. Ce n'est pas seulement dans le monde moral qu'on a les défauts de ses qualités: la maxime trouve souvent son application dans les arts. C'est au poli parfait, à l'incalculable minceur de la couche sur laquelle M. Daguerre opère, que sont dus le fini, le velouté, l'harmonie des dessins photographiques. En frottant, en tamponnant de pareils dessins, en les soumettant à l'action de la presse ou du rouleau, on les détruirait sans retour. Mais aussi personne imagina-t-il

(1) Le journal *la Lumière* est fondé depuis quelques années seulement.

(2) M. François Delessert, membre distingué de l'Académie des sciences, faisait partie de cette Commission.

jamais de tirailler fortement un ruban de dentelles, ou de brosser les ailes d'un papillon? »

Après avoir fait connaître l'origine du *télescope* et du *microscope*, il ajoute :

« On se rappellera que cette digression était destinée à détromper les personnes qui voudraient, à tort, renfermer les applications scientifiques des procédés de M. Daguerre dans le cadre actuellement prévu dont nous avions tracé le contour ; eh bien ! les faits justifient déjà nos espérances. Nous pourrions, par exemple, parler de quelques idées qu'on a eues sur les moyens rapides d'investigation que le topographe pourra emprunter à la photographie ; mais nous irons plus droit à notre but, en consignant ici une observation singulière dont M. Daguerre nous entretenait hier : suivant lui, les heures du matin et les heures du soir, également éloignées de midi et correspondant dès lors à de semblables hauteurs du soleil au-dessus de l'horizon, ne sont pas cependant également favorables à la production des images photographiques. Ainsi, dans toutes les saisons de l'année, et par des circonstances atmosphériques en apparence exactement semblables, l'image se forme un peu plus promptement à sept heures du matin, par exemple, qu'à cinq heures de l'après-midi ; à huit heures qu'à quatre heures ; à neuf heures qu'à trois heures. Supposons ce résultat vérifié, et le météorologiste aura un élément de plus à consigner dans ses tableaux ; et aux observations anciennes de l'état du thermomètre, du baromètre, de l'hygromètre et de la diaphanéité de l'air, il devra ajouter un élément que les premiers instruments n'accusent pas, et il faudra tenir compte d'une absorption particulière, qui peut ne pas être sans influence sur beaucoup d'autres phénomènes, sur ceux même qui sont du ressort de la physiologie et de la médecine.

« Nous venons d'essayer, messieurs, de faire ressortir tout ce que la découverte de M. Daguerre offre d'intérêt, sous le quadruple rapport de la nouveauté, de l'utilité artistique, de la rapidité d'exécution et des ressources précieuses que la science lui empruntera. Nous nous sommes efforcés de vous faire partager nos convictions, parce qu'elles sont vives et sincères, parce que nous avons tout examiné, tout étudié avec le scrupule religieux qui nous était imposé par vos suffrages ; parce que s'il eût été possible de méconnaître l'importance du daguerréotype et la place qu'il occupera dans l'estime des hommes, tous nos doutes auraient cessé en voyant l'empressement que les nations étrangères mettaient à se saisir d'une date erronée, d'un fait douteux, du plus léger prétexte, pour soulever des questions de priorité, pour essayer d'ajouter le brillant fleuron que formeront toujours les procédés photographiques à la couronne de découvertes dont chacune d'elles se pare. N'oublions pas de le proclamer, toute discussion sur ce point a cessé, moins encore en présence de titres d'antériorité authentiques, incontestables, sur lesquels MM. Niépce et Daguerre se sont appuyés, qu'à raison de l'incroyable perfection que M. Daguerre a obtenue. S'il le fallait, nous ne serions pas embarrassés de produire ici des témoignages des hommes les plus éminents de l'Angleterre, de l'Allemagne, et devant lesquels pâlirait complétement ce qui a été dit chez nous de plus flatteur, touchant la découverte de notre compatriote. Cette découverte, la France l'a adoptée ; dès le premier moment, elle s'est montrée fière de pouvoir en doter libéralement le monde entier. »

— M. le secrétaire perpétuel a présenté, à la fin de la séance, les 3e et 4e livraisons de l'œuvre de Marc-Antoine Raimondi, reproduite par la photographie ; l'auteur, M. *Benjamin Delessert*, ayant eu l'obligeance de nous communiquer ce beau travail, nous en avons déjà rendu compte dans les nos des 10 et 17 septembre. Nous avions prévu le brillant accueil fait par tous les membres de l'Académie à cette nouvelle et si splendide publication.

A.-T. L.

SEMAINE PHOTOGRAPHIQUE.

COLLODIONS ACCÉLÉRATEURS. — ÉPREUVES TRANSPORTÉES SUR CUIVRE NOIRCI.

L'application du collodion à la photographie date à peine de deux ans : les premiers essais ont paru à l'Exposition universelle de Londres ; ils étaient de beaucoup inférieurs aux produits du verre albuminé, qui déjà touchaient à la perfection.

Les négatifs sur collodion, inférieurs pour la finesse, se distinguaient déjà par la rapidité de l'impressionnement ; c'est pourquoi le collodion semble dès ce moment aussi spécial pour les portraits que l'albumine l'était déjà pour la nature morte.

Les négatifs sur albumine exigeaient quinze fois plus de temps que la plaque, tandis que les négatifs sur collodion se produisaient aussi vite qu'une épreuve sur plaque, et aujourd'hui il n'est pas rare d'opérer deux ou trois fois plus vite ; pour les épreuves positives, l'exposition à la chambre est cinq ou six fois moindre, de sorte que l'albumine peut donner des positifs par une exposition qui est à peine double de la durée nécessaire à la plaque ; et, quant au collodion, la durée d'exposition se trouve souvent réduite au dixième et même au vingtième de celle ordinaire à la plaque.

Je dis *souvent*, parce que cette rapidité d'impressionnement n'est pas *constante pour un même collodion comparé à la plaque*; la rapidité varie avec l'*intensité* ou, pour mieux dire, avec la *nature* de la lumière. Tous les photographes ont remarqué, en effet, que le collodion *est infiniment plus rapide que la plaque vers le milieu du jour et par un très-beau temps*, et qu'il perd toute sa supériorité le matin, le soir, et par un temps couvert.

J'avais déjà entendu dire que M. Bertsch avait reconnu une différence considérable, pour la durée de l'impressionnement, par le fait seul du passage de la lumière à travers le verre à vitre ordinaire : je croyais ce fait exagéré ; mais j'ai été amené sans le savoir à le constater moi-même : par un temps couvert, pluvieux et brumeux, sous les vitres, la supériorité du collodion pour positifs sur la plaque m'a paru à peine sensible et les reflets manquaient complétement. J'étais tout naturellement porté à attribuer cette lenteur au collodion ; mais des vues, prises les mêmes jours avec le même collodion, n'indiquaient constamment une rapidité dix fois au moins aussi grande qu'avec la plaque.

J'étais aussi fort surpris de l'*inertie bien constatée des rayons jaune et rouge*, sur le collodion sensibilisé, et j'étais à me demander pourquoi une surface si impressionnable à la lumière se montrait inférieure à la plaque *sous ce rapport*; et il était naturel d'attribuer à la prédominence des rayons jaune et rouge la lenteur du collodion le matin, le soir, par les temps couverts, pluvieux et brumeux, et aussi sous les verres avec des foi ds autres que le blanc.

Eh bien ! tous ces faits, en apparence extraordinaires, s'expliquent parfaitement *par une simple analogie*. Il a été constaté par différents physiciens et photographes que les précipités d'argent sont différemment impressionnés par les rayons colorés *en raison du corps simple uni à l'argent*. Par exemple : l'iodure d'argent, formé sur la plaque d'argent (et dont Daguerre s'est servi exclusivement dans le principe), est complétement *insensible aux rayons jaune et rouge*; il n'est impressionné *que par les rayons chimiques et les rayons bleus et violets du spectre*; *mais quand il a été impressionné, cet iodure se modifie de plus en plus, sous l'action continuée des rayons jaune et rouge*.

Ce phénomène remarquable, découvert par M. Edmond Becquerel, m'a permis d'obtenir des épreuves d'une grande finesse sur plaqué sans l'intervention du mercure, et après un impressionnement quatre ou cinq fois plus court que celui qu'aurait exigé l'emploi du mercure seul. En faisant intervenir le verre jaune et le mercure, le temps de l'exposition pouvait être encore réduit de beaucoup.

Or, il paraît que le *collodion à base d'iodure* peut être assimilé à la plaque primitive de Daguerre ; *ce collodion est insensible pour l'impressionnement aux rayons jaune et rouge*; son impressionnement par les rayons actifs pourra sans doute être continué par les rayons jaune et rouge ; de sorte que les collodions actuels, malgré leur rapidité déjà satisfaisante, ne doivent être considérés *que comme un premier pas dans l'art d'obtenir des épreuves rapides*.

Le chlorure, le bromure, le fluorure d'argent et bien d'autres composés insolubles de ce métal, sont *fortement impressionnés par les rayons jaune et rouge*. En Angleterre, on s'occupe beaucoup de ce sujet ; pour ma part, j'ai fait une expérience qui me paraît décisive.

J'ai posé sur une même plaque, côte à côte, deux couches de collodion ; l'une à base d'iodure d'ammonium sans aucun excès d'iode, et l'autre de collodion jaune clair, à base de chlorure, de bromure et d'iodure de zinc. Après le passage au bain d'argent, j'ai placé une large plaque de verre jaune *orangé foncé* sur le revers de la plaque, posée elle-même sur un fond noir, puis j'ai exposé le tout à la radiation d'une fenêtre très-éloignée pendant quelques secondes ; la plaque, ainsi impressionnée, a été plongée dans un bain de sulfate de fer, donnant de belles épreuves positives avec rapidité.

Au sortir du bain, la partie du collodion à *l'iodure, abritée par le verre jaune orangé foncé, était intacte*, tandis que la portion non garantie par le verre jaune présentait une teinte plombée. Pour le collodion au *chlorure, bromure et iodure de zinc, la partie sous le verre jaune était justement aussi plombée que le collodion à l'iodure seul hors du verre jaune* : quant à la portion du collodion polybasique hors du verre jaune, elle présentait un *noir intense* par transparence.

Il paraît donc évident, d'après cela, que les collodions contenant des *chlorures et des bromures* seront au collodion à *l'iodure* comme les plaques préparées avec les substances *accélératrices* seraient aux plaques *simplement iodurées*; il reste à connaître les rapports à établir entre les différents ingrédients et à les préparer sans excès d'acide.

Ce nouveau collodion est très-sujet à se voiler, en présence des agents réducteurs, soit par une action de la lumière diffuse pendant la sensibilisation de la plaque, soit aussi en raison de la neutralité du bain d'argent : il faudra procéder à la sensibilisation dans l'obscurité et sans doute aciduler le bain d'argent plus qu'à l'ordinaire ; car les franges grises qui sont si fréquentes avec ces collodions polybasiques, me paraissent provenir d'une réduction indépendante de l'accès de la lumière.

Avec un collodion assez épais pour se doubler sans déchirer, les épreuves se transportent facilement sur une surface plane noircie de nature quelconque ; les feuilles minces de métal, enduites d'une couche de vernis noir, sont excellentes, quand on désire avoir un support rigide et d'un poli parfait. La tôle de fer est toujours un peu rugueuse et est sujette à se rouiller ; les feuilles de cuivre rouge, laminées très-minces et planées, sont infiniment moins altérables, et leur surface prend un beau poli sur lequel le vernis noir se glace parfaitement.

Pour transporter les épreuves sur ce métal, après avoir placé la feuille vernie dans un vase plein d'eau claire, on lui présente l'épreuve immergée aussi et encore adhérente à son verre et immédiatement après le rinçage qui a suivi l'hyposulfite : en soulevant et abaissant par mouvements brusques de la main la feuille de verre, le collodion se détache finalement et vient s'appliquer sur la feuille de métal, qui est ensuite facilement enlevée couverte de l'épreuve.

Les transports sur toile cirée sont rendus adhérents par un fer chaud, après que l'on a placé la toile bien égouttée entre deux feuilles de papier collé.

Pour les épreuves sur métal, on chauffe par-dessous avec une lampe ; par cette opération, le collodion le plus strié se tend et prend un glace qui défie le plus beau vernis. En général, les épreuves transportées sont inattaquables à l'ongle, parce que le collodion durci par le feu qui couvre les épreuves forme une pellicule à la fois flexible et dure comme de la corne.

M.-A. Gaudin,
Calculateur du Bureau des Longitudes.

STATISTIQUE DE LA PHOTOGRAPHIE.

(22e article.)

Boîtes à brômer et ioder. — Les boîtes à brômer et ioder sont d'une grande importance en photographie. Tout le monde sait que par les substances qu'elles renferment elles donnent aux plaques qui ont subi leurs polissages la couche sensible assez impressionnable à la lumière pour rendre l'image que reçoit la chambre obscure ; que l'iode jouit tout particulièrement de cette propriété de sensibiliser la plaque, comme on dit dans le Dictionnaire du daguerréotype, et que le brôme est l'accélérateur de ce phénomène.

Comme les boîtes à mercure, les boîtes à brômer et ioder sont de trois espèces :

Les boîtes à brômer et ioder américaines simples avec une cuvette et glace dépolie, garnies en bois de noyer ;

Les boîtes à brômer et ioder américaines jumelles, c'est-à-dire ces deux cuvettes dans la même boîte en noyer, cuvette et glace dépolie ;

La boîte à brôme modérateur à évaporations constantes, brevetée, de M. Edmond Fruit.

Dans la première espèce, comme dans la seconde, la cuvette est en faïence ou en porcelaine, et la glace plus ou moins forte, ce qui ne constitue pas une distinction essentielle et capable de former deux divisions à part, pas plus que la construction de la boîte en noyer ou en acajou; ceci nous rappelle que nous avons remarqué que le noyer est le bois le plus propre à la fabrication des boîtes à mercure. Cette observation n'exclut pas l'idée de les avoir en acajou, et l'ébéniste sera peut-être plus heureux de les construire ainsi, parce que plus de richesse et de qualité semblent exiger plus de soins et de perfection. Dans l'un et l'autre cas, que la boîte soit en acajou, la cuvette en porcelaine, la glace épaisse, ou que la boîte soit en noyer, la cuvette en faïence et la glace moins forte, la différence est donc seulement pour l'acheteur dans le prix plus ou moins élevé de l'appareil.

La boîte américaine simple, avec une cuvette et glace dépolie, se compose de la boîte proprement dite, d'un châssis, d'une cuvette et d'une glace.

La boîte a deux parties, le couvercle et le fond; l'un abrite la glace dépolie et les centres composants de l'appareil; l'autre est destiné à recevoir la cuvette à brôme ou à iode.

Le châssis est fixé sur le dessus de la boîte, il sert pour la plaque soumise à la préparation, c'est-à-dire au dépôt de la couche sensible.

La cuvette renferme, soit l'iode, soit le brôme, qui doivent donner cette couche sensible. Elle est supportée sur le fond par quatre ressorts à boudin qui servent à la tenir contre la glace, pour empêcher l'évaporation des substances qu'elle contient; elle est, nous l'avons dit, abritée par la boîte qui l'entoure.

La glace glisse dans une rainure, immédiatement au-dessous du châssis à plaque. Elle est maintenue en arrêt avant de quitter la coulisse par deux petites bandes de bois qui y sont collées et disposées à cet effet, en conséquence des proportions à garder. Ce ménagement est surtout pour qu'elle ne sorte point de la coulisse, à cause de la difficulté provenant du gonflement du bois et s'opposant à ce qu'elle y rentre aussi promptement que l'évaporation rapide l'exige au moment où la plaque s'est recouverte convenablement des substances de la cuvette. D'abord, on maintenait la glace au moyen de deux petites bandelettes en cuivre qui se mouvaient dans des coulisses sur le côté; mais les émanations du brôme, oxydant le cuivre, rendaient impossible le fonctionnement de la glace; c'est ce qui a fait substituer le bois au cuivre. La glace n'est dépolie que pour sa coïncidence plus parfaite avec la cuvette.

Les deux boîtes, l'une à brômer, l'autre à ioder, sont de construction pareille. La qualité principale de ces boîtes consiste dans leur fermeture hermétique. C'est la première dont doit s'assurer l'acheteur.

La boîte américaine jumelle est la réunion de la boîte à brôme et de la boîte à iode, quelques différences exceptées et inhérentes au genre de complication. Ainsi, comme dans la boîte simple, un couvercle forme le dessus de la boîte et empêche la poussière de pénétrer dans l'intérieur; seulement il est réduit à un couvercle unique pour les deux boîtes. Une cloison sépare les deux cuvettes; un seul châssis mobile glisse dans deux rainures pratiquées sur le derrière et le devant de la boîte. Ces deux rainures permettent de faire passer à volonté la plaque de la boîte à brôme à la boîte à iode, et de la boîte à iode à la boîte à brôme alternativement. Les deux boîtes, dans les boîtes jumelles, ne présentent à l'extérieur qu'une seule boîte fermée par un couvercle; mais en l'ouvrant, on aperçoit bien distinctement les deux boîtes à cuvette.

Dans l'usage des boîtes à brôme et à iode, on signale plusieurs inconvénients. Les évaporations y sont irrégulières, sous les rapports de l'intensité et de la continuité. Des déceptions nombreuses, provenant des variations que toutes ces substances éprouvent par suite de la décomposition que produit un mélange, rendent difficile le travail et l'arrêtent au moment où l'on croyait toucher au but. Ainsi les vapeurs n'y sont pas toujours pures et identiques. Il n'est pas loisible de diriger à volonté et d'une manière visible les effets du brôme. Les dessins sur l'épreuve venue aux vapeurs du mercure manquent de vigueur; les blancs sont ternes; les résultats obtenus par l'exposition de la plaque aux évaporations de l'iode ne le sont que lentement et imparfaitement, et de plus plusieurs parties des boîtes sont d'une fragilité qui exige des précautions fastidieuses.

Pour remédier à ces inconvénients, ou du moins à quelques-uns, M. Edmond Fruit imagina sa boîte à brôme modérateur, à évaporation constante. Cette boîte est tout un appareil. Il consiste en une cuvette en verre, fermée à sa partie extérieure par une plaque poreuse et communiquant avec un flacon à robinet contenant du brôme pur. Son emploi est facile et répond à plusieurs exigences. Toute trace d'humidité y disparaît au moyen de la plaque poreuse. Cette partie de l'appareil exceptée, et qui est d'une fragilité inouïe, comme on peut bien le supposer, à peine cuite, à demi-jours en verre, absorbe le plus possible de liquide ou de vapeur; le reste est assez solide; la cuvette y est parfaitement abritée par la boîte, et une économie réelle des substances se trouve dans ce fait qu'il suffit seulement d'introduire quelques gouttes de brôme dans le flacon à robinet pour que l'appareil soit en état de fonctionner, sans qu'il soit besoin d'y toucher jusqu'à son entier épuisement. M. Edmond Fruit cherche à remplacer le brôme par le chlorure d'iode jaune. Les composés d'iode, dit M. Marc-Antoine Gaudin, ont été très-peu étudiés; il en résultera sans doute quelque chose d'intéressant. Seulement la boîte à brôme de M. Fruit est un peu chère, et c'est d'une grande considération pour bien des photographes qui ont cela de commun avec beaucoup de monde.

Il se vend par année à Paris :

Trois mille six cents boîtes à brômer et ioder américaines simples, avec cuvettes en faïence et glaces dépolies, garnies en bois de noyer;

Quinze cents boîtes à brômer et ioder américaines jumelles.

Parmi les premières, douze cents environ se vendent avec cuvettes en porcelaine et glaces fortes. Un tiers aussi est en partie vendu dans les mêmes conditions parmi les secondes.

Les châssis de grandeur immédiatement inférieure accompagnent habituellement les boîtes.

Nous n'établirons pas de chiffres entre les mesures différentes des boîtes à mercure et des boîtes à brôme et à iode, parce qu'ils gardent à peu près les mêmes proportions que celles des diverses grandeurs de chambres noires.

J.-D. Du Vernay.

MM. Moitessier et Henri Marès, de Montpellier, nous ont communiqué quelques-unes de leurs épreuves, qui présentent un vif intérêt, et dont nous rendrons compte dans notre prochain numéro.

Nous avons à parler également d'une collection de sujets, de groupes et de figures exécutés par M. Disderi, au moyen de son collodion.

IMITATION DES BILLETS DE BANQUE

PAR LA PHOTOGRAPHIE.

Il y a déjà quelque temps, M. le comte Aguado nous montra, parmi les belles épreuves que nous admirions dans ses cartons, un billet de mille francs si merveilleusement reproduit que le garçon de recette le plus expérimenté s'y fût trompé. Couleur, dessin, lettres transparentes, filigrane, le cliché sur verre avait tout rendu, et la vue seule de cette épreuve, si innocente dans les mains du noble amateur, aurait suffi pour jeter la terreur dans l'esprit de ceux qui, par état, sont exposés chaque jour à recevoir de semblables imitations de valeurs.

Pensant que ce qu'il avait fait comme un curieux essai d'autres pourraient le faire dans une intention coupable, M. le comte Aguado eut l'heureuse idée d'envoyer à la Banque une épreuve de cette reproduction, afin de lui donner l'éveil et de lui fournir un point de comparaison.

Nous ne savons s'il a adressé une épreuve semblable à la Banque d'Angleterre; toujours est-il que *la Presse* a publié, cette semaine, l'article suivant :

Il vient d'être fait à la Banque d'Angleterre une découverte qui parait devoir amener un grand changement dans le caractère et l'aspect général des billets émis par cette Banque. On a reconnu qu'au moyen de la photographie, une main habile pouvait aisément se procurer des *fac-simile*, et que les faux billets ainsi obtenus échappaient à l'œil même le plus exercé. On ne sait comment l'attention des administrateurs de la Banque est venue à s'éveiller sur ce point important.

Quoi qu'il en soit, on dit qu'une de ces fausses bank-notes ayant été échangée pour de l'or au comptant, sans que les regards scrutateurs des caissiers eussent pu s'apercevoir de la fraude, les soupçons se sont d'abord vivement manifestés. Plusieurs essais ont été faits aussitôt, et l'on a constaté que le faux billet avait été fabriqué par un procédé photographique. Signature, caractères particuliers du billet, tout était si parfaitement imité, qu'il était impossible de ne pas se méprendre et de ne pas confondre la fausse bank-note avec la véritable.

Ainsi que le savent tous les photographes, le procédé employé pour opérer ce faux est très-simple : il consiste dans l'emploi du papier ciré. Le papier photographique, qui est fort mince et qu'on appelle *négatif*, est d'abord préparé avec de la cire, de manière à ce qu'il puisse reproduire l'impression du billet véritable. L'impression, la signature et le filigrane, enfin toutes les marques, quelque fines qu'elles soient, qui apparaissent à la face du billet, sont très-nettement et très-distinctement retracées et caractérisées. Voilà les résultats que peut obtenir un manipulateur habile, et des *fac-simile* parfaits du même billet peuvent se multiplier en grand nombre. (*Daily-News.*)

On lit encore dans le *Times :*

Une découverte importante vient d'être faite, par la Banque de Londres, d'un moyen employé pour faire de faux billets de banque par le moyen de la photographie. Un habile photographe a examiné les billets et a prouvé qu'il était presque impossible de les distinguer des autres, tellement la ressemblance était parfaite dans les petits détails. Les directeurs de la Banque s'occupent en ce moment à changer le plus promptement possible la nature et la couleur du papier, ainsi que celle de l'encre. Les caractères tracés sur du papier jaune avec de l'encre bleue ne pourront, d'après les expériences faites, être reproduits exactement par la photographie. En ajoutant aussi des mots ou des devises derrière le papier, ces mots se retrouveraient devant dans une imitation photographique. Tous les soins possibles sont donnés à ces changements, qui sont d'une importance réelle et indispensable.

C'était le 8 octobre que l'article qui précède paraissait dans le *Times*. Le 12, notre savant et cher compatriote, M. Claudet, adressait à ce journal une lettre pleine d'intérêt, dans laquelle il donne les moyens sûrs de reconnaître la fraude. L'habile artiste a bien voulu nous la communiquer, et nous nous empressons de la traduire.

AU RÉDACTEUR EN CHEF DU *Times*.

Monsieur,

Ayant lu samedi dans le *Times* un article sur de faux billets de la Banque d'Angleterre, faits au moyen de la photographie, je suis amené à vous présenter quelques observations sur ce sujet.

Il y a plusieurs années, vers 1845, étant frappé de la possibilité d'appliquer la photographie à la contrefaçon des bank-notes et autres valeurs, je fis quelques expériences afin de savoir jusqu'à quel point les divers procédés photographiques pouvaient être employés avec succès pour l'imitation du papier-monnaie, et, dans le cas où cela eût pu être, de trouver les moyens de prévenir la fraude.

Je commençai, au moyen du talbotype, par faire d'abord un négatif par le contact direct de la bank-note sur un papier photogénique, et alors, en copiant ce négatif, aussi par contact, je produisis un positif qui était l'imitation la plus exacte possible de la bank-note, avec cette différence seulement que la couleur générale des lettres imprimées et des signatures, au lieu d'être noire, était d'une sorte de brun de sépia, qui est le ton ordinaire des épreuves obtenues par le talbotype; mais cela ne me sembla pas devoir être un empêchement certain à la contrefaçon, car je concevais que, par quelques agents chimiques, l'argent formant les parties noires de la fausse bank-note pouvait facilement être amené à un noir semblable à celui de l'encre. Le résultat le plus surprenant était la reproduction des lettres qui sont imprimées dans l'intérieur du papier et qui, dans la copie, paraissaient exister réellement dans la substance du papier.

Je montrai le résultat de mes expériences à M. Marshall, caissier de la Banque d'Angleterre, et je crois même que je lui donnai une de mes épreuves. Je lui indiquai les moyens par lesquels je croyais qu'on pouvait prévenir la fraude, en supposant que des faussaires habiles parvinssent à obtenir la couleur noire de l'encre et à imiter le papier de la Banque. Ces moyens consistaient dans l'emploi d'encres de plusieurs couleurs, conjointement avec l'encre noire, pour les nombreuses devises et lettres de la bank-note.

En photographie, le rouge, l'orangé, le jaune et le vert produisent du noir, tandis que le bleu, l'indigo et le violet produisent du blanc. Maintenant, d'après ces différentes propriétés des couleurs, il est évident qu'une bank-note, avec son impression, ses emblêmes, ses devises, ses signatures, etc., imprimées en couleurs variées, offrirait les plus grandes difficultés à l'exécution de la fraude; car les couleurs les plus claires à l'œil produiraient les plus sombres dans la copie; tandis que les couleurs les plus foncées, telles que le bleu, l'indigo et le violet seraient à peine reproduites, ou tout au moins très-légèrement.

Il est vraiment très-heureux que la photographie, tout en offrant aux faussaires la facilité d'exercer leur dangereux talent, nous fournisse en même temps les moyens de rendre leurs tentatives infructueuses.

Rien, en effet, n'est plus aisé. La Banque d'Angleterre et les banquiers, en général, au lieu d'émettre des billets imprimés tout simplement en noir sur blanc, n'ont qu'à les transformer en élégants dessins de couleurs variées, et non-seulement ils empêcheront toute tentative de contrefaçon, mais encore ils auront l'avantage d'animer l'aspect trop monotone de leurs valeurs, et de répandre un goût plus artistique parmi les membres de la grande communauté commerciale.

Un procédé semblable à la lithochromie pourrait être employé pour imprimer les couleurs, les bank-notes de ce genre devant être imprimées à plusieurs reprises.

Il est important de faire observer que les marques qui existent dans la texture du papier, quoique représentées en apparence avec une singulière fidélité, sont, en réalité, la meilleure garantie contre les contrefaçons photographiques.

Ce fait peut être très-simplement expliqué de la manière suivante: Les lignes formant ces marques, et les doubles contours formant les lettres sont plus minces que le reste du papier, et c'est grâce à cette différence d'épaisseur que les dessins et les lettres sont rendus visibles; mais il y a dans cet effet une particularité remarquable. Par réflexion, les parties les plus minces paraissent plus foncées que les parties épaisses, tandis que par transmission le contraire a lieu. Maintenant, bien que le talbotype permette de copier, par contact, de la manière la plus parfaite l'effet de transmission, il ne peut reproduire en même temps l'effet contraire de réflexion, parce que l'illusion n'est pas due, dans la copie photographique, à une différence d'épaisseur dans la texture du papier, mais seulement à une teinte plus claire communiquée à la surface par l'inégalité de l'action chimique, dont l'intensité est en raison inverse de l'épaisseur du papier. Le moyen de vérifier la bank-note est donc celui-ci:

Quand on tient une *vraie* bank-note verticalement entre l'œil et la lumière, les lettres et les chiffres intérieurs paraissent plus clairs que le fond du papier; mais quand on la regarde horizontalement, à la lumière réfléchie, ils paraissent au contraire plus foncés. Il est impossible d'imiter cet effet par aucun moyen photographique, et la fraude peut être facilement découverte par cette expérience si simple.

L'article du *Times*, auquel mes observations ont trait, m'a paru écrit par une personne parfaitement compétente; les suggestions en sont basées sur les véritables principes de la photographie, et pourront être très-utiles pour les mesures que la Banque va prendre dans l'intérêt de sa propre sécurité et de celle du public. Mais il y a une de ces suggestions qui ne me semble pas suffisamment certaine dans ses résultats; parce que, bien que parfaitement imaginée pour empêcher la contrefaçon par le procédé que l'auteur indique (qui consiste à copier par contact direct d'abord pour obtenir un *négatif*, dont on fait ensuite un *positif* qui est la fausse bank-note), elle n'ôte pas le moyen d'obtenir tout d'abord une image positive à la chambre noire. Je veux parler de l'idée d'imprimer les billets en bleu sur papier jaune. Ceci, au lieu d'être un empêchement pour la contrefaçon, la faciliterait et la simplifierait considérablement; car le faussaire aurait seulement à copier la bank-note à la chambre obscure sur un papier jaune semblable à celui de la Banque, et que l'opération chimique n'altérerait pas, ou sur un papier blanc qui serait colorié après coup. Dans ce cas, la bank-note modèle serait, photographiquement parlant, le *négatif*, et la copie le *positif*; car le papier jaune ne produirait aucun effet sur la couche sensible, et le bleu des lettres et dessins donnerait le ton de sépia habituel, qui pourrait être changé en bleu par quelque agent chimique.

Pour cette raison, je pense que le meilleur plan consiste dans la production des bank-notes sur le papier blanc employé jusqu'ici, avec un dessin de plusieurs couleurs, variées avec goût.

L'idée de frapper quelques mots ou ornements au dos des billets ne présenterait aucun avantage, car, en supposant que la bank-note fut copiée à la chambre noire, tout ce qui se trouverait sur sa face, aussi bien que tout ce qui se verrait à travers la demi-transparence de sa texture, serait immédiatement copié, et ce qui existerait au dos serait diminué d'intensité et de clarté (étant vu à travers l'épaisseur du papier), précisément de la même manière que cela apparait à l'œil.

La nécessité d'employer plusieurs planches gravées pour la distribution des couleurs entraînerait, il est vrai, à une grande dépense dans la fabrication des billets de banque; mais, en empêchant la contrefaçon par la photographie, elle la rendrait aussi plus difficile au moyen de la gravure.

Après tout, ce n'est peut-être qu'une fausse alarme; car l'impossibilité de rendre le double effet que produisent les lettres et les chiffres intérieurs à la lumière réfléchie ou transmise sera une garantie tout à fait suffisante, lorsque l'attention de la Banque et du public aura été appelée sur cette épreuve certaine, et quand le photographe faussaire saura que ses faux peuvent être reconnus à la première inspection par l'observateur le moins expérimenté.

Je vous envoie un positif tiré aujourd'hui d'après un négatif fait en 1845.

Pour l'édification du public, je laisserai sur la table du salon de réception de mon établissement quelques imitations photographiques de bank-notes, qui seront livrées à l'examen des visiteurs.

Agréez, etc. A. CLAUDET,

Membre de la Société royale de Londres.

10 octobre 1853.

CORRESPONDANCE.

—

M. Iwan Schlumberger qui est à la fois un des principaux manufacturiers de l'Alsace et un de nos meilleurs photographes amateurs, nous adresse la lettre suivante:

A MONSIEUR LE RÉDACTEUR DU JOURNAL *la Lumière.*

Mulhouse, le 8 octobre 1853.

MONSIEUR,

Nous nous empressons, M. E. Mathieu Plessy, chimiste à Mulhouse, et moi, de porter à votre connaissance un nouveau dissolvant du coton-poudre.

Ce nouveau dissolvant est l'esprit de bois (alcool méthylique), que tous les fabricants d'acide pyroligneux connaissent comme un des produits qu'ils obtiennent de la distillation sèche du bois.

Nous n'avons vu, dans aucun ouvrage de chimie, que l'on ait proposé l'esprit de bois comme dissolvant du coton-poudre, et nous pensons que cet alcool peut, dans certains cas, en raison de son bas prix, être substitué avec avantage aux autres agents que l'on a proposés jusqu'à ce jour pour obtenir le collodion.

On obtient une dissolution gélatineuse en faisant dissoudre, avec grande facilité, 80 grammes de coton-poudre par litre d'esprit de bois.

Avec 80 grammes par litre, on a une dissolution sirupeuse que l'on peut amincir à volonté.

Ce nouveau collodion, appliqué à la photographie, lui fera peut-être faire des progrès que l'avenir et des essais ultérieurs peuvent seuls faire connaître, et nous sommes persuadés que votre habile collaborateur, M. Gaudin, qui a déjà fait de si importants travaux sur le collodion, s'en occupera avec intérêt.

Le collodion à l'esprit de bois est peu volatil. Il peut, en dissolution plus épaisse que le collodion à l'éther, s'étendre avec facilité en le mélangeant d'alcool à 40 degrés.

L'alcool à 36 degrés y forme un précipité, quand on l'ajoute en trop forte proportion.

Le collodion à l'esprit de bois ne peut pas être employé pur; pendant son évaporation lente, sur une glace, le produit devient acide par la formation de l'acide formique, résultat constant de l'évaporation de l'esprit de bois.

On pourrait, au besoin, éviter cet inconvénient en chauffant la glace sur laquelle on dépose le collodion. L'acide formique n'aurait pas le temps de se produire et de causer la rupture de la couche qui devient transparente, en séchant promptement.

Le collodion à l'esprit de bois pouvant dissoudre une plus forte dose d'iodure de potassium et, en même temps, s'étendre en couche plus épaisse sur les glaces pourra peut-être produire à l'état sec une couche plus sensible que le collodion à l'éther, et remplacer l'albumine pour faire le paysage sur glaces.

Le peu de temps écoulé depuis la découverte de ce produit et de nombreuses occupations ne nous ont pas permis encore d'essayer ses applications.

Nous avons la persuasion que des essais nombreux vont être tentés aussitôt que les photographes auront connaissance de ce nouveau collodion, et c'est dans cet espoir que nous n'avons pas voulu retarder plus longtemps de le communiquer à votre intéressant journal et à la Société industrielle de Mulhouse.

Recevez, monsieur le Rédacteur, l'assurance de ma considération distinguée.

Un de vos abonnés,

IWAN SCHLUMBERGER.

Les galeries de la sculpture antique au Musée du Louvre ont été rouvertes dimanche dernier. Les principaux chefs-d'œuvre de la sculpture ont été isolés de manière à pouvoir être étudiés plus complétement. Les statues et bustes des empereurs romains et des personnages de leurs familles ont été classés par ordre chronologique dans une galerie spéciale.

Une lettre de Berlin s'exprime en ces termes sur une nouvelle et utile application de la photographie, dont la science et les arts ne peuvent manquer de faire leur profit:

« On sait que le papier préparé pour la photographie devient plus ou moins noir, suivant l'intensité des rayons lumineux qui le frappent. Un de nos jeunes peintres, M. Schall, a profité de cette propriété du papier photographique pour déterminer l'intensité de la lumière du soleil.

« Après plus de 1,500 expériences, M. Schall a réussi à établir une échelle de toutes les nuances de noir produites par la lumière solaire sur le papier photographique; de sorte qu'en comparant la nuance obtenue sur un papier à un moment donné avec celle indiquée par l'échelle, on pourra connaître avec précision la force de la lumière solaire. Le baron de Humboldt, M. de Littnow, M. Dove et M. Poggendorff ont félicité M. Schall sur son invention; elle sera de la plus haute utilité, non pas seulement pour les travaux scientifiques, mais aussi, dans bien des occasions, pour l'économie rurale et domestique. »

Le Propriétaire-Gérant, ALEXIS GAUDIN.

TYPOGRAPHIE HENNUYER, RUE DU BOULEVARD, 7, BATIGNOLLES.
Boulevard extérieur de Paris.

TROISIÈME ANNÉE. N° 43. SAMEDI, 22 OCTOBRE 1853.

LA LUMIÈRE

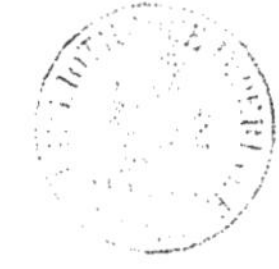

REVUE DE LA PHOTOGRAPHIE.

BEAUX-ARTS. — HÉLIOGRAPHIE. — SCIENCES.

JOURNAL NON POLITIQUE, PARAISSANT LE SAMEDI.

BUREAUX, à Paris, 9, rue de la Perle. BUREAUX, à Londres, 67, Newgate-street, City.

ABONNEMENTS.—*Paris*, UN AN, 20 FR.; 6 MOIS, 12 FR.; 3 MOIS, 7 FR.; *Départements*, UN AN, 22 FR.; 6 MOIS, 13 FR.; 3 MOIS, 8 FR.; *Etranger*, UN AN, 25 FR.; 6 MOIS, 15 FR.; 3 MOIS, 10 FR.

A partir du 1er septembre dernier, le prix de l'abonnement au journal LA LUMIÈRE *a été fixé de la manière suivante :*

PARIS.

UN AN	20 FR.
SIX MOIS	12
TROIS MOIS	7

DÉPARTEMENTS.

UN AN	22
SIX MOIS	13
TROIS MOIS	8

ÉTRANGER.

UN AN	25
SIX MOIS	15
TROIS MOIS	10

SOMMAIRE.

SEMAINE PHOTOGRAPHIQUE.

—

EMPLOI DU LACTATE DE PROTOXYDE DE FER. — NOUVEAU MOYEN DE TRANSPORTER LES ÉPREUVES SUR TOILE CIRÉE. — OBSERVATIONS SUR LES MOYENS D'EMPÊCHER LA FALSIFICATION DES BILLETS DE BANQUE PAR LA PHOTOGRAPHIE.

Les sels à base de protoxyde de fer sont des agents de réduction très-énergiques, qui ont déjà été employés avec succès pour développer les images, tant positives que négatives, sur collodion : on peut produire une variété infinie de liquides continuateurs avec un seul sel, par le degré d'oxydation du fer, par la concentration du liquide, enfin par la nature et la proportion des acides ajoutés; c'est pourquoi la préparation du protosulfate de fer a déjà donné lieu à un si grand nombre de recettes. Ce champ de recherches est loin d'être épuisé; mais il importe de mettre à l'épreuve les autres sels de fer protoxydés qui ont chance de succès et promettent des résultats encore meilleurs.

Les sels de protoxyde de fer à employer sont naturellement ceux qui ne forment pas de précipité insoluble avec le nitrate d'argent. En première ligne se présente le nitrate de protoxyde de fer : ce sel, *exempt de sulfate de fer*, m'a paru *sans action*. Plusieurs photographes anglais soutiennent le contraire, et M. Brebisson m'a fait dire que je l'avais employé avec succès : tout cela ne me paraît pas exact; mais en raison de l'incertitude qui règne encore sur ce chapitre, je me propose d'examiner de nouveau avec grand soin le nitrate de protoxyde de fer exempt de sulfate, et le mélange des deux sels.

Immédiatement après le nitrate de protoxyde de fer, vient le lactate de fer, qui est suffisamment soluble dans l'eau et ne forme pas de précipité avec le nitrate d'argent, car le lactate d'argent est très-soluble.

Le collodion sensibilisé avec un bain de nitrate d'argent neutre, noircit lorsqu'il est mis en contact avec une solution de lactate de fer, mais beaucoup moins qu'avec le sulfate de fer; il suffit d'y ajouter un peu d'acide nitrique pour obtenir des épreuves pures, avec de beaux blancs pour les positives directes, et de beaux noirs pour les négatives. La solution de lactate de fer ainsi modifiée est d'un vert clair. Je ne puis encore décider lequel des deux sels est préférable pour l'intensité des épreuves; mais déjà le lactate de fer présente un avantage à cause de son acidulation plus faible, qui rend plus facile le lavage avant le passage à l'hyposulfite et diminue moins la cohésion du collodion.

—Pour transporter les épreuves sur toile cirée, il n'est pas nécessaire de détacher l'épreuve aussitôt le dernier lavage à l'eau; ou, pour mieux dire, quand ce décollage ne paraît pas devoir réussir pendant que le collodion est encore humide, on peut le détacher *quand il est sec*. Ce résultat paraît surprenant, mais la raison en est bien simple : la pellicule de collodion est très-*adhérente* au verre, mais elle n'y est pas *collée*, il n'y a aucune pénétration moléculaire entre la substance du verre et celle du collodion : entre le vernis de la toile cirée et le collodion c'est tout différent, il y a *pénétration de la substance et collage hermétique*; c'est pourquoi, quand le collodion a été collé hermétiquement à la toile cirée (surtout par l'application de la chaleur qui a vaporisé l'eau et fait passer le collodion à l'état corné), on détache du verre un collodion même léger qui n'a pas été préparé pour être transporté, et ne pourrait être détaché à l'état *humide*.

Le collodion pour transport glisse sur le verre quand il y a une couche liquide interposée; mais il adhère, cesse de glisser et se déchire même par places en voulant le détacher par développement, toutes les fois qu'on a pressé fortement la toile cirée pour expulser les bulles d'air, parce que cette pression a aussi déplacé la nappe liquide interposée. C'est pourquoi il importe de suivre un procédé qui permette d'appliquer la toile cirée sur le collodion, *sans enfermer des bulles d'air* : on y réussit quand on effectue cette application sous l'eau, en plongeant successivement dans une bassine pleine d'eau bien propre, la toile cirée d'abord, puis l'épreuve, et ne les amenant au contact que quand leur surface est complétement débarrassée de bulles d'air.

Au sortir de la bassine, la toile cirée, pressée très-légèrement par les doigts, uniquement pour la tenir appliquée, se détache alors avec une extrême facilité, quand la bande de collodion qui déborde a été doublée sur la toile cirée; et ce doublement se produit même très-bien dans l'eau de la bassine, en poussant vivement la plaque en avant dès qu'on a appliqué la toile avec les doigts.

Si, à ce moment, l'épreuve ne paraissait pas devoir se détacher facilement, il faudrait recourir à l'autre procédé : pour cela on exprimerait toute l'eau en pressant fortement avec la main l'épreuve enveloppée dans du linge ou placée entre plusieurs feuilles de papier buvard ; puis on achèvera la dessiccation par l'application d'une température *qui ne devra pas excéder celle de l'eau bouillante*; sans cela il se produirait des bulles de vapeur d'eau qui feraient manquer l'opération. Par la continuité d'une chaleur modérée, toute l'eau se dissipera, la toile se *collera hermétiquement* au collodion, et finalement le collodion se détachera du verre avec perfection, en commençant par un angle, après avoir établi une solution de continuité à la surface du collodion excédant la toile cirée, par un tracé à la pointe sur ce collodion, au ras de la toile cirée.

Ce procédé m'a réussi sur des épreuves séchées d'elles-mêmes, sans application du feu, et avec des collodions non transportables, au sortir du lavage, par un dessèchement graduel à la lampe.

— La falsification par la photographie des billets de la Banque d'Angleterre vient de faire sentir un danger qui existe pour tous les billets de banque imprimés en noir ; on peut craindre que les faussaires ne travaillent activement, et l'émission des faux billets ne serait retardée que par la difficulté d'obtenir des noirs intenses, difficulté qui n'existe pas pour les photographes habiles.

La Banque de France a trouvé jusqu'à ce jour sa sécurité dans la vignette transparente qui est formée dans la pâte du papier, et qui nécessitait, avant l'intervention de la photographie, la fabrication spéciale du papier avant l'application d'une planche en taille-douce ou d'une pierre lithographique.

Aujourd'hui un négatif sur albumine peut, du même coup, donner les tracés en noir et l'illusion par transparence de la vignette établie dans la pâte du papier; heureusement que, suivant la judicieuse observation de M. Claudet, cette illusion ne subsiste plus dès que l'on regarde le billet falsifié par réflexion, surtout en le plaçant sur un fond noir; dans ce cas le billet falsifié produira le même aspect que par transparence, tandis que pour le vrai billet la vignette se détachera en noir. Cette épreuve sera toujours suffisante pour l'établissement de la Banque, pour les changeurs et les personnes qui en auront eu connaissance.

M. Claudet, à ce propos, conseille de changer de fond en comble la fabrication des billets de banque et de les composer d'impressions en couleurs inimitables par la photographie; ce serait, en effet, le meilleur parti à prendre pour paralyser complétement ce nouveau moyen de falsification, et en même temps créer des difficultés pour les impressions frauduleuses. Mais, sans recourir à une réforme aussi radicale, il me semble qu'un simple *timbre sec appliqué sur les billets déjà existants avec une couleur à l'huile d'un jaune ou d'un rouge vif*, rendrait impossible toute contrefaçon par la photographie, précisément parce que ce timbre couvrirait des lignes ou des lettres imprimées en noir : par la reproduction photographique tout serait noir, et *il y aurait autant de difficulté pour la falsification*, que s'il s'agissait de billets nouveaux établis avec des planches à plusieurs couleurs.

M.-A. GAUDIN,
Calculateur du Bureau des Longitudes.

SCIENCES.

—

Nous reproduisons ici les deux passages du rapport fait par M. Arago, que le défaut d'espace nous avait forcés d'indiquer seulement dans le précédent article.

« Des enfants attachent fortuitement deux verres lenticulaires de différents foyers aux deux bouts d'un tube; ils créent ainsi un instrument qui grossit les objets éloignés, qui les représente comme s'ils s'étaient rapprochés. Les observateurs s'en emparent avec la seule, avec la modeste espérance de voir un peu mieux des astres connus de toute antiquité, mais qu'on n'avait pu étudier jusque-là que d'une manière imparfaite. A peine cependant est-il tourné vers le firmament, qu'on découvre des myriades de nouveaux mondes; que, pénétrant dans la constitution des six planètes des anciens, on la trouve analogue à celle de notre terre, par des montagnes dont on mesure les hauteurs, par des atmosphères dont on suit les bouleversements, par des phénomènes de formation et de fusion de glaces polaires, analogues à ceux des pôles terrestres; par des mouvements rotatifs semblables à celui qui produit ici-bas l'intermittence des jours et des nuits. Dirigé sur Saturne, le tube des enfants du lunetier de Midlebourg y dessine un phénomène dont l'étrangeté dépasse tout ce que les imaginations les plus ardentes avaient pu rêver. Nous voulons parler de cet anneau, ou, si on l'aime mieux, de ce pont sans piles, de 71,000 lieues de diamètre, de 11,000 lieues de largeur, qui entoure de tout côté le globe de la planète, sans en approcher nulle part à moins de 9,000 lieues. Quelqu'un avait-il prévu qu'appliquée à l'observation des quatre lunes de Jupiter, la lunette y ferait voir que les rayons lumineux se meuvent avec une vitesse de 80,000 lieues à la seconde; qu'attachée aux instruments gradués, elle servirait à *démontrer* qu'il n'existe point d'étoiles dont la lumière nous parvienne en moins de trois ans; qu'en suivant enfin à son aide certaines observations, certaines analogies, on irait jusqu'à conclure, avec une immense probabilité, que le rayon par lequel, dans un instant donné, nous apercevons certaines nébuleuses, en était parti depuis plusieurs millions d'années; en d'autres termes, que ces nébuleuses, à cause de la propagation successive de la lumière, seraient visibles de la terre plusieurs millions d'années après leur anéantissement complet?

« La lunette des objets voisins, *le microscope*, donnerait lieu à des remarques analogues, car la nature n'est pas moins admirable, n'est pas moins variée dans sa petitesse que dans son immensité. Appliqué d'abord à l'observation de quelques insectes dont les naturalistes désiraient seulement amplifier la forme, afin de la mieux reproduire par la gravure, le microscope a dévoilé ensuite et inopinément dans l'air, dans l'eau, dans tous les liquides, ces animalcules, ces infusoires, ces étranges reproductions où l'on peut espérer de trouver un jour les premiers germes d'une explication rationnelle des phénomènes de la vie. Dirigé récemment sur des fragments menus de diverses pierres comprises parmi les plus dures, les plus compactes dont l'écorce de notre globe se compose, le microscope a montré aux yeux étonnés des observateurs que ces pierres ont vécu, qu'elles sont une pâte formée de milliards de milliards d'animalcules microscopiques soudés entre eux. »

L'illustre astronome qui savait exposer avec tant de lucidité l'origine des découvertes, se complaisait aussi à suivre les progrès incessants de la science et les perfectionnements apportés aux instruments qu'elle emploie : il aurait entendu avec une vive satisfaction la communication faite dans la séance de ce jour, et, par quelques paroles encourageantes et dites si à propos, il aurait joint ses éloges à ceux donnés par l'honorable M. Leverrier à des artistes éminents qu'il honorait de son amitié.

Séance de l'Académie du 17 septembre 1852; Lunette parallactique de MM. Lerebours et Secrétan. — Un honorable membre de l'Académie, M. Leverrier, astronome qui jouit d'une grande et juste célébrité, appelé à présider le Conseil général de son département, avait été empêché par ce motif de prendre part aux travaux de l'Académie. De retour et présent à la séance, il a annoncé le désir, soit de compléter ses précédentes communications, soit d'en faire de nouvelles; mais l'heure avancée ne lui permettait pas de commencer immédiatement ses lectures. Il croit néanmoins devoir s'empresser de signaler à l'attention de ses honorables collègues quelques extraits d'une lettre de M. C. Piazzi Smyth, directeur de l'Observatoire royal d'Edimbourg, parce qu'elle contient des détails qui honorent les artistes français, et constatent d'une manière incontestable la supériorité des instruments d'optique et de précision construits par MM. *Lerebours* et *Secrétan*, opticiens de l'Observatoire et de la marine.

M. P. Smyth fut chargé, il y a quelques années, par le capitaine M. S. Jacob, son ami, qui habitait alors les Indes, de lui procurer une lunette parallactique, avec objectif de 6 pouces.

On sait que, comme construction, cet appareil est mis au rang des instruments de premier ordre; la lunette, adaptée au centre d'un axe polaire creux, est dirigée au moyen d'un mouvement d'horlogerie dont toutes les parties doivent se démonter facilement.

M. Smyth devait s'adresser à des constructeurs expérimentés et très-habiles : connaissant la perfection de plusieurs instruments sortis des ateliers de MM. Lerebours et Secrétan, et décidé particulièrement par la modicité de leurs prix, il s'adressa de préférence aux artistes français.

La lunette parallactique envoyée au capitaine Jacob, à Madras, complétée par l'envoi d'un second objectif, qu'il trouve *excellent*, donne une entière satisfaction au savant astronome qui, ayant observé avec cet objectif les étoiles doubles ϵ et γ d'Andromède, ω du Lion, μ du Bouvier, l'adopta et s'en servit continuellement, dans la suite, pour toutes ses recherches.

M. Leverrier signale, entre autres, un fait très-digne de remarque, constaté en septembre 1852 par le capitaine Jacob : en observant Saturne, il vit d'abord distinctement l'anneau obscur, puis il reconnut ensuite que cet anneau était transparent, que ses différentes parties se coloraient diversement alors qu'elles étaient éclairées, ou par la propre lumière réfléchie de la planète, ou par la lumière directe du soleil.

Grâce à la perfection de l'instrument on voyait, lorsque la mise au point était parfaite, la division très-fine que l'on avait soupçonnée sur l'anneau lumineux extérieur; cette division était parfaitement tracée, et l'on distinguait son prolongement à travers la moitié au moins de sa circonférence. Elle resta visible pendant les sept mois entiers que dura l'apparition de la planète, et fut si distincte qu'on pouvait en prendre facilement la mesure micrométrique.

Le savant directeur de l'Observatoire d'Edimbourg rappelle que, les observations des astronomes placés à des points différents du globe ayant été publiées dans les *Monthly notices* de la Société royale d'Edimbourg dans le courant de l'hiver dernier, il est utile de comparer ces observations avec celles du capitaine Jacob, pour bien apprécier la valeur des résultats qu'il a obtenus.

M. Daves, muni d'un des meilleurs objectifs de 6 pouces que l'on puisse construire à Munich, n'a fait que soupçonner au commencement de la saison une division fine près des anses de l'anneau. M. Lassel, quoiqu'il dirigeât ses observations de Malte, climat si favorable, et avec un télescope dont les miroirs étaient dans les meilleures conditions possibles, affirme que cette division n'existe pas, car, dit-il, il l'aurait vue.

Il est évident que le capitaine Jacob devait posséder un meilleur instrument, et qu'il sut, en outre, mettre à profit sa position géographique, qui lui permettait d'observer la planète plus près du zénith.

M. Leverrier termine en annonçant que le capitaine Jacob est actuellement astronome de la Compagnie des Indes à Madras; que l'honorable Compagnie a désiré faire l'acquisition de l'instrument à la perfection duquel on doit ces précieuses observations, et qu'elle en a enrichi son observatoire.

Il se félicite d'avoir eu l'occasion d'entretenir ses collègues d'un fait qui doit encourager les constructeurs français, et inscrire dans les archives de la science, même dans les contrées les plus éloignées, les noms de nos habiles artistes, MM. Lerebours et Secrétan, comme un titre de gloire pour notre pays. A.-T. L.

M. le comte Aguado, de retour, dernièrement, d'un voyage de quelques jours, a rapporté, comme il le fait ordinairement en pareille circonstance, des clichés pris avec ce goût artistique et cette habileté d'exécution qui rendent ses épreuves si intéressantes et si belles. Cette fois, il a opéré exclusivement sur collodion, et s'est attaché à reproduire des sujets qui nécessitaient l'emploi de procédés extrêmement rapides. Ce sont des groupes de plusieurs personnes dans des attitudes difficiles à conserver, des chiens arrêtés un instant sous le regard de leur maître; des bœufs qui paissent, ou ruminent magistralement, couchés dans l'herbe.

Mais, ce que nous avons le plus admiré parmi ces curieuses épreuves, c'est un de ces chars que l'on voit passer, à l'époque de la moisson, entre les haies jaunissantes des chemins, et qui, traînés gravement par deux couples de bœufs — aux cornes aiguës, à la tête calme sous le joug, aux membres courts et musculeux, — s'en vont chercher leur chargement de gerbes dorées. Le bras appuyé sur la large croupe d'un de ces robustes animaux, le bouvier suit, en sifflant, leur marche lente. M. le comte Aguado a copié cette scène rustique avec une rare perfection. Malgré la rapidité avec laquelle ce cliché a dû être fait, il a une grande vigueur de ton, et les détails en sont admirablement nets, ce qui manque d'ordinaire aux négatifs obtenus rapidement. Nous voudrions que Mlle Rosa Bonheur pût voir cette épreuve; nous sommes certain qu'elle voudrait la copier pour en faire un délicieux tableau de plus.

Les artistes qui ont publié des brochures sur l'emploi du collodion ont tous recommandé le plus grand soin dans le lavage des glaces qui doivent en être recouvertes. M. Aguado pense, comme eux, que la propreté du verre est d'une grande importance pour la perfection des résultats; aussi a-t-il imaginé un petit instrument bien simple, que tous les artistes peuvent se procurer, et qui certainement leur épargnera bien des déboires. C'est tout uniment un cadre en bois de la grandeur des plaques que l'on emploie ordinairement; un manche y est adapté et plusieurs pointes retiennent le verre que l'on y pose. De cette façon on peut laver les glaces à grande eau sans les toucher avec les doigts, auxquels s'attachent presque toujours des corps étrangers que l'eau entraîne et qui viennent salir les plaques.

Nous recommandons tout particulièrement l'emploi de ce support aux praticiens désireux d'obtenir des épreuves exemptes de ces taches qui gâtent les plus beaux clichés.

LE DAGUERRÉOTYPE EN CHINE.

M. Jules Itier, qui a voyagé en Chine pendant les années 1843 à 1846, a su, comme on le verra par la citation suivante, extraite de son journal de voyage, tirer un excellent parti d'un daguerréotype dont il avait eu le soin de se munir.

« Voici cinq jours que je parcours Canton, c'est-à-dire ses vastes faubourgs et la ville flottante; car pour les villes chinoise et tartare, deux fois j'ai tenté d'y pénétrer et deux fois j'ai été ramené à la porte, très-poliment il est vrai, par les gardiens. La première fois, j'avais franchi la grande porte de *Ching-se-mun*, la seule qui donne accès dans la ville tartare, par la muraille de l'ouest, et je m'avançais d'un pas résolu dans une rue droite, fort longue et assez large, sans tenir compte de quelques exclamations de surprise sorties du sein de la foule, lorsqu'au moment d'atteindre la mosquée mahométane de Hwae-shing, que je savais devoir trouver à ma droite, j'entendis derrière moi des cris confus, des pas précipités. Je me retournai pour faire face à l'orage : mon attitude calme imposa aux Chinois, qui, tout essoufflés de leur course, me firent comprendre, par des gestes presque suppliants, la défense d'aller plus avant. Force fut de m'en retourner; toutefois j'exécutai ma retraite lentement, et de manière à bien constater qu'il n'existe pas de différence pour les rues, les maisons et les boutiques, entre la ville ouverte et la ville tartare, dont les édifices les plus remarquables sont le palais de la Trésorerie, qu'habite le Poo-ching-szé ou receveur général des deux Kwang, et la tour à cinq étages du temple de la Gloire et du Devoir filial (Kwang-heaou-szé), bâtie sur la colline qui domine la ville au nord-nord-ouest. Depuis cette expédition, *j'ai pu prendre l'un et l'autre au daguerréotype, d'un point où la vue plonge dans la ville par-dessus les murailles*. Chacune des faces du palais de la Trésorerie est surmontée de trois des branches d'une immense croix de Malte blanche, encadrées d'un double filet noir, et qu'on serait tenté, au premier abord, de prendre pour des ailes de moulin à vent.

« Je n'ai pas été plus heureux dans mon essai pour pénétrer dans la ville chinoise, ville également fermée, s'étendant au sud de la ville tartare, et séparée d'elle par un canal et un mur épais en briques, percé de cinq portes. Grâce à la foule, j'avais déjà dépassé la porte de Taé-ping-mun; je suivais sans me retourner la rue qui fait face et qui devait, d'après mes calculs, me conduire au palais du Tsung-tuh ou vice-roi, lorsque je fus signalé par quelques passants aux gardiens, qui eurent la politesse de croire que je me trompais, et me reconduisirent jusqu'à la porte, en m'indiquant la direction des factoreries.

(*Moniteur universel.*)

Nous recevons de M. Maxwell Lyte, de Londres, une lettre pleine d'intérêt que nous donnerons dans notre prochain numéro.

SIMPLIFICATIONS

APPORTÉES DANS LES MANIPULATIONS PHOTOGRAPHIQUES (1).

Dans un article ayant pour titre : *Simplifications apportées dans les manipulations photographiques*, nous avons indiqué comment M. Krafft avait pensé, au moyen d'un aréomètre, pouvoir reconnaître les quantités de matières utiles contenues dans les différents bains et solutions employés par les photographes.

Les tables de solubilité que ce chimiste avait dressées devaient faire l'objet d'une publication spéciale. Leur utilité incontestable avait été sentie par tous, et nous sommes heureux de pouvoir satisfaire aux demandes réitérées de plusieurs de nos abonnés, en leur offrant aujourd'hui ce travail important.

Nous ne reviendrons pas sur la description de l'aréomètre et sur la manière de s'en servir ; nos lecteurs n'auront qu'à consulter, pour tous les détails opératoires, notre numéro du 5 février dernier, qui contient en outre la table de solubilité du sel ammoniac.

Cette fois nous publierons la table de solubilité du chlorure de sodium et celle du sulfate de fer. Les autres viendront dans nos prochains numéros.

DU CHLORURE DE SODIUM.

Cette substance, plus connue sous le nom de sel marin, est employée souvent pour la préparation du papier positif. — Qu'on l'extraie de la mer, ou qu'on la retire du sein de la terre (*sel gemme, sel en roche*), ses propriétés sont les mêmes. C'est une matière que le photographe est certain de trouver en tout pays, et partout à très-bas prix.

Le sel ordinaire étant toujours coloré par des corps étrangers qui en souillent la pureté, il faudra en filtrer les dissolutions avant l'emploi, ou mieux, ne faire usage que de celui que l'on nous sert pour nos repas, et que l'on nomme *sel raffiné*.

TABLE DE SOLUBILITÉ DU SEL MARIN
(*Chlorure de sodium*).

DEGRÉS ARÉOMÉTRIQUES.	DENSITÉ ou poids d'un lit. de dissolution.	UN LITRE DE DISSOLUTION RENFERME		QUANTITÉ DE SEL pour 100 gramm. d'eau	OBSERVATIONS.
		SEL.	EAU.		
	gr.	gr.	gr.	gr	
1	1007	12.893	994.006	1.297	
2	1014	25.786	988.312	2.582	
3	1021	38.680	982.519	3.936	
4	1029	51.573	976.926	5.279	
5	1036	64.467	971.433	6.636	
6	1043	77.360	966.039	8.111	
7	1051	90.253	960.746	9.394	
8	1058	103.147	955.652	10.793	Employée dans la préparation du papier positif.
9	1066	116.040	950.559	12.207	
10	1074	128.934	945.666	13.739	
11	1083	141.827	940.872	15.073	
12	1091	154.720	936.179	16.525	
13	1099	167.614	931.585	17.992	
14	1107	180.507	927.092	19.480	
15	1116	193.401	922.799	20.958	
16	1125	206.294	918.705	22.191	
17	1134	219.187	914.612	23.964	
18	1143	232.081	910.718	25.482	
19	1152	244.974	907.025	27.008	
20	1161	257.868	903.332	28.546	
21	1171	270.761	899.938	30.208	
22	1180	283.654	896.345	31.645	
23	1190	296.548	893.451	33.316	
24	1200	309.441	890.558	34.746	
24.7	1207	318.479	888.669	35.964	Dissolution sat. à +15° cent.

(1) Voir, nº 6 du 5 février 1853, la description de l'*aéromètre* ou pèse-liqueur que M. Léon Krafft a proposé de substituer à la balance, afin d'éviter les pesées nombreuses et surtout d'apporter une économie considérable dans le temps si précieux dont le photographe peut disposer.

DU SULFATE DE FER.

Le sulfate de protoxyde de fer, ou *couperose verte*, *vitriol vert*, sert en photographie pour faire apparaître l'image sur les plaques collodionées soumises à l'action de la lumière.

Il faut le choisir, autant que possible, en cristaux réguliers. Ce sont des prismes rhomboïdaux obliques, ayant la couleur bleue verdâtre du béril.

Cette substance est très-abondante dans le commerce, qui la livre à très-bas prix. Celui qui est bleu un peu verdâtre contient toujours un excès d'acide et doit être rejeté. Le vert pâle et le vert-émeraude sont les seuls bons, surtout le premier.

Ce sel renferme 45 p. 100 de son poids d'eau, qu'on peut lui faire perdre presque entièrement en le chauffant quelque temps à 100° centigr. Il est alors sous la forme d'une poudre qui occupe fort peu de volume, et que l'on peut par conséquent emporter plus avantageusement en voyage. Mise dans l'eau, cette poudre donne une liqueur qui a toutes les propriétés du sel primitif.

Comme la dissolution de sulfate de fer s'altère au contact de l'air, il est bon de maintenir bouché le flacon qui la renferme.

TABLE DE SOLUBILITÉ DU SULFATE DE FER.

DEGRÉS ARÉOMÉTRIQUES.	DENSITÉ ou poids d'un lit. en dissolution.	UN LITRE DE DISSOLUTION RENFERME		QUANTITÉ DE SEL pour 100 gramm. d'eau	OBSERVATIONS.
		SEL.	EAU.		
	gr.	gr.	gr.	gr.	
1	1007	16.746	990.154	1.6912	
2	1014	33.492	980.608	3.415	
3	1021	50.238	970.962	5.184	
4	1029	66.984	961.516	6.966	
5	1036	83.730	952.170	8.793	
6	1043	100.476	942.924	10.656	
7	1051	117.222	933.778	12.532	
8	1058	133.968	924.832	14.485	
9	1066	150.714	915.886	16.455	
10	1074	167.460	907.140	18.460	
11	1083	184.206	898.494	20.501	
12	1091	200.952	889.948	22.580	
13	1099	217.698	881.502	24.696	
14	1107	234.444	873.156	26.862	
15	1116	251.190	865.010	29.003	
16	1125	267.936	857.064	31.262	
17	1134	284.682	849.118	33.526	
18	1143	301.428	841.372	35.825	
19	1152	318.174	833.826	38.157	
20	1161	334.920	826.280	40.533	
21	1171	351.666	819.034	42.936	
22	1180	368.412	811.588	45.394	
23	1190	385.158	804.842	47.854	
24	1200	401.904	798.096	50.358	
25	1210	418.650	791.350	52.903	
25.4	1214	425.360	788.660	53.934	Dissolution sat. à +15° cent.

SUR L'EMPLOI DES VERRES JAUNES EN PHOTOGRAPHIE.

M. Robert Hunt, le savant professeur dont les recherches et les publications ont été si utiles à la photographie, nous avait adressé la lettre suivante, que l'abondance des matières ne nous avait pas permis de publier. Nous nous empressons aujourd'hui de l'insérer.

Londres, 8 octobre 1853.

Cher monsieur,

De retour d'une excursion à la campagne, j'ai trouvé plusieurs numéros de *la Lumière*, parmi lesquels il s'en trouve un qui contient un article de M. Gaudin sur une de mes observations relativement à l'emploi du verre jaune. Comme cet article pourrait faire naître des erreurs dans l'esprit de vos abonnés, je vous demande la permission d'y répondre.

Il n'y a nul doute que M. Gaudin rende un compte exact de l'expérience qu'il a faite. Le verre jaune employé était du genre de ceux qui ne permettent pas le passage des rayons agissant chimiquement. Tous les photographes savent qu'il y a dans le commerce des verres jaunes, obtenus par l'emploi des matières suivantes :

1° Carbone — verre très-commun ;
2° Fer — que l'on trouve fréquemment ;
3° Antimoine ;
4° Plomb — jaune pâle ;
5° Uranium — jaune-serin ;
6° Argent.

Par un nombre infini d'expériences, dont les comptes-rendus de l'Association britannique (*Reports of the British Association*) publieront la plus grande partie, j'ai prouvé que les verres de 1 à 5 admettent une quantité de rayons chimiques suffisante pour attaquer la plaque collodionnée et les papiers iodurés les plus sensibles ; mais que le *verre teint en jaune au moyen de l'argent*, quoique admettant plus de lumière que les autres, est opaque aux rayons chimiques.

On doit donc avoir soin de choisir, pour les ateliers photographiques, des verres qui ont été préparés avec l'argent.

Si M. Gaudin, dont les travaux pleins de zèle, et les modes ingénieux de manipulation m'ont vivement intéressé, veut se procurer des verres teints au moyen des substances que je viens de désigner, et répéter ses expériences de la manière indiquée, je suis sûr qu'il confirmera ce que j'ai avancé.

Agréez, etc.

ROBERT HUNT.

STATISTIQUE DE LA PHOTOGRAPHIE.

(22e ARTICLE.)

(Suite.)

Planchettes à polir américaines, boîtes à plaques, châssis de rechange, planchettes à châssis, châssis de cuvettes à bromer et ioder américaines, presses en fer pour planchettes à polir, boîtes pour renfermer l'appareil, recourboir mécanique, telles sont les différentes matières qui vont former le sujet de la fin de cet article.

Les planchettes à polir ne sont généralement que d'une sorte. Les boutons sont en cuivre ou en argent.

La planchette à polir américaine se compose d'un petit carré de bois ou *planchette*, de quatre agrafes ou *boutons*, d'écrous ou *oreilles* et d'une vis à fixer, maintenir, ou *presse*. La planchette est à la mesure de la plaque. Celle-ci la dépasse seulement un peu pour être soumise au polissage intégralement, et ce, d'une manière rigoureuse, en même temps que pour permettre ce travail sans qu'il soit touché à la surface si délicate et si susceptible de la plaque. La planchette est recouverte de drap, afin d'éviter le frottement de la plaque contre le bois. Les quatre boutons, avons-nous dit, sont en cuivre ou en argent. Trois sont mobiles, et le quatrième sans tige, attaché à la planchette, y est fixé avec la solidité nécessaire. Les autres glissent dans de petites rainures pratiquées aux trois coins de la planchette, et sont maintenus dans leurs coulisses au moyen d'un petit écrou au-dessous de la planchette, ce qui permet de faire tenir ou d'arrêter convenablement la plaque sur la planchette. Pour se servir de la planchette, on la fixe à l'aide d'une petite vis en bois sur une table ou tout autre meuble qui puisse s'approprier à cet usage. Cette vis en bois en est la presse ; sa forme est des plus simples et ne demande aucun détail descriptif.

La boîte à plaques, comme l'indique son nom, est destinée à recevoir ou la plaque prête à servir, ou l'épreuve sans passe-partout, si l'on veut. C'est une simple boîte aussi de forme ordinaire. La distinction en consiste dans des rainures pratiquées sur les parois intérieures qui se font face l'une à l'autre. Ces rainures, comme on peut bien le comprendre, empêchent le contact des plaques en les tenant à une certaine distance les unes des autres et en les empêchant de glisser dans un sens quelconque différent du mouvement de haut en bas. Et encore en ce dernier sens sont-elles rendues immobiles quand la boîte est fermée.

Il y a la boîte à plaques en noyer, avec crochet, à douze rainures larges ; et la boîte à plaques en sapin, à charnières, avec crochets, de cinquante rainures pour réserve de plaques.

On en fait encore à fonds en coulisses pour pouvoir nettoyer la poussière qui s'amasse dans les rainures du fond de la boîte. De cette façon la poussière ne peut pas s'attacher aux plaques. C'est elle qui souvent produit des points noirs, des taches, enlaidissant la plaque à ce point de la rendre impropre à tout usage.

Malgré leur utilité, les boîtes à plaques de ce dernier genre se vendent en bien moins grande quantité que les boîtes ordinaires. Les boîtes à plaques sont plus ou moins larges ou plus ou moins étroites, suivant les grandeurs des plaques qu'elles doivent renfermer. La boîte en noyer se fabrique pour toutes les mesures, depuis la plaque entière jusqu'à la plaque neuvième. La boîte en sapin se fabrique également pour toutes, la mesure plaque entière exceptée.

Les châssis de rechange, garnis de planchettes pour la chambre noire, ne se confectionnent que pour plaque entière, demie et quart. Nous en avons parlé à propos des chambres noires.

Les planchettes à châssis de chambre noire supposent un petit châssis mobile et une planchette s'enclavant avec précision l'un dans l'autre. Dans la partie inférieure se trouvent deux charnières qui les rattachent ensemble et les laissent ouvrir ou fermer suivant le besoin de l'opérateur. La planchette est maintenue à la partie supérieure par deux petits tourniquets qui permettent de la développer ou de la replier aussi à l'avenant; la pratique en est très-simple. Comme le châssis de rechange de la chambre noire, la planchette à châssis évidemment ne se fait que dans les grandeurs plaque entière, demie et quart.

Le châssis de cuvette à bromer et ioder américaine sert à la substitution d'une plaque inférieure ou supérieure à une plaque plus grande ou plus petite durant le travail de la sensibilisation. Il s'adapte à la boîte à bromer et ioder dans les conditions voulues par la nécessité pour ces boîtes de fermer hermétiquement. Il reste aussi, quant à sa fabrication ordinaire, dans les dimensions du châssis de rechange et de la planchette à châssis.

Nous aurions dû peut-être parler de ces différentes modifications, complications ou espèces du châssis, à propos du châssis ordinaire; mais nous avions à nommer les boîtes à ioder et bromer pour le dernier genre, les planchettes pour le second. Il nous a semblé plus convenable de les placer après les parties qui les supposent.

La presse en fer pour planchette à polir a la forme de la presse en bois et n'en diffère que par sa qualité métallique, soit pour l'usage, soit pour la nature de son mouvement.

L'étau en fonte pour planchette à polir n'est qu'une espèce de presse qui peut s'adapter à une table et s'y fixer plus solidement. Dans le haut sont pratiqués des trous par où entrent les pivots. Sur le côté est une vis de pression, qui sert à présenter la planchette dans tous les sens de la ligne horizontale. Cet étau est d'une très-grande commodité pour le polissage des plaques.

La boîte pour renfermer l'appareil n'est à proprement parler qu'une boîte d'emballage dans laquelle sont contenues toutes les parties de l'appareil replié pour ainsi dire. Elle n'en facilite donc que le transport, et devient indispensable non-seulement pour le photographe voyageur, mais encore pour toute excursion un peu lointaine. Elle se compose d'un caisson percé de trous pour mettre à part les produits chimiques. Ce caisson est à droite de la boîte. Sur le devant et le derrière il y a deux séparations au moyen de deux rainures, afin d'empêcher la communication des produits chimiques avec l'ébénisterie. Ces boîtes ferment à clef, et ne sont confectionnées que pour les appareils plaque entière, demie et quart.

Le recourboir mécanique à biseauter la plaque est formé d'une planche ordinaire, d'une tringle en fer adaptée sur le devant de la planche au moyen de vis, d'une tringle en bois qui vient se fixer sur-le-champ au devant de la planche, pour recevoir la poignée en bois tenant la mécanique à recourber la plaque. Voici la description qu'en donne M. M.-A. Gaudin : Il se compose d'une planchette en bois, munie d'une lame métallique en saillie, pour fixer les plaques, et d'un galet se mouvant le long d'une coulisse pratiquée dans un tasseau établi d'équerre sur les planchettes.

La mécanique du recourboir consiste en une pièce en cuivre et une roulette en acier trempé. En faisant fonctionner les roulettes sur les bords de la plaque, naturellement on la recourbe; c'est ce qu'on appelle biseauter la plaque. Plusieurs genres de recourboirs ont été essayés ou inventés par les photographes; mais on s'est arrêté à celui-ci, comme au plus commode et au moins coûteux.

Il ne se vend pas moins de vingt mille planchettes à polir par année, à Paris seulement,

Douze mille boîtes à plaques,
Huit cents presses en fer,
Deux cents étaux en fonte,
Mille boîtes pour renfermer l'apareil,
Et deux mille recourboirs mécaniques.

Pour les chiffres respectifs des planchettes dans les différentes mesures, nous devons répéter ce que nous avons dit des boîtes à mercure et des boîtes à bromer et ioder, qu'ils gardent à peu près leurs proportions comme ceux des diverses grandeurs des chambres noires.

Ce que nous avons dit pour les chiffres des différentes mesures, à propos des planchettes à polir, des boîtes à mercure, des boîtes à bromer et ioder s'applique, à bien plus forte raison, aux boîtes pour renfermer l'appareil.

J.-D. Du Verfay.

Le ministre d'Etat et de la maison de l'Empereur vient d'autoriser, sur les fonds provenant de la perception du droit d'entrée à l'exposition de 1853, l'acquisition de vingt-sept tableaux ou statues qui faisaient partie des ouvrages exposés et qui seront répartis entre divers musées de France ainsi qu'il suit :

Au musée du Luxembourg : Le Baiser de Judas, par *M. Hébert*; Saint François d'Assise, par *M. Benouville;* La Fin de l'hiver (passage), par *M. Français;* Nature morte, par *M. Monginot;* Les Gracques (bustes bronze), par *M. Guillaume;* Rembrandt (buste bronze), par *M. Olica;* Agrippine et Caligula (marbre), par *M. Maillet;* la Pudeur cède à l'Amour, par *M. de Bay.*

Au musée de Versailles : Portrait d'Abd-el-Kader, par *M. Tissier (Ange);* Vue de Paris (1852), par *M. Navalet;* Vue de Paris (1853), par *M. Navalet.*

Au musée de Marseille : Un Métier de chien (1851), par *M. Stevens (Joseph);* Le Mercredi des Cendres, par *M. Stevens (Alfred).* — Au musée de Lille : Faucheurs de sainfoin, par *M. Hédouin.* — Au musée de Toulouse : Buffle surpris par un tigre, par *M. Verlat.* — Au musée de Strasbourg : Schlitteurs de la Forêt-Noire, par *M. Brion.* — Au musée d'Amiens : Intérieur d'atelier à Bruxelles, par *M. Van Moër.* — Au musée de Tours : Souvenir d'atelier, par *M. Girauld (Charles).* — Au musée de Saint-Quentin : Pâturage en Dauphiné, par *M. Thuillier.* — Au musée de Bordeaux : Etang près l'Ile-Adam, par *M. André (Jules).* — Au musée de Montpellier : Paysans ivres, par *M. Knaus.* — Au musée de Lyon : La Madone des Grâces, par *M. Montessuy.* — Au musée du Havre : Tête de buveur, par *M. Lafond.* — Au musée de Lisieux : Vue prise à Bellevue, par *M. Cibot.* — Au musée d'Angers : Vue de Paris, par *M. Jongkind.* — Au musée de Dijon : Le Corps meurt, l'Esprit reste, par *M. Michaud.* — Au musée d'Alençon : Les loisirs de Virgile, par *M. Lehman.*

(Gaz. des Beaux-Arts.)

PUBLICATIONS PHOTOGRAPHIQUES.

BROCHURE DE M. BREBISSON (1).

M. de Brebisson a eu l'heureuse idée de faire imprimer, à la fin de sa nouvelle brochure, une *Table* formulaire qui résume les formules contenues dans son livre. Pour donner une idée de l'étendue et de l'importance de cette publication, nous reproduisons ici ce formulaire. Quant aux soins minutieux, aux tours de main habiles qui abrégent, facilitent l'opération et en assurent les résultats, il faudrait reproduire tout l'ouvrage pour en donner le détail.

PRÉPARATION DU COTON-POUDRE.

Acide sulfurique pur........ 60 centimét. cub.
Salpêtre.................... 80 grammes.
Coton....................... 4 d°.

Lorsqu'on prépare le coton-poudre par un temps chaud, il se dégage souvent d'abondantes vapeurs rutilantes : on les empêche en augmentant la dose d'acide sulfurique de 5 à 10 centimètres cubes.

(1) En vente au bureau du journal.

COLLODION PHOTOGRAPHIQUE.

Coton-poudre.............. 1 gramme.
Ether sulfurique.......... 75 cent. cub.
Alcool (33°).............. 30 d°.
Solution alcoolique saturée d'iodure de potassium........ 10 d°.

Ajoutez 10 à 12 centimètres cubes d'une solution alcoolique d'iodure de fer si vous voulez un collodion très-rapide.

COLLODION AU BROMURE DE CADMIUM DE M. LABORDE.

Bromure de cadmium........ 1 gramme.
Collodion étendu........... 30 d°.

AUTRE FORMULE DU MÊME.

Bromure de cadmium........ 0,8 décigr.
Iodure de potassium........ 0,2 d°.
Collodion étendu........... 30 grammes.

SENSIBILISATION DES GLACES.

Eau distillée............... 100 grammes.
Azotate d'argent........... 10

APPARITION DE L'IMAGE.

I. Acide pyro-gallique.......... 1
Acide acétique cristallisable... 24
Eau distillée.................. 180
II. Eau distillée............... 60
Azotate d'argent............... 1

PROCÉDÉ LABORDE.

Eau distillée.................. 300 grammes.
Acide pyro-gallique............ 1
Acide tartrique................ 1
Solution saturée de nitrate de cuivre...................... 60

APPARITION PAR LE PROTOSULFATE DE FER.

Solution saturée de sulfate de fer...................... 60 grammes.
Acide acétique................. 5

On ajoute parfois quelques gouttes d'une solution faible d'azotate d'argent.

AUTRE.

Eau........................... 60 grammes.
Protosulfate de fer........... 0,8 décig.
Acide sulfurique pur.......... 4 gouttes.
Solution d'azotate d'argent au 15e......................... 3 gr.

RENFORCEMENT DES NÉGATIFS.

Eau distillée.................. 100 grammes.
Azotate d'argent............... 4

PROCÉDÉ LABORDE.

I. Bichlorure de mercure........ 1 gram.
Eau distillée.................. 40
II. Hyposulfite de soude........ 1
Eau distillée.................. 20
Iode........................... à saturation.

VERNIS POUR FOND.

Essence de térébenthine...... 100 grammes.
Bitume de Judée pulvérisé..... 20
Cire blanche.................. 4
Noir de bougie ou d'ivoire.... 1 à 2

PRODUCTION DE L'IMAGE POSITIVE SUR PAPIER.

Eau de pluie.................. 200 grammes.
Hydrochlorate d'ammoniaque.. 6
Tapioka de Groult............. 8

FIXATION DE L'ÉPREUVE POSITIVE SUR PAPIER.

Hyposulfite de soude.......... 10 grammes.
Eau........................... 100

ÉPREUVES GLACÉES.

Eau........................... 100 grammes.
Gomme arabique................ 17
Colle de poisson ou gélatine... 1

Toutes les demandes et réclamations relatives au service, toutes les lettres et communications relatives à la Rédaction, doivent être adressées (*affranchies*) à M. Ernest Lacan, rédacteur en chef, au bureau du journal. — *Toute lettre non affranchie sera rigoureusement refusée. Les demandes d'abonnement doivent être accompagnées d'un* bon sur la poste, à l'ordre du Gérant.

Le Propriétaire-Gérant, Alexis Gaudin.

TYPOGRAPHIE HENNUYER, RUE DU BOULEVARD, 7. BATIGNOLLES. Boulevard extérieur de Paris.

TROISIEME ANNÉE. N° 44. SAMEDI, 29 OCTOBRE 1853.

LA LUMIÈRE

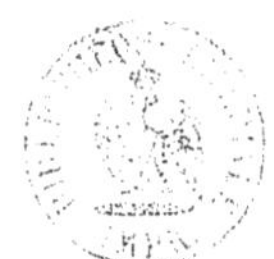

REVUE DE LA PHOTOGRAPHIE.

BEAUX-ARTS. — HÉLIOGRAPHIE. — SCIENCES.

JOURNAL NON POLITIQUE, PARAISSANT LE SAMEDI.

BUREAUX, à Paris, 9, rue de la Perle. BUREAUX, à Londres, 67, Newgate-street, City.

ABONNEMENTS.—*Paris*, UN AN, 20 FR.; 6 MOIS, 12 FR.; 3 MOIS, 7 FR.; *Départements*, UN AN, 22 FR.; 6 MOIS, 13 FR.; 3 MOIS, 8 FR.; *Étranger*, UN AN, 25 FR.; 6 MOIS, 15 FR.; 3 MOIS, 10 FR.

A partir du 1er septembre dernier, le prix de l'abonnement au journal LA LUMIÈRE *a été fixé de la manière suivante :*

PARIS.

UN AN	20 FR.
SIX MOIS	12
TROIS MOIS	7

DÉPARTEMENTS.

UN AN	22
SIX MOIS	13
TROIS MOIS	8

ÉTRANGER.

UN AN	25
SIX MOIS	15
TROIS MOIS	10

SOMMAIRE.

SEMAINE PHOTOGRAPHIQUE.

—

DU CHOIX DES MATIÈRES ET SUBSTANCES PHOTOGRAPHIQUES. — VERRES JAUNES. — SULFATE DE FER. — VERNIS. — CIRE MOLLE.

Le dernier numéro du journal renfermait une lettre de M. Robert Hunt sur l'emploi des verres jaunes : cet infatigable expérimentateur paraît croire que j'ai émis des idées contraires aux siennes, et que j'ai discuté ses expériences ; je n'ai cependant jamais cité son nom, et ne puis comprendre la signification du premier paragraphe de sa lettre.

Quand j'ai parlé de verres jaunes à employer, j'ai toujours indiqué le verre *jaune orangé*, et j'ai souligné ces deux mots afin qu'on évitât de faire usage de verres d'un jaune clair; c'est cependant ce qui arrive très-souvent : les ateliers pour collodion que j'ai visités sont presque tous garnis de verre *jaune-serin*, que M. Hunt dit être coloré par l'uranium. Les verres de cette nuance laissent passer des rayons actifs, non pas à cause de la nature du principe colorant, mais en raison de sa faible quantité ; car j'ai montré par une expérience directe, faite avec des papiers continuateurs, que la solution *concentrée de chromate jaune* de potasse, qui donne cette nuance au maximum, est impénétrable aux rayons chimiques. Une pareille solution, épaissie par de la gomme ou de la gélatine, et déposée en couche *d'un millimètre* sur les vitres de l'atelier, fournira un moyen très-économique pour intercepter les rayons chimiques. Il n'est pas douteux que le *bichromate* de potasse sera encore meilleur; sa solution concentrée, épaissie par de la colle forte, donne exactement la nuance du verre jaune orangé coloré par l'oxyde d'argent.

Quand M. Hunt dit que le verre jaune orangé donne plus de lumière que les autres verres jaunes, il entend parler sans doute des verres enfumés; car il n'est pas croyable que le verre jaune-serin, qui est employé maladroitement par certains photographes parce qu'il permet de mieux voir les opérations, ne soit pas aussi éclairant au dire de M. Hunt.

De ce que le verre jaune orangé coloré par l'argent est opaque aux rayons chimiques, d'après les expériences de M. Hunt, il ne s'ensuit pas que la lumière qui le traverse n'agisse pas sur certains composés très-sensibles à la lumière : le plaqué d'argent, après son passage aux substances accélératrices, est en effet impressionné très-fortement par la lumière qui a traversé ce verre jaune, et j'ai reconnu qu'il en était de même des collodions sensibles contenant des bromures. Est-ce là ce que conteste M. Hunt? Si cela est, qu'il le dise, en donnant ses raisons, afin de dissiper l'obscurité qu'a fait naître sa lettre, qui était cependant destinée à épargner des erreurs à nos abonnés.

Les observations que j'ai à faire sur le sulfate de fer me sont suggérées par un passage de l'article renfermé dans le dernier numéro, et emprunté au travail de M. Krafft.

Ce jeune chimiste conseille de dessécher le sulfate de fer en le tenant pendant quelque temps exposé à une température de 100° centigrades, afin de diminuer son poids. Je pense que M. Krafft réussirait bien mieux à opérer ce dessèchement sans altérer le sulfate primitif; mais pour tout autre qu'un chimiste, cette précaution me paraît très-dangereuse. Avant de partir pour un voyage, on calcinerait tant bien que mal son sulfate, et, au moment de s'en servir, on reconnaîtrait qu'il ne vaut rien. Voici pourquoi :

En calcinant le protosulfate de fer, *si l'on n'évite pas le contact de l'air*, le sel passe à l'état de *sulfate ferrique* en perdant son eau de cristallisation ; le sel calciné n'est plus soluble qu'en partie; mais, ce qui est pire, il est devenu *complétement impropre à faire paraître les images;* non-seulement il ne les développe pas, mais il *efface avec une rapidité extrême les images formées.* Si l'on veut dessécher du sulfate de fer, il sera donc prudent de le dessécher dans un vase clos, c'est-à-dire ayant un orifice étroit, suffisant pour le dégagement de la vapeur. M. Krafft pense que le sel desséché convenablement n'a pas changé de propriété : comme il ne dit pas l'avoir essayé, je crois qu'il a raisonné en théoricien ; pour ma part, je suis d'avis contraire, et je vois dans ce dessèchement un moyen d'obtenir des sulfates ayant des propriétés très-remarquables. En définitive, je pense que cette idée de M. Krafft sera un jour très-féconde, quand on l'appliquera convenablement.

Je ferai des observations analogues pour les vernis : ceux qui servent aux négatifs peuvent être légèrement colorés sans inconvénient sensible. Pour les positifs, il faut un vernis *incolore* et se glaçant bien ; l'eau gommée épaisse et filtrée atteint assez bien le but quand on y a ajouté un peu de miel pour l'empêcher de gercer. Les vernis à l'alcool ou à l'essence de lavande sont encore préférables quand ils sont incolores : le vernis Sœhné est de ce genre; il forme une couche parfaitement unie et sans stries, mais il faut le mettre à *froid*, après toutefois avoir parfaitement desséché le collodion à la lampe. Ce vernis contient de la benzine et de l'essence de lavande en petite quantité, mais il est sans doute formé en grande partie avec de l'alcool rectifié; car, ayant voulu l'appliquer sur une plaque *encore chaude, la pellicule de collodion a été attaquée et l'épreuve a été détruite.*

Pour les petites plaques, j'ai substitué avec avantage la cire molle à la gutta-percha ; par ce moyen on évite l'effet de la chaleur qui agit toujours inégalement sur le collodion, quand on ne laisse pas refroidir, et la nécessité d'échauffer la gutta-percha avant de la coller est souvent un embarras. La cire à modeler qui se trouve dans le commerce est très-bonne. On pourra en préparer d'une nature plus agglutinante en faisant fondre de la cire jaune avec le tiers de son volume de térébenthine de Venise; mais cette cire colle aux doigts par un contact prolongé. Pour éviter cela, on se bornera à garnir l'extrémité de petits manches en liége ou en bois pour les coller à la plaque de verre.

Il y a toujours avantage à passer de nouveau la plaque au bain d'argent avant l'application du sulfate de fer ou de l'acide pyro-gallique; c'est pourquoi il serait bon de pouvoir laisser le manche en place pendant l'impressionnement.

Pour appliquer le sulfate, l'hyposulfite, et opérer les lavages, il est très-commode de poser la plaque sur un verre cylindrique placé dans une cuvette ; on peut, par cette disposition, facilement incliner la plaque sans la toucher avec les doigts.

M.-A. GAUDIN,
Calculateur du Bureau des Longitudes.

SÉANCE PUBLIQUE ANNUELLE DES CINQ ACADÉMIES.

Les cinq Académies réunies composent l'*Institut de France*. La fondation de l'Institut remonte seulement au 22 août 1795; la loi fondamentale du 5 fructidor an III est ainsi conçue :

« Il y a pour toute la République un Institut national, chargé de recueillir les découvertes, de perfectionner les arts et les sciences. »

Deux mois après, le 25 octobre 1795 (3 brumaire an IV), les mêmes législateurs arrêtèrent l'organisation primitive de l'Institut. D'après le titre IV de cette loi, article 1er,

« L'Institut national des sciences et des arts appartient à toute la République; il est fixé à Paris. Il est destiné 1° à perfectionner les sciences et les arts par des recherches non interrompues, par la publication des découvertes, par la correspondance avec les Sociétés savantes françaises et étrangères; 2° à suivre, conformément aux lois et arrêtés du Directoire exécutif, les travaux scientifiques et littéraires qui auront pour objet l'utilité générale et la gloire de la République.

ART. 2. — « L'Institut est composé de 144 membres résidant à Paris, et d'un égal nombre d'associés répandus dans les différentes parties de la République; il s'associe des savants étrangers, dont le nombre est de vingt-quatre, huit pour chacune des trois classes.

ART. 3. « Il est divisé en trois classes, et chaque classe en plusieurs sections :

1re classe. *Sciences physiques et mathématiques*, 60 membres à Paris, 60 associés.

2e classe. *Sciences morales et politiques*, 36 membres à Paris, 36 associés.

3e classe. *Littérature et beaux-arts*, 48 membres à Paris, 48 associés.

Total, 288 ; plus les 24 savants étrangers.

—La loi du 3 brumaire, après avoir dit à quoi l'Institut est destiné, comment il est composé, établit l'organisation primitive et ordonne que « chaque classe de l'Institut publiera tous les ans ses découvertes et ses travaux » (art. 5); que « l'Institut national aura quatre séances publiques par an ; qu'il rendra compte tous les ans au Corps législatif des progrès des sciences et des travaux de chacune de ses classes » (art. 6) ; que « l'Institut publiera tous les ans, à une époque fixe, les programmes des prix que chaque classe devra distribuer » (art. 7).

L'article 1er du titre V, *Encouragements, récompenses et honneurs publics*, dit que « l'Institut national nommera tous les ans, au concours, vingt citoyens qui seront chargés de voyager et de faire des observations relatives à l'agriculture, tant dans les départements de la République que dans les pays étrangers.

« Les citoyens nommés par l'Institut national voyageront pendant trois ans aux frais de la République, et moyennant un traitement que le Corps législatif déterminera » (art. 3).

Les articles 5, 6, 7, concernent les élèves français de peinture, sculpture et architecture : « le Palais national à Rome, destiné jusqu'alors à ces élèves, conservera cette destination. Cet établissement sera dirigé par un peintre français ayant séjourné en Italie, lequel sera nommé par le Directoire exécutif pour six ans. Les artistes français désignés à cet effet par l'Institut, et nommés par le Directoire exécutif, seront envoyés à Rome. Ils y résideront cinq ans, dans le Palais national, où ils seront logés et nourris aux frais de la République, comme par le passé ; ils seront indemnisés de leurs frais de voyage. »

L'Institut national, dans ses séances publiques, distribuera chaque année *plusieurs* prix.

— La loi du 4 avril 1796 (15 germinal an IV), qui établit le règlement pour l'Institut, ainsi que celle du 24 frimaire an VIII, en confirment la fondation et l'organisation.

— Le premier Consul, par un arrêté du 3 pluviôse an XI (janvier 1803), ayant pour titre *Nouvelle organisation de l'Institut*, divise l'Institut en quatre classes :

1° Classe des sciences physiques et mathématiques, 65 membres, 100 correspondants.

2° Classe de la langue et de la littérature française, 40 membres.

3° Classe d'histoire et de littérature ancienne, 40 membres, 8 associés et 60 correspondants.

4° Classe des beaux-arts, 28 membres, 8 associés et 36 correspondants ; ensemble : 383.

L'article 13 institue des prix que les classes distribueront tous les ans et dont le nombre et la valeur sont réglés ainsi qu'il suit :

La première classe, un prix de 3,000 fr.;

La seconde et la troisième classe, chacune un prix de 1,500 fr.;

Et la quatrième classe, des grands prix de peinture, de sculpture, d'architecture et de composition musicale. Ceux qui auront remporté un de ces quatre grands prix seront envoyés à Rome et entretenus aux frais du gouvernement.

Il est dit aussi (art. 10) que chaque classe tiendra tous les ans une séance publique à laquelle les trois autres assisteront.

— La Charte de 1814, celle de 1830, contiennent, dans leurs dispositions, la confirmation de l'Institut.

—On remarque dans le préambule de l'ordonnance royale du 21 mars 1816, qui restitue à chaque classe le nom d'académie, cette phrase significative : « Depuis l'époque ou elles (les Académies) ont été rétablies sous une dénomination nouvelle, nous avons vu avec une vive satisfaction *la considération et la renommée que l'*INSTITUT *a méritées en Europe.* »

C'est de ce jour, 21 mars 1816, que furent fondées les séances publiques annuelles des Académies réunies. « Elles (chaque Académie) tiendront une séance publique commune le 24 avril, jour de notre rentrée dans notre royaume » (art. 8). Cette ordonnance dit (art. 18) qu'il sera ajouté dix académiciens libres tant à l'Académie des inscriptions et belles-lettres qu'à celles des sciences et des beaux-arts. Cette dernière pouvant, en outre, déterminer par un règlement particulier le nombre d'académiciens libres qu'elle proposera d'admettre.

— Une ordonnance royale du 26 octobre 1832 rétablit l'ancienne classe des sciences morales et politiques, et fixe à trente le nombre des membres de cette Académie.

Le nombre des Académies ayant augmenté, celui des membres s'est insensiblement accru depuis la fondation et l'organisation primitive de l'Institut ; de 312 il est parvenu à 530. L'Académie française cependant a résisté à l'entraînement et elle ne compte toujours que 40 membres.

Celle des sciences a 65 membres, 10 académiciens libres, 8 associés étrangers et 100 correspondants.

L'Académie des inscriptions et belles-lettres compte 40 membres, 10 académiciens libres, 8 associés et 60 correspondants.

Celle des beaux-arts, 40 membres, 10 académiciens libres, 10 associés et 40 correspondants.

Celle des sciences morales et politiques, 40 membres, 5 académiciens libres, 5 associés et 40 correspondants.

— Le 19 juillet 1848, dans la séance tenue par les cinq Académies, on adopta un règlement pour les réunions générales de l'Institut ; voici l'article 10 et dernier de ce règlement : « La séance publique annuelle aura lieu le 25 octobre, jour anniversaire de l'organisation de l'Institut. »

— La séance annuelle de 1853 a donc eu lieu mardi dernier.

Elle était présidée par M. Jomard, président de l'Académie des inscriptions et belles-lettres, parce que le bureau de l'Institut pour 1853 est pour toute l'année sous la présidence du délégué de cette Académie.

Les vice-présidents étaient :

MM. Villemain, pour l'Académie française.
Combes, pour l'Académie des sciences.
Heim, pour les beaux-arts.
Damiron, pour les sciences morales.

M. le président Jomard a fait l'éloge de M. Arago et de M. Fontaine, dans un discours d'ouverture qu'il a été presque impossible d'entendre.

M. Damiron a lu le rapport sur le concours de 1853, pour le prix de linguistique fondé par M. de Volney.

Huit ouvrages, manuscrits ou imprimés, avaient été envoyés au concours. Le n° VII, *Traité des synonymes de la langue latine*, par MM. E. BARRAULT et Ernest GREGOIRE, a été jugé digne du prix, et la Commission a décerné aux deux auteurs de ce Mémoire la médaille d'or de la valeur de 1,200 fr.

Voici, d'après la notice sur M. de Volney, lue à la Chambre des pairs par M. le comte Daru, les motifs qui le déterminèrent à fonder ce prix.

« Pendant que M. de Volney était en Amérique, on avait créé en France ce corps littéraire qui, sous le nom d'Institut, prit, en peu d'années, un rang distingué parmi les Sociétés savantes de l'Europe.

« Le nom de notre illustre voyageur s'y trouva inscrit dès la première formation, et il acquit de nouveaux droits aux honneurs académiques, qui lui avaient été décernés pendant son absence, en publiant les observations qu'il avait faites aux Etats-Unis.

« Ces droits se sont multipliés par les travaux historiques et philologiques de l'académicien : l'examen et la justification de la chronologie d'Hérodote, de nombreuses et profondes recherches sur l'histoire des peuples les plus anciens, ont occupé longtemps le savant qui avait observé leurs monuments et leurs traces dans les pays qu'ils avaient habités. L'expérience qu'il avait faite de l'utilité des langues orientales lui avait fait concevoir un vif désir d'en propager la connaissance, et, pour la propager, il avait senti la nécessité de la rendre moins difficile. C'est dans cette vue qu'il conçut le projet d'appliquer à l'étude des idiomes de l'Asie une partie des notions grammaticales que nous avons acquises sur les langues européennes. Il n'appartient qu'à ceux qui connaissent leurs rapports de dissemblance ou de conformité, d'apprécier la possibilité de réaliser ce système ; mais on peut dire que déjà il avait reçu le suffrage le moins équivoque, le plus noble encouragement par l'inscription du nom de l'auteur sur la liste de cette Société savante et déjà illustre, que le commerce anglais a fondée dans la presqu'île de l'Inde.

« M. de Volney a développé son système dans trois ouvrages, qui prouvent que cette idée de rapprocher des nations séparées par des distances immenses et des idiomes si divers, n'a pas cessé de l'occuper pendant vingt-cinq ans. Il a craint même que ces essais, dont il avait entrevu l'utilité, ne fussent interrompus après lui, et, de cette main glacée dont il corrigeait son dernier ouvrage, il a tracé un testament par lequel il fonde un prix pour la continuation de ses travaux. C'est ainsi qu'il a su prolonger, au delà même du terme d'une vie consacrée tout entière aux lettres, les services glorieux qu'il leur avait rendus. »

Les Mémoires présentés ont-ils le mérite d'avoir répondu à l'attente de M. de Volney? La Commission ne le croit pas ; elle décerne le prix pour accorder un encouragement à l'ouvrage qui lui a paru le plus digne. Mais, en annonçant que pour le concours de 1854 comme pour celui de 1855 elle accorde une médaille d'or de la valeur de 1,200 fr. au meilleur ouvrage de *Philologie comparee*, la Commission adresse aux concurrents des recommandations qui prouvent que leurs devanciers ne s'étaient pas assez pénétrés des vues du généreux testateur.

Plusieurs lectures ont été faites à la suite du rapport de M. Damiron :

Par M. Rossignol, de l'Académie des inscriptions et belles-lettres, sur *l'Origine des arts en Etrurie ;*

Par M. Franck, de l'Académie des sciences morales et politiques, *Paracelse et l'Alchimie au seizième siècle ;*

Par M. Babinet, de l'Académie des sciences, *les Comètes du dix-neuvième siècle ;*

Par M. Halévy, de l'Académie des beaux-arts, *l'Organiste Frohberger ;*

Par M. Briffaut, de l'Académie française, *Le Monde à refaire*, conte en vers.

Une société choisie s'est empressée, comme toujours, de se rendre à cette séance publique, *commune* et annuelle des cinq Académies. Les lectures ont été écoutées avec une attention soutenue ; mais les dispositions défavorables de la salle, qui forcent les huissiers à reléguer les deux tiers des spectateurs dans cinq tribunes obscures et sourdes, et la voix souvent trop faible des lecteurs, privent le public d'entendre et d'applaudir les notices des savants académiciens, comme celles écrites sur l'origine des arts en Etrurie, sur Paracelse et l'alchimie au seizième siècle, sur l'organiste Frohberger, pages aussi brillantes qu'instructives et dues aux laborieuses recherches, à l'érudition profonde de MM. Rossignol, Franck et Halévy. Plus heureux dans le choix de leurs sujets, MM. Briffaut et Babinet ont soulevé de nombreux bravos ; le texte moins aride leur permettait de donner à la science une allure plus gaie, l'un en récitant en beaux vers un conte imité des *Mille et une Nuits*, l'autre en racontant avec beaucoup d'entrain, et sans sortir des limites de la science, les excentricités des comètes et des tables tournantes.

Nous nous demandions pourquoi cette séance de l'Institut n'offrait pas au public plus de pompe et de solennité? pourquoi les élans du monde parisien, si avide de grandes représentations, n'étaient pas vivement excités par l'annonce de la réunion annuelle de tous les membres de l'Institut, par l'espoir de contempler, d'un seul coup d'œil, réunie dans une même enceinte, l'élite des hommes célèbres, glorieux génies de la France, qui seront aussi une des grandes gloires de notre siècle? Depuis soixante ans, tous les pouvoirs ont honoré l'Institut, et sous tous les gouvernements l'Institut a illustré la France ; on ne peut donc pas attribuer à une indifférence invraisemblable le peu de solennité des séances annuelles, mais plutôt à une cause bien futile, mais évidente, l'*exiguïté de la salle des séances*. Cette incommode petite rotonde, ce puits au fond duquel il n'y a qu'un hémicycle sombre, ne peut donner place, dans la partie réservée, qu'à 120 académiciens à peu près. Comment pourrait-on y placer convenablement les trois à quatre cents membres de l'Institut, s'ils se présentaient? Aussi beaucoup s'abstiennent, et le public, auquel on ne peut distribuer des billets qu'avec la plus grande parcimonie, se trouve éloigné de ces réunions.

Il y a dans Paris, la ville du luxe et des monuments somptueux, des salles vastes et splendides ; à elles devrait échoir l'honneur de recevoir, le 25 octobre de chaque année, une si noble, si illustre, si brillante compagnie, ainsi que les milliers de spectateurs avides de contempler et d'entendre les membres célèbres de cette compagnie, de l'Institut de France.

A.-T. L.

PORTRAITS AU STÉRÉOSCOPE

PAR M. GOUIN.

Nous avons eu déjà occasion de parler, dans notre numéro du 2 juillet dernier, des portraits stéréoscopiques de M. Gouin. Aujourd'hui nous y revenons encore, pour constater les nouveaux progrès de cet habile artiste.

Faire d'une ligne un relief, d'un dessin une statue, d'une surface plane un corps solide, c'est l'œuvre du stéréoscope ; mais faire d'une statue un être animé, transformer du marbre en chair, donner à l'œil un regard, à la bouche un sourire, donner l'illusion de la vie comme le stéréoscope donne l'illusion du relief, c'est l'œuvre de l'artiste ; c'est ce que M. Gouin sait faire avec un merveilleux talent.

Mais aussi avec quelle intelligence il sait faire prendre à son modèle une pose naturelle ; avec quels soins il étudie sa peinture ! Comme ses tons de chair sont vrais ! comme il sait harmoniser ses lumières, ménager ses reflets, adoucir ses ombres portées ! comme il sait modeler ses figures, en un mot ! Je prends au hasard dans ses épreuves. Voici un portrait de femme ; elle est en toilette de bal. Le coude appuyé sur une console, la tête posée sur sa main dégantée, elle rêve en attendant le quadrille. Son autre main tient un bouquet. La lumière dessine les gracieux contours de ses blanches épaules, et fait miroiter sa robe de satin. Quand vous regardez ce portrait à la main, c'est une belle épreuve admirablement coloriée; si vous le voyez au stéréoscope, c'est une femme charmante qui vous regarde et qui pense. Étendez la main, et vous allez toucher sa robe soyeuse; vous allez arracher de son bouquet cette violette ou cette marguerite, ou ce camellia, ou une feuille de cette rose qui se flétrit déjà. Et cette dentelle qui laisse entrevoir sous ses plis transparents ce bras arrondi, ne vous semble-t-il pas que vous allez la froisser sous vos doigts ? Et ne voyez-vous pas le jour qui passe entre les perles de ce collier et le fin épiderme du cou ? et l'ombre des cils sur ces yeux bleus limpides, et le léger sourire qui glisse sur ces lèvres ? Et ne voyez-vous pas le sang qui circule sous ces joues délicates, la vie qui anime cette peau transparente et flexible ? L'illusion est complète.

Quel souvenir, si vivant qu'il fût, quel rêve, si complet qu'il puisse être, quelle toile, quel marbre, si exacts et si vrais que l'art les eût produits, pourraient rendre ainsi à notre affection les êtres aimés que la mort ou l'absence nous a enlevés ?

On ne peut nous accuser de prédilection pour le stéréoscope. Nous en avons rarement parlé, parce que nous avons trouvé fréquemment qu'il exagérait les effets, pour les portraits surtout. Mais quand nous avons vu à Londres ceux de M. Claudet, si admirables de vérité et de composition, nous avons été émerveillé, et nous nous sommes pris à regretter qu'aucun artiste de talent, en France, n'ait adopté ce genre. Aussi avons-nous vu avec une vive satisfaction les épreuves de M. Gouin, déjà si belles alors. Maintenant, nous le disons sincèrement : ses portraits valent ceux de M. Claudet.

Nous n'avons pas besoin de dire que, comme ce dernier, M. Gouin ne se contente pas d'appliquer des teintes plates sur ses épreuves, mais qu'il les colorie comme des miniatures. Seulement, nous dirons quelques mots de la manière dont il prépare ses plaques ; car il ne suffit pas d'être un peintre habile pour obtenir ce qu'il obtient, il faut aussi être un daguerréotypiste expérimenté.

M. Gouin a imaginé une machine à polir, qui est connue déjà d'un grand nombre de photographes (1). En deux mots, elle se compose d'engrenages que le pied fait mouvoir, et qui font agir verticalement deux polissoirs. La plaque, pressée légèrement sur l'un d'eux, est polie d'abord dans sa longueur ; puis elle est mise en contact avec l'autre, qui la polit dans sa largeur. Comme le mouvement de ces polissoirs se fait toujours régulièrement dans le même axe, la plaque se trouve aussi parfaitement polie au centre que sur les bords, ce qui ne peut être quand on se sert de rabots à la main. On sait quelle importance cette première opération a dans le daguerréopype ; aussi peut-on attribuer au système que nous venons de décrire une partie des succès que M. Gouin obtient dans ses travaux. Disons, en passant, qu'il est parvenu, en simplifiant cette machine, à la rendre beaucoup moins coûteuse, et à la mettre à la portée de tous les opérateurs.

Comme M. Claudet encore, M. Gouin ne se tient pas pour satisfait quand il a deux bonnes épreuves ; il recommence, et en fait deux meilleures.

En terminant, nous ajouterons que les portraits stéréoscopiques de M. Gouin ont un avantage bien précieux, c'est que, sans altérer en rien la ressemblance, ils flattent au lieu d'enlaidir. Est-ce à cause de la disposition heureuse des objectifs qui ne déforment nullement les traits, ou est-ce par suite de la pose avantageuse que l'artiste sait donner à son modèle ? Toujours est-il que nous avons vu des dames qui montraient, avec l'empressement de la coquetterie satisfaite, leur portrait fait par lui. C'est, certes, le plus grand éloge qu'on en puisse faire ; c'est aussi ce qui vaut à M. Gouin son élégante et gracieuse clientèle. E. LACAN.

(1) Voir à l'article *Statistique* la description de cette machine.

On lit dans un journal allemand :

Des milliers de personnes ont déjà admiré les peintures splendides de notre cathédrale, présent du roi Louis Ier de Bavière.

On a pu aussi comparer les peintures sur verre du dix-neuvième siècle avec celles du seizième qui se trouvent vis-à-vis, aux fenêtres du côté nord de la nef.

On regrettait généralement qu'il n'existât aucune consciencieuse et fidèle copie des anciens comme des nouveaux vitraux.

Ce souhait se trouve aujourd'hui réalisé. M. Eiser vient de mettre en vente des photographies qui les reproduisent d'une façon miraculeuse. Je dis miraculeuse, parce que la photographie a accompli, dans ses copies, tout ce qu'on en pouvait attendre de mieux.

En France, en Angleterre, en Belgique et en Allemagne, on a employé la photographie à la reproduction des édifices, et on a obtenu des tableaux architectoniques très-bien réussis ; mais personne encore ne s'était risqué jusqu'à la reproduction des peintures sur verre, à cause des difficultés gisant dans l'objet même à reproduire.

Après de nombreux et pénibles essais, il a été donné à M. Michiels, président de la Société de l'Académie des arts de Bruges, de vaincre ces difficultés et de produire des photographies des fenêtres de la cathédrale qui, pour la clarté, la pureté des contours et la finesse des détails, ne laissent rien à désirer, si ce n'est la transparence des tons de couleurs sur verre.

Parmi ces épreuves, nous désignerons particulièrement aux architectes, aux amis de l'art, aux collectionneurs, la vue de la cathédrale, côté du sud-est. Avec la loupe, on peut suivre l'édifice jusque dans les plus petits détails ; de plus, l'ensemble fait l'impression d'une sépia dessinée par la main d'un artiste habile ; elle est vraiment excellente au point de vue artistique comme sous le rapport de l'exactitude.

LA PHOTOGRAPHIE EN PROVINCE.

MM. ALBERT MOITESSIER, MARÈS et DISDÉRI.

Nous éprouvons un véritable plaisir toutes les fois qu'un artiste de province nous met à même de connaître ses travaux ; car nous pouvons ainsi nous faire une idée des progrès que la photographie fait chaque jour en dehors même de Paris, loin de tous les enseignements, de tous les conseils, de toutes les émulations que l'on ne trouve que dans ce grand centre des arts et des sciences. Et, nous le disons hautement, si nous admirons ici la marche constamment progressive de la photographie, nous ne sommes pas moins émerveillé du degré de perfection qu'elle a atteint dans les villes secondaires.

Ainsi, nous avons sous les yeux une collection d'épreuves intéressantes à tous égards, celle de MM. Albert Moitessier et Marès, de Montpellier.

Il y a là des vues de grande dimension. — Le cloître et l'église de Saint-Trophime, le théâtre romain à Arles, les arènes, les remparts romains. — Des reproductions de gravures, entre autres les *Pêcheurs* et les *Moissonneurs* de Léopold Robert. — Des portraits au collodion, des épreuves presque instantanées d'après des animaux vivants, des reproductions microscopiques d'insectes, d'animalcules, enfin des spécimens de tous les genres d'application de la photographie, et nous devons dire en toute justice que ces spécimens présentent une égalité de réussite qui fait le plus grand éloge du talent de leurs auteurs.

Ce que nous avons remarqué, c'est surtout la vigueur et la beauté des tons. Les *Pêcheurs* et les *Moissonneurs* sont des reproductions de gravures dignes de nos plus habiles artistes ; les vues sont également des épreuves de premier ordre. Quant à celles rapidement obtenues, elles se recommandent par leur netteté et leur vigueur. Il y a parmi les reproductions microscopiques une série de planches très-curieuses. Elles représentent *l'oïdium*, cette mousse imperceptible et mortelle qui s'attache à la vigne, et que ses ravages ont rendue célèbre. M. Moitessier a fait ces reproductions pour aider aux recherches de M. Rendu, sur les causes de la maladie des raisins.

En général, M. Moitessier opère sur un collodion qu'il compose lui-même et qui doit être un des meilleurs, à en juger par les résultats qu'il donne.

On ne doit pas s'étonner des succès presque constants qu'obtient ce jeune amateur. M. Moitessier est aide-botaniste à la Faculté de Montpellier. Il a fait de sérieuses études, les manipulations chimiques lui sont familières ; il sait beaucoup, et il observe encore davantage. Dans de semblables conditions, il est bien rare de ne pas réussir.

Nous avons à parler maintenant d'une importante série d'épreuves obtenues sur verre par M. Disdéri, au moyen de son collodion. Un grand nombre d'amateurs et d'artistes les ont vues dans nos cartons, et tous se sont accordés pour en faire les plus sincères éloges.

Ces épreuves appartiennent à ce que nous avons appelé la *photographie de genre*. Ce sont des groupes, des figures arrangées dans une pensée artistique. Le *Vagabond*, le *Mendiant*, les *Calabrais*, le *Joueur d'orgue*, copiés servilement sur une toile, feraient de charmants tableaux de chevalet. L'attitude est naturelle, quoique *posée*, et la pensée artistique est parfaitement traduite par la photographie. Il y a surtout un petit *Joueur de vielle* dont l'expression est saisissante de vérité.

Les groupes ont été pris, pour la plupart, dans un grand pensionnat de Nîmes, dirigé par des ecclésiastiques, la *Maison de l'Assomption*. M. Disdéri a voulu faire une série d'épreuves qui représentassent les *Jeux de l'enfance*. La *Main chaude*, les *Bil-*

les, la *Balançoire*, la *Lutte*, etc., lui ont fourni autant de sujets animés qu'il a rendus, malgré les difficultés, avec une grande perfection. Ce sont de turbulents modèles que des écoliers en récréation ; pourtant on pourrait croire, en voyant les groupes de M. Disdéri, qu'ils ont posé patiemment. Il y a des mains levées, des têtes penchées, des bras tendus qui sont aussi nettement dessinés que s'ils avaient eu l'immobilité du marbre. On comprend avec quelle rapidité il a fallu que l'artiste pût opérer. Du reste, les portefeuilles de M. Disdéri contiennent des sujets qui prouvent encore mieux la sensibilité de son collodion. On sait quelle est la vivacité nerveuse des levrettes : il en a plusieurs parfaitement réussies ; des chevaux, des paons, semblent être restés sans mouvement devant son objectif. Parmi les épreuves dont nous nous occupons, on remarque encore certains petits paysages qui servent de fond, et qui sont d'un effet charmant.

Puisque nous avons parlé de fonds, il serait à désirer que M. Disdéri évitât les marbrures qui déparent souvent les siens, en nettoyant avec plus de soin les glaces qu'il emploie. Nous croyons aussi que quand son épreuve doit avoir pour fond une muraille, il devrait y faire appuyer son modèle, ou l'en éloigner tout à fait, de façon à ce que le cliché reproduisît les détails de la pierre, ou ne donnât qu'une teinte uniforme comme celle que produit un écran. Il arrive parfois que les détails, trop ou pas assez indiqués de ses fonds, ont l'air de taches.

M. Disdéri nous pardonnera, nous l'espérons, cette critique, qui ne porte que sur des accessoires. C'est parce que nous voyons qu'il peut produire des épreuves parfaites que nous nous permettons de lui reprocher ces légères négligences.

E. LACAN.

STATISTIQUE DE LA PHOTOGRAPHIE.

(23e ARTICLE.)

Nous allons épuiser dans cet article tout ce que nous avons à dire sur la participation de l'ébénisterie à la photographie sur plaque. Nous traiterons des polissoirs en peau de daim, des pieds pour supporter l'appareil, des polissoirs en velours et des boîtes pour ces polissoirs, réservant à la fin de ce dernier article sur cette matière les appuie-tête, le multiplicateur Mayer breveté, et le stéréoscope.

De savants photographes et d'éminents amateurs ont trop bien fait ressortir l'importance du polissage des plaques, pour que nous ayons à entrer dans des détails qui sembleraient venir à propos des polissoirs.

Le polissoir est une pièce de bois un peu épaisse, recouverte d'une peau de daim ou d'un morceau de velours; sa forme est une planchette longue et étroite, une poignée est inhérente à la planchette; son usage est facilité par le recourboir mécanique qui empêche la plaque de déchirer, par sa vive arête déprimée, la peau de daim ou le velours.

Voici comment on construit les polissoirs. On tend sur la planchette une étoffe de flanelle, on la recouvre d'une feuille de carton très-mince, puis le tout d'une peau de daim ou d'un morceau de velours de coton. On fixe ces différentes couvertures par de petits clous à tapisserie sur les tranches de la planchette. On a soin qu'elles soient tendues fortement, afin de présenter une surface plus propre à amener la plaque au degré de préparation convenable.

L'opération par les polissoirs est un peu lente pour ceux qui ont un grand nombre de plaques à polir dans un espace de temps restreint. On a construit des machines plus expéditives, entre autres la machine rotative de M. Mautin et la machine à deux polissoirs verticaux de M. Gouin. M. Marc-Antoine Gaudin en a donné des descriptions exactes et concises dans son excellent résumé général du daguerréotype, extrait du journal *la Lumière*.

La machine de M. Mautin consiste en un disque vertical en fonte, de 45 centimètres de diamètre, recevant un mouvement de rotation rapide, au moyen d'une chaîne à la Vaucanson, qui s'engrène sur deux roues dentées de diamètre très-inégal. La plus grande roue est fixée sur l'axe inférieur portant une manivelle mue par la main droite; l'axe supérieur est celui du disque en fonte, qui est recouvert d'une peau, dont la surface est maintenue bombée par un matelas de coton interposé ; au moyen d'un anneau en gros fil de fer et des armatures qui garnissent le revers du disque en fonte de fer, la peau reçoit la tension convenable. La plaque fixée dans une planchette est tenue par la main gauche, qui la fait tourner et la presse plus ou moins sur le polissoir.

La machine de M. Gouin ressemble assez à un tour avec sa pédale, sa roue motrice, son volant et son banc. L'opérateur a de plus, en face de lui, deux polissoirs animés sans cesse d'un mouvement vertical de va-et-vient, inverse l'un de l'autre. Le banc porte une pièce mobile destinée à mouvoir la tige des planchettes. Quand la planchette est en place, on peut lui imprimer trois mouvements différents, savoir : un mouvement de rotation sur son axe, un mouvement de droite à gauche et un mouvement en avant ou en arrière. Le mouvement de droite à gauche ne sert que pour amener la plaque en face du polissoir, il est suppléé par un mouvement incessant de va-et-vient du banc qui est déterminé par le jeu même de la machine et qui peut être accéléré et suspendu à volonté.

Le polissoir en peau de daim est pour le premier polissage de la plaque; celui en velours de coton blanc est pour lui donner le dernier coup.

Pour supporter la chambre noire munie de l'objectif, il faut un appui commode et facile, qui permette de l'asseoir solidement et à la hauteur exigée, et qui en empêche les dérangements possibles, une fois convenablement placée. C'est le pied de l'appareil.

Ces pieds sont de plusieurs espèces :
Le pied ordinaire ;
Le pied brisé et articulé ;
Le pied brisé articulé et triangle en cuivre ;
Et le pied à crémaillère.

Le pied ordinaire est formé de trois branches en bois, qui sont fixées par un triangle, d'un boulon en fer qui les lie dans le haut, d'une planchette destinée à recevoir la chambre noire. Cette planchette en est véritablement le plateau offert à l'assiette de l'appareil. Il ne se fabrique que pour les appareils demie et quart de plaque. La partie numérique de notre statistique montrera qu'il n'est pas d'un usage commun, ainsi que semblerait l'indiquer son nom.

Le pied brisé et articulé consiste dans six branches reliées, deux par deux, à l'aide de deux coins en bois, l'un en bas et l'autre au milieu, dans une virole et dans une pointe qui forme la base et en même temps la solidité du pied. Les branches aboutissent et communiquent à une tête à articulations en buis, formée de deux plateaux et d'une boule. Les pieds s'y rattachent au moyen de trois boulons en fer pour le démonter et le remonter, puis permettre de le replier dans le plus petit volume possible. La planchette se trouve fixée et devient mobile à la boule par une vis pratiquée dans le bois et par un écrou rapporté après la planchette. Ce pied se construit plus ou moins fort pour plaque demie et pour plaque entière.

Le pied brisé articulé et triangle en cuivre ne se distingue du pied précédent que par son triangle en cuivre, comme l'indique suffisamment sa désignation nominale.

Celui à crémaillère se compose de trois pieds massifs et de deux plateaux sur lesquels sont fixés les pieds et deux tiges qui traversent les deux plateaux et descendent jusqu'à l'extrémité inférieure. Dans l'une des tiges est pratiquée une crémaillère, d'où il prend son nom. Les deux tiges servent à supporter deux planchettes; l'une tourne dans le sens vertical, et l'autre dans le sens horizontal. Ces deux planchettes servent à recevoir la chambre noire au moment de l'opération.

Le pied à crémaillère semble se prêter le mieux aux manipulations du daguerréotype.

Les peaux de daim garnissent le dessus des polissoirs.

La boîte pour les deux polissoirs, peau de daim et velours, est à leur forme. Elle s'ouvre par le milieu et donne ainsi la facilité de la pendre avec des clous et de tenir les polissoirs toujours à l'abri de la poussière. Il faut que les polissoirs soient d'une propreté parfaite. C'est en vue de cet état nécessaire de propreté que la boîte a été spécialement construite.

Il se vend à Paris, par année,
Onze cents polissoirs peau de daim ;
Quatre mille trois cents pieds pour supporter les appareils ;
Six cents polissoirs en velours ;
Neuf cents boîtes pour deux polissoirs.

Sur le chiffre des quatre mille trois cents pieds pour supporter l'appareil,
Quatre cents à peu près se vendent dans les pieds ordinaires en bois ;
Douze cents dans les pieds brisés et articulés ;
Douze cents aussi dans les pieds articulés brisés et triangle en cuivre ;
Et quinze cents dans les pieds à crémaillère.

Les chiffres ne diffèrent pas sensiblement dans les pieds brisés et articulés plus ou moins forts, pas plus que dans la quantité des mesures diverses de la plaque entière à la plaque demie et à la plaque quart. J.-D. DU VERNAY.

SIMPLIFICATIONS

APPORTÉES DANS LES MANIPULATIONS PHOTOGRAPHIQUES.

DE L'HYPOSULFITE DE SOUDE.

Ce sel sert à fixer les images photogéniques. On doit le choisir bien blanc, cristallisé en prismes rhomboïdaux et en cristaux bien déterminés. La cristallisation est un indice de la pureté des corps que l'on emploie, et ils sont en général d'autant plus purs que leurs cristaux sont plus petits.

L'action de l'hyposulfite de soude sur le chlorure et l'iodure d'argent est très-active. Il dissout rapidement ces deux sels, qu'il transforme en hyposulfites doubles de soude et d'argent. Mais s'ils ont été préalablement exposés à la lumière, l'hyposulfite ne les dissoudra qu'à la longue et peu à peu.

Tout hyposulfite qui, traité par un acide, dégagera une odeur d'œufs pourris, doit être rejeté par le photographe. Il ne doit employer que celui qui dégagera une odeur de soufre enflammé par suite de son contact avec les acides, excepté cependant avec l'acide nitrique (eau-forte).

TABLE DE SOLUBILITÉ DE L'HYPOSULFITE DE SOUDE.

DEGRÉS ARÉOMÉTRIQUES.	DENSITÉ ou poids d'un lit. en dissolution.	UN LITRE DE DISSOLUTION RENFERME		QUANTITÉ DE SEL pour 100 gramm. d'eau	OBSERVATIONS.
		SEL.	EAU.		
	gr.	gr.	gr.	gr.	
1	1007	19.447	987.452	1.969	
2	1014	38.894	975.206	3.988	
3	1021	58.341	962.859	6.059	
4	1029	77.788	950.712	8.182	
5	1036	97.235	938.665	10.358	
6	1043	116.083	926.717	12.591	
7	1051	136.130	914.870	14.879	
8	1058	155.577	903.223	17.224	
9	1066	175.024	891.576	19.630	
10	1074	194.471	880.129	22.095	
11	1083	213.918	868.882	24.619	
12	1091	233.366	857.534	27.214	
13	1099	252.813	821.787	30.763	
14	1107	272.260	835.340	32.592	
15	1116	291.707	824.403	35.384	
16	1125	311.154	813.846	38.234	
17	1134	330.602	803.108	42.410	
18	1143	350.049	792.751	44.131	
19	1152	369.496	792.504	46.623	
20	1161	388.943	772.257	50.104	
21	1171	408.390	762.310	52.260	
22	1180	427.837	752.163	57.146	
23	1190	447.285	742.715	60.222	
24	1200	466.732	733.268	62.841	
25	1210	486.179	723.821	67.168	
26	1220	505.626	714.374	70.778	
27	1231	525.073	705.927	74.380	
28	1241	544.521	696.479	78.182	
29	1252	563.968	688.032	81.968	
30	1263	583.415	679.585	83.935	
31	1274	602.862	671.138	89.827	
32	1285	622.309	662.601	93.919	
33	1297	641.756	655.244	97.944	
34	1309	661.204	647.796	102069	
35	1321	680.651	640.349	106294	
36	1333	700.098	632.902	110617	
37	1345	719.545	625.455	115043	
38	1358	738.992	619.008	119383	
39	1371	758.440	612.560	123815	Dissolution sat. à +15° cent.

LÉON KRAFFT.

Le Propriétaire-Gérant, ALEXIS GAUDIN.

TYPOGRAPHIE HENNUYER, RUE DU BOULEVARD, 7, BATIGNOLLES.
Boulevard extérieur de Paris.

TROISIÈME ANNÉE. N° 45. SAMEDI, 5 NOVEMBRE 1853.

LA LUMIÈRE

44

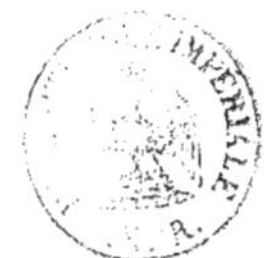

REVUE DE LA PHOTOGRAPHIE.

BEAUX-ARTS. — HÉLIOGRAPHIE. — SCIENCES.

JOURNAL NON POLITIQUE, PARAISSANT LE SAMEDI.

BUREAUX, à Paris, 9, rue de la Perle. BUREAUX, à Londres, 67, Newgate-street, City.

ABONNEMENTS.—*Paris*, UN AN, 20 FR.; 6 MOIS, 12 FR.; 3 MOIS, 7 FR.; *Départements*, UN AN, 22 FR.; 6 MOIS, 13 FR.; 3 MOIS, 8 FR.; *Etranger*, UN AN, 25 FR.; 6 MOIS, 15 FR.; 3 MOIS, 10 FR.

A partir du 1er septembre dernier, le prix de l'abonnement au journal LA LUMIÈRE *a été fixé de la manière suivante :*

PARIS.

UN AN............... 20 FR.
SIX MOIS........... 12
TROIS MOIS......... 7

DÉPARTEMENTS.

UN AN............... 22
SIX MOIS........... 13
TROIS MOIS......... 8

ÉTRANGER.

UN AN............... 25
SIX MOIS........... 15
TROIS MOIS......... 10

SOMMAIRE.

LE STÉRÉOSCOPE

ET SES APPLICATIONS A LA PHOTOGRAPHIE,

PAR M. CLAUDET.

Le 19 janvier 1853, M. Claudet lisait sous ce titre, à la Société des Arts de Londres, un mémoire pour lequel il reçut une médaille des mains du prince Albert, président de cette Société ; le 9 septembre dernier, il en lisait un second, sur le même sujet, à l'Association britannique réunie à Hull. MM. Lerebours et Secrétan publient cette semaine une brochure qui réunit ces deux mémoires. Nous sommes heureux de pouvoir, dès aujourd'hui, donner quelques extraits de cette publication, si intéressante par le sujet qu'elle traite et par le talent si connu de son auteur (1).

M. Claudet commence par comparer le phénomène de la vision avec l'illusion stéréoscopique. Il explique les causes et les effets. Il examine d'abord ce qui se passe dans la nature quand nous regardons un objet avec nos deux yeux, puis ce qui arrive quand nous voyons la double représentation de cet objet dans le stéréoscope. Il démontre que c'est la même impression pour nos yeux, parce que ce sont les mêmes causes, et que le stéréoscope fait pour la copie ce que notre appareil visuel fait pour l'objet lui-même. Nous voudrions pouvoir donner ici les définitions savantes et claires desquelles il déduit cette loi fondamentale : « Il ne faut jamais que l'angle binoculaire soit plus grand que celui qui est sous-tendu par une base de deux pouces et demi (intervalle des deux yeux), quand on regarde les objets à la distance la plus rapprochée qui permet d'embrasser toute l'image. »

Passant de la théorie à la pratique, le savant artiste conseille l'emploi de deux chambres obscures pour la production des images stéréoscopiques.

« Le mode le plus simple et le plus économique, dit-il, est sans doute celui qui permet de n'employer qu'une chambre obscure, et d'opérer alternativement sur chaque moitié de la même plaque d'argent ou de verre, ou sur le même papier. Mais ce moyen a l'inconvénient de donner lieu à des différences dans les effets de lumière sur chaque image quand on fait des vues par un temps variable, et de ne pouvoir représenter les objets qui changent de place dans l'intervalle de la prise des deux épreuves. Quand on fait le portrait on est exposé à des changements d'expression pendant les deux poses, et à des mouvements de la personne. Si l'on est plus certain du même degré de sensibilité des deux moitiés d'une même surface photogénique, on a à subir la variation continuelle dans l'intensité de la lumière, qui soudainement augmente ou diminue dans une grande proportion, et bien plus grande que la différence de sensibilité de deux surfaces photogéniques.

« Un bon opérateur préférera toujours l'emploi de deux chambres obscures dont les dimensions puissent permettre de placer les deux objectifs à une distance aussi rapprochée que huit pouces, ce qui, à une distance de huit pieds de l'objet qu'on veut représenter, ne donne pas un angle plus grand que quatre degrés. Quand il s'agit de vues on n'a jamais besoin d'être aussi rapproché, et pour le portrait on ne peut pas obtenir de proportions convenables en opérant à une si petite distance. Un photographe qui comprend les lois de son art ne fera jamais un portrait à une distance moins grande que douze ou quinze pieds, et cette nécessité devient plus impérieuse lorsqu'il s'agit de faire des portraits ou groupes stéréoscopiques, parce que plus la distance est rapprochée et plus il y a de disparité entre les résultats des angles binoculaires des objets situés sur plusieurs plans, par la raison qu'on a moins d'effet stéréoscopique pour les premiers plans que pour les derniers dans une proportion qui n'est pas naturelle. Pour le stéréoscope plus encore que pour les vues simples, il est essentiel d'opérer avec des objectifs à long foyer, et de se placer à la plus grande distance possible. A cette fin, un atelier de photographie ne devrait jamais avoir une longueur moindre de 40 pieds.

« Il est un moyen bien simple de placer les deux chambres obscures à la même distance de l'objet, afin d'avoir la plus grande égalité dans la dimension des deux images : il consiste à placer d'abord les deux chambres obscures parfaitement parallèles, et dans cette position de tourner le support jusqu'à ce que le même objet, s'il n'y en a qu'un, ou l'objet du milieu, s'il y en a plusieurs, soit à la même distance du bord à gauche du verre dépoli gauche, qu'il l'est du bord à droite du verre dépoli droit. Quand le support est fixé dans cette position, on forme l'angle des deux chambres obscures jusqu'à ce que cet objet soit au milieu de chaque verre dépoli. On est alors sûr que les deux objectifs sont à la même distance de l'objet ou du groupe, et, ce qui est aussi important, que les axes des deux objectifs coïncident exactement avec l'angle binoculaire. Les verres dépolis doivent être marqués de lignes verticales et horizontales pour faciliter la coïncidence des divers points des deux images.

« J'ai construit une chambre obscure binoculaire dont j'ai communiqué le modèle à l'Association britannique à Belfast, en septembre 1852, et comme cet instrument me paraît répondre à toutes les exigences de la photographie stéréoscopique, et qu'il peut intéresser ceux qui s'occupent de cet art, je vais en donner la description.

« J'ai appelé cet appareil chambre obscure binoculaire multiple, parce qu'il permet de faire consécutivement quatre doubles épreuves sans avoir à substituer une plaque à une autre.

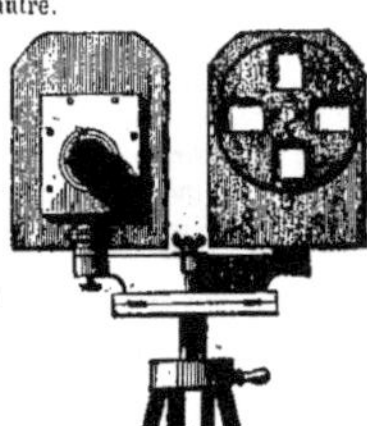

« Le derrière de chaque chambre obscure est fourni d'un disque de dix pouces, tournant sur un axe, ayant quatre ouvertures à angle droit, de la grandeur d'une plaque 1/6. On met au foyer sur un verre dépoli mobile, placé dans chaque chambre obscure dans une de ces ouvertures, et l'on dirige les deux appareils sur l'objet qu'on veut représenter, en faisant attention à ce que le point du milieu du plan le plus éloigné du tableau soit au point d'intersection d'une ligne verticale et d'une ligne horizontale marquées au milieu des deux verres dépolis. Quand ces préparatifs ont été faits, on charge chaque appareil de quatre plaques, et, au moment d'opérer, sans changer de place, on saisit de chaque main une tige placée au-dessous des deux disques. Cette tige, étant fixée à un volet à coulisse verticale, qui ferme l'ouverture de la chambre obscure correspondant à une des ouvertures du disque mobile, on ouvre à la fois les deux appareils, et on les ferme en repoussant la tige après avoir compté le temps nécessaire pour l'exposition ; aussitôt on fait tourner chaque disque d'un quart de cercle, l'un avec la main gauche et l'autre avec la main droite ; on opère de nouveau ; on fait tourner le disque d'un autre quart, et ainsi de suite jusqu'à ce que les quatre ouvertures contenant les quatre plaques aient passé successivement au foyer de l'appareil et aient reçu chacune une impression.

« Le volet s'ouvrant de haut en bas et se fermant de bas en haut, on a l'avantage de réduire la lumière du ciel et d'augmenter celle des plans les plus rapprochés. Chaque ouverture porte son numéro, de manière que les numéros 1, 2, 3, 4, correspondant dans chaque chambre obscure, on puisse ensuite séparer et assortir les mêmes paires de plaques ; mais, afin de rendre cette réunion plus facile, un des rebords intérieurs de chaque ouverture a un petit bouton ou une entaille pour le n° 1, deux pour le n° 2, et ainsi de suite. Les entailles ou boutons de la chambre obscure de droite sont à droite, et celles de la chambre obscure de gauche à gauche. La lumière

(1) On trouve cette brochure au bureau du journal.

imprime ces entailles ou ces boutons sur chaque plaque, et l'on peut, au moyen de cette marque, accoupler les plaques et savoir de suite celle qui appartient à chaque œil.

« Le moyen d'amener successivement les quatre ouvertures du disque mobile devant l'ouverture au foyer de la chambre obscure, et de les y maintenir d'une manière fixe, consiste dans un verrou à ressort fixé sur le fond de la chambre obscure, au bas du diamètre vertical du disque mobile, et qui entre dans un trou pratiqué sur l'épaisseur du disque, au-dessous de chaque ouverture. Quand on fait la première épreuve, le verrou maintient le disque à la place qui fait coïncider une de ses ouvertures avec l'ouverture du fond de la chambre obscure. Avant de faire la deuxième, puis la troisième et ensuite la quatrième, on tire à chaque fois le bouton du ressort, et avec la main on fait tourner le disque en lâchant le ressort ; le disque tourne jusqu'à ce que le trou d'une nouvelle ouverture rencontre le verrou ; aussitôt le verrou entre dans le trou, et le disque s'arrête. Une seconde suffit pour faire tourner le disque d'un quart de la révolution, et par conséquent quatre secondes pour sa révolution entière. Si chaque épreuve exige quatre secondes, on peut faire en vingt secondes quatre doubles épreuves stéréoscopiques. Avec une bonne lumière et un objectif double, de quatre à cinq pouces de foyer, on peut opérer en moins d'une seconde pour chaque épreuve ; de sorte qu'en moins de huit secondes l'appareil binoculaire multiple peut produire quatre doubles impressions pour le stéréoscope. Si l'on avait besoin d'un plus grand nombre d'épreuves dans un court espace de temps, il serait possible de continuer d'opérer sans intermission. Pour cela, il suffirait d'un aide qui, au fur et à mesure qu'une paire de plaques aurait été impressionnée, les enlèverait et les remplacerait par de nouvelles, de sorte que l'appareil serait toujours chargé et continuellement en opération. C'est surtout quand il s'agirait de représenter une revue, une fête ou une cérémonie publique, qu'il pourrait être utile de produire un grand nombre d'épreuves dans peu de temps.

« Chaque chambre obscure est fixée au bout d'un bras horizontal de dix-huit pouces, au moyen d'un joint universel, qui permet de la diriger dans tous les sens. Les deux bras sont fixés angulairement sur un axe de manière qu'on peut donner aux deux chambres obscures tous les angles dont on a besoin. Quand les bras sont en ligne droite, les objectifs sont séparés de trois pieds ; et quand ils sont fermés, ils ne sont plus séparés que de quatre pouces. Cet appareil s'adapte donc à tous les angles dans lesquels le photographe stéréoscopique doit se renfermer quand il opère à des distances ordinaires, au dedans ou au dehors. On peut adapter à l'appareil des objectifs pour 1/4, 1/2 et plaques entières, ce qui permet d'opérer à toutes les distances sur le 1/6 de plaque.

M. Claudet blâme l'emploi des objectifs à court foyer pour les portraits ou les vues ordinaires, parce qu'ils amplifient les plans les plus rapprochés en comparaison des plus éloignés, dans une proportion plus grande que celle qui résulte des conditions de la perspective visuelle. Mais, si dans ce cas l'effet produit est peu satisfaisant, il l'est bien moins encore quand les vues ou les portraits que l'on fait sont destinés au stéréoscope ; aussi le savant opérateur ajoute-t-il :

« C'est surtout dans les images stéréoscopiques que les objectifs à court foyer produisent un effet anormal qui change l'illusion de la vision naturelle. Non-seulement ils amplifient les premiers plans dans une proportion plus grande que les derniers plans, mais encore ils font apparaître les distances entre les derniers plans plus grandes, en proportion de l'éloignement, que les distances entre les premiers plans. Nous en avons expliqué la raison quand nous avons fait remarquer que plus on amplifie les images prises à un certain angle, moins la distance entre les divers plans paraît grande. Les objets des premiers plans étant, par l'emploi d'objectifs à court foyer, plus amplifiés que les objets des plans plus éloignés, et cela dans une proportion exagérée, il en résulte que les distances entre ces objets paraissent augmenter avec leur éloignement, ce qui est contraire aux lois de la vision naturelle.

« Si l'on fait un groupe de personnes placées sur trois plans séparés chacun par une distance d'un pied, il pourra arriver, suivant la grandeur de l'image donnée par des objectifs à court foyer, que la distance entre le second et le troisième rang apparaisse plus grande que la distance entre le premier et le second rang. Mais cette exagération se fera sentir sur toute la ligne de perspective ; non-seulement les distances entre les objets accroîtront avec leur éloignement, mais encore les distances entre les diverses parties de chaque objet seront graduellement augmentées ; de telle sorte que si une personne est tournée de côté, l'épaule la plus reculée paraîtra à une distance de la tête du double de la distance de l'épaule la plus avancée. Si l'on a introduit au milieu du groupe une table ronde, cette table apparaîtra ovale, le grand axe dans le sens de projection ; tandis que, suivant les lois de la perspective naturelle, le grand axe devrait paraître dans le sens parallèle avec la ligne horizontale. En un mot, toutes les personnes et tous les objets composant le tableau seront allongés dans le même sens que la table, tandis qu'ils devraient paraître réduits dans ce sens ; et en d'autres termes, un cylindre aurait la forme d'un cône ovale, et un cône tronqué celle d'un cylindre aplati. La même exagération se fait sentir quand on fait des vues avec des appareils à trop court foyer, on est exposé à faire apparaître le dôme d'une église à deux ou trois fois sa distance du fronton. Cette anomalie n'est pas due à l'angle des objectifs, mais seulement à l'exagération d'amplification des premiers plans en comparaison des plans éloignés.

« On comprend donc combien il est important pour les vues, portraits, groupes stéréoscopiques, d'employer des objectifs ayant le plus long foyer possible, et d'opérer à la plus grande distance à laquelle on puisse se placer. Il est inutile de faire remarquer que la séparation des deux chambres obscures doit augmenter avec la distance des objets si l'on veut conserver le même angle binoculaire. »

Nous espérons pouvoir donner, dans un prochain numéro, le dessin et la définition d'un petit instrument que M. Claudet a imaginé, et qu'il nomme *Stéréoscopomètre*, au moyen duquel il détermine la séparation qu'on doit donner aux deux chambres obscures pour chaque distance et pour chaque longueur de foyer.

Cette brochure, écrite avec une précision et une clarté remarquables, est certainement la plus complète qui ait été publiée sur ce sujet. Elle contient des renseignements indispensables aux opérateurs qui veulent réussir dans la production des épreuves stéréoscopiques ; c'est l'œuvre d'une longue expérience, d'une étude approfondie et d'une intelligence éminemment artistique.

MM. Lerebours et Secrétan ont fait suivre le travail de M. Claudet d'un résumé complet, quoique succinct, des derniers perfectionnements apportés au daguerréotype.

Nous ne pouvons que féliciter les éditeurs de cette nouvelle et utile publication. E. L.

GRAVURE HÉLIOGRAPHIQUE

SUR PLAQUE D'ACIER.

M. Niépce de Saint-Victor est doué d'une persévérance infatigable ; à peine a-t-il inventé et livré à la publicité quelque ingénieux procédé héliographique, que bientôt il découvre un perfectionnement à apporter à ce procédé. Son ardeur ne se ralentit pas, et il n'a pas cessé un seul instant de soutenir par un travail opiniâtre, par ces recherches incessantes, un nom devenu célèbre. Le nom de Niépce rappellera toujours une suite non interrompue de travaux et de découvertes concernant l'héliographie. Le 23 mai dernier, M. Niépce de Saint-Victor communiquait à l'Académie des sciences son mémoire sur la *Gravure héliographique sur plaque d'acier.*

Le 5 septembre, MM. Rousseau et Devéria, appliquant à la reproduction des collections du Muséum les procédés de gravure sur acier indiqués par MM. Niépce et Lemaître, présentaient à l'Académie la première livraison de la *Photographie zoologique.*

Le 5 octobre, M. Niépce annonçait à la Société d'encouragement qu'il venait de composer un nouveau vernis aussi fluide que l'albumine ; enfin, dans la dernière séance, l'honorable M. Chevreul a présenté à l'Académie une nouvelle et importante communication que nous donnons ci-après.

La note de M. Niépce était accompagnée d'une planche d'argent sur laquelle il a gravé, par le même procédé et au moyen de son nouveau vernis, une des belles reproductions de Marc-Antoine Raimondi, par M. Benjamin Delessert. Nous avons vu cette planche ; elle est d'une égalité et d'une pureté incroyables. Quand on songe aux immenses services que cette application de la photographie à la gravure est appelée à rendre, on est saisi d'admiration et d'enthousiasme.

Je m'empresse de communiquer un nouveau vernis pour la gravure héliographique sur acier.

Ce vernis a la fluidité de l'albumine et s'étend aussi facilement que le collodion, sèche aussi vite, ce qui permet d'opérer dix minutes après qu'on a couvert la plaque d'acier.

Voici sa composition :

Benzine	100	grammes.
Bitume de Judée pur	5	d°
Cire jaune pure	1	d° (1)

J'ai aussi modifié le dissolvant de la manière suivante :

COMPOSITION DU DISSOLVANT.

Huile de naphte	5	parties.
Benzine	1	d°

J'annoncerai également que je suis parvenu à rendre mon vernis assez sensible à la lumière pour pouvoir opérer en dix minutes, un quart d'heure au plus dans la chambre obscure, et quelques minutes suffisent quand on opère par contact aux rayons solaires.

On rend le vernis sensible en versant sur la plaque de l'éther sulfurique anhydre, contenant quelques gouttes d'essence de lavande rectifiée.

Après que la plaque est sèche, on expose à la lumière.

Les opérations héliographiques étant terminées, on fait mordre la planche d'acier d'après les procédés décrits par M. Lemaître, graveur (séance du 23 mai 1853) (2).

OBSERVATIONS.

Il est essentiel que la plaque d'acier soit parfaitement nettoyée avant d'appliquer le vernis ; pour cela, on se sert d'essence ou d'huile de naphte pour enlever le vernis, puis d'alcool et de tripoli avec du coton pour la sécher complétement.

On doit éviter l'humidité par tous les moyens possibles, car elle est pernicieuse pour le vernis.

L'exposition à la lumière de la gravure sur la plaque doit être de deux ou trois heures, lorsqu'on opère par contact (sans éther) ; du reste, cela dépend de l'intensité de la lumière et de l'épaisseur de la couche du vernis. Je recommande de ne pas mettre cette couche trop épaisse.

L'opération par contact m'a paru préférable à celle de la chambre obscure, sous le rapport de la vigueur du dessin.

Pour que l'opération héliographique soit bien réussie, il faut que le métal soit à nu, dans les parties qui correspondent aux ombres les plus fortes seulement ; alors les demi-teintes existeront naturellement.

Après avoir enlevé le dissolvant, on expose la plaque à la lumière pour sécher et consolider le vernis.

Il faut toujours arrêter promptement l'action du dissolvant, et si l'eau enlève le vernis, c'est une preuve que la lumière n'a pas assez agi, ou qu'il y a eu de l'humidité.

On peut reproduire des épreuves photographiques directes ou positives sur papier mince, sans qu'il soit nécessaire de les cirer, et j'ai la preuve qu'elles se repro-

(1) Lorsque les substances sont dissoutes on passe le vernis dans un linge en le pressant, puis on le laisse reposer pour le décanter ; si le vernis devient trop épais on y ajoute de la benzine.

(2) Voir les comptes rendus de l'Académie des sciences, séances du 23 mai 1853, ou le n° 22 de la *Lumière* du samedi 28 mai 1853.

duisent très-bien, on peut en juger par l'épreuve que j'a l'honneur de présenter à l'Académie.

Ce vernis peut très-bien s'appliquer sur pierre lithographique.

J'ai essayé de remplacer dans la composition du vernis la benzine par l'essence de lavande; mais quoique cette substance soit beaucoup plus sensible à la lumière que la benzine, j'ai cru devoir donner la préférence à celle-ci, parce qu'elle est beaucoup plus évaporable, d'une part, et aussi parce qu'elle donne une couche plus homogène.

Cependant on emploiera peut-être un jour l'essence de lavande avec l'éther, pour opérer dans la chambre obscure.

Avec l'essence de lavande, il faut chauffer la plaque après avoir étendu le vernis afin de le sécher plus promptement, et, malgré cela, il faut encore attendre vingt-quatre heures avant de pouvoir opérer.

Telles sont les observations que j'ai faites et que je m'empresse de communiquer dans le but de rendre facile l'application de procédés qui ont déjà donné, dans des mains habiles, de si beaux résultats.

Mon seul désir étant de propager ce procédé, qui est l'avenir de la photographie, sa réussite complète sera ma plus belle récompense.

NIÉPCE DE SAINT-VICTOR.

Paris, le 31 octobre 1853.

Nous donnerons *in extenso*, dans notre numéro de samedi prochain, le beau discours de M. Babinet sur *les comètes* et les *tables tournantes*, que le savant académicien a bien voulu nous communiquer.

SCIENCES.

Académie des sciences, séance du 31 octobre. — Après la lecture du procès-verbal de la dernière séance, M. le président a annoncé à l'Académie qu'une souscription était ouverte pour élever un monument à notre grand et immortel astronome FRANÇOIS ARAGO, et que MM. les membres de l'Académie, ainsi que toutes les personnes qui se proposeraient de souscrire, pourraient verser entre les mains de M. Pingard, chef du secrétariat de l'Institut, le montant de leur souscription.

Dans la séance du 17 octobre dernier, un astronome célèbre de l'Académie, M. Leverrier, citait un fait qui constatait la supériorité des instruments d'optique construits par MM. *Lerebours* et *Secrétan*. Nous avons reçu depuis le nouveau catalogue des instruments qui s'exécutent dans les ateliers de ces habiles artistes, et c'est pour nous une bonne fortune de saisir cette occasion pour jeter un coup d'œil sur leurs travaux. Pour devenir grand opticien, on a dû être depuis longtemps, et toujours, en contact avec la science et en rapport presque journalier avec les savants; aussi voyons-nous de prime abord figurer dans ce volume, qui n'a pas moins de 250 pages, d'une part, l'optique, l'acoustique, l'électricité, les mathématiques, l'astronomie, la chimie, etc... et d'autre part, les noms célèbres d'Arago, Biot, Becquerel, Babinet, Chevreul, Combes, Dumas, de Larive, Morin, Pelouze, Poncelet, Pouillet, Thénard, etc. Ces savants émérites créent, inventent, perfectionnent; mais les idées nées de leur génie ont enfanté des plans qu'ils ont formés, des appareils qu'ils ont conçus, et qu'il faut exécuter avec beaucoup d'intelligence, avec la plus grande précision, promptement et habilement. MM. Lerebours et Secrétan ont montré tant d'intelligence et d'habileté qu'ils ont mérité la confiance et les éloges non-seulement de ces savants, avec lesquels ils ont été en rapport, mais encore, et par suite, celle des savants les plus distingués de toutes les parties du globe.

Ce n'est que progressivement et en dirigeant essentiellement leurs recherches sur le perfectionnement des instruments, en portant de préférence les plus grands soins à ceux qui exigent le plus impérieusement le concours de la théorie et d'une exécution précise, que M. Lerebours père, et MM. Lerebours et Secrétan n'ont cessé de bien mériter de la science et de l'industrie par l'utilité des résultats qu'ils obtiennent, par la perfection qu'ils savent donner à leurs travaux.

Nous disons progressivement, car dès 1811, M. Biot signalait, dans un rapport à l'Institut, la supériorités des lunettes de M. Lerebours père. Depuis cette époque, les divers rapports faits à l'Institut, à la Société d'encouragement, et ceux du jury central, n'ont cessé de constater des succès obtenus, des progrès incessants et une perfection considérable. Le rapport du jury central, exposition de 1849, s'exprime ainsi : « Depuis cette époque (1844), M. Lerebours, de concert avec M. Secrétan, son associé, a fait de nouveaux progrès dans la construction des appareils de physique; il a pris rang parmi nos plus célèbres fabricants en ce genre; mais en même temps il est parvenu, dans la haute optique, à égaler et peut-être à surpasser ce qui a été accompli de plus parfait en Europe dans les objectifs de grandes dimensions. Nos astronomes ont soumis à des épreuves répétées, pendant les dernières années, l'objectif de 38 centimètres travaillé par M. Lerebours, et ils n'hésitent pas à reconnaître qu'il a enfin acquis des qualités supérieures...

Cette lunette de 38 centimètres de diamètre, supportant toute son ouverture, et de 8 mètres de foyer, a été terminée à la fin de 1844.

L'Observatoire de Paris en a fait l'acquisition en 1849; tout fait espérer qu'en 1854 elle pourra être installée dans la coupole de l'Observatoire impérial sur le grand pied parallactique actuellement en construction.

LE BUREAU DES LONGITUDES a fait l'acquisition de plusieurs lunettes astronomiques de 11 centimètres de diamètre et de 1 mètre 50 centimètres à 1 mètre 80 centimètres de foyer, chercheur à rappels, 5 oculaires célestes et 2 terrestres, montées sur un pied en noyer à chaînes, pour l'Observatoire de Paris, celui de Marseille, etc., dont la figure ci-dessous peut donner une idée exacte.

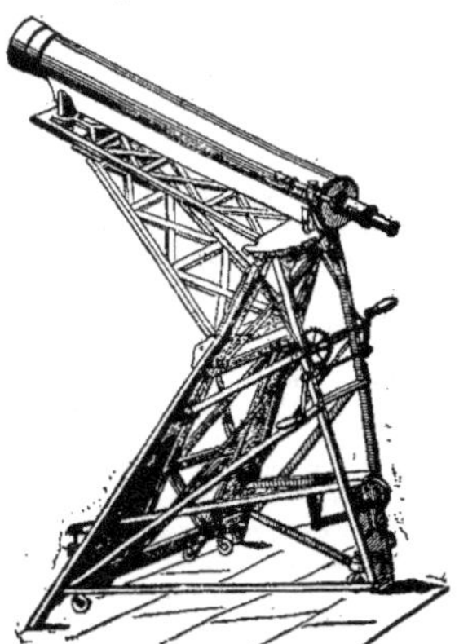

Un de ces instruments, du prix de 1,000 fr., envoyé à l'Observatoire de Varsovie en 1852, mérita les éloges du directeur de cet établissement, qui terminait ainsi sa lettre: « En général votre lunette est *très-bonne*, et son bon marché est remarquable; celles de Munich, des mêmes dimensions, coûtent plus de 3,000 fr., et je tiens à vous remercier pour cette lunette, qui est une acquisition précieuse pour notre Observatoire.»

Les soins tout particuliers que MM. Lerebours et Secrétan doivent donner à ces travaux de premier ordre ne les empêchent pas de construire une grande quantité d'instruments et d'appareils de tous genres; on peut citer sommairement ceux qui ont été faits sous la direction des honorables membres de l'Académie, dont les noms figurent dans le catalogue :

Pour M. *Arago*, 2 instruments, 2 appareils;
M. *Biot*, 1 instrument, 2 grands appareils;
M. *Chevreul*, tableau du contraste des couleurs;
M. *Babinet*, 6 instruments et appareils;
M. *Regnault*, 10 instruments et appareils;
M. *Pouillet*, 7 instruments et appareils,
MM. de Larive, Combes, Morin, 2 appareils; MM. Poncelet, Pelouze, Thénard, 1 appareil.

Un des derniers appareils construits par ces messieurs est l'*alambic* de *J. Salleron* (alcoomètre) pour déterminer, par le moyen de la distillation, la richesse alcoolique de tous les spiritueux, quel que soit leur mélange avec des sels, sucres, sirops et autres corps étrangers qui en modifient la densité.

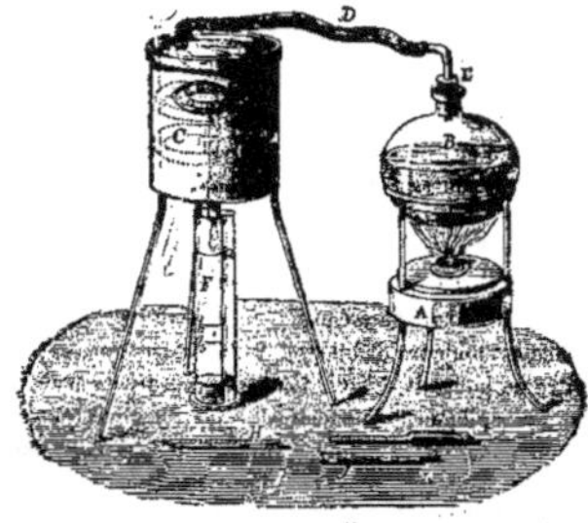

Cet appareil d'un prix très-modique, qui est renfermé dans une petite boîte à charnière, se compose de sept objets différents. Il a été adopté par le *Ministère des finances* pour le service des *contributions indirectes*, et par l'*Octroi de Paris* pour la perception de l'impôt sur les boissons.

C'est en quelque sorte ne pas sortir de l'enceinte de l'Académie des sciences que d'entrer dans les ateliers des habiles opticiens qui prêtent avec tant de zèle et de talent leur concours à tous les savants dont ils facilitent les recherches et les succès, et qui ont souvent part aux découvertes et aux progrès des sciences que nous avons la mission de rapporter dans les colonnes de ce journal.

A.-T. L.

DU POLISSAGE DES GLACES.

Tous ceux qui ont employé le collodion ont compris l'importance du polissage des glaces ou du verre : j'avais coutume de dire que la propreté des glaces entrait pour moitié dans le succès des épreuves; aujourd'hui je crois que c'est les trois quarts qu'il faut dire.

Il y a la plus grande analogie entre le polissage du plaqué et celui du verre : la beauté des épreuves sur plaqué dépend en grande partie de la pureté de l'argent; la perfection du poli fait l'intensité des noirs, mais c'est l'absence de tout corps étranger à la surface de l'argent qui produit la sensibilité et le magnifique jeu des couleurs formant le ton de l'épreuve.

Pour le verre, c'est absolument la même chose : sa surface a beau paraître luisante et polie au suprême degré, après avoir été frottée longtemps au coton, au chiffon, au foulard, à la peau, l'épreuve ne viendra pas du tout, ou bien elle sera criblée de stries, si le verre a retenu un corps étranger en couche mince.

Ici encore l'analogie entre l'argent et le verre se soutient : si, sur une plaque d'argent poli on pose les doigts, leur empreinte se révélera au moyen du souffle et ne pourra être enlevée que par un polissage avec une poudre dure, c'est-à-dire par un *enlèvement de la substance métallique*. Sur le verre, c'est absolument la même chose; on peut le nettoyer à sec, pourvu que l'on agisse de manière *à user la pellicule déposée à la surface du verre, en entamant le verre lui-même.*

Mon attention a été attirée vers ce procédé pour nettoyer les glaces, par des essais de tripoli que j'ai faits récemment. Le verre dépoli finement, c'est-à-dire douci, se ronge et se polit très-vite en le frottant sur du papier enduit de tripoli; le cristal de roche lui-même se comporte semblablement; mais, comme de juste, il se polit moins vite. En effectuant ces polis, j'ai été frappé de l'exquise netteté des surfaces vitreuses, et j'ai pensé avec raison que c'était un moyen infaillible pour avoir du verre parfaitement pur.

En effet, il n'y a pas de dépôt salin ni de couche grasse qui puisse résister à une usure si énergique, et ma première expérience l'a prouvé complétement; j'ai soumis à ce nettoyage une plaque de verre qui était aussi malpropre et aussi grasse que possible, *le souffle y montrait l'empreinte des doigts de la façon la moins équivoque;* peu à peu le frottage au tripoli a fait disparaître les taches, et au bout d'une minute la plaque était parfaitement nette, en l'essayant avec le souffle, et elle donna une épreuve d'une grande pureté.

Quelques photographes suivent en quelque sorte ce procédé, en frottant les glaces avec des tampons de coton imbibés d'eau ou d'alcool avec du tripoli; mais il faut remarquer que l'emploi d'un liquide quelconque engendre presque toujours *un dépôt en séchant*; le coton seul avec du tripoli donne un travail trop *mou*, et la réussite consistera précisément dans l'emploi d'une méthode qui produira un frottement assez énergique pour entamer le verre, et capable d'effacer les raies légères par un véritable polissage qui ne pourra s'établir, on le conçoit, que par l'enlèvement *préliminaire et radical de toute substance superposée.*

Les plaques à nettoyer sont de deux sortes, savoir : les glaces dont la surface est plane, et le verre à vitre dont la surface est toujours onduleuse. Il est évident que le verre à vitre ne pourrait se polir au papier, sa surface ne pouvant s'y appliquer exactement; il n'y a donc que les glaces qui pourront se nettoyer en les frottant sur un plan revêtu de papier : pour le verre à vitre, il faudra, au lieu de papier, interposer un tissu élastique susceptible de se prêter à toutes les inégalités de sa surface. De là résultent deux dispositions; l'une permettant de polir sur papier pour les glaces seulement, et l'autre sur tissu pour le verre à vitre et aussi pour les glaces, à plus forte raison.

Pour se servir du papier, on collera une feuille de papier fort, mais bien homogène, sur une glace, après avoir enduit son revers de colle de pâte; puis, quand le papier aura été appliqué sur la glace, on l'égalisera comme font les opticiens avec une petite molette en verre, de façon à expulser la colle surabondante, en commençant par le milieu; quand la surface du papier sera devenue bien unie, on fera sécher lentement : dès que le papier sera sec, on le saupoudrera de ponce pulvérisée, et, avec un morceau de pierre ponce bien plane, on le poncera, et après l'avoir brossé, on le garnira de tripoli en poudre.

A ce moment le polissoir sera prêt à servir; mais pour nettoyer d'un seul coup toute la surface d'une grande glace, la pression nécessaire exigerait un trop grand effort, les manches les plus solides n'y résisteraient pas; ce polissoir ne pourra donc servir que pour les glaces de quart. Pour les plus grandes dimensions, il vaudra mieux faire agir à la surface d'une glace posée sur papier un polissoir de 5 ou 6 centimètres de côté, garni de papier, comme il vient d'être dit.

Pour le verre à vitre, il suffira de clouer du tissu de laine, coton, et mieux, de fil, *épais* et bien lavé, sur une planche en bois (en piquant les clous sur les côtés de la planche) et disposant le tissu en plusieurs doubles : avec ce polissoir amplement garni de tripoli en poudre, on pourra polir les plaques de verre ou de glace de demi et même de plaque entière, parce que l'adhérence sera bien plus faible.

Pour des plaques plus grandes, on pourra faire agir à leur surface un polissoir de ce genre, ayant environ le quart de la surface de la glace.

Au moyen de ce travail, toute glace essuyée grossièrement se nettoie très-vite; en soufflant dessus, quand le travail est fini, on aperçoit presque toujours des traînées grises; mais il ne faut pas s'en inquiéter, c'est le tripoli qui reste adhérent après le polissage, et le moindre frottement avec du coton ou du chiffon blanc de lessive, aidé du souffle, donnera toujours des plaques d'une propreté irréprochable.

Pour nettoyer d'un seul coup les plaques en verre ou en glace sur une planche garnie de tissu, il faudra auparavant y adapter un manche qui ne s'enlèvera qu'en plaçant la plaque dans le châssis de la chambre obscure. Les bouts de tube en gutta-percha, de grosseur en rapport avec la plaque, me semblent la meilleure chose à employer; il y a aussi les petites coques en caoutchouc vulcanisé qui servent de ventouses; elles tiennent très-bien quand on a légèrement humecté leur surface d'application. Les manches en bois revêtus de poix qui sert à sceller les verres pour le travail des opticiens, seront aussi très-solides; on les détachera facilement du verre par un coup sec frappé avec un marteau.

J'insiste beaucoup sur le nettoyage des verres, parce que je crois que leur propreté rigoureuse est l'élément capital du succès, tant pour les négatifs que pour les positifs, et surtout de la sensibilité. On s'en prend souvent à son collodion des insuccès, tandis que c'est la plaque qui est malpropre; la moindre impureté réduit les sels d'argent, c'est comme un ferment qui étend son action de proche en proche et masque l'effet des rayons lumineux.

Pour empêcher les plaques de glisser dans le cas où on les frottera avec un polissoir, on les arrêtera au moyen d'une petite baguette de bois plus mince que la plaque et clouée sur le support; on pourra aussi employer des supports à manches avec appui mobile, qui se fabriquent maintenant.

En un mot, je pense que le nettoyage des glaces doit se faire *à sec, avec du tripoli*, et qu'on doit, en place de tampons de coton qui sont certainement trop mous, employer des polissoirs *plans*, qui seront d'autant plus efficaces qu'ils approcheront davantage de l'égalité et de la force du papier; avec un nettoyage de ce genre, on sera toujours certain de sa glace, et on obtiendra presque toujours de belles épreuves.

M.-A. Gaudin,
Calculateur du Bureau des Longitudes.

LE PAPIER SUBSTITUÉ AU COTON DANS LE COLLODION.

Au rédacteur de la Lumière.

Londres, octobre 1853.

Monsieur,

Il ne sera peut-être pas sans intérêt, pour quelques-uns de vos lecteurs, de connaître les résultats auxquels je suis arrivé dans la pratique de la photographie en Angleterre; et, comme quelques-uns des procédés que j'emploie sont nouveaux, je tâcherai de vous les détailler *in extenso*. Je commencerai par la préparation du collodion.

J'emploie du papier soluble, et non du coton, de l'éther rectifié le plus pur, et surtout libre de toute trace d'esprit-de-vin; de l'alcool absolu pur, et ne contenant aucune trace d'oxyde d'amyle (*sic*). Le papier que j'emploie est le *papier joseph*, et, pour le rendre soluble, je procède de la manière suivante :

Je prends à parties égales :

Acide sulfurique, gravité spécif.	1.600
Acide nitrique.	1.500

Ce dernier doit être entièrement libre de toute trace d'acide hyponitreux, et tout à fait incolore. Dans cette solution plongez, morceau par morceau, autant de papier joseph que l'acide en pourra couvrir; puis couvrez le vase, et laissez reposer pendant une nuit. Le lendemain matin le papier peut être retiré, lavé à plusieurs eaux, jusqu'à ce que l'acidité en soit tout à fait détruite, puis on le laisse sécher.

Faites dissoudre 10 gr. de ce papier ainsi préparé dans un demi-litre d'éther, en y ajoutant (s'il est nécessaire) la quantité d'alcool rigoureusement nécessaire pour rendre le papier soluble.

Le collodion, ainsi préparé, peut être conservé dans cet état pendant un espace de temps illimité, et paraît être plus tenace que celui que l'on prépare avec du coton; dès le principe aussi il est complétement transparent, s'il est bien préparé, tandis que le collodion obtenu avec le coton, le nitrate de potasse et l'acide sulfurique, est toujours légèrement *opalescent*, parce qu'il contient, en mélange, une certaine quantité de bisulfate de potasse.

Pour sensibiliser ce collodion, j'emploie trois procédés différents, qui produisent des résultats excellents chacun dans son genre.

N° 1.

Versez 60 gr. d'alcool *rectifié* sur quelques cristaux d'iodure de potassium, et secouez fréquemment, jusqu'à ce que l'alcool soit parfaitement saturé de sel; versez alors ce liquide dans une autre bouteille contenant des cristaux de bromure de potassium, et secouez par intervalles pendant quelques heures. Versez encore cette solution dans une bouteille contenant des cristaux de chlorure de potassium et remuez, comme précédemment, jusqu'à complète saturation. J'ajoute 1 partie de ce liquide, après l'avoir filtré, à 3 parties de collodion.

N° 2.

Alcool rectifié.	60 gr.	» c.
Iodure d'ammonium.	3	»
Bromure d'ammonium.	0	80
Chlorure d'ammonium.	0	06
Iodure d'argent.	0	01

Mélangez et ajoutez 3 parties de collodion pour 1 partie de ce mélange.

N° 3.

Alcool rectifié.	60 gr.	» c.
Iodure d'ammonium.	3	25
Bromure d'ammonium.	0	80
Chlorure d'ammonium.	0	12

Mélangez et ajoutez 3 parties de collodion à 1 partie de cette solution, comme dessus.

Chacun de ces trois procédés est extrêmement rapide, et peut donner, avec un bon objectif, des portraits en une seconde.

La seconde partie de l'opération à laquelle j'arrive maintenant est le développement de l'image. Voici comment je procède :

Je prends :

Eau distillée.	283 gr.	» c.
Acide formique.	21	»
Acide pyro-gallique.	0	65

Ou bien :

Eau distillée.	283 gr.	» c.
Acide sulfurique.	3 gouttes.	
Sulfate de fer.	14 gr.	» c.
Acide formique.	21	»

L'addition de l'acide formique au protonitrate de fer donne aussi un très-bon agent pour développer l'image.

Le premier des mélanges que je viens de mentionner peut être étendu de 20 parties d'eau, si l'on veut en faire un bain dans lequel on puisse plonger l'épreuve; mais, plus il sera étendu, plus le développement de l'image sera long; mais l'épreuve n'en sera que meilleure et plus exempte de taches.

Le papier albuminé que j'emploie est obtenu de la manière suivante :

On mélange :

Eau,	170 gr.	» c.
Albumine,	170	»
Chlorure de barium.	25	»

On bat comme à l'ordinaire pour produire une écume blanche, et quand le liquide s'est entièrement formé, et a reposé pendant quelques instants, versez-le à part, en laissant de côté le sédiment, et albuminez le papier comme on fait ordinairement.

Pour sensibiliser ce papier, j'emploie une solution de 8 gr. de nitrate d'argent dans 283 gr. d'eau.

Si l'opérateur veut arriver à d'excellents résultats avec moins de frais, il peut avoir recours à la formule suivante :

Eau,	170 gr.	» c.
Albumine,	170	»
Chlorure de barium.	14	»

et sensibiliser avec une solution de nitrate plus faible (5 grammes pour 283 gr.).

J'ajoute ordinairement un peu d'acide pyro-gallique au bain fixateur d'hyposulfite de soude et de chlorure d'argent indiqué par M. Le Gray.

Je dois ajouter que quand le bain de nitrate d'argent commence à noircir, par suite de l'application constante que l'on fait du papier albuminé à sa surface, on peut le clarifier et le rendre encore excellent en y ajoutant, goutte à goutte, de l'acide nitrique pendant qu'on le fait bouillir au-dessus d'une lampe. Il faut que cette opération soit faite avec beaucoup de soin, et l'on ne doit plus ajouter d'acide nitrique aussitôt que la couleur a presque entièrement disparu.

J'ai aussi à mentionner un procédé au moyen duquel nous pouvons tirer des positifs, d'après les clichés les plus faibles.

On prend de l'acide chlorhydrique que l'on sature complétement avec du bichlorure de mercure.

On mélange 1 partie de cette solution avec 6 parties d'eau, et l'on verse ce liquide sur le négatif que l'on veut renforcer. On continue ainsi jusqu'à ce que le cliché ait pris une teinte générale parfaitement blanche; et, après l'avoir bien lavé avec de l'eau, on y verse encore une solution d'iodure de potassium (environ 0 gr. 06 c. pour 28 gr. d'eau). Le négatif doit être alors lavé et séché, puis verni. On pourra en tirer ensuite de bons positifs, quelle qu'ait été la faiblesse primitive.

Agréez, etc. F. Maxwell Lyte.

Le Propriétaire-Gérant. Alexis Gaudin.

Typographie Hennuyer, rue du Boulevard, 7, Batignolles.
Boulevard extérieur de Paris.

TROISIÈME ANNÉE. N° 46. SAMEDI, 12 NOVEMBRE 1853.

LA LUMIÈRE

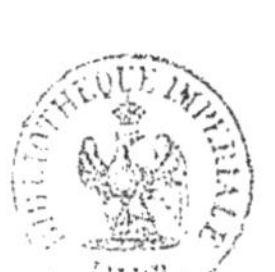

REVUE DE LA PHOTOGRAPHIE.

BEAUX-ARTS. — HÉLIOGRAPHIE. — SCIENCES.

JOURNAL NON POLITIQUE, PARAISSANT LE SAMEDI.

BUREAUX, à Paris, 9, rue de la Perle. BUREAUX, à Londres, 67, Newgate-street, City.

ABONNEMENTS.—*Paris*, UN AN, 20 FR.; 6 MOIS, 12 FR.; 3 MOIS, 7 FR.; *Départements*, UN AN, 22 FR.; 6 MOIS, 13 FR.; 3 MOIS, 8 FR.; *Étranger*, UN AN, 25 FR.; 6 MOIS, 15 FR.; 3 MOIS, 10 FR.

A partir du 1er septembre dernier, le prix de l'abonnement au journal* LA LUMIÈRE *a été fixé de la manière suivante :

PARIS.

UN AN	20 FR.
SIX MOIS	12
TROIS MOIS	7

DÉPARTEMENTS.

UN AN	22
SIX MOIS	13
TROIS MOIS	8

ÉTRANGER.

UN AN	25
SIX MOIS	15
TROIS MOIS	10

SOMMAIRE.

SEMAINE PHOTOGRAPHIQUE.

—

REMPLACEMENT DU NITRATE D'ARGENT PAR LE *chlorate d'argent*. — PROPRIÉTÉ PHOTOGRAPHIQUE DES PROTOSELS DE CUIVRE.

Jusqu'à ce jour, ce sont les composés d'argent qui ont fait la base de la photographie, à cause de leur instabilité sous l'action de la lumière; et c'est le nitrate d'argent qui a été la source des composés argentifères. Les traités de chimie sont très-pauvres en renseignements sur les sels d'argent : leur instabilité en a été sans doute la cause, et aussi leur insolubilité; car il n'est peut-être pas de corps qui ait un si petit nombre de sels solubles.

Il serait donc bien intéressant de faire une étude approfondie des sels d'argent solubles, sous le point de vue de leur application à la photographie ; on pourrait y reconnaître des propriétés inattendues et offrant de grands avantages.

Pour suppléer à l'insuffisance des traités de chimie, j'ai eu occasion, un jour, de consulter M. Balard, touchant le nombre des sels d'argent les plus solubles; il me signala immédiatement le *chlorate d'argent* comme très-soluble et pouvant servir à mes études.

Je ne donnai d'abord aucune suite à cette communication, dans la croyance où j'étais que ce sel serait infiniment plus cher que le nitrate d'argent et d'une préparation trop difficile pour être pratiquée partout; je croyais surtout ce sel très-*instable;* mais c'est l'inverse qui est vrai, ce sel est plus *stable* que le nitrate d'argent, et un hasard heureux veut qu'on trouve en abondance dans le commerce deux sels qui permettront de préparer le chlorate d'argent à un prix très-peu supérieur à celui du nitrate d'argent.

Il y a deux manières de préparer le chlorate d'argent : l'une, par l'acide chlorique, que l'on combine avec l'oxyde ou le carbonate d'argent; l'autre, par double décomposition au moyen du *sulfate d'argent* et du *chlorate de baryte*. Le premier procédé est très-dispendieux; il nécessite la préparation de l'acide chlorique et des composés insolubles d'argent, décomposables par cet acide. Le second, au contraire, est un procédé industriel, en raison de l'abondance du sulfate d'argent et du chlorate de baryte.

L'affinage de l'argent se fait généralement en grand, au meoyn de l'acide sulfurique, qui produit un sulfate presque insoluble très-pur ; d'un autre côté, la préparation du chlorure de baryum pour les besoins des artificiers et de la chimie, par l'action du chlore sur l'oxyde de baryum, entraîne la production d'une grande quantité de chlorate de baryte, qui peut remplacer le chlorure pour ces deux usages; de sorte qu'il est à peu près certain que la production en grand du *chlorate d'argent* pourra n'être pas plus coûteuse que la préparation du nitrate d'argent avec de l'argent fin et de l'acide nitrique, puisque l'argent fin est tiré généralement du sulfate d'argent précité.

On préparera donc le *chlorate d'argent* en faisant réagir une solution chaude de chlorate de baryte sur le sulfate d'argent, en soumettant celui-ci à un broyage continu qui dégagera les cristaux de sulfate d'argent des pellicules de sulfate de baryte déjà formées, et présentera de nouvelles surfaces à la décomposition.

Le chlorate d'argent est un sel blanc facilement cristallisable, *mais qui ne peut être fondu sans se décomposer*. Il est à peu près aussi soluble que le nitrate d'argent, et *bien moins caustique*.

D'après les essais auxquels je l'ai soumis, il paraît beaucoup plus stable, et sera peut-être un peu moins sensible; mais cette moindre sensibilité n'est encore que conjecturale; car il m'a paru donner des épreuves absolument comme le nitrate d'argent.

Son emploi présentera plusieurs avantages importants que j'ai déjà constatés, qui sont : 1° de ne *tacher nullement la peau*; j'en ai mis sur le dos et dans la paume de ma main, en ayant soin de le laisser sécher sur place; vingt-quatre heures après il n'y avait pas la moindre apparence de tache. Sur le linge cependant il produit des taches d'un brun léger, moins foncées que celles produites par le nitrate d'argent; 2° de n'exiger l'addition *d'aucun acide* pour la production des épreuves positives directes sur verre et probablement pour les négatifs avec l'acide pyro-gallique : *le sulfate de fer lui-même doit être employé sans aucun acide*; il suffira de dissoudre le sulfate de fer ordinaire du commerce dans de l'eau exempte de chlorure.

La solution de chlorate d'argent déposée sur du papier se colore sensiblement aussi vite que celle de nitrate d'argent; le papier iodé noircit aussi très-vite, et d'après ce qui précède, il est *fort présumable* que le papier pour positifs se conservera beaucoup mieux.

Le chlorate d'argent m'a paru dissoudre une moindre quantité d'iodure d'argent que le nitrate ; par conséquent, il est probable que le collodion sensibilisé sera moins dénaturé par la dessiccation.

Très-prochainement j'étudierai le chlorate d'argent pour les négatifs et le tirage des positifs sur papier.

A propos de positifs sur papier, j'ai reçu de M. Debray, préparateur de chimie à l'École normale, communication d'un fait qui pourra un jour faire remplacer les sels d'argent par les sels de cuivre pour le tirage des épreuves. M. Debray a remarqué que le *protochlorure de cuivre récemment formé et humide* noircit très-rapidement sous l'action de la lumière. Ce chlorure de cuivre étant soluble dans le sel marin et précipité par l'eau, on imprègne le papier de protochlorure de cuivre humide en trempant le papier dans la solution du chlorure double de cuivre et de sodium, puis lavant le papier à grande eau. J'ai constaté, en effet, que ce produit est très-photogénique, mais la couleur est peu intense et difficile à fixer; néanmoins l'observation de cette propriété dans un protosel de cuivre me semble établir une analogie entre les sels d'argent et cette classe de sels de cuivre, et tôt ou tard la photographie pourra en tirer partie, en raison du bas prix du cuivre comparé à l'argent.

M.-A. GAUDIN,
Calculateur du Bureau des Longitudes.

SCIENCES.

—

Le compte-rendu de la séance de l'Académie du 31 octobre 1853 ne contient que ces trois lignes, concernant la souscription Arago :

« *M. le président* annonce qu'une souscription est ouverte pour élever un monument à la mémoire de M. ARAGO, et qu'un *registre particulier*, destiné à recevoir les noms des souscripteurs, *membres de l'Institut*, est déposé au secrétariat. »

Nous prions donc nos lecteurs de remarquer qu'il ne serait reçu au secrétariat que les souscriptions des membres de l'Institut seulement, et non celles de toutes les personnes qui se proposeraient de souscrire, comme nous l'avions annoncé dans le dernier numéro.

— *S. A. Charles-Lucien, prince Bonaparte*, membre correspondant de l'Académie (section d'anatomie et de zoologie), a soumis aux Congrès scientifiques de Belfast et Wiesbaden les bases d'une classification ornithologique réformée, dont il est l'auteur. Tous les savants qui ont assisté aux séances des congrès scientifiques connaissent les travaux importants du prince de Canino ; les ornithologistes de tous les pays ont étudié avec le plus grand intérêt les innovations que ce zoologiste distingué a introduites dans la classification par séries de tous les oiseaux connus. Sa répartition des espèces a pour base, après l'anatomie, ou plutôt la physiologie, la distribution géographique d'abord, et en outre l'établissement de groupes intermédiaires aux *ordres* et aux *familles*, aux *sous-familles* et aux *genres* ; et s'il a renversé, bien des fois, l'ordre ordinairement suivi, c'est afin de pouvoir disposer en séries les espèces elles-mêmes de chaque genre. Après les Congrès de Wiesbaden et de Belfast, les zoologistes d'Allemagne et d'Angleterre, et des voix amicales venant à la fois d'Amérique, de Scandinavie, de Russie et d'Italie, n'ont cessé d'engager le prince à publier, dans l'intérêt de la science, le tableau de sa distribution systématique des oiseaux. S. A., en présentant ce tableau à l'Académie dans la dernière séance (31 octobre), donnait une idée des principes sur lesquels cette classification est basée, et ajoutait : « cette classification est déjà du domaine public, puisque je l'ai appliquée dans l'arrangement *provisoire* des oiseaux du Jardin des Plantes que je viens de terminer, afin que mon savant ami, le professeur *Isidore Geoffroy Saint-Hilaire*, puisse plus facilement la soumettre à un examen approfondi, et lui faire subir toutes les modifications que son savoir, ses vues profondes et philosophiques, lui suggéreront, pour l'arrangement définitif dans les galeries nationales. » A.-T. L.

Nous avons la satisfaction de pouvoir mettre sous les yeux de nos lecteurs le discours remarquable prononcé par M. BABINET, de l'*Académie des sciences*, dans la séance annuelle du 25 octobre ; le vif plaisir avec lequel il sera lu nous méritera, sans doute, le reproche de n'avoir pas, dans notre dernier numéro, donné au travail du savant académicien tous les éloges dont il était digne.

« Depuis l'antiquité la plus reculée jusqu'aux travaux de Newton, en 1680, les comètes ont été considérées comme des présages de malheurs publics. Leur aspect si différent de celui des autres corps célestes, leur marche bizarre au travers du ciel et dans des régions inaccessibles aux planètes, leur courte apparition, tout concourait à les faire regarder comme des prodiges. « Tel, dit Homère, on voit briller un de ces astres que Jupiter, aux pensées profondes, envoie en présage, soit aux expéditions maritimes, soit aux grandes armées de terre. L'astre est éclatant, et on en voit jaillir des traînées d'étincelles. » Virgile et tous les poëtes latins, jusqu'à Claudien, qui a paraphrasé les vers d'Homère, se sont épuisés en épithètes funestes, et jusqu'au dix-septième siècle, les comètes furent pour le genre humain le triste pronostic des maux dont la colère céleste menaçait l'humanité. Seul, ou presque seul, le philosophe Sénèque opposa sa puissante logique aux idées superstitieuses de ses contemporains et de ceux qui avaient vécu dans les siècles antérieurs. Les comètes, suivant lui, se meuvent régulièrement dans des routes prescrites par la nature; et, jetant un regard prophétique vers l'avenir, il affirme que la postérité s'étonnera que son âge ait méconnu des vérités si palpables. Il avait raison contre le genre humain tout entier, ce qui équivaut à peu près à avoir tort; et pendant seize siècles encore la question ne fit aucun progrès, même dans ce seizième siècle, si hardi pour secouer le joug d'autorités bien autrement puissantes. Képler lui-même, après 1600, Képler, le libre penseur, le novateur astronomique, l'inventeur des lois qui règlent les mouvements célestes, admit les pronostics et les influences cométaires; et cependant on ne peut pas reprocher une faiblesse superstitieuse à celui qui osait dire aux théologiens attaquant la doctrine de Copernic et de Galilée : Ne vous compromettez pas avec les vérités mathématiques. La hache à laquelle on veut faire couper du fer ne peut pas, ensuite, entamer même le bois !

« Les observateurs du ciel, habitués à la grande régularité des mouvements des astres, à ce calme, à cette paix qui caractérisent les régions célestes, ne pouvaient voir sans surprise et sans effroi des astres qui semblent éclore subitement dans toutes les régions du ciel, dont la forme et les appendices diffèrent en aspect des autres astres, qui semblent suivis ou précédés de traînées lumineuses souvent immenses, enfin dont la marche, contraire à celle de tous les autres corps célestes mobiles, se termine par une disparition aussi brusque que leur arrivée a été subite. Il n'est donc point étonnant que la crainte prît naissance entre l'étonnement et l'ignorance, tant il est naturel de voir des prodiges dans les choses qui paraissent extraordinaires et inexplicables.

« Pour faire disparaître le prodige, il fallait donc avoir les lois du mouvement des comètes : c'est ce que fit Newton à l'occasion de la grande comète de 1680. Ayant trouvé que, d'après la loi de l'attraction universelle qu'il avait découverte, la marche de la comète devait être une courbe très-allongée, il essaya, aidé de Halley, son collaborateur et son ami, de représenter mathématiquement la marche de l'astre nouveau, et il y réussit complétement. Halley s'empara activement de cette branche de l'astronomie, et reconnut que la comète de 1682 était tellement semblable, dans sa marche autour du soleil, à deux comètes précédemment observées en 1531 et en 1607, que c'était sans doute la même comète, qui dès lors devait reparaître vers 1759.

« Par les travaux théoriques de Newton et par les calculs de Halley, la prédiction de Sénèque était accomplie ; les comètes, ou du moins quelques-unes d'entre elles, suivaient des orbites régulières. Leur retour pouvait être prévu ; elles n'étaient plus des existences accidentelles : c'étaient de vrais corps célestes à marche fixe et réglée. Le merveilleux cessait, ou plutôt il passait au génie qui avait percé le mystère de la nature : car, après la puissance créatrice et organisatrice du monde, le premier rang appartient à l'intelligence qui a pénétré la pensée du Créateur !

« Comme l'histoire de cette comète, qui porte le nom de Halley, se trouve curieusement mêlée à l'histoire des opinions et des événements humains, il ne sera pas sans intérêt d'en tracer une légère esquisse depuis les siècles passés jusqu'à nos jours. Par sa dernière apparition en 1835, elle appartient essentiellement au dix-neuvième siècle.

« M. Hind, aidé des déterminations des cométographes anciens, des annales astronomiques chinoises traduites par Edouard Biot, et des travaux de notre confrère M. Laugier, a pu suivre cette comète dans toutes ses apparitions jusqu'à l'an 12, avant notre ère. Depuis cette époque jusqu'en 1835, la comète s'est montrée vingt-quatre fois à la terre, ce qui fait une apparition tous les soixante-dix-sept ans. Voyons de quels événements elle était témoin, et même presque acteur, en 1456, à l'une de ses apparitions. Les musulmans, avec Mahomet II à leur tête, assiégeaient Belgrade, défendue par Huniade, surnommé l'exterminateur des Turcs. La comète de Halley parait, et les deux armées sont prises d'une égale crainte. Le pape Calixte III, frappé lui-même de la terreur générale, ordonne des prières publiques, et lance un timide anathème sur la comète et sur les ennemis de la chrétienté. Il établit la prière dite *Angelus de midi*, dont l'usage continue encore dans toutes les églises catholiques. Les Frères mineurs amènent quarante mille défenseurs à Belgrade, assiégé par le conquérant de Constantinople le destructeur de l'empire d'Orient. Enfin, la bataille se livre ; elle dure deux jours sans désemparer. Une mêlée de deux jours fait périr plus de quarante mille combattants. Les Frères mineurs, sans armes, le crucifix à la main, étaient aux premiers rangs, invoquant l'exorcisme du pape contre la comète, et détournant sur l'ennemi la colère céleste, dont personne ne doutait alors qu'elle ne fût une manifestation. Quels rudes astronomes! Enfin, Mahomet II, grièvement blessé, se retire avec une immense perte, abandonnant dans sa fuite tout le matériel du siége, tandis que le vainqueur Huniade meurt des suites de la fatigue qu'il a éprouvée dans un combat, ou plutôt dans une boucherie humaine de vingt-quatre heures consécutives. Voilà de puissants effets d'opinions scientifiques (1) !

« Mais remontons plus haut dans l'histoire de cette comète. Elle apparaît au mois d'avril 1066. Les Normands ont à leur tête leur duc Guillaume, surnommé depuis le Conquérant, et sont prêts à envahir l'Angleterre, dont le trône a été usurpé par Harold, malgré la foi jurée à Guillaume. Personne ne doute que la comète ne soit le précurseur de la conquête. Nouvel astre, nouveau souverain. *Nova stella! novus rex!* Tel était le proverbe du temps. Je n'aurais que le choix entre les chroniqueurs qui disent unanimement : Les Normands, guidés par une comète, envahissent l'Angleterre. Ainsi l'un des rayons de la brillante couronne de la reine Victoria est emprunté à la comète de Halley.

« Je dois à l'érudition obligeante du savant bibliothécaire de l'Institut la communication du *fac-simile* de la fameuse tapisserie de Bayeux, où la reine Mathilde, femme du conquérant, et sans doute aussi les femmes qui la servaient, ont dessiné les principales scènes de la conquête, avec des légendes en assez bon latin. On y voit Harold intronisé et recevant les hommages du clergé, de la noblesse et du peuple. Tout à côté, une foule de gens tend les bras et les yeux vers une comète qui brille sur leur tête, et dans le même compartiment Harold sur son trône, soucieux, le corps et la tête penchés, reçoit des nouvelles de l'apparition céleste qui le menace.—Voilà qui est bien composé, me disait un membre de l'Académie française, qui suivait avec moi ce curieux dessin. Ces idées d'influences cométaires, si chimériques aujourd'hui pour nous, étaient dans les siècles précédents d'importantes réalités qui décidaient du sort des nations et des rois. Encore un exemple de l'influence de la comète de Halley. Nous sommes en 837, sous le règne de Louis le Débonnaire, triste fils et successeur de Charlemagne. Pour abréger, je laisse parler un chroniqueur :

« Louis était astronome. Ayant observé une comète « en 837, il crut qu'elle lui annonçait de nouveaux mal- « heurs, et tomba dans une mélancolie qui n'eut de fin « que celle de sa vie. »

« Aujourd'hui, dire d'un personnage qu'il est astronome, ce serait précisément dire qu'il n'a aucune peur des comètes. Au reste, l'empereur Louis Ier survécut à l'apparition de la comète jusqu'en 840, et s'épuisa en fondations religieuses ; il bâtit des églises et dota des monastères pour détourner de dessus sa tête la colère du Ciel, évidemment manifestée par la comète de Halley, que nous allons retrouver encore en France au milieu du siècle dernier, sous le règne de Louis XV, faisant naître de bien autres préoccupations dans l'esprit public.

« Halley avait calculé à grand' peine que l'action des planètes retarderait le prochain retour de la comète, et il l'avait prédit pour la fin de 1758 ou le commencement de 1759. Il fallait, avec les formules mathématiques perfectionnées, calculer exactement l'époque de ce retour. Clairaut entreprit et accomplit en maître la partie algébrique du problème ; mais il restait la tâche immense de calculer numériquement ces formules. Deux calculateurs eurent ce courage. C'étaient l'astronome Lalande et Mme Hortense Lepaute, qui, par parenthèse, a donné son nom à l'hortensia, rapporté des Indes par l'astronome Legentil. Pendant six mois, prenant à peine le temps de manger, les deux calculateurs mirent en nombre les formules algébriques de Clairaut, et, au mois de novembre 1758, celui-ci annonça publiquement le retour de la comète pour les premiers mois de l'année suivante. A quelques jours près, la comète fut exacte au rendez-vous, au grand honneur de la loi de l'attraction, comme à celui de Newton et de ses successeurs dans la souveraineté de la science. La comète rentra ensuite dans les espaces célestes, ajournant sa prochaine visite à l'année 1835. Mais alors, nouveau changement dans l'opinion des savants et du public !

« Tant que les comètes, depuis Aristote, Hipparque, Ptolémée, Tycho-Brahé, Képler, Cassini, avaient semblé jeter à l'esprit humain un défi intellectuel et lui dire : Tu ne connais pas la loi qui me guide ! une attention anxieuse avait suivi leurs pas.

« En 1835, tout était connu. Le savant n'avait plus rien à apprendre, l'homme du peuple n'avait rien à espérer ni à craindre. Il n'y avait plus pour le premier un reproche d'ignorance, pour le second un péril de superstition. Tout le monde disait : Comète, que me veux-tu ? Tout récemment, pour la troisième comète de cette année 1853, qui, le 31 août, brillait au couchant d'un grand éclat à huit heures du soir, par un crépuscule qui aurait éteint toute étoile ou planète, le peuple de Paris, qui passait en foule sur les ponts, jetait sur ce bel astre un regard de quelques instants en ajoutant : « C'est sur le journal ; il y a trois mois qu'on la voit à l'Observatoire ! »

« Je doute fort que la comète de Halley, à son prochain retour, attire davantage l'attention publique. C'est le *cui bono* de Cicéron, c'est-à-dire, dans quel but d'intérêt s'en occuperait-on ? Non, jamais plus les reines ne dessineront cette comète sur leurs tapisseries ; car jamais plus elle n'aura donné le trône aux conquérants.

« Combien y a-t-il de comètes dans le ciel ? Autant que de poissons dans l'Océan, répondait Képler. Ceux qui ne sont pas initiés aux progrès des sciences ne se font guère l'idée du nombre de comètes qu'aujourd'hui, en plein dix-neuvième siècle, on découvre dans le ciel. La présente année 1853, si rebelle aux travaux astronomiques, nous en a déjà donné quatre. L'année 1846 en a fourni huit. Tandis que les astronomes du siècle dernier en avaient observé soixante-quatre, les modernes, depuis 1801 jusqu'à 1851, c'est-à-dire dans la première moitié du dix-neuvième siècle, en ont déjà catalogué quatre-vingts. Il y a à peu près en tout six cents comètes bien observées à partir du commencement de notre ère. Depuis quelques années, on en découvre en moyenne trois ou quatre par an. On voit donc que si l'on rattachait comme autrefois les événements politiques et naturels à ces astres, ce seraient aujourd'hui les événements qui manqueraient aux comètes, tandis que c'était le contraire dans le moyen âge. Les astronomes, ou plutôt les astrologues, parmi lesquels je regrette sincèrement de trouver Képler, en étaient réduits à dire que les co-

(1) Quelques-uns de mes plus honorables confrères m'ont reproché d'avoir considéré sous le point de vue exclusivement astronomique ces admirables héros de la chrétienté, qui firent devant Belgrade ce que Charles Martel avait fait dans les plaines de Tours. Je les prie de songer que j'avais à parler sur les comètes, et non point à écrire une chronique complète.

mètes ne faisaient souvent que déposer le germe des événements qui se produisaient ensuite.

« Jusqu'au commencement de ce siècle, la seule comète de Halley était reconnue périodique et avait été revue deux fois. Trois autres comètes semblables sont venues enrichir notre système solaire de trois nouveaux astres soumis au domaine de notre soleil comme les planètes; ce sont les comètes qui portent les noms de Encke, de Biéla, et de notre compatriote et confrère M. Faye. Ces trois comètes sont les seules qui aient été revues deux fois. La dernière a même offert, suivant M. Hind, cette curieuse particularité, qu'elle est revenue au périhélie à l'heure même indiquée par les calculs de M. le Verrier. Neuf à dix autres comètes sont attendues à leur second retour, pour établir ou pour infirmer la théorie de leurs mouvements autour du soleil; mais que dirai-je de la grande comète du dix-neuvième siècle, attendue en 1848, et qui, à l'heure qu'il est, n'a pas encore reparu?

« En 1556, une grande et belle comète apparait. Charles-Quint, qui temporisait pour son abdication, n'hésite plus. C'est à lui seul que la comète s'adresse, comme au plus illustre de tous les souverains d'alors. Il espère que l'influence qui le menace comme tête couronnée n'aura plus de prise sur un homme privé, sur un moine. Il se hâte de se rendre en Espagne, au monastère où il doit encore vivre près de deux ans. Tout ceci n'a rien d'étonnant : c'est l'esprit, ce sont les croyances du siècle. Mais au milieu du siècle dernier, on calcule cette comète de Charles-Quint, et on la trouve analogue à d'autres comètes qui, à trois cents ans de distance, se sont montrées dans le ciel. Toutes sont brillantes, pourvues de traînées lumineuses ou queues immenses; l'aspect physique et la marche sont les mêmes. On calcule donc le retour de cette grande comète pour 1848. Point de contradicteurs; ce retour est inscrit dans tous les livres d'exposition scientifique. Plusieurs astronomes, un peu avant 1848 et depuis, cherchent inutilement cette précieuse comète de trois cents ans de révolution et qui serait une si belle acquisition pour notre système solaire; mais déjà 1848, 1849, 1850, 1851, 1852 et presque tout 1853 se sont écoulés, et nous n'avons point de nouvelles de l'astre tant attendu, tant espéré.

« Sans doute, aucune des personnes de l'assemblée d'élite qui veut bien m'écouter ne perdra l'appétit et le sommeil à la triste nouvelle astronomique que je révèle ici! Mais cependant, si les lois de l'attraction sont réelles, si ces lois qui dirigent la lune autour de la terre, les planètes et les comètes autour du soleil, les étoiles doubles elles-mêmes aux confins du ciel étoilé à des distances qui confondent l'imagination, sont vraies, pourquoi la comète de 1556 ne reparait-elle pas? Le voici :

« A côté de l'influence prépondérante du soleil se place l'action bien plus faible, mais cependant sensible, des planètes comme Jupiter, Saturne, Uranus, Neptune, qui fausse un peu la régularité de la marche des comètes autour du soleil. Il restait donc, pour savoir à quoi s'en tenir sur le compte de la comète de trois cents ans, il restait dis-je, à faire pour cette comète ce que Clairaut, Lalande et Mme Lepaute avaient fait pour la comète de Halley, à son retour de 1759. Mais qui oserait tenter une entreprise si gigantesque pour une orbite parcourue en trois cents ans, tandis que pour soixante-dix-sept ans la difficulté des calculs était presque inabordable? M. Hind nous apprend qu'un astronome de Middelbourg, en Zélande, M. Bomme, animé par une de ces passions froides qu'on dit être encore plus énergiques que les passions ardentes, a entrepris et accompli ce travail herculéen avec *une immense dépense de temps et de labeur*. Le résultat a bien payé sa persévérance : il a trouvé que le retour de la grande comète du milieu de ce siècle serait retardé de dix ans, et qu'avec une incertitude seulement de deux ans, nous aurons la comète en 1858. L'incertitude provient des observations peu exactes de Fabricius, astronome de Charles-Quint, et sans doute plus actif à tirer des pronostics de la comète qu'à en fixer bien exactement la marche. Or, quand une fois ce bel astre aura été conquis, on ne le perdra plus, et tous les trois cents ans on recevra infailliblement sa visite. Attendons-le donc patiemment et sûrement de 1856 à 1860!

« Les faiseurs de revues théâtrales, qui spéculent sur tout ce qui attire l'attention de la société, peuvent donc, dès aujourd'hui, tailler leur plume et se préparer pour la comète de Charles-Quint. Mais à ce propos, je dirai combien je fus frappé, en 1855, de la pauvreté d'imagination de ceux qui mirent sur le théâtre la comète de Halley, qui nous fait à peu près quatre visites en trois siècles. Quoi! pas une allusion aux nations qui, précédemment, avaient vu la comète, et que la comète avait elle-même frappées de ses rayons! Pas un souvenir du siècle de Louis XV, du siècle de Mahomet II, du siècle de Guillaume le Conquérant, du siècle de Charlemagne! Je disais hautement alors : si les savants ont le droit de n'avoir point d'imagination, ces auteurs dramatiques-là empiètent sur les droits de la science.

« Sortons des moyens artistiques de second ordre, et voyons ce que trouvera la comète de Halley à son prochain retour sur la terre, en 1911. Sans doute, dans notre Europe, tout marchera sous les lois de la sagesse, de la raison et de la science! Mais ce qui est bien plus certain, c'est qu'en Amérique, à cette époque, une ville de plusieurs millions d'âmes, comme autrefois Rome, Alexandrie d'Egypte ou Constantinople, ou comme aujourd'hui Londres, vérifiant les prévisions de notre confrère, M. Ampère fils, occupera l'isthme de Panama. Les États-Unis compteront cent vingt-cinq millions de citoyens, et au retour subséquent de la comète de Halley, vers 1988, ils en compteront comme l'Europe, qu'ils surpassent en étendue, en fertilité et en activité laborieuse, deux cent cinquante millions. Un astronome du milieu du seizième siècle s'excusait de pousser ses calculs jusqu'à 1600, comme à un futur incommensurablement éloigné. Depuis lors, trois siècles se sont écoulés. Dans la vie des nations, comme dans celle des sciences, 1800, c'est hier; 1900, c'est demain!

« Au risque de paraître trop *scientifique* (mais où la science sérieuse serait-elle donc reléguée si on la bannissait du palais de l'Institut?), je dirai, en deux mots, que les comètes, en perdant de leur influence populaire, en ont acquis une très-grande et très-nouvelle dans la science positive, par les questions précédemment insolubles qu'elles nous ont permis d'aborder. Déjà, avec les perturbations du mouvement de la planète de Encke, on a pesé la planète Mercure; résultat inespéré! Plus tard, on vérifiera le poids déjà connu de la terre au moyen de la comète de Biéla. Celle de Faye nous révélera un jour la masse de Mars; enfin M. Séguin, notre confrère, qui a donné la vie et la force aux locomotives, a entrevu et fait concevoir l'espérance que les comètes, traversant au hasard toutes les régions qui entourent le soleil, nous révéleraient, par les dérangements que leur marche éprouve, l'existence et la quantité de cette matière chaotique qui circule avec les planètes autour de notre astre central et qui nous fournit ces curieuses masses météoriques appelées si justement *pierres tombées du ciel*.

« Ce sont de véritables échantillons du monde primitif avant que la matière solaire se fût conglomérée en planètes et en lunes, mais non pas en comètes, lesquelles sont des étrangères fixées au milieu des planètes, et qui n'ont avec elles aucun trait de ressemblance.

« Les nations, affranchies des craintes superstitieuses qu'elles concevaient à la vue des comètes, sont-elles maintenant plus sages et plus éclairées? Nous qui avons secoué le joug de l'astrologie, paraîtrons-nous aux yeux de la postérité plus exempts de préjugés que nos pères? Leurs croyances étaient fausses, mais non ridicules. J'ai bien peur, à voir l'interprétation qu'on a donnée à ce fait des tables tournantes, si curieux au point de vue de la physique et de la mécanique, que nos croyances ne soient jugées un jour et fausses et ridicules!

« Comment pouvait-on croire aux comètes? me disait « un homme de la classe *très-éclairée* de la société. En « vérité, je serais tenté de donner un démenti à l'histoire! « Adieu, on m'attend à une admirable soirée de tables « intelligentes! Oh! voilà de vrais prodiges que ceux-« là! »

« Que dire à de pareilles convictions? attendre que la fièvre se calme, que la frénésie s'en aille et que la raison malade entre en convalescence!

CONCLUSION.

« Si l'homme, pris en masse, est et sera toujours le même, avide de merveilleux et surtout d'émotions, il importe d'opposer à ces épidémies de crédulité passionnée l'influence d'un nombre considérable de têtes calmes et pensantes qui résistent à l'entraînement universel et veillent à l'honneur du bon sens public. C'est là une des importantes missions de la presse quotidienne; et, dans la dernière éclipse de la raison (je dirais presque totale), la presse quotidienne n'a-t-elle rien eu à se reprocher? Les croyances astrologiques de nos aïeux nous font aujourd'hui sourire de pitié : et cependant, n'était-il pas plus noble de rattacher les destins des nations aux influences célestes des planètes et des comètes que d'aller demander des oracles à un meuble des plus communs, à un objet d'équipement, à un ustensile de cuisine! C'est rivaliser de fétichisme avec les races les plus dégradées de l'espèce humaine!!! »

LA PHOTOGRAPHIE EN AMÉRIQUE.

Nous trouvons ce qui suit dans un article que publie le *Photographic Art Journal* de New-York, sur la photographie aux Etats-Unis :

« Dans les villes de New-York et de Brooklyn, il y a plus de cent ateliers de photographie, où sont employés spécialement environ 250 hommes, femmes et enfants. Quant au nombre de personnes que les diverses branches de cet art occupent aux Etats-Unis, il est évalué de 15 à 17,000, y compris ceux qui travaillent dans les fabriques. Pendant quelques années, la plus grande partie des produits et des objets servant à la photographie étaient importés d'Europe et principalement de France, ceux fabriqués ici étant considérés par les opérateurs comme inférieurs, surtout les plaques. Cependant, de grands progrès ont été faits dernièrement en Amérique dans la fabrication de ces articles, et le chiffre des individus qu'elle fait vivre, que nous venons de donner, montre que c'est dès maintenant une branche importante de notre industrie. Il y a, à New-York seulement, six grands établissements spéciaux pour la fabrication, l'importation et la vente des articles ayant rapport à la photographie. Le total des fonds engagés dans ce genre d'affaires monte environ annuellement à 5 millions de francs (1 million de dollars).

« On estime que le nombre des épreuves qui sont faites par an aux Etats-Unis doit monter au moins à 3,000,000. Boston, Philadelphie et Baltimore sont, après New-York, les villes dans lesquelles il s'en fait le plus.

« Les intérêts de la photographie sont représentés dans la presse par deux publications : le *Photographic Art Journal* (mensuel), et le *Humphrey's Journal* (semi-mensuel), qui comptent ensemble 5,000 abonnés.

« Le prix des portraits aux Etats-Unis est en général beaucoup moins cher qu'en Europe. A New-York même, il y a un établissement dans lequel on livre des portraits au prix de 25 cent. (1 fr. 25 c.), tandis que dans d'autres ateliers on demande jusqu'à 50 dollars (250 fr.). Il est vrai que dans ce cas l'épreuve est placée dans un cadre dont la valeur absorbe une grande partie de cette somme. »

Nous avons vu, cette semaine, de nouvelles épreuves de M. Frédéric Mayer. Elles sont, nous devons le dire, encore supérieures à celles dont nous avons parlé dans notre numéro du 10 septembre. Il nous serait difficile de désigner les plus belles pages de l'album que cet habile photographe nous a montré; toutes les épreuves qu'il renferme sont dignes des plus grands éloges. Ce que nous avons surtout remarqué, c'est la vigueur des tons, la pureté des lumières, le modelé fin du visage et le rendu minutieux des plus petits détails des habits. Les noirs ne font pas tache; ils sont au contraire fouillés, transparents. On comprend que M. Mayer ne retouche pas de semblables portraits; la main du peintre n'aurait rien à y ajouter.

ÉPREUVES POSITIVES SUR VERRE.

SUR TOILE CIRÉE, ETC.

PROCÉDÉ LEBORGNE.

Nous recevons de M. Leborgne la communication suivante :

« Depuis quelque temps on s'occupe beaucoup du procédé donnant des épreuves *directes sur verre positif* et pouvant se transporter sur toile noire, soie, ivoire, etc. Ce procédé, ainsi que tous les photographes le savent, a pour base le transport de la couche de collodion.

« Jusqu'ici un grand nombre d'amateurs, dans leurs recherches sur la photographie, ont attribué leurs insuccès au caprice du collodion ou à l'influence que la température exerce sur cet agent. La température, il est vrai, a une certaine action sur les produits chimiques; mais l'étude et les longues expériences que j'ai faites pour perfectionner le procédé en question m'ont prouvé que ce n'est point là que réside le mal, et que c'est au contraire dans la mauvaise composition du collodion lui-même et dans la combinaison défectueuse des autres substances que l'on a employées.

« J'ai enfin découvert un moyen d'opérer dont les résultats sont certains. Ce moyen consiste dans l'accord du collodion avec d'autres substances chimiques, toutes mélangées et composées par moi-même, telles que :

« Le nitrate d'argent.

« Le sulfate de fer.

« Le cyanure de potassium.

« Tout le monde a reconnu, sans avoir pu en définir la cause véritable, que ces divers produits, employés purs, se décomposant rapidement, n'ont pas donné la vigueur nécessaire aux épreuves photographiques, qui se trouvaient toujours voilées. C'est pourquoi j'ai essayé de les mélanger avec d'autres substances, et je dois dire que mes essais ont été couronnés d'un succès complet. Avec la méthode que j'ai trouvée, toutes difficultés sont vaincues.

« J'ai déjà parlé de mon procédé dans la petite brochure que j'ai publiée dernièrement, et j'y ai indiqué la manière d'opérer, ainsi que les substances à employer. Cependant, pour épargner à MM. les photographes la peine de fabriquer les diverses solutions nécessaires et en même temps pour leur donner plus de garantie dans leurs opérations, je crois leur être agréable en leur offrant des solutions toutes préparées et essayées d'avance, qui assurent à l'artiste le moins exercé une réussite infaillible. Elles sont au nombre de cinq, savoir :

« 1 flacon de collodion.

« 1 — de nitrate d'argent (mélangé).

« 1 — sulfate de fer. —

« 1 — cyanure de potassium. —

« 1 — solution spéciale pour le transport des épreuves sur toile, soie, etc.

« Ces cinq flacons, indispensables pour le procédé sur verre positif et également avantageux pour obtenir des négatifs pour papier en prolongeant la pose, contiennent la quantité nécessaire pour faire plusieurs épreuves sur plaque entière. LEBORGNE. »

—

Les nouvelles épreuves que M. Leborgne nous a montrées, et qu'il a obtenues par l'emploi des solutions dont il parle dans la communication qui précède, indiquent un grand progrès. Les noirs en sont extrêmement vigoureux, bien que laissant apercevoir tous les détails. Le ton général de ses portraits est très-harmonieux, et le modelé d'une douceur remarquable.

La couche de collodion qui porte l'épreuve est transportée sur toile cirée, puis collée sur le verre avec cette toile. Il en résulte qu'elle se trouve préservée parfaitement du contact de l'air. Ajoutons que ces portraits étant redressés, la ressemblance en est plus exacte et plus frappante.

MM. Maclure, Macdonald et Mac Gregor, lithographes et dessinateurs de Walbrook, fort connus, viennent d'introduire dans ce pays une machine très-remarquable, de l'invention de M. C. Sighl, de Vienne, qui promet d'opérer une grande révolution dans les procédés ordinaires de l'imprimerie lithographique.

On connaît toutes les difficultés qui, jusqu'ici, se sont opposées au progrès de cet art si utile; on sait le temps et les sacrifices qu'il exige.

M. Sighl a triomphé de tous ces obstacles. Nous avons vu, jeudi dernier, fonctionner la nouvelle machine, et il ne nous paraît pas douteux que ceux qui comptent pour quelque chose une économie de 50 pour cent sur les frais de production, en feront bientôt un usage général. La machine qui fonctionne maintenant fournit environ 750 exemplaires grand in-folio par heure; mais celles qu'on travaille actuellement à faire, en fourniront à l'avenir davantage. MM. Maclure et compagnie sont seuls brevetés en Angleterre, et il n'y a guère à douter qu'à ce titre ils ne recueillent de leurs entreprises de très-grands avantages. (*Morning-Post.*)

On lit dans le journal *l'Invention :*

DESCRIPTIONS DES BREVETS.

En Angleterre et aux Etats-Unis, où l'on prend sérieusement des patentes pour des découvertes généralement sérieuses, l'inventeur rédige sa description selon les prescriptions du bon sens et de la loi bien entendue. Il ne débute pas, comme on le fait trop souvent parmi nous, par un éloge pompeux de son invention; il entre tout d'abord en matière et dit modestement : « Mon invention consiste : 1° en tel point; 2° en tel point; 3° en tel autre point. » Ceci établi, il définit et décrit avec clarté chacun de ces points, et il termine sa description en réclamant (claim) la propriété et l'emploi exclusif de ces trois points, de façon qu'à la simple lecture du mémoire descriptif, chacun voit quels sont les prétentions de l'inventeur et les divers perfectionnements qu'il affirme lui appartenir.

C'est là, on en conviendra, la seule marche à suivre, la marche indiquée par la loi et le bon sens. Eh bien ! qu'on lise le plus grand nombre de descriptions françaises, et on verra combien nos inventeurs ou prétendus inventeurs procèdent différemment! Vous lirez avec attention certaines descriptions, et en supposant que l'écriture et la rédaction vous permettent d'arriver jusqu'à la fin, vous vous demanderez : « que réclame-t-on dans ces mémoires « descriptifs? — où est la partie nouvelle de l'invention? « — où commence et où finit le droit privatif de l'inventeur? »

On peut juger par ce simple aperçu de l embarras des tribunaux et des experts chargés d'apprécier des brevets et de prononcer entre les prétentions contraires des demandeurs et des défendeurs.

Mais la loi du non-examen préalable l'a voulu ainsi.

GARDISSAL.

ACIDE FORMIQUE.

L'acide formique, ou *acide des fourmis*, ayant été dernièrement indiqué dans plusieurs formules photographiques, nous donnons, d'après M. F. Hoefer, quelques extraits concernant ce produit chimique.

« Targus, Lungham et d'autres observateurs avaient déjà vu que les fourmis rougissent les couleurs bleues végétales humides (fleurs de chicorée sauvage, de bourrache, etc.), avec lesquelles on les met en contact. Wray constata, en 1670, que les fourmis, soumises à la distillation, seules ou humectées d'eau, donnent un esprit acide, semblable à l'esprit de vinaigre. Mais c'est Marggraf qui, en 1749, mit hors de doute l'existence d'un acide particulier dans les fourmis (HOEFER, *Histoire de la chimie*, t. II, page 425).

« L'acide formique ressemble beaucoup à l'acide acétique concentré, avec lequel il avait été d'abord confondu. Il est liquide, incolore, fumant légèrement à l'air et bouillant à 100°. Il cristallise, au-dessous de 0°, en lamelles brillantes. Sa densité est de 1,2352. Sa vapeur est inflammable, et brûle avec une flamme bleue. Le point d'ébullition varie suivant le degré de concentration de l'acide. *M. Doebereiner* observa, le premier, que l'acide formique se produit dans beaucoup d'opérations : par exemple, lorsqu'on traite une substance organique par l'acide sulfurique et le peroxyde de manganèse. C'est ainsi qu'on obtient une grande quantité d'acide formique en distillant un mélange composé de 1 p. de sucre, de 2 p. d'eau, de 3 p. de peroxyde de manganèse, et de 3 p. d'acide sulfurique étendu d'eau. On le prépare également d'après l'ancien procédé, en distillant légèrement avec de l'eau les fourmis écrasées. Pour le concentrer, on le fixe sur une base, telle que l'oxyde de plomb ; on chauffe le formiate de plomb pour lui faire perdre de l'eau, et on le décompose ensuite par l'hydrogène sulfuré, qui enlève le plomb à l'état de sulfure et laisse l'acide formique soluble. Dans son plus grand état de concentration, l'acide formique renferme toujours un équivalent d'eau. Dans cet état, il a une saveur brûlante et une odeur de fourmis extrêmement forte. Sa composition s'exprime par la formule : $C^2 HO^3 + HO$. L'équivalent d'eau (HO) peut être remplacé par un oxyde métallique. Chauffé avec le peroxyde de mercure, l'acide formique se décompose : il se forme de l'acide carbonique, et l'oxyde de mercure est réduit. Ce fait prouve que les éléments de l'acide formique sont moins fortement unis que ceux de l'acide acétique ; car ce dernier acide, chauffé avec le peroxyde de mercure, donne naissance à un acétate qui ne se décompose qu'à une température beaucoup plus élevée. »

CORRESPONDANCE.

M. Borie nous a adressé la lettre suivante, que l'abondance des matières nous a empêchés de publier plus tôt.

Monsieur,

Je prends la liberté de venir ajouter quelques observations à une lettre du 25 dernier.

Lorsque le temps et mes occupations me l'ont permis, je me suis livré à quelques essais sur les épreuves obtenues directement sur papier, pour me rendre compte des résultats obtenus.

Ce n'est point au brôme, comme je me l'étais imaginé, qu'il faut attribuer l'effet d'avoir des noirs directement, car j'ai obtenu ces images directes en opérant avec du collodion fait avec les iodures d'ammonium et d'argent, avec d'autres contenant de l'iodure de fer en sus, et enfin avec du papier ioduré par une solution d'iodure d'ammonium et d'argent.

Les noirs sont obtenus, *je crois*, par la réduction de l'argent de l'azotate d'argent, sur les parties d'iodure non décomposées; sur l'iodure d'argent frappé par la lumière, l'argent réduit de l'azotate s'ajoute à celui réduit plus complétement de l'iodure.

Je n'ai pu parvenir à obtenir des images d'un aspect convenable ; je crois cependant que les blancs ont un peu plus d'éclat quand on ne lave pas l'épreuve au sortir du bain de fer. Il est vrai qu'alors il se produit des taches qui proviennent d'argent réduit dans les liquides qui s'attache au-dessus des blancs. Il faut alors la retremper dans le bain de fer et la porter à la lumière.

Dans le dernier numéro du journal *la Lumière*, M. M.-A. Gaudin dit n'avoir obtenu avec la teinture d'iode et l'ammoniaque mélangés au collodion, qu'une composition insensible à la lumière : il est probable d'abord que s'il eût laissé plus longtemps la couche d'iodure d'argent formée à l'exposition dans la chambre obscure, il eût obtenu une image quelconque; et ensuite, s'il eût donné le temps à l'iode et à l'ammoniaque de se combiner, surtout s'il avait ajouté un peu d'iodure d'argent, il aurait obtenu, tout comme je l'ai fait et comme je vous l'ai écrit, un collodion de bonne qualité.

Je ne sais si ma lettre pourra vous présenter quelque intérêt; dans le cas contraire, je vous prie de m'excuser de l'ennui que je vous apporte, et vous prie d'agréer mes respectueuses salutations.

MATHIEU BORIE.

Tulle, 28 septembre 1853.

Toutes les demandes et réclamations relatives au service, toutes les lettres et communications relatives à la RÉDACTION, doivent être adressées (*affranchies*) à M. Ernest LACAN, rédacteur en chef, au bureau du journal. — *Toute lettre non affranchie sera rigoureusement refusée. Les demandes d'abonnement doivent être accompagnées d'un* bon sur la poste, à l'ordre du Gérant.

Le Propriétaire-Gérant, ALEXIS GAUDIN.

TYPOGRAPHIE HENNUYER, RUE DU BOULEVARD, 7, BATIGNOLLES.
Boulevard extérieur de Paris.

TROISIÈME ANNÉE. N° 47. SAMEDI, 19 NOVEMBRE 1853.

LA LUMIÈRE

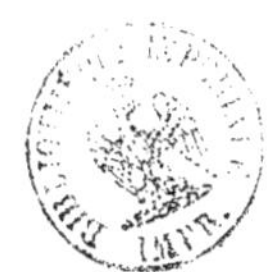

REVUE DE LA PHOTOGRAPHIE.

BEAUX-ARTS. — HÉLIOGRAPHIE. — SCIENCES.

JOURNAL NON POLITIQUE, PARAISSANT LE SAMEDI.

BUREAUX, à Paris, 9, rue de la Perle. BUREAUX, à Londres, 67, Newgate-street, City.

ABONNEMENTS.—*Paris*, UN AN, 20 FR.; 6 MOIS, 12 FR.; 3 MOIS, 7 FR.; *Départements*, UN AN, 22 FR.; 6 MOIS, 13 FR.; 3 MOIS, 8 FR.; *Etranger*, UN AN, 25 FR.; 6 MOIS, 15 FR.; 3 MOIS, 10 FR.

A partir du 1er septembre dernier, le prix de l'abonnement au journal LA LUMIÈRE *a été fixé de la manière suivante :*

PARIS.

UN AN	20 FR.
SIX MOIS	12
TROIS MOIS	7

DÉPARTEMENTS.

UN AN	22
SIX MOIS	13
TROIS MOIS	8

ÉTRANGER.

UN AN	25
SIX MOIS	15
TROIS MOIS	10

SOMMAIRE.

LA PHOTOGRAPHIE EN ANGLETERRE.

(Correspondance particulière de la *Lumière*).

—

HISTORIQUE DE LA PHOTOGRAPHIE MICROSCOPIQUE.—Ici, aussi bien qu'en France, l'attention des microscopistes commence à se porter sérieusement vers la grande utilité de la photographie et vers les moyens de s'en servir pour leurs études. Quelques-uns d'entre eux s'y sont adonnés avec tant de zèle dans ces derniers temps, qu'ils ont produit un nombre considérable de très-bonnes images, et qu'ils ont prouvé, ce qui était considéré par beaucoup de microscopistes sinon comme impossible, du moins comme très-douteux, qu'on peut par ce moyen arriver à une précision et à une exactitude de rendu qu'on ne saurait autrement atteindre. Cependant, ce n'est pas seulement aujourd'hui que ce résultat a été envisagé; au contraire, les premiers essais de la photographie étaient déjà riches de promesses; depuis, elle a tenu plus qu'elle n'avait promis. Ce n'est que depuis que le révérend W. J. Kingsley, de Cambridge, a lu, en avril 1852, devant la Société philosophique de cet ancien chef-lieu de la science, une communication très-intéressante sur l'application de la photographie au microscope, et depuis que M. Delves, de l'infirmerie de Tonbridge-Wells, a produit devant la Société microscopique de Londres, en octobre 1852, quelques épreuves remarquables, avec une description de son instrument, que l'on s'est occupé avec confiance et enthousiasme de cette application.

Je ne saurais donner l'histoire complète et exacte des progrès de la photographie dans ce genre; rien de continu n'étant encore écrit là-dessus, les faits restent presque entièrement à chercher. Cependant je citerai quelques noms parmi ceux qui ont le plus contribué à ce succès qui commence; les recherches que j'ai faites me permettront en outre de donner ici un aperçu aussi complet que possible de cette application.

Nous pouvons suivre dès son origine l'historique de la photographie microscopique. M. Talbot disait, dans une lettre à M. Highley fils, l'éditeur du *Journal microscopique* : « Le premier qui appliqua la photographie au microscope solaire fut sans doute M. Wedgwood, ainsi que le prouve sa communication dans le journal de l'*Institution royale* (1802); mais aucun de ses résultats n'a été conservé, et nul détail sur ses recherches ne nous est connu. Ensuite, après ces expériences de M. Wedgwood, sont venues les miennes. Immédiatement après la publication de mon premier procédé photographique, en janvier 1839, je l'appliquai au microscope solaire, et, pendant cette année, je fis beaucoup de photographies microscopiques, que je donnai à sir John Herschell et à d'autres amis. Leur grandeur était d'environ huit pouces carrés. Je réussis dans mes efforts, principalement par la disposition heureuse du microscope solaire, qui permettait d'obtenir une image très-lumineuse, et de la conserver pendant les cinq à dix minutes nécessaires pour l'opération. Des positifs furent reproduits d'après le négatif par le moyen ordinaire. Le grossissement était de 289 fois en surface; l'image était très-nette. Après l'invention du procédé *calotype*, il devenait facile d'obtenir ces images, et je cessai de m'occuper de cette branche de la photographie pour donner mon attention entière à l'amélioration des vues à la chambre noire. »

M. Talbot, cependant, n'était pas le seul, à cette époque, à faire ces essais. Seulement, au lieu de réussir aussi facilement, il paraît que tous les expérimentateurs ont été forcés d'abandonner la recherche. Il y eut notamment le révérend J.-B. Reade, d'Aylesbury, qui expérimentait patiemment en même temps que M. Talbot. Mais nos recherches ne nous ont rien appris sur la nature ni sur la réussite de ses expériences. — On n'avait alors que le microscope solaire, et ses imperfections augmentaient encore les difficultés des procédés daguerriens et Talbotypiques, les expérimentateurs perdaient espoir, et les critiques savants ne pouvaient, sur des données imparfaites, asseoir un jugement sain.

Bientôt cependant le microscope oxyhydrogène a succédé au microscope solaire, et l'a remplacé pour toute expérience pratique; alors les hommes scientifiques se sont remis à l'œuvre pour son application à la photographie. Le professeur Owen, les docteurs Carpenter, Leeson et autres ont expérimenté de la même façon; mais les imperfections que présentaient les résultats, surtout par les procédés talbotypiques, et de plus la lenteur insupportable des expériences, ne donnaient aucune espérance. Dès lors, l'opinion paraissait s'établir, parmi les hommes pratiques dans cette branche de la science, qu'on n'obtiendrait jamais, par la photographie, des images assez nettes pour remplacer ou surpasser celles obtenues de la main du dessinateur. Si l'on admettait quelquefois qu'on pourrait obtenir une reproduction satisfaisante d'un objet plat et transparent, où tout serait dans le même plan, on considérait cette application comme douteuse et si limitée, qu'elle ne valait pas la peine que causaient les recherches.

Ces critiques cependant ne donnaient aucune place, dans leurs appréciations, aux perfectionnements optiques et chimiques qu'il était possible d'amener. Leurs doutes, il faut bien l'admettre, n'étaient pas sans fondement, en considérant la construction présente de l'instrument, qui a été perfectionné dans le but de faire voir à l'œil une image nette et complète de l'objet, mais non dans l'intention de l'appliquer à la photographie. Ceux qui ont fait usage du microscope, depuis l'introduction des lentilles achromatiques, ont pu remarquer qu'on a grandi l'ouverture des verres à objet; ils ont gagné, il est vrai, pour la netteté de définition, mais ils ont perdu la possibilité de pénétrer à aucune profondeur; de sorte qu'en employant un instrument puissant, nous ne pouvons examiner un objet qui a la moindre saillie qu'en ajustant toujours le foyer au point même que nous regardons. C'est de là que l'on conclut que la photographie ne saura jamais reproduire, au moyen d'appareils puissants, que des vues partielles des objets microscopiques, à moins que ce ne soient des objets tout à fait plats. Cependant on a su apporter au microscope, pour l'usage ordinaire, de grands perfectionnements, qui ont été effectués graduellement, dans ces dernières années, par les opticiens et les fabricants de tous les pays, et surtout par nos fabricants intelligents de Londres, MM. Ross, Smith et Beck, aidés des observations pratiques de plusieurs de nos meilleurs microscopistes. Or, maintenant que l'espérance de réussir dans cette voie est redevenue plus vive que jamais, et que des efforts continus s'appliquent à l'amélioration de l'instrument dans cette vue spéciale, comme le témoignent l'appareil de M. Kingsley, que nous allons décrire, et les microscopes binoculaires de M. J.-L. Riddell, de la Nouvelle-Orléans, de MM. Wheatstone et Wenham, de Londres, dont nous aurons occasion aussi de parler, nous ne doutons point que les difficultés ne viennent à s'aplanir, même celle de rendre les objets à plusieurs surfaces. Mais déjà a été réalisée, au mois de mars 1851, l'amélioration chimique à laquelle les sceptiques ne croyaient pas. M. Archer publia, dans le *Chemist*, son procédé au collodion. Ce procédé fournissait des moyens accélérateurs qui, comme ceux de M. Claudet l'avaient fait pour les portraits au daguerréotype, changeaient grandement la position et les pouvoirs de cette branche de la photographie, et, comme nous verrons, permettaient, avec bien plus de certitude de succès, leur application au microscope. Bientôt M. Kingsley, frappé des avantages de ce procédé, et pensant que nous avions maintenant enfin un moyen d'obtenir rapidement des images microscopiques avec netteté et avec facilité, essayait des expériences avec le microscope à gaz. Avec un collodion très-sensible, il produisait de bonnes images dans une minute d'exposition. Il trouvait cependant que l'instrument n'était pas adapté à cet usage, et qu'il eût fallu tellement en changer la forme et l'arrangement, que ce fût devenu un instrument tout à fait nouveau. Les deux propriétés principales de l'instrument qu'il a construit sont qu'il ne perd rien, ou aussi peu qu'il est possible, de la lumière radiante, et qu'il donne une force de grossissement telle qu'on n'est plus obligé de placer l'écran qui reçoit l'image trop loin de l'objet.

Dans une communication particulière que M. Kingsley nous a adressée, après avoir traité des questions chimiques, il fait quelques remarques à ce sujet, qu'il sera intéressant de placer ici. « Naturellement, dit-il, je puis obtenir de meilleures images au moyen du soleil qu'avec la lumière artificielle; mais je ne saurais encore traiter ce point avec exactitude, ou comparer le temps nécessaire par les deux lumières; car, bien que j'aie laissé, pendant environ un mois, un héliostat que j'avais préparé dans ce but, je ne trouvai jamais une occasion de l'employer, attendu que le soleil ne se dégagea pas, même pour une demi-heure, des nuages qui l'obscurcissaient pendant tout ce temps. Il en sera toujours ainsi, je le crains, dans ce pays; et, pour cette raison, je crois que la lumière factice sera reconnue la plus convenable. Je puis, par ce moyen, obtenir une impression sur papier en cinq minutes, après que j'ai vu dans mon microscope de table ordinaire un objet dont je voudrais l'image. Il me paraît encore qu'une image qui demande une minute par la lumière à la chaux se fera en six secondes à peu près au soleil. Je préfère le papier au collodion pour faire ces épreuves, parce qu'il peut se garder longtemps et être employé en grande dimension. »

M. Kingsley a communiqué les résultats de ses expériences si savantes et si utiles, ainsi que nous l'avons dit, à la Société philosophique de Cambridge, en avril 1852. Dans la même année, M. Dallas, d'Edimbourg, a attiré l'attention publique sur le même sujet, par quelques remarques publiées dans l'*Athenæum*. M. Loodgson a mérité aussi les éloges des membres de la Société microscopique de Londres par une communication et par de bonnes épreuves daguerriennes.

Mais ce qui a plus encore arrêté l'attention de cette Société et de beaucoup de microscopistes, ç'a été des épreuves au collodion, présentées à l'appui d'une communication de M. Delves, de Tonbridge-Wells. L'excellence de ces épreuves a fixé de suite l'intérêt de tous, et n'a laissé rien à dire aux critiques. Elles ont fait voir certainement que les difficultés qu'on disait tellement obstruer la route n'étaient pas insurmontables. Quelques cristaux *sphero-stellate*, grossis deux cents fois par un verre d'un demi-pouce, et surtout, entre autres choses, un *navicula angulata*, amplifié de 870 diamètres par un verre d'une ligne de diamètre et qui avait produit une image de la plus grande netteté, prouvaient qu'on peut, même avec un microscope ordinaire, représenter des objets solides à plusieurs faces.

Au printemps dernier, vers le mois de mars, je crois, M. Shadbolt, photographe expérimenté et membre de la Société microscopique, lui donnait communication d'un moyen qu'il employait pour prendre des impressions le soir, à la lampe. Comme ce moyen est simple et utile, et rend de bons résultats, nous le donnerons aussi à nos lecteurs. FRANK SCOT.

(*La suite au prochain numéro.*)

SCIENCES.

Souscription Arago. — Le journal le *Siècle* ayant publié, dans son numéro du 16 courant, les noms des personnes qui ont déposé, au secrétariat de l'Institut, le montant de leur souscription pour le monument à élever à la mémoire de M. ARAGO, nous avons dû prendre de nouveaux renseignements, et nous avons la satisfaction d'annoncer à MM. les abonnés de la *Lumière* qu'ils pourront verser le montant de leur souscription, soit au secrétariat de l'Institut, soit dans les bureaux du *Siècle*.

Tous les photographes connaissent les services importants rendus à l'héliographie par l'immortel savant. La mansuétude avec laquelle il recevait les inventeurs, les précieux avis qu'il donnait à ceux qui lui demandaient des conseils, l'accueil bienveillant qu'il réservait à tous les mémoires concernant la photographie, l'empressement qu'il mettait à communiquer à l'Académie ces mémoires, ayant soin de faire connaître à ses honorables collègues les noms des auteurs, les progrès obtenus, d'indiquer ceux qu'on devait espérer, d'éclairer par de savantes et lucides explications la marche à suivre dans les recherches, d'encourager par des paroles bienveillantes toutes les tentatives nouvelles, ont contribué puissamment à faire atteindre à la photographie le rang qu'elle occupe aujourd'hui dans la science.

Aussi sommes-nous persuadé que les personnes qui s'occupent de cet art, dont M. Arago était le zélé protecteur, s'empresseront de répondre à l'appel de M. le président de l'Académie et de faire inscrire leur nom au secrétariat de l'Institut.

Iconographie plastique.—M. le prince Demidoff, membre correspondant de l'Académie des sciences (section de géographie et de navigation), vient d'envoyer au Muséum une collection composée de cinquante-neuf figures en miniature, représentant les races humaines comprises dans la vaste étendue de l'empire de Russie. M. Demidoff s'exprime ainsi dans la lettre qui accompagne cet envoi. « La Société impériale de géographie de Saint-Pétersbourg a eu, depuis longtemps, l'heureuse idée de faire exécuter des types de toutes les races humaines comprises dans la vaste étendue de l'empire de Russie, et ces types, modèles de précision et d'étude, ont pu être reproduits en petit avec le même bonheur de ressemblance et d'originalité. Ce que la Société a fait au point de vue de la géographie et de l'ethnologie, vous le jugerez avec intérêt, j'en suis assuré, sous le rapport anthropologique, tant les caractères distinctifs de la race et de la physionomie ont été minutieusement observés et reproduits dans les figures dont je suis heureux de vous offrir la collection. » Le prince, connaissant lui-même la plupart des types représentés peut garantir leur admirable ressemblance.

Cette collection, qu'il désigne sous le nom d'*iconographie plastique en miniature*, embrasse tout à la fois les races chrétiennes, les races mahométanes, les juifs, les idolâtres et les types du pôle arctique, desquels paraissent dériver les races de l'Amérique, et la plupart des races offrent le type de l'homme et celui de la femme.

Les races chrétiennes sont représentées par cinq paysans et paysannes de la petite Russie, un cosaque de l'Oural (Sibérie), cinq habitants des provinces suédoises, finlandaises, etc., quatre des provinces allemandes, Esthoniens, etc.

Les races mahométanes, par neuf Tartares de la Tauride, des Yourtis, des Kazans, et six de la province du Caucase, Circassiens, etc.

Un juif du gouvernement de Wilna.

Les idolâtres sont représentés par un Bohémien de Wilna, seize Kalmouks, Khirghis, Zirians, Wotiaks Ostiaks, Bouriats, Samoïede, Lapon, Kamtshadal, et sept habitants de l'Amérique, Kadiaks, Kenaï, etc.

Quatorze petites statuettes très-habilement faites et drapées de la plus ingénieuse manière, renfermées dans une petite vitrine, ont été mises sous les yeux de l'Académie, comme *spécimen* des cinquante-neuf types hyperboréens offerts par M. le prince Demidoff au Muséum. Cette précieuse collection prendra place dans la galerie anthropologique qui ne possède encore que les principaux types des races humaines du Midi.

M. Serres, membre distingué de l'Académie, chargé de faire agréer le présent du zélé correspondant de Saint-Pétersbourg, a rappelé en peu de mots l'origine toute nouvelle de la fondation d'une *chaire d'anatomie et d'histoire naturelle de l'homme*.

En prenant, dit-il, l'initiative d'une chaire d'anthropologie au Muséum, la France a suivi l'impulsion donnée depuis un demi-siècle aux sciences naturelles par les progrès de l'anatomie générale et comparée. Elle a redonné la vie à une science morte, et le mouvement nouveau qu'elle lui a imprimé intéresse tout à la fois l'humanité, la philosophie et la civilisation. Le résultat définitif de l'organogénie générale et comparée, appliquée à l'étude physique de l'homme, a été de le séparer nettement de l'animalité, et d'en faire un règne à part, le *règne humain*. Or, du moment que l'homme était exclu du règne animal, ainsi que l'avait déjà établi Aristote, il devenait indispensable, pour coordonner ses divers types, de les rassembler dans une galerie spéciale, afin d'avoir constamment sous les yeux les éléments de l'observation. C'est aussi ce que demandèrent les professeurs administrateurs du Muséum, et, sur le rapport de M. Flourens, secrétaire perpétuel, l'un d'entre eux, ils ont obtenu du ministre de l'instruction publique, en 1838, la fondation de la chaire d'anthropologie. Ils firent remarquer avec raison que quand on recherche la cause des progrès immenses faits dans les sciences zoologiques depuis un demi-siècle, on trouve qu'ils datent de l'époque où de grands Musées, fondés sur plusieurs points du monde savant, ont permis aux zoologistes de substituer aux descriptions toujours insuffisantes, l'examen direct et comparatif des objets de leurs études.

Cet examen direct et comparatif est, en effet, indispensable, en anthropologie, pour résoudre, d'après les faits, les problèmes si difficiles et si importants qui en constituent le fond.

Parmi ces problèmes, M. Serres mentionne :

1° L'unité primitive des races humaines;

2° Leur apparition sur une contrée de la terre;

3° Leur dispersion sur la surface du globe;

4° Leur filiation, c'est-à-dire l'étude de la gradation ou de la dégradation des caractères physiques qui spécifient l'homme et en font un être distinct du reste de l'animalité.

Par cette analyse et en présence des types, on pourra rechercher enfin comment, en partant d'une souche commune, les variétés humaines ont pu se développer, tantôt en suivant une ligne de perfectionnement, et tantôt, au contraire, en suivant une ligne de dégradation.

On pourra ainsi monter et descendre l'échelle humaine, en cherchant à rattacher à ses divers degrés l'histoire des peuples et des nations sur lesquels la partie ethnologique de l'anthropologie a rassemblé des matériaux si précieux. Quelques-uns de ces problèmes sont déjà en voie de solution, par le rapprochement des types que possède la galerie d'anthropologie au Muséum. Mais elle ne possède encore que les principaux types des races humaines du Midi, celles du Nord lui manquent complétement. Or, pour la solution de ces questions, rien ne peut suppléer à cette absence. Grâce à l'impulsion que cette science a reçue depuis quelques années et dont le savant académicien est un des plus ardents promoteurs, il espère que cette lacune ne tardera pas à être comblée.

M. le prince Demidoff a répondu au vœu exprimé par M. Serres, par l'envoi de cette précieuse collection de types hyperboréens. A.-T. L.

STATISTIQUE DE LA PHOTOGRAPHIE.

(23e ARTICLE.)

(Suite.)

Comme nous l'avons annoncé en commençant cet article, nous allons terminer tout ce que nous avons à dire sur l'ébénisterie dans sa participation au daguerréotype. Il nous reste à parler des appuis-tête, du multiplicateur Mayn breveté, et des stéréoscopes.

Comme les pieds de l'appareil, les appuis-tête se divisent en quatre sortes. Nous n'avons pas besoin d'en dire la destination, puisqu'elle est parfaitement saisissable par son nom, qui en indique le rôle dans la pose du modèle.

L'appui-tête bois ordinaire;

L'appui-tête brisé et articulé;

L'appui-tête à poser debout;

Et l'appui-tête bois et cuivre à brisure, forment les quatre divisions que nous avons annoncées.

L'appui-tête ordinaire est formé d'un montant en bois, de deux vis à écrou en bois, d'une planche qui tient les deux vis, et d'une tige qui supporte le croissant. Chacune de ses parties est suffisamment désignée, quant à son usage, par son appellation pratique. Ce pied est plus employé que tous les autres, autant à cause de sa commodité que de la modicité de son prix. Il est en cela, du moins sous un rapport, tout le contraire du pied ordinaire.

L'appui-tête brisé et articulé se compose d'un montant recourbé par le haut et fendu par le milieu, pour pouvoir y introduire la tige qui supporte les articulations; d'une vis en cuivre avec écrou en cuivre, d'une planchette sur laquelle est adaptée la vis. La vis et la planchette servent à maintenir le montant de l'appui-tête au dos d'une chaise. Les articulations sont formées de trois pièces en bois, qui sont emmanchées les unes dans les autres, et maintenues par deux boulons, ce qui permet de les tourner en tous sens. La partie du haut de l'articulation est disposée pour recevoir la tige qui porte le croissant. Une vis en bois sur le haut de l'articulation fait que la tige du croissant peut se mouvoir à volonté.

L'appui-tête à poser debout consiste dans une planchette où s'adapte un montant coudé et creux dans lequel rentre une tige qui supporte un croissant. On peut le faire simple et brisé articulé. Alors sa description est suffisamment indiquée par l'idée que l'on peut s'en faire d'après ce que nous avons dit de l'appui-tête ordinaire, et de l'appui-tête brisé et articulé. Elle nous dispense donc de plus de détails à son sujet.

L'appui-tête bois et brisure en cuivre n'est plus du ressort de l'ébéniste. Quand nous en serons aux ustensiles accessoires et divers, nous en donnerons des développements qui sont l'affaire du mécanicien ou du tourneur en cuivre.

Le multiplicateur Mayn, breveté, est un châssis ainsi nommé parce qu'il sert à reproduire le portrait 2, 4, 6, 8 fois sur la même plaque. Il se compose d'une planche emboîtée, sur laquelle sont rapportées deux rainures, l'une en bas, l'autre en haut, pour recevoir un châssis principal, qui glisse, au moyen d'une coulisse, de long en large.

Dans l'intérieur de ce châssis, en est ajusté un second, qui glisse aussi au moyen d'une coulisse, de haut en bas. Sur ces deux châssis sont tracées les divisions qui indiquent le nombre de portraits que l'on désire faire sur la plaque renfermée dans un troisième châssis placé au milieu. Ces divisions sont arrêtées dans le parcours des châssis par deux ressorts, l'un à la partie inférieure, l'autre sur le côté gauche. Celui du haut retient le châssis principal, celui de gauche retient le deuxième châssis, et indique chaque division qui passe au-dessus du ressort. Quatre châssis de rechange s'adaptent derrière le multiplicateur. Ils sont de grandeurs différentes, qui se rapportent parfaitement au nombre de divisions indiquées sur les deux châssis mobiles du multiplicateur. Ainsi, quand on veut faire un certain nombre d'expériences, on n'a qu'à prendre le châssis correspondant à ce nombre, à l'ajuster sur le derrière du multiplicateur, et à faire marcher les deux châssis mobiles qui sont sur le devant, toujours en consultant les chiffres de la division. Sans plus amples renseignements, nous ne pouvons pas faire mieux que de renvoyer à la notice explicative et parfaitement détaillée qui suit l'article du multiplicateur.

Afin d'adapter le multiplicateur à la chambre noire, quatre vis suffisent, en ayant soin que le châssis à coulisse qui le reçoit soit de l'épaisseur du bord du tiroir de la chambre noire, parce qu'autrement le châssis à coulisse ne pourrait pas fonctionner, et serait arrêté entre le rebord du tiroir de la chambre noire, qui le presserait et empêcherait d'en détacher le multiplicateur.

Le stéréoscope, suivant son étymologie grecque, σκοπεω, je regarde, στερεος, solide, c'est-à-dire voir les figures géométriques qui représentent des solides sur un plan, comme si elles étaient elles-mêmes les corps solides placés sur cette surface plane, est destiné à donner du relief aux images, à en faire saillir les proportions, à leur prêter le corps avec toutes les parties qui s'en détachent, comme si elles étaient vivantes, ou de l'art du statuaire, à les tailler pour ainsi dire aux regards qui les étudient. M. M.-A. Gaudin, dans le n° 2 de *la Lumière*, deuxième année, a donné d'excellentes instructions sur le stéréoscope, détaillé tout ce qu'il renferme d'intéressant, tant sous le rapport scientifique que sous celui d'une bonne construction pratique.

Le stéréoscope, imaginé par M. Brewster, consiste en une boîte en carton ou en bois d'acajou, susceptible de recevoir deux épreuves daguerriennes. Etablies côte à côte sur une même planchette qui est placée sur le fond de la boîte, ces épreuves reçoivent la lumière à travers une ouverture rectangulaire, munie d'une trappe à paroi réfléchissante, qui est tournée vers la lumière, tandis que les yeux sont appliqués aux tubes garnis des pièces optiques. Ces tubes ou lunettes sont perpendiculaires au plan des images, et peuvent se mouvoir séparément, en avant ou en arrière, afin d'être amenés à la vision distincte. Les verres qui garnissent les deux lunettes d'un stéréoscope sont les deux moitiés d'un même objectif achromatique dont les biseaux se regardent, et sont maintenus dans cette position relative par un tenon fixé aux oculaires, et glissant dans une fente pratiquée dans les tubes enveloppants. Tout rayon arrivant aux demi-objectifs, en sort dans une direction oblique, pour pénétrer dans les yeux, de sorte que la vision simultanée de ces points les fait paraître en la jonction des obliques prolongées.

Le stéréoscope se fabrique en acajou, en palissandre ou en carton. Cette dernière construction est abandonnée à cause de son peu de solidité.

Le quinetoscope, comme nous l'avons remarqué à propos des chambres noires, vient d'ajouter un nouvel intérêt au stéréoscope, à cause de l'identité parfaite de la double image et de l'illusion plus complète, plus normale dans le détachement des parties saillantes.

Le stéréoscope s'achète ordinairement avec des lithographies et des épreuves daguerriennes. A la statistique des épreuves, celles-ci trouveront naturellement leur place.

Il se vend par année seulement à Paris:

Trois mille appuis-tête,

Cinq cents multiplicateurs Mayn,

Et quinze cents stéréoscopes.

Sur le chiffre de trois mille appuis-tête, quinze cents à peu près se vendent dans les appuis-tête ordinaires, mille dans les appuis-tête brisés et articulés, et cinq cents dans les appuis-tête à poser debout.

Dans le commerce des multiplicateurs, les quarts sont les plus vendus, les demis ensuite, et les plaques entières en dernier lieu. Les quarts forment au moins les deux tiers de la vente, les demis un tiers plus un sixième, et les plaques entières l'autre sixième.

Il se vend au moins douze cents stéréoscopes en acajou. Les trois cents autres sont pour les stéréoscopes en palissandre et en carton. Et encore ces derniers, comme nous l'avons dit, sont d'un achat si peu sensible qu'il peut être considéré comme nul dans le commerce des stéréoscopes.

Là s'arrête la coopération de l'ébéniste au daguerréotype. Pour la photographie sur papier et sur verre, nous verrons que sa part n'est pas moins grande, et nous aurons plus d'une fois encore à compter avec lui.

J.-D. Du Vernay.

Nous avons vu quelques-unes des épreuves que M. le vicomte Vigier a rapportées tout récemment d'Espagne. L'intérêt des sites qu'elles représentent, leur dimension peu ordinaire, et surtout l'admirable réussite des vues qui composent cette collection, en font le chef-d'œuvre de l'habile amateur. Nous espérons, du reste, pouvoir parler plus longuement, dans un de nos prochains numéros, de ces épreuves qui attirent si vivement l'attention des artistes et du public.

JACQUES CALLOT.

Un livre plein d'intérêt et de renseignements curieux a paru dernièrement sous ce titre : *Recherches sur la vie et les ouvrages de Jacques Callot.* Amateur expérimenté et enthousiaste de la gravure, l'auteur de ce livre, M. E. Meaume, membre de l'Académie de Stanislas, de Nancy, a réuni avec un soin extrême tous les documents qui pouvaient faire connaître la vie et les travaux du grand artiste. L'extrait suivant, qui, nous en sommes convaincu, intéressera vivement nos lecteurs, peut donner une idée du mérite de cet ouvrage.

La progression du génie de Jacques Callot est marquée par trois périodes bien distinctes. Les huit années de 1609 à 1617 sont entièrement consacrées à l'étude. Il travaille à Rome sous Philippe Thomassin, plus sérieusement et plus fructueusement sous Jules Parigi, dont l'influence sur les progrès de notre artiste n'a pas été assez remarquée. On a trop dit et répété que Callot s'était entièrement formé lui-même. La source de cette erreur est dans l'épitaphe que ses amis inscrivirent sur son tombeau. On y lit qu'il n'eut pas de maître : *Nullo docente magistro.* La postérité a pris cette expression trop à la lettre. Les contemporains ont seulement voulu exprimer que Callot se perfectionna tellement dans son art qu'il fut vraiment créateur, en ce sens qu'il acquit une manière qui n'appartient qu'à lui. Mais il faut bien se garder d'en conclure, comme on l'a fait, qu'il parvint à cette haute puissance de talent sans guides, sans conseils, sans efforts. Sa première pièce, gravée en 1607, ne fait nullement pressentir un artiste supérieur. Il avait cependant alors reçu, à Nancy, les leçons de Claude Henriet et de Demange Crocq, à Florence, celles de Canta Gallina. Plus tard il étudia sous Philippe Thomassin, à Rome, et il se perfectionna à Florence sous l'habile direction de Jules Parigi. Il n'en est pas des arts du dessin comme de la poésie, de la musique, où des natures exceptionnelles se révèlent tout d'abord et parviennent d'un seul bond aux sommités de l'art. La peinture, la sculpture, la gravure exigent, indépendamment de grandes dispositions naturelles, de longs et pénibles efforts. Callot n'échappa pas à cette loi nécessaire. Mais, une fois qu'il eut acquis tout ce que l'étude pouvait lui donner, il devint sûr et maître de lui. Il avait alors environ vingt-cinq ans.

C'est de cette époque que date la seconde période, qui s'inaugure par la *Guerre d'amour*, les *Caprices* et tous les chefs-d'œuvre qu'il fit à Florence, chefs-d'œuvre dans lesquels le grotesque a sa part, aussi bien que le genre sérieux. C'est cependant à cette phase qu'il faut presque exclusivement reporter ce qu'il y a de comique dans l'œuvre de Callot. Si, lors de son arrivée en Lorraine, il donna plusieurs pièces ou suites de ce genre, ce sont évidemment des souvenirs d'Italie.

Quand il eut épuisé ses réminiscences italiennes, le talent de Callot devint plus élevé. Il ne copia plus, mais il composa des sujets religieux, et il réussit dans ce genre aussi bien que dans le comique. A partir de 1626, il créa la représentation des scènes militaires, genre à peu près inconnu jusqu'à lui. Il le porta au dernier degré de perfection dans ses *Grands Siéges* et ses *Misères de la guerre*, qui feront toujours le désespoir de tous les graveurs et l'admiration des vrais connaisseurs. Si l'on compare ces pièces avec les *Batailles des Médicis*, gravées au burin à Florence, on reconnaîtra facilement combien celles-ci sont inférieures aux chefs-d'œuvre dus à la pointe magique de l'artiste, pendant les dernières années de sa trop courte existence.

Le caractère distinctif des compositions de Callot, surtout de celles qui appartiennent aux deux dernières phases de sa vie, est l'originalité. Quelque sujet qu'il traite, même dans les genres les plus opposés, le maître est toujours lui-même ; de telle sorte que sa manière le fait reconnaître facilement et du premier coup d'œil. Mais ce sceau particulier a été surtout imprimé sur les morceaux où la fantaisie domine. A ce point de vue, il devait frapper un écrivain de la rêveuse Allemagne, qui s'est senti entraîné par la tournure de son esprit vers les ouvrages de l'artiste lorrain, auquel il ressemble par plus d'un trait. Nous voulons parler de l'auteur des Contes fantastiques, qui s'est inspiré de notre maître dans ses Fantaisies à la manière de Callot. Aussi Hoffman s'écrie-t-il : « Pourquoi ne puis-je me rassasier de tes ouvrages bizarres et fantastiques, ô maître sublime? — Pourquoi toutes tes figures, dont souvent un seul trait hardi suffit à marquer les contours, restent-elles si bien gravées dans mon esprit? Si je contemple longtemps tes compositions si riches, quoique formées des éléments les plus hétérogènes, je vois s'animer peu à peu leurs mille et mille figures ; et celles même qu'on distinguait à peine sur les fonds les plus éloignés se développent et s'avancent, pour ainsi dire, colorées des tons les plus vigoureux et les plus naturels.

« Je sais que des critiques scrupuleux lui ont reproché une disposition fautive de la lumière; mais aussi ne s'est-il pas créé un art qui dépasse les règles de la peinture, ou plutôt ses dessins sont-ils autre chose que les magiques effets des apparitions merveilleuses qu'évoquait son ardente imagination? Même dans les scènes empruntées à la vie commune, dans ses cortéges, dans ses batailles, c'est un caractère d'animation tout particulier qui donne à ses groupes, à ses personnages, je ne sais quel aspect humain et surnaturel à la fois [1]... »

Il nous semble, en lisant ce jugement porté par le maître du conte fantastique, entendre Callot lui-même apprécier ses propres ouvrages.

Si la fantaisie domine dans la plupart des chefs-d'œuvre de Callot, on y distingue aussi à un assez haut degré la verve satirique et railleuse. C'est pour cela qu'on a voulu souvent trouver des assimilations entre notre maître et les écrivains de son temps. On l'a comparé au poëte Regnier, avec lequel il n'a que des rapports bien éloignés. Si l'on voulait en trouver de plus frappants, il faudrait chercher en arrière dans le siècle où est né Callot, pour arriver jusqu'à Rabelais. Sans parler des analogies frappantes qui existent entre ces deux esprits, il suffit de rappeler que l'auteur de *Pantagruel* passe pour avoir dessiné les *Songes drôlatiques*. En rapprochant ces dessins de ceux des *Gobbi* ou des *Balli*, on voit sans peine que l'auteur de ces dernières compositions est l'héritier en ligne directe du spirituel curé de Meudon. Rien ne prouve cependant que Callot ait lu Rabelais. On serait tenté de croire qu'il ne l'a pas connu ; car il lui eût été bien difficile de résister au plaisir de retracer quelques-uns des faits et gestes pantagruéliques. Deux siècles plus tard, un autre Lorrain, héritier lui-même du génie de son compatriote, a finement traduit et rendu visible l'esprit du grand La Fontaine. Le légitime succès qu'ont obtenu les Fables illustrées fait regretter que leur auteur, à défaut de son devancier, ne se soit pas attaqué à Rabelais. Pourquoi faut-il que des natures aussi riches que celles de Callot et de Grandville aient été brisées dans la force de l'âge et du talent, en laissant à la postérité le regret de ne pas jouir des chefs-d'œuvre qu'on pouvait espérer leur voir produire encore!

Nous avons assez indiqué dans le cours de cette notice

[1] Traduction de M. Henri Egmont.

les traits principaux du génie et de la manière de Callot, comme graveur à l'eau-forte et au burin, pour qu'il soit nécessaire d'y insister plus longtemps. Il ne nous reste plus qu'à nous expliquer sur une question fortement controversée; c'est celle de savoir si Callot a peint.

(La suite au prochain numéro.)

DÉCHÉANCES ET SPOLIATIONS.

« Est déchu, tout brevet qui n'est pas exploité dans les deux ans. »

LA LOI.

Si, dans notre temps, un législateur quelconque imposait à un propriétaire d'une terre inculte l'obligation de la cultiver et de la mettre en rapport dans un temps très-court, à peine de déchéance, ce législateur soulèverait d'universelles et justes réclamations, car il porterait atteinte au principe même de la propriété. Supposons, en effet, que la loi dise au propriétaire d'un champ: « Si, dans l'intervalle d'une ou deux années, ton champ n'est pas cultivé, il deviendra la propriété de la commune ou de l'État. » Evidemment la propriété est atteinte du moment où le propriétaire n'est plus libre d'en user, et même d'en abuser sans faire du tort à autrui.

Mais si ce propriétaire est un homme sans ressources, dépourvu des instruments du travail, outils et bestiaux; si, après avoir cherché, sans les trouver, des fonds pour se procurer l'outillage agricole, il est forcé de se croiser les bras, et de laisser passer le terme fatal que la loi lui assigne pour l'exploitation, alors la déchéance de cet homme est purement et simplement de la spoliation ou de la confiscation.

Eh bien! ce que l'opinion publique traiterait avec raison de spoliation et de confiscation dans l'hypothèse ci-dessus, est précisément ce qui frappe la propriété des découvertes industrielles. Les lois qui jettent à la voirie du domaine public les brevets qui ne sont pas exploités dans la première année ou les deux premières années, sont des lois de spoliation ou de confiscation.

Le plus grand nombre, pour ne pas dire la totalité des inventeurs qui ont créé la science au profit des savants de profession, qui ont créé les industries au profit de la communauté, n'étaient-ils pas aussi dépourvus de ressources pour mettre en rapport leurs découvertes? Les inventeurs sérieux de notre temps ne sont-ils pas en général dépourvus du capital dont ils auraient besoin pour cultiver leurs inventions? La loi donc, qui les déclare déchus, c'est-à-dire spoliés si dans un temps donné, très-court, trop court, ils n'exploitent pas, cette loi, disons-nous, est une loi de véritable confiscation.

La confiscation au profit de la commune se conçoit, sans s'excuser, dans certaines circonstances; mais la confiscation en matière de brevets est tout simplement un vol fait à cette communauté; car, du moment où tout le monde peut fabriquer un produit, personne ne veut le fabriquer, ou, si on le fabrique, il est bientôt, la concurrence aidant, adultéré et avili sur le marché. Le législateur s'est trompé en croyant que le domaine public s'enrichit quand un brevet lui est jeté au nom de la loi; c'est le contraire qui est vrai. Un brevet qui tombe dans le domaine de tous est un sinistre; car, appartenant à tous, il n'y a plus d'intérêt pour personne à l'exploiter; c'est le jardin, hier couvert de fruits et de fleurs, qui, devenant *bien communal*, est impitoyablement foulé par tout le monde.

Voilà la situation faite au génie, presque toujours pauvre, qui crée et qui perfectionne. L'Espagne, l'Autriche, et la plupart des Etats allemands lui accordent *un an* pour l'exploitation de ses découvertes. Un an! quelle dérision légale! La Prusse a poussé la dérision plus loin: elle n'accorde que *six mois*. Aussi son industrie a-t-elle brillé de l'éclat que l'on sait à l'exposition de Londres; mais en Prusse règnent et gouvernent des savants *mystiques* et purs, qui jouissent des avantages de ces académies de province dont parlait un roi populaire. La France, la Belgique, la Hollande passent deux ans à l'inventeur ou à ses ayants droit... Quelle libéralité! Mais si le législateur de 1791 a pu se tromper, comment les savants et les avocats qui ont fait la loi de 1844 sont-ils tombés dans les mêmes erreurs et les mêmes injustices? Hélas! la malveillance n'y fut pour rien, mais l'ignorance les *nécessités* de travail et de l'industrie causa tout le mal! Il fallait des industriels pour faire une loi industrielle, et l'on eut des savants de cabinet et des avocats parfaitement étrangers aux nécessités et aux conditions vitales du travail.

L'Angleterre *seule*, seule parmi les nations industrielles, n'a pas commis la faute et l'injustice que nous reprochons à toutes les autres législations; elle accorde quatorze ans, *sans astreindre l'inventeur à l'exploitation dans un temps quelconque*. Qui oserait dire que l'Angleterre a le sens commercial et industriel moins développé et moins sûr que les nations ses rivales! Le législateur anglais a obéi au simple raisonnement que voici: « L'inventeur a intérêt à exploiter sa patente, rapportons-nous-en à son intérêt; s'il n'exploite pas, c'est qu'il n'en a pas les moyens; mais ne lui faisons pas expier son manque de ressources par une spoliation. »

GARDISSAL.

(L'Invention.)

Nous prions les personnes dont l'abonnement expire à la fin de ce mois, de vouloir bien le renouveler immédiatement, pour éviter tout retard dans l'envoi du journal.

Les cours de sciences appliquées aux arts seront ouverts demain dimanche, au Conservatoire impérial des Arts et Métiers, rue Saint-Martin, n. 292. Ces cours sont publics et gratuits, et les professeurs, choisis parmi les sommités de la science, sont déjà, pour la plupart, bien connus et aimés des nombreux élèves qui s'empressent d'assister à leurs leçons. On doit une sincère reconnaissance à ces hommes éminents qui consacrent au public avec un louable désintéressement leurs dimanches et une partie de leurs soirées, et qui répandent ainsi dans les classes laborieuses les éléments des connaissances scientifiques les plus utiles, les plus nécessaires. Nos jeunes lecteurs remarqueront sans doute que M. E. Becquerel, l'auteur de plusieurs découvertes importantes en héliographie, traitera des propriétés fondamentales de la lumière, de la construction des principaux instruments d'optique, et de la photographie. Nous sommes heureux de voir figurer ces lignes dans le programme du cours de *Physique appliquée aux arts*, professé par un savant qui porte un grand intérêt aux progrès de la photographie.

A.-T. L.

CONSERVATOIRE IMPÉRIAL DES ARTS ET MÉTIERS.

COURS PUBLICS ET GRATUITS DE SCIENCES APPLIQUÉES AUX ARTS.

1853-1854.

Géométrie appliquée aux arts. — Les dimanches, à une heure. — M. le baron Charles DUPIN, professeur, ouvrira son cours le dimanche 20 novembre, à une heure après midi.

De onze heures du matin à une heure, leçons de dessin géométrique à l'usage des élèves qui suivent le cours de M. le baron Charles Dupin.

Mécanique appliquée aux arts. — Les lundis et jeudis, à sept heures du soir. — M. MORIN, professeur.

Physique appliquée aux arts. — Les dimanches à onze heures et demie, et les mercredis à huit heures du soir. — M. E. BECQUEREL, professeur, ouvrira son cours le dimanche 20 novembre.

Le professeur exposera, cette année, les principes généraux du dégagement de l'électricité, ainsi que les différentes applications de cet agent aux arts et à l'industrie: lumière, galvanoplastie, dorure, télégraphie, etc. Il traitera ensuite des propriétés fondamentales de la lumière, de *la construction des principaux instruments d'optique* et de *la photographie*.

Chimie appliquée à l'industrie. — Les mardis et samedis, à huit heures et demie du soir. — M. PAYEN, professeur, ouvrira son cours le mardi 22 novembre.

Chimie appliquée aux arts. — Les dimanches à deux heures et demie, et les jeudis à huit heures et demie du soir. — M. PELIGOT, professeur, ouvrira son cours le dimanche 27 novembre.

Agriculture. — Les mercredis et vendredis, à huit heures et demie du soir. — M. MOLL, professeur, ouvrira son cours le mercredi 23 novembre.

Chimie agricole. — Les dimanches, à dix heures du matin, et les jeudis, à sept heures et demie du soir. — M. BOUSSINGAULT, professeur, ouvrira son cours le jeudi 8 décembre.

Les leçons sur l'analyse et les essais auront lieu les dimanches; les leçons sur la chimie animale auront lieu les jeudis.

Economie industrielle. — Les mardis et vendredis, à sept heures et demie du soir. — M. BLANQUI, professeur.

L'ouverture de ce cours sera annoncée ultérieurement.

Législation industrielle. — Les dimanches, à une heure. — M. WOLOWSKI, professeur, ouvrira son cours le dimanche 27 novembre.

Filature et tissage. — Les lundis et vendredis, à sept heures et demie du soir. — M. ALCAN, professeur, ouvrira son cours le lundi 21 novembre.

Teinture, apprêt et impression des tissus. — Les lundis et vendredis, à huit heures et demie du soir. — M. PERSOZ, professeur, ouvrira son cours le lundi 28 novembre.

Zoologie appliquée à l'agriculture et à l'industrie. — Les mardis et samedis, à sept heures et demie du soir. — M. BAUDEMENT, professeur, ouvrira son cours le mardi 22 novembre.

ERRATA DU NUMÉRO 46, 12 NOVEMBRE 1853,

Discours de M. Babinet.

Page 182, 1re colonne, 4e alinéa, ligne 10, *au lieu de* et reconnut que, *lisez:* et reconnut plus tard que.

Page 182, 2e colonne, 1er alinéa, ligne 1re, *au lieu de* qui porte le nom, *lisez:* qui porte à juste titre le nom.

Page 183, 2e colonne, ligne 4, *au lieu de* allusion aux nations qui, *lisez:* allusion aux nations et aux âges qui.

Page 183, 2e colonne, 2e alinéa, ligne 8, *au lieu de* planète de Encke, *lisez:* comète de Encke.

Même alinéa, ligne 11, *au lieu de* nous révélera, *lisez:* nous dira.

Page 183, 2e colonne, 4e alinéa, ligne 8, *au lieu de* la physique, *lisez:* la physiologie.

Toutes les demandes et réclamations relatives au service, toutes les lettres et communications relatives à la RÉDACTION, doivent être adressées (*affranchies*) à M. Ernest LACAN, rédacteur en chef, au bureau du journal. — *Toute lettre non affranchie sera rigoureusement refusée. Les demandes d'abonnement doivent être accompagnées d'un* bon sur la poste, à l'ordre du Gérant.

Le Propriétaire-Gérant, ALEXIS GAUDIN.

TYPOGRAPHIE HENNUYER, RUE DU BOULEVARD, 7, BATIGNOLLES. Boulevard extérieur de Paris.

TROISIÈME ANNÉE. N° 48. SAMEDI, 26 NOVEMBRE 1853.

LA LUMIÈRE

REVUE DE LA PHOTOGRAPHIE.

BEAUX-ARTS. — HÉLIOGRAPHIE. — SCIENCES.

JOURNAL NON POLITIQUE, PARAISSANT LE SAMEDI.

BUREAUX, à Paris, 9, rue de la Perle. BUREAUX, à Londres, 67, Newgate-street, City.

ABONNEMENTS.—*Paris*, UN AN, 20 FR.; 6 MOIS, 12 FR.; 3 MOIS, 7 FR.; *Départements*, UN AN, 22 FR.; 6 MOIS, 13 FR.; 3 MOIS, 8 FR.; *Étranger*, UN AN, 25 FR.; 6 MOIS, 15 FR.; 3 MOIS, 10 FR.

A partir du 1er septembre dernier, le prix de l'abonnement au journal LA LUMIÈRE *a été fixé de la manière suivante :*

PARIS.

UN AN..............	20 FR.
SIX MOIS...........	12
TROIS MOIS.........	7

DÉPARTEMENTS.

UN AN..............	22
SIX MOIS...........	13
TROIS MOIS.........	8

ÉTRANGER.

UN AN..............	25
SIX MOIS...........	15
TROIS MOIS.........	10

SOMMAIRE.

LA PHOTOGRAPHIE EN ANGLETERRE.

(Suite.)

(Correspondance particulière de la *Lumière*.)

—

Dans le *Microscopic Journal*, publié par M. Highley fils, l'éditeur, qui est aussi un photographe zélé, a donné une large part à la photographie, en insérant non-seulement les communications si intéressantes de MM. Delves et Shadbolt, mais encore en donnant de lui-même de nombreux détails pratiques sur l'emploi des procédés photographiques par les microscopistes. Il ajoutait à ces renseignements les moyens d'ajuster le microscope à la chambre noire ordinaire. Mais ce qu'il a fait de plus marquant dans ce journal, c'est de donner, comme illustrations, quelques épreuves photographiques, imprimées par M. Henneman, d'après les négatifs de M. Delves. Ainsi, c'est la photographie microscopique qui a donné la première l'exemple de l'importance et de la possibilité d'employer la photographie pour l'illustration des ouvrages scientifiques.

Au mois de mai de cette année, M. Kingsley a lu, devant la Société des Arts, une nouvelle communication, dont nous avons donné un extrait dans *la Lumière* du 9 juillet. Nous devons à la complaisance de l'auteur d'avoir reçu cet essai tout entier depuis, et nous regrettons vivement de n'en avoir donné qu'un aperçu, car les sujets généraux qui y sont traités si habilement et si hardiment sont de nature à exciter l'intérêt de tout photographe investigateur. Mais nous nous consolons dans l'espoir de trouver, dans un essai plus étendu et plus étudié encore, que M. Kingsley prépare, je crois, en ce moment, de quoi satisfaire mieux encore nos lecteurs. Il s'est fait, par ses recherches intelligentes et pratiques, une place importante dans les rangs de la photographie scientifique, et cette communication à la Société des Arts lui a valu la satisfaction de recevoir la médaille de la main du prince Albert.

Les épreuves que nous avons de M. Shadbolt sont des positifs sur verre au collodion. Les plus remarquables sont la trachée d'un escarbot, qui est très-bien réussie, la trompe d'une mouche, qui est aussi très-nette et d'un ton très-ferme, et plusieurs autres épreuves qui présentent un vif intérêt. Nous ne savons pas au juste de combien de diamètres ces objets sont grossis ; mais ils sont pris avec des verres d'un pouce et demi. Les épreuves de M. Delves, que nous sommes heureux de posséder, sont celles dont nous avons déjà parlé, et quelques autres qui se distinguent par les mêmes qualités remarquables, et dont les détails sont toujours d'une grande précision. Elles sont obtenues d'après des négatifs au collodion. Celle représentant la *navicula angulata* est aussi nette et tranchée, quoique grossie de 870 diamètres, que d'autres que nous avons sous les yeux, et dont l'amplification n'est que de 60 à 200 diamètres. Cette *navicula* est considérée jusqu'ici comme le chef-d'œuvre de la photographie microscopique en Angleterre.

Les épreuves obtenues d'après des négatifs sur papier de M. Kingsley sont nombreuses ; elles sont presque toutes des reproductions d'objets grossis plus de mille fois ; une d'entre elles est le résultat d'un grossissement de 50,000 diamètres. Ces images ne sont pas toutes bien nettes. La plupart sont vagues et confuses, bien que plusieurs soient très-bien venues, malgré le microscope puissant qu'il a employé. Il n'y en a pas cependant qui approchent de la perfection de celles de M. Delves. M. Kingsley est plutôt, il est vrai, un chercheur qu'un praticien. Mais, après tout, la valeur de la science est dans ses résultats ; et, s'il veut faire voir qu'on peut employer dans la photographie les microscopes les plus puissants, il doit prouver qu'on peut en obtenir de bons résultats, ou bien ses travaux seraient sans utilité. Des images comme la plupart de celles que nous avons, ou qui nous ont été montrées, tendent plutôt à prouver qu'on ne peut rien produire de satisfaisant avec de tels verres.

On arrive plus sûrement au résultat qu'il cherche en prenant un verre d'une puissance ordinaire, mais qui puisse donner une grande netteté et produire un résultat aussi beau que la *navicula* de M. Delves ; car on peut alors grandir ce résultat et en obtenir des images d'une amplification encore plus grande que celles de M. Kingsley, comme nous en avons vu de M. Wenham, d'après cette même *navicula*.

FRANK SCOT.

SCIENCES.

—

Election d'un secrétaire perpétuel. — Le choix et la nomination d'un secrétaire perpétuel, en remplacement de M. Arago, préoccupent très-sérieusement l'Académie des sciences ; aussi les dernières séances publiques ont-elles été très-courtes, les comités secrets en ayant absorbé une partie. Les questions d'ordre traitées dans ces circonstances, heureusement très-rares, ont donné lieu à des discussions préliminaires dont nous connaîtrons bientôt les résultats. On nous fait espérer que les résolutions prises dans ces réunions intimes d'hommes si éminents, de savants si célèbres, sont toutes favorables au progrès, et dignes du corps indépendant auquel sont confiées les destinées de la science, les droits des inventeurs français et le rang glorieux qu'occupera la France dans ce siècle si fécond en merveilleuses découvertes. Dans sa séance de lundi dernier, l'Académie a procédé à l'élection d'une Commission chargée de lui présenter une liste de candidats à la place de secrétaire perpétuel, pour les sciences mathématiques ; les membres de cette Commission devaient être choisis parmi les vingt-sept membres des cinq premières sections. Sur cinquante présents, quarante-huit ont pris part au scrutin, et les votes ont été répartis comme suit, à MM. Biot, 29 ; Poinsot, 26 ; Mathieu, 25 ; Duperrey, 25 ; Poncelet, 22 ; Chasles, 22 ; qui ont été nommés membres de la Commission et auxquels s'adjoindra M. Combes, comme président actuel de l'Académie.

MM. Desprey, Liouville, Binet, Becquerel, Cauchy, Duhamel et Pouillet, sont ceux qui, après M. Chasles, ont obtenu le plus grand nombre de suffrages.

Nouvelle planète découverte par M. Hind.—M. Hind, de l'Observatoire de Greenwich, a découvert, depuis le 18 octobre 1847, *huit planètes*. L'heureux et persévérant astronome ne s'endort pas sur ses brillants succès ; redoublant de zèle, au contraire, après chaque découverte nouvelle, il fouille de l'œil les profondeurs des cieux et il cherche encore, jusqu'à ce qu'il ait signalé un des nombreux satellites du soleil, *ignorés jusqu'à présent*.

Le 8 de ce mois, à 7 heures 50 minutes du soir, M. Hind découvrait une planète aussi brillante qu'une étoile de neuvième grandeur, et il adressait de Londres à l'honorable M. Mathieu, membre de l'Académie des sciences et du bureau des longitudes, une lettre datée de l'Observatoire de Regent's-Parc, 9 novembre 1853, dans laquelle il indiquait les trois positions suivantes, obtenues par des comparaisons micrométriques avec l'étoile n° 6361 du catalogue de Lalande :

	Temps moyen.	Ascension droite.	Déclinaison.
8 novembre.	$8^{h.}\,2^{m.}46^{s.},6$	$3^{h.}19^{m.}33^{s.},07$	$16^{\circ}4'37'',1$
	$8^{h.}34^{m.}\,1^{s.},2$	$31^{s.},74$	$33'',2$
	$11^{h.}21^{m.}58^{s.},4$	$24^{s.},50$	$16'',2$

Mouvement diurne en ascension droite — $1^{m}2^{s}$, en déclinaison — $2'5$.

Les observations ont été faites aux grands instruments méridiens à l'Observatoire de Paris, immédiatement après la réception des indications précédentes de l'astronome anglais, les 10, 11 et 12 novembre, et voici les trois positions obtenues à Paris :

	Temps moyen.	Ascension droite.	Déclinaison boréale.
10 novembre.	$11^{h.}57^{m.}13^{s.},7$	$3^{h.}17^{m.}23^{s.},40$	$15^{\circ}57'56'',6$
11 —	$11^{h.}52^{m.}17^{s.},5$	$16^{m.}22^{s.},87$	$54'50'',7$
12 —	$12^{h.}47^{m.}21^{s.},0$	$15^{m.}22^{s.},16$	$51'41'',5$

Cette planète prend son rang sous le n° 27 (27) dans les éléments du système solaire. M. Hind n'a pas encore dit quel nom il lui donnera ; les huit précédentes, découvertes par lui, sont : Iris (7), Flore (8), Victoria (12), Irène (14), Melpomène (18), Fortuna (19), Calliope (22), et Thalie (23).

A.-T. L.

—

PHOTOGRAPHIE ZOOLOGIQUE.

Dans la séance de lundi dernier, M. Milne-Edwards a présenté à l'Académie, au nom de M. Rousseau, une nouvelle livraison de la *Photographie zoologique*, ou collection des figures reproduites d'après les spécimens fournis par le Muséum d'histoire naturelle. Le savant professeur a constaté les progrès obtenus par M. Rousseau, et il a fait remarquer que cet habile artiste avait surmonté presque toutes les difficultés que présentait l'application de la photographie à l'iconographie zoologique. Ces épreuves sont, en effet, d'une pureté remarquable; les *libellules* ou *demoiselles* semblent étendre leurs ailes de gaze et voltiger avec grâce; leurs larges têtes, les vésicules du front, le tissu soyeux du corps, tout est rendu avec une fidélité et une finesse de détails vraiment surprenantes. Il est certain que les deux crânes, reproduits avec une rare perfection sur une des épreuves nouvelles, satisferont les naturalistes les plus exigeants, et qu'avec une série de ces planches, l'étude de l'anthropologie deviendra plus abordable et plus facile.

Il y a sept mois seulement, un naturaliste du Muséum, M. Rousseau, concevait l'idée d'appliquer la photographie à l'iconographie zoologique, mais il n'était pas photographe; pour ses premiers essais il dut avoir recours à MM. Bisson frères. Les résultats obtenus furent si satisfaisants, qu'ils méritèrent aux auteurs l'honneur de fixer l'attention de l'Académie. Peu de temps après (14 juin), M. Milne-Edwards, professeur de zoologie au muséum d'histoire naturelle, proposait à l'Académie, au nom de la Commission dont il était rapporteur, non-seulement d'encourager les auteurs à poursuivre leurs travaux, *qui avaient occasionné des dépenses considérables*, mais encore de mettre à leur disposition les instruments nouveaux, considérés comme étant nécessaires pour leurs expériences; car, disait M. le rapporteur, « s'ils avaient à leur disposition les instruments convenables et les moyens d'expérimentation nécessaires, nous pensons qu'ils arriveraient promptement à des résultats très-utiles pour la science. »

Tout le monde pourrait croire que, depuis le mois de juin, l'Académie *est venue en aide* (termes du rapport) aux auteurs de l'Iconographie zoologique; que le *modeste naturaliste* a été indemnisé des dépenses considérables occasionnées par ses premiers essais, et qu'alors, fortifié par des encouragements venus de si haut, libre de tout souci, il peut se livrer avec ardeur au travail, terminer les livraisons et en préparer de nouvelles. On nous a assuré cependant que, d'une part, la Commission administrative de l'Académie n'avait encore pris aucune décision, et que, d'autre part, M. Rousseau redoublait de zèle, parce que son but principal étant de rendre le plus de services possible aux sciences naturelles, il dirige ses efforts persévérants vers ce noble but, sans se préoccuper de ses intérêts personnels.

L'avenir de la photographie zoologique nous intéressait vivement. Nous avons donc cru devoir suivre avec une certaine anxiété les laborieux travaux de l'artiste qui l'a créée; nous avons vu M. Rousseau se mettre avec ardeur à l'œuvre, étudier l'art du photographe et le pratiquer avec succès; il comprenait la nécessité de s'affranchir des hésitations, des contre-temps qui, souvent, entravent la marche des opérations. Il fallait un coup d'œil sûr et une main prompte pour présenter à l'objectif, sous un jour favorable, certaines préparations du naturaliste. Le naturaliste expérimenté est devenu photographe habile; il s'est emparé le premier des procédés communiqués par *M. Niépce de Saint-Victor*, sur la gravure héliographique; admettant avec un tel maître que là est l'avenir de la photographie appliquée à l'industrie, M. Rousseau, sans avoir égard aux frais que lui occasionnerait cette transformation, a produit par ces nouveaux procédés les admirables planches qui composent ses dernières livraisons. Nous sommes heureux de constater des progrès aussi considérables, et nous le félicitons sincèrement des succès obtenus et si bien mérités.

— A l'occasion d'une note très-intéressante sur la paléontologie humaine, lue par M. Serres, de l'Académie, dans la séance du 10 *octobre*, M. Poncelet a demandé que l'Académie voulût bien mettre à la disposition de M. Serres une partie des fonds dont elle peut disposer, pour faire exécuter des fouilles qui, d'après les résultats déjà obtenus, promettent d'être utiles pour l'avancement de l'anthropologie.

Cette proposition a été renvoyée à la Commission administrative, et, le 14 *novembre*, M. le ministre de l'instruction publique a autorisé l'Académie à prélever, sur les reliquats des fonds Montyon pour l'année 1853, une somme de 2,000 fr., destinée à payer des fouilles et autres dépenses relatives à la suite des recherches de M. Serres, sur les races humaines qui ont, à diverses époques, habité le sol de la France.

A.-T. L.

GRAVURE HÉLIOGRAPHIQUE SUR VERRE.

M. Niépce de Saint-Victor vient de faire une nouvelle application de ses procédés de gravure héliographique.

Il a imaginé d'étendre son nouveau vernis sur du verre, et d'opérer comme sur acier. Quand il a obtenu son épreuve, il la soumet aux vapeurs de l'acide fluorique, ou bien il verse dessus un peu de cet acide à l'état liquide.

Dans le premier cas, la gravure qu'il obtient est mate; dans le second, elle est claire et creuse.

Ce nouveau procédé, sans avoir l'importance de la gravure sur acier, ne peut cependant manquer de rendre de grands services et de trouver d'heureuses applications dans les arts et dans l'industrie.

STÉRÉOSCOPÉOMÈTRE,

DE M. CLAUDET.

Nous empruntons encore le passage suivant à l'intéressante brochure de M. Claudet, sur le stéréoscope. C'est la définition d'un ingénieux instrument que l'habile photographe a construit, et au moyen duquel il détermine la séparation qu'on doit donner aux deux chambres obscures pour chaque distance et pour chaque longueur de foyer :

J'ai construit pour cet objet un petit instrument que j'ai appelé Stéréoscopéomètre; je vais en donner la description, persuadé que son usage sera d'un grand avantage dans les opérations photographiques qui ont pour but de produire des images stéréoscopiques. Chaque opérateur pourra facilement former cet instrument sur un carton de Bristol ou sur une feuille de papier qu'on collera sur une planchette.

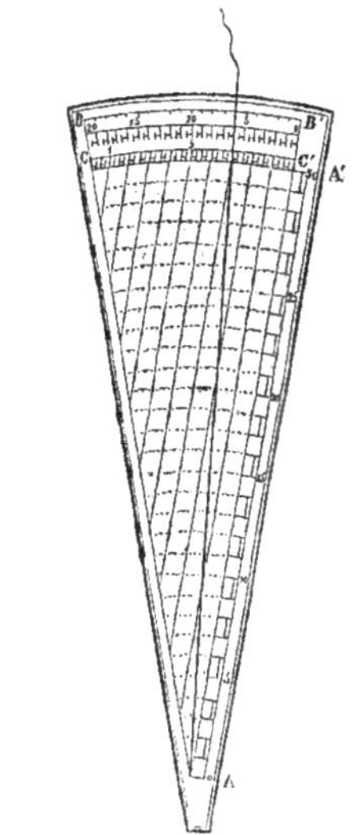

L'instrument est formé par un arc d'un segment de cercle BB' de 20 degrés divisés en 1/2 et 1/4 de degré; au-dessous, se trouve un autre arc CC' divisé en pieds, subdivisés en 1/4, 1/2 et 3/4 de pied, qui indique la séparation des objectifs, en supposant que l'un de ces objectifs soit toujours placé sur le 0 de l'arc, et l'autre sur l'un des points quelconques du même arc. Les distances des chambres obscures à l'objet sont indiquées sur le rayon de droite AA' fermant le triangle, sur une échelle dont le 0 est placé au sommet, ou sur le point qui formerait le centre du cercle s'il était continué. Cette échelle est divisée en 50 pieds, subdivisés en 1/4, 1/2 et 3/4 de pied. A chaque distance d'un pied, à partir du 0 de cette échelle, sont tracés des arcs qui se ferment par un rayon BCA à gauche du triangle. Après avoir tracé huit lignes parallèles au rayon de droite, chacune à une distance de l'autre égale à la mesure d'un pied, suivant l'échelle du rayon de droite, on divise les intervalles en 1/4, 1/2 et 3/4. Il ne reste plus qu'à fixer un fil noir au sommet A' du triangle, et c'est avec ce fil que tous les calculs de distance ou de degré sont effectués.

Par exemple : si l'on veut placer les deux objectifs à un angle de 4 degrés, on tient le fil et on l'amène sur le quatrième degré; on voit alors tout le long du fil la séparation que doivent avoir les objectifs pour chaque distance de l'objet. A 24 pieds, cette séparation doit être de 1 pied 8 pouces; à 20 pieds, de 15 pouces; à 15 pieds, de 14; à 10 pieds, de 9; à 5 pieds, de 6.

Si l'on veut savoir quel angle produit une séparation quelconque des objectifs pour une certaine distance, on place le fil sur l'arc de la distance au point qui indique la séparation, et l'on voit sous le fil quel degré cette séparation donne. Supposons qu'on ait opéré à 20 pieds avec une séparation de 15 pouces, on tend le fil sur 15 pouces à la distance de vingt pieds, et il indique 3° 1/2; si la séparation a été de 9 pouces, l'angle indiqué sera de 2°. Ces exemples suffiront pour tous les cas.

Quand on opère à des distances plus grandes que celles indiquées sur l'échelle, qui ne s'étend pas au delà de 50 pieds, on n'aura qu'à prendre sur cette échelle un nombre égal au quart, au tiers ou à la moitié de la distance, et à prendre le quart, le tiers ou la moitié des degrés indiqués pour la séparation correspondante avec la distance réduite. Si l'on veut savoir la séparation pour un certain nombre de degrés, on quadruplera, triplera ou doublera la séparation indiquée pour la distance réduite.

Comme il est essentiel de connaître l'angle binoculaire donné par la séparation moyenne des yeux pour toutes les distances, afin de comparer les effets qui résultent de l'angle des objectifs, et que cette connaissance est indispensable dans les expériences qui auront pour but de déterminer les angles à donner pour chaque distance et pour chaque grandeur d'image, dans la formation des images stéréoscopiques, nous allons indiquer les angles visuels binoculaires pour différentes distances.

L'angle soustendu par une base de deux pouces et demi, celle formée par la séparation des deux yeux,

pour une distance de	1 pied,	est de	9°
—	2	—	4° 50
—	3	—	3°
—	4	—	2° 25
—	5	—	1° 80
—	10	—	0° 90
—	20	—	0° 45
—	50	—	0° 18
—	100	—	0° 09
—	1,000	—	0° 009
—	10,000	—	0° 0009
—	100,000	—	0° 00009

On voit par la table précédente que l'angle binoculaire naturel pour une distance de 20 pieds est un peu moins que 1/2 degré; si l'on faisait avec cet angle et à cette distance un portrait ou un groupe dont l'image à deux pieds parût de la même grandeur, il serait 10 fois plus petit; nous aurions pour cette distance de deux pieds le même effet stéréoscopique que nous avons pour 20 pieds, ce qui nous paraîtrait insuffisant, et ce qui serait en effet contraire aux lois de la vision binoculaire quand nous regardons à 2 pieds un objet solide quelconque, qu'il soit de grandeur naturelle ou d'une dimension réduite. Il est donc évident qu'afin d'avoir l'illusion naturelle, nous devrions placer les deux chambres obscures, non à un angle de 0,45 degrés, mais à un angle de 4° 1/2, soit à une distance l'une de l'autre de 18 pouces, cet angle de 4° 1/2 étant celui de la vision naturelle à 2 pieds. Si nous plaçons les deux chambres obscures à une distance de 15 pouces, nous aurons pour 20 pieds un angle de 3°, égal à celui formé par la séparation des yeux quand nous regardons l'objet à une distance de 3 pieds.

—

La Société royale photographique de Londres a repris ses séances le 3 novembre 1853.

En tête du compte-rendu de cette réunion de réouverture, nous lisons ce qui suit :

« Le secrétaire appelle l'attention de l'assemblée sur divers spécimens pleins d'intérêt, dont il a été fait hommage à la Société, et il signale particulièrement ;

« 1° Une série d'épreuves photographiques, par M. Delessert, de Paris, reproduisant des gravures empruntées à sa propre collection et à celle de la Bibliothèque impériale (l'*œuvre de Marc-Antoine Raimondi*);

« 2° Des épreuves photographiques obtenues par M. Bayard en 1840 et 1841, curieux spécimens qui serviront à l'histoire des progrès de cet art ;

« 3° Des gravures photographiques d'après le procédé de M. Niépce, montrant le résultat de ses derniers perfectionnements. »

EPREUVES SUR VERRE COLLODIONÉ.

BAIN DE NITRATE.

M. Roger Fenton, secrétaire de la Société photographique de Londres, a lu devant cette Société, dans sa séance du 3 novembre, une note intéressante dont voici la traduction. L'habileté bien connue de M. Fenton, et la réussite toujours si belle de ses épreuves, donnent une importance toute particulière à ses observations et à ses conseils.

Les difficultés qui se présentent dans l'emploi du collodion sont si nombreuses, qu'on ne peut pas toujours les éviter.

Tout d'abord, le collodion lui-même, quand il est convenablement préparé et sensibilisé, est si aisément impressionné par les rayons lumineux et si facilement altéré par une exposition un peu trop prolongée, que l'attention la plus stricte est nécessaire pour que l'opérateur puisse mesurer l'action de la lumière, de façon à obtenir un heureux résultat. On ne peut mesurer que bien approximativement la *quantité* et la *qualité* de la lumière que l'on emploie.

Une autre difficulté réside dans le changement continuel qui se produit dans la constitution chimique du collodion ioduré.

Ce changement ou plutôt cette succession de changements semble être encore inexpliquée, et je crois, du reste, qu'elle a été peu étudiée. Le principal effet de ces changements est, en général, une diminution de sensibilité à mesure que le collodion vieillit. Encore cela ne peut-il être posé en principe, car il y a bien des exemples de bonnes épreuves, obtenues rapidement, avec un collodion très-mauvais en apparence; ainsi donc, ce n'est qu'une règle assujettie à de nombreuses exceptions.

Une troisième cause importante d'insuccès réside dans la condition matérielle de la couche de collodion.

Cette condition dépend non-seulement de l'épaisseur plus ou moins grande de la solution, mais aussi du degré de ténacité du coton ou du papier préparé qui a servi à faire cette solution. Une couche de collodion suffisamment solide pour être enlevée intacte du verre sur lequel elle est soumise à l'action de la lumière nécessite une immersion plus prolongée dans le bain de nitrate, et une exposition plus longue à la chambre noire, qu'une couche de collodion qui aurait seulement assez de solidité pour résister à l'action de l'eau qu'on verse dessus, pendant les différentes opérations qui doivent la convertir en image.

Cette ténacité de la couche change plusieurs fois dans l'espace d'un jour.

Lorsque du collodion a été versé sur une plaque de verre, la quantité de liquide surabondante que l'on reverse dans le flacon a perdu une portion considérable de l'éther qu'elle contenait. Elle a perdu un peu aussi de son alcool; mais comme ce dernier est moins volatil que l'éther, les proportions d'éther, d'alcool et de coton soluble restant dans le flacon doivent subir un changement réel chaque fois que l'on fait une épreuve.

Le changement produit par cette augmentation graduelle dans la proportion d'alcool est si grand, qu'une bouteille de collodion qui, le matin, donne des couches impressionnables assez solides pour être enlevées de la plaque de verre sans se fendre aucunement, donnera, au bout de quelques heures d'usage, des couches de collodion qui se morcelleront au moindre toucher.

Les conditions de succès étant ainsi constamment différentes, n'y eût-il d'autres causes de non-réussite que celles énumérées ci-dessus, l'opérateur le plus expérimenté et le plus soigneux doit être nécessairement trompé dans ses calculs et dans ses résultats.

Il y a pourtant encore une autre cause d'insuccès, et dont les effets sont les plus frappants de tous : je veux parler des différences qui se présentent dans le bain de nitrate.

Je suppose que le collodion employé soit de sensibilité et de ténacité moyennes, et que le bain sensibilisateur soit composé de 2 grammes de nitrate pour 28 grammes d'eau avec un peu d'iodure de potassium (proportions ordinaires de ce bain). Je suppose aussi que la température du laboratoire et du bain reste à peu près à 60° Farenheit (15 degrés centigrades).

La première épreuve produite, et qui a été exposée à la chambre noire pendant un espace de temps convenable, sera très-probablement assez faible après développement. Elle sera claire et transparente dans les ombres, peut-être assez vigoureuse dans les lumières les plus vives, mais elle manquera de demi-teintes. L'épreuve suivante, ayant été exposée plus longtemps, donnera un résultat satisfaisant. La troisième, avec le même temps d'exposition, sera peut-être un peu plus vigoureuse et plus rapidement développée. Dans les épreuves qui suivront, vous serez surpris de voir que votre collodion devient en apparence plus sensible, et que le temps d'exposition doit être réduit progressivement. Enfin, si vous opérez avec un objectif double, vous arriverez à ne pouvoir interrompre assez tôt l'action de la lumière.

L'opérateur se décide alors à faire quelque chose de merveilleux : il veut arrêter et fixer sur sa plaque de verre, pour l'admiration du monde entier, quelqu'un de ces éclairs rapides, de ces sourires fugitifs qui passent sur le visage de la beauté ou de l'enfance, comme les légères brises du printemps sur un lac tranquille. Ayant préparé sa plaque et saisissant à propos une heureuse attitude ou une délicieuse expression, il fait son épreuve, puis il court dans son laboratoire, et se réjouit d'avance du chef-d'œuvre qu'il va produire. Il développe son image : à peine a-t-elle commencé à paraître, dépassant par sa prodigieuse beauté tout ce qu'il pouvait espérer, qu'elle noircit peu à peu et finit par disparaître entièrement sous un épais voile de deuil.

Après avoir décidé, à la suite de cette expérience trop concluante, que la photographie, comme bien d'autres choses sous le soleil, n'est que vanité et désillusion, l'opérateur attristé cherchera pourtant à s'expliquer les causes de ce phénomène.

Le premier pas à faire dans cette voie de recherches, c'est d'acquérir une connaissance exacte de la condition dans laquelle se trouvait le bain de nitrate quand on a commencé à l'employer, et d'étudier les changements qu'il a subis graduellement.

On trouvera qu'un bain, composé de nitrate d'argent cristallisé, contient presque invariablement un peu d'acide nitrique libre, dont l'effet est de retarder non-seulement le développement de l'image produite, mais aussi, je crois, sa formation.

En essayant le bain avec du papier bleu de tournesol, après que quelques plaques y ont été sensibilisées, on verra que l'excès d'acide, primitivement observé, a sensiblement diminué, sinon complétement disparu. Si le bain est constamment employé jusqu'à ce que les plaques que l'on y a plongées noircissent toutes sous l'action de l'acide pyro-gallique, et qu'on l'éprouve alors de la même manière, on verra alors qu'il est devenu alcalin.

J'ai toujours trouvé que la plus grande sensibilité est produite par un bain aussi neutre que possible. A l'appui de ma propre conviction à cet égard, je citerai ce fait qui m'est communiqué, qu'un membre de notre Société, lorsqu'il veut produire une impression très-rapide, fait usage de nitrate fondu, dont tout l'acide nitrique libre a été expulsé par la chaleur.

Ces observations paraissent en contradiction apparente avec quelques remarques faites dans un mémoire publié il y a quelque temps par le *Journal de la Société photographique*. L'auteur de cette communication recommandait d'ajouter au collodion un peu d'ammoniaque, afin d'augmenter sa sensibilité.

La contradiction, toutefois, n'existe qu'en apparence ; car, si le bain était *acide* (comme il l'est ordinairement lorsqu'il est nouvellement préparé), un collodion légérement alcalin produirait vraisemblablement sous son influence une surface qui serait dans cette condition de neutralité nécessaire pour obtenir de beaux résultats.

L'excès d'alcali suffisant pour détruire un négatif est extrêmement minime. En essayant de rendre sa neutralité à un bain de nitrate contenant 40 onces (un litre) de liquide, j'ai souvent éprouvé qu'une seule goutte d'acide nitrique est plus qu'il ne faut.

Ce fait a été également observé par d'autres membres de notre Société, et surtout par M. Hocken.

Ce qu'on a de mieux à faire, c'est d'ajouter, au lieu d'acide, un peu de nitrate d'argent cristallisé, qui en contient toujours un peu, comme il a été dit.

Au printemps dernier, pendant que j'étais occupé à reproduire des paysages au moyen du collodion, souvent, pour chauffer mon bain, j'exposais le flacon qui le contenait, lorsque je n'avais point de feu, aux rayons du soleil. Le bain était ancien et, par conséquent, plutôt alcalin qu'acide. Après cette exposition, les premières épreuves que je produisais étaient ordinairement très-bien réussies ; elles étaient surtout d'une grande délicatesse dans les parties transparentes. J'attribuais ce succès à la blancheur de la lumière matinale. J'avais raison jusqu'à un certain point. Pourtant, cela devait être aussi l'effet de la précipitation d'une petite partie d'argent par l'action de la lumière, et du dégagement d'acide nitrique qui en est la conséquence.

Si, à la fin d'une journée de travail, le bain paraît être devenu alcalin, on lui restitue sa neutralité en l'exposant quelque temps le lendemain, avant de s'en servir, aux rayons du soleil.

Ces diverses observations amènent naturellement l'opérateur à se poser les deux questions suivantes : 1° comment le bain arrive-t-il à devenir alcalin, d'acide qu'il était d'abord ; et 2° comment peut-on le maintenir toujours dans la condition la plus favorable pour l'obtention rapide des épreuves ?

J'avoue qu'il m'est impossible, pour ma part, de répondre à la première de ces questions.

Nous ne saurions dire jusqu'à quel point la décomposition qui se fait entre le nitrate d'argent du bain et l'iodure de potassium ou d'ammonium du collodion peut être modifiée par la proportion toujours plus grande d'alcool et d'éther absorbée par le bain. Il est extrêmement probable que cela provient de la constitution même du collodion, qui, lorsqu'il est préparé de la manière ordinaire avec de l'iodure de potassium ou d'ammonium, subit, comme chacun le sait, un changement considérable, imparfaitement compris et expliqué jusqu'à présent.

Ignorant les causes qui altèrent ainsi le caractère du bain, il semble impossible d'indiquer avec certitude aucun plan au moyen duquel on puisse lui conserver sa parfaite efficacité. Il est vrai que par les méthodes déjà énoncées, c'est-à-dire l'addition d'un peu de nitrate nouveau, d'une petite quantité d'acide nitrique, ou l'exposition du bain aux rayons solaires, il peut être ramené à une neutralité presque complète. Il serait néanmoins bien préférable que le collodion pût être préparé de façon à conserver lui-même l'équilibre nécessaire du bain.—On peut approcher de ce résultat par différents moyens. Le premier et le plus efficace est d'employer du collodion qui soit ioduré depuis peu de temps. Un autre moyen, recommandé par M. Mayall, est d'ajouter un peu d'iode en excès au collodion préparé. Si ce procédé est adopté, on doit prendre soin que le bain de nitrate d'argent soit tout d'abord neutre.

Une méthode qui promet de meilleurs résultats, c'est l'emploi, dans la préparation du collodion photographique, d'un composé d'iode, dont la base soit de telle nature qu'aucune décomposition ne puisse avoir lieu et que, ne pouvant aucunement être dégagée, cette base ne puisse altérer les qualités du bain sensibilisateur.

De telles propriétés paraissent être celles de l'iodure de cadmium, dont la base métallique, n'ayant point d'affinité particulière pour l'oxygène, peut se trouver en excès dans le bain, sans causer, comme l'ammoniaque, un précipité d'argent sur toute la surface de la plaque sensible.

Il est employé déjà, je crois, par plusieurs photographes ; je ne sais si c'est dans le but que j'ai indiqué.

Dans les faits que je viens d'énumérer, il n'y a rien, je crois, qui n'ait été observé par tous les photographes, et si j'ai pris la liberté de solliciter l'attention de la Société, c'est dans l'espoir qu'en indiquant les difficultés que j'ai rencontrées dans mes propres expériences et les moyens par lesquels je cherche à les détruire, j'amènerai ceux dont les connaissances chimiques sont plus grandes à chercher à leur tour le remède au mal que je signale.

ROGER FENTON.

JACQUES CALLOT.

(Suite.)

Que Callot, étudiant à Florence dans l'atelier de Jules Parigi, ait essayé de manier le pinceau, cela n'est pas impossible, quoique rien ne soit moins établi. Mais qu'il ait produit, en Italie ou ailleurs, des tableaux finis et remarquables, c'est ce qui paraît tout à fait impossible.

Constatons d'abord un fait bien certain : c'est qu'en quittant Rome et l'atelier de Philippe Thomassin, Callot savait à peine dessiner. Il était raide et incorrect. D'ailleurs il travaillait alors pour gagner sa vie ; il n'avait donc pas le temps de se livrer à la peinture, que Thomassin n'a pu lui apprendre, puisqu'il ne la savait pas lui-même.

Si l'on admet pour un moment que Callot, formé par les excellents conseils de Jules Parigi, a essayé de devenir peintre, et qu'il y soit parvenu, il est indubitable que ce génie si franc, si original, si primesautier, a dû marquer ses œuvres de quelque cachet particulier qui, par son originalité, les distinguera de toutes les autres et les fera reconnaître du premier coup d'œil. On ne remarque rien de semblable dans les tableaux qu'on attribue à Callot. Les uns ont le caractère italien, les autres sont dans le genre flamand, d'autres enfin se rapprochent de l'école allemande.

Ce qui a fait attribuer à Callot les tableaux qu'on voit à Rome, à Florence, à Venise, à Munich et à Nancy, c'est que presque tous sont des imitations des gravures qu'il a faites. Cela ne prouve rien autre chose, sinon que la réputation de l'artiste était telle que des peintres, plus ou moins habiles, n'ont pas hésité à fixer sur la toile ses compositions gravées. C'est peut-être la seule fois que les rôles auront été ainsi intervertis, et ce nouveau genre de gloire était réservé à l'illustre Lorrain. Le fait n'en est pas moins certain, et l'on ne fera jamais croire à personne que Callot ait pu peindre en Italie, et dans le goût de l'école italienne, la série de douze tableaux qu'on montre au palais Corsini, et que Nibbi appelle la *Vie du Soldat*, en les attribuant à notre maître. On a vu que les gravures originales ont été inspirées à Callot lors de l'invasion de la Lorraine, quinze ou dix-huit mois avant sa mort; les tableaux n'ont donc pu être exécutés en Italie. Puis, si l'on rapproche par la pensée ces toiles de celles qu'on voit à Nancy, on est forcé de convenir que la même main n'a pas pu exécuter les unes et les autres.

Il y a quelque chose de plus fort et de plus convaincant que les raisonnements, les appréciations, les attributions intéressées faites par les possesseurs ou par les gardiens, c'est le silence des auteurs contemporains et de ceux qui ont écrit sur la peinture. Baldinucci, qui a connu les nombreux amis que Callot avait laissés à Florence, a décrit avec un soin minutieux une grande partie de son œuvre gravée ; mais il ne dit pas un seul mot de ses tableaux. Le même silence est gardé par le Florentin Lanzi, conservateur de la galerie de Florence, qui n'aurait pas manqué d'y recueillir les renseignements dont Baldinucci aurait négligé de profiter. C'est au dix-neuvième siècle seulement qu'on a imaginé de compter Callot parmi les peintres. Il est certain que telle n'était pas l'opinion de Félibien qui a connu Deruet, Henriet et peut-être notre artiste lui-même dont il dit formellement « qu'il n'a *pas rang parmi les peintres*. » Cet auteur ajoute, en comparant Callot à Tempesta : « Il n'entrait pas si avant dans la science de la peinture, et ne possédait pas une connaissance si générale de tout ce qui en dépend. » Il semble résulter de ce passage que Callot a essayé de peindre et qu'il a médiocrement réussi. C'est aussi l'opinion de Mariette, et nous croyons que telle est l'exacte vérité. Les quelques mots de Félibien nous confirment dans cette opinion avec d'autant plus de raison que cet auteur, au moins aussi minutieux que Baldinucci, ne cite pas un seul des tableaux attribués à Callot; et cependant il n'a garde d'oublier les productions, même les plus médiocres, des artistes contemporains, tels que George Lallemant, Bellange, Deruet, etc.

On ne doit pas négliger, dans la question qui nous occupe, une considération qui a une certaine importance. Presque toutes les gravures de Callot sont signées. Cette signature se voit bien rarement sur les tableaux qu'on lui attribue. Comment supposer qu'un maître ait eu des habitudes si différentes pour la peinture et pour la gravure ! Comment se rendre compte de cette absence de signature sur un assez grand nombre de toiles, alors que celles de Bellange et de Deruet, compatriotes et contemporains de Callot, révèlent souvent les noms de leurs auteurs?

Ce n'est pas tout encore : si Callot a peint, alors même que ses tableaux n'auraient pas obtenu un grand succès, au moins doit-on admettre qu'il avait autant de talent que Bellange et Deruet, dont la réputation était infiniment au-dessous de la sienne. Dès lors, comment se fait-il qu'on trouve presqu'à chaque page des comptes tenus par le trésorier général de Lorraine des mentions de payements faits, non-seulement à Bellange et à Deruet, mais encore à une foule d'autres peintres très-secondaires (1), tandis qu'on n'y voit pas figurer une seule fois le nom de Jacques Callot?

Enfin, et cette dernière considération nous semble toute-puissante, l'épitaphe que la veuve, les frères et les amis de Callot ont fait inscrire sur son tombeau, ne mentionne pas qu'il ait été peintre. Le mot *pictor* n'accompagne pas le mot *calcographus*, dans les lignes où l'on rappelle les titres de gloire de l'illustre défunt. Ce silence est remarquable. Pourquoi donc voudrions-nous aujourd'hui donner au maître lorrain un talent que ses contemporains, ses amis, sa famille ne lui ont pas reconnu?

Il résulte de ce qui précède qu'il n'est nullement démontré que Callot ait peint. Sans doute il essaya de manier le pinceau ; mais tout concourt à prouver que cette tentative fut infructueuse. S'il a produit quelques esquisses dans le genre du *Saint-Sébastien* qui se conserve parmi les dessins du Louvre, il n'a jamais fait, en peinture, aucun ouvrage digne de passer à la postérité. Il n'a même pas voulu prendre la brosse pour exécuter les décorations du *Combat à la barrière;* il a laissé ce soin à son ami Deruet, ainsi qu'il le déclare lui-même dans l'épître à Mme de Chevreuse, qui précède le récit de Henry Humbert.

Si nous ne possédons pas de bons tableaux de Callot, il nous reste un nombre considérable de dessins au crayon, à la plume et au bistre, qui doivent, à très-juste titre, attirer l'attention des connaisseurs. On y reconnaît la sûreté de main unie aux vives allures du maître, qualités qu'on ne retrouve plus dans les tableaux faussement attribués à son pinceau et qui ne sont en général que de froides copies ou d'habiles imitations.

Callot est assez riche de son propre fonds, sans que nous venions aujourd'hui lui donner un talent qu'il n'eut pas et dont ses contemporains ne nous ont pas transmis le souvenir. Tout son génie est dans les pièces authentiques, irrécusables, qui composent son œuvre gravée, dont il n'existe aucune description complète. Nous allons, dans la limite de nos forces et de nos connaissances, essayer de combler cette lacune. Ce sera l'objet de la seconde partie de notre travail.

Nous ne pouvons toutefois quitter la plume sans faire une dernière réflexion et sans exprimer un vœu. Les Athéniens voulaient que l'artiste le plus habile fût nourri au Prytanée et aux frais de l'État. Il s'y asseyait, couronné d'olivier, entre les plus grands capitaines, les philosophes et les premiers magistrats de la république; sa place était marquée au premier rang dans tous les théâtres. Ces honneurs lui imposaient l'obligation de conserver la prééminence, car si un autre était jugé plus habile, il dépossédait son devancier (1). Callot a été et il est resté le prince de la gravure. Pendant plus de deux siècles, nul n'a pu le détrôner et conquérir la palme que lui avaient décernée ses contemporains. Comment donc se fait-il que, dans sa ville natale, aucun honneur public ne lui ait été rendu? Espérons qu'un jour viendra où justice sera faite, et que nous verrons enfin, sinon la statue, du moins le buste du grand artiste, du grand citoyen, du grand homme.

EDOUARD MEAUME.

(1) M. Lepage en a donné la liste à la fin du *Palais ducal*. Parmi eux se trouve le nom de Jean Callot, neveu du grand graveur. Il a peint 12 paysages, etc. Cette mention dans un compte de 1654 ne peut s'appliquer, comme l'a pensé M. de Haldat, à Jacques Callot, mort en 1635.

(1) Aristoph., *Grenou.*, acte III, sc. I. — Sam. Petit, *Lois attiques*, L. V, tit. 6.

Quelques personnes ayant lu dans les journaux des nouvelles alarmantes et entièrement controuvées sur la santé de M. de Lamartine, en ont conclu que le CIVILISATEUR ne serait pas continué par l'écrivain. Nous sommes priés de démentir ces bruits sans aucune espèce de fondement. Les travaux assidus de M. de Lamartine, pour personnifier l'histoire universelle dans les hommes les plus éclatants et les plus utiles à l'humanité, n'ont été interrompus depuis un an par aucune indisposition. Il rapporte à Paris dans quelques jours les biographies rédigées d'avance pour alimenter le CIVILISATEUR pendant quinze mois. Il publie en ce moment la vie du mécanicien Jacquard ; celle de Cromwell, celle de César, celle d'Alexandre le Grand, celle de saint Vincent de Paul, celle de Mahomet, celle de Marat, celle du Tasse, celle de Bossuet, celle de Guillaume Tell, etc., sont écrites. Toutes les mesures sont prises pour que ce journal historique universel dépasse les promesses faites par le laborieux auteur à ses dix mille abonnés.

M. le comte de Nieuwerkerke a été élu samedi dernier membre de l'Académie libre des Beaux-Arts, en remplacement de M. Aristide Dumont, récemment décédé. Les votants étaient au nombre de 39. M. de Nieuwerkerke a obtenu 30 voix, et son concurrent, M. le prince de la Moskowa, 9.

C'est aujourd'hui qu'aura lieu l'élection au siége laissé vacant dans la section d'architecture par la mort de M. Fontaine. Les candidats présentés par la section sont : MM. Gilbert, Callet, Gisors, Isabelle et Viollet-Leduc; ceux qu'a présentés l'Académie sont : MM. Baltard, Van Clemputte, Lequeux, Rohaut de Fleury et Albert Lenoir.

ERRATUM. Tout le monde connaît le multiplicateur breveté de MM. MAYER frères, et l'on aura reconnu de suite que c'est par erreur qu'on a imprimé dans le dernier numéro, à l'article *Statistique*, *Mayn* pour *Mayer*.

Nous ne relèverons pas quelques légères fautes d'impression qui se sont glissées à la fin du même article, nos lecteurs les ont corrigées avant nous.

Toutes les demandes et réclamations relatives au service, toutes les lettres et communications relatives à la RÉDACTION, doivent être adressées (*affranchies*) à M. Ernest LACAN, rédacteur en chef, au bureau du journal. — *Toute lettre non affranchie sera rigoureusement refusée. Les demandes d'abonnement doivent être accompagnées d'un bon sur la poste, à l'ordre du Gérant.*

Le Propriétaire-Gérant, ALEXIS GAUDIN.

TYPOGRAPHIE HENNUYER, RUE DU BOULEVARD, 7. BATIGNOLLES. Boulevard extérieur de Paris.

TROISIEME ANNÉE. N° 49. SAMEDI, 3 DÉCEMBRE 1853.

LA LUMIÈRE

REVUE DE LA PHOTOGRAPHIE.

BEAUX-ARTS. — HÉLIOGRAPHIE. — SCIENCES.

JOURNAL NON POLITIQUE, PARAISSANT LE SAMEDI.

BUREAUX, à Paris, 9, rue de la Perle. **BUREAUX**, à Londres, 67, Newgate-street, City.

ABONNEMENTS.—*Paris*, UN AN, 20 FR.; 6 MOIS, 12 FR.; 3 MOIS, 7 FR.; *Départements*, UN AN, 22 FR.; 6 MOIS, 13 FR.; 3 MOIS, 8 FR.; *Étranger*, UN AN, 25 FR.; 6 MOIS, 15 FR.; 3 MOIS, 10 FR.

A partir du 1er septembre dernier, le prix de l'abonnement au journal LA LUMIÈRE *a été fixé de la manière suivante :*

PARIS.

UN AN...............	20 FR.
SIX MOIS............	12
TROIS MOIS..........	7

DÉPARTEMENTS.

UN AN...............	22
SIX MOIS............	13
TROIS MOIS..........	8

ÉTRANGER.

UN AN...............	25
SIX MOIS............	15
TROIS MOIS..........	10

SOMMAIRE.

LA PHOTOGRAPHIE EN ANGLETERRE.

(Suite.)

(Correspondance particulière de la *Lumière*.)

—

MOYENS D'OPÉRER SANS NITRATE D'ARGENT. — PROCÉDÉS DE SIR JOHN HERSCHEL. — Dans l'usage où nous sommes d'employer le nitrate d'argent comme base des opérations photographiques, nous sommes trop enclins à oublier qu'il y a d'autres sels, en nombre considérable, qui sont impressionnables à la lumière. En photographie, comme en bien d'autres choses, on parait suivre l'impulsion donnée et l'exemple des plus proches, sans penser à se frayer une autre route, ou à essayer de passer les limites prescrites par l'habitude, et de gagner un terrain à soi. Beaucoup même des investigateurs zélés ne font qu'aller tête baissée dans les voies de recherches les plus usuelles, en évitant les chemins moins tracés, et en prenant pour infaillible l'avis de ceux qui les ont devancés et qui leur ont dit que rien ne se trouverait ailleurs. La plupart des opérateurs savent à peine s'il y a, outre les sels d'argent et d'or, d'autres substances dans tout le royaume de la nature qui soient efficaces en photographie. Nous sommes bien aise de trouver que dans la nouvelle Société de Liverpool ce fait important n'est pas oublié, et qu'on fait des recherches dans la route ouverte depuis longtemps par sir John Herschel, mais très-peu suivie jusqu'ici, faute de curiosité scientifique, et faute de courage pour braver les insuccès.

Aux procédés *cyanotypiques*, ou ceux dans lesquels on emploie du cyanogène, on objecte que la sensibilité est diminuée, et qu'ils sont, par conséquent, trop lents; mais ils mènent à de grandes beautés de résultats, à des observations curieuses, et ils ont l'avantage d'être très-simples.

« Du papier, qui est simplement lavé avec une solution de ferro-sesqui-cyanure de potassium, dit sir John Herschel, est très-sensible à l'action de la lumière. Après une exposition au soleil d'une demi-heure ou d'une heure, un très-beau négatif est obtenu, par le dépôt de bleu de Prusse qui est facilement fixé en trempant seulement l'épreuve dans de l'eau qui contient en dissolution un peu de sulfate de soude. Quand le papier est sec, l'image est d'un bleu lavande, d'un effet singulier, sur le fond jaune verdâtre qui est produit par la solution saline. Après le lavage, la couleur du fond disparait, et l'épreuve devient d'un bleu brillant sur fond blanc. Si elle a été trop longtemps exposée, le fond devient brunâtre ou jaunâtre mas on n'obtient pas d'intensité plus grande en continuant l'exposition.

« Si le papier est lavé avec une solution d'ammonio-citrate de fer, puis séché, puis lavé avec du ferro-cyanure jaune de potassium, il n'y a pas de formation immédiate de bleu de Prusse; mais le papier prend rapidement un ton pourpre violet, qui devient plus foncé après quelques minutes, en séchant, et même presque absolument noir. A ce point, nous avons un papier photographique positif d'une grande sensibilité, qui donne des images très-vigoureuses et d'une grande netteté, mais qui redeviennent noires spontanément et s'effacent bientôt. Le papier cependant garde encore sa sensibilité et peut recevoir d'autres images, qui s'effacent à leur tour, sans aucune possibilité, à ce qu'il me semble, de les fixer; ce qui est à regretter, car les images sont belles, et le papier est très-facilement préparé. Si on les lave avec de l'ammoniaque, elles sont oblitérées, mais elles reparaissent bientôt, avec les lumières et les ombres renversées. Dans cet état, on les fixe, et on enlève l'ammoniaque et tout ce qu'il dissout, en lavant à l'eau; alors la couleur est d'un bleu de Prusse pur, qui devient plus foncé au bout de quelque temps. Si l'on mélange la solution, il en résulte une encre d'un violet très-noir, qui se gardera bien dans une bouteille opaque, et fournira de suite, par un seul lavage, le papier positif mentionné ci-dessus, qui est plus sensible quand il est mouillé. »

Sir John Herschel fait remarquer que les divers procédés cyanotypiques semblent être sans nombre; mais un des procédés qu'il décrit mérite particulièrement d'être cité, pour les résultats qu'il donne, et comme preuve de ce que peuvent produire les sels ammoniacaux et les sels de fer cités ci-dessus, c'est-à-dire recevoir une image latente, susceptible d'être développée par une grande variété d'agents continuateurs. On passe tout simplement sur le papier ammonio-citraté, qui a reçu l'image latente, une couche *très-claire et très-égale* de la solution du ferro-cyanate jaune ordinaire (prussiate de potasse). L'image latente, qui doit être à peine visible, est négative. Aussitôt que le liquide est appliqué, l'image négative s'efface, et une positive, d'un bleu violet sur un fond jaune verdâtre, vient lentement la remplacer; elle possède, à un certain moment, une grande netteté, ainsi qu'une beauté et une délicatesse singulières de ton. Si, à cet instant, on la plonge dans l'eau, elle passe aussitôt au bleu de Prusse, en perdant cependant beaucoup de sa netteté, et devenant quelquefois toute confuse. Si on diffère de la plonger dans l'eau, l'image, après avoir acquis un maximum de netteté, devient rapidement confuse, surtout si l'on a passé sur le papier plus de la solution qu'il n'en peut absorber, ou si on l'a appliquée irrégulièrement. On a alors l'effet d'une gravure sur bois mal imprimée, toutes les teintes fortes s'entremêlant, et les demi-teintes étant perdues entièrement. Pour prévenir cette confusion, on ajoute à la solution de prussiate, de la gomme arabique qui l'empêche de se trop répandre dans les pores du papier, et permet au bleu de Prusse de s'agglomérer et de se fixer. On peut aussi, par ce mélange, répandre sur la surface une couche plus mince et plus égale. Quand elle est parfaitement sèche, on peut. si le développement n'est pas suffisant, répéter l'application.

En opérant ainsi, sir John Herschel dit avoir réussi quelquefois à produire des images d'une grande beauté et d'un effet très-riche, qu'elles conservent avec un certain degré de fixité, entre les feuilles d'un livre, si elles ne sont pas plongées dans l'eau; elles passent à une lumière forte, mais elles reprennent leur vigueur à l'ombre. Ce procédé cependant est délicat, et on obtient rarement de succès complet. Sir John Herschel dit encore :

« Si l'on ajoute du sulfo-cyanate de potasse à l'ammonio-citrate, ou de l'ammonio-tartrate de fer, le rouge que cela donne aux sels de fer ne se produit pas, mais il parait de suite en ajoutant une ou deux gouttes d'acide sulfurique ou nitrique réduit. Si l'on répand de ce liquide rouge sur du papier, il blanchit à l'ombre. Mais si l'on ajoute encore de l'acide, ce papier recevra une image positive avec une grande rapidité; mais cette image est pâle, et s'efface, et je ne connais, quant à présent, aucun moyen de la fixer. »

Ce résumé de quelques expériences de sir John Herschel donnera une idée de ses investigations dans cette direction. Ses recherches ont été bien plus étendues, mais nous ne pouvons les décrire ici; il a notamment employé alternativement, avec les solutions données ci-dessus, ou dans d'autres préparations, du mercure, du plomb, etc. Les observations qui ont résulté de ses expériences ont sans doute attiré vivement l'attention de tous ceux qui se sont occupés de ces recherches. Pourtant, la route qu'il avait tracée a été presque abandonnée. Toutefois, quelques travailleurs sérieux se sont trouvés de temps en temps qui ont fouillé courageusement dans cette carrière, comme MM. Hunt, Bingham, Mungo Ponton, qui, lui aussi, en déterrant une autre substance d'application précieuse, le bichromate de potasse, a tourné l'attention vers l'emploi des sels de chrome; et les procédés qui en sont résultés, et ceux qui pourront encore être trouvés, seront probablement plus importants et d'application plus utile que ceux dont nous venons de parler. Si donc il se trouve, dans les Sociétés nouvellement formées, des chercheurs patients, qui se vouent avec un zèle plus ou moins continu au perfectionnement de ces procédés, en se communiquant leurs expériences et en s'assistant mutuellement, il ne sera peut-être pas impossible d'arriver à accélérer ces procédés, et à fixer leurs résultats d'une manière assurée.

C'est pourquoi nous parlerons de ce qui a été communiqué à la Société de Liverpool, non pas pour les résultats obtenus jusqu'ici, mais surtout pour la route indiquée.

FRANK SCOT.

SCIENCES.

—

Séance de l'Académie des sciences du lundi 28 novembre. —La séance publique de lundi dernier a été très-courte, comme les précédentes. L'honorable M. Biot a témoigné le désir de ne pas faire partie de la Commission chargée de préparer une liste de candidats pour la place de secrétaire perpétuel; en conséquence, M. le président a invité l'Académie à se former en comité secret immédiatement après la séance. Cet incident a renouvelé les préoccupations, à peine calmées, de la nombreuse assemblée, et M. le secrétaire perpétuel Flourens a demandé l'autorisation, vu l'urgence, de remettre à lundi prochain le dépouillement de la correspondance. Il y a quelques mois, lors du voyage de M. Arago, dans une circonstance à peu près semblable, la correspondance et les mémoires, lus ou non, *étaient mis à la disposition des rédacteurs de journaux*, dans les bureaux du secrétariat. La publicité suivait alors son cours sans interruption, les auteurs ou inventeurs retrouvaient au moins, dans les recueils hebdomadaires, sinon dans les comptes rendus des séances, une analyse de leurs travaux; ils prenaient patience, car ils tenaient dans leurs mains ces titres *à la priorité* dont ils se montrent tous très-jaloux. Que la Commission administrative nous permette de lui soumettre très-humblement ces considérations, et d'exprimer les vœux que nous formons pour qu'elle revienne, quand elle le croira opportun, sur une décision qui, en entravant la publicité, a surpris aussi étrangement les amis de la science qu'elle les a vivement affligés.

— MM. Leverrier et Boussingault ont lu des mémoires qui présentaient le plus grand intérêt. Le célèbre astronome, stimulé par l'annonce de la découverte d'une vingt-septième petite planète, et prévoyant que ces découvertes se multiplieront à l'infini, pense que le moment est venu de poser les bases d'un nouveau système concernant les perturbations des planètes et la constitution de ces masses qu'on ne doit plus considérer comme des éclats d'un corps primitif, mais bien comme des astres créés et décrivant leur orbite régulièrement, en suivant certaines lois. Entré dans cette voie et tenant en main ses tables de prodigieux calculs, il suit, à travers les espaces immenses, la marche des vingt-six premières planètes, les observations de la vingt-septième étant trop récentes; et, prenant pour point de comparaison le périhélie de Mars, et pour unité la distance du Soleil à la Terre, il énumère dans ce premier mémoire les innovations qu'il se propose d'introduire dans le système planétaire admis jusqu'à ce jour.

M. Boussingault, le savant chimiste, analyse pendant des mois consécutifs les eaux météoriques, pluie, brouillard, rosée, etc. Il recherche et il trouve les parcelles infiniment petites d'ammoniaque contenues dans chacune des prises de ces eaux, et ces prises donnent souvent lieu à soixante-quinze opérations ou expériences; il dissèque, pour ainsi dire, l'atmosphère, l'air que nous respirons. Ces expériences sont répétées en toutes saisons, à toutes les heures du jour ou de la nuit. Il prouve qu'il y a dans la pluie qui commence à tomber tant de milligrammes d'impuretés de plus que dans la pluie qui cesse. Puis, en nous entretenant de ces curieuses études sur l'atmosphère, il nous conduit de la zone intertropicale à l'équateur. Là, si vous prêtiez une oreille attentive, vous entendriez continuellement gronder le tonnerre: mais ces tempêtes perpétuelles soulèvent les flots de la mer; les vents balayent des vapeurs d'eau que M. Arago appelait *la poussière de l'Océan*; les nuages se forment et transportent au loin ces vapeurs qui recueillent et introduisent dans l'atmosphère des matières organiques en dissolution, produites par le contact entre les innombrables animaux qui peuplent l'Océan et l'air que nous respirons. De là peuvent venir souvent des influences pernicieuses dont on cherche en vain les causes.

S. A. le prince Charles-Lucien Bonaparte a lu ensuite la première partie d'un mémoire qui lui avait été adressé d'Amérique par un savant ami: c'est la relation de plusieurs voyages d'exploration faits dans ces immenses contrées, si peu connues des Européens, et un résumé des observations faites sur les lieux mêmes dans diverses contrées, concernant la zoologie, la géologie, etc. Nous espérons que le prochain compte-rendu des séances nous mettra à même de donner quelques extraits de ces travaux très-intéressants et des curieux et précieux documents qu'ils renferment.

M. le secrétaire perpétuel Flourens a profité de quelques moments d'interruption pour faire part d'une communication comprise dans le dossier de la correspondance et à laquelle il a cru devoir donner un tour de faveur, afin de n'en pas retarder d'un seul jour la publicité.

M. Bremmard a découvert le moyen d'arrêter les trop rapides et mortels empoisonnements produits par les morsures des serpents venimeux. Des substances chimiques connues, et qu'il est facile de se procurer, infiltrées dans le sang, à l'aide d'un instrument à piston, neutralisent les effets du pernicieux venin. On doit aussi laver les plaies avec des solutions d'iode ou d'iodure de potassium. M. Bremmard, pour s'assurer de l'efficacité du remède qu'il indique, a fait de nombreuses expériences sur des oiseaux et des animaux domestiques, et elles ont toutes présenté les résultats les plus satisfaisants.

M. le secrétaire perpétuel a déposé sur le bureau, au nom de M. François Delessert, membre de l'Académie des sciences, trois volumes contenant les états de la population de la Grande-Bretagne, ouvrage qui a été adopté par le Parlement, dans sa dernière session.

— La dernière planète découverte par M. Lind a eu un illustre parrain, Alexandre Humboldt, qui l'a nommée *Proserpine*.

Cette nouvelle est donnée par *l'Ateneo italiano*, publication mensuelle italienne dont le deuxième numéro vient de paraître chez l'éditeur Victor Masson. *L'Ateneo italiano* est un recueil de documents et mémoires sur les progrès des sciences physiques, sous la direction de MM. de Luca et Dr Müller.

— La publication des *Œuvres complètes de M. Arago*, qui a été cédée, dit-on, par la famille à un de nos premiers éditeurs, paraîtra bientôt.

Ces *Œuvres* formeront douze volumes in-8°. Le premier volume contient l'histoire de la jeunesse de l'auteur, écrite par lui-même. Les deuxième et troisième volumes sont réservés aux notices biographiques et éloges historiques.

Les notices scientifiques composeront les quatrième, cinquième et sixième volumes. Le *Traité d'astronomie populaire*, auquel le célèbre savant a consacré une partie des dernières années de sa vie, et qui est entièrement inédit, formera les volumes sept et huit. Les mémoires scientifiques seront réunis dans les volumes neuf et dix. Plusieurs ont paru dans les Annuaires, mais sur dix il n'y en a eu que six de publiés. Les rapports académiques, les détails et instructions concernant les voyages scientifiques, seront contenus dans le volume onze.

La vie politique de l'auteur, ses rapports aux Chambres, au Conseil municipal, ses discours à l'Assemblée constituante, etc., réunis dans le douzième volume, termineront la série de cette importante publication.

APPAREIL SIMPLIFIÉ

POUR LA PRODUCTION DES ÉPREUVES A L'USAGE DU STÉRÉOSCOPE.

Lorsque j'ai interrompu ma discussion avec M. l'abbé Moigno, relativement aux chambres binoculaires, j'avais encore quelque chose à dire; mais, avant de terminer, je voulais connaître l'opinion de M. Claudet sur ce sujet. Les extraits de sa brochure sur le stéréscope, qui ont paru dans *la Lumière*, m'ont montré que M. Claudet n'indique pas de distance fixe pour la séparation des objectifs, ni de formule précise à suivre pour faire varier cette distance en raison de l'éloignement des objets à reproduire.

En examinant des épreuves stéréoscopiques faites par l'ancien procédé, c'est-à-dire en espaçant largement les objectifs, j'ai toujours été frappé d'un fait: il m'a toujours semblé avoir sous les yeux un *petit modèle* des objets représentés, d'une délicatesse charmante, il est vrai, mais qui m'ôtait toute illusion *sur leur grandeur réelle*. Cette singulière apparence est la conséquence toute naturelle du procédé: on opère sur les objets éloignés, de manière à leur donner le relief que nous présentent les objets que nous examinons à la portée de la main; l'effet désiré se produit, mais il est inséparable d'un rapetissement considérable dans les dimensions de l'objet représenté. De ce que la vue tourne autour des parties saillantes, nous en concluons invinciblement que l'objet est très-voisin de nous, et, en raison de ses dimensions apparentes, il nous semble excessivement réduit; par conséquent, les portraits perdent toute leur vie et ressemblent à des marionnettes; et les vues ne figurent que de petits modèles composés de petites maisons, avec de petits arbres, de petites rivières et de petits habitants.

Le stéréoscope est encore très-peu connu et très-peu répandu; cependant il viendra un temps où cet instrument sera dans toutes les mains; chacun voudra avoir alors son portrait pour stéréoscope établi dans les meilleures conditions.

L'appareil binoculaire de M. Quinet a été un premier pas dans cette voie. Je me suis assuré que, à toute distance, il représentait les objets absolument comme nous les voyons avec nos deux yeux; mais je ne saurais aucunement attribuer ce résultat à la construction des objectifs de M. Quinet. Les objectifs prismatiques qu'il emploie sont utiles pour l'usage d'une seule plaque de métal ou de verre, et pour la mise au point simultanée des deux images: c'est un appareil très-commode pour la production des images; mais il existe une très-grande difficulté pour achromatiser des objectifs prismatiques; de sorte que la perfection des épreuves se trouve sacrifiée pour une disposition qui n'est commode qu'en apparence.

En effet, quand les deux images sont sur une même plaque, il est indispensable de les séparer, puisqu'on est obligé de les intervertir pour les soumettre au stéréoscope; il n'est même venu à l'idée de personne d'opérer sur une plaque unique, quand on emploie le doublé d'argent.

De tout cela je conclus qu'on pourra construire des chambres binoculaires propres à produire des épreuves pour le stéréoscope, en espaçant les objectifs depuis 7 centimètres jusqu'à 1 ou 2 décimètres. A 7 centimètres, on aurait des épreuves pour le stéréoscope donnant le relief tel qu'on le voit avec les deux yeux à toute distance: avec l'intervalle de 1 ou 2 centimètres entre les centres des objectifs, on aurait un effet intermédiaire entre les épreuves produites par le quinétoscope et celles que j'appelle petit modèle.

Si donc on place sur une planchette deux petites chambres obscures, munies chacune d'un objectif achromatique simple ou à verres combinés de 12 à 15 centimètres de foyer, et travaillés sur les mêmes bassins, chaque chambre obscure tournant sur un pivot placé à l'aplomb des objectifs, il suffira d'adapter à l'arrière des chambres obscures deux tiges en cuivre d'égale longueur, aboutissant à un bouton avec vis de pression, se mouvant dans une rainure, pour faire converger les axes des objectifs vers un même point en avant, à mesure que le bouton à vis, en s'avançant dans sa rainure, fera faire un angle plus obtus aux tiges ou bras de cuivre adaptés à l'arrière des chambres obscures.

Avant de faire mouvoir le bouton à vis de pression, il faudra fixer solidement le bâtis des chambres obscures dans une position telle que le point milieu du tableau se trouve dans la direction de la rainure de ce bouton, ce qui s'obtiendra facilement au moyen de deux points de mire fixés sur une règle en bois occupant l'entre-deux des chambres obscures, verticalement au-dessus de la rainure et en avant.

Après avoir visé ces deux points de mire de la planchette, il est évident que les deux images se présenteront d'une façon identique dans les deux chambres, quand le point milieu aura été amené sur la ligne verticale tracée sur les glaces dépolies: de sorte qu'en mettant au point l'une des chambres obscures, on pourra fixer le bouton, et la mise au point de la seconde chambre s'effectuera sans s'inquiéter de la position du bouton à vis, qui sera toujours bien déterminée par la première opération.

Un intervalle de 10 à 15 centimètres entre les centres des objectifs, dans leur position parallèle, sera donc suffisant: cet intervalle diminuera par la convergence des points de visée, en raison de leur rapprochement.

Pour donner et interrompre la lumière, il suffira de disposer en avant des objectifs un écran, d'une seule pièce, en tissu imperméable à la lumière, qui sera soulevé avec la main, comme je l'ai toujours recommandé, pour ménager la lumière du ciel et des lointains.

De la possibilité d'obtenir un relief suffisant, en plaçant le centre des objectifs à 1 décimètre pour toute distance, il résulte, comme on le voit, une grande facilité pour la construction et l'emploi de chambres binoculaires, pouvant donner des images simultanées et instantanées. Les objections qu'on pourrait y faire sont purement spéculatives et fondées sur un principe essentiellement mauvais, qui suppose la bonté des épreuves en rapport direct avec l'intensité du relief; tandis qu'un relief modéré, aussi près que possible du relief naturel, doit être au contraire la règle à suivre, si l'on ne veut pas produire des monstruosités de toutes sortes.

M.-A. GAUDIN,
Calculateur du Bureau des Longitudes.

ÉPREUVES DE M. MOULIN.

Si M. Moulin est un de nos habiles photographes, il est aussi un de ceux qui produisent le plus. Il travaille sans cesse et, nous pouvons le dire, il fait toujours mieux. Il y a quelque temps, nous le félicitions d'avoir adopté la photographie de genre, et de s'attacher à reproduire des figures, des groupes, des sujets composés. Depuis il a continué, et ses cartons contiennent aujourd'hui plusieurs centaines de clichés. Ces épreuves sont très-intéressantes et révèlent pour la plupart une vraie intelligence de l'art. On sent que M. Moulin a une grande expérience des manipulations photographiques et qu'il sait tout ce qu'elles peuvent produire. Son modelé est généralement très-ferme, ses lumières bien disposées, ses figures habilement groupées. Le ton de ses épreuves positives est vigoureux sans sécheresse.

Nous avons sous les yeux une épreuve charmante de cet artiste, *les Buveurs*. Ils sont attablés dans un cabaret; le nombre de bouteilles qu'ils ont vidées à eux deux explique surabondamment l'expression joviale de leur visage. L'un raconte, l'autre allume sa pipe en écoutant. La pose de ce dernier est d'un naturel incroyable. La tête penchée, les yeux fixés sur le charbon qu'il tient avec des pincettes et qu'il appuie sur le foyer de sa longue pipe, il aspire avec volupté les premières bouffées de la fumée enivrante du *caporal*. Cette petite scène est très-bien rendue. Elle est faite en plein soleil, ce qui ne l'empêche pas d'être très-harmonieuse de ton et d'avoir conservé toutes ses demi-teintes.

M. Moulin nous a montré quelques portraits bien réussis, entre autres un groupe composé d'une mère et de son enfant, qui est, à notre avis, une des meilleures choses que cet artiste ait produites. Nous avons vu avec plaisir que M. Moulin a suivi le conseil que nous avons donné plusieurs fois aux opérateurs qui font des portraits, de placer derrière leurs modèles des fonds peints pour animer le sujet, et donner un intérêt de plus à l'épreuve.

M. Moulin a fait aussi quelques bonnes reproductions de gravures au collodion. Elles nous ont fait regretter la médiocrité des originaux, mais elles prouvent que ce photographe a étudié tous les genres, et qu'il arrive à de bons résultats dans chacun d'eux.

Nous citerons un fait qui montre que la photographie de genre peut trouver parfaitement son application dans l'industrie. *La Fileuse* de M. Moulin, dont nous avons parlé dans un précédent article, vient de lui être achetée par un fondeur qui veut en faire un modèle de pendule. Ce groupe sera modelé en cire, puis coulé en bronze et livré au commerce. Plusieurs autres épreuves du même artiste lui ont été achetées dans le même but.

C'est là un nouveau débouché que l'industrie ouvre à la photographie.

COLLODION.

Le *Journal de la Société photographique de Londres* a publié divers passages de lettres écrites par M. Maconochie à M. Roger Fenton, contenant des renseignements curieux, et que nous croyons de nature à intéresser nos lecteurs. En voici la traduction :

« ... Je crois qu'il est infiniment préférable de composer un collodion qui soit stable et puisse conserver longtemps ses propriétés, plutôt que de chercher à obtenir une solution extra-sensible, mais nécessairement très-variable, et qui, donnant d'abord des résultats instantanés, perdra tôt ou tard sa sensibilité et deviendra complétement inutile. J'ai donc pour système de faire un bon et durable collodion, que j'iodure principalement avec une solution alcoolique d'iodure double de potassium, obtenue en précipitant une solution d'ammonio-nitrate d'argent, au moyen d'une solution d'iodure de potassium, et en dissolvant une seconde fois tout ce précipité (après l'avoir bien lavé à l'eau et à l'alcool), par le moyen d'une solution alcoolique d'iodure de potassium, contenant une trace de bromure de potassium (1). L'alcool ainsi ioduré est mélangé ensuite avec l'éther pour dissoudre le coton.

Je laisse reposer le mélange d'éther et d'alcool ioduré pendant quelque temps, puis je le décante soigneusement, en prenant garde que la plus petite partie du potassium en excès, ou du précipité qui s'est déposé au fond du vase, ne s'en détache. C'est à ce liquide ainsi clarifié que j'ajoute mon coton soluble (et non du coton-poudre).

J'obtiens ainsi mon collodion *normal*. Les proportions en sont facilement réglées.

Il peut servir parfaitement pour la reproduction de la nature immobile (*still life*), et lorsque le temps d'exposition n'est pas limité trop strictement; mais il peut être rendu sensible jusqu'à l'instantanéité par l'addition d'iodure de fer, lequel iodure est préparé également de façon à ne point varier. Deux gouttes par 30 grammes de collodion suffisent généralement pour opérer cette sensibilisation.

Les flacons qui contiennent ce collodion doivent être tenus exactement bouchés et presque pleins.

La force du bain sensibilisateur doit être en proportion de la quantité d'iodure de fer ajoutée, et le collodion peut être rendu tellement sensible, que l'image est apparente sur la plaque, avant même qu'elle soit soumise à l'action des agents continuateurs.

En juin dernier, j'ai pris une vue de l'inauguration de la statue du duc de Wellington, à Edimbourg. Je m'étais arrangé de façon à ouvrir et refermer instantanément l'objectif au moment où l'on découvrirait la statue; eh bien! mon épreuve a reproduit la foule, la statue, et même la toile qui la couvrait, *tombant* au moment de l'opération. Pourtant, c'était au milieu d'un orage et d'une pluie torrentielle.

Je crois donc avoir atteint le but que je me proposais, savoir : produire un bon collodion aussi peu variable que possible, et dont on pût, à son gré, rendre la sensibilité extrême, par un moyen facile et sûr.

Maintenant, comme toutes les opérations instantanées donnent des clichés très-faibles, et trop transparents pour produire de bons positifs, la première chose que j'ai voulu faire ensuite, ç'a été de trouver le moyen d'ajouter un dépôt d'argent sur la plaque de verre, et de le rendre plus opaque. Le bichlorure de mercure et plusieurs sulfures ont été employés dans ce but; pourtant, bien que ces produits aient donné jusqu'à un certain point le résultat que j'en attendais, ils ne font guère que noircir ou rendre le dépôt d'argent moins transparent; ils y ajoutent à peine quelque chose, au lieu que le chlorure d'or, quand il est convenablement employé, non-seulement donne beaucoup de vigueur à l'épreuve positive, mais encore ajoute un dépôt d'or au dépôt d'argent existant déjà sur la plaque. J'ai pu, au moyen du chlorure d'or, imprimer d'après des épreuves positives aussi efficacement que si elles avaient été tout d'abord négatives.

(1) On nous pardonnera cette phrase dans laquelle les mêmes mots se trouvent tant de fois répétés; nous avons cru devoir traduire littéralement, sans trop nous inquiéter de la négligence du style. On a vu que cet extrait était emprunté à une *lettre* et non à un *article*. (*Note du trad.*)

STATISTIQUE DE LA PHOTOGRAPHIE.

(24e ARTICLE.)

Jusqu'à présent, nous n'avons envisagé l'épreuve que dans ses données les plus élémentaires. Nous avons suivi minutieusement le travail des préparations auxquelles elle est soumise, ou plutôt les instruments de ce travail, suivant l'indication qui nous en était faite par notre matière elle-même. Mais ce n'est pas avoir atteint le but que d'avoir plus ou moins bien rempli certaines conditions essentielles dans la série des opérations qu'entraîne l'épreuve; ce n'est pas avoir accompli l'œuvre de création que d'avoir plus ou moins convenablement poli la plaque, que d'avoir, sur sa face ainsi préparée, reçu plus ou moins fidèlement les traits du modèle, que d'en avoir fait venir plus ou moins nettement l'expression aux vapeurs du mercure. Cette épreuve, pour son instabilité, est assez semblable à la trace que notre haleine laisse sur le cristal. Elle est aussi légère, aussi frêle, aussi délicate, et la gracieuse silhouette, l'image animée, la miniature merveilleuse peut disparaître comme un enchantement sous un des mille accidents de la réalité. Il faut donc appeler la science à son aide et demander au creuset du chimiste un moyen de conservation. Le sel double d'hyposulfite d'or et de soude, vulgairement sel d'or, est avantageusement employé à ce rôle. Et, de plus, il ôte à la plaque ce miroitement tant reproché, à juste raison peut-être, qui, dans les premières épreuves daguerriennes, en soumettait la perspective à des conditions d'optique les plus capricieuses.

Comme la base de ce composé chimique est le chlorure d'or, on a dit chlorurer de l'action de son emploi, et l'on a nommé supports ou pieds à chlorurer les instruments qui servent à cette action. C'est à ce point de vue seulement que nous devons, ainsi que nous venons de l'énoncer, borner notre appréciation des constructions en usage de ce petit appareil.

Les pieds à chlorurer, comme toutes les autres parties qui concourent à l'œuvre du daguerréotype, ont été confectionnés d'abord d'une manière imparfaite et laissant beaucoup à désirer. Le premier construit a été d'une simplicité aussi peu ingénieuse que coûteuse à l'opérateur. Le sel d'or, dont la composition explique le prix élevé, y était démesurément compromis, et sa perte n'assurait qu'un résultat doublement fâcheux sous le rapport de l'insuccès et sous celui d'une prodigalité plus que regrettable, quand il s'agit de matières aussi précieuses. Comme on doit le comprendre facilement, la première condition d'une construction convenable, dans le support ou pied à chlorurer, c'est évidemment une perfection d'horizontalité facultative pour ainsi dire, qui soit en même temps une assurance pour l'égalité de la couche du liquide sur la plaque de son épreuve et une garantie contre un épanchement quelconque hors de cette plaque, de cette épreuve. Tel qu'il a été fabriqué d'abord, le pied à chlorurer ne nous semble pas répondre à cette première exigence.

Il consiste en un pied ordinaire de métal, d'un poids assez fort pour échapper à une vacillation provenant d'un choc un peu violent, et en une tige qui surmonte le pied et destinée seulement à soutenir, à sa partie supérieure, un anneau dans le sens horizontal. Cette tige n'est proprement qu'un bras qui tend l'anneau sur lequel posera l'épreuve pendant le fixage. Il est matériellement impossible, avec de telles données, d'obtenir le niveau rigoureusement exigé pour cette opération. La tige, à moins d'être énorme, est sujette à certaines vibrations qui suffisent à contrarier le dépôt et l'étendue identiques de la couche liquide. En outre, la surface où s'appuiera le pied, par une inclinaison quelconque, inappréciable à l'œil, peut amener le même inconvénient, et les entraves sont susceptibles de se multiplier en raison des conditions impérieuses qu'impose l'exactitude absolue de l'horizontalité, sous peine d'échec ou de déception.

Ces défectuosités ont été aperçues dans les premiers usages que l'on a fait de ce pied. Aussi s'est-on empressé d'y remédier au moyen de vis ajustées au pied du support et glissant dans des directions opposées, de façon à donner le niveau parfait de l'anneau, quels que soient d'ailleurs les accidents de la surface qui le reçoit. Ce pied à chlorurer s'est appelé le pied à chlorurer ordinaire, par opposition à un autre bien plus compliqué, dont nous allons parler bientôt.

Le pied à chlorurer ordinaire ne se construit que pour plaque entière, plaque demie et plaque quart, et il serait difficile de le faire servir à d'autres dimensions, à moins de constructions spéciales.

Le pied à chlorurer plus compliqué a été confectionné de deux manières assez différentes : cette différence porte surtout sur le dessus du pied. L'un consiste dans un pied en cuivre à vis, dans un dessus à baguettes et à brisure, qui permettent de tenir la plaque à une certaine distance et d'empêcher un excès de chaleur plutôt sur une partie que sur une autre. La brisure est pour faciliter le mouvement de dessus et faire obtenir ce dernier aussi horizontal que possible.

L'autre, dû à l'invention de M. Ch. Chevalier, consiste en un gril métallique sur lequel on place la plaque à chlorurer. Mais, pour éviter que le contact immédiat avec les barreaux du gril n'échauffe plus fortement la plaque en certains endroits, cette dernière repose sur quatre petits goujons qui la tiennent isolée du gril. Le montant de ce support forme une espèce de T, sur lequel on place le gril. Ce montant et les pièces transversales sont composés de branches articulées à charnières ; deux ressorts tendent à les écarter ; mais, au moyen d'écrous à rappel, elles peuvent être rapprochées à volonté. Il résulte de cette disposition un double mouvement d'avant en arrière et de gauche à droite, destiné à établir l'horizontalité parfaite du gril et par suite celle de la plaque, sur laquelle le chlorure peut alors être versé à une épaisseur partout égale. L'ensemble de cet appareil est fixé sur une table, au moyen d'une petite presse.

Telle est la description exacte qu'en donne M. de Valicourt, et il ajoute : « La construction de ce support parait assez compliquée, et exige une précision assez grande pour qu'il semble impossible de l'établir à un prix modéré. »

En effet, si nous consultons les résultats de sa vente, elle est bien inférieure à celle des deux autres.

Le pied à chlorurer à vis, dessus à baguette et brisure, se construit pour plaque entière, plaque demie et plaque quart. Mais celui plaque entière, au moyen de son mécanisme, permet de chlorurer la plaque demie. Celui plaque demie, par le même mécanisme, permet de chlorurer la plaque quart, comme celui plaque quart, par la même raison encore, permet de chlorurer la plaque sixième et la plaque neuvième.

Ces deux derniers pieds à chlorurer, plus que le pied à chlorurer ordinaire, assurent le double avantage dont nous parlons au commencement de cet article. S'ils sont plus chers, et encore la différence n'est-elle pas énorme, puisqu'elle repose sur des chiffres inférieurs, le pied à chlorurer à vis, dessus à baguette et brisure, se vend de 4 à 5 fr., et le pied ordinaire, de 2 à 3 fr.; s'ils sont plus chers, disons-nous, ils sont plus économiques. Ils garantissent contre les chances d'un épanchement du chlorure hors de la plaque, et concourent, par l'égalité de la nappe du chlorure d'or, à fixer solidement l'épreuve, à en colorer l'expression, animer les tons, et lui donner cette intensité étonnante dans une impression si légère, et cette variété de nuance presqu'à la disposition de l'artiste.

Malgré cette supériorité incontestable, le chiffre des pieds à chlorurer à vis, dessus à baguettes et brisure, est loin d'atteindre celui des pieds à chlorurer ordinaires. Ainsi, il se vend par année, à Paris, près de 3,000 pieds ordinaires et 1,200 à peine des pieds à chlorurer à vis, dessus baguette et brisure.

Comme pour tous les autres instruments du daguerréotype, la mesure quart est celle qui l'emporte et dans une proportion à peu près toujours la même. La vente des pieds à chlorurer ordinaires et des pieds à chlorurer à vis, dessus à baguettes et brisure, est, pour les quarts, de deux tiers au moins dans chaque genre respectif, d'un peu plus d'un sixième pour les demies, et du reste pour les plaques entières. Il n'y a qu'une légère différence dans les pieds à chlorurer à vis, dessus à brisure et baguettes, à cause de leur susceptibilité de s'approprier, la plaque entière à la plaque demie, la plaque demie à la plaque quart, la plaque quart à la plaque sixième et neuvième. Cette distinction n'est pas tellement marquée qu'elle mérite une mention à part, et la constatation suffit à l'insignifiance du résultat, qui ne pourrait que ressortir d'autant plus, si nous l'établissions spécialement pour elle.

J.-D. Du Vernay.

HISTOIRE DES ARTISTES VIVANTS.

PORTRAITS DES ARTISTES, ET REPRODUCTION DE LEURS PRINCIPAUX OUVRAGES PAR LA PHOTOGRAPHIE (1).

Les 3e et 4e livraisons de cette belle publication ont paru depuis les deux premières que nous avons annoncées (2); la cinquième est sous presse : nous en rendrons compte très-prochainement. Nous croyons, en attendant, devoir satisfaire à la demande de plusieurs de nos abonnés en reproduisant quelques extraits de la biographie de M. Corot, dus à la plume exercée et spirituelle de M. Théophile Silvestre.

(1) E. Blanchard, éditeur-libraire, ancienne maison Hetzel.
(2) Voir le n° 35 de la *Lumière*, 27 août 1853.

COROT.

Corot, Jean-Baptiste-Camille, est né à Paris, le 29 juillet 1796, d'une famille de petits bourgeois ; son père était employé, sa mère une marchande de modes. Après avoir passé quelques années au collége de Rouen, il fut placé chez M. Delalain, marchand de draps de la rue Saint-Honoré ; mais au lieu d'y bien faire sa besogne, il allait, à la dérobée, étudier le modèle chez Suisse, sans oser dire un mot de sa vocation à son père. Le prud'homme n'y aurait vu, sans doute, qu'une prédestination à l'hôpital. Et comment, en effet, donner sa confiance à un artiste qui n'a pas encore fait le portrait du roi et des tableaux pour le ministère ? Le marchand de draps parvint à fléchir le bureaucrate ; Corot entre dans l'atelier de Michallon : « J'ai fait, dit-il, mon premier dessin d'après nature à Arcueil avec Michallon, qui me conseilla uniquement de rendre, avec le plus grand scrupule, tout ce que je verrais devant moi ; cette leçon m'a servi ; elle est restée le fond invariable de ma fidélité...... »

Pendant que Corot fréquentait l'atelier de M. Bertin, un peintre qui ébauchait parfaitement ses toiles pour en tirer de mauvais tableaux, commençaient à paraître MM. Aligny, Lapito et Delaberge. Les deux premiers, sans charmer nos yeux, embellissent la terre, le ciel et l'eau ; pour Delaberge, c'était autre chose, il n'avait pas la maladie du *style*, mais celle du *fini*.....

Mais, avec toutes ses erreurs, Delaberge n'en était pas moins, alors, l'artiste le plus remarquable d'entre les amis de Corot : il avait de l'audace, de la vigueur, de la ténacité ; le ton de ses peintures est d'une franchise qui va jusqu'à la violence ; il est sombre, mais transparent. Avec un tel amour du détail, cet homme ne pouvait arriver à se résumer dans ses ouvrages ; il avait pris la nature par les cheveux, au lieu de l'embrasser par le milieu du corps. Corot a commencé sérieusement, dans l'étude du paysage, cette révolution que devait poursuivre Théodore Rousseau.

Cependant M. Corot père donnait fort peu d'argent à son fils, dans l'espoir de le ramener, par les privations et le découragement, dans le bon chemin du comptoir. Ici commence cette vie laborieuse et sage, cette lutte soutenue trente ans contre l'obscurité, sans faiblesse ni murmure.

« Quelle chose étonnante pour moi, me disait le bon Corot, de me trouver aujourd'hui un homme intéressant ! Quel dommage que l'on n'ait pas dit cela plus tôt à mon père, qui en voulait tant à ma peinture, et qui n'y trouvait rien, parce que je ne la vendais pas ? »

En 1826, Corot alla demeurer à Rome, non pas pour y suivre une éducation officielle, mais pour y jouir du beau temps et y travailler presque toute l'année en plein air, chose impossible sous le ciel si variable de Paris. « J'avais passé, dit-il, deux hivers chez M. Bertin, apprenant si peu qu'à peine arrivé à Rome, je ne pouvais me tirer du moindre croquis. Deux hommes s'arrêtaient ensemble ; je les crayonnais par le détail, par la tête, par exemple ; ils se séparaient, et je n'avais que des morceaux de têtes sur mon papier ; des enfants étaient assis sur les marches d'une église, je commençais, la mère les appelait ; mon livre se serait ainsi rempli de bouts de nez, de mèches de cheveux. Je pris la résolution de ne plus rentrer, chez moi sans un ensemble, et j'essayai, pour la première fois, du dessin par masses, dessin rapide, le seul possible, et qui, du reste, est une des facultés dominantes de nos modernes. Je me mis donc à circonscrire d'ensemble, en un clin d'œil, le premier groupe venu ; s'il restait peu de temps en place, j'en avais du moins pris le caractère général, la désinvolture ; s'il stationnait, je pouvais arriver aux détails. J'ai fait beaucoup de ces exercices, et il m'arrive même d'arrêter les ballets et les décors de l'Opéra dans le fond de mon chapeau. »

Corot tient beaucoup aux figures de ses paysages, pour se trouver avec elles en compagnie dans les bois, dans les vallées, au bord des rivières. Il aime à voir bêtes et gens courir la campagne ; il n'y pourrait vivre absolument seul, comme le ferait Théodore Rousseau, un caractère rêveur.

M. T. Silvestre, dans une loyale appréciation du mérite artistique des ouvrages de M. Corot, compare les chef-d'œuvres de notre paysagiste à ceux de Ruysdaël et de Claude Lorrain, et fait ressortir avec habileté l'originalité et les qualités éminentes de l'artiste français. C'est, suivant le biographe, un talent des plus abondants et des plus larges de ce temps, mais il a ses petites fantaisies joviales et comiques : la Nature poursuit cet homme aimable de ses moindres images et de ses plus légers caprices. « Après mes excursions, dit Corot lui-même, j'invite la Nature à venir passer quelques jours chez moi ; c'est alors que commence ma folie : le pinceau à la main, je cherche des noisettes dans les bois de mon atelier ; j'entends chanter les oiseaux, les arbres frissonner sous le vent ; je vois couler les ruisseaux et les rivières chargés de mille reflets du ciel et de tout ce qui vit sur leurs bords ; le soleil se couche et se lève chez moi. »

(*La suite au prochain numéro.*)

CORRESPONDANCE.

Nous recevons la lettre suivante :

Monsieur,

Permettez-moi de vous adresser mes remerciements pour l'article bienveillant qui a paru dans votre intéressant journal, concernant la présentation, à l'Académie des sciences, de la deuxième livraison de la photographie zoologique. Certes, je n'ai pas à réclamer pour ce qui me concerne, mais je dois rendre hommage à la vérité, en associant à l'ouvrage que je publie les noms de deux hommes, incontestablement les plus habiles entre tous pour cette application de la *photographie sur acier*; je veux parler de MM. Mante et Riffaut.

L'intérêt qu'ils prennent à nos travaux, les applications nouvelles qui en seront le résultat, permettent de croire que cette œuvre qui, comme le disait un homme éminent, est *une industrie nouvelle créée en France*, conservera à à notre pays une supériorité incontestable et incontestée, et donnera à M. Niépce de Saint-Victor la joie de voir grandir, *près de lui et par lui*, la belle découverte de son oncle.

Agréez, monsieur, etc.

Rousseau,
Aide naturaliste au Muséum d'histoire naturelle.

Nous apprécions à toute leur valeur les travaux persévérants et féconds de MM. Mante et Riffaut; nous savons avec quelle intelligence et quelle habileté ils mettent en pratique, l'un pour ce qui concerne la photographie, l'autre pour ce qui est de la gravure, les procédés de *gravure héliographique ;* aussi avons-nous toujours cité leurs noms dans des articles précédents, quand il s'est agi de l'application de cette belle découverte, et nous sommes heureux que M. Rousseau, en relevant notre oubli d'un instant, nous fournisse l'occasion de les citer une fois de plus.

A.-T. L.

Toutes les demandes et réclamations relatives au service, toutes les lettres et communications relatives à la Rédaction, doivent être adressées (*affranchies*) à M. Ernest Lacan, rédacteur en chef, au bureau du journal. — *Toute lettre non affranchie sera rigoureusement refusée. Les demandes d'abonnement doivent être accompagnées d'un* bon sur la poste, à l'ordre du Gérant.

Le Propriétaire-Gérant, Alexis Gaudin.

Typographie Hennuyer, rue du Boulevard, 7. Batignolles.
Boulevard extérieur de Paris.

TROISIÈME ANNÉE. N° 50. SAMEDI, 10 DÉCEMBRE 1853.

LA LUMIÈRE

REVUE DE LA PHOTOGRAPHIE.

BEAUX-ARTS. — HÉLIOGRAPHIE. — SCIENCES.

JOURNAL NON POLITIQUE, PARAISSANT LE SAMEDI.

BUREAUX, à Paris, 9, rue de la Perle. BUREAUX, à Londres, 67, Newgate-street, City.

ABONNEMENTS.—*Paris*, UN AN, 20 FR.; 6 MOIS, 12 FR.; 3 MOIS, 7 FR.; *Départements*, UN AN, 22 FR.; 6 MOIS, 13 FR.; 3 MOIS, 8 FR.; *Étranger*, UN AN, 25 FR.; 6 MOIS, 15 FR.; 3 MOIS, 10 FR.

AVIS A MM. LES ABONNÉS.

Ceux de MM. les abonnés qui ne veulent pas éprouver de retard dans la réception des numéros du Journal sont priés de vouloir bien faire renouveler leur abonnement le plus tôt possible.

A partir du 1er septembre dernier, le prix de l'abonnement au journal LA LUMIÈRE *a été fixé de la manière suivante :*

PARIS.

UN AN	20 FR.
SIX MOIS	12
TROIS MOIS	7

DÉPARTEMENTS.

UN AN	22
SIX MOIS	13
TROIS MOIS	8

ÉTRANGER.

UN AN	25
SIX MOIS	15
TROIS MOIS	10

SOMMAIRE.

SOCIÉTÉ PHOTOGRAPHIQUE.

Au moment de mettre sous presse, nous apprenons la formation d'une Société qui prend le nom de *Société photographique*.

Elle est fondée sous la direction d'un Comité de surveillance, composé de :

MM. LÉON COGNIET, peintre d'histoire, membre de l'Institut;

DAUZATS, artiste peintre;

FRANÇAIS, id.

LASSUS, architecte de Notre-Dame et de la Sainte-Chapelle;

COLIN (Alexandre), artiste peintre;

OUDINÉ, sculpteur et graveur en médailles;

EUGÈNE TOURNEUX, artiste peintre.

Ce Comité, par l'intermédiaire de M. D'OLIVIER, administrateur-gérant de la Société, ayant manifesté le désir d'avoir pour organe spécial *la Lumière*, nous acceptons avec bonheur cette mission.

Le but de la Société est de répandre le goût de la photographie dans le public, de vulgariser ses productions, de l'appliquer d'une manière pratique aux arts, aux sciences et à l'industrie. Nous serons heureux de seconder ses efforts en lui prêtant le concours de notre publicité. Dirigée par des artistes éminents dans la voie large qu'elle s'est tracée, cette Société est appelée, selon nous, à rendre de grands et d'utiles services. C'est pourquoi nous publierons dans un de nos prochains numéros les documents qui pourront faire connaître à nos lecteurs ses tendances et son organisation.

ALEXIS GAUDIN.

SCIENCES.

Séance de l'Académie du 5 décembre.

M. Binet, de la section de géométrie, a été élu, en remplacement de M. Biot, par 24 votants sur 49. M. Despretz a obtenu 17 voix. La Commission chargée de présenter une liste de candidats pour la place vacante de secrétaire perpétuel étant ainsi définitivement constituée, cette nomination aura lieu, sans doute, dans un très-bref délai, et les séances de l'Académie reprendront leur cours ordinaire. Quoique indisposé, M. le secrétaire perpétuel Flourens a rendu compte du dépouillement de la correspondance. Il est grandement temps qu'un nouveau collègue vienne prendre sa part des importantes et laborieuses fonctions de secrétaire perpétuel, dont l'honorable M. Flourens est resté seul chargé depuis si longtemps. Il ne suffit pas de posséder une science profonde, d'être animé du plus grand zèle et de la plus active persévérance; il faudrait encore être doué d'une force surnaturelle pour ne pas succomber sous le poids de travaux si multipliés.

—S. A. Charles-L. *prince Bonaparte* a lu une deuxième communication des notes sur les collections rapportées, en 1853, par M. *A. Delattre* de son voyage en Californie et dans le Nicaragua. Il croit utile de donner un catalogue raisonné des espèces que le voyageur naturaliste, connu par ses beaux albums et par les nombreuses découvertes de ses précédents voyages en Amérique, a récoltées, tant sur mer que pendant son séjour en Californie et dans le Nicaragua, isthme dont l'insalubrité éloigne les naturalistes, et dont les plus intrépides seuls ont osé braver les innombrables difficultés du sol et du climat.

Les espèces classées dans la première communication sont les perroquets et les rapaces (oiseaux de proie). A peine de retour d'une récente expédition, M. Delattre se dispose à en entreprendre une nouvelle.

— M. Payen a fait un rapport très-favorable sur un four de l'invention de M. Carville, qui fonctionne depuis le mois d'octobre dernier à la boulangerie des hospices civils de Paris. Ce nouveau four, quoiqu'il donne du pain d'une cuisson supérieure, présente cependant une grande économie de combustible, parce que sa construction en briques réfractaires et ses dispositions ingénieuses permettent l'emploi simultané de la houille et du coke. D'après les conclusions du rapport, l'Académie a décidé que le Mémoire de M. Carville, ainsi que les notes favorables prises par MM. les membres de la Commission, qui ont assisté aux expériences faites en présence de l'habile directeur de la boulangerie, seraient adressés à MM. les ministres de la guerre et de la marine.

— Nous avons parlé du moyen de neutraliser l'absorption du venin des serpents à sonnettes, indiqué par M. *Brainard*, professeur de chirurgie au collége médical de Chicago (Illinois). M. Brainard pense que l'action des ventouses appliquées sur les points mordus, en retardant l'absorption du poison, donne le temps de faire pénétrer par infiltration, dans la plaie et dans les parties environnantes, des substances médicamenteuses. Celles qu'il a essayées sont le lactate de fer et l'iodure de potassium. Au moyen de ces deux substances, que l'on fait pénétrer à l'aide d'une petite seringue convenablement disposée, employées en temps utile et avec les précautions nécessaires, on a, dans le plus grand nombre de cas, sauvé la vie d'animaux qui, privés de secours, auraient nécessairement succombé.

— L'ouvrage présenté dans la dernière séance, au nom de M. *F. Delessert*, de l'Académie des sciences, qui en fait don à la bibliothèque de l'Institut, contient :

Le recensement de la Grande-Bretagne en 1851, vol. I et II, nombre des habitants dans les années 1801, 1811, 1821, 1831, 1841 et 1851. Londres, 1852 : in-fol.

Index des noms des paroisses, communes urbaines et localités figurant dans les tables de population précédentes. *Londres*, 1852. 1 vol. in-fol.

NOUVEAU BEC A GAZ D'ÉCLAIRAGE DE M. JOBARD. — M. Jobard, directeur des arts et métiers à Bruxelles, avait présenté à l'Académie des sciences, le 18 juillet dernier, une note dans laquelle il annonçait qu'au moyen d'un bec d'une construction particulière et renfermé dans une double enveloppe de verre, sous la forme de vase Médicis allongé, il était parvenu à obtenir une quantité de lumière plus considérable que celle qu'on obtient généralement d'un égal volume de gaz en employant les becs usuels.

L'Académie avait chargé MM. Babinet, Séguier et Payen d'examiner l'objet de la communication de M. Jobard. L'honorable M. Payen, rapporteur, a rendu compte, dans une des dernières séances, de l'examen auquel se sont livrés MM. les membres de la Commission.

Il résulte de la disposition du nouveau bec que la combustion du gaz se trouve alimentée par de l'air plus chaud, mais en quantité moindre que dans les dispositions ordinaires des becs usuels.

MM. les commissaires ont dû faire des expériences comparatives entre le bec ancien et le bec nouveau ; rendre les lumières égales, prendre pour mesure commune celle d'une bonne lampe modérateur et rapporter les quantités de lumière produite aux quantités de gaz dépensé. Alors ils ont reconnu que l'économie de gaz réalisée par le bec nouveau était égale à 33 p. 100; mais ils ont constaté, en outre, que, pour obtenir cette économie, il fallait réduire la lumière de quatre dixièmes, c'est-à-dire de façon à ce que cinq becs du nouveau modèle produisissent ensemble autant d'intensité lumineuse que trois becs ordinaires.

Poursuivant leurs expériences, dans une seconde séance consacrée à des essais analogues, MM. les commissaires ont porté à leur maximum la lumière du bec à double enveloppe et celle du bec ordinaire, et ils ont reconnu que sept becs ordinaires, donnant le maximum de lumière et dépensant une quantité de gaz de 33 p. 100 plus élevée, équivaudraient à dix becs nouveaux, quant à l'intensité lumineuse totale.

Ainsi donc l'économie de 33 p. 100 de gaz, réalisée par les dix becs nouveaux, serait en partie compensée par la dépense d'un plus grand nombre de ces becs, qui coûtent chacun plus qu'un bec ordinaire.

M. le rapporteur évalue, comme suit, l'importance de cette compensation :

10 becs nouveaux, à 15 fr., coûtent 150 fr., dont l'intérêt annuel est de.................... 7 f. 50 c.
7 becs anciens, à 3 fr. 50 c. l'un, 24 fr. 60 c., dont l'intérêt annuel est de............. 1 22

Différence ou accroissement de frais.... 6 f. 28 c.

Cette différence est loin de compenser l'économie; car la dépense de gaz, pour les dix becs, représentant 5 mètres cubes par jour, pour cinq heures d'éclairage moyen, ce serait, par année, en ne comptant même que 300 jours, au moins 1,800 mètres cubes, ou, à 33 pour 100, 600 mètres cubes économisés, dont la valeur, à 30 centimes au moins, équivaudrait à 180 francs.

Les prix actuels des gaz sont de 25 à 35 centimes, suivant les périmètres, pour la ville de Paris, et de 42 centimes pour les particuliers. En Angleterre, les prix varient généralement de 20 à 40 centimes le mètre cube.

M. le rapporteur se demande comment, lorsque la possibilité d'une économie de ce genre, pour les personnes qui consomment le gaz au volume, mesuré par des compteurs ou par des gazomètres particuliers, a été depuis longtemps reconnue, il se fait que les consommateurs ne se soient pas jusqu'à ce jour empressés d'en profiter (1)?

L'honorable M. Payen cite un rapport, dont il est l'auteur, et inséré dans la 35e année du *Bulletin de la Société d'encouragement*, 1836, page 461, sur un concours relatif aux moyens de rendre plus lumineuses les flammes du gaz de l'éclairage, et son *Précis de chimie industrielle*, 1851, page 801, dans lesquels il a eu l'occasion de traiter ces questions, et passe ensuite en revue les travaux de MM. Chaussenot, Macaud, Parisot, Boggett, Lambert, etc., inventeurs de becs munis de doubles cheminées en verre, ou de diverses autres dispositions pouvant procurer une économie notable et rendant la flamme plus courte et plus brillante. Ces avantages, inhérents également au nouveau bec présenté par M. Jobard, qui procure une lumière plus blanche et plus abondante, amèneront-ils un emploi plus général des becs en question?

M. le rapporteur pense que cela est peu probable, tant que les consommateurs ne sauront pas se rendre compte de l'économie qui en résulte et qu'ils n'auront pas sur ce point des notions plus exactes; il espère que les essais photométriques, mis à la portée de tous, amèneront ce résultat; ils atteindraient même un but plus élevé.

En ménageant le gaz dans l'éclairage, on produit une flamme tranquille qui fatigue beaucoup moins la vue que la lumière vacillante obtenue sous l'influence d'un courant d'air rapide; dès lors, aussi, les produits insalubres de la combustion, les acides carbonique et sulfureux, ne seraient plus introduits en proportions aussi fortes dans l'air des habitations.

Lorsqu'on voit journellement avec quels soins minutieux une multitude de marchandises se mesurent ou se pèsent, on ne comprendrait vraiment pas que l'on se contentât, pour le gaz d'éclairage, de vérifier le volume livré et reçu; car, à volume égal, les procédés de fabrication, d'épuration, ainsi qu'un mélange accidentel d'air atmosphérique, peuvent aisément amoindrir de 20 à 25 p. 100 la faculté lumineuse qui représente la valeur réelle de la chose vendue. Enfin, tandis que les intérêts du fabricant de gaz et celui de l'acheteur peuvent être divergents lorsque les marchés se font au volume, ces intérêts tendront à un seul et même but lorsque la principale base des transactions sera la quantité de lumière produite. Or, comment a-t-on mesuré le plus exactement possible la quantité de lumière, dans les expériences qui ont servi à constater les faits ci-dessus? c'est en faisant usage du nouveau *photomètre* de M. *Babinet*, de l'Académie des sciences, appareil de vérification portatif et dont l'usage, une fois introduit, peut devenir aussi utile et aussi commode que celui des balances.

Nous donnons ci-dessous, d'après les comptes-rendus, la note descriptive de cet élégant appareil. A.-T. L.

(1) M. Pouillet a rappelé, à l'occasion de ce rapport, que des appareils fort semblables à ceux de M. Jobard ont été essayés depuis longtemps et ont montré à l'usage, entre autres inconvénients qui y ont fait renoncer, la casse énorme des verres, produite par l'alimentation du bec par l'air chaud; mais la disposition adoptée par M. Jobard a semblé à M. le rapporteur de nature à diminuer les chances de casse.

PHOTOMÈTRE INDUSTRIEL
DE M. BABINET.

« Ce photomètre, dont le modèle est au cabinet de physique de la Faculté des sciences, est fondé sur le principe de la neutralisation des teintes de la lumière polarisée provenant de deux sources, principe si utilement employé en photométrie par M. Arago.

« Pour comparer deux lumières, on illumine successivement par l'une et par l'autre le verre dépoli qui sert à recevoir les illuminations à comparer. Ces rayons traversent une pile de glaces inclinées, qui les rend aptes à colorer les quatre demi-cercles d'un polariscope de Soleil portant des plaques douées de la double rotation. Au moyen d'une troisième source lumineuse, on éclaire le second verre dépoli placé obliquement, de manière à neutraliser les couleurs produites d'abord par l'une des sources lumineuses à comparer; puis, laissant cette lumière de comparaison dans une situation fixe par rapport à l'instrument, on éloigne ou l'on rapproche le photomètre de la seconde source de lumière, jusqu'à ce que les couleurs disparaissent de nouveau. Alors le rapport des carrés des distances donne le rapport des intensités des deux lumières.

« Si l'on n'est pas maître de faire varier les distances du photomètre à chacune des sources de lumière (comme, par exemple, si l'on voulait comparer l'effet de deux becs de gaz ou de deux sources de lumière électrique à des distances données et non susceptibles d'un facile accès), on opère la neutralisation dans le polariscope au moyen de la troisième source indiquée plus haut (par exemple, une lampe à lumière bien fixe), et l'on juge de l'éclat des deux lumières à comparer par les carrés des distances auxquelles l'effet de ces deux lumières est neutralisé par celui de la lampe placée à ces deux distances.

« Ainsi, pour neutraliser les couleurs données par un bec de gaz, par exemple, j'ai mis la lampe à 1 mètre du verre dépoli du tuyau oblique qu'elle doit éclairer; et, pour neutraliser celles d'une source électrique située à distance, j'ai mis la lampe à 50 centimètres. J'en conclus que le rapport des intensités des deux sources lumineuses, au point où je suis placé, est celui de 4 à 1. »

VISITE A L'ATELIER DE M. LE GRAY.

M. Le Gray est un jeune peintre qui, en unissant ses connaissances artistiques à ses notions de chimie, a été un des premiers, en France, à s'adonner à la photographie; ses nombreuses découvertes ont grandement contribué à la marche progressive que cet art a suivie parmi nous depuis peu d'années.

Il occupe dans la plaine de Tivoli une maison isolée, accessible à la lumière de tous côtés, comprenant de vastes ateliers, réunissant, en un mot, les meilleures conditions pour une imprimerie photographique.

M. Le Gray s'est adonné principalement à l'enseignement de la photographie; presque tous les photographes en renom aujourd'hui ont été ses élèves. Ses ateliers, établis sur une grande échelle, sont garnis à profusion de tous les appareils et de toutes les substances nécessaires à la production des épreuves de grandes dimensions; les bassines pour la préparation du papier ciré et le tirage des épreuves positives ont près d'un mètre carré.

Son invention du papier ciré acquiert de jour en jour plus d'importance, parce que c'est le meilleur procédé pour les grandes épreuves, offrant de grandes facilités pour le transport, la conservation et le maniement; et il paraît certain que les négatifs sur papier ciré donnent des épreuves qui ont plus de corps et de moelleux que les négatifs sur verre.

La cire est maintenue en fusion au moyen d'un appareil chauffé à la vapeur; il y a un local consacré à chaque opération.

M. Le Gray a beaucoup pratiqué, beaucoup enseigné et beaucoup écrit; ses traités de photographie sont sans contredit les meilleurs qui existent. Il a presque toujours été le premier à imaginer ou à mettre en pratique les méthodes fondamentales.

Ce qui m'a le plus frappé, lors de ma visite, a été sa collection d'épreuves, toutes obtenues par lui à diverses époques et en grande partie avec des négatifs sur papier ciré. Leur ton, richement nuancé, est toujours d'une transparence remarquable; tantôt c'est un bleu verdâtre velouté, ou bien un bistre chaud, qui n'appartiennent qu'à lui. Ses vues de forêts sont délicieuses; les petits sentiers et les éclaircies se détachent harmonieusement des parties vigoureuses, et un examen attentif y fait découvrir une infinité de détails. Ses vues des monuments du centre de la France sont admirablement choisies et rendues avec une entente parfaite des lumières; ses portraits, sans aucune retouche, ont une expression de vie remarquable, résultant d'un modelé vigoureux, d'un savant éclairage et surtout d'une pose très-courte.

Questionné sur les moyens qu'il emploie pour obtenir ces tons exceptionnels, M. Le Gray m'a dit qu'il les devait à une très-longue action de la lumière sur le papier positif, suivie d'une macération prolongée dans l'hyposulfite saturé de sels d'argent; certains tons jaunes dorés ont exigé une journée entière, et, dans cette saison, demandent plusieurs jours d'exposition du châssis à la lumière.

Au sortir du châssis, les clairs ne sont pas apparents, et, pour mener les épreuves à bien, il pratique un système de lavage qui opère avec lenteur, mais qui exige une surveillance attentive au moment où l'épreuve arrive à son point.

Je m'attendais bien à recueillir de ma visite quelques renseignements utiles à nos lecteurs; mon attente n'a pas été trompée. M. Le Gray m'a autorisé à faire connaître une cuvette pour les lavages, dont il retire les plus grands avantages.

En passant les épreuves soit à l'acide gallique, soit à l'hyposulfite de soude, on est fort gêné par les précipités qui flottent dans les liquides, s'accroissent à chaque instant et, adhérant aux épreuves, empêchent de juger leur effet, et ne peuvent être recueillis, en les détachant par les lavages à l'eau; cependant ces précipités sont *très-riches en argent, et leur revivification représente une portion notable du nitrate d'argent employé*.

M. Le Gray a parfaitement éludé ces inconvénients en faisant établir des bassines à double fond; ces bassines sont en gutta-percha, d'une superficie de près d'un mètre et d'une épaisseur de cinq à six millimètres. A un centimètre du fond de la bassine, il a disposé un autre fond mobile, composé d'une feuille de gutta-percha épaisse; c'est un véritable crible formé par des trous de cinq millimètres de diamètre, espacés de deux ou trois centimètres; le fond de la bassine porte un tuyau de dégagement fermé par un bouchon en verre.

Avec ces bassines, sans jamais filtrer, le bain est toujours limpide, puisque tous les précipités arrivent dans la capacité entre les deux fonds, sans pouvoir en sortir autrement que par le tube de dégagement, quand ils sont accumulés en quantité suffisante.

M. Le Gray a fait construire cinq ou six de ces bassines, qui lui ont coûté chacune plusieurs centaines de francs de premier établissement; ceci montrera sur quel pied son matériel est établi. On pourra appliquer ce système aux cuvettes ordinaires en faïence, en porcelaine, tôle émaillée et gutta-percha, en formant un double fond avec une planche de bois mince percée ou de l'osier, fixés avec de la cire; mais le tube de dégagement sera difficile à adapter et deviendra même superflu pour ces cuvettes de faibles dimensions; au besoin, on pourra les vider et filtrer. Cette disposition ne sera même avantageuse qu'en grand: son résultat principal étant de recueillir sans perte les précipités.

A ce sujet, M. Le Gray a remarqué qu'il en résulte une grande économie à la longue: presque tout l'argent employé en nitrate se résout en un précipité, et l'argent employé à former les images est une *très-minime portion* de celui qui a servi à imbiber le papier. M. Le Gray croit même que les noirs des épreuves sont en grande partie engendrés par de la *matière organique*; il a déjà fait des analyses approximatives qui le mènent à cette conclusion. Il a entrepris une nouvelle analyse plus précise, qui lui fournira un chiffre précis que j'aurai soin de faire connaître à nos lecteurs.

En résumé, l'établissement de M. Le Gray est très-utile à la photographie; c'est une école pratique, toujours au niveau du progrès, pour laquelle son jeune directeur s'est imposé de grands frais, sans préoccupation de bénéfices à venir.

Ses épreuves, grand format, des bas-reliefs de l'Arc de triomphe de l'Etoile peuvent être mises au nombre des plus magnifiques choses qu'ait produites la photographie.

M.-A. Gaudin,
Calculateur du Bureau des Longitudes.

Malgré les mauvais jours de la saison d'automne, les artistes photographes qui s'en vont chaque année demander aux monuments des grandes villes, aux sites pittoresques des montagnes, au ciel lumineux du Midi les sujets de ces belles collections d'épreuves qui font toujours l'admiration des amateurs et l'étonnement du public, sont revenus avec une riche et abondante moisson. Comme il y a toujours quelque chose de nouveau et d'intéressant dans leurs œuvres, c'est un devoir pour nous d'en rendre compte. Ainsi donc, dans les numéros qui vont suivre, nous consacrerons des articles spéciaux à MM. Baldus, Martens, Le Secq, Nègre, Le Gray, Marville, etc. Nous parlerons aussi des travaux récents de M. Rousseau, et des nouvelles publications de M. Blanquart-Evrard.

Nous venons de voir quelques épreuves d'un artiste dont le nom nous était inconnu, M. Solon. Ce sont des reproductions de bas-reliefs et de statuettes, sur verre, au collodion. Ces épreuves se distinguent par la finesse des détails, la transparence des ombres, et la délicatesse du modelé. M. Solon, qui est sculpteur, a eu soin d'éclairer ses modèles de façon à leur donner un effet artistique, qu'il a su rendre en habile photographe. Ces spécimens, qui ont été présentés à la Société d'encouragement, le placent au rang des opérateurs les plus distingués.

HISTOIRE DES ARTISTES VIVANTS.

COROT.

(Suite.)

En énumérant une partie des peintures faites en Italie par M. Corot, l'auteur cite les tableaux rapportés du Limousin, de l'Auvergne, du Dauphiné, du Morvan, de la Bretagne, avant que le peintre se fixât définitivement dans les vallées de la Seine. Puis il fait remarquer que vingt ans passés loin de l'Italie, dans un pays sans éclat, ont changé l'accent de l'artiste à l'avantage de son originalité native. Il préfère, dans les tableaux de notre peintre éminent, ses peupliers fins et légers comme des plumes, ses ciels gris et doux de Ville-d'Avray, ses vertes prairies de la Normandie, ses rivages et ses eaux tranquilles de Villeneuve-Saint-Georges, aux rochers du Sabiaco, aux ravins de Volterre, aux déchirements de Marino, paysages d'un caractère opposé à son tempérament. — M. Corot a été longtemps méconnu et il n'y a guère plus de dix ans que son talent est apprécié en France. Il n'a été l'enfant gâté ni du public, ni des ministres, ni de l'Institut. Pendant quinze années, ses tableaux ont été exposés au Louvre dans de si mauvais coins que l'on ne pouvait les y découvrir. « Hélas! disait-il, je suis encore cette année dans les catacombes. » Et il se remettait à l'ouvrage courageusement. Parfois il rentrait chez lui, les larmes aux yeux, et parcourait les études accrochées aux murailles de son escalier, en disant : « Ils ne pourront pas au moins m'enlever cela avec toutes leurs intrigues. »

Corot reçut la croix d'honneur en 1847; alors seulement sa famille crut le comprendre, après vingt ans d'indifférence pour ses efforts. Son père commençait à dire : « Je crois qu'il faudra donner un peu plus d'argent à Camille. » Et Camille avait déjà les cheveux gris.

La peinture de Corot est douce, sans chocs ni contrastes éclatants; le mariage des tons y est poussé si loin que le ton pur s'y affaiblit en nuances infinies dans une harmonie parfaite, mais presque monochrôme et légèrement voilée. Ces tableaux ne sautent pas aux yeux; une espèce de fumée grise, vapeur ou poussière, rampe sur les terrains, passe lentement au-dessus des eaux, enveloppe les arbres, émousse les rayons lumineux. Déchirons ce léger voile : d'immenses profondeurs, où tout se baigne dans les ombres transparentes et les tièdes clartés, s'ouvrent devant nos yeux émerveillés. Cela fait dire à l'artiste : « Pour bien entrer dans ma peinture, il faut avoir au moins la patience de laisser se lever le brouillard; on n'y pénètre que lentement, et, quand on y est, on doit s'y plaire, puisque mes amis ne me font pas d'infidélités. »

Corot prête si facilement ses ouvrages, que ses 500 *études* peintes ont passé par les mains de tous les artistes qui ont voulu s'en servir et ont exercé la plus grande influence sur eux. La plupart des paysagistes modernes l'ont admiré et copié en médisant de lui. Corot rachetait dernièrement d'un bric-à-brac une de ses études, sans dire un mot désobligeant contre l'emprunteur qui l'avait vendue. Pourtant il aime vivement toutes ses productions. Un bourgeois lui disait un jour : « Avez-vous assuré votre atelier contre l'incendie? Si le feu prenait ici, vous perdriez au moins 40,000 francs de peinture. — Je me moque de 40,000 francs, répondit le peintre, la figure déjà bouleversée par cette idée d'incendie, qui ne lui était pas venue. — Il faut faire assurer votre atelier, reprit le bourgeois; j'avais un ami dont la galerie brûla; il perdit ses tableaux, mais non pas leur valeur. — Ce n'est pas lui qui les avait faits, dit avec violence Corot. Si un tel malheur m'arrivait, je n'y survivrais pas. »

Voilà de la passion et non pas de la vanité.

Corot est de haute taille, de structure herculéenne : sa poitrine, ses épaules, ont la carrure, la solidité d'un coffre-fort; ses mains larges et puissantes jetteraient par les fenêtres les lutteurs de la salle Montesquieu. Assailli par une troupe de paysans du Midi, dans une de ses excursions avec Marilhat, il assomma d'un coup de poing un des plus furieux, et dit ensuite avec douceur : « C'est étonnant; je ne connaissais pas ma force. » La richesse du sang qui enlumine son visage, la coupe bourgeoise de ses vêtements, la tournure philosophique de ses chaussures lui donnent, à première vue, un certain air vulgaire qui disparaît dans les éclairs de sa conversation, presque toujours pleine d'esprit et de sagesse. Il expose ses principes avec une extrême facilité, appuyant ses démonstrations pratiques par l'anayse du premier objet venu qui se trouve sous ses yeux, ne serait-il autre que sa pipe. Il aime tant à démontrer les lois de son art, que son élève, Eugène Lavielle, disait un jour : « Il me parlait quelquefois deux heures en chemise et pieds nus. »

Cet artiste aimable et sérieux, dont la vie si pure n'est qu'un long amour, qui travaille encore du matin au soir, rêve, comme à vingt ans, la gloire sans vanité, et ne voudrait pas mourir « avant d'avoir fait un tableau magnifique », devient à mes yeux, dit en terminant M. T. Silvestre, un homme complet, par le côté spirituel et mordant soigneusement caché dans sa bonhomie.

EGLISE DE LA SAINTE-CHAPELLE.

L'église de la Sainte-Chapelle est un des édifices les plus remarquables parmi les beaux monuments de Paris, tant par le style de son architecture que par la richesse des ornements dont elle est décorée. La reproduction par la photographie de ce superbe édifice sera sans doute entreprise par nos plus habiles artistes, aussitôt que les derniers déblaiements auront été terminés; c'est à ce point de vue que nous recommandons à nos lecteurs l'article suivant, extrait du journal *le Siècle*.

« Complétement débarrassée de son échafaudage, la nouvelle flèche de l'église de la Sainte-Chapelle se laisse voir maintenant dans toute sa splendide élégance.

« Au centre du comble de l'édifice, une lanterne à deux étages octogones, le premier avec fenêtres à plein cintre, le second en ogives avec ventaux et croisillons, sert de base à l'église. Autour de cette base, est une couronne d'anges aux ailes déployées et tenant dans leurs mains les insignes de la Passion. Ces anges, au nombre de huit, sont montés sur des boules supportées par des piédouches ou masques, et ces masques, à l'instar de ce qui existe à Châlons et dans plusieurs autres basiliques, sont les portraits des chefs d'ateliers, sculpteurs, mouleurs, qui ont concouru à l'exécution des ornements de la flèche ou du monument. Tous les modèles de ces figures sont dus à M. Geoffroy de Chaume, un des sculpteurs de Notre-Dame. A partir de cette base, resplendissante de dorure, la flèche s'élance dans les airs, ayant à son sommet une couronne d'épines que surmonte un globe portant le coq symbolique. Enfin, sur chacune des arêtes de l'aiguille sont des crochets dorés d'un très-bel effet, et, du haut en bas de ses huit pans, l'antique fleur de lis, également dorée, masque la nudité des parois de la flèche.

« Nous avons dit que cette flèche était entièrement suspendue au-dessus de la voûte du monument. Quant à l'ornementation de la flèche, après plusieurs essais de fonte et de galvanoplastie, l'architecte s'est décidé à revenir à l'ancien procédé, c'est-à-dire au plomb repoussé au marteau.

« Ce travail difficile a été exécuté par MM. Durand frères, plombiers. Il manque encore plusieurs détails pour que ce beau monument soit achevé. Citons d'abord la crête à jour qui doit couronner le comble et dont quelques parties seulement sont posées. Cette crête reliera la décoration de la flèche avec celle du poinçon de la croupe, sur lequel doit se dresser un ange de neuf pieds de haut, puis les douze apôtres, plus grands que nature, qui seront placés dans le soubassement; enfin, toute l'ornementation de la partie inférieure de la lanterne et du comble pourra être terminée dans quelques mois. »

CORRESPONDANCE.

EXPOSITION

D'ÉPREUVES PHOTOGRAPHIQUES A LONDRES.

Nous recevons la lettre suivante de M. Roger Fenton, secrétaire de la *Société photographique de Londres*.

Londres, 6 décembre 1853.

Cher Monsieur,

Je vous prie d'annoncer aux lecteurs de *la Lumière* que notre *Société photographique* va ouvrir une exposition au commencement de janvier. Elle veut constater les progrès de l'art pendant l'année qui vient de finir.

On admettra des épreuves sur plaqué, papier et verre.

Les épreuves retouchées ou coloriées ne seront exposées qu'accompagnées d'une épreuve non retouchée.

Tout envoi devra porter une étiquette avec le nom et l'adresse du photographe ou de l'exposant, et pour la protection des épreuves on recommande de les mettre, autant que possible, sous des passe-partout.

Les personnes qui voudront s'associer à cette exposition sont priées d'adresser leurs épreuves à :

M. Roger Fenton,
Society of British artists.
Suffolk street, Pall Mall,
London.

Pour la réception des envois des exposants anglais, le dernier jour est fixé au 26 décembre; les artistes étrangers pourront envoyer jusqu'au 30.

Je ne sais si l'on permettra la vente des épreuves dans la salle de l'exposition; mais, en tout cas, on peut en indiquer le prix.

Après la clôture de l'exposition, vers la fin de février, les épreuves seront remises, par les soins de la Société et à ses frais, aux personnes qui lui seront désignées à Londres par les exposants.

Agréez, etc.

Roger Fenton.

Nous engageons vivement MM. les artistes à ne point négliger cette occasion de faire connaître et apprécier en Angleterre les immenses progrès que la photographie a faits dans notre pays, grâce à leur zèle et à leur talent.

Nous espérons que le jour n'est pas éloigné où

nous pourrons rendre aux œuvres des photographes anglais la gracieuse hospitalité qu'ils nous offrent aujourd'hui.

Paris, 5 décembre 1855.

Monsieur le rédacteur,

Depuis quelques jours, je reçois des lettres me demandant des renseignements relatifs aux insuccès des opérations photographiques en hiver. Je vous avouerai que moi-même, ayant eu quelques difficultés pour réussir, je fus entraîné à faire des expériences et j'obtins de bons résultats; c'est pourquoi je vous les communique, espérant qu'elles pourront être utiles.

Le froid et l'humidité de la température actuelle étant les principales causes d'insuccès, j'y remédie en travaillant à *chaud*, et voici comment. Je tiens mes divers bains à une température de 12 à 15 degrés. Les cuvettes qui les contiennent sont mises dans une plus grande en fer-blanc, contenant de l'eau que je tiens à la température voulue à l'aide d'un pied et d'une lampe à esprit-de-vin. Le fond de ces cuvettes est garni de petites pointes pour éviter que celles renfermant les bains touchent au fond. Il est essentiel que la température de 15 degrés ne soit pas dépassée, car, sans cela, l'on aurait souvent des épreuves voilées. Je n'ai pas fait une assez grande série d'expériences pour parfaitement en définir la cause, mais cela m'est arrivé presque chaque fois que mes bains étaient trop chauds. Quant aux résultats avantageux qu'une température tempérée donne, j'en suis convaincu, car les expériences que j'ai faites sont concluantes; les voici: je préparai deux glaces en même temps, en observant bien que l'opération fût identique, bien que l'une fût préparée dans un bain chaud et l'autre dans un bain froid. A chaque opération, l'épreuve à chaud venait convenablement, si ce n'est parfaitement, quand, au contraire, celle préparée à froid était à peine indiquée.

Il est important aussi que la glace soit mise *immédiatement* au bain d'argent aussitôt que le collodion y est étendu; l'on obtient une vigueur bien plus grande que lorsque l'on tarde, sous prétexte de laisser le collodion prendre; c'est une erreur de croire qu'il est utile que la couche commence à faire prise; cela n'est vrai que lorsque l'on se sert d'un collodion n'ayant pas de corps; et, du reste, on comprendra que, puisque l'on redoute tant l'évaporation qui peut avoir lieu, le collodion étant dans le flacon, il est urgent de ne pas laisser les iodures ou autres substances plus ou moins volatiles contenues dans ce produit, s'évaporer sans sujet, ce qui, certainement, change la qualité du collodion. Je tiens aussi ce dernier à la même température que les bains.

Je ne saurais trop recommander l'emploi du *bain de fer*, surtout dans cette saison; avec ce sel, l'on opère bien plus rapidement; c'est ainsi que, par le même temps d'exposition, j'ai obtenu de très-bonnes épreuves avec ce produit, tandis qu'avec l'acide pyro-gallique les épreuves étaient souvent à peine indiquées. Il est seulement nécessaire que le bain de fer soit bien oxydé et rouge, et c'est là une condition qu'il est parfois difficile d'obtenir en cette saison, la température empêchant le bain de s'oxyder promptement, surtout s'il est saturé de sulfate ou qu'on l'ait trop chargé d'acide sulfurique.

Quelques opérateurs m'objecteront qu'au bain de fer l'on a souvent des *traînées grisâtres*, surtout dans le haut de l'épreuve; ces taches proviennent du bain d'argent bien plus que de celui de fer, et de la manière d'y plonger sa plaque; c'est pourquoi j'ai changé le mode que moi-même j'ai décrit dans mon ouvrage; ainsi, au lieu de mettre la glace en l'abattant dans le bain à l'aide d'un crochet, je la plonge, la couche en dessus et sans temps d'arrêt, en ayant soin que le bain soit assez abondant pour qu'aucune partie de la couche ne se trouve à nu, car il s'ensuivrait des taches qu'il est impossible de faire revenir. Après 30 ou 40 secondes l'on remue la cuvette pour déplacer le liquide, laisser à nu la couche de collodion et faciliter ainsi l'évaporation de l'éther et de l'alcool, et par suite faire disparaître les traînées huileuses.

Le bain d'argent ne doit pas dépasser le titre de 10 pour 100, plutôt moins que plus; car sans cela il se produit sur la couche de collodion une espèce de sable fin qui rend la couche toute granuleuse. Beaucoup ont attribué cela seulement à un excès d'iodure dans le collodion, cela peut être aussi; mais j'ai acquis la certitude que cet effet se produit bien plus souvent par le fait d'un bain trop chargé; c'est pourquoi je crois qu'il est utile d'ajouter, au bout de quelque temps que l'on se sert d'un bain, un peu d'eau, plutôt que du nitrate nouveau, comme me disent l'avoir fait quelques opérateurs qui, du reste, n'en réussirent que moins bien.

Enfin, filtrer les bains presqu'à chaque opération, pour les débarrasser soit des iodures dans celui d'argent, soit d'argent réduit dans celui de fer, et faire bien attention si celui d'argent n'est pas acide, ce qui retarde de beaucoup l'opération.

Voici les quelques renseignements que j'ai pensé utile de vous donner, tant pour répondre aux personnes qui ont bien voulu me les demander, que pour servir à celles qui voudront les mettre en pratique.

DISDÉRI.

On lit dans le *Siècle* :

Nous avons annoncé, d'après les journaux espagnols, la réapparition de l'aéronaute Arban, que l'on avait cru mort à la suite d'une ascension effectuée il y a deux ans environ. Voici ce qu'on écrit d'Alicante, à ce sujet, au *Clamor publico*, auquel nous laissons, bien entendu, la responsabilité de son récit :

« Le malheur, qui semble poursuivre de préférence les hommes courageux, n'a pas épargné l'intrépide Arban. Descendu, il y a plus de deux ans, dans son magnifique ballon, sur les sables brûlants de l'Afrique, il fut pris par une horde de sauvages qui le conduisit au marché d'un village de l'intérieur, et l'y mit en vente comme un objet curieux. Il fut acheté par un vieux renégat d'un caractère sombre et cruel. Son maître le croyant sorcier, puisqu'on l'avait vu descendre du ciel, le fit enfermer dans un cachot obscur, où il vécut d'eau et de pain pendant trente-trois jours. Chaque matin, il lui faisait donner vingt-cinq coups de fouet en guise de déjeuner, et chaque soir, on lui administrait vingt-cinq autres coups de fouet, afin, lui disait-on, de lui faire trouver plus chaude la paille pourrie qui lui servait de lit.

« Il y avait près de six semaines que le malheureux Arban endurait ce supplice, quand un caprice du vieux renégat lui permit de revoir le soleil et de respirer un air pur; mais ses souffrances n'étaient pas terminées. Condamné avec d'autres esclaves à travailler la terre, il passait des journées entières exposé à un soleil brûlant, et n'ayant pas même de l'eau pour étancher sa soif. Lorsque, rendu de fatigue et couvert de sueur, il s'arrêtait un instant pour reprendre haleine et prier Dieu de le rendre à sa patrie et à sa famille, le fouet impitoyable du maître labourait, en sifflant, ses épaules, et le forçait à recommencer son pénible travail.

« Plus tard, et pour comble de malheur, il fut embarqué sur un négrier destiné à faire la traite. Le service des esclaves embarqués comme lui était incessant; ils n'étaient jamais relevés et n'avaient pas un instant de repos. Les châtiments étaient encore plus cruels à bord que sur terre; le fouet à lanière de fer du contre-maître n'était jamais inactif, et l'on mettait les jambes des malheureux esclaves entre deux planches que l'on serrait à leur briser les os. Combien de fois l'infortuné Arban ne fut-il pas la victime ou le témoin de supplices que notre plume se refuse à décrire!

« Enfin le jour de la liberté a lui pour le malheureux Arban, et l'esclave a pu fouler un sol libre, où il a été reçu avec mille démonstrations de joie et de sympathie. »

Toutes les demandes et réclamations relatives au service, toutes les lettres et communications relatives à la RÉDACTION, doivent être adressées (*affranchies*) à M. Ernest LACAN, rédacteur en chef, au bureau du journal. — *Toute lettre non affranchie sera rigoureusement refusée. Les demandes d'abonnement doivent être accompagnées d'un* bon sur la poste, à l'ordre du Gérant.

Le Propriétaire-Gérant, ALEXIS GAUDIN.

TYPOGRAPHIE HENNUYER, RUE DU BOULEVARD, 7. BATIGNOLLES. Boulevard extérieur de Paris.

CORRESPONDANTS DE LA LUMIÈRE CHARGÉS DE RECEVOIR LES ABONNEMENTS.

ÉTRANGER.

LONDRES............ M. CLAUDET, Photographic gallery, 107, Regent street, Quadrant.
M. J. F. SHEW, 32, Rathbone place, Oxford street.
MM. GARDISSAL et Cᵉ, 16, Castle street, Holborn (City).

LIVERPOOL.......... M. CHADBURN Ch.-H., 71, Lord street.

NEW-YORK.......... M. MEADE BROTHERS, 233, Broadway.

HAMBOURG.......... M. E. GABORY, opticien.

TRIESTE............ M. JULIUS WEISENFELD, in Corso.

GENÈVE............ M. ARTARIA, opticien.

BERNE.............. M. F. FISCHER, 263, boulevard extérieur.

LAUSANNE.......... M. S. HEER, lampiste.

STUTTGARD.......... M. CARL DIHM, confiseur.

BRUXELLES.......... M. BARDONI, opticien.

LIÉGE.............. M. ALF. PLUMIER, boulevard Sauvenière.

AMSTERDAM.......... M. T. M. BILLROTH, négociant.

BRUGES............ M. EM. DE SCHODT, pharmacien.

SÉVILLE............ M. FRANCESCO LEYGONIE, daguerréotypiste.

TURIN.............. M. JOACHIM BOGLIONI, 13, rue Charles-Albert, correspondant pour tout le Piémont.

FRANCE.

BAS-RHIN............ STRASBOURG. M. CH. WINTER, photographe, et correspondant aussi pour le HAUT-RHIN. 1, rue des Veaux.
M. DERIVEAU, libraire.

BOUCHES-DU-RHONE MARSEILLE. M. AUG. SANTI, opticien.

COTE-D'OR.......... DIJON. M. ROLAND, pharmacien.

DOUBS.............. BESANÇON. M. ACH. GIROD, lithographe, faubourg Saint-Claude.

GIRONDE............ BORDEAUX. M. CROSTI, opticien, rue Sainte-Catherine.

HAUTE-GARONNE... TOULOUSE. M. BIANCHI, opticien, rue de la Pomme.

LOT-ET-GARONNE... AGEN. M. LABAT, pharmacien.

MEURTHE............ NANCY. M. ADOLPHE BARBIER, 81, place du Marché.

MOSELLE............ METZ. M. CASIMIR OULIF, rue des Jardins.

NORD................ LILLE. M. FÉLIX HOEL, opticien.
VALENCIENNES. M. BINOIS DE L'EPINE, 63, pl. d'Armes.

RHONE.............. LYON. M. DURAND, graveur, galerie de l'Argue.

Pour la Rédaction, écrire franco *à* M. ERNEST LACAN, *rédacteur en chef.—Pour les Abonnements, à* M. ALEXIS GAUDIN, *propriétaire-gérant.*

TROISIEME ANNÉE. N° 51.

SAMEDI, 17 DECEMBRE 1853

LA LUMIÈRE

REVUE DE LA PHOTOGRAPHIE.

BEAUX-ARTS. — HÉLIOGRAPHIE. — SCIENCES.

JOURNAL NON POLITIQUE, PARAISSANT LE SAMEDI.

BUREAUX, à Paris, 9, rue de la Perle.

BUREAUX, à Londres, 67, Newgate-street, City.

ABONNEMENTS.—*Paris*, UN AN, 20 FR.; 6 MOIS, 12 FR.; 3 MOIS, 7 FR.; *Départements*, UN AN, 22 FR.; 6 MOIS, 13 FR.; 3 MOIS, 8 FR.; *Étranger*, UN AN, 25 FR.; 6 MOIS, 15 FR.; 3 MOIS, 10 FR

AVIS A MM. LES ABONNÉS.

Ceux de MM. les abonnés qui ne veulent pas éprouver de retard dans la réception des numéros du Journal sont priés de vouloir bien faire renouveler leur abonnement le plus tôt possible.

A partir du 1er septembre dernier, le prix de l'abonnement au journal LA LUMIÈRE *a été fixé de la manière suivante :*

PARIS.

UN AN	20 FR.
SIX MOIS	12
TROIS MOIS	7

DÉPARTEMENTS.

UN AN	22
SIX MOIS	13
TROIS MOIS	8

ÉTRANGER.

UN AN	25
SIX MOIS	15
TROIS MOIS	10

SOMMAIRE.

LA PHOTOGRAPHIE EN ANGLETERRE.

(Correspondance particulière de la *Lumière*.)

—

PHOTOGRAPHIE MICROSCOPIQUE. — *Appareil de M. Kingsley.* — Nous avons donné, dans la *Lumière* du 9 juillet, un résumé de quelques remarques du révérend W.-J. Kingsley, sur la théorie de la photographie et sur son application au microscope. Depuis, en donnant une esquisse de l'histoire de cette application, nous avons cité M. Kingsley comme un des plus actifs et des plus savants expérimentateurs dans ce genre. A présent, nous compléterons ces remarques par une description de l'appareil dont il se sert.

Comme nous l'avons dit dans le compte-rendu d'une communication qu'il nous a faite, il a trouvé une si grande difficulté à se servir de la lumière du soleil, si incertaine dans ce climat nuageux, qu'il ne se fie guère, pour tout usage pratique, qu'à la lumière artificielle; aussi, est-ce pour l'emploi de cette lumière qu'il a construit son microscope, qu'il peut facilement modifier, du reste, et approprier à l'emploi de la lumière solaire. La lumière qu'il emploie est celle de l'oxy-hydrogène ordinaire, pour la production de laquelle on peut, avec avantage, substituer de la magnésie ou du quartz à la chaux (1).

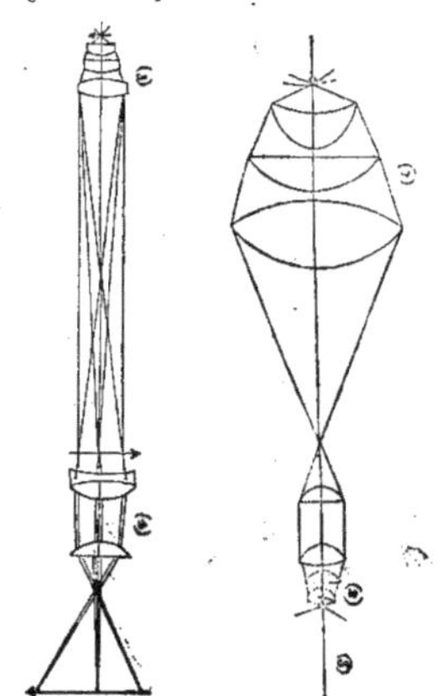

« Les parties optiques de l'instrument se divisent en quatre groupes : les lentilles à recueillir, à condenser la lumière, l'objectif et le verre grossissant, comme on peut le voir dans la figure ci-dessus. Le premier groupe, destiné à recueillir la lumière, consiste en trois lentilles, dont la première est un ménisque d'environ trois pouces de foyer et de deux et demi de diamètre; la seconde est un plano-convexe, et la troisième un double convexe. Les longueurs de foyer de ces deux lentilles sont respectivement de six et de huit pouces. Cette combinaison est semblable au *doublet* de Herschel.

« Le second groupe, celui des lentilles à condenser, est analogue au premier, mais retourné, et sur des échelles réduites pour convenir aux différentes lentilles à objet; entre ces deux systèmes il y a un plano-convexe, placé à sa distance focale du foyer des lentilles à recueillir, de manière à permettre aux rayons de passer parallèlement au condensateur. Cette lentille et celles à condenser doivent se changer avec les lentilles à objet; car il ne faut pas oublier que nous devons arranger l'instrument de manière que l'image couvre exactement le papier. Ainsi, si nous diminuons la longueur du foyer des condensateurs en même temps que nous augmentons la puissance de grossissement de l'instrument, nous aurons, avec le plus haut degré d'amplification, une quantité de lumière tout aussi considérable qu'avec un grossissement beaucoup moindre.

« Le troisième groupe de lentilles est celui de l'objectif, qui doit être achromatique. On a ainsi un très-bon microscope à gaz, mais il n'est pas d'une bonne disposition pour la photographie; car l'écran sur lequel l'image doit se former ne peut pas être assez près pour nous permettre d'employer les jeux lents des différents arrangements, en même temps que nous regardons l'image, excepté pour des forces très-basses.

« Nous arrivons maintenant au dernier groupe, qui occupe la place du verre oculaire dans le microscope composé ordinaire. Ce groupe est une modification de l'oculaire positif, et consiste ordinairement en deux lentilles plano-convexes, placées à deux tiers de leur longueur focale, qui est la même pour les deux, et avec leur face en dehors. Cet oculaire n'est pas achromatique, mais j'emploie une lentille plano-concave en flint-glass, ajoutée à un verre double convexe en crown-glass, au lieu de la lentille la plus rapprochée de l'objet. Ceci me permet, par un petit changement de distance, de faire la correction parfaite.

« Il ne me reste plus qu'à décrire la meilleure manière d'employer cet instrument, et ici il faut se rappeler que tout dépend de la bonne qualité de l'objectif. Il est très-facile d'en avoir à angle restreint, qui donneront des contours très-délicats des objets; mais il ne faut pas nous contenter de telles images. Nous devons en avoir d'une grande ouverture angulaire, perfectionnés à cet effet, pour bien montrer la structure des objets aussi bien que leurs contours. Ceci est très-faisable. Supposons donc que nous ayons un instrument ainsi perfectionné.

« Au foyer de l'objectif placez un écran d'aesculine et mettez un verre d'un bleu foncé entre les lentilles à recueillir et celles à condenser. On verra ainsi l'image chimique; il faut alors corriger l'aberration de sphéricité par les moyens ordinaires. Insérez alors l'oculaire ainsi que l'aesculine à la place de l'écran, et mettez au point. Il se trouvera que le foyer chimique sera bien au delà du foyer visible; mais avec les meilleurs verres à objet ordinaires la différence est énorme; avec un très-bon objectif d'un cinquième de pouce, par exemple, que j'ai en ma possession, une image formée à un pied de l'oculaire donne une image chimique à dix pieds plus loin. Naturellement un tel verre est tout à fait inutile pour la photographie. L'aesculine aussi permet de voir de suite quand la lumière sur l'écran est à son plus haut degré d'intensité pour l'action chimique.

« En conclusion, je remarquerai que l'une des épreuves soumises par moi à la Société a été prise sur un disque de cinq pieds de diamètre qui était également partout; ainsi l'on peut opérer sur papier, quoique ce soit à la lumière artificielle, sur cette échelle et même, je crois, sur une échelle bien plus grande. Je considère donc que ce qui demande notre plus grande attention, c'est la bonne disposition des lentilles, puisque toutes les autres parties du procédé n'ont besoin que des soins ordinaires. Je dois aussi ajouter qu'ayant choisi la longueur du foyer du condensateur, afin de donner sur la propre échelle l'image de la tache incandescente de chaux, on doit faire une ouverture angulaire un peu moindre que celle du verre à objet. »

FRANK SCOTT.

(1) Nous donnons ici une figure qui indique la disposition des divers jeux de l'appareil. Les chiffres correspondent exactement à la description.

SCIENCES.

—

Séance du 5 décembre 1853.

Dans la dernière séance de l'Académie, M. Combes, appartenant à la section de Mécanique, a été désigné, par la voie du scrutin, pour être adjoint à la Commission chargée de l'examen des pièces admises au concours pour le prix concernant les moyens de rendre un art ou une profession moins insalubre.

— Sur la demande de la Commission des prix de médecine et de chirurgie, l'Académie a désigné, également par la voie du scrutin, M. Chevreul, membre de la section de Chimie, pour faire partie de cette Commission.

— L'Académie des sciences, en vertu d'une décision antérieure qu'elle a prise à ce sujet, sera représentée au bureau de l'Institut, pour 1854, par M. Combes, son président, qui occupera encore le fauteuil pendant la prochaine année.

— M. Th. du Moncel est l'inventeur d'un *anémographe électrique à compteurs*, qui donne, toutes les douze heures, la somme de tous les instants pendant lesquels chaque vent a soufflé, et leur vitesse moyenne, et qui, au moyen de l'addition d'un système de crayons inscrivant pendant huit jours consécutifs les indications relatives à la direction et à l'intensité du vent, permet d'étudier les variations diurnes du vent, heure par heure, minute par minute.

Depuis le mois de mai 1853, l'anémographe électrique, soumis au jugement de l'Académie, est installé à l'Observatoire de Paris. Mais l'auteur a pensé que le prix considérable, et surtout le volume de ces instruments, ne les rendaient accessibles qu'aux grands et riches établissements. C'est pourquoi il en a inventé et fait construire un beaucoup plus portatif et qui est, en quelque sorte, un diminutif de ceux qu'il avait fait connaître. C'est celui qu'il présente à l'Académie.

Ce nouvel appareil, que M. Th. du Moncel appelle nouvel *anémoscope électrique*, consiste dans deux instruments distincts : une girouette et un indicateur. Ils peuvent être simples ou composés, suivant qu'on désire avoir la direction et l'intensité du vent, ou la direction seule. Dans le premier cas, l'indicateur se compose de deux cadrans argentés, sur chacun desquels se meut l'aiguille indicatrice ; dans le second cas, il n'y a qu'un seul cadran.

L'un des cadrans de l'appareil composé porte, gravées, les indications de seize vents dans leur position azimutale. L'autre cadran n'a que quatre indications; mais elles sont séparées l'une de l'autre par un angle de 45 degrés, et se rapportent au *vent modéré*, au *vent fort*, au *vent très-fort*, et enfin à *la tempête*.

— M. Balard, de l'Académie des sciences, a lu un mémoire de M. Berthelot, intitulé : *Recherches sur les éthers*. Nous ne pouvons donner que les titres du court résumé inséré dans le compte-rendu ; mais ils suffiront pour indiquer la nature des recherches auxquelles l'habile chimiste s'est livré. Nous ne doutons nullement que M. Berthelot ne soit tout disposé à bien accueillir ceux de MM. les photographes qui s'adresseraient à lui. Ceux-ci, quoiqu'ils manipulent avec beaucoup de dextérité les éthers et les acides, seraient souvent très-heureux de recevoir les précieux conseils du savant qui s'est livré, dans une suite d'expériences nouvelles, à l'étude de ces produits chimiques.

M. Berthelot s'est occupé :

1° De la formation des éthers composés au moyen de l'éther et des acides ;

2° De la formation directe des éthers au moyen de l'alcool et des acides ;

3° De la décomposition des éthers.

Après avoir parlé de la formation des éthers, M. Berthelot prouve que ces mêmes corps peuvent être réciproquement dédoublés par les mêmes agents qui en déterminent la formation.

Ainsi, dit-il en terminant, on peut à volonté, soit éthérifier un acide faible, soit décomposer son éther sous l'influence de l'acide chlorhydrique, et même de l'acide acétique. Cette opposition dans l'action du même corps résulte de la présence de l'eau en excès dans un cas, de l'alcool en excès dans l'autre. La masse et l'énergie relatives des acides réagissants concourent aussi aux phénomènes.

Séance du 12 décembre 1853.

Madame veuve Laurent annonça, le 18 avril dernier, à l'Académie des sciences, la perte douloureuse qu'elle venait de faire dans la personne de M. Auguste Laurent, son mari, membre correspondant pour la section de Chimie. M. A. Laurent n'était pas riche, il ne laissait pour héritage à sa veuve et à ses deux jeunes enfants qu'un nom très-honorable. Aussitôt alors MM. les membres de la section à laquelle il appartenait s'adressèrent, d'un commun accord, à M. le ministre de l'Instruction publique, pour lui recommander l'intéressante famille du défunt, et le prièrent de vouloir bien signaler à la bienveillante sollicitude du gouvernement la veuve et les enfants de leur savant collègue.

Le vénérable doyen de l'Académie, M. Biot, chargé de rendre compte de la suite donnée à cette demande, prenant la parole, a dit que M. le ministre s'était empressé de satisfaire au vœu exprimé par l'Académie en sollicitant, pour le fils aîné, une bourse entière dans un lycée impérial, et une pension viagère pour Mme veuve Laurent.

A la même époque, le jeune Laurent, placé dans une pension à Charleville, dirigée par un ancien ami de son père, entouré des soins les plus touchants, se mit au travail avec tant d'ardeur, qu'il fut, en peu de temps, à même de passer devant MM. les délégués de l'Académie des Ardennes un brillant examen. M. le ministre a la satisfaction d'annoncer à l'Académie des sciences que, d'après les ordres de l'Empereur, le fils de M. Laurent est admis, avec bourse entière, élève au lycée impérial de Reims, et que Mme veuve Laurent jouira d'une pension viagère de mille francs, à partir du 1er janvier 1854. L'illustre doyen a été pénétré de la plus profonde reconnaissance lorsqu'il a connu cette généreuse décision, et il pense que ses sentiments seront partagés par l'Académie; car il voit dans cet acte non-seulement l'exécution d'une pensée généreuse, mais encore la plus grande activité dans l'accomplissement du bien.

Un murmure général d'approbation, qui a suivi cette communication, a dû prouver à M. Biot qu'elle produisait sur ses auditeurs l'impression qu'il avait ressentie lui-même.

— M. *Laugier* a observé un grand nombre de nébuleuses de la voie lactée ; il indique, dans le Mémoire qu'il a lu, le résultat de ses nombreuses observations sur le mouvement de ces nébuleuses, et il pense que l'on parviendra, au moyen de ces déterminations et en tenant compte des erreurs d'observations, à discuter les mouvements propres des nébuleuses, comme ceux des étoiles.

— M. Leverrier a présenté, au nom de M. Lepage, la note descriptive d'une horloge à balancier horizontal, construite par l'inventeur. M. Lepage est un simple ouvrier, qui est parvenu, à force de travail et d'intelligence, à créer un instrument de précision dont l'usage peut devenir, dans bien des circonstances, très-utile à la science.

— M. François Delessert rappelle que le 31 octobre dernier, M. Chevreul, en communiquant une note de M. Niépce de Saint-Victor, concernant la gravure héliographique sur plaque d'acier, avait dit que le seul désir de l'auteur était de propager son procédé, dont la réussite complète serait sa plus belle récompense, et il présente à l'Académie une plaque d'acier gravée par son fils, M. Benjamin Delessert, l'habile photographe bien connu de nos lecteurs par la publication de l'œuvre de *Marc-Antoine Raimondi*. Ce spécimen obtenu par l'application des procédés de M. Niépce de Saint-Victor, dans un temps défavorable, laisse peut-être quelque chose à désirer; mais il donne une idée du degré de perfection auquel il sera possible d'atteindre et quels beaux résultats nous devons attendre, d'après la réussite de ces essais, des travaux persévérants de l'excellent artiste.

Nous avons déjà parlé des succès obtenus par MM. Rousseau, Mante et Riffaut ; d'autres photographes et graveurs ne tarderont pas, sans doute, à suivre la même voie ; ainsi le désir de M. Niépce sera bientôt rempli, en même temps que la photographie aura fait un pas immense dans le progrès.

— M. le secrétaire perpétuel Flourens, en déposant sur le bureau une masse de notes et de mémoires adressés sur le choléra, a fait remarquer que rien, dans l'état actuel de la santé publique, ne justifiait l'empressement des auteurs, et qu'il se contenterait, pour cette fois, de dire seulement les noms des signataires de ces communications. Le but de la plupart d'entre eux est certainement bien louable; cependant il se pourrait que le prix du legs *Bréant* stimulât le zèle de quelques-uns. Mais M. le secrétaire perpétuel a rappelé que d'après les dispositions mêmes du testament, dont nous donnons plus loin le texte, « le prix pourra être gagné aussi par celui qui indiquera le moyen de guérir radicalement les dartres ou ce qui les occasionne. »

— Nous donnerons, dans le prochain numéro, le très-savant et très-intéressant rapport de M. Charles, sur les principes géométriques de la perspective appliqués à l'exécution des bas-reliefs.

A.-T. L.

REVUE PHOTOGRAPHIQUE.

M. BALDUS.

Nous avons eu souvent l'occasion de citer le nom de M. Baldus. Les perfectionnements qu'il a apportés aux procédés qu'il emploie, le sentiment profondément artistique qui distingue ses épreuves, leurs dimensions gigantesques, leur perfection, ont mis dès longtemps cet habile artiste au premier rang de nos photographes.

Les *vues* que M. Baldus a rapportées cette année de son voyage dans le Midi dépassent tout ce qu'il a fait jusqu'à ce jour. Il avait déjà reproduit dans de précédents voyages quelques-uns des monuments qui lui ont fourni ses nouveaux clichés. La comparaison est donc facile à faire, et, nous ne craignons pas de le dire, elle constate un progrès incroyable, surtout quand on considère la beauté déjà si remarquable de ses premières reproductions.

M. Baldus s'est tracé un plan vaste dont la réalisation rendra d'éminents services à l'art. Il veut réunir dans ses cartons les vues des monuments qui représentent, en France, les divers styles d'architecture. Ainsi il pourra, quand son œuvre sera complète, offrir à l'architecte, au peintre, à l'archéologue, une collection de tous les types de construction, depuis les lourds édifices que les colonies romaines ont laissés dans nos villes anciennes, jusqu'aux constructions bâtardes du siècle dernier. Tout aura sa place dans cette galerie historique et artistique à la fois.

On peut juger de l'intérêt et de la valeur de cette collection quand on a vu quelques-unes des admirables épreuves de M. Baldus. J'en prends une au hasard. C'est le portail de Saint-Trophyme, à Arles. Les dimensions de cette épreuve permettent de ne rien perdre des merveilles de sculpture qui ont rendu cette église célèbre, et que le temps a respectées. Les plus petites oves des pleins cintres, les figurines des chapiteaux et des frises, jusqu'aux découpures des feuilles d'acanthe, qui courent le long des entablements, tout est distinct, accusé, aussi bien que la légende du tympan ou les statues de la façade. C'est le monument lui-même, mais isolé, dégagé de tout ce qui distrait le regard ou la pensée, et sous un jour habilement choisi pour faire ressortir tout ce qui doit être remarqué et étudié. M. Baldus ne se contente pas de vous offrir la représentation identique d'un monument, il vous la donne dans les conditions que le sentiment de l'art, qu'il possède à un haut degré, lui indique comme étant les plus favorables.

Je ne détaillerai pas toutes les richesses que M. Baldus possède dans ses cartons; je parlerai seulement encore de deux épreuves qui m'ont vivement frappé : la Fontaine de Nîmes et la Vue générale d'Avignon.

La fontaine de Nîmes, dont on a peu parlé, est certainement une des meilleures productions de Pradier.

Sous les traits d'une femme, belle et majestueuse, portant sur son front les Arènes et la maison Carrée, comme un diadème, posée fièrement sous ses draperies à la romaine, Nîmes semble se souvenir de son origine et de sa prospérité. A ses pieds, quatre figures sont assises : le Rhône, la Durance, le Var et la fontaine de Vaucluse. Trois de ces figures ont été reproduites dans l'épreuve photographique. La

Durance, couronnée de nénufars, tenant nonchalamment un miroir, semble, la tête appuyée sur sa main délicate, écouter avec mélancolie les plaintives romances que les amants vont, dit-on, le soir, chanter auprès d'elle. On reconnaît dans cette charmante figure l'âme poétique et le ciseau gracieux du grand artiste. A côté d'elle, le Var, armé du trident, est assis dans une attitude mâle et énergique. On sent que l'air pur et fort des Alpes a dû passer sur ces membres musculeux, et leur a donné des formes athlétiques. Mais la troisième statue est, à notre avis, une des plus ravissantes créations du célèbre sculpteur. Pour Pradier, la fontaine de Vaucluse est une frêle et chaste jeune fille, au front ceint du bandeau des vierges, aux formes délicates et charmantes. Elle presse sur son sein la lyre divine de Pétrarque, et, la tête penchée, le regard plongé dans l'espace, elle semble chercher à entendre encore, à travers les siècles, la voix mélodieuse du poëte qui l'a immortalisée. Rien n'est plus délicieux que ce groupe, posé sur quatre petits bassins circulaires dont les eaux se déversent dans un grand bassin entouré de fleurs.

M. Baldus a su choisir son point de vue de façon à ce que les lignes de l'ensemble et les détails des figures apparussent dans toute leur grâce et leur valeur. Nous croyons qu'il est difficile d'obtenir quelque chose de plus complétement beau que cette épreuve.

La vue d'Avignon n'est pas moins remarquable dans un autre genre. Prise de Villeneuve, elle embrasse un immense espace. Au premier plan, des saules nains qui semblent descendre vers le Rhône pour y baigner leur longue et épaisse chevelure ; puis le Rhône ; puis une île qui coupe la perspective ; puis l'autre bras du fleuve avec son vieux pont ; enfin, la ville qui semble sortir tout entière du vieux palais fortifié des papes. Au fond, la vue se perd dans un cimmense campagne que bordent à l'horizon les montagnes du Dauphiné. Cette vue est un véritable chef-d'œuvre de photographie.

En terminant, disons que les clichés de M. Baldus, qui sont sur papier, ont toute la netteté du verre, et que les positifs ont cette profondeur, cette vigueur de ton que les connaisseurs apprécient tout particulièrement. Si quelqu'un nous disait encore que les productions photographiques ne sont pas des œuvres d'art, nous lui montrerions les épreuves de M. Baldus.

On verra, dans nos prochains articles, qu'elles ne sont point les seules qui aient atteint cette perfection.

ERNEST LACAN.

STÉRÉOSCOPE.

ANGLE BINOCULAIRE.

Nous nous empressons de publier la lettre suivante, que nous recevons de M. Claudet :

Londres, 12 décembre 1853.

A M. le Rédacteur de *la Lumière*.

MONSIEUR,

Il en est du stéréoscope comme de tous les nouveaux faits basés sur quelques principes extraordinaires, que les hommes les plus instruits n'ont pas encore eu le temps d'approfondir et d'examiner sous toutes les faces. On discute longtemps sans s'entendre, chacun partant du point de vue qui l'a le plus frappé, et s'appuyant sur des lois qui ont bien quelque rapport à des particularités du phénomène, mais qui, souvent, doivent se modifier dans les applications nouvelles et compliquées dont il est susceptible.

Telles sont les réflexions qu'a fait naître dans mon esprit l'article de votre dernier numéro (du 3 courant), intitulé : *Appareil simplifié pour la production des épreuves à l'usage du stéréoscope*, par M. Gaudin. Ces réflexions font pressentir que je n'approuve pas tous les arguments que contient cet article, et que j'éprouve le besoin de continuer la discussion qui déjà a été engagée sur la même question entre M. Gaudin et M. l'abbé Moigno, et que M. Gaudin annonce avoir interrompue, désirant connaître mon opinion à ce sujet.

M. Gaudin dit que les extraits de ma brochure sur le stéréoscope, publiée par MM. Lerebours et Secretan, qui ont paru dans *la Lumière*, lui ont montré que je n'indiquais pas de distance fixe pour la séparation des objectifs, ni de formule précise à suivre pour faire varier cette distance, en raison de l'éloignement des objectifs à reproduire. Je pense que M. Gaudin ne se sera pas contenté de ces extraits, mais qu'il aura eu la patience de lire la brochure en entier, seul moyen de comprendre ma pensée. Il aura vu pourquoi je ne donnais aucunes règles fixes. J'ai avancé, il est vrai, qu'il ne pouvait pas y en avoir; qu'on pouvait, jusqu'à un certain point, sans inconvénient, produire plus ou moins de relief; que cela dépendait de l'amplification que l'on voulait donner au tableau et de la distance à laquelle on désirait se supposer placé; tout cela était une affaire de sentiment artistique.

Je suis parfaitement de l'avis de M. Gaudin quand il condamne l'exagération du relief, et lorsqu'il dit qu'un relief modéré, aussi près que possible du relief naturel, doit être la règle à suivre, si l'on ne veut pas produire des monstruosités de toutes sortes. Voilà justement la question, et c'est la règle que j'ai recommandée. Mais quel est le relief naturel? Evidemment celui qui résulte de la distance à laquelle l'on peut ou l'on veut examiner les objets, et c'est là le point sur lequel il paraît que nous différons. Par exemple, je dis qu'il serait contraire aux lois de la vision naturelle de faire apparaître le relief de personnes placées autour d'une table, dans un salon, comme celui qui résulterait de la distance où en réalité elles nous apparaîtraient de la grandeur du modèle stéréoscopique. Quand nous examinons ce modèle, nous devons nous supposer dans le salon même, car il n'est pas naturel de voir des personnes placées dans un salon comme si nous en étions éloignés de 15 à 20 mètres. Nous sommes obligés de nous figurer que nous sommes nous-mêmes dans ce salon, tout près des personnes, et de la même grandeur qu'elles ; nous ne pouvons donc les voir qu'avec l'angle binoculaire naturel qui résulterait de notre rapprochement.

Il en est de même d'une place publique, d'un jardin, d'un parc ; nous devons nous figurer que nous sommes nous-mêmes dans cette place, dans ce jardin, ou dans ce parc, et non pas à la distance à laquelle nous les verrions en réalité aussi petits qu'ils sont représentés sur les épreuves stéréoscopiques.

Mais n'en est-il pas ainsi quand nous examinons des gravures, des dessins ou de petits tableaux, où tout est représenté, en miniature, dans la perspective d'objets très-rapprochés, fort différente de la perspective de ces objets, s'ils étaient situés à la distance où ils apparaîtraient de la grandeur du tableau ? Pourquoi notre goût serait-il plus offusqué de voir de petits modèles stéréoscopiques que de petits tableaux d'objets rapprochés, suivant les lois de perspective et de relief naturelles aux objets rapprochés? Il ne s'agit que de nous habituer à l'effet du relief, comme nous l'avons été, dès nos premières perceptions, à l'effet de perspective des miniatures.

Il résulte évidemment de l'application du stéréoscope pour examiner des tableaux d'objets naturels que, dans aucun cas, on ne peut se contenter de l'angle binoculaire naturel; qu'il faut l'exagérer; que les objectifs des chambres obscures doivent toujours être séparés d'une plus grande distance que nos yeux, et que l'on a besoin d'accroître cette séparation de plus en plus, quand on représente des objets de plus en plus éloignés. Il est des cas où une séparation de 6 à 8 mètres entre les deux objectifs ne produirait que le relief convenable, celui de la vision naturelle, quand nous voulons représenter des sites au delà d'un lac ou d'une rivière, comme si nous étions placés au delà de ce lac ou de cette rivière, et que nous nous figurions que nous sommes réduits nous-mêmes dans la même proportion. Car il faut absolument en venir là ; nous sommes obligés, pour comprendre des marionnettes, de nous figurer que nous sommes nous-mêmes des marionnettes, et pour comprendre de petites maisons, de petits arbres, de petites rivières, de petits habitants, que nous sommes nous-mêmes aussi petits que ces petits habitants.

Voilà toute la théorie du stéréoscope appliqué à la photographie; et l'on ne fera jamais rien de bon, quand on s'obstinera à faire des portraits et des vues, pour le stéréoscope, avec des objectifs formant un angle binoculaire égal à l'angle binoculaire naturel, afin de donner le relief qui appartient à chaque grandeur d'image, suivant son éloignement. Ce principe est essentiellement faux.

Le mauvais effet des épreuves faites par ce que M. Gaudin appelle l'*ancien procédé* ne provient que d'une chose, c'est que cet ancien procédé, probablement consistant dans l'emploi d'objectifs à trop courts foyers, exagère le relief des plans les plus éloignés du tableau, et le diminue pour les plans les plus rapprochés. J'ai insisté sur ce point dans ma brochure, et les photographes qui n'opéreront qu'avec des objectifs à long foyer, pour produire de petites images, seront exempts de ces monstruosités dont M. Gaudin se plaint avec raison.

Agréez, etc.

A. CLAUDET.

SOCIÉTÉ PHOTOGRAPHIQUE.

Nous avons annoncé en termes généraux, dans notre numéro de samedi dernier, la formation de la Société photographique, et nous avons promis à nos lecteurs de publier prochainement les documents propres à faire connaître les tendances et l'organisation de cette entreprise.

Disons tout d'abord qu'il ne s'agit pas ici de la création d'un centre de réunion académique, mais bien d'une compagnie travailleuse qui se met à l'œuvre et prêche d'exemple.

Nous ne sommes pas encore autorisés à analyser complétement toute l'ingénieuse combinaison dont on nous a donné connaissance ; mais les limites qu'une prudence bien entendue nous a tracées sont assez larges pour qu'il nous soit permis de satisfaire la curiosité que nous avons excitée.

M. Louis d'Olivier, administrateur gérant de la Société, jeune artiste peintre, d'une grande espérance et d'un talent déjà remarquable, a eu pour but de grouper autour de son œuvre les maîtres de notre époque, peintres, sculpteurs, architectes, graveurs, etc.; déjà il a recueilli un grand nombre d'adhésions.

D'habiles photographes, nous dit-on, seront appelés non-seulement à exécuter la pensée de ces artistes, mais encore à servir d'opérateurs à un conseil scientifique, choisi parmi nos premiers physiciens et nos chimistes les plus distingués.

Un cinquième des bénéfices de la Société est affecté à rémunérer dignement tous les auteurs de découvertes nouvelles ou de perfectionnements dans l'art de la photographie, et pour venir en aide aux photographes étrangers à la Société qui se distingueront par des œuvres remarquables.

Enfin, la Société, loin de chercher à absorber au profit de la spéculation le mérite des artistes photographes qui concourront à enrichir la collection de ses clichés, a établi pour principe que toute œuvre photographique jugée digne d'être admise au catalogue portera le nom de son auteur en même temps que le cachet de la Société.

Les travaux matériels sont commencés; M. Lassus, architecte de la Sainte-Chapelle et de Notre-Dame de Paris, est chargé de la construction des galeries, dont la principale aura 13 mètres de longueur sur 4 de largeur.

La Société doit avoir sa séance d'installation vers la fin de janvier. Jusque-là, le siége provisoire de l'administration est établi rue de Trévise, n° 15.

Nous tiendrons nos lecteurs au courant des progrès de cette institution, dont nous attendons d'heureux résultats pour l'avancement de l'art photographique.

Ce qui fait surtout que nous accueillons avec plaisir la formation de cette Société, c'est qu'elle s'annonce comme devant concilier et non exclure, consacrer ses travaux aux intérêts de tous et non aux intérêts de quelques-uns. Qu'elle tienne ses promesses, et nous serons heureux de lui prêter notre concours le plus cordial et le plus zélé.

STATISTIQUE DE LA PHOTOGRAPHIE.

(24e ARTICLE.)

(Suite.)

De l'atelier de l'ébéniste nous entrons dans celui du tourneur en cuivre. Ici le mouvement n'est pas moins grand, l'empressement moins zélé et le travail moins important. Le cuivre remplace le bois entre les molettes du tour, et se prête, comme lui, à la dent des ciseaux qui le creusent, le façonnent et le préparent à l'usage qui l'appelle. Ici, encore, les ouvriers s'amassent et l'ordre dans lequel sont disposés leurs instruments de travail, l'ensemble qui résulte de cette organisation ingénieuse, offrent un coup d'œil non moins frappant, non moins entraînant que celui des ateliers d'ébénisterie, que celui même des imposants laminoirs. Le bruit des scies mécaniques mordant le chêne ou le noyer, le sifflement de la vapeur se faisant jour avec violence à travers les fissures du tube que ne remplit pas complétement le jeu des pistons, auraient peine à lutter contre le cri du cuivre que gourmande le ciseau, qu'agite et fait tourner avec une rapidité incalculable la pédale sans cesse en mouvement, que tourmentent avec leurs mille caprices toutes les formes de l'ébauche avant de devenir celles de l'œuvre.

La participation du tourneur en cuivre à la confection des instruments du daguerréotype, quoique inaperçue, est cependant assez considérable pour occuper un grand nombre de bras. Il n'est pas ou presque pas un instrument en photographie où le tourneur en cuivre ne mette la main. Dans les objectifs, cette coopération est plus saillante encore. Il faut qu'il combine son talent avec celui de l'opticien, et c'est lui qui concourt tout particulièrement à la construction matérielle, non moins exigeante dans l'exactitude mathématique des distances et des longueurs focales, que ne peut l'être l'appréciation des verres convenables. Dans les chambres noires, son esprit d'invention est également mis à l'épreuve. La coïncidence parfaite, la fermeture hermétique contre toute radiation de la lumière sont des conditions moins faciles à remplir qu'on ne pourrait le penser d'abord, surtout à cause de leur conciliation avec des données souvent contraires: la commodité, l'emploi aisé, le service sans inconvénient, qui feraient rejeter impitoyablement la construction artistique la meilleure, si, au préalable, on n'y avait répondu ou eu égard, comme ils ont droit de l'imposer. Dans les boîtes à mercure, dans les boîtes à bromer et à ioder, la fabrication des charnières et des vis a bien aussi son importance. Il ne faut pas seulement que ces appareils soient plus ou moins bien appropriés à l'usage qu'on leur destine, il faut encore qu'ils présentent des formes extérieures qui puissent échapper à une foule d'accidents; il faut que leur surface supérieure, latérale ou inférieure, soit rigoureusement plane, en sorte qu'ils glissent sans risque d'oscillation, de dérangement quelconque, sur le meuble ou l'abri qui les reçoit. Les charnières et les vis doivent être dissimulées en conséquence et ne s'opposer en rien à tous ces mouvements qu'en attend l'opérateur. Dans les presses, dans les étaux, toute la construction est du tourneur en cuivre. Dans les appuis-têtes brisés, articulés et triangle cuivre, son travail ne se fait pas moins remarquer. Comme nous avons eu occasion de traiter ces différentes parties du daguerréotype, nous résumerons cette statistique spéciale à des chiffres généraux sur les fournitures des matières premières, le cuivre, la fonte, le fer. Il nous serait assez difficile d'établir plus exactement d'autres résultats. Il nous faudrait remonter à tout ce que nous avons dit, en faire de nouveau le détail, en développer chaque partie, et, en outre, nous exposer à l'oubli de bien des choses dans des complications dont forcément tous les composants ne nous frapperaient pas d'abord.

L'œuvre du tourneur en cuivre n'est pas une œuvre à part. C'est un concours, une coopération, une participation à une autre. Elle entre bien dans la construction, dans l'ébauche, dans l'achèvement; mais elle n'en est que le moyen, le complément, la consolidation. Aussi échappe-t-elle à une statistique de détails qui serait au moins ennuyeuse, si nous la réduisions à tant de charnières, de vis, etc., vendus dans une année à Paris. Nous avons vu que le chiffre des presses en fer et des étaux en fonte s'élève pour les unes à huit cents par année et à deux cents pour les autres. Le poids des matières premières en cuivre, en fonte et en fer ne se monte pas à moins de vingt-cinq mille kilogrammes durant la même période; et, si nous tenions compte des rognures, comme nous l'avons fait pour les plaques, il approcherait trente mille kilogrammes, chiffre énorme, comparé à la quantité de boutons, de vis, de pattes, de tenons, d'agrafes qu'il peut produire, mais parfaitement concevable quand on songe qu'il se fabrique par an sept mille chambres noires, cinq mille boîtes à mercure, quatre mille boîtes à bromer et à ioder, etc., et que dans la construction de chacun de ces appareils deux ou trois charnières au moins sont indispensables, et nous laissons à l'appréciation tous les autres accessoires que cette construction entraîne.

Les pieds à chlorurer sont aussi spécialement du ressort du tourneur en cuivre. Nous en avons donné les détails dans notre précédent article. Le poids des pieds à chlorurer est compris dans notre chiffre général de 30,000 kilogrammes.

L'appui-tête brisé, articulé et triangle cuivre ne diffère des appuis-têtes brisés et articulés en bois que par son triangle, qui en facilite la pose et laisse au modèle le naturel de ses mouvements. On fabrique des appuis-têtes entièrement en cuivre depuis la tige, le croissant, jusqu'aux articulations. Comme leur construction rentre dans la forme ordinaire ou qu'elle est facultative, à la disposition de l'acheteur ou de l'opérateur, nous ne pourrions que nous répéter ou que citer un genre au milieu d'une foule d'autres, et qui ne saurait être pris pour règle ou pour modèle.

Le commerce des appuis-têtes brisés, articulés et triangle cuivre est assez considérable et il atteint le chiffre de 1,500 par année, à Paris seulement. Le commerce des appuis-têtes tout en cuivre, que nous pourrions appeler de fantaisie, est très-rare, et le chiffre qu'il atteint ne mérite pas d'être constaté. Seulement, comme tout ce qui se fait d'exceptionnel, et ce, à juste titre, selon nous, ces derniers sont vendus fort cher, autant à cause des conditions souvent excentriques que par des frais imprévus qu'ils occasionnent au fabricant.

Le tourneur en cuivre a encore à faire dans les sabliers garnis en cuivre, de trente secondes à quatre minutes, dans les compteurs à mouvements, dans les balances pour peser les produits chimiques, dans les flacons à robinet pour l'hyposulfite, dans les stéréoscopes et dans les appareils pour la photographie sur papier, dans les supports en cuivre pour l'acide gallique.

Le sablier est un petit instrument très-commode en photographie. La minutie des opérations daguerriennes veut que le temps soit mesuré, et, si l'on n'y prenait garde, souvent plus d'un succès aux trois quarts atteint serait totalement manqué par le moindre oubli. Le sablier que chacun connaît, et d'origine aussi vieille que le monde presque, a été mis en usage par la photographie. La précision de ses données a répondu avec honneur à ce qu'elle attendait de lui. Aussi le commerce en est-il immense, et il se vend au moins autant de sabliers que de chambres noires, c'est-à-dire près de 8,000 sabliers. La fragilité de cet instrument doit peut-être aussi être un peu prise en considération dans un tel chiffre.

En vue de ce dernier inconvénient, on a construit un instrument destiné au même usage, mais plus compliqué, le compteur à mouvement. C'est un véritable chronomètre qui se monte et qui est à ressort, qui frappe régulièrement sur lui-même et, à chaque bruit parfaitement cadencé, permet de compter les secondes qu'on veut consacrer à une manipulation quelconque, à l'exposition à la chambre noire, à la boîte au mercure, au fixage des épreuves, etc., etc. Cet instrument est d'un prix bien plus élevé que les sabliers, ce qui s'explique naturellement par le mécanisme qu'il exige. Aussi se vend-il beaucoup moins de compteurs à mouvement que de sabliers. Le compteur à mouvement est, en outre, d'un volume assez considérable. C'est une petite pyramide rectangulaire, qui demande non-seulement de la place dans les boîtes à appareil, mais encore certains soins contre un dérangement, un choc qui pourraient l'empêcher de servir plus tard. Selon nous, le compteur à mouvement ne répond pas assez aux conditions de solidité et de stabilité dont on doit s'assurer surtout pour une excursion lointaine ou pour un voyage un peu long. Le chiffre de sa vente vient nous donner raison, car il ne dépasse pas le chiffre de deux cents par année.

Les balances pour peser les produits chimiques doivent être parfaites d'exécution, et il est facile de comprendre toute la portée de leur justesse et de leur exactitude, quand le moindre excès ou le moindre manque peut amener des conséquences fatales à l'opération du daguerréotype. Il est aussi impossible de se passer de balances dans le daguerréotype que de sabliers ou de compteurs à mouvement. Comme celles-ci sont moins fragiles, ou, par l'élévation de leur prix, prêtent à plus de soins, à plus d'attention, une balance suffit généralement à un appareil; et, s'il se vend par année quatre à cinq mille appareils, le commerce des balances ne dépasse pas ce chiffre.

J.-D. DU VERNAY.

Nous croyons devoir annoncer à nos lecteurs qu'ils trouveront à la *Librairie Nouvelle* les brochures photographiques dont les noms suivent :

TRAITÉ PRATIQUE DE PHOTOGRAPHIE, exposé complet des procédés relatifs au Daguerréotype, par M.-A. GAUDIN. 1844.

QUELQUES NOTES SUR LA PHOTOGRAPHIE sur plaques métalliques, par le baron GROS.

DAGUERRÉOTYPE SUR PLAQUES. — RENSEIGNEMENTS CONSCIENCIEUX POUR OPÉRER AVEC SURETÉ. — Emploi du chlorobromure de chaux et d'iodo-brome, etc., par E. VAILLAT.

TRAITÉ DE PHOTOGRAPHIE SUR PAPIER, par M. BLANQUART-EVRARD.

PHOTOGRAPHIE. — Traité nouveau, théorique et pratique des procédés et manipulations sur papier et sur verre, par GUSTAVE LE GRAY.

RÉSUMÉ GÉNÉRAL DU DAGUERRÉOTYPE, photographie sur plaques, par M.-A. GAUDIN. (Extrait du journal *la Lumière*.

TRAITÉ PRATIQUE DE PHOTOGRAPHIE SUR VERRE, par JULES COUPPIER, chimiste, 1852.

PHOTOGRAPHIE SUR VERRE. — Notice sur l'emploi du collodion rapide, par A. BERTSCH, 1852.

CONCOURS DE PHOTOGRAPHIE. — Mémoire déposé au secrétariat de la Société d'encouragement, etc., par ÉDOUARD BALDUS (27 mai 1852).

NOUVELLE MÉTHODE PHOTOGRAPHIQUE SUR COLLODION, donnant des épreuves instantanées, négatives et positives.— Traité complet des divers procédés, par A. DE BRÉBISSON, 1853.

MANUEL OPÉRATOIRE DE PHOTOGRAPHIE sur collodion instantané, par DISDERI (août 1853).

PHOTOGRAPHIE. — Épreuves positives, directes, obtenues par le collodion, sur toile, soie, bois, porcelaine, pierre, ivoire, etc., nouveau procédé, par LEBORGNE, avec additions, par M.-A. GAUDIN, 1853.

DU STÉRÉOSCOPE et de ses applications à la photographie, par A. CLAUDET, membre de la Société royale de Londres, et derniers perfectionnements apportés au daguerréotype, par F. COLAS (novembre 1853).

Toutes les demandes et réclamations relatives au service, toutes les lettres et communications relatives à la RÉDACTION, doivent être adressées (*affranchies*) à M. Ernest LACAN, rédacteur en chef, au bureau du journal.— *Toute lettre non affranchie sera rigoureusement refusée. Les demandes d'abonnement doivent être accompagnées d'un* bon sur la poste, à l'ordre du Gérant.

Le Propriétaire-Gérant, ALEXIS GAUDIN.

TYPOGRAPHIE HENNUYER, RUE DU BOULEVARD, 7. BATIGNOLLES.
Près de Paris.

TROISIÈME ANNÉE. N° 52. SAMEDI, 24 DÉCEMBRE 1853.

LA LUMIÈRE

REVUE DE LA PHOTOGRAPHIE.

BEAUX-ARTS. — HÉLIOGRAPHIE. — SCIENCES.

JOURNAL NON POLITIQUE, PARAISSANT LE SAMEDI.

BUREAUX, à Paris, 9, rue de la Perle. BUREAUX, à Londres, 67, Newgate-street, City.

ABONNEMENTS.—*Paris*, UN AN, 20 FR.; 6 MOIS, 12 FR.; 3 MOIS, 7 FR.; *Départements*, UN AN, 22 FR.; 6 MOIS, 13 FR.; 3 MOIS, 8 FR.; *Étranger*, UN AN, 25 FR.; 6 MOIS, 15 FR.; 3 MOIS, 10 FR

AVIS A MM. LES ABONNÉS.

Ceux de MM. les abonnés qui ne veulent pas éprouver de retard dans la réception des numéros du Journal sont priés de vouloir bien faire renouveler leur abonnement le plus tôt possible.

SOMMAIRE.

A NOS ABONNÉS.

La *Lumière* donne aujourd'hui son 52e numéro, et complète ainsi sa troisième année de publication.

Dans notre prochain numéro, qui paraîtra le 7 janvier, et qui commencera la quatrième année, nous indiquerons sommairement quelques changements que nous croyons devoir apporter dans la rédaction du journal, et qui, nous en avons l'espoir, recevront l'approbation de nos lecteurs.

Mais avant de clore cette année, nous ne pouvons résister au désir d'exprimer toute notre reconnaissance aux artistes photographes qui nous ont prêté un concours si bienveillant, et à tous nos abonnés, dont le nombre, sans cesse croissant, au delà de nos espérances, nous a si puissamment encouragés, en nous prouvant que notre publication avait quel que valeur et quelque utilité.

ALEXIS GAUDIN.

RÉPONSE A M. CLAUDET

SUR LES APPAREILS BINOCULAIRES.

Suivant le désir exprimé par M. Claudet, MM. Lerebours et Secretan m'ont donné la notice sur le stéréoscope, que j'ai lue attentivement d'un bout à l'autre. J'y ai vu une discussion approfondie et très-savante sur le mécanisme de la vision et les conditions les plus favorables à la sensation du relief; mais les conclusions qu'il en tire sont fondées, en grande partie, sur une théorie qu'il s'est faite, et s'appuient souvent sur des faits imaginaires.

Par exemple, il suppose que les épreuves pour le stéréoscope sont, en général, plus petites que les images de la nature; c'est pourquoi il faut, avant tout, s'entendre sur ce point.

Je dis donc que les épreuves sont aussi grandes que nous paraissent les images de la nature, quand ces épreuves, que nous examinons à la longueur de la vue distincte, ont été faites avec des objectifs dont la distance focale est sensiblement égale à la longueur de la vue distincte; car, en supposant que les épreuves soient sur verre, en les plaçant entre l'œil et la vue qu'elles représentent, tous les traits de l'image reproduite coïncideront sensiblement avec ceux de l'image naturelle. Par conséquent, de toutes les épreuves examinées à la distance de la vue distincte, celles qui auront été produites avec un verre de 25 centimètres de foyer environ, sembleront les plus naturelles: les épreuves produites avec des foyers beaucoup plus courts paraîtront réduites, tandis que les épreuves produites avec des foyers beaucoup plus longs paraîtront agrandies. Dans les premières, la perspective aérienne sera forcée dans un sens, le sentiment d'éloignement sera exagéré; dans les secondes, c'est la sensation du rapprochement qui dominera, au contraire.

Les épreuves destinées au stéréoscope exigeront donc d'être faites avec des verres d'un foyer spécial, car on ne les voit qu'à travers un verre grossissant, qui a pour effet d'accourcir la longueur de la vue distincte. On verra, avec ces verres, tout aussi distinctement des épreuves faites avec des verres à court foyer, que celles faites avec des verres à long foyer; mais le foyer le plus naturel sera celui qui permettra de faire coïncider l'image reproduite avec l'image naturelle. Par conséquent, la meilleure longueur focale à employer sera précisément la longueur focale des verres du stéréoscope, qui est de 15 centimètres environ.

La grandeur réelle des images sera donc indépendante de l'angle binoculaire employé, mais leur effet stéréoscopique en dépendra totalement.

Avec un appareil binoculaire, dans lequel la distance des objectifs sera sensiblement égale à la distance des yeux, je dis que le relief sera suffisant pour toutes distances, c'est-à-dire que la perspective aérienne sera complète (car ces deux choses sont synonymes); le relief sera nécessairement plus senti pour les objets rapprochés, et deviendra nul pour les objets à l'horizon, qui paraîtront superposés ou en silhouette.

Avec cet appareil, un groupe de personnes qui sera pris dans un salon représentera ces personnes comme nous les verrions des deux yeux, avec un relief naturel propre à satisfaire l'artiste le plus exigeant. Les premiers plans d'un paysage seront détachés absolument comme nous les voyons avec nos deux yeux, et, si les lointains sont vagues et vaporeux, qui pourra s'en plaindre, puisque c'est précisément ce vague et ce vaporeux gradué qui fait la vigueur des premiers plans, et, en imposant le sentiment de la distance et de la grandeur naturelle des objets, produit le relief parfait des premiers plans et l'harmonie de l'ensemble.

Ceci n'est pas une conjecture purement théorique; les épreuves produites à toute distance avec un quinetoscope, que j'ai en ce moment sous les yeux me paraissent réunir toutes ces qualités: j'ai un groupe de deux personnes à deux mètres, un groupe de quatre personnes à quatre mètres, deux personnes à quatre mètres dans une volière dont le treillage en fil de fer paraît parfaitement détaché, et, en avant, plusieurs personnes échelonnées dans un immense jardin, dont toutes les plantes sont merveilleusement modelées et distancées. Il n'est pas besoin de se faire petit pour sentir la perfection de ces tableaux, et je ne sais trop ce que M. Claudet entend par cette fiction, ni comment m'y assujettir.

S'il s'agissait de prendre, à l'usage du stéréoscope, une vue d'objets fort éloignés, séparés par une large rivière, l'appareil binoculaire de M. Claudet, pas plus que celui de M. Quinet, n'y saurait réussir; dans ce cas, je dirais tout simplement: faites-moi le plaisir de passer la rivière.

Le relief maximum des objets a lieu quand on les examine avec les deux yeux, à la distance moyenne de la vue distincte, c'est-à-dire, sous un angle formé par un rayon de 25 centimètres, avec une corde de 7 à 8 centimètres, angle qui est environ de 15 degrés. Si donc on prenait des images, en observant toujours ce même angle, je dis que le relief serait au maximum; mais, par la même raison, les objets nous paraîtraient excessivement rapprochés, et, pour ainsi dire, à portée de la main; nous serions amenés à croire que nous avons sous les yeux un petit modèle des objets naturels représentés; le relief serait vrai pour le milieu de l'image, mais tout le reste serait déformé, parce que la vision n'a lieu réellement que sur une étendue très-limitée, et la divergence des axes optiques varie sans cesse, quand la vue se promène sur des objets naturels.

Ce qui nous donne le sentiment d'un petit modèle à proximité de notre main, est précisément le rapport entre la proximité de l'objet et la distance comprise entre nos deux yeux, qui permet, pour ainsi dire, à notre vue de tourner autour de chaque saillie; quand donc nous avons sous les yeux des images stéréoscopiques que notre vue embrasse de la même manière, nous ne pouvons nous défendre de croire que nous voyons un objet à portée de notre main, c'est-à-dire un petit modèle.

Par suite de cette illusion, on cesse de croire à l'existence d'un tableau naturel, mais on admire l'étonnante structure et la minutieuse réduction du petit modèle.

Cette sensation, éprouvée en ayant sous les yeux un groupe de personnes vivantes, ôte le peu de vie qui pouvait leur rester; elles passent à l'état de mannequin ou de figure de cire, parce que, pour qu'une image représente la vie, il est nécessaire que l'œil ne soit pas trompé sur un seul point principal: si la vue vous dit que vous avez affaire à un petit modèle, vous ne pouvez croire à l'existence des personnes devant vos yeux; c'est aussi pour augmenter l'illusion de la nature que le public demande le coloriage des portraits; cet artifice, quelque grossier qu'il soit le plus souvent, aurait cette illusion pour la grande majorité.

J'en conclus donc, pour n'y plus revenir, qu'un relief modéré, donné par un appareil binoculaire dont les objectifs auront leur centre distant d'un diamètre environ, suffira à tous les cas; dans la pratique, on s'en approche tous les jours de plus en plus, l'appareil binoculaire de M. Claudet lui-même le prouve.

Le but de mon dernier article était de montrer qu'on pouvait obtenir de bonnes épreuves sans employer les verres prismatiques comme M. Quinet, car je ne voyais pas d'avantage à opérer sur une plaque unique, puisqu'on avait ensuite l'embarras de la couper en deux pour intervertir les images; mais M. Quinet me fait savoir qu'il a réussi à modifier son appareil, de façon à porter à gauche l'image perçue par l'objectif de droite, et porter à droite l'image perçue par l'objectif de gauche. Il obtient ce résultat en faisant tourner ses objectifs de 180 degrés; par ce moyen, les images se trouvent, du même coup, bien d'aplomb et convenablement placées et distancées; il ne reste plus qu'à les encadrer. Il prétend aussi pouvoir les montrer à la lanterne magique, et il soutient que les épreuves faites selon l'ancien procédé ne pourront pas s'y prêter. Je n'ai pas encore été témoin de cette nouvelle application, c'est pourquoi je ne saurais, dès aujourd'hui, garantir son succès. M.-A. Gaudin.

Calculateur du Bureau des Longitudes.

SCIENCES.

Séance du 12 décembre 1853.

L'Académie des sciences, formée en comité secret à la fin de la séance du 5 courant, avait reçu de la Commission chargée de présenter une liste de candidats pour la place de secrétaire perpétuel, la présentation de la liste suivante, disposée par ordre alphabétique.

MM. Ch. Dupin, Lamé, Pouillet.

Sur la proposition de M. Cauchy, le nom de M. Elie de Beaumont fut ajouté, quoiqu'il appartînt à la classe des sciences physiques (section de minéralogie).

Les trois premiers noms étaient pris dans la classe des sciences mathématiques, dont M. F. Arago faisait partie. M. le président a cru devoir prévenir que le règlement permettait cette dérogation à l'arrêté du 3 pluviôse an XI, qui édicte, art. 2 : « La première classe nommera, sous l'approbation du premier Consul, deux secrétaires perpétuels, l'un pour les sciences mathématiques, l'autre pour les sciences physiques. » L'élection était annoncée pour la séance de ce jour, 12 décembre.

Presque tous les membres assistaient à cette séance; la liste signée constatait 54 membres présents, ayant le droit de voter; mais 52 seulement ont pris part à l'élection qui, au premier tour de scrutin, a donné à M. Elie de Beaumont 19 voix, à M. Ch. Dupin, 16; les autres voix ont été réparties entre MM. Lamé, 8; Pouillet, 7; de Sénarmont, 1; billet blanc, 1.

Au second tour de scrutin, auquel 53 membres ont pris part, la majorité absolue était fixée à 27 voix. M. Elie de Beaumont en a eu 29, et M. Ch. Dupin, 17; MM. Pouillet, 5; Lamé, 1; Sénarmont, 1. En conséquence, M. Elie de Beaumont, ayant réuni plus que la majorité des suffrages, a été proclamé secrétaire perpétuel de l'Académie des sciences, pour la section *des sciences mathématiques*. Sa nomination sera soumise à la sanction de l'Empereur.

—M. Milne Edwards a présenté à l'Académie, au nom de MM. Rousseau et Devéria, la 3e livraison de la *Photographie* zoologique; elle se compose de 6 planches, contenant :

1° Pintade huppée du cap de Bonne-Espérance;

2° Polypiers de la famille de *fungidæ*;

3° Coquilles du genre *argonaute*;

4° Oursins de la mer Rouge;

5° Stelléride des Antilles;

6° Un singe appartenant au genre Gorille (aussi grand que l'homme), et tué au Gabon.

Ces spécimens d'espèces prises dans toutes les parties du règne animal donnent une idée exacte de la puissance des moyens employés, et prouvent que les auteurs sont parvenus à réaliser les espérances des naturalistes, en représentant, avec une précision jusqu'alors inconnue, tous les êtres de la création; ils ont attiré pendant longtemps l'attention générale.

Ce que nous pourrions dire en faveur de M. Rousseau serait au-dessous des éloges qui lui ont été adressés par les savants professeurs du Muséum d'histoire naturelle, MM. Milne Edwards et Isidore Geoffroy-Saint-Hilaire. Ces messieurs, trouvant les planches de cette livraison supérieures encore à celles qu'il a reproduites jusqu'à présent par la gravure héliographique, l'ont encouragé à persévérer dans cette voie de progrès. Désirant, en outre, lui donner un témoignage public du vif intérêt qu'ils portent à l'accomplissement des travaux qu'il a entrepris avec tant d'ardeur, MM. les professeurs, membres de l'Académie, ont prié M. le président de vouloir bien inviter la Commission administrative à prendre en considération les conclusions du rapport du 14 juin dernier, concernant les auteurs de l'iconographie zoologique. L'honorable M. Dumas ayant appuyé chaleureusement cette demande, nous aurons, sans doute, bientôt la satisfaction d'annoncer que les vœux que nous formulions naguère (1) seront bientôt exaucés, et que les auteurs de la photographie zoologique recevront le prix de leurs utiles travaux. A.-T. L.

(1) V. *la Lumière*, n° 48, du 26 novembre.

TRAITÉ DE PERSPECTIVE-RELIEF

de M. Poudra.

M. Poudra, ancien élève de l'École Polytechnique, officier supérieur en retraite au corps d'état-major, a publié un traité de perspective-relief, avec les applications à la construction des bas-reliefs, aux décorations théâtrales et à l'architecture. Les commissaires chargés par l'Académie des sciences d'examiner cet ouvrage, qui lui avait été présenté par l'auteur, en ont rendu, par l'organe de M. Chasles, rapporteur, un compte très-favorable; ils ont formulé leur jugement dans les termes suivants : « Sans avoir la pensée de prescrire aux artistes l'usage exclusif des règles rigoureuses fondées sur la théorie géométrique développée par M. Poudra, nous exprimerons néanmoins la conviction que, dans tous les travaux d'art où l'on se propose l'imitation par des effets d'apparence et d'illusion, on pourra toujours consulter avec fruit cet ouvrage, où se trouvent, à côté de ces règles aussi sûres et aussi précises que celles de la perspective plane, dont la peinture fait un si heureux emploi, des observations judicieuses et des appréciations motivées qu'on chercherait peut-être en vain dans d'autres écrits composés au seul point de vue artistique.

« Nous pensons, en conséquence, que l'auteur mérite les encouragements de l'Académie. »

Nous voudrions bien donner dans toute son étendue le travail si remarquable, au point de vue de l'art et de la science, du savant rapporteur, qui a interrogé avec un rare talent l'histoire de l'art, quoique forcé de se renfermer dans la partie géométrique qui formait l'objet principal du mémoire soumis à l'examen des commissaires; mais nous ne pouvons disposer des colonnes du journal, exclusivement réservées aux communications concernant la *photographie* et les *beaux-arts*, qui deviennent de jour en jour très-nombreuses et dignes de l'attention sérieuse de nos lecteurs, particulièrement des artistes photographes. Nous citerons donc seulement quelques extraits de ce beau travail (1).

« L'auteur entend par *perspective-relief* la représentation d'un corps à trois dimensions, au moyen d'une autre figure également à trois dimensions, dont la construction dépend de certaines règles géométriques analogues aux règles de la perspective sur de simples surfaces planes, et qui, de même, présente à l'œil une imitation fidèle.

« Ce qui caractérise ce mode de déformation des corps, c'est qu'elle est faite pour une position particulière et déterminée du spectateur, et que la figure, qui doit produire une illusion parfaite, a, avec le modèle dont elle présentera l'apparence, des relations de position et de forme qui satisfont aux deux conditions suivantes : 1° les rayons visuels menés de l'œil du spectateur aux différents points du modèle passent par les points correspondants du relief; 2° tous les points en ligne droite dans le modèle se trouvent aussi en ligne droite dans le relief, et, par suite, à des points du modèle situés dans un même plan correspondent des points du relief situés aussi dans un même plan.

« On peut exprimer ces conditions multiples par une seule, en disant simplement qu'à toutes les parties planes du modèle correspondent, dans le relief, des parties également planes, lesquelles sont les perspectives des premières sur autant de plans différents et pour une même position de l'œil.

« La détermination de ces plans divers, sur lesquels il suffira de faire de simples perspectives, constitue les règles de ce mode de représentation des corps, appelé *perspective-relief*. »

M. Chasles rappelle ce qu'on entend par *bas-relief* et *ronde-bosse*. La ronde-bosse est l'imitation complète d'un objet dans ses trois dimensions, conservées les mêmes ou altérées toutes trois dans le même rapport ; en terme de géométrie, c'est une figure *semblable* au modèle, dont elle reproduit l'image exacte, en quelque lieu que se place le spectateur. Ce genre de sculpture convient spécialement pour la représentation d'un objet peu étendu, tel qu'un personnage : les *bustes* et les *statues* en sont l'application la plus naturelle et la plus fréquente.

« On appelle *bas-relief* une construction peu saillante sur un fond plan ou courbe, destinée à représenter l'ensemble de plusieurs objets formant une scène, qui peut occuper, en profondeur surtout, une étendue plus ou moins grande. Les dimensions de cette scène peuvent se trouver singulièrement diminuées en profondeur dans le bas-relief; et l'art du statuaire consiste à inspirer au spectateur, comme fait la peinture sur un simple tableau, *non-seulement le sentiment des formes particulières des diverses parties de la scène, mais aussi le sentiment de leurs positions respectives et des distances véritables des différents plans fuyants sur lesquels elles se trouvent.* Ce sont ces deux conditions réunies qui produiront à l'œil et à l'esprit l'apparence et l'image parfaite du sujet, tel qu'il existe réellement et naturellement; ce qui est le but le plus élevé que puisse se proposer l'art du bas-relief.

« On conçoit que les *décorations théâtrales*, bien qu'on y fasse usage de la peinture et de toutes ses ressources, pour produire illusion à l'œil, rentrent essentiellement aussi dans l'art du bas-relief et dépendent des mêmes règles de construction, puisque la perspective s'y fait sur des plans différents et différemment espacés.

« Il en est de même de l'architecture des grands édifices, où l'on a à déterminer, d'après ces règles, la disposition des diverses parties du monument, et les formes et proportions de ses ornements, tels que colonnes, statues, pendentifs, etc., eu égard à leur éloignement en profondeur et en hauteur.

« La composition des jardins, l'une des branches de l'architecture où l'effet perspectif joue un rôle principal, emprunte encore ses principes à l'art du bas-relief.

« Cette science des bas-reliefs n'est donc point circonscrite à l'art plastique proprement dit, et est susceptible, au contraire, d'applications variées et différentes, ayant toutes pour but essentiel l'imitation et l'illusion.

M. le rapporteur, puisant ses renseignements aux meilleures sources, expose dans de nombreuses citations, d'une part, les opinions de Perrault, du célèbre sculpteur Falconet, du peintre distingué Dandré-Bardon, en faveur de l'école moderne; d'autre part, celles de l'abbé Sallier, de M. Quatremère de Quincy, défenseurs et partisans des anciens; et il en tire la preuve que les anciens, eux mêmes, avaient eu l'idée d'introduire dans les bas-reliefs les principes de la perspective et les conditions de perfection qui caractérisent le style moderne.

Passant ensuite au temps où l'art du bas-relief a pris chez les modernes son caractère d'imitation, il cherche à découvrir les règles qu'on a pu suivre pour lui donner ce haut degré de perfectionnement.

« C'est, dit-il, à un peintre et sculpteur célèbre du quinzième siècle, Laurent Ghiberti, que sont dues cette innovation dans la statuaire et l'impulsion heureuse qui s'en est suivie dans les arts d'imitation.

« S'étant présenté, en 1401, au concours ouvert pour le projet d'une des portes du baptistère de l'église de Saint-Jean, à Florence, Ghiberti employa dans ce travail toutes les ressources de la perspective linéaire, dont il faisait usage avec grand succès dans la peinture. Son projet eut l'approbation unanime de ses juges et de ses concurrents; et, plus tard, l'exécution d'une seconde porte lui fut confiée, et lui donna lieu de se surpasser lui-même dans un second chef d'œuvre. Il suffira de rappeler, pour faire apprécier le mérite de ce travail, que les deux portes faisaient l'admiration de Michel-Ange, qui les trouvait dignes d'être *les portes du Paradis*. C'est ainsi qu'on a continué, depuis lors, de les appeler.

« Ce succès de Ghiberti fut l'origine de la nouvelle école fondée sur l'emploi de la perspective. Ce genre se retrouve dans la plupart des bas-reliefs des sculpteurs célèbres du quinzième et du seizième siècle, dans ceux, notamment, de Jean Goujon, de Cousin, de Bontems, de Germain Pilon, de Desjardins.

« Dans le dix-septième siècle, le bas-relief fit un nouveau pas, qui lui permit de rivaliser avec la peinture dans les tableaux historiques en grand. Ce fut Algardi, célèbre sculpteur italien, qui conçut et réalisa cette extension de l'art, en composant en bas-relief un vaste tableau d'histoire. Son succès fut prodigieux, et dès ce moment le bas-relief devint une nouvelle manière de peindre, dont les principes se confondirent avec ceux de la peinture proprement dite.

« Nous conclurons de cet aperçu rapide des progrès de la sculpture, depuis l'antiquité jusqu'à nos jours, qu'il faut distinguer, dans l'art du *bas-relief*, l'école ancienne et l'école moderne, ainsi que nous l'avions annoncé, et que les ressources de celle-ci, inconnues à la première, qui, du moins, n'en a fait que rarement et faiblement

(1) *Comptes-rendus hebdomadaires des séances de l'Académie des sciences*, tome XXXVII, n° 24 (15 décembre 1853), p. 880.

usage, sont dues à l'emploi des principes de la perspective dans la représentation des diverses parties du sujet et dans la dégradation de leurs distances selon l'éloignement. »

Se demandant, alors, quelles sont les règles rigoureuses empruntées des principes de la perspective, que les sculpteurs modernes ont appliquées avec un si grand succès qu'elles doivent être regardées comme le véritable fondement de l'art du bas-relief, M. Chasles dit qu'il rentre essentiellement dans la tâche qui lui est imposée, et, pour donner à la question qu'il vient de se poser l'expression et le sens mathématique qui lui conviennent, il la rédige en ces termes : *un sujet ou modèle étant donné, comment formera-t-on une nouvelle figure, un relief, selon l'expression technique, présentant, dans tous les sens, des dégradations des distances telles que celles qui s'observent dans la simple perspective sur une surface plane?*

Cette question constitue un beau problème de géométrie, indépendamment de ses applications à l'art du bas-relief.

M. Chasles, si riche de sa science profonde, consulte cependant les savants auteurs qui ont écrit des traités : Abraham Bosse, Desargues, Petitot, Breysig de Magdebourg, et ses savants collègues de l'Académie, MM. Poncelet et Ch. Dupin : tous fournissent à la brillante analyse de l'auteur du rapport un document, un aperçu qu'il expose avec la plus grande clarté ; il indique aussi lui-même les règles que les artistes devront suivre, et termine ce long et beau travail par un compte rendu de l'excellent ouvrage composé par M. Poudra, qui s'est proposé de donner suite à cette pensée de M. Poncelet : « qu'il laisse aux artistes instruits le soin de développer de la manière convenable les idées qu'il a émises, pour qu'ils les mettent à la portée de ceux qui exécutent. »

Nous le répétons encore, chaque ligne du rapport de M. Chasles mérite d'être lue, étudiée, et nous engageons nos lecteurs à avoir recours au compte-rendu nº 14 de l'Académie des sciences, pour suppléer à l'insuffisance de ces extraits. A.-T. L.

BEAUX-ARTS.

DES RAPPORTS DES BEAUX-ARTS ET DE LA PHOTOGRAPHIE.

Tous les secrets du monde physique sont dans la nature, que Lucrèce appelait la mère vénérée de toutes choses ; les découvertes ne sont que les résultats des explorations et des études auxquelles le génie de l'homme s'est livré pour les y chercher, les faits du hasard, ou les manifestations de la Providence, qui les en fait chaque jour jaillir pour nos plaisirs et pour nos besoins. La science saurait-elle être autre que la révélation d'un mystère? et les arts ne se réduisent-ils pas à une application des moyens indiqués par la nature pour l'imitation de ses phénomènes, phénomènes à la fois matériels et moraux pour les arts que les anciens appelaient transitoires, tels que la poésie et la musique, phénomènes purement physiques pour ceux qu'ils définissaient de fixité et de durée, et qui sont la peinture, la sculpture, l'architecture?

La nature est aux arts leur principe et leur fin, leur mère et leur modèle, et la perfection n'est que l'approximation la plus grande des types sortis des mains du Créateur. Depuis tantôt six mille ans, les esprits vont puiser aux mêmes sources, s'inspirer aux mêmes spectacles, quelle que soit la diversité que le temps et le progrès ont introduite dans les procédés. Les couleurs, leur composition, leur emploi, leur usage, ont pu varier depuis Apelles, Parrhasius et Polygnote ; depuis les vieux peintres légendaires et imagiers de l'école byzantine, jusqu'à Raphaël et Rubens et les contemporains. Les règles ont pu changer entre Phidias, Michel-Ange et Pradier; la tradition se modifier en passant des ordres grecs au style roman et gothique du moyen âge, au style composite qui préside de nos jours à la plupart des compositions architecturales ; le type primitif est resté le même, immuable, comme la volonté qui l'a créé. Dieu a montré en ses œuvres le beau idéal à l'homme dans l'ordre des faits matériels, de même qu'il s'est placé lui-même comme principe et comme but dans l'ordre des faits intellectuels et moraux ; l'intelligence humaine, de quelque côté qu'elle aspire au bien, ne fait que graviter autour de l'intelligence divine.

Depuis si longtemps que les arts travaillent, rivalisent, et parfois désespèrent devant la perfection du modèle, ils n'ont fait que tendre au même but ; mais ils y marchaient chacun séparément : la peinture, par la reproduction des objets, l'appropriation, la variété, la richesse des couleurs ; la sculpture, par la copie des formes, de la physionomie, des mouvements de l'âme dans les mouvements des corps ; l'architecture, par la réalisation dans nos monuments des idées d'ordre, de beauté, d'harmonie qui sont en nous, soit innées, soit engendrées et vivifiées par le sentiment et la contemplation de l'harmonie et de la beauté dans l'univers.

Il appartenait à la nature, qui en réunissait les tendances dans la communauté du modèle, d'en réunir, en quelque sorte, les produits par un art qui est comme le couronnement de tous les autres, de se peindre elle-même et de se sculpter, de se faire à la fois l'original et l'image, le modèle et l'artiste, de se mirer dans ses propres toiles. Un rayon a opéré ce prodige! le soleil s'est fait graveur, et a rivalisé, dès les premiers coups, par l'ampleur et la vérité de l'exécution, avec les ciseaux les plus habiles, les plus habiles pinceaux, les burins les plus fins et les plus délicats.

Posant devant elle-même, et jalouse de se représenter sous toutes ses formes, ses manifestations et ses aspects, la nature a tout embrassé dans sa tâche, afin de mettre en relief ses trésors les plus précieux et les plus cachés, avec autant d'assurance et de grâce que les plus éclatants. Elle a tout saisi, depuis les tracés les plus délicats des lueurs égarées au fond des bois, jusqu'à l'aride éclat des déserts inondés de soleil ; depuis l'ombre qui se cache dans les plis des draperies, jusqu'à la lumière fugitive qui passe sur les mers, écussonne les troncs des arbres, ou se joue sur la physionomie des personnages.

Dans les paysages de sa main, que d'effets imprévus ignorés jusqu'ici ! que de traits charmants, tirés on ne sait d'où, et produits au grand jour ! que de détails non rendus jusqu'alors, parce que, le plus souvent, il faut en convenir, ils échappent à l'œil, et sont insaisissables au crayon ! Ne semble-t-il pas qu'elle ait voulu se réserver à elle-même le mouvement des forêts et la vie des végétaux? L'air et la lumière circulent dans les clairières fuyantes à travers l'entrelacement des rameaux, diversifiant de mille manières, par le retroussis des feuilles et l'animation des branches, la masse d'ombres de l'ensemble. Les ombrages projettent leur fraîcheur sur les plaines, le moindre brin d'herbe frémit sous l'haleine du vent, l'oiseau chante aux yeux dans le feuillage, les animaux errent, reposent et ruminent au bord des fleuves, dont un souffle invisible ride la surface, parfois embellie d'étonnants mirages, tandis qu'au-dessus de la scène se promènent les nuages clairs ou obscurs sur le fond du ciel, dans les lointains de l'horizon ; tout est pris sur le fait, et conserve par un magique artifice le mouvement dans la fixité, et la fixité dans le mouvement.

Mais c'est surtout dans la peinture des monuments, pour lesquels le génie humain a multiplié ses ressources, qu'elle se surpasse. On dirait qu'elle a pris à cœur de lutter avec l'intelligence de l'homme, soit pour en imiter les merveilles, soit pour en relever, en propager la grandeur. Qui n'admire avec quelle minutieuse magnificence elle groupe et détaille, analyse et développe sur ses toiles les dômes et les colonnades, travaille et étale ces fouillis charmants de figurines et de statuettes, qu'elle détache sur les portails gothiques et romans de nos cathédrales ! Jamais pinceau ou crayon a-t-il pu atteindre à cette désespérante finesse ! Tout est là : et les imperceptibles linéaments cachés dans les arabesques, et les lourdes cariatides qui ploient sous les linteaux chargés de sculptures, et les monstres à demi enfouis dans le désordre des bas-reliefs, et les grandes statues, fières et raides, qui dorment debout dans leurs niches. L'œil se promène sur les façades, s'égare sur les forêts de hauts piliers, séduit et trompé par l'inimitable perfection des détails, les étonnantes proportions de l'ensemble, les effets les plus admirablement ménagés de la perspective.

Même grâce et même succès dans la reproduction des chefs-d'œuvre de la statuaire. Le poli du marbre, les sombres reflets du bronze, les effacements dans l'éloignement, les jeux capricieux de la lumière et de l'ombre sur les groupes, sur les statues solitaires arrêtées dans les bosquets, dans les grandes avenues de nos parcs, debout sur nos places, ou rangées silencieusement comme des gardiennes mortes de nos musées : rien n'a pu l'effrayer. Elle les prend dans la plénitude et la vivacité du relief, les détache sur les plans rapprochés, les fait ressortir sur les masses de feuillages, les environne de toutes les féeries de la perspective aérienne, du ciel qui fuit, de la nue qui l'estompe.

Mais les êtres animés, non moins que les sujets insensibles, sont de son domaine, et c'est par la reproduction des traits qu'elle a commencé à se mesurer avec la peinture. Nous ne la suivrons pas sur cet autre terrain de l'art, et nous laisserons à ses œuvres le soin de se vanter et de raconter ses progrès et ses triomphes. Si elle n'a pu jusqu'ici égaler sa rivale par la variété des tons, la richesse du coloris, la vivacité des carnations, elle l'a atteinte et souvent dépassée par la vérité de l'expression et le naturel du trait, et l'on sait d'ailleurs que pour les points qui l'en séparent encore, ce sont là autant de problèmes que des esprits entreprenants s'occupent activement à résoudre.

Nous ne voulions que rappeler qu'il n'est aucune branche des beaux-arts qui soit étrangère à la photographie, dont l'analyse ne rentre dans notre programme, dont la critique ne doive trouver place dans ces colonnes. Nous nous efforcerons de remplir cette tâche, et de faire marcher dans ces comptes-rendus, la sculpture, la peinture et l'architecture, du même pas que l'art auquel est spécialement consacrée cette revue, et qui les réunit, les assimile, et les complète. Paul Nibelle.

REVUE PHOTOGRAPHIQUE.

ARTISTES ANGLAIS.

M. HENNEMAN.

M. Henneman (de Londres) nous a envoyé plusieurs épreuves photographiques qui présentent un vif intérêt ; mais avant d'en rendre compte, nous croyons utile de dire quelques mots de cet habile artiste, et de donner quelques détails sur ses ateliers, que nous avons visités, lors de notre dernier voyage en Angleterre.

Le nombre des photographes qui font des portraits sur verre est extrêmement restreint à Londres ; et cela est tout simple, M. Talbot s'étant réservé des droits considérables sur cette application de la photographie. M. Henneman est un des rares artistes qui opèrent exclusivement au collodion. Ses ateliers occupent une maison entière de Regent-Street. Au premier étage est situé le bureau, où deux employés reçoivent le public, enregistrent les noms des personnes qui désirent avoir leur portrait, et leur indiquent le jour et l'heure où l'artiste sera à leur disposition. Le salon est adjacent à cette première pièce. Des stéréoscopes de différentes formes, des vues, des portraits épars sur les tables, des épreuves françaises suspendues aux murs, dans des cadres élégants, sont là pour distraire l'attente des personnes qui ont devancé l'heure du rendez-vous. Un des employés montre à ceux qui se présentent des *échantillons* de portraits sur lesquels les prix sont indiqués. Presque toutes les épreuves de M. Henneman sont retouchées, — c'est le public qui le veut ainsi, — les unes à la sépia, les autres à l'aquarelle. La plupart de ces dernières, coloriées avec un soin et une habileté extrêmes, sont payées 5 guinées et plus, selon la dimension.

Les étages supérieurs de la maison de cet artiste sont occupés par les salons réservés aux dames, — où les plus exigeantes trouvent jusqu'au moindre objet de toilette, — par la terrasse où l'on opère, et enfin par le laboratoire.

On voit que la photographie prend ses aises, à Londres. Mais là ne se borne pas l'établissement de M. Henneman.

Le négatif seul se fait dans Regent-Street.

Comme ceux de nos lecteurs qui connaissent l'Angleterre le savent, on travaille, à Londres, on y fait ses affaires, on y vient chercher ses plaisirs, mais on n'y habite pas. Donc, quand le soir est venu, M. Henneman prend les négatifs obtenus pendant la journée, et les emporte avec lui dans la maison de campagne qu'il possède à quelques milles de la grande ville. Là est son imprimerie photographique. Au milieu de la cour, de nombreux châssis positifs sont exposés sans cesse à la lumière, sous un vitrage qui les protège, au besoin, contre les intempéries du climat britannique. Les ateliers se composent d'une série de chambres vastes et ingénieusement organisées : atelier pour la préparation des papiers, atelier pour le fixage, atelier pour les lavages, séchoirs, atelier d'encadrement, tout a sa place et son emploi. Il y a même une pièce pour la conservation des négatifs. Les glaces sont numérotées et placées dans des boîtes; de sorte que quand une personne se présente pour avoir de nouveaux exemplaires de son portrait, on regarde sur le registre le numéro correspondant à son nom, et le négatif se retrouve.

Maintenant il nous reste à parler des épreuves de M. Henneman. Ses portraits coloriés sont, nous l'avons dit, d'une grande perfection. L'artiste chargé de ce travail est un peintre habile. Il ne procède pas par hachures, comme on le fait ordinairement : ses portraits ressemblent à de petites peintures à l'huile sur taffetas, qui auraient été faites avec un soin impossible. Leur aspect est doux et harmonieux, en même temps qu'elles ont une délicatesse extrême. C'est un genre tout à fait à part.

Mais comme c'est du photographe et non du peintre que nous nous occupons, nous parlerons donc des épreuves non retouchées de M. Henneman. Ce qui les distingue surtout, c'est une grande finesse de modelé; elles sont si pures de contours, si fines de détails, qu'on les croirait obtenues sur ivoire ou sur glace; peut-être est-ce au papier albuminé que cet artiste doit ce résultat. Ce qu'il y a de certain, c'est qu'il sait donner à son modèle une expression naturelle, et qu'il l'éclaire de façon à produire un effet de relief saisissant. Cependant, disons-le tout de suite, afin de n'avoir plus que des éloges à donner : M. Henneman ne soigne pas toujours assez ses positifs; ils manquent parfois de vigueur, de ton. Avec des négatifs comme les siens, on ne doit avoir que des épreuves de premier ordre.

Si notre mémoire nous est fidèle, le collodion que M. Henneman emploie est celui de Thomas, et c'est à l'acide pyro-gallique qu'il fixe ses clichés.

Parmi les épreuves que nous avons en ce moment sous les yeux, nous citerons un charmant portrait de femme, un de ces doux visages d'Anglaises, si distingués de contours, et dont l'expression est si rêveuse et si poétique ; quelques reproductions de statues très-bien modelées ; des feuilles d'arbres obtenues sans doute par contact, et qui trompent le regard ; et enfin, une vue d'une des galeries de l'Exposition universelle (grandeur de plaque entière), prise pour le stéréoscope parallèle de M. Wheatstone. Mais ce qui attire toute notre attention, ce sont trois épreuves représentant des *Cafres* de la tribu des Zulu's.

D'après une notice que M. Henneman a bien voulu nous communiquer, en même temps que ses épreuves, les Zulu's sont une tribu particulière de Cafres, habitant les déserts qui s'étendent derrière Port-Natal, au cap de Bonne-Espérance; ils font même quelque commerce avec cette ville; ils vivent en sections ou villages appelés *crawls*. Dans quelques endroits, ils bâtissent une sorte de hutte sur les branches des arbres, pour se mettre hors de la portée des bêtes sauvages, dont le pays est infesté. Leurs passe-temps habituels sont la chasse, le chant et la danse : trois passions auxquelles ils ne cherchent même pas à résister. Quant aux femmes, elles consacrent tout leur temps à l'agriculture.

Les Zulu's sont grands et bien faits, l'expression de leur physionomie est franche et cordiale ; leur vêtement, peu compliqué du reste, se compose des dépouilles des animaux qu'ils tuent dans leurs chasses : ce sont des peaux de léopards, de lions et autres bêtes féroces de ce genre, ornées de chapelets bleus et blancs, fabriqués avec des osselets qu'ils savent tailler et polir à merveille.

Il est inutile de dire que ces honnêtes sauvages sont essentiellement guerriers. Ils portent à la chasse ou au combat un bouclier de peau de buffle; dans leurs querelles intimes, ils se servent ordinairement de bâtons, avec lesquels ils se frappent réciproquement de la façon la plus inhumaine, — ce qui prouverait assez que les sauvages ne sont guère meilleurs que les hommes civilisés. En guerre ou à la chasse, ils lancent le javelot avec une agilité et une adresse qui feraient honneur à des Européens. Leur service de table est on ne peut plus simple : une gamelle pour plusieurs, et une cuiller de bois pour chacun : ceci doit nécessairement indiquer une sobriété exemplaire. Les Zulu's ne sont point, comme on pourrait le croire, une race de fumeurs; mais il paraît qu'ils prisent de la façon la plus immodérée.

Une des épreuves que M. Henneman nous a envoyées en représente deux causant face à face. Ils tiennent à la main leur gigantesque cuiller de bois et leur javelot aigu. Leur profil a un très-beau caractère, quoique conservant le type des races africaines. Leur attitude est mâle et énergique, leurs membres musculeux et bien dessinés. L'un d'eux porte sur le front une touffe de crins, d'où s'élance une natte droite et empesée, qui ressemble assez à la défense de la licorne. — C'est probablement très-bien porté chez les Zulu's. Ceux que M. Henneman a représentés dans cette épreuve ont encore des colliers autour du cou, des bracelets au bras, des ceintures d'osselets autour du corps, et pour tout vêtement une espèce de jaquette en peau de lion, qui leur descend au genou, et une autre peau plus étroite et à longs poils, qui leur entoure la poitrine.

Une autre épreuve nous représente un personnage dans une position fière et martiale, la tête rejetée en arrière, l'œil fixe et assuré, le bras droit tendu en avant et appuyé sur son javelot, qu'il est prêt à lancer; il tient de la main gauche son grand bouclier de peau de buffle. Il porte sur le haut de la tête une sorte de calotte semblable à celles des Nubiens ; ses oreilles sont cachées par deux touffes épaisses de poils de lion, qui retombent sur ses larges épaules. Il a de plus que les autres une fourrure sur la poitrine et sur le dos : c'est le prince des Zulu's. L'expression de cette figure a été rendue admirablement bien par l'habile photographe. Il y a de la fierté, de la douceur et de la force tout à la fois dans ce portrait. Si le ton de cette épreuve était plus vigoureux, elle serait parfaite.

Mais voici la plus curieuse image. Qu'on se représente un individu vêtu d'une sorte de camisole et d'une jupe en peau de léopard. Sa tête est cachée sous un masque, fait avec la tête de l'animal dont il porte la dépouille. Son bras, grêle et nerveux, brandit une sorte de massue en forme de crosse. C'est le docteur, le sorcier et le poëte ordinaire de la cour; car les Zulu's ont une cour. Le principal office de cet aimable personnage est de découvrir, lorsqu'il y a un malade dans la tribu, de quel individu vient la maladie. Quand il a désigné le coupable, celui-ci est condamné à mort, et exécuté sans autre forme de procès.

Il est certainement très-curieux de pouvoir étudier la physionomie, l'attitude et, pour ainsi dire, les mœurs de ces sauvages, dans des épreuves aussi belles et aussi intelligemment faites que celles de M. Henneman.

ERNEST LACAN.

SOCIÉTÉ PHOTOGRAPHIQUE DE LONDRES.

EXPOSITION.

La Société photographique de Londres nous communique la note suivante :

Le Conseil ouvrira une EXPOSITION PHOTOGRAPHIQUE, le 4 janvier 1854, dans les salons de la *Société des artistes anglais* (Rooms of the Society of british artists), Suffolk street, Pall mall.

L'exposition sera universelle.

Les épreuves *négatives*, sur papier et sur glace; les épreuves *positives*, sur papier et sur verre; les daguerréotypes, sur plaque, coloriés et non coloriés; les épreuves stéréoscopiques, seront admis à cette exposition.

Les épreuves coloriées ne seront acceptées qu'accompagnées d'une épreuve semblable non retouchée.

Les positifs tirés d'après des négatifs retouchés, devront être désignés.

Chaque épreuve envoyée devra être accompagnée : du nom et de l'adresse du photographe ou de l'exposant, de la description du sujet, et d'une note indiquant le procédé employé.

On recommande aux exposants de protéger leurs épreuves au moyen d'un verre, et, afin d'économiser l'espace, on désire que les épreuves montées aient des marges restreintes autant que possible.

Les exposants désireux de vendre leurs épreuves sont priés d'envoyer le prix de chacune d'elles.

Les envois seront reçus, au siége de l'exposition, jusqu'au 26 décembre, pour les exposants anglais, et jusqu'au 30, pour les étrangers.

Les exposants et les membres de la Société auront le privilége de l'entrée libre dans les salles de l'exposition; les derniers pourront même amener une personne avec eux.

Le prix d'entrée est fixé à un schelling. — Le prix du catalogue est de six pence.

L'exposition sera inaugurée par une SOIRÉE, qui aura lieu le 3 janvier.

Par ordre du Conseil, ROGER FENTON, secrét. hon.

Nous aurons à rendre compte, dans notre prochain numéro, des nouvelles épreuves sur plaqué de M. Millet, dont la mauvaise saison ne ralentit ni l'activité ni les progrès.

Nous parlerons aussi de charmants portraits, obtenus sur toile cirée, par un artiste dont le nom est déjà avantageusement connu, M. Braquehait. Ce sont ses premiers essais dans ce genre, mais ils sont remarquables à plus d'un titre, et promettent beaucoup pour l'avenir.

MM. Lemercier, Lerebours, Barreswil et Davanne ont publié, cette semaine, la première série de leurs épreuves photolithographiques. Nous en rendrons compte prochainement.

ÉPREUVES STÉRÉOSCOPIQUES.

Nous avons vu récemment des épreuves stéréoscopiques sur verre d'un effet charmant et d'une réussite parfaite. Elles sont de deux artistes de talent, MM. Couppier et Jeanel. Celles que nous avons le plus remarquées sont : *Versailles*, la *Pièce d'eau des Dragons*, l'*Arc de Triomphe de l'Étoile*, le *Pont-Neuf*, le *pont Notre-Dame*, l'*Abreuvoir de Montmartre*, de M. Couppier ; et la *place de la Concorde*, *Saint-Eustache*, la *place de la Bourse*, le *Panthéon* et *Notre-Dame*, de M. Jeanel.

VERNIS POUR LA PHOTOGRAPHIE.

MM. Schœne frères nous ont présenté un vernis pour épreuves photographiques que nous recommandons à nos abonnés. Voici la manière d'employer ce nouveau vernis :

Pour fixer les images photographiques négatives, on le répand sur l'épreuve, que l'on tient inclinée, de manière à ce qu'il coule sur toute la surface. Dès que le liquide s'est amassé le long du bord inférieur, on le fait écouler par un des angles. Comme il arrive toujours qu'un voile blanc se produit sur l'image, il faut avoir soin de la présenter à la chaleur, avant même que le vernis se soit complétement égoutté.

Toutes les demandes et réclamations relatives au service, toutes les lettres et communications relatives à la RÉDACTION, doivent être adressées (*affranchies*) à M. Ernest LACAN, rédacteur en chef, au bureau du journal. — *Toute lettre non affranchie sera rigoureusement refusée. Les demandes d'abonnement doivent être accompagnées* d'un bon sur la poste, à l'ordre du Gérant.

Le Propriétaire-Gérant, ALEXIS GAUDIN.

TYPOGRAPHIE HENNUYER, RUE DU BOULEVARD, 7, BATIGNOLLES.
Boulevard extérieur de Paris.

TABLE DES MATIÈRES.

TABLE DES MATIÈRES.

TYPOGRAPHIE HENNUYER, RUE DU BOULEVARD, 7, BATIGNOLLES.
Boulevard extérieur de Paris.

TABLE DES MATIÈRES.

TYPOGRAPHIE HENNUYER, RUE DU BOULEVARD, 7. BATIGNOLLES.
Boulevard extérieur de Paris.

www.ingramcontent.com/pod-product-compliance
Lightning Source LLC
LaVergne TN
LVHW011952220826
846092LV00001B/160

* 9 7 8 2 3 2 9 8 0 3 7 6 0 *